Konsumenten-verhalten

von

Universitätsprofessor Dr. Werner Kroeber-Riel †

und

Universitätsprofessor Dr. Peter Weinberg

Institut für Konsum- und Verhaltensforschung
an der Universität des Saarlandes

6., völlig überarbeitete Auflage

Verlag Franz Vahlen München

Die Deutsche Bibliothek – DIP-Einheitsaufnahme
Kroeber-Riel, Werner:
Konsumentenverhalten / von Werner Kroeber-Riel und Peter
Weinberg. – 6., völlig überarb. Aufl. – München: Vahlen, 1996
(Vahlens Handbücher der Wirtschafts- und Sozialwissenschaften)
NE: Weinberg, Peter

WG: 17; 14	DBN 94.803426.2	96.07.09
6424	Pr V: Beck	

ISBN 3 8006 2108 8

Satz, Druck und Bindung: Druckerei Parzeller, Fulda

Werner Kroeber-Riel

1934–1995

Vorwort zur 1. Auflage

Dank schulde ich vielen Kollegen, Mitarbeitern und Studenten. Ohne das Drängen und Ermuntern meines Freundes und Kollegen *Peter Weinberg* wäre dieses Buch nie entstanden. Er hat mich über Jahre hinweg mit Impulsen versorgt.

Herr *Zwicker* hat den ersten Entwurf meiner wissenschaftstheoretischen Kapitel kritisiert und dadurch zu ihrer Neufassung beitragen. Herr *Trommsdorff* machte mir Verbesserungsvorschläge zu den Kapiteln über Einstellung, Herr *Kaas* zu den Kapiteln über persönliche Kommunikation.

Das übrige Buchmanuskript nahm Herr *Bernhard* unter seine psychologische Lupe. Ihm verdanke ich besonders viele Anregungen.

Die arbeitsaufwendige Überprüfung der Literaturangaben und Zitate übernahm Herr *Hemberle*. Herr *Behrens* und Herr *Barg* kümmerten sich um die Tabellen und Zeichnungen. Darüber hinaus gaben sie mir wichtige Korrekturhinweise. Herr *von Keitz* und Herr *Wimmer* haben mich bei den Korrekturen und abschließenden Arbeiten unterstützt.

Herr *Steinhäuser* hat sich als studentischer Testleser die Mühe gemacht, das Buch durchzulesen und mich auf Mängel und mißverständliche Formulierungen aufmerksam zu machen. Nicht zuletzt danke ich meinen Sekretärinnen, zuerst Frau *Toepfer* und später Frau *Schütz* und Frau *Winkelmann* für das Schreiben des Manuskriptes.

Saarbrücken, im September 1975   *Werner Kroeber-Riel*

Vorwort zur 5. Auflage

Weniger als zwei Jahre nach der vierten, wesentlich erneuerten Auflage wird eine neue Auflage erforderlich.

Die vorliegende fünfte Auflage bringt weniger Neuerungen, aber zahlreiche Verbesserungen und Anpassungen an die Ergebnisse der schnell wachsenden Konsumentenforschung.

Der Text wurde stellenweise erheblich gekürzt und ergänzt, neue Abbildungen wurden einbezogen. Die meisten Änderungen beziehen sich auf die psychischen Einflußgrößen auf das Konsumentenverhalten, die nach wie vor im Mittelpunkt der Forschung stehen. Dabei finden vor allem das wenig involvierte Verhalten, die flüchtige Informationsaufnahme und Informationsverarbeitung der Konsumenten, zunehmende Beachtung.

Wie bei allen vorherigen Auflagen verdanke ich Frau *Sigrid Winkelmann-Bohn* das sorgfältige Schreiben des Manuskripts.

Saarbrücken, im Frühjahr 1992   *Werner Kroeber-Riel*

Vorwort zur 6. Auflage

Werner Kroeber-Riel starb am 16. Januar 1995.

Wenige Wochen vor seinem Tode vereinbarten wir die Fortführung dieses Buches in gemeinsamer Autorenschaft. Dazu hinterließ mir *Werner Kroeber-Riel*

● das neue Gliederungskonzept

● zahlreiche Textfragmente zu einzelnen Kapiteln, vor allem zum dritten Teil des Buches, und

● mehr als dreißig Ordner und Postkörbchen mit Materialien zum Text.

Er selbst kam nur noch dazu, die „Grundlagen der Konsumentenforschung" im ersten Teil des Buches bis zum „Entdeckungszusammenhang" fertigzustellen.

Vereinbarungsgemäß hat sich meine Überarbeitung und Ergänzung der 5. Auflage auf folgende Schwerpunkte konzentriert:

● Aktualisierung der Literatur, Beispiele und Abbildungen im Text.

● Überarbeitung und Ergänzung des gesamten Textes mit Blick auf den aktuellen Forschungsstand, vor allem im Kapitel D im zweiten Teil des Buches.

● Neufassung des dritten Teiles des Buches gemäß dem Wunsche von *Werner Kroeber-Riel*, zwischen der direkten Erfahrungsumwelt und der Medienumwelt von Konsumenten zu unterscheiden.

Ein solches Standardwerk zur Konsumentenforschung entsteht nicht ohne Hilfestellung bei der Literatursammlung und Textanalyse, Auswahl von Beispielen und Abbildungen, Korrektur des Manuskriptes, Erstellung der Bibliographie und des Stichwortverzeichnisses sowie bei den redaktionellen Schreibarbeiten.

Diese Mitarbeit leisteten

● bis 1994 die Mitarbeiterinnen und Mitarbeiter am Institut für Konsum- und Verhaltensforschung in Saarbrücken: *Ivonne Behle, Ines Dombrowski, Susanna Meyer, Oliver Nickel, Erika Woll* sowie *Sigrid Winkelmann-Bohn*

● ab 1995 die Mitarbeiterinnen und Mitarbeiter am Lehrstuhl für Absatz-, Konsum- und Verhaltensforschung in Paderborn: Dr. *Sigrid Bekmeier, Stefan Büscher*, Priv.-Doz. Dr. *Andrea Gröppel, Heidi Hohensohn, Oliver Hupp*, Dr. *Anja Stöhr, Ralf Terlutter* sowie *Ingrid Tegethoff*

Allen danke ich sehr herzlich.

Dieses Buch richtet sich weiterhin an Wissenschaftler, Studierende und Praktiker, die an Fragen und Ergebnissen der Konsumentenforschung interessiert sind. Es war, ist und bleibt das Hauptwerk des wissenschaftlichen Nachlasses von *Werner Kroeber-Riel*.

Paderborn, im Sommer 1996   *Peter Weinberg*

Inhaltsübersicht

Vierter Teil
Konsumentenverhalten und Verbraucherpolitik

Inhaltsverzeichnis

Erster Teil
Grundlagen der Konsumentenforschung

Zweiter Teil
Psychische Determinanten des Konsumentenverhaltens

Dritter Teil
Umweltdeterminanten des Konsumentenverhaltens

Vierter Teil
Konsumentenverhalten und Verbraucherpolitik

Erster Teil
Grundlagen der Konsumentenforschung

A. Die Entwicklung der Konsumentenforschung

Unter **Konsumentenforschung** versteht man eine Forschung, die sich auf das Konsumentenverhalten bezieht. Der Begriff Konsumentenverhalten wird allerdings in unterschiedlichem Sinne benutzt. Von Konsumentenverhalten i. e. S. wird gesprochen, wenn es um das Verhalten der Menschen beim Kauf und Konsum von wirtschaftlichen Gütern geht. Konsumverhalten i. w. S. ist ganz allgemein das Verhalten der *„Letztverbraucher"* von materiellen und immateriellen Gütern, also auch das Verhalten der Kirchgänger, Wähler, Patienten usw.

Dieser weite Konsumentenbegriff steht in enger Beziehung zum *Marketingbegriff* von *Kotler*. Nach *Kotler* dient Marketing dazu, Austauschprozesse zu gestalten, durch die Individuen oder Gruppen (Institutionen) ihre Bedürfnisse befriedigen – insbesondere Austauschbeziehungen zwischen Unternehmen, die Produkte erzeugen, und Konsumenten, die diese erwerben.[1] Marketing bezieht sich auch auf Austauschprozesse in nicht-kommerziellen Bereichen, zum Beispiel zwischen Krankenhaus oder Museum und Bürger (Konsument), der die Leistungen dieser Einrichtungen in Anspruch nimmt.[2]

Die genaue *Abgrenzung* eines so weiten Begriffes vom Konsumentenverhalten gegenüber anderen menschlichen Verhaltensweisen ist schwierig, aber es genügt, wenn der Forschungsbereich begrifflich nur grob abgegrenzt wird. Entscheidend ist ohnehin die Abgrenzung, die sich aus der laufenden Forschungsarbeit und damit aus wissenschaftlichen Konventionen ergibt, und diese Konventionen ändern sich laufend.

Ein Blick auf die Veröffentlichungen zur Konsumentenforschung zeigt, daß in zunehmendem Maße der weitere Konsumentenbegriff benutzt wird: Die Untersuchungen zum Konsumentenverhalten beziehen sich auf so unterschiedliche Sachverhalte wie Einkauf von Markenartikeln, Reaktion von Bürgern auf politische Beeinflussung oder Änderung der Einstellungen zum Umweltschutz.

Durch die Ausweitung der Fragestellungen zum Konsumentenverhalten über den engeren Marketingbereich hinaus wird die Konsumentenforschung zu einem Forschungszweig, an dem sich immer mehr Disziplinen beteiligen. Als Folge dieser Entwicklung lockern sich auch die Bindungen der Konsumentenforschung an die Marketingforschung, aus der sie im wesentlichen hervorgegangen ist. Viele Wissenschaftler, die ihre Forschungsarbeit auf das Konsumentenverhalten konzentrieren, fühlen sich heutzuta-

---

[1] Vgl. dazu mit wechselnden Formulierungen *Kotler*, 1989, S. 19) sowie *Kotler* und *Bliemel* (1995, S. 7, 16).
[2] Vgl. dazu *Kotler und Bliemel* 1995, S. 10, 43). Als einführende Werke in das Non-Profit-Marketing und das Soziale Marketing: *Kotler* und *Roberto* (1991) sowie *Kotler* und *Andreasen* (1991).

ge in erster Linie einer *interdisziplinären* und *verselbständigten* Konsumentenforschung verpflichtet und erst in zweiter Linie einem bestimmten Anwendungsbereich wie Marketing oder Öffentlichkeitsarbeit. Dies gilt auch für die Verfasser dieses Buches.

Wenn in diesem Buch Anwendungen und Beispiele aus dem Bereich des kommerziellen Marketing dominieren, so hat das zwei Gründe: Erstens liegen aus diesem Bereich bei weitem die meisten Forschungsergebnisse vor, und zweitens kommen die Verfasser vom Fach Marketing an Universitäten. Das heißt aber *nicht*, daß hier eine Abgrenzung der Konsumentenforschung vorgenommen werden soll, die sich auf die Anwendungen für das kommerzielle Marketing beschränkt.

Die Theorien des Konsumentenverhaltens können für verschiedene Zwecke ausgewertet werden. Man kann ja aus *einer* Theorie im allgemeinen *mehrere* Anwendungen (Sozialtechniken) im Dienste unterschiedlicher Zwecksetzungen ableiten. Beispielsweise kann die Reaktanztheorie dazu benutzt werden, die Konsumenten wirksamer zu beeinflussen oder die Konsumenten besser gegen Beeinflussung zu schützen.

Wenn man das Verhalten der Konsumenten auf Konsumgütermärkten untersucht, so folgt aus der mehrseitigen Auswertbarkeit von Theorien, daß man vor allem zwei *Anwendungen* vor Augen haben sollte:

● das kommerzielle und nicht-kommerzielle Marketing
● die Verbraucherpolitik.

Bei einer Ausdehnung der Konsumentenforschung in den nicht-kommerziellen Bereich gibt es eine weitere Unterscheidung: die Verwendung der Forschungsergebnisse zugunsten des Anbieters einer Leistung (Staat, Gewerkschaft usw.) und zugunsten des Leistungsempfängers, also des Konsumenten. Mit dieser vielseitigen Verwendbarkeit von Forschungsergebnissen sind Fragen der Wertung und der Parteilichkeit des Wissenschaftlers verbunden, denen in Kapitel C III nachgegangen wird.

Zur Entwicklung: Noch vor 25 Jahren waren die Begriffe Konsumentenverhalten und Konsumentenforschung kaum bekannt. Sie wurden Mitte der 60er Jahre eingeführt, als sich die empirische Marketingforschung etablierte und die Erforschung des Konsumentenverhaltens zum vorrangigen Gegenstand der Marketingforschung wurde (*Kassarjian*, 1982, S. 620). Die ersten Bücher erschienen in den Jahren 1967 (*Myers, Reynolds)* und 1968 (*Engel, Kollat, Blackwell).*

Bis zu dieser Zeit gehörte die Erforschung des Konsumentenverhaltens im wesentlichen zur angewandten Psychologie und zur sozialökonomischen Verhaltensforschung:

Im Rahmen der angewandten *Psychologie* wurden früher vor allem Untersuchungen zur Motivation und Wahrnehmung der Verbraucher und zu den Wirkungen der Werbung durchgeführt. Der damalige Forschungsstand wird beispielsweise in der „Angewandten Psychologie" von *Anastasi* (1964) widergespiegelt. Die meisten Erkenntnisse stammen aus der experimentellen Werbepsychologie, die bereits in den 20er Jahren einen hohen Entwicklungsstand erreicht hatte und als Vorbild für die Arbeiten der angewandten Psychologie gelten konnte (vgl. u. a. *König*, 1926).

Die *sozialökonomische Verhaltensforschung* ging von einer Makrosicht aus: Sie beschäftigte sich bevorzugt mit dem Sparen, Ausgeben und Investieren in der Volkswirtschaft, um die volkswirtschaftlichen Theorien empirisch zu fundieren (*Katona*, 1960; *Seidenfus*, 1961).[3] Sie wird in neuerer Zeit vor allem durch Beiträge der „Ökonomischen Psychologie" fortgeführt.[4]

Die empirische *Marketingforschung* übernahm in den 1960er Jahren diese und weitere Forschungsansätze und baute sie zu einer *eigenständigen* Konsumentenforschung aus, die sich in der Folgezeit so stark entwickelte, daß man sie heute als stärksten Zweig der angewandten Verhaltenswissenschaft bezeichnen kann.

Die *traditionellen* verhaltenswissenschaftlichen Disziplinen liefern nur noch wenige Beiträge zur Erforschung des Konsumentenverhaltens. Besonders ausgeprägt ist diese Entwicklung in Deutschland, hier ist der Forschungssog einer eigenständigen Konsumentenforschung wesentlich schwächer als in den Vereinigten Staaten. Die traditionellen Fachwissenschaftler, insbesondere die deutschen Psychologen, scheinen aufgrund ihrer konservativen oder ihrer ideologischen (gegen das Marketing gerichteten) Haltung – von wenigen Ausnahmen wie *Lutz von Rosenstiel* und *Wiswede* abgesehen – nicht bereit zu sein, brauchbare oder sogar innovative Beiträge zur Konsumentenforschung zu leisten.[5]

Wesentliche und international wirksame *Impulse* zur Verselbständigung und zum Wachstum der Konsumentenforschung gehen von der *Association for Consumer Research* aus, die 1994 etwa 1900 Mitglieder hatte und jährlich große wissenschaftliche Kongresse veranstaltet. Die Kongreßberichte *Advances in Consumer Research* vermitteln gute Überblicke über die aktuelle wissenschaftliche Diskussion (vgl. etwa *Allen* und *John*, 1994). Neuerdings werden auch regelmäßig Tagungen in Europa durchgeführt.[6]

Seit 1973 erscheint das *Journal of Consumer Research*, das in programmatischer Weise die interdisziplinäre Ausrichtung der Konsumentenforschung fördert. Darüber hinaus werden von den verschiedenen Marketingzeitschriften und -sammelbänden seit vielen Jahren Beiträge zum Konsumentenverhalten bevorzugt, insbesondere vom *Journal of Marketing Research* und vom *Journal of Advertising Research*.

---

[3] Vgl. ausführlich zu dieser Entwicklung mit Literaturangaben *Kroeber-Riel* (1990) sowie weitere Beiträge im einführenden Teil der „Grundbegriffe der Wirtschaftspsychologie", hrsg. von *Hoyos, Kroeber-Riel* et al. (1990).

[4] Repräsentativ sind die Arbeiten von *Lea*, z. B. *Lea, Tarpy* et al. (1987), der auch das *Journal of Economic Psychology* herausgibt.

[5] Zu den Arbeiten der Forschungsgruppe um *Lutz von Rosenstiel,* denen die Konsumentenforschung in Deutschland zahlreiche Beiträge und wesentliche Anregungen verdankt, vgl. *von Rosenstiel* (1973); *von Rosenstiel* und *Ewald* (1979); *von Rosenstiel* und *Neumann* (1982); *von Rosenstiel* und *Neumann* (1992) und zu den Beiträgen von *Wiswede* insbesondere (1985, 1991 a und b, 1992).

[6] Der erste Berichtsband *European Advances in Consumer Research* erschien 1993, vgl. *van Raaij, Bamossy* (1993).

Das *Wachstum* der Konsumentenforschung schlägt sich nicht zuletzt in den zahlreichen und nicht mehr zu überblickenden Büchern zum Konsumentenverhalten nieder.

Abbildung 1: Konsumentenforschung in Deutschland[7]

---

[7] Die Reihe „Konsum und Verhalten" (Physica-Verlag, Heidelberg) berichtet über Ergebnisse der Konsumentenforschung in Deutschland. Bisher sind über 40 Bände erschienen.

Von den in den letzten Jahren erschienenen Büchern sind als Neuerscheinungen *Foxall* und *Goldsmith* (1994) sowie *Onkvisit* und *Shaw* (1994) hervorzuheben; als Neuauflagen insbesondere die 7. Auflage des klassischen Lehrbuches von *Engel, Blackwell* et al. (1993) sowie die neuen Auflagen von *Howard* (1994), *Schiffman* und *Kanuk* (1994); *Mowen* (1993); *Peter* und *Olson* (1992) und *Solomon* (1993). In Deutschland sind zum Konsumentenverhalten erschienen *Bänsch* (1993); *Behrens* (1991); *Kuß* (1991); *Müller-Hagedorn* (1994), *Trommsdorff* (1993) und „Konsumentenforschung" von der *Forschungsgruppe Konsum und Verhalten* (1994).

Ein bekanntes Sammelwerk mit grundlegenden Beiträgen zur Konsumentenforschung stammt von *Kassarjian* und *Robertson* (1991). Das neue Handbuch des Konsumentenverhaltens von *Robertson* und *Kassarjian* (1991) vermittelt einen Überblick über Entwicklungslinien und Entwicklungsstand – unterteilt in „Mikroansätze" und „Makroansätze".[8]

Die *Schwächen* der interdisziplinären Ausrichtung und Verselbständigung der Konsumentenforschung dürfen allerdings nicht übersehen werden:

Die interdisziplinäre Ausrichtung stellt besonders hohe Ansprüche an die Ausbildung und an die Forschungsarbeit, denn sie verlangt die Übernahme von Erkenntnissen und Methoden aus mehreren akademischen Disziplinen. Manche Wissenschaftler werden diesem interdisziplinären Anspruchsniveau nicht gerecht und dilettieren mit oberflächlichen und nicht problemadäquaten „Verhaltensanalysen".

Die Internalisierung der modernen verhaltenswissenschaftlichen Arbeitsmethoden durch die beteiligten Marketingforscher birgt wiederum andere Gefahren. Fast alle streng empirisch arbeitenden Forschungsrichtungen neigen dazu, sich in Untersuchungen von einzelnen, klar abgegrenzten Sachverhalten zu verlieren. Die Wissenschaftler werden zu Spezialisten für sachliche und methodische Detailfragen, ohne nach der Bedeutung ihrer Ergebnisse im Verwendungszusammenhang zu fragen.

Dementsprechend kommt auch in der verhaltenswissenschaftlichen Marketingforschung und in der Konsumentenforschung oft die Frage zu kurz, ob die Forschung wirklich zur Lösung von wichtigen und vorrangigen Problemstellungen der ökonomischen, sozialen und politischen Praxis beiträgt (vgl. dazu im einzelnen Kap. C. III.)[9].

---

[8] Die Mikroansätze beziehen sich auf das individuelle Verhalten, die Makroansätze auf das soziale Verhalten. Ein Abschnitt über Metatheorie und Methoden schließt das Handbuch ab.

[9] Das Institut für Konsum- und Verhaltensforschung der Universität des Saarlandes plant ein Sammelwerk „Sozialtechnik in der Gesellschaft", in dem versucht wird, die Methoden und Ergebnisse der verhaltenswissenschaftlichen Marketingforschung zur Lösung gesellschaftlicher (nicht-kommerzieller) Probleme heranzuziehen. Die Übertragbarkeit verhaltenswissenschaftlicher Erkenntnisse auf das Marketing zeigen *Nieschlag, Dichtl,* et al. (1994) an Beispielen zum Entscheidungsverhalten (S. 163 f.) und zur Kommunikation (S. 550 f.).

B. Einführung in die Verhaltenswissenschaften und aktuelle Trends

Die Konsumentenforschung ist eine angewandte Verhaltenswissenschaft. Sie hat das Ziel, das Verhalten der Konsumenten zu erklären, das heißt, Gesetzmäßigkeiten über das Verhalten zu formulieren und zu prüfen sowie an die Praxis weiterzugeben. Dieses Ziel ist nur erreichbar, wenn sie die benötigten Erkenntnisse entweder aus den empirischen Verhaltenswissenschaften übernimmt oder durch eigene empirische Untersuchungen gewinnt. Unter Verhaltenswissenschaften oder Verhaltensforschung fassen wir *alle Wissenschaften* zusammen, *die sich auf das menschliche Verhalten beziehen.*

Zur Wissenschaft vom menschlichen Verhalten gehören vor allem:

- Psychologie,
- Soziologie und Sozialpsychologie,
- vergleichende Verhaltensforschung (Verhaltensbiologie),
- physiologische Verhaltenswissenschaften.

Stark vereinfacht kann man sagen: Die Psychologie setzt sich mit den *individuellen* Aspekten des Verhaltens, die Soziologie mit den *sozialen* Aspekten auseinander. Die Sozialpsychologie vereint beide Betrachtungsweisen.

Zur Psychologie: Wenn wir etwas über den Gegenstandsbereich einer Wissenschaft erfahren wollen, ist es zweckmäßig, die Gliederung von Lehrbüchern und Einführungswerken anzusehen, denn die Abgrenzung eines Faches erfolgt nicht durch begriffliche Erörterungen, sondern durch das tatsächliche Vorgehen der Fachwissenschaftler, also durch – historisch bedingte – wissenschaftliche Konventionen.

Eine typische Lehrbuchgliederung finden wir etwa in „Psychology – the Science of Behavior" von *Carlson* (4. Aufl. 1993). Nach Kapiteln über die Psychologie als Wissenschaft folgen die einzelnen Kapitel – grob gesehen – folgender Einteilung:

Biologische Grundlagen des Verhaltens / Sinnesorgane und ihre Empfindungen / Wahrnehmung, Lernen und (sonstige) kognitive Vorgänge / emotionale und motivationale Prozesse / Entwicklung, Intelligenz und Persönlichkeit / psychische Störungen / soziale Einflüsse auf das Verhalten.

Diese Gliederung spiegelt zugleich wichtige Teilgebiete der Psychologie wider – die sich weitgehend verselbständigt haben: biologische Psychologie, kognitive Psychologie, Emotionspsychologie, Persönlichkeitspsychologie (= differentielle Psychologie), klinische Psychologie und Sozialpsychologie.

Selbstverständlich werden in den psychologischen Büchern die Schwerpunkte unterschiedlich gesetzt, zum Beispiel kommen in deutschen Lehrbüchern häufig die biologischen und sensorischen Grundlagen des Verhaltens zu kurz.

Als deutschsprachige Einführung in die Psychologie ist das gut lesbare, lockere Lehrbuch von *Mietzel* (1994) an erster Stelle zu nennen. Weitere, bereits mehr ins Detail gehende Bücher sind *Herkner* (1992) sowie das Sammelwerk von *Spada* (1992). Wer durch Comics und TV bildverwöhnt ist, wird zum reich bebilderten *dtv-Atlas zur Psychologie* (1994) greifen.[1]

Eine Psychologie für Wirtschaftswissenschaftler bieten *Franke* und *Kühlmann* (1990) sowie *Wiswede* (1991 a).

Von den psychologischen Wörterbüchern bewähren sich vor allem *Arnold, Eysenck,* et al. (1993) und *Asanger* und *Wenninger* (1992). Ein umfassendes Nachschlagewerk in deutscher Sprache ist das Handbuch der Psychologie in 12 Bänden. Sein neuer Abkömmling, die „Enzyklopädie der Psychologie" erscheint seit 1982, 1994 waren 20 Bände erschienen, insgesamt sind 89 Bände geplant (*Hogrefe-Verlag*).

Die angesehenste psychologische Fachzeitschrift ist *American Psychologist*. Für die Konsumentenforschung haben die *Psychological Review*, das *Journal of Experimental Psychology* sowie das *Journal of Applied Psychology* viel zu bieten.

Zur Soziologie: Man unterscheidet im allgemeinen nach dem Untersuchungsbereich Mikrosoziologie und Makrosoziologie. Die Mikrosoziologie beschäftigt sich mit kleineren sozialen Einheiten wie Bezugsgruppen und Familien und mit den persönlichen Beziehungen zwischen Mitgliedern dieser Einheiten. Der Bereich der Makrosoziologie umfaßt größere soziale Gebilde wie Verbände, Parteien und Betriebe sowie die Interaktion innerhalb und zwischen diesen sozialen Gebilden. Auch die gesamtgesellschaftlichen Erscheinungen und ihre Einbettung in einen noch umfassenderen sozialen Kontext (Staatsverbände, Kulturkreise) gehören dazu.

Das Lehrbuch von *Stark* (1993) steht stellvertretend für viele ähnliche amerikanische Lehrbücher; es wird auch als einzige englischsprachige Quelle im Literaturüberblick zur Soziologie von *Wiswede* (1991 b) herausgestellt. Die fünf Hauptkapitel befassen sich mit (1) einem Überblick über Grundbegriffe, Theorien und Methoden, (2) Individuen und Gruppen, (3) sozialer Schichtung und sozialen Konflikte, (4) soziale Institutionen und (5) sozialem Wandel.

Eine deutschsprachige Einführung bieten die „Schlüsselbegriffe der Soziologie" von *Bahrdt* (1994). Umfassender ist der systematische Überblick von *Reimann, Giesen* et al.: Basale Soziologie, Band 1: Theoretische Modelle, Band 2: Hauptprobleme (1991).

Das Lexikon der Soziologie von *Fuchs-Heinritz, Lautmann* et al. liegt 1994 in dritter Auflage vor.[2]

---

[1] Weitere Einführungen stammen u. a. von *Nolting* und *Paulus* (1993) sowie *Ulich* (1993). Grundlagen und „Perspektiven für soziale Berufe" bietet *Langfeld* (1993). In diesem Werk werden auch ausgewählte Bereiche der sozialen Praxis wie Kindesmißhandlung und Sucht behandelt.

[2] Ausführlicher, aber auf wesentlich weniger Stichwörter beschränkt: *Boudon* und *Bourricaud* (1992).

Anwendungsbezogen ist die „Soziologie für den wirtschafts- und sozialwissenschaftlichen Bereich" von *Wiswede* (1991 b) und die „Soziologie sozialer Probleme" von *Horton, Leslie* et al. (10. Aufl. 1991). Hier geht es um
vorrangige gesellschaftliche Probleme wie Kriminalität, Erziehung im Zeitalter des sozialen Wandels, Armut und soziale Diskriminierung.

Von den Zeitschriften sind *The American Sociological Review* und das *American Journal of Sociology* (mit stark ausgebautem Rezensionsteil) hervorzuheben.

Die Sozialpsychologie ist diejenige Verhaltenswissenschaft, die am meisten
für die Konsumentenforschung herangezogen wird. Sie ist überwiegend
experimentell ausgerichtet. Ihr Untersuchungsbereich deckt sich zum Teil
mit dem der Mikrosoziologie. Gemeinsame Themen sind vor allem Gruppenprozesse, Kommunikation und Sozialisation, auch soziale Rollen. Manche sozialpsychologischen Lehrbücher sind von mikrosoziologisch ausgerichteten Werken kaum zu unterscheiden.

Eine grobe Abgrenzung von Psychologie und Sozialpsychologie finden wir
in einem klassischen Lehrbuch von *Secord* und *Backman* (1983, Vorwort):
„Der Sozialpsychologe untersucht menschliches Verhalten im sozialen
Kontext. In dieser Hinsicht unterscheidet sich seine Aufgabe von der Aufgabe desjenigen, der allgemeine Psychologie betreibt, letzterer isoliert oft-
mals in seiner Betrachtung das Individuum von seiner sozialen Umgebung.
Seine Aufgabe unterscheidet sich auch von der eines Soziologen, der oft die
Struktur von sozialen Interaktionen getrennt von den handelnden Indivi-
duen untersucht."

Der Inhalt sozialpsychologischer Lehrbücher konzentriert sich häufig auf
folgenden Stoff: soziale Motive u. a. mit Kapiteln über hilfreiches Verhalten und über Aggressivität, soziale Kognitionen wie Personenwahrnehmung und soziale Urteilsbildung, Einstellung und Verhalten, Interaktion
und Gruppeneinfluß (*Bierhoff*, 1993).

Ein Zeichen der „sozialpsychologischen Konjunktur" ist die Vielzahl von
deutschen und ins Deutsche übersetzten Lehrbüchern. Gute Einführungen
bieten neben *Bierhoff* (1993) auch *Forgas* (übersetzt, 1994) und *Aronson* (übersetzt, 1994).[3]

Zum Nachschlagen von sozialpsychologischen Schlüsselbegriffen liegt ein
Sammelband von *Frey* und *Greif* (1994) vor.[4]

Anwendungsorientiert und sehr lebendig geschrieben ist die Sozialpsychologie des täglichen Lebens von *Argyle* (1992) mit ausführlichen Literaturhinweisen zu jedem Kapitel.

Von den sozialpsychologischen Zeitschriften sind für die Konsumentenfor-

---

[3] Als amerikanische Einführung ist besonders *Baron* und *Byrne* (1994) hervorzuheben, vertiefend „die deutsche Fassung eines europäischen Lehrbuchs der Sozialpsychologie, zu dem führende Sozialpsychologen aus acht Ländern beigetragen
haben" (*Stroebe, Hewstone* et al., 1992).

[4] Als besonders bekanntes, aber inzwischen stellenweise veraltetes Nachschlagewerk darf das von *Lindzey* und *Aronson* herausgegebene „Handbook of Social Psychology" nicht übergangen werden.

schung vor allem die amerikanischen ergiebig: das *Journal of Experimental Social Psychology*, das *Journal of Applied Social Psychology* und ganz besonders das *Journal of Personality and Social Psychology*.

Eine der Sozialpsychologie eng verwandte und ebenfalls experimentell orientierte Wissenschaft ist die – **pragmatische** (wirkungsbezogene) – **Kommunikationsforschung**. Sie hat sich als eigenständiger interdisziplinärer Forschungszweig etabliert und umfaßt außer sozialpsychologischen Ansätzen noch psychologische, soziologische und andere sozialwissenschaftliche Analysen des Kommunikationsprozesses. Sie ist nicht zu verwechseln mit der formalen Informationstheorie: Die Kommunikationsforschung untersucht die individuellen und sozialen Wirkungen der Kommunikation, die Informationstheorie ist dagegen eine mathematische Theorie, die sich mit den (statistischen) Gesetzmäßigkeiten der Übermittlung und Verarbeitung von Informationen befaßt.

Es gibt nur wenige Bücher, die den gesamten Bereich der Kommunikation erfassen und sich mit allen Formen der Kommunikation beschäftigen, wie die „Einführung in Kommunikation" von *Dimbley* und *Burton* (1992).

Im allgemeinen wenden sich die Autoren entweder der direkten Kommunikation zwischen Personen zu (= interpersonale Kommunikation) oder der Kommunikation mittels Massenmedien. Ein führendes Lehrbuch über Massenkommunikation stammt von *McQuail* (1994), deutschsprachig ist die Medienwirkungsforschung von *Schenk* (1987) verfügbar.[5]

Zur Kommunikationsforschung sind auch die Veröffentlichungen zu zählen, die unter dem Titel „Persuasion" (Überzeugung) erscheinen und die Beeinflussungswirkungen der Kommunikation, vor allem die Veränderungen von Einstellungen, darstellen. Das Buch von *O'Keefe* (1992) ist ein hervorragendes Beispiel.

Interessante Beiträge und Entwicklungen werden durch das *Mass Communication Review Yearbook* (*Wilhoit* und *De Bock*, 1980 ff.) und das *Communication Yearbook* der ICA (Band 16 von *S. A. Deetz*, 1993) nachgewiesen. Zeitschriften, die auch Anregungen zur Konsumentenforschung bieten, sind *Communications* – eine mehrsprachige internationale Zeitschrift für Kommunikationsforschung – sowie *Communication Research Quarterly, Journal of Communication* und *European Journal of Communication*.

Biologische Richtungen: Wir vergessen leicht, daß psychische Vorgänge, wie emotionale Erlebnisse oder die Erinnerung an ein Ereignis, mit biologischen (physiologischen) Vorgängen verbunden sind. So hängt zum Beispiel die langfristige Erinnerung an ein Ereignis von den bioelektrischen und biochemischen Bedingungen beim Auftreten des Ereignisses ab.

---

[5] Ein Sammelwerk mit Beiträgen zu den einzelnen Medien, ihren Wirkungen und ihrer gesellschaftlichen Rolle wurde von *Emery* und *Smythe* (1989) herausgegeben. Die Literatur über Massenkommunikation spaltet sich weiter auf in Veröffentlichungen, die sich auf einzelne Massenmedien beziehen. Eingehende Literaturhinweise enthalten die späteren Kapitel über interpersonale Kommunikation und Massenkommunikation.

Abbildung 2 verdeutlicht die wesentlichen Fragestellungen, welche die Beziehungen zwischen psychischen Vorgängen (P) und biologischen (physiologischen) Vorgängen (B) betreffen. Im Mittelpunkt steht die direkte und wechselseitige Beeinflussung der inneren Vorgänge P und B, weniger der Einfluß auf das beobachtbare Verhalten.

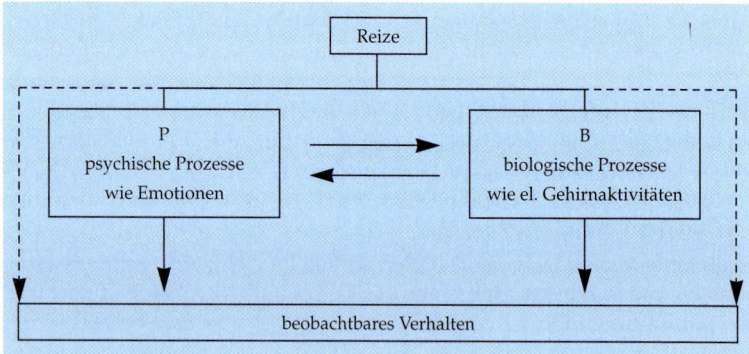

Abbildung 2: Die biologischen Richtungen der Psychologie

Anmerkung: Meistens werden 2 Richtungen mit biologischen Fragestellungen unterschieden: Die Psychobiologie oder Psychophysiologie verfolgt die Beziehungen P → B, die biologische oder physiologische Psychologie untersucht die Beziehungen B → P.

Bei strenger Unterscheidung ergeben sich zwei verschiedene Fragestellungen: Welche biologischen Ereignisse begleiten die psychischen Vorgänge? Damit beschäftigt sich die **Psychobiologie.** In den entsprechenden Experimenten werden psychische Vorgänge (wie emotionale Erlebnisse) als unabhängige und manipulierte Variable aufgefaßt, und es wird festgestellt, welche biologischen Vorgänge (zum Beispiel Gehirnaktivitäten) aktiviert werden und das emotionale Erleben begleiten und mitbestimmen (P → B).

Die **biologische Psychologie** setzt sich dagegen mit der umgekehrten Wirkungskette (Funktionskette) B → P auseinander. Diese Trennung in zwei verschiedene Untersuchungsfelder oder Spezialdisziplinen wird allerdings nicht streng durchgehalten. Es gibt einige Autoren, welche unter der einheitlichen Bezeichnung „Psychophysiologie" die Beziehungen zwischen den psychischen und den biologischen (physiologischen) Einflußgrößen in beide Richtungen untersuchen (*Bagozzi*, 1991, S. 126). Beide Richtungen verbindet ja das gemeinsame Ziel, die biologischen Bedingungen des Verhaltens herauszuarbeiten und damit auch die genetischen Dispositionen, die dabei angesprochen werden.[6]

Auch Sozialspychologie und Soziologie beziehen in den letzten Jahren (in Deutschland noch sehr zögerlich) die biologischen Grundlagen des Verhal-

---

[6] Das instruktivste Sammelwerk zur Psychophysiologie wurde von *Cacioppo*, einem führenden Vertreter der psychobiologischen Arbeiten, und von *Tassinary* (1990) herausgegeben.

tens stärker in ihre Betrachtung ein. Eine neuere Einführung bietet die „Soziobiologie" von *Voland*, „die sich mit der biologischen Angepaßtheit des tierlichen und menschlichen Sozialverhaltens beschäftigt" (*Voland*, 1993, S. 1).

Eine weitere Richtung, die sich den biologischen Bedingungen des Verhaltens zuwendet, ist die vergleichende Verhaltensforschung oder Ethologie, manchmal auch als **Verhaltensbiologie** bezeichnet (*Gattermann*, 1993):

Aus systematisch ausgewerteten Erkenntnissen über genetisch angelegte Verhaltensmuster bei Tieren und aus kulturvergleichenden Untersuchungen, die auf universelle Verhaltensweisen bei allen Menschen hinweisen, werden Schlüsse auf angeborene Verhaltensdispositionen beim Menschen gewonnen (Humanethologie). *Abbildung 3* veranschaulicht eine verhaltensbiologische Einsicht: Auf bestimmte emotionale Reize reagieren Menschen aufgrund von biologisch bestimmten Dispositionen mehr oder weniger automatisch.

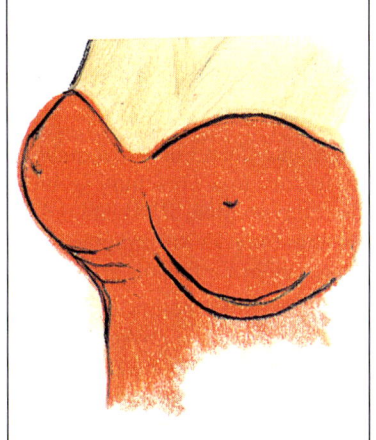 

Abbildung 3: Super-Attrappen als Forschungsgegenstand der Verhaltensbiologie: Busenschema und Kindchenschema

Anmerkung: Busenschema und Kindchenschema sind Beispiele für Attrappen. Das sind stark vereinfachte Modelle von emotionalen Schlüsselreizen, auf die Menschen aufgrund von biologischen Dispositionen mehr oder weniger automatisch reagieren. Aus dieser Einsicht lassen sich Beeinflussungstechniken ableiten.

Kroeber-Riel hat die psychobiologischen und verhaltensbiologischen Konzepte bereits frühzeitig in die Konsumentenforschung, insbesondere in die amerikanische Literatur, eingeführt.[7]

---

[7] Vgl. dazu *Kroeber-Riel* (1981) und den grundlegenden Artikel über „Activation Research – Psychobiological Approaches in Consumer Research" (1979). Zu Kommentaren dazu und über die gesamte Forschungsrichtung vgl. *Kassarjian* (1982). Der Beitrag *Kroeber-Riel* (1979) wird auch in gegenwärtigen Sammelwerken wieder abgedruckt, siehe u. a. *Kassarjian* und *Robertson* (1991, S. 225 ff).

Im vorliegenden Buch kommt das psychobiologische Denken unter anderem im zentralen Konstrukt „Aktivierung" (vgl. den 2. Teil) zum Ausdruck. Unter Aktivierung wird ein zentralnervöser Erregungsvorgang verstanden, der mit physiologischen Methoden gemessen werden kann. Die Stärke der in einer Verhaltenssituation vorhandenen Aktivierung bestimmt wesentlich das emotionale Erleben (Aktivierung als Grunddimension von Emotionen) sowie die gedanklichen Leistungen der Konsumenten. Da sich die Aktivierung gezielt beeinflussen bzw. manipulieren läßt, ergeben sich zahlreiche Möglichkeiten, in das emotionale und kognitive Verhalten der Konsumenten einzugreifen.

Aktuelle Perspektiven und Trends: Bei der Erklärung von komplexen Verhaltensweisen kann man sich nur selten auf Erkenntnisse einer Disziplin stützen. Man ist im allgemeinen darauf angewiesen, auf breiter Front vorzugehen und die Ergebnisse mehrerer verhaltenswissenschaftlicher Forschungsbereiche zu berücksichtigen.

In den Verhaltenswissenschaften ist deswegen ein Trend zur interdisziplinären Arbeit festzustellen. Zum Beispiel enthalten fast alle modernen Psychologiebücher ausführliche Kapitel über die biologischen und physiologischen Determinanten des Verhaltens. Zeitschriften wie BEHAVIORAL SCIENCE repräsentieren diese integrierte verhaltenswissenschaftliche Sicht.

Das bedeutet natürlich *nicht*, daß bei der Analyse menschlichen Verhaltens die Erkenntnisse der verschiedenen Disziplinen und Forschungsgebiete auch nur annähernd *gleichmäßig* berücksichtigt werden. In Abhängigkeit von der Entwicklung einzelner Disziplinen und von Zeitströmungen und Trends erhalten einige Forschungsrichtungen mehr Einfluß als andere.

Das gilt auch für die Konsumentenforschung. Sie wird in besonderem Maße durch eine interdisziplinäre Ausrichtung und durch eine größere Methodenvielfalt gekennzeichnet (*Sherry*, 1991). Hinzu kommt eine kaum noch überschaubare Ausdehnung der Themen, insbesondere in den Bereich des nicht-kommerziellen Verhaltens.

Aktuelle Trends: Die grundlegenden Strömungen lassen sich wie folgt darstellen:

1. Forschungsrichtungen: Nach wie vor geben positivistische Ansätze den Ton an; sie bestimmen weitgehend, wie bei der Forschung vorgegangen wird, wie die Forschungsergebnisse gewonnen und beurteilt werden.

Zugleich werden jedoch in der Konsumentenforschung heute wesentlich mehr als in den 1980er Jahren verstehende (hermeneutische) Ansätze verwendet und akzeptiert. Die nachfolgende Gegenüberstellung soll den Unterschied zwischen den beiden Richtungen verdeutlichen:

Die **positivistische Richtung** geht von erfahrungswissenschaftlichen Erkenntnistheorien aus. Danach ist die Forschung darauf gerichtet, generalisierbare und empirisch begründete Aussagen (Hypothesen und Theorien) zu formulieren. Diese Aussagen sollen dazu dienen, das Konsumentenverhalten zu erklären, Prognosen über das Verhalten zu erstellen und Empfehlungen über die Beeinflussung des Verhaltens abzugeben. Dabei wird vor allem an die empirischen Ansätze der Psychologie und der Sozialpsychologie angeknüpft. Immer wiederkehrende Probleme sind die Operationalisierung und Messung der theoretischen Begriffe sowie die empirische Datenerhebung.

Die empirisch abgesicherten Forschungsergebnisse über das Konsumentenverhalten lassen sich auf der Aktionsebene vielseitig umsetzen. Sie ermöglichen es, Handlungsempfehlungen für das kommerzielle und nichtkommerzielle Marketing zu formulieren und verbraucherpolitische Instrumente zur Aufklärung und zum Schutz der Verbraucher zu entwickeln (*Kuhlmann*, 1990).[8]

Zur verstehenden Richtung: Die theoretischen Auseinandersetzungen der 1990er Jahre werden stark von einer Forschungsrichtung beeinflußt, die das Verhalten „verstehen" und „interpretieren", aber keine quantifizierbaren und generalisierbaren Erklärungen und keine Sozialtechniken zur Beeinflussung des Verhaltens liefern will. Das Verhalten der Konsumenten soll zu diesem Zweck mittels semiotischer und hermeneutischer Verfahren aus einem symbolischen oder realen Sinnzusammenhang erschlossen werden.

So wird zum Beispiel die Motivation, Marlboro zu rauchen, abgeleitet aus den Fantasien einer Frau, selbst die Rolle des in der Werbung dargestellten Reiters zu spielen und damit Gefühle persönlicher Schwäche zu überwinden. Einsichten in diese Motivation können durch projektive Tests, durch Interpretation von erzählten Geschichten usw. erschlossen werden oder – allgemeiner – durch eine semiotische Analyse zur Bedeutung des Cowboys in der amerikanischen Kultur (*Solomon*, 1992, S. 21).[9]

Die beiden – positivistischen und verstehenden – Forschungsrichtungen werden manchmal als Konzeption aufgefaßt, die sich ergänzen[10], im allgemeinen aber als konkurrierende Forschungsansätze. Ihre Konkurrenz wird dabei nicht nur aus metatheoretischer Sicht[11], sondern auch aus ideologischer Sicht gesehen: Positivistische Richtungen und quantitatives Denken spiegeln eine männliche Ideologie wider, verstehende Methoden eine feminine Ideologie (*Hirschman*, 1993).

Wesentliche Impulse erhielt die verstehende Richtung durch eine extreme Forschungsaktion, die als **Konsumentenverhaltensodyssee** in die Literatur einging: Mehrere bekannte amerikanische Konsumentenforscher erkunde-

---

[8] Zudem werden durch die empirische Konsumentenforschung Bausteine zur Erklärung und Beeinflussung der kollektiven Kaufentscheidungen von Unternehmen und von Organisationen geliefert (*Kuß*, 1991, S. 160ff.; *Bänsch*, 1993, S. 181ff.; *Ward* und *Webster*, 1991).

[9] Exponenten der verstehenden bzw. hermeneutischen Forschungsrichtung sind vor allem *Hirschman* und *Holbrook*, repräsentiert u. a. durch *Hirschman* (1989) sowie *Holbrook* und *Hirschman* (1993).

[10] Zum Beispiel im Konzept einer „polistischen Perspektive" der Konsumentenforschung, vgl. *Engel, Blackwell* et al. 1993, S. 7).

[11] Metatheoretisch: als fundamentaler Gegensatz zwischen erfahrungswissenschaftlichen (empirischen) und interpretativen Ansätzen. Der strenge Positivist wird die verstehenden Methoden dem Entdeckungszusammenhang zuordnen und nicht als wissenschaftliche Erklärung zulassen.

ten auf einer Fahrt zwischen Ostküste und Westküste das alltägliche Verhalten der Bevölkerung, zum Beispiel beim Einkaufen, Spielen, Wohnen usw. – durch Interpretation des verbalen und nicht-verbalen Verhaltens, durch Interviews und Beobachtungen.[12] Die in zahlreichen Schriften aufgezeichneten Methoden und Ergebnisse dieser Reise haben die Perspektive der Konsumentenforschung erheblich bereichert und manchen neuen Trend ins Leben gerufen.

Abbildung 4: Die amerikanische Konsumentenverhaltensodyssee als Aufbruch in neue Methoden

Anmerkung: Während der Konsumentenverhaltensodyssee wurde das alltägliche Verhalten der Bevölkerung bei Arbeit und Freizeit, bei Konsum und Einkauf – auf dem Markt, im Wohnwagen, im Restaurant usw. – durch zahlreiche Interviews, Beobachtungen und Protokolle aufgenommen.

2. Forschungsthemen: Im Bereich des individuellen Verhaltens – der psychischen Vorgänge, die sich „im" Konsumenten abspielen – findet das emotionale Verhalten seit Jahren immer mehr Interesse. Programmatisch für diese stärkere Beachtung der Konsumentenemotionen war eine Sitzung auf der 20. ACR-Konferenz in Vancouver unter dem Leitmotiv „Putting more emotion into Consumer Research" (*Allen*, 1992).

Die früher durchgeführten Untersuchungen über Konsumentenemotionen bezogen sich in erster Linie auf die Wirkungen der emotionalen Werbung und auf die Auswirkungen von emotionaler Atmosphäre und Stimmung auf das gedankliche (kognitive) Konsumentenverhalten. Die Fragen, wie einzelne starke Emotionen beim Konsumenten entstehen, wie sie gezielt erzeugt werden können, wie sie vom Konsumenten ausgedrückt werden und

---

[12] Zur Entstehung der Konsumentenverhaltensodyssee vgl. *Kassarjian* (1987) und als zusammenfassenden Report *Belk* (1991) mit zahlreichen weiteren Literaturquellen. Bei *Scott* (1992) findet man einen Überblick über die „postmoderne Kultur", die mit der Öffnung zu heuristischen Methoden einhergeht und zu einer Benutzung von Bildern beigetragen hat.

auf sein Verhalten durchschlagen, bewegen die Forschung erst in den letzten Jahren (*Cohen* und *Areni*, 1991, insbesondere S. 204). Ein wichtiger Zugang zur Erforschung der Emotionen ist das non-verbale Verhalten der Konsumenten. Es wurde deswegen zu einem besonders wichtigen Forschungsgegenstand.[13]

Die Zuwendung zu den Emotionen des Konsumenten betrifft in zunehmendem Maße auch die „dunklen Seiten des Konsumentenverhaltens".[14] Die Konsumentenforschung wird aufgefordert, sich mehr um die Erklärung dieser Verhaltensweisen und um ihre sozialtechnische Beeinflussung (Verbesserung) zu kümmern (*Wells*, 1993, S. 490). Es bedarf keiner weiteren Erörterung, daß die Erklärung gerade dieser Verhaltensweisen nicht mit kognitiven Ansätzen auskommt, sondern stark auf Einsichten in das emotionale Konsumentenverhalten angewiesen ist.

Im Bereich der Umwelteinflüsse ist vorrangig festzustellen, daß die kulturellen Bestimmungsgründe des Verhaltens stark in das Blickfeld treten. Das ist nicht zuletzt eine Folge der vermehrten Beschäftigung mit dem globalen – internationalen – Marketing.

So war zum Beispiel der größte Teil der Vorträge auf der ACR-Konferenz in Amsterdam (1992) den kulturvergleichenden Studien gewidmet. Diese bezogen sich auf so unterschiedliche Themen wie die interkulturellen Unterschiede der Zeitwahrnehmung von Konsumenten, kulturspezifische Lebensstile und Probleme bei der Entwicklung und Umsetzung von kulturübergreifenden Marketingmaßnahmen (*Bamossy, van Raaij*, 1993).

Die Bedeutung von kulturellen Einflüssen wird von manchen Autoren für so stark gehalten, daß sie jedem Kapitel über das Konsumentenverhalten (wie „Wahrnehmung" oder „Familienentscheidungen") einen Abschnitt über multikulturelle Dimensionen beifügen (*Solomon*, 1993).

Erstaunlich kurz kommen im Bereich der umweltbezogenen Forschung die ökologischen Themen.[15] Der bisher schon starke Trend zur Beschäftigung mit dem nicht-kommerziellen Konsumentenverhalten setzt sich fort: Dabei steht derzeit das Gesundheitswesen im Vordergrund.[16] Die Spannweite der Themen auf diesem Gebiet – über die man in Deutschland, mangels spezialisierter Forschungsarbeiten, neidisch werden könnte – reicht von der Wahrnehmung von Gesundheitsinformationen auf Nahrungsmitteln bis zur Entwicklung und zum Einsatz von Strategien, um Frauen zur Krebs-

---

[13] In Deutschland hat sich die Paderborner Forschungsgruppe um *Weinberg* bereits ab 1980 mit der Körpersprache als Ausdruck des emotionalen Konsumentenverhaltens und zugleich als Sozialtechnik zur Beeinflussung des Verhaltens auseinandergesetzt, vgl. u. a. *Weinberg* (1986 b); *Bekmeier* (1989 a und b, 1994).

[14] Vgl. dazu *Wansink* (1994). Damit ist das impulsive und unüberlegte sowie zwanghafte Einkaufs- und Konsumverhalten gemeint, in extremen Fällen die verschiedenen Formen des Suchtverhaltens wie Drogensucht, Spielsucht, Alkoholsucht usw.

[15] Eine Ausnahme ist seit Jahren die Forschungsgruppe in Hannover um *Hansen*, zuletzt zum Thema „Sustainable Consumption" (*Hansen*, 1994).

[16] Vgl. dazu den Überblick von *Mooreman* (1994).

vorsorge (Mammographie) zu bewegen und bis zur Beeinflussung des Verhaltens gegenüber Aids-Kranken.[17]

Die außerordentliche Ausweitung der Konsumentenforschung, u. a. durch die Einbeziehung der verstehenden Methoden und der „dunklen Seiten" des Konsumentenverhaltens, macht einen weiteren Trend deutlich: **Ethik** wurde in den letzten Jahren zu einem vorrangigen Thema. So schreiben *Engel, Blackwell, Miniard* in der Neuauflage ihres Lehrbuches: Wir berücksichtigen nunmehr durchgehend im gesamten Buch unser wachsendes Engagement für die Ethik der Konsumentenbeeinflussung. Ein Hauptkapitel stellt „eine völlig neue Perspektive des ethischen Denkens dar" (1993, S. 7). Dabei sind drei Perspektiven zu unterscheiden. Die Ethik des Marketing, die der Konsumentenforschung sowie die Ethik des Konsumentenverhaltens.[18]

Von Interesse mit Blick auf die Zukunft wird es sein, das Konsumentenverhalten in die aktuelle „Assessment"-Diskussion einzubeziehen. Neben dem Marketing-Assessment und dem Technology-Assessment wird es verstärkt darauf ankommen, auch das Kaufverhalten aus der Sicht der Konsumenten abzuschätzen.

Ein **Konsumenten-Assessment** wird sich der folgenden Fragen annehmen:

- Welche Informationen benötigen Konsumenten, und wie erfolgt die Informationssuche?
- Wie erfolgt die Informationsverarbeitung im emotionalen und kognitiven Sinne?
- Mit welchen Kauffolgen ist zu rechnen, d. h., erbringen Kauf und Konsum bzw. Gebrauch die gewünschten Ergebnisse?

Ein derartiges Konsumenten-Assessment ist Bestandteil einer strategischen Ausrichtung einer Unternehmenspolitik, die sich ihrer gesellschaftlichen Verantwortung bewußt ist.[19] Dabei schließt der Unternehmensbegriff auch staatliche und nicht-kommerzielle Institutionen ein. Konsumenten-Assessments spiegeln zentrale Werthaltungen einer Gesellschaft wider.

---

[17] Vgl. zu weiteren Problemstellungen *Andreasen* (1994).

[18] Schließlich ist noch die Ethik der einzelnen Forscher gegenüber den anderen Forschern zu sehen (*Holbrook*, 1994). In Deutschland hat sich vor allem *Raffée* um die ethische Diskussion verdient gemacht, *vgl. Raffée* (1987); auch *Raffée* und *Wiedmann* (1985) „Business Ethics" wurde für 1996 zum Schwerpunktthema der Jahrestagung der Fachvertreter für Marketing an deutschen Universitäten (Kommission Marketing) erklärt.

[19] Zu den Beziehungen zwischen Assessment und Ethik vgl. auch *Zentes* (1992, S. 266). Einen Überblick über das ausgeprägte Interesse an den Beziehungen zwischen Marketing und Ethik vermittelt der Band 21 der Advances in Consumer Research (1994).

C. Wissenschaftstheoretische Überlegungen zur Konsumentenforschung

Man erwartet von einem Menschen, daß er über sein Handeln nachdenkt und für sein Handeln geradesteht. Es ist deswegen auch zu erwarten, daß sich ein Wissenschaftler Gedanken darüber macht, warum und wie er Wissenschaft betreibt und welche Folgen seine Wissenschaft für die Gesellschaft hat. Dabei hilft ihm die Wissenschaftstheorie. Sie ist eine Theorie *über* das wissenschaftliche Handeln.

Gegenstand der Wissenschaftstheorie ist einerseits das tatsächliche *Verhalten* von Wissenschaftlern. Die Wissenschaftstheorie beschreibt das wissenschaftliche Handeln vom ersten Einfall bis zur Realisation, zum Beispiel bis zur Veröffentlichung eines Buches. Auf der anderen Seite analysiert die Wissenschaftstheorie wissenschaftliche *Aussagen*. Sie hat es dann nicht mit menschlichem Verhalten, sondern mit sprachlichen Gebilden zu tun, etwa mit der Frage, ob eine Aussage logisch widerspruchsfrei ist oder ob sie faktisch wahr ist.[1]

Wie jede Theorie besteht die Wissenschaftstheorie selbst aus einem System von Aussagen. Diese Aussagen können die Wirklichkeit wiedergeben (deskriptive Aussagen), oder sie können angeben, wie die Wirklichkeit aussehen soll (normative Aussagen). Der Unterschied zwischen diesen Aussagearten wird später noch genauer beschrieben.

Wir kommen nach diesen Unterscheidungen zu folgender einfacher Gliederung der Wissenschaftstheorie:

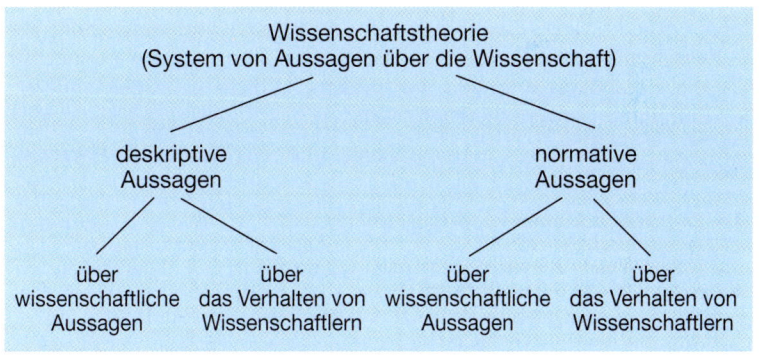

[1] Als Einführung in die Wissenschaftstheorie hat sich *Seiffert* (1991) bewährt. Eine kognitive Sicht prägt das Buch von *Giere* (1988). Historische Positionen stellt *Gillies* (1993) dar. Ein fundiertes Handlexikon zur Wissenschaftstheorie haben *Seiffert* und *Radnitzky* (1990) herausgegeben.

Nach dieser „metapragmatischen" Wissenschaftsgliederung genügt es nicht, wenn in die wissenschaftstheoretischen Analysen nur die logischen und semantischen Aspekte von Aussagen einbezogen werden. Auch pragmatische Überlegungen sind notwendig. Diese betreffen die Beziehungen zwischen den wissenschaftlichen Aussagen und ihren Benutzern (den Herstellern und Verwendern der Aussagen). Typische pragmatische Fragestellungen lauten: Welche Absichten werden mit der Produktion von wissenschaftlichen Aussagen verfolgt? Welche Wirkungen haben diese Aussagen auf die Umwelt? Derartige Fragen werden in der herkömmlichen Wissenschaftstheorie häufig ausgeschlossen oder vernachlässigt.

Die pragmatische Betrachtungsweise schließt Wertungen des wissenschaftlichen Handelns mit ein. In der von uns vertretenen Wissenschaftstheorie spielen deswegen Werturteile eine legitime Rolle.

In der Wissenschaftstheorie kann man drei Untersuchungsbereiche unterscheiden.[2]

(1) Entdeckungszusammenhang
    Fragestellung: Wie kommen wissenschaftliche Aussagen zustande?
    Beispiel: Von welchen Motiven wird ein Wissenschaftler zu seinen Forschungen getrieben?

(2) Begründungszusammenhang
    Fragestellung: Wie können die vorhandenen wissenschaftlichen Aussagen begründet und gerechtfertigt werden?
    Beispiel: Ist ein Modell logisch widerspruchsfrei, erklärt es in zutreffender Weise die Wirklichkeit?

(3) Verwendungszusammenhang
    Fragestellung: Wie werden die wissenschaftlichen Aussagen verwertet?
    Beispiel: Tragen Sozialtechniken, die aus den wissenschaftlichen Aussagen abgeleitet werden, zur Stabilisierung eines gesellschaftlichen Mißstandes, wie z. B. Luftverschmutzung, bei?

Entsprechend unserer Einteilung in eine deskriptive und in eine normative Wissenschaftstheorie können diese Fragestellungen auch normativer Art sein. Es ist dann zu fragen, wie wissenschaftliche Aussagen entdeckt, begründet und verwertet werden *sollen.*

Zwischen Entdeckungszusammenhang und Verwendungszusammen-

---

[2] Die Einteilung in Entdeckungszusammenhang und Begründungszusammenhang geht auf *Reichenbach* (1952, S. 7) zurück. Seiner Ansicht nach ist es Aufgabe der Psychologie und nicht der Wissenschaftstheorie, Entstehung und Ablauf des tatsächlichen Denkens zu untersuchen. Die Wissenschaftstheorie hat sich ausschließlich mit dem Begründungszusammenhang zu beschäftigen. Diese Auffassung wird allerdings zunehmend nicht mehr akzeptiert.
Die Einbeziehung des Verwendungszusammenhanges in die Wissenschaftstheorie ist neueren Datums. Sie wurde durch pragmatische Strömungen der Wissenschaftstheorie sowie durch die „kritische Theorie der Sozialwissenschaften" (vgl. etwa *Habermas,* 1970, 1985) gefördert. Entstehungs-, Begründungs- und Anwendungszusammenhang konsistent in einer wissenschaftstheoretischen Konzeption zu erfassen, „ist eines der Grundprobleme einer Theorie der *Entwicklung* der Wissenschaft als eines *gesellschaftlich* komplexen Phänomens" (*Mocek,* 1990).

hang ergeben sich starke Überschneidungen. Sie gehen vor allem darauf zurück, daß die Entdeckungen eines Wissenschaftlers durch Verwendung von wissenschaftlichen Erkenntnissen eines anderen zustande kommen (wissenschaftliches Input-Output-System).

I. Zum Entdeckungszusammenhang: Konsumentenforschung im Wandel

Wie neues Wissen entdeckt wird, hängt insbesondere von den individuellen, sozialen und historischen Bedingungen ab, unter denen Wissenschaftler nach Erkenntnissen suchen. Zum Beispiel können gleiche Erkenntnisse durch ein Laborexperiment, durch einen Einfall, durch einen Dialog oder durch Übernahme eines Denkmusters aus einer ganz anderen Wissenschaft gewonnen werden.

Einen entscheidenden Beitrag zur Erklärung wissenschaftlicher Entwicklungsprozesse hat das Buch von *Kuhn* über die *Struktur wissenschaftlicher Revolutionen* (1962, deutsch 1967) geleistet. Es hat zahlreiche Folgearbeiten und Erwiderungen ausgelöst.[3]

In diesem Buch spielt der Begriff **Forschungsparadigma** eine zentrale Rolle: Unter einem **Paradigma** kann man wissenschaftliche Problemlösungsmuster verstehen, die in einer „wissenschaftlichen Gemeinschaft" gelten, d. h., die von den Vertretern eines wissenschaftlichen Fachgebietes weitgehend geteilt werden. Sie arbeiten dann mit übereinstimmenden Begriffen, bevorzugen gleiche wissenschaftliche Methoden und Fragestellungen, lesen ähnliche Literatur usw. „Innerhalb solcher Gruppen gibt es eine relativ starke Kommunikation, und die fachlichen Urteile sind relativ einheitlich." Dagegen ist die Kommunikation mit Gruppen, die einem anderen Paradigma folgen, oft mühsam, sie führt leicht zu Mißverständnissen und naturgemäß zu erheblichen Meinungsverschiedenheiten (*Kuhn,* 1972, S. 289).

Wissenschaftlicher Wandel geht nach *Kuhn* darauf zurück, daß auf *„normale"* Zeiten, in denen die meisten bzw. die tonangebenden Wissenschaftler nach dem gleichen Paradigma arbeiten oder dies zumindest anerkennen, *„Krisenzeiten"* folgen, in denen die Ansichten darüber, wie fachliche Fragestellungen anzufassen sind, weit auseinander gehen. In solchen Zeiten nehmen Unsicherheit und Unzufriedenheit bei der wissenschaftlichen Arbeit zu, weil viele Problemlösungen als unbefriedigend erscheinen. Es treten dann *neue,* konkurrierende Paradigmen auf, die zu den bisher dominierenden Problemlösungsmustern in Widerspruch stehen und Richtungskämpfe auslösen.

Der Widerstreit von Paradigmen und das Auftreten neuer wissenschaftlicher Problemlösungsmuster sind entscheidende Antriebskräfte für den Wandel und die Dynamik einer Wissenschaft. In der Konsumentenforschung sind diese Wirkungen so ausgeprägt, daß in den letzten Jahren ein

---

[3] Eine prägnante Zusammenfassung des Paradigmenansatzes bietet *Chalmers* (1989).

Schub von neuen wissenschaftlichen Ansätzen und Ergebnissen ausgelöst wurde, so daß man geradezu von einer „postmodernen Renaissance" der Konsumentenforschung sprechen kann. Die wesentlichen Entdeckungsimpulse entstanden in der Konsumentenforschung durch

- die interdisziplinäre Wissenschaftskommunikation,
- die Kritik am kognitiven Forschungsparadigma,
- die Entwicklung neuer Forschungsmethoden.

Diese neuen Paradigmen sind (ebenso wie vorher die alten) mit stark affektiven *Überzeugungen* der Wissenschaftler verbunden, nunmehr bessere und „richtige" Problemlösungsmuster zu vertreten. Diese subjektiven Überzeugungen sind wichtige Antriebskräfte für die Verbreitung und Durchsetzung eines Forschungsparadigmas. Der Durchsetzungsprozeß ist deswegen nach *Kuhn* vor allem als Ergebnis sozialer Durchsetzungsstrategien und weniger als Ergebnis rationaler Argumentation zu sehen. Dabei spielen die historischen gesellschaftlichen Bedingungen eine wichtige Rolle. Anders gesagt: Für die Entwicklung einer Wissenschaft sind in erheblichem Ausmaß „wissenschaftsexterne Einflüsse" verantwortlich (*Leinfellner*, 1976).

Kuhn führt vor Augen, daß die wissenschaftliche Entwicklung kein kontinuierlicher Akkumulationsprozeß von neuen Erkenntnissen ist, sondern in *Schüben* verläuft. Diese Schübe werden durch Einführung und Durchsetzung neuer Problemlösungsmuster (Paradigmen) gekennzeichnet.

Die in der verhaltenswissenschaftlichen **Konsumentenforschung** vorherrschenden wissenschaftlichen Problemlösungsstrategien lassen sich als Paradigma im Sinne von *Kuhn* verstehen und auf einer abstrakten Ebene vor allem durch folgende **Forschungskriterien** kennzeichnen:

- interdisziplinär,
- empirisch,
- pragmatisch.

Diese drei Forschungskriterien sind nicht unabhängig voneinander. Sie gehören zusammen und bilden eine einheitliche Forschungsperspektive, die paradigmatisch die Erkenntnisgewinnung steuert.

Die Durchsetzungskraft eines Forschungsparadigmas hängt insbesondere von seiner **Reichweite** ab.

Die Reichweite eines Paradigmas wird davon bestimmt, wie groß die „wissenschaftliche Gemeinschaft" ist, die von diesem Paradigma geleitet wird. Einerseits ist es nicht so, daß man erst dann von einem Paradigma sprechen kann, wenn es um ein Problemlösungsmuster geht, „das allgemein anerkannt", also vom weitaus größten Teil einer Forschungsdisziplin, akzeptiert wird. Andererseits ist jedoch zu beachten, daß die Kommunikation einer Disziplin und die wissenschaftliche Erkenntnisgewinnung und -überprüfung nur dann funktionieren können, wenn eine bestimmte Reichweite des von den Wissenschaftlern verfolgten Paradigmas nicht unterschritten wird: Ein paradigmatisches Denkmuster muß also von einem großen Teil der Wissenschaftler verstanden und von einem beachtlichen Teil auch akzeptiert werden.

Derzeit konkurrieren mehrere Forschungsparadigmen um Akzeptanz in der Gemeinschaft der Konsumentenforscher. Nach wie vor dominieren kognitive Theorien und Methoden, vor allem in der angelsächsischen Literatur.

Das kognitive Paradigma: Die Formulierung „kognitive Theorie" oder „kognitive Erklärung" ist zweideutig. Man kann einerseits die Erklärung kognitiver Prozesse darunter verstehen, andererseits besondere Methoden und Theorien, die vereinfacht als „Informationsverarbeitungsansatz" umschrieben werden können. Nach diesem Ansatz werden psychische Vorgänge – wie Wahrnehmung oder Einstellung – sowie das Verhalten als Ergebnis der kognitiven (gedanklichen) Verarbeitung von Information gesehen. Dabei wird die kognitive Informationsverarbeitung als eigenständiger, nicht unmittelbar reizabhängiger Prozeß betrachtet: Sie ist ein *aktiver* gedanklicher Vorgang, „ein konstruktiver Akt" (*Neisser,* 1974, S. 27), der sich zwischen die Aufnahme der Umweltreize und das Verhalten schiebt und dafür verantwortlich ist, daß man das Verhalten nicht ohne weiteres als direkte Wirkung der aufgenommenen Reize erklären kann.

Diese spezielle Betrachtungsweise wird allgemein als kognitiver Ansatz bezeichnet (also nicht die Analyse kognitiver Vorgänge, die auch nach anderen Ansätzen möglich ist). Sie hat die früher vorherrschende behavioristische Betrachtungsweise weitgehend abgelöst.

Die kognitive Betrachtungsweise kommt auch in den benutzten *Methoden* zum Ausdruck. Schätzungsweise 80 bis 90 % aller empirischen Untersuchungen werden mittels Befragungen und anderer verbaler Meßmethoden durchgeführt. Durch diese Methoden werden hauptsächlich *kognitiv kontrollierte Verhaltensweisen* erfaßt, also solche Verhaltensweisen, die den kognitiven Erklärungen leicht zugänglich sind. Das bedeutet: Durch die Benutzung von verbalen Erhebungsmethoden werden von vornherein solche Arten des Konsumentenverhaltens aus den Untersuchungen weggelassen, die sich mit kognitiven Theorien nicht oder nur schwer erklären lassen. Das schützt die kognitiven Theorien vor widersprüchlichen Befunden und Überraschungen!

Anzeichen für neue Forschungsparadigmen sind in folgenden Entwicklungen zu sehen:

(1) Für einige Forscher sind die Widersprüche und Mängel der kognitiven Ansätze inzwischen mehr geworden als „intellektuelle Belästigungen". Sie treten deswegen in engagierte Grundsatzdiskussionen ein und suchen nach neuen Alternativen. Die verstehenden (interpretierenden) Ansätze der Konsumentenforschung – die wir im vorigen Kapitel kurz dargestellt haben – hätten vor zehn Jahren in der Konsumentenforschung noch keine Chance gehabt, als grundlegende wissenschaftliche Problemlösungsmuster ernst genommen zu werden. Das hat sich inzwischen geändert. Das verstehende Paradigma stößt heute auf ein weitverbreitetes Verständnis; es gibt starke Forschungsgruppen, die ihm folgen. In diesem Sinne meint *Solomon* (1993, S. 15): Das Konsumentenverhalten wurde bisher stark be-

einflußt durch die Informationsverarbeitung und damit durch das positivistische Paradigma. Aber viele aus unserem Forschungsgebiet beginnen jetzt, ihr Paradigma bereitwillig zu überdenken.

Man kann also feststellen:

> Positivistischer und verstehender Ansatz sind in eine lebendige Konkurrenz getreten, welche die Forschung wesentlich angeregt hat.

Forschungsimpulse, die aus der Paradigmakonkurrenz entstehen, sind zunächst einmal als Ergänzungen der Forschungsergebnisse zu sehen, welche die positivistische Forschung hervorgebracht hat:

Die interpretierende bzw. verstehende Richtung fördert die symbolischen und kulturellen Bedeutungen und Wirkungen von Gütern und von Kommunikation zutage. Die symbolischen Wirkungen haben einen erheblichen Einfluß auf das Konsumentenverhalten, den der positivistische Ansatz vernachlässigen muß.

Solche Einsichten ergänzen nicht nur die vorhandenen Erkenntnisse, die Auseinandersetzung damit regt die gesamte Forschung wesentlich an: Der positivistisch eingestellte Forscher kann davon ausgehend neue Hypothesen formulieren – etwa über die Abhängigkeit von Reizwirkungen (Werbewirkungen) vom situativen und kulturellen Umfeld – und mit seinen „harten" Methoden überprüfen, und er kann sogar neue Methoden für diesen Zweck entwickeln.

Auch der Vergleich von Forschungsergebnissen, die sich auf den gleichen Sachverhalt beziehen, die einmal nach verstehenden Methoden, das andere Mal nach positivistischen Methoden (wie klassische Befragung) ermittelt werden – vermitteln neue Fragestellungen für die Forschung. Kurzum: Die lebendige Konkurrenz, die in der amerikanischen Konsumentenforschung zwischen den beiden Forschungsparadigmen ausgetragen wird, ist zu einer treibenden Kraft der Erkenntnisgewinnung geworden.

Hirschman und *Holbrook* (1992, S. 126) appellieren deswegen an die Forschung, eine liberale Haltung gegenüber diesen Forschungsparadigmen einzunehmen. Eines ihrer „Stoßgebete" für die Konsumentenforschung lautet: „Anerkennung der gegenseitigen Koexistenz von widersprüchlichen Forschungsparadigmen". Dann können Konkurrenz und Zusammenspiel der Forschungsparadigmen für den Erkenntnisfortschritt genutzt werden.

(2) Das Vordringen des naturwissenschaftlichen – vor allem biologischen und ethologischen – Denkens ist zwar vordergründig mit kognitiven Erklärungen des Verhaltens verträglich: Es ist daran zu denken, daß es angeborene Dispositionen für kognitive Leistungen (wie Lernen) sowie „angeborene datenverarbeitende Mechanismen" gibt (*Eibl-Eibesfeldt*, 1978, S. 602).

Die Auseinandersetzung mit den biologischen Gesetzmäßigkeiten des menschlichen Verhaltens hat allerdings eine bevorzugte Beschäftigung mit reaktiven Verhaltensweisen zur Folge, vor allem mit dem emotionalen und nicht-verbalen Verhalten, weil dieses stärker biologisch vorprogrammiert ist.

In diesem Zusammenhang sind die Anregungen hervorzuheben, die von der neueren Gehirnforschung in die Konsumentenforschung übernommen werden und zu einer Erforschung der emotionalen und intiutiv-bildhaften Bewußtseinssysteme der rechten Gehirnhälfte führen. Die bisher zu diesem Thema vorliegenden Arbeiten beleuchten die Fragwürdigkeit der vorherrschenden kognitiven Modelle zur verbalen und rationalen Informationsverarbeitung (vgl. *Hansen*, 1981, sowie zusammenfassend mit weiteren Literaturhinweisen *Kassarjian*, 1982, S. 624; *Kroeber-Riel*, 1984 a).

(3) Nicht zu übersehen ist schließlich eine gewisse *Unzufriedenheit* der *Praxis* mit den nach den kognitiven Theorien erarbeiteten Problemlösungen. Die Beeinflussungs- und Überzeugungstechniken des Marketing verwenden in großem Umfang bildliche und emotionale Appelle, deren Wirkungen durch die gängigen verbalen Verfahren und kognitiven Erklärungen nur unzureichend erfaßt werden. Zum Beispiel besteht in der amerikanischen Werbepraxis inzwischen Übereinstimmung darin, daß die verbalen Erinnerungsmessungen – etwa durch den beliebten 24-Stunden-Recall – nicht in der Lage sind, den Werbeerfolg umfassend und in angemessener Weise zu kontrollieren (*Kroeber-Riel*, 1982 c).

Mehr Praxisnähe erhält man, wenn man nach gesellschaftlichen Problemen fragt, die einerseits fundamentale Bedeutung haben (also Problemdruck erzeugen), andererseits in der Forschung erst zögernd angesprochen werden: Ein solches Problem ist die von den Medien erzeugte „zweite Wirklichkeit" der Konsumenten.

Der heutige Konsument erhält seine Eindrücke von der Umwelt immer weniger als früher durch seine direkten Erfahrungen – etwa im Umgang mit Menschen – und immer mehr aufgrund der Eindrücke, welche die Medien vermitteln. Aufgrund dieser Eindrücke „konstruiert" er in seinem Kopf eine Wirklichkeit, die mehr oder weniger von der Erfahrungswirklichkeit abweicht und oft virtuelle Züge trägt. Tägliches stundenlanges Fernsehen, Computerspiele, Comics sind die Hauptquellen dieser künstlichen Wirklichkeit.

Diese „zweite Wirklichkeit" besteht zu einem entscheidenden Teil aus „inneren Bildern". Das sind zum Beispiel unsere Bilder vom Umgang mit anderen, von Problemlösungen im Alltag, von exotischen Landschaften usw. Oft handelt es sich um Handlungsmuster, wie man mit bestehenden Situationen „spielend" fertig wird. Solche Handlungsmuster werden im Gehirn in Form von Bildern gespeichert, und sie beeinflussen in erheblichem Ausmaß das zukünftige Verhalten. Alles in allem ist damit zu rechnen, daß die inneren Bilder der von den Medien vermittelten „zweiten Wirklichkeit" das Verhalten, insbesondere auch das Kosumentenverhalten, wesentlich bestimmen.

Die Konsumentenforschung hat sich bisher kaum Zugang zu dieser „zweiten Wirklichkeit" verschafft. Messung und Wirkung der inneren Bilder stehen am Anfang, obwohl ihre Bedeutung kaum bestritten werden kann. Erste Ansätze sind allerdings in der Arbeit der Imageryforschung und der Konstruktion der bildhaft-symbolischen Vorstellungen durch die verstehende (interpretierende) Forschung erkennbar, so daß langfristig ein neues Paradigma entstehen wird:

> Das bildhafte Fühlen und Denken rückt zunehmend in den Mittelpunkt der Forschung. Im Mittelpunkt dieses Paradigmas steht die Erklärung des Verhaltens aufgrund der gespeicherten inneren Bilder der Konsumenten.

Das Paradigma von der Verhaltenssteuerung durch innere Bilder wird völlig neue Forschungsmethoden und Ansätze verlangen. Es ist davon auszugehen, daß Bilder im Gehirn völlig anders als Sprache verarbeitet werden und daß sie auf das Verhalten in anderer Weise durchschlagen als sprachliche und numerische Informationen. Das liegt u. a. daran, daß Bilder weniger bewußt und rechtshemisphärisch (mehr in der rechten Gehirnhälfte) verarbeitet werden und zahlreiche spontane und gefühlsmäßige Verhaltenswirkungen entfalten.

Mit den bisherigen Forschungsinstrumenten kann man die Entstehung und Wirkung innerer Bilder nicht erfassen. Modalitätsspezifische Methoden, die auf die Eigenarten der menschlichen Bildverarbeitung zugeschnitten sind, werden erforderlich. Ein erster Überblick über die Eigenarten der Methoden und Ergebnisse der Bildwirkungsforschung bietet *Kroeber-Riel* (1993 a, S. 40 ff.).

Faßt man diese und weitere Paradigmentrends zusammen, so wird ein zunehmender Druck zur *Neuorientierung* der Konsumentenforschung sichtbar. Es ist deswegen zu vermuten, daß die kognitive Forschungsperspektive in den nächsten Jahren mehr und mehr durch alternative Ansätze ergänzt wird. Das Suchen nach Alternativen richtet sich auf die Entwicklung von nicht-verbalen Meßmethoden und auf Verhaltensmodelle, in denen die sensualen und emotionalen Erfahrungen des Menschen eine Schlüsselrolle spielen. Das vorliegende Buch versucht, sich an der Entwicklung dieser Alternativen zu beteiligen.

II. Zum Begründungszusammenhang: Empirische Verankerung verhaltenswissenschaftlicher Theorien

Bei verhaltenswissenschaftlichen Begründungen ist man auf empirisch gehaltvolle Hypothesen und Theorien angewiesen.[1] *Hypothesen* sind Aussagen über die Beziehungen zwischen zwei oder mehreren Variablen.

---

[1] Als kurze Einführung in die Begründung wissenschaftlicher Theorien vgl. *Seiffert* (1991). Ein umfassendes Werk zum Begründungszusammenhang stammt von *Stegmüller* (1983). Zu unterschiedlichen Theorieauffassungen und Richtungen bei der Begründung von Theorien vgl. das ausgezeichnete Buch von *Chalmers* (1989).

Beispiel einer Hypothese: Je stärker die Aktivierung der Umworbenen („unabhängige Variable"), um so stärker die Erinnerung an die Werbebotschaft („abhängige Variable"). Diese Aussage gibt eine empirisch überprüfbare Gesetzmäßigkeit wieder. Aufgrund von vorhandenen empirischen Nachweisen sind Hypothesen *mehr* oder *weniger unsicher* (sicher). Absolute Sicherheit über die von Hypothesen wiedergegebenen Sachverhalte läßt sich auch durch noch so viele empirische Bestätigungen nicht gewinnen (Induktionsproblem). Unter einer *Theorie* versteht man eine Menge von miteinander verbundenen Hypothesen.

Hypothesen und Theorien dienen dazu, die Realität zu *erklären*, das heißt, die Frage zu beantworten, *warum* sich ein Sachverhalt so und nicht anders verhält.

Eine Verhaltenserklärung kann formal nach dem bekannten Schema von *Hempel* und *Oppenheim* (1965) wie folgt aufgebaut werden:

(1) Aus Aussagen über Antecedenzbedingungen A_i (i = 1, 2,…, n)
    und

(2) Hypothesen H_j (j = 1, 2,…, m)
    folgt

(3) die – gesuchte – Aussage über den Sachverhalt S.

In den Verhaltenswissenschaften wird dieses Schema vor allem auch für stochastische und für unvollständige Erklärungen benutzt. Bei einer *stochastischen* Erklärung werden als Hypothesen H_j keine All-Sätze (wie: Alle alten Leute sind treu), sondern Wahrscheinlichkeitsaussagen benutzt (wie: Ältere Leute sind im allgemeinen – mit einer Wahrscheinlichkeit von p – treu).[2]

Bei einer *unvollständigen* (bruchstückhaften) Erklärung, auch Erklärungsskizze genannt, fehlen einige Hypothesen und Rahmenbedingungen, weil die Sachverhalte noch nicht erforscht bzw. bekannt sind.[3] Beispiel:

> Antecedenzbedingung: Konsument K ist 60 Jahre alt.
> Hypothese: Ältere Leute „sind" markentreu.
> Folgerung: Konsument K ist markentreu.

Die Hypothese ist hier *umgangssprachlich*, aber auch wissenschaftlich wenig präzise formuliert. Etwas genauer müßte es heißen: Ältere Leute „im allgemeinen" markentreu. In dieser Formulierung kommt wenigstens

---

[2] Werden im Erklärungsschema deterministische Hypothesen verwandt, die einen deduktiven Schluß auf die Aussage S zulassen, so spricht man von einem deduktiven Erklärungsschema. Ist die Hypothese eine statistische Aussage, so spricht man von einem induktiven Erklärungsschema; vgl. *Opp* (1976, S. 124 ff.).

[3] „Das, was eine solche Erklärungsskizze von einer bloßen Pseudo-Erklärung unterscheidet, ist einerseits die Tatsache, daß sie prinzipiell durch eine zunehmend genaue Formulierung der Antecedensbedingungen und Gesetze in eine vollständige Erklärung verwandelt werden kann und daß sie selbst auf der frühesten Stufe – also dort, wo sie noch am rohesten und unvollständigsten ist – die Bedingung der empirischen Überprüfbarkeit zu erfüllen hat, so daß also angebbar sein muß, welche Beobachtungen diese Erklärungsskizze stützen und welche sie erschüttern würden" (*Stegmüller*, Bd. 1, 1989, S. 456).

der Wahrscheinlichkeitscharakter der Aussage zum Ausdruck. Aber es fehlen noch Angaben, wie hoch die durchschnittliche Wahrscheinlichkeit des markentreuen Verhaltens ist. Eine Präzisierung ergibt sich, wenn die Hypothese in eine „Je-desto-Form" gekleidet wird (je älter ..., desto markentreuer) und dazu ergänzende Angaben über die Verknüpfung gemacht werden.

Die Folgerung über die Markentreue des Konsumenten K gilt nur mit der von der Hypothese vorgegebenen Wahrscheinlichkeit.[4] Sie ist zudem unvollständig.

Die Unvollständigkeit dieser Erklärung ist unter anderem darin zu sehen, daß die Treue des Konsumenten K noch von anderen Einflußgrößen als vom Alter anhängig ist, diese Einflußgrößen aber bei der Erklärung nicht berücksichtigt sind.

Dieses vereinfachte Beispiel macht deutlich, welche Rolle Hypothesen bei einer Erklärung spielen. Die Hypothesen können sich sowohl auf allgemeine Gesetzmäßigkeiten als auch auf empirische Generalisierungen beziehen. Nach *Opp* (1976, S. 369) sind an Hypothesen folgende Anforderungen zu stellen. Sie sollen

- präzise, das heißt eindeutig formuliert,
- logisch einwandfrei,
- hinreichend informativ,
- empirisch überprüfbar

sein. Jede dieser Forderungen umfaßt wieder mehrere Teilforderungen, die *Opp* im einzelnen darstellt und begründet (*Opp*, 1976, vgl. insbesondere S. 225 ff., 255 ff., 305 ff., 369 ff.).

Empirisch überprüfbare Hypothesen sind nicht nur für die Erklärung des Verhaltens erforderlich, man benötigt sie auch für Prognosen und für praktische Handlungsanweisungen:

Bei *Prognosen* müssen zunächst Voraussagen über die zukünftigen Rahmenbedingungen gemacht werden, zum Beispiel über das Alter der Bevölkerung. Wenn man diese Rahmenbedingungen kennt, kann man mit Hilfe von zuverlässigen Hypothesen – beispielsweise über das Kaufverhalten der älteren Bevölkerung – Aussagen über das zukünftige Verhalten ableiten. Dabei ergeben sich Unsicherheiten sowohl hinsichtlich der zukünftigen Rahmenbedingungen als auch hinsichtlich der herangezogenen Hypothesen.

Das wissenschaftliche Erklärungsschema kann schließlich noch in *Handlungsanweisungen* umgesetzt werden. Das sind Anweisungen zur praktischen Gestaltung der Wirklichkeit. Bleiben wir bei unserem Beispiel über

---

[4] Die Wahrscheinlichkeit, mit der das *Verhalten* auftritt, ist von der Wahrscheinlichkeit zu unterscheiden, mit der die *Aussage* über das Verhalten gilt. Das eine ist eine objektive, statistische Wahrscheinlichkeit (eines Verhaltens), das andere eine logische, induktive Wahrscheinlichkeit (einer Aussage). Im Text ist nur von der statistischen Wahrscheinlichkeit des Verhaltens die Rede.
Zur Differenzierung und Problematik dieser Wahrscheinlichkeitsbegriffe vgl. *Opp* (1976, S. 134 ff.).

die Erklärung des markentreuen Verhaltens: Um einen markentreuen Kundenstamm zu erhalten, sind altersentsprechende Einkaufserleichterungen zu schaffen.[5]

Wichtige Fragen, die sich bei der Verwendung von Hypothesen einstellen, betreffen die Operationalisierung theoretischer Begriffe wie „Bewußtsein" oder „Bildung".

Operationalisierung: Wir haben empirische und theoretische Sprachen (Begriffe) auseinanderzuhalten. Eine empirische Aussage bezieht sich *direkt* auf beobachtbare Gegenstände der Wirklichkeit. Sie wird deswegen in den Protokollen empirischer Untersuchungen benutzt, zum Beispiel die Aussage „50 % der Kunden sind Frauen".

Theoretische Aussagen haben zunächst noch keinen nachprüfbaren Wirklichkeitsbezug. Sie lassen sich aber mit empirischen Aussagen verknüpfen und erhalten dadurch einen *indirekten* Wirklichkeitsbezug. Unter dieser Operationalisierung versteht man den Prozeß der Zuordnung von direkt beobachtbaren Größen zu theoretischen Begriffen. Beispiel: Die Aussage „ein Drittel der Leute ist gebildet" kann dadurch einen nachprüfbaren empirischen Gehalt bekommen, daß man „gebildet" durch den Indikator „haben Abiturzeugnis" operationalisiert.

Es gibt schließlich noch imaginäre Sprachen und Begriffe. Darunter sind bloße gedankliche Konstruktionen zu verstehen, die überhaupt keinen erfaßbaren Wirklichkeitsbezug haben.[6]

Dem gegenwärtigen empirischen Forschungsparadigma entsprechend werden in der Konsumentenforschung imaginäre Begriffe vermieden. Soweit theoretische Begriffe benutzt werden, gilt:

> Theoretische Begriffe werden nur dann zur Erklärung des Verhaltens zugelassen, wenn sie empirisch verankert sind.

Das heißt: Wenn sie in einer nachweisbaren Art und Weise mit empirischen Begriffen verbunden und dadurch auf die Wirklichkeit bezogen werden. Bevor wir auf die dazu dienenden Forschungsoperationen eingehen, befassen wir uns mit einer speziellen Klasse von theoretischen Begriffen, die in der Psychologie verbreitet sind.

Intervenierende Variable sind Begriffe für nicht-beobachtbare Sachverhalte, die „innerhalb" der Person wirksam werden, wie Gefühle oder Gedächtnis.

Der Ausdruck „intervenierende Variable" wird in letzter Zeit unabhängig von einer bestimmten Forschungsrichtung verwendet, obwohl er ursprünglich aus der neobehavioristischen Forschungstradition stammt:

Nach behavioristischer Auffassung, die inzwischen in der Verhaltensforschung weitgehend abgelehnt wird, waren für die Erklärung des Verhal-

---

[5] Vgl. dazu das folgende Kapitel III über den Verwendungszusammenhang.
[6] Zu den verschiedenen Sprachebenen vgl. *Kroeber-Riel* (1969).

tens nur Aussagen über *beobachtbare* Größen zugelassen. Beobachtbar sind einerseits die Reize, die auf einen Organismus einwirken und andererseits die dadurch ausgelösten Reaktionen. Zum Beispiel wird nach behavioristischen Theorien das Lernen dadurch erklärt, daß es gesetzesmäßige Beziehungen zwischen dem Auftreten bestimmter Reize und den nachfolgenden Reaktionen gibt. Demgegenüber läßt der *Neobehaviorismus* zu, daß zur Erklärung des Verhaltens auch Aussagen über nicht-beobachtbare, interne Vorgänge herangezogen werden.

Diese internen Größen wie Aufmerksamkeit oder Erinnerung werden als intervenierende Variable bezeichnet, weil sie zwischen die beobachtbaren Reize und Reaktionen geschaltet sind: Die Reaktionen folgen nicht direkt auf einen Reiz, vielmehr „intervenieren" zwischen einem Reiz (zum Beispiel Werbeanzeige) und einer Reaktion (zum Beispiel Markenkauf) mehrere interne Vorgänge wie Wahrnehmung des Reizes, Erinnerung an den Reiz oder Einstellungsänderung.

Folgt man dieser Konzeption, so läßt sich das Konsumentenverhalten aufgrund von Verknüpfungen der in *Abbildung 5* wiedergegebenen Größen erklären. Diese Größen lassen sich in drei Gruppen einteilen,

(1) Reize (Stimuli S), die auf das Individuum einwirken und

(2) Reaktionen (R) des Individuums. Die Größen S und R sind beobachtbar. Dazu kommen

(3) die intervenierenden Größen (I). Das sind theoretische Begriffe und Konstrukte, welche nicht-beobachtbare Vorgänge im Individuum darstellen und insoweit zur Verhaltenserklärung herangezogen werden (sollen), als ihre Verknüpfung mit beobachtbaren Sachverhalten gesichert ist.

beobachtbare Sachverhalte	theoretische Konstrukte	beobachtbare Sachverhalte
S_i (Stimuli)	I_j (intervenierende Variable)	R_k (Reaktionen)
z. B. Werbeanzeige	wie (a) aktivierende Prozesse, z. B. Motivation (b) kognitive Prozesse, z. B. Kaufabsicht	z. B. Kauf

Abbildung 5: S-I-R-Schema zur Erklärung des Konsumentenverhaltens

Anmerkung: Alle S_i (i = 1, 2, …, m), I_j (j = 1, 2, …, n) und R_k (k = 1, 2, …, r) sind äußerst komplexe Vorgänge, die sich in eine Vielzahl von Variablen aufgliedern lassen. Die intervenierenden Prozesse können wieder aus „inneren", nicht beobachtbaren Reiz-Reaktionsfolgen bestehen, so daß komplizierte Ketten von beobachtbaren und nicht beobachtbaren Vorgängen entstehen.

Die neobehavioristische Dreiteilung der Variablen wird heute implizit in vielen Forschungsansätzen verwendet, und es liegt im Interesse jeder empirischen Wissenschaft, klar zwischen beobachtbaren – das heißt: direkt meßbaren – Größen einerseits und theoretischen Begriffen andererseits zu unterscheiden. Daraus folgt allerdings noch lange nicht, daß imaginäre Begriffe oder theoretische Begriffe wie der Begriff „Archetyp" aus der Sprache der Analytischen Psychologie ohne nachgewiesene Bindungen an empirische Sachverhalte wissenschaftlich unerheblich sind. Sie haben einen unverzichtbaren heuristischen Wert, weil sie die *Entwicklung* von neuen Hypothesen und Theorien anregen, ja, erst ermöglichen.

Solche Begriffe sind demzufolge im Entdeckungszusammenhang von Vorteil. Wenn es jedoch um die faktische *Überprüfung* und um die Anwendbarkeit der Hypothesen und Theorien geht, ist die empirische Verankerung der theoretischen Begriffe unerläßlich.[7]

Wir kommen jetzt zu der Kernfrage, wie man theoretischen und abstrakten oder auch unscharfen Begriffen einen empirischen Gehalt (Sinn) gibt, anders gesagt, wie man die Beziehungen zu beobachtbaren Größen herstellt. Zur Lösung dieser Frage wurden besondere Operationalisierungsregeln mittels **Indikatoren** eingeführt.

Wenn ein unklarer, mehrdeutiger, abstrakter Begriff benutzt wird, ist der Forscher nicht in der Lage zu entscheiden, ob der vom Begriff gemeinte Sachverhalt vorliegt oder nicht. Was soll man zum Beispiel mit einem Begriff wie „Manipulation" anfangen? Um festzustellen, ob Manipulation vorliegt, hat man bestimmte (Forschungs-) Operationen vorzunehmen, mit deren Hilfe eine Entscheidung über den gemeinten Sachverhalt getroffen werden kann.

Ein solches Vorgehen sieht beispielsweise wie folgt aus:

(1) Definiere: „Manipulation ist Meinungsbeeinflussung gegen den Willen des Betroffenen." Dabei bleiben die Begriffe „Wille" und „Meinungsbeeinflussung" wieder unklar. Es ist also weiter zu präzisieren:

(2) Definiere: „Wille bezeichnet die bewußte Verhaltensabsicht" usw. Nehmen wir einmal an, die benutzten Begriffe wären eindeutig definiert. Nun ist

(3) nach **Indikatoren** für die angegebenen Begriffe zu suchen. *Indikatoren* sind unmittelbar meßbare Sachverhalte, welche das Vorliegen der gemeinten, aber nicht direkt erfaßbaren Phänomene wie „Meinungsbeeinflussung" oder „Wille" anzeigen. Ein Indikator für Meinungsbeeinflussung ist zum Beispiel die Äußerung einer Person, sie habe ihre Einstellung (etwa zu einem bestimmten Produkt) geändert.

Die Vornahme solcher Operationen nennt man Operationalisierung (*Nieschlag, Dichtl* et al., 1994, S. 689). Hat man einen Begriff oder eine

---

[7] *Feyerabend* (1976, S. 230 ff.) plädiert in diesem Zusammenhang dafür, die Unterscheidung von theoretischen und empirischen Begriffen grundsätzlich aufzugeben, weil empirische Erfahrung stets vor dem Hintergrund einer Theorie gemacht wird. Man entferne das theoretische Wissen und „die Beobachtungssprache beginnt auseinanderzufallen" (S. 234). Dieser Zusammenhang zwischen Theorie und Beobachtung darf keinesfalls übersehen werden. Für den praktischen Forschungsbetrieb bleibt jedoch die Unterscheidung von empirischen und theoretischen Begriffen in unserem Sinne zweckmäßig.

ganze Aussage operationalisiert, so ist als nächstes nach der einsetzbaren Meßvorschrift zu fragen. Beispielsweise: Soll die Einstellungsmessung schriftlich oder mündlich erfolgen? Kommen außer der Befragung noch andere Verfahren in Betracht? Erst wenn das geklärt ist, ist die Beziehung eines Begriffes wie „Manipulation" zur Realität in einer nachprüfbaren Weise hergestellt.

Theoretische Begriffe werden allerdings durch die zu ihrer Messung herangezogenen Indikatoren im allgemeinen nur partiell interpretiert, denn die Indikatoren geben nur bestimmte Aspekte des theoretisch Gemeinten wieder. Beispielsweise wird der Begriff „soziale Schichtung" selbst durch eine Mehrzahl von Indikatoren wie Einkommen, Beruf, Wohngegend usw. immer nur unvollständig empirisch greifbar. Daher ist eine Operationalisierung in der Regel mit einem Informationsverlust verbunden.

Wie man an den verschiedenen Beispielen erkennen kann, liegt in der Operationalisierung eines abstrakten Begriffes stets eine gewisse Willkür. Aufgrund des Spielraumes bei der Operationalisierung ist häufig das Ergebnis einer empirischen Überprüfung von Aussagen, die theoretische Begriffe enthalten, unklar: Wenn eine Hypothese durch die empirischen Daten widerlegt wird, so kann das sowohl an dem behaupteten theoretischen Zusammenhang (Hypothese), aber auch an der – mangelhaften – Operationalisierung der Hypothese liegen. Die Hypothese läßt sich in solchen Fällen „retten", indem man die Operationalisierung der in der Hypothese verwendeten Begriffe zurückweist. Deshalb müssen – streng genommen – theoretische Hypothesen und Meßhypothesen als eine Forschungseinheit aufgefaßt werden, vgl. dazu *Mazanec* (1978).

Um die Güte einer durchgeführten Operationalisierung oder Messung zu beurteilen, werden mehrere Maße benutzt, vor allem die Validität (Gültigkeit) und die Reliabilität (Zuverlässigkeit) der empirischen Werte.

Eine Messung ist *valide,* wenn sie tatsächlich den gemeinten Sachverhalt angibt. Beispiel: Mit Hilfe des Indikators „Einkommen" wird der Begriff soziale Schicht operationalisiert. Mißt man das Einkommen durch eine Befragung, so muß in diesem Fall die Validität in zwei Richtungen überprüft werden: hinsichtlich der Messung (gibt die mündliche Antwort tatsächlich Auskunft über das Einkommen?) und hinsichtlich des Indikators (zeigt das Einkommen tatsächlich die soziale Schicht an?).

Eine Messung ist *reliabel,* wenn durch das Meßverfahren keine Zufallsergebnisse gewonnen werden, sondern empirische Daten, die konsistent bei mehreren Messungen oder bei Erhebung durch verschiedene Personen wiedergewonnen werden.

Validität und Reliabilität sind graduelle Begriffe. Um das Ausmaß von Validität und Reliabilität festzustellen, gibt es eine Vielzahl von Verfahren, vgl. zum Beispiel *Hammann* und *Erichson* (1994, S. 75 f.).

Meßverfahren: Das in der empirischen Sozialforschung am meisten benutzte Verfahren ist das Interview. Viele Marktforscher geben diesem Verfahren aus forschungsökonomischen und finanziellen Gründen den Vorzug. Diese extensive Verwendung von Interviews beeinträchtigt den Erkenntnisgewinn der empirischen Ergebnisse. Andere Verfahren wären für viele Fragestellungen angemessener. Das menschliche Verhalten ist zu komplex, als daß es lediglich mittels Befragungen analysiert werden könnte.

Deshalb ist es zweckmäßig, *verbale* und *nichtverbale* Meßverfahren zu unterscheiden. Verbale Verfahren sind solche, die sich auf mündliche oder schriftliche Aussagen von Personen stützen wie Befragung, Inhaltsanalyse oder Protokolle lauten Denkens.

Sie versagen mehr oder weniger, wenn es um die Ermittlung von Verhaltensweisen geht, die von den Testpersonen nicht oder unzureichend sprachlich formuliert werden (können). Das ist beim emotionalen, wenig bewußten und nicht-willentlichen Verhalten der Fall. Man benötigt dafür nichtverbale Erhebungstechniken wie versteckte Beobachtung und Reaktionszeitmessungen, Bilderskalen oder psychobiologische Methoden (Blickaufzeichnung, Pulsfrequenzmessung usw.). Einen Überblick über nonverbale Erhebungsmethoden findet man bei *Weinberg* (1986b).

Die Kombination von Befragungen mit anderen Methoden wird durch die Benutzung von integrierten, computergesteuerten Erhebungssystemen erleichtert. Zum Beispiel steuert und integriert ein Computersystem des Instituts für Konsum- und Verhaltensforschung die Erhebung und Verarbeitung von Befragungsergebnissen, Antwortzeitmessung und Magnitudeskalierung *(Abbildung 6)*. An das gleiche Computersystem sind außerdem noch ein Programmanalysator und psychobiologische Meßeinrichtungen angeschlossen. Auf diese Weise läßt sich in Abhängigkeit von der jeweiligen Fragestellung eine zweckmäßige Verknüpfung von Meßverfahren erreichen *(Kroeber-Riel*, 1983a; *Neibecker*, 1983a, b).

Bei der Kritik von Meßmethoden spielt die Einteilung in

reaktive und nicht-reaktive Verfahren

eine wichtige Rolle. Durch *reaktive* Meßverfahren werden künstliche Reizsituationen für die Messung geschaffen. Die Testpersonen sind sich der Meßsituation bewußt. Dadurch wird die Genauigkeit der Meßergebnisse und damit auch die Möglichkeit beeinträchtigt, von diesen Meßergebnissen auf die „wahren" Größen zu schließen (Einfluß des Meßverfahrens auf die zu messende Größe). Beispiele für reaktive Meßverfahren sind das Interview (das ist wohl das reaktivste Verfahren, das es gibt), Bilderskalen und die meisten psychobiologischen Verfahren.

Die Mängel reaktiver Meßverfahren sind allerdings zu relativieren: Man muß erstens nach den zur Verfügung stehenden Alternativen und zweitens nach der Ökonomie dieser Verfahren für praktische Forschungsprozesse fragen. Oft fehlen überhaupt Möglichkeiten, andere Verfahren für das Forschungsziel einzusetzen, oder andere Verfahren sind so umständlich und so aufwendig, daß dies vom Forschungsziel her nicht gerechtfertigt ist.

Gleichwohl muß die Kritik an den benutzten Methoden als eine ständige Mahnung verstanden werden, Ergebnissen der empirischen Sozialforschung kritisch zu begegnen und Überlegungen zur Validität und Reliabilität der Meßergebnisse anzustellen.

Abbildung 6: Computergesteuerte Erhebungssysteme

Anmerkung: Computergesteuerte Erhebungssysteme integrieren mehrere Verfahren der automatischen Datenerhebung (= Messung) und Datenauswertung: Im vorliegenden Bild werden – automatisch – Anzeigen auf der Projektionsscheibe dargeboten. Dabei erscheinen auf dem Bildschirm Fragen zur Anzeigenbeurteilung. Die Antworten werden von der Testperson direkt über die alphanumerische Tastatur des Bildschirmgerätes in den Computer eingegeben. Zugleich wird die Antwortzeit gemessen. Links neben dem Bildschirmgerät befinden sich die Eingabegeräte für die ebenfalls integrierte Magnitudeskalierung: Die Testperson kann zum Beispiel die Intensität einer Empfindung dadurch ausdrücken, daß sie die Dauer eines Tones (langer Ton = starke Empfindung) oder die Helligkeit einer Lampe reguliert.

Die Konsumentenforschung bemüht sich in zunehmendem Maße, auf nichtreaktive Meßverfahren zurückzugreifen oder die Reaktivität von Messungen dadurch zu vermindern, daß Verfahren eingesetzt werden, welche von den Testpersonen schwer durchschaut werden. Ein Beispiel für ein schwer durchschaubares Verfahren ist die Zuordnung von Farben zu bestimmten Werbeanzeigen, um die Aktivierungswirkung dieser Anzeigen festzustellen. Eine direkte Befragung, wie stark die Befragten durch die Anzeigen erregt werden, ist für die Betroffenen wesentlich besser durchschaubar, sie führt deswegen auch in stärkerem Maße zu einem reaktiven Antwortverhalten (*Meyer-Hentschel*, 1983).

Bekannte nicht-reaktive Meßverfahren sind:

(1) verschiedene Beobachtungsverfahren wie die versteckte Beobachtung der „Gesichtssprache" von Personen (*Abbildung 7*) oder das unauffällige Messen der Antwortzeit bei einer Befragung (*Weinberg*, 1986b, S. 27f.);

(2) das Registrieren von materiellen Spuren. Beispiel: An der Abnutzung des Fußbodens in einem Museum wird die Attraktivität von ausgestellten Gegenständen abgelesen;

(3) das Auswerten von objektiven Berichten wie sekundärstatistischen Daten.

Die Diskussion um die reaktiven Meßverfahren bewegte sich in den letzten Jahren auch um den Einwand, inwieweit diese Verfahren gegen *ethische* Standards verstoßen, weil die Menschen letztlich zu passiven Objekten der Sozialforschung werden. Nicht weniger grundsätzlich ist die Kritik an den nicht-reaktiven Verfahren. Solche Einwände sind durchaus berechtigt, aber übertrieben. Vor allem fehlen konstruktive Vorschläge, wie die Forschung ohne diese Verfahren auskommen soll.

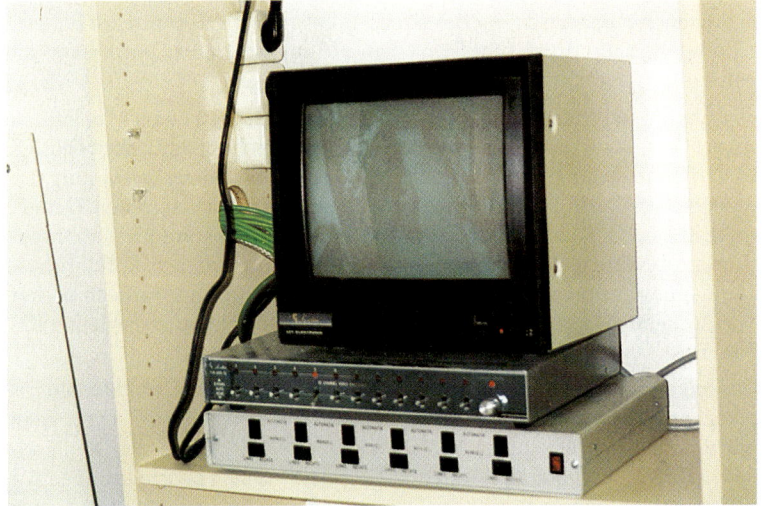

Abbildung 7: Versteckte Beobachtung von Kunden in einem Kaufhaus

III. Zum Verwendungszusammenhang: Forschungstransfer mittels Sozialtechnik

Die Betriebswirtschaftslehre wird gegenwärtig von den meisten Wissenschaftlern als Realwissenschaft und als angewandte Wissenschaft verstanden. Die Beiträge, die sie liefert, bestehen – soweit sie sich auf die Realität beziehen und nicht nur „Philosopheme" sind – zum überwiegenden Teil aus Beschreibungen und Erklärungen der Wirklichkeit sowie aus Vorschlägen zur Gestaltung der Wirklichkeit.

Die Vorschläge zur *Gestaltung* der Wirklichkeit werden vorwiegend in die Form von Handlungsanweisungen und Entscheidungsmodellen gebracht. Dabei werden bestimmte betriebswirtschaftliche Ziele vorausgesetzt, wie Gewinnerzielung, Ausweitung des Marktanteils usw. Mit Hilfe von Postulaten über rationales Handeln wird dann gezeigt, *wie* diese Zielgrößen (optimal) realisiert werden können, *wenn* die Umwelt in einer ganz bestimmten Weise auf die betrieblichen Aktivitäten reagiert.

Das in Form von Hypothesen und empirischen Generalisierungen vorliegende Erfahrungswissen über die Reaktionen der Umwelt wird auf diese
Weise in Handlungsanleitungen transformiert. Im einfachsten Fall wird
zum Beispiel aus einer Hypothese (und aus den dazugehörigen Randbe-
dingungen) über die positive Wirkung von emotionalen Stimuli S_i auf den
Werbeerfolg die Empfehlung abgeleitet: Verwende die visuellen Stimuli S_1
bis S_3, wenn Du Deinen Werberfolg steigern willst!

Die Benutzung derartiger Anweisungen und Regeln zur Gestaltung der
Umwelt kann als Sozialtechnik bezeichnet werden.

Sozialtechnik ist die Anwendung verhaltenswissenschaftlicher Gesetzmäßigkeiten zur Beherrschung des sozialen Lebens (wie Technik die Beherrschung der Natur durch praktische Anwendung der Naturgesetze ist). Statt
Beherrschung können wir auch Beeinflussung sagen.

Es ist heute selbstverständlich, daß man im technischen Bereich, beim Bau
eines Hauses oder einer Maschine, genaue technische Kenntnisse benötigt.
Es ist aber noch lange nicht selbstverständlich, auch bei der Gestaltung der
sozialen Umwelt auf sozialtechnische Kenntnisse zurückzugreifen. Der geringe Erfolg der sozialen Umweltgestaltung vom Bau kommunikationsge-
störter Trabantenstädte bis zur Erfolglosigkeit öffentlicher Aufklärungs-
kampagnen führt die unzureichende Berücksichtigung sozialtechnischer
Maßnahmen oft genug drastisch vor Augen (vgl. dazu auch das letzte Kapitel über Verbraucherpolitik).

Das folgende Beispiel zu *Machiavelli* (*Münkler*, 1982) belegt, wie Sozialtechniken bereits früher beachtet und in andere Lebensbereiche übertragen
wurden. *Machiavelli* kann als Sozialtechniker bezeichnet werden, denn seine Hauptwerke „Der Fürst" und die „Discorsi" können als Anleitungen zur
Verhaltenssteuerung verstanden werden. Zwar bezieht *Machiavelli* sich
ausschließlich auf die Politik, doch können viele der aufgezeigten Sozialtechniken auch auf andere Bereiche übertragen werden. Sein Modell der
Verhaltensbeeinflussung umfaßt die Sozialtechniken zugrundeliegender
Paradigmen menschlicher Beeinflussung. Dabei handelt es sich um (1) die
Beachtung der subjektiven Wahrnehmung und des emotional gesteuerten
Verhaltens, (2) situationsspezifische Analysen menschlicher Beeinflussung
und (3) die Integration von Sozialtechniken in einen strategischen Hand-
lungsrahmen.

Machiavelli forderte dezidiert, bei der Gestaltung des sozialen Lebens die
Gesetzmäßigkeiten menschlichen Verhaltens zu beachten. Wie Ärzte und
Juristen müsse auch die Politik professionell vorgehen. Das bedeutet:

● Kenntnis der Gesetzmäßigkeiten menschlichen Verhaltens, vor allem
  der Wahrnehmung und des emotional gesteuerten Verhaltens,

● konsequente Anwendung dieser Sozialtechniken in der Politik.

Damit wird ein aktuelles und bereits im Mittelalter bekanntes Problem bewußt: Ethische und ideologische Grundhaltungen können für die Durchsetzung gesellschaftlich wünschenswerter Ziele einerseits hinderlich sein,
wenn man sich scheut, sozialtechnisch konsequent zu handeln. Andererseits kann es nicht angehen, daß jeder unreflektiert und unkontrolliert

Sozialtechniken anwendet. Wie in der Technik gibt es hier ein **sozialtechnisches Risiko** nachteiliger Folgen für die Gesellschaft. Deshalb müssen Sozialtechniker

- ihr Instrumentarium gut kennen (ohne ethische Scheuklappen),
- das sozialtechnische Risiko verantworten können und
- einer gesellschaftlichen Kontrolle unterliegen.

Der Fortschritt der Verhaltenswissenschaften wird das Repertoire an Sozialtechniken (Verhaltenstechniken) vergrößern, auf das die Funktionäre gesellschaftlicher Macht – die Marketingleute, Public-Relations-Strategen, Medienmanager, Verbraucherpolitiker usw. – zurückgreifen können, um das Publikum aufzuklären, zu beeinflussen und ihren Zwecken dienstbar zu machen.

Viele dieser Funktionäre haben allerdings noch nicht erkannt, welchen Nutzen ihnen die Verhaltenswissenschaften bringen können. So ziehen es Marketingleute und verbraucherpolitische Funktionäre im allgemeinen vor, den Erfolg ihrer Politik als ein Ergebnis von Erfahrung, Intuition und Fingerspitzengefühl zu sehen und nicht als Ergebnis einer systematischen Anwendung von Sozialtechniken. Die Überlegung, daß man sich zur Beeinflussung der Konsumenten die wissenschaftlich erarbeiteten Gesetzmäßigkeiten des Verhaltens zunutze machen kann, ist ihnen noch fremd oder „zu unsicher".

Es ist wohl kaum zu bezweifeln, daß die systematische Anwendung von wissenschaftlich fundierten Sozialtechniken den Praktikerregeln überlegen ist. Sozialtechniken sollten nicht bloß auf der Grundlage von subjektiver Praxiserfahrung und Spekulation entworfen und umgesetzt werden, sondern mit Hilfe von handfesten verhaltenswissenschaftlichen Kenntnissen. Damit wird in Zukunft auch die Diskussion um das sozialtechnische Risiko und seine Verantwortbarkeit an Bedeutung gewinnen.

Sozialtechnik und Kreativität: Bei der professionellen Umsetzung von Sozialtechniken kommt es oft zu Spannungen zwischen denjenigen, welche die kreative Leistung erbringen (zum Beispiel einen Aufklärungsfilm machen) und den Sozialtechnikern, welche diese Leistungen planen und beurteilen. Solche Spannungen zwischen Kreativen und Sozialtechnikern finden wir auch im Bereich der kommerziellen Werbung. Dort wenden sich die Kreativen häufig gegen eine Mitwirkung von Sozialtechnikern, insbesondere gegen den Test und die Kontrolle ihrer kreativen Entwürfe, häufig mit dem Argument, die Mitwirkung von Sozialtechnikern enge ihre kreativen Leistungen ein.

Dieser Einwand ist natürlich zurückzuweisen: So wie man beim Bau einer Brücke die technischen Gesetzmäßigkeiten berücksichtigen und dadurch viele kreative – vor allem ästhetische – Lösungsmöglichkeiten ausschließen muß, so muß man bei der Gestaltung von Werbung viele der kreativen – auch originellen und neuartigen – Entwürfe ablehnen, weil sie nicht auf die Gesetzmäßigkeiten des Konsumentenverhaltens abgestimmt sind.

Ohne die Leistung der Kreativen ist es gar nicht möglich, erfolgreiche Mittel und Einzelmaßnahmen zur Beeinflussung des Verhaltens zu entwickeln.

Kreative Leistungen, zum Beispiel die visuelle (bildliche) Gestaltung eines emotionalen Appells in einer Markenartikelanzeige, sind Angelpunkte für den Werbeerfolg. Die Kreativen sind allerdings häufig nicht in der Lage, die voraussichtlichen Wirkungen der von ihnen entworfenen Werbung auch nur einigermaßen vorauszusehen. Sie sind selten verhaltenswissenschaftlich ausgebildet; vor allem: Sie können sich nur unzureichend in das Verhalten der Zielgruppen hineindenken.[1]

Deswegen kommt man auch in der Werbung ohne eine sozialtechnische Kontrolle der kreativen Leistungen nicht aus, wenn die Werbung nicht zu einem bloßen Zufallstreffer werden soll.

Die Mitwirkung von Sozialtechnikern vergrößert aber auch den Spielraum für die Kreativen: Oft werden aussichtsreiche kreative Leistungen nicht umgesetzt, weil die Kreativen selbst oder ihre Auftraggeber unsicher sind, ob die für eine Konsumentenbeeinflussung gefundenen Lösungen tatsächlich wirksam sind. Das gilt gerade für solche Lösungen, die vom Üblichen abweichen und dadurch mehr Risiken enthalten. Die Sozialtechniker können aufgrund ihrer Kenntnisse und Testverfahren diese Unsicherheiten beseitigen oder vermindern. Sie bieten sozusagen ein Sicherheitsnetz, das den Kreativen ein kühneres Vorgehen erlaubt.

Es darf allerdings nicht übersehen werden, daß heutzutage viele sozialtechnische Empfehlungen und Kontrollmethoden (insbesondere von den kommerziellen Instituten und „Beratern") so schwach sind, daß man die Skepsis der Kreativen durchaus verstehen kann. Insofern sprechen wir mehr über zukünftige Möglichkeiten als über vorliegende Realisierungen. Die zukünftigen Möglichkeiten, verhaltenswissenschaftliche Erkenntnisse und Methoden in der Praxis zu nutzen und in anwendbare Sozialtechniken umzusetzen, werden wesentlich vom Ausmaß und von der Qualität des Forschungstransfers abhängen.

Mit **Forschungstransfer** bezeichnet man die Übertragung von wissenschaftlichen Erkenntnissen in die Praxis. Gerade auf dem Gebiet der Verhaltensforschung gibt es ein erhebliches Transferdefizit, da die Praxis die verfügbaren Erkenntnisse weniger übernimmt und verwendet, als es der Fall sein könnte. Dazu schreibt *Schramm* (1977), S. 161:

„Ich sehe ein weltweites Problem: Es betrifft jede Nation, … der daran gelegen ist, durch eine wirksame Nutzung des menschlichen Wissens die Lebensqualität zu steigern. Es ist die schlichte Wahrheit, daß wir von der sozialwissenschaftlichen Forschung nicht *den* Gebrauch machen, den wir machen sollten und könnten. Wir wissen und wir können mehr als wir einsetzen! Das Resultat ist, daß wir Kapazitäten brachliegen lassen, die mindestens ebenso wertvoll sind wie Finanzkapital oder maschinelle Kraft."

Die wesentlichen Gründe für dieses Transferdefizit lassen sich in drei Kategorien einteilen. Es sind:

(1) gesellschaftliche Rahmenbedingungen: das allgemeine Transferklima,
(2) Barrieren auf seiten der Forschung,

---

[1] Vgl. im einzelnen *Kroeber-Riel* (1981c).

(3) Barrieren auf seiten der Praxis.

Das gesamte gesellschaftliche *Transferklima* ist von grundlegender Bedeutung. Es ist in Deutschland ausgesprochen schlecht. Das liegt am schlechten Image der Sozialwissenschaften, an der unzureichenden Darstellung von Sozialtechniken in den Massenmedien und am geringen Problembewußtsein der staatlichen Instanzen und der großen Interessenverbände.[2]

Auf seiten der *Forschung* schlagen ganz besonders folgende Hindernisse zu Buche: Ideologische Vorbehalte gegen die sozialtechnische Auswertung der Forschungsergebnisse, geringe Transferkapazität (Arbeitsengpässe, fehlende Mittel) und die mit Recht immer wieder kritisierte Unfähigkeit, mit der Praxis zu kommunizieren.

Die ideologischen Barrieren sind vor allem in den Grundlagenwissenschaften Psychologie und Soziologie ausgeprägt. Sozialtechnik bzw. Sozialtechnologie wird dort „nicht zu den seriösen … Begriffen gerechnet", denn die Sozialtechnik unterwirft stets „ein Stück Alltag einem primitiven technisch-organisatorischen Schema", sie stellt sich als „politische Selbstentmündigung" heraus (*Hartmann*, 1990, S. 1014)[3].

Das ist eine generelle Verteufelung des rationalen Zweck-Mittel-Denkens, hinter der in diesem Fall die dogmatische Auffassung steht, Sozialtechnologien im Dienste der Manipulation zu sehen.

Eine solche Ablehnung der Sozialtechnik mündet letztlich in geringe Professionalität und damit in erhebliche Fehlinvestitionen bei der Gestaltung der sozialen Wirklichkeit: Wenn in unserer Gesellschaft Zielsetzungen akzeptiert werden, die sich auf die Gestaltung der sozialen Wirklichkeit beziehen (in der Werbung oder bei der Ladengestaltung, bei der Einrichtung von Museen oder Krankenhäusern), dann müssen auch die aus den Erkenntnissen über menschliches Verhalten abgeleiteten Sozialtechniken akzeptiert werden, die dazu dienen, diese Zielsetzung *wirksam* umzusetzen.

Das gilt auch für die privatwirtschaftliche Anwendung von Sozialtechnik zur Steuerung des Konsumentenverhaltens. Bei *normativer* Betrachtung kommt es darauf an, den Mißbrauch der Sozialtechnik zu bestimmen und dem Mißbrauch in allen Anwendungsbereichen entgegenzutreten. Im Bereich der Marketingforschung setzt sich das sozialtechnische Denken langsam durch, es wird in zunehmendem Maße als Grundlage professioneller Gestaltung aufgefaßt.

Dazu *Nieschlag, Dichtl* et al. (1994, S. 25): „Anfang der fünfziger Jahre wurde erstmals die Frage gestellt, ob man nicht genauso wie Seife auch Nächstenliebe „verkaufen" könne (vgl. *Wiebe* 1951/52). Dahinter steckt der Gedanke, daß man Mar-

---

[2] Die geringere Motivation der meisten Journalisten, über Sozialtechniken zu berichten, im wesentlichen durch schlichte Ignoranz verursacht, ist im Hinblick auf die Schlüsselrolle der Medien für das Meinungsklima besonders hervorzuheben. Vgl. dazu *Schramm* (1977), S.164.

[3] *Hartmann* schreibt dazu im besten Soziologendeutsch: Die Anwendung der Sozialtechnik „ist eine Strategie der Gewalt, weil der logische Reichtum menschlicher Sozialität auf einem unermeßlich viel höheren Niveau angesiedelt ist als der ‚Algorithmus'" (*Hartmann*,1990, S. 1015).

keting sehr viel weiter, als dies bis dahin der Fall gewesen war, nämlich als Sozialtechnik ... verstehen könne. Diese Auffassung hat seit etwa 1970 rasch an Boden gewonnen. Marketing überwindet damit seinen vormals spezifisch absatzwirtschaftlichen Charakter und wird mehr und mehr zu einer Schlüsselvariablen im Rahmen der Steuerung zwischenmenschlicher und gesellschaftlicher Prozesse (Generic Marketing)."

An erster Stelle der Barrieren von seiten der *Praxis* stehen unzureichende Kenntnisse über den Nutzen von Sozialtechniken. Ein Beispiel: Die Automobilindustrie ist technisch hoch entwickelt. Sie führt riesige Investitionen durch, um die Herstellungstechnik bis ins kleinste Detail zu perfektionieren. Aber in sozialtechnischer Hinsicht, bei der Gestaltung der innerbetrieblichen Kommunikation, in der Werbung, Marktforschung usw. ist sie besonders entwicklungsfähig. Die dafür erfolgten Investitionen sind vergleichsweise zurückhaltend. In einem Bild gesprochen: Im technischen Bereich werden durch perfekte Qualitätskontrolle selbst kleinste Kratzer im Lack festgestellt; im sozialtechnischen Bereich wird dagegen mit selbstgestrickten und altertümlichen Konzepten gearbeitet, mit denen noch nicht einmal grobe Mängel der Sozialtechnik erkannt werden können. In Unternehmungen anderer Branchen mit Ausnahme von einigen großen Markenartikelunternehmungen sieht es nicht viel besser aus:

> Bei der technischen Herstellung von Produkten wird der „kleinste Kratzer im Lack" kontrolliert, im sozialtechnischen Bereich des Marketing werden nicht einmal grobe Mängel festgestellt!

Für den wirtschaftlichen Niedergang und die Stagnation vieler Unternehmungen dürfte das geringe sozialtechnische Know-how ein wesentlicher Grund sein. Es schlägt sich in unqualifizierten Prognosen über das Konsumentenverhalten, in einer unzureichenden Einschätzung der Erlebniswelt der Konsumenten, verfehlter Produktpositionierung usw. nieder.

Mangelnde Einsicht in die Nützlichkeit von Sozialtechniken hat zugleich eine geringe Motivation zufolge, sich aktiv um den Forschungstransfer zu bemühen. Infolgedessen wird von der Wirtschaft verhältnismäßig wenig Kapazität (Mittel für die Forschungsaufträge, Stabsstellen für Transferaufgaben usw.) für den sozialwissenschaftlichen Forschungstransfer zur Verfügung gestellt.

Förderung des Forschungstransfers: Um einen effizienten Forschungstransfer in Gang zu bringen, müßten erst einmal die Vorurteile und ablehnenden Haltungen auf seiten der Forschung und der Praxis abgebaut werden. Dies läßt sich nur durch verstärkte Kommunikation zwischen Forschung und Praxis erreichen. In den letzten Jahren zeichnet sich in dieser Hinsicht eine deutliche Verbesserung ab. Dazu tragen Vereinigungen wie die „Deutsche Werbewissenschaftliche Gesellschaft" bei (deren ausschließliches Ziel der Forschungstransfer ist), vor allem aber die zunehmende Kooperation zwischen Universitäten einerseits und Gewerkschaften, Unternehmungen, Wirtschaftsverbänden, Handelskammern usw. andererseits.

Erst wenn die Einstellungen zum Transfer verhaltenswissenschaftlicher Forschungsergebnisse verbessert sind, können spezielle Maßnahmen zur Verstärkung des Transfers wirksam werden. In der Wirtschaft ist an den Aufbau und Ausbau von *Transferabteilungen* zu denken, welche mit der weiteren Entwicklung der Sozialwissenschaften eine ähnliche Bedeutung erhalten könnten wie heute die Abteilungen für Forschung und Entwicklung im technischen Bereich.[4]

Ferner könnten *Transferagenten* eingesetzt werden, das heißt, besondere Dienstleistungseinheiten, die sich auf den Forschungstransfer spezialisieren. Das entspricht einem Vorschlag des bekannten Soziologen *Lazarsfeld*, der im Zuge der Expansion sozialwissenschaftlicher Erkenntnisse einen neuen Berufszweig kommen sah, der sich um die Interaktion zwischen Wissenschaft und Praxis kümmert.

Eine neue Dimension erhält der Transfer von Sozialtechniken durch **Expertensysteme:** Das sind wissensbasierte Computersysteme, die zu den Systemen mit künstlicher Intelligenz gezählt werden.

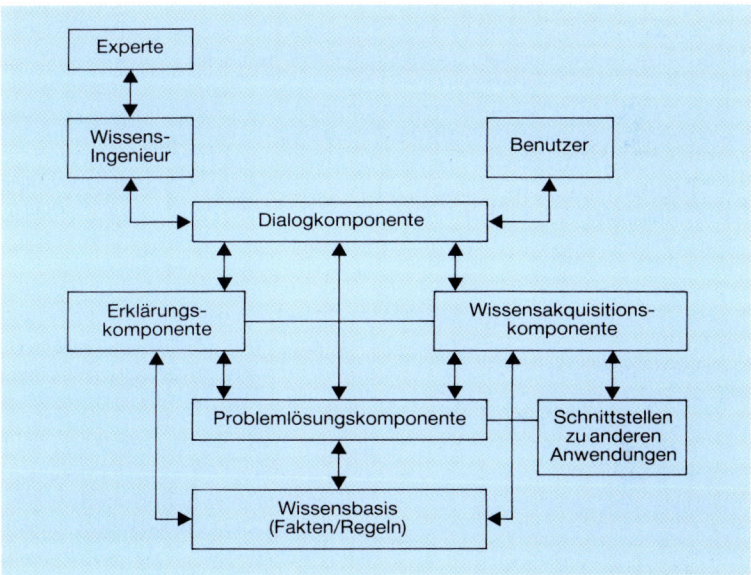

Abbildung 8a: Expertensysteme als Beitrag zum Forschungstransfer

Anmerkung: Expertensysteme sind wissensbasierte Computerprogramme, die menschliches Wissen speichern und verarbeiten, um spezielles Expertenwissen in die Praxis zu transferieren und für Problemlösungen einzusetzen. Diese Fähigkeit

---

[4] Ansatzpunkte dazu bieten die in vielen Unternehmungen bereits bestehenden Abteilungen für Marketingforschung. Diese könnten zu Abteilungen für Forschung und Entwicklung (F&E) im Marketingbereich ausgebaut werden und die sozialtechnischen F&E-Aufgaben für das gesamte Unternehmen übernehmen. Mit den Möglichkeiten und Chancen solcher F&E-Marketingabteilungen setzen sich ausführlich *Myers, Massy* et al. (1980) auseinander.

zur „künstlichen Intelligenz" wird durch das Zusammenspiel der in der Abbildung wiedergegebenen Systemkomponenten erreicht.
Zentrale Komponenten sind die Wissensbasis, die das fachspezifische Wissen über Tatsachen (Fakten) und empirische Gesetzmäßigkeiten und Verallgemeinerungen (Erfahrungsregeln) enthält, sowie die Problemlösungskomponente, die dazu dient, aus den Eingaben des Benutzers und dem gespeicherten Wissen Folgerungen zur Lösung von Problemen zu ziehen.

In der Wissensbasis dieser Systeme werden Fakten und sozialtechnische Regeln gespeichert, die zur Gestaltung der sozialen Wirklichkeit herangezogen werden können (vgl. *Abbildung 8a*).

Das Institut für Konsum- und Verhaltensforschung der Universität des Saarlandes hat mehrere Expertensysteme entwickelt, welche dazu dienen, Strategien und Techniken zur Konsumentenbeeinflussung – vor allem durch Werbung – zu entwickeln und zu testen. Dabei sind vier Systemarten zu unterscheiden (vgl. *Abbildung 8b*):[5]

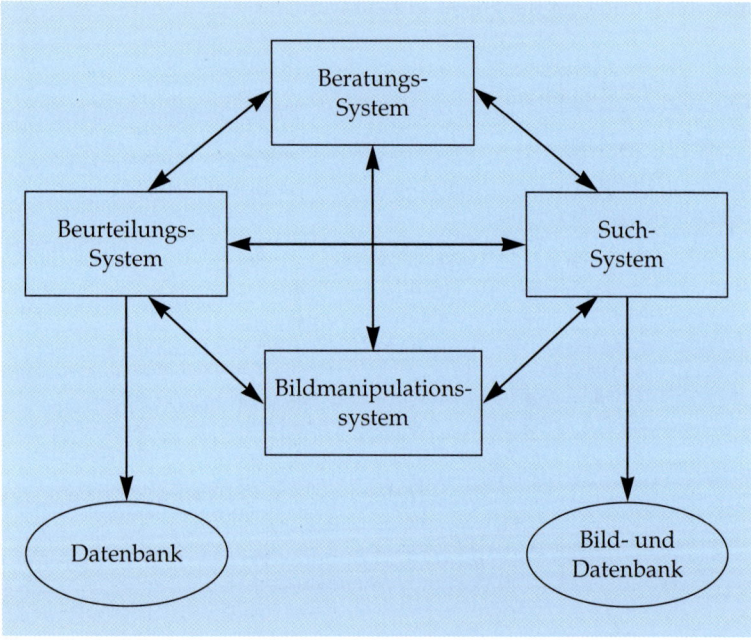

Abbildung 8b: Das CAAS-System

Quelle: Kroeber-Riel und *Behle* (1995, S. 631).

---

[5] Das Gesamtsystem, das diese – interaktiven – Teilsysteme und darüber hinaus für die Gestaltung von Bildern ein Bild- (und Text-) Manipulationssystem umfaßt, heißt CAAS = Computer Aided Advertising System. Die Systeme zur Beurteilung der Werbung durch Anzeigen in Zeitschriften und Zeitungen sowie durch Spots in Radio und Fernsehen werden durch die Firma *Allcomm Advertising AG* (einer Tochtergesellschaft von CIBA-GEIGY mit einer CAAS-Consulting Abteilung in Saarbrücken) betreut und kommerziell genutzt.

Die verschiedenen CAAS-Programme können interaktiv benutzt werden, um den gesamten Prozeß der Werbung von der Entwicklung einer ersten Werbeidee bis zur Beurteilung des fertigen Werbemittels zu unterstützen. Zum CAAS gehören:

(1) das Suchsystem, das die Kreation wirksamer Werbemittel unterstützt („Kreativsystem"),

(2) das Beratungssystem, das Empfehlungen zur Gestaltung von Werbemitteln gibt („Gestaltungssystem"),

(3) das Bild- und Text-Manipulations-System zur visuellen Umsetzung der Werbung („Umsetzungssystem"),

(4) das Beurteilungssystem, das die Wirkungen der Werbemittel überprüft („Kontrollsystem").

Mittels solcher Expertensysteme sollen Beeinflussungsstrategien und -techniken beurteilt und verbessert werden: Ein Expertensystem zur Einschätzung von *Anzeigenwerbung* arbeitet grob gesehen wie folgt (*Esch*, 1990):

In der Wissensbasis werden die heute verfügbaren sozialtechnischen Regeln und sozialtechnisch relevanten Fakten zu den Werbewirkungen gespeichert, etwa darüber, wie Bildelemente anzuordnen sind, um eine möglichst hohe Erinnerungswirkung zu erzielen (Regel von der interaktiven Bildgestaltung). Das System kann dabei auch die Unsicherheit, mit der diese Regeln gelten, berücksichtigen.

Der Benutzer beantwortet nun am Bildschirm Fragen, die sich auf die konkreten Ziele, Bedingungen und Eigenschaften einer Anzeige beziehen. Der Computer setzt diese Angaben zu dem gespeicherten sozialtechnischen Expertenwissen in Beziehung und leitet daraus die Beurteilung der Anzeigenwirkung und Vorschläge zur Verbesserung der Anzeigen ab (die in einem Bildmanipulationssystem unmittelbar umgesetzt werden können).[6]

Das *Suchsystem* unterstützt den Benutzer (Kreativen) bei der Entwicklung und Gestaltung von bildlich dargestellten Erlebniswelten. Das in diesem System gespeicherte Wissen wird durch semantische Netze und Suchregeln repräsentiert. Ein semantisches Netz umfaßt zum Beispiel die Bild- und Farbassoziationen, die mit einem Erlebniskonzept wie „frisch" oder „zuverlässig" verknüpft sind. Der Benutzer erhält in einem Dialog mit dem System Anregungen, um *verhaltenswirksame Bilder* zu finden, die dazu geeignet sind, ein Erlebniskonzept (ein emotionales Erlebnis) durch die Werbung zu vermitteln.[7]

---

[6] Ein erstes Beurteilungssystem für Anzeigenwerbung ESWA (Expertensystem zur Werbewirkungsanalyse) wurde von *Neibecker* entwickelt; vgl. *Neibecker* (1989, 1990). Zum CAAS und allgemein zur Anwendung von Expertensystemen im Marketing vgl. *Neibecker* (1989); *Esch* und *Muffler* (1989); *Kroeber-Riel, Lorson* et al. (1992); *Kroeber-Riel* und *Esch* (1992); *Esch* und *Kroeber-Riel* (1994).

[7] Die Philosophie dieses äußerst komplexen Systems lautet: Keine fertigen Lösungen bieten, sondern Wege für das kreative Suchen nach Lösungen aufzeigen! Durch die Systembenutzung soll die Kreativität der Benutzer gesteigert, sollen Beschränkungen beim intuitiven Suchen nach wirksamen Bildern überwunden werden.

Derartige Expertensysteme tragen dazu bei, das sozialtechnische Wissen umfassender, durchsichtiger und anwendungsorientierter als bisher zu formulieren und für die Praxis nutzbar zu machen. Sie können außerdem zum sozialtechnischen Training eingesetzt werden. Es ist damit zu rechnen, daß auf diesem Wege die sozialtechnische Professionalität in Zukunft erheblich gefördert wird.

Normative Probleme: Wer als Sozialwissenschaftler zur Gestaltung unserer sozialen Umwelt beiträgt, kann nicht einfach den Kopf in den Sand stecken und behaupten, die Verwendung wissenschaftlicher Erkenntnisse gehe einen Wissenschaftler nichts an.

In den Sozialwissenschaften sind gegenwärtig Rechtfertigungsbehauptungen folgender Art üblich: „Anwendung der Wissenschaft ist kein wissenschaftliches, sondern ein politisches Problem" (*Andersson, 1976*, S. 73). Oder: „Sozialtechniken entstehen … wie alle Techniken als Anwendung von Theorien… . Aber erst die Anwendungsziele bestimmen, welche Theorien und auf welche Weise sie transformiert werden. Die Anwendungsziele werden von Werten bestimmt, die positiv, negativ oder gemischt positiv-negativ beurteilbar sind. Die Gefahr negativ beurteilter Anwendungen ist einer Gesellschaft anzulasten, nicht dem Theoretiker oder Forscher" (*Irle, 1975*, S. 40).

Das ist eine klare Strategie: Der Wissenschaftler engt willkürlich seine Rolle auf Arbeiten im Begründungszusammenhang ein: Er will nur etwas mit der Formulierung und Prüfung von Theorien zu tun haben. Keinesfalls gehört das Nachdenken über die praktische Verwendung der Erkenntnisse zur „Wissenschaft". Denn wenn das der Fall wäre, könnte er ja die Verantwortung für die gesellschaftliche Auswirkung seiner Erkenntnisse nicht mehr abwälzen, könnte er den Anschein wertfreier Forschung nicht mehr aufrechterhalten.

Diese Selbstbeschränkung wissenschaftlicher Ansichten wird von uns nicht anerkannt. Zur wissenschaftlichen Arbeit gehört auch die Pragmatik, das heißt die Berücksichtigung der Wirkungsdimension wissenschaftlicher Erkenntnisse. Es ist vor allem nach den sozialen Zielen und Funktionen des Forschungsprozesses zu fragen. Bezogen auf die Praxis ist zu überlegen, mit welcher Legitimation und mit welchen individuellen und gesellschaftlichen Folgen die Gesellschaft mit Hilfe der erarbeiteten Sozialtechniken beeinflußt wird. Die von uns vertretene, pragmatische und normative Forschungsperspektive kann wie folgt skizziert werden:

(1) Die praktische Wirkung wissenschaftlicher Aussagen, d. h. die Folgen der Verwendung wissenschaftlicher Erkenntnisse in der Praxis, sollte ohne Schönfärberei in die wissenschaftliche Prüfung einbezogen werden, und zwar in gleicher Weise wie die Prüfung der logischen und faktischen Wahrheit von Aussagen. Wir können hier von einer *pragmatischen Prüfung* der wissenschaftlichen Aussagen sprechen.[8]

---

[8] Die pragmatische Prüfung bezieht sich auf die pragmatische Dimension von Aussagen, die Prüfung der logischen Wahrheit bezieht sich auf die syntaktische Dimension, die Prüfung der faktischen Wahrheit auf die semantische Dimension.

"On the other hand, my responsibility to society makes me
want to stop right here."

*Abbildung 9: Gesellschaftliche Konsequenzen: Gleichgültigkeit, Abbruch oder
soziale Verantwortung der Forschung?*

Quelle: *Harris*, 1977.

(2) Die pragmatische Prüfung sollte zu expliziten *Werturteilen* über die individuellen und gesellschaftlichen Folgen der Wissenschaftsverwen-
dung führen. Dabei sind die Wertmaßstäbe anzugeben. Unverbindli-
ches Räsonieren, daß diese oder jene Wirkung eintreten kann, sollte
nicht genügen.

Die Wissenschaften haben die *pragmatische* Dimension der Aussagen –
also ihre Wirkung im Verwendungsbereich – vernachlässigt und sich auf
semantische und syntaktische Dimensionen konzentriert. Neuerdings
bahnt sich allerdings eine Umorientierung an.

Durch die Ausweitung des Objektbereiches des Marketing bis hin zu gesellschaftlichen Prozessen und kulturellen Vorgängen gewinnt die **Semiotik** der Marketingkommunikation als Forschungsperspektive zunehmend
an Bedeutung (*Kroeber-Riel*, 1991a). Als die Wissenschaft von den Zeichen-
prozessen (*Eco*, 1988) versucht sie, ein System zur Beschreibung von Kommunikationsprozessen zu entwerfen.

Die *pragmatische* Kommunikationsforschung fragt als ein Teilbereich der
Semiotik nach der Wirkung von Botschaften, Objekten oder Signalen auf
die Empfänger und vergleicht sie mit deren Erwartungshaltungen. Die

dabei wirksame Symbolik der Kommunikation ist dem einzelnen kaum bewußt. Kommunikations- und Konsumprozesse vollziehen sich also auch nach „kulturinhärenten" Spielregeln, die im Sinne einer selbstkritischen Offenlegung der Forschungsperspektive durch eine semiotische Analyse durchschaut werden können.[9]

(3) Die pragmatische Prüfung sollte dadurch gesichert und erleichtert werden, daß ein *öffentlicher* Dialog über die wissenschaftlichen Ergebnisse herbeigeführt wird, an dem sowohl diejenigen, die das Wissen verwenden (z. B. die Unternehmen), als auch diejenigen, die durch diese Verwendung betroffen sind (z. B. die Konsumenten), beteiligt werden. Das setzt eine Veröffentlichung der wissenschaftlichen Ergebnisse in geeigneter Form voraus.

(4) Die Weitergabe der wissenschaftlichen Ergebnisse sollte auf der Grundlage *sozialer* Verantwortung des Wissenschaftlers erfolgen. Sie sollte zudem mit politischem Engagement verbunden sein: Jedes Werturteil läßt sich als Anweisung an das eigene Handeln interpretieren, eine positiv bewertete Verwendung der wissenschaftlichen Erkenntnisse zu fördern und eine negativ bewertete zu hemmen.

Die letzte Forderung läuft keineswegs darauf hinaus, aus jedem Wissenschaftler einen Politiker zu machen. Es ist vielmehr an eine *aktive* politische Teilnahme, wie sie von jedem Bürger erwartet wird, zu denken, eine Teilnahme, die sich besonders auf die Umsetzung und Verwendung von wissenschaftlichen Erkenntnissen in der Praxis bezieht. Das wissenschaftliche Handeln und das politische Handeln des Wissenschaftlers sollten eine *Einheit* sein und nicht zwei getrennte Lebensbereiche.

---

[9] Zur Anwendung semiotischer Erkenntnisse im multikulturellen Marketing vgl. *Werner* (1993).

Zweiter Teil

Psychische Determinanten des Konsumentenverhaltens

A. Das System der psychischen Variablen

Wir unterteilen die inneren (psychischen) Vorgänge grundsätzlich in:

● aktivierende Prozesse

● kognitive Prozesse

Als aktivierend werden solche Vorgänge bezeichnet, die mit inneren Erregungen und Spannungen verbunden sind und das Verhalten antreiben. Kognitiv sind solche Vorgänge, durch die das Individuum die Informationen aufnimmt, verarbeitet und speichert. Es sind Prozesse der gedanklichen Informationsverarbeitung im weiteren Sinne.

Abbildung 10 gibt eine Gesamtübersicht über die Variablen.

Die inneren – aktivierenden oder kognitiven – Vorgänge werden von Innenreizen oder von Außenreizen ausgelöst. Beispiele: Das Anbieten von zwei Produkten durch einen Verkäufer löst einen Beurteilungsprozeß aus (Außenreiz). Dagegen wird ein während des Essens auftretender spontaner Einfall (ins Kino zu gehen) nicht von außen, sondern von innen her angeregt.

Man kann die aktivierenden und kognitiven Vorgänge weiter danach gliedern, ob sie

elementar oder *komplex*

sind. Durch das kaum auflösbare, weitgehend undurchsichtige Zusammenspiel von elementaren aktivierenden und kognitiven Prozessen entstehen komplexe Vorgänge. Mit diesen haben wir es vorwiegend zu tun. Obwohl die komplexen Prozesse sowohl aktivierende als auch kognitive Komponenten umfassen, ordnen wir sie *entweder* dem aktivierenden *oder* dem kognitiven Variablensystem zu, um dadurch anzugeben, welche Komponente dominiert:

▶ Komplexe psychische Prozesse werden als *aktivierend* bezeichnet, wenn die Aktivierungskomponenten vorherrschen.[1]

▶ Komplexe psychische Prozesse werden als *kognitiv* bezeichnet, wenn die kognitiven Komponenten vorherrschen.

Die in diesem Sinne verstandenen komplexen *aktivierenden* Vorgänge umfassen: Emotion, Motivation, Einstellung. Sie umfassen mehr oder weniger

---

[1] Genauer müßte es heißen: Wenn die aktivierenden Komponenten (oder kognitiven Komponenten) als vorherrschend beziehungsweise dominant aufgefaßt werden. Insofern spiegelt sich in der Wahl unserer Bezeichnungen bereits der theoretische Standort wider.

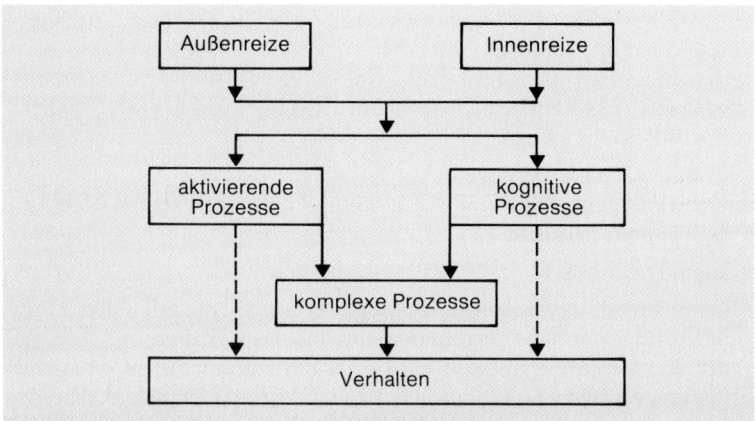

a) Das Gesamtsystem

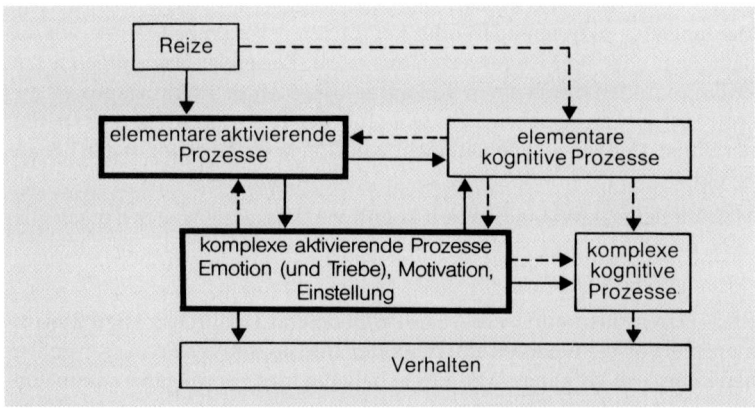

b) Untersystem aktivierende Prozesse

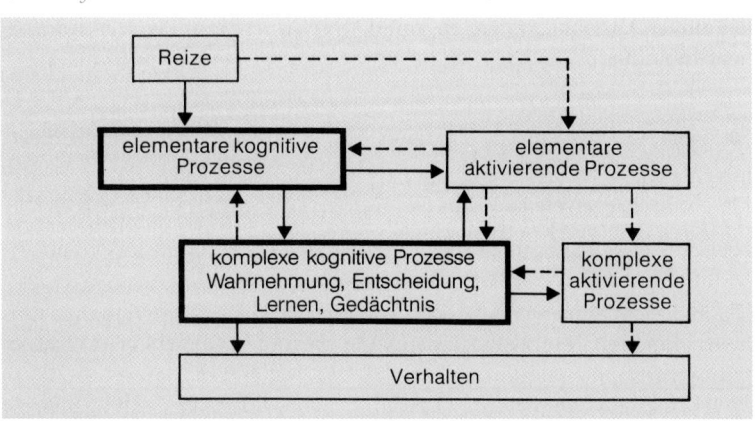

c) Untersystem kognitive Prozesse

Abbildung 10: Das System der psychischen Variablen

auch kognitive Komponenten, werden aber alle durch ihre Aktivierungskraft – durch ihre Fähigkeit, menschliches Verhalten anzutreiben – gekennzeichnet. Das wird auch bei der Messung deutlich. Diese berücksichtigt bei allen drei Prozessen wesentlich die aktivierende Komponente (Näheres ergibt sich bei ihrer Operationalisierung).

Die komplexen *kognitiven* Vorgänge werden – zur Erklärung des Konsumentenverhaltens – eingeteilt in Wahrnehmung einschließlich Beurteilung, Entscheidung, Lernen und Gedächtnis. Sie enthalten auch aktivierende Komponenten. Es gibt zum Beispiel keine Wahrnehmung, in die sich nicht das Gefühl einmischt, keine Lernleistung, die nicht von der Motivation abhängt. Entscheidend ist aber, daß das kognitive Verhalten und die kognitiven Kontrollen vorherrschen.

Betrachten wir nach diesem Überblick das Variablensystem noch etwas genauer:

Zum aktivierenden Teilsystem: Auf die Aufnahme eines Reizes folgen zunächst elementare aktivierende Prozesse, das sind unspezifische und spezifische innere Erregungen:

Uns interessieren auf der elementaren Betrachtungsebene hauptsächlich die *unspezifischen* Erregungsvorgänge. Das sind allgemeine innere Spannungen beziehungsweise Erregungen, auch allgemeine Aktivierung genannt, welche die Wachheit und Leistungsfähigkeit des Organismus bestimmen. Von ihnen hängt es ab, ob und in welchem Ausmaß das Individuum aktiv wird.

Die unspezifische, allgemeine Aktivierung ist eine „Basisvariable" für die Erklärung des Verhaltens. Wir beginnen die Beschreibung der aktivierenden Prozesse im nächsten Kapitel mit dieser allgemeinen inneren Spannung.

Neben der unspezifischen oder allgemeinen Aktivierung gibt es noch *spezifische* Erregungsvorgänge des Organismus, die mit einzelnen Antriebskräften wie Durst oder Liebe verbunden sind. Sie sind jedoch für die Konsumentenforschung nicht in „reiner" Form (als elementare Erregung), sondern nur in ihrem Zusammenspiel mit kognitiven Vorgängen von Bedeutung: Erst durch das Zusammenspiel der inneren Erregungsvorgänge mit kognitiven (Bewußtseins- und Steuerungs-) Vorgängen entstehen menschliche Antriebskräfte wie Emotionen, Motivation, Einstellungen, die hinter einem bestimmten Verhalten stehen.

Diese Antriebskräfte werden als komplexe aktivierende Prozesse dargestellt (vgl. *Abbildung 10*). Sie wirken direkt auf das Verhalten ein, oder sie beeinflussen wieder andere innere Vorgänge, insbesondere das komplexe kognitive Verhalten. *Beispiel:* Vorhandene Emotionen oder Einstellungen lenken den Wahrnehmungsprozeß auf bestimmte Gegenstände.

Zum kognitiven Teilsystem: Die Reizaufnahme stimuliert zunächst elementare kognitive Prozesse. Dazu gehören zum Beispiel das Verständnis einer Produktbeschreibung, die Addition von Zahlen, das gedankliche Speichern einer Werbeaussage. Diese elementaren Vorgänge werden in der Literatur als Informationsverarbeitung aufgefaßt und im Kapitel über kognitive Prozesse dargestellt.

Für die Erklärung des Konsumentenverhaltens haben wir es mit sehr komplexen kognitiven Vorgängen wie Wahrnehmung (einschließlich Beurteilung), Entscheiden oder Lernen zu tun, welche wiederum durch Interaktion mit den aktivierenden Vorgängen zustande kommen.

Die komplexen kognitiven Prozesse wirken wiederum direkt auf das Verhalten ein, oder sie beeinflussen andere innere Vorgänge, insbesondere (komplexe) aktivierende Prozesse. *Beispiel:* Die Wahrnehmung anderer Personen führt zu einer Emotion.

Die beiden – aktivierenden und kognitiven – Subsysteme interagieren demnach sowohl auf der Ebene der elementaren Prozesse als auch auf der Ebene der komplexen Prozesse.

Zusammenfassend: Der Schwerpunkt unserer Erörterungen liegt auf der Ebene der *komplexen* Prozesse, die entweder eine dominante aktivierende Komponente haben (Emotion, Motivation, Einstellung) oder eine dominierende kognitive Komponente (Wahrnehmung, Entscheidung, Lernen, Gedächtnis). Zusätzlich wird auf zwei weitere Vorgänge eingegangen, von denen die psychologischen Prozesse in Gang gesetzt werden:

(1) die Reizaufnahme, die sowohl die aktivierenden als auch die kognitiven Prozesse stimuliert sowie

(2) die allgemeine – unspezifische – Aktivierung, die dafür zuständig ist, daß der Organismus überhaupt „arbeitet".[2]

Die komplexen kognitiven Prozesse werden nicht mehr wie in älteren Auflagen nach Aufnahme, Verarbeitung und Speicherung von Informationen gegliedert. Diese Gliederung trägt zum Verständnis aus verhaltenswissenschaftlicher Sicht wenig bei und entspricht nicht der Komplexität der kognitiven Prozesse, welche besser durch die in der vorliegenden Gliederung benutzten Begriffe wie Wahrnehmung, Entscheidung usw. angegeben wird.

---

[2] Ohne Aktivierung passiert nichts. Aktivierung ist eine notwendige Voraussetzung für alle psychischen Prozesse.

B. Aktivierende Prozesse

I. Grundbegriffe

Die aktivierenden Prozesse können als menschliche Antriebskräfte verstanden werden. Menschliche Antriebe haben für die Erklärung des Verhaltens eine zentrale Bedeutung. Sie versorgen das Individuum mit psychischer – seelischer – Energie, sie treiben das Verhalten an, sie sind dafür verantwortlich, daß überhaupt Verhalten zustande kommt.

Wie bereits angeführt wurde, gehen wir als erstes auf die *unspezifische Aktivierung* des Verhaltens ein. Dann wenden wir uns den *spezifischen* und komplexen *Antrieben* zu. Im Mittelpunkt unserer Erörterung stehen:

- Emotion,
- Motivation,
- Einstellung.

Das sind komplexe aktivierende Prozesse, die in enger Verflechtung mit den kognitiven Vorgängen entstehen und wirken. Emotion, Motivation und Einstellung sind drei Konstrukte (intervenierende Variable), welche dazu dienen, das Zustandekommen menschlicher Handlungen zu erklären. Sie werden allerdings nicht einheitlich verstanden. Zum Beispiel wird Hunger manchmal als Trieb, manchmal als Emotion oder auch als Motivation bezeichnet. Die Vorliebe einer Person für soziales Prestige wird teils als Motivation, teils als Einstellung verstanden usw. Wir versuchen in diesem Kapitel, eine konsistente Abgrenzung dieser Begriffe vorzunehmen und damit die späteren Arbeiten zur Operationalisierung zu erleichtern.

Eine Frage, „was Motivation (oder Emotion oder Einstellung) *wirklich* ist", ist nicht sinnvoll. Wer sie stellt, verwechselt metasprachliche (definitorische) und objektbezogene Überlegungen. Zulässig ist lediglich die Frage, was man in einem bestimmten fachsprachlichen System (Modell) mit dem Wort Motivation meint. Diese Erkenntnisproblematik hat man sich bei der Benutzung der mehrdeutigen Antriebsbegriffe stets vor Augen zu halten.

Wir schlagen folgende **Arbeitsdefinitionen** vor, welche in dem jeweiligen Kapitel über Emotion, Motivation und Einstellung noch präzisiert werden:

- Emotion = innere Erregungsvorgänge, die angenehm oder unangenehm empfunden und mehr oder weniger bewußt erlebt werden.
  Sprachliche Muster: „E ist angenehm."
  „Ich fühle mich wohl."

- Motivation = Emotionen (und Triebe), die mit einer Zielorientierung Z für das Verhalten verbunden sind.
  Sprachliche Muster: „Ich will Z erreichen."
  „Ich möchte dies tun!"

- Einstellung = Motivation, die mit einer – kognitiven – Gegenstandsbeurteilung verknüpft ist.
  Sprachliche Muster: „Ich halte G für gut."
  „Ich ziehe G vor."

Die Einstellung läßt sich als Haltung oder Prädisposition gegenüber einem Gegenstand auffassen.[1]

Als weiteres Konstrukt in dieser Reihe kann die *Verhaltensabsicht* (Handlungsintention) angegeben werden. Sie drückt die Absicht aus, in einer bestimmten Situation so oder so zu handeln. Die von der Einstellung angegebene und auf einen bestimmten Gegenstand bezogene Haltung wird dadurch für ganz bestimmte Handlungssituationen differenziert und präzisiert.

Beispiel: Aus der Einstellung „Ich schätze das Produkt G sehr" kann die Kaufabsicht werden: „Ich beabsichtige, das Produkt G für den Preis P noch in diesem Jahr zu kaufen." In eine so geäußerte Kaufabsicht geht nicht nur die Einstellung zu G ein, sondern auch die subjektive Einschätzung der gesamten Handlungssituation. Diese umfaßt unter anderem die Wahrnehmung des zur Verfügung stehenden Einkommens, des voraussichtlichen Konsums, des Händlers, bei dem gekauft wird usw.[2]

Der Inhalt der drei Begriffe *Emotion, Motivation* und *Einstellung* soll jetzt anhand eines *Beispiels* noch etwas genauer erörtert werden.

Nehmen wir an, jemand hat eine starke Vorliebe für schnelle Reisen (schnelles Autofahren, schnelles Reisen mit der Bahn, schnelles Fliegen usw.). Diese Vorliebe äußert sich etwa wie folgt:

Emotional: Die Person fühlt sich wohl, wenn sie schnell Auto fährt, ja sie fühlt sich schon wohl, wenn sie ein schnelles Auto sieht oder an ein schnelles Auto denkt: Eine bestimmte äußere oder innere Stimulierung führt dazu, daß die Person Gefühle der Freude, des Glücks, des Rausches usw. hat. Diese Emotionen sind als subjektives *Erleben* der eigenen inneren *Zustände* zu verstehen. Die sprachliche Mitteilung solcher persönlicher Empfindungen ist besonders schwierig und erfordert interpersonelle Verständigungsregeln.

Motivational: Die Person wird (wiederum bei entsprechender Stimulierung) bestrebt sein, mit schnellen Verkehrsmitteln zu reisen und dazu auch ein schnelles Auto zu benutzen. Die Motivation gibt dieses Bestreben wieder. Sie drückt eine Tätigkeits- oder Zielorientierung aus und wird als *Handlungsbewußtsein* erlebt.

Einstellungsbezogen: Aufgrund ihrer Motivation, schnell zu fahren, wird die Person Sachverhalte, welche dieses schnelle Fahren ermöglichen, positiv einschätzen, etwa ein schnelles Auto positiv beurteilen.

---

[1] Das Wort „Gegenstand" bezeichnet hier das Objekt der Einstellung. Es kann sich außer auf Gegenstände im engeren Sinne (wie Häuser, Maschinen) natürlich auch auf Menschen, ferner auf Sachverhalte, Situationen usw. beziehen.

[2] Zur Abgrenzung von Einstellung und Kaufabsicht vgl. im einzelnen Kapitel V.1. Wir beschränken uns hier deswegen auf die Einstellung, weil sie das allgemeinere Konstrukt ist und weil sie eine engere Beziehung zu Emotion und Motivation hat.

Einstellungen zeigen also eine Einschätzung der Umwelt an. Sie werden als objektbezogene Haltungen erlebt. Aus der positiven Einschätzung eines Gegenstandes folgt im allgemeinen auch die Bereitschaft, in positiver Weise zu reagieren (etwa das schnelle Auto zu kaufen). Die begriffliche Differenzierung erfolgt also hinsichtlich des subjektiven Erlebens:

Emotionen sind nach innen – auf das eigene Erleben – gerichtet, Motivationen auf ein Handeln, Einstellungen auf Objekte.

Wie ähnlich diese drei gemeinten Aspekte sind, erweist sich, wenn man die Begriffe auf einen konkreten Reiz bezieht. Der Anblick eines schnellen Autos wird angenehm erlebt (Emotion), löst den Wunsch aus, damit zu fahren (Motivation) und äußert sich in einer positiven Einschätzung des Autos (Einstellung). In allen drei Fällen erfolgt eine positive *Hinwendung* zum Auto. Die hier umschriebene Abgrenzung und Überschneidung der drei Begriffe entspricht einer weitverbreiteten Auffassung.

Entscheidend für die fachsprachliche Bestimmung des Begriffsinhaltes ist folgendes:

(1) Alle drei Begriffe beziehen sich auf Vorgänge, die durch ihre Aktivierungskomponente (durch innere Antriebsspannungen) gekennzeichnet sind.

(2) Die drei Begriffe bauen aufeinander auf: Motivation umfaßt Emotion und Einstellung umfaßt Motivation.

Zu (1): Die Tatsache, daß jemand in einem bestimmten Ausmaß innerlich erregt wird, gilt in der Literatur als Anhaltspunkt, um Antriebe zu definieren (vgl. etwa *Berlyne*, 1974, S. 210ff.).

Von den Erregungen und Spannungen, die mit Emotion, Motivation und Einstellung einhergehen, hängt es ab, wieviel psychische Energie freigesetzt wird und als spezifische Antriebsspannung für das jeweilige Verhalten zur Verfügung steht. Mit erhöhter Antriebsstärke steigt die Wahrscheinlichkeit des Verhaltens (im einzelnen: *Berlyne*, 1974, S. 213ff.).

Emotion, Motivation und Einstellung kommen durch ein kompliziertes Zusammenspiel von Funktionen verschiedener Gehirnzentren zustande:

Grob gesehen teilt man das Gehirn – das ist der im Schädel untergebrachte Teil des zentralen Nervensystems – in Kortex und Subkortex ein. Der *Kortex* (Großhirnrinde, Endhirn) umfaßt die äußeren Zonen des Gehirns zur Schädeldecke hin. Er ist hauptsächlich Träger der kognitiven – gedanklichen – Vorgänge. Der *Subkortex* umfaßt mit Zwischenhirn, Kleinhirn und Stammhirn die inneren Teile des Gehirns.[3] Hier entstehen die allgemeinen und spezifischen Aktivierungsprozesse (Erregungen, Spannungen), welche das Antriebsverhalten bestimmen. Außerdem werden hier die verschiedenen inneren und äußeren Verhaltensmechanismen koordiniert.

---

[3] Das zuletzt genannte Stammhirn umfaßt Mittelhirn, Teile des Hinterhirns und Nachhirn.

An den allgemeinen und spezifischen Aktivierungsvorgängen sind insbesondere subkortikale Funktionseinheiten beteiligt:[4]

(1) die Formatio Reticularis, ein verzweigter und reich gegliederter Neuronenverband im Hirnstamm. Er ist insbesondere für die allgemeine Aktivierung des Organismus verantwortlich.

(2) Hypothalamus: Er reguliert u. a. homöostatische Emotionen und Motivationen, die durch innere Reizungen wie Hormone, Blutzucker usw. ausgelöst werden, und

(3) das Limbische System, ein Randbezirk des Großhirns, das an der Entwicklung nichthomöostatischer Emotionen und Motivationen mitwirkt. Unter den nichthomöostatischen Emotionen und Motivationen versteht man Vorgänge, die durch externe Reize stimuliert werden.

Zu (2): Die drei Begriffe Emotion, Motivation und Einstellung werden dazu benutzt, das menschliche Antriebsverhalten abzubilden. Sie zeichnen sich durch zunehmende Komplexität aus, die – grob gesehen – auf eine wachsende Beteiligung von kognitiven Vorgängen zurückgeht:

Die Emotionen gelten als die *grundlegenden* menschlichen Antriebskräfte (manchmal werden dazu gesondert noch die Triebe ausgewiesen). Werden Emotionen, wie es meistens der Fall ist, subjektiv bewußt erlebt, so können sie durch die Formel

> Emotion = zentralnervöse Erregungsmuster
> + (kognitive) Interpretation

charakterisiert werden. Emotionen sind also bereits in beachtenswertem Umfang mit kognitiven Vorgängen – zum Beispiel mit inneren Bildern – verknüpft. Ihnen fehlt aber eine Ausrichtung auf konkrete Handlungsziele. Diese Zielorientierung ist im wesentlichen ein kognitiver Prozeß, der gedankliche Handlungsprogramme des Individuums einbezieht. Ist eine solche Zielorientierung vorhanden, so sprechen wir von Motivation. Formelhaft ausgedrückt:

> Motivation = Emotion
> + (kognitive) Zielorientierung

Beispiel: Das auf ein Ziel gerichtete Streben nach Prestige (Prestige ist eine Emotion) wird zur Motivation, einen bestimmten Gegenstand zu kaufen. Der Motivationsprozeß baut also auf einer vorhandenen Emotion auf.

Aufgrund einer Motivation werden die in Frage kommenden oder bereits konsumierten Produkte genauer beurteilt. Diese im Dienste vorhandener Verhaltenstendenzen stehende Gegenstandsbeurteilung ist mit zusätzlichen kognitiven Aktivitäten verbunden, die zu einer strukturierten Haltung gegenüber dem Gegenstand führen. Sie wird als Einstellung bezeichnet, formelhaft ausgedrückt:

---

[4] Zu den Grundlagen vgl. z. B. *Birbaumer* (1975) sowie *Cacioppo* und *Tassinary* (1990).

Einstellung = Motivation
+ (kognitive) Gegenstandsbeurteilung[5]

Beispiel: Aus den Produktbeurteilungen, die durchgeführt werden, um –
aus Prestigegründen – Autos zu kaufen, folgen ganz konkrete Einstellungen zu den verschiedenen Autos. Diese Einstellungen bauen auf einer vorhandenen Motivation auf.[6]

Diese Verschachtelung von „Einstellung", „Motivation" und „Emotion"
macht deutlich, daß die Begriffe eine zunehmende kognitive Anreicherung
der Antriebsprozesse anzeigen. Motivation umfaßt mehr kognitive Vorgänge als Emotion, Einstellung mehr als Motivation.

Die beteiligten kognitiven Vorgänge werden bei den verschiedenen Antrieben und in verschiedenen Situationen sehr unterschiedlich sein. Es gibt
Emotionen, Motivationen und Einstellungen, die mit verhältnismäßig wenig kognitiver Orientierung verbunden sind, und es gibt solche mit sehr
umfassender kognitiver Orientierung (vgl. dazu *Lindgren*, 1973, S. 100). Die
Übergänge zwischen Emotion, Motivation und Einstellung sind *fließend*, so
daß man bei manchen Sachverhalten im Zweifel sein kann, ob der eine oder
andere Begriff zutrifft:

Erst durch Operationalisierung und Messung werden die Begriffe Emotion, Motivation und Einstellung klar unterscheidbar.

Abschließend ist noch auf die Unterscheidung von *latenter* Disposition
einerseits und *manifestem* Vorgang (Prozeß) andererseits hinzuweisen.

Eine solche Unterscheidung wird manchmal durch die Begriffe Motiv und
Motivation ausgedrückt: Motive beziehen sich auf eine überdauernde, latente Disposition, etwas zu tun, auch wenn diese Disposition zur Zeit nicht
aktualisiert und verhaltenswirksam ist. So kann man davon sprechen, daß
jemand sexuell motiviert ist, auch wenn er gerade ganz andere Verhaltens-

---

[5] Danach sind bloß affektive Haltungen – auf einen Gegenstand bezogene angenehme oder unangenehme Absichten – noch nicht als Einstellungen, sondern eher noch
als Motivation aufzufassen. Erst eine Haltung, die eine strukturierte, kognitive Beurteilung des Gegenstandes umfaßt, ist als Einstellung zu verstehen.
Unsere Begriffswahl entspricht auch der Verwendung des Einstellungsbegriffes in
der gegenwärtigen Konsumentenforschung, in der man bloß affektive Haltungen
im allgemeinen noch nicht als Einstellungen auffaßt, sondern erst kognitiv strukturierte gegenstandsbezogene Haltungen, wie sie durch die multiattributiven Einstellungsmodelle gemessen werden.
[6] Selbst wenn die Begriffe Motivation und Einstellung weitgehend austauschbar verwendet werden, so fällt dabei fast immer eine unterschiedliche Betonung der aktivierenden und kognitiven Komponenten auf: Bei der Verwendung des Motivationsbegriffes wird im allgemeinen das aktivierende Verhalten, bei der Verwendung
des Einstellungsbegriffes mehr das kognitive Verhalten (das mit einer Gegenstandsbeurteilung verbundene Verhalten) betont. Alles in allem zeigt der verbreitete fachliche Sprachgebrauch, daß Einstellung als ein Konstrukt mit größerer kognitiver Reichweite aufgefaßt wird.

ziele anstrebt und in keiner Weise sexuell erregt ist. Den aktuellen Prozeß der sexuellen Erregung in einer bestimmten Situation bezeichnet man dann als Motivation.

In gleicher Weise kann man von emotionalen Dispositionen und von Einstellungsdispositionen sprechen. Das sind gespeicherte latente Verhaltensmuster. Wir meinen bei unseren Verhaltensanalysen aber stets die *manifeste* (aktualisierte) Emotion, Motivation oder Einstellung und damit einen psychischen Prozeß, der mit inneren Antrieben und kognitiven Vorgängen einhergeht und verhaltenswirksam ist.

II. Aktivierung

1. Aktivierungsmuster und ihre Messung

Aktivierung ist eine Grunddimension aller Antriebsprozesse. Wir haben sie bisher als „Erregung" oder „innere Spannung" umschrieben.[1] Diese Ausdrücke kann man als gleichwertig betrachten. Durch die Aktivierung wird der Organismus mit *Energie* versorgt und in einen Zustand der *Leistungsbereitschaft* und *Leistungsfähigkeit* versetzt.

Aktivierung wird in diesem Sinne auch als moderner Ausdruck für „psychische Aktivität" verstanden, als Erregung, die den Organismus zum *Aktivsein* stimuliert. Man unterscheidet oft:

- unspezifische Aktivierung,
- spezifische Aktivierung.

Die *unspezifische* oder *allgemeine* Aktivierung ist ein zentralnervöser Erregungsvorgang, der den gesamten Funktionsablauf im Organismus stimuliert. Die *spezifische* Aktivierung ist ein zentralnervöses Erregungsmuster, das nur ganz bestimmte Funktionen des Organismus stimuliert, sie sorgt dafür, daß die psychische Energie spezifischen Verhaltensweisen zugute kommt. Allgemeine und spezifische Aktivierung stehen in enger Wechselwirkung.

Die (allgemeine) Aktivierung wird stets in unmittelbarem Zusammenhang mit der Funktion des *zentralen Nervensystems* beschrieben. Genauere Kenntnisse über ihre Wirkung und ihre Bedeutung für das Verhalten verdanken wir den sogenannten Aktivierungstheorien. Das sind überwiegend neuropsychologische Theorien, die den Aktivierungsvorgang als Funktion des Zentralnervensystems erklären.[2]

Im zentralen Nervensystem gibt es eine Funktionseinheit, die *retikuläres Ak-*

---

[1] Statt Aktivierung heißt es auch oft Aktivation (activation). Zur aktivierungstheoretischen Betrachtung vgl. die grundlegenden Beiträge in *Porges* und *Coles* (1976), *Birbaumer* (1975) und *Schandry* (1989, S. 49 ff.).

[2] Zur Bedeutung und wissenschaftlichen Einordnung der Aktivierung vgl. z. B. *Thayer* (1989), *Gray* (1990), *Loftus* (1990), *Christianson* (1992) und zur Aktivierungsmessung insbesondere die Beiträge in *Jennings* und *Coles* (1991) sowie in *Wagner* und *Manstead* (1989).

tivierungssystem heißt (RAS) und im wesentlichen aus der Formatio Reticularis besteht. Sie liegt – grob gesehen – im Stammhirn und steht mit vielen anderen Funktionseinheiten des zentralen Nervensystems in Verbindung.

Die Formatio Reticularis wird hauptsächlich durch Impulse in Erregung versetzt, die direkt auf Außenreiz[3] zurückgehen oder die aus dem Kortex (auch aus anderen Regionen des Gehirns) stammen. Die entstandenen Erregungen „befeuern" die anderen Funktionseinheiten des Zentralnervensystems und versetzen sie in Funktionsbereitschaft. Besondere Bedeutung hat die Stimulierung des *Kortex* durch das Aktivierungssystem.

Die vom Aktivierungszentrum zum Kortex hinführenden Erregungsleitungen nennt man *aufsteigendes* retikuläres Aktivierungssystem (ARAS). Durch dieses System werden die höheren Gehirnregionen in Aktionsbereitschaft versetzt. Dadurch kommt es zu einer allgemeinen und diffusen Aktivierung des gesamten *Informationsverarbeitungsvorganges* (Wahrnehmung, Denken, Gedächtnis usw.). Das ARAS wird durch *Abbildung 11* veranschaulicht.[4]

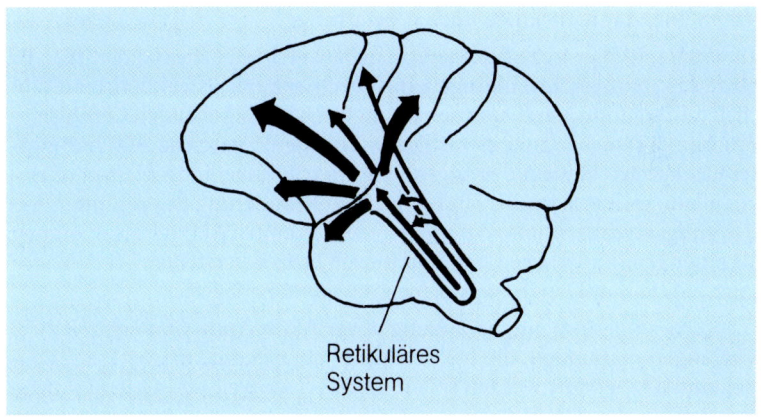

Retikuläres
System

Abbildung 11: Wirkung des Aktivierungssystems (ARAS)

Anmerkung: Der Kortex (Großhirnrinde) wird durch Impulse, die aus dem retikulären System im Stammhirn kommen (schwarz umrandet), befeuert. Dadurch werden die kognitiven Vorgänge, die sich im Kortex abspielen, aktiviert. Genauer spricht man vom „aufsteigenden retikulären Aktivierungssystem" (ARAS).

Die vom retikulären Aktivierungssystem verursachten Erregungsvorgänge sind sowohl für das allgemeine und anhaltende Aktivierungsniveau als auch für kurzfristige Aktivierungsschwankungen verantwortlich.[5]

---

[3] Sie kommen über kollaterale Schaltungen von den sensorischen Leitungsbahnen. Zu diesen „Außenreizen" zählen auch wahrgenommene Gefühle, die zu körperlichen Reaktionen führen.

[4] Nach *Lindsley*, übernommen aus *Birbaumer* (1975, S. 51).

[5] Wachheit und Leistungsfähigkeit werden aber nicht nur von der Formatio Reticularis reguliert, es sind auch noch andere Neuronenstrukturen beteiligt. Eine wichtige Rolle spielt das Limbische System, das vor allem auch für belohnende Impulse (die bei der Leistungssteuerung wirksam werden) verantwortlich ist und als

Das *Aktivierungsniveau* wird als *tonische* Aktivierung bezeichnet. Es bestimmt die länger anhaltende Bewußtseinslage (Wachheit) und die allgemeine Leistungsfähigkeit des Individuums und verändert sich nur langsam. Außerdem gibt es kurzfristige *Aktivierungsschwankungen,* die als *phasische* Aktivierung bezeichnet werden. Sie steuern die jeweilige Aufmerksamkeit und Leistungsfähigkeit des Individuums in bestimmten Reizsituationen. Zusammenfassend:

> Die Stärke der Aktivierung ist ein Maß dafür, wie wach, reaktionsbereit und leistungsfähig der Organismus ist.

Für unsere Untersuchungen und Anwendungen ist die tonische Aktivierung weniger interessant. Wir wenden uns deswegen der **phasischen Aktivierung** zu. Sie reguliert auf der Grundlage des vorhandenen Aktivierungsniveaus (wie Schläfrigkeit, Wachheit, Erregungszustand) die laufende Anpassung des Individuums an die *Reizsituation* und seine jeweiligen Fähigkeiten, Reize aufzunehmen und zu verarbeiten.

Tonische und phasische Aktivierung gehen allerdings ineinander über. Es gibt Aktivierungsschwankungen, die bei Orientierungsreaktionen auftauchen und sehr kurz sind, und solche, die bei vorübergehenden Gefühlseindrücken auftauchen und etwas länger anhalten. Phasische Aktivierungsschwankungen können das allgemeine Niveau unverändert lassen oder – vor allem, wenn sie stärker sind – zu einer Veränderung des gesamten Aktivierungsniveaus führen. Wir müssen den gesamten Aktivierungsvorgang als einen kontinuierlichen und komplexen Prozeß verstehen, bei dem sich kurz-, mittel- und langfristige Schwankungen überlagern.

Die kurzen phasischen Schwankungen der Aktivierung sind eng mit zwei Vorgängen verbunden, die bei der Informationsaufnahme wirksam werden und jetzt erklärt werden sollen: Aufmerksamkeit und Orientierungsreaktion.

Aufmerksamkeit ist ein Konstrukt, mit dem man die Bereitschaft eines Individuums beschreibt, Reize aus seiner Umwelt aufzunehmen. Bei Darstellung der Aufmerksamkeit geht es meistens darum, einerseits „Prozesse zu beschreiben, welche den Grad der *Reaktionsbereitschaft* … festlegen, die also bestimmen, wie *stark* das Verhalten überhaupt durch das Reizumfeld als Ganzes gesteuert wird". Auf der anderen Seite werden mit dem Aufmerksamkeitsbegriff Prozesse beschrieben, „die bestimmen, *welche* Elemente des Reizfeldes das Verhalten vorwiegend steuern" (*Berlyne,* 1974, S. 69).

Wir können uns das wie folgt verdeutlichen: Wenn jemand vielen Reizen gleichzeitig ausgesetzt ist, zum Beispiel verschiedenen Werbeanzeigen, so

---

„positive Verstärkerstruktur" bezeichnet wird. Auf das Zusammenwirken von Formatio Reticularis und Limbischem System wird insbesondere in der von *Routtenberg* (1968) stammenden „Zwei-Arousal-Hypothese" eingegangen. Sie ist eine Weiterentwicklung und Modifizierung der klassischen Aktivierungstheorie von *Lindsley* (1970), vgl. zur weiteren Entwicklung *Schandry* (1989, S. 54 ff.).

wird er seine Aufmerksamkeit nur einigen dieser Reize zuwenden und nur diese aufnehmen und verarbeiten. Aufmerksamkeit führt also zur *Reizaus-wahl*. Ein solcher Auswahlvorgang ist notwendig, um bei vorhandener Reizüberflutung zu sichern, daß nur „relevante" Reize beachtet werden. Sonst müßte das Gehirn seinen Dienst bald „wegen Überbelastung einstellen" (*Birbaumer,* 1975, S. 63).

Mit der Reizauswahl hängt ein anderer Aspekt zusammen: die *Intensität* der Aufmerksamkeit. Die einer bestimmten Werbeanzeige zugewandte Aufmerksamkeit ist im allgemeinen größer oder schwächer als die Aufmerksamkeit, die einer anderen Anzeige zugewandt wird. Bei einer Reizauswahl werden im allgemeinen die starken Reize bevorzugt.

Der gesamte Aufmerksamkeitsprozeß läßt sich konsistent durch die Aktivierungstheorien erklären:

> Aufmerksamkeit ist eine vorübergehende Erhöhung der Aktivierung, die zur Sensibilisierung des Individuums gegenüber bestimmten Reizen führt.

Aufmerksamkeit dient also dazu, den Organismus reaktionsbereit zu machen und für bestimmte Funktionen zu *aktivieren.*[6] Je nach der aktivierten Funktion kann man von Aufmerksamkeit bei der Wahrnehmung, beim Lernen usw. sprechen.[7]

Die durch vorübergehende (phasische) Aktivierung erreichte zunehmende Sensibilisierung gegenüber einem bestimmten Reiz ist gleichzeitig mit einer herabgesetzten Verarbeitungsbereitschaft gegenüber anderen Reizen verbunden.[8] Aus dem vorhandenen Reizangebot kann zu einem bestimmten *Zeitpunkt* immer nur ein Reiz dominant werden (vgl. dazu auch das Kapitel über Informationsaufnahme).

Zusammenfassend: Die selektive Reizaufnahme und -verarbeitung wird durch ein Zusammenspiel von Aktivierungsvorgängen erreicht, welches zu „selektiver Aktivitätserhöhung bei wichtigen (wenig redundanten) Signalen und zu einer Aktivitätshemmung bei unwichtigen (redundanten) Signalen" führt (*Birbaumer,* 1975, S. 63). Manche Reize, denen es gelingt, Aufmerksamkeit (eine Erhöhung der Aktivierung) zu erreichen, haben folglich Zugang zum Informationsverarbeitungssystem, während andere ausgeschlossen bleiben, weil der Organismus für ihre Verarbeitung nicht aktiviert ist.[9]

---

[6] Entsprechend auch die Definition von *Rohracher* (1988, S. 533): „Aufmerksamkeit ist der jeweilige Aktivierungsgrad der psychischen Funktionen."

[7] Manche sträuben sich gegen die unmittelbare Verknüpfung von Aufmerksamkeit und Aktivierung, weil erhöhte Aktivierung mit verminderter „Aufmerksamkeit" einhergehen könne.

[8] *Birbaumer* faßt deswegen unter dem Begriff Aufmerksamkeit die „Fähigkeit" des Nervensystems zu selektiver Aktivitätserhöhung (Aktivierungserhöhung) zusammen (vgl. *Birbaumer,* 1975, S. 63).

[9] Die Frage, welche Eigenschaften das Aktivierungspotential eines Reizes bestimmen, wird im nächsten Kapitel beantwortet.

Unter welchen Bedingungen eine durch diese Mechanismen zuwege-
gebrachte Aufmerksamkeitszuwendung unwillkürlich oder willkürlich
(bewußt) erfolgt, ist ein schwieriges Problem, auf das hier lediglich hingewiesen wird.

Eine mit der Aufmerksamkeit zusammenhängende Reaktion ist die **Orientierungsreaktion.**[10] Das ist eine unmittelbare, reflexartig verlaufende Zuwendung zu einem „neuen" Reiz (wobei neu als Veränderung der vorhandenen Reizkonstellation definiert wird). Die Orientierungsreaktion äußert
sich beispielsweise in einer Drehung des Kopfes zur Reizquelle hin, in einer Veränderung von Sinnesorganen (Pupillenerweiterung) und in einer
Erhöhung der Aktivierung. Durch solche Reaktionen werden Sinnesorgane und Verarbeitungssysteme für die Aufnahme des Reizes vorbereitet und
geschärft.

Legewie (1969, S. 168) bezeichnet die Orientierungsreaktion als „Prototyp
einer phasischen *Aktivationssteigerung* zur Erhöhung der sensiblen Aufnah-
mebereitschaft des Organismus". In bezug auf die Aktivierungswirkung
haben wir es also bei der Orientierungsreaktion mit dem gleichen Phänomen wie bei der Aufmerksamkeit zu tun.

Aufmerksamkeit und *Orientierungsreaktion* voneinander *abzugrenzen* ist
schwierig, und es wird auch in der Literatur kaum versucht. Die Orientierungsreaktion ist eine kurzzeitige Reaktion, die den Organismus auf einen
auftauchenden Reiz einstellt und das Informationsverarbeitungssystem für
diesen Reiz sensibilisiert. Insofern gehört sie zur Aufmerksamkeit; man
kann sie als Beginn einer Aufmerksamkeitsreaktion sehen. Manche fassen
die Orientierungsreaktion auch als eine der Aufmerksamkeit vorangehen-
de Reaktion auf.

Die Aufmerksamkeit geht oft über solch spontane Hinwendungen zu
einem Reiz hinaus und bleibt dann über eine längere Zeit bestehen. Beispielsweise kann Hunger den Organismus aktivieren und für Reize, die auf
Befriedigungsmöglichkeiten hinweisen, sensibilisieren. Die Aufmerksamkeit für solche Reize kann dann über längere Zeit aufrechterhalten werden.
In dieser Spanne anhaltender Aufmerksamkeit können aber auch andere
als die auf den Hunger und seine Befriedigung bezogenen Reize zu Orientierungsreaktionen und kurzfristigen Aufmerksamkeitszuwendungen
führen.

Aktivierungsmessung: Die zentralnervösen Erregungen im Aktivierungs-

---

[10] Der Ausdruck Orientierungsreaktion ist nicht so mißverständlich wie der Ausdruck Orientierungsreflex, der häufig benutzt wird, weil man bei einem Reflex
meistens an ein unmittelbar sensorisch gesteuertes, „vollautomatisches" Verhalten denkt. An der Orientierungsreaktion wirken aber auch kortikale Steuerungsvorgänge mit. Vgl. im einzelnen dazu auch *Berlyne* (1974, S. 110ff.) mit etwas ab-
weichender Terminologie, insbesondere auch S. 127 und 128, sowie die grundlegenden Beiträge zur Orientierungsreaktion in *Porges* und *Coles* (1976). Neuere Untersuchungen weisen darauf hin, daß die Orientierungsreaktion keine einheitliche
und eindimensionale Reaktion ist, sondern mehrere „reizspezifische" Reaktions-
weisen umfaßt, die sich auch in unterschiedlichen physiologischen Indikatoren
manifestieren (*Barry,* 1982).

system und in den anderen Gehirnregionen können nicht direkt gemessen werden, weil eine direkte Beobachtung nicht möglich ist.[11]

Man hat nun folgende Möglichkeiten, um die Erregungsaktivitäten im Gehirn zu messen:

- Messung auf der *physiologischen* (biologischen) Ebene, das heißt, Ermittlung körperlicher Funktionen, aus denen die Aktivierung besteht, die mit ihr verbunden sind oder die von ihr ausgelöst werden.
  Beispiel: Messung der elektrischen Hautwiderstandsänderung.

- Messung auf der *subjektiven* Erlebnisebene, das heißt, Ermittlung von verbalen Angaben, mit denen Auskunft über die wahrgenommenen inneren Erregungen gegeben wird.
  Beispiel: Befragung mit einer Ratingskala, auf der die Befragten einen Erregungswert ankreuzen sollen.

- *Messung auf der motorischen* Ebene, das heißt, Ermittlung von unmittelbar beobachtbaren Verhaltensweisen, die bei Aktivierungsvorgängen auftreten.
  Beispiel: Messung der Mimik und Gestik oder der Kopfbewegung bei Orientierungsreaktionen (vgl. III 1. in diesem Teil).

Es ist sicher zweckmäßig, einen Vorgang wie die Aktivierung, der auf allen *drei* Ebenen (physiologische, subjektiv-erlebnismäßige und motorische Ebene) wirksam wird und meßbar ist, durch gleichzeitige Messung auf den drei Ebenen zu erfassen. Das ist allerdings sehr aufwendig und mit erheblichen Auswertungs- und Interpretationsschwierigkeiten verbunden, unter anderem deswegen, weil die Aktivierung mit zeitlichen Verschiebungen und nur teilweise auf diesen drei Ebenen wirksam und meßbar ist. So kann die physiologische oder motorische Messung *während* einer Stimulusdarbietung, die Befragung aber erst *hinterher* durchgeführt werden.

Beim Vergleich der verschiedenen Meßmethoden kann man davon ausgehen, daß die *physiologische* Messung *am besten* für die Ermittlung der Stärke der Aktivierung geeignet ist. Dafür sprechen folgende Gründe: Die physiologischen Reaktionen sind universell, das soll bedeuten, sie treten immer auf, wenn der Organismus aktiviert wird bzw. wenn sich die Aktivierung ändert. Das ist bei direkt beobachtbaren motorischen Verhaltensweisen nicht der Fall. Beispielsweise zeigt der Leser eines Buches keinerlei äußere Anzeichen für die laufende Änderung der Aktivierung, die auf unterschiedlich spannende Texte zurückgeht. Auch das subjektive Erlebnis spiegelt Änderungen der Aktivierung nur grob wider. So wissen wir, das physiologische Messungen in der Lage sind, kleine (aber tatsächlich verhaltenswirksame) Aktivierungsänderungen anzuzeigen, die subjektiv gar nicht wahrgenommen werden (*Schönpflug*, 1969b, S. 231).

Messungen auf der Erlebnisebene: Wenn man die subjektiven Aktivierungserlebnisse mißt, so macht man eigentlich einen Umweg: Man mißt eine sub-

---

[11] Zur Aktivierungsmessung, vor allem mittels nonverbaler Indikatoren, vgl. *Burgoon, Kelley* et al. (1989); *Burgoon, Le Poire* et al. (1992) sowie *Sparks* und *Greene* (1992).

jektive Wahrnehmung von Erregungen des Nervensystems, obwohl man die zentralnervösen Erregungen auch direkt messen kann (vgl. etwa *Schönpflug*, 1969b, S. 228). Außerdem werden verbale Aussagen in erheblichem Umfang von *kognitiven* Vorgängen beeinflußt. In vielen Fällen sind Befragte weder in der Lage noch willens, ihre inneren Erregungen genau mitzuteilen.

Gleichwohl muß man auf Befragungen zurückgreifen, um die Aktivierung zu messen. Befragungen sind wesentlich einfacher und ökonomischer durchzuführen als physiologische Messungen und werden deswegen in der Praxis benötigt:

Befragungen stützen sich auf die Einsicht, daß eine vorhandene innere Erregung und ihre psychischen Auswirkungen häufig bewußt wahrgenommen werden und deswegen mitteilbar sind, auch wenn der zugrundeliegende Entstehungsprozeß der Aktivierung willentlich nicht kontrolliert und auch nicht bewußt wird. Eine Person wird dadurch in die Lage versetzt, über ihre jeweilige Aktivierung Auskunft zu geben, jedenfalls soweit es um stärkere Aktivierungsunterschiede geht.[12]

Ein entscheidendes Problem verbaler Messung liegt darin, daß die Befragten entweder ihre Aktivierung nicht artikulieren können oder dazu neigen, in manchen Situationen unzutreffende Angaben über ihre innere Erregung zu machen. Das sind solche Situationen, in denen das Selbstbild der Befragten tangiert wird und Fragen gestellt werden, die zu sozial erwünschten Antworten verleiten („Wie stark werden Sie von dieser Waschmittelwerbung angesprochen?" „Wie stark erregt Sie dieses Männerbild?" usw.).

Beispiel: In einer Befragung über die Reizwirkungen von politischen Schlagwörtern gaben die Befragten an, von hohen politischen Idealen wie Gerechtigkeit und Chancengleichheit besonders stark erregt zu sein. Psychobiologische Messungen wiesen jedoch in Verbindung mit den experimentellen Gegebenheiten nach, daß sie in Wirklichkeit von diesen Idealen wenig berührt wurden und sich nur verbal dazu bekannten (*Kroeber-Riel, Barg* et al. 1975).

Um den störenden Einfluß von sozial erwünschten Antworten zu vermeiden, kann man auf nicht-verbale Methoden der subjektiven Erlebnismessung zurückgreifen. *Meyer-Hentschel* (1983) hat zu diesem Zweck neue Farb- und Musterzuordnungsverfahren entwickelt: Die Testpersonen werden gebeten, einem Reiz – zum Beispiel einer Werbeanzeige – Farben oder geometrische Muster zuzuordnen. Die verschiedenen standardisierten Farben und Muster zeigen eine unterschiedlich starke Aktivierung an. So weisen unruhige, komplexe Muster auf eine stärkere Erregung hin (vgl. *Abbildung 12*).

Solche Farb- und Musterzuordnungen sind für die Testpersonen *schwer durchschaubar.* Sie erkennen das Ziel und die Bedeutung der von ihnen geforderten Zuordnung nicht und haben dadurch keine Möglichkeiten, sich in einer sozial erwünschten Weise zu verhalten.

---

[12] Vgl. dazu die Hinweise auf verschiedene verbale Methoden zur Aktivierungsmessung in *von Rosenstiel und Neumann*, 1982, S. 150 und *Meyer-Hentschel*, 1983, S. 31 ff.

Meyer-Hentschel (1983) verglich die Validität der verschiedenen Verfahren. Er präsentierte seinen Testpersonen Werbeanzeigen mit unterschiedlichem „sozialen Potential": Ein Teil der Anzeigenmotive regte zu sozial erwünschten Antworten an, der andere Teil war insoweit neutral. Die von diesen Anzeigen ausgelöste Aktivierung wurde

(1) durch verschiedene Befragungsmethoden,
(2) mittels der Farb- und Musterzuordnungsverfahren und
(3) anhand der elektrodermalen Reaktionen der Testpersonen gemessen.

Das zuletzt genannte psychobiologische Aktivierungsmaß wird weiter unten noch genauer beschrieben. Es diente in der Untersuchung von *Meyer-Hentschel* als Maßstab für die „wirkliche" Aktivierung und damit als

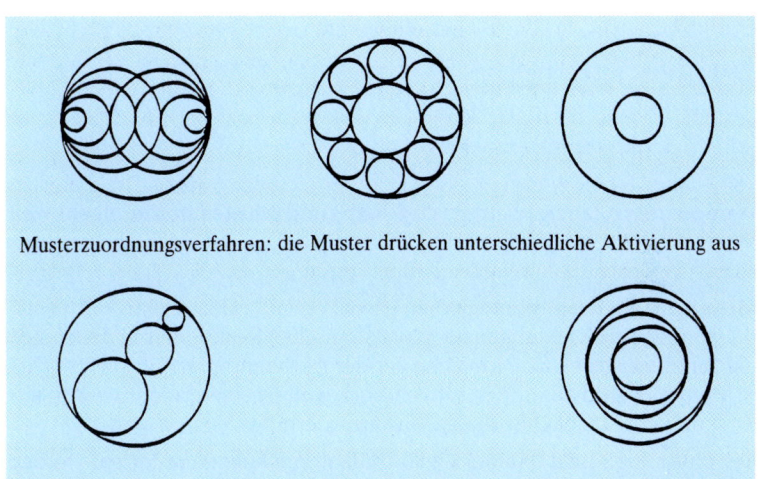

Musterzuordnungsverfahren: die Muster drücken unterschiedliche Aktivierung aus

zur Validierung von vereinfachten Verfahren:

Verfahren	angewandt in Situationen			
	ohne soziales Potential		mit sozialem Potential	
Ratingskala	r = 0,98	ss	r = –0,10	ns
Aktivierungsprofil	r = 0,92	ss	r = –0,42	ns
Musterzuordnung	r = 0,99	ss	r = 0,63	s
Farbzuordnung	r = 0,98	ss	r = 0,68	s

ns = nicht signifikant; s = signifikant, p ≤ 0,05; ss = sehr signifikant, p ≤ 0,01

Abbildung 12: Vereinfachte Aktivierungsmessung mittels Erlebnisindikatoren nach Meyer-Hentschel

Anmerkung: Korrelation der Meßwerte von verschiedenen einfachen Verfahren zur Aktivierungsmessung mit den EDR-Werten der Aktivierung (= Außenkriterium).

Quelle: Meyer-Hentschel (1983, S. 160, 172).

Außenkriterium der Validierung. Die empirischen Ergebnisse werden auszugsweise in *Abbildung 12* wiedergegeben.

Bei Anzeigen *ohne* „sozialem Potential" ergibt sich eine hohe Übereinstimmung vor $r = 0,98$ zwischen der durch Befragung ermittelten und der psychobiologisch gemessenen Aktivierungsstärke. Das heißt: Die Befragung liefert in diesem Fall valide und brauchbare Meßergebnisse!

Dagegen deuten die negativen Korrelationen bei Anzeigen *mit* „sozialem Potential" darauf hin, daß die Befragung unzutreffende Ergebnisse liefert und unter derartigen Bedingungen nicht eingesetzt werden kann. Die Werte für die Farb- und Musterzuordnungsverfahren zeigen, daß diese Verfahren auch dann noch brauchbare Näherungswerte für die psychobiologisch gemessene Aktivierung liefern, wenn die Befragung versagt. Fassen wir zusammen:

> Gröbere Aktivierungsunterschiede können unter bestimmten Bedingungen (wenn die Reize kein stärkeres soziales Potential aufweisen) durch Befragungen gemessen werden.

Weniger bedingungsabhängig sind Farb- und Musterzuordnungen, weil diese Verfahren schwer durchschaubar sind und nicht zu Meßfehlern durch sozial erwünschtes Antwortverhalten führen.

Messungen auf der physiologischen Ebene: Genauer als subjektive Erlebnismessungen sind Messungen der physiologischen Reaktionen, in denen sich die zentralnervösen Erregungsmuster der Aktivierung manifestieren. Diese Methoden sind allerdings aufwendiger, weil sie eine apparative Ausstattung und ein erhebliches Know-how erfordern.

Die physiologischen (biologischen) Indikatoren können unterteilt werden in elektrophysiologische Indikatoren, Indikatoren von Kreislauf, Atmung und Energieumsatz sowie biochemische Indikatoren.[13]

Die meiste Bedeutung haben die elektrophysiologischen Indikatoren. Das sind Größen, die bioelektrische Vorgänge wiedergeben: An der Körperoberfläche werden Sensoren (Elektroden) befestigt, die elektrische Impulse des Körpers aufnehmen und ableiten. Die elektrischen Impulse werden dann – meist nach einer Verstärkung – analog aufgezeichnet oder in digitale Werte umgewandelt. Zur Aufzeichnung analoger Werte dient ein Schreibgerät, welches Polygraph genannt wird. Es zeichnet die aufgenommenen Werte in Form von Kurven auf. Der Kurvenabschnitt einer elektrodermalen Reaktion ist in *Abbildung 13* zu sehen.

---

[13] Zu den physiologischen Meßmethoden vgl. die umfassenden Sammelwerke von *Martin und Venables* (1980) und *Schönpflug* (1969a), zur elektrodermalen Messung vor allem *Prokasy* und *Raskin* (1973) sowie *Boucsein* (1988).
Speziell zur Objektivität und Reliabilität der Meßergebnisse sowie zur Validität einzelner Indikatoren vgl. verschiedene Beiträge in *Schönpflug* (1969a). Zusammenfassend vgl. *Barg* (1977, S. 47–48).

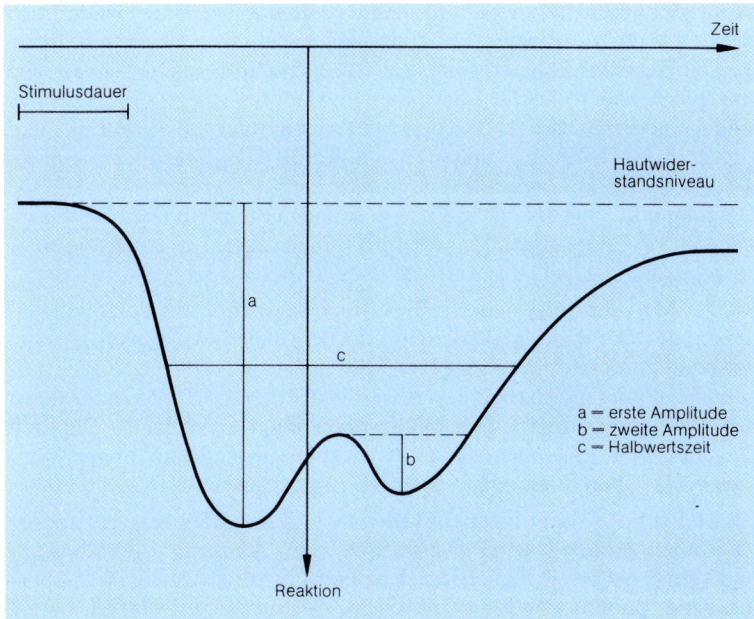

Abbildung 13: Elektrodermale Reaktion (mit Parametern)

Die elektrophysiologischen Indikatoren geben entweder Reaktionen des zentralen Nervensystems oder solche des peripheren Nervensystems wieder. Nach allem, was man heute weiß, zeigen die verschiedenen Indikatoren eher reizspezifische Aktivierungsvorgänge an (vgl. *Barry* 1982).

Ein sehr aufwendiger *zentraler* Indikator – der bioelektrische Vorgänge im zentralen Nervensystem anzeigt – ist das EEG (Elektroenzephalogramm). Es mißt rhythmische Schwankungen der im Gehirn vorhandenen elektrischen Potentiale und ist auch ein vielseitiges Verfahren, um die Aktivierung zu ermitteln.

Der in der Forschung bei weitem am meisten benutzte *periphere* Indikator ist die **elektrodermale Reaktion** (EDR), auch psychogalvanische Reaktion (PGR) oder hautgalvanische Reaktion (HRG) genannt.[14] Es handelt sich um die mit Aktivierungsschwankungen verbundenen Veränderungen des elektrischen Hautwiderstandes. Die Messungen liefern valide und reliable Werte: „Hautelektrische Veränderungen zeigen besonders gut phasische Aktivierungsprozesse bei Reizverarbeitung an und sind bereits bei niedrigen Aktivierungsgraden ... als Indikatoren einsetzbar" (*Fahrenberg, Walschburger* et al., 1979, S. 185).

---

[14] Zur Aktivierungsmessung werden auch andere periphere Indikatoren wie Puls und Atmung herangezogen. Weitere Indikatoren liefern die Thermographie (*Meyer-Hentschel*, 1980) und die Stimmanalyse (*Nighswonger* und *Martin*, 1981; *Backhaus, Kleinschmidt* et al., 1983).

Der Vorteil gegenüber Befragungen und Zuordnungsverfahren ist darin zu sehen, daß die Messung weitgehend unabhängig davon ist, ob und inwieweit die Versuchspersonen fähig und bereit sind, ihre inneren Erregungen anzugeben. Eine willentliche Beeinflussung der Messung ist zwar durchaus möglich, aber praktisch von geringer Bedeutung. Aufgrund dieser Unabhängigkeit von verbalen Auskünften eignen sich die EDR-Messungen auch besonders für interkulturelle Erhebungen und Vergleiche. Kurz gesagt: Die Aktivierung wird objektiv anhand von Reaktionen des peripheren Nervensystems erfaßt. Die gewonnenen Meßwerte müssen allerdings umsichtig unter Berücksichtigung zahlreicher Artefaktmöglichkeiten interpretiert werden.

Bei der Messung setzt man die Testpersonen bestimmten Reizkonstellationen aus. Die dabei registrierten elektrodermalen Reaktionen können, wie bei allen elektrophysiologischen Messungen, in Form von Kurven aufgezeichnet oder gleich digitalisiert werden (*Steiger,* 1988). Veränderungen des Aktivierungsniveaus äußern sich in einem „Kurventrend". Die nach Einzelreizen auftretenden phasischen Aktivierungsschwankungen kommen in einzelnen „Kurvenausschlägen" zum Ausdruck *(Abbildung 13).*[15]

Als Maß für die Aktivierungsstärke können verschiedene Kurvenparameter benutzt werden (*Martin und Venables,* 1980). Am Institut für Konsum- und Verhaltensforschung haben sich bei einfacher Auswertung nicht-transformierte Amplitudengrößen (*von Keitz,* 1981 und *Steiger,* 1988) bewährt.

Die elektrodermale Reaktion wird nicht nur als Indikator für die von einem Reiz ausgelöste Aktivierung und damit auch für Aufmerksamkeit und Orientierungsreaktion genommen, sie dient unter bestimmten experimentellen Bedingungen auch dazu, die Intensität von Antriebskräften – Emotionen, Motiven, Einstellungen – zu ermitteln (*Kroeber-Riel,* 1984 a).

Um Mißverständnisse auszuschließen:

> Keinesfalls kann man an einer elektrodermalen Reaktion ablesen, ob ein Reiz angenehm oder unangenehm wirkt und welche subjektiven Erlebnisse hervorgerufen werden.

Das ist auch an dieser Stelle noch nicht erforderlich, denn bereits die gemessene Aktivierung (innere Erregung) hat wesentliche Auswirkungen auf das Verhalten. Zu ihrer Richtung und inhaltlichen Interpretation vgl. das Kapitel III über Emotionen.

2. Anwendung der Aktivierungstheorie

Die aktivierungstheoretischen Erkenntnisse werden in zunehmendem Maße in der Konsumentenforschung beachtet. Das hat insbesondere zwei Gründe.

Erstens: Die kognitiven Theorien benutzen die Aktivierung oder innere Er-

---

[15] Die Frage, ob in Abhängigkeit von persönlichen Einflüssen und Reizeinflüssen asymmentrische EDR-Reaktionen entstehen (zum Beispiel an der linken Hand andere als an der rechten) und bei der Messung berücksichtigt werden müssen, ist bis heute unklar, viele Befunde sprechen dagegen (*Baqué, Catteau* et al., 1984).

regung als einen wichtigen Begriff, um die Informationsverarbeitung der Konsumenten zu erklären (z. B. *Peter* und *Olson*, 1990; Stichwort „arousal").

Zweitens: Noch einflußreicher ist das wachsende Interesse an psychobiologischen Ansätzen, das vor dem Hintergrund der zunehmenden Bedeutung des biologischen Denkens in den Sozialwissenschaften zu sehen ist und in einer Übersicht von *Kassarjian* (1982) über Trends in der Konsumentenforschung hervorgehoben wird.[1]

Die nachfolgend erörterten Forschungsergebnisse verdeutlichen die grundlegende Bedeutung der Aktivierungstheorie für die Erklärung des Konsumentenverhaltens. Wir beginnen mit zwei Fragen:

(1) Wie kann Aktivierung *ausgelöst* werden?
(2) Wie *wirkt* die Aktivierung auf das Verhalten?

Diese Fragen wurden im vorigen Kapitel bereits gestreift und in einer sehr allgemeinen Weise beantwortet: Wir haben festgestellt, daß äußere Reize die Aktivierung eines Menschen verändern können und daß die Aktivierung seine allgemeine Leistungsfähigkeit steigert.

Auslösung und Wirkung der Aktivierung lassen sich durch den Zusammenhang folgender Variablen erklären *(Abbildung 14):*

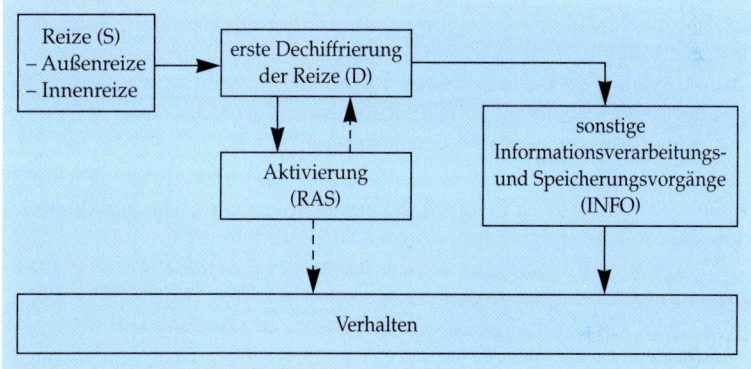

Abbildung 14: Zusammenhang der Variablen der Aktivierung und des kognitiven Systems

Der Übersicht halber sind in dieser Abbildung einige erhebliche *Vereinfachungen* vorgenommen worden: Es ist insbesondere daran zu denken, die Aktivierung in einen spezifischen und unspezifischen Aktivierungsvorgang aufzuspalten und zusätzlich Pfeile anzugeben, welche eine weitere Interaktion zwischen den Variablen wiedergeben.

Wie läßt sich nun Aktivierung auslösen, und wie wirkt Aktivierung?

---

[1] Als Zeichen des wachsenden Interesses an der Aktivierungsforschung kann auch der frühzeitige Abdruck des aktivierungstheoretischen Aufsatzes von *Kroeber-Riel* (1979) in der zweiten Auflage eines weitverbreiteten amerikanischen Readers über Konsumentenforschung gesehen werden (*Wallendorf* und *Zaltmann*, 1984). *Kroeber-Riel* gehört auch zu den meistzitierten Autoren im „Handbook of Consumer Behavior" von *Robertson* und *Kassarjian* (1991).

a) Aktivierung der Konsumenten

Wir kommen jetzt zur ersten Frage nach der **Auslösung** von Aktivierungsvorgängen. Sie betrifft die Beziehungen zwischen den Reizen S und den inneren Vorgängen D und RAS (ARAS). Die zweite Frage nach der Wirkung der Aktivierung wird im nächsten Kapitel beantwortet.

Bei den Reizen kann es sich um *innere* oder *äußere* Reize handeln. Innere Reize sind etwa Stoffwechselvorgänge, wie sie nach dem Genuß von Kaffee entstehen oder gedankliche Aktivitäten wie die Vorstellung einer erotischen Szene.[2] Äußere Reize sind Töne, Bilder, Texte, Gerüche usw. Die Unterscheidung in innere und äußere Reize ist auch für *sozialtechnische* Überlegungen wichtig: Um die Wirkung der Kommunikation zu erhöhen, kann man ein Individuum gezielt durch äußere Reize (zum Beispiel durch emotionale Appelle) aktivieren und dadurch den Beeinflussungserfolg steigern. Das wird im nächsten Kapitel beschrieben. Eine solche zusätzliche Aktivierung durch äußere Reize ist aber dann *nicht* notwendig oder wenig erfolgswirksam, wenn das Individuum bereits von sich aus durch interne Stimulierung aktiviert ist, zum Beispiel durch intern ausgelöste emotionale und motivationale Prozesse.

Äußere Reize lösen im allgemeinen (von einfachen Schlüsselreizen mal abgesehen) nicht direkt Aktivierung aus, sondern erst nachdem sie zumindest grob *dechiffriert*, das heißt entschlüsselt sind. Das gilt vor allem für das komplexe Reizmaterial, das in der Konsumentenforschung verwandt wird: Erst nachdem die subjektive Bedeutung eines Reizes für das Individuum klar ist, wird der Reiz aktivierungswirksam.

Nach den vorliegenden Erkenntnissen erfolgt die zur Aktivierung führende Reizentschlüsselung lediglich in einer sehr groben Weise, um die Relevanz des Reizes für das Individuum zu bestimmen. Die genauere Entschlüsselung und Wahrnehmung des Reizes sowie seine weitere Verarbeitung werden erst später, nach erfolgter Aktivierung, vorgenommen und dann durch die ausgelöste Aktivierung mehr oder weniger stimuliert.[3] Ist die Aktivierung schwach, so verlaufen diese kognitiven Reizverarbeitungsprozesse wenig effizient.

Aus dem Zusammenhang von Reiz → Dechiffrierung → Aktivierung folgt, daß die ausgelöste Aktivierung nicht direkt als eine Folge der *objektiven* Stimulierung angesehen werden kann. Objektiv gleiche, aber subjektiv unterschiedlich interpretierte Reize bewirken eine unterschiedliche Aktivierung. Im übrigen sind auf der elementaren Ebene einfacher Reize (z. B. einzelne Töne) verschiedene Gesetzmäßigkeiten zwischen *objektivem* Reiz (zum Beispiel Tonhöhe) und *subjektivem* Reizerlebnis (wahrgenommene Tonhöhe)

---

[2] Zu den inneren Reizen zählen natürlich auch die gespeicherten Informationen von Konsumenten, die beim Einkauf aktivierend wirken.

[3] Genaugenommen handelt es sich um einen mehrstufigen, noch nicht genau erforschten Prozeß gegenseitiger Stimulierung von Kortex, Aktivierungssystem und anderen subkortikalen Systemen. Vgl. z. B. *Birbaumer* (1975), insbesondere das Kapitel über Aufmerksamkeit.

sowie ausgelöster Aktivierung formuliert worden. Sie geben an, daß selbst auf dieser Ebene die subjektive Dekodierung und damit die kognitive Reizverarbeitung eine wichtige Voraussetzung für die Aktivierungswirkung der Reize ist. „Die Aktivierung zeigt ... keine feste Beziehung zur physikalischen Ausprägung des Reizes, sondern ist zum Beispiel abhängig von der ... Erfahrung des Individuums" (*Kröner,* 1976, S. 628).

Für die gezielte Auslösung der Aktivierung durch äußere Reize steht ein reichhaltiges Arsenal bewährter Reize zur Verfügung.[4]

Sie können nach ihren Wirkungen differenziert werden:

- emotionale Reizwirkungen,
- kognitive Reizwirkungen,
- physische Reizwirkungen.

Die Wirkung emotionaler Reize ist stets mit einer mehr oder weniger starken inneren Erregung verknüpft. Diese bestimmt die Intensität des emotionalen Erlebens (vgl. dazu das Kapitel über Emotionen). Aber nicht nur emotionale Reize, auch solche Reize, die zu kognitiven Inkonsistenzen führen – das sind insbesondere neuartige und überraschende Reize – aktivieren das Individuum.[5] Als drittes ist die Wirkung von starken physischen (physikalischen) Reizen – wie Farben, Gerüchen oder Tönen – zu nennen, welche innere Erregungen auslösen. Das Marketing macht sich alle drei Wirkungskategorien zunutze, um die Konsumenten gezielt zu aktivieren.[6]

Emotional wirkende Reize gehören zum klassischen Instrumentarium der Werbung, um die Aufmerksamkeit des Publikums zu gewinnen und das Auditorium unter Spannung zu halten. Besonders zuverlässig wirken die Schlüsselreize, die biologisch vorprogrammierte Reaktionen auslösen und die Empfänger weitgehend automatisch erregen.

Natürliche Schlüsselreize können auch durch Zeichnungen, Fotos, Modelle usw. künstlich nachgebildet werden. Die Verhaltensforschung spricht dann von Attrappen. Sie haben die gleiche oder sogar – wenn besonders typische Reizmerkmale hervorgehoben werden – eine stärkere Wirkung als natürliche Schlüsselreize (*Kroeber-Riel,* 1981). Bekannte Attrappen für das menschliche Verhalten sind das Kindchenschema, der weibliche Busen, Abbildungen von Augen und Mimik (*Weinberg,* 1986).

Die Attrappen lösen meistens eine innere Erregung aus, die willentlich wenig kontrolliert wird und über die sich die Empfänger kaum Rechenschaft ablegen. Allerdings werden beim Menschen in ungleich höherem Ausmaß als beim Tier Lernvorgänge – insbesondere durch die Sozialisation – wirk-

---

[4] Man denke vor allem an die bereits erwähnten Schlüsselreize wie Erotik, Landschaften und archaische Typen.

[5] Die kognitiv-aktivierenden Reize dürfen im wesentlichen den Vergleichsvariablen (kollativen Variablen, collative variables) von *Berlyne* (1974, S. 68) entsprechen. Die auf die Auslösung von kognitiver Inkonsistenz zurückgehende Erregungswirkung dieser Reize wird auch im Rahmen der kognitiven Gleichgewichtstheorien erklärt.

[6] Diese Reizklassifizierung verweist wieder auf die komplexe Stimulierung des RAS, die vom Subkortex (emotionale Reize), Kortex (kognitive Reize) oder von spezifischen Projektionsbahnen (physische Reize) ausgeht.

sam, welche die automatischen Reaktionen auf Schlüsselreize abschwächen und modifizieren. Die Wirksamkeit von Attrappen wird durch empirische Untersuchungen belegt (*Kroeber-Riel* und *Meyer-Hentschel*, 1982, S. 38).

Erotische Attrappen eignen sich für die Aktivierung besonders gut, weil sie sich relativ wenig abnutzen, vor allem dann, wenn man ihre Darbietungsform variiert. Ihre Reizwirkung auf Erwachsene ist *relativ* unabhängig von Alter, Geschlecht und soziodemographischen Merkmalen, so daß die interindividuelle Streuung im Vergleich zur Wirkung anderer Reize gering ist. Andererseits besteht bei erotischen Reizen erhöhte Gefahr, daß vom Umfeld – zum Beispiel von der Werbebotschaft – abgelenkt wird.[7]

Schlüsselreize wie Busen und Augen werden oft bei der Darstellung von Personen abgebildet. Personenabbildungen (vor allem Gesichter) sind die in der Anzeigenwerbung am meisten benutzte – emotionale – Technik, um die Leser zu fesseln. In Zeitschriften machen Anzeigen mit solchen Abbildungen häufig etwa 50 % aller Anzeigen aus – mit positiven Auswirkungen auf das Betrachtungsverhalten.[8]

Bei emotionalen Schlüsselreizen denkt man in erster Linie an visuelle Reize. Es gehören aber auch akustische, taktile und olfaktorische Reize dazu. Ein Beispiel ist Moschusduft. Er aktiviert ausgesprochen stark und kommt für die Konsumentenbeeinflussung deswegen in Frage, weil er von den Empfängern nur schwach und wenig bewußt wahrgenommen wird und deswegen leicht hinter anderen, bekannten Düften versteckt werden kann. Moschusduft läßt sich zudem synthetisch herstellen (im einzelnen: *Kroeber-Riel, Möcks* et al., 1982. Zu aktuellen Ergebnissen der Duftwirkungsforschung im Rahmen des Konsumentenverhaltens vgl. *Stöhr*, 1995).

Eine kognitiv bewirkte Aktivierung entsteht durch gedankliche Konflikte sowie durch Widersprüche und Überraschungen, welche die Wahrnehmung vor unerwartete Aufgaben stellen und dadurch die Informationsverarbeitung stimulieren. *Beispiele* sind Anzeigen, die einen Menschen mit einem Tierkopf zeigen oder glückliche Gesichter auf einem Friedhof oder eine Headline mit dem Text „Reißt den Kölner Dom ab!" (Anzeige deutscher Zeitschriftenverlage) usw. Ein visuelles Beispiel bringt *Abbildung 15a*. Nach diesem Muster werden häufig Anzeigen gestaltet.

Derartige Verfremdungstechniken sind nach einer empirischen Studie von *Hinrichs* (1982) dazu geeignet, die Erinnerung an Anzeigen zu verstärken. Sie sind allerdings in der Werbung den emotionalen Aktivierungstechniken oft unterlegen, weil sie sich bei Wiederholungen natürlich abnutzen. Zudem kommt es häufig zu nachteiligen Assoziationen (der Lächerlichkeit, Unwirklichkeit, Übertreibung usw.), welche den Werbeerfolg beeinträchtigen, insbesondere die Positionierung des beworbenen Produktes erschweren.

---

[7] Vgl. dazu mit weiteren Literaturangaben die Untersuchung über erotische Reize in der Anzeigenwerbung von *Scheid* (1984). Der dort gefundene nachteilige Einfluß extrem starker erotischer Reize auf die Erinnerung an die Werbebotschaft geht möglicherweise auf Überaktivierung zurück.

[8] Zu einem Test bei SPIEGEL und STERN vgl. *Andresen* (1988).

Eine ziemlich sichere Aktivierung erreicht man über **physisch** (physikalisch) wirkende Reize. Ihre Bedeutung für den Werbeerfolg kommt aufgrund der **Größe** und **Farbe** eines Werbemittels zum Ausdruck. So weiß man, daß Signalfarben und große Anzeigen stark aktivieren.

Abbildung 15a: Aktivierung durch visuelle Überraschung

Abbildung 15b: Aktivierung durch physische Reizwirkung (Farbe)

Abbildung 15c: Aktivierung durch emotionale Reize

Die Wirkungen von Reizgrößen sind in der Werbeforschung seit langem bekannt. Bereits zu Anfang dieses Jahrhunderts erschienen Untersuchungsergebnisse dazu. Der amerikanische Psychologe *Scott* stellte 1908 fest, daß *große* Anzeigen häufiger als *kleine* beachtet wurden: Eine halbseitige Anzeige wurde zum Beispiel rund dreimal so häufig beachtet wie eine viertelseitige. Die *Häufigkeit* der Beachtung einer Anzeige kann als Ausdruck ihres Aktivierungswertes interpretiert werden. Sie läßt sich auch mit Hilfe moderner Blickaufzeichnungsgeräte in Form einer häufigeren Fixation des Inhalts größerer Anzeigen nachweisen. Aufgrund dieser Untersuchungsergebnisse kam *König* (1926, S. 38) zu dem Schluß: „Wer für eine achtel Seite bezahlt, erhält somit bei weitem nicht den achten Teil, sondern kaum den zwanzigsten Teil des psychischen Einflusses, den eine ganze Seite hervorbringt."

Heute kann man sich auf die durch zahlreiche Untersuchungen abgestützte Erkenntnis verlassen, daß die Größe von Anzeigen den stärksten Einfluß auf das Betrachtungsverhalten ausübt: Für Anzeigen in Publikumszeitschriften gelten nach *Kiss* und *Wettig* (1972) folgende Betrachtungszeiten (Durchschnittswerte für schwarz-weiße und farbige Anzeigen):

2/1 Seite	2,8 Sekunden
3/4 – 1/1 Seite	1,9 Sekunden
1/2 Seite und kleiner	0,6 Sekunden

In vergleichbaren Untersuchungen des Instituts für Konsum- und Verhaltensforschung haben sich Werte ergeben, die geringfügig darunter liegen (*Kroeber-Riel*, 1991, S. 135 ff.; *Andresen*, 1988, S. 136 ff.). *Von Keitz* kommt bei Untersuchungen für „DIE BUNTE" zu 2,1 Sekunden für 1/1 Seiten und bei 2/1 Seiten zu einer Betrachtungsdauer von 4,1 Sekunden (*Burda-Marktforschung*, 1987).[9]

Die Verteilung der Aufmerksamkeit *innerhalb* einer Anzeige hängt ebenfalls vom Aktivierungspotential der einzelnen Elemente ab. So zieht zum Beispiel eine große und kontrastreiche Headline die Aufmerksamkeit auf sich – und bei geeigneter Verknüpfung der Headline mit den übrigen Anzeigenelementen auch auf die gesamte Anzeige (*Meyer-Hentschel*, 1988, S. 69).

Farbe ist ein universelles Mittel, um die Aufmerksamkeitswirkung von Anzeigen, Produkten im Regal und von Schaufenstern zu verstärken. Mehrfarbige Gestaltung hat wiederum eine größere Wirkung als einfarbige Gestaltung. *Lysinski* fand bereits 1919, daß „bunte *Schaufenster*" mehr Aufmerksamkeit erregen als „einfarbige". Das drückte sich unter anderem darin aus, daß die bunten Schaufenster häufiger betrachtet wurden (in einem Fall 73 % häufiger als einfarbige) und daß beim Kaufen wesentlich häufiger auf diese Schaufenster Bezug genommen wurde.

Praktische Hinweise: Die Auswirkungen der Aktivierung auf das Konsumentenverhalten werden im nächsten Kapitel dargestellt. Bereits hier ist

---

[9] Bei hohem Involvement der Zeitschriftenleser, insbesondere bei hohem Situationsinvolvement, erhöhen sich die Betrachtungszeiten, vgl. *Jeck-Schlottmann* (1988).

auf folgendes hinzuweisen: Will man Reize aufgrund ihres Aktivierungspotentials in der Werbung, im Laden, beim Verkauf, auf Verpackungen, in
Broschüren usw. zur Stimulierung von Konsumenten verwenden, so ist auf
die Akzeptanzwirkung der Reize zu achten, also darauf, ob sie angenehm
oder unangenehm wirken. Im allgemeinen werden zwar im Marketing Reize mit angenehmen Erlebniswirkungen benutzt, es kann aber bei stärkerer
Aktivierung leicht zu Irritationswirkungen kommen.

Unter **Irritation** versteht man ein Gefühl der Verunsicherung und der
Störung.[10] Da Irritation mit Aktivierung einhergeht, verstärkt sie zwar die
gedankliche und emotionale Verarbeitung und Speicherung der Werbebotschaft. Sie setzt aber den Beeinflussungserfolg (gemessen an Einstellung
oder Kaufabsicht) herab, weil die Informationsverarbeitung auch zu nicht
beabsichtigten Ergebnissen (wie Nichtkauf oder negative Produkteinstellung) führen kann.

Irritation entsteht vor allem, wenn physisch intensive Reize aufdringlich
empfunden werden oder wenn überraschende und emotionale Reize
dümmlich, peinlich oder geschmacklos wirken. Beispiele sind zu laute Musik, grelle Farben, aufdringliche Düfte oder emotionale Reize, die gegen die
guten Sitten oder moralische Standards verstoßen.

Die Akzeptanz- und Irritationswirkung der zur Aktivierung eingesetzten
Reize können durch Verhaltensbeobachtungen und verbale Messungen
(Akzeptanz- und Irritationsprofile) ermittelt werden. Sie sind stets ergän-
zend zur Aktivierungswirkung zu berücksichtigen.

Für die praktische Verwendung von aktivierenden Reizen ist auch noch
ein anderer Gesichtspunkt hervorzuheben: die **individuellen Unterschiede**
der ausgelösten Aktivierung, die von Persönlichkeitseigenschaften wie
Intraversion/Extraversion abhängen oder von sozialisationsbedingten
Gruppenunterschieden bestimmt werden (*Kroeber-Riel*, 1990, S. 73).

Die bisherigen Überlegungen bezogen sich auf die Auslösung *kurzfristiger
phasischer Aktivierungen* durch einzelne Reize. Etwas schwieriger, aber
ebenfalls möglich, ist die gezielte Auslösung bzw. Manipulation der *toni-
schen* Aktivierung, das heißt des länger anhaltenden Aktivierungsniveaus.
Beide Aktivierungsformen haben leistungsfördernde Wirkung, so daß man
beide gleichermaßen dazu benutzen kann, die Informationsverarbeitungsprozesse der Konsumenten zu stimulieren.

---

[10] Irritationswirkungen treten wegen der wachsenden Bedeutung der Aktivierungstechniken in zunehmendem Maße in das Blickfeld der Forschung, vgl. dazu unter
anderem *Brungs* (1984), *Aaker* und *Bruzzone* (1985); *Kroeber-Riel* und *Esch* (1988) sowie *Neibecker* (1990).

b) Wirkungen der Aktivierung

Die Lambda-Hypothese

Die Aktivierung nimmt Einfluß auf die gesamte Informationsverarbeitung des Menschen![1] Die Wirkung der Aktivierung auf die Leistung (Leistungsfähigkeit) des Menschen wird durch die **Lambda-Hypothese** angegeben (auch umgekehrte u-Hypothese oder kurvilineare Aktivierungshypothese genannt). Sie geht insbesondere auf aktivierungstheoretische Überlegungen in den 1950er Jahren zurück (u. a. von *Malmo, 1959*) und hat inzwischen Eingang in die meisten verhaltenswissenschaftlichen Lehrbücher gefunden.

> Lambda-Hypothese:
>
> Bei zunehmender Stärke der Aktivierung steigt zunächst die Leistung eines Individuums, von einer bestimmten Aktivierungsstärke ab fällt sie wieder (umgekehrte u-Funktion).

Die Lambda-Hypothese wird zunächst durch *intuitive* Einsichten und Erfahrungen getragen. Die leistungsstimulierende Wirkung einer erhöhten Spannkraft und Angeregtheit kennt jeder aus eigener Erfahrung, ebenso den leistungshemmenden Einfluß einer besonders starken Erregung, etwa eines Wutausbruchs. Es scheint auch evident zu sein, daß es irgendein Maximum gibt, an dem die positiv-stimulierende Wirkung einer Erregung in eine hemmende Wirkung umschlägt.

Solche Überlegungen zur sukzessiven Konstruktion einer Hypothese sind durchaus zulässig (im *Entdeckungszusammenhang* ist jede Methode erlaubt!). Die Lambda-Hypothese erscheint deswegen als eine Hypothese von „hoher *Evidenz*". Sie ist eine Konstruktion, die als heuristische Orientierung für aktivierungstheoretische Untersuchungen dienen kann.

Im Lichte des *Begründungszusammenhanges* sieht diese Hypothese problematischer aus. Wie so oft bei Hypothesen, die in rein theoretischen Sprachen formuliert werden, sind die Operationalisierungen der Hypothese ebenso problematisch wie die Darstellung der Rahmenbedingungen, unter denen sie gelten soll.

Es gibt zwar viele *empirische* Einzeluntersuchungen über Aktivierungswirkungen, aber sie erstrecken sich meistens nur auf einen Abschnitt der Lambda-Funktion, entweder auf den proportionalen Zusammenhang zwischen Aktivierung und Leistung oder auf den umgekehrt proportionalen

---

[1] Unter Informationsverarbeitung i. w. S. versteht man die gesamte „Verarbeitung" der von einem Reiz vermittelten Informationen durch den Organismus. Sie umfaßt alle Prozesse von der ersten Entschlüsselung des Reizes bis zum Wiedererinnern der vermittelten Informationen. Unter Informationsverarbeitung im engeren Sinne versteht man nur die zwischen Informationsaufnahme und Informationsspeicherung liegenden Vorgänge wie Wahrnehmen, Denken, Lernen. Aus dem Text ergibt sich jeweils, welcher Begriff gemeint ist.

Zusammenhang der Leistung und der Aktiviertheit, etwa bei angsterregender Kommunikation.

Die vorhandenen Nachweise eines durchgehend umgekehrt u-förmigen Verlaufs reichen jedoch, wenn man bestimmte methodische Standards voraussetzt, nicht aus, um die *gesamte* Lambda-Hypothese als Einheit zu bestätigen.

Bei diesem Stand der Erkenntnis kann die Verwendung der Lambda-Hypothese leicht zu einer *Immunisierungsstrategie* werden, um widersprüchliche Untersuchungsergebnisse auf einen Nenner zu bringen und gegen Kritik zu rechtfertigen. Die allgemeine Formulierung der Lambda-Hypothese läßt ja alle möglichen Formen (flachen oder steilen Verlauf der Kurve, beliebige Rechts- oder Linksverschiebung des Optimums usw.) und damit jede mögliche Interpretation zu.

Bevor wir uns weiter mit Einzelheiten zur Lambda-Hypothese beschäftigen, wird sie in *Abbildung 16 graphisch* abgebildet. Dabei wird das Aktivierungskontinuum in verschiedene Bereiche (Aktivierungsniveaus) eingeteilt und jeweils angegeben, durch welches EDR-Muster diese Niveaus gekennzeichnet sind (nach *Meldman*, 1970).

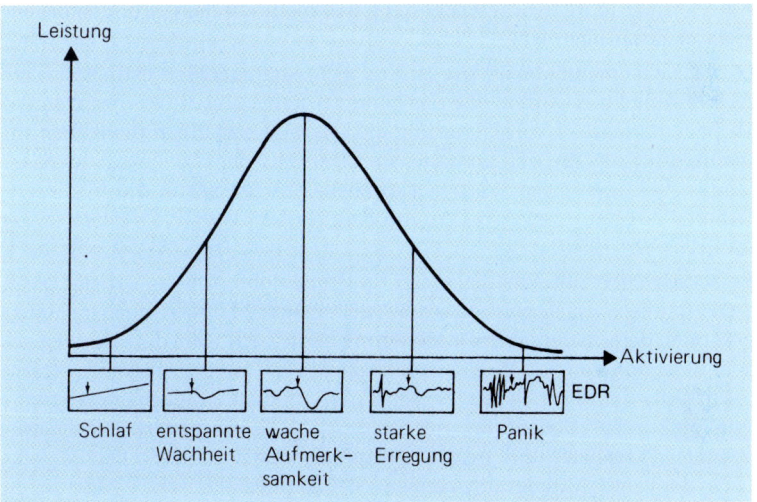

Abbildung 16: Klassische Darstellung der Beziehung zwischen Aktivierung und Leistung

Anmerkung: Das Aktivierungskontinuum wird in verschiedene Abschnitte eingeteilt. Jeder Abschnitt kennzeichnet einen psychischen Erregungszustand und läßt sich durch bestimmte elektrodermale Reaktionsmuster charakterisieren.

Für die Analyse der Lambda-Hypothese ist es zweckmäßig, sie in **Elementarhypothesen** zu zerlegen:

(1) Hypothese zur *Minimalaktivierung:* Leistungen des Individuums setzen ein bestimmtes Mindestmaß an Aktivierung voraus.

(2) Hypothese zur *Normalaktivierung:* Mit zunehmender Aktivierung nimmt die Leistung des Menschen zu.

(3) Hypothese zur *Überaktivierung:* Von einem bestimmten Aktivierungs-grad ab sinkt mit steigender Aktivierung die Leistung.

Der Vollständigkeit halber könnte noch eine Hypothese zur *Maximalaktivie-rung* formuliert werden: Bei einem extremen Grad an Überaktivierung ist keine Leistung mehr möglich.

Auch wenn zur Bestimmung minimaler und maximaler Aktivierung man-che Operationalisierungsfrage offen bleibt, wenden wir uns gleich den bei-den Hypothesen (2) und (3) zu, da uns unter Anwendungsaspekten nur diese interessieren.

Die Hypothesen zur Normal- und Überaktivierung lassen zunächst einmal offen, welche *Form* der Zusammenhang zwischen Aktivierung und Lei-stung hat (linear, nicht-linear). Sie stellen insofern eine allgemeinere Fas-sung der Lambda-Hypothese in Form von Je-desto-Behauptungen dar.

Der Schwerpunkt bisheriger Untersuchungen liegt bei der *zweiten Hypothe-se*. Wie bereits erwähnt wurde, ist die empirische Forschung zur dritten Hy-pothese auf die angstregende Kommunikation konzentriert und deshalb für die Konsumentenforschung von untergeordneter Bedeutung. In einer großen Mehrzahl von Fällen wird ein positiver Zusammenhang zwischen Aktivierung und Leistung festgestellt, aus methodischen Gründen oft ein linearer Zusammenhang.

In der **Konsumentenforschung** ist nur in Ausnahmefällen extrem starker Aktivierung zu erwarten, daß das benutzte Reizmaterial (Werbeanzeigen, Verpackung usw.) Überaktivierung auslöst. Das bestätigen die früher am Institut für Konsum- und Verhaltensforschung an der Universität des Saar-landes durchgeführten Werbewirkungsmessungen sowie die in diesem Rahmen entstandenen Arbeiten von *Barg* (1977); *Witt* (1977); *Kafitz* (1977) und *Wimmer* (1980).

Es ist deswegen zweckmäßig, in der Konsumentenforschung von der zwei-ten Hypothese zur *Normalaktivierung* auszugehen. Man wird auch nicht den gesamten Bereich der Normalaktivierung berücksichtigen, der sehr weit ge-spannt ist und von Schlaf und Schläfrigkeit bis zu äußerst starker Erregung reicht. Aus dem Bereich der Normalaktivierung ist lediglich *ein Abschnitt* von praktischer Bedeutung, der mittlere Aktivierungsstärken bei „ent-spannter Wachheit" und „wacher Aufmerksamkeit" umfaßt. Dieser prak-tisch relevante Aktivierungsbereich ist bei physiologischen Messungen durch ganz bestimmte Erregungsmuster gekennzeichnet (vgl. *Abbildung 16*).

Bei Benutzung der hier angegebenen Aktivierungshypothesen ist nach Operationalisierung und Rahmenbedingungen zu fragen. Dabei geht es vor allem um die grundlegenden *Variablen* **Aktivierung** und **Leistung:**

Als *Leistung* werden alle im Individuum ablaufenden kognitiven Vorgän-ge wie Wahrnehmung, Denken, Lernen, Speichern usw. verstanden. Auch das geäußerte motorische Verhalten wird dazugezählt. Schon *Lindgren* (1973, S. 50) faßte diesen Sachverhalt wie folgt zusammen: „Die Beziehung zwischen Erregungsniveau und Leistung scheint gültig zu sein, ob wir nun von Problemlösungsverhalten, zwischenmenschlichen Beziehungen oder jeder anderen Situation ausgehen, die mit aktiver Bewältigung der Umwelt zu tun hat."

Statt von Leistung wird auch von *Leistungsfähigkeit* oder Leistungsbereit-schaft, Leistungsvollzug, Leistungseffizienz usw. gesprochen. Damit soll zum Ausdruck gebracht werden, daß sich die Lambda-Funktion nur auf ei-nen bestimmten Aspekt der Leistung bezieht, den man als „formalen" Lei-stungsaspekt bezeichnen könnte:

Die Aktivierung fördert oder hemmt im Sinne der Lambda-Hypothese die *Effizienz*, mit der ein psychischer oder motorischer Vorgang abläuft, *nicht* jedoch Richtung und Inhalt des Vorganges. Das Individuum wird in Ab-hängigkeit von der jeweiligen Aktivierung mehr oder weniger zum Voll-zug einer Leistung befähigt, *welche* Leistung erbracht wird, das wird von weiteren Verhaltensdeterminanten bestimmt.

Beispiele: In einer Kommunikationssituation werden zwei Kommunikati-onsmittel A und B eingesetzt. Diese Kommunikationsmittel vermitteln die gleichen Sachinformationen, enthalten aber emotionale Appelle (zum Bei-spiel in Form von Bildern), die unterschiedlich stark aktivieren: A aktiviert mehr als B. In diesem Fall wird der Informationsverarbeitungsprozeß bei den Empfängern von A effizienter ablaufen. Anders gesagt: Die Empfän-ger der Kommunikation A stecken mehr Energie in die Informationsverar-beitung als die Empfänger von B.

Gleichwohl kann es aus verschiedenen Gründen dazu kommen, daß die durch A erzielte Meinungsänderung (also das Leistungsergebnis) geringer ist als die durch B erzielte. Der starke Appell von A, der zur höheren Akti-vierung der Empfänger führt, kann etwa von diesen als stärkerer Beein-flussungsdruck empfunden werden und sie veranlassen, sich gegen die Meinungsänderung zu sperren.

Oder: Die durch A herbeigeführte Meinungsänderung kann inhaltlich an-ders aussehen als die durch B ausgelöste: Höhere Aktivierung durch A führt zwar zu einer erhöhten *Effizienz* der Informationsverarbeitung, sie kann aber zugleich einen *selektiven* Einfluß auf die Art der verarbeiteten Infor-mationen haben.

Selektive Einflüsse auf die Informationsverarbeitung können auch von der *Richtung* der verwendeten emotionalen Appelle ausgehen. Appelle gleicher Aktivierungsstärke führen zu unterschiedlicher Auswahl und inhaltlicher Verarbeitung der Information, wenn sie das eine Mal positive Emotionen und das andere Mal negative Emotionen bewirken.

Aus diesen Erkenntnissen sind für die Beeinflussung von Konsumenten, insbesondere für die Kommunikation, wichtige Folgerungen zu ziehen:

> Wenn man der Kommunikation mehr aktivierende Wirkung gibt, so kann man mit einer effizienteren Verarbeitung der Botschaft, aber nicht unbedingt mit einem besseren Kommunikationserfolg rechnen.

Bei erhöhter Aktivierung können sogar ausgesprochene *Bumerangwirkungen* eintreten: Das ist dann der Fall, wenn die verwendeten Argumente nicht im Sinne des Zieles verstanden werden. Diese „falschen" – nicht im Sinne des Zieles wirksamen – Argumente werden aufgrund erhöhter Aktivierung ebenfalls besonders effizient verarbeitet (behalten, gespeichert usw.) und dadurch wirksamer als bei einer schwächer aktivierenden Kommunikation.

Die dargestellten Beispiele zur beeinflussenden Kommunikation machen darauf aufmerksam, wie problematisch ein so komplexer Leistungsbegriff wie Meinungsänderung ist. Es ist deswegen zweckmäßig, den Kommunikationserfolg (Meinungsänderung) in Teilergebnisse aufzulösen wie Interesse der Empfänger, Wahrnehmung, Lernen usw. Diese Überlegung ist für eine Überprüfung der Lambda-Hypothese unumgänglich. Es ist davon auszugehen, daß sich bei einer Kommunikation stets *mehrere Beziehungen* zwischen verursachter Aktivierung einerseits und ausgelöster Informationsverarbeitung andererseits ergeben: *Eine* Beziehung zwischen Aktivierungsgrad und Wahrnehmung, eine *andere* zwischen Aktivierungsgrad und Denken usw.

Selbst einheitliche Begriffe wie Denken und Erinnern sind in *operationale* Unterbegriffe aufzugliedern. So sind verschiedene Formen und Arten von Denken und Erinnern zu unterscheiden: phantasiehaftes Denken („primärprozeßhaftes Denken") und rationales Denken („sekundärprozeßhaftes Denken"), kurzfristiges und langfristiges Erinnern werden unterschiedlich vom Aktivierungsgrad beeinflußt. Auch die Schwierigkeit der Denkaufgabe spielt eine Rolle. Nach einer bereits 1908 von *Yerkes-Dodson* entdeckten Regelmäßigkeit, die von *Fraisse* (1968, S. 115) in einen Zusammenhang mit der aktivierungstheoretischen Lambda-Hypothese gebracht wird, wird der optimale Aktivierungsgrad um so eher erreicht, je schwieriger die Aufgabenstellung ist. Das hat zur Folge, daß höhere Erregungen bei schwierigen Aufgaben bereits relativ schnell zu einem Leistungsabfall führen.

In vielen praktischen Fällen sind diese Differenzierungen jedoch ohne große Bedeutung, weil in einem Bereich mittlerer Aktivierungsstärke aktiviert wird, in dem für fast alle Leistungen eine positive Relation zwischen Aktivierung und Leistung zu gelten scheint.

Weitere Operationalisierungen betreffen die Aktivierung, die ja bekanntlich spezifische und unspezifische Erregungsmuster sowie tonische und phasische Veränderungen umfaßt und durch verschiedene Verfahren gemessen werden kann. In der Literatur wird die Lambda-Hypothese im allgemeinen auf das Aktivierungsniveau, also auf die *tonische* Aktivierung, bezogen.

Es steht aber nichts im Wege, die Lambda-Hypothese auch auf kurzfristige Erregungsschwankungen, also auch auf die *phasische* Aktivierung, zu beziehen. Die vorübergehenden Erregungsschwankungen, die auf einzelne Reizeinwirkungen zurückgehen, werden im wesentlichen – wie im vorigen Kapitel dargestellt wurde – als Aufmerksamkeit und als Orientierungsreaktion wirksam, sie lassen sich in der gleichen Weise wie die tonische Veränderung des Aktivierungsniveaus durch physiologische Indikatoren messen.

Die kurzfristigen phasischen Aktivierungen stimulieren die Informationsverarbeitung *ebenso* wie die tonische Aktivierung.[2] Allerdings wird man

---

[2] Vgl. dazu auch *Sokolov* (1969, S. 83) und zur weiteren Unterscheidung von phasischer und tonischer Orientierungsreaktion *Berlyne* (1974, S. 125).

davon ausgehen können, daß die phasische Stimulierung und die davon bedingte Leistungssteigerung nur denjenigen *Reizen* zugute kommt, die diese Aktivierung auslösen. Die tonische Aktivierung wirkt dagegen über längere Zeit hinweg auf die gesamte Informationsverarbeitung ein.

Eine weitere Komplizierung der bisher abgeleiteten Beziehungen zwischen phasischer Aktivierung und Leistung ergibt sich dadurch, daß es kurzfristige Aktivierungsvorgänge gibt, die unmittelbar zur Abwehr eines als sehr unangenehm empfundenen Reizes führen. Diese Reaktion nennt *Sokolov* (1969, S. 68 ff.) *Abwehrreaktion.* Es ist zu vermuten, daß die Abwehrreaktion mit sehr hoher Aktivierung verbunden ist. Sie tritt bei „sehr starken Reizen" auf und ist beim Menschen „zumeist mit Schmerzempfindungen" verbunden (*Sokolov*, 1969, S. 68 f.).

Da solche Vorgänge bei den Untersuchungen zum Konsumentenverhalten praktisch keine Rolle spielen, ist es nicht notwendig, auf die Frage einzugehen, wie solche Abwehrreaktionen in die Hypothesen über Aktivierung und Leistung eingeordnet werden können. Die Literatur gibt ohnehin kaum Auskunft darüber. Vgl. *Schönpflug* (1968, S. 197, 199, 210), der die dabei auftretenden Aktivierungsvorgänge als „defensive Aktivierung" bezeichnet.

Entsprechend unserer Begründung, in der Konsumentenforschung im Bereich mittlerer Aktivierung von einem *positiven* Zusammenhang zwischen (tonischer) Aktivierung und Leistung auszugehen, erwarten wir einen solchen Zusammenhang auch im Hinblick auf die *phasische* Aktivierung.[3]

Wir formulieren zusammenfassend zwei Hypothesen:

(1) Je höher das *Aktivierungsniveau,* um so effizienter die gesamte Informationsverarbeitung.

(2) Je höher die kurzfristig durch einen *Reiz* ausgelöste, phasische Aktivierung, um so effizienter wird dieser Reiz verarbeitet.[4]

Bei Verwendung dieser Hypothesen darf nicht vergessen werden, die *Rahmenbedingungen* zu konkretisieren, unter denen sie gelten. Dabei ist man zur Zeit noch weitgehend auf Vermutungen angewiesen.

Ergebnisse der Konsumentenforschung

Der Einfluß der *Aktivierung* auf *Leistung* und Verhalten der Konsumenten wird in der zu Beginn des Kapitels wiedergegebenen *Abbildung 14* schematisch dargestellt: Es handelt sich grob gesehen um folgende Beziehung: Die Reize (S) lösen die Aktivierung (RAS) aus, diese beeinflußt die Infor-

---

[3] Welche Rolle in diesem Zusammenhang die Beziehung zwischen tonischer und phasischer Aktivierung spielt (Problem des „Ausgangswertgesetzes"), untersucht *W. von Keitz* (1981).

[4] Als besondere Form der Abhängigkeit erwarten wir (1) bezogen auf das tonische Aktivierungsniveau eine monoton steigende Funktion (die oft durch eine lineare Funktion angenähert werden kann) und (2) bezogen auf die phasische Aktivierung eine lineare Funktion.

mationsverarbeitung (INFO), welche das Verhalten steuert (dabei ist noch einmal hervorzuheben, daß sich Aktivierung und kognitive Vorgänge auch wechselseitig beeinflussen.

Betrachten wir nun den Zusammenhang und die Bedeutung der beteiligten Variablen Reiz, Aktivierung, Informationsverarbeitung und Verhalten in den vorliegenden Untersuchungen zur Konsumentenforschung. Wir unterscheiden dabei eine Prozeßebene, eine Meßebene und eine Verwendungsebene.

Zur **Prozeßebene:** Hier handelt es sich darum, um welche psychischen Prozesse es in den ausgewerteten empirischen Untersuchungen geht. Die beschriebenen Befunde stammen hauptsächlich aus der experimentellen Forschung des Instituts für Konsum- und Verhaltensforschung an der Universität des Saarlandes.[5]

In den beschriebenen Experimenten dient die Aktivierung meistens als unabhängige oder manipulierte Variable und die Informationsverarbeitung der Konsumenten als abhängige Variable. Die *Aktivierung* wird dadurch manipuliert, daß die Versuchspersonen Reizen mit unterschiedlichem Aktivierungspotential ausgesetzt werden.

Die Wirkung der Aktivierung auf die *Leistung* der Konsumenten wird in den empirischen Untersuchungen vor allem dadurch festgestellt, wie effizient Botschaften *verarbeitet* werden. Nun ist die Informationsverarbeitung i. w. S. ein sehr komplexer Vorgang, den man – den Vorschlägen zur Operationalisierung des Leistungsbegriffes im vorigen Kapitel folgend – in mehrere Teilleistungen aufspalten muß. In den nachfolgend wiedergegebenen Experimenten wurden drei Teilleistungen ermittelt: die Informationsaufnahme, die Informationsverarbeitung (im engeren Sinne) und die Informationsspeicherung.

Zur **Meßebene:** Aktivierungstheoretische Untersuchungen vermeiden soweit wie möglich Befragungen. Das ergibt sich aus ihrer psychobiologischen Grundkonzeption. Objektive Beobachtungs- und Meßverfahren werden bevorzugt. Die moderne Labortechnik bietet dazu zahlreiche, auch ökonomisch einsetzbare Methoden.

Das Einwirken der *Reize* (zum Beispiel von Werbeanzeigen) auf den Konsumenten ist direkt *beobachtbar*, es wird im Labor automatisch von einem „Ereignisschreibgerät" (das ist eine spezielle Schreibvorrichtung im Polygraphen) registriert. Dabei werden Zeitpunkt und Länge der Darbietung eines Reizes festgehalten und zu den Reaktionsdaten in Beziehung gesetzt.

Auch die Art der Reize wie Größe oder Farbe kann objektiv gemessen und durch Ereignisprotokolle wiedergegeben werden. Bei der Ermittlung des Inhaltes, also des *Informationsgehalts* eines Reizes, geht man im allgemeinen vom „umgangssprachlichen Verständnis" aus. Das ist bei dem relativ einfachen Reizmaterial der Untersuchungen unproblematisch.

---

[5] Es sind die Untersuchungen von *Kroeber-Riel, Barg* et al. (1975); *Barg* (1977); *Witt* (1977); *Bernhard* (1978); *Kafitz* (1977); *Hera* (1978); *Wimmer* (1980); *W. von Keitz* (1981); *B. von Keitz* (1983); *Scheid* (1984) und *Steiger* (1988).

Die *Aktivierung* wird durch mehrere psychobiologische Indikatoren gemessen. Die hier wiedergegebenen Ergebnisse gehen auf die während der Reizdarbietung aufgezeichnete elektrodermale Reaktion (EDR) zurück.

Die *Informationsaufnahme* wird ebenfalls über ein technisches Gerät – ein Blickaufzeichnungsgerät – gemessen und dadurch indirekt beobachtet. Die *Informationsverarbeitung* wird hauptsächlich durch Befragungen, auch mit Hilfe des Tachistoskops, und durch Protokolle lauten Denkens gemessen. Das Tachistoskop dient dazu, Schnelligkeit und Genauigkeit von Wahrnehmungsprozessen festzustellen. Die *Informationsspeicherung* wird durch standardisierte Befragungen, und zwar durch Recall- und Recognitionverfahren ermittelt. Alle hier aufgeführten Verfahren liefern valide Werte für die kognitiven Leistungen des Individuums. Da sie an anderer Stelle näher beschrieben werden, brauchen wir hier auf diese Verfahren nicht weiter einzugehen.

Zur **Verwendungsebene:** Im Gegensatz zur Grundlagenforschung bestimmt das Anwendungsinteresse von vornherein die Fragestellungen, die in der Konsumentenforschung untersucht werden. Man testet deswegen nicht irgendwelche Hypothesen zwischen Aktivierung und Leistung, sondern bevorzugt solche, die sich *verhaltenstechnisch* umsetzen lassen. Diesem Erkenntnisinteresse wird auch durch das Reizmaterial (Werbeanzeigen, Verpackungen), durch die Versuchspersonen (es handelt sich zum Teil um Stichproben ganz bestinmmter Marktsegmente) und durch die experimentellen Bedingungen Rechnung getragen.

Da der Einfluß auf das tatsächliche *Verhalten,* insbesondere auf das Einkaufsverhalten, sehr schwierig zu überprüfen ist, richtet sich das Interesse auf solche Größen, die hinter dem Verhalten stehen, das sind u. a. die (aktualisierbaren) Erinnerungen des Konsumenten, die in der Werbewirkungsforschung auch als bevorzugter Indikator für den Werbeerfolg herangezogen werden. Dies entspricht dem Vorgehen und den Erkenntnissen der Grundlagenforschung. *Eysenck* (1982, S. 66) schreibt dazu: In der Tat ist einer der robustesten Befunde, über die in der Literatur berichtet wird, daß hohe innere Erregung die langfristige Erinnerung verstärkt. Kurz gesagt:

> In erster Linie werden die Auswirkungen der Aktivierung auf die langfristige Erinnerung untersucht.

Ergänzend dazu sind die Wirkungen auf die davor liegenden Prozesse der Informationsaufnahme und Informationsverarbeitung der Konsumenten zu sehen: Unter bestimmten Bedingungen kann von den Werten für Informationsaufnahme und Informationsverarbeitung auf die Informationsspeicherung geschlossen werden. Sie eignen sich deswegen auch als Prädiktoren für die Gedächtnisleistung. Das ist nicht zuletzt aus methodischen Gründen beachtenswert, da die Erinnerung immer nur durch Befragungen, die davor liegenden Ergebnisse der Informationsaufnahme und Informationsverarbeitung aber auch durch objektive Methoden – etwa durch Blickaufzeichnung – festgestellt werden können.

Wir haben es also mit folgenden direkten und indirekten Beziehungen zwischen Aktivierung und kognitiven Leistungen zu tun (vgl. *Abbildung 16 a*):

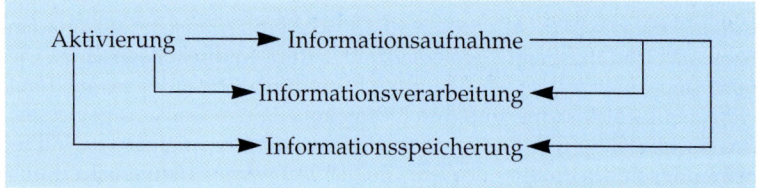

Abbildung 16 a: Beziehungen zwischen Aktivierung und kognitiver Leistung

Die direkten Beziehungen zwischen Aktivierung und kognitiven Leistungen sind links eingezeichnet, die indirekten rechts. Die Beziehungen zwischen Aktivierung und Informationsspeicherung (Gedächtnis) wurden bisher am meisten untersucht. Ergebnisse dazu werden nachfolgend erörtert.

Aber auch zu den positiven Auswirkungen der Aktivierung auf Informationsaufnahme und -verarbeitung liegen aufschlußreiche Ergebnisse vor:

So fanden *Witt* (1977) und *Leven* (1986), daß aktivierende Anzeigenelemente den Blick anziehen, häufiger und länger fixiert werden, aber auch leicht von anderen informativen Elementen ablenken. Aufgrund dieser Erkenntnisse wird es möglich, durch Aktivierungstechniken den Blickverlauf zu beeinflussen.

Aktivierung und **Informationsspeicherung:** Untersucht man den Einfluß der Aktivierung auf die Gedächtnisleistung, so sind wiederum vier Teilbeziehungen zu berücksichtigen, die durch Verknüpfung von zwei unabhängigen und zwei abhängigen Variablen zustande kommen:

unabhängige Variablen: tonische und phasische Aktivierung
abhängige Variablen: kurzfristige und langfristige Gedächtnisleistung

Darüber hinaus ist die Gedächtnisleistung noch weiter zu *differenzieren,* unter anderem nach den Leistungsphasen, die sich vom Einprägen über das Behalten bis zur Reproduktion und Äußerung der Information erstrecken und bei der Messung nicht genau voneinander getrennt werden können. Das Einprägen bzw. Lernen kann wiederum ohne Lernabsicht (inzidentiell) oder mit Lernabsicht (intentional) erfolgen und sich auf unterschiedliches Lernmaterial wie Bilder, einfache Texte usw. beziehen. Die Beziehungen zwischen Aktivierung und Gedächtnis werden dadurch außerordentlich *komplex.*

Wir beschränken uns auf das *langfristige* Gedächtnis,[6] das – wie bereits an-

---

[6] Wir sehen von einer gesonderten Diskussion unterschiedlicher Gedächtnisprozesse in der Konsolidierungsphase des Behaltens ab, weil die hier wiedergegebenen Untersuchungen darauf hinweisen, daß bereits das Langzeitgedächtnis gemessen wurde. Jedenfalls wurde keine unterschiedliche Wirkung der Aktivierung auf die „mittelfristige" und „langfristige" Erinnerung festgestellt (vgl. auch dazu *Barg,* 1977, S. 77, sowie *Kroeber-Riel,* 1979).

gegeben – bei der Erforschung des Konsumentenverhaltens im Vordergrund steht. Über den Einfluß des Aktivierungsniveaus (tonische Aktivierung) auf das langfristige Gedächtnis gibt es relativ wenige Untersuchungen. Die meisten Untersuchungen beschäftigen sich mit dem Zusammenhang von *phasischer* Aktivierung und Erinnerungsleistung. Die Aktivierung betrifft dabei den Zustand des Empfängers beim *Einprägen* (Lernen) des Materials und nicht bei einer späteren Phase.

Ergebnisse: „Bei einer Prüfung des Behaltens längere Zeit nach dem Einprägen wurde das stärker aktivierende Material oft häufiger wiedergegeben als das schwächer aktivierende Material, *nie* seltener" (*Schönpflug*, 1968, S. 208). Es gilt deswegen als gesichert, daß höhere phasische Aktivierung eine stimulierende Wirkung auf das langfristige Erinnern hat (*Eysenck*, 1982, S. 66; *Berlyne*, 1978, S. 98). In den nachfolgend angegebenen Untersuchungen zur Konsumentenforschung wird die phasische Aktivierung stets durch *angenehme* Reize erzielt. Die Hypothese

Stärker aktivierende Werbeanzeigen werden langfristig besser erinnert

wurde u. a. von *Barg* (1977) und *Wimmer* (1980) mit Hilfe eines typischen, auch in anderen Untersuchungen benutzten experimentellen Designs untersucht: Den Testpersonen wurden Anzeigen mit folgendem Aufbau dargeboten: In der Mitte der Anzeigen befand sich ein mehr oder weniger aktivierend gestaltetes Bild mit jeweils gleichbleibendem Motiv (junges Mädchen). Über diesem Bild befand sich einer der üblichen Werbesprüche wie „Qualität kennt keine Kompromisse", und unter dem Bild folgte ein dreizeiliger Text zu dem jeweiligen Produkt (Versicherung, Kassettenrecorder, Taschenrechner). Rechts neben diesem Text befand sich, gut hervorgehoben, der Markenname. Lesbarkeit und Einprägsamkeit der Headline über dem Bild sowie des Werbetextes und des Markennamens waren in allen Anzeigen gleich. Das wurde durch ein Vor-Experiment gesichert. Außerdem wurden das Produktinteresse und zahlreiche andere Störgrößen kontrolliert. Die Versuchspersonenzahl betrug insgesamt 84 Personen.

Die *Aktivierung* der Versuchspersonen durch die drei Anzeigen wurde durch elektrodermale Reaktionen ermittelt. Die *Erinnerung* wurde durch ein gestütztes Recall-Verfahren ermittelt, und zwar direkt nach der Anzeigenpräsentation, zwanzig bis dreißig Minuten später und 24 Stunden später. Die nachfolgenden Erinnerungsdaten entstammen der Messung 20–30 Minuten nach der Anzeigendarbietung; sie können in diesem Fall als Ergebnis einer Langzeitspeicherung angesehen werden (*Kroeber-Riel*, 1979). Die Erinnerung wurde getrennt für die Bildelemente, den Text und die Gesamtanzeige gemessen (Punktwerte).

Abbildung 17 gibt die Untersuchungsergebnisse für die Erinnerung an die *Gesamtanzeige* wieder: Wie sich zeigt, unterstützt die Aktivierung den Erinnerungsprozeß ganz erheblich. Die Ergebnisse für die getrennt gemessene Erinnerung an die Text- und Bildelemente liegen auf der gleichen Linie.

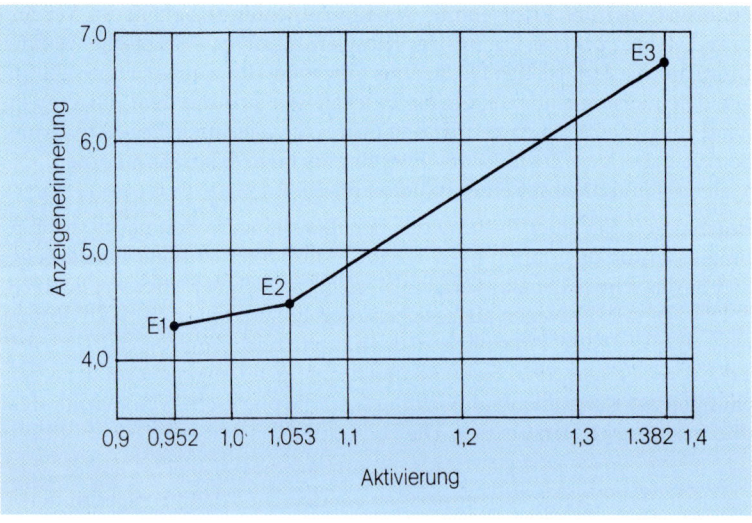

*Abbildung 17: Beziehung zwischen der Aktivierungsstärke von Werbeanzeigen und
ihrer Wirkung (Anzeigenerinnerung)*

Anmerkung: Es handelt sich um drei Anzeigen (E_1, E_2, E_3) von gleichem formalen Aufbau mit unterschiedlich stark aktivierenden Bildelementen.
Quelle: Barg (1977, S. 144).

Alles in allem wurde die oben genannte Hypothese bestätigt. Die Korrelationskoeffizienten zwischen den Aktivierungswerten und Erinnerungswerten betrugen 0,995 ($p \leq 0,01$) für die Bilderinnerung, 0,99 ($p \leq 0,001$) für die Erinnerung an die Gesamtanzeige. *Wimmer* (1980) fand in einer späteren Untersuchung mit dem gleichen Reizmaterial, das *Barg* benutzte, korrespondierende Beziehungen zwischen Aktivierung und Anzeigenerinnerung. Die Erinnerungsvorteile der Anzeigen mit höherem Aktivierungspotential blieben auch nach zahlreichen Wiederholungskontakten erhalten.

Witt (1977) gelangte in einem ähnlich angelegten Experiment mit insgesamt 60 Versuchspersonen mit vier Anzeigen zu folgenden Ergebnissen *(Abbildung 18)*.

Anzeigen	Erinnerung an Bildelemente	Erinnerung an Gesamtanzeige
mit schwacher Aktivierung	51	55
mit starker Aktivierung	96	54

Abbildung 18: Aktivierung und Erinnerung bei Werbeanzeigen

Anmerkung: Die Zahlen geben Durchschnittswerte für mehrere kombinierte Erinnerungsmaße und für alle Anzeigen und Versuchspersonen wieder ($p \leq 0,01$).

Quelle: Witt (1977, S. 100 und S. 113a).

Erwartungsgemäß ergibt sich bei stärkerer Aktivierung eine bessere Erinnerung an die *Bildelemente,* welche die Aktivierung ausgelöst haben. Aber abweichend von den Ergebnissen von *Barg* wird die Erinnerung an die *gesamte* Anzeige von der Aktivierung *nicht* beeinflußt. Diese Ergebnisse führen zu einer wichtigen Differenzierung der Hypothese von *Barg,* nach der auch die Infrastruktur der Anzeigen berücksichtigt werden muß: Wir müssen *innerhalb* der *Anzeige* verschiedene Reize mit unterschiedlichem Aktivierungspotential sowie die Verknüpfung der Reize zu einer Werbebotschaft beachten. In den beschriebenen Experimenten enthielten die Anzeigen einen Auslöserreiz (Blickfang) in Form eines mehr oder weniger aktivierenden Bildes sowie weitere Umfeldreize wie Slogan, Text, Markennamen. Nach unserer Hypothese ist die leistungsfördernde Wirkung der Aktivierung – wenn es sich um eine phasische Aktivierung handelt – zunächst nur auf *denjenigen* Reiz zu beziehen, der die Aktivierung *ausgelöst* hat. Das ist in den vorliegenden Experimenten das in den Anzeigen enthaltene Bild.

Durch den Auslöserreiz kann es leicht zu **Ablenkungen** kommen: Reize mit starkem Aktivierungspotential ziehen die Aufmerksamkeit auf sich und lenken die Aufmerksamkeit von den im Umfeld gebotenen Informationen ab.

Die Ablenkungswirkungen können umgangen werden, wenn man die Schlüsselinformationen selbst aktivierend gestaltet, und sie kann wesentlich vermindert oder sogar vermieden werden, wenn:

- der Auslöserreiz nicht nur die phasische Aktivierung, sondern das gesamte Aktivierungsniveau verändert,
- der Auslöserreiz auf die Umfeldreize hinweist und dadurch die Aufmerksamkeit auch auf diese lenkt.

Dadurch entstehen Ausstrahlungseffekte: Die ursprünglich auf die Verarbeitung des Auslöserreizes (Blickfanges) beschränkte Aktivierungswirkung greift auf die Verarbeitung der übrigen Anzeigenelemente über. Anders gesagt: Die vom Auslöserreiz ausgelöste Aktivierung kommt dann nicht nur diesem selbst, sondern auch *anderen* Reizen – der gesamten Anzeige – zugute.

Es ist also zweckmäßig, zwei verschiedene Ausstrahlungseffekte zu unterscheiden: Der erste Ausstrahlungseffekt geht darauf zurück, daß besonders starke Reize das gesamte Aktivierungsniveau verändern können, insbesondere indem sie länger anhaltende Gefühle hervorrufen. Das gestiegene Aktivierungsniveau führt dann zu einer effizienteren Verarbeitung der gesamten Werbebotschaft.

Aber auch wenn der Auslöserreiz nur eine *phasische* Aktivierung auslöst, kann diese die Verarbeitung von anderen Reizen fördern. Dieser zweite Ausstrahlungseffekt entsteht, wenn der aktivierende Reiz und die anderen Reize formal oder inhaltlich so aufeinander bezogen sind, daß sie einen einheitlichen Wahrnehmungszusammenhang bilden. Zum Beispiel kommt dann der von einem *Blickfang* hervorgerufene Aktivierungsschub der Aufnahme, Verarbeitung und Speicherung der *gesamten* Werbebotschaft zugute. Einzelheiten und Beispiele dazu erörtern *Kroeber-Riel* und *Meyer-Hentschel* (1982, S. 93ff.) und *Meyer-Hentschel* (1988, S. 81ff.).

c) Praktische Umsetzung

Die aktivierungstheoretischen Erkenntnisse können in sozialtechnische Maßnahmen umgesetzt werden, um den Erfolg der – kommerziellen oder nicht-kommerziellen – Kommunikation zu verbessern. Ihre praktische Bedeutung wird in Zukunft weiter zunehmen.

Sozialtechnische Bedeutung: Ansatzpunkt für praktische Überlegungen ist die Tatsache, daß Konsumenten in der Kommunikation meistens eine *passive* Rolle spielen und den dargebotenen Informationen wenig Interesse entgegenbringen. Das gilt vor allem auf gesättigten Märkten, auf denen die sachlichen Produktunterschiede gering sind, und die Konsumenten wenig Informationsbedürfnisse haben (*Kroeber-Riel*, 1984 b, und *Weinberg*, 1992).

Um die passiven Konsumenten zu erreichen, ist man auf Aktivierungstechniken angewiesen: Diese schließen die Konsumenten für die angebotenen Informationen auf.

Als weitere Bedingung ist der Informationsüberschuß zu beachten: Nach einer Berechnung des Instituts für Konsum- und Verhaltensforschung werden in der Bundesrepublik Deutschland weniger als 2 % der durch Massenmedien angebotenen Informationen aufgenommen, der Rest landet unbeachtet auf dem Müll. In der Werbung kann man mit einem Informationsüberschuß von über 95 % rechnen (*Kroeber-Riel*, 1987).

Der Informationsüberschuß wird von Jahr zu Jahr größer, weil das Informationsangebot wesentlich schneller zunimmt als die Informationsnachfrage und somit zunehmend an die Grenzen der menschlichen Informationsverarbeitung stößt. Mit anderen Worten: Wir müssen in Zukunft mit einer noch größeren Informationskonkurrenz rechnen. Um in der steigenden Informationsflut aufzufallen, um die Aufmerksamkeit der Empfänger auf die eigene Nachricht zu lenken, muß man die Nachricht aktivierend verpacken.

Die Praxis hat dies bereits frühzeitig erkannt: Von 23 führenden deutschen Werbeagenturen und Marktforschungsinstituten gaben nahezu drei Viertel an, bei der Gestaltung von Werbung auf Erkenntnisse der Aktivierungsforschung zurückzugreifen. Diese Auskünfte sind zwar nicht repräsentativ, aber sie zeigen ein beachtliches Interesse an professionellen Aktivierungstechniken, das (nach Auskunft der Befragten) in Zukunft noch erheblich zunehmen wird (*Lenz* und *Fritz*, 1986).

Aufgrund der zunehmenden Akzeptanz von Aktivierungstechniken in der Praxis haben sich in den letzten Jahren auch psychobiologische Messungen der Aktivierung (mittels EDR) in der Marktforschung verbreitet. Es gibt inzwischen Institute in der Bundesrepublik – wie das *Institut für Kommunikationsforschung von Keitz* in Saarbrücken –, die sich auf apparative Testmethoden wie Aktivierungsmessung und Blickaufzeichnung spezialisieren (*von Keitz*, 1988 b).

Gegen psychobiologische *Meßmethoden* werden manchmal Einwände erhoben, die teils gerechtfertigt, teils nicht gerechtfertigt sind. Die Verwendbarkeit der *Aktivierungstechniken* bleibt davon unberührt:

Gerechtfertigt sind Einwände, psychobiologische Messungen der Aktivierung seien technisch aufwendig und kostspielig, sie würden in der Praxis nicht selten leichtfertig (unzuverlässig) eingesetzt und nachlässig ausgewertet.

Nicht gerechtfertigt sind die meisten Einwände, die sich gegen die Messung „im Labor" wenden: Die Ergebnisse könnten nicht auf reale Marktsituationen übertragen werden.

Es ist sicher notwendig, bei der Übertragung vorsichtig zu sein, aber die Übertragung ist durchaus möglich, weil bei Aktivierungsmessungen die Konsumentenreaktionen erfaßt werden, die willentlich kaum kontrolliert werden und mehr oder weniger automatisch ablaufen, also im Labor in gleicher Weise wie in realen Marktsituationen.

Es ist in diesem Zusammenhang zweckmäßig, zwei Arten des menschlichen Verhaltens auseinanderzuhalten: Willentlich gelenktes und bewußtes Verhalten einerseits und mehr oder weniger automatisch ablaufendes Verhalten andererseits.

Die psychische Aktivierung des Menschen ist ein Vorgang, der überwiegend automatisch ausgelöst wird. Das gilt für die tonische (lang anhaltende) Aktivierung ebenso wie für die kurzen phasischen Aktivierungsänderungen. Die Beschreibung der phasischen Aktivierung mit Begriffen wie Orientierungsreflex, unbewußte Aufmerksamkeit usw. weist auf die relativ geringe Beteiligung von willentlichen Steuerungsvorgängen hin.

Man kann nun davon ausgehen, daß die mehr *automatisch* zustande kommenden Reaktionen im Labor nicht viel anders ablaufen als im realen Verhaltensbereich. Auf aktivierende Reize wie ein erotisches Bild oder eine überraschende Farbkombination wird im Labor nicht viel anders als „im Feld" reagiert: Die Reaktion erfolgt unmittelbar, ohne längeres Nachdenken.[1]

Aus diesem Grund kann von den im Labor gemessenen Aktivierungsreaktionen auf entsprechendes Verhalten in realen Kommunikationssituationen *geschlossen* werden.

Dieser Schluß wird dadurch erleichtert, daß man sich in der Praxis meist nur für die *relative* Aktivierung interessiert: Man stellt fest, daß der Reiz A mehr aktiviert als der Reiz B. Man kann sich eher darauf verlassen, daß in realen Situationen dieser relative Aktivierungsunterschied erhalten bleibt als darauf, daß im Feld die absolut gemessenen Werte stimmen.[2]

Doch zurück zur wachsenden Bedeutung für die Praxis: Um die Aktivierungsstrategien richtig einordnen zu können, müssen wir ihren Einsatz im Rahmen der Low-Involvement-Kommunikation sehen, die heute – mehr noch in Zukunft – die Kommunikation beherrscht:

---

[1] Anders verhält es sich bei der Messung von kognitiven Vorgängen: Hier sind die gedanklichen Ablenkungsmöglichkeiten und der Einfluß der jeweiligen Situation auf die gewonnenen Daten erheblich größer.

[2] Im übrigen: Diejenigen, die sich gegen die Übertragung von „reaktiven Laborergebnissen" wenden, haben oft nichts dagegen, daß aus hoch-reaktiven Befragungsergebnissen Folgerungen über das reale Verhalten abgeleitet werden.

Aktivierung bei Low-Involvement-Kommunikation: Unter den oben angegebenen Kommunikationsbedingungen (geringes Informationsinteresse der Konsumenten, starke Informationsüberflutung, gesättigte Märkte mit zunehmend austauschbaren Angeboten) ist das Involvement der Konsumenten gering. Unter Involvement versteht man die innere Beteiligung, das Engagement, mit dem sich die Konsumenten der Kommunikation zuwenden. Bei geringem Involvement nehmen sie die dargebotenen Informationen (i. w. S.) nur flüchtig und mit geringer Aufmerksamkeit auf (*Kroeber-Riel*, 1991, S. 98 ff.).[3]

Aktivierungstechniken können zwar die Aufmerksamkeit verstärken, aber sie können nicht dazu dienen, die Konsumenten aus ihrer Passivität aufzuwecken und so zu stimulieren, daß sie die dargebotenen Informationen involviert aufnehmen und verarbeiten. Das ist auch nicht nötig, denn eine mittlere Aktivierung erreicht die Kognitionen der Menschen über ihre Emotionen. Auf eine kurze Formel gebracht:

> Es ist kaum möglich und nicht notwendig, Low-Involvement-Konsumenten so zu aktivieren, daß sie sich stark involviert der Kommunikation zuwenden.

Zur Erklärung dieses Sachverhalts müssen wir uns klarmachen, daß das Involvement der Konsumenten durch persönliche, situative und reizabhängige Einflüsse bestimmt wird. Das Aktivierungspotential der in der Kommunikation verwendeten Reize wirkt lediglich auf das Reaktionsinvolvement der Konsumenten ein, das heißt: nur auf das von der *Reizdarbietung* abhängige Involvement. Dieses reizabhängige Involvement spielt für das Verhalten jedoch eine viel geringere Rolle als das von persönlichen Interessen und von der Situation bedingte Involvement. Das von der Situation, insbesondere von der Entscheidungssituation bestimmte Involvement schlägt wesentlich stärker auf das Betrachtungsverhalten durch (*Jeck-Schlottmann*, 1988, S. 131 ff.).

Deswegen kann die durch Reize ausgelöste Aktivierung das Involvement der Empfänger nur modifizieren, aber nicht (oder nur in Ausnahmefällen besonders starker Aktivierung) wesentlich verändern.

Dies wird auch im Betrachtungsverhalten gegenüber der Werbung deutlich: Die durchschnittliche Betrachtungszeit für Anzeigen in Publikumszeitschriften wie dem STERN schwankt in Abhängigkeit vom Produktbereich zwischen einer Sekunde und zwei Sekunden (*Kroeber-Riel*, 1991, S. 136).

Sie ist sogar in Fachzeitungen und -zeitschriften, die eine spezielle Zielgruppe erreichen, meistens nur wenig höher. Zum Beispiel beträgt die durchschnittliche Betrachtungszeit für Pharma-Anzeigen in der Ärzte-Zeitung weniger als drei Sekunden (*Kosaris*, 1985; *von Keitz* und *Kosaris*, 1989). Durch aktivierende Anzeigengestaltung wird die Betrachtungszeit wesentlich gesteigert – absolut gesehen aber nur im Bereich weniger Sekunden.

---

[3] Vgl. zum Involvement das Kapitel D in diesem Teil des Buches.

Dazu noch einige Angaben: Nach eigenen Erhebungen schwankt die Betrachtungszeit von 1/1 Anzeigen für gleiche Produkte (PKW) in Publikumszeitschriften von einem niedrigen Wert von 1,1 Sekunden bis zum höchsten Wert von 2,9 Sekunden.[4] Das ist eine Folge ihres unterschiedlichen Aktivierungspotentials, aber auch des unterschiedlichen Involvements für die verschiedenen Marken und Zeitschriften (-Titel). Schließt man diese zusätzlichen Einflußgrößen aus, so wird die Streuung der Betrachtungszeiten noch geringer.

Beispiel: Für Anzeigen gleicher Größe und gleichen Aufbaus wurde in der gleichen Zeitschrift bei geringem Aktivierungspotential eine Betrachtungszeit von 1,2 Sekunden, bei starkem Aktivierungspotential von 2,2 Sekunden ermittelt.[5]

Diese Erkenntnisse entwerten die Aktivierungstechniken nicht. Sie führen uns aber zu einer realistischen Einschätzung der Chancen, welche die gezielte Aktivierung der Konsumenten bietet.

Wer auf die Anwendung von Aktivierungstechniken verzichtet, verspielt die Chance, seine Empfänger optimal anzusprechen. Das gilt auch für die Investitionsgüterwerbung.

Beispiel: Anzeigen in Zeitschriften haben im allgemeinen eine sehr hohe Kontaktchance. Ihr Aktivierungspotential bestimmt, wie diese Kontaktchance genutzt wird. Anzeigen, die zu wenig aktivieren, werden nach dem ersten Orientierungskontakt überblättert, es sind „Vermeideranzeigen" (*Kroeber-Riel*, 1991, S. 143 ff.). Was „zu wenig" ist, bestimmt das Aktivierungspotential des Umfeldes, anders gesagt, die Aktivierungskonkurrenz durch redaktionelle Berichte und andere Anzeigen.

Die benutzten Aktivierungstechniken sind also entscheidend dafür, in welchem Ausmaß wenig involvierte Empfänger den Werbekontakt nutzen und wie effizient die angebotenen Informationen in der (kurzen) Nutzungszeit verarbeitet und gespeichert werden.[6]

Die geringere Leistung der Empfänger bei der Verarbeitung und Speicherung der Werbebotschaft, mit der man bei *schwacher* Aktivierung rechnen muß, kann nur durch Wiederholungskontakte kompensiert werden. Das machen die Experimente von *Wimmer* (1980) deutlich, über die bereits berichtet wurde.[7]

---

[4] Nach insgesamt 18 Untersuchungen von PKW-Anzeigen in Publikumszeitschriften ohne Special-Interest-Titel, die mit Blickregistrierung durchgeführt wurden.

[5] Bei ausgesprochen starkem (situativem) Involvement, wenn die Anzeigen aufmerksam gelesen werden, konnte eine Anzeige einen Wert von etwas über 9 Sekunden erreichen. Zur Streuung der Betrachtungszeiten vgl. im einzelnen *Kroeber-Riel* (1991, S. 86, 101–102, 135–138, 143).

[6] In diesem Zusammenhang ist noch einmal hervorzuheben, daß fast die gesamte Massenkommunikation, die vom Marketing eingesetzt wird, auf Empfänger mit geringem Involvement trifft (*Kroeber-Riel*, 1991, S. 98 ff.).

[7] Über die Wirkung der Aktivierung auf die gesamte Verarbeitung und Speicherung der angebotenen Werbeinformationen vgl. auch zusammenfassend *von Keitz* (1983b).

Mit anderen Worten:

> Wer auf den professionellen Einsatz von Aktivierungstechniken verzichtet, muß mehr Geld für Wiederholungskontakte ausgeben,

um bei den Empfängern die Kommunikationswirkung zu erzielen, die er andernfalls durch stärkere Aktivierung erzielt hätte.[8]

Aktivierungstechniken lassen sich nicht nur in der Kommunikation einsetzen, sondern auch bei der Produktgestaltung, um eine Hinwendung zum Produkt zu erreichen und den Griff in das Regal zu fördern. So wurde etwa eine *Fewa*-Packung von *Henkel* in Düsseldorf nach ihrer Fähigkeit beurteilt und ausgewählt, Hausfrauen zu aktivieren und dadurch im Regal eine hohe Displaywirkung zu entfalten. Der Verpackungstest erfolgte in diesem Fall durch einen Vergleich der von verschiedenen Verpackungen ausgelösten elektrodermalen Reaktionen. Aktivierungstechniken werden auch für die Gestaltung von Schaufenstern, Messeständen, Schaukästen usw. benutzt, um einen zunächst flüchtigen Kontakt in eine aufmerksame Informationsaufnahme zu verwandeln (vgl. im einzelnen *Gröppel*, 1991, und *Weinberg*, 1992).

Diese Aktivierungstechniken richten sich auf eine Beeinflussung der phasischen (kurzzeitigen) Aktivierung: Sie sollen einem einzelnen komplexen Reiz (Verpackung, Schaufenster) mehr Durchschlagskraft geben, damit er sich gegenüber konkurrierenden Reizen durchsetzt und vom Empfänger aufmerksam wahrgenommen und verarbeitet wird.

Dagegen zielen andere Techniken darauf ab, das gesamte *Aktivierungsniveau* der Empfänger anzuheben und diese in einen Zustand der erhöhten Aufgeschlossenheit gegenüber den Umweltreizen zu versetzen. Das geschieht etwa durch Musik und anhaltende stimulierende Erlebnisse in einem Einzelhandelsladen. Die Auswirkungen auf das Involvement sind dann stärker.

Aktivierung und Umweltgestaltung: Nach umweltpsychologischen Erkenntnissen ist die von der unmittelbaren Umgebung des Menschen ausgehende Aktivierung eine entscheidende Bestimmungsgröße für sein Verhalten (*Russell* und *Pratt*, 1980). Das konnte für die aktivierende Wirkung der Ladengestaltung bestätigt werden. *Donovan* und *Rossiter* (1982) untersuchten, wie sich die Atmosphäre von verschiedenen Einzelhandelsläden wie Supermärkten, Buchläden, Kleiderboutiquen usw. auf das Konsumentenverhalten auswirkt. Sie fanden u. a. folgendes heraus: *Wenn* die Ladenatmosphäre *angenehm* empfunden wird, so bestimmt im wesentlichen die *Stärke* der im Laden ausgelösten inneren Erregung (Aktivierung), wieviel Zeit der Konsument im Laden verbringen möchte.[9]

---

[8] Es ist manchmal durch Marktkommunikation und andere Marketingmaßnahmen möglich, auch das persönliche Involvement und das situative Involvement der Konsumenten zu erhöhen. Wir haben hier den Schwerpunkt der Betrachtung auf die aktivierende Gestaltung von Kommunikationsmitteln, Produkten und Ladenpräsentationen, also auf die Auslösung von Reaktionsinvolvement, gelegt.

[9] Dabei kann die Aktivierung durch intensive, affektive und kollative Reize ausgelöst werden, vgl. im einzelnen *Gröppel*, 1991, S. 123 f.

Diese umweltpsychologische Erkenntnis wird im Einzelhandel noch zu wenig genutzt. Durch Musik und Farbgestaltung, durch Erlebnisvermittlung mittels Duftstoffen und Attrappen, durch stimulierende Bedienung und Aktionen können einkaufsfördernde Aktivierungswirkungen erreicht werden (vgl. auch *Bost*, 1987; *Weinberg*, 1992, und *Stöhr*, 1995). Zusammenfassend:

> Die tonischen Aktivierungswirkungen der unmittelbaren Umgebung (zum Beispiel der Ladengestaltung) üben einen entscheidenden Einfluß auf das Verhalten aus.

Aktivierende Umwelttechniken wie die visuelle Ladengestaltung (Visual Merchandising) sind deswegen ein eigenständiger Forschungs- und Gestaltungsbereich des Marketing geworden (siehe *Abbildung 19*).

Abbildung 19: Kundenaktivierung durch Ladengestaltung

Praktische Testprobleme: Bei professionellem Einsatz von Aktivierungs-techniken ist man darauf angewiesen, das Aktivierungspotential von Marketingmaßnahmen (Verpackungen, Anzeigen, Ladengestaltung usw.) zu kontrollieren und zu messen. Dazu stehen mehrere, auch einfache Methoden zur Verfügung.[10]

Unter bestimmten Bedingungen sind allerdings psychobiologische Messungen erforderlich, die auch von kommerziellen Marktforschungsinstituten durchgeführt werden.

Bei Messungen ist zu beachten, daß die aktivierende Wirkung von Reizen stets vom **Umfeld** abhängt und deswegen relativ – im Verhältnis zu den konkurrierenden Reizen – zu beurteilen ist. Ein farbiges Bild wirkt in einem nichtfarbigen Umfeld anders als in einem farbigen Umfeld, ein erotischer Reiz wirkt in einem Männermagazin anders als im Vorraum einer Kirche usw.

Für praktische Zwecke ist es deswegen notwendig, das im Labor dargebotene Reizumfeld soweit wie möglich an die realen Gegebenheiten anzupassen oder Abweichungen zwischen Labor und tatsächlichem Umfeld zumindest bei der Interpretation der Ergebnisse explizit zu berücksichtigen. Das ist eine wichtige Forderung an die experimentelle Markt- und Werbewirkungsforschung.

Dieser Forderung muß bei Messung und Beurteilung des Aktivierungspotentials von Reizen dadurch Rechnung getragen werden, daß einzelne Reize – wie ein Blickfang – soweit wie möglich im Umfeld von solchen Reizen getestet werden, die in der Feldsituation vom Konsumenten gleichzeitig wahrgenommen werden (Gesamtanzeige, gesamtes Schaufenster usw.). Daraus folgt: In einen empirischen Test von Reizmaterial sind solche Reize einzubeziehen, die später um die Aufmerksamkeit des Konsumenten *konkurrieren:* Bei der Aktivierung von Konsumenten geht es ja darum, besser als die Konkurrenz abzuschneiden: mehr Aufmerksamkeitszuwendung zu erhalten, mehr Bereitschaft zur Verarbeitung der eigenen Botschaft zu finden usw. (Zu den praktischen Meßproblemen vgl. *Kroeber-Riel,* 1990, S. 94ff.).

Besondere Fragen ergeben sich, wenn man Aktivierungspotential und Aktivierungswirkung von dynamischem *Reizmaterial mit zeitlichen Abfolgen* (Radiosendungen) und mit gleichzeitiger Benutzung von mehreren Reizmodalitäten (audiovisuelle Sendungen) bestimmen soll.

Die psychobiologischen Methoden ermöglichen es, zeitliche **Aktivierungsprofile** (Spannungsprofile, Erregungsprofile) aufzuzeichnen und deren Wirkung auf die Informationsvermittlung festzustellen (vgl. *Abbildung 20*). Zum Beispiel wurden in einem Testkino während der Vorführung von Fernsehserien von über 100 Zuschauern gleichzeitig die elektrodermalen Aktivitäten ermittelt. Diese dienten dazu, die Stärke und Verteilung der von den

---

[10] Zur Beobachtung körperlicher Signale der Aktivierung vgl. *Weinberg* (1986, S. 27f.).

Filmalternativen ausgelösten Spannung zu vergleichen und zu beurteilen (*Schulz-Keil*, 1975).[11]

Im *Institut für Kommunikationsforschung von Keitz* werden Aktivierungsprofile für Fernsehspots analysiert: Eine ausführliche Untersuchung dazu legte *B. von Keitz* bereits 1983 vor: Sie kam zu dem Ergebnis, daß es am besten ist, die „Lernelemente" eines Fernsehspots – wie den Markennamen – aktivierend zu gestalten und sich nicht darauf zu verlassen, daß die Aktivierungskraft von anderen Spotelementen der Übernahme der eigentlichen Lernelemente zugute kommt. Allzu leicht lenken andere aktivierende Elemente die Aufmerksamkeit von der eigentlich zu lernenden Werbebotschaft ab (vgl. dazu auch *Bekmeier*, 1989).

Bei Fernsehspots ist die „Initialaktivierung" besonders wichtig: „Direkt am Anfang des Werbespots müssen Gestaltungselemente vorhanden sein, welche die Aufmerksamkeit des Konsumenten auf sich ziehen. Je früher der Konsument im Spotverlauf aktiviert wird, desto intensiver wendet er sich dem Werbespot zu und desto besser ist hinterher die Erinnerung an das beworbene Produkt und seine Merkmale… Eine wichtige Rolle kommt den akustischen Reizen bei der Initialaktivierung zu. Durch sie kann auch derjenige Konsument erreicht werden, der beim Fernsehen in seine Zeitung schaut" (*von Keitz*, 1983, S. 146).

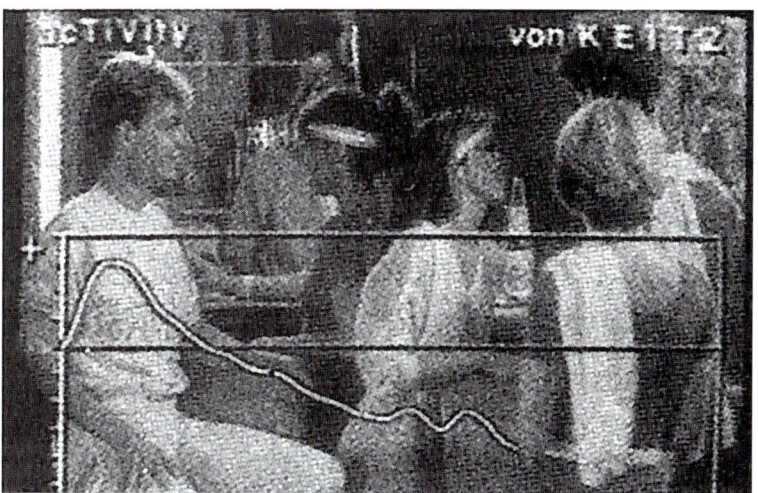

Abbildung 20: Aktivierungsprofil von TV-Werbung

Anmerkung: Die Kurve gibt den Verlauf der durch den getesteten Fernsehspot ausgelösten Aktivierung bis zum Zeitpunkt der gerade gezeigten (abgebildeten) Szene wieder. Auf diese Weise kann die Aktivierungskraft jeder Szene beurteilt werden.

Quelle: Institut für Kommunikationsforschung von Keitz, 1990.

---

[11] Andere Testkinos verwenden Programmanalysatoren, um die Aktivierung von Spots (neben emotionalen und kognitiven Wirkungen) zu messen. Zur Technik vgl. z. B. *Lackner* und *Schweiger* (1992).

Die zu erwartende Ausweitung des Fernsehangebots wird das Interesse an den Ergebnissen der Aktivierungsforschung verstärken: Gerade bei diesen Medien – aber auch bei den Druckmedien – wird die Ausweitung des Angebots zu einer wesentlich härteren Informationskonkurrenz und damit Aktivierungskonkurrenz führen.

Die Überlegungen zum Einsatz der besonderen Aktivierungstechniken, die das Fernsehen verlangt, können verallgemeinert werden: Die Aktivierungstechniken müssen sich nach den Bedingungen richten, die das Medium bestimmt. Nur dann, wenn die Möglichkeiten *medienspezifischer* Aktivierung ausgeschöpft werden, können die Aktivierungswirkungen optimiert werden.

Ein Beispiel unzureichender medienspezifischer Aktivierung bieten viele Schaufenster, die sich darauf beschränken, lediglich Druckmaterial auszuhängen (z. B. bei Apotheken, Banken und Versicherungsbüros) oder Produkte zu stapeln (z. B. im Schuhhandel). Dann werden die medienspezifischen Möglichkeiten zur Aktivierung durch dreidimensionale Reize, durch Bewegung und Licht nicht genutzt, mit der Folge, daß die Aufmerksamkeitswirkungen, die man im allgemeinen mit Schaufenstern anstrebt, eingeschränkt werden.

Zusammenfassung der aktivierungstheoretischen Ergebnisse für sozialtechnische Zwecke: Um diese Zusammenfassung konkret formulieren zu können, beziehen wir uns auf die *Anzeigenwerbung*. Die Erkenntnisse lassen sich aber sinngemäß auf jede beeinflussende Kommunikation übertragen, auf das Direkt-Marketing ebenso wie auf die Öffentlichkeitsarbeit nicht-kommerzieller Organisationen.

(1) Die Empfänger der Werbung können gezielt durch eine geeignete Gestaltung der Werbemittel und Werbeträger aktiviert werden. Dazu werden zweckmäßigerweise Elemente mit positiver Reizwirkung benutzt.

  Beachte: Die interindividuellen Unterschiede der ausgelösten Aktivierung können groß sein. Es ist deswegen zu empfehlen, Reize mit zielgruppenspezifischer Wirkung oder Reize mit weitgehend konformer Aktivierungsreaktion zu verwenden.

(2) Zur gezielten Auslösung der Aktivierung stehen Reize mit primär physischer (z. B. mittels Farbe oder Lautstärke), emotionaler oder kognitiver (z. B. mittels Überraschung) Wirkung zur Verfügung.

  Beachte: Von Experten geschätzte Reizwirkung und tatsächlich gemessene Reizwirkung weichen nicht selten voneinander ab. Expertenurteile sind deswegen durch Tests zu ergänzen.

(3) Die ausgelöste Aktivierung kann am genauesten durch psychobiologische Methoden, ergänzend – unter bestimmten Bedingungen – durch Befragungen und durch Beobachtung des Reaktionsverhaltens (z. B. der Mimik) gemessen und kontrolliert werden.

  Beachte: Ein besonders sensibler Indikator ist die Veränderung der elektrodermalen Reaktion (EDR).

(4) Je höher die durch Werbung erzielte Aktivierung ist, um so effizienter

wird die Werbebotschaft verarbeitet. Das bedeutet: um so höher ist der Werbeerfolg.

Beachte: Die Aktivierung stimuliert die Informationsverarbeitung: Ihr Beitrag zum Werbeerfolg ist deswegen davon abhängig, ob die Werbung die richtigen, das heißt dem Werbeziel entsprechenden Informationen vermittelt. Ist dies nicht der Fall, kann sie irritieren und vom Beeinflussungsziel ablenken oder sogar die Vermittlung von Informationen, die dem Werbeziel widersprechen, unterstützen.

Das Ausmaß der notwendigen Aktivierung hängt von der vorhandenen Sensibilität der Empfänger gegenüber den benutzten Reizen und von der Aktivierungswirkung der konkurrierenden Werbung ab.

(5) In der Werbung besteht praktisch keine Gefahr, zuviel zu aktivieren. Starke Aktivierungsschübe bringen Wirkungssteigerungen und lösen kaum aktivierungsbedingte „black outs" aus.

Beachte: Eine stark aktivierende Werbung kann unerwünschte Nebenwirkungen haben, auch wenn angenehme Reize eingesetzt werden. Sie kann ablenken und die selektive Wahrnehmung beeinflussen. Diese Nebenwirkungen müssen durch geeignete Messungen kontrolliert und vermieden werden.

(6) Reize (Elemente der Werbung) können entweder eine länger anhaltende tonische Aktivierung oder kurze phasische Aktivierungsänderungen auslösen. Die phasischen Aktivierungsschübe stimulieren zunächst einmal nur die Verarbeitung der auslösenden Reize. Wenn diese für die Werbebotschaft von untergeordneter Bedeutung sind, kommt es zu Ablenkungswirkungen („Vampir-Effekt").

Beachte: Bei geeigneter Gestaltung kann die ausgelöste Aktivierung auch zu einer effizienteren Verarbeitung anderer Reize – der gesamten Werbebotschaft – führen. Das wird durch formale und inhaltliche Integration von Auslösereiz und Umfeld erreicht.

(7) Längere Werbebotschaften werden nur dann effizient verarbeitet, wenn die erhöhte Aktivierung während der Übernahme der gesamten Werbebotschaft aufrechterhalten wird.[12]

Beachte: Dies kann durch anhaltende tonische Aktivierung oder durch ein Dauerbombardement mit solchen Reizen geschehen, die eine geeignete phasische Aktivierung auslösen.

(8) Die größte Gefahr bei der Verwendung von aktivierenden Reizen besteht darin, daß die ausgelöste Aktivierung die Verarbeitung von solchen Informationen stimuliert, die nicht dem Werbeziel entsprechen (Bumerang-Effekt).

Beachte: Dies ist am häufigsten der Fall, wenn (a) starke Blickfänge verwendet werden, die selbst gut verarbeitet werden, aber von der Werbebotschaft ablenken, oder wenn (b) die Werbung aufgrund erhöhter Ak-

---

[12] Außerdem empfiehlt sich in diesem Falle eine werbliche Wiederholung im Sinne der Konditionierungsregeln.

tivierung zwar effizient verarbeitet wird, aber inhaltlich nicht auf das Werbeziel abgestimmt ist.

Zur Vermeidung von Mißverständnissen ist noch einmal darauf aufmerksam zu machen, daß hier nur die *aktivierenden* Wirkungen der Werbung zur Diskussion stehen. Auf die Bedeutung der *kognitiven* Wirkungen für den Werbeerfolg (auf die Aufnahme, Verarbeitung und Speicherung der vermittelten Informationen) wird hier nicht eingegangen. Selbstverständlich umfaßt eine Werbewirkungsanalyse nicht nur eine Aktivierungsanalyse, sondern auch eine Analyse der Antriebs- und Informationswirkungen.

III. Emotion

1. Erklärung und Messung vom Emotion

Sprachgebrauch: Statt von Emotionen kann man auch von Gefühlen sprechen. Der Ausdruck Emotion hat sich aber international durchgesetzt. Beispiele für Emotionen sind Angst, Glück, Eifersucht, Sympathie.

Verwandte Begriffe, oft von Emotion nicht unterschieden und als besondere Formen emotionaler Erlebnisse hingestellt, sind Affekt und Stimmung.

Affekte werden oft als grundlegende, *kurzfristig* auftretende Gefühle der Akzeptanz oder der Ablehnung eines Sachverhalts verstanden, als Emotionen, die kognitiv wenig kontrolliert werden und inhaltlich kaum differenziert sind.

In der Konsumentenforschung wird der Affektbegriff zur Erklärung des impulsiven Kaufverhaltens, aber auch zur Erklärung von überlegten Entscheidungen benutzt. Die bei Entscheidungen ablaufenden gedanklichen Beurteilungsvorgänge werden nach *Zajonc* (1980) wesentlich von den bereits vorher spontan entstandenen affektiven Haltungen (Vorlieben) gelenkt.

Stimmungen sind dagegen lang anhaltende, diffuse Emotionen, die als Dauertönungen des Erlebens, als Hintergrunderlebnisse, umschrieben werden. Sie beziehen sich nicht auf bestimmte Sachverhalte. In diesem Sinne ist jemand niedergeschlagen oder sorglos.[1]

Das Stimmungs-Konzept wird in der Konsumentenforschung zur Erklärung von selektiver Wahrnehmung und Informationsspeicherung herangezogen: Die Stimmung fördert die Beurteilung von Produkten (zum Beispiel beim Einkauf). In guter Stimmung werden die angebotenen Produkte günstiger beurteilt (*Bost*, 1987, S. 30ff., 144ff.). Auch das Gedächtnis wird von einer positiven Stimmung gefördert (vgl. zusammenfassend *Behrens*, 1988, S. 62ff.).

---

[1] Emotionen und Stimmungen (moods) können auch als Sonderformen von Affekten (valenced feeling states) verstanden werden (vgl. *Cohen* und *Areni*, 1992).

Um die Literatur über Emotionen kritisch zu würdigen, ist zu bedenken, daß es fast so viele Definitionen wie Forscher gibt, die sich mit Emotionen befassen.[2] Die Übereinstimmung zwischen den verschiedenen Definitionen ist *gering*. Es ist auch nicht zu erkennen, daß sich die Definitionen in eine bestimmte Richtung entwickeln (*Plutchik*, 1994, S. 2ff.).

Wir beginnen mit einer *abstrakten Umschreibung* von Emotionen und versuchen anschließend, die meßbaren Merkmale genauer zu bestimmen. *Izard* (1994, S. 20) – einer der bekanntesten Emotionspsychologen, dessen Hauptwerk ins Deutsche übersetzt wurde – nennt drei Verhaltensebenen, um Emotionen zu beschreiben (zu definieren):

- das subjektive Erlebnis,
- die neurophysiologischen Vorgänge,
- das beobachtbare Ausdrucksverhalten
  (insbesondere im Gesicht).

Ein *Beispiel:* Freude ist eine grundlegende Emotion. Sie wird subjektiv als „Gefühl von Selbstvertrauen und Bedeutsamkeit, als Gefühl, geliebt zu werden und liebenswert zu sein", erlebt. Ähnliche Erlebnisse sind Sinneslust, Spaß, Unterhaltung. Neurophysiologisch äußert sich Freude unter anderem in Reaktionen des autonomen Nervensystems, insbesondere in spezifischen Vorgängen der elektrischen Potentiale in der Gesichtsmuskulatur. Freude läßt sich außerdem am Gesichtsausdruck beobachten, als Lachen oder Lächeln (Kennzeichnung der Freude nach *Izard*, 1994, S. 271ff.).

Da sich Emotionen in der Regel auf diesen drei Ebenen manifestieren, werden auch Messungen von Emotionen auf diesen Ebenen durchgeführt. Auch die Emotionstheorien gliedern sich im wesentlichen danach, auf welcher Verhaltensebene bevorzugt operiert wird.

Ein wesentliches, bis heute undurchsichtiges Problem ergibt sich aus der Einsicht, daß die drei Verhaltensweisen – subjektives Erleben, physiologisches Reagieren und Ausdrucksverhalten – manchmal nur in geringem Maße zusammenhängen, das heißt kovariieren. Ein puristischer „Ausweg" aus dieser Problematik besteht nach *Schmidt-Atzert* (1981, S. 31) darin, „die drei Emotionskomponenten als getrennte Phänomene aufzufassen, bis ihre Beziehung zueinander geklärt ist". Hier werden zugleich die besonderen Schwierigkeiten angedeutet, die bei der gleichzeitigen Messung der Emotionen auf den unterschiedlichen Verhaltensebenen auftauchen.

Emotionstheorien: Emotionen sind außerordentlich komplexe Vorgänge. Es ist deswegen verständlich, daß es zahlreiche konkurrierende oder sich ergänzende Theorien gibt, um das emotionale Verhalten zu erklären. Kurze Übersichten vermitteln *Ulich* (1989) und die Beiträge in *Euler* und *Mandel* (1983, S. 37ff.) sowie *Strongman* (1991).

---

[2] Die Definitionen reichen von sehr allgemein gehaltenen und abstrakten Definitionen bis zu solchen, in denen lediglich *einige* konkrete Aspekte herausgegriffen werden; vgl. als Übersichten *Plutchik* (1994, S. 2–6) und *Plutchik* (1991, S. 179–184) sowie zusammenfassend mit einem Überblick über den Theorienstand *Scherer* (1990a).

Die meisten psychologischen Theorien lassen sich danach unterscheiden, ob sie bei der subjektiven Wahrnehmung der emotionalen Erlebnisse ansetzen oder ob sie den Schwerpunkt auf eine mehr naturwissenschaftliche Betrachtungsweise legen. Sie beschäftigen sich dann mehr mit der biologischen Programmierung des emotionalen Verhaltens.

Zu den Theorien, die auf der subjektiven Erlebnisebene ansetzen, gehören die kognitiven Theorien (zusammenfassend *Weiner*, 1976, S. 138 ff. und kurz: *Weiner*, 1988, S. 248 ff.), die unter anderem durch den attributionstheoretischen Ansatz von *Schachter* (*Schachter* und *Singer*, 1962; *Schachter*, 1971, 1975) repräsentiert werden.[3]

Danach ordnet das Individuum seinen inneren – physiologisch bedingten – Erregungsvorgängen plausible Ursachen zu, es interpretiert in einer Situation seine inneren Erregungen als Glück, in einer anderen als Ärger usw.:

> Dazu folgendes klassisches Experiment: Die Versuchspersonen erhielten eine Adrenalin-Injektion. Diese löste eine Vielzahl von Reaktionen des autonomen Nervensystems aus – wie veränderter Blutdruck – sowie subjektiv empfundene Erregungssteigerungen bis hin zu Hochgefühlen.
>
> Ein Teil der Versuchspersonen wurde über die Folgen der Injektion informiert, ein anderer wurde nicht informiert („harmlose Spritze") oder falsch informiert (Folge der Injektion: taube Füße o. ä.). Schließlich gab es noch eine Gruppe, die eine völlig wirkungslose Spritze, also ein Placebo-Präparat, bekam.
>
> Die Versuchspersonen wurden nun – jeweils einzeln – in zwei Situationen versetzt:
>
> In der einen Situation wurden sie mit einer instruierten Person zusammengebracht, die eine euphorische Stimmung simulierte, in der anderen Situation mit einer Person, die eine ärgerliche Stimmung simulierte.
>
> Die emotionale Stimmung der (nicht-instruierten) Versuchspersonen wurde durch Beobachtung (durch einen Einwegspiegel) sowie durch einen Fragebogen gemessen. Im wesentlichen ergab sich folgendes:
>
> Versuchspersonen, die über die Ursache ihrer Erregung informiert worden waren, äußerten relativ geringe Emotionen. Sie wußten ihre Erregungen zu deuten. Solche Versuchspersonen, die nicht informiert waren, suchten die Gründe ihrer Erregung in der jeweiligen Situation: Sie gaben in der Euphorie-Situation an, glücklich zu sein; in der Ärger-Situation äußerten sie sich gereizt und ärgerlich.
>
> Die Ergebnisse für Versuchspersonen, die nur eine Placebo-Spritze erhalten hatten, waren mehrdeutig und wurden später uminterpretiert (*Schachter*, 1971).

Schachter lenkt mit seiner Theorie die Aufmerksamkeit auf das Zusammenspiel von subjektiven gedanklichen Vorgängen mit den physiologischen Prozessen, das für das menschliche Verhalten erhebliche Bedeutung hat. Solche kognitiven Erklärungen reichen aber nicht aus: „Die biologischen Gesichtspunkte werden dabei minimiert, die Bedeutung der kognitiven Vorgänge übertrieben" (*Buck*, 1988, S. 470): In vielen Situationen werden durch die auf das Individuum einwirkenden Reize Erregungsmuster ausgelöst, die von vornherein – ohne subjektive Interpretation – in einer spezifischen Weise emotional erlebt werden und das Verhalten bestimmen.

Es ist deswegen notwendig, auch biologische Ansätze heranzuziehen, wie sie *Izard* (1994) und *Plutchik* (1994) vertreten. Diese Theorien haben die kognitiven Theorien in den letzten Jahren etwas in den Hintergrund gedrängt

---

[3] Zusammenfassende Darstellung der Theorie in *Grabitz-Gniech* (1984).

– auch das ist ein Zeichen für den einleitend diskutierten Rückgang des „kognitiven Paradigmas" in der Verhaltensforschung.

Nach *Plutchik* – und auch nach *Izard* – sind die grundlegenden Emotionen wie Neugier oder Furcht im Laufe der Evolution als Anpassungsverhalten von Mensch (und Tier) an die Umweltbedingungen entstanden. Die Furcht dient(e) beispielsweise dazu, den Menschen in gefährlichen Situationen zu Schutz- und Fluchtverhalten zu verhelfen.

Die grundlegenden oder *primären* Emotionen sind demzufolge in den Erbanlagen des Menschen verankert, auch wenn das subjektive Erleben und Ausdrucksverhalten dieser Emotionen durch individuelle und soziokulturelle Einflüsse modifiziert werden.[4] Das Lernen weiterer Emotionen baut auf diesen biologisch vorprogrammierten Emotionen auf (die u. a. dabei als unkonditionierte Reaktionen wirksam werden).

Die biologische Vorprogrammierung des emotionalen Verhaltens erklärt, warum Menschen auf viele emotionale Reize weitgehend automatisch und ziemlich einheitlich reagieren. Die gefühlsmäßigen Reaktionen laufen oft spontan und ohne kognitive (willentliche) Steuerung ab. Das läßt sich an der Wirkung von Schlüsselreizen beziehungsweise Attrappen nachweisen. Ihre Verwendung in der Werbung löst bei Konsumenten spontane und unkontrollierte Erregungen und emotionale Verhaltensweisen aus (vgl. dazu die *Abbildung 3* in diesem Buch).[5]

Es gibt *Izard* (1994, S. 66) zufolge zehn primäre – angeborene – Emotionen. Sie sind durch eine von Natur aus festgelegte neutrale Grundlage gekennzeichnet. Es sind (die Bezeichnungen können nach Intensität der Emotionen variieren):

- Interesse
- Freude, Vergnügen
- Überraschung, Schreck
- Kummer, Schmerz
- Zorn, Wut
- Ekel, Abscheu
- Geringschätzung, Verachtung
- Furcht, Entsetzen
- Scham
- Schuldgefühl, Reue

Alle zehn Emotionen unterscheiden sich deutlich im subjektiven Erleben und sind an einem spezifischen (mimischen) Ausdrucksverhalten erkennbar.

Plutchik kommt aufgrund seiner evolutionstheoretischen Überlegungen zu

---

[4] Die genetische Verankerung von Emotionen wird von vielen zeitgenössischen Ethologen und Sozialwissenschaftlern vertreten, unter anderem von *Wilson* (1980, S. 13): „Die menschlichen Gefühlreaktionen … sind in beträchtlichem Ausmaße über Tausende von Generationen hinweg durch die natürliche Auslese programmiert worden."

[5] Zum Vergleich des Ausdrucksverhaltens von Menschen mit anderen Primaten vgl. *Schneider* und *Dittrich* (1990); *Rost* (1990) und *Morris* (1985).

acht primären Emotionen. Sie decken sich ungefähr mit acht Emotionen aus der oben wiedergegebenen Liste von *Izard*. Ein Widerspruch besteht darin, das *Plutchik* eine Emotion „Akzeptanz" aufführt, die unter den zehn grundlegenden Emotionen von *Izard* nicht enthalten ist. Ihr scheint allerdings bei *Izard* eine gegenpolige Emotion „Geringschätzung – Verachtung" zu entsprechen, so daß die Systeme einigermaßen konsistent sind.[6]

Alle anderen Emotionen entstehen als Gemisch oder als Derivat der primären Emotionen (*Plutchik*, 1991, S. 115ff.; *Izard*, 1994, S. 55, 115ff., 126).[7] Zum Beispiel entsteht nach *Plutchik* das Gefühl der Freundschaft durch eine Mischung von Freude und Akzeptanz, Vergnügen durch Freude und Überraschung, Schuldgefühl durch Freude und Angst.[8]

Die in Handlungssituationen auftretenden menschlichen Emotionen sind im allgemeinen sehr komplex und umfassen ein Zusammenspiel von mehreren grundlegenden und abgeleiteten (gelernten) Emotionen.[9]

Welche Emotionen in Handlungssituationen empfunden oder wahrgenommen werden, und wie sie geäußert werden, wird wesentlich von den „Emotionsregeln" einer Kultur mitbestimmt. „Kultur wirkt unmittelbar durch kulturelle Gebote des richtigen und angemessenen Fühlens und des angemessenen Ausdrucks der Gefühle auf die Entstehung von Emotionen ein." Darüber hinaus gibt es mittelbare kulturelle Einflüsse auf das emotionale Verhalten (*Gerhards*, 1988, S. 201).

Mit diesen kulturellen Bestimmungsgrößen beschäftigt sich die Soziologie der Emotionen, die allerdings noch in den Anfängen steckt (vgl. *Gerhards*, 1988, *Kemper*, 1991).

Emotionsanalyse: Bei der Vielzahl der real auftretenden (komplexen) Emotionen ist es zumindest in der angewandten Forschung fragwürdig, die einzelnen Emotionen klassifizieren zu wollen. Es hat sich vielmehr bewährt, die Merkmale (Komponenten, Dimensionen)[10] zu erfassen, die allen Emo-

---

[6] Die zwei zusätzlich von *Izard* noch aufgeführten Emotionen sind Schuldgefühle (Reue) und Scham, sie werden von *Plutchik* zu den gemischten Emotionen (Dyaden) gezählt (*Plutchik*, 1991, S. 115).

[7] Zur Anwendung des Konzeptes der gemischten Emotionen in der Konsumentenforschung vgl. *Zeitlin-Westwood* (1986) und *Weinberg* (1986b).

[8] Darauf aufbauend entwickelt *Plutchik* ein multidimensionales Emotionsmodell (1991, S. 111). *Plutchik* vergleicht die Emotionen mit Farbtönen, die ähnlich oder gegensätzlich sein können und die sich durch ihre Intensität und Mischung voneinander unterscheiden.

[9] Wie Emotionen gelernt werden, wird in der Emotionspsychologie unterschiedlich gesehen. Nach *Plutchik* und *Izard* beschränkt sich das Lernen von emotionalem Verhalten im wesentlichen darauf, in bestimmten Reizsituationen auf der Basis der vorhandenen ererbten Emotionen neue Emotionsmuster zu formen (zu mischen) oder das Ausdrucksverhalten gegenüber anderen zu kontrollieren und zu unterdrücken (*Izard*, 1994, S. 56). Unabhängig von dem grundsätzlichen Standpunkt, inwieweit Emotionen neu gelernt oder nur umorganisiert und modifiziert werden, wird der klassischen Konditionierung eine wichtige Rolle im emotionalen Lernprozeß zugewiesen.

[10] Wir vermeiden den Dimensionsbegriff, weil damit oft unabhängige Merkmale bezeichnet werden. Die angegebenen Emotionsmerkmale können aber nicht als unabhängig gelten.

tionen gemeinsam sind. Das sind nach verbreiteter Auffassung:

(1) Erregung (Aktivierung),
(2) Richtung (angenehm, unangenehm),
(3) Qualität (Erlebnisinhalt),
(4) Bewußtsein.

Des weiteren könnte man aus pragmatischer Sicht Dauer und Auslösbarkeit sowie Konkretheit und Komplexität emotionaler Vorgänge als Unterscheidungsmerkmal einführen.

Die vier Merkmale werden zunächst an einem Beispiel veranschaulicht: Eine Emotion wie Freude kann die gleiche Intensität wie die (komplexere) Emotion „Behaglichkeit" haben. Das bedeutet: Beide Gefühle sind gleich stark. Auch ihre Richtung ist gleich. Sie werden positiv, das heißt angenehm (mit Lust) erlebt. Was die Emotionen unterscheidet, ist die Erlebnisqualität: Mit Freude sind Eindrücke wie Glück, Helligkeit, Lachen usw. verbunden, mit Behaglichkeit Eindrücke von Geborgenheit, Wärme, menschliche Nähe.

Die Qualität einer Emotion bezieht sich also auf das subjektive Erleben, auf die Wahrnehmung der eigenen emotionalen Erregungen. Diese Wahrnehmung ist ein – mehr oder weniger klar bewußter – *kognitiver* Vorgang, der mit gedanklichen Assoziationen, vor allem auch mit Imageryvorgängen (*Plutchik*, 1984), verknüpft ist. Geborgenheit manifestiert sich beispielsweise in Vorstellungen von bestimmten Farben oder Situationen.

Manche Autoren nehmen an, daß das Erlebnis von Emotionen in erheblichem Ausmaß sprachlich bewußt wird und deswegen sprachlich mitgeteilt und gemessen werden kann (vgl. z. B. *Friedrich*, 1982). Diese Annahme ist nach wie vor fragwürdig, sie ist gerade im Licht der neueren Gehirn- und Imagery-Forschung wieder stark in Zweifel zu ziehen (*Kroeber-Riel*, 1993).

Wenn man von den kognitiven Komponenten spricht (und die emotionalen Vorgänge mit Hilfe von kognitiven Theorien erklärt), so bezieht man sich im wesentlichen auf die mit der subjektiven Wahrnehmung emotionaler Zustände verbundenen gedanklichen Vorgänge.

Von allen vier Merkmalen wird das Merkmal „Bewußtheit von Emotionen" am häufigsten problematisiert. Sowohl *Izard* (1994, S. 167) als auch *Plutchik* (1994, S. 13 ff.) vertreten mit zahlreichen Argumenten die Ansicht, daß das subjektive Bewußtsein für die Kennzeichnung von Emotionen wichtig ist. Viele Emotionen sind wenig oder nicht klar bewußt – und sie sind bildlich, aber nicht verbal bewußt. Das hängt nicht zuletzt damit zusammen, daß emotionale Vorgänge vor allem in der rechten Gehirnhälfte (Hemisphäre) ablaufen und daß gerade diese Vorgänge oft im Hintergrund des Bewußtseins bleiben, weil unser Bewußtsein von den analytischen, linkshemisphärischen Gehirnaktivitäten beherrscht wird.[11]

---

[11] Uns interessieren die nichtbewußten Vorgänge im Individuum schon deshalb, weil nicht-kognitive (unbewußte) Vorgänge das Verhalten von Konsumenten steuern und beeinflussen können. Ob man in die Definition und in die damit verbundene Analyse von Emotionen das Merkmal „Bewußtsein" einbezieht oder nicht, ist eine Frage der subjektiven und metasprachlichen Gegenstandsabgrenzung.

Eine weitere Operationalisierung der vier Merkmale führt uns nun zur empirischen Ermittlung und damit zum Messen von Emotionen.

Messung von Emotionen: Um klarzustellen, was wir messen wollen, fassen wir unsere Auffassung von Emotion kurz in einer *Arbeitsdefinition* zusammen:

> Emotionen sind (1) innere Erregungen, die (2) angenehm oder unangenehm empfunden und (3) mehr oder weniger bewußt (4) erlebt werden.

Wir verwenden hier den Begriff „empfunden", um darauf hinzuweisen, daß wir auch dann von Emotionen sprechen, wenn die inneren (angenehmen oder unangenehmen) Erregungen vom Individuum nicht bewußt wahrgenommen werden. Das emotionale Verhalten kann sich dann zum Beispiel in einem nicht bewußten Vermeidungsverhalten manifestieren.

Wir haben also folgende Merkmalsausprägungen zu messen:

(1) die mehr oder weniger starke innere Erregung,
(2) die positive oder negative Richtung dieses Erregungsvorganges,
(3) das mehr oder weniger ausgeprägte Bewußtsein davon und
(4) das subjektive Erleben.

Diese Merkmale werden für Messungen unterschiedlich operationalisiert. Beispiel: Innere Erregung wird als subjektiv wahrgenommene Erregung teils durch Befragung, teils durch Farbskalen ermittelt; sie wird aber auch als objektiver Vorgang im zentralen Nervensystem direkt durch psychobiologische Verfahren gemessen. In Abhängigkeit von so unterschiedlichen Operationalisierungen erhält man abweichende Interpretationen der emotionalen Vorgänge.

Die Meßverfahren[12] werden meistens nach den drei Meßebenen eingeteilt (die wir auch im Zusammenhang mit der Aktivierungsmessung erörtert haben):

● psychobiologische Messung
● subjektive Erlebnismessung
● Messung des Ausdrucksverhaltens

Psychobiologische Messungen: Psychobiologische Messungen werden in erster Linie eingesetzt, um die Intensität der emotionalen Erregung zu messen. Es kommen im wesentlichen die gleichen Indikatoren wie für die Aktivierungsmessung in Betracht, denn emotionale Erregungen sind als spezifische Aktivierungsvorgänge zu sehen, die sich stets in meßbarer Aktivierung niederschlagen.

Wir können also sagen „wenn Emotion, dann Aktivierung". Die Implikation läßt sich aber, wie alle Implikation, nicht umkehren, denn es gibt auch Aktivierung ohne Emotion. Die Indikatoren der Aktivierung lassen sich deswegen nur bei *experimenteller* Reizkontrolle als Maß für emotionale Vorgänge verwenden. So mißt man beispielsweise während eines emotionalen

---

[12] Einen Einblick in Meßverfahren auf den verschiedenen Ebenen vermittelt der Sammelband über Emotionsmessung von *Plutchik* und *Kellermann* (1989).

Films die Atmung und schließt von den Meßergebnissen darauf, ob und wann emotionale Reaktionen ausgelöst werden und wie stark diese sind (vgl. etwa *Sturm, Vitouch* et al., 1982).

Eine systematische Darstellung der psychobiologischen Meßmethoden und ihrer Verwendung in der Emotionsforschung finden wir (kurz) in *Buck* (1988, S. 555) sowie (ausführlich) in *Grings* und *Dawson* (1978). Sie unterscheiden sechs vorrangige Indikatoren für Emotionen. Es sind „Herzrate, Blutdruck, Blutvolumen, elektrodermale Reaktion, Muskelpotentiale und Gehirnwellen". Bei der Messung sind erhebliche interindividuelle Unterschiede zu beachten.

Die im Kapitel zur Aktivierung dargestellten Vor- und Nachteile psychobiologischer Methoden sind auch für die Emotionsmessung zu beachten.

Subjektive Erlebnismessungen: Diese Messungen können verbal oder nichtverbal erfolgen, sie werden auf alle Emotionsmerkmale bezogen.

Verbale Messungen kommen durch Auswertung der sprachlichen Äußerungen von Personen über ihre Gefühle zustande. Dabei werden Adjektive (sog. „Emotionswörter") als Indikatoren bevorzugt.[13]

Die Äußerungen werden vor allem durch Befragungen, verbale Protokolle und Tagebücher, auch durch Auswertung von schriftlichen Dokumenten (Inhaltsanalyse) gewonnen. In der Konsumentenforschung werden im wesentlichen Befragungen und Protokolle benutzt.[14]

Holbrook und *Batra* (1987) haben mit einem Fragebogen, der 94 Skalen mit emotionalen Ausdrücken (Items) enthielt, die emotionalen Reaktionen auf Werbung gemessen und drei Dimensionen des emotionalen Erlebens festgestellt: Erregung (arousal), Gefallen (pleasure) und Überlegenheit (domination). Diese entsprechen den Dimensionen, die *Osgood, Suci* et al. (1957) bei ihren Messungen durch das Semantische Differential gefunden haben:

Das *Semantische Differential* dient eigentlich dazu, die Bedeutung von Wörtern (wie „Blume" oder „Schönheit") zu ermitteln. Es wird aber auch eingesetzt, um emotionale Eindrücke zu erfassen – ausgehend von der erwähnten Überzeugung, daß Gefühle weitgehend sprachgebunden sind und in der Sprache zum Ausdruck kommen. Insoweit werden durch das Semantische Differential auch die „hinter" einem sprachlichen Ausdruck vermuteten emotionalen Erlebnisse miterfaßt.

Das Semantische Differential enthält in seiner klassischen Form einen Satz von zweipoligen Ratingskalen, auf denen der Befragte seine Eindrücke ankreuzt.[15]

---

[13] Zur Benutzung von Adjektiven vgl. u. a. *Friedrich* (1982) sowie – zugleich mit kritischen Anmerkungen zur verbalen Messung – *Gehm* und *Scherer* (1987).

[14] Vgl. u. a. zur Befragung *Holbrook* und *Batra* (1987), zu verbalen Protokollen *Hill* und *Mazis* (1986) und zur Ermittlung von Emotionen mittels Tagebüchern *Malatesta-Magia* und *Culver* (1991).

[15] Heutzutage werden *unipolare* Ratingskalen häufig bevorzugt, wenn es um die Intensität von Emotionsqualitäten (mehr – weniger) geht. Dann entfällt die oft schwierige Interpretation des Skalenmittelpunktes (Ambivalenz oder Indifferenz).

Diese Skalen weisen zum Beispiel folgende Adjektive (Items) auf:

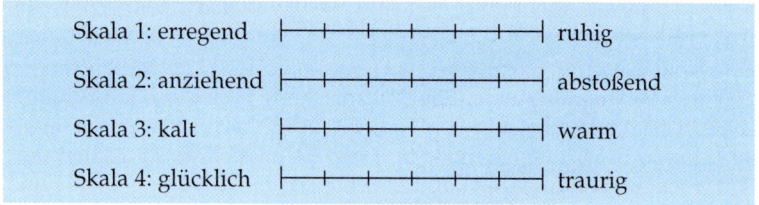

Sämtliche im Semantischen Differential verwendeten Skalen spiegeln drei Dimensionen wider: die subjektiv wahrgenommene Erregung, das Gefallen und die Potenz (Überlegenheit). Von den oben angegebenen Ratingskalen zeigt die Skala 1 in erster Linie Erregung, die Skala 2 Gefallen, die Skala 3 Potenz an. Skala 4 gibt aus der Sicht der Emotionsmessung eine besondere Gefühlsqualität wieder.

Wie man erkennt, stellen die ersten beiden Skalen des Semantischen Differentials die Komponenten Intensität und Richtung des emotionalen Erlebens dar. Die Skala Potenz oder Überlegenheit läßt sich dagegen nicht als *allgemeine* Erlebnisdimension auffassen, sie weist auf die Qualität von ganz bestimmten Erlebnissen, möglicherweise auch auf nicht-emotionale Eindrücke hin.

Das Semantische Differential eignet sich gut dazu, die beiden grundlegenden Emotionskomponenten Erregung (Intensität der Emotion) und Gefallen (Richtung der Emotion) festzustellen. Es kann aber nur beschränkt Auskunft über andere Komponenten wie die Erlebnisqualität (Inhalt) der Emotion oder den emotionalen Bewußtseinsgrad geben. Da man bei Einstellungsmessungen oft nur die grundlegende emotionale Haltung zu einem Produkt erfahren will, wird das Semantische Differential häufig auch zur Einstellungsmessung benutzt (vgl. Kapital B.V.2.b.).

Um über die Erregungs- und Richtungskomponente hinaus weitere emotionale Komponenten messen zu können, verwendet man in der Praxis oft sogenannte Emotionsprofile, die auf den jeweiligen Verwendungszweck zugeschnitten sind. Sie umfassen neben den verbreiteten Skalen zur Messung der emotionalen Intensität und Richtung auch noch eine pragmatische Auswahl von solchen Skalen, die sich auf die Qualität der Emotionen beziehen, die man messen möchte (vgl. etwa *Konert*, 1986, S. 132, 165 ff.).

Auch in der Grundlagenforschung benutzt man im allgemeinen speziellere Meßmethoden als das Semantische Differential, zum Beispiel eine „Skala für Emotionsdimensionen", mit der verschiedene Dimensionen (Eigenschaften) des emotionalen Verhaltens wie Impulsivität und kognitive Kontrolle des Verhaltens gemessen werden. Eine andere „Skala für differentielle Emotionen" ist dafür vorgesehen, grundlegende emotionale Erlebnisse wie Freude, Interesse, Überraschung usw. zu bestimmen (*Izard*, 1994, S. 150 ff., 250 ff.).[16]

---

[16] Zur Anwendung in der Konsumentenforschung vgl. *Konert* (1986, S. 88, 166) und *Allen, Machleit* et al. (1988).

Abbildung 21: Dateneingabegerät des Programmanalysators

Anmerkung: Die Testperson gibt während der Programmdarbietung (von Radio, Fernsehen usw.) durch Hebeldruck ihre spontanen positiven oder negativen Eindrücke an. Diese Messung ist Teil eines umfassenden computerkontrollierten Erhebungssystems.

Quelle: Institut für Konsum- und Verhaltensforschung.

Wenn Emotionen sprachlich nicht oder nicht klar bewußt sind, muß man auf andere Verfahren der subjektiven Erlebnismessung zurückgreifen, welche den Testpersonen dazu verhelfen, ihre Gefühle mehr ins Bewußtsein zu bringen (das sind vor allem projektive Verfahren) oder/und die Emotionen in einer nicht-sprachlichen Modalität – zum Beispiel mittels Bilder- oder Farbskalen – zu äußern (*Kroeber-Riel*, 1984a; *Konert*, 1986, S. 87ff.; *Weinberg*, 1986b, S. 12ff.).

Eine einfache, eindimensionale, in der Praxis verbreitete, nicht-verbale Methode ist die Anwendung des *Programmanalysators*. Damit werden die spontanen emotionalen Eindrücke *während* einer Programmdarbietung festgestellt *(Abbildung 21)*.

Mit Hilfe dieser oder vergleichbarer Techniken der Reaktionsmessung lassen sich Äußerungen der Testpersonen *während* eines Programms messen. Für andere Erlebnismessungen wie Farbzuordnungen müßte das Programm unterbrochen werden. Eine nachträgliche Messung hätte den Nachteil, daß flüchtige emotionale Eindrücke bereits vergessen sind oder nicht mehr den Programmszenen zugeordnet werden können.

Der Programmanalysator wird benutzt, um die spontanen emotionalen Wirkungen (der Dimension „Gefallen") von Fernseh- und Radiosendungen, insb. von Werbespots, zu analysieren. Die durch das abgebildete Erhebungsgerät des Programmanalysators gelieferten Reaktionsimpulse der Testpersonen werden sofort digitalisiert und on line verarbeitet. Sie zeigen das Auftreten von emotionalen Eindrücken für jede Programmsekunde an. In Japan und in den USA wird der Programmanalysator seit längerem kommerziell für die Analyse von Werbemitteln eingesetzt (*Kroeber-Riel*, 1983a). Er hat in den letzten Jahren auch Eingang in die Testverfahren großer Unternehmen wie *Procter & Gamble* gefunden.[17]

Neibecker (1985) hat empirische Untersuchungen über den computergestützten Einsatz des Programmanalysators durchgeführt, welche die Validität und Reliabilität dieses Verfahrens belegen.[18]

---

[17] Der Programmanalysator wird meist als Neuigkeit ausgegeben, obwohl das Verfahren bereits in den 1930er Jahren von *Lazarsfeld* an der Columbia University entwickelt und zunächst für den Test von Rundfunksendungen eingesetzt wurde. Die „Neuigkeit" des Verfahrens wird in der Praxis durch imposante Namen zum Ausdruck gebracht (z. B. CRAC bei *Procter & Gamble* oder PROLOG bei der *GfK*). Im Tagungsband der ACR von 1991 (*Holman, Solomon*, 1991) gibt es mehrere Beiträge zum Einsatz des Programmanalysators für den Test von Werbung (vgl. u. a. *Thorson* (1991) und die folgenden Aufsätze in diesem Band).

[18] Er schreibt: Die nicht-verbalen Gefallensreaktionen, die durch den Programmanalysator aufgezeichnet werden, geben uns einen dynamischen Einblick, inwieweit die einzelnen Elemente eines Programms, eines Musikstückes oder eines Werbespots das gesamte Gefallen bestimmen. „Sie sind ... als permanente Gefallensmessungen im Sinne einer eindimensionalen Emotionstheorie zu interpretieren... Die beachtlichen Reliabilitäten, die unsere Messungen mittels Programmanalysator erzielen, sind ein Indiz für die Genauigkeit des Meßverfahrens. Es steht deshalb außer Frage, daß diese dynamischen, nicht verbalen Reaktionswerte konventionelle Befragungsergebnisse ergänzen und um eine vielversprechende Komponente erweitern" (*Neibecker*, 1985, S. 152; vgl. auch *Lackner* und *Schweiger*,1992).

Beobachtung des Ausdrucksverhaltens: Durch das wachsende Interesse, das in den letzten Jahren der non-verbalen Kommunikation entgegengebracht wird, rückt auch die Beobachtung des emotionalen Ausdrucksverhaltens wieder mehr in den Vordergrund.

Das emotionale Ausdrucksverhalten umfaßt die gesamte „Körpersprache" des Menschen, vor allem aber seine „Gesichtssprache". Das menschliche Gesicht ist in der Lage, in kurzer reagibler Abfolge emotionale Vorgänge widerzuspiegeln.

Das mimische Ausdrucksverhaltens ist biologisch vorprogrammiert und von Geburt an verfügbar und deswegen „instinktiv in dem Sinne, daß es reflexartig … als Teil des Emotionsprozesses auftritt" (Izard, 1994, S. 119). Zum Beispiel zeigen Bewegungen der Augenbrauen Überraschung, der Augenpartie Angst, des Mundes Glück an usw. Man kann wie Izard (1994, S. 79 f.) annehmen, daß – vereinfacht gesagt – die bei Emotionen wirksamen Gehirnimpulse das emotionale Ausdrucksverhalten im Gesicht steuern. Die Gesichtsmuskelaktivitäten werden dann an das Gehirn zurückgemeldet: Erst diese Zurückmeldung des körperlichen Ausdrucksverhaltens führt zum subjektiven Erleben der Emotion („Gesichtsmuskel-feed-back-Theorie der Emotionen").

Es ist möglich, am Gesichtsausdruck angenehme und unangenehme Emotionen abzulesen und auch einige Emotionen der Art (Qualität) nach zu bestimmen. Das gilt unabhängig von der jeweiligen Kultur, es sei denn, daß dem (biologisch vorprogrammierten) Ausdrucksverhalten kulturspezifi-

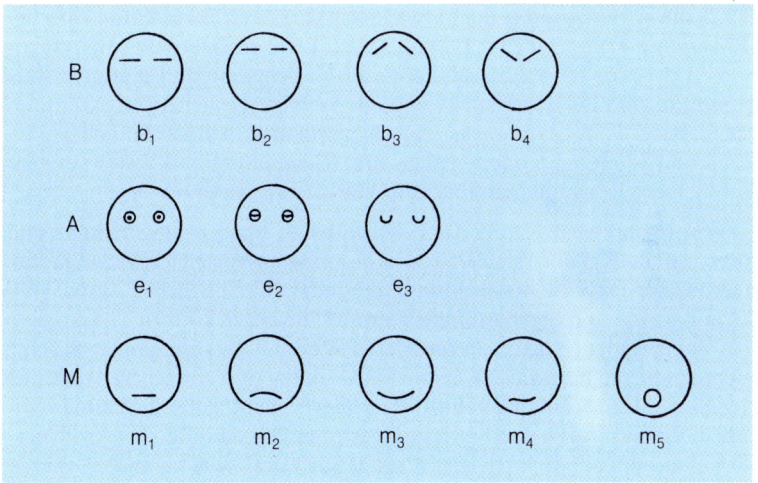

Abbildung 22: Elemente des Gesichts mit unterschiedlichem emotionalen Ausdrucksgehalt: Augenbraue B, Auge A, Mund M

Anmerkung: Durch Zusammensetzung der Gesichtselemente erhält man Gesichtsausdrücke, die verschiedene Gefühle anzeigen. Zum Beispiel drückt die Kombination der Elemente b4, e1, m4 Verärgerung aus.

Quelle: Cuceloglu (1972, S. 22)

sche Verhaltensnormen entgegenstehen, die zu „Maskierungen" führen. Da dies häufig nicht der Fall ist, eignen sich Beobachtungen des Ausdrucksverhaltens auch für interkulturelle Emotionsmessungen. Das ist ein Gesichtspunkt, der für die internationale Marktforschung beachtenswert ist (zusammenfassend: *Ekman, Oster,* 1979).

Man geht bei solchen Meßverfahren wie folgt vor: In Situationen, die Emotionen auslösen, wird das Mienenspiel des Gesichtes registriert, zum Beispiel auf Videoband aufgenommen. Aufgrund einzelner Muskelbewegungen oder der festgehaltenen Mimik einzelner Gesichtspartien – meist von Brauen/Stirn, Augen/Augenlidern und unterer Gesichtspartie – *oder* des gesamten Gesichts wird mit Hilfe von Experteneinschätzungen oder durch objektive Verfahren die zum Ausdruck gebrachte Emotion bestimmt:

Bei der älteren FAST-Technik (Facial Affect Scoring Technique) vergleichen unabhängige Beurteiler das tatsächliche Ausdrucksverhalten *eines* Gesichtsteiles – zum Beispiel der Augen und Augenlider – mit typischen und standardisierten Ausdrucksweisen, die in einem „Gesichtsatlas" zusammengestellt sind. Der *tatsächlich* registrierte Ausdruck erhält aufgrund seiner Ähnlichkeit mit dem *standardisierten* Ausdruck eines bestimmten Gesichtsteils eine Kennzahl. Hat man dem Ausdrucksverhalten aller Gesichtspartien Kennzahlen zugeordnet, so erfährt man durch Kombination der Kennzahlen, um welche Emotion es sich handelt. Das schematische Vorgehen wird auch aus *Abbildung 22* ersichtlich. Auf diese Weise ist es möglich, Emotionen hinreichend genau zu interpretieren (*Ekman, Friesen* et al., 1971).

FACS, ein späteres und weiterentwickeltes Verfahren der gleichen Forscher (*Ekman* und *Friesen,* 1978a, 1978b, *Ekman,* 1988) schließt von Muskelaktivitäten, d. h. von Bewegungseinheiten des Gesichts, auf die Emotionen: Das komplexe mimische Verhalten wird in kleinste Einheiten wie „Zusammenpressen der Lippen" zerlegt. Von Kombinationen dieser Einheiten werden grundlegende Emotionen abgeleitet (Darstellung und Validierung im Rahmen der Konsumentenforschung durch *Bekmeier* und *Schoppe,* 1985).

Erhebung und Auswertung des beobachtbaren Ausdrucksverhaltens sind zwar aufwendig, aber sie bieten den besonderen Vorteil, daß die Emotionen durch versteckte Beobachtung und damit auf eine nicht-reaktive Weise, unbemerkt von den Betroffenen, ermittelt werden können. Die Analyse des emotionalen Ausdrucksverhaltens wird in der Emotionsforschung nicht zuletzt zu dem Zweck angewandt, andere und einfachere Verfahren der Emotionsmessung zu validieren. In der Konsumentenforschung wurden diese und andere Methoden zur Messung des emotionalen Ausdruckverhaltens vor allem durch die *Forschergruppe* um *Weinberg* an der Universität Paderborn eingesetzt, um das emotionale Verhalten von Konsumenten beim Impulskauf (*Weinberg* und *Gottwald,* 1982), das emotionale Verhalten am Ort des Verkaufs (*Weinberg,* 1986b, S. 155ff.) und bei der Interaktion zwischen Verkäufer und Käufer (*Klammer,* 1988, *Rüdell,* 1993) zu ermitteln. Weitere Untersuchungen dieser Forschungsgruppe richteten sich darauf, die Wirkungen der Körpersprache der in der Werbung abgebildeten Personen auf die Empfänger zu analysieren und Empfehlungen abzuleiten, wie die Werbewirkungen durch nonverbale Kommunikation verstärkt werden können (*Bekmeier*, 1989a).

Ausgehend von den grundlegenden Notationssystemen, die *Ekmann* und *Friesen* (1978a) für die Mimik und *Frey, Hirschbrunner* et al. (1981) für die Gestik entwickelt haben, sind für die Erforschung von Emotionen im Rahmen des Konsumentenverhaltens spezielle Notationen konzipiert worden. Sie dienen dazu, emotionales Kaufverhalten sowie Emotionen in werblichen Auftritten und beim Verkauf nonverbal zu erfassen.

Ein Großteil dieser Untersuchungen wird von *Weinberg* (1986b) zusammengefaßt und kommentiert. Er schreibt über den Zusammenhang von beobachtbarer Mimik und Gestik: „Nach den empirischen Befunden … scheint die Gesichtssprache vor allem geeignet zu sein, verschiedene Arten von Emotionen auszudrücken, während die Körpersprache die Intensität der empfundenen Gefühle widerspiegelt" (*Weinberg*, 1986b, S. 6).[19]

2. Anwendung im Marketing

a) Vermittlung emotionaler Konsumerlebnisse

Theoretische Grundlagen
Die folgende Anwendung von emotionspsychologischen Erkenntnissen bezieht sich auf emotionale Konsumerlebnisse. Sie knüpft an die Unterscheidung in Stärke, Richtung und Qualität der Emotionen an. Auf die Richtung emotionaler Erlebnisse wird dabei allerdings nicht getrennt eingegangen, sie wird in den Abschnitten über die Stärke und Qualität der Emotionen mitbehandelt.

Erster Aspekt: **Stärke der Emotionen.** Die bei emotionalen Erlebnissen auftretende innere Erregung kann – wie bereits ausgeführt wurde – als *Aktivierung* aufgefaßt werden. Sie stimuliert die gesamte *Leistungsfähigkeit* der Konsumenten. Das bedeutet: Konsumenten, die gezielt durch emotionale Reize, etwa durch die Werbung – aktiviert werden, reagieren besser: Sie nehmen mehr Informationen auf, verarbeiten diese Informationen schneller, speichern sie besser usw. Dieser Zusammenhang wird ausführlich in den Kapitel II.2.a bis II.2.c dargestellt.

Emotionale Reize sind nicht die einzige Möglichkeit, um den Konsumenten zu aktivieren. Dazu stehen noch primär physisch wirkende und primär kognitiv wirkende Reize zur Verfügung. Aber emotionale Reize werden in der Praxis am häufigsten benutzt, um Aktivierung auszulösen.

Die Aktivierung von Konsumenten interessiert nicht nur wegen ihrer leistungssteigernden Folgen. Sie hat auch einen *selbständigen Wert:* Jeder Mensch sucht in einem bestimmten Ausmaß nach innerer Erregung (Aktivierung), die er weitgehend unabhängig von ihrer emotionalen Qualität als angenehm empfindet. Das motiviert ihn, fortwährend nach *stimulierenden,*

---

[19] Über die Messung von Emotionen durch Beobachtung und Auswertung der nonverbalen Kommunikation vgl. auch Kapitel B.II.4 im dritten Teil dieses Buches.

erregenden *Reizen* zu suchen und ein optimales Erregungsniveau anzu-
streben.

Nach der *„Psychologie des Wohlstandes"* von *Scitovsky* (1977, S. 22 ff.) führt
dies dazu, daß auch oder gerade im *Konsum* nach allgemeiner Erregung
und Stimulierung gesucht wird. Ein solches Streben nach anregender Stimulierung ist ein grundlegender Zug der gegenwärtigen Konsumgesell-
schaft:

Viele Sozialforscher (z. B. *Schulze*, 1992) sehen in der zunehmenden *Erlebnisorientierung* den grundlegenden Wertewandel in der heutigen Gesellschaft. Er wird begleitet vom langfristig zunehmenden Gesundheits- und
Umweltbewußtsein in allen Wohlstandsgesellschaften.

Der erlebnisorientierte Mensch ist im Vormarsch. Er repräsentiert eine Spe-
zies der Zukunft, die sich emotional verwirklichen will. Man lebt nicht
primär für die Zukunft, sondern in der Gegenwart, in der die *Individualität*
ausgedrückt wird.

Die emotional erlebte Individualität spiegelt sich in allen Lebensbereichen
wider: In der politischen Mitverantwortung, im zunehmenden Bildungs-
bewußtsein, in der Fitneß-Orientierung, im immer stärker praktizierten
Umweltschutz, im steigenden Kulturbedarf und nicht zuletzt im Konsum
von Produkten und Dienstleistungen.

Diese Wertorientierungen lassen sich als Indikatoren eines übergeordneten
Trends zur Verwirklichung eines unabhängigen und selbständigen Lebensstils auffassen (vgl. *Kroeber-Riel*, 1991, S. 27). Vor allem die Erlebnisorientierung prägt die *Marktkommunikation* der Zukunft.

Erlebnisorientierung als *Lebensstil* ist nicht zu verwechseln mit platten Konsumerlebnissen wie „Gags der Erlebnissuggestion", die die Abwechslung
zum Prinzip erhebt und zu Freizeitstreß sowie Lebensfrust führen kann.
Die oft beklagte „Erlebnisdichte" der heutigen Gesellschaft ersetzt keine
ethische Lebensausrichtung. Sie ist mit jedem Ethos vereinbar und charakterisiert die Individualität, mit der Lebensansprüche von geistigen Werten
bis materiellen Gütern und Dienstleistungen formuliert und vor allem subjektiv wahrgenommen werden. Es kommt also auf die emotional erlebten
Erfahrungen des Lebens an.

Natürlich dient *Erlebnismarketing* nicht nur Menschen, die die angestrebte
Lebensqualität erreicht haben und ihre emotionalen Bedürfnisse ausleben
wollen. Es spricht auch den an, der lediglich einen demonstrativen Konsum vorzeigen kann. Dann besteht die Gefahr, daß emotionale Erlebnisse
zu gesellschaftlichen „Ersatzwerten" werden (vgl. *Weinberg*, 1992, S. 21 f.).

Zweiter Aspekt: **Qualität** der **Emotionen.** Als nächstes ist zu fragen, welche
spezifischen emotionalen Erlebnisse vom Konsumenten gesucht und gefunden werden: *Marlboro* rauchen heißt, Gefühle des Abenteuers erleben, *MM*-
Sekt trinken heißt, erotische Gefühle erleben, *Mercedes* fahren heißt, Prestige erleben usw. In den sogenannten Überflußgesellschaften vermittelt der
Konsum im wachsenden Maße *emotionale Zusatzerlebnisse*, die mit dem eigentlichen funktionellen Konsum des Produktes wenig oder nichts mehr

zu tun haben. Bei vielen Gütern werden die mitgelieferten emotionalen Zusatzreize sogar zum vorrangigen Grund für das Konsumieren oder für die Auswahl einer bestimmten Marke.

Besonders verbreitet sind Appelle an Erotik, soziale Anerkennung, Freiheit und Abenteuer, Natur und Gesundheit, Genuß, Lebensfreude und Geselligkeit.

> Eine etwas längere Liste könnte wie folgt aussehen:
> Erfolg, Leistung
> Prestige, Exklusivität
> Ungebundenheit, Abenteuer
> Erotik, Sinnlichkeit
> Jugendlichkeit
> Sportlichkeit, Aktivität
> Genuß, Lebensfreude
> Gesundheit, Frische, Natur
> Traumwelt, Exotik
> Überraschung und Humor
> Gemütlichkeit, Bequemlichkeit
> Freundschaft, Geselligkeit
> Geborgenheit, trautes Heim
> (kühle) Sachlichkeit
> Tradition und Zuverlässigkeit

Es handelt sich hier um eine pragmatische Auswahl von emotionalen Erlebnissen, die über alle Branchen hinweg angesprochen und theoretisch oder empirisch nach verschiedenen Dimensionen geordnet werden können, etwa nach „mehr männlich" oder „mehr weiblich" (wichtige psychologische Grunddimension), nach „Ich-bezogen" oder „sozial-bezogen" usw.[1]

Die Vermittlung von spezifischen und emotionalen Produkt- und Markenerlebnissen ist ein wichtiges Ziel des Marketing geworden. Es dient dazu, die emotionalen Konsumentenbindungen an einen Anbieter zu verstärken. Durch diese Bindungen werden Präferenzen für den Anbieter geschaffen, die seinen „monopolistischen Spielraum" (im Sinne von *Gutenberg*) vergrößern.

Das Erlebnismarketing vermittelt dann Gütern und Dienstleistungen einen erlebnishaften Symbolgehalt.[2]

In diesem Sinne unterstützt und modifiziert das Erlebnismarketing *gesellschaftliche Werte.* Es verhilft der Erlebnisgesellschaft zu mehr selbsterfahrener Lebensqualität, aber es löst keine Wertetrends aus. Es geht dem Indivi-

---

[1] Vgl. als Beispiele weiterer Erlebnislisten und -cluster *Schmidt-Atzert,* 1987 (Cluster von Emotionswörtern) und aus dem Marketingbereich, *Zeitlin* und *Westwood* (1986), theoretisch orientiert, und *Konert* (1986, S. 135 ff.) mit empirisch ermittelten Erlebnisclustern.

[2] Auch ein ersatzweise und damit nur befristet wirksames Erlebnismarketing appelliert an die *Evolution gesellschaftlicher Werte* und unterstützt damit die *Dynamik der Marktkräfte.* Je mehr Aktivitäten in einer Gesellschaft zur Selbstverwirklichung (einschließlich der ethischen Anforderungen) unternommen werden, desto geringer wird die Anziehungskraft von Ersatzerlebnissen, an denen das professionelle Erlebnismarketing ebenfalls nur ein sekundäres Interesse haben kann.

duum der Erlebnisgesellschaft um eine bewußte *Selbstverwirklichung*, nicht um die Befriedigung eines „habitualisierten Hungers", der keine Lebenszufriedenheit zuläßt (vgl. *Weinberg*, 1995).[3]

Strategien der Erlebnisvermittlung

Unter einem **Erlebniswert** versteht man den subjektiv erlebten, durch die Kommunikation oder das Produkt oder die Einkaufsstätte vermittelten Beitrag zur *Lebensqualität* der Konsumenten. Es handelt sich dabei um sinnliche Erlebnisse, die in der Gefühls- und Erfahrungswelt der Konsumenten verankert sind und einen realen Beitrag zur Lebensqualität leisten. Man kann zwei Strategien der emotionalen Erlebnisvermittlung unterscheiden:

(1) Die Marketingaktivitäten lösen beim Konsumenten angenehme (lustvolle) Gefühle aus, welche die emotionalen Beziehungen zum Anbieter verstärken, *ohne spezifische* Erlebnisse zu vermitteln.

(2) Die Marketingaktivitäten vermitteln dem Konsumenten nicht nur angenehme, sondern ganz spezifische Erlebnisse. Das Angebot erhält dadurch ein *eigenständiges* emotionales Profil, das es von anderen Anbietern abhebt und klar positioniert.

Beide Strategien sind zweckmäßig, um emotionale Beziehungen der Konsumenten zu einem Anbieter (zu einem Produkt, zu einer Dienstleistung) zu schaffen, ohne die ein dauerhafter Markterfolg kaum möglich ist.

Beispiele für die *erste* Strategie sind der Einsatz von üblichen Werbegeschenken, Messeattraktionen, Ladenmusik und auch die verbreitete Verwendung von angenehmen, aber austauschbaren Bildern in der Werbung (vgl. *Abbildung 23*).

Klassische *Beispiele* für die *zweite* Strategie sind die unverwechselbare Erlebnisvermittlung durch *Coca-Cola* oder *Marlboro* oder Anzeigen in der Pharmabranche (vgl. *Abbildung 24*).

Bei der *Generierung* geeigneter Erlebnisse kann man mehrstufig vorgehen (vgl. *Kroeber-Riel*, 1991, S. 68 f.):

● Die Sammlung möglichst vieler Ideen für Erlebnisse erfolgt mehr oder weniger intuitiv. Man kann einerseits von aktuellen Wertetrends ausgehen und andererseits vom Angebot auf dem konkreten Markt. Gefragt sind vor allem Phantasie und die Fähigkeit, sich vom Alltäglichen zu lösen.

● Ungeeignete Erlebnisse müssen im nächsten Schritt ausgesondert werden. Dazu zählen einerseits Erlebnisse, die negative Assoziationen (wie z. B. Angst) auslösen können und andererseits solche, die nicht der Unternehmensphilosophie *(Corporate Identity)* entsprechen.

---

[3] Letztlich geht es um das *Selbstverständnis* von Individualität. Philosophie, Theologie und Geschichte konzentrieren sich einseitig auf die kognitiven Dimensionen menschlichen Daseins. Die Erlebnisgesellschaft bekennt sich zu ihrer *emotionalen Veranlagung* im Sinne einer elementaren Antriebskraft für individuelles Verhalten. Nur das Zusammenwirken emotionaler und kognitiver Prozesse führt zu einem Menschenbild, das die Realität heute und in naher Zukunft widerspiegelt.

Abbildung 23: Austauschbare Erlebnisvermittlung

● Die Festlegung eines Erlebnisprofiles erfolgt langfristig, so daß eine sorgfältige Prüfung der passenden Ansätze unerläßlich ist. Erlebniskompetenz erlangt man nicht durch kurzfristige, flüchtige oder diffuse Profile.

Erlebnisprofile sind das Ergebnis kreativer Leistungen, weniger das Ergebnis der Marktforschung. Maßgebend sind Determinanten der Lebensqualität. Bei der Festlegung der einzelnen Erlebnisse, die bildlich und sprachlich das Erlebnisprofil bilden, müssen folgende Punkte geprüft werden (vgl. *Weinberg,* 1995, S. 100 f.):

Abbildung 24: Gezielte Erlebnisvermittlung

In diesem Falle wurde sehr erfolgreich der Erlebniswert „Lebensqualität" mit der Medikamentwirkung emotional verknüpft. Diese Erlebnisvermittlung fand in einem Kommunikationsmix statt.

● Entsprechen die Erlebnisse den *Lebensstiltrends,* um die Zielgruppe langfristig anzusprechen?

- Welche Erlebniswerte erlauben eine *Abgrenzung* zur Konkurrenz heute und erschweren eine einfache Imitation morgen?

- Eignen sich die Erlebnisse zur Umsetzung durch möglichst viele Marketinginstrumente *(Marketing-Mix)*? Es reicht nicht aus, nur mittels Werbung ein Erlebnisprofil aufzubauen.

- Eignen sich die Erlebnisse für eine *praktikable* Umsetzung, oder stellen sie besondere Ansprüche an die Unternehmen und Agenturen?

- Können Informationen über das Angebot und emotionale Ansprache glaubwürdig und einfach verständlich so aufeinander abgestimmt werden, daß ein *unverwechselbares* Erlebnisprofil entsteht?

Techniken der Erlebnisvermittlung

Bei der Entwicklung und Anwendung von wirksamen (Sozial-)Techniken ist von empirisch abgestützten Erkenntnissen der Emotionspsychologie und Umweltpsychologie auszugehen. Wir geben nachfolgend einen kurzen Überblick über die dem Marketing zur Verfügung stehenden *Reize* und deren emotionalen Wirkungen. Im nächsten Kapitel gehen wir dann genauer auf eine wichtige Technik – die emotionale Produktdifferenzierung durch Werbung – ein.

Zur gezielten Auslösung von Emotionen eignen sich vor allem solche Reize, welche die rechte Gehirnhemisphäre ansprechen, das sind nicht-sprachliche Reize, insbesondere Bilder und Farben, Musik und Duftstoffe.

Die Erlebniswirkung durch **Bilder** hat die größte Bedeutung im Marketing. Wir haben vor allem zwei Bildwirkungen zu unterscheiden (vgl. *Kroeber-Riel*, 1993, S. 155 ff.):

- (Angenehme) Bilder stimulieren ein positives *Wahrnehmungsklima* und sorgen als Umfeld von Produktdarbietungen dafür, daß die Produkte besser beurteilt werden als ohne bildliches Umfeld. Sie beeinflussen dann vor allem die (kognitiven) Wahrnehmungswirkungen.

- Emotionale Bilder können – besser als emotionale Sprache – als Reize für die *Konditionierung* der Konsumenten eingesetzt werden, um dauerhafte emotionale Haltungen (Einstellungen) gegenüber einem Produkt zu erzeugen. Das sind emotionale Erlebniswirkungen.

Die besonderen emotionalen Wirkungen von Bildern gehen darauf zurück, daß Bilder die natürlichen emotionalen Reize wie Menschen, Natur, Speisen usw. *direkter* als die Sprache wiedergeben. Bilder lösen (aufgrund ihrer rechtshemisphärischen Verarbeitung) automatisch und ohne weitere gedankliche Kontrollen emotionale Erlebnisse aus, während sprachliche Reize bewußter und im allgemeinen mit stärkerer kognitiver Kontrolle aufgenommen und verarbeitet werden.

Die Wirkung eines Erlebniskonzeptes hängt also entscheidend von seiner *visuellen* Umsetzung ab. Visuelle Markenbilder wirken mehr als Worte, und diese wiederum stärker als Texte in Werbebotschaften. Besonders empfehlenswert ist die Konzeption von *Schlüsselbildern*, welche den langfristigen visuellen Auftritt festlegen. Es handelt sich dabei um Leitbilder, die den Erlebniskern bilden und nonverbal werblich kommuniziert werden. Ihre Festlegung ist mehr eine strategische Aufgabe als ein Gestaltungsproblem.

Unter den Marktbedingungen des Erlebnismarketing werden Angebote zunehmend werblich inszeniert. Nach dem Motto „Gefallen geht vor Informieren" wird ein werblicher Auftritt gesucht, der Beeinflussungsziele in der folgenden Rangordnung verfolgt:

- *Aktualisierung:* Erzeuge Aktualität für das Angebot, bleibe im Gespräch auf dem Markt.
- *Emotionalisierung:* Vermittle ein Erlebnis, das sich von der Konkurrenz unterscheidet.
- *Information:* Vermittle zentrale Schlüsselinformationen, die das Angebot auszeichnen.

Die emotionale Beeinflussung durch Bilder läßt sich bevorzugt für Werbung, Produktdesign und Verpackung nutzen: So führt etwa der spontane emotionale Eindruck von Design und Verpackung zu gefühlsmäßigen Vorentscheidungen, welche die rationalen Auswahlentscheidungen bestimmen.

Aus der Vielzahl möglicher Beispiele für eine durch Bildverwendung emotional wirkende Produktgestaltung wählen wir die Veränderung einer Reispackung durch das Handelsunternehmen *Coop-Schweiz* aus. Die alte Packung wies eine Klarsichtfolie auf, welche einen direkten Durchblick auf das Produkt ermöglichte („das Produkt spricht für sich"). Die neue Packung verzichtet auf die Klarsichtfolie und bildet den Reis (in einer Pfanne) in einem emotionalen Umfeld ab, das starke Eindrücke von „Appetitlichkeit" und „italienische (exotische) Herkunft" hervorbringt. Die sachlichen Informationen auf der alten und neuen Packung sind im wesentlichen gleich. Mit Hilfe der neuen Packung konnte der Reisumsatz bei gleichem Preis und gleicher Plazierung im Regal um über 60 % erhöht werden.

Zur Erlebnisvermittlung durch **Musik:** Wie wirksam diese ist, wird durch die Beliebtheit und emotionale Breitenwirkung von Unterhaltungsmusik – insbesondere von Schlagern im Radio und Fernsehen – deutlich.

Die Elemente der Musikgestaltung wie Melodie, Modulation, Tempo, Lautstärke usw. haben eine emotional stimulierende Wirkung, der sich die Hörer kaum entziehen können. In einer Studie der Werbagentur *Lintas* (1972) wird zum Beispiel über die Wirkung von Modulationen gesagt: „Moll wird als melancholisch, traurig, depressiv, geheimnisvoll … erlebt". Zum Tempo heißt es: „Schnelle Tempi rufen den Eindruck von fröhlich, heiter, erregt, unruhig … hervor (siehe dazu noch im einzelnen *Gabriellson,* 1982; *Revers,* 1979). Durch die Wahl der Musikinstrumente und Musikstücke lassen sich auch, abgestimmt auf einzelne Zielgruppen, spezifische Emotionen wie „französisches Savoir vivre" oder „Sehnsucht nach der Ferne" auslösen.

Musik wird im Marketing bevorzugt als Hintergrundmusik eingesetzt, um eine angenehme Kommunikations- oder Einkaufsatmosphäre zu schaffen: in Einzelhandelsläden, auf Ausstellungen usw. Sie dient aber auch in der

Fernseh- und Radiowerbung zur Vermittlung von produkt- oder anbieter-
bezogenen Erlebnissen (*Tauchnitz*, 1990).[4]

Erlebnisvermittlung durch **Duftstoffe:** Gerüche werden zwar oft als Hin-
tergrundphänomene erlebt und nicht bewußt wahrgenommen, aber sie
gehören zu den wirksamsten Auslösern des emotionalen Verhaltens. Das
Reagieren auf Duftstoffe scheint stärker als bei anderen Reizen biologisch
vorprogrammiert zu sein.[5]

Aus geruchspsychologischen Untersuchungen erhält man darüber Auskunft, welche emotionalen Wirkungen die verschiedenen Riechstoffe haben (*Hatt*, 1990) und wie man sie für die „Produktparfümierung" nutzen
kann (*Jellinek*, 1976 sowie *Van Toller* und *Dodd*, 1988).[6]

Im Marketing werden bei der Duftverwendung zwei Ziele angestrebt: Einsatz von Duftstoffen, um eine aktivierende und emotional anregende
Atmosphäre zu schaffen (zum Beispiel auf Ausstellungen, in Abteilungen
eines Kaufhauses usw.) oder um spezifische produktbezogene *Konsumerlebnisse* zu vermitteln. Dabei kann der Duft

- emotionaler Hauptnutzen
  oder
- emotionaler Zusatznutzen

eines Produktes sein. Hauptnutzen ist er bei manchen Körperpflegemitteln
und insbesondere bei Parfum. Der Zusatznutzen ist bei genauerer Analyse
weiter zu differenzieren, vor allem danach, ob der Duft als eigenständiger,
zusätzlicher Nutzen erlebt wird – wie bei vielen Reinigungsmitteln – oder
ob er lediglich dazu dient, andere Eigenschaften zu signalisieren oder zu
markieren. Zum Beispiel zeigt Ledergeruch die Materialqualität („echtes
Leder") an.

Manchmal übernimmt der Duft mehrere dieser Funktionen. Ein Beispiel
für eine Produktpositionierung mit Hilfe von zusätzlichen Duftstoffen bietet der Markt für Reinigungsmittel. Man weiß, daß Frischedüfte auch Rein-
lichkeit signalisieren (*Stöhr*, 1994). *Ajax* und *Meister Propper* benutzen
„Citrus-Duft" zur Positionierung. Dieser Duft soll die Frische und Rein-
lichkeit signalisieren, die man durch Reinigung mit diesen Mitteln erreicht,
aber *zugleich* auch einen eigenen emotionalen Erlebniswert haben.

Die Duftverwendung im Marketing nimmt gegenwärtig stark zu. Das läßt
sich an der Zahl der parfümierten Produkte sowie an der Menge und am
Spektrum der benutzten Duftstoffe ablesen. Die „Duftkonkurrenz" hat in

---

[4] Von den Sekundärwirkungen emotionaler Musik wird hier abgesehen: Sie wird
auch als Erkennungszeichen (als „Kernmotiv") und zur bloßen Aktivierung der
Hörer benutzt.

[5] *Jellinek* (1976) gibt für folgende emotionale Wirkungen einzelne Riechstoffe an: an-
ti-erogen, frisch, stimulierend, exaltierend, erogen, schwül, narkotisch, beruhigend. Für das Erlebnis „schwül" werden zum Beispiel mehr als 20 Auslösestoffe
genannt.

[6] Das bereits 1970 aufgestellte Klassifikationsschema der Primärgerüche unterscheidet campher- und moschusartige, blumige, minzige, ätherische sowie ste-
chende und faulige Geruchsklassen (*Hatt*, 1990, S. 114 f.).

den letzten Jahren dazu geführt, daß sich der Anteil des Parfumextraktes in zahlreichen Schönheits- und Pflegemitteln verdoppelt hat.[7]

Eine aufschlußreiche Pilotstudie über die Bedeutung des Dufts für die Produktgestaltung stammt von *Knoblich* und *Schubert* (1989). Sie stellten – unter anderem mittels Conjoint-Analyse – den relativen Einfluß von Duft im Vergleich zum Einfluß von anderen Produkteigenschaften auf die Präferenzbildung für ein Shampoo fest. Aus den aggregierten Ergebnissen *(Abbildung 25)* geht hervor, daß die Präferenzbildung zu 24 % bis 39 % durch Dufteinfluß erklärt werden kann (mit unterschiedlichen Werten für Männer und Frauen).[8]

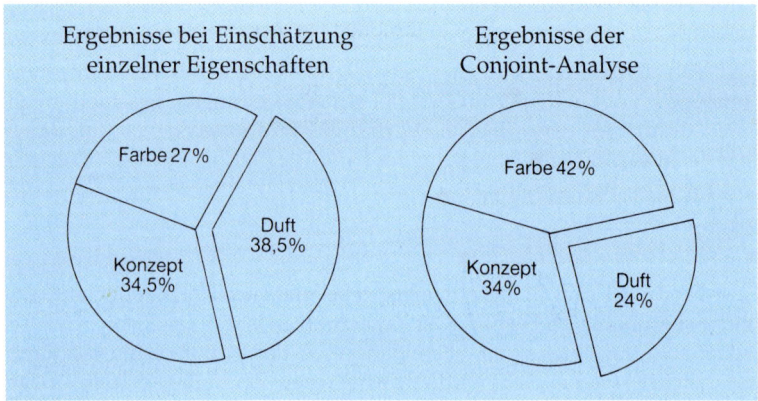

Abbildung 25: Relative Bedeutung von Produkteigenschaften für die Präferenzbildung bei Shampoo

Quelle: Knoblich und *Schubert* (1989, S. 140).

Multisensuale Konsumerlebnisse: Wir haben uns zunächst einzelnen Reizarten zugewendet, die sich dazu eignen, bei den Konsumenten emotionale Erlebnisse hervorzurufen. Die Frage, welche Reize für die Positionierung eines Produktes oder einer Marke besonders geeignet sind, wird im nächsten Kapitel aufgegriffen.

Durch die Marketingaktivitäten werden im allgemeinen mehrere Sinne gleichzeitig angesprochen. Es ist deswegen wichtig, das Zusammenwirken von mehreren Reizmodalitäten – zum Beispiel von Bild, Duft und Musik – zu beachten. Durch unzureichende Abstimmung der zur Beeinflussung eingesetzten Reize, vor allem aber durch die Vernachlässigung vieler Reiz-

---

[7] Die wissenschaftliche Marktforschung hat sich mit diesem interessanten Thema kaum auseinandergesetzt. Erste Ansätze bieten *Kroeber-Riel, Möcks* et al. (1982), *Hermanns* (1982 und 1983), eine in Vorbereitung befindliche Dissertation von *Stöhr* (1996 in Vorbereitung) und vor allem die Arbeiten von *Knoblich* und *Schubert* (1989) sowie *Stöhr* (1994).

[8] Dabei wurden die beurteilungsrelevanten Faktoren wie folgt variiert: Farbe: Blau, Grün, Weiß – Kräuterduft: frisch, pflegend, natürlich (Kamille) – Image: Aktiv-Konzept, Pflege-Konzept, Natur-Konzept. Die Testpersonen (n = 30) waren Konsumenten von durchschnittlicher Duftsensibilität.

modalitäten im Marketing (zum Beispiel von Musik) kommen erhebliche Wirkungsverluste zustande.

Durch den gleichzeitigen Einsatz mehrerer Reizmodalitäten wird es möglich, das gleiche Erlebnis mehrfach und damit wirksamer zu vermitteln,[9] oder es wird möglich, mehrere modalspezifisch ausgelöste Einzelerlebnisse zu einem Gesamterlebnis zu kombinieren. *Beispiel:* Ein emotionales *Frischeerlebnis* kann ausgelöst werden durch:

- Töne: helle, klare Klangfarbe, Dur-Tonlage, fröhliche Melodie,
- Farben: grün-gelbe und einige blaue Farbtöne,
- Bilder: Abbildung von Blumen, Frühlingslandschaften, Wasserlandschaften, jungen Menschen,
- Worte: „Die wilde Frische von Limonen" – „Aprilfrische", „jugendliche Frische",
- Duftstoffe: Zitrusdüfte, grasig-grüne Düfte wie Grasstengelduft,
- Geschmack: Menthol, Pfefferminzgeschmack,
- Haptik: glatte Oberflächen wie Glas, Metall, Holz.

In diesem Zusammenhang ist auf die synästhetischen Wirkungen einzelner Reize aufmerksam zu machen:

> Durch Reize einer Modalität wird die Wirkung von Reizen einer anderen Modalität ausgelöst oder beeinflußt.[10]

Töne können zu farblichen Assoziationen, Farben zu Geruchswahrnehmungen, Düfte zu visuellen Eindrücken führen usw. So kann der Vokal „i" mit gelb assoziiert werden, gelb-grüne Farben können zu G-Dur-Eindrücken sowie zu säuerlich-frischen Duft- und Geschmackserlebnissen führen usw. (*Frieling,* 1990, S. 197 ff.).

Solche synästhetischen Erlebniswirkungen sind beachtenswert, wenn man in der Marktkommunikation auf eine einzelne Reizmodalität angewiesen ist, zum Beispiel auf visuelle Reize in Anzeigen. Man kann dann versuchen, mit Hilfe dieser einen Reizmodalität Erlebniswirkungen anderer Reizmodalitäten zu erreichen. *Beispiel:* die Viskosität (Leicht- oder Zähflüssigkeit) von Öl ist für die Beurteilung von Speiseöl wichtig. Bei einem Verpackungstest von *Unilever* stellte sich heraus, daß rote Farbtöne einer Speiseölverpackung den Eindruck hervorrufen, daß es sich um dickflüssiges Öl handelt, gelbe Farbtöne deuten dagegen auf dünnflüssiges Öl hin (nach *Andritzky,* 1972).

---

[9] Zum Beispiel wurde experimentell nachgewiesen, daß erogene Duftstoffe die visuelle Wahrnehmung erotischer Reize verbessern (*Steiner, Hanisch* et al., 1978). Eine andere Untersuchung zeigte, daß die emotionalen Wirkungen eines Liebesliedes durch gleichzeitige visuelle Reizdarbietungen (eines Frauengesichtes) verstärkt wurden (*Adt,* 1983).

[10] Synästhetische Wirkungen hängen mit der Fähigkeit des menschlichen Gehirns zu intermodaler Kodierung zusammen. Dadurch wird es möglich, *ein* modalspezifisches Erlebnis (zum Beispiel Dufterlebnis) mittels einer *anderen* Reizmodalität (zum Beispiel einer Farbskala) zu messen.

Mit Hilfe einer Reizmodalität kann man auch Wahrnehmung und Erlebnis einer anderen Reizmodalität verändern: So entsteht aus einem flüchtigen Rot-Eindruck bei gleichzeitiger Darbietung eines tiefen Tones der Eindruck von violett, bei Darbietung eines hohen Tones der Eindruck von orange oder gelb (*Werner*, 1966, S. 283).[11]

Die multisensuale Beeinflussung der Konsumenten – über visuelle und akustische Reize, über Duft-, Geschmacks- und Tastreize – wird in Zukunft eine weitaus größere Rolle als bisher spielen. Dafür wird die technische Entwicklung multisensorischer Beeinflussungstechniken sorgen.[12]

Neben der technischen Entwicklung wird vor allem auch der Trend zum erlebnisbetonten Konsumenten die multisensuale Konsumentenbeeinflussung fördern.

Der Trend zum erlebnisbetonten Konsumenten: Wer in unterentwickelten Gesellschaften Hunger leidet, fragt nicht danach, ob das Brot eine angenehme Farbe hat oder ob es duftet und appetitlich verpackt ist. In Wohlstandsgesellschaften ist das anders: Die grundlegenden Bedürfnisse sind gestillt, „höhere Bedürfnisse" (im Sinne von *Maslow*) kommen zum Zuge. Dazu gehören Bedürfnisse nach sensualer Anregung und Selbstverwirklichung, nach verfeinertem emotionalen Erleben. Das wird auch durch Lebensstiluntersuchungen nachgewiesen. Auch die Kunst spiegelt diesen Trend wider.

Das Streben nach sinnlicher und emotionaler Stimulierung wird durch die moderne Umwelt verstärkt: Durch die rationalisierten und kühlen Arbeitsbedingungen der Fabriken und Büros, durch die Entfremdung der städtischen Menschen von der Natur usw. Der Konsum wird unter diesen Bedingungen zu einer willkommenen Möglichkeit für emotionales Erleben und für emotionale Ersatzhandlungen:[13]

Die funktionalen Produkteigenschaften verlieren dadurch an Bedeutung, die „Erlebnisgesellschaft" ist im Vormarsch (*Schulze*, 1992).

Voraussetzungen sind vor allem die aktuellen *Wertetrends* in der Gesellschaft. Viele Werteforscher sehen in der zunehmenden Erlebnis- und Genußorientierung, im Gesundheits- und Umweltbewußtsein sowie in der Betonung der Freizeit den grundlegenden Wertewandel in der heutigen Gesellschaft. Er wird begünstigt durch die Zunahme der Mobilität, die schwindende Differenzierung zwischen Berufs- und Freizeitarbeit sowie durch die demographische Entwicklung zu einer Gesellschaft der „Jungen Alten" (vgl. *Weinberg*, 1992, S. 13f.).

---

[11] Diese Erscheinungen werden auch in Verbindung mit der Irradiation beschrieben; vgl. *von Rosenstiel, Neumann* (1982, S. 83ff.).

[12] „Es scheint ein ausgesprochener Trend in Richtung multisensorale Medien zu existieren" (*Humm*, 1982, S. 76). So experimentiert man mit Kassetten, deren Abspielen gleichzeitige Bild-, Ton- und Dufterlebnisse ermöglicht.

[13] Nach der „Psychologie des Wohlstandes" von *Scitovsky* (1977) wird im Konsum nach Aktivierung und emotionaler Stimulierung gesucht. Vgl. auch *Probst* (1982): Mangelnde Befriedigung der „produktiven" Bedürfnisse, die dazu dienen, die eigene Umwelt aktiv zu gestalten, führt zu einer „Hinwendung zu ... vitalen Bedürfnissen", auch und gerade im Konsum.

Ein zentrales Phänomen ist die *Informationsüberlastung* in Gesellschaft und Wirtschaft. Darunter versteht man den Anteil der beachteten Informationen am gesamten Informationsangebot. Damit wächst die Bedeutung der visuellen Kommunikation: Sie unterliegt nicht den Restriktionen kognitiver Informationsverarbeitung und eignet sich besonders für emotionales Erleben (vgl. *Kroeber-Riel*, 1991, S. 16 f.).

Dementsprechend bevorzugen hedonistische Konsumenten *Bilder* zur schnellen und bequemen Informationsaufnahme. Daraus folgt, daß das Erlebnismarketing sich vor allem der visuellen Kommunikation bedient. Alle Instrumente des Marketing-Mix sind darauf auszurichten, daß der Konsument bildhaft erreicht wird. Das gilt auch für die bildhafte Sprache und die Angebotspräsentation im Einzelhandel.

Immer mehr Märkte erreichen die *Sättigungsphase*. Die Produkte sind ausgereift, die konkurrierenden Anbieter unterscheiden sich kaum voneinander, ihre Produke werden austauschbar. *Werbung* und *Produktdesign* müssen zur Imageprofilierung verstärkt auf Erlebnisstrategien zurückgreifen, denn bei der heute vorhandenen Erlebnisorientierung kann man sich eher durch Produktimages als durch Produkteigenschaften voneinander abheben.

Konsumenten kennen sich auf gesättigten Märkten ausgereifter Produkte aus. Die sachliche *Produktqualität* ist für sie zu einer Selbstverständlichkeit geworden, das funktional orientierte Informationsbedürfnis nimmt ab. Konsumenten mit einem geringen *Involvement* sind in besonderer Weise der emotionalen Kommunikation zugänglich, da sie die Angebote in der Gefühls- und Erfahrungswelt im Sinne des Erlebnismarketing positioniert.

> Die emotionale Erlebnisvermittlung durch Produkte und Leistungen spielt auf gesättigten Märkten eine entscheidende Rolle.[14]

Sie wird in Zukunft immer mehr zunehmen und sich auch im Bereich vieler Investitionsgüter durchsetzen. Ein Beispiel aus dem Investitionsgüterbereich ist die Marktkommunikation für *doka-Betonverschalungen:* Zur Aktualisierung und Positionierung der Marke wurde die wirksame Erlebniswelt Ästhetik („Die perfekte Schale") geschaffen.

Selbstverständlich umfaßt die emotionale Erlebnisvermittlung nicht nur den bisher vom Marketing bevorzugten Einsatz von Werbung und Produktgestaltung. Das „erlebnisbetonte Marketing" (*Kroeber-Riel*, 1986 c) bezieht sich auf *alle* absatzpolitischen Instrumente, beispielsweise auch auf die immer noch vernachlässigte erlebnisbetonte Ladengestaltung (*Bost*, 1987, und *Gröppel*, 1991) oder die erlebnisbetonte Firmen- und Produktinszenierung auf Ausstellungen und Messen.

Im nicht-kommerziellen Marketing sieht es nicht anders aus: Die meisten öffentlichen Museen, Bibliotheken und Bildungseinrichtungen funktionieren gut, sie erfüllen die sachlichen Ansprüche der Konsumenten. Aber sie

---

[14] Vgl. dazu die aufschlußreiche Untersuchung von *Konert* (1986): „Vermittlung emotionaler Erlebniswerte – eine Marketingstrategie für gesättigte Märkte" sowie zusammenfassend *Weinberg* (1992).

bieten keine emotionalen und sensualen Anreize, ohne die sie für viele Konsumenten langweilig und ohne Interesse bleiben. Es gibt erst wenige Versuche dazu, diese öffentlichen Einrichtungen an den Bedürfnissen des Publikums zu orientieren wie das *Centre Pompidou* in Paris, das Schweizer Freilichtmuseum in Ballenberg und vergleichbar lebendige und sensualistische Freilichtmuseen.

Eine besonders interessante Entwicklung boten die öffentlichen Schwimmbäder. In der Bundesrepublik mußten zahlreiche öffentliche Schwimmbäder geschlossen, verkauft oder zweckentfremdet werden, weil dem Publikum das bloß funktionale Leistungsangebot nicht mehr ausreichte: Eine Stunde Sport- und Hygieneveranstaltung mit Duschen, Reinigen und Schwimmen in den kahlen Räumen eines öffentlichen Schwimmbades entspricht nicht den Erlebniserwartungen des Publikums. Es möchte in seiner Freizeit sensual und emotional angeregt werden, zum Beispiel im Schwimmbad durch Musik- und Lichtwirkungen, gemütliche Kommunikationsgelegenheiten, simulierte Urlaubseindrücke usw. Der Erfolg von sogenannten „Erlebnisschwimmbädern" und „Spielbädern" belegt, wie ein konsumentengerechtes Leistungsangebot in diesem Bereich aussieht *(Abbildung 26)*.

Das Bedürfnis nach emotionaler Stimulierung kann gerade am Verhalten im Freizeitbereich abgelesen werden. So haben sich zum Beispiel die Urlaubswünsche bereits vor Jahrzehnten in folgender Richtung verschoben: Zunehmende Wünsche richten sich auf „sich vergnügen, viel Spaß und Unterhaltung haben" und „viel erleben, viel Abwechslung". Abnehmende Wünsche richten sich auf „viel Ruhe, nichts tun, an der frischen Luft sein, aus dem Alltag herauskommen" *(Schober, 1979)*. Die Freizeitindustrie hat sich dieser Erlebnisorientierung der Konsumenten angepaßt, sie ist nicht zuletzt dadurch in den westlichen Industrienationen zu einem besonders expansiven Industriezweig geworden.[15]

Die Orientierung des kommerziellen und des nicht-kommerziellen Marketing an den Erlebniswünschen und emotionalen Bedürfnissen der Konsumenten sollte zu einem wesentlichen Bestandteil der Marketingphilosophie werden. Übrigens kann man keineswegs von vornherein davon ausgehen, daß die Anpassung an diese Bedürfnisse kostentreibende Anforderungen an das Marketing stellt. Viele, ja die meisten Techniken der Erlebnisvermittlung durch das Marketing erfordern nicht mehr finanzielle Mittel als das klassische – funktionalistische – Marketing. Sie erfordern nur eine andere Verwendung der Mittel.

Mit der immer stärkeren Vermittlung von emotionalen Erlebnissen – wie Freiheit und Abenteuer, Erotik und Exotik – durch Konsumgüter greift das Marketing auch in die Dynamik des gesellschaftlichen Wertewandels ein. Das Marketing verfestigt auf diese Weise Erlebnisschemata, die zu Orientierungsstandards für das Verhalten der Bevölkerung werden und dadurch kulturelle Bedeutung erlangen.

---

[15] Besonders ausgeprägt ist diese Entwicklung in Japan; vgl. dazu den Artikel von *Terzani* (1988) über organisierte Lust- und Freizeitindustrie in Japan.

*Abbildung 26: Erlebnisschwimmbäder entsprechen dem Trend zum
sensualistischen Konsumenten*

Wir können geradezu von einer **Entmaterialisierung des Konsums** sprechen,
weil die Konsumenten die angebotenen Produkte und Dienstleistungen
immer weniger wegen ihres sachlichen und funktionalen Nutzens und immer mehr wegen ihres immateriellen Nutzens kaufen, der darin liegt, emo-

tionale Konsumerlebnisse zu vermitteln, die einen Beitrag zu ihrer Lebensqualität leisten.[16]

b) Emotionale Produktdifferenzierung mittels Werbung

Dieses Kapitel wendet sich einer besonderen Form der Erlebnisvermittlung durch das Marketing zu: Es beschäftigt sich mit Erlebniswirkungen der *Werbung*, die zur emotionalen Produktdifferenzierung führen. Als erstes werden die theoretischen Grundlagen der emotionalen Produktdifferenzierung mittels Werbung aus der Sicht der Marketingforschung und der Psychologie beschrieben. Dann folgen Ergebnisse einer (inzwischen klassischen) empirischen Untersuchung. In einem dritten Teil werden schließlich Folgerungen für die Marketingpraxis gezogen.

Theoretische Grundlagen

Ansatzpunkte der Marketingforschung: Wie bereits erwähnt wurde, treten in fortgeschrittenen Industriegesellschaften viele Märkte für Massengüter in das Stadium von gesättigten Märkten. Eine wesentliche Eigenschaft gesättigter Märkte besteht darin, daß die angebotenen Güter „ausgereift" sind. Sie erfüllen weitgehend die Ansprüche der Konsumenten an die objektive Produktqualität. Da die Güter ausgereift sind, weisen auch die Angebote der verschiedenen Hersteller nur geringe Qualitätsunterschiede auf. Dadurch ist das wahrgenommene Kaufrisiko für diese Güter relativ gering, so daß der Kauf dieser Güter für den Konsumenten entproblematisiert wird und mit geringer innerer Anteilnahme – mit *geringem Involvement* – erfolgt. Wir konzentrieren uns hier auf die Probleme der Produktgestaltung und Werbung für eingeführte Marken, die aufgrund des meist nahezu ausgeschöpften Marktpotentials in einem harten Verdrängungswettbewerb stehen.

Hinsichtlich der *Produktpolitik* und *Werbung* für diese Marken ist von folgenden Überlegungen auszugehen: Für eine objektive (substantielle) Produktdifferenzierung gibt es bei ausgereiften Gütern nur wenige Möglichkeiten. Informative Werbung versagt, weil es über die Qualitätsunterschiede der konkurrierenden Marken nur wenig zu informieren gibt und die (wenig involvierten) Konsumenten auf gesättigten Märkten nur ein geringes Produkt- und Informationsinteresse haben. Folgerung: Auf gesättigten Märkten ist die Markenpolitik im wesentlichen auf eine *psychologische* Produktdifferenzierung angewiesen.

Diese läuft meistens auf eine *emotionale* Produktdifferenzierung durch Werbung hinaus.

> Das Ziel der emotionalen Produktdifferenzierung besteht darin, die Produkte durch emotionale Erlebnisse unterscheidbar zu machen.

---

[16] Vgl. dazu auch „Die Entmaterialisierung des Konsums: emotionale Erlebnisschemata als gesellschaftliche Werte" (in *Kroeber-Riel*, 1989b).

Die verschiedenen Marken sollen dem Konsumenten über ihren sachlich-funktionalen Nutzen hinaus emotionale, auch sensuale Erlebnisse vermitteln wie Freiheit, Naturverbundenheit, Frische, Eleganz usw. Dabei sind die Erfordernisse wirksamer Positionierung zu beachten: attraktiv für die Zielgruppe, anders als die Konkurrenz!

Es handelt sich dabei um meßbare Erlebniswerte, die reale, oft erst durch das Marketing geschaffene Bedürfnisse erfüllen: „Das Trinken eines Glases Sekt wäre vermutlich eine weniger prickelnde Angelegenheit ohne die Vielzahl der Assoziationen, die für uns mit dem Sekt verbunden sind und die zum Teil von der Werbung aufgebaut oder doch aufrechterhalten werden. Wäre dies nicht … so wären wir ärmer in unserem Erleben" (*von Rosenstiel*, 1979, S. 163).

Die mit dem Produktkontakt, mit Kauf und Konsum verbundenen Markenerlebnisse werden von den Konsumenten oft vorrangiger wahrgenommen als die funktional-sachliche Qualität! Dies entspricht der Bedürfnissituation in einer fortgeschrittenen Industrie- und Wohlstandsgesellschaft, in der die grundlegenden materiellen Befürfnisse befriedigt sind und die Konsumenten stärker dazu kommen, durch ihren Konsum auch „höhere" emotionale Bedürfnisse zu erfüllen.

Ansatzpunkte der Psychologie: Die emotionale Produktdifferenzierung entsteht durch Lernen. Dieses Lernen kann auf *direkte* Erfahrungen mit dem Produkt (beim Einkaufen, Konsumieren usw.) zurückgehen oder auf *symbolische* Erfahrungen. Letztere werden vor allem durch die Werbung vermittelt. Wir beschränken uns nachfolgend auf das Lernen durch Werbung.

In der Werbung wird das Produkt (die Marke) symbolisch dargestellt als Produktabbildung, als Markenname, als Markenzeichen usw. Durch die Werbung soll der Konsument lernen, stellvertretend für Produkte und Marken, zunächst diese Symbole in emotionaler Weise wahrzunehmen und zu erleben. Man kann auch sagen: Der Werbung geht es zunächst darum, Produktnamen oder Markennamen eine emotionale Bedeutung zu geben, plastisch ausgedrückt: diese emotional aufzuladen.

Die emotionale Bedeutung eines Markennamens läßt sich zugleich als ein Indikator für die Einstellung zur Marke auffassen: Diese Betrachtungsweise ist in der Marktforschung üblich, denn wenn man Konsumenten nach der Einstellung zu einer Marke fragt – etwa zur Automarke A – so stellt man den Konsumenten nicht vor das Produkt selbst (vor das Auto), sondern man repräsentiert die Marke während der Befragung durch ihren Markennamen „A". Die Frage „Was halten Sie von der Automarke A?" ist mit der Frage nach der subjektiven Bedeutung des Markennamens meist eng verknüpft.[1]

Welche Sozialtechniken stehen nun zur Verfügung, um einen Markennamen emotional anzureichern und auf diese Weise zu erreichen, daß der Konsument mit der Marke emotionale Erlebnisse verbindet?

---

[1] Es sei daran erinnert, daß die emotionale Bedeutung von Markennamen im Sinne symbolischer Produkterfahrung in der Regel gesättigte Märkte auf hohem Qualitätsniveau voraussetzt.

Die wichtigste Technik ist die emotionale Konditionierung, die auf den Gesetzmäßigkeiten der *klassischen Konditionierung* aufbaut, diese wird später noch im Rahmen der Lerntheorien erörtert. Zu den Möglichkeiten und Grenzen der emotionalen Konditionierung vgl. *Behrens* (1991, S. 274 ff.).

Das grundlegende Prinzip lautet: Wenn ein neutraler Reiz (Wort, Bild) wiederholt und stets gleichzeitig zusammen mit einem emotionalen Reiz dargeboten wird, so erhält auch der neutrale Reiz nach einiger Zeit die Fähigkeit (wenn er allein dargeboten wird), die emotionale Reaktion hervorzurufen. Der neutrale Reiz wird dadurch zu einem „konditionierten Reiz": Er löst eine konditionierte Reaktion aus, die er vorher nicht ausgelöst hat.

Übertragen auf die emotionale Produktdifferenzierung durch Werbung läßt sich daraus folgende Hypothese ableiten:

> Bietet die Werbung wiederholt eine („neutrale") Marke zusammen mit emotionalen Reizen dar, so kann die Marke einen emotionalen Erlebniswert erhalten.

„Marke" ist im symbolischen Sinne als Markenabbildung, Markenname, Markensymbol usw. gemeint, sie repräsentiert hier die reale Marke.

Die vorliegenden empirischen Untersuchungen über Konditionierungswirkungen der Werbung (über die im nächsten Abschnitt berichtet wird) regen immer wieder zu theoretischen Diskussionen an, ob die Vermittlung von emotionalen Markenerlebnissen tatsächlich nach den Gesetzmäßigkeiten der klassischen Konditionierung abläuft. Im Mittelpunkt steht die Frage, in welchem Ausmaß kognitive Vorgänge beteiligt sind. Traditionell wird angenommen, daß die klassische Konditionierung ohne kognitive Beteiligung und Kontrolle abläuft.

Nach der herkömmlichen Theorie der klassischen Konditionierung werden unmittelbare Reiz-Reaktions-Beziehungen hergestellt: Das Individuum wird gleichzeitig zwei Reizen (zum Beispiel einem neutralen Markennamen und einem emotionalen Bild) ausgesetzt und lernt, auch auf den bisher neutralen Reiz (Markennamen) emotional zu reagieren, so zu reagieren, wie vorher auf das Bild. Dieser Prozeß läuft den klassischen Regeln zufolge ohne gedankliche Beteiligung ab.

Es spricht jedoch nach dem bisherigen Erkenntnisstand vieles dafür, daß dieser Lernvorgang beim Menschen doch eine gewisse *gedankliche Beteiligung* des Individuums verlangt, eine – bewußte – Wahrnehmung und Einsicht, daß auf den neutralen Reiz immer wieder ein emotionaler Reiz folgt oder umgekehrt, so daß sich eine gedankliche Assoziation herausbildet: Wenn der neutrale Reiz (Markenname) dargeboten wird, so wird beim Empfänger eine Vorstellung vom emotionalen Reiz (vom emotionalen Bildmotiv) ausgelöst, und diese Vorstellung ist dann mit emotionalen Erlebnissen verbunden.

Dieses Lernen ist also mit assoziativen Vorgängen verbunden.[2] Die eingeschalteten kognitiven Vorgänge wie Wahrnehmung des Bildes, Interpretation und gedankliche Verknüpfung des Bildes mit einem Markennamen
komplizieren den Lernvorgang, sie ermöglichen aber auch neue modifizierte Formen der Konditionierung (*Behrens*, 1991, S. 278–280).

Eine solche Form[3] ist die Konditionierung nach einmaliger Wiederholung
oder nach wenigen Wiederholungen der Reizdarbietung. Nach den Gesetzmäßigkeiten der klassischen Konditionierung sind für das Lernen stets
zahlreiche Wiederholungen erforderlich. Nach dem oben angegebenen As-
soziationsmodell wird man die notwendige Zahl der Wiederholungen in
Abhängigkeit vom Involvement sehen: Ist das Involvement sehr gering, so
ist man auf viele Wiederholungen angewiesen, ist es hoch, so genügen wenige Wiederholungen für den Lernerfolg, also für die assoziative Verknüpfung des neutralen und des emotionalen Reizes.

Ein hohes Involvement ist oft auf die experimentelle Situation zurückzuführen (induziertes Situationsinvolvement). Das scheint die Erklärung
dafür zu sein, daß bei den Experimenten zur emotionalen Konditionierung
so unterschiedliche Ergebnisse über den Zusammenhang zwischen Reiz-
wiederholung und Lernerfolg herausgekommen sind: Beispielsweise war
in manchen Experimenten nur eine Wiederholung erforderlich (das ist ein
Befund von mehreren aus *Stuart, Shimp* et al., 1987 und von *Ghazizadeh*,
1987) – in anderen Experimenten waren 20 Wiederholungen (*Ghazizadeh*,
1987) oder mehr erforderlich.[4]

Besonders unklar ist bisher, wie aufmerksam (bewußt) die Konsumenten
die Reizdarbietung wahrnehmen, den Zusammenhang zwischen den beiden Reizen durchschauen sowie akzeptieren müssen.[5] Abgesichert ist dagegen die Erkenntnis, daß das Involvement beim Konditionierungslernen
extrem gering sein kann: Die emotionale Konditionierung ist deswegen eine besonders geeignete Sozialtechnik, um *passive Konsumenten* zu beeinflussen, denen die Produkteigenschaften gleichgültig sind.

Diese theoretischen Probleme des Lernens durch Konditionierung (durch
gleichzeitige Reizdarbietung) ändern nichts an dem für das Marketing entscheidenden Ergebnis, daß man durch die Darbietung eines Markennamens in einem emotionalen Umfeld die Einstellung zur Marke ändern
kann, ohne eine einzige Information über die sachlichen Eigenschaften der
Marke zu vermitteln.

---

[2] Das „Reflexlernen" darf also nicht mit „Bedeutungslernen" im Rahmen der klassischen Konditionierung verwechselt werden. Versuche im Rahmen der „Neo-
Pavlovian Conditioning" zeigen, daß beim assoziativen Lernen weniger die Kontiguität der Reize als die an der Assoziation beteiligten Kognitionen den Lernerfolg bedingen (*Shimp*, 1992; *Shimp* et al., 1991; *Behrens*, 1991).
[3] Eine modifizierte Form ist auch die verdeckte Konditionierung nach *Cautela* (1986),
die vorwiegend der instrumentellen Konditionierung zugerechnet wird, sich aber
auch auf die klassische Konditionierung beziehen läßt.
[4] Zur Rolle des Involvements (der Aktivierung) bei der emotionalen Konditionierung vgl. *Kroeber-Riel* (1984b).
[5] Vgl. zu dieser Frage *Gorn, Jacobs* et al. (1987); *Behrens* (1984), mit weiterer Literaturhinweisen.

Zusammenfassend: Die Sozialtechnik der emotionalen Konditionierung funktioniert im klassischen Sinne. Das wird durch zahlreiche empirische Untersuchungen und Metaanalysen aus der Konsumentenforschung bestätigt (zusammenfassend: *Allen* und *Janiszewski,* 1989).[6] Es ist müßig, sich darüber zu streiten, ob diese Konditionierung eine „echte" klassische Konditionierung ist oder ein modifizierter Lernvorgang, der wesentliche Züge der klassischen Konditionierung aufweist.

Experimentelle Ergebnisse

Es gibt wohl kaum eine wissenschaftliche Arbeit über emotionale Produktdifferenzierung, die nicht auf die grundlegenden Experimente von *Arthur* und *Caroline Staats* (1958, deutsche Übersetzung in *Stroebe,* I, 1978) Bezug nimmt. Die Ergebnisse dieser Experimente seien kurz zusammengefaßt:

Staats und *Staats* benutzten als „neutrale Reize" Wörter, mit denen Nationalitäten bezeichnet werden, wie „deutsch", „holländisch" und „schwedisch". Auch wenn solche Wörter für Amerikaner eine schwach emotionale Wirkung hatten, so konnten sie doch hinsichtlich der emotionalen Konditionierung noch als „neutrale" Reize gelten, denn man kann fast jeden Reiz konditionieren, der „keine zu starken Eigenreaktionen" hervorruft (*Manning,* 1979, S. 227).

Ziel der Experimente von *Staats* und *Staats* war es, diesen Nationalitätsbezeichnungen eine – zusätzliche – emotionale Bedeutung zu geben. Zu diesem Zweck wurden die Wörter (wie „holländisch") zusammen mit solchen Reizen dargeboten, die bereits eine stark angenehme oder unangenehme Bedeutung hatten.

Das Wort „holländisch" wurde zum Beispiel wiederholt mit Wörtern wie „glücklich" oder „Geschenk" gekoppelt, die angenehme Gefühle hervorriefen. Das Wort „schwedisch" wurde dagegen mit solchen Wörtern verbunden, die – wie „bitter" oder „häßlich" – eine negative Bedeutung hatten.

Die Nationalitätsbezeichnungen wurden den Versuchspersonen mittels Dia-Projektion dargeboten. Die zur Konditionierung dienenden emotionalen Wörter wurden unmittelbar *nach* dieser Projektion vom Versuchsleiter im zeitlichen Abstand von weniger als einer Sekunde vorgelesen. Die beiden Reize wurden also praktisch gleichzeitig dargeboten.

Jede Nationalitätsbezeichnung wurde auf diese Weise 18mal mit unterschiedlichen emotionalen Wörtern gekoppelt. Es gab also 18 „Konditionierungsdurchgänge".

---

[6] Die letzten Jahre haben zahlreiche Veröffentlichungen über die emotionale Konditionierung gebracht. Zu erwähnen sind mit weiteren Literaturhinweisen *Behrens* (1991); *McSweeney* und *Bierley* (1984); *Kroeber-Riel* (1984b); *Gorn, Jacobs* et al. (1987); *Ghazizadeh* (1987). Eine gute Zusammenfassung „kognitiver" Auffassungen zur klassischen Konditionierung (= Neo-Pavlovsche Konditionierung) bietet *Shimp* (1991). Er arbeitet auch fünf wesentliche Bedingungen für Konditionierungsexperimente heraus (S. 169 ff.).

Wie erwartet erhielt das Wort „holländisch" durch die Konditionierung eine wesentlich angenehmere, das Wort „schwedisch" eine wesentlich unangenehmere Bedeutung als vorher. Man kann auch sagen, diese beiden Nationalitätsbezeichnungen wurden durch die Konditionierung „gefühlsmäßig aufgeladen".

Wie *Staats* und *Staats* begründen, ist die veränderte emotionale Bedeutung dieser Bezeichnung zugleich mit einer Veränderung der Haltung (der Einstellung) gegenüber der Sache selbst verbunden: Demzufolge gelang es, durch die emotionale Konditionierung der Nationalitätsbezeichnungen die Einstellung der Versuchsperson gegenüber Holland und Schweden zu verändern.[7]

Schon *Staats* und *Staats* haben auf die Möglichkeit aufmerksam gemacht, die emotionale Konditionierung in der Werbung zu benutzen, um die Einstellung zu politischen Gegnern oder gegenüber Produkten zu beeinflussen.

Das HOBA-Experiment: Vor Jahren wurden die Anregungen von *Staats* und *Staats* im Institut für Konsum- und Verhaltensforschung aufgegriffen. Mit Hilfe eines umfangreichen (inzwischen als „klassisch" bekannten) Experiments wurde versucht, die Einstellung zu einer (für diesen Zweck künstlich geschaffenen) Marke durch eine nach den Regeln der klassischen Konditionierung durchgeführte Werbung zu ändern. Zugleich sollte überprüft werden, ob und wie durch eine solche Werbung spezifische Markenerlebnisse vermittelt werden können.[8]

Ablauf des Experiments: Als erstes wurden mehrere Markennamen gesucht, von denen die Versuchspersonen noch nie etwas gehört hatten. Das waren u. a. die Namen „HOBA-Seife" und „SEMO-Ordner". Diese Markenbezeichnungen waren für die Versuchspersonen neu und hatten für sie keine konkrete Bedeutung. Man hätte aber auch Markennamen wählen können, die bereits bekannt und nur wenig emotional besetzt waren.

Durch psychobiologische und verbale Verfahren wurde nachgewiesen, daß die Versuchspersonen tatsächlich von diesen Markenbezeichnungen „kalt" gelassen wurden. Die Markennamen hatten keine emotionale Bedeutung. Um dies festzustellen, wurde u. a. die elektrodermale Reaktion bei Nennung der Markenbezeichnung ermittelt.

Die Versuchspersonen wurden dann in eine realistische und für sie undurchschaubare Situation versetzt: Sie wurden gebeten, sich mehrere Filme anzuschauen. Vor den Filmen wurde die übliche Kino-Werbung geboten. Sie umfaßte unter anderem Dia-Anzeigen für die beiden Marken „HOBA-Seife" und „SEMO-Ordner".

Ein Teil der Anzeigen enthielt die Markennamen zusammen mit reizstarken Bildern, ein anderer Teil zusammen mit reizschwachen, fast neutralen Bildern. Die reizstarken Bilder sprachen drei wichtige menschliche Gefühle an: Erotik, soziales Glück und Urlaubsstimmung. Jede dieser Anzeigen-

---

[7] Ein neueres Experiment zum Lernen von Wortbedeutungen führten *Allen* und *Janiszewski* (1989) durch.

[8] Erstveröffentlichung der Ergebnisse durch *Kroeber-Riel, Hemberle* et al. (1979).

fassungen wurde einmal mit und einmal ohne sachliche Information dargeboten. Das ergab folgendes experimentelles Design:

Gruppe 1: schwach emotionale Werbung ohne Text (n = 27)
Gruppe 2: stark emotionale Werbung ohne Text (n = 33)
Gruppe 3: schwach emotionale Werbung mit Text (n = 27)
Gruppe 4: stark emotionale Werbung mit Text (n = 32).

Jede Person sah insgesamt neun Filme, jeweils im Abstand von mindestens einem Tag. Im Rahmen der dabei gezeigten Kinowerbung wurden insgesamt 30 Dia-Anzeigen für die Marken „HOBA-Seife" und „SEMO-Ordner" sowie zahlreiche Ablenkungsanzeigen gezeigt.

Hinterher wurden die Konditionierungswirkungen wieder durch psychobiologische Verfahren, zusätzlich durch eine verbale Einstellungsmessung nach dem Semantischen Differential gemessen.

Ergebnis: Die Marke „HOBA-Seife" erhielt ein klares emotionales Erlebnisprofil. Als die Versuchspersonen 24 Stunden nach der letzten Kinovorführung (nach der letzten Konditionierungssitzung) nach ihrer Einstellung gegenüber „HOBA-Seife" gefragt wurden (ohne daß dabei auf die Anzeigenwerbung Bezug genommen wurde), schrieben sie der Seife emotionale Eigenschaften wie zärtlich, erlebnisreich, fröhlich und erregend zu, die vor der Konditionierung im Seifenimage fehlten.

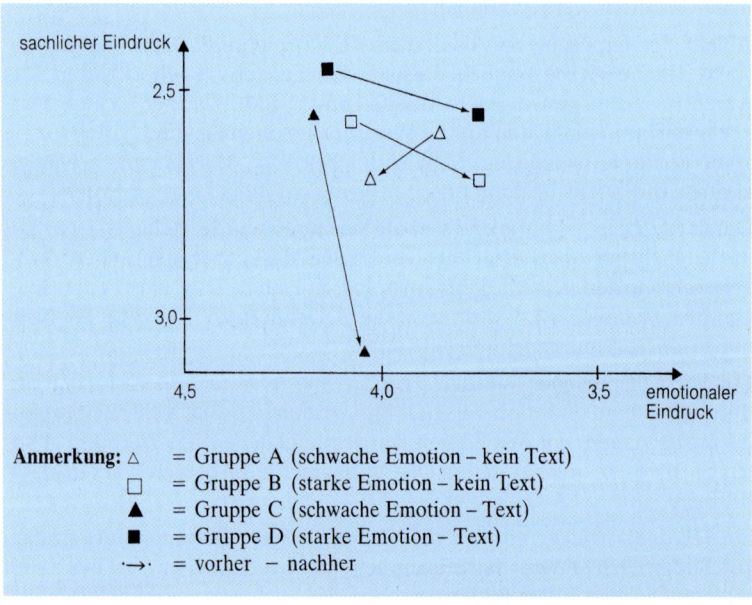

Abbildung 27: Veränderung der sachlichen und emotionalen Eindrücke von „HOBA-Seife" durch die Werbung

Abbildung 27 gibt die Ergebnisse der Einstellungsmessung nach dem Semantischen Differential auf fünfstufigen (1 = stark, 5 = schwach) Ratingsskalen wieder, sie zeigt auch die Auswirkungen der Konditionierung auf die Einschätzung der sachlichen Produktmerkmale von „HOBA-Seife".[9]

Das Experiment belegt zwei wichtige Konditionierungsregeln.

Erstens: Die emotionale Konditionierung von Marken erfordert bei wenig involvierten Personen stoßkräftige emotionale Reize und zahlreiche Wiederholungen.

Zweitens: Der Erfolg ist unter den diskutierten und unten nochmals zusammengefaßten Bedingungen unabhängig davon, ob zugleich noch Informationen über das Produkt dargeboten werden. Ein klassisches Muster informationsloser, emotionaler Werbung ist die *Marlboro*-Werbung.[10]

Neuere Untersuchungen mit ähnlichen Ergebnissen wie im HOBA-Experiment wurden von *Stuart, Shimp* et al. (1987) sowie von *Ghazizadeh* (1987) durchgeführt. *Ghazizadeh* fand dabei heraus, daß sich durch die emotionale Konditionierung nicht nur die Einstellung zur Marke, sondern auch die Idealvorstellung vom Produkt erheblich beeinflussen läßt.

Fassen wir noch einmal zusammen:

> Die Einstellung zu einer Marke läßt sich durch emotionale Werbung – auch ohne jede Produktinformation – ändern (verbessern).

Immer mehr Marken folgen dieser Erkenntnis und öffnen sich damit neue Wege der erlebnisbetonten Positionierung.

Praktische Folgerungen:

Im allgemeinen setzt die Verstärkung und Veränderung von Einstellungen gegenüber einer Marke *sowohl* eine informative *als auch* eine emotionale Beeinflussung der Konsumenten voraus. Insofern ist die *generelle* Frage, „informative oder emotionale Werbung?" falsch gestellt (*Kroeber-Riel, Meyer-Hentschel,* 1982).

Unter bestimmten *Bedingungen* kann man allerdings in der Werbung weitgehend oder völlig auf Informationen verzichten. Das ist vor allem auf gesättigten Märkten der Fall (die am Anfang des Kapitels dargestellt wurden), wenn

● die Produkte nicht (mehr) erklärungsbedürftig sind und der Konsument an sachlicher Produktinformation wenig interessiert ist (Low Involvement);

---

[9] Nach der Konditionierung liegen diese Emotionswerte um etwa 0,40 Skaleneinheiten besser (p < 0,05). Das ist, wenn man den bei der Messung tatsächlichen eingeengten Wertespielraum auf den Skalen von ungefähr 1,8 bis 4,2 berücksichtigt, ein passables Ergebnis, das in praktischen Imageuntersuchungen als verhaltensrelevant angesehen wird.

[10] Wegen ihres Modellcharakters meint *Ségula* in seinem amüsanten Buch „Hollywood wäscht weißer" (1983, S. 66), die Marlboro-Kampagne „ist für die Kommunikation das, was für die Luftfahrt Lindberghs Atlantik-Überquerung war."

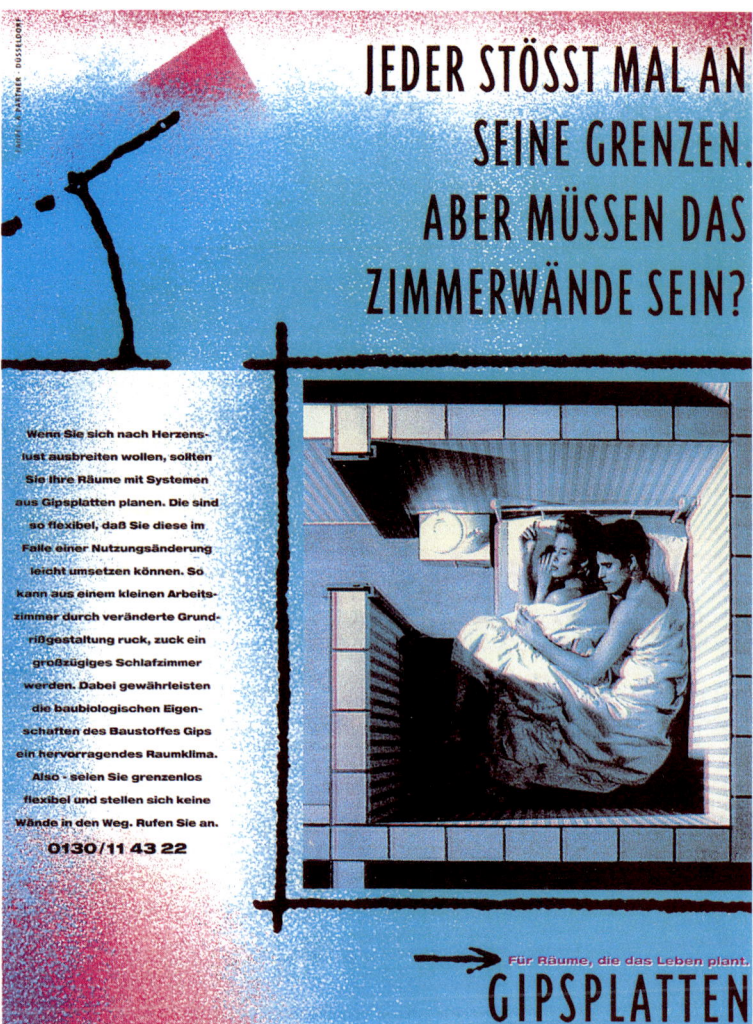

Abbildung 28: Emotionale Konditionierung im Dienste der Industriegruppe Gipsplatten

Anmerkung: Auch bei der Werbung für komplexe Angebote kann die Technik der emotionalen Konditionierung benutzt werden, um die Konsumenten für die Produkte zu „erwärmen".

- die sachlichen Eigenschaften der konkurrierenden Marken von den Konsumenten als ungefähr gleich gut beurteilt werden.

Unter diesen Bedingungen kommt es im Marketing darauf an, den einzelnen Marken durch emotionale Konditionierung einen zusätzlichen und spezifischen Erlebniswert zu geben, um sie gegenüber der Konkurrenz abzuheben.

Die emotionale Konditionierung läßt sich auch in eine informative Werbung einbeziehen. Sie ist dann Teil einer Doppelstrategie: Auf der einen Seite werden die Konsumenten mit Argumenten angesprochen, um auf ihr Produktwissen und ihre Vernunft einzuwirken. Auf der anderen Seite werden die Konsumenten gefühlsmäßig an ein bestimmtes Produkt – an eine Marke – gebunden. Produktwissen allein reicht meistens nicht aus, um kaufwirksame Zuneigungen (Einstellungen zu einer Marke) zu erreichen.

Ein aktuelles Beispiel für die Einbeziehung der emotionalen Konditionierung in eine informative Werbung bietet die Industriegruppe Gipsplatten (vgl. *Abbildung 28*): Bauwillige „Häuslebauer" sind gegenüber Gipsplatten nur gering involviert, da dem Motiv „Flexibilität" bei der Hausplanung keine Priorität zukommt. Deshalb wurden in mehreren Anzeigenkampagnen (z. B. im *Spiegel* oder *Focus*) emotionale Erlebnisse zur Konditionierung der Umworbenen eingesetzt. Der emotionale Auftritt soll für Gipsplatten das notwendige Involvement erzeugen, um für Argumente (z. B. von Architekten) zugänglich zu werden.

Selbstverständlich wird die durch emotionale Konditionierung erzeugte positive Einstellung gegenüber einem Produkt oder einer Marke nur dann wirksam, wenn keine negativen Erfahrungen beim Konsum gemacht werden und keine anderen Einflüsse entgegenstehen. In dieser Hinsicht gelten die allgemeinen Erkenntnisse über den Zusammenhang von Einstellung und Verhalten (zusammenfassend: *Meinefeld,* 1977; *Cialdini, Petty* et al., 1981; *Schuman* und *Johnson,* 1976).

Die **praktische Durchführung** der emotionalen Produktdifferenzierung wird oft durch erhebliche *Mängel* der dazu vorgesehenen Werbung beeinträchtigt. Der Werbung gelingt es häufig nicht, einer Marke ein spezifisches und klares Erlebnisprofil zu geben, das die Marke von konkurrierenden Marken abhebt.

Die Ursachen dafür sind zunächst einmal in *sozialtechnischen* Regelverstößen zu sehen:

(1) Die benutzten emotionalen Reize sind nicht stark genug. Auf der operationalen Ebene bedeutet das vor allem: Die Bilder (oder Töne, Düfte, Texte) gehen nicht unter die Haut.

(2) Emotionaler Reiz und Marke werden nicht in zeitlicher Nähe dargeboten. Ihre Verknüpfung wird für den Konsumenten nicht genügend wahrnehmbar.

(3) Es wird mit zu wenig Gleichmaß und Wiederholung geworben, insbesondere: Die Bildmotive sind zu uneinheitlich und werden zu häufig gewechselt.

(4) Die durch die Konditionierung vermittelten Produkteindrücke stehen im Widerspruch zu anderen emotionalen Eindrücken, die durch das Marketing vermittelt werden.

Auf einer *unternehmensstrategischen* Linie liegen folgende Mängel, welche die Positionierung erschweren:

(1) Die vermittelten Erlebnisse sind nicht für die Marke geeignet, sie vertragen sich nicht mit der Unternehmensphilosophie (CI).

(2) Sie ermöglichen keine Abgrenzung gegenüber der Konkurrenz, vor allem deswegen, weil sie nicht eigenständig, sondern mit den von der Konkurrenz vermittelten Erlebnissen austauschbar sind.

(3) Sie sind nicht auf die Zielgruppe abgestimmt, liegen nicht im langfristigen Lebensstiltrend der Zielgruppe.

Besonders nachteilig wirkt sich auf die Positionierung der Marke die weit verbreitete Austauschbarkeit der Werbung aus. Das macht schon ein flüchtiges Durchblättern von Publikumszeitschriften deutlich:

Wenn man die Markennamen in der Werbung zudeckt, erhält man oft den Eindruck, verschiedene Anzeigen würden für die gleiche Marke werben: Da werben konkurrierende Getränkemarken mit den gleichen, strahlend genießenden Paaren, Biermarken mit der gleichen Landschaftsstimmung, konkurrierende Versicherungen oder Pharmaprodukte mit den gleichen „seriösen" Experten, um das Erlebnis von Vertrauen und Zuverlässigkeit zu erzeugen.

Aus sozialtechnischer Sicht ist eine Praxiserfahrung besonders beachtenswert:

Es ist die Selbstbeschränkung auf verhältnismäßig wenige emotionale Bildmotive, die meistens damit begründet wird, daß es nur eine kleine Anzahl von wirksamen Erlebnissen für die Positionierung einer Marke (einer Produktart) gebe.

Dieser Ansicht ist zu widersprechen. Man kann davon ausgehen, daß es ein fast unerschöpfliches Reservoir an geeigneten emotionalen Erlebnissen gibt. Dazu folgende Begründung:

Es gibt zunächst einmal zahlreiche wirksame *Erlebnisschemata*. Dabei muß man unterscheiden:

(1) biologisch vorprogrammierte Schemata wie Archetypen

(2) kulturell geprägte Schemata wie das Mittelmeerschema

(3) zielgruppenspezifische Schemata wie das Sportschema.

Für jedes Schema gibt es wieder zahlreiche Variationen und Kombinationsmöglichkeiten, und diese lassen sich wiederum in unterschiedliche Bilder umsetzen. Erst diese unterschiedlichen Bilder sind es, die ein konkretes Erlebnis beim Konsumenten schaffen.

Das Suchen nach einer wirksamen Erlebnislinie für eine Marke ist ein sozialtechnischer Forschungs- und Entwicklungsvorgang, der nicht freihändig und nicht ohne psychologische Erkenntnisse erfolgen sollte. Er umfaßt nach *Kroeber-Riel* (1989b) acht systematische Schritte vom ersten Generieren von Erlebniskonzepten bis zur Auswahl und Umsetzung eines geeigneten Konzeptes.

Es handelt sich im einzelnen um folgende Entwicklungsphasen:
1. Generieren von Erlebniskonzepten
2. Reduzierung auf geeignete Konzepte
3. Operationalisierung = Visualisierung der Konzepte
4. Systematische Überprüfung, Beurteilung und Auswahl
5. Test von verbleibenden Alternativen

6. Entscheidung zugunsten eines Konzeptes
7. Ableitung eines Schlüsselbildes für die Umsetzung
8. Umsetzung des Konzeptes in Kommunikationsmittel

Engpässe treten in der Praxis vor allem beim Generieren von Erlebniskonzepten auf. Im allgemeinen werden viel zu wenig Konzepte in der ersten Phase gesammelt. Ideenfülle in dieser Phase ist jedoch eine notwendige Voraussetzung für den Sucherfolg. Das läßt sich aus einer Analogie zur Neuproduktentwicklung ableiten:

Aus Untersuchungen über realisierte Neuproduktenentwicklungen geht hervor, daß nur ein kleiner Prozentsatz der ursprünglich gesammelten Produktideen Erfolg hat. Die Angaben schwanken zwischen 2 % und 5 % (vgl. etwa *Wind*, 1982, S. 225 ff., *Cunningham* und *Cunningham*, 1981, S. 260). Entsprechende Verhältnisse kann man unterstellen, wenn es um die Entwicklung von Erlebniskonzepten für die Positionierung geht.

Das Suchen nach emotionalen Konzepten wird wesentlich gefördert, wenn man sich computergestützter Systeme wie des bereits beschriebenen CAAS (Computer Aided Advertising System) bedient, um Benutzer zu verstärkter Kreativität beim Suchen anzuregen. Das CAAS-Suchsystem bietet Hilfen, um die psychologische Wirksamkeit von Erlebniskonzepten zu beurteilen und wirksame emotionale Bilder zu gestalten. Es greift dabei auf psychologische Erkenntnisse über Erlebnisschemata, insbesondere auf tiefenpsychologische Ansätze zurück (*Dieterle*, 1989). Diese Ansätze haben zwar einen stark spekulativen Einschlag, aber in der ersten Phase des Suchprozesses ist jeder Weg erlaubt, der zu Vermutungen über wirksame Konzepte führt. Ob diese Konzepte dann tatsächlich etwas taugen, wird in den späteren, empirisch gestützten Auswahlphasen überprüft.

Abbildung 29: Aufbruch in neue Erlebniswelten mit Hilfe der psychoanalytischen Theorien

Anmerkung: Experimentelle Werbung des Instituts für Konsum- und Verhaltensforschung, die mit Hilfe eines heuristischen Expertensystems und eines Bildmanipulationscomputers entworfen wurde.

Mit anderen Worten: Man kann die Tiefenpsychologie beim Suchen nach geeigneten emotionalen Erlebniskonzepten als „heuristische Maschine" interpretieren. Ein Beispiel bietet die analytische Psychologie von *C. G. Jung*, die zahlreiche Anregungen über wirksame Erlebniskonzepte und ihre Umsetzung in Bilder vermittelt.

Jung hat den Begriff des Archetypus geprägt. Er versteht darunter hoch abstrakte emotionale Schemata, die als „Wirkfaktoren im Unbewußtsein des Menschen" gelten (*Hark*, 1988, S. 26; vgl. dazu im einzelnen *Jung*, 1986, 1987):

Die angeblich erfahrungsunabhängigen Archetypen nehmen in zahlreichen inneren Schemabildern konkrete Gestalt an und treten dann in konkreten Traumbildern, Märchenbildern usw. zutage. Ein Beispiel ist die „Anima" – der Archetyp der Weiblichkeit – der in konkreten Bildern von Elfen, Hexen, Vamps usw. zum Ausdruck kommt.

Mit Hilfe der Jung'schen Archetypen findet man besonders wirksame Schemabilder wie die „schlafende Schöne". Das ist eine besondere Ausprägung der Anima, im Märchen beispielsweise wiedergegeben durch Schneewittchen, und auch in der Kunst immer wieder in eindrucksvoller Weise visualisiert. Die Werbung könnte diese Figur mit großer Wirkung nutzen (*Abbildung 29*).

Andere „heuristische Maschinen" für das Suchen nach Konsumerlebnissen sind die empirische Emotionspsychologie, die Listen mit Hunderten von Erlebniskonzepten liefert, die Psychobiologie, die uns auf hochwirksame Schlüsselreize hinweist, die Kulturanthropologie usw. Auf diese Weise öffnen sich zahlreiche neue Einsichten zur systematischen Entwicklung von emotionalen Konzepten für das Marketing.[11]

Zusammenfassung: Wirkung von emotionalen Reizen für das Marketing (nach *Kroeber-Riel*)

(1) Aktivierungswirkung (Kontaktwirkung)
    Beispiele: Erotischer Reiz in der Werbeanzeige oder im TV-Spot, Lächeln des Verkäufers, Schaufenstergestaltung.

(2) Atmosphärische Wirkung (Klimawirkung)
    Beispiele: Bildhintergrund bei informativer Anzeigenwerbung, Musik im Rundfunkspot, TV-Spots mit Unterhaltungswert.

(3) Erlebniswirkungen (Hauptnutzen und Zusatzerlebnis)
    Beispiele für Hauptnutzen: Duft von Parfum, Anmutung von Schmuck, Klang moderner HiFi-Technik.
    Beispiele für Zusatzerlebnisse: Duft von Reinigungsmitteln, Design von Brillen, Atmosphäre beim Einkauf.

Die Beispiele zeigen, daß emotionale Reize mehrere Wirkungen auslösen können. Im Rahmen von Marketingstrategien muß deshalb vorab geklärt werden, welche Reizwirkung hauptsächlich angestrebt wird.

---

[11] Das Institut für Konsum- und Verhaltensforschung der Universität des Saarlandes benutzte diese Erkenntnisse für das oben erwähnte computergestützte CAAS-Suchsystem, das den Benutzer beim Suchen nach neuen emotionalen Erlebniswelten hilft.

IV. Motivation

1. Erklärung und Messung von Motivation

Grundlagen: „Motivation" ist ein hypothetisches Konstrukt, mit dem man die Antriebe („Ursachen") des Verhaltens erklären will. Mit diesem Konstrukt soll die Frage nach dem „Warum" des Handelns beantwortet werden.

Wer in der psychologischen Literatur nach der Unterscheidung zwischen „Emotion" und „Motivation" sucht, wird durch ein Verwirrspiel von theoretischen und spekulativen Begriffen entmutigt: Mal ist Emotion der Oberbegriff, mal Motivation, mal stehen beide Begriffe wenig verbunden nebeneinander usw. Nachfolgend wird eine Zuordnung dieser Begriffe versucht, die sich auf die im vorliegenden Buch vertretenen aktivierungs- und emotionstheoretischen Ansätze stützt.

Als grundlegende menschliche Antriebskräfte sind die Emotionen anzusehen. Nicht selten werden Triebe gesondert ausgewiesen: Nach dieser zusätzlichen Unterscheidung werden Emotionen im wesentlichen von *äußeren* Reizen ausgelöst. Zum Beispiel führt die Wahrnehmung eines Totenkopfes zu Furcht. Triebe werden dagegen durch eine innere Stimulierung – die der Aufrechterhaltung eines körperlichen Gleichgewichts dient – hervorgerufen. So führen Abweichungen von biologischen Sollwerten des Stoffwechsels – ein Unterschreiten der Glukosewerte und ein Ansteigen der freien Fettsäuren – im Rahmen von biologischen Gleichgewichtsregelungen zu einem Hungertrieb. Diese Unterscheidung ist im großen und ganzen mit den im vorigen Kapitel wiedergegebenen Auffassungen von *Izard* und *Plutchik* konsistent.[1]

Alle Antriebskräfte (Emotionen wie Triebe) können nach dem gleichen Schema analysiert werden. Ihnen ist gemeinsam, daß sie das Individuum über spezifische und allgemeine Erregungsvorgänge dazu bringen aktiv zu werden. Darüber hinaus bestimmen diese Antriebskräfte bereits die allgemeine Richtung des Verhaltens: In positiver Richtung erfolgt eine Hinwendung zur Situation, in negativer Richtung eine Vermeidung der Situation. Insofern ist die Unterscheidung von Emotionen und Trieben von geringem Interesse (wir haben die Triebe deswegen – und weil sie in der Literatur zur Erklärung des Konsumentenverhaltens kaum eine Rolle spielen – vernachlässigt).

Das Vorhandensein von Emotionen und Trieben genügt aber nicht, um das Verhalten auf *spezielle* Ziele – auf den Kauf eines Produktes – auszurichten. Dazu sind zusätzliche *kognitive* Prozesse der Verhaltenssteuerung erfor-

---

[1] *Izard* spaltet die menschlichen Antriebskräfte noch weiter auf. Sie umfassen zusätzlich zu den Emotionen und Trieben noch homöostatische Stoffwechselsysteme. *Izard* hält aber die Triebe und Emotionen für die wirksamsten Antriebskräfte (von ihm Affekte genannt); vgl. dazu *Izard* (1994, S. 65–67); auch *Plutchik* (1994). Andere Autoren machen zwischen Trieb und Emotion keinen Unterschied, oder sie bezeichnen Triebe wie Hunger oder Durst als Emotionen (*Buck*, 1988, S. 8 ff.).

derlich. Im Begriff Motivation werden also die Antriebswirkungen von Emotionen und Trieben und die kognitiven Wirkungen der Verhaltenssteuerung zusammengefaßt.

Dies wird in *Abbildung 30* verdeutlicht: Die grundlegenden aktivierenden Vorgänge – Emotionen (und Triebe) – stehen untereinander und mit den kognitiven Vorgängen in wechselseitigen Beziehungen. *Izard* erwähnt, daß Triebe die Emotionen beeinflussen und von ihnen beeinflußt werden. Außerdem gibt es Triebe – Sexualität und Schmerz (vermeiden) – „welche Merkmale von Emotionen besitzen" (*Izard*, 1994, S. 64).

Aus der Interaktion zwischen den aktivierenden emotionalen und triebhaften Vorgängen und verschiedenen kognitiven Prozessen, die zu Zielbestimmungen und Handlungsprogrammen führen, erwächst die *Motivation*. Einfaches Beispiel: Durch das Zusammenwirken des Triebes Hunger mit kognitiven Vorgängen der Zielorientierung kommt die Motivation zustande, in eine Gastwirtschaft zu gehen. Die Motivation ist demzufolge ein komplexer, zielorientierter Antriebsprozeß, der sich formelhaft wie folgt ausdrücken läßt:

> Motivation = grundlegende Antriebskräfte + kognitive Zielorientierung.

Selbst wenn der Motivationsbegriff anders gefaßt wird, so besteht nach vielen psychologischen Theorien Übereinstimmung darüber, daß Motivation einerseits eine Aktivierungskomponente und andererseits eine kognitive Komponente zielgerichteter Verhaltenslenkung umfaßt (vgl. etwa *Lindzey, Hall* et al., 1978, S. 324).

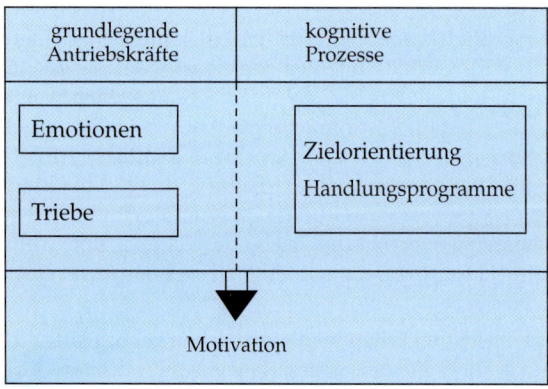

Abbildung 30: Variableninteraktion zur Erklärung des Motivationsbegriffes

Aktivierende Komponenten: Sie umfassen die einer Motivation zugrundeliegenden Emotionen oder/und Triebe. Diese Komponenten aktivieren das Verhalten und lenken es in eine bestimmte Richtung. Da wir uns mit den Emotionen bereits ausführlich auseinandergesetzt haben, wenden wir uns kurz den Trieben zu. Die bekanntesten Triebe sind:

- Hunger
- Durst
- Sexualität.

Daneben gibt es noch, von geringerer Bedeutung für die Erklärung des Konsumentenverhaltens, Schlaf (nach Wachsein), Aktivität (nach Untätigkeit) und – mit umgekehrtem Vorzeichen – Schmerzvermeidung.

Die Triebe werden dadurch aktualisiert und verhaltenswirksam, daß das biologische Gleichgewicht (aufgrund einer Reizkonstellation) gestört wird. Zum Beispiel: Ein Mangel an Nahrung führt zu Hunger. Es tritt ein „biologischer Bedarf" auf. Dieser Bedarf mobilisiert Antriebskräfte zu seiner Befriedigung. Deren Stärke hängt vom Ausmaß des vorausgegangenen Entzugs triebreduzierender Mittel ab: Je länger Hunger nicht gestillt wird, um so stärker werden die Anstrengungen, ihn zu befriedigen.

Der hinter den Trieben stehende *biologische* (angeborene) Mechanismus macht diese zu wirksamen Antriebskräften. Die zur Befriedigung der Triebe geeigneten Reize – wie Nahrungsmittel – lösen beim Individuum intensive positive Reaktionen aus, die erfolgreich zur Konditionierung des Verhaltens, etwa als Belohnungen – eingesetzt werden können (*Buck*, 1988).

Zusammenfassung: Die biologisch vorprogrammierten Triebe – und die angeborenen Emotionen – sind besonders starke Antriebskräfte. Sie äußern sich in einer entsprechend starken Motivation und dienen außerdem im Rahmen von Lernprozessen zum Aufbau weiterer (erworbener) Antriebskräfte und Motivationen (auf die emotionale Aktivierungskomponente wurde ausführlich im Kapitel über Emotionen eingegangen).

Die kognitiven Motivationskomponenten: Den Umfang der zu einer Motivation gehörenden kognitiven Steuerungsvorgänge erkennen wir, wenn wir uns den Motivationsprozeß anhand eines sprachlichen Musters verdeutlichen:

Ich	(Subjekt)
möchte sehr gern	(intentionale Stärke)
unter diesen Umständen	(Reizsituation)
das tun	(Handlungsziel).

Nach dieser sprachlichen Abbildung erscheint die Motivation als ein *bewußter* und *willentlicher* Prozeß der Zielsetzung.[2]

Dieser Prozeß umfaßt die Wahrnehmung und Interpretation der Handlungssituation sowie Überlegungen zu den Ziel-Mittel-Beziehungen. Die

---

[2] Es macht kaum einen Unterschied, ob gesagt wird, „er ist motiviert, eine Tafel Schokolade zu kaufen" oder „er hat das Ziel, eine Tafel Schokolade zu kaufen". Das „Warum" des Handelns wird einmal mit Hilfe des Begriffes „Motivation" und das andere Mal mit Hilfe des Begriffes „Ziel" beantwortet. Der Zielbegriff umfaßt allerdings nach üblichem Sprachgebrauch nur eine Komponente der Motivation, die wir als *bewußte* Zielorientierung bezeichnen können. Andere Aspekte der Motivation werden dabei vernachlässigt, insbesondere der Erregungs-(Aktivierungs-)aspekt.

Motivation kann danach als ein bewußtes Anstreben von Zielen, als erlebte Zielorientierung, als Wille, etwas zu tun usw., umschrieben werden.[3]

Die *kognitiven* Motivationstheorien wurden speziell durch die Theorie der Leistungsmotivation angeregt, nach der ein Individuum bei der Verfolgung von Zielen von den subjektiv wahrgenommenen Erfolgs- und Mißerfolgserlebnissen geleitet wird. Heute erstrecken sich die kognitiven Motivationstheorien auf alle handlungsrelevanten Motivationen.[4]

Die Motivation – verstanden als mehr oder weniger starke Tendenz, eine Handlung auszuführen – wird nach den meisten kognitiven Modellen von zwei Einflußgrößen bestimmt:

● vom subjektiv gesehenen Ziel-Mittel-Zusammenhang,

● vom subjektiv erwarteten Wert (Befriedigungswert) des Zieles.

Beispiel: Die Tendenz, ein Geschenk zu kaufen, wird (a) von der Erwartung bestimmt, daß der Kauf (Handlung) zu dem Ereignis „Freude und Anerkennung des Beschenkten" führt, sowie (b) von einer positiven Einschätzung dieses Ereignisses, die mehr oder weniger stark sein kann. Die Stärke der Verhaltenstendenz hängt davon ab, wie sicher der Käufer erwartet, daß sein Geschenk tatsächlich Anerkennung findet und wie wichtig ihm diese Anerkennung ist (wie angenehm er diese erlebt).

Diese Ziel-Mittel-Beziehung kann nun entweder vom *Ziel* her gesehen werden: Sind bei gegebenem Ziel die möglichen Handlungen geeignet, dieses Ziel zu erreichen? Oder sie kann von der *Handlung* aus betrachtet werden: Führt eine bestimmte Handlung zu einem angestrebten Ziel?

Hier zeigt sich, daß die kognitive Sicht der Motivation im wesentlichen dem Einstellungskonzept der „means-end-analysis" entspricht:

Folgt man dieser in der Konsumentenforschung verbreiteten Ziel-Mittel-Betrachtung von Einstellungen, so läßt sich eine Einstellung ebenfalls auf die beiden obengenannten Determinanten zurückführen:

(1) auf die Wahrnehmung, ob und inwieweit ein Gegenstand zur Erreichung eines Zieles (Konsumziel) benutzt werden kann und

(2) auf den Befriedigungswert bzw. auf die subjektive Bedeutung dieses Zieles.[5]

---

[3] In den verschiedenen Motivationstheorien ist umstritten, *inwieweit* die kognitive und willentliche Zielorientierung noch zum Motivationsvorgang gerechnet werden soll. Eine umfassende Einbeziehung von kognitiven Steuerungsvorgängen in die Motivation wird vor allem von der kognitiven Theorie vertreten (*Atkinson* und *Atkinson*, 1993).

[4] Allen Konzeptionen liegt die gleiche Auffassung zugrunde, daß die Stärke der Tendenz, auf eine bestimmte Art und Weise zu handeln, abhängt von der Stärke der Erwartung, daß der Handlung eine bestimmte Konsequenz folgt … und von dem Wert, den diese Konsequenz (oder dieses Ziel) für das Individuum hat.

[5] Die means-end-analysis der Einstellung geht auf *Rosenberg* (1956) zurück. Sie wurde bereits u. a. von *Howard* und *Sheth* (1969, S. 129) übernommen, die Einstellungen als wahrgenommene Eignung eines Gutes zur Befriedigung von Bedürfnissen definieren, man kann auch sagen, als erwartete Eignung eines Gutes, positive (oder negative) Erlebnisse zu vermitteln. Zur Bedeutung der means-end-analysis für die

Wir können deswegen zusammenfassend sagen:

> Der Motivationsbegriff der kognitiven Theorie deckt sich weitgehend mit dem Einstellungsbegriff.

Konsequenterweise werden bei der heute vorherrschenden kognitiven Orientierung die Begriffe Einstellung und Motivation meist in gleicher Weise operationalisiert.[6]

Die Einstellungsmessung ersetzt die Messung der Motivation (*Wiswede,* 1990, S. 421). Man kann sagen:

> Die Untersuchung von Einstellungen ersetzt meist die Untersuchung von Motivationen.

Die *Kritik* an dieser Gleichsetzung von Motivation und Einstellung richtet sich darauf, daß dabei hauptsächlich die bewußt abwägende Zielorientierung des Menschen und damit vor allem die kognitive Motivationskomponente abgebildet wird (*Wiswede,* 1980, S. 55). Die *aktivierenden* Komponenten, insbesondere die nicht klar bewußten Antriebskräfte, werden vernachlässigt. Das gilt auch im Hinblick auf das nachfolgend erwähnte Konstrukt „Wert", das besonders weich ist und sehr unterschiedlich definiert wird:

Man kann die Werte des Individuums in Anlehnung an *Kluckhohn* (1962) als Vorstellung über das Wünschenswerte umschreiben. Diese Umschreibung weist auf die enge begriffliche Beziehung zu den Motiven hin, mit denen sie manchmal gleichgesetzt werden.[7]

Sucht man eine Abgrenzung zu den Motiven, so ist es nach dem derzeitigen Sprachgebrauch zweckmäßig, Werte den Motiven unterzuordnen und als grundlegende, vom sozialen Umfeld (mit-)bestimmte Motive aufzufassen, die dem Individuum weitgehend bewußt sind (= Wertvorstellungen).

Motivationsarten: Als erstes ist darauf hinzuweisen, daß wir die menschlichen Antriebskräfte – sowohl die grundlegenden Emotionen und Triebe als auch Motivation und Einstellung – als manifeste (aktualisierte) innere Vorgänge und nicht als latente Persönlichkeitsdispositionen auffassen (letztere werden manchmal Motive genannt). Die latenten Dispositionen einer Person werden natürlich implizit miterfaßt, wenn wir den psychischen Pro-

---

moderne Einstellungsforschung vgl. *Trommsdorff* (1975); *Weinberg* (1981); *Peter* und *Olson* (1992).

[6] Vgl. dazu die Darstellung des Modells kognitiver Motivation von *Vroom* (1967), in *Herber* (1976)und in *Franke* und *Kühlmann* (1990, S. 259 ff.). Dieses Modell gleicht den bekannten kognitiven Einstellungsmodellen.

[7] Konsequenterweise werden Werte auch mit Einstellungen gleichgesetzt, vgl. dazu den Überblick über Werte-Definitionen in *Schuppe* (1988, S. 16 ff.) sowie – mit Einbeziehung des Wertkonzeptes in die Konsumentenforschung – *Windhorst* (1985, insbesondere S. 18 ff.) und *Schürmann* (1988, insbesondere S. 13 ff.).

zeß beschreiben, der in einer bestimmten Reizsituation wirksam wird und das Verhalten bestimmt.[8]

Unserer Analyse entsprechend ist es zweckmäßig, für eine Gliederung der Motivation zwei Ansatzpunkte zu wählen, und zwar

● Gliederung nach der Antriebskomponente,

● Gliederung nach der kognitiven Komponente.

Eine *antriebsbezogene Einteilung* von Motivation richtet sich nach Merkmalen, wie wir sie zur Charakterisierung von Emotionen und Trieben benutzt haben. Man klassifiziert dann die Motivation nach Stärke, Richtung (Annäherungsverhalten oder Vermeidungsverhalten), Inhalt und Bewußtsein. Zusammenfassend:

> Die Motivation läßt sich nach Merkmalen der zugrundeliegenden Antriebskräfte gliedern.

Besonders verbreitet ist eine Gliederung, die sich auf die Stärke der Motivation bezieht und dies in Abhängigkeit von der Art der dahinterstehenden Antriebskräfte sieht.

Danach gibt es „niedere" (physiologisch bedingte) und „höhere" (psychisch bedingte) Motivationen. Die „niederen" sind besonders stark ausgeprägt, sie gehen auf biologisch vorprogrammierte Emotionen und Triebe zurück. Sie werden deswegen vom Menschen *vor* den höheren Motivationen befriedigt. Um mit *Brecht* zu sprechen: Erst kommt das Fressen, dann kommt die Moral!

Diese Betrachtungsweise ist weit verbreitet.[9] Sie wird in der Motivationshierarchie von *Maslow* (1975) weitergeführt, der die menschliche Motivation nach ihrer unterschiedlichen Vordringlichkeit für das Verhalten staffelt:

Die wesentlichen Bedürfnisse sind nach *Maslow:*
(1) biologische Bedürfnisse wie Hunger oder Durst,
(2) Sicherheitsbedürfnisse,
(3) Bedürfnisse nach Zuneigung, Liebe,
(4) Bedürfnisse nach Geltung und
(5) Bedürfnisse nach Selbstaktualisierung (Selbstverwirklichung).
Die ersten vier Bedürfnisse sind „Defizitbedürfnisse", die durch Mangel an bedürfnisreduzierenden Reizen entstehen. Durch diese Bedürfnisse wird das Individuum „unter Druck" gesetzt. Das fünfte, „höchste" Bedürfnis ist dagegen ein „Wachstumsbedürfnis", das durch ein aktives Streben des Individuums gekennzeichnet ist und als letztes Ziel die individuelle Selbstverwirklichung hat. Die auf diese Bedürfnisse zurückgehende menschliche Motivation wird in einer hierarchischen Ordnung wirksam: Zunächst wird das Individuum durch die biologischen Bedürfnisse zum Handeln motiviert. Erst wenn diese befriedigt sind, kom-

---

[8] Die Beschränkung auf aktualisierte psychische Prozesse ergibt sich auch aus unserer angewandten und aggregierten Betrachtungsweise: In der Konsumentenforschung wird bevorzugt gefragt, ob das Gut A tatsächlich eine Motivation auslöst, jedoch nicht, ob der Konsument eine latente Disposition hat, die dieses Gut ansprechen könnte.

[9] Vgl. *Buck* (1988), dort in der Unterteilung in biologische, individuelle und soziale Motivation.

men die nächsten Bedürfnisse (und die entsprechenden Motivationen) – in der angegebenen Folge – zum Zuge.

Das ist allerdings eine idealtypische Betrachtungsweise. Bei vielen Menschen ist die Motivationsrangfolge anders ausgeprägt, weil es zum Beispiel Leute gibt, „für die Geltung wichtiger ist als Liebe" (*Maslow*, 1975, S. 373). Es ist auch nicht so, daß eine Motivation stets vollständig erfüllt sein muß, bevor eine höherstehende Motivation wirksam werden kann. Meistens sind die vorhandenen Bedürfnisse nur teilweise befriedigt: Es kommt deswegen auf die relative Befriedigung an: So können zum Beispiel die Motivationen eines Menschen aufgrund von physiologisch (biologisch) bedingten Bedürfnissen zu 85 % erfüllt sein, aufgrund von Sicherheitsbedürfnissen zu 70 %, aufgrund von Zuneigungsbedürfnissen zu 50 % usw. (*Maslow*, 1975, S. 375).

Die Motivationshierarchie von *Maslow* hat in der Literatur viel Anklang gefunden. Sie wird in den meisten Büchern zum Konsumentenverhalten zitiert und hat zahlreiche, vorwiegend spekulative Arbeiten über Konsummotivation angeregt. Im einzelnen weist jedoch die Theorie von *Maslow* beachtliche Mängel auf, die durch mangelnde empirische Fundierung und nicht zuletzt durch die ideologische Absicht von *Maslow* verursacht werden, ein humanistisches und emanzipatorisches Menschenbild zu schaffen (vgl. auch *Franke* und *Kühlmann*, 1990, S. 257 ff.).

Der allgemeine und nicht nur von *Maslow* vertretene Leitgedanke, daß eine „höhere" Motivation erst dann zum Zuge kommt, wenn die „niederen", biologisch bedingten Motivationen befriedigt sind, wurde im vorigen Kapitel auch von uns aufgegriffen, um den Trend zum erlebnisbetonten Konsumenten zu erklären: Erst wenn die auf Essen, Wohnen, Kleidung, Lebenssicherheit usw. gerichtete Motivation befriedigt ist, richten sich die Wünsche der Konsumenten auf zusätzliche sensuale und ästhetische Erlebnisse.

Um eine Motivation im einzelnen zu analysieren, eignen sich außerdem die bereits für die Emotionsanalyse herangezogenen Merkmale „Komplexität" und „Konkretheit". Das läßt sich am Beispiel einer Motivation zum Autokauf klarmachen:

Die *Komplexität* dieser Motivation wird durch Anzahl und Zusammenwirken der motivational wirksamen Antriebskräfte wie Sicherheit, Eleganz, Prestige, Sparsamkeit usw. verursacht: Die *Konkretheit* der Motivation ist u. a. darin zu sehen, daß eine allgemeine Antriebskraft wie Prestige beim Autokauf in mehreren konkreten Motivationen zum Ausdruck kommt: ein auffallendes Auto zu kaufen, eine seltene Farbe zu wählen, ein großes Auto zu bevorzugen usw.

Einteilung nach den *kognitiven* Komponenten: Hierzu können wir uns kurz fassen, weil die kognitiven Vorgänge, die zum Entstehen einer Motivation beitragen, bevorzugt in der Einstellungsforschung untersucht und klassifiziert werden.

Im Mittelpunkt steht der subjektiv gesehene Ziel-Mittel-Zusammenhang: Die Motivation zum Kauf eines Produktes kommt dadurch zustande, daß der Konsument das Produkt als geeignetes Mittel wahrnimmt (= kognitiver Vorgang), um angenehme Gefühle zu verwirklichen und seine Triebe zu befriedigen.

Die Ziel-Mittel-Wahrnehmung durch den Konsumenten entsteht in der Regel durch Lernprozesse. Das Marketing versucht, diese Lernprozesse zugunsten eines Anbieters in Gang zu setzen und zu beeinflussen. Es geht insbesondere darum, wie man die Antriebskräfte der Konsumenten auf ein bestimmtes Produkt lenken und dadurch eine Kaufmotivation erzeugen kann. Beispiele dazu werden von *Kroeber-Riel* und *Meyer-Hentschel* (1982) beschrieben: Sie stellen u. a. Werbestrategien dar, welche die sozialen Gefühle der Konsumenten ansprechen sollen. Solche Strategien setzen an zwei Punkten an:

● Zunächst soll durch die Werbung eine soziale Emotion (Geselligkeitsgefühl, Prestige usw.) aktiviert oder verstärkt werden,
● dann soll durch die Werbung deutlich gemacht werden, daß die – beworbene – Marke zur Realisierung dieser Gefühle beiträgt.

Man kann nun die Motivation nach den beteiligten kognitiven Komponenten einteilen, zum Beispiel

(1) nach dem Umfang des Produktwissens, das für eine Kaufmotivation erforderlich ist. Diese Unterscheidung erklärt das abweichende Zustandekommen der Kaufmotivation für erklärungsbedürftige oder nicht erklärungsbedürftige Güter;
(2) nach der Art des Lernvorganges, durch den das Produktwissen erworben wird. Danach kann man Motivationen unterscheiden, die durch rationale Einsicht, durch Konditionierung, durch Imitationslernen usw. entstehen.

Derartige Unterscheidungen dienen dazu, das Zustandekommen von Konsummotivation in einer für die Entwicklung von Beeinflussungsstrategien geeigneten Weise zu analysieren.

Die unter (1) genannte Analyse und Einteilung der Motivation nach dem beteiligten Produktwissen wurde in den letzten Jahren mit Hilfe des „Leiterkonzeptes" („laddering-concept") stark ausgebaut:

Dieses Konzept dient dazu, das subjektive Wissen sichtbar zu machen, das dazu führt, daß ein Produkt mit den grundlegenden Emotionen so verknüpft wird, daß eine konkrete Motivation zum Produktkauf entsteht.

Was den Konsumenten an einem Produkt interessiert und was seine subjektive Produktkenntnis bestimmt, sind ja nicht die objektiven Produkteigenschaften, sondern die subjektiven Produktvorteile, die dadurch zustande kommen, daß der Konsument eine bestimmte Motivation[10] mit dem Produkt befriedigen kann.

Durch besondere Befragungstechniken bringt man die Konsumenten dazu, ihre Ziel-Mittel-Vorstellungen zu äußern,[11] angefangen an der untersten,

---

[10] In diesem Zusammenhang wird in der amerikanischen Literatur statt von Motivation meist von Werten gesprochen (in dem oben definierten Sinn von grundlegenden, weitgehend bewußten Motiven), auch von Antriebskräften und Emotionen, was eigentlich besser paßt, da die mit einer konkreten Motivation verbundene gedankliche Zielorientierung auf der Ebene grundlegender Motive und Werte noch wenig ausgeprägt ist.

[11] Die Leiterbefragungen umfassen in erster Linie „Warum-Fragen": Warum ist dieses Produkt wichtig für Sie? Antwort: Es macht nicht so müde wie alkoholische Getränke. Nächste Frage: Warum legen Sie Wert darauf, nicht müde zu sein? usw. Vgl. dazu *Peter* und *Olsen* (1992); *Reynolds* und *Gutman* (1988).

konkreten Ebene der Produktvorteile bis hin zur obersten, abstrakten Ebene der angesprochenen grundlegenden Motivation.

Eine dreistufige Ziel-Mittel-Beziehung sieht beispielsweise wie folgt aus (vgl. *Abbildung 31*):

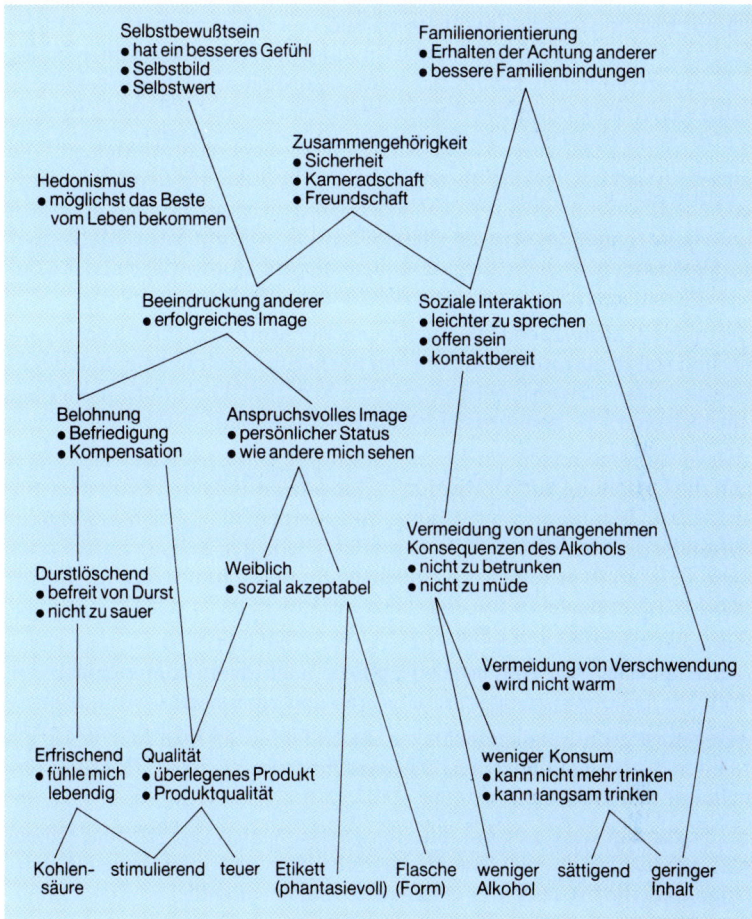

Abbildung 31: Ziel-Mittel-Analyse einer Kaufmotivation nach der Leitertechnik (Laddering)

Anmerkung: Durch Befragung ermittelte Produktvorteile eines Weinmixgetränkes (winecooler) und die davon befriedigte Motivation nach *Reynolds* und *Gutman* (1988) in einer Übersetzung von *Euro Advertising*, Viertel-Jahreshefte für Media- und Werbewirkung (1988, Heft 3, S. 7).

- Der geringe Alkoholgehalt des Getränkes (Eigenschaft, Mittel) macht nicht müde (= Produktvorteil, konkretes Ziel).
- Der Vorteil, nicht müde zu werden, trägt zu besseren sozialen Kontakten bei (Ziel auf einer höheren Ebene).

● Die besseren sozialen Kontakte befriedigen das Selbstbewußtsein.

Auf diese Weise werden hierarchisch geordnete Verknüpfungen zwischen Produktwissen und Zielvorstellungen sichtbar, also Ziel-Mittel-Leitern (deswegen die Bezeichnung „laddering").[12]

Die vom Konsumenten wahrgenommenen Ziel-Mittel-Beziehungen weisen auf das persönliche Involvement und das davon mitbestimmte Produktinvolvement hin: Je stärker das Involvement eines Konsumenten ist, um so ausgeprägter sind seine Ziel-Mittel-Wahrnehmungen, also seine Vorstellungen darüber, welchen Nutzen er aus einem Produkt ziehen kann.

Das Marketing soll durch solche Analysen dazu gebracht werden, auf die Vorteile zu achten, welche die angebotenen Produkte für den Konsumenten haben (beziehungsweise nicht haben), und nicht auf die objektiven Produkteigenschaften zu starren. Diese Sichtweise verhilft dazu, Marketingstrategien zu entwickeln, die konsequent auf die Motive (Werte) der Konsumenten ausgerichtet sind (*Reynolds, Gutman*, 1984).

Messung der Motivation: Untersuchungen der Motivation von Konsumenten sind selten geworden. In manchen Büchern zum Konsumentenverhalten spielt das Stichwort „Motivation zum Konsum" keine Rolle mehr oder nur noch eine sehr geringe (siehe etwa *Sternthal, Craig*, 1982).

Über die Meßmethoden wird wenig diskutiert. Das ist verständlich, wenn man die Forschung zur Motivation in den letzten 10 Jahren betrachtet: Sie läuft darauf hinaus, die Motivation entweder mehr als Antriebskraft zu sehen und zu messen (als Emotionen oder Triebe der Konsumenten) oder mehr als kognitives Konstrukt zu behandeln und dann bevorzugt die kognitive Komponente zu messen. Letzteres geschieht in der Einstellungsforschung (*Wiswede*, 1990, S. 421, 425). Mit anderen Worten:

Man neigt dazu, die emotionalen und die kognitiven Komponenten der Motivation getrennt zu operationalisieren und zu messen.

Dagegen ist grundsätzlich nichts einzuwenden, wenn man sich dieser getrennten Messung bewußt ist. Die Forschungspraxis zeigt aber, daß das nicht unproblematisch ist.

Wer bevorzugt die Antriebskräfte der Konsumenten (Emotionen, Triebe) mißt, vernachlässigt meistens die kognitive Seite der motivationalen Vorgänge, also die Prozesse der gedanklichen und willentlichen Zielorientierung des Konsumentenverhaltens. Wer bevorzugt die kognitiven Komponenten mißt, übergeht mehr oder weniger die starke Rolle der Antriebskräfte (Emotionen und Triebe) auf das Konsumentenverhalten.

Da die kognitive Richtung zur Zeit vorherrscht, leidet die Erfassung der Konsumentenmotivationen an einer Überbetonung der kognitiven Komponenten. Die Motivation der Konsumenten wird (vor allem durch die Ein-

---

[12] Solche Verknüpfungen werden in der Werteforschung bereits seit langer Zeit mit unterschiedlichen Methoden, vor allem durch einfache Befragungen, ermittelt, vgl. etwa *Windhorst* (1985). Alle diese Verfahren sind zu einseitig auf die kognitiven Komponenten, auf die sprachlich bewußten Vorstellungen der Konsumenten, gerichtet.

stellungsforschung) bevorzugt als bewußte und willentliche Zielsetzung aufgefaßt. Der Begriff Motivation ist zu einem kognitiven Konstrukt „herabgesunken"; die Antriebskomponenten der Motivation werden weitgehend außer acht gelassen (vgl. zu dieser Kritik *Bagozzi* und *Nicosia*, 1980).

Das ist ein Grund, für das Beibehalten des Begriffes Motivation zu plädieren. Dieser Begriff verklammert die Antriebskomponenten und die kognitiven Komponenten der menschlichen Handlungsprogramme, jedenfalls in der hier vorgeschlagenen Fassung. Der besonderen Bedeutung des Motivationsbegriffes entsprechend muß eine valide Messung der Motivation gleichermaßen die Antriebskomponenten wie die kognitiven Komponenten der Motivation erfassen.

Das ist bei den oben kritisierten einseitigen Messungen der Emotionsforschung auf der einen Seite und der Einstellungsforschung auf der anderen Seite problematisch. Paradigmatisch ausgedrückt: Psychobiologische Messungen der hinter der Motivation stehenden Antriebskräfte reichen ebensowenig aus wie standardisierte Befragungen zur bewußten Zielorientierung.

Die üblichen standardisierten Befragungen erfassen nur *verbal* klar *bewußte* Antriebskräfte und Handlungsabsichten: Sie sind nicht in der Lage, wenig oder unklar bewußte Motivationsvorgänge zu ermitteln, deren Verhaltenswirksamkeit in der gegenwärtigen Forschung wieder stärker betont wird. Ein Weg zur Messung dieser weniger bewußten Vorgänge besteht in der Einbeziehung von projektiven und nicht-verbalen Methoden (*Kroeber-Riel*, 1984a).

Die bei standardisierten Befragungen bevorzugten Ratingskalen geben außerdem wenig Auskunft über die *relative* Stärke der hinter einer Motivation stehenden Antriebskräfte: Läßt man Befragte (etwa auf einer Ratingskala) ankreuzen, wie stark eine Handlungstendenz ist, so erhält man – selbst wenn die Befragten Auskunft geben können und wollen – kaum Auskunft über die tatsächliche Motivationsstärke: Die Ratingskalen geben immer nur die Intensität der gemessenen Reaktion in bezug auf *einen* bestimmten Reiz wieder. *Beispiel:* Hat jemand die Absicht, einen Kaugummi zu kaufen, so wird er auf einer Ratingskala mit dem Wert 1 für „keine Motivation" bis zum Wert 5 für „starke Motivation" einen hohen Wert ankreuzen. Das gleiche wird der Befragte machen, wenn er ins Kino gehen möchte. Die Tendenz, ins Kino zu gehen, kann aber wesentlich stärker sein als die Tendenz, Kaugummi zu kaufen. Die in beiden Fällen angegebenen hohen Werte auf der Ratingskala informieren uns folglich nicht über die *relative* Stärke der Motivation. Für die Erklärung des Verhaltens kommt es aber gerade auf diese relative Motivationsstärke an. Um diese besser in den Griff zu bekommen, könnte man die Befragung mit psychobiologischen Methoden kombinieren oder auch Magnitudeskalierungen verwenden.

Nach dem gegenwärtigen Stand der Meßmethoden scheint es am besten zu sein, kombinierte Verfahren zu benutzen. Das heißt: Man ermittelt durch Einsatz von mehreren Verfahren, die zur Antriebsmessung und zur Messung von kognitiven Handlungsorientierungen geeignet sind, eine *Kombination* von Indikatoren für den komplexen Motivationsprozeß. Die Verfahren zur Antriebsmessung können vor allem aus der Emotionsforschung, die Verfahren zur Messung der kognitiven Handlungsorientierung aus der Einstellungsforschung übernommen werden.

2. Motivation zum Konsum

In Untersuchungen über die Motivation zum Konsum wird im allgemeinen eine antriebsbezogene Betrachtungsweise gewählt. Das heißt: Man gliedert und beurteilt die Konsummotivation nach den Emotionen und Trieben, die ihr zugrunde liegen. Zum Beispiel wird festgestellt, welche Antriebe die Motivation bestimmen, Kleidung zu kaufen.

Man stellt demzufolge in Motivationsuntersuchungen die Beziehungen zwischen den Antriebskräften auf der einen Seite und den Zielsetzungen und Handlungsabsichten der Konsumenten auf der anderen Seite her. Die Fragestellung läßt sich durch folgendes Schema kennzeichnen:

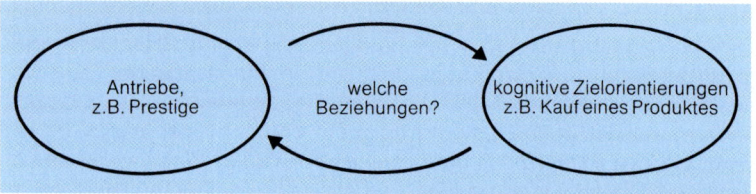

Je nachdem, von welcher Seite ausgegangen wird, lautet die Frage: Welche verschiedenen Antriebskräfte führen zu *einer* bestimmten Motivation? Oder: Welche verschiedenen Zielorientierungen werden aufgrund *einer* Antriebskraft realisiert?

Die so angelegten Motivationsuntersuchungen geben also Auskunft über:

● unterschiedliche Antriebskräfte – einheitliche Motivation
 oder
● einheitliche Antriebskraft – unterschiedliche Motivation.

Diese Auskünfte könnten natürlich bei entsprechender Problemstellung auch im Rahmen der Emotionsforschung oder der Einstellungsforschung gewonnen werden. Aber aufgrund der bereits erwähnten einseitigen Ausrichtung dieser beiden Forschungsbereiche kommen die *Verknüpfungen* zwischen den als gleichrangig anzusehenden Antriebskräften und kognitiven Handlungsorientierungen zu kurz; entweder werden mehr die Antriebskräfte (in der Emotionsforschung) oder die kognitiven Handlungsorientierungen (in der Einstellungsforschung) betont. Aussagen wie „der Kauf von Kleidern wird mehr von Prestige angetrieben als der Kauf von Autos" – welche typisch für die Motivationsforschung sind – findet man deswegen kaum in der Emotionsforschung und auch kaum in der Einstellungsforschung.[1]

---

[1] Die Emotionsforschung fragt selten nach konkreten Verhaltens*zielen,* auf welche die Antriebskräfte (Emotionen, aber auch Triebe) gerichtet werden. Die Einstellungsforschung setzt bei den Produkten (Produktmerkmalen) und deren Bewertung an, fragt aber selten explizit nach den *Antriebskräften,* die zu positiven oder negativen Bewertungen führen.

Unterschiedliche Antriebskräfte – gleiche Motivation: Als besonders wirksame Antriebskräfte zum Konsum oder zum Kauf von Gütern wird das Streben nach folgenden Werten angegeben:

- Prestige
- Geselligkeit
- Geborgenheit
- Natürlichkeit
- Abwechslung
- Erfolg
- Überlegenheit
- Jugendlichkeit.

Das ist nur eine kleine Auswahl. Man hat früher umfangreiche Listen solcher Antriebskräfte erstellt, die zwar einen heuristischen (anregenden) Wert für das Marketing haben, aber letztlich wenig erklären. Zusätzlich zu diesen konsummotivierenden Wertvorstellungen sind die primären Triebe wie Hunger, Durst, Sexualität zu beachten.

In den Untersuchungen der Marktforschungspraxis werden – zur Erklärung konkreter Konsum- und Kaufmotivation in einzelnen Produktbereichen – Antriebskräfte ermittelt, die oft konkreter und auch komplexer als die oben angegebenen Emotionen und Triebe sind. Ein Beispiel ist die rund zwanzigjährige „Typologie der Wünsche" des *Burda-Verlages*, die 1992 folgenden „Steckbrief" aufwies:

Steckbrief: Typologie der Wünsche '92

Grundgesamtheit Definition/ Größe:
Deutschsprachige Bevölkerung in Privathaushalten in Deutschland —
West und Ost
ab 14 Jahren
49.53 Mio. (West)
13.34 Mio. (Ost)

Stichprobe Methode:
Adressen-Random
ungewichtet:
West: 9.446 Fälle
Ost: 3.136 Fälle

Erhebungszeitraum:
West und Ost: 3/92 bis 6/92

Institute:
Basisresearch, Frankfurt/Main
GfM-Getas, Hamburg
Marplan, Offenbach

Medien:
123 Publikumszeitschriften
Supplements
und Wochenzeitungen
TV- und Hörfunksender

Besitz/Konsum:
Besitz, Besitzdauer, Erst-/Ersatzkauf, Anschaffungsabsicht, Einkaufsorte, Persönlicher Kauf/ Kauf im HH, Marken-/Preisbeachtung, Persönlicher Konsum, Haushaltsbevorratung, hauptsächlich/auch noch gekaufte Marke mit farbigen Produktabbildungen, ca. 1.400 Marken in 70 Produktbereichen

Einstellungen/Verhalten:
Insgesamt 221 Statements zu Ernährung, Gesundheit, Umwelt, Mediennutzung, Kaufkriterien, Konsum, Produktinteresse, Einstellungen, Verhaltensweise, PKW, Geldanlage, Versicherungen, Freizeitverhalten, Gesundheit, Mode, Bekleidung, Körperpflege, Haarpflege, Kosmetik

Greifen wir als weiteres und spezifischer konzipiertes Beispiel eine Untersuchung der Motivation zum Lesen von Zeitschriften heraus (Kommunikationsanalyse Nr. 6 von *Gruner + Jahr* aus dem Jahre 1994).

Folgende Themen wurden in der Erhebung 1994 unter anderem behandelt:

Interpersonelle Kommunikation

● Was interessiert Frauen? Worüber unterhalten sie sich? Und wo kennen sie sich so gut aus, daß sie anderen Rat geben?

● Wie kommunikativ sind Frauen? Mit wem sprechen sie? Wo kommen sie mit Leuten ins Gespräch? Wie gestalten sie ihre Freizeit? Und zu welchen Personenkreisen pflegen sie Kontakt?

● Wie schätzen sich Frauen selbst ein?

● Wie gehen Frauen beim Einkauf vor? Was (oder wer) beeinflußt ihre Entscheidung für oder gegen eine Marke?

Medien

● Welche Erwartungen haben Frauen an Frauenzeitschriften?

● Welche Medien sind für Frauen wichtig, und wie werden diese Medien genutzt?

● Wie sehen Frauen den Informations- und Unterhaltungswert der Medien?

● Wie wichtig sind einzelne Zeitschriftenfamilien?

Hinsichtlich der Motivation zum Lesen erfährt man, welche Emotionen die Leser bewegen, wenn sie eine Zeitschrift lesen. Diese Erlebnisse sind für die Motivation verantwortlich, die Zeitschrift zu konsumieren. Die unterschiedliche Ausprägung der Erlebnisse pro Zeitschrift kann als Antriebsprofil der auf eine Zeitschrift bezogenen Motivation aufgefaßt werden.

Nicht zu übersehen ist, daß eine solche Befragung die Erlebnisse (Antriebskräfte) in einer kognitiv aufbereiteten Form widerspiegelt. Ein Erlebnis wird einer Zeitschrift zugeordnet, weil die Zeitschrift in der subjektiven und situationsabhängigen *Wahrnehmung* der Leser in der Lage ist, dieses Erlebnis zu vermitteln. Dabei werden nur die wahrgenommenen, *verbalisierten* Erlebnisse mitgeteilt. Zudem geben die Befragten nur solche Antworten, mit denen sie vor sich selbst und vor anderen bestehen können. Es ist deswegen unsicher, inwieweit die in der Befragung angegebenen Erlebnisse den *tatsächlichen* Leseantrieben entsprechen.[2]

Die Antriebskräfte sind für die befragten Leser unterschiedlich relevant. Sie werden auch in unterschiedlicher Weise auf den Konsum von Zeitschriften gerichtet. Das wird durch die persönlichen Prädispositionen (durch die individuelle Motivstruktur) verständlich. Für den einen Leser ist Unterhal-

---

[2] Diese kritische Sicht wird unterstützt durch *von Rosenstiel* und *Neumann* (1982, S. 161). Sie fordern, daß gerade Motivationsstudien „nicht nur aus einer Befragung . .. bestehen, sondern sehr wohl Beobachtungsverfahren einschließen, wobei auch experimentelle Labortechniken ihren Platz haben können".

tung wichtiger als Information. Für einen anderen steht Ablenkung an erster Stelle. Der eine Leser befriedigt sein Unterhaltungsstreben bevorzugt durch Zeitschriften, der andere durch das Fernsehen. Um solche individuellen Unterschiede (Gruppenunterschiede in der Leserschaft) zu erfahren, kann man statistische Cluster ermitteln. Man erhält dann eine *Lesertypologie*.

Eine solche Lesertypologie gibt die Antriebs- und Motivationsunterschiede für einzelne Lesergruppen an. Zum Beispiel liest der „unterhaltungssuchende Viel-Leser" überdurchschnittlich viele Zeitschriften. Sein Unterhaltungsstreben ist relativ stark ausgeprägt. Es motiviert ihn, Unterhaltung in Zeitschriften – und nicht auf eine andere Weise – zu suchen. Antriebstypologien dieser Art werden in der Marktforschung häufig erstellt.[3]

Das Marketing kann sich solche *Konsumententypologien* zunutze machen: Die Produktgestaltung kann sich auf die Antriebskräfte von solchen Konsumententypen einstellen, die umsatzstarke Marktsegmente bilden. Die Werbung kann versuchen, auf solche Antriebskräfte einzuwirken, welche die Motivation zum Kauf einer Marke verstärken. Sie kann ihre Argumentation an bestimmte Konsumententypen anpassen usw.

Alles in allem erhalten wir durch die (antriebsbezogenen) Motivationsstudien einen beachtlichen Einblick in die Beweggründe des konkreten Kaufverhaltens.[4]

Gleiche Antriebskraft – unterschiedliche Motivation: Um zu beschreiben, wie sich die gleiche Antriebskraft in unterschiedlichen Motivationen äußern kann, wenden wir uns jetzt exemplarisch dem Prestigestreben zu, das in unserer Liste motivationswirksamer Antriebskräfte an erster Stelle genannt wurde. Wie fein gesponnen die Beziehungen zwischen Prestigestreben und Entscheidungsverhalten sein können, wird bereits in einer älteren Studie von *Anastasi* (1976) deutlich:

Ein Hersteller technischer Großprodukte hatte mit dem Absatz von Schaufelbaggern Schwierigkeiten. Auf den Anzeigen für dieses Investitionsgut sah man die riesigen Maschinen beim Anheben großer Lasten. Eine empirische Untersuchung zum Kaufentscheidungsprozeß ergab, daß die Baggerführer bei der Entscheidung eine nicht unerhebliche Rolle spielten. Die befragten Baggerführer gaben aber deutlich Aversionen gegen den genannten Schaufelbagger an. Befragungen zeigten, daß sie ärgerlich waren, weil auf den Anzeigen die gewaltigen Bagger Aufmerksamkeit auf sich zogen, die Baggerführer aber zu winzigen, kaum erkennbaren Figuren im Führerstand „degradiert" waren. Das Geltungsstreben der Baggerführer wurde offensichtlich frustriert. Als praktische Konsequenz aus dieser Un-

---

[3] Ein klassisches Beispiel ist die von *Noelle-Neumann* geschaffene Motivationstypologie nach der „Persönlichkeitsstärke", die sich dazu eignet, die Konsumenten nach Einstellung und Verhalten sowie nach ihrem unterschiedlich starken sozialen Einfluß zu gruppieren (*Noelle-Neumann*, 1985).

[4] In bestimmten Fällen kann es für das Marketing auch interessanter sein, nicht nach Verwender-Typen, sondern nach Anlässen für den Konsum bestimmter Produkte zu differenzieren. Zu derartigen Motivationsanalysen vgl. z. B. *Dubow* (1992).

starkes Prestigestreben hinter der Motivation zum Konsum von		Schwaches Prestigestreben hinter der Motivation zum Konsum von	
Kleidung	6,1	Schuhen	3,4
Autos	5,9	Armbanduhren	2,9
Reisen	5,7	Schallplatten	2,9
Kunstgegenständen	5,6	Farbfernsehern	1,7
Möbeln	5,4		

Abbildung 32: Beziehungen zwischen Prestige und Motivation zum Konsum

Anmerkung: Die Zahlen sind Mittelwerte einer Zehn-Punkte-Skala, mit der nach der Eignung der Gegenstände gefragt wurde, bei anderen Leuten „Eindruck machen zu können".

Quelle: Adlwarth (1983, S. 189).

tersuchung wurden die Anzeigen umgestaltet: Man sah jetzt in der bildhaften Darstellung dem Baggerführer über die Schulter hinab auf die arbeitende Maschine. Der Eindruck wurde verstärkt, daß er der Herr des Fahrzeuges sei (übernommen aus *von Rosenstiel, Neumann,* 1982, S. 159).

Im Konsumgüterbereich schlägt sich das Prestigestreben hauptsächlich in der Motivation nieder, sozial auffällige Produkte zu erwerben. Das sind Güter, deren Konsum von anderen bemerkt wird und die den sozialen Status des Konsumenten anzuzeigen oder aufzuwerten vermögen. Die *Abbildung 32* gibt Beispiele zum „Prestigewert" verschiedener Güter an (nach *Adlwarth,* 1983). Ein überdurchschnittlich starkes Prestigestreben steht hinter der Motivation, Kleidung, Autos und Reisen zu kaufen. Das deckt sich auch mit älteren Untersuchungen. Nicht gefragt wurde nach dem Prestigewert des eigenen Hauses, der ebenfalls hoch ist (*McCann-Erickson,* 1982, S. 61).[5]

Ein ökonomisch „klassisches" Phänomen ist die Motivation von Konsumenten, mehr von einem Gut zu kaufen, wenn der Preis steigt. Hier wird wieder das Zusammenspiel zwischen Antriebskraft (Prestigestreben) und kognitiven Wahrnehmungsvorgängen deutlich:

Der hohe Preis verheißt in den Augen der Konsumenten sozial vorteilhafte Demonstrationswirkungen: Durch den Konsum des teuren Gutes kann der Konsument seine finanzielle Stärke demonstrieren, von der (in unserer Gesellschaft) das Prestige wesentlich mitbestimmt wird.

Der dadurch entstehende, nachfragefördernde Einfluß des Preises auf die Preisabsatzfunktion wird oft als *Veblen-Effekt* bezeichnet – nach dem amerikanischen Sozialwissenschaftler *Veblen,* der in seiner „Theorie der feinen Leute" (1899; deutsch 1993) die konsummotivierende Bedeutung von aufwendigen Gütern geschildert hat. Aufgrund des *Veblen* – Effektes kann es dazu kommen, daß bei Preiserhöhungen (bei demonstrativen Preisen) die nachgefragte Menge steigt (vgl. *Abbildung 33*).[6]

---

[5] Über die Auswirkungen des Prestigestrebens auf das Konsumentenverhalten liegen zahlreiche wissenschaftliche Untersuchungen vor, unter anderem von *Adlwarth* (1983) und *Schulz* (1990).

[6] Eine formale Ableitung für einen Verlauf der Preisabsatzfunktion bietet *Leibenstein* (1966).

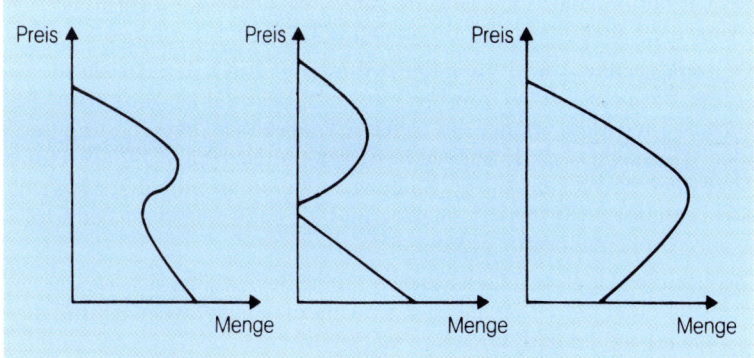

Abbildung 33: Preisabsatzfunktionen, deren Form durch den Veblen-Effekt bestimmt wird

Sozialkritische Fragen zur Motivation der Konsumenten: Dieses Kapitel über Konsummotivation, nicht zuletzt über das Prestigestreben der Konsumenten, regt zu einigen sozialkritischen Fragen an:

Die Anbieter nutzen die Antriebskräfte der Konsumenten für ihre Marketingziele aus. Sie versuchen durch das Marketing, die zum Kauf und Konsum von Produkten antreibenden Erlebnisse und Triebe zu verstärken und dem Konsumenten zusätzliche und neue Erlebnisse zu vermitteln.[7]

Das Sprichwort „Gelegenheit macht Diebe" kann man in diesem Zusammenhang auch auf die Motivation zum Konsum beziehen und umformulieren: Die reizvolle, stimulierende Erlebniswelt des Konsums drängt den Konsumenten dazu, immer wieder zuzugreifen, zu kaufen und zu kaufen. Diese Überlegung regt zu folgenden Fragen an:

(1) Welche Folgen hat die Anreizwirkung des Konsumgüterangebotes auf den Teil der Bevölkerung, der dieses nur in einem geringen, als unbefriedigend empfundenen Ausmaß in Anspruch nehmen kann?

(2) Welche Folgen hat die Anreizwirkung des allgegenwärtigen Konsumgüterangebotes auf die Entwicklung von Motivationen, die *nicht* auf den Konsum gerichtet sind?

(3) Welche Folgen hat die Anreizwirkung eines Angebotes von Gütern, deren Konsum individuell oder gesellschaftlich *nachteilig* ist?

Der Konsument lernt die Motivation zum Kauf von Gütern aufgrund von „Belohnungen", welche ihm die Anbieter in Form von angenehmen Konsumerlebnissen bieten. Darin ist zunächst einmal kein Problem zu sehen, denn Motivation ist stets und in allen Lebensbereichen in erheblichem Ausmaß *gelernte* Motivation und damit „fremdbestimmt".

Die von Systemkritikern geäußerte These von der Fremdbestimmung des Konsums, nach der die Anbieter über die *echten* Bedürfnisse der Konsu-

---

[7] Es ist ein Unterschied, ob Konsumerlebnisse im Rahmen von Wertetrends zur Lebensqualität beitragen oder „Ersatzwerte" für fehlende Antriebskräfte zur sinnvollen Lebensgestaltung werden.

menten hinweggehen und den Konsumenten *künstliche* Bedürfnisse aufzwingen, ist allerdings nicht akzeptabel.[8]

Die weitgehende Ausformung der Bedürfnisse durch den Sozialisationsprozeß, das heißt durch Umwelteinflüsse, läßt es *nicht* zu, „originäre" Bedürfnisse und Motivationen des Menschen gegenüber „fremdbestimmten" oder „künstlichen" Bedürfnissen abzugrenzen (*Herrmann*, 1979, S. 89 ff.). Abgesehen davon kann die Feststellung, es handle sich um ursprüngliche oder originäre Bedürfnisse, keine Begründung dafür sein, diese Bedürfnisse von vornherein positiv zu beurteilen.

Die grundlegenden gesellschaftlichen Probleme beziehen sich auf die Legitimation und Macht der anbietenden Unternehmen: Inwieweit sind diese dazu legitimiert und durch ihre Machtposition in der Lage, die Motivation und damit auch den Lebensstil der Konsumenten in einer Weise zu prägen, die nicht selten den individuellen Interessen oder den gesamtgesellschaftlichen Interessen widerspricht.

Beispiel: Wie ist das Marketing von Autoherstellern zu beurteilen, durch das so auf die Motivation der Konsumenten eingewirkt wird, daß gegen wichtige gesellschaftliche Werte wie Materialschonung, Rücksichtnahme, Umweltschutz verstoßen wird?

In diesem Zusammenhang wird neuerdings auf das **Suchtverhalten** der Konsumenten eingegangen.

> Süchtiges Einkaufs- und Konsumverhalten geht auf zwanghafte Motivation der Konsumenten zurück. Es verbreitet sich zunehmend in unserer Gesellschaft.

Ebenso wie anderes Suchtverhalten kann man als Sucht (addiction) ein Einkaufs- und Konsumverhalten verstehen, das

- willentlich wenig kontrolliert werden kann (Abhängigkeit),
- auf eine zwanghafte Motivation zurückgeht und
- individuelle, schädliche Auswirkungen außer acht läßt.

Das Verhalten läuft dann wiederkehrend-unkontrolliert ab und richtet sich auf die schnelle unmittelbare Befriedigung durch Einkauf und Konsum.[9]

Es korreliert u. a. mit entsprechenden Kindheitserfahrungen und mit niedrigem Selbstvertrauen, und es manifestiert sich vor allem in unvernünfti-

---

[8] Vgl. die an Aktualität verlorene Diskussion zu diesem Thema in *Biervert, Fischer-Winkelmann* et al. (1977, S. 89 ff.) sowie *Fischer-Winkelmann* und *Rock* (1977).

[9] Nach Berichten über Untersuchungen für Deutschland in 1993 leiden mindestens 3 Millionen Erwachsene in den alten deutschen Bundesländern unter der Sucht zwanghaften Einkaufens. Weitere 12 Millionen Deutsche legen ein relativ zwanghaftes Kaufverhalten an den Tag.
Die Betroffenen erwerben trotz bereits hinreichend vorhandener Bestände Berge von Kleidung, Haushaltswaren und Lebensmitteln. Häufig sind sie maßlos verschuldet. Männer fallen der Sucht ebenso zum Opfer wie Frauen. Im fortgeschrittenen Stadium hilft nur noch eine Therapie oder der Besuch einer der Selbsthilfegruppen, die in deutschen Großstädten vermehrt aktiv werden.

ger Kreditkartenverwendung (*d'Astous*, 1990; *d'Astous*, *Maltais* et al., 1990).

Da das Suchtverhalten dem Betroffenen weitgehend bewußt ist, wird es in der Regel durch Befragungen ermittelt. Dabei werden den Konsumenten Formulierungen über ihr Verhalten vorgelegt, denen sie mehr oder weniger zustimmen können. Die nachfolgend wiedergegebenen Formulierungen repräsentieren drei wichtige Dimensionen des Suchtverhaltens.[10]

Erste Dimension: Zwanghafte Tendenz zum Geldausgeben – „Ich habe oft ein Produkt gekauft, das ich nicht benötige, obwohl ich weiß, daß ich über wenig Geld verfüge."

Zweite Dimension: Reaktives Verhalten – „Für mich ist Einkaufen eine Möglichkeit, um dem Streß des täglichen Lebens entgegenzutreten und zu entspannen."

Dritte Dimension: Schuldgefühle nach dem Kauf – „Nicht selten habe ich mich nach dem Kaufen irgendwie schuldig gefühlt, da mir das Kaufen unvernünftig erschien."

Ein zentraler Ansatzpunkt, um die Motivation für das süchtige Einkaufs- und Konsumverhalten zu erklären, ist das Fluchtverhalten. Um negativen Emotionen wie Angst, Hilflosigkeit, Enttäuschung usw. sowie ungelösten Problemen auszuweichen, sucht der Konsument mit pathologisch verstärktem Involvement die Reizkonstellationen, die ihm schnell und bewährt Ablenkung und Genuß verschaffen. Als wirksamer Weg wird dazu durch die redaktionellen Sendungen der Medien und durch die Werbung das reizvolle Angebot an Konsumgütern herausgestellt. Das Fluchtverhalten wird dadurch besonders auf den Konsumgüterbereich gelenkt.[11]

Nach amerikanischen und deutschen Untersuchungen ist damit zu rechnen, daß etwa 2 % bis 5 % der Bevölkerung einkaufs- und konsumsüchtig werden, mit steigender Tendenz.[12]

Derartige pathologische Entartungen des Konsumentenverhaltens werden zu einem verbraucherpolitischen Problem, dem mit Aufklärung allein nicht zu begegnen ist.

3. Motivationale Konflikte: Die Verunsicherung der Konsumenten in Kaufsituationen

a) Elementare Konfliktmodelle

Begriffe: Ein *intrapersoneller* Konflikt stellt sich ein, wenn zwei Verhaltenseinheiten zueinander in Widerspruch geraten. Man unterscheidet:

---

[10] Nach dem „kanadischen Meßverfahren" von *Valence, d'Astous* et al. (1988), auch übernommen und modifiziert für Messungen in Deutschland durch *Scherhorn* und *Reisch* (1990).

[11] Andererseits stimulieren Marketing und Medien auch die negativen Gefühle, die zum Fluchtverhalten führen, wie Enttäuschung und Deprivation, wenn die Konsumenten die begehrenswert gemachten Güter nicht kaufen können.

[12] Vgl. auch *Powers* (1992).

- motivationale Konflikte,
- kognitive Konflikte.

Die *Unterscheidung* dieser Konflikte ist nicht so einfach, wie es auf den ersten Blick scheint, denn an der Entstehung motivationaler Konflikte sind, wie aus dem vorigen Kapitel hervorgeht, stets auch kognitive Prozesse beteiligt. Es scheint zweckmäßig zu sein, unter *motivationalen* Konflikten solche zu verstehen, die auf widersprüchliche Antriebskräfte zurückgehen und zu widersprüchlichen Handlungstendenzen führen. *Kognitive* Konflikte spielen sich dagegen mehr im assoziativen Bereich ab, sie führen zu einer Umorganisation von kognitiven Einheiten.

Beispiel eines *motivationalen* Konfliktes: Ein Käufer steht vor der Entscheidung, ein Auto zu kaufen. Aufgrund einer Prestigemotivation ist er bestrebt, die Automarke A zu kaufen (Verhaltenstendenz 1), aufgrund seiner Sicherheitsmotivation ist er bestrebt, die Automarke B zu kaufen (Verhaltenstendenz 2). Da er nur ein Auto kaufen will bzw. kann, wird er von zwei sich widerstrebenden Verhaltenstendenzen hin und her gezogen. Er erlebt einen Konflikt.

Beispiel eines *kognitiven* Konfliktes: Ein Käufer hat das Auto A gekauft und erlebt danach eine kognitive Dissonanz: Sein Wissen, die Automarke A zu besitzen, steht im Widerspruch zu der Erkenntnis, daß die nicht erworbene Automarke B beachtliche Vorteile hatte, die eigentlich für den Kauf dieser Automarke sprachen. Dieser *gedankliche* Konflikt kann verschiedene Verhaltensweisen auslösen, welche die Wiederherstellung des kognitiven Gleichgewichts zur Folge haben (vgl. dazu V. 1. c in diesem Teil).

Dieser Versuch einer groben Abgrenzung motivationaler und kognitiver Konflikte läßt viele *Fragen offen*. Der Kernpunkt der Unterscheidung ist die unterschiedlich starke Beteiligung von *Antriebskräften*. Dieser Ansicht scheint auch *Buck* (1988, S. 437) zuzuneigen: „Es ist möglich, daß die aus kognitiver Dissonanz resultierende ‚Verhaltenstendenz' (Motivation) vollständig kognitiver Art ist und nicht mit den üblichen Antriebskräften in Beziehung steht."

Die Untersuchung der Wirkung motivationaler Konflikte geht auf *feldtheoretische* Ansätze von *Lewin,* ihre lerntheoretische Erweiterung auf *Hull* sowie auf Operationalisierungen und Umformulierungen von *Miller* (1944) zurück. *Miller* entwickelte elementare theoretische *Konfliktmodelle*, die dazu dienen, Hypothesen über die Wirkung von Konflikten abzuleiten.

Bei der in *Abbildung 34* aufgeführten Einteilung der Konflikte geht man von der Unterscheidung in positive und negative *Reaktionstendenzen* (Verhaltenstendenzen) aus.

Positive Verhaltenstendenzen (Motivationen) sind gekennzeichnet durch die Annäherung an ein subjektiv anziehendes Verhaltensziel. Dieses Annäherungsverhalten wird auch als *Appetenzverhalten* oder kurz als Appetenz bezeichnet. Das Bestreben, in den Besitz eines Autos zu kommen, veranschaulicht eine positive Verhaltenstendenz. *Negative* Verhaltenstendenzen sind solche, die zur Vermeidung eines Verhaltenszieles führen *(Aversionsverhalten).* Eine negative Verhaltenstendenz liegt etwa vor, wenn die Anschaffung eines Gegenstandes seines hohen Preises wegen gemieden wird. Die anziehenden oder abstoßenden Wirkungen eines Verhaltenszieles werden durch die (positiven oder negativen) emotionalen Vorgänge und Triebe bestimmt, die hinter dem zielgerichteten Verhalten stehen. Sie äußern sich darin, daß das Individuum „etwas will" oder „nicht will".

Abbildung 34 klassifiziert die *einfachen* Konflikte, die durch Kombinationen widersprüchlicher Motivation entstehen. Die Reihenfolge der aufgeführten Verhaltenstendenzen hat keine Bedeutung. Eine weitergehende Klassifizierung umfaßt auch *Mehrfachkonflikte*, wie den doppelten Appetenz-Aversions-Konflikt. In diesem Fall sind zwei (oder mehr) Verhaltensziele gleichermaßen anziehend wie abstoßend.

Zur Entstehung und Lösung der drei angegebenen Konfliktarten hat *Miller* (1964) sechs **Hypothesen** gebildet. Die vier nachfolgend genannten Hypothesen reichen für die folgenden konflikttheoretischen Erörterungen aus:[1]

(1) Die Stärke der positiven Verhaltenstendenz nimmt mit der Zielnähe zu.
(2) Die Stärke der negativen Verhaltenstendenz nimmt mit der Zielnähe zu.
(3) Die Stärke der negativen Verhaltenstendenz nimmt mit der Zielnähe stärker zu als die Stärke der positiven Verhaltenstendenz.
(4) Von zwei sich entgegenstehenden Verhaltenstendenzen setzt sich in einem Konflikt die stärkere durch (nach *Miller*, 1964, S. 99 f.).

Verhaltenstendenzen 1 2		Konfliktbezeichnung
positiv	positiv	Appetenz-Appetenz-Konflikt
negativ	negativ	Aversions-Aversions-Konflikt
positiv	negativ	Appetenz-Aversions-Konflikt (Ambivalenzkonflikt)

Abbildung 34: Klassifizierung der einfachen Konflikte

Die Gültigkeit dieser Hypothese wurde vor allem in *Tierversuchen* geprüft und bestätigt. Obwohl die *Übertragung* der Hypothesen auf das menschliche Verhalten bloß eine Analogie ist, wird sie von vielen Autoren bejaht.[2]

Bezieht man die Hypothesen auf das menschliche Verhalten, so müssen allerdings die von *Miller* und anderen Autoren auf Tierversuche abgestimmten Operationalisierungen aufgegeben werden. Die in den Hypothesen gebrauchten Begriffe wie Zielnähe oder Stärke der Verhaltenstendenz (letz-

---

[1] Diese Hypothesen wurden sehr frei übersetzt.
[2] Vgl. dazu *Weiner* (1988, S. 97) und *Weiner* (1992, S. 87), der auch einen Überblick über die Hypothesen von *Miller* gibt. Die Übertragung erfolgt in der Annahme, daß der grundlegende Konfliktmechanismus in Tier und Mensch „hinreichend ähnlich ist" (*Miller,* 1964, S. 98).

tere kann beispielsweise im Tierversuch durch die Kraft gemessen werden, mit der eine angeschirrte Ratte einem Ziel zustrebt oder vom Ziel wegstrebt) werden bei einer Übertragung der Hypothesen auf das menschliche Verhalten von neuem *operationalisierungsbedürftig* (z. B. als *psychische* Zieldistanzen). Man hat die in den Hypothesen gebrauchten Begriffe dann als theoretische Konstrukte aufzufassen, die mit den für die Beschreibung des menschlichen Verhaltens geeigneten empirischen Begriffen verbunden werden müssen (*Ulich*, 1989 a, S. 85 ff.). Inwieweit diese Verknüpfung für die folgenden, der Literatur entnommenen Beispiele für menschliche Konfliktsituationen gelungen ist, müßte noch kritisch überprüft werden.

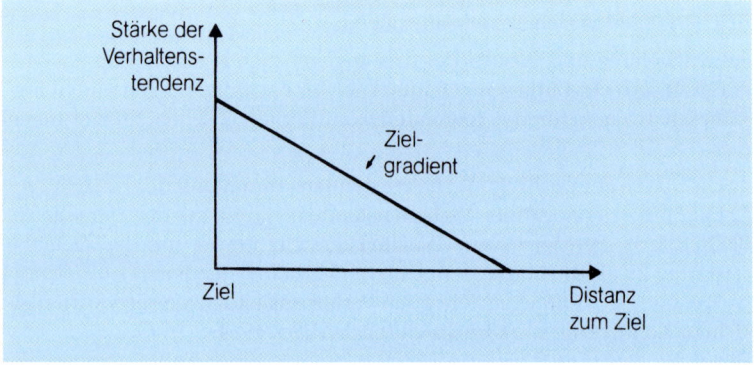

Abbildung 35: Beziehung zwischen Zielnähe und Stärke der Verhaltenstendenz

Was die Konflikttheorie für die Erklärung des *Konsumentenverhaltens* so interessant macht, ist vor allem die *strukturelle*, das heißt theoretische Abbildung von Verhaltensmechanismen, die durch Konflikte ausgelöst werden und die auch auf kognitive Konflikte übertragen werden können. Das gilt ganz besonders für die von Konflikten bewirkte Verunsicherung des Individuums in Entscheidungssituationen.

Aber zurück zu den Hypothesen von *Miller*. Wir können die Beziehungen zwischen der Stärke der Verhaltenstendenz und der Zielnähe durch **Zielgradienten** (das sind Konstruktionen der Lerntheorie, auf die wir an anderer Stelle eingehen) abbilden. *Abbildung 35* gibt einen solchen Zielgradienten für eine positive Verhaltenstendenz wieder. Er wird auch *Appetenzgradient* genannt: Wie die Zeichnung zeigt, wird im Nullpunkt das Verhaltensziel eingetragen. Der Abstand auf der Abzisse zu diesem Null-Punkt gibt die Distanz zum Ziel an. Er ist ganz allgemein als *psychische* Distanz eines Individuums zu einem Handlungsziel zu interpretieren und kann unter anderem in einer räumlichen Distanz (Entfernung zu einem Restaurant) oder in einer zeitlichen Distanz (Zeit bis zum Einkauf eines Produktes) zum Ausdruck kommen. Je näher das Ziel rückt, um so stärker wird die Hinwendung zum Ziel.

Man kann auch sagen, der Anreizcharakter eines in die Nähe gerückten Zieles ist größer als der Anreizcharakter eines fernen Zieles. Voraussetzung dafür ist natürlich ein aktualisiertes (manifestes) Ziel, das heißt ein Ziel, das vom Individuum aufgrund einer gerade wirksamen Motivation tatsächlich angestrebt wird. Daß sich eine solche Verstärkung der Verhaltenstendenz bei zunehmender Zielnähe ergibt, läßt sich an einer geringeren Bereitschaft zur Umkehr, an einer wachsenden Erregung und an anderen Indikatoren ablesen. Man denke nur an das „Reisefieber", das eine bald bevorstehende Reise auslöst.[3]

Wie man mit Hilfe von Zielgradienten unterschiedliche Konfliktsituationen darstellen kann, zeigt *Abbildung 36.* Sie stellt einen Appetenz-Appe-

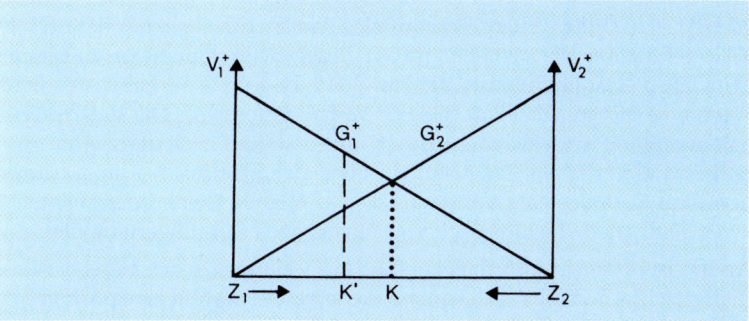

a) Appetenz-Appetenz-Konflikt

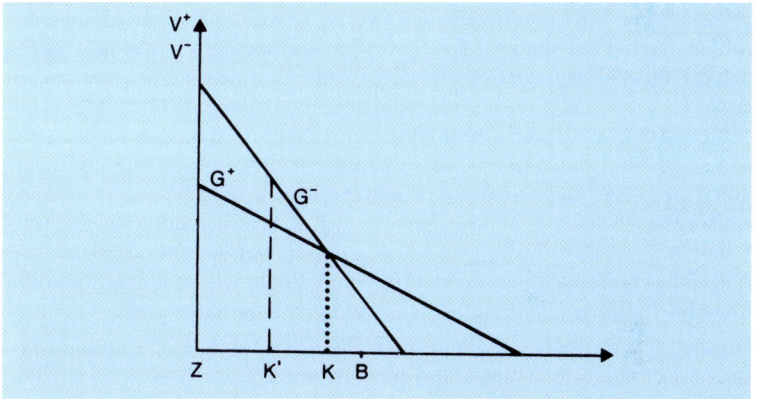

b) Appetenz-Aversions-Konflikt

Abbildung 36: Konfliktsituationen, dargestellt mittels Zielgradienten

Anmerkung: V^+ und V^- = def. Stärke der positiven und negativen Verhaltenstendenz (Motivation), Z = def. Ziel des Verhaltens, K = def. Konfliktpunkt, G^+ und G^- = def. Appetenz- und Aversionsgradient.

---

[3] Die psychische Distanz zu einem Ziel läßt sich auch (nach dem lerntheoretischen Generalisierungsprinzip) als wahrgenommene Ähnlichkeit von Zielen auffassen. Die psychische Distanz zu einem Zielreiz ist dann um so geringer, je ähnlicher ein Reiz dem Zielreiz ist. Man kann dann den Satz von der Zielnähe wie folgt umformulieren: Je ähnlicher ein Reiz dem Zielreiz ist, um so mehr erreicht die Hinwendung zu diesem Reiz die Stärke der Hinwendung zum Zielreiz. Vgl. dazu die konflikttheoretische Interpretation in *Hofstätter* (1981, S. 182).

tenz-Konflikt *(Abbildung 36 a)* und einen Appetenz-Aversions-Konflikt *(Abbildung 36 b)* dar. Den Aversions-Aversions-Konflikt übergehen wir hier, weil er für das Konsumentenverhalten von untergeordneter Bedeutung ist.

Ein **Appetenz-Appetenz-Konflikt** wird durch den Schnittpunkt zweier Appetenzgradienten wiedergegeben. Im Schnittpunkt ist die Hinwendung zum Ziel 1 (angegeben durch den Gradienten G_1) genauso groß wie die Hinwendung zum Ziel 2 (angegeben durch den Gradienten G_2). Die Stärke der beiden positiven Verhaltenstendenzen ist in diesem Punkt gleich. Das Individuum ist beiden Zielen gleichermaßen zugetan. Aber dieser Konflikt ist *nicht stabil*. Eine weitere, geringfügige Annäherung an eines der beiden Ziele genügt, um die Anziehungskraft dieses Zieles dominieren zu lassen. Zum Beispiel ist im Punkt K' die von Ziel 1 ausgelöste Verhaltenstendenz stärker als die von Ziel 2 ausgelöste Verhaltenstendenz. Die *stärkere* Verhaltenstendenz setzt sich dann durch und bestimmt nach der vierten Hypothese das Verhalten. Der Konflikt ist beendet. Eine solche Konfliktsituation birgt also nicht die Buridanus' Esel drohende Gefahr, der zwischen zwei Heuhaufen, die ihn gleichermaßen anzogen, verhungern mußte.

Anders ist es beim **Ambivalenzkonflikt**. Im Gegensatz zu den anderen Konfliktarten löst in diesem Fall ein und dasselbe Ziel sowohl eine positive als auch eine negative Verhaltenstendenz aus. Im Punkte K halten sich diese beiden widersprüchlichen Verhaltenstendenzen die Waage. Wie *Abbildung 36 b* zeigt, überwiegt im Bereich *links* von K (etwa in K') die Stärke der negativen Verhaltenstendenz. Das bedeutet: Bei größerer Zielnähe wendet sich das Individuum wieder vom Ziel ab; es entfernt sich wieder vom Ziel. Im Bereich *rechts* von K überwiegt die positive Verhaltenstendenz. Das bedeutet: Das Individuum strebt näher zum Ziel und damit in Richtung K. Auf diese Weise entsteht in K ein Punkt gleich starker Appetenz und Aversion. Hat das Individuum diesen Punkt erreicht, so wird es weder vor- noch zurückgetrieben. Es wird zwischen den sich widerstrebenden Kräften festgehalten. Seine Aktionsfähigkeit wird *gelähmt*. Der Konflikt ist *stabil*. Um beim Bild von Buridanus' Esel zu bleiben: Er steht reglos in gebührendem Abstand vor einem Heuhaufen, weil auf ihm ein Stinktier sitzt.

Entscheidend für die Entstehung einer stabilen Konfliktsituation ist die *unterschiedlich* starke Zunahme der Appetenz und der Aversion, wenn sich das Individuum dem Ziel nähert (vgl. Hypothese 3). Dadurch kommt es zu einem Schnittpunkt der Zielgradienten. „Als einfaches Beispiel zum Konsu*mentenverhalten* mag die allgemein bekannte Ambivalenz hinsichtlich des Erwerbs eines teuren Gegenstandes (Kosten gegenüber Besitzwunsch) dienen, besonders im Fall von Luxusgegenständen. Wiederholte Annäherungen (Schaufensterbetrachten, Nachfragen, Um-den-Preis-feilschen) werden oft ganz kurz vor dem eigentlichen Erwerb gestoppt – vielleicht weil die Unlust und/oder das Schuldgefühl, die sich mit der Ausgabe verbinden, mit der Annäherung an den Punkt der Festlegung steiler anwachsen als die Attraktivität des betreffenden Gegenstandes" (*Berelson* und *Steiner*, 1974, Bd. 1, S. 171).

Wenn man das Modell des Ambivalenzkonfliktes diesem Beispiel von *Berelson* und *Steiner* entsprechend zur Erklärung des Konsumentenverhaltens heranziehen möchte, hat man insbesondere auf die Bedeutung der *Konfliktstärke* zu achten. Bei Kaufentscheidungen des alltäglichen Bedarfs treten nur relativ schwache Konflikte auf, sie werden deswegen kaum verhaltenswirksam. Gerade bei schwachen Antriebskonflikten führen die in die Kaufentscheidung eingreifenden kaufstimulierenden und *kognitiven* Vorgänge zu Modifikationen der hier wiedergegebenen einfachen Konfliktmechanismen.

b) Konflikte von Konsumenten

Bei einer Konsumwahl – zum Beispiel bei der Entscheidung für eine bestimmte Kaffeemarke – entstehen häufig **Appetenz-Appetenz-Konflikte:** Das Individuum präferiert in diesem Fall gleichzeitig verschiedene *Produktalternativen.* Es entstehen dann widersprüchliche Rangordnungen. Stehen zum Beispiel vier Produkte A, B, C, D zur Wahl, so ist es unter diesen Umständen möglich, daß das Individuum A vor B präferiert, zugleich aber auch, wie unten noch begründet wird, das Produkt B dem Produkt A vorzieht. Wir erhalten folgendes *Präferenzsystem:*

$$B, A, C, D$$
$$C, D, A, B$$

Präferenzkonstellationen dieser Form werden in der normativen Entscheidungstheorie mit Recht ausgeschlossen, weil für sie keine logischen Entscheidungsregeln formulierbar sind. Zur Beendigung solcher Entscheidungskonflikte bleibt nur noch der Rekurs auf situationsbedingte psychische Einflußgrößen.

Widersprüchliche Präferenzkonstellationen erklären sich aus der Gleichzeitigkeit von widersprüchlichen *Wertmaßstäben* bzw. Entscheidungskriterien, die auf widersprüchliche Motivation zurückzuführen sind. Produkt A wird im vorliegenden Fall nach dem *einen* Wertmaßstab, Produkt B nach einem ganz *anderen* beurteilt, und zwar deswegen, weil die Produkte im Hinblick auf diese Wertmaßstäbe unterschiedliche Merkmale aufweisen. Letztlich geht der Konflikt also darauf zurück, daß nicht vergleichbare Alternativen in eine Rangordnung gebracht werden sollen (*March* und *Simon*, 1993, S. 133).

Die Verunsicherung eines Individuums durch solche Präferenzkonflikte schlägt sich in einer *Verlängerung* der *Entscheidungszeit* und in einer Intensivierung der Informationsverarbeitung nieder. Im allgemeinen wird die Verunsicherung schnell beseitigt: Ist eine Motivation stärker als die andere, setzt sich die stärkere durch (Hypothese 4 nach *Miller*). Sind beide Verhaltenstendenzen gleich stark, so genügen kleinere Veränderungen der Zielnähe sowie einzelne, in der Konfliktsituation auftretende (auch kognitive) Reize, um den Konflikt zu beenden. So genügt bei einem kleineren Kaufkonflikt schon der Rat eines Freundes, um zu einer Kaufentscheidung zu kommen. Solche Reizeinwirkungen verändern das – instabile – Kräftegleichgewicht und verhelfen einer Verhaltenstendenz zum Durchbruch.

Die gleiche konfliktlösende Wirkung wie die *tatsächliche* (und dann wahrgenommene) Veränderung von Reizen in Konfliktsituationen kann die Veränderung der *Wahrnehmung* bei gleichbleibender realer Reizkonstellation haben. Das Individuum verteilt dann beispielsweise, um einem Konflikt zu entgehen, seine Aufmerksamkeit ungleich auf die Alternativen: Es ignoriert einige Alternativen und wendet seine Aufmerksamkeit bevorzugt einer ganz bestimmten Alternative zu, so daß der Anreizcharakter dieser Alternative und die entsprechende Verhaltenstendenz mindestens momentan verstärkt werden.[1]

Konflikte treten auch in Form von **Ambivalenzkonflikten** auf, und zwar bei Präferenzbildung für *eine* Alternative. Die Alternative hat dann Merkmale mit positivem Anreizcharakter und andere Merkmale mit negativem Anreizcharakter. Diese unterschiedlichen Merkmale lösen gleichzeitig negative und positive Verhaltenstendenzen aus. Anziehende Merkmale eines Produktangebotes sind etwa Farbe, Geschmack, Kaloriengehalt; abstoßende Eigenschaften sind beispielsweise die Aufwendungen an Einkaufszeit, Geld usw.

Konfliktfolgen: Aus der Analyse dieser Konflikte, insbesondere der Ambivalenzkonflikte, ergeben sich wichtige Anregungen für die Konsumentenforschung:

Als erstes sind die nutzentheoretischen Betrachtungen zu kritisieren – die in ökonomischen Entscheidungsmodellen (etwa der Mikroökonomie) verbreitet sind – nach denen der Konsument, ohne Konflikte zu erleben, die positiv und negativ bewerteten Eigenschaften eines Produktes rational gegeneinander abwägt, um dann eindeutige Präferenzen zu entwickeln.

Konflikte sind motivationale Spannungen, die sich nicht so ohne weiteres rational lösen lassen. Sie führen vielmehr im allgemeinen dazu, daß der Konsument in der Entscheidungssituation verunsichert wird und die Entscheidung unterbricht. Das ist aber nur eine Reaktionsmöglichkeit.

Es gibt noch andere grundlegende Möglichkeiten, um mit einem Konflikt fertigzuwerden:

● unmittelbares *Ausweichverhalten* in der Konfliktsituation;
  Beispiel: „impulsive" Wahl eines Ersatzprodukts;

● vorübergehendes *Hinnehmen* des Konfliktes mit dem Bemühen, die ausgelösten Unsicherheiten zu reduzieren;
  Beispiel: aufgeschobener Kauf mit weiterer Informationssuche;

● *Verdrängung* vorhandener Konflikte;
  Beispiel: Senkung des Anspruchsniveaus und Kauf einer bewährten Alternative.

Eine weitere Möglichkeit besteht darin, daß der Konsument von vornherein Konflikte *vermeidet,* insbesondere durch gewohnheitsmäßiges Verhalten (Produkttreue).

Unabhängig vom eingeschlagenen Lösungsweg nimmt der Konsument aufgrund seiner Verunsicherung zunächst einmal davon Abstand, die kon-

---

[1] Vgl. dazu *March* und *Simon* (1993, S. 136): Konfliktlösung aufgrund von Aufmerksamkeitsstimulierung und aufgrund der Reihenfolge der Präsentation der Alternativen.

fliktverursachende Alternative zu wählen. Der normale Ablauf des Entscheidungsprozesses wird unterbrochen, die darauf folgenden Reaktionen hängen davon ab, welche Konfliktlösungsstrategien der Konsument wählt.[2]

Bettman unterstellt, daß der Konsument im allgemeinen aktiv nach Lösungswegen sucht, also dem Konflikt nicht ausweicht. Er sucht entweder nach neuen Alternativen (Informationssuche), oder er verändert seine Einschätzung der angebotenen Produkte (*Bettman*, 1979, S. 67, 110 ff., 120 ff.).

In diesem Zusammenhang wird in der Entscheidungstheorie noch eine generelle Konfliktwirkung hervorgehoben: Konflikte sind motivationale Vorgänge, die das Individuum aktivieren und dadurch den gesamten Entscheidungsprozeß der Konsumenten anregen: Sie intensivieren die Informationsverarbeitung und können, je nach Stärke, aus einem „kalten" Entscheidungsprozeß einen „heißen" machen (*Janis, Mann,* 1977). Das gilt aber nur, wenn der Konflikt eine bestimmte *Schwelle* überschreitet.

V. Einstellung

1. Erklärung von Einstellung

a) Grundlegende Hypothesen

Einstellungen werden hier unter den aktivierenden Vorgängen aufgeführt, weil sie im wesentlichen von der emotionalen (positiven oder negativen) Haltung gegenüber einem Gegenstand geprägt werden. Sie umfassen aber auch in erheblichem Ausmaß kognitive Komponenten, so daß sie von anderen Autoren als kognitive Konstrukte aufgefaßt werden.

In der Konsumentenforschung nahm der Einstellungsbegriff lange eine *dominante* Stellung ein. Inzwischen ist das Einstellungskonstrukt in die Reifephase getreten. Dagegen hat der Einstellungsbegriff in der kommerziellen *Markforschung* – vor allem als Imagebegriff – seine beherrschende Rolle behalten. Die Einstellung (das Image) muß in der Marktforschung als *„Mädchen für alles"* herhalten: um die Aufnahmefähigkeit des Marktes zu bestimmen, absatzpolitische Ziele festzulegen und zu kontrollieren, das Kaufverhalten vorherzusagen usw. Wenn man in einer Marktuntersuchung nicht genau weiß, was man untersuchen will: das Image ist allemal ein anerkanntes Untersuchungsobjekt.

Das vorliegende Kapitel soll dazu beitragen, die *Aussagefähigkeit* von gemessenen *Einstellungen* zu erörtern und die undifferenzierte Verwendung von Einstellungswerten zu problematisieren. Darauf folgen Kapitel zur eindimensionalen und mehrdimensionalen Messung von Einstellungen (dort wird auch auf die Gleichsetzung von Einstellung und Image eingegangen)

---

[2] *Bettman* führt noch andere Ereignisse an, zum Beispiel Umweltereignisse, die von den vorhandenen Erwartungen abweichen (*Bettman,* 1979, S. 66).

und zur Verwendung von Einstellungswerten in der Marketingpraxis. Weitere Kapitel sind für die Erklärung des Einstellungswandels vorgesehen. Wir knüpfen hier an unsere Arbeitsdefinition in Kapitel B.I an:

> **Einstellung = Motivation + kognitive Gegenstandsbeurteilung**

Dieser Betrachtungsweise liegt die sogenannte Ziel-Mittel-Analyse („means-end-analysis") der Einstellungen zugrunde.[1]

Danach kann man Einstellungen als subjektiv wahrgenonmmene Eignung eines Gegenstandes zur Befriedigung einer Motivation umschreiben. Beachtenswert ist dabei, daß diese Gegenstandsbeurteilung auf verfestigte (gespeicherte) Ansichten zurückgeht.

Beispiel: Ein Konsument hat eine stark positive Einstellung zur Automarke *Volvo.* Diese geht darauf zurück, daß er (1) ein sicheres Auto kaufen will (Motivation) *und* (2) weiß, daß *Volvo* ein sicheres Auto ist (gespeicherte Produktbeurteilung).

Eine schwach positive Einstellung zu *Volvo* kann aufgrund dieser beiden Komponenten auf *zwei* Ursachen zurückgehen: Der Konsument kann *einerseits* wissen, daß *Volvo* ein sicheres Auto ist, aber er hat nur ein geringes Sicherheitsstreben, so daß ihm der *Volvo* mangels Motivation ziemlich gleichgültig ist. *Andererseits* kann dieser Konsument motiviert sein, ein sicheres Auto zu kaufen (Motivation vorhanden), aber er beurteilt *Volvo* nicht als sicheres Auto.

Diese Ziel-Mittel-Analyse liegt auch dem klassischen Muster der Einstellungsbeeinflussung zugrunde: Appelliere an ein Bedürfnis (wie Sicherheit) und weise darauf hin, daß die angebotene Marke besonders dazu geeignet ist, dieses Bedürfnis zu befriedigen („Volvo ist ein sicheres Auto"). Ein weiteres Beispiel bringt *Abbildung 37.*

Einstellungen richten sich also stets auf *Gegenstände* unserer Umwelt. Über sie wird ein subjektives, emotional und kognitiv fundiertes Urteil gefällt. Als Gegenstand ist jeder Denkgegenstand zu verstehen: ein Produkt, eine Dienstleistung, eine Person, eine Situation usw.

In der Konsumentenforschung werden am häufigsten die Einstellung gegenüber dem Produkt sowie die Einstellung gegenüber der Werbung für dieses Produkt untersucht.[2] Der Produktbegriff ist dabei wiederum im weitesten Sinne definiert.

Im einfachsten Fall *mißt* man die Einstellung durch die Frage, was jemand von einem Gegenstand hält oder wie er ihn einschätzt. *Beispiel:* „Beantworten Sie bitte auf einer fünfstufigen Ratingskala von gut bis schlecht, was Sie vom vorliegenden Produkt halten." Antworten auf so *allgemeine* Fragen liefern zwar valide Einstellungswerte, aber keine Informationen über die hinter den Einstellungen stehenden emotionalen und kognitiven Vorgänge.

---

[1] Vgl. dazu zusammenfassend *Trommsdorff* (1975) sowie *Peter* und *Olson* (1992).
[2] Die in einer engen Wechselbeziehung stehen, vgl. *MacKenzie, Lutz* et al. (1986).

Weitere Informationen: Volvo Info-Service, Postfach 1105, 63111 Dietzenbach, Fax: 06074-850312

FÜR 2 HALBE
PORTIONEN EIN GANZES ANGEBOT:
BODYGUARD "FAMILY".

Der Volvo 440/460 "Family". Mit 15 Extras, die für extra viel Fahrspaß und Sicherheit sorgen:

• **2 integrierte Kindersitze,** damit halbe Portionen immer ganz sicher reisen.

• **Höhenverstellbarer Fahrersitz,** der gibt jedem Fahrer die ideale Sitzposition.

• **Leselampen** hinten, die Reisespiele zu jeder Zeit für Kinder zum Leben erwecken.

• **Family Polster,** das gut aussieht und strapazierfähig für unterwegs ist.

• **Sonnenschutzrollo** hinten, das kleine Passagiere vor zu großer Hitze gut bewahrt.

• **Zentralverriegelung,** die bei 4 Aussteigern besonders praktisch ist.

• **Farbige Sicherheitsgurte/Türöffner,** denn Farbe macht das Fahren fröhlicher.

• **Und 8 weitere Extras** wie Verstau-

taschen, zusätzlicher Papierkorb, Ablagebox u. v. a. m. Dazu kommt serienmäßig:

• **ABS** für hohe Bremssicherheit.

• **Airbag,** der natürlich nicht fehlen darf.

• **Seitenaufprallschutz,** für komplette Volvo-Sicherheit an allen Seiten.

Volvo 440/460 "Family".
Der Bodyguard.

VOLVO

Abbildung 37: Einstellungsbeeinflussung nach dem Muster der Ziel-Mittel-Analyse

Anmerkung: Dieses im Text erklärte Beeinflussungsmuster lautet: Appelliere an ein Bedürfnis (Sicherheit für die ganze Familie) und weise darauf hin, daß die angebotene Marke *(Volvo 440/460)* besonders dazu geeignet ist, dieses Bedürfnis zu befriedigen.

Nach der Drei-Komponenten-Theorie umfassen die Einstellungen neben den bereits aufgeführten affektiven (emotionalen, motivationalen) und kognitiven Komponenten noch eine *Verhaltenskomponente:* Aus der stärkeren positiven oder negativen Einschätzung eines Gegenstandes folgt im allgemeinen die entsprechende Bereitschaft, sich dem Gegenstand gegenüber in einer bestimmten Weise zu verhalten, beispielsweise ihn zu kaufen (positive Einstellung) oder nicht zu kaufen (negative Einstellung). Ob man von einer Verhaltenskomponente sprechen und diese in die Einstellung einschließen soll oder ob man die subjektive Neigung, sich so oder so zu verhalten, als eine selbständige psychische Größe ansehen soll, die *neben* der Einstellung besteht, ist schon lange umstritten *(Roth,* 1967, S. 99ff.). Die Drei-Komponenten-Theorie wird gegenwärtig mehr als „heuristisches

Organisationsschema" für die Untersuchungen über Einstellungen und Verhalten angesehen (*Hormuth*, 1979, S. 5; vgl. auch *Trommsdorff*, 1993, S. 143 ff.).

Im allgemeinen geht man davon aus, daß die drei Komponenten aufeinander abgestimmt und miteinander *konsistent* sind. Diese *Konsistenz von Denken, Fühlen, Handeln* gegenüber einem Objekt gilt für Einstellungen als kennzeichnend (*Triandis*, 1975, S. 11). So verursacht beispielsweise eine – aus welchen Gründen auch immer eingetretene – Änderung des Verhaltens gegenüber einem Gegenstand (Verhaltenskomponente) einen Druck zu einer entsprechenden Änderung der gefühlsmäßigen Haltung gegenüber diesem Gegenstand (affektive Komponente) oder umgekehrt.

Eine prozessuale Betrachtung legt es nahe, Einstellungen als einen aktuellen psychischen Vorgang aufzufassen: Aufgrund der durch den Einstellungsgegenstand angesprochenen Motivation wird das Individuum zu einem bestimmten Verhalten angetrieben: ein Produkt zu kaufen, zu dem eine positive Einstellung besteht, ein Geschäft zu meiden, zu dem eine negative Haltung eingenommen wird usw.

Die verhaltensantreibende *und* verhaltenssteuernde – motivationale *und* kognitive – Wirkung der Einstellung steht im Mittelpunkt der wissenschaftlichen Diskussion (*Allen* und *Machleit*, 1992). Dazu wird folgende – noch sehr allgemeine – **E-V-Hypothese** formuliert:

> Einstellungen bestimmen das Verhalten.

Hinzuzufügen ist: Unter bestimmten Bedingungen.[3] Die Abkürzung E-V steht für die *Übereinstimmung* zwischen Einstellung und Verhalten (in der angelsächsischen Literatur spricht man von der A-B-Beziehung mit A für Attitude, B für Behavior). Übereinstimmung zwischen Einstellung und Verhalten kann auch bedeuten, daß das *Verhalten* die *Einstellung* bestimmt.[4]

b) Einstellung und Kaufverhalten

Bevor wir in diesem Kapitel auf die Stärke des Zusammenhanges „Einstellung – Verhalten" und seine genauere Abgrenzung eingehen, wollen wir einige Umsetzungen in der Konsumentenforschung betrachten.

Bei *Kaufprognosen* wird dieser Hypothese folgend davon ausgegangen, daß mit zunehmender Stärke einer positiven Einstellung zum Produkt (zur Marke) die Kaufwahrscheinlichkeit steigt. *Abbildung 38* gibt ein *Modell* dieses Zusammenhanges wieder.

Bei der Interpretation dieses *Modells* ist zu beachten, daß die Ordinate im *positiven* Bereich geschnitten wird: Auch bei indifferenter Einstellung ge-

---

[3] Ohne Operationalisierung und ohne Angaben über die Rahmenbedingungen und das Ausmaß dieser Beziehung ist die Hypothese natürlich ohne Aussagekraft. Auf eine entsprechende Präzisierung der Hypothese wird nachfolgend eingegangen.
[4] Auch diese umgekehrte Beziehung kann postuliert werden, vgl. *Herkner* (1991, S. 212 ff.) sowie das folgende Kapitel.

genüber einer Marke ist die individuelle Kaufwahrscheinlichkeit im Regelfall größer als Null, weil *außer* der Einstellung zusätzliche Einflußgrößen wirksam werden und das Kaufverhalten bestimmen (diese zusätzlichen Einflußgrößen werden weiter unten besprochen).

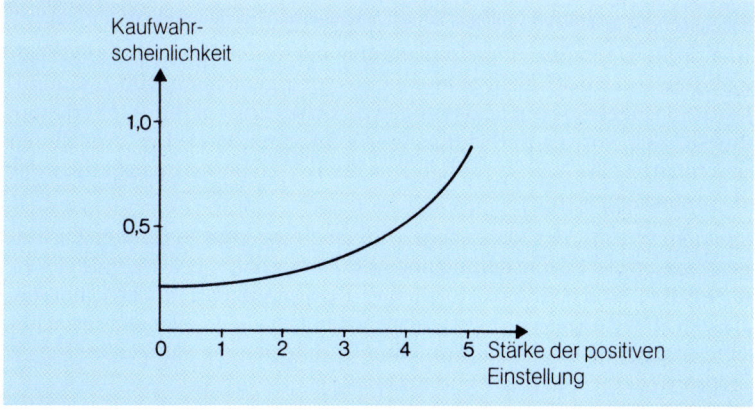

Abbildung 38: Schematische Darstellung der Hypothese über die Beziehung zwischen Einstellung und Kaufwahrscheinlichkeit

Anmerkung: Der Kurvenverlauf dient lediglich zur Veranschaulichung, er betrifft keinen konkreten Fall.

Für die Beschreibung der Abhängigkeit der Kaufwahrscheinlichkeit von der Einstellung ist zu beachten, daß es keine *generell* gültige Verlaufsform gibt. Es handelt sich vielmehr um eine Abhängigkeit, die bei verschiedenen Einstellungsgegenständen (Produkten) unterschiedlich ausgeprägt sein kann.

Die in der *Abbildung 38* aufgeführten Größen „Kaufwahrscheinlichkeit" und „Einstellung" können auch durch aggregierte Werte angegeben werden. Wenn man *aggregierte* Werte benutzt und die Kaufwahrscheinlichkeit beispielsweise durch den prozentualen Marktanteil einer Marke am gesamten Produktmarkt operationalisiert, sind die allgemeinen Beziehungen *enger* als bei Verwendung individueller Einstellungswerte (vgl. dazu *Trommsdorff*, 1975, S. 13 ff.).

In den früheren empirischen Untersuchungen wurden meist lineare Abhängigkeiten zwischen Einstellung und Verhalten unterstellt: Empirisch ermittelte Korrelationen zwischen Produkteinstellung und Kaufverhalten wurden im Sinne einer Abhängigkeit des Verhaltens von der Einstellung *interpretiert* (*Fazio* und *Zanna*, 1978; *Fishbein* und *Ajzen*, 1974).

Ein typisches Beispiel für die Beziehung zwischen Einstellung und Kaufverhalten entnehmen wir einer unveröffentlichten Einstellungsstudie der *Karlsberg-Brauerei*. In dieser Studie wurden die Einstellungen der Konsumenten zu vier konkurrierenden Biermarken aufgrund einer Einschätzung von Biereigenschaften gemessen. (Die zur Eigenschaftsbeurteilung benutzten – einundzwanzig – Items wurden aufgrund einer Faktorenanalyse auf drei kaufrelevante Dimensionen (Faktoren) „Allgemeine Qualität", „Herbheit" und „Regionalität" reduziert. Der Einstellungswert wurde dann als Summe der Einzelwerte dieser Faktoren ermittelt). Das Kaufverhalten wurde durch den Marktanteil der untersuchten Marken operationalisiert. Ergebnis: Die Biermarke, für welche der durchschnittlich höchste Einstellungswert (5,0 auf einer Skala von sieben Punkten) ermittelt wurde, hatte mit 44 % den höchsten Marktanteil. Geringere Marktanteile der anderen Marken waren auch mit geringeren Einstellungswerten verbunden. Die Marke mit dem durchschnittlich niedrigsten Einstellungswert von 1,9 wies einen Marktanteil von 1 % auf.

Empirische Ergebnisse über den Einfluß von Einstellungen auf das Verhalten lassen sich jedoch nicht ohne weiteres verallgemeinern. Hinzu kommt, daß die nachgewiesenen Beziehungen zwischen Einstellung und Verhalten offensichtlich voreilig in Richtung E → V interpretiert werden. Aus diesen Einsichten ist eine wachsende Kritik an der E-V-Hypothese entstanden, der wir jetzt nachgehen.

Beginnen wir mit der klassischen Untersuchung zum fehlenden Zusammenhang zwischen Einstellung und Verhalten. *LaPiere* (1934) ermittelte eine negative Einstellung in Hotels und Restaurants gegenüber Chinesen. Diese geäußerte Einstellung widersprach in fast allen Fällen der tatsächlichen, entgegenkommenden Aufnahme und Bedienung eines chinesischen Ehepaares in diesen Hotels und Restaurants.

Weitere Untersuchungen[1] und eine kritische Aufbereitung der vorliegenden Ergebnisse lassen erkennen, daß die Rolle von „Einstellung" und „Image" für die Erklärung des Verhaltens früher erheblich *überschätzt* wurde. Man übersah z. B. situative Einflußgrößen, die das Verhalten mitbestimmen. Im Chinesenbeispiel: Einer negativen Einstellung können Klischees über Asiaten zugrunde liegen, die in der Entscheidungssituation (z. B. normales Auftreten) nicht verhaltenswirksam werden.

Es empfiehlt sich also, auch die Blickrichtung zu ändern: Durch die neueren Untersuchungen wird in zunehmendem Maße der umgekehrte Einfluß belegt:

Das Verhalten bestimmt die Einstellung.

Zum Beispiel zieht der Eintritt in das Militär oder die Geburt eines Kindes (= Verhaltensänderungen) auch Änderungen der Einstellungen, zum Beispiel eine konservativere Einstellung als vorher, nach sich (*Schiebel*, 1988).

Ein anderes Beispiel ist die Veränderung der Einstellung zu einer Marke, *nachdem* die Marke gekauft wurde. Dieses Verhaltensmuster tritt vor allem unter *Low-Involvement*-Bedingungen auf. Dann ist eine positive Einstellung zur Marke nicht Voraussetzung für den Kauf der Marke, sondern ein Ergebnis des Kaufs.[2]

Faßt man den heutigen Forschungsstand zusammen, so wird man zu einem Modell neigen, nach dem sich Einstellung und Verhalten wechselsei-

---

[1] Weitere Argumente gegen den Zusammenhang von Einstellung und Verhalten sammelte in einer sehr gründlichen Studie *Benninghaus* (1976).

[2] Unter den bereits diskutierten Marktbedingungen (Produktreife, Marktsättigung, Informationsüberlastung) kommt Low-Involvement-Entscheidungen eine wachsende Bedeutung zu.

tig beeinflussen (*Mummenday,* 1988, S. 16). So kann zum Beispiel die Einstellung zu einer politischen Partei zur Wahl dieser Partei führen, und diese Wahl kann wiederum die Einstellungen zur Partei beeinflussen. Dabei sind (vgl. *Abbildung 39*) die zeitlichen Wechselwirkungen zu beachten.

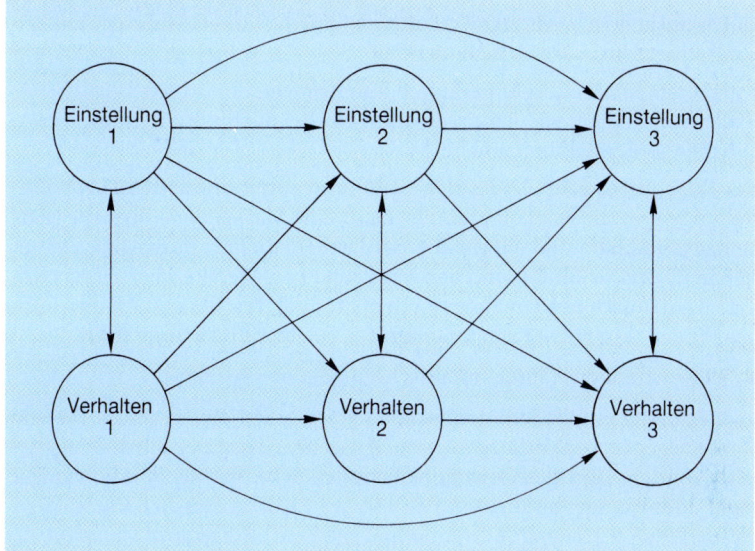

Abbildung 39: Modell komplexer Wechselwirkungen zwischen Einstellung und Verhalten

Anmerkung: In Abhängigkeit von unterschiedlichen Bedingungen kommen komplexe Wechselwirkungen zwischen Einstellung und Verhalten zum Zuge.
Quelle: *Mummenday* (1988, S. 17).

Aufgrund dieses komplexen Modells läßt sich ein Einfluß der Einstellung auf das Verhalten (oder umgekehrt) nur dann postulieren, wenn man von den *Bedingungen* ausgeht, unter denen der Einfluß wirksam wird. *Fazio* und *Zanna* (1981, S. 165, 195) gehen dabei von folgender Fragestellung aus:

(1) Unter welchen situativen Bedingungen sagen

(2) welche Arten von Einstellungen von

(3) welchen Personen

(4) welches Verhalten voraus?

Besser ist es, man ändert die Reihenfolge in dieser Fragestellung, denn es ist erst dann sinnvoll, nach den situativen Bedingungen zu fragen, wenn man weiß, um welches Verhalten es geht. Dabei ist nicht zu übersehen, daß die Situation nicht selten dafür verantwortlich ist, welches Verhalten zum Zuge kommt.

Welches Verhalten? In der Konsumentenforschung kann man das Verhalten nach dem *Involvement* der Konsumenten gliedern, ja man geht manchmal so weit, eigene Theorien für wenig und stark involviertes Verhalten aufzustellen, weil sich diese Verhaltensweisen nur wenig gleichen.

Unter Involvement versteht man die Ich-Beteiligung oder das Engagement, das mit einem Verhalten verbunden ist, zum Beispiel die innere Beteiligung, mit der jemand eine Kaufentscheidung fällt.

Nach der in Kapitel D dieses Teiles entwickelten *Verhaltenstypologie* kann man nur dann von einem wesentlichen Einfluß der Einstellung auf das Verhalten ausgehen, wenn das Verhalten in einem starken Maße gedanklich kontrolliert wird. Das ist nicht der Fall

● bei Erstkäufen mit sehr geringem Involvement;
dann kann man, wie vorhin erwähnt wurde, die Einflußrichtung Verhalten → Einstellung annehmen.

Der Konsument geht ohne Kaufabsicht (und damit unbeeinflußt von Einstellungen) in die Kaufsituation. Er kauft eine Marke, ohne über die Marke nachzudenken und sie genauer zu kennen, einfach deswegen, weil er sich im Laden wohlfühlt und den Markennamen wiedererkennt. Erst nach dem Kauf, durch den Umgang mit dem Produkt, erwirbt er nach und nach das Wissen (kognitive Komponente), das zu einer Einstellung führt.

● bei Gewohnheitskäufen mit sehr geringem Involvement.

Im Gegensatz zu Wiederholungskäufen mit starkem Involvement, die von einer ausgeprägten Vorliebe für eine Marke (stark positive Einstellung) geleitet werden, läuft das Gewohnheitsverhalten bei geringem Involvement mehr oder weniger automatisch ab, es wird kaum gedanklich kontrolliert.

Ein Beispiel ist der gedankenlose Einkauf einer Seifenmarke, die schon von der Mutter gekauft wurde. Das Verhalten ist dann im Laufe der Sozialisation gelernt worden und läuft gleichförmig, ohne gedankliche Beteiligung ab.

In diesem Verhalten manifestiert sich zwar eine Einstellung zum Produkt, aber das aktuelle Verhalten wird davon nicht berührt. Das Einstellungs-Verhaltens-System ist sozusagen „eingefroren"

● bei impulsivem Kaufverhalten mit starkem emotionalen Involvement.

Dieses Verhalten wird im wesentlichen von den in einer Kaufsituation auftretenden Reizen gelenkt. Die Produkt- oder Markenwahl unterliegt nur einer geringen kognitiven Kontrolle. Die Abhängigkeit des Kaufverhaltens von einer bewußten Einstellung (die ja mit einem bewerteten Produktwissen verbunden ist) ist in diesem Fall kaum zu belegen.

Zusammenfassend zeigt sich, daß Einstellungen nur verhaltenswirksam werden, wenn der Konsument kognitiv involviert ist und seine Kaufentscheidungen in einem gewissen Ausmaß gedanklich steuert oder ganz bewußt seinen verfestigten Vorlieben (Einstellungen) folgt.

Welche situativen Bedingungen? Wohl mit an erster Stelle sind die situativen Bedingungen zu berücksichtigen, unter denen das Verhalten stattfindet. Diese können in zwei Gruppen eingeteilt werden: in die individuellen und sozialen Normen, die das Verhalten in einer Situation lenken, und in die unmittelbaren Gegebenheiten der Kaufsituation. Zur Veranschaulichung dieser Einflußgrößen einige Beispiele:

Fall 1: Ein Konsument besitzt eine positive Einstellung zu Kombiwagen. Er neigt deswegen dazu, beim PKW-Kauf den Kombiwagen einer bestimmten Marke zu bevorzugen, rückt aber dann davon ab, weil er Angst hat, sich durch einen solchen „Laster" in seinem Freundeskreis gesellschaftlich unmöglich zu machen.

Fall 2: Aufgrund einer sehr positiven Einstellung möchte jemand Bonbons kaufen. Aber jedesmal, wenn er die Bonbons kaufen will, denkt er daran, daß sie seine Zähne schädigen. Er unterläßt den Kauf und folgt so einer weitverbreiteten Norm, die Gesundheit nicht durch den Konsum von Süßigkeiten zu beeinträchtigen.

Fall 3: Ein Käufer betritt einen Laden, um dort eine Waschmaschine zu kaufen. Am höchsten schätzt er die Marken *AEG* und *Miele*. Diese Waschmaschinen sind jedoch nicht vorrätig, oder sie sind zu teuer. Deswegen entscheidet sich der Käufer für eine andere Marke.

Die beiden ersten Beispiele verdeutlichen den Einfluß von Normen, die in der Handlungssituation wirksam werden. Der Konsument hält sich im Fall 1 an Bezugsgruppennormen, die er in der Kaufsituation wahrnimmt, und im Fall 2 an seine persönlichen Normen, gesundheitsbewußt zu sein. Der 3. Fall verweist auf Gegebenheiten der Kaufsituation, die teilweise vorhersehbar sind (wie der Preis oder die Art des Geschäftes, in dem voraussichtlich gekauft wird), teilweise aber unerwartet in der Kaufsituation auftauchen. Die Verfügbarkeit des Produktes in einem Geschäft ist häufig eine nicht vorhersehbare Einflußgröße.

In der Konsumentenforschung versucht man, diese Einflüsse dadurch zu berücksichtigen, daß man nicht nur die Einstellungen, sondern auch die *Kaufabsichten* mißt. Man erwartet, daß die von einem Konsumenten geäußerte Kaufabsicht (1) seine Einstellung gegenüber einem Produkt und zugleich (2) seine Einschätzung der erwarteten Kaufsituation und damit die späteren Kaufbedingungen zum Ausdruck bringt:

> Die gemessene Kaufabsicht umfaßt neben der Einstellung zum Produkt die antizipierten Einflüsse der Kaufsituation.

Kaufabsichten liegen deswegen „näher" am Verhalten als die gemessenen Einstellungen zum Produkt. Es kommt also ganz auf den Zweck, die zeitliche Dimension und die Umstände einer Prognose an, ob man Einstellungen oder Kaufabsichten zur Prognose des Verhaltens verwendet. Wenn die Handlungssituation schlecht antizipiert werden kann oder wenn die Handlungssituation oft wechselt, läßt sich das Verhalten besser mit Hilfe von Einstellungen erklären und voraussagen. Anders sieht es aus, wenn der Konsument voraussehen kann, was ihn in der Kaufsituation erwartet. Generell kann man sagen, daß Kaufabsichten im Vergleich zu Einstellungen von kurzfristigerer, aber genauerer Prognoserelevanz sind. Aber schon die Messung von Kaufabsichten kann Auswirkungen auf die später tatsächlich getätigten Käufe haben (*Morvitz, Johnson* et al., 1993).

Man kann die Kaufabsichten durch einfache Ratingskalen (*Green* und *Tull*,

1988, S. 240–315) oder auch mit projektiven Techniken (*Gordon* und *Corr,* 1990) oder auch mit Hilfe von komplexeren Meßmodellen messen.

Ein verbreitetes Verfahren zur Messung von Kaufabsichten ist das *Konstantsummenverfahren:* Die Befragten werden gebeten, einen bestimmten „Geldbetrag" auf die verfügbaren Marken zu verteilen. Der für eine Marke aufgewendete „Geldbetrag" soll die wahrscheinliche Absicht widerspiegeln, diese Marken in einer antizipierten Angebotssituation zu erwerben.

Bekannte Modelle zur Messung von Verhaltensabsichten, die inzwischen auch in die Konsumentenforschung übertragen wurden, stammen von *Ajzen* und *Fishbein* (deutsch 1981 und 1978).

Die Verhaltensabsicht wird nach der Grundformel „Einstellungen + normative Einflüsse auf das Verhalten" bestimmt. Die oben dargestellte Aufspaltung der normativen Einflüsse in individuelle Normen und in soziale Normen wurde allerdings von *Ajzen* und *Fishbein* (1978, S. 408; 1981, S. 266) aufgegeben, weil empirische Untersuchungen gezeigt haben, daß die gemessenen individuellen Normen zur Erklärung des Verhaltens nur wenig beitragen können. Bei der Berechnung der Kaufabsichten werden deswegen nur noch die Einstellungen des Individuums und die sozialen Einflüsse auf das Verhalten beachtet.[3]

Welche Einstellungen? Nicht jede Art von Einstellungen eignet sich gleichermaßen zur Erklärung und Prognose des Verhaltens. Selbst wenn man bei Messungen die gleichen Einstellungswerte erhält, können diese Werte das Verhalten in einer ganz unterschiedlichen Weise anzeigen. Die Brauchbarkeit der Einstellungswerte hängt im wesentlichen von der Art der gemessenen Einstellung ab. Wir unterscheiden:

(a) spezifische vs. unspezifische Einstellungen,
(b) durch Erfahrung gelernte vs. durch Kommunikation gelernte Einstellungen,
(c) schnell vs. langsam verfügbare Einstellungen,
(d) stabile vs. instabile Einstellungen.

Zu (a): Man kann Einstellung und Verhalten mehr oder weniger allgemein oder spezifisch messen. Eine sehr allgemein gemessene Einstellung ist zum Beispiel die Einstellung zu Wein. Man darf nun nicht erwarten, daß eine so allgemein gefaßte Einstellung mit einem spezifischen Verhalten, zum Beispiel mit dem Kauf von Mosel-Wein, in Einklang steht. (Hier wird ein Fehler in der obenerwähnten Untersuchung von *LaPiere* sichtbar: Die gemessene Einstellung zu „Chinesen" hat einen viel höheren Allgemeinheitsgrad

---

[3] Die zentrale Gleichung von *Ajzen* und *Fishbein* (1978, S. 407) zur Bestimmung der Verhaltensabsicht lautet: „Einstellung" + „sozialer Einfluß": $BI = Aact_{wo} + (NB/MC)_{w1}$. Dabei ist BI die Verhaltensabsicht, Aact die Einstellung zur Handlung, die nicht mit der Einstellung zum Einstellungsobjekt zu verwechseln und spezifischer als diese ist. NB/MC repräsentiert den sozialen Einfluß, berechnet aus einer normativen Erwartung NB und der individuellen Motivation sich anzupassen (MC). Die Konstanten wo und w1 sind empirisch bestimmte Gewichte. Zu den Operationalisierungs- und Anwendungsproblemen in der Marketingforschung vgl. *Schnedlitz* (1979) sowie *Peter* und *Olson* (1992). Zum Stand der Forschung vgl. zusammenfassend *Petty, Unnava* et al. (1991).

als die in der Handlungssituation wirksame Einstellung zu einem kultivierten, gutangezogenen Wissenschaftler anderer Hautfarbe.) Es ist deswegen grundsätzlich zu *fordern*, daß Einstellung und Verhalten, wenn sie zueinander in Beziehung gesetzt werden, einen möglichst ähnlichen Grad an Allgemeinheit bzw. Konkretheit aufweisen.[4]

Sehr spezifische Einstellungen, die sich zur Prognose eines ganz bestimmten Verhaltens eignen, mißt man am besten dadurch, daß man nicht die generelle Einstellung zu einem Einstellungsobjekt, sondern gleich die Einstellung zu einer ganz spezifischen Handlung mißt.

Zu (b): In einem umfangreichen empirischen Forschungsprogramm konnten *Fazio* und *Zanna* (1981) nachweisen, daß Einstellungen, die durch *direkte* Erfahrungen mit einem Einstellungsobjekt gebildet wurden, das Verhalten besser voraussagen als Einstellungen, welche durch indirekte Erfahrungen entstehen. Beispiel: Ein Kind kann seine Einstellung zu einem Spielzeug durch die Benutzung dieses Spielzeugs, d. h. durch unmittelbare Erfahrung, erwerben *oder* durch Gespräche mit Freunden, durch die Werbung usw., also durch kommunikative Erfahrungen.

Bei gleicher gemessener Einstellungsstärke hat die durch direkte Erfahrung erworbene Einstellung mehr Einfluß auf das Verhalten!

Das wird durch eine Studie von *Marks* und *Kamins* (1988) bestätigt. Gibt man Konsumenten die Möglichkeit, Produkte auszuprobieren, so bilden sich Einstellungen und Kaufabsichten heraus, die auch einer nachfolgenden werblichen Beeinflussung widerstehen.

Zu (c): In einer Handlungssituation aktiviert der Konsument die im Gedächtnis gespeicherten Einstellungen. Dieser Vorgang kann mehr oder weniger schnell ablaufen: Die Einstellungen sind dann mehr oder weniger schnell gedanklich verfügbar. Es hat sich herausgestellt, daß gedanklich schnell verfügbare Einstellungen stärker auf das Verhalten durchschlagen.[5]

Zu (d): Wie wichtig die zeitliche Stabilität von Einstellungen ist, ergibt sich aus einer zeitlichen Indizierung der betrachteten Einstellungen:

Einstellungen im Zeitpunkt t_1 können nicht ohne weiteres mit Einstellungen im Zeitpunkt t_2 gleichgesetzt werden. Bei der Verhaltensprognose schließt man ja strenggenommen nicht von der heutigen Einstellung auf das Verhalten von morgen, sondern von heute gemessenen Einstellungen auf Einstellungen zum Zeitpunkt des Verhaltens und erst von diesen auf das Verhalten. Also:

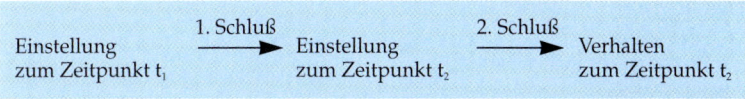

| Einstellung zum Zeitpunkt t_1 | 1. Schluß $\longrightarrow$ | Einstellung zum Zeitpunkt t_2 | 2. Schluß $\longrightarrow$ | Verhalten zum Zeitpunkt t_2 |

---

[4] Zur Bedeutung von Moderatorvariablen, die die Konsistenz zwischen Einstellung und Verhalten bestimmen und hinsichtlich ihrer Relevanz bzw. Verfügbarkeit differenziert werden können, vgl. *Herkner*, 1993, S. 226 ff.
[5] Vgl. *Fazio, Chen* et al., 1982; *Fazio, Lenn* et al., 1984. Dazu liegen mehrere Untersuchungen vor (*Ogilvy Center for Research and Development, 1986*).

Eine wichtige implizite Bedingung für die E-V-Hypothese lautet deswegen: Die Einstellung muß *zeitlich* einigermaßen *stabil* bleiben, damit sie sich zur Prognose eignet. Das ist um so weniger zu erwarten, je länger der Abstand zwischen gemessener Einstellung und prognostiziertem Verhalten ist. Mit zunehmender zeitlicher Entfernung nimmt deswegen die Stärke der E-V-Beziehung ab (*Benninghaus,* 1976, S. 288). In der Marktforschung wird dies üblicherweise berücksichtigt und die Prognosekraft von gemessenen Einstellungen auf einen bestimmten Zeitraum begrenzt. Dieser ist aber grundsätzlich länger als die Zeit bei Wahl der Kaufabsicht zur Verhaltensprognose.

Eine gewisse zeitliche Stabilität gilt als ein wichtiges Merkmal von Einstellungen. Einstellungen sind überdauernde Verhaltensdispositionen, die für die Kontinuität des Verhaltens sorgen. Auf alle Fälle dürfen sie nicht mit flüchtigen Eindrücken und Wahrnehmungen verwechselt werden. Diese lassen sich zwar mit den gleichen oder mit ähnlichen Methoden wie Einstellungen messen, kommen aber als Prädiktoren für das Verhalten kaum in Betracht.

Die zeitliche Stabilität der Einstellungen wird von mehreren Determinanten bestimmt. Besonders wichtig ist die unterschiedliche Anfälligkeit von Einstellungen gegen beeinflussende Kommunikation. So gilt *beispielsweise:* Einstellungen, die für das Individuum eine zentrale Bedeutung haben, und solche, die mit anderen Einstellungen des Individuums in einer konsistenten Weise verbunden sind (also Teil eines umfassenden Einstellungssystems sind), können weniger leicht geändert werden und sind stabiler als Einstellungen von peripherer Bedeutung oder als verhältnismäßig isolierte Einstellungen.

Empirische Forschungsergebnisse zur Stabilität und zur Resistenz von Einstellungen werden von *Fazio* und *Zanna* (1981) zusammengestellt.

Welche Personen? Die unterschiedliche Auswirkung von (gemessenen) Einstellungen auf das Verhalten lassen sich auch durch Persönlichkeitsfaktoren erklären. Es gibt Personen, deren Verhalten mehr von situativen Einflüssen gelenkt wird und solche, die sich in stärkerem Maße als andere von ihren vorhandenen Prädispositionen leiten lassen. Dieses unterschiedliche Verhalten spiegelt sich auch in der Selbsteinschätzung der Personen wider und kann als Persönlichkeitsmerkmal gemessen werden (*Fazio* und *Zanna,* 1981, S. 176, 197 ff.). Allerdings sind die Beiträge der Persönlichkeitsforschung für das Konsumentenverhalten nach wie vor dürftig.

Ein kausalanalytisches Modell

Die komplexen Einflüsse, die das Verhalten unter bestimmten Bedingungen bestimmen, werden nachfolgend an einem (inzwischen klassischen) kausalanalytischen Modell dargestellt. Es bezieht sich auf ein nicht-kommerzielles Konsumentenverhalten (Blutspendeverhalten), das – so können wir im vorliegenden Fall annehmen – mit mittlerem Involvement verbunden ist und von vereinfachten (nicht extensiven) Entscheidungen gelenkt wird.

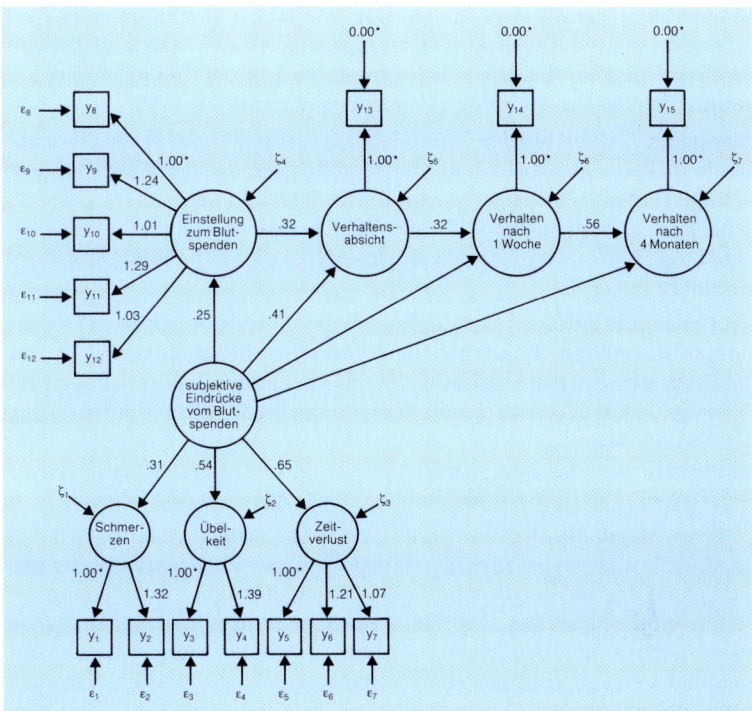

Abbildung 40: Kausale Beziehungen zwischen Einstellung, Verhaltensabsicht und Verhalten.

Quelle: *Bagozzi*, 1982a, S. 578.

Durch *Kausalmodelle* ist es möglich, den anteiligen Einfluß verschiedener Determinanten auf die Einstellung, von ihr auf die Verhaltensabsicht und dann auf das Verhalten zu verschiedenen Zeitpunkten zu ermitteln. Im Standardwerk für multivariate Verfahren der Marktforschung wird auf die Anwendung der Kausalanalyse im Marketing ausführlicher eingegangen (*Backhaus, Erichson* et al., 1994, S. 322–432).

Eines der von *Bagozzi* (1982a) entwickelten Modelle gibt *Abbildung 40* wieder. Zur Operationalisierung der Größen ist folgendes zu sagen: Zunächst werden im vorliegenden Zusammenhang zwei Größen ermittelt, welche dem – kognitiven – Modell der Einstellungsmessung von *Fishbein* entsprechen. Es sind (1) die Einstellung zum Blutspenden und (2) die hinter dieser Einstellung stehenden subjektiven Eindrücke, die jemand vom Blutspenden hat. Nach dem Modell von *Fishbein* bestimmen diese subjektiven Eindrücke (= Kognitionen) die Einstellung. Die Eindrücke umfassen im vorliegenden Fall sieben Urteile (y_1–y_7) über die Konsequenzen des Blutspendens.[6]

---

[6] Die gemessenen Urteile entsprechen den „Eindruckswerten" des *Fishbein*-Modells. Sie werden hier dadurch ermittelt, daß man nach den wahrgenommenen Folgen des Blutspendens und ihrer Bewertung durch die Versuchspersonen fragt. Vgl. im einzelnen zur Operationalisierung der Variablen und zu den Modellbeziehungen *Bagozzi* (1982a, S. 576–577). Vgl. auch *Bagozzi* (1980 und 1983).

Die Einstellung selbst wird mit einigen zweipoligen Ratingskalen ($y_8 - y_{12}$) gemessen, welche die affektive Haltung der Personen zum Blutspenden wiedergeben. Zum Beispiel wird gefragt, wie gut oder schlecht und wie vernünftig oder unvernünftig Blutspenden eingeschätzt wird.

Als weitere Größen werden (3) die Verhaltensabsicht und (4) das tatsächliche Verhalten eine Woche und vier Monate nach der Befragung berücksichtigt. Die Verhaltensabsicht wird durch die Auskunft gemessen, wie oft jemand im kommenden Jahr vorhat, Blut zu spenden (y_{13}). Das Verhalten wird aufgrund des tatsächlichen Blutspendens – also ohne Befragung – festgestellt ($y_{14} - y_{15}$).

Die Größen (1) bis (4) werden im Modell durch Kreise wiedergegeben. Sie sind als theoretische Konstrukte bzw. Grundbegriffe aufzufassen, welche durch die gemessenen Indikatoren (y_1 bis y_{15}) empirisch ermittelt werden. Diese Indikatoren werden durch Quadrate abgebildet. Der bei der Messung der theoretischen Konstrukte durch die Indikatoren auftauchende Meßfehler wird im Modell explizit berücksichtigt. Ein Gütetest des Modells weist die Eignung der zur Messung herangezogenen Indikatoren nach.

Ohne weiter auf die Modellstruktur einzugehen, wenden wir uns jetzt den im Modell aufgezeigten kausalen Beziehungen zwischen den theoretischen Größen zu. Sie werden durch die Pfeile zwischen den (durch Kreise gekennzeichneten) Größen angegeben. Die neben einem Pfeil eingetragenen Werte (Regressionskoeffizienten) drücken die Stärke dieser kausalen Beziehungen aus. Es sind nur signifikante Werte wiedergegeben. Fehlende Werte neben einem Pfeil zeigen an, daß keine statistisch signifikante Beziehung gefunden wurde.[7]

Wie man sieht, wird das tatsächlich ermittelte Blutspendeverhalten unter den hier geltenden Verhaltens- und Meßbedingungen von der vorhandenen Einstellung zum Blutspenden gar nicht direkt beeinflußt. Die durch Befragung ermittelte Einstellung besitzt keine signifikant nachweisbare Prognoserelevanz. Sie bestimmt lediglich – mit mittlerer Stärke – die geäußerte Verhaltensabsicht. Das tatsächliche Blutspendeverhalten wird kurzfristig überhaupt nur von der vorhandenen Absicht bestimmt und das auch nur in einem geringen bis mittleren Umfang (0.32). Die Ergebnisse für das nach vier Monaten gemessene Verhalten legen den Schluß nahe, daß das Verhalten in stärkerem Maße als durch die geäußerten Einstellungen und Absichten von den – durch die bisherigen Erfahrungen geprägten – Verhaltensgewohnheiten beeinflußt wird.

Bereits diese auszugsweise Interpretation der gefundenen Beziehungen verdeutlicht, welche Möglichkeiten solche Kausalmodelle für die Verhaltensanalyse bieten. Die Kausalmodelle erlauben, die bisher empirisch nur unzureichend überprüften kausalen Beziehungen zwischen Einstellung

---

[7] Von den zu y_1 bis y_7 gehörenden Parametern, welche die Eignung der Indikatoren zur Messung der subjektiven Teilurteile (über Schmerzen, Übelkeit und Zeitverlust durch Blutspenden) wiedergeben, sind die mit 1.00 angegebenen Parameter zur Normierung jeweils fixiert worden. Entsprechendes gilt für den zu y_8 gehörenden Parameter. Bedingt durch diese Normierung nehmen die nicht-fixierten Parameter Schätzwerte an, die größer als 1.00 sind.

und Verhalten unter verschiedenen Bedingungen zu ermitteln. Sie bieten, allgemein gesehen, genauere Wege, um komplexe Hypothesen und Meßtechniken zu überprüfen.[8]

c) Konsistenz von Einstellungssystemen

Über längere Zeit hinweg standen die Theorien des kognitiven Gleichgewichts – die als Vorläufer von heutigen kognitiven Theorien angesehen werden können – im Mittelpunkt des Interesses. Heute wird ihnen in der Konsumentenforschung eine untergeordnetere Rolle zugewiesen.

Sie sind jedoch nach wie vor von einem gewissen Interesse, weil sie

(1) die Eingliederung einer einzelnen Einstellung in ein umfassendes individuelles Einstellungssystem erklären. Insofern gehören sie zu den Ansätzen, die sich auf die interne Einstellungstruktur beziehen;

(2) die Einstellungsänderung danach erklären, ob Konsumenten involviert denken und lernen, Einstellungen bzw. Verhalten zu verändern, oder ob sie (gering involviert) bereit sind, mittels Konditionierung, Attribution oder sonstiger affektiver Beeinflussung weniger verfestigte Einstellungen zu überprüfen (vgl. zum Literaturstand *Petty* und *Unnava*, 1991);

(3) die Veränderung von Einstellungen erklären, die auf eine Änderung des Verhaltens folgen (und nicht ihrerseits die Verhaltensänderung bewirken).

Unter (psychischer) Konsistenz versteht man eine widerspruchsfreie und „harmonische" Verknüpfung von inneren Erfahrungen, Kognitionen oder Einstellungen. Die Theorien des kognitiven Gleichgewichts postulieren:

Jedes Individuum hat ein Bedürfnis, auftretende Widersprüche (Inkonsistenzen) in seinem Einstellungssystem zu beseitigen oder von vornherein zu vermeiden.

Wir können noch allgemeiner sagen: Das Individuum strebt danach, kognitive Konflikte auszugleichen oder zu umgehen. Ein kognitiver Widerspruch entsteht zum Beispiel durch das Wissen, daß man raucht und das gleichzeitig vorhandene Wissen von der Schädlichkeit des Rauchens: Die Raucher reduzieren diese Inkonsistenz unter anderem dadurch, daß sie die Schädlichkeit des Rauchens vor sich selbst herabsetzen.

Im Bereich der Einstellungen gibt es nun Inkonsistenzen zwischen den *Komponenten* einer Einstellung, zum Beispiel zwischen den affektiven und den kognitiven Komponenten oder zwischen den kognitiven Komponenten. Man könnte von einer „*Intra*-Einstellungsinkonsistenz" sprechen. Und

---

[8] Zur Anwendung der Kausalanalyse in der Marketingforschung vgl. *Hildebrandt* (1983a, 1983b), *Homburg* (1989), *Trommsdorff* (1982b, 1992a, 1992b); das von *Bagozzi* (1982b) herausgegebene Sonderheft über Kausalmodelle im *Journal of Marketing Research* sowie die Beiträge in *Bagozzi* (1994).

es gibt Inkonsistenzen zwischen mehreren *Einstellungen* (*Inter*-Einstellungskonsistenz). Wir setzen uns mit letzterer auseinander, also mit den Widersprüchen, die im Einstellungssystem eines Individuums auftauchen.

Jeder Mensch besitzt eine unüberschaubare (im Gedächtnis gespeicherte) Menge von Einstellungen. Die einzelnen Einstellungen bestehen nicht unverbunden und isoliert nebeneinander. Sie sind mehr oder weniger stark miteinander verknüpft, zu Gruppen (Subsystemen) geordnet und in einem Gesamtsystem integriert.

Wenn man nun eine *einzelne* Einstellung betrachtet, zum Beispiel die Einstellung zu Parfum, so kann diese mit einer anderen Einstellung (des gleichen Subsystems) – zum Beispiel mit der Einstellung gegenüber Seidenblusen – verbunden sein oder gar keine direkte Beziehung zu einer anderen Einstellung haben (zum Beispiel zur Einstellung gegenüber Paris).

Die gleichgewichtstheoretischen Überlegungen richten sich auf solche Einstellungen, die miteinander verbunden sind und deswegen in einer „relevanten Beziehung" zueinander stehen. Wenn diese Beziehungen widerspruchsfrei und ausbalanciert sind, ist das Einstellungssystem (Subsystem) im Gleichgewicht. Durch die Aufnahme von externen Informationen oder durch interne gedankliche Vorgänge kann es aber zu Widersprüchen zwischen den Einstellungen eines Systems kommen. Diese Widersprüche sind jedoch nicht in einem logischen, sondern in einem psycho-logischen Sinne aufzufassen (im einzelnen *Aronson*, 1978, S. 185 ff.).

> Diese Inkonsistenzen im Einstellungssystem werden vom Individuum als kognitive Konflikte erlebt.

Sie aktivieren das Individuum mit den Folgen, die wir im Kapitel über Aktivierung dargestellt haben. Aber nur, wenn die Aktivierung eine bestimmte *Schwelle* überschreitet *und* unangenehm für das Individuum ist – und das ist häufig nicht der Fall –, versucht das Individuum, die aufgetretenen Inkonsistenzen abzubauen und ein kognitives Gleichgewicht zu erreichen (vgl. dazu auch *Herkner*, 1993, S. 272 ff.; *Frey*, 1978b, S. 272 ff.).[1]

Die Entstehung und der Abbau von Inkonsistenzen führt zu einer *Dynamik* des Einstellungssystems, die dazu beiträgt, den Einstellungswandel zu erklären. Dazu ein einfaches Beispiel: Ein Konsument hat eine positive Einstellung zur Marke A und eine negative zum Händler B (oder zu einem Einzelhandelstyp, beispielsweise gegenüber Discountgeschäften). Wenn der Konsument nun sieht, daß die von ihm bevorzugte Marke A von dem abgelehnten Händler B angeboten wird, so wird sein Einstellungssystem (A, B) inkonsistent. Er kann sein kognitives Gleichgewicht unter anderem dadurch wieder herstellen, daß er seine Einstellung zur Marke A ändert: Er kommt zu der Auffassung, daß die bisher präferierte Marke doch nicht viel taugt. Wird die Einstellung zur Marke negativ, so ist das Einstellungssy-

---

[1] Man spricht auch von der „motivationalen" Wirkung von Inkonsistenzen zur Einstellungsänderung bzw. zum Verhalten.

stem wieder im Gleichgewicht. Es gibt Modelle, mit deren Hilfe die bei In-konsistenz zu erwartenden Einstellungsänderungen berechnet werden können.[2]

Die Theorien des kognitiven Gleichgewichts verdeutlichen, wie Struktur und Dynamik von komplexen Einstellungssystemen aussieht. Zur Kenn-zeichnung von Einstellungssystemen werden zahlreiche Merkmale heran-gezogen. Neben dem Vorzeichen der Einstellungen (positive oder negati-ve Einstellung), auf die wir uns im obigen Beispiel beschränkt haben, sind vor allem noch die Stärke der einzelnen Einstellungen sowie Anzahl und Art der Verknüpfungen zwischen den Einstellungen zu beachten.

Um mit kognitiven Konflikten fertigzuwerden, kann das Individuum vier grundverschiedene Wege einschlagen:

(1) *Vermeidung* von Inkonsistenzen, indem Informationen von vornherein vermieden, nicht wahrgenommen oder verleugnet werden.
Beispiel: Konsumenten bleiben markentreu, um der bei einer neuen Mar-kenwahl zu erwartenden Inkonsistenz aus dem Wege zu gehen.

(2) *Reduzierung* von Inkonsistenzen durch Veränderungen der kognitiven Einheiten oder des Verhaltens.
Beispiel: Die Einstellung zu einer Marke wird (ins Negative) geändert, weil diese Marke in einer abgelehnten Einzelhandelskette angeboten wird.

(3) Umdefinition der die Inkonsistenz erzeugenden Situation.
Beispiel: Der schlechte Rat eines Fachmannes wird nicht seine Urteils-fähigkeit, sondern seinem momentanen „black-out" zugeschrieben.

(4) *Verdrängung* von Inkonsistenzen aus dem Bewußtsein.
Beispiel: Man denkt über negative Kauferfahrungen nicht mehr nach.

Unter den gleichgewichtstheoretischen Ansätzen nimmt die *Dissonanz-Theorie* von *Festinger* (1957, deutsch 1978)[3] den ersten Platz ein. Sie hat be-sonders viele empirische Untersuchungen in der frühen Marketingfor-schung angeregt.

Festinger definiert diese als „Vorhandensein von nicht zusammenpassen-den Beziehungen zwischen Kognitionen". Es kann sich um einfache Ko-gnitionen wie einzelne Wissenselemente und wahrgenommene Affekte oder um sehr komplexe Kognitionen wie Meinungen oder Einstellungen

---

[2] Insbesondere durch solche, die auf *Osgood* und *Tannenbaum* (1955) zurückgehen. Dabei werden die Einstellungen als affektive Haltungen zu einem Gegenstand de-finiert und mittels Rating-Skalen gemessen. Die formale Präzision dieses Modells steht allerdings im Widerspruch zu den offenen Problemen der Operationalisie-rung und empirischen Umsetzung; vgl. dazu *Kroeber-Riel* (1980a, S. 220ff.). Theorien über die Wirkung von kognitiven Inkonsistenzen stammen von *Heider* (1946); *Osgood* und *Tannenbaum* (1955), *Abelson* und *Rosenberg* (1958) sowie von *Festinger* (1957). Vgl. zu den verschiedenen Theorien und zum heutigen Stand *Her-kner* (1993, S. 251ff.).

[3] Zur Einführung in die Dissonanztheorie und ihre Bewährungsprobleme, zugleich als Leitfaden durch die Literatur vgl. *Frey* (1984) und zum Stand der Diskussion vgl. *Frey* und *Gaska* (1993) sowie *Atkinson* und *Atkinson* (1993, S. 734ff.).

handeln. Es sind aber stets dauerhafte und bewußt wahrgenommene psychische Prozesse.

Festinger formuliert Hypothesen (1) zu den Bedingungen, unter denen Dissonanz zustande kommt, (2) zur Stärke der zu erwartenden Dissonanz und (3) zu ihren Auswirkungen auf das Verhalten.

Für die Marketingforschung ist das Zustandekommen von Dissonanz unter zwei Bedingungen besonders beachtenswert:

- Dissonanz nach Wahlentscheidungen,
  zum Beispiel nach dem Kauf eines Produktes;

- Dissonanz nach der Aufnahme von neuen Informationen,
  zum Beispiel nach dem Lesen eines Warentestberichtes, in dem die bisher bevorzugte Marke schlecht abschneidet.

Darüber hinaus werden Dissonanzen nach Handeln unter erzwungener Zustimmung („aufgrund von Belohnungen und Bestrafungen gegen die eigenen Einstellungen") sowie Dissonanzen nach nicht-bestätigten Erwartungen analysiert, worauf hier nicht eingegangen wird.

Dissonanz nach Kaufentscheidungen kommt dadurch zustande, daß der Kauf inkonsistentes Wissen hinterläßt: Es ist das Wissen, durch die Entscheidung die Nachteile der gewählten Alternative hinzunehmen und nicht in den Genuß der Vorteile der ausgeschlagenen Alternativen zu kommen. Je mehr sich die Alternativen gleichen, je mehr Vorteile beide aufweisen, um so stärker wird der ausgelöste gedankliche Konflikt. Das ergibt sich aus den Hypothesen zur Stärke der Dissonanz. Die wichtigsten lauten:

Die Dissonanz ist um so stärker, je größer die Bedeutung der kognitiven Elemente für eine Person ist. Beispiel: Die Dissonanz nach der Wahl eines unwichtigen Konsumartikels wird geringer sein als die Dissonanz nach dem Kauf eines Hauses.

Und: Die Dissonanz ist um so stärker, je mehr dissonante Kognitionen in der Menge aller relevanten Kognitionen enthalten sind. Beispiel: Hat die nach einer Wahl abgelehnte Alternative verhältnismäßig viele vorteilhafte Eigenschaften, so ist die Dissonanz größer, als wenn sie nur wenige aufweist.

Die entstandene Dissonanz regt den Konsumenten zu unterschiedlichen Verhaltensweisen an, die dazu dienen, die Dissonanz zu reduzieren. Welches Verhalten zum Zuge kommt, hängt von den Bedingungen ab, unter denen die Dissonanz zustande kommt.

Der Konsument kann die Dissonanz dadurch ausgleichen, daß er die gewählte Alternative *nachträglich* höher einschätzt.

Anwendungen: Zahlreiche Experimente, die vorwiegend im Labor durchgeführt wurden, stützen die Erwartung, daß die Konsumenten nach einer Kaufentscheidung Dissonanz empfinden und diese durch eine nachträgliche Einstellungsänderung zugunsten des gewählten Produktes oder zuungunsten des nicht gewählten ausgleichen (*Silberer*, 1979a, S. 145 ff.). Dies wird auch durch eine Felduntersuchung über die Dissonanzwirkung von Autokäufen von *Schuchard-Ficher* (1979) belegt. Insgesamt konnte bisher die

Höherschätzung der gewählten Alternative konsistenter und öfter nachgewiesen werden als die Abwertung der ausgeschlagenen Alternative (*Raffée, Sauter* et al., 1973, S. 50).

Besonders interessant sind dissonanztheoretische Erklärungen des *Informationsverhaltens* nach einem Produktkauf. *Ehrlich, Guttman* et al. (1957) untersuchten in einem klassischen Experiment die Informationsaufnahme von Konsumenten, die gerade ein Auto erworben hatten. Zwei *Hypothesen* waren zu überprüfen:

(1) Nach einer Kaufentscheidung sucht der Konsument Informationen, die ihm zur Dissonanzreduktion verhelfen. Da die Werbung für eine Marke üblicherweise positive Informationen über diese Marke enthält, ist zu vermuten, daß ein Konsument *nach* dem Kauf besonders viel *Werbung* über die gerade gekaufte Marke aufnimmt.

(2) Nach einer Kaufentscheidung vermeidet der Konsument Informationen, die ihm die Dissonanzreduktion erschweren. Der Konsument wird deswegen versuchen, der *Konkurrenzwerbung aus dem Wege* zu gehen, die ihm die Vorteile der von ihm in Betracht gezogenen, aber ausgeschlagenen Marken veranschaulicht.

Die *erste* dieser beiden Hypothesen wurde signifikant *gestützt:* Die Eigentümer neuer Autos lasen wesentlich *mehr* Werbung über ihr kürzlich gekauftes Auto als über andere Autos und insgesamt mehr Autowerbung als die Konsumenten, die vor längerer Zeit einen Wagen gekauft hatten. (Ergebnistabelle mit Interpretation in *von Rosenstiel* und *Ewald,* 1979, I, S. 133). Es gab aber keine klaren Anhaltspunkte dafür, daß die Werbung für die alternativ bei der Entscheidung berücksichtigten Autos gemieden wurde.[4]

Eine andere Frage ist es, was Konsumenten bei gegebener Informationsaufnahme mit der Kommunikation anfangen – ob sie die Glaubwürdigkeit der Quelle bezweifeln, den Inhalt uminterpretieren usw. –, um dissonante Informationen in ihr kognitives System einzupassen: Eine subjektive Auswertung der Kommunikation im Dienste der Vermeidung oder der Reduzierung von Dissonanzen darf als gesichert gelten. Typisches Beispiel: Die Glaubwürdigkeit von Nachrichten über die Gefährlichkeit des Rauchens wird von Rauchern herabgesetzt (vgl. bereits *Kassarjian* und *Cohen,* 1965).

Es ist jetzt zu fragen, in welcher Weise Dissonanzen von Konsumenten bei der **Absatzpolitik** berücksichtigt werden können. Die schlechte Kontrollierbarkeit und Steuerbarkeit der mit kognitiven Dissonanzen zusammenhängenden psychischen Prozesse durch das Marketing legt es nahe, eine sparsame und vorsichtige „Dissonanzstrategie" zu betreiben und nur sol-

---

[4] *Methodische Kritik* an diesem Ergebnis und die weiteren empirischen Arbeiten mit widersprüchlichen Ergebnissen lassen es allerdings ohne Formulierung von Rahmenbedingungen nicht zu, von der allgemeinen Hypothese auszugehen, der Konsument setze sich stets selektiv Informationen aus, um seine Dissonanz nach dem Kauf zu reduzieren (*Irle,* 1975, S. 317–319; insbes. *Frey,* 1981, S. 43, mit ausführlicher Diskussion und weiteren Experimenten zur selektiven Informationsaufnahme bei Dissonanz).

che Maßnahmen zu ergreifen, die auch außer ihrer Wirkung auf die kognitive Dissonanz der Abnehmer zweckmäßig sind.[5] Der Gesichtspunkt, Dissonanzen zu beeinflussen, sollte also nur nebenher als *zusätzlicher Aspekt* bei der Gestaltung der Absatzpolitik berücksichtigt werden. Dadurch kann die Effizienz absatzpolitischer Maßnahmen gesteigert werden.

Ein Unternehmen kann Vorteile von den Dissonanzen seiner Abnehmer erwarten, wenn durch die *Dissonanzreduktion* nach dem Kauf, insbesondere durch die nachträgliche Höherschätzung des gekauften Produktes, eine *Stabilisierung* und Vergrößerung der *Präferenzen* für die eigenen Produkte eintritt. Das gilt im wesentlichen bei Kaufentscheidungen, durch die sich der Konsument das erste Mal auf ein Produkt oder eine Marke festlegt, und auch noch bei Folgeentscheidungen, wenn diese auf einem echten Alternativenvergleich beruhen. Wird das Produkt oder die Marke häufiger und routinemäßig, ohne Blick auf andere Alternativen, erworben, so fallen die Ursachen für eine Dissonanz fort.

Die Dissonanzreduktion ist ein Prozeß, der sich nach den *ersten* Käufen eines Produktes abspielt und zu einer Selbststabilisierung des Wiederkaufverhaltens und damit zu *Markentreue* führen kann. In diesem Sinne kann ein strategisch eingerichtetes „Nachkaufmarketing" über die Resonanzreduktion zu einer Politik der Stammkundenbildung beitragen (vgl. auch *Hansen* und *Jeschke*, 1992).

Unabhängig von den objektiven Merkmalen des gekauften Produktes verstärkt der Erstkäufer durch seine kognitiven Anpassungsmechanismen seine Bindungen an das Produkt. Dieser Prozeß setzt allerdings voraus, daß zuvor relativ starke Dissonanzen entstehen; er ist folglich an die Bedingungen geknüpft, die von der Dissonanztheorie für das Zustandekommen starker Dissonanzen angenommen werden.[6] Wenn aufgrund der Kaufsituation stärkere Nachkauf-Dissonanzen vorhergesehen werden können (etwa bei Produkten von starker subjektiver Bedeutung), so kann ein Unternehmen versuchen, die Konsumenten dahingehend zu beeinflussen, die Dissonanzen durch nachträgliche Höherschätzung der gekauften Produkte zu reduzieren und nicht auf andere, für das Unternehmen unerwünschte Weise. Die Konsumenten können ja ihre Dissonanzen auch reduzieren, wenn sie sich klarmachen, daß sich die Qualitätsmerkmale der alternativ in Frage kommenden Produkte so weit überdecken, daß es eigentlich kei-

---

[5] Eine absichtsvolle Auslösung von Dissonanz durch das Marketing ist kaum zweckmäßig, da sie nachteilige Begleiterscheinungen haben kann. Man darf nicht vergessen, daß Dissonanz ein mit dem Produktkauf verbundener Zustand der Beunruhigung und der Unzufriedenheit ist. *Raffée, Sauter* et al., 1973, S. 64) fassen das Ergebnis ihrer ausführlichen Untersuchungen dazu wie folgt zusammen: „Die Schaffung von Dissonanzen hinsichtlich der eigenen unternehmerischen Leistung kommt als generelles absatzpolitisches Teilziel nicht in Betracht."

[6] Das sind insbesondere die subjektive Bedeutung des Kaufs, die hohe relative Attraktivität der Alternativen und eine geringe kognitive Überlappung (cognitive overlap). Zu bisher durchgeführten Untersuchungen über die Auswirkungen von Dissonanz auf die Markentreue vgl. zusammenfassend *Silberer* (1979a, S. 149), *Weinberg* (1977a) und *Nolte* (1976).

nen Unterschied macht, ob das gekaufte Produkt oder ein anderes konsumiert wird. Oder sie können den Kauf rückgängig machen.

Auch der Rücktritt vom Kauf kann eine Folge starker *Dissonanz* sein. Erleichterte man den Konsumenten mittels Werbung die Dissonanzbeseitigung, und zwar durch nachträgliche Rechtfertigung und bessere Einschätzung der gekauften Waren, so lassen sich die Käufer zum Teil von dem unerwünschten Rücktritt abbringen.[7]

Die gängigste absatzpolitische Methode, den Konsumenten auf den für das Unternehmen „richtigen" Weg zu führen, nämlich zur nachträglichen Höherschätzung des gekauften Produktes, ist die *Nachkauf-Werbung*. Sie kann die Besonderheit des gekauften Produkts hervorheben, und sie kann Informationen liefern, die die Vorteilhaftigkeit des Kaufs hervorheben.[8]

So meinen *Kotler* und *Bliemel* (1995, S. 318): „Computerhersteller können z. B. neue Kunden per Brief zum Kauf eines hervorragenden Computers gratulieren; sie können Anzeigen schalten, die zufriedene Computerbesitzer zeigen, bei den Kunden um Verbesserungsvorschläge bitten und ihnen Adressen von Serviceeinrichtungen zukommen lassen. Sie können die Bedienungsanleitungen so abfassen, daß sie dissonanzreduzierend wirken, oder den Gerätebesitzern Broschüren mit Beiträgen über neue Anwendungen zusenden. Kommunikationen mit dem Kunden nach dem Kauf können erwiesenermaßen die Produktrückgaben und Auftragsstornierungen verringern."

…Sie haben ein Produkt gewählt, dessen mattschwarze Oberfläche eine besonders schöne Wirkung hat. Damit Sie sich lange hieran erfreuen können, achten Sie bitte darauf … *(Montblanc VIP-Quickpen)*
…Sie haben mit dem *Vaillant Geyser MAG* ein gutes und zuverlässiges Gerät erworben, das Ihnen jederzeit sofort heißes Wasser liefern kann…
…Herzlichen Glückwunsch. Sie haben Qualität gekauft! … *(Erismann Tapeten)*.

Abbildung 41: Reduzierung der Nachkauf-Dissonanz durch Texte in Gebrauchsanweisungen

Daß ein solches Vorgehen zweckmäßig ist und nachweisbare Wirkungen hat, belegen bereits Experimente von *Donelly* und *Ivancevich* (1970). Im Experiment von *Donelly* und *Ivancevich* war der Anteil von Konsumenten, die *vom* Kauf eines Autos *zurücktraten* (was ohne große Verluste möglich war), erheblich geringer, wenn sie nach dem Kauf einer Werbung mit Informationen über die Vorteile des gekauften Autos ausgesetzt waren. Die Rück-

---

[7] *Raffée, Sauter* et al. (1973, S. 76) merken dazu an, daß die Verminderung der Rücktrittsquoten durch die Werbung nicht nur dissonanztheoretisch zu erklären ist und deswegen auch nicht eindeutig als eine Bestätigung der Dissonanzhypothesen aufgefaßt werden kann.

[8] Konkrete Ansatzpunkte für die absatzpolitischen Aktivitäten kann eine mehrdimensionale Analyse der Einstellungen liefern. Diese zeigt an, welche speziellen Produktmerkmale als „kritische Kognitionen" der Konsumenten anzusehen sind und Ansatzpunkte für die Argumentation durch das Marketing bieten (*Hammann* und *Schuchard-Ficher,* 1980).

gabequote bei den Käufern, die gezielt einer Nachkauf-Werbung ausgesetzt wurden, betrug 2,4% gegenüber 5,2% für Käufer, die keine Werbung erhielten.

2. Messung von Einstellungen

Auch wenn die gemessene *Kaufabsicht* meist eine größere Prognosegenauigkeit besitzt, so gilt das Interesse der Marketingforschung vorwiegend den *Einstellungen,* weil sie valider gemessen werden können und weil die ermittelten Werte ökonomischer und vielseitiger verwendbar sind. Zudem sind die methodischen Grundfragen der Einstellungsmessung auch für die Messung der Kaufabsicht maßgebend.

a) Skalen als Meßinstrumente

Einstellungen sind nicht beobachtbare psychische Größen. Sie sind theoretische Konstrukte, ähnlich wie Emotionen und Motivationen. In der sozial-psychologischen Literatur gilt die Messung von Einstellungen als typisches Beispiel für die Problematik, die mit der Messung von *theoretischen Begriffen* verbunden ist. Auch im vorliegenden Buch soll die psychologische *Meßproblematik* anhand der Einstellungsmessung etwas genauer erörtert werden.

> Die Einstellungsmessung gilt hier als Muster für die Messung von psychischen Größen.

Welche psychischen Prozesse der Begriff Einstellung umfaßt, ist zunächst einmal eine Frage der *Definition.* Es ist ja nicht so, daß Einstellung ein bestimmter psychischer Prozeß „ist". Erst durch eine Definition – die in vielen Darstellungen nicht explizit angegeben wird, sondern nur indirekt aus dem Text hervorgeht – wird ein psychischer Sachverhalt als Einstellung abgegrenzt.

Bei einer Einstellungsuntersuchung hat man demzufolge zu fragen:

(1) Welcher psychische Sachverhalt wird als Einstellung bezeichnet (Definition), und

(2) wird die so definierte Einstellung zuverlässig und genau gemessen?

Unter **Messen** versteht man, allgemein gesagt, das systematische Beobachten und Aufzeichnen von empirischen Sachverhalten, also die Datenerhebung. Das Ergebnis eines Meßvorganges ist nach klassischer Definition das Zuordnen von Zahlen zu Objekten oder Ereignissen nach bestimmten Regeln.

Einige Fragestellungen, die bei der Messung von theoretischen Konstrukten auftauchen, lassen sich in Anlehnung an *Friedrichs* (1990, S. 164) anhand von *Abbildung 42* verdeutlichen: Jeder theoretische Sachverhalt (in diesem

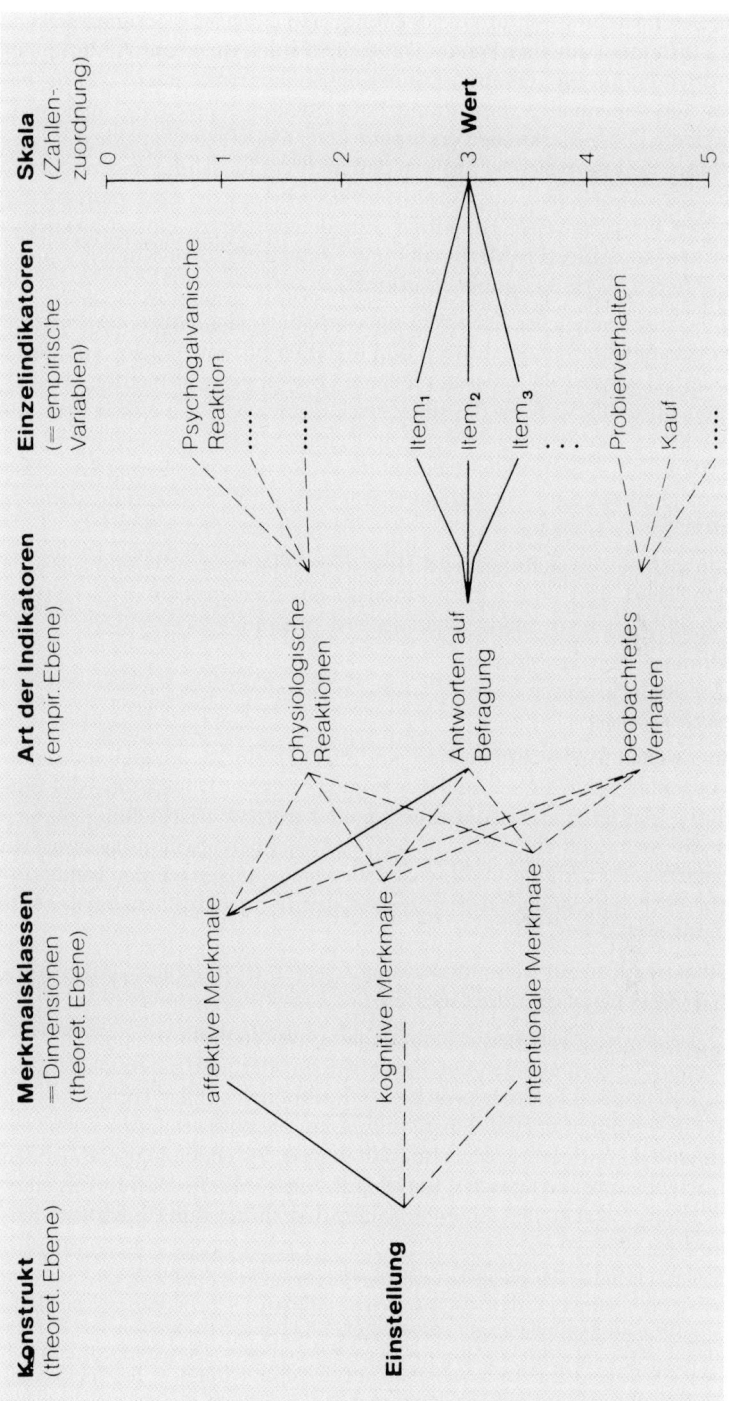

Abbildung 42: Vom theoretischen Begriff zum Skalenwert

Fall die Einstellung) ist durch eine Menge von *Merkmalen* gekennzeichnet. Die Einstellung zu einer Person läßt sich beispielsweise durch Merkmale wie „Sympathie zur Person", „Erinnerung an ihren Vornamen", „Kenntnis ihrer Vergangenheit", „Bewertung ihres äußeren Aussehens" usw. umschreiben. Diese Merkmale verkörpern unterschiedliche Aspekte der Einstellung. Sie lassen sich so ordnen, daß mehrere in sich homogene Merkmalsklassen entstehen, die jeweils *einen* dieser Aspekte repräsentieren. So gehören beispielsweise Sympathie und Bewertung zu einer Merkmalsklasse (es sind affektive Merkmale) und Erinnerung sowie Kenntnis zu einer anderen (es sind kognitive Merkmale).[1]

Die theoretischen Begriffe (beziehungsweise die in der *theoretischen Sprache* angegebenen Merkmale) müssen nun in der empirischen Ebene verankert werden. Das heißt: Es müssen meßbare Größen gesucht werden, die anzeigen, ob und inwieweit das theoretisch Gemeinte – also eine bestimmte Einstellung – tatsächlich vorliegt. Diese empirischen Größen werden *Indikatoren* genannt. Beispielsweise dient die Äußerung eines Befragten „diese Person gefällt mir gut" als Indikator für eine positive Einstellung zu dieser Person.

Wenn man den Einstellungsbegriff nach dem Schema von *Abbildung 42* operationalisiert und dadurch zu empirischen Einzelgrößen in Beziehung setzt, so hat man vorrangig folgende Gesichtspunkte zu sehen:

- Dimensionen der Messung,
- Art der Indikatoren,
- Skalenniveau.

Dimensionen: Am weitesten sind eindimensionale Messungen verbreitet. Sie beziehen sich lediglich auf *einen* Aspekt – auf *eine* Dimension – der Einstellung, das ist meistens die affektive oder wertende Einstellungsdimension, die sich in einer zustimmenden oder ablehnenden Haltung zum Gegenstand äußert. Einige eindimensionale Meßtechniken werden weiter unten beschrieben, das nächste Kapitel geht dann auf mehrdimensionale Meßtechniken ein.

Indikatoren: Die zur Messung herangezogenen empirischen Größen können drei Ebenen zugeordnet werden.

(1) *Psychobiologische* Ebene: Man mißt hier physiologische (biologische) Reaktionen der Testpersonen wie Pulsfrequenz oder elektrodermale Reaktion (EDR) und schließt dann von diesen Reaktionen auf das Vorhandensein und die Ausprägung einer Einstellung. Dieser Schluß setzt jedoch eine experimentell kontrollierte Meßsituation voraus. Psychobiologische Größen werden bevorzugt eingesetzt, um die Intensität und die Wichtigkeit einer Einstellung festzustellen. Eine starke (negative) Einstellung äußert sich bei-

---

[1] Um eine Ordnung von empirisch erfaßten Merkmalen zu erreichen, kann man ein statistisches Verfahren, die *Faktorenanalyse,* einsetzen. Es dient dazu, solche Merkmale, die stark redundant sind (kovariieren) und das gleiche messen, zu „Dimensionen" oder „Faktoren" zusammenzufassen. Mit diesen „Dimensionen" läßt sich dann ein Gegenstand systematischer und weniger redundant beschreiben als durch eine Menge von nicht-faktorisierten Merkmalen.

spielsweise in einer Veränderung des Pulsschlages oder des elektrischen Hautwiderstandes einer Person, die das aktivierende Stichwort hört (im einzelnen: *Kroeber-Riel, Barg* et al., 1975).

(2) Ebene der *Beobachtungen:* Verhaltensbeobachtungen gehören im allgemeinen zu den nicht-reaktiven Meßverfahren: Die Testpersonen wissen nicht, daß ihr Verhalten beobachtet wird. Das schaltet einige gravierende Fehlerquellen der Messung aus. Neben der Verhaltensbeobachtung sind Mimik und Gestik valide Indikatoren für Einstellungen (*Weinberg,* 1986b). Beobachtungen werden noch zu selten für die Einstellungsmessung eingesetzt. Es sind zeitlich und finanziell aufwendige Meßverfahren. Zudem ist es schwierig, vom beobachteten Verhalten allein die hinter dem Verhalten stehenden Einstellungen abzuleiten.

Beispiele für Beobachtungen: Beobachtung des eingestellten Senders von Autoradios, um die Vorliebe und Einstellung hinsichtlich verschiedener Rundfunkanstalten zu ermitteln, oder die Erfassung von Aufklebern an Autos als Indikatoren der Einstellung zu politischen Parteien, Sportvereinen oder aktuellen gesellschaftlichen Ereignissen.

(3) Ebene der subjektiven *Erfahrungen:* Die Messungen auf dieser Ebene knüpfen an Äußerungen über subjektive Erfahrungen an. Die subjektiven Erfahrungen können von einer Person verbal (in Form eines Briefes, einer mündlichen Antwort usw.) oder nicht-verbal mitgeteilt werden. Letzteres ist beispielsweise der Fall, wenn die Messung durch einen Programmanalysator erfolgt.

Am verbreitetsten sind *Befragungen.* Im einfachsten Fall kann man eine einzelne Einstellungsfrage stellen („Wie gefällt Ihnen die Marke X?"), oder man kann den Befragten mehrere Aussagen über den Einstellungsgegenstand vorlegen und sie bitten, sich zu jeder Aussage zu äußern.

Den zur Einstellungsmessung benutzten Indikatoren können direkt oder indirekt Skalenwerte zugeordnet werden. Zum Beispiel erhält die Antwort „Marke X gefällt mir gut" den Wert 7. Die einzelnen oder kombiniert benutzten Skalenwerte geben dann Auskunft über die Ausprägung einer Einstellung.

Neuerdings werden Befragungen zur Einstellungsmessung *automatisch* mit Hilfe von Computern durchgeführt: Die Fragen werden in diesem Fall auf einem Bildschirm gestellt, der Befragte antwortet direkt über die Tastatur des Bildschirmgerätes (siehe *Abbildung 43*).

Die computergesteuerte Einstellungsmessung hat zahlreiche Vorteile. Sie ermöglicht eine schnelle Datenerhebung – durch unabhängige Mehrpersonenbefragung –, eine bessere Kontrolle von Erhebungsfehlern und eine online-Verarbeitung der Daten. Außerdem werden mehrere Mängel der mündlichen Befragung vermieden. Durch zusätzliche und automatische *Antwortzeitmessung* kann die subjektive Sicherheit bzw. Überzeugung gemessen werden, mit der die Antworten gegeben werden. Verschiedene Systeme der computerkontrollierten Einstellungsmessung werden inzwischen auch in der kommerziellen Marktforschungspraxis angewandt (im einzelnen: *Kroeber-Riel* und *Neibecker*, 1983; *Neibecker*, 1983a; *Berekoven* und *Eckert*, 1993, S. 111 ff.).

Skalenniveau: Bei der Benutzung von Skalen ist stets nach dem Skalenniveau zu fragen. Damit ist eine mathematische Eigenschaft der von den Skalen gelieferten Zahlen gemeint. Die meisten bei der Ermittlung von Einstellungen erhaltenen Werte werden statistisch so ausgewertet, als ob sie mindestens auf *Intervall-Skalenniveau* messen. Das setzt metrische Skalen mit folgender Eigenschaft voraus: Die Unterschiede zwischen zwei Meßwerten drücken über die ganze Skala hinweg immer die gleichen Unterschiede in der Einstellung aus. Zum Beispiel hat der Unterschied zwischen den Meßwerten 6 und 7 denselben Einstellungsunterschied anzuzeigen wie die Differenz zwischen den Meßwerten 2 und 3. Erst wenn eine Skala diese Eigenschaft hat, ist es möglich, die Maßeinheiten zu addieren und zu subtrahieren und darauf aufbauende statistische Auswertungen vorzunehmen. Ob bei Einstellungsmessungen tatsächlich ein metrisches Skalenniveau erreicht wird, bleibt in vielen Fällen offen.

Abbildung 43: Bildschirmbefragung zur Einstellungsmessung

Anmerkung: Die Fragen zur Einstellungsmessung erscheinen auf dem Bildschirm und werden direkt über die Tastatur des Bildschirmgerätes beantwortet. Diese Bildschirmbefragung ist in ein umfassendes computerkontrolliertes Erhebungssystem integriert.

Man nimmt dieses Problem bei der praktischen empirischen Arbeit nicht so genau und behandelt aus Gründen der Forschungsökonomie auch solche Skalen, welche die Anforderungen einer metrischen Skala nicht ganz erfüllen (aber mehr Informationen als Rangskalen liefern), meist wie me-

trische Skalen. Das gilt u. a. auch für die Werte von Rating-Skalen. Empirische Untersuchungen deuten darauf hin, daß sich Unterschiede im Skalenniveau relativ wenig auf das Rechenergebnis auswirken, und daß man,
ohne große Fehler zu machen, Ordinalwerte mit parametrischen Verfahren
verrechnen kann. Viele statistische Verfahren weisen eine bemerkenswerte
Robustheit gegenüber Verletzungen des vorausgesetzten Skalenniveaus
auf (*Bortz*, 1993, S. 263 f.; *Schnell* und *Hill*, 1993, S. 152 f.).

Und nun zu den einzelnen *Meßtechniken.*

Rating-Skalen sind die am häufigsten benutzten „Skalen", es sind einfache
Zuordnungs-Skalen. Benutzt man zur Einstellungsmessung eine einzelne
Rating-Skala, dann wird mittels dieser Skala einem Einstellungsobjekt ein
Meßwert zugeordnet. Das kann beispielsweise durch eine graphisch ge-
staltete Skala geschehen:

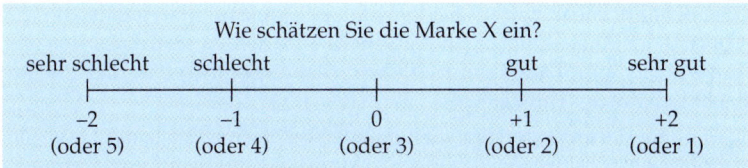

Bei einer solchen *einfachen* Einstellungsmessung erhält man demzufolge
nur eine einzelne Antwort des Befragten. Nur auf diesem Indikator – auf
einer Variablen im Sinne von *Abbildung 42* – beruht der gemessene Einstellungswert. Dagegen stützt man sich bei den sogenannten Skalierungsverfahren, die weiter unten skizziert werden, auf mehrere Indikatoren, die
dann zu einem kompakten Skalenwert zusammengefaßt werden.

Rating-Skalen liefern Meßwerte, die man nach weitverbreiteter Meinung,
ohne größere Fehler zu machen, *wie* metrische Meßwerte behandeln kann,
da die Abstände auf der Skala im großen und ganzen als gleiche Intervalle in der Vorstellung des Beurteilers aufgefaßt werden können (zusammenfassend u. a. *Bortz*, 1993, S. 27 f.).[2]

Die *Mängel* von Rating-Skalen wurden bereits ausführlich von *Guilford* (1954,
S. 263 ff.) behandelt. Der stärkste Mangel geht auf eine persönlich bedingte
(individuelle) Tendenz zurück, gleichbleibend entweder mehr oder weniger
extreme Positionen anzukreuzen (*Trommsdorff*, 1977). Den Mängeln der Skala steht die einfache Konstruierbarkeit und Anwendbarkeit gegenüber.

Ein interessanter und bereits erwähnter Fehler kommt bei der Interpretati-
on des *Mittelpunktes* einer zweipoligen Rating-Skala zustande. Eine Rating-
Skala heißt zweipolig, wenn an ihren Polen Ausdrücke mit gegensätzlicher
Bedeutung stehen.

Beispiel: Wenn die Befragten angeben sollen, wie angenehm oder unangenehm eine Werbeanzeige auf sie wirkt, so kann man ihnen eine Rating-Ska-

---

[2] Zu den Grundlagen des Messens und Skalierens sowie zur Bildung von Rating-
Skalen vgl. beispielsweise *Atteslander,* 1993, S. 249–270, und *Friedrichs,* 1990, S. 163
–187.

la vorlegen mit den Polen „sehr angenehm" und „sehr unangenehm". Wird nun bei Beurteilung der Werbeanzeige der in der Mitte der Skala liegende Punkt angekreuzt, so bleibt unklar, ob die Werbeanzeige indifferent (*weder* angenehm *noch* unangenehm) oder ambivalent eingeschätzt wird. Im letzten Falle würde sie sowohl als angenehm als auch als unangenehm eingestuft. Zur Vermeidung dieser Interpretationsunsicherheit ist es zweckmäßig, nur einpolige Skalen zu verwenden, also Skalen, an deren Ende stets der gleiche Begriff mit verschiedenen Intensitätsausprägungen steht.

Einzelne Rating-Skalen geben ein direktes und unspezifisches Urteil der Befragten wieder. Genauere und zuverlässigere Werte bekommt man durch *Skalen,* die sich auf eine Mehrzahl von Äußerungen über den Untersuchungsgegenstand stützen. Zu diesem Zweck formuliert man verschiedene Behauptungen *(Statements),* die den Einstellungsgegenstand betreffen. Man legt sie den Befragten vor und bittet sie anzugeben, ob oder inwieweit diese Behauptungen zutreffen oder nicht. Beispiele für Statements, die zur Messung der Einstellung gegenüber einem Auto dienen, sind Aussagen wie „mit diesem Auto kann man sich kaum sehen lassen" oder „dieses Auto macht der ganzen Familie Spaß".

Skalierung: Darunter versteht man das Herstellen einer Skala mit Hilfe von mehreren empirischen Meßgrößen. So kann man aufgrund von mehreren verbalen Aussagen über einen Gegenstand eine Einstellungsskala bilden. Die dazu herangezogenen verbalen Äußerungen (Items, Statements) können als Stichprobe aus der Gesamtheit aller möglichen Aussagen bzw. Ansichten der Befragten über das Einstellungsobjekt angesehen werden. Aus den mit Hilfe der Items gemessenen Äußerungen über das Einstellungsobjekt wird dann durch verschiedene Auswertungsverfahren (Klassifizierung der Items durch Experten, statistische Aufbereitung) ein einziger Einstellungswert abgeleitet (vgl. dazu *Abbildung 42).*

Die bekanntesten *eindimensionalen Skalierungsverfahren* sind die Methode der gleicherscheinenden Intervalle von *Thurstone,* die heute relativ selten verwandt wird, ferner die Methode der summierten Ratings von *Likert* sowie die *Guttman*-Technik. Wir skizzieren die Skalierung anhand des *Likert*-Verfahrens.[3] Dieses Verfahren zielt darauf ab, die Einstellung als ablehnende oder zustimmende Haltung zu einem Objekt zu ermitteln. Es werden also *nur* die affektiv-wertenden Aspekte einer Einstellung gemessen. Die eigentliche Skalierung der Items umfaßt drei Schritte (nachfolgend 1.–3.), darauf folgen zwei weitere Schritte (4. und 5.) mit dem Meßvorgang (Verwendung der skalierten Items).

1. Schritt: Es werden etwa gleichviel günstige wie ungünstige Aussagen über das Einstellungsobjekt (Items) gesammelt. Es kommt dabei nicht darauf an, alle Abstufungen einer günstigen und ungünstigen Beurteilung gleichermaßen zu repräsentieren.

---

[3] Vgl. *Likert* (1932); auszugsweise Wiederabdrucke findet man auch in Readern wie *Fishbein* (1967) oder *Summers* (1970). Die *Likert*-Technik wird zusammen mit anderen klassischen Skalierungsverfahren auch in den gängigen Lehrbüchern skizziert, vgl. etwa zur Marktforschung *Hammann* und *Erichson* (1994).

2. Schritt: Jedem Item wird eine – fünfstufige – *Rating-Skala* beigefügt, die den Befragten dazu dient, ihre Stellungnahme abzugeben. Diese Rating-Skalen laufen von –2 bis +2, beispielsweise mit folgenden Positionen: starke Zustimmung (+2), mäßige Zustimmung (+ 1), unentschieden (0), mäßige Ablehnung (–1) und starke Ablehnung (–2).

3. Schritt: Die Items werden einer Itemanalyse (Pretest) unterzogen. Durch den Pretest soll entschieden werden, ob ein Item tatsächlich die zu messende (affektive) Dimension trifft, und wenn das der Fall ist, ob es auch geeignet ist, Personen mit verschiedenen Einstellungen deutlich auseinanderzuhalten (zu *diskriminieren*).

4. Schritt: Die aufgrund der Itemanalyse ausgewählten Items werden nun der ausgewählten Stichprobe von Personen zur Stellungnahme vorgelegt. Man erhält dadurch von jeder Person zu jedem Item einen positiven oder negativen Zahlenwert: einen positiven für die Zustimmung zur positiven Behauptung oder für die Ablehnung einer negativen Behauptung und umgekehrt.

5. Schritt: Für jeden Befragten wird nun der *Summenwert* von diesen Zahlen über alle Items hinweg berechnet. Dieser Summenwert gilt als Meßwert für die individuelle *Einstellung.*

Wie zu Schritt 3 erwähnt wird, hat sich die Auswahl der Items nach der zu messenden Dimension der Einstellung zu richten. Da *Likert* die Einstellung als eine positive oder negative Haltung zu einem Objekt auffaßt, müssen alle Items dem *gleichen* bewertenden Aussagentyp angehören. Allerdings können Items, die nicht nur Merkmale der zu messenden (affektiv-wertenden) Merkmalsklasse, sondern in geringem Ausmaß auch andere Einstellungsmerkmale anzeigen, beibehalten werden. Man geht dann von der Annahme aus, daß sich die unterschiedlichen Einflüsse dieser nebenbei gemessenen Merkmale („Fremddimensionen") durch die Summation gegenseitig *kompensieren.*

Insgesamt herrscht in der Literatur die Meinung vor, daß für praktische eindimensionale Messungen von Einstellungen unter den bekannten Skalierungsverfahren die Methode der summierten Ratings nach *Likert* die meisten Vorteile bietet.

Magnitudeskalierung: Das ist ein direktes Meßverfahren, welches in der Psychophysik entwickelt wurde. Es baut auf der Erkenntnis auf, daß es möglich ist, die Stärke einer subjektiven Empfindung direkt auf einem vorgegebenen Antwortkontinuum, etwa durch eine beliebige Zahl oder durch die Größe (Magnitude) eines physikalischen Reizes, auszudrücken.

Beispiel: Jemand gibt über die Stärke seiner Einstellung dadurch Auskunft, daß er die Zahl 36 nennt, einen Kreis beliebigen Umfangs oder eine Linie bestimmter Länge zeichnet oder einen Ton von bestimmter Dauer auslöst. Wie in der Psychophysik nachgewiesen wurde, steht die *objektive* Stärke des Reizes – zum Beispiel die Länge einer Linie – in einem gleichbleibenden und gesetzmäßigen Verhältnis zur *subjektiven* Erlebnisstärke. Die funktionale Beziehung folgt dem „psychophysischen Potenzgesetz" (power law); sie hat sich für mehr als 30 bisher erforschte Meßmodalitäten als sehr stabil erwiesen. Durch Eichen der von einer Person stammenden Reizgrößen an subjektiven Ankerwerten dieser Person wird die intersubjektive Vergleichbarkeit und Aggregierbarkeit der Daten gesichert (*Lodge*, 1981; *Moskowitz und Jacobs*, 1980).

Die Magnitudeskalierung wird neuerdings in computerkontrollierte Befragungssysteme integriert. Sie ist dadurch zu einem ökonomischen Meßverfahren geworden.

Die vorliegenden empirischen Untersuchungen – insb. die Validierung durch *Neibecker* (1985) – bestätigen die Eignung dieser Methode zur Einstellungsmessung. Gegenüber der Befragung hat sie nicht nur die Vorteile nicht-verbaler Messung (*Kroeber-Riel*, 1983a), sie liefert auch Daten eines höheren Skalenniveaus als die Befragung mittels Rating-Skala, und sie diskriminiert besser zwischen ähnlichen Reizen, nicht zuletzt deswegen, weil das Antwortspektrum der Personen nicht so stark eingeengt wird wie bei einer kategorialen Messung mittels Rating-Skala.

b) Modelle ein- und mehrdimensionaler Einstellungsmessung

Die nachfolgenden Basismodelle sind ganz allgemein als Verfahren aufzufassen, mit denen subjektive *Umwelteindrücke* ermittelt werden. Sie eignen sich nicht nur für die Messung von Einstellungen, sondern auch für die Messung von aktuellen Wahrnehmungen bzw. Eindrücken. Umgekehrt können auch mehrdimensionale Wahrnehmungsmodelle wie die im Kapitel über Wahrnehmung erörterten Modelle mehrdimensionaler Skalierung und der Verbundmessung (conjoint measurement) für die Einstellungsmessung benutzt werden; vgl. dazu Kapitel C.III.

Als erstes können wir die Methoden der Imagemessung auf die Einstellungsmessung übertragen. Der Begriff Image kann als mehrdimensionales Einstellungskonstrukt definiert werden. Imagemessungen können deswegen als mehrdimensionale Einstellungsmessungen gelten (*Trommsdorff*, 1976). Um das zu erläutern, ist es zunächst notwendig, auf den Imagebegriff und auf Verfahren der *Image-Messung* einzugehen.

Der Begriff **Image** wird in der marktpsychologischen Literatur Deutschlands schon seit langem verwendet. Bekannte Veröffentlichungen dazu stammen von *Spiegel* (1961) und *Bergler* (1963).

In einem übertragenen Sinne bedeutet Image soviel wie das Bild, das sich jemand von einem Gegenstand macht. Ein Image gibt die subjektiven Ansichten und Vorstellungen von einem Gegenstand wieder. Aus zahlreichen Bedeutungsanalysen zum Image-Begriff geht hervor, daß zu den subjektiven Ansichten sowohl das subjektive Wissen über den Gegenstand als auch (gefühlsmäßige) Wertungen gehören und das Images … „das Verhalten bestimmen" (*Spiegel*, 1961). Dem Image werden demzufolge in etwa die *gleichen* Merkmale zugesprochen, mit denen wir bisher die *Einstellung* gekennzeichnet haben.

Wir schlagen deswegen vor, den Image-Begriff durch den schärfer operationalisierten Einstellungsbegriff zu ersetzen und folgen damit einer Tendenz in der Marketing-Literatur (*Trommsdorff* und *Zellerhoff*, 1994).

Semantisches Differential: Die bekannteste Methode mehrdimensionaler Imagemessung ist das *Semantische Differential*. Es wurde von *Osgood* u. a. *(Osgood, Suci* et al., 1957, kurze Zusammenfassung: *Osgood*, 1973) zur Messung von Wortbedeutungen entwickelt und später für seine Anwendung im Marketing modifiziert und ausgeweitet.[1]

Die Bedeutung eines Wortes (seine semantische Relation) wird durch die mit einem Wort verbundenen *Assoziationen* repräsentiert. Um diese Assoziationen zu messen, gibt man den Befragten ein Wort als Stimulus vor und protokolliert die daraufhin geäußerten Assoziationen. Bei einem *standardisierten* Meßverfahren wie dem Semantischen Differential kann der Befragte aber nicht frei assoziieren. Vielmehr wird ihm eine Menge von ausgesuchten Assoziationen vorgegeben, mit denen er das vorgegebene Stimuluswort zu beurteilen hat. Beim klassischen Semantischen Differential verwendet man dazu eine Menge von gegensätzlichen Eigenschaftswörtern. Damit auch die Stärke der Assoziationen gemessen werden kann, verbindet man diese Eigenschaftswörter mit *Rating-Skalen*. Nun kann der Befragte angeben, *inwieweit* ein vorgegebenes Eigenschaftswort seine Assoziation zum Stimuluswort wiedergibt. *Abbildung 44* zeigt einige Skalen des klassischen Semantischen Differentials zur Beurteilung von drei Meinungsgegenständen: *Saarland*, *Andy Warhol* und *Lila Pause*.[2] Verbindet man die Mittelwerte der von den Befragten angekreuzten Skalenwerte, so erhält man ein Vorstellungsprofil von den Meinungsgegenständen.

Die an den Polen der Rating-Skalen stehenden Paare gegensätzlicher Eigenschaftswörter wie „leise – laut" sind metaphorisch, das heißt nicht wörtlich, sondern im übertragenen Sinne zu verstehen. Dadurch lassen sie sich auf verschiedenartige Konzepte beziehen:

Im übertragenen Sinne kann man von einem lauten oder leisen Künstler, einer lauten oder leisen Landschaft, einem lauten oder leisen Produkt sprechen. Der entscheidende Vorteil dieses Vorgehens liegt darin, daß man mit den gleichen Eigenschaftswörtern die Vorstellungen zu ganz unterschiedlichen Meinungsgegenständen ermitteln und diese vergleichen kann.[3]

Durch die Berechnung von Ähnlichkeiten (z. B. mittels Distanzmaße oder Korrelationen) ist es möglich festzustellen, ob sich zwei Images mehr oder

---

[1] Zu den Modifizierungen und Ausweitungen vgl. u. a. *Trommsdorff* (1975) und *Bergler* (1975).

[2] Die hier wiedergegebenen sechs Skalen repräsentieren zugleich die drei Dimensionen des Semantischen Raums (Differentials): (1.) Bewertung (gut – schlecht, glücklich – traurig), (2.) Aktivität (laut – leise, schnell – langsam) und (3.) Stärke (schwer – leicht, stark – schwach). Zur Verwendung des Semantischen Differentials vgl. *Trommsdorff* (1975, S. 27 ff.) und zusammenfassend *Herkner* (1993).

[3] Statt der Eigenschaftswörter kann man auch visuelle Zeichen, Farben oder Symbole anderer Modalität benutzen, die die gleiche Bedeutung wie die Eigenschaftswörter haben. Auf diese Weise kommt man zu nonverbalen Skalen, die auch für interkulturelle Vergleiche verwendet werden können.

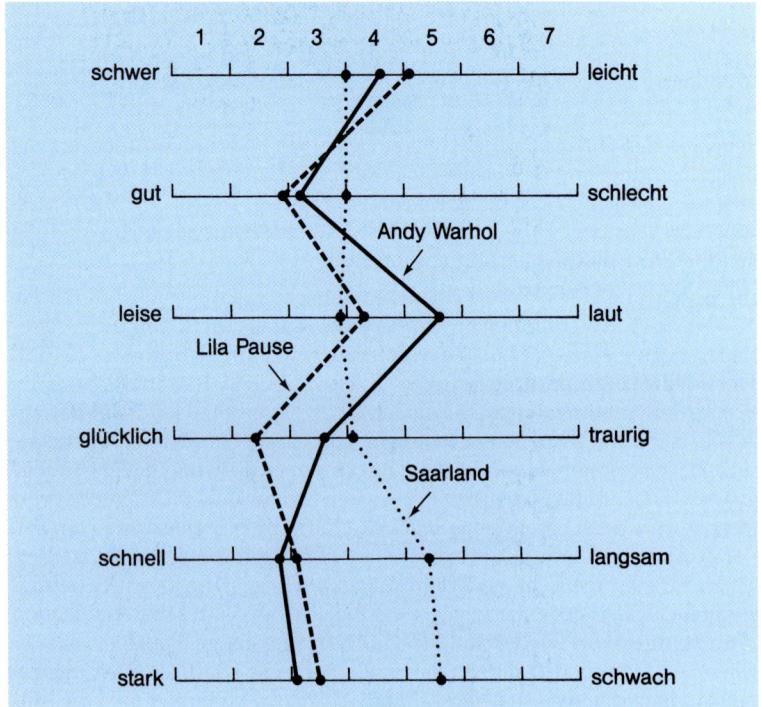

Abbildung 44: Auszug aus einem Semantischen Differential für drei Gegenstände

Anmerkung: Mittelwerte der Assoziationen von 145 Studenten nach einer Untersuchung des *Instituts für Konsum- und Verhaltensforschung* der Universität des Saarlandes 1992.

weniger entsprechen, ob das Image einer Marke dem Image einer konkurrierenden Marke ähnlich ist, wie groß die Distanz zum Image des idealen Produktes ist usw.

Beziehen sich alle Eigenschaftswörter (Items) auf *eine* Dimension, so haben wir es mit einer eindimensionalen Imagemessung zu tun. Ist diese Dimension die affektiv-wertende Dimension, dann werden nur Eigenschaftswörter mit Wertsinn verwandt wie schmutzig–sauber, gut–schlecht, schön–häßlich.[4]

Ein solches, auf *eine* Dimension reduziertes Semantisches Differential zeigt die mehr oder weniger stark ablehnende oder zustimmende Haltung zu einem Objekt an. Es ist mit einer eindimensionalen Einstellungsmessung gleichzusetzen, und es wird methodisch meist wie ein Satz von *Likert*-Ska-

---

[4] Die im Semantischen Differential oder Polaritätsprofil benutzten Eigenschaftswörter haben die gleiche Funktion wie Items. Es sind vorgegebene und standardisierte Behauptungen, denen die Befragten mehr oder weniger stark zustimmen können, je nachdem, wie sehr nach ihrer Ansicht die jeweilige Eigenschaft für das Imageobjekt zutrifft.

len behandelt. Das heißt: Die Meßwerte werden über alle Skalen summiert. Die eindimensionale Einstellungsmessung mittels wertender Skalen des Semantischen Differentials wird auch im Marketingbereich angewandt.

Das Semantische Differential und vor allem die erweiterten und modifizierten Meßverfahren *(Polaritätsprofile)* umfassen üblicherweise neben den wertenden Eigenschaftswörtern noch solche Wörter (Items), die sich auf weitere emotionale Eindrücke wie „erregend–ruhig" oder „stark–schwach" beziehen, auch auf sachliche Eindrücke wie „breit–schmal". Die Einstellungsmessung umfaßt dann mehrere emotionale und auch kognitive Dimensionen. Solche mehrdimensionalen Messungen sind im Marketing ebenfalls verbreitet.[5]

Multiattributmodelle: Eine in der äußeren Gestaltung dem Semantischen Differential ähnliche, aber speziellere Technik der mehrdimensionalen Einstellungsmessung bieten die Multiattributmodelle, die wir auch als Verfahren zur Messung der Produktbeurteilung darstellen. Im folgenden werden drei klassische Modelltypen in ihrer Grundstruktur behandelt.[6]

Der älteste Modelltyp stammt von *Rosenberg* (1956, 1978). Das *Rosenberg*-Modell geht davon aus, daß Verbraucher die Produkte danach beurteilen, inwieweit sie geeignet sind, ihre Motive zu befriedigen (Means-end-analysis).

Rosenberg formuliert dazu folgende Hypothese:

Die Einstellung einer Person zu einem Objekt hängt von der Wichtigkeit (affektive Komponente) ihrer Motive und der wahrgenommenen Eignung (kognitive Komponente) des Objektes zur Motiverreichung ab.

$$A_{ij} = \sum_{k=1}^{n} x_{ik} \cdot y_{ijk}$$

A_{ij} = Einstellung der Person i zu Objekt j

x_{ik} = Wichtigkeit des Motives k für die Person i (value importance)

y_{ijk} = subjektive Meinung der Person i über die Eignung des Objektes j zur Befriedigung des Motives k (perceived instrumentality)

Grundlegend für das Modell sind die multiplikative Verknüpfung der Modellkomponenten und ihre anschließende Addition. Die Additivität ist problematisch, weil sie die Unabhängigkeit der Modellkomponenten voraus-

---

[5] Im Marketing werden allerdings oft Eigenschaftswörter (Items) benutzt, die im *wörtlichen Sinne* zu verstehen sind und sich direkt auf den Meinungsgegenstand beziehen wie „preiswert–teuer" oder „freundliche Bedienung–unfreundliche Bedienung" bei der Beurteilung von Geschäften. Auch wenn dann vom „Semantischen Differential" gesprochen wird (wie von *Walters* und *Bergiel*, 1989, S. 561; *Loudon* und *Della Bitta*, 1988, S. 427), handelt es sich doch nicht um ein Semantisches Differential im eigentlichen Sinne, sondern um Multi-Attribut-Messungen.

[6] Eine Erörterung dieser Modelle für die Konsumentenforschung bietet *Müller-Hagedorn* (1986, S. 182 ff.). Zu einer Gesamtübersicht mit Erweiterungen und Validierungsversuchen für verschiedene Multiattributmodelle vgl. *Laberenz*, 1988.

setzt. Auf die Anwendung dieses Modelltyps zur Erfassung der Qualität von Produkten wird im Kapitel C.III. eingegangen.

Eines der weiteren im Rahmen der Einstellungsforschung entwickelten Multiattributmodelle ist das Modell von *Fishbein* (1963, vgl. auch *Fishbein* und *Ajzen*, 1975). Mit diesem Modell werden ebenfalls die affektiven (wertenden) und die kognitiven Aspekte einer Einstellung ermittelt. Das Modell wird jeweils auf ganz bestimmte Einstellungsobjekte bezogen, das heißt, die Standardisierung des Meßverfahrens erfolgt in Abhängigkeit vom Einstellungsobjekt. Die Messung bezieht sich auf konkrete Merkmale eines Objektes wie Farbe, Schnelligkeit, Konstruktionsweise oder Sicherheit eines Autos.

Dem *Fishbein*-Modell liegt eine wesentliche Hypothese zugrunde, die wir hier auf die Messung von Einstellungen zu einer *Marke* beziehen:

Die Einstellung zu einer Marke folgt aus der subjektiven Wahrnehmung dieser Eigenschaften und ihrer Bewertung.

In dieser Hypothese kommt der Grundgedanke der Einstellungsforschung zum Ausdruck, daß Einstellungen zurückgehen auf (1) die subjektiven Motive *und* (2) das Wissen, wie diese Motive mit einem bestimmten Gegenstand befriedigt werden können. Das Wissen wird im vorliegenden Fall durch die Wahrnehmung der vorhandenen Produkteigenschaften erfaßt, die Motive äußern sich in der subjektiven Bewertung dieser Eigenschaften.

Nach den Modelltypen von *Rosenberg* und *Fishbein* sind in einem *ersten Schritt* solche Eigenschaften eines Gegenstandes zu ermitteln, die für die subjektive Einstellungsbildung maßgebend sind. Das geschieht durch eine Befragung: Eigenschaften, die *spontan* als erstes genannt werden, wenn eine Marke gekennzeichnet werden soll, gelten als *einstellungsrelevante* Eigenschaften. Eine andere und anspruchsvollere Methode zur Bestimmung dieser einstellungsrelevanten Eigenschaften ist der Repertory Grid Test (im Marketingbereich von *Müller-Hagedorn* und *Vornberger*, 1979, beschrieben).

In *formaler* Schreibweise sieht das Modell von *Fishbein* folgendermaßen aus:

$$A_{ij} = \sum_{k=1}^{n} B_{ijk} \cdot a_{ijk}$$

A_{ij} = Einstellung der Person i zu Objekt j

B_{ijk} = Wahrscheinlichkeit, mit der Person i Eigenschaft k an Objekt j für vorhanden hält (belief)

a_{ijk} = Bewertung von Eigenschaft k an Objekt j durch Person i (evaluative aspect of belief)

$B_{ijk} \cdot a_{ijk}$ = Eindruckswert

Der *Eindruckswert* $B_{ijk} \cdot a_{ijk}$ ist ein Indikator dafür, inwieweit jemand eine Eigenschaft wahrnimmt und positiv oder negativ einschätzt. Er ist das Ergebnis der subjektiven Einschätzung einer Produkteigenschaft. Die Summe aller Eindruckswerte für ein Produkt ergibt die Einstellung einer Person (einer Stichprobe) gegenüber diesem Produkt.

In entsprechender Weise wird von *Fishbein* die Einstellung gegenüber einer Handlung berechnet. Diese Einstellung (zum Beispiel gegenüber dem Kauf von Mercedes) ist wesentlich spezifischer als die allgemeine Einstellung gegenüber einem Produkt (wie Mercedes) und deswegen besser für die Prognose eines bestimmten Verhaltens geeignet: Die Einstellung gegenüber Mercedes ist beispielsweise viel zu allgemein, um etwas über den *Kauf* von Mercedes auszusagen.

Abgesehen davon, daß das *Fishbein*-Modell in der Marketingforschung nicht selten falsch angewandt wird, gibt es erhebliche Zweifel an den Meßvorschriften, insbesondere an der Gewinnung von Eindruckswerten durch Multiplizierung der beiden Rating-Werte (zur Gewichtungskontroverse vgl. *Trommsdorff,* 1975, S. 63 ff.).

Ein spezifischer *Mangel* hat sich bei der Ermittlung der kognitiven (Wissens-) Elemente herausgestellt: Die Frage, welche Wahrscheinlichkeit dem Vorhandensein einer Eigenschaft beigemessen wird, setzt eigentlich kategorial ausgeprägte Merkmale (die Eigenschaft ist vorhanden/nicht vorhanden) voraus. Bei graduell ausgeprägten Merkmalen wäre es notwendig, zu jeder einzelnen *Ausprägung* die subjektiv empfundene Wahrscheinlichkeit zu erfragen, daß gerade diese Ausprägung vorhanden ist. Das führt, wie der Ansatz von *Ahtola* (1975) zeigt, zu einem untragbaren Befragungsaufwand. Es scheint deswegen besser zu sein, direkt die „wahrscheinlichste" Merkmalsausprägung zu ermitteln, das heißt, direkt nach derjenigen Merkmalsausprägung zu fragen, die vom Konsumenten am Produkt wahrgenommen wird.

Wie *Trommsdorff* (1975, S. 65) gezeigt hat, ist es oft nicht sinnvoll, zwei auf individueller Ebene durch Rating-Skalen gewonnene Werte durch Multiplikation zu einer Teileinstellung (= Beitrag zur Gesamteinstellung) zu verknüpfen.

Wir wählen deshalb als dritten Modelltyp einen alternativen Vorschlag von *Trommsdorff* (1975), der die Vorteile des *Fishbein*-Modells nicht aufgibt – die getrennte Ermittlung von kognitiven und affektiven Elementen – aber die meßtechnischen Nachteile vermeidet. Das *Trommsdorff*-Modell hat folgende Struktur:

$$E_{ij} = \sum_k | B_{ijk} \cdot y_{ik} |$$

E_{ij} : Einstellung der Person i gegenüber der Marke j

B_{ijk} : die von Person i wahrgenommene Ausprägung des Merkmals k von Marke j (hier graduell gemessen als Grad der Sicherheit, als Schnelligkeit in km/h usw.)

I_{ik} : die von Person i an Marken der gleichen Produktklasse als ideal empfundene Ausprägung des Merkmals k

$B_{ijk} - I_{ik}$: Eindruckswert
           (Große Differenzen zeigen eine ungünstige Einstellung an.)

Der *Eindruckswert* kann in gleicher Weise *wie* der Eindruckswert im *Fishbein*-Modell interpretiert werden. Wie dort summieren sich die Eindruckswerte für alle Merkmale zur Gesamteinstellung der befragten Personen.

Im *Unterschied* zu *Fishbein* wird das subjektive Wissen über die vorhandenen Produktmerkmale nicht über die Messung von subjektiven Wahrscheinlichkeiten für das Vorhandensein eines Merkmales, sondern unmittelbar durch eine Frage nach der wahrgenommenen Ausprägung des Produktmerkmals (z. B. „wie schnell ist ..."?) ermittelt. Die *Bewertung* erfolgt nicht direkt und führt *nicht* zu einem gesonderten „Bewertungsgewicht" wie bei *Fishbein*. Vielmehr wird die tatsächlich wahrgenommene Ausprägung eines Produktmerkmales zur Ausprägung dieses Merkmales bei einem idealen Produkt in Beziehung gesetzt und dadurch *indirekt* bewertet: Je kleiner die Distanz einer wahrgenommenen (realen) Merkmalsausprägung zur idealen Ausprägung ist ($|B_{ijk} - I_{ik}|$), um so höher wird das wahrgenommene Produktmerkmal eingeschätzt. Ein ähnliches Verfahren wird in der Marktforschung auch von *Lehmann* praktiziert (*Lehmann*, 1971; *Beckwith* und *Lehmann*, 1973).[7]

Fassen wir die wichtigsten *Erhebungsschritte* der mehrdimensionalen Einstellungsmessung zusammen:

(1) Feststellung der relevanten Produkteigenschaften,

(2) Konstruktion von Rating-Skalen zur Ermittlung der modellspezifischen (affektiven und kognitiven) Beurteilungen der Produktmerkmale,

(3) Entwicklung eines Fragebogens mit diesen Rating-Skalen,

(4) Befragung und Datentest,

(5) Verrechnung der Werte für jedes Produktmerkmal zur gesamten Produkteinstellung und

(6) Validierung der „errechneten" Produkteinstellung mit einem Außenkriterium (z. B. mit der mittels einer Rating-Skala global „erfragten" Produkteinstellung).

Die bisher beschriebenen Modelle mehrdimensionaler Messung gehören zu den *Kompositionsverfahren:* Die einzelnen Produktmerkmale werden getrennt beurteilt, die Teilbeurteilungen (Eindrücke) werden anschließend zu einem Gesamtwert zusammengefaßt.

Die *Dekompositionsverfahren* gehen anders vor: Die Befragten liefern pauschale Einschätzungen der Produkte, in der Regel bringen sie diese lediglich in eine Rangfolge. Durch statistische Verfahren werden daraus mehrdimensionale Abbildungen der Produkte abgeleitet, die als mehrdimensionale Einstellungswerte interpretierbar sind.[8]

---

[7] Inzwischen liegen einige Erweiterungen des *Trommsdorff*-Modells vor. In einem neuen Modell berücksichtigt (berechnet) *Trommsdorff* neben den Einstellungen zum Produkt des Anbieters auch die Einstellungen zu Wettbewerbsprodukten sowie die Wechselwirkungen zwischen diesen Einstellungen. Dadurch wird die Planung wettbewerbsorientierter Imagemaßnahmen ermöglicht, die sich auf bestimmte Produktmerkmale (USP's) beziehen (*Trommsdorff* und *Schuster*, 1987). Eine andere Erweiterung des *Trommsdorff*-Modells hat *Hessert* (1988, S. 179–185) vorgelegt.

[8] Zu den De- und Kompositionsverfahren in der Einstellungsforschung vgl. *Trommsdorff* (1981).

3. Beeinflussung von Einstellungen

Die umfassende Forschungsarbeit über die Änderung von Einstellungen kommt in einer Vielzahl von theoretischen Ansätzen zum Ausdruck. Diese Ansätze unterscheiden sich in vielfältiger Weise: Einige haben den formalen Status von Theorien, andere sind mehr eine informelle Zusammenfassung von wichtigen Einflußgrößen und von Hypothesen über den Zusammenhang dieser Größen. Einige sind kognitiv orientiert, andere konzentrieren sich auf das emotionale und motivationale Geschehen des Einstellungswandels, einige befassen sich überwiegend mit der beeinflussenden Kommunikation, andere mit den unmittelbaren Erfahrungen des Individuums usw. (*Zimbardo, Ebbesen* et al., 1977, S. 56).

Die meisten theoretischen Ansätze beziehen sich auf folgende Bestimmungsgrößen des Einstellungswandels:

● *Lernen:* Das Individuum erwirbt durch unmittelbare Erfahrungen oder durch den Einfluß der Kommunikation neue Einstellungen. Dabei werden verschiedene Gesetzmäßigkeiten des Lernens, wie beim Konditionierungs- oder Imitationslernen, wirksam.

● *Selbstwahrnehmung:* Wenn das Individuum über unklare und noch wenig geformte Einstellungen verfügt, so leitet es seine Einstellungen aus der Beobachtung seines eigenen Verhaltens ab: Das Individuum schließt selbst von seinem Verhalten in bestimmten Situationen auf die dahinterstehenden Einstellungen.

● *Kognitive Informationsverarbeitung:* Einstellungen werden durch Aufnahme und Verarbeitung von neuen Informationen gebildet. Die Informationsverarbeitung erfolgt nach verschiedenen internen Verarbeitungsprogrammen, beispielsweise durch Attribution oder durch Ausgleich von kognitiven Inkonsistenzen.

Diese Zusammenstellung weist darauf hin, daß kognitive Erklärungen bevorzugt werden. Dabei hat sich ein Ansatz herausgeschält, der „kognitive Reaktionsanalyse" (Cognitive Response Analysis) genannt wird.

Die kognitive Reaktionsanalyse geht von folgenden Annahmen aus: Wenn Menschen einer beeinflussenden Kommunikation ausgesetzt sind, so versuchen sie, die neuen Informationen mit ihrem vorhandenen Wissen über den jeweiligen Gegenstand zu verknüpfen. Eine Person kann dabei viele Gedanken („kognitives Material") entwickeln und in Betracht ziehen, die in der Kommunikation selbst *nicht* enthalten sind. Diese *zusätzlichen,* selbsterzeugten Informationen haben oft einen stärkeren Einfluß auf die Einstellungsänderung als die von der Kommunikation selbst dargebotenen Informationen (*Petty, Ostrom* et al., 1981a).

Wir können also zwei Ansichten gegenüberstellen:

Die ältere Ansicht: Einstellungsänderungen gehen direkt auf die in einer Kommunikation dargebotenen Informationen zurück.

Die neuere Ansicht: Einstellungsänderungen gehen *auch* auf Informationen zurück, die das Individuum *selbst* im Laufe der Kommunikation erzeugt und die in der Kommunikation gar nicht dargeboten werden.

Diese Gegenüberstellung ist zu kraß. Auch die älteren Theorien des Einstellungswandels haben bereits intervenierende kognitive Reaktionen berücksichtigt. Ein Beispiel ist das bereits in früheren Theorien entwickelte Konzept des „internen Gegenargumentierens". Es wird beim Empfänger einer Kommunikation ausgelöst, wenn sich die Kommunikation *gegen seine Ansichten* richtet.

Nach der kognitiven Reaktionstheorie teilt man die gesamten bei der Kommunikation entstehenden Gedanken des Empfängers danach ein, ob sie, bezogen auf die Beurteilung des Meinungsgegenstandes (angebotenes Produkt), positiv, neutral oder negativ sind. Positive Gedanken unterstützen die Beeinflussung zugunsten des Angebots, negative Gedanken erschweren oder behindern die Beeinflussung.

Der Beeinflussungserfolg wird demzufolge wesentlich von der Menge und Stärke der *negativen* gedanklichen Reaktionen bestimmt, die durch die Kommunikation angeregt werden. Bei den negativen Reaktionen handelt es sich vorwiegend um innere Gegenargumente, die durch die gedankliche Auseinandersetzung mit der Botschaft entstehen.

Zahlreiche mittels Reaktionsanalyse durchgeführte Untersuchungen haben sich der Frage zugewandt, wie sich negative gedankliche Reaktionen bei *Wiederholungen der Werbebotschaft* entwickeln. Es zeigte sich, daß bei den ersten Darbietungen kaum negative Gedanken auftreten oder sogar innere Gegenargumente abgebaut werden. Nach einer bestimmten Anzahl von Wiederholungen nehmen die negativen gedanklichen Reaktionen zu, die positiven ab, mit der Folge, daß die Beeinflussungswirkungen in zunehmendem Maße beeinträchtigt werden. Das gilt jedoch nur, wenn die Empfänger der Kommunikation involviert sind *(Abbildung 45)*.[1]

Die Einstellungsbeeinflussung wird aber nicht nur mit kognitiven Ansätzen erklärt, also mit dem Einfluß der Kommunikation auf die mit der Einstellungsbildung verbundenen gedanklichen Vorgänge der Informationsverarbeitung und -speicherung. Theorien der *emotionalen Beeinflussung* erhalten gerade in den letzten Jahren wieder Bedeutung. Sie werden im vorliegenden Buch in den Kapiteln über emotionale Konditionierung behandelt.

Die kognitive oder emotionale Beeinflussung der Einstellungen erfolgt vorwiegend durch sprachliche oder bildliche Kommunikation („beeinflussende Kommunikation" genannt), entweder durch direkte persönliche Kontakte, zum Beispiel durch einen Verkäufer, der einen Konsumenten dazu bringt, ein Produkt zu erwerben, oder durch einen Meinungsführer, der ei-

---

[1] Vgl. dazu im einzelnen *Brock* und *Sharitt* (1983); *Kroeber-Riel* (1991, S. 113 ff.).

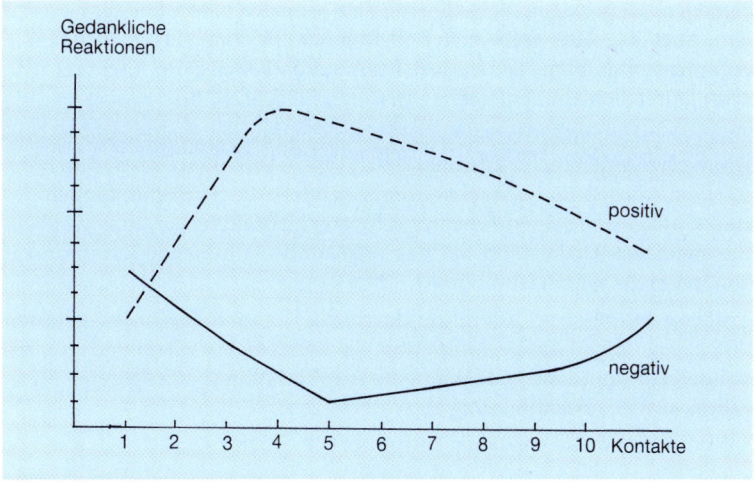

Abbildung 45: Gedankliche Reaktionen bei Werbewiederholung

Anmerkung: In Anlehnung an *Cacioppo* und *Petty* (1983), siehe auch *Petty* und *Unnava* (1991). Die Entwicklung einer positiven Einstellung wird zunächst bei Wiederholung der Werbebotschaft durch die entstehenden positiven gedanklichen Reaktionen (Lernen der Werbebotschaft) gefördert, dann durch die entstehenden negativen Reaktionen (innere Gegenargumente) beeinträchtigt. Der hier eingezeichnete Verlauf ist jedoch nur bei involvierten Empfängern und bei Werbebotschaften zu erwarten, die zur informativen Beeinflussung geeignet sind.

nen anderen Konsumenten beeinflußt. Oder sie erfolgt durch die Massenkommunikation, insbesondere durch die Werbung.[2]

Beeinflußbarkeit und Resistenz gegen Beeinflussung: Die Hoffnung, *persönliche* Eigenschaften zu finden, die unterschiedliche Beinflussungswirkungen erklären, hat sich weitgehend als trügerisch erwiesen. Die intensive Forschung, die früher in diese Richtung betrieben wurde, brachte viele widersprüchliche Ergebnisse zutage (*Six* und *Schäfer*, 1985, S. 77 ff.).

Die empirisch gefundenen Widersprüche lösen sich teilweise auf, wenn man die Bedingungen, unter denen die Beeinflussung stattfindet, differenziert (*McGuire*, 1985, S. 285 ff.). Aber dann ergeben sich so viele unterschiedliche Wirkungen der Persönlichkeitsmerkmale, daß eine praktische Anwendung im Marketing, etwa zur Segmentierung der Märkte nach Personen unterschiedlicher Beeinflußbarkeit, nicht mehr zweckmäßig ist. Auf die Fragwürdigkeit der Persönlichkeitsforschung für die Erklärung des Konsumentenverhaltens wurde wiederholt verwiesen.

Dies vorausgesetzt, beschränken wir uns darauf, einige Befunde zu nennen, die durch empirische Untersuchungen gestützt werden:

---

[2] Die Beeinflussung von Einstellungen durch die Kommunikation wird in der amerikanischen Literatur meistens unter dem Titel „Persuasion" dargestellt, etwa von *O'Keefe* (1992) oder *Reardon* (1991). Vgl. in diesem Buch die entsprechenden Kapitel im dritten Teil sowie *Kroeber-Riel* (1993b) und *Weinberg* (1994a).

Personen mit geringem Selbstbewußtsein scheinen besser beeinflußbar zu sein. Auch das Alter spielt eine Rolle: Jüngere Personen lassen sich besser beeinflussen als ältere. Die stärkste Beeinflußbarkeit liegt im Alter von acht, neun Jahren (zusammenfassend: *McGuire*, 1985, S. 287 ff.).

Ein noch nicht ganz zuverlässiges Ergebnis hat die psychobiologische Forschung hervorgebracht: Personen mit „Typ-A-Verhalten" (u. a. durch exzessiven Antrieb und Ehrgeiz gekennzeichnet), die zu Erkrankungen der Herzkranzgefäße neigen, scheinen schwerer zu beeinflussen zu sein als solche ohne diese Disposition. Sie reagieren auf beeinflussende Kommunikation mit mehr Widerstand (*Carver*, 1980).[3]

Größeres Interesse erfordern die durch die Kommunikation ausgelösten *Widerstände* gegen die Beeinflussung. Sie kommen vor allem dadurch zustande, daß die Kommunikation eine Abwehrhaltung erzeugt, eine Motivation, sich der Beeinflussung zu widersetzen.

Solche Widerstände entstehen hauptsächlich durch

- Irritation,
- Reaktanz.

Irritation entsteht, wenn die Kommunikation als peinlich, dümmlich, aufdringlich usw. empfunden wird. Sie ist vor allem von der Gestaltung, also von der Form der Werbung, abhängig. Die Irritation setzt die Beeinflussungswirkungen herab. Eine ähnliche Wirkung hat die von der Kommunikation ausgelöste *Reaktanz*.

Die Grundhypothese der auf *Brehm* (1966) zurückgehenden *Reaktanztheorie* lautet:[4]

> Wenn eine Person eine Bedrohung oder Einschränkung ihrer Verhaltensfreiheit wahrnimmt, entsteht eine Motivation – Reaktanz genannt –, welche die Person veranlaßt, sich der erwarteten Einengung zu widersetzen oder nach erfolgter Einengung ihre Freiheit wieder zurückzugewinnen. Die Verhaltensfreiheit umfaßt auch die innere Freiheit zu denken und zu fühlen.

Als *Voraussetzung* für das Auftreten von Reaktanz ist hervorzuheben, daß die der Kommunikation ausgesetzten Personen den auf sie ausgeübten Druck zur Meinungs- oder Verhaltensänderung subjektiv *wahrnehmen* und daß sie die im speziellen Fall bedrohte Freiheit persönlich als wichtig empfinden. Sie müssen den Eindruck bekommen, daß der Kommunikator versucht, ihnen wichtige und tatsächlich offenstehende Alternativen zu be-

---

[3] Vgl. dazu die Übersicht über die Meßmethoden und die Kritik zur Abgrenzung des Personentyps von *Myrtek* (1983).
[4] Zu den folgenden Ausführungen über die Entstehung von Reaktanz und zu den in diesem Kapitel erwähnten Experimenten vgl. das grundlegende Buch von *Brehm* (1966). Einen Überblick über das Reaktanzphänomen geben *Grabitz-Gniech* und *Grabitz* (1973); *Gniech* und *Grabitz* (1978) sowie *West* und *Wicklund* (1985, S. 251 ff.) und *Brehm* (1989).

schneiden, sich für diese oder jene Meinung oder für dieses oder jenes Verhalten zu entscheiden.

Der Eindruck, der Meinungsspielraum werde beschränkt, stellt sich insbesondere *dann* ein, *wenn* die Zielpersonen glauben, der Kommunikator wolle sie gegen ihre eigene Meinung zu seinem Standpunkt bekehren. Dazu gibt es mehrere Experimente: Die Empfänger einer beeinflussenden Kommunikation wurden vorgewarnt, der Kommunikator nehme eine festgefahrene und andere Position als sie selbst ein. Diese *Vorwarnung* wird von den Empfängern im allgemeinen als Hinweis auf einen Druck, den der Kommunikator auf sie ausüben will, und als mögliche Bedrohung ihrer Meinungsfreiheit aufgefaßt. Aus diesem Grunde äußern vorgewarnte Personen größere Reaktanz als nicht vorgewarnte. Eine ähnliche Wirkung wie die Vorwarnung haben Texte, aus denen die Beeinflussungsabsicht *offen* zutage tritt.[5]

Reaktanz muß eine bestimmte Stärke erreichen und eine subjektive Reaktionsschwelle übersteigen, ehe sie wirksam wird. Die ausgelösten Reaktionen werden um so stärker,

(1) je größer der wahrgenommene Beeinflussungsdruck ist,

(2) je größer die Bedeutung der beschränkten oder von Beschränkung bedrohten Meinung oder Verhaltensweise für eine Person ist,

(3) je weiter die eigene Meinung von der Meinung des Kommunikators abweicht und[6]

(4) je mehr der Freiheitsspielraum eingeschränkt wird (je größer der Anteil der beseitigten oder bedrohten Verhaltensweisen wird).

Die *Wirkungen* von Reaktanz bestehen darin, daß das Individuum die eingeengten Freiheiten wiederherstellt *oder* sich für das von Einschränkung bedrohte Verhalten besonders engagiert. Das bedeutet für die Kommunikation, daß sich die Empfänger auf ihre vorhandenen Einstellungen und Verhaltensweisen versteifen oder sogar in einer Weise reagieren, die den Absichten des Kommunikators entgegenläuft *(Bumerang-Effekt)*. Anschaulich gesagt: Die Empfänger reagieren mit einer Trotzreaktion „nun gerade nicht".

Anwendung: Ein bekanntes *Experiment* zur empirischen Überprüfung dieses Zusammenhangs wurde in einem *Supermarkt* durchgeführt. Ein Teil der Supermarktkunden erhielt vor Eintritt in den Laden eine höfliche Aufforderung, eine bestimmte Brotmarke zu kaufen; dazu erhielten sie einen Geldbetrag, der gerade für den Probekauf des Brotes ausreichte. Andere Kundengruppen erhielten zusätzlich zur Aufforderung einen darüber hinausgehenden, höheren Geldbetrag, der als „Bestechung" empfunden werden sollte. Wieder andere erhielten statt der höflichen Aufforderung eine

---

[5] Zu den Vorwarnexperimenten vgl. u. a. *Brehm* (1966, S. 97 ff.) sowie *Feigs* (1976). Die Vorwarnexperimente entstammen nicht der Reaktanzforschung, sie wurden vielmehr ex post im Sinne der Reaktanztheorie von *Brehm* interpretiert. Ähnliche Experimente, die unmittelbar zur Reaktanztheorie durchgeführt wurden, stammen von *Wicklund* (1974, S. 31–32).

[6] Die unter (3) genannte Bedingung ist umstritten, vgl. *Snyder* und *Wicklund* (1981).

streng gefaßte Aufforderung. Wie erwartet zeigte sich, daß bei dem durch die streng gefaßte Aufforderung und durch den höheren Geldbetrag wahrgenommenen *Beeinflussungsdruck* die Brotkäufe signifikant hinter den Käufen zurückblieben, die unter den weniger als Druck wahrgenommenen Probekaufbedingungen getätigt wurden (*Brehm*, 1966, S. 82ff.).

Die Kenntnis der Reaktanztheorie kann dazu benutzt werden, Marketing oder Verbraucherpolitik wirksamer zu machen.[7] Man kann gezielt bei den Konsumenten *Reaktanz auslösen*, um sie gegen Beeinflussungsversuche zu immunisieren. Zum Beispiel kann man die oben skizzierte Vorwarnung in den Dienst des Verbraucherschutzes stellen: Schon allein durch Hinweise auf die Beeinflussungsabsicht, die man auf Packungen, vor oder in einer Werbung usw. dem Verbraucher bieten könnte, würde die Widerstandskraft des Verbrauchers gegenüber einer Beeinflussung erhöht (vgl. dazu *Feigs*, 1976). Man kann in einem solchen Falle von einer *Immunisierungsstrategie* gegen Beeinflussung sprechen.

Ein anderer Weg läuft darauf hinaus, Reaktanz von Konsumenten zu *vermeiden* oder zu verringern (so daß ihre Verhaltenswirksamkeit geringer wird). Das bedeutet zunächst, harte Werbestrategien oder hartes Verkaufen zu umgehen, denn diese bewirken „Unwillen und Abwehr, sobald ein gewisser Schwellenwert überschritten wird" (*Wiswede*, 1979, S. 99; siehe auch *Clee* und *Wicklund*, 1980). Eine Form der Einzelhandelswerbung, die möglicherweise Reaktanz auslöst, entsteht dann, wenn in der Werbung Kaufdruck dadurch ausgeübt wird, daß ein Angebot nur für wenige Tage gilt oder daß nur eine beschränkte Menge (für die Kunden) verfügbar ist (*Lessne* und *Venkatesan*, 1989).

Ein spürbarer Beeinflussungsdruck mit Reaktanzwirkungen kann auch auf die zu häufige Wiederholung eines Werbespots innerhalb eines Films zurückgehen (Beispiel: dreimalige Wiederholung eines auffälligen Werbefilms in einem kurzen Unterhaltungsfilm). Dabei ist stets – wie bei den folgenden Überlegungen – zu beachten, daß die Auslösung oder Vermeidung von Reaktanz nur ganz spezifische und partielle Kommunikationsziele sind, die neben andere Ziele treten.

Reaktanz wird vermieden oder vermindert, wenn die Kommunikation – beispielsweise die Werbung – als kompetente Informationsquelle hingestellt wird oder wenn sie an soziale Normen anknüpft, nach denen sich der einzelne richtet.[8] Ausgefeiltere Techniken bestehen darin,

● die versuchte Beeinflussung zu kaschieren,
● von der versuchten Beeinflussung abzulenken.

Zur Verdeutlichung einige *Beispiele*:

Zum Verbergen der Beeinflussungsabsicht: Hierzu gehört die Verwendung von längeren (und kleingedruckten) Fließtexten in Anzeigen, die der Konsument nicht liest (und die ihn auch nicht stören), die aber bei ihm den Ein-

---

[7] Vgl. z. B. *Clee* und *Wicklund* (1980) sowie *Silberer* (1990).
[8] Zu weiteren Bedingungen, unter denen Reaktanz vermieden wird, siehe *Wiswede* (1979, S. 84ff.) sowie *Kroeber-Riel* und *Meyer-Hentschel* (1982, S. 107ff.).

Abbildung 46: Kein Beeinflussungsdruck – mehr Entscheidungsfreiheit

Anmerkung: Diese Werbung stellt heraus, daß die angebotene Leistung den Freiheitsraum der Umworbenen vergrößert. Sie spielt gekonnt mit den Reaktanzgefühlen der Umworbenen.

druck erwecken, er werde gut informiert. Durch eine so erzeugte – empirisch nachgewiesene – Informations-Illusion erscheint die Werbung glaubwürdiger, ihre Beeinflussungsabsicht tritt weniger zutage. Das wird auch erreicht, wenn die Werbung herausstellt, daß die angebotene Leistung den Freiheitsraum der Umworbenen vergrößert (vgl. *Abbildung 46*).

Oder: Die Werbung wird wie eine redaktionelle Information aufgemacht. Beispiel: Eine Anzeige über Zahnpasta wird unauffällig in den redaktionellen Bericht einer Zeitschrift über Zahnoperationen eingefügt. Eine solche „redaktionelle Werbung" ist zwar nicht zulässig, sie ist gleichwohl auf vielerlei Art und Weise möglich (im einzelnen *Kroeber-Riel* und *Meyer-Hentschel*, 1982, S. 110ff.).

Zur Ablenkung: Diese Technik bietet noch mehr Erfolgsaussichten. Die Werbung wird so konzipiert und dargeboten, daß die Aufmerksamkeit der Empfänger von der beabsichtigten Beeinflussung abgelenkt wird. Beispiele sind musikalische oder szenische Umrahmungen in Werbespots, die wenig mit dem beworbenen Produkt zu tun haben und auch nicht Bestandteil einer Erlebnisstrategie sind.

Bither hat bereits 1972 dazu ein valides Experiment veröffentlicht: Den Testpersonen wurden mehrere Werbefilme mit gleichem Inhalt zugunsten einer Automarke gezeigt. Einige Filme enthielten ablenkende Effekte von mittlerer Stärke (französischer Akzent des Sprechers, nicht zur Werbeargumentation passende Bilderszenen). Diese ablenkenden Filmfassungen führten zu einer stärkeren Einstellungsänderung im Sinne der Werbung als Filme ohne Ablenkung. Dies ist darauf zurückzuführen, daß abgelenkte Personen die beabsichtigte Beeinflussung zugunsten der Automarke weniger bemerkten und dieser Beeinflussung weniger Widerstand entgegensetzten.

Die Ablenkung wird hauptsächlich bei solchen Personen wirksam, die von vornherein eine dem Beeinflussungsziel entgegengesetzte Meinung vertreten. Das waren im Experiment von *Bither* solche Testpersonen, die eine andere Automarke als die beworbene Marke präferierten. Die Ablenkung unterbindet dann die innere Gegenargumentation, die üblicherweise dann auftritt, wenn der Empfänger der Kommunikation anderer Meinung ist. Anders gesagt: Durch die Ablenkung wird der durch die Kommunikation in Gang gesetzte gedankliche Abwehrprozeß gestört oder unterbunden.

Jedoch beeinträchtigt die Ablenkung das Verständnis der Werbung. Deswegen verringert eine ausgesprochen *starke* Ablenkung den Kommunikationserfolg: Die eintretenden Störeffekte überwiegen in diesem Fall die für den Einstellungswandel günstigen Ablenkungswirkungen. Auch diese Wirkung wurde in dem Experiment von *Bither* (1972) nachgewiesen.

Ablenkungstechniken werden noch relativ selten in der Praxis benutzt. Sie eröffnen der Werbung aber Möglichkeiten, um die Resistenz der Umworbenen gegen eine Beeinflussung zu schwächen, vorausgesetzt, daß die nicht gerade einfachen Rahmenbedingungen für die Wirksamkeit dieser Technik beachtet werden können.

Alles in allem sind die Anwendungsmöglichkeiten der Reaktanztheorie noch nicht ausgereift, operationale Vorschläge sind kaum vorhanden, weil sich die Konsumentenforschung bisher kaum mit den Bedingungen auseinandergesetzt hat, unter denen Reaktanz vermieden werden kann oder unter denen Reaktanz entsteht und die Konsumentenbeeinflussung schwächt.[9]

---

[9] Die Vermeidung bzw. Verringerung von Reaktanz wird in Wirtschaft und Gesellschaft um so wichtiger, je stärker gegensätzliche Interessengruppen aufeinanderstoßen. Aktuelle Beispiele liefern die Diskussionen über sozialpolitische Eingriffe des Staates oder die Tarifauseinandersetzungen zwischen Arbeitgeberseite und Gewerkschaften. Vgl. auch *Lessne* und *Venkatesan* (1989).

4. Verwendung von Einstellungswerten im Marketing

Die Ergebnisse der Einstellungsmessungen können für das Marketing wie folgt ausgewertet werden:

(1) Feststellung des *Ist*-Zustandes auf dem Markt.
Die Verhältnisse auf dem Markt sollen anhand von Konsumenteneinstellungen „diagnostiziert" werden.

(2) Empfehlungen von *Soll*-Zuständen für den Markt.

(1) Es werden Empfehlungen gegeben, welche Maßnahmen im Hinblick auf die vorhandenen Einstellungen der Konsumenten ergriffen werden sollen. Das ist ein „therapeutisches" Vorgehen.

Zu (1): Ist-Werte von Einstellungen

Die Messung von Einstellungen auf dem Markt dient vor allem als Basis für die *Erklärung* und *Prognose* des Konsumentenverhaltens, ferner zur Feststellung der Wirkung von bereits erfolgten absatzpolitischen Maßnahmen (Erfolgskontrolle). Dabei ist vorab zu prüfen, ob Bedingungen vorliegen, die es erlauben, von Einstellungen auf das Verhalten zu schließen – allgemeiner gesagt, ob es möglich ist, Einstellungswerte als Indikatoren für das Konsumentenverhalten zu benutzen.

Sind die Reaktionen der Konsumenten unter der Bedingung zu prognostizieren, daß die Absatzpolitik *konstant* bleibt, dann genügt es, funktionale Beziehungen zwischen den Werten für Einstellung oder Kaufabsicht und dem Kaufverhalten herzustellen und (unter den angegebenen Vorbehalten) von heute gemessenen Einstellungswerten auf das Verhalten von morgen zu schließen. Mangels Kenntnis dieser Beziehungen wird häufig einfach von einer Verbesserung der Einstellungen auf eine erhöhte Absatzchance geschlossen. Die theoretische Fundierung und Problematik solcher Schlüsse wurde bereits dargestellt.

Sind die Wirkungen *veränderter* absatzpolitischer Aktivitäten des Unternehmens in die Prognose einzuschließen, dann sind spezielle *„Reaktionsfunktionen"* zu bestimmen, die die Einstellungsänderung in Abhängigkeit von den absatzpolitischen Aktivitäten angeben (*Steffenhagen*, 1978, S. 102 ff.). Die für die Prognose des Kaufverhaltens betrachteten Schachtelfunktionen lauten dann: Das Kaufverhalten ist eine Funktion der Einstellung, und diese ist eine Funktion der absatzpolitischen Maßnahmen. Mit solchen Schachtelfunktionen wird in formalen Modellen des Konsumentenverhaltens gearbeitet, unter anderem zur Bestimmung des Markenwertes (*Bekmeier*, 1995).

Das Ziel, die *Ist*-Einstellung der Konsumenten zu einer bestimmten Marke in dieser oder jener Richtung zu verändern, ist als Vorgabe für eine einzelne absatzpolitische Maßnahme meist *operationaler* als die Vorgabe einer ökonomischen Zielgröße wie Umsatz oder Absatzvolumen. Wie an anderer Stelle ausgeführt wird, ist die Zurechnung des Erfolgs absatzpolitischer Maßnahmen anhand von Einstellungswerten weniger schwierig als bei Erfolgsmessungen mittels ökonomischer Größen (vgl. auch *Kroeber-Riel*, 1991, S. 29 ff.).

Erfolgskontrollen: Der Erfolg absatzpolitischer Maßnahmen wird deswegen in zunehmendem Maße an den Einstellungen der Konsumenten gemessen. Folgende Erfolgskontrollen sind hervorzuheben:

- für *Absatzmethoden:* Erfolgskontrolle anhand des Images, das die Verkaufsorgane in den Augen der Konsumenten haben,
- für die *Werbung:* Erfolgskontrolle anhand der durch die Werbung erzielten Einstellungsänderungen,
- für die *Produkt- und Sortimentspolitik:* Erfolgskontrolle anhand der Images, die Produkte und Sortimente bei den Konsumenten haben.
- für die *Handelspolitik:* Erfolgskontrolle anhand des Images, die das Verkaufspersonal und die Ladengestaltung in den Augen der Kunden haben (*Gröppel*, 1990; *Weinberg*, 1986c).[1]

Die Messung des absatzpolitischen Erfolges an den Einstellungen der Konsumenten wird wesentlich verfeinert, wenn man nicht nur eindimensionale Meßwerte verwendet, sondern *mehrdimensionale*. Dadurch werden die *Ursachen* für die Einstellungsänderungen sichtbar und kontrollierbar. Eine Einstellungsänderung kann ja darauf zurückgehen, daß der Konsument bei einer Produkteinschätzung

- von anderen Eigenschaften des Produktes als bisher ausgeht,
- sein Wissen über die Produkteigenschaften verändert,
- die Produkteigenschaften anders als vorher bewertet.

Nehmen wir als Beispiel die Wahrnehmung der einstellungsrelevanten *Produkteigenschaften* durch den Konsumenten. Für die Produktpolitik ist entscheidend, welche Produkteigenschaften der Konsument seiner Beurteilung zugrunde legt. Hält der Konsument andere Produkteigenschaften als der Hersteller für qualitätsbestimmend, so besteht die Gefahr, daß die Produktpolitik fehlschlägt. Die Absatzpolitik kann deswegen versuchen, ganz bestimmte Eigenschaften als Beurteilungsmaßstab in das Bewußtsein des Konsumenten zu heben und die Einstellung zu einer Marke speziell an diese Merkmale zu binden. Ein Beispiel ist das Herausheben besonderer „Wirkstoffe" in Zahnpasta, Benzin oder Waschmitteln.

Durch die Verfahren *mehrdimensionaler* Einstellungsmessung mit Hilfe von Multiattributmodellen erhält man Auskunft darüber, ob es gelungen ist, eine erwünschte Produkteigenschaft in das *Wahrnehmungsfeld* der Konsumenten zu bringen und sie zur Grundlage einer positiven Einstellung zu machen. Auf diese Weise kann die Wirkung absatzpolitischer Maßnahmen auf einzelne Einstellungskomponenten kontrolliert werden. Damit sind die empirischen Voraussetzungen für eine Abatzpolitik geschaffen, die über die gezielte Veränderung von einzelnen und leicht manipulierbaren Einstellungselementen die *gesamte* Einstellung zu einem Produkt ändert.

Einstellungstransfer: Eine interessante Möglichkeit ist der Einstellungs- oder Imagetransfer: Der Anbieter versucht, das vorhandene und gefestigte Image *einer* Marke auf ein *anderes* Produkt zu übertragen. Dies geschieht dadurch,

---

[1] Wenn wir einmal Image, einmal Einstellung sagen, dann deswegen, weil es im Marketingbereich üblich ist, vom Image zu sprechen, obwohl man genauso gut den Einstellungsbegriff benutzen könnte.

daß der eingeführte Markenname – und oft auch die bekannte Ausstattung einer Marke – für ein ganz anderes Produkt benutzt wird: So wurde in Österreich eine Kaffeemarke erstellt, welche „Milde Sorte" heißt und die gleiche Ausstattung (Namenszug, Farben, Wappen usw.) wie die Zigarettenmarke „Milde Sorte" erhielt. Aktuelle Beispiele finden wir in der Übertragung von Images aus dem Sportbereich (Personen und Marken) auf Produkte aus dem alltäglichen Lebensbereich (z. B. Parfum, Kleidung, Schmuck).

Unter Imagetransfer versteht man „die Strategie, unterschiedliche Produktklassen erfolgreich unter ein und demselben Markennamen anzubieten und absatzpolitisch zu fördern. Durch den gemeinsamen Markennamen soll die Übertragung positiver markenspezifischer Vorstellungsbilder auf Partnerprodukte ermöglicht werden. Der Vorteil einer solchen Imagetransferstrategie liegt (unter anderem) darin, daß mittels einer einzigen, einheitlichen Werbelinie gleichzeitig zwei oder mehr unterschiedliche Produkte beworben werden können" (*Schweiger*, 1978, S. 129).

Auf diese Weise partizipieren *mehrere* Produkte an dem für *eine* Marke geschaffenen Image. (Es handelt sich um eine spezielle Anwendung der üblicherweise hinter einer Imagewerbung stehenden Strategie: Zum Beispiel wird durch Werbung für ein Unternehmen wie *Siemens* ein Image aufgebaut, das allen Produkten von der Waschmaschine bis zum Computer zugute kommt, die unter *„Siemens"* verkauft werden.)[2]

Einen Versuch zum Einstellungstransfer (Imagetransfer) stellte die Werbung für den Kaffee „Cappuccino Milano" dar. Durch Visualisierung berühmter, schöner Plätze in Italien (in *Abbildung 47* in Mailand) soll die Einstellung der Konsumenten zu solchen Plätzen stabilisiert und verbessert sowie auf den beworbenen Kaffee übertragen werden. Dazu dient auch der Text: „Der schönste (Platz) ist der neben einem Cappuccino."

Marktsegmentierung: Ein weiteres mit der Ermittlung des Ist-Zustandes auf dem Markt verbundenes Problem ist die Marktsegmentierung. „Als Marktsegmente bezeichnet man in sich homogene potentielle Abnehmergruppen, die sich voneinander durch ihr Konsumverhalten und/oder differenzierte Reaktion auf Instrumentalvariablen des Marketing unterscheiden" (*Hill*, Bd. 1, 1988, S. 76). Durch die Marktsegmentierung werden *Zielgruppen* für das Marketing abgegrenzt. Beispiel: Über 50% der Frauen von 14– 35 Jahren benutzen Nagellack; diese Frauen lassen sich besonders durch emotionale Werbung in Illustrierten wie *Brigitte* ansprechen.

Man kann einen Markt nach mehreren Kriterien segmentieren. Am häufigsten werden geographische, soziodemographische und -ökonomische sowie psychologische und lifestyle-bezogene Merkmale benutzt.[3]

---

[2] Der Einstellungs- oder Imagetransfer wird ausführlich dargestellt in *Mayer* und *Mayer* (1987) sowie *Hätty* (1989). Zur Operationalisierung des Imagetransfers (Begrenzung des Transferrisikos durch Ähnlichkeitsmessungen) vgl. *Meffert* und *Heinemann* (1990).

[3] Einen Überblick über die Segmentierungsforschung geben Berrigan und Finkbeiner (1992); *Gunter* und *Furnham* (1992); *Martin* (1992) sowie *Michman* (1991). Vgl. auch die Beiträge in *Dichtl* und *Eggers* (1992). Zur Lebensstil-Forschung vgl. *Drieseberg* (1995).

Abbildung 47: Imagetransfer von einem Platz auf eine Kaffeemarke

> Die erreichte Einteilung des Marktes muß dazu führen, daß jedes Segment aus Konsumenten mit weitgehend gleichen Verhaltensweisen besteht.

Wird nach Einstellungen segmentiert, so werden Konsumenten mit gleicher beziehungsweise ähnlicher Einstellung zu einem Marktsegment zusammengefaßt. Es wird dann erwartet, daß die Konsumenten eines Marktsegmentes das gleiche Verhalten aufweisen. Die wichtigsten Voraussetzungen für die Segmentierung nach Einstellungen sind folglich

(1) Meßbarkeit der jeweiligen Einstellung bei *allen* Konsumenten des Marktes und

(2) eine enge Beziehung zwischen der gemessenen Einstellung und dem für das Marketing maßgebenden Konsumentenverhalten (gegenüber der Werbung, beim Einkaufen usw.).

Beispiel: Wir halten uns hier (beispielhaft für das methodische Vorgehen) an eine sorgfältig durchgeführte Marktsegmentierung von *Werner* (1982). Er ermittelte durch Befragung von 400 Frauen die Segmente des Apfelmarktes.

Eine wichtige Einstellung gegenüber Obst wird durch die Empfindlichkeit gegenüber Verunreinigungen des Obstes durch das „Spritzen" geprägt. *Werner* ermittelte demzufolge die Einstellung der Konsumenten gegenüber gespritzten Äpfeln und kam zu folgendem Ergebnis (*Werner*, 1982, S. 142):

Einstellung gegenüber gespritzten Äpfeln	sehr unkritisch	unkritisch	neutral	kritisch	sehr kritisch
Konsumentensegment (% aller Frauen)	19%	28%	16%	13%	24%

In diesem Fall werden also die Konsumenten nach einer speziellen Einstellung (gegenüber Äpfeln) unterteilt. Bereits eine solche Segmentierung vermittelt dem Marketing wichtige Hinweise für die Produktgestaltung und für die Argumentation bei Werbung und Verkauf.

Aber das Verhalten gegenüber Äpfeln wird nicht nur durch eine einzelne Einstellung geprägt. Deswegen kann man bei einer solchen elementaristischen Betrachtungsweise – Segmentierung nach einzelnen und sehr speziellen Einstellungen – nicht stehenbleiben.

Bei jedem Konsumenten ist die Einstellung gegenüber dem Spritzen von Äpfeln in einer ganz bestimmten Weise mit zahlreichen weiteren Einstellungen und Verhaltensweisen gegenüber Äpfeln verknüpft. Um das Verhalten der Konsumenten auf dem Apfelmarkt kennzeichnen zu können, benötigt man deswegen eine Kombination von mehreren gemessenen Einstellungen und Verhaltensweisen. Das Ziel der Marktsegmentierung besteht dann darin, jedem Konsumenten ein Marktsegment zuzuweisen, welches durch eine *typische* Kombination von Einstellungen und Verhaltensweisen charakterisiert werden kann und ein einheitliches (von den anderen Segmenten abweichendes) Kauf- und Konsumverhalten aufweist.

Nach der Arbeit von *Werner* gibt es fünf verschiedene Segmente des Apfelmarktes. Jedes dieser Segmente wird von *Werner* durch fünf verschiedene Einstellungen, sechs soziodemographische Merkmale, fünf Lebensstilformen und sieben Einkaufs- und Konsumgewohnheiten charakterisiert. Zum Beispiel:

Segment 1: die unkritische Spontankäuferin, 28 % des Apfelmarktes
Diese Konsumenten haben eine unkritische Haltung gegenüber gespritzten Äpfeln, sie legen großen Wert auf bequemen Einkauf, sind meistens alleinstehend, stark genußorientiert, finden wenig Gefallen an Kochen und Backen, kaufen bevorzugt im Supermarkt ein und konsumieren relativ wenig Äpfel usw.

Die zu Segment 1 gehörenden Konsumenten (= „Spontankäufer") verhalten sich anders als die Konsumenten in anderen Segmenten, zum Beispiel als die „gesundheitsbewußten Intensivverwender".

Eine solche empirische Marktsegmentierung ist eine notwendige Grundlage für die Entwicklung von Marketingstrategien. Sie beantwortet unter anderem die Fragen, bei welchen Segmenten eine Erhöhung des Verbrauches zu erreichen ist, und wie man die Konsumenten dieser Segmente am wirksamsten beeinflussen kann (ob bestimmte Vorbehalte abzubauen sind, Einstellungen zu verstärken sind usw.).

Die Marktsegmentierung spielt im Marketing eine immer größere Rolle. Sie ermöglicht eine differenzierte Betrachtung des Marktes, insbesondere eine genauere Prognose und ein gezielteres Vorgehen bei der Konsumentenbeeinflussung. Aufgrund der Marktsegmentierung können die Marketingaktivitäten an die Einstellungen und Kaufabsichten der Konsumenten besser angepaßt werden (vgl. dazu *Morwitz* und *Schmittlein*, 1992).

Zu (2): Soll-Werte von Einstellungen
Bisher sind wir stets von vorhandenen absatzpolitischen Zielen ausgegangen, wir hatten gefragt, wie man die Zielerreichung mittels Einstellungswerten feststellen kann. Nun ist zu fragen, wie man zu den absatzpolitischen *Zielvorstellungen* kommt.

Es versteht sich von selbst, daß die auf dem Markt gemessenen Einstellungen zu einem vorhandenen Produkt nicht als Zielgrößen geeignet sind. Sie spiegeln den Erfolg der *bisherigen* absatzpolitischen Maßnahmen wider, haben aber keine normative Bedeutung, d. h., die tatsächlich vorhandenen Einstellungen zu einem Produkt sind keine Maßstäbe für die zukünftige Absatzpolitik.

Als wichtiger Maßstab der Absatzpolitik können die Einstellungen der Konsumenten zu einem **idealen Produkt** gelten.

Diese Einstellungen drücken die Ansicht der Konsumenten aus, welche Eigenschaften ein Produkt haben *soll*, das ihre speziellen Bedürfnisse am besten befriedigt.

Die Einstellungen zum idealen Produkt werden somit zum Angelpunkt absatzpolitischer Überlegungen. Sie können in zwei verschiedene *Strategien* einbezogen werden (im einzelnen *Kroeber-Riel*, 1978):

Strategie 1: Anpassung des Angebots an die Einstellungen der Konsumenten,
Strategie 2: Anpassung der Einstellungen an das Angebot.

Bei der erstgenannten Strategie wird die Einstellung der Konsumenten als Datum hingenommen, und es wird versucht, ein Angebot auf den Markt zu bringen, das diesen Einstellungen vom idealen Produkt gerecht wird. Bei der zweiten Strategie wird das Angebot als Datum vorausgesetzt, und es wird versucht, die Vorstellungen der Konsumenten vom idealen Produkt so zu verändern, daß ihnen das Angebot zusagt.

Im Hinblick auf die motivationalen Komponenten der Einstellungen können wir diese Strategien auch anders formulieren: *Richte das Angebot nach den Motiven* oder *verändere die Motive!* Die beiden Strategien lassen sich mit Hilfe von *Abbildung 48* beschreiben:

Im Meßmodell von *Trommsdorff* (1975) werden die Konsumenten (indirekt) danach gefragt, welche Eigenschaften eines Produktes ihre Einstellung zu diesem Produkt bestimmen und welche Eigenschaftsausprägungen als *ideal* empfunden werden. Die einstellungsrelevanten Produkteigenschaften seien e_1 und e_2, bezogen auf Zigaretten (für Frauen) seien es die Eigenschaften Format und Tabakgeschmack. Die ideale Ausprägung dieser Eigenschaften sei durch eine fünfstufige Rating-Skala gemessen: e_1 (Format) mit dem Wert 2 und e_2 (Tabakgeschmack) mit dem Wert 5. *Abbildung 48* zeigt die Position dieser idealen Zigarette IZ im zweidimensionalen Eigenschaftsraum.

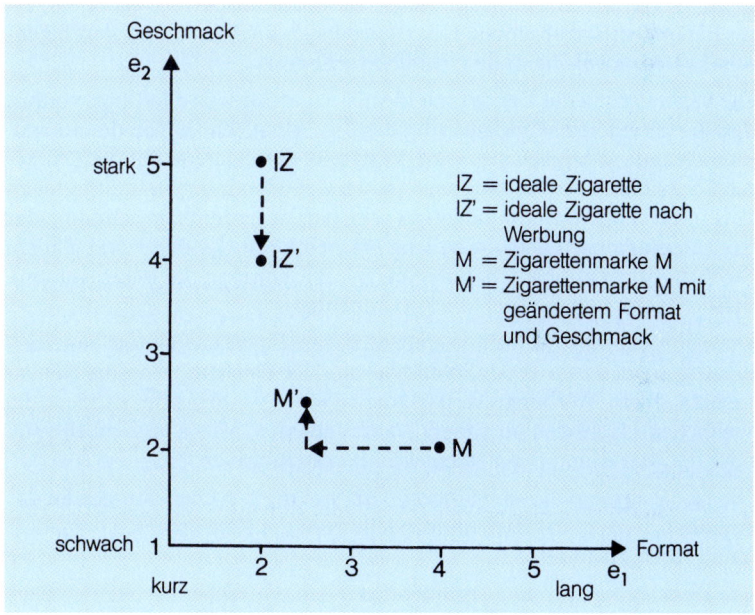

Abbildung 48: Die wahrgenommene Position von Marken in einem zweidimensionalen Eigenschaftsraum – dargestellt am Beispiel von Zigaretten für Frauen

Werden die Konsumenten nun gefragt, welche Eigenschaften sie an einer vorhandenen Zigarettenmarke wahrnehmen, so können die von ihnen angegebenen *realen* Werte von den *idealen* Werten mehr oder weniger weit entfernt sein. In *Abbildung 48* ist die *Distanz* zwischen den realen und idealen Werten groß, da die Zigarettenmarke M ein überdurchschnittliches Format hat ($e_1 = 4$) und von mildem Geschmack ist ($e_2 = 2$). Aufgrund dieser Distanz zwischen realer und idealer Eigenschaftsausprägung kann die vorhandene Einstellung zur Marke M geschätzt werden.

Im vorliegenden Fall würde wegen der großen Differenz zur idealen Eigenschaftsausprägung eine schlechte Einstellung herauskommen. Je geringer die Distanz wird, um so besser wird die Einstellung und damit auch die *Kaufwahrscheinlichkeit*.

Ziel absatzpolitischer Strategien kann es deswegen sein, den Abstand zwischen den vom Konsumenten wahrgenommenen, bestehenden Eigenschaften einer Marke und ihren idealen Eigenschaften – aus der Sicht eines Zielgruppensegments – zu verringern. Diesem Ziel dient die Produktpositionierung.

Produktpositionierung: Die *erste* absatzpolitische Strategie (Anpassung des Angebots an die Einstellungen der Konsumenten) läuft im allgemeinen darauf hinaus, durch die *Produktgestaltung* dafür zu sorgen, daß die tatsächlichen Eigenschaften einer Marke die Erwartungen der Konsumenten (besser) befriedigen. Im Beispiel könnte eine Zigarettenmarke mit kleinerem Format den Erwartungen besser gerecht werden. Würde eine neue Marke M mit verkleinertem Format und stärkerem Geschmack die Position 2,5/2,5 im Eigenschaftsraum erhalten, so würde sich die Distanz zu den Eigenschaften der Ideal-Zigarette erheblich verringern.

Die Verringerung der Distanz zur idealen Zigarette setzt allerdings voraus, daß die tatsächliche Verkleinerung des Zigarettenformats von den Konsumenten auch *wahrgenommen* wird. Wird z. B. die Zigarette mit dem kürzeren Format nach wie vor aus technischen Gründen in unverändert großen Packungen angeboten, so könnte es sein, daß sie in der Wahrnehmung der Konsumenten nach wie vor zu lang erscheint. Entscheidend sind ja nicht die tatsächlichen Eigenschaften einer Marke, sondern die Wahrnehmung dieser Eigenschaften durch die Konsumenten.

Die wahrgenommene Position einer Marke im Eigenschaftsraum kann sich deswegen auch *ohne* Produktveränderung verschieben, wenn die Konsumenten durch Werbung, Verpackung usw. dahin gebracht werden, die sachlichen Eigenschaften anders wahrzunehmen, als sie tatsächlich sind, oder der Marke emotionale Eigenschaften zuzuordnen.[4]

Die *zweite* absatzpolitische *Strategie* (Anpassung der Einstellungen an das Angebot) verfolgt das Ziel, die Vorstellungen der Konsumenten vom idealen Produkt zu ändern.

Die *Werbung* könnte etwa argumentieren, ein schwacher Tabakgeschmack zeige bessere Bekömmlichkeit der Zigarette an. Läßt sich der Konsument dadurch beeinflussen, so verschiebt sich die Position der idealen Zigarette im Eigenschaftsraum. Auch durch eine solche Verschiebung sinkt die Distanz zwischen der Marke M und der idealen Zigarette mit der Folge, daß sich die Einstellung der Konsumenten zur Marke M verbessert.

---

[4] Die aktuelle Produktpositionierung auf dem Zigarettenmarkt erfolgt zunehmend mittels Erlebnisstrategien.

Positionierungsmodell: Wir haben die grundlegenden Strategien der Produktpositionierung an einem einfachen, zweidimensionalen Modell erläutert. Solche einfachen Modelle sind in der Praxis verbreitet und dienen dort als Entscheidungsgrundlagen. Aber sie leiden unter einer *zu* starken Vereinfachung. Um den komplexeren Bedingungen der Wirklichkeit gerecht zu werden, sind zusätzlich folgende Einflußgrößen zu berücksichtigen:

● mehr als zwei Produkteigenschaften,
● Positionen der Konkurrenz,
● Idealpunkte von verschiedenen Marktsegmenten.

Diesen Forderungen entsprechen Positionierungsmodelle, die mittels multidimensionaler Skalierung (MDS) entwickelt werden. *Abbildung 49* gibt ein Positionierungsmodell für konkurrierende Marken und Idealpunkte für zwei Marktsegmente wieder. (Zu den Positionierungsmodellen vgl. auch *Schobert*, 1980; *Wind*, 1982, S. 81 ff.).

Marktnischen: Der Erfolg der eigenen Position hängt davon ab, wie die Marktpositionen der konkurrierenden Produkte oder Marken aussehen. Grundsätzlich gilt: Je enger die wahrgenommene Position zweier Marken ist, um so stärker stehen sie in Wettbewerb. Das kann man sich anhand von *Abbildung 49* klarmachen.

Ferner gilt: Je näher die wahrgenommene Position einer Marke am Idealpunkt liegt – das heißt, je näher sie der Vorstellung vom idealen Produkt kommt –, und je weiter andere wahrgenommene Marken davon entfernt liegen, um so größer ist die Kaufwahrscheinlichkeit für die Marke (*Wind*, 1982, S. 93).

In diesem Zusammenhang ist das Konzept der *Marktnische* relevant.[5]

Eine Marktnische ist ein Teilmarkt, der durch das vorhandene Produktangebot unzureichend ausgeschöpft wird und *potentielle* Nachfrage für ein neues Produkt enthält. *Spiegel* unterscheidet manifeste und latente Marktnischen. Eine *manifeste* Marktnische entsteht, vereinfacht gesagt, wenn es auf dem Markt Konsumenten gibt, die Bedürfnisse nach einem bestimmten Produkt haben, aber die vorhandenen Marken zur Bedürfnisbefriedigung für ungeeignet halten. Der Grund für diese Ablehnung liegt darin, daß für sie die Distanzen zwischen ihrem Ideal-Produkt und den angebotenen Marken zu groß sind. Das Angebot entspricht nicht ihren Bedürfnissen.

Eine *latente* Marktnische ist dann vorhanden, wenn die Konsumenten zwar die auf dem Markt angebotenen Marken kaufen, aber auf eine neue Marke umschwenken würden, wenn diese ihren Idealvorstellungen näher käme als die anderen Marken.

Praktisch hat man also so vorzugehen, daß man verschiedene Marktsegmente bestimmt, die aus Konsumenten mit gleichen oder ähnlichen Idealvorstellungen über ein Produkt bestehen. Kann man ein Produkt anbieten, das diesen Idealvorstellungen wesentlich näherkommt als die in diesen

---

[5] Vgl. den klassischen Ansatz von *Spiegel* (1961) sowie *v. Rosenstiel* und *Neumann* (1992).

Segmenten bisher angebotenen Marken, so sind von der *Bedürfnisseite* her die Voraussetzungen für die Einführung dieses Produktes gegeben.

Positionierungsstrategien: Bei der *praktischen* Umsetzung der beiden möglichen Strategien „Verändere die Positionen einer Marke" oder „Verändere die Idealvorstellungen der Konsumenten" steht die Frage im Vordergrund, welche Produkteigenschaften oder Imagekomponenten bei einer Positionierung maßgebend sind. Die Antwort dazu lautet:

> Für die Positionierung auf dem Markt sind solche Produkteigenschaften maßgebend, welche für die Konsumenten *subjektiv* wichtig sind und zugleich das Produkt von der Konkurrenz abheben.

Das klingt zwar plausibel, aber zahllose Mißerfolge auf dem Markt gehen darauf zurück, daß die eine oder die andere Bedingung vor einer Produktpositionierung nicht überprüft wurde (*Rothschild*, 1987, S. 156 ff.).

Entscheidend ist folgendes: Wenn hier von Eigenschaften gesprochen wird, so ist es selbstverständlich, daß nur subjektiv wahrgenommene Eigenschaften betrachtet werden. Es kommt bei einer Produktpositionierung nicht auf die objektiven Eigenschaften eines Produktes an, sondern darauf, wie diese Eigenschaften von den Konsumenten wahrgenommen werden.

Zu den entscheidenden Produkteigenschaften gehören auch *emotionale* Erlebniswerte, welche die Konsumenten mit einem Produkt verbinden, wie Prestige, Sportlichkeit, Erotik, soziales Glück usw. Dies gilt vor allem auf gesättigten Märkten.[6]

Auf gesättigten Märkten stimmen die angebotenen Marken in ihren wesentlichen Produkteigenschaften weitgehend überein, so daß die Konsumenten kaum noch Qualitätsunterschiede erkennen. In einer solchen Marktsituation kommt es – wie bereits ausgeführt wurde – auf *zusätzliche* Erlebniswerte an, welche vor allem durch Werbung, Verpackung, Design und POS-Maßnahmen vermittelt werden. Erst durch die zusätzlichen Erlebniswerte erhält die Marke eine besondere Note, die zu Konsumentenpräferenzen führt.[7] Kurzum:

> Auf gesättigten Märkten spielen emotionale Erlebniswerte einer Marke für die Positionierung die entscheidende Rolle.

Hierzu ein bekanntes Beispiel: *Pepsi Cola* unterschied sich in der Wahrnehmung der Konsumenten ursprünglich kaum von *Coca Cola*. Die Position von beiden Getränken auf dem amerikanischen Markt war hauptsächlich durch die Eigenschaften „soft drink" und „erfrischend" gekennzeichnet. Bei sehr ähnlicher Produktpositionierung dominierte *Coca Cola* vor allem deswegen, weil es wesentlich mehr Mittel für Werbung und Distribution

---

[6] Siehe dazu im einzelnen die Kapitel über emotionale Erlebnisvermittlung durch das Marketing und erlebnisbetonte Produktdifferenzierung B.III.2.

[7] *Kroeber-Riel* (1981a und 1984b); *Belz* (1989, S. 264) und insb. *Weinberg* (1992b).

einsetzen konnte. Um sich von *Coca Cola* abzuheben, begann *Pepsi Cola* in den 1970er Jahren mit einer Werbekampagne, die nichts über die Eigenschaften des Getränkes selbst aussagte. Sie stellte *Pepsi* vielmehr als ein Getränk für eine bestimmte Konsumentengruppe, für die am eigenen Selbst ausgerichtete („selbstsüchtige") Generation dar. Mit dieser und anderen Kampagnen erhielt *Pepsi* für ein großes Marktsegment einen neuen und eigenständigen Erlebniswert. Die auf diese Weise erreichte, von *Coca Cola* abgehobene Marktposition sicherte *Pepsi Cola* einen riesigen Markterfolg (im einzelnen: *Sternthal* und *Craig*, 1982, S. 110).

Das Suchen nach derartigen Erlebniswerten wird zur Voraussetzung für einen Markenerfolg auf gesättigten Märkten, in denen sich oft die konkurrierenden Marken aufgrund geringer Qualitätsunterschiede und aufgrund der üblichen me-too-Werbung kaum unterscheiden.

Schwerwiegende Probleme der Positionierung ergeben sich auch bei der Einschätzung der „idealen" Markenpositionen (Marktpositionen), nach denen sich ein Unternehmen richtet:

Häufig wird diese Idealposition nicht hinreichend nach Zielgruppen differenziert oder falsch bestimmt, weil die von der Marktforschung benutzten Methoden nicht ausreichen, um die Erlebniswünsche der Konsumenten und ihre zeitlichen Verschiebungen zu ermitteln. Eine andere Gefahr ist darin zu sehen, daß die von den Konsumenten geäußerten Idealvorstellungen hauptsächlich von der führenden Marke geprägt werden. Eine Positionierung in der Nähe des Marktführers würde letztlich auf eine Imitation hinauslaufen und wäre keine eigenständige Marktstrategie.

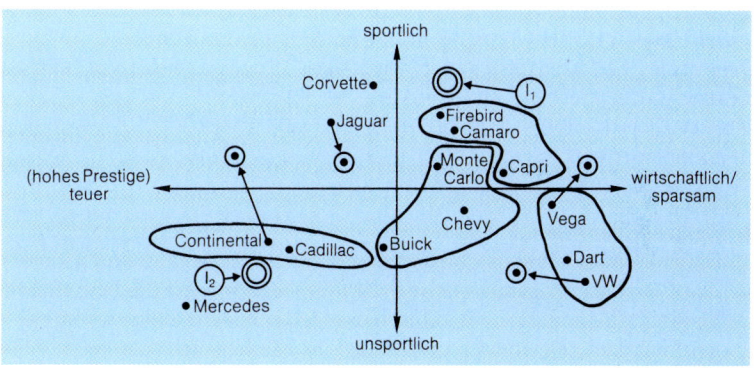

Abbildung 49: Ergebnis einer Positionierungsstudie mittels multidimensionaler Skalierung

Anmerkung: Wahrgenommene Marktpositonen von 14 Automarken sowie Autopräferenzen (Vorstellungen vom idealen Auto I = I_1 bzw. I_2) in zwei Marktsegmenten. Die Umrandungen geben Cluster von ähnlich positionierten Automarken wieder. Die Pfeile deuten zeitliche Veränderungen von einigen Marktpositionen an. In Anlehnung an *Wind*, 1982, S. 84 ff.

Zusammenfassung: Die wesentlichen Bestimmungsgrößen, mit denen die Positionierung einer Marke beurteilt werden kann, sind noch einmal in *Abbildung 49* wiedergegeben. Es handelt sich um

(1) die wahrgenommenen Eigenschaften des Produktes, die teils auf die objektive Leistungsfähigkeit, teils auf subjektive Erlebniswerte des Produktes zurückgehen;

(2) das Konkurrenzfeld, das die relative Position der eigenen Marke im Vergleich zu den konkurrierenden Marken anzeigt;

(3) die Positionen von Idealprodukten,die von den Konsumenten verschiedener Marktsegmente erwartet werden und

(4) die zeitlichen Verschiebungen der verschiedenen Markenpositionen und Idealpositionen, die bei strategischen Überlegungen stets zu antizipieren sind (*Wind*, 1982, S. 83 ff.).

Eine zentrale Rolle bei der Umsetzung der Positionierung spielt die Marktkommunikation, soweit sie darauf abzielt, die Einstellungen zu einer Marke zu beeinflussen. Die dazu erforderlichen emotionalen und informativen Positionierungsstrategien werden im einzelnen von *Kroeber-Riel* (1993b) erörtert.

Die Bedeutung und Aussagerelevanz klassischer Positionierungsmodelle auf der Basis einer multidimensionalen Skalierung oder einer explorativen Faktorenanalyse weisen allerdings auch Schwächen auf (*Trommsdorff,* 1995):

● Solche Positionierungsstudien beziehen zwar vordergründig den Wettbewerb mit ein, denn Wettbewerber-Marken werden mitpositioniert. Für die strategische Planung muß aber über globale Wettbewerberrelationen hinaus im einzelnen bekannt sein, welche Beziehungen und Wechselwirkungen zwischen bestimmten Merkmalen (wahrgenommener Produkteigenschaften) des Wettbewerbs bestehen und wie sie zur Stärkung der eigenen Wettbewerbsposition verändert werden können.

● Es wird implizit unterstellt, daß eine wahrgenommene Eigenschaft über die Wettbewerber hinweg die gleiche Bedeutung hat, z. B. daß „Sicherheit" für die Autoreifenmarke *Pirelli* dieselbe Zugkraft hat wie für *Continental*. Statt dieser unrealistischen Annahme sollten merkmalsspezifische Wettbewerbsintensitäten einzeln geschätzt werden.

● Die ausschlaggebende Bedeutung eines USP (Alleinstellungsmerkmal) für die Wettbewerbsposition der betreffenden Marke kann durch klassische Positionierungsmodelle nicht erfaßt werden, weil die betreffende Eigenschaftsdimension für keine andere (oder nur für einige wenige andere) Marken relevant ist und daher im Modell nicht als Positionierungsmerkmal abgebildet wird.

● Klassische Positionierungsmodelle unterstellen pauschale Wirkungszusammenhänge zwischen Wettbewerbern, indem implizit unterstellt wird, daß Eigenschaften einer Marke nur die eigene Position, aber nicht die von Wettbewerber-Marken direkt beeinflussen. Zudem erlaubt die Modell-Analyse keine Aussage darüber, inwieweit eine Eigenschaft den Kauf oder Nichtkauf einer Marke tatsächlich beeinflußt.

Deshalb braucht man zusätzlich ein realistischeres und strategierelevanteres Bild zur Analyse der vernetzten Wettbewerbsverhältnisse. Das Konzept der **Wettbewerbs-Image-Struktur-Analyse (WISA)** von *Trommsdorff* (1992)

schließt Lücken zwischen Einstellungsforschung und strategischer Marktforschung.

Die WISA versucht, den praktischen Bedarf an vernetzter Information für
komplexe strategische Entscheidungen zu erfüllen. Sie stellt eine Weiterentwicklung der traditionellen Produktpositionierung im gemeinsamen
Raum dar. Praxisrelevantere Informationen ergeben sich zusätzlich, wenn
man die WISA auf das Evoked-set der Befragten beschränkt (*Weber*, 1996).
Nur zwischen denjenigen Marken, die sich im Evoked-set der Befragten befinden, besteht unmittelbar kaufrelevanter Wettbewerb.

Das Erfolgskriterium (Kaufabsicht oder Einstellung) der einzelnen Marke
ist als abhängige Variable zu modellieren; die potentiell sie beeinflussenden Eigenschaftsdimensionen aller Marken als unabhängige Variablen. Sie
werden schrittweise solange in das Modell einbezogen, bis für jede Marke
ein hinreichend erklärungskräftiges Wettbewerbsmodell vorliegt. Die
Pfadkoeffizienten sind Indikatoren des Beeinflussungspotentials auf den
eigenen Markenerfolg bzw. auf den Markenerfolg des Wettbewerbers. Der
gesamte Einfluß „Einstellungs → Wettbewerbsposition" in Relation zu anderen Marketingvariablen (vor allem der Distribution) läßt sich aus der erklärten Varianz bzw. der Einflußstärke „anderer Marketing-Einflüsse" ablesen.

Mit einer WISA können folglich folgende Fragestellungen beantwortet werden:

- Welche Einstellungsdimensionen sind überhaupt und für welche Marken wirksam?

- Welcher Anteil der Kaufabsicht oder der Präferenz wird durch Einstellungsdimensionen erklärt?

- In welcher Stärke und Richtung wirken die Einstellungsdimensionen?

- Welche Strategien zur Stärkung der eigenen Wettbewerbsposition bieten
  sich an?

C. Kognitive Prozesse

I. Einführung

Wir haben bereits unter A in diesem Teil das System der psychischen Variablen vorgestellt und die kognitiven Vorgänge den aktivierenden Vorgängen gegenübergestellt. *Aktivierende* Vorgänge – Emotion, Motivation und Einstellung – treiben das Individuum an. Sie sorgen dafür, daß das Individuum aktiv wird und handelt.

Kognitive Vorgänge lassen sich als gedankliche („rationale") Prozesse kennzeichnen. Mit ihrer Hilfe erhält das Individuum Kenntnis von seiner Umwelt und von sich selbst. Sie dienen vor allem dazu, das Verhalten gedanklich zu kontrollieren und willentlich zu steuern.

Die kognitiven Prozesse – die stets auch aktivierende Komponenten umfassen – werden für die Erklärung des Konsumentenverhaltens eingeteilt in:

- Informationsaufnahme,
- Wahrnehmen einschließlich Beurteilen,
- Lernen und Gedächtnis.

Die kognitiven Prozesse im Menschen werden in der gegenwärtigen (kognitiven) Theorie in Analogie zur elektronischen Informationsverarbeitung als Vorgänge betrachtet, die die

- Informationsaufnahme,
- Informationsverarbeitung,
- Informationsspeicherung

umfassen. Man kann die nachfolgend beschriebenen kognitiven Prozesse des Konsumenten in diese drei Informationsverarbeitungsphasen gliedern.[1]

Die enge Beziehung zwischen den psychologischen Modellen kognitiver Prozesse und den Informationsverarbeitungsmodellen der Computerwissenschaften hat zu einer neuen interdisziplinären Richtung geführt, die sich Kognitionswissenschaft (cognitive science), auch Wissenspsychologie, nennt. Sie hat sich in den letzten Jahren bevorzugt den Problemen künstlicher Intelligenz zugewandt. Im Mittelpunkt steht die Frage, wie sich Wissen formalisiert abbilden, verändern und zur Problemlösung einsetzen läßt (*Mandl* und *Spada*, 1988).

Wir führen als erstes einige grundlegende Begriffe aus der Kognitionswissenschaft ein, die wir später zur Erklärung des Konsumentenverhaltens

---

[1] Das Entscheidungsverhalten der Konsumenten, bei dem aktivierende und kognitive Prozesse zusammenwirken, wird in einem eigenen Kapitel D behandelt.

benötigen. Diese Begriffe beziehen sich auf den Ablauf der Informationsaufnahme und -verarbeitung, die Speicherung und die Verwendung von Wissen und auf einige empirische Methoden, die Aufschluß über diese Vorgänge vermitteln.

1. Kognitive Prozesse der Informationsverarbeitung

Nach dem bekannten Dreispeichermodell erfolgt die gedankliche Verarbeitung von Reizen mittels verschiedener Gedächtniskomponenten (Gedächtnisstrukturen), die als „Speicher" bezeichnet werden. Man darf den Ausdruck Speicher nicht mißverstehen, es handelt sich um Gedächtniskomponenten, die nicht nur der Speicherung, sondern auch der Verarbeitung von Informationen dienen.

Das Modell geht von drei Speicherformen aus:[2]

- sensorischer Speicher (Ultrakurzzeitspeicher),
- Kurzzeitspeicher,
- Langzeitspeicher.

Für die folgende Funktionsbeschreibung gehen wir von einem Informationsfluß aus, der mit der Aufnahme eines äußerlichen Reizes (zum Beispiel einer sprachlichen Mitteilung) beginnt und bis zur dauerhaften Speicherung der durch den Reiz vermittelten Information führt *(Abbildung 50).*

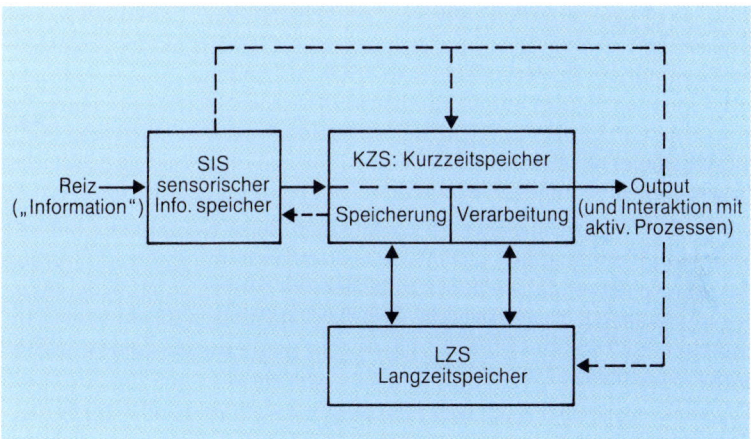

Abbildung 50: Gedächtnismodell zur Darstellung elementarer kognitiver Prozesse

Sensorische Speicherung: Der sensorische Speicher wird ausführlicher auch sensorischer Informationsspeicher (SIS) oder Ultrakurzzeitspeicher oder ikonisches Gedächtnis genannt. Er speichert die Sinneseindrücke nur für

---

[2] Das heute verwandte Modell geht auf Arbeiten von *Atkinson* und *Shiffrin* (1968, 1971) zurück. Darstellungen der Modelle findet man in vielen Lehrbüchern, vgl. z. B. *Best* (1986) sowie *Behrens* (1976) und *Behrens* (1991, S. 190–208). Zu Fortentwicklungen dieses Paradigmas vgl. *Engelkamp* und *Zimmer* (1990).

ganz kurze Zeit. Für die Verarbeitung visueller Reize heißt das: Das Auge tastet die Umwelt ab. Die vom Auge aufgenommenen Reize werden in bioelektrische Impulse umgewandelt und dann weiterverarbeitet.

Dieser Prozeß besteht in einer Auswahl, Interpretation und Verknüpfung der aufgenommenen Reize; *Voraussetzung* für eine solche Weiterverarbeitung ist jedoch, daß die Reize wenigstens für kurze Zeit gespeichert werden, also nicht sofort wieder „verlöschen", wenn die sensorische Reizaufnahme beendet ist. Diese vorübergehende Speicherung übernimmt der sensorische Speicher. Dadurch können auch nacheinander aufgenommene Reize zeitlich gemeinsam verarbeitet und zum Gesamtbild einer Reizkonstellation integriert werden.

Man nimmt an, daß diese kurze Speicherung der visuellen Sinneseindrücke noch in der Netzhaut erfolgt. Kognitive Verarbeitungsvorgänge finden dabei noch nicht beziehungsweise auf einem sehr elementaren Niveau statt.[3] Es handelt sich im wesentlichen um ein passives Festhalten von Sinneseindrücken. Gerichtete Aufmerksamkeit ist dafür nicht notwendig. Der sensorische Speicher arbeitet sozusagen wie ein *Spiegel* mit Nachbildwirkung.[4]

Die Kapazität des SIS ist sehr groß, die Speicherdauer sehr klein. Die Kapazität umfaßt im wesentlichen alle Informationen, die von einem Sinnesorgan aufgenommen werden, das heißt den gesamten Reizinput. Die auf experimentelle Untersuchungen zurückgehende Schätzung der Speicherdauer schwankt im Bereich von 0,1 Sekunden bis zu einer Sekunde.[5]

Kurzzeitspeicherung: Der Kurzzeitspeicher (KZS) kann auf das umfassende Reservoir der im sensorischen Speicher vorhandenen Sinneseindrücke zurückgreifen. Er übernimmt aus dem sensorischen Speicher nur einen *Teil* zur weiteren Verarbeitung. Die Reizauswahl hängt wesentlich vom Aktivierungspotential der Reize ab. Diese „Informationsreduktion" hilft, das Informationsüberangebot im evolutionären Sinne zu bewältigen.

Die in den Kurzzeitspeicher übernommenen Reize werden entschlüsselt und dadurch in kognitiv verfügbare *Informationen* umgesetzt, sie werden dann zu weiteren Informationen in Beziehung gesetzt, zu größeren Informationseinheiten organisiert usw. Erst durch die Entschlüsselung bzw. Interpretation des Reizes im Kurzzeitspeicher wird also aus dem eingegangenen *Reiz* eine gedanklich verarbeitbare *Information*.

Der Kurzzeitspeicher muß dazu zwei Funktionen übernehmen: Eine etwas längere *Speicherung* – von mindestens einigen Sekunden –, um die Informationen für die Verarbeitung bereitzuhalten, sowie die aktive *Verarbeitung* der eingegangenen Informationen. Er ist also zugleich ein „Arbeitsspeicher" oder ein „aktives Gedächtnis" und damit die zentrale Einheit der In-

---

[3] Es wurde festgestellt, daß durch die Augen bis zu 10^7 bit/sec aufgenommen werden können (*Behrens*, 1991, S. 192).

[4] Von diesen vielen Informationen gelangen nur relativ wenige in den Kurzzeitspeicher, etwa 16 bit/sec.

[5] Der Informationsbegriff entspricht in etwa dem der Umgangssprache (Nachricht, Mitteilung usw.).

formationsverarbeitung. Hier finden die kognitiven Prozesse statt, die uns bewußt werden und unsere Aufmerksamkeit verlangen.

Damit die vom sensorischen Speicher eintreffenden Informationen weiterverarbeitet werden können, muß der Kurzzeitspeicher auf die im *Langzeitspeicher* vorhandenen Informationen aus früheren Erfahrungen zurückgreifen. Beispielsweise erfordert das Erkennen eines Produktes (Parfum) den Vergleich mit früheren Erfahrungen und die Einordnung in vorhandene (gelernte) Wahrnehmungsschemata: Dadurch wird das Parfum als bereits bekannt oder als unbekannt bewertet, als Accessoire von Frauen eingeordnet usw.

Im Kurzzeitspeicher werden die gerade aus der Umwelt übernommenen Informationen und die aus der Vergangenheit stammenden Informationen zusammengebracht. Der Kurzzeitspeicher ist deswegen als Kontakt zwischen gegenwärtiger und vergangener Erfahrung zu verstehen.

Die im Kurzzeitspeicher verfügbaren Informationen werden ziemlich schnell vergessen oder in den Langzeitspeicher übernommen, allerdings nur mit einem Anteil von etwa 0,7 bit/sec. Informationen, die nicht nach kurzer Zeit (wenigen Sekunden) gelöscht werden sollen, müssen memoriert werden. Darunter versteht man verschiedene Formen des inneren Wiederholens. Das Memorieren hält entweder die Information im Kurzzeitspeicher aufrecht, oder es sorgt für ihre Langzeitspeicherung.

Von zentraler Bedeutung ist die außerordentlich beschränkte Kapazität des Kurzzeitspeichers. Sie begrenzt die Menge der verarbeiteten Informationen und der durchgeführten kognitiven Operationen. Dies wird bei der Informationsvermittlung oft übersehen. Beispiel: Bei flüchtiger Betrachtung einer Werbeanzeige von fünf Sekunden ist die Zahl der im Kurzzeitspeicher verarbeitbaren Informationseinheiten auf etwa 20 begrenzt. In vielen Anzeigen, die mit keiner längeren Aufmerksamkeitszuwendung rechnen können, wird aber meist ein Mehrfaches an Informationen dargeboten, die demzufolge von vornherein zur Unwirksamkeit verurteilt sind.[6]

Langzeitspeicherung: Der Langzeitspeicher (LZS) ist mit dem *Gedächtnis* des Menschen gleichzusetzen. Hier werden die vorher verarbeiteten und zu kognitiven Einheiten organisierten Informationen langfristig gespeichert.[7]

Die langfristige Speicherung ist an den Aufbau von biochemischen Substanzen gebunden, sie führt also zu substantiellen Gedächtnisspuren. Die Vorgänge im Kurzzeitspeicher scheinen dagegen auf bioelektrischen Aktivitäten zu beruhen.

Die langfristig gespeicherten, in „Gedächtnismolekülen" verfügbaren Informationen werden nach einer weitverbreiteten Auffassung nie wieder

---

[6] Solche Kapazitätsberechnungen für einen Zeitraum sind sehr schwierig, weil das Ergebnis von der Geschwindigkeit der Informationsprozesse (Aufnahme, Verarbeitung, Löschung und Abgabe der Informationen an den LZS) abhängt. Wir stützen uns hier auf Überlegungen von *Bernhard* (1978, S. 18ff., 60ff.).

[7] Einen umfassenden Überblick über die Gedächtnisforschung im Zeitraum 1883 bis 1990 geben die drei Bände von *Morris* und *Conway* (1993).

gelöscht. Das Vergessen von Informationen wird vielmehr in erster Linie als mangelnde Zugriffsmöglichkeit auf die vorhandenen Informationen interpretiert, die insbesondere durch Überlagerungseffekte – sogenannte Interferenzen – verursacht wird. „Die echten Schwierigkeiten im Umgang mit dem Langzeitgedächtnis haben überwiegend *eine* Ursache: den Vorgang des Abrufens. Die Informationsmenge im Langzeitspeicher ist so groß, daß das Hauptproblem darin besteht, etwas aufzufinden" (*Lindsay* und *Norman*, 1981, S. 239).

Zum Verständnis von Gedächtnisprozessen können Modellvorstellungen über Verarbeitungsstufen bzw. Verarbeitungstiefe helfen.[8]

Danach durchläuft ein aufgenommener Reiz – von seiner sensorischen Verarbeitung bis zur Langzeitspeicherung – mehrere Verarbeitungsstufen, die nach ihrer „kognitiven Tiefe" unterschieden werden können. Unter Verarbeitungstiefe kann man das Ausmaß an kognitiven Aktivitäten verstehen, die das Individuum bei der Verarbeitung von Informationen entfaltet. Manche Informationen werden nur oberflächlich verarbeitet, kaum mit anderen Informationen verknüpft und leicht vergessen. „Je tiefer das Material verarbeitet wird –, je mehr Anstrengung aufgewandt wird – desto mehr Assoziationen zwischen dem vorhandenen und dem zu lernenden Wissen stellt die Informationsverarbeitung her und desto leichter ist der spätere Abruf eines Items" (*Lindsay* und *Norman*, 1981, S. 273).

Netzwerkmodelle helfen, die Form und den Ablauf der Speicherung zu beschreiben. Der Langzeitspeicher wird hier als ein aktives Netzwerk aufgefaßt, das Wissensstrukturen repräsentiert. Man unterscheidet Knoten (Begriffe, Situationen, Ereignisse) und Relationen zwischen den Knoten, z. B. zwischen Objekten und ihren Eigenschaften. Sie werden nach Art, Richtung und Intensität unterschieden. Ein Beispiel für ein „semantisches Netzwerk" gibt *Abbildung 51* im folgenden Kapitel.[9]

2. Innere Repräsentation von Wissen

Ein wesentlicher Ansatz zur Erklärung der kognitiven Vorgänge ist das dauerhaft im Gedächtnis gespeicherte Wissen. Dieses Wissen ist dafür verantwortlich, wie die aus der Umwelt stammenden Reize (Informationen) aufgenommen, verarbeitet und gespeichert werden:

Das vorhandene *Vorwissen* umfaßt unter anderem gedankliche Modelle, die sich eine Person von der Umwelt macht. Solche gedanklichen Modelle dienen dazu, Umweltreize zu interpretieren, gedanklich einzuordnen und weiterzuverarbeiten.

Wie ist nun dieses (Vor)Wissen organisiert? Was passiert mit einer Information wie „Dieses Auto fährt mit bleifreiem Benzin", wenn sie in das Langzeitgedächtnis übernommen wird?

---

[8] Zur Anwendung des Konzeptes in der Konsumentenforschung vgl. *Olson* (1980).
[9] Zur Benutzung von Netzwerkmodellen in der Konsumentenforschung vgl. auch *Behrens* (1991, S. 198 ff.).

Man unterscheidet zwei Formen gespeicherten Wissens: *deklaratorisches* Wissen über Gegenstände und ihre Beziehungen untereinander sowie über Situationen und *prozedurales* Wissen, das sich auf die gedanklichen Vorgänge bei der Bildung, Verknüpfung und Anwendung des Wissens bezieht.[1]

Das *deklaratorische* Wissen besteht aus der Speicherung von elementaren wahrgenommenen Reizen wie graphischen Mustern oder Bildelementen und von Informationen, die eine Bedeutung haben, beispielsweise eines Begriffes.

Es ist in diesem Zusammenhang wichtig, zwischen einem Reiz und der Bedeutung dieses Reizes zu unterscheiden: Was wir speichern, ist in erster Linie die Bedeutung einer sprachlichen Aussage oder eines Bildes. Wörter und Bilder, die für den einzelnen keine oder nur eine schwache Bedeutung haben, werden im allgemeinen nur schlecht behalten (*Anderson*, 1988, S. 80, 104, 106, 109 ff.).

Die Speicherung von bedeutungshaltigen Informationen erfolgt nach den gegenwärtig gängigen Auffassungen in Form von Propositionen. Darunter versteht man kleinste Bedeutungseinheiten, die auf die äußere Reizumwelt hinweisen.

Solche Bedeutungseinheiten wie „hell" scheinen nicht an eine bestimmte Sinnesmodalität gebunden zu sein. Es handelt sich vielmehr um einen abstrakten kognitiven Kode, der „weder verbal noch visuell" ist (*Best*, 1986, S. 248, 533).

Bedeutungen wie „hell" werden jedoch in einer ganz bestimmten Vorstellungsform bewußt, zum Beispiel sprachlich in Form des Wortes „hell", bildlich in der Vorstellung „helles Licht" oder auch durch den Eindruck „heller Geruch".

Danach sind sprachliche und bildliche Vorstellungen nur Oberflächenphänomene unseres Gedächtnisses, durch die das abstrakte propositionale Wissen in unser Bewußtsein tritt.

Diese Ansicht ist jedoch heftig umstritten. Nach anderen (Imagery-)Theorien gibt es eigenständige und unabhängige Sprach- und Bilderkodes im Gedächtnis: Das Wissen wird direkt in sprachlicher oder bildlicher Form repräsentiert und geht nicht auf dahinterstehende abstrakte Bedeutungseinheiten zurück.

Für die praktische Anwendung der Forschungsergebnisse über sprachliche und bildliche Wissensspeicherung spielen diese unterschiedlichen Ansätze nur eine untergeordnete Rolle. Die konkreten Erfahrungen von bildli-

---

[1] In wissensverarbeitenden Computersystemen ist das deklaratorische Wissen im Arbeitsspeicher und das prozedurale Wissen im Produktionsspeicher abgelegt. Bei Expertensystemen umfaßt das prozedurale Wissen in erster Linie eine Menge von Wenn-dann-Regeln zur Ableitung von Folgerungen aus den vorhandenen Wissenskomponenten. Darüber hinaus gibt es noch Kontrollwissen, das sind die gespeicherten Verfahren zur Steuerung und Kontrolle des deklaratorischen und prozeduralen Wissens. Vergleiche im einzelnen mit weiteren Literaturhinweisen *Opwis* (1988).

chen Vorstellungen und die Bedeutung dieser Vorstellungen für das menschliche Verhalten bleiben unberührt davon, ob die erlebten inneren Gedächtnisbilder durch einen unabhängigen Bilderkode entstehen, in dem das Wissen gespeichert wird, oder ob sie auf ein abstraktes Hintergrundwissen zurückgehen.[2]

Die Überlegenheit des Gedächtnisses für Bilder (über das Sprachgedächtnis) läßt sich zum Beispiel so begründen, daß sich propositionales Wissen besser einprägt und behalten läßt, wenn es sich leicht in bildliche Vorstellungen transformieren läßt.

Zur Abbildung der Wissensstruktur: Die Repräsentation von Wissen im Gedächtnis in Form von Propositionen wird häufig mit Hilfe von „propositionalen Netzwerken" oder „semantischen Netzwerken" abgebildet.[3]

Ein Beispiel dazu bietet *Abbildung 51:* Dieses Netzwerk bildet die assoziativen Beziehungen zwischen mehreren Begriffen ab. Die Knoten des Netzwerkes weisen auf Vorstellungen hin, die sich auf Gegenstände und ihre Eigenschaften beziehen. Die Kanten des Graphen weisen die assoziativen Beziehungen nach.

Diese Beziehungen lassen sich nach Art und Stärke unterscheiden: Je näher die abgebildeten Beziehungen sind, um so stärker ist die Verknüpfung zwischen den Vorstellungen. Zum Beispiel ist die Vorstellung „deutsch" mit „Mercedes" enger verbunden als „sicher"; oder: „Auto" ist mit „komfortabel" schwächer verbunden als mit „Mercedes".

Die im Netzwerk ausgewiesenen Verknüpfungen bestimmen die Verwendung des abgebildeten Wissens bei der Informationsverarbeitung: Nach dem Modell der sich ausbreitenden Aktivierung wird durch einen äußeren oder inneren Reiz eine bestimmte Vorstellung „aktiviert". So wird zum Beispiel durch die Frage „Willst Du Dir nicht bald ein neues Auto kaufen?" im Gedächtnis der Begriff „Auto" aktiviert. Von der Vorstellung „Auto" ausgehend, greift die Aktivierung auch auf andere Vorstellungen über, die mit „Auto" verbunden sind, im vorliegenden Beispiel in Abhängigkeit von der semantischen Nähe zunächst auf die Vorstellung „Mercedes".

Mit Hilfe von semantischen Netzwerken kann man eine vorhandene Wissensstruktur, ihr Zustandekommen und ihre Veränderungen verdeutlichen und sozialtechnische Folgerungen ableiten. So läßt sich zum Beispiel die bei einer Entscheidung wahrgenommene Alternativenmenge durch die as-

---

[2] Vergleiche dazu *Best* (1986, S. 224 ff. und S. 257): „Die Schlacht um die theoretischen Positionen geht weiter."
Anderson (1988, S. 96) unterscheidet „Bilder im Kopf" von „Vorstellungsbildern", die auf ein „allgemeines Repräsentationssystem" zurückgehen: *Norman* und *Rumelhart* (1978, S. 34 ff.) schreiben dazu folgendes: „Da es nicht möglich erscheint, Vorstellungsbilder in sprachliche Vorstellungen umzuwandeln und umgekehrt, glauben wir nicht, daß die scheinbar grundlegende Frage in Wirklichkeit für das Gebiet der geistigen Repräsentation entscheidend ist" (S. 36).
Weitere Literaturhinweise zu dieser Imagerydiskussion in: *Kroeber-Riel* (1986 a) und *Ruge* (1988, S. 57 ff.).
[3] Für die Abbildung der semantischen Netze gibt es unterschiedliche Modelle, vgl. dazu *Best* (1986, S. 185 ff.); *Anderson* (1988, S. 112 ff., insbesondere S. 118) und *Wen-*

soziative Verknüpfung von Produkt „Auto" und Marke „Mercedes, Audi BMW" spezifizieren.

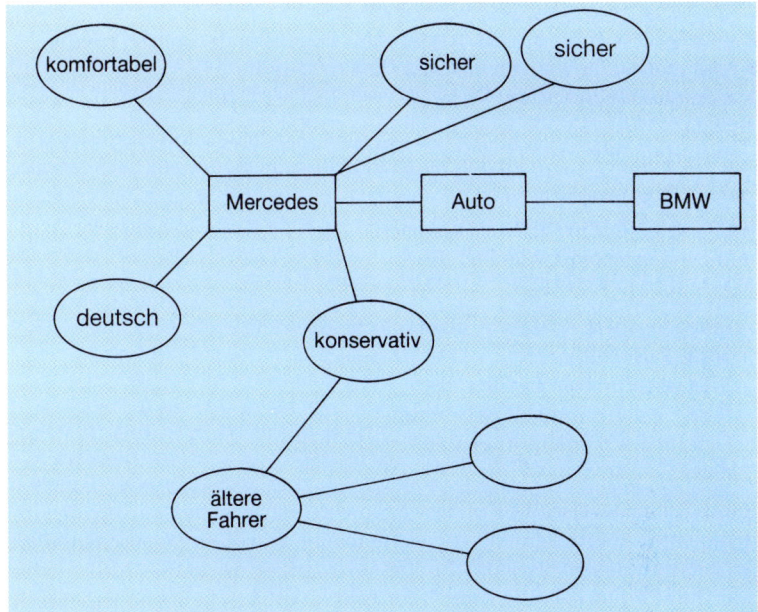

Abbildung 51: Ausschnitt aus einem semantischen Netz
(Abbildung von propositionalem Produktwissen)

Anmerkung: Eckige oder ovale Knoten = Vorstellungen (semantische Einheiten) – Länge der Linien = Stärke der assoziativen Verknüpfung (semantische Entfernung). Durch zusätzliche Pfeile läßt sich noch die Richtung der gedanklichen Zuordnung angeben.

Oder: Durch empirische Untersuchungen wird es möglich, die von einer Erzählung (oder einer Produktbeschreibung) in verschiedenen Fassungen hervorgerufenen semantischen Strukturen zu ermitteln, ihren Einfluß auf die Erinnerung zu überprüfen und daraus Empfehlungen abzuleiten, wie eine Erzählung (oder eine Produktbeschreibung) formuliert werden soll, damit sie zu einer erinnerungsoptimalen semantischen Struktur im Gedächtnis führt (*Mayer*, 1981, S. 78 ff.; zur Anwendung in der Konsumentenforschung vgl. *Grunert*, 1982, 1990, sowie *Opwis*, 1992, S. 49 f.).

Grunert (1990) hat einen theoretischen Ansatz entwickelt, um semantische Netzwerke zur Erklärung von Kaufentscheidungen zu erheben und zu interpretieren. Er untersucht dabei assoziative Beziehungen, in denen sich Produktwissen (wie „Subaru hat Allradantrieb"), Produktanforderungen („Allradantrieb erleichtert das Fahren im Gebirge") sowie Produkterfahrungen („Subaru hat sich im Gebirge bewährt") niederschlagen. Sucht ein Konsument nach Alternativen beim Einkauf, so kommen vor allem solche Produkte zum Zuge, die mit stark bewußten Assoziationen über die Produkteignung – zum Beispiel aufgrund ausgeprägter Produkterfahrungen – verbunden sind (vgl. insb. S. 85 ff.).

Ein großer Teil unseres Wissens besteht aus standardisierten Vorstellungen darüber, wie ein Sachverhalt typischerweise aussieht. Diese Wissensstrukturen werden im allgemeinen **Schemata** genannt.[4] Die Schemata

- geben die wichtigsten Merkmale eines Gegenstandsbereichs wieder,
- sind mehr oder weniger abstrakt (konkret) und
- hierarchisch organisiert.

Nach dem Gegenstandsbereich kann man Schemata[5] unterscheiden, die sich auf Personen (Personenschemata, Selbstschemata), auf Sachverhalte und auf Ereignisse beziehen.

Ein Beispiel für ein Sachverhaltsschema ist das Schema von Bier. Es könnte folgendermaßen aussehen:

Bierschema:
übergeordnete Kategorie: alkoholisches Getränk
Sorte: Pils, Altbier…
Präsentation: Flasche, Bierglas
Farbe: hell bis dunkel, gelb-braun
Geschmack: kohlensäurehaltig (frisch), herb…
usw.

Dieses Schema weist eine Konfiguration von Eigenschaften auf, die Bier im allgemeinen kennzeichnen, wobei offenbleibt, wie diese Eigenschaften im Einzelfall aussehen, ob es um dunkles obergäriges, um herbes Altbier oder um süffiges und helles (Export-)Bier geht. Das Bierschema ist wesentlich konkreter als das Schema der übergeordneten Kategorie „alkoholisches Getränk", dem es gedanklich zugeordnet wird.

Die Eigenschaften der übergeordneten Kategorie wie „verursacht Rausch" werden auf das untergeordnete Schema übertragen. Zu den Eigenschaften der übergeordneten Kategorie treten also noch die besonderen Eigenschaften von Bier, z. B. eine bestimmte Farbe.

Die Ausprägung (der „Wert") der Eigenschaften, die dem Bier zugesprochen werden, wird erst im Einzelfall bestimmt. Weicht in einem wahrgenommenen Einzelfall die Farbe (zum Beispiel hellblau) von der stereotypen gelb-braunen Farbe ab, die im Schema enthalten ist, so entsteht eine schema-inkongruente Information. Diese führt zu verstärkter Aufmerksamkeit und Wahrnehmung.[6]

---

[4] Vergleiche zum Schema: *Fiske* und *Linville* (1980, S. 542): Schemata sind kognitive Strukturen organisierten vorhandenen Wissens, entstanden durch Abstraktion von Erfahrungen mit Einzelfällen. Ausführlicher Überblick über die verfügbare Literatur durch *Markus* und *Zajonc* (1985).

[5] Es gibt eine Vielzahl von benachbarten Begriffen. In der Sozialpsychologie werden Schemata oft Stereotype genannt.
Schemata geringerer Komplexität werden oft als Konzepte oder als Kategorien oder als Prototypen bezeichnet. Vergleiche dazu *Eysenck* (1984, S. 314 ff.). Die benutzten Begriffe sind sehr unterschiedlich, da es noch keine einheitliche Schematheorie gibt. Vergleiche im einzelnen *Mandl, Friedrich* et al. (1988, S. 124) und *Schwarz* (1985, S. 272).

[6] Die Wahrnehmung und Beurteilung von Gegenständen wird nur dann verstärkt, wenn die Schemaabweichungen nicht zu stark sind.

Ein Schema ist also eine Organisationsform des Wissens, die sich auch wie jedes bedeutungshaltige Wissen als semantisches Netzwerk darstellen läßt.

Es übernimmt wichtige Funktionen bei der Informationsverarbeitung: Ein Schema steuert die Wahrnehmung, es vereinfacht Denkvorgänge, es organisiert die Informationsspeicherung. Kurzum: Es wird in der gegenwärtigen Psychologie als grundlegender Baustein für jede komplexe menschliche Informationsverarbeitung aufgefaßt (*Mandl, Friedrich*, et al., 1988, S. 124).

So bestimmen zum Beispiel die Schemata, die wir von Produkten und Marken haben, die aktuelle Beurteilung eines *Produktes* oder einer *Marke:*

Spricht eine Verpackung ein vorhandenes Produktschema an, so schließt der Konsument aufgrund dieses Schemas auf das Vorhandensein ganz bestimmter Produkteigenschaften, auch wenn er die Eigenschaften nicht direkt wahrnimmt. Auch seine Präferenzen für das Produkt hängen wesentlich davon ab, inwieweit das wahrgenommene Produkt seine vorhandenen Schemavorstellungen trifft (vgl. unter anderem *Meyers* und *Tybout*, 1989). Schemata, die sich auf Ereignisse beziehen, werden meist als *Skript* bezeichnet.[7]

Untersuchungen über Skripts wurden auch in der Konsumentenforschung durchgeführt.[8]

Die im Gedächtnis gespeicherten Skripts steuern in erheblichem Ausmaß das Verhalten. Nach *Abelson* (1981) müssen für eine wirksame Verhaltenssteuerung drei Bedingungen erfüllt sein:

● Das Individuum muß eine stabile gedankliche Repräsentation der Ereignisfolge besitzen.

● Es muß eine Situation vorhanden sein, die das Skript anspricht (aktiviert).

● Das Individuum muß erkennen, daß sich Handlungssituation und Handlungsskript entsprechen.

Die empirische Untersuchung von Skripts liefert Einblicke in gelernte Verhaltensmuster. So ermöglicht zum Beispiel die Erhebung von Skripts des Verkäuferverhaltens (vgl. Abbildung 53) eine Analyse und Beurteilung der beim Verkauf zum Zuge kommenden Verhaltensstandards und ihre Nutzung (Weitergabe) zur Ausbildung von Verkäufern (*Leigh* und *MacGraw*, 1989; *Leong, Busch* et al., 1989).

Schemata oder Skripts sind im Gedächtnis sprachlich oder bildlich vertreten – allgemeiner ausgedrückt: mit verbalen oder visuellen Vorstellungen verbunden.[9] Wir kommen danach zur in *Abbildung 52* dargestellten Unterteilung von Schemata.

Eine weitere Differenzierung erreichen wir, wenn wir den sachlichen oder emotionalen Gehalt eines Schemas beachten. Manche Elemente eines Sche-

---

[7] Vgl. ausführlich zum Skript *Mandler* (1984).
[8] *Leigh* und *Rethans* (1983) überprüften die zwanzig vorrangigen Ereignisse, die das Skript der befragten Konsumenten beim Kauf eines neuen Autos umfaßt.
[9] Zur Verhaltenssteuerung durch Schemata und Skripts vgl. *Markus* und *Zajonc* (1985, S. 182 ff.).

mas sind emotional besetzt. Werden in einer Wahrnehmungssituation solche Schemaelemente angesprochen, so hat dies emotionale Verhaltensweisen zur Folge.

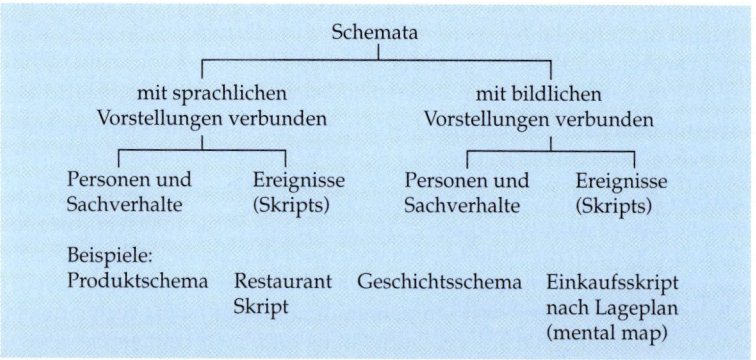

Abbildung 52: Einteilung der gedanklichen Schemata

Die Konsumentenforschung hat sich in den letzten Jahren in zunehmendem Maße mit dem Einfluß von Schemata auf die Informationsverarbeitung und das beobachtbare Verhalten von Konsumenten auseinandergesetzt.[10] Wir werden in den folgenden Kapiteln wiederholt auf Schemaeinwirkungen eingehen, unter anderem in den folgenden Abschnitten über Wahrnehmung und über Lernen.

3. Messung von Wissen

Das Wissen umfaßt – wie im ersten Abschnitt dieses Kapitels bereits erörtert wurde – Informationen, die aus dem Kurzzeitspeicher in das Langzeitgedächtnis übernommen und dort in einer organisierten Form gespeichert werden.

Bei der Messung von Wissen geht es darum, die Testperson dazu zu bringen, einen speziellen Teil des Wissens im Gedächtnis (im LZS) zu aktivieren und das ins Bewußtsein gebrachte Wissen zu äußern (vgl. *Abbildung 50*).

Dieser Vorgang stößt auf zwei wesentliche Barrieren:

● die Bewußtseinsbarriere,
● die Modalitätsbarriere.

Bewußtseinsbarriere: Nicht alle Informationen, die im Langzeitgedächtnis gespeichert sind, können wieder ins Bewußtsein gebracht werden. Besondere Barrieren ergeben sich für die gespeicherten inneren Bilder, die nur zum Teil sprachlich bewußt und mitteilbar werden. Bei der Messung von inneren Bildern und ihrer Verarbeitung ist darauf zu achten, daß die Do-

---

[10] Vgl. dazu u. a. die Beiträge von *Sujan* und *Tybout* (Zusammenfassung von mehreren Referaten) und von *Meyers* über schemagesteuerte Informationsverarbeitung in: *Houston* (1988).

minanz des sprachlich-analytischen Bewußtseins zurückgedrängt wird. Dann lassen sich die bildlichen Vorstellungen eher ins Bewußtsein bringen und wiedergeben. In der Regel werden sie durch interne Suchvorgänge oder äußere Reize hervorgerufen. Eine Reizklassifikation findet man bei *Kroeber-Riel* (1993b, S. 41). Sodann scheinen projektive Methoden geeignet zu sein, den Einfluß der analytischen Bewußtseinskontrolle zu verringern und das Äußern von bildlichem Wissen zu unterstützen (*Singer*, 1978, 1981).

Modalitätsbarriere: Propositional gespeichertes Wissen wird nicht direkt bewußt, es wird vielmehr in sprachliche und in bildliche Vorstellungen übersetzt. Die Messung dieser Vorstellungen erfordert (auch) modalitätsspezifische Methoden, die es ermöglichen, die verschiedenen Vorstellungen in ihrer jeweiligen – sprachlichen oder bildlichen – Modalität zu erfassen. Man denke an Wissen über Produkte, das akustisch, haptisch oder olfaktorisch gespeichert wird.

Zwar stehen einige Meßverfahren zur Verfügung, bei denen die Testpersonen ihre inneren Bilder in unterschiedlicher Sinnesmodalität in visueller Form wiedergeben können wie Bildrecall, Bildrecognition oder Bildzuordnungsverfahren (*Kroeber-Riel*, 1986a, S. 82ff.; 1993b, S. 44ff. und *Ruge*, 1988, S. 67ff.), aber in den meisten Fällen greift man auch bei der Messung von bildlichen Vorstellungen auf sprachliche Verfahren zurück. Das erfordert eine Übersetzung der bildlich bewußten Vorstellungen in verbal bewußte Vorstellungen.

Diese Übersetzung ist grundsätzlich möglich, da wir davon ausgehen können, daß bildliche Vorstellungen auch sprachlich kodiert werden bzw. in sprachliche Vorstellungen transformiert werden. Gleichwohl bleibt offen, inwieweit den Testpersonen diese Übersetzung gelingt, vor allem dann, wenn es um emotional gefärbte visuelle Vorstellungen geht, die sich oft schwer in Worte fassen lassen. Sodann bereitet die individuelle Verbalisierungsfähigkeit nicht unbeträchtliche Transferprobleme. Zum Problem der Verknüpfung nicht linearer Inputs (Bildinformationen) mit linearen Outputs (Wortwiedergabe) vgl. *Aberg* (1991).

Man muß sich deswegen klar darüber sein, daß man über sprachliche Mitteilungen das visuelle Wissen und seine Verarbeitung (die Imageryvorgänge) nur indirekt, oft verzerrt und unvollständig erfaßt.[1]

Verfahren: Die kognitive Psychologie beschränkt sich meistens auf folgende *sprachliche* Methoden der Datenerhebung (nach *Kluwe*, 1988):

- Protokolle lauten Denkens,
- Befragungen,
- Methoden des Kategorisierens,
- freie und gestützte Reproduktion.

---

[1] Eine Form der indirekten Messung liegt auch dann vor, wenn man aus dem beobachtbaren Handeln eines Menschen (zum Beispiel die Zugriffsgeschwindigkeit am Regal im Geschäft) Rückschlüsse auf sein Produktwissen (zum Beispiel die Markenkenntnis) zieht. Beobachtungsverfahren dieser Art werden häufig zur Validierung von Befragungen über das Wissen von Konsumenten eingesetzt (vgl. *Weinberg*, 1981).

Methode des lauten Denkens: Die Testperson wird aufgefordert, alles zu äußern, was ihr in einer bestimmten Situation (beispielsweise bei der Wahrnehmung) durch den Kopf geht. Die in Protokollen aufgenommenen sprachlichen Äußerungen werden daraufhin analysiert, welches Wissen sie enthalten.

Auf diese Weise kann man auch Auskunft über das prozedurale Wissen der Testperson erhalten. Ein Beispiel sind die auf diese Weise ermittelten gedanklichen Programme, die ein Konsument bei der Auswahl einer Marke im Laden benutzt. Allerdings können die dabei provozierten Bewußtseinsprozesse zu einem „overreporting" beitragen.

Befragungen: In diesem Fall wird die Testperson durch Aufforderungen dazu gebracht, sich zu einem spezifischen Sachverhalt zu äußern. Die Aufforderung kann auch darin bestehen, daß die Testperson dazu angeregt wird, anderen weniger erfahrenen Personen Hinweise, Ratschläge und weiterführende Informationen zu geben (Beispiel: Was würden Sie Ihren Freunden raten, beim Kauf dieses Produktes zu beachten?). Oder die Testperson wird gebeten, zu bestimmten Aufgaben und Arrangements – beispielsweise zu einem naturwissenschaftlichen Experiment – Stellung zu nehmen sowie Schlüsse zu ziehen und diese zu begründen.

Im übrigen kommen für die Wissensermittlung praktisch alle Befragungsverfahren von wenig strukturierten bis hin zu voll strukturierten Fragestellungen mit Antwortvorgaben zum Zuge. Wie bei allen Befragungen sind die Risiken des reaktiven Verhaltens der Testperson zu beachten, die vor allem darin bestehen, daß die Testperson „sozial erwünschte Antworten" gibt.

Kategorisieren: Die Testperson wird gebeten, Reizmaterial nach bestimmten Kriterien zu gliedern und zu gruppieren. Zum Beispiel sind Begriffe, Sachverhaltsbeschreibungen oder Bilder zu ordnen und in Kategorien einzuteilen.

Man kann dadurch Einblick in die Schemata bekommen, welche die Personen dabei benutzen, insbesondere, wenn man noch ausdrücklich danach fragt, wie sie bei der Kategorisierung vorgegangen sind und welches Wissen sie dazu benutzt haben.

Reproduktion von Wissen: Dieses Verfahren ist im Bereich der angewandten Forschung besonders verbreitet. Es wird vor allem in der Werbeforschung benutzt, um zu erfahren, welches Wissen durch die Werbung erworben wird.

Die Testperson wird – meistens nach einem Lernvorgang – dazu gebracht, bestimmte Informationen aus dem Gedächtnis wiederzugeben. Das Ziel der kognitiven Forschung besteht dann darin, aus den Äußerungen Hinweise auf die *Organisation* des gespeicherten Wissens zu erhalten. Ein Beispiel bietet die Messung von Skripts, bei der eine Testperson die Ereignisfolgen reproduzieren soll, die zu einem Skript gehören *(Abbildung 53):*

	%
Begrüßung	60
Rituelle Festlegung der Sitzordnung	28
Oberflächliche Konversation (Small Talk)	92
Übergang zu geschäftlichen Themen	20
Besprechen von offenen Fragen oder Problemen aus der letzten Sitzung	44
Besprechen von Reklamationen und Lieferproblemen	24
Ermittlung des aktuellen Bedarfs oder von Kundenproblemen	68
Fragen nach dem Stand zurückliegender Produktvorschläge und Problemlösungsversuche	44
Erörterung geeigneter Bedarfs- und Problemlösungen	28
Prüfung der Pläne zur Vorlage an die Abteilungsleiter	20
Besprechen der Preise und der Preispolitik	24
Besprechen von Einwänden gegen Produktangebote und -vorschläge	20
Bestandsaufnahme von neuen Projekten, Produkt- oder Servicevorschlägen	40
Detaillierte Erörterung der neuen Produkt- oder Servicevorschläge	36
Besuch der von den Neuerungen betroffenen Unternehmensabteilungen	20
Versuch einer abschließenden Produktbewertung oder -prüfung	40
Erörterung hinsichtlich der Einschaltung zentraler Entscheidungsträger	28
Oberflächliche Konversation über persönliche Probleme oder Interessen (Small Talk)	24
Terminabsprache bzgl. weiterführender Verkaufsverhandlungen	32
Bedanken für Kooperation und Zeitaufwand	24
Verabschiedung	32

Abbildung 53: Durch Befragung ermitteltes Verkäuferskript für eine Zusammenkunft mit Industriekunden

Anmerkung: Befragt wurden insgesamt 25 Personen aus dem Verkaufsmanagement. Die Anzahl der genannten Aktivitäten pro Person schwankte zwischen 5 und 26 Nennungen. Mittelwert: 15.5 pro Person.

Die oben genannten Aktivitäten wurden von mindestens 20% der Befragten geäußert und repräsentieren 48% (187) der insgesamt 388 Nennungen. Die Übereinstimmung zwischen den Befragten beträgt 0,83 (Reliabilitätskoeffizient).

Die Prozentangaben in der Tabelle geben den Anteil der Befragten an, die diese Aktivität genannt haben.

Quelle: Leigh und *McGraw* (1989, S. 24).

Die freie Reproduktion eines Skripts erfordert einen starken gedanklichen Aufwand. In Untersuchungen zur Ermittlung von Skripts sollte deswegen die gedankliche Reproduktion durch Hinweise auf einzelne Ereignisse, an die die Testperson anknüpfen kann, unterstützt werden.[2]

Nicht außer acht zu lassen sind die modalitätsspezifischen Meßmethoden, die sich vor allem auf die Ermittlung von bildlich repräsentiertem Wissen (von Vorstellungsbildern) richten. Dazu gehören Bilderpuzzle, Bilderzuordnung, Bildmaskierung: Die Testperson wird bei diesen Verfahren visuellen Reizvorlagen ausgesetzt, die sie ihrem Wissen entsprechend erkennen oder ordnen soll. Es handelt sich in erster Linie um *Wiedererkennungsverfahren*, mit dem Ziel, wenig bewußtes bildliches Wissen einzufangen.

---

[2] Vergleiche dazu mit weiteren methodischen Erörterungen *Smith* und *Houston* (1985).

Zu den modalitätsspezifischen Verfahren gehört auch der Bildrecall, das ist ein Reproduktionsverfahren, bei dem die Testperson dazu gebracht wird, ihre inneren Bilder zeichnerisch wiederzugeben.

Zu ergänzen sind diese Verfahren vor allem noch um Assoziationsverfahren (*Grunert*, 1990, S. 95 ff.) und um verschiedene Beobachtungsverfahren, die auch – wenngleich indirekter als die obenerwähnten Verfahren – Auskünfte über Wissensstrukturen und -inhalte geben können, insbesondere

- direkte Beobachtung,
- Blickaufzeichnung,
- IDM (Informations-Display-Matrix).

Auf diese Methoden wird im Kapitel über Produktbeurteilung (C.III.2.) näher eingegangen. Sie dienen in diesem Zusammenhang dazu, Schemata festzustellen, die bei der Beurteilung und Auswahl von Produkten wirksam werden.

4. Einfluß emotionaler Vorgänge

In der Vernachlässigung der wenig bewußten und weitgehend automatisch ablaufenden Informationsverarbeitung sieht *Grunert* (1988, S. 179) ein wesentliches Versäumnis der gegenwärtigen Konsumentenforschung. Er plädiert für eine umfassende Theorie, die auf den Gesetzmäßigkeiten des kognitiven Lernens aufbaut und sich nicht auf bewußte Verarbeitungsvorgänge beschränkt, sondern auch nicht-bewußte gedankliche Prozesse einbezieht. Dazu sollten auch die emotionalen Vorgänge zählen.

Die Konsumentenforschung hat sich bereits in diese Richtung in Bewegung gesetzt. Für das Thema „nicht-bewußte und automatische Informationsverarbeitung" wurde erstmals auf der Tagung der *Association for Consumer Research*, 1987, eine eigene Sitzung vorgesehen (*Houston*, 1988, S. XVII).

Die aktivierenden, insbesondere emotionalen Vorgänge des Menschen lenken seine Aufmerksamkeit und die Informationsaufnahme. Sie greifen maßgeblich in die Informationsverarbeitung ein und fördern oder hemmen das Gedächtnis.

Zajonc (1980, S. 151) schließt aus den vorliegenden empirischen Ergebnissen zu diesem Thema, daß „Affekt und Kognition von getrennten und teilweise unabhängigen psychischen Systemen kontrolliert werden. Sie können sich gegenseitig in vielfältiger Weise beeinflussen. Beide – Affekt und Kognition – stellen unabhängige Ursachen für die Wirkungen der Informationsverarbeitung dar."

Bereits die in *Abbildung 16* dargestellte Beziehung zwischen Aktivierung und kognitiven Leistungen zeigt, daß auch die Informationsverarbeitung im weitesten Sinne von Emotionen begleitet wird. Es ist schon deswegen abwegig, Entscheidungsprozesse und Entscheidungsergebnisse ausschließlich der kognitiven Informationsverarbeitung zuzuschreiben. Ein weiterer Beleg: Man hat untersucht, daß emotionale Texte behaltensstärker sind als normale Texte (*Schürer-Necker*, 1994, S. 181 ff.).

Anders formuliert: Unsere Erkenntnis- und Denkprozesse werden auch von unseren vorhandenen Vorlieben determiniert. „We know, what we like" (*Zajonc*, 1980, S. 155). Nicht selten wird demzufolge das Resultat von Informationsverarbeitungsvorgängen vordergründig den kognitiven Operationen des Individuums zugeschrieben, obwohl es in Wirklichkeit ganz wesentlich von den gleichzeitig wirksamen aktivierenden, insbesondere emotionalen Prozessen geprägt wird.

Das zeigt sich auch bei der Verwendung von schematheoretischen Ansätzen: Der bei der Informationsverarbeitung ablaufende Vergleich zwischen eingehendem Reiz (Information) und vorhandenem Schema wird im allgemeinen als emotionsloser „Mustervergleich" aufgefaßt. In der Theorie wird so getan, als ob kein Unterschied darin besteht, ob ein wahrgenommener Reiz ein emotional wirksames Schema (wie „Vamp") oder ein weitgehend neutrales Schema (wie „Pappe") trifft. Die emotionale Besetzung eines Schemas hat jedoch wesentliche Auswirkungen auf die Einordnung und Beurteilung (Wahrnehmung) der Reize.

Das gilt auch für die im Kapitel B.V. dargestellten Produktbeurteilungsmodelle der Einstellungsforschung. Diese Modelle unterstellen, daß die Eigenschaften eines Angebots sachlich wahrgenommen und beurteilt werden. Das bedeutet, daß die gedankliche (kognitive) Einsicht in die Vorteile und Nachteile eines Gegenstandes darüber entscheidet, ob der Gegenstand akzeptiert wird und wie das Verhalten gegenüber dem Gegenstand aussieht. Ein derartiges Verhalten darf nicht verallgemeinert werden. Es tritt nur bei gedanklich überlegten Entscheidungen auf, bei denen sich der Konsument eingehend mit den Eigenschaften eines Produktes oder einer Dienstleistung auseinandersetzt. Aber selbst dann beeinflußt die *spontan* entstehende emotionale Haltung gegenüber dem Produkt oder der Dienstleistung die rationale Beurteilung erheblich.

Die gedankliche Auseinandersetzung mit einem Angebot ist jedoch oft gering oder kaum vorhanden. Dann spielt der emotionale Eindruck eine wesentliche, oft dominierende Rolle. Er bestimmt direkt die Entscheidung (wie bei Impulskäufen), oder er kanalisiert die rationalen Überlegungen, die sich auf das Angebot richten. Es ist deswegen zweckmäßig und empirisch bewährt, wenn man den spontanen emotionalen Eindruck eines Produktes oder einer Dienstleistung als einen Angelpunkt für viele Konsumentscheidungen ansieht *(Abbildung 54)*.[1]

Die Gründe für die geringe Beachtung des emotionalen Verhaltens sind nicht zuletzt in Standards unserer Kultur zu suchen. In unserer Kultur haben viele Leute das normative Leitbild vom „rationalen Handeln" internalisiert. Nach weitverbreiteter Vorstellung soll „man" vernünftig handeln.[2]

---

[1] Man denke an die alltägliche Erfahrung von der „Macht des ersten Eindrucks", die oft langfristig die kognitiven Beurteilungen steuert und überlagert.
[2] Vgl. dazu auch den letzten Teil dieses Buches über „Konsumentenverhalten und Verbraucherpolitik".

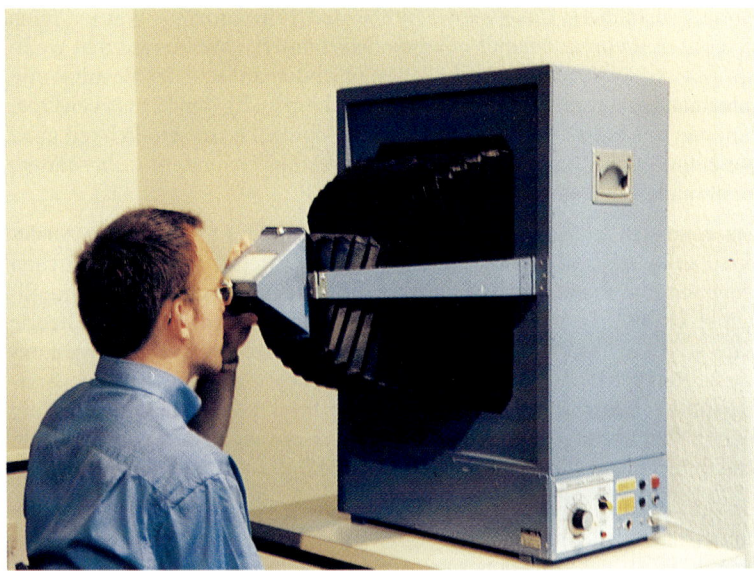

Abbildung 54: Elektronische Produktbühne zur Messung des spontanen emotionalen Eindrucks

Anmerkung: Die Testperson sieht die Produkte auf der Bühne nur für kurze Zeit (elektronisch gesteuerte Beleuchtung des Bühnenraums). Sie wird dann nach ihren spontanen emotionalen Eindrücken gefragt. Diese beeinflussen wesentlich die spätere genauere Produktbeurteilung.
Entsprechende Produktbühnen gibt es auch für größere Produkte wie Autos und für ganze Warenregale.

Das kommt unter anderem in einem inneren Standard zum Ausdruck, „gute (echte) Entscheidungen zu treffen" (*Frey, Wicklund* et al., 1978, S. 192).

Infolgedessen sträuben sich viele dagegen, ihr emotional gelenktes Handeln zu erkennen. Sie neigen dazu, das Handeln als Ergebnis eines Informationsverarbeitungsprozesses zu sehen und dem Handeln *hinterher* vernünftige Gründe zuzuordnen. Mit dieser nachträglichen Rationalisierung des Handelns setzen sich mehrere kognitive Theorien – unter anderem die Attributionstheorie – auseinander.

Die Zusammenhänge verdeutlichen, wie schwierig es ist, die kognitiven und aktivierenden (emotionalen) Beweggründe des Handelns auseinanderzuhalten und zu messen. Jedenfalls sind die emotionalen Bestimmungsgründe des Verhaltens stärker in die Verhaltensanalyse und -erklärung aufzunehmen.

Das ist besonders wichtig, wenn es darum geht, Sozialtechniken zur Beeinflussung des Konsumentenverhaltens zu entwickeln, denn die Konsumentenbeeinflussung – zum Beispiel durch Werbung – entfaltet unter den meisten Bedingungen nur dann stärkere Wirkungen, wenn sie an die emotionalen Haltungen der Konsumenten appelliert.

Wirkung von inneren Bildern:[3] Die mentale Verarbeitung von inneren Bildern wird meistens als Imagery(-prozeß) bezeichnet. Dabei sind *Wahrnehmungsbilder* und *Gedächtnisbilder* zu unterscheiden. Von einem Wahrnehmungsbild wird dann gesprochen, wenn der Gegenstand oder eine Abbildung des Gegenstandes (Foto, Modell) präsent sind und vom Subjekt sinnlich wahrgenommen werden. Ein Gedächtnisbild umfaßt dagegen die Vorstellungen in Abwesenheit des Gegenstandes.

Zahlreiche Vorgänge der menschlichen Informationsverarbeitung sind mit Imagery verknüpft. Die wichtigsten Imagery-Wirkungen beziehen sich auf die Informationsspeicherung und die Erinnerung: Diese Vorgänge werden durch innere Bilder unterstützt. Das Erzeugen innerer Bilder ist deswegen ein Ziel von Gedächtnis- und Beeinflussungstechniken, mit denen die Erinnerung an eine dargebotene Information verstärkt werden soll (siehe dazu Kapitel C.IV.5b.).

Neben den gedanklichen Wirkungen von inneren Bildern sind die emotionalen Wirkungen zu sehen: Bildliche – allgemeiner gesagt: nichtverbale – Eindrücke und emotionale Erlebnisse sind besonders eng miteinander verknüpft (*Zajonc*, 1980). Das wird auch durch die Hemisphärenforschung bekräftigt (*Moscovitch*, 1983, S. 77; *Tucker*, 1981; *Ley* und *Bryden*, 1981, S. 230 ff.).

Die emotionalen inneren Bilder der Konsumenten haben für das Marketing erhebliche Bedeutung: Die von einem Produkt oder von einer Dienstleistung gespeicherten inneren Bilder drücken einstellungsrelevantes Produktwissen aus und beeinflussen somit das Entscheidungsverhalten. Je klarer und prägnanter diese Bilder sind, desto stärker wirken sie sich auf Verhaltensabsichten aus.

Die Vermittlung von Wissen – durch Werbung, Design, Ladengestaltung – ist deswegen darauf angewiesen, in den Konsumenten emotional wirksame bildliche Vorstellungen auszulösen (*Kroeber-Riel*, 1985, 1986a, 1986b, 1991 und *Weinberg*, 1992a). Die Imagery-Prozesse laufen im Menschen mit geringer gedanklicher Kontrolle, mehr oder weniger automatisch ab, sie treten nur unvollständig in das sprachliche Bewußtsein. Die Forschung hat sich in den letzten Jahren in zunehmendem Maße mit der Auslösung und Wirkung von inneren Bildern beschäftigt und damit auch Beiträge zur lange vernachlässigten Wirkung der Bildkommunikation auf das Konsumentenverhalten geliefert.[4]

---

[3] Vgl. dazu auch das einleitende Kapitel zu den „Grundlagen der Konsumentenforschung" sowie ausführlich *Kroeber-Riel* (1993a).

[4] Vergleiche dazu die Übersichten und Zusammenfassungen von *Kroeber-Riel* (1993a); *Liu* (1986); *MacInnis* und *Price* (1987); *Ruge* (1988); *Stewart* und *Hecker* (1989).

II. Aufnahme von Informationen

1. Interne und externe Informationsaufnahme

Die auf das Individuum treffenden Reize werden von den Sinnesorganen aufgenommen. Sie gelangen zunächst in einen sensorischen Informationsspeicher, wo bereits eine erste fundamentale Entschlüsselung stattfindet. Zum Beispiel können im sensorischen Speicher – also noch auf der Ebene sensorischer Prozesse – bereits visuelle oder akustische Muster festgestellt werden.

Von dort werden die Reize selektiv in den zentralen Prozessor des Gehirns übernommen, um dort genauer entschlüsselt und verarbeitet zu werden. Nach ihrer Entschlüsselung stimulieren sie komplexe aktivierende und kognitive Prozesse, die im Mittelpunkt dieses Buches stehen: Sie rufen Gefühle hervor, lösen Assoziationen aus, regen Entscheidungen an usw.

Diese Ablaufskizze ist allerdings sehr grob. Es ist bekannt, daß Reize aufgrund einer sehr groben Entschlüsselung, die noch *vor* ihrer genauen Wahrnehmung im zentralen Prozessor liegt, aktivierende Vorgänge auslösen können. Wie diese erste grobe – vorbewußte – Entschlüsselung und Wirkung der Reize zustande kommt, ist noch kaum bekannt.

Wenn wir hier im Zusamenhang mit der gedanklichen Informationsverarbeitung von aufgenommenen Informationen sprechen, so sind wir nicht an allen von Auge und Ohr (und anderen Sinnesorganen) registrierten und vorübergehend im sensorischen Speicher festgehaltenen Reizen interessiert. Uns interessieren nur die wenigen Reize, die vom sensorischen Speicher in den Kurzzeitspeicher – in den zentralen Prozessor – gelangen, die dort genauer entschlüsselt werden und erst dadurch als Information im engeren Sinne für die kognitive Verarbeitung zur Verfügung stehen.

Für die Informationsverarbeitung werden neben den von außen aufgenommenen Informationen auch noch intern gespeicherte benötigt. Auch sie müssen in den zentralen Prozessor übernommen werden. Wir definieren nun die Informationsaufnahme wie folgt:

> Die Aufnahme von Informationen umfaßt die Vorgänge, die zur Übernahme einer Information in den zentralen Prozessor (in das Kurzzeitgedächtnis) führen.

Die für die Informationsverarbeitung erforderlichen *internen* Informationen werden aus dem Wissen abgerufen, das im Langzeitgedächtnis gespeichert ist. Das geschieht bei einer mit Aufmerksamkeit (Bewußtsein) ablaufenden Informationsverarbeitung in der Regel dadurch, daß sich jemand eine gespeicherte, aber nicht bewußte Information – zum Beispiel über die Qualität eines früher besuchten Restaurants – *willentlich* ins Bewußtsein ruft. Darüber hinaus werden auch aktuelle Informationen über den internen Zustand des Individuums (die nicht aus dem Langzeitgedächtnis stammen) für die Informationsverarbeitung im zentralen Prozessor verfügbar gemacht. Empirische Studien belegen, daß bevorzugt Informationen gespeichert und abgerufen werden, die auf eigenen Erfahrungen beruhen (*Park, Mothersbaugh* et al., 1994).

Die Aufnahme von internen *und* von externen Informationen kann darauf zurückgehen, daß das Individuum entweder aktiv nach Informationen sucht oder aber die Informationen ohne Absicht und willentliche Bemühung einfach übernimmt.

Beispiele: Eine Frau kann Informationen über den süßlichen Geruch einer bestimmten Parfummarke während einer aktiven Informationssuche in einem Fachgeschäft erhalten, sie kann diese aber auch beim absichtslosen Durchblättern einer Illustrierten übernehmen, wenn sie eine Werbeanzeige ohne bewußte Aufmerksamkeit überfliegt (Aufnahme von externen Informationen). Die Frau kann sich andererseits willentlich darum bemühen, sich an den Duft der bereits früher benutzten Parfummarke zu erinnern. Oder: Sie erinnert sich plötzlich an den süßlichen Geruch der Parfummarke, wenn sie einen ähnlichen Duft im Blumengeschäft wahrnimmt (Aufnahme von internen Informationen).

Die Bedeutung der internen Informationssuche kann an einem Beispiel zum Entscheidungsverhalten von Konsumenten verdeutlicht werden: Wenn die entscheidungsrelevanten Alternativen (*evoked set, consideration set*) dem Konsumenten nicht mehr ausreichen, wird er prüfen, ob er weitere bekannte, bisher aber nicht berücksichtigte Alternativen (im *awareness set*) kennt. Die empirische Erfahrung zeigt, daß die interne vor der externen Informationssuche präferiert wird (*Weinberg,* 1981).

Wie die Forschung zur Informationsaufnahme von Konsumenten zeigt, ist es zweckmäßig, noch einen dritten Gliederungspunkt (neben „extern" und „intern" sowie neben „aktivem Suchen" und „absichtslosem Übernehmen") zu beachten. Das ist die *Aktivierung.* Der unterschiedliche Ablauf einer Informationsaufnahme hängt davon ab, welche aktivierenden Kräfte bei der Informationsaufnahme wirksam werden und nach welchen kognitiven Programmen die Informationsaufnahme gesteuert wird. Zum Beispiel: Die Stärke der hinter einer Informationsaufnahme stehenden Antriebskräfte bestimmt den Umfang und die Intensität der Informationsaufnahme, die kognitiven Entscheidungsregeln bestimmen die Auswahl der Informationsquellen.

Eine vergleichbare Sicht vertritt *Silberer,* der motivationale und kognitive Determinanten des Informationsverhaltens unterscheidet, zusätzlich aber noch situative Determinanten zuläßt (*Silberer,* 1981, S. 32). Letztere lassen sich jedoch aus psychologischer Sicht wieder in motivationale und kognitive Wirkungen überführen.

Mit Hilfe dieser Unterscheidungen kommen wir zu der abgebildeten Gliederung der Informationsbeschaffung (vgl. *Abbildung 55*).[1]

---

[1] Auch andere Autoren unterscheiden interne und externe Informationsbeschaffung bzw. Informationsaufnahme; vgl. dazu *Engel, Blackwell* et al. (1986, S. 65 ff.); *Cohen* (1981, S. 304 ff.) und *Sternthal* und *Craig* (1982, S. 59, 81, 125).

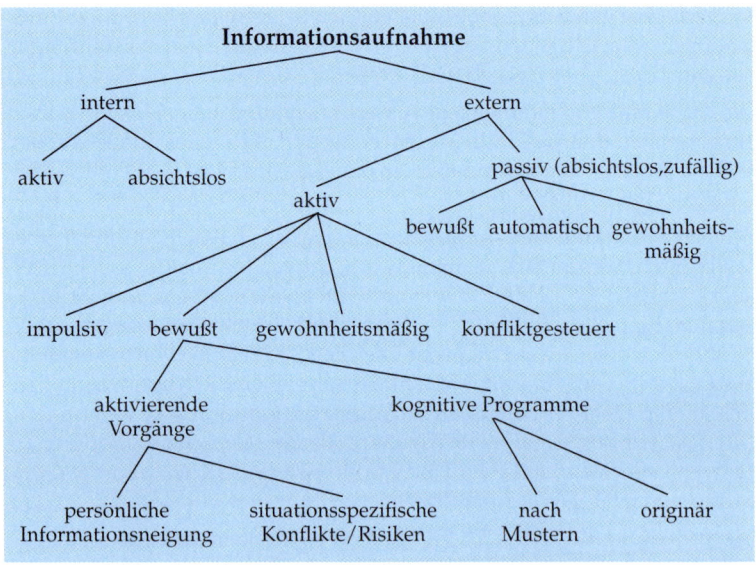

Abbildung 55: Die Informationsaufnahme von Konsumenten

Derartige Gliederungen der Informationsaufnahme zeigen, wie *komplex* die menschliche Informationsaufnahme ist. Im vorliegenden Buch ist es gar nicht möglich, alle verschiedenen Teilprozesse zu analysieren. Wir setzen uns in erster Linie mit Forschungsergebnissen zur Aufnahme von *externen* Informationen auseinander. Auf die interne Informationsaufnahme gehen wir später kurz im Zusammenhang mit Gedächtnisprozessen ein.

Dabei konzentrieren wir uns auf *visuelle* Informationen. Diese Beschränkung ergibt sich von selbst, denn fast alle Untersuchungen beschäftigen sich mit visuell dargebotenen Informationen. Man darf aber nicht vergessen, daß auch Reize anderer Sinnesmodalitäten dem Konsumenten wichtige Informationen vermitteln:

Erst durch die gemeinsame (intermodale) Verarbeitung visueller und nicht-visueller Informationen kommt es zur Wahrnehmung und Beurteilung von Produkten, Geschäften usw. Die Vernachlässigung von nicht-visuellen Informationen stellt demzufolge eine Vereinfachung dar, die manchmal zu unzureichenden Erklärungen des Verhaltens führt.[2]

---

[2] Über die Aufnahme und Verarbeitung von Informationen anderer Sinnesmodalitäten unterrichtet die psychologische Grundlagenliteratur. Im Bereich der Konsumentenforschung gibt es erst wenige Ansätze; vgl. etwa *Knoblich* und *Schubert* (1989) und *Stöhr* (1994) zur Wirkung von Duftinformationen.

2. Muster der Informationsaufnahme

a) Aktive Informationssuche

Im nächsten Kapitel setzen wir uns mit einem *Mikro-Aspekt* des Informationsverhaltens auseinander: mit der durch Messung von Augenbewegungen ermittelten Informationsaufnahme. Dabei stehen reaktive Verhaltensmuster im Mittelpunkt: Das Individuum nimmt dargebotene Reize (Informationen) in vielen Fällen weitgehend automatisch auf.

In diesem Kapitel wenden wir uns dem *Makro-Aspekt* zu: dem beobachtbaren Informationsverhalten des Konsumenten. Dabei wird hauptsächlich das gezielte Suchen nach Informationen dargestellt.[1]

Wir sehen nachfolgend von der Aufnahme solcher Informationen ab, die für den Konsumenten unmittelbar durch den Kontakt mit dem *Produkt* beim Einkauf und Konsum verfügbar sind. Diese Informationsaufnahme wird im Kapitel über die Produktwahrnehmung genauer erörtert. Hier interessieren vor allem die *zusätzlich* aufgenommenen Informationen, die der Konsument bei seinen Entscheidungen heranzieht.

Nur selten wird in der Literatur über die *zufällige* Aufnahme von Information berichtet. Diese Art der Informationsaufnahme hat wahrscheinlich eine wesentlich größere Bedeutung als das aktive Suchen nach Informationen. Sie wird durch persönliche Kommunikation und durch Massenkommunikation (insbesondere Werbung) ausgelöst. Sie kann bewußt – etwa bei Betrachtung einer Anzeige oder im Gespräch mit Bekannten – erfolgen. Der Konsument reagiert aber auch automatisch und ohne dies bewußt zu registrieren auf das an ihn herangetragene Informationsangebot. Hierbei werden die im nächsten Kapitel erklärten reaktiven Muster der Informationsaufnahme wirksam. Beispiele für die reaktive und nicht-bewußt gesteuerte Informationsaufnahme beschreiben die Kapitel über aktivierende und emotionale Werbung.

In einer der wenigen Studien zur zufälligen Aufnahme von Informationen haben *Raffée, Schöler* et al. (1975) insgesamt 300 Personen, teils in der Stadt Mannheim, teils auf dem Land, nach dem Kauf von langlebigen Gebrauchsgütern nach der absichtslosen Aufnahme von kaufrelevanten Informationen gefragt:

22 % der Stadtbewohner,
30 % der Landbewohner

gaben an, vor dem Kauf *zufällig* kaufrelevante Informationen bekommen zu haben. Als Informationsquellen wurden in beiden Gebieten an erster Stelle die persönliche Kommunikation mit Familienmitgliedern, Freunden und Bekannten angegeben (48 % und 63 % der Informationsquellen). Die zufällig aufgenommenen Informationen bezogen sich vor allem auf tech-

---

[1] Sowohl das Mikro- als auch das Makroinformationsverhalten kann danach gegliedert werden, ob es reaktiv (automatisch) oder bewußt und willentlich gesteuert abläuft.

nische Eigenschaften der Geräte sowie auf Form und Aussehen (siehe auch *Raffée*, 1981).

In dieser Untersuchung von *Raffée, Schöler* et al. zeigt sich ein Mangel, der gerade bei der Erforschung des absichtslosen Suchverhaltens nach Informationen ins Gewicht fällt: Durch *Befragungen* läßt sich stets nur ein Teil der Informationsaufnahme ermitteln, und zwar nur die Informationsaufnahme, die (1) bewußt kontrolliert und (2) erinnert wurde. Man kann davon ausgehen, daß die tatsächliche Informationsaufnahme wesentlich größer ist. Insbesondere ist damit zu rechnen, daß die reaktive und nichtbewußt kontrollierte Informationsaufnahme nicht erfaßt wird.

Aktives Suchen nach Informationen kann auf verschiedene Weise geschehen: impulsiv, gewohnheitsmäßig und aufgrund von Konflikten, die in einer Situation auftreten (es ist dann weniger bewußt), sowie aufgrund von überlegten, bewußten Entscheidungen.

Impulsive Informationssuche wird häufig von Neugier ausgelöst, sie ist ein typisches Ergebnis menschlichen Explorationsverhaltens und begleitet die alltäglichen Handlungen (*Frey*, 1981; *Weinberg*, 1981). Die *gewohnheitsmäßige* Informationssuche besteht aus verfestigten Verhaltensmustern, die sich für den Konsumenten bewährt haben. Ein Beispiel ist die gewohnheitsmäßige Nutzung von bestimmten Medien, z. B. die morgendliche Zeitungslektüre nach habitualisierten Mustern.

Das impulsive und das zur Gewohnheit gewordene Suchen nach Informationen findet in der Forschung (wenn man einmal von der gewohnheitsmäßigen Mediennutzung absieht) weniger Aufmerksamkeit als die *gezielte, bewußt gesteuerte* Informationssuche, die im Dienste eines bereits angelaufenen Entscheidungsprozesses steht und zur Vorbereitung der Kaufentscheidung dient.

Zur Erklärung, wie Konsumenten ihre aktive Informationssuche steuern, ist es (wie für alle Verhaltenserklärungen) zweckmäßig,

- die *aktivierenden* Vorgänge, die den Konsumenten dazu treiben, Informationen zu suchen und
- die *kognitiven* Programme, nach denen Suchstrategien ausgewählt werden,

zu unterscheiden. Diese Unterscheidung scheint auch ein Weg zu sein, um in das Wirrwarr der vielzähligen Variablen, die inzwischen empirisch als Bestimmungsgründe der Informationssuche ermittelt wurden, Ordnung zu bringen. Eine mögliche Zusammenstellung von zahlreichen Variablen vermittelt das Sammelwerk von *Raffée* und *Silberer* (1981) über das Informationsverhalten der Konsumenten.

Das übergeordnete Ergebnis aller empirischen Untersuchungen zum Informationssuchverhalten besteht in der Erkenntnis, daß viele Konsumenten vor einem Kauf gar keine Information suchen und der übrige Teil, durchschnittlich gesehen, nur wenige Aktivitäten entfaltet. Selbst beim Kauf von teuren Farbfernsehanlagen fanden *Duncan* und *Olshavsky* (1982, S. 39), daß fast ein Viertel der Konsumenten überhaupt keine Informationen suchte, und bei den anderen Konsumenten konnten nur verhältnismäßig schwache Suchaktivitäten festgestellt werden. Die „Nichtsucher" fällten ihre Entscheidungen überwiegend „auf der Grundlage von früheren Marken- und Geschäftserfahrungen, aufgrund von nicht gesuchten Empfehlungen von Freunden und Verwandten oder von persönlichen Beziehungen zum Einzelhändler" (ebenda).

Die Erklärung liegt auf der Hand: Die Mehrzahl der Kaufentscheidungen wird limitiert oder habitualisiert gefällt. Bei solchen Entscheidungen wird primär auf interne Informationen zurückgegriffen, und man neigt dazu, sie sich bei der Kaufberatung (sei es durch Freunde oder sei es im Geschäft) bestätigen zu lassen, bevor man aktiv nach weiteren externen Informationen sucht (vgl. auch *Fiske* und *Luebbehusen*, 1994).

Eine Untersuchung von *Duncan* und *Olshavsky* (1982) brachte weitere Aufklärung: Die Autoren stellten den Einfluß der vorhandenen Ansichten (man kann auch sagen von Vorurteilen) der Konsumenten über das Marktgeschehen (zum Beispiel: „Stark beworbene Marken sind meistens gute Produkte") auf das Suchverhalten fest. Sie konnten mit Hilfe solcher Ansichten fast 60 % der Varianz des Suchverhaltens aufklären.[2]

Ergebnisbeispiele: Es wurde eine stark positive Beziehung zwischen dem Suchverhalten und der Ansicht „Wenn wichtige Käufe schnell durchgeführt werden, werden sie hinterher meistens bedauert" festgestellt und eine stark negative Beziehung zwischen dem Suchverhalten und der Ansicht „Lokale Eigentümerläden bieten einen besseren Service als größere Kaufhäuser oder Kettenläden".

Die Studie ist deswegen bemerkenswert, weil sie sich nicht auf einen einzigen wichtigen Aspekt wie Persönlichkeitsmerkmale beschränkt und auch kein Sammelsurium von altbekannten Einflußgrößen zusammenstellt, sondern ein durchdachtes System von handlungsdeterminierenden Vor-Urteilen entwirft.

Wir wenden uns jetzt den aktivierenden Vorgängen zu, welche das Suchverhalten bestimmen. Das sind in erster Linie die persönlichen Informationsneigungen der Konsumenten und die in der Kaufsituation zustande kommenden Konflikte.

Aktivierung der Informationssuche: Man kann die Aktivierung in erster Linie unter *personenspezifischer* Sicht (der Konsument A hat eine stärker Informationsneigung als der Konsument B) und unter *situationsspezifischer* Sicht (bei Wahrnehmung des Produktes A entsteht ein Informationsbedürfnis) analysieren. Wir beginnen aus personenspezifischer Sicht mit einer allgemeinen Hypothese zur Informationsneigung:

> Die Konsumenten unterscheiden sich in ihrer persönlichen Informationsneigung. Solche mit stärkerer Informationsneigung suchen wesentlich mehr Informationen („Informationssucher").

---

[2] Die Vorurteile werden in der Studie als „beliefs" (subjektive Ansichten) bezeichnet. Sie werden in der Untersuchung vorwiegend auf spezifische Marktverhältnisse bezogen: auf den Markt für relativ teure Farbfernseheinrichtungen.

Die Informationsneigung ist als individuelle *Prädisposition* zu verstehen. Sie ist ein Persönlichkeitszug wie die Neigung zu Kritik oder zu Risiko. In der neueren Konsumentenforschung wird das hinter der Informationsneigung stehende Engagement als **persönliches Involvement** aufgefaßt.

Neben dem persönlichen Involvement bestimmen noch andere Involvementgrößen das Ausmaß der Informationssuche, vor allem noch das Produktinvolvement (Produktinteresse) und das situative Involvement.

Personen mit durchgehend starkem persönlichen Involvement bei der Informationssuche werden als „Informationssucher" bezeichnet. Sie unterscheiden sich von den anderen Konsumenten dadurch, daß sie *„informationsbewußter"* sind und *generell* darauf bedacht sind, beim Einkauf über genügend Informationen zu verfügen. Sie haben eine größere Kenntnis der vorhandenen Informationsquellen, und sie benützen auch eine größere Zahl verschiedener Informationsquellen (*Thorelli* und *Thorelli*, 1977, S. 251).[3]

Es ist nicht einfach und bisher noch nicht befriedigend gelungen, diesen *Konsumententyp* in einer praktikablen Weise anhand von bestimmten Einstellungen zu charakterisieren. Der Informationssucher wird deswegen oft indirekt über *sozioökonomische Merkmale* – insbes. durch gehobenes Einkommen und gute Ausbildung – ermittelt und z. B. als Abonnent von Testzeitschriften operationalisiert. Das ist natürlich ein problematisches Maß, denn Testzeitschriften unterstützen ein vereinfachtes Einkaufsverhalten.[4]

Eine überraschende Entdeckung zur Mentalität der Informationssucher machte die Forschungsgruppe *Kaas,* die in einer empirischen Untersuchung die Ergebnisse von *Thorelli* überprüfte und bei dieser Gelegenheit feststellte, daß Informationssucher eine ausgesprochen unkritische Einstellung zum Konsum haben. Daraus folgern sie, daß die Frage, ob Informationssucher tatsächlich den von der Verbraucherpolitik angestrebten Typ des aktiven und kritischen Konsumenten („Konsumentenelite") darstellen, eher verneint werden oder zumindest offenbleiben muß (*Tölle, Hofacker* et al., 1981, S. 49).

Das *situative Involvement* wird häufig von den in einer Wahrnehmungs- und Entscheidungssituation auftretenden Konflikten und Risiken bestimmt. Die aktivierende Wirkung solcher Konflikte bzw. Risiken wird für die aktive Informationssuche verantwortlich gemacht.

Wahrgenommes Risiko entsteht dadurch, daß der Konsument aufgrund der situativ verfügbaren Informationen Abweichungen zwischen seinen Standards (Erfolgserwartungen) und den voraussehbaren Folgen seines Kaufs wahrnimmt. Das wahrgenommene Risiko läßt sich also als kognitive Inkonsistenz oder als *kognitiver Konflikt* verstehen. Es motiviert wie jede andere Inkonsistenz das Individuum, Aktivitäten zur Herstellung des „inne-

---

[3] Beim Einkauf gehen die Informationssucher planmäßiger und rationaler vor als die anderen Konsumenten. Sie scheinen das Suchen und den Umgang mit Informationen in einem gewissen Ausmaß als Selbstzweck zu schätzen. Ihr Anteil wird auf 10–15 % der Bevölkerung geschätzt.

[4] Zu Persönlichkeitsmerkmalen von Informationssuchern vgl. zusammenfassend mit weiteren Literaturhinweisen *Tölle, Hofacker* et al. (1981).

ren Gleichgewichts" auszuführen. *Eine* dieser Aktivitäten ist die Suche nach weiteren Informationen.

Über das *Zustandekommen* des wahrgenommenen Risikos, das mit dem Produktinvolvement zusammenhängt, über seine Messung und die von ihm ausgehenden Verhaltenswirkungen unterrichtet im einzelnen das Kapitel V.4. Die Beziehung zwischen dem wahrgenommenen Risiko und der Informationssuche wird durch folgende, in der Literatur weitverbreitete Hypothese wiedergegeben.

> Je größer das wahrgenommene Kaufrisiko, um so stärker der Antrieb, zusätzliche Informationen zu suchen.

Diese Formulierung verdeckt leicht die motivationale Funktion des wahrgenommenen Risikos. Dieses ist zunächst einmal nur der *Anlaß* für die Informationssuche. Inwieweit *tatsächlich* Informationen gesucht werden, hängt von der Auswahl der zur Verfügung stehenden Risiko-Reduzierungs-Strategien ab. Außer der aktiven Informationssuche gibt es nämlich noch *andere* Reduzierungs-Strategien (also Mittel, um ein Risiko zu reduzieren). Es handelt sich also genaugenommen um einen indirekten Zusammenhang zwischen wahrgenommenem Risiko und Informationssuche: wahrgenommenes Risiko → Wahl einer Reduzierungs-Strategie → Informationssuche. Das erklärt auch, warum die bisher nachgewiesenen Zusammenhänge zwischen Risiko und Informationssuche nicht gerade beeindruckend sind, zumal Markentreue seit langem als die beliebteste Risiko-Reduzierungs-Strategie gilt (vgl. bereits *Weinberg*, 1977 a).

Die Beziehungen zwischen Risiko und Informationssuche sind außerdem an *Schwellenwerte* gebunden. Extrem hohes und sehr niedriges Risiko scheinen keinen stimulierenden Einfluß auf die Informationssuche zu haben. Dabei ist die subjektive Schwelle zu beachten, die sich aus der persönlichen Risikoneigung ergibt.

Beim Kauf neuer Produkte und in der Bewertungsphase des Entscheidungsprozesses ist das wahrgenommene Risiko besonders ausgeprägt. Die Konsumenten versuchen in diesen Situationen, das Risiko vor allem durch persönliche Kommunikation, nicht zuletzt durch Inanspruchnahme des Rates von Meinungsführern zu reduzieren.

Kognitive Programme der Informationssuche: Falls ein Konsument aufgrund seiner persönlichen Prädispositionen oder durch die Entscheidungsproblematik bei der Wahl von Produkten dazu motiviert ist, *zusätzliche* Informationen zu suchen, so hat er Entscheidungen über die Art und Weise zu fällen, wie er sein Informationsbedürfnis befriedigt: Diese Entscheidungen beziehen sich im wesentlichen auf Umfang und Art der in Anspruch zu nehmenden Informationsquellen und Informationen.

Welche Informationen sind nun Gegenstand der Informationssuche? Es sind insbesondere solche, die sich auf die verfügbaren Einkaufsmöglichkeiten und Produkte sowie auf ihre Eigenschaften beziehen. Hinzu kommen Bewertungsinformationen, die dazu dienen, wahrgenommene Sachverhalte zu bewerten und Präferenzen zu entwickeln. Beispiele sind Empfehlungen von Freunden oder Meinungsführern und Testurteile.

Der Konsument folgt bei seinem Suchverhalten entweder fest eingefahrenen und bewährten Plänen, oder er trifft situationsbedingte *Einzelentscheidungen.* Für diese Entscheidungen stellt der Konsument nach verbreiteter Auffassung Kosten-Nutzen-Vergleiche an (vgl. z. B. *Kuhlmann* und *Brünne,* 1992, S. 24 ff.). Es bedarf keiner Erörterung, daß in solche Vergleiche nicht nur finanzielle, sondern vor allem *psychische* Kosten- und Nutzenschätzungen eingehen. Zu den psychischen (Opportunitäts-)Kosten gehört unter anderem die Einengung der Freizeit durch die Informationsbeschaffung, zum psychischen Nutzen gehört u. a. die Verminderung des wahrgenommenen Risikos oder ganz allgemein die Beseitigung von Inkonsistenzen. Einen Überblick über die subjektiven Kosten-Nutzen-Vergleiche bei Suchentscheidungen und über die dafür entwickelten psychologischen Modelle geben *Silberer* (1981) und *Diller* (1978 a).

Dazu einige Ergebnisse: *Kostengünstig* sind vor allem solche Informationen, die leicht erreichbar sind. Man kann deswegen annehmen, daß bei gegebener Suchmotivation von den Konsumenten vor allem leicht erreichbare Informationen gesucht werden.[5]

Der auf der *Nutzenseite* erscheinende Beitrag von gesuchten Informationen ist unter anderem in ihrer Fähigkeit zu sehen, die wahrgenommenen Kaufrisiken zu vermindern. Sie wurde von *Scherhorn* und seinen Mitarbeitern in einer empirischen Untersuchung an der Universität Hohenheim mit Hilfe des Begriffes „*Risikoreduzierungskapazität*" ermittelt: Die Risikoreduzierungskapazität eines Informationsangebotes wird als Ergebnis des *Informationsgehaltes* und der Informationsverständlichkeit gemessen, wobei unter Informationsgehalt in diesem Zusammenhang speziell die risikoreduzierenden Leistungen der Informationen verstanden werden. Erste Ergebnisse wurden von *Grunert* und *Saile* (1977) veröffentlicht.

Nutzung von Informationsquellen: Wie nun die vorhandenen Informationsquellen *tatsächlich* genutzt werden, ist wiederum ein Ergebnis des gewohnheitsmäßigen und impulsiven Suchverhaltens sowie von überlegten Entscheidungen. Die Nutzung wird in empirischen Untersuchungen fast immer indirekt – über Befragungen – ermittelt. Damit die Angaben der Befragten nicht durch Vergessensprozesse beeinträchtigt werden, ist es zweckmäßig, das tatsächliche Suchverhalten und die benutzten Quellen innerhalb eines überschaubaren zurückliegenden Zeitraumes zu ermitteln, etwa für die letzten zwei bis drei Monate vor der Befragung (vgl. *Duncan* und *Olshavsky,* 1982, S. 38). Der Durchschnittskonsument bevorzugt folgende Informationsquellen:

- Verkaufsgespräche,
- Beratung im Bekanntenkreis,
- Informationen in Zeitschriften,

---

[5] Vgl. auch *Silberer* und *Frey* (1981); *Grabicke* (1981).

- Schaufenster,
- Werbung.

Häufigkeit und Nutzung der Informationsquellen hängen vor allem von den Branchen, dem Produkt, dem Involvement und den situativen Einkaufsbedingungen ab. So sind involvierte Kundinnen im Textilbereich vor allem an Informationen über Verkaufsgespräche und Zeitschriften interessiert (*Gröppel*, 1991, S. 215), wohingegen Buchkäufer vor allem Beratung im Bekanntenkreis, im Geschäft und über Schaufenster präferieren (*Martin* und *Scheer*, 1995).

Meffert (1979, S. 56) hat gezeigt, „daß die Befragten beim Kauf eines bestimmten Produktes andere Informationsquellen heranziehen als diejenigen, die – von ihnen – relativ hoch eingeschätzt werden". Das gilt ganz besonders für hoch eingeschätzte Informationen durch verbraucherpolitische Medien wie Beratungsstellen und Testzeitschriften. Dieses Ergebnis zeigt den oft auftretenden Widerspruch zwischen allgemeiner Einschätzung einer Kommunikationsquelle und dem tatsächlichen Verhalten gegenüber dieser Quelle. Das Verhalten wird noch von impulsiven Verhaltensweisen, von Gewohnheiten, von sozialen Normen und von weiteren zusätzlichen Einflußgrößen bestimmt.[6]

Das Schaufenster informiert die Konsumenten über das Geschäft als Einkaufsquelle (Aktualisierungsfunktion des Schaufensters), über seine Positionierung und über einzelne Angebote. In empirischen Untersuchungen

Abbildung 56: Das Schaufenster als Informationsquelle

---

[6]Zur Erfassung von Informationsquellen beim Einkauf vgl. auch *Gröppel* (1991); *Hauser, Urban* et al. (1993) sowie *Ozanne, Brucks* et al. (1992).

wird es meist vernachlässigt (vgl. *Abbildung 56*).[7]

Dagegen tritt die Massenkommunikation bei der alltäglichen Informationsbeschaffung zurück. Die Überlegenheit der persönlichen Information durch Verkäufer, Bekannte usw. ist in ihrer Anpassung an die spezifischen Informationswünsche der Konsumenten zu sehen. Sie kommt auch der Bequemlichkeit des Konsumenten entgegen: Sie ermöglicht es ihm, bereits vorverdaute Informationen sowie fertige Meinungen und Bewertungen zu übernehmen.

Mit der Informationssuche durch persönliche Kommunikation wird zugleich ein Bedürfnis nach sozialem Kontakt gestillt. Dies kommt unter anderem darin zum Ausdruck, daß alleinstehende und ältere Menschen, die geringere Kontaktmöglichkeiten haben, das Verkaufsgespräch verstärkt wegen der sozialen Kontaktmöglichkeiten suchen und weniger wegen der sachlichen Informationsvermittlung. Daraus ergeben sich Folgerungen für die Stadtentwicklungsplanung: Die Errichtung von Einzelhandelsgeschäften ist nicht nur für die Versorgung mit Waren, sondern auch als soziale *Serviceleistung* von Bedeutung. Aktuelle Konzepte zum Stadtmarketing beachten diesen Kommunikationsaspekt, da er zentral den hedonistischen, kommunikativen Konsumenten unserer heutigen Gesellschaft entspricht.

> Die persönliche Kommunikation spielt bei der Informationsbeschaffung mit Abstand die größte Rolle.

Verbraucherpolitische Folgerungen: Die Informationssuche der Konsumenten ist früher häufig im Hinblick auf die Verbraucherpolitik diskutiert worden. Dem Verbraucher sollen solche Informationen geliefert werden, die das objektive und subjektive Kaufrisiko herabsetzen. *Diller* weist auf die Möglichkeiten hin, den informationssuchenden Verbraucher durch *Gegeninformation* darüber aufzuklären, inwieweit die vom Anbieter gelieferten Informationen zuverlässig sind, unter anderem, „ob Kaufrisiken, auf die in der Werbung der Anbieter sehr häufig Bezug genommen wird, tatsächlich bestehen und durch das jeweilige Angebot tatsächlich abgebaut werden" (*Diller*, 1978a, S. 30).

Diese verbraucherpolitischen Zielsetzungen sind nicht von der Hand zu weisen. Bedenklich sind allerdings Maßnahmen zur forcierten Informationsdarbietung, hinter denen das Leitbild des Informationssuchers und Elitekonsumenten im oben zitierten Sinne steht.

Wer den Konsumenten zum Informationssucher erziehen will, sollte das gesamte Wert- und Zielsystem des Konsumenten nicht aus den Augen verlieren: Die Informationssuche und -verwendung *kostet* den Konsumenten Zeit, die ihm sonst als Freizeit, und damit zur Befriedigung anderer Bedürfnisse wie Erholung, Sport und Unterhaltung, zur Verfügung steht. Gewohnheitsmäßige und vereinfachte Kaufentscheidungen *ohne* – oder mit

---

[7] Eine effiziente Informationsvermittlung durch das Schaufenster muß auf die flüchtige Betrachtungszeit der Passanten abgestimmt sein. Sie beträgt bei Textilgeschäften durchschnittlich 15 Sekunden (*Nötzel*, 1988); entsprechende Angaben vermitteln auch die Pilotstudien von *Jungmann* (1988) und *Loewen* (1988).

geringer – Informationssuche können deswegen durchaus im Interesse des Konsumenten liegen. Auf eine kurze Formel gebracht: Informationen bzw. Informationssuche sind kein Selbstzweck.[8]

b) Passive Informationsaufnahme

Die *reaktiven* Muster des Blickverhaltens gliedern wir in gewohnheitsmäßiges Reagieren auf die Gestaltung einer visuellen Vorlage und in ein automatisches Reagieren auf bestimmte Reizeigenschaften. Ein *Beispiel* für das gewohnheitsmäßige Reagieren ist die Bevorzugung eines Textes, der links oben oder rechts unten auf einer Seite steht. Ein Beispiel für das Reagieren auf eine Reizeigenschaft ist die gleichbleibende Bevorzugung von roten Anzeigenelementen.

Die **Gewohnheiten** hängen von der Art der betrachteten Vorlage ab. Eine Buchseite oder ein Aufkleber werden anders mit den Augen abgetastet als eine Werbeanzeige. Dies ergibt sich daraus, daß gewohnheitsmäßiges Blickverhalten letztlich nichts anderes ist als eine immer wiederkehrende *Erfahrung* bei der Dechiffrierung von visuellen Vorlagen, die im Sozialisationsprozeß oder durch individuelles Lernen erworben wurde und sich verfestigt hat.

Wir wenden uns hier vor allem dem Verhalten beim Betrachten von *Anzeigen* zu. Die Ergebnisse lassen sich auf ähnliche visuelle Displays übertragen.

Nach *Leven* (1991) konzentriert sich die Informationsaufnahme beim flüchtigen Betrachten von Anzeigen mit vorherrschendem Bild auf die Mitte der Anzeigen: „Die Anzeigenmitte wird früher, häufiger und länger fixiert als die restlichen Anzeigenbereiche" (S. ll).

Unterscheidet man vom Inhalt her folgende Anzeigenbereiche

| B | Bild | T | zusätzlicher Text |
| H | Headline | M | Markenbezeichnung, |

so ergeben sich signifikante, aber nicht sehr starke Unterschiede der Informationsaufnahme in Abhängigkeit von der Plazierung innerhalb der Anzeige. Eine umfassende Untersuchung dazu wurde in der Dissertation von *Bernhard* (1978) vorgelegt.

Besonders zu beachten ist die **Text-Bild-Betrachtung.** Nach seinen und den Ergebnissen weiterer Untersuchungen werden die Bilder einer Anzeige im allgemeinen *vor* den Texten betrachtet. Dies scheint unter der *Bedingung* zu gelten, daß das Bild eine gewisse Größe erreicht – schätzungsweise mindestens ein Viertel der Anzeige ausmacht – und daß die Texte nicht ganz aus dem Rahmen fallen: Sind die Texte besonders groß und auffallend, dominieren sie in einer Anzeige, so werden sie zuerst fixiert. In der bisherigen Forschung wurde mit Anzeigen experimentiert, die dem üblichen Schema der Konsumgüterwerbung mit großem Bild entsprechen. Für derartige Anzeigen gilt demzufolge:

---

[8] Vgl. dazu das letzte Kapitel über „Konsumentenverhalten und Verbraucherpolitik" in diesem Buch.

> Die Bilder einer Anzeige werden gewohnheitsmäßig als erstes fixiert und meistens länger betrachtet.[1]

Eine der ersten Saarbrücker Blickaufzeichnungsuntersuchungen, die sich damit beschäftigte, welchen Elementen sich der Blick zuerst zuwendet, stammt von *Witt* (1977). Er führte eine Untersuchung mit Konsumgüteranzeigen durch, die ein relativ großes Bild (mehr als halbe Anzeigengröße) enthielten. Bei vier Anzeigen und 60 Versuchspersonen war es in maximal 240 Fällen möglich, daß das Bild überhaupt betrachtet (fixiert) wurde. Tatsächlich wurde das Anzeigenbild in 237 Fällen fixiert. In 212 Fällen (= 90 %) erfolgten diese *Fixationen zu Beginn* der Anzeigenbetrachtung. Dieses Ergebnis war *unabhängig* vom Aktivierungspotential des Bildes und damit von der mehr oder weniger starken Aufmerksamkeit, die das Bild auslöste. War das Aktivierungspotential groß, so kehrte der Blick wiederholt, nachdem der Text fixiert wurde, zum Bild zurück.

Den gleichen Blickverlauf bei Konsumgüteranzeigen geben Untersuchungen von *Jeck-Schlottmann* (1987) und *Andresen* (1988) an. Dieses Phänomen ist u. a. aus der allgemeinen Vorliebe für Bildinformationen oder auch dadurch zu *erklären,* daß sich der Betrachter von den Bildern mehr interessante Informationen verspricht.

Zudem aktivieren Bilder meist stärker als Texte. Das ist die vorrangige Ursache dafür, daß Bilder in Anzeigen *häufiger* fixiert und *länger* betrachtet werden (*Leven*, 1991, S. 201; *Jeck-Schlottmann*, 1987, S. 194; *Andresen*, 1988, S. 138). Dabei ist zu beachten, daß die Dauer der Bildbetrachtung von der Gestaltung der gesamten Anzeige abhängt; bei flüchtiger Betrachtung können insbesondere stark auffallende Headlines in Konkurrenz zum Bild treten.

Zu dieser quantitativen Bevorzugung von Bildern bei der Informationsaufnahme tritt die Überlegenheit der Bilder bei der gedanklichen Informationsverarbeitung und -speicherung. Diese wird im Kapitel über Imagerywirkungen beschrieben. Entscheidend ist die Einsicht:

> Die Überlegenheit des Bildes für die Informationsvermittlung kommt insbesondere bei Low-Involvement-Werbung zum Zuge.

Unter Low-Involvement-Werbung versteht man eine Werbung, die auf Empfänger mit geringem Involvement (Interesse) stößt.[2]

Das ist im allgemeinen bei Fernsehwerbung und Anzeigenwerbung in Publikumszeitschriften der Fall.

Die durchschnittliche Betrachtungszeit für Anzeigen in Publikumszeitschriften liegt zwischen 1,5 und 2,5 Sekunden in den verschiedenen Produktbereichen. Auf die im allgemeinen zuerst betrachteten *Bildmotive* entfallen über 50 % der Betrachtungszeit. Das bedeutet: Die Vermittlung der

---

[1] Vgl. dazu ausführlich *Kroeber-Riel* (1993a).
[2] Zum Involvement vgl. das Kapitel D in diesem Teil des Buches.

Werbebotschaft erfolgt unter dieser Bedingung im wesentlichen über das Bild.[3]

Textbetrachtung: Im oben wiedergegebenen Experiment von *Bernhard* (1978) wurden unter den gleichen Bedingungen noch zwei anders aufgebaute Anzeigen untersucht. Sie enthielten in der Mitte ein kleines Bild von etwa 1/15 Anzeigengröße, dazu vier sehr einfache Texte, die in Textblöcken auf die vier Quadranten der Anzeigen verteilt wurden (links oben, rechts oben, links unten, rechts unten). Es handelte sich also im wesentlichen um Textanzeigen, das Bild diente in diesem Fall lediglich als zentraler Ansatzpunkt für die Betrachtung.

Bernhard stellte in Übereinstimmung mit Ergebnissen von *Niekamp* (1971) folgendes Blickverhalten fest:

- oben wird mehr fixiert als unten,
- oben links wird am meisten fixiert,
- unten links wird am wenigsten fixiert.

Das erste Ergebnis wird auch durch eine Untersuchung von *Berndt* (1983, S. 290 ff.) bekräftigt; die beiden anderen Ergebnisse gelten für drei der vier Anzeigendarbietungen von *Bernhard*.

Es ist zu vermuten, daß dieses Blickverhalten entscheidend durch das gewohnheitsmäßige Lesen von Texten westlicher Sprachen (beginnend oben links, endend unten rechts) geprägt wurde. Bereits *Starch* (1909) hat durch das einfache Beobachten von Personen ein ähnliches Blickverhalten ermittelt. Er bot seinen Versuchspersonen Blätter dar, die ebenfalls in vier Quadranten eingeteilt waren. In der Mitte jedes Quadranten stand eine einfache Silbe: Die Silben oben wurden mehr betrachtet als die Silben unten, allerdings ergaben sich andere, nur geringfügig abweichende Präferenzen für die seitlichen Plazierungen.

Bildbetrachtung und reizabhängiges Reagieren: Der Befund, daß die Darstellung von Personen in einem Bild die Aufmerksamkeit auf sich zieht und vorrangig betrachtet wird, deutet bereits darauf hin, daß das Betrachtungsverhalten auch vom Aktivierungspotential der visuellen Elemente gelenkt wird.

Das wird deutlich, wenn man das Verhalten beim Betrachten von einzelnen Bildern genauer analysiert. Die Aktivierungswirkung der Bildelemente hängt – wie bereits in Kapitel B.II.2 ausgeführt wurde – von den physischen Reizeigenschaften wie Größe, Kontrast, Farbe sowie vom emotionalen Gehalt und von einer gedanklich überraschenden Gestaltung ab.

Reize mit starkem Aktivierungspotential lösen Aufmerksamkeit aus und werden bei der Informationsaufnahme (vom Blick) bevorzugt. Diese Bevorzugung ist in der Regel stärker als die Bevorzugung, die man dadurch erreicht, daß man einen Reiz günstig im Sinne des gewohnten Blickverhaltens (zum Beispiel links oben auf einer Seite) plaziert.[4]

---

[3] Vgl. dazu im einzelnen *Jeck-Schlottmann* (1987, insb. S. 168 ff.), *Andresen* (1988, S. 136 ff.), *Kroeber-Riel* (1991, S. 136 ff. und 1993 a, S. 53 ff.).

[4] *Witt* (1977), *Kroeber-Riel* (1984 c) und *Leven* (1986) haben dazu systematische Untersuchungen durchgeführt.

Witt experimentierte mit emotionalen Reizen, daß heißt mit Reizen, die aufgrund ihres emotionalen Gehalts eine starke Aktivierung auslösten. Er konnte einen starken Zusammenhang zwischen dem Aktivierungspotential von bildlichen Anzeigenelementen und dem Blickverhalten nachweisen: Stark aktivierende Reize erhöhen die Informationsaufnahme durch häufigere Fixierung und verbessern die Erinnerungsleistung.

Leven (1986) kam nach systematischer Veränderung einzelner Anzeigenelemente zu ähnlichen Ergebnissen: Er weist darauf hin, daß die höhere Aufmerksamkeitswirkung einzelner Anzeigenelemente nicht unbedingt zur Folge hat, daß der gesamten Anzeige mehr Beachtung geschenkt wird (Ablenkungswirkung):[5] „So führte beispielsweise das Ersetzen des Kopfes einer abgebildeten Person durch eine Glühbirne dazu, daß die Betrachtungshäufigkeit dieses Elementes von ca. 22 % (Kopf) auf ca. 38 % (Glühbirne) stieg, gleichzeitig aber die Betrachtungshäufigkeit des … Textteils inklusive Markenname von 32 % auf 25 % fiel (S. 160).

Abbildung 57 veranschaulicht eine typische Verteilung der Fixationen beim Betrachten einer Anzeige. Die Bevorzugung des Bildes und die Zuwendung zu aktivierenden Bildelementen wird dabei deutlich.

Folgerungen für das Marketing: Aus solchen Erkenntnissen der Blickaufzeichnung können beachtliche *Sozialtechniken* für das Marketing abgeleitet werden:

> Durch geeignete Plazierung von visuellen Informationseinheiten und durch ihre aktivierende Gestaltung läßt sich die Informationsaufnahme der Empfänger beeinflussen.

Zunächst: Wichtige Elemente der Werbebotschaft können in das *gewohnheitsmäßig* bevorzugte Blickfeld gerückt werden.[6] Dabei ist vor allem an die Anzeigenmitte und an den oberen Anzeigenbereich zu denken (zusammenfassend *Leven*, 1991, S. 218).

Ein bedeutender Gewohnheitseffekt, auf den man sich verlassen kann, um Informationen wesentlich besser an den Mann zu bringen, ist die Bevorzugung von Bildern. Größere bildliche Darstellungen werden in Anzeigen gewohnheitsmäßig als erstes – vor dem Text – aufgenommen und mehr beachtet, und sie werden im allgemeinen besser behalten als der Text.

Die Erkenntnisse über das gewohnheitsmäßige Blickverhalten sind auch in negativer Hinsicht zu sehen: Um die Risiken der Informationsvermittlung zu vermindern, wird man informative Anzeigenelemente nicht gerade an solchen Stellen plazieren, die gewohnheitsmäßig vom Blick vernachlässigt werden. Das sind insbesondere der untere linke Quadrant und die Plazierung des Textes über einem Bild.

---

[5] Vgl. dazu auch *Meyer-Hentschel*, 1988, S. 81 ff.
[6] Das gilt analog für die Positionierung von Displays am POS, wo Kunden sich gewohnheitsmäßig aufhalten.

Abbildung 57: Typisches Blickverhalten beim Betrachten einer Anzeige
(unterschiedliche Beachtung der Anzeigenelemente)

Anteil der Fixationen (= Beachtung) der Anzeigenelemente in %

	bei niedrigem Involvement	bei hohem Involvement
Headline oben links	21,5 %	21,3 %
Frau	38,3 %	24,7 %
Windsack	9,7 %	11,6 %
Auto	22,8 %	16,8 %
Text (Copy)	6,1 %	13,5 %

dicker Text unten	0,5 %	5,7 %
Marke	1,1 %	4,0 %
Sonstige Elemente	–	2,4 %

Anmerkung: Gesamtbetrachtungsdauer bei geringem Involvement = 2,4 Sekunden, bei starkem Involvement = 9 Sekunden. Zur Operationalisierung der Größen und zum Untersuchungsablauf (Darbietung der Anzeigen im STERN) vgl. *Jeck* (1987), zu Vergleichsdaten bei der Betrachtung von Anzeigen vgl. *Kroeber-Riel* (1991, S. 102 ff., 134 ff.).

Die beste Plazierung für kurze wichtige Informationen – vor allem für den Markennamen – ist die Einbeziehung in das Bild.[7] Bei emotionaler Konditionierung ist diese Einbeziehung sogar für die Werbewirkung entscheidend.

Darüber hinaus stehen die bekannten *Aktivierungstechniken* zur Verfügung, um die Aufmerksamkeit und damit die Informationsaufnahme der Betrachter auf bestimmte *Elemente* der Werbebotschaft zu lenken: Durch eine solche selektiv aktivierende Gestaltung der Bildelemente läßt sich eine hierarchische Informationsdarbietung erreichen.[8] Diese sorgt dafür, daß die Informationen, die bevorzugt vermittelt werden sollen, vom Empfänger auch tatsächlich bevorzugt beachtet werden.

Folgerungen für die Verbraucherpolitik: Ausgangspunkt ist die Erkenntnis, daß die Informationsaufnahme der Konsumenten erheblich beeinflußt werden kann, wenn man ihre Gewohnheiten, vor allem aber ihre nicht bewußt gesteuerten Orientierungsreaktionen und sonstigen reaktiven Verhaltensweisen anspricht. Die dadurch mögliche Beeinflussung des Informationsaufnahmeverhaltens beziehen wir auf zwei Fälle:

(1) Der Konsument sucht eine Information I_1, wird aber durch Lenkung seines Blickverhaltens dazu gebracht, die Informationen I_2 aufzunehmen.

(2) Er sucht gar keine Information und übernimmt absichtslos aus dem gesamten Informationsangebot vor allem solche Informationen, die in der wirkungsvollsten Weise (mit starkem Aktivierungspotential) präsentiert werden.

Der *erste* Fall veranschaulicht die Tatsache, daß die willentlich und bewußt gelenkte Informationsaufnahme des Konsumenten in Konkurrenz zu seinen *reaktiven* Verhaltensweisen tritt. Auf der Suche nach bestimmten Informationen wird er durch ganz andere („reaktiv wirkende") Informationen, die ihn eigentlich gar nicht interessieren, *abgelenkt*. Die Sogwirkung, insbesondere von stark emotional verpackten Informationen, läßt erwarten, daß dies gar nicht so selten geschieht.

---

[7] Das ist selbstverständlich nur möglich, wenn Text und Bild aufeinander abgestimmt sind.

[8] Zum Prinzip der hierarchischen Informationsdarbietung vgl. *Kroeber-Riel* (1991, S. 174 ff. sowie 1993 a, S. 115, 285). Bei diesem Prinzip geht es darum, die wichtigste Information so darzubieten, daß sie vom Empfänger zuerst aufgenommen wird, dann die Informationsaufnahme (bei visueller Informationsdarbietung: den Blick) auf die zweitwichtigste Information zu lenken usw. Dadurch wird vermieden, daß der Kontakt mit einem Kommunikationsmittel abgebrochen wird, bevor die wichtigste Information überkommt.

Derartige *Ablenkungseffekte* gehören zu den alltäglichen Erscheinungen. Sie beruhen auf legitimen Strategien der Informationsvermittlung.[9] Der Ablenkungseffekt wird jedoch problematisch, wenn man danach fragt, welche *inhaltlichen* Informationen dabei in Konkurrenz treten: Unterstellt man, daß gesuchte Informationen die Rationalität des Kaufverhaltens fördern und vielleicht sogar die Zufriedenheit des Konsumenten erhöhen, so erkennt man allgemein gesehen eine destruktive Wirkung stark emotionaler Informationsvermittlung, etwa durch politische oder kommerzielle Werbung: Sie führt zwangsläufig zu Störungen der absichtsvollen Informationssuche und Informationsaufnahme. Diese Störungen könnten auch ein lohnender Ansatzpunkt für die Kritik sozialer Auswirkungen der emotional wirkenden *Massenkommunikation* – zum Beispiel durch das Fernsehen – sein.[10]

Der *zweite* Fall verweist uns auf die allgemeine *Konkurrenz* des Informationsangebotes, in der nur dasjenige Angebot durchdringt, welches hinreichend aktiviert und damit auf die reaktiven Verhaltensmuster des Publikums abgestimmt ist. Da diese Verhaltensmuster automatisch wirksam werden, ob die Konsumenten nun aufgeklärt sind oder nicht, ob sie „intellektuell leistungsfähig" sind oder nicht, hat es gar keinen Zweck, darüber zu lamentieren, daß die aktivierenden Techniken der Informationsvermittlung manipulativ seien. Sie sind es, aber sie sind für eine wirkungsvolle Informationsvermittlung *unumgänglich.* Solange die Verbraucherpolitik und die Informationspolitik anderer öffentlicher Institutionen auf diese Konkurrenz nicht eingestellt sind, werden sie ihr Informationsangebot nur mit großem Wirkungsverlust an die Zielgruppen bringen können.

3. Messung der Informationsaufnahme

Meßmethoden: Nach unserer Definition umfaßt die externe Informationsaufnahme, auf die wir uns beschränken, alle Vorgänge, die dazu führen, daß ein Reiz in den „zentralen Prozessor" des menschlichen Informationsverarbeitungssystems gelangt (im „Gehirn" ankommt) und dort für die Weiterverarbeitung verfügbar ist.[1] Wir haben nun diesen Vorgang zu operationalisieren und zu messen.

Als erstes ist daran zu denken, die Informationsaufnahme durch eine *Befragung* zu ermitteln. Dieses Vorgehen hat erhebliche Mängel, denn eine Befragung kann selten zugleich mit der Informationsaufnahme durchgeführt

---

[9] Entscheidend für den Ablenkungseffekt sind einerseits die Stärke der ablenkenden reaktiven Verhaltensweisen und andererseits die (entgegenwirkende) Stärke und Stabilität der hinter der aktiven Informationssuche stehenden Antriebskräfte.

[10] Solche Störungen sind auch beachtenswert, wenn man die Erfolgschancen einer absichtsvollen Informationssuche – zum Beispiel der durch die Verbraucherpolitik stimulierten Informationssuche der Konsumenten – realistisch abschätzen will.

[1] Wir verwenden machmal die Begriffe Reiz und Information synonym: Dabei ist stets davon auszugehen, daß mit der Verarbeitung von Reizen im Organismus selbstverständlich nicht die Außenreize selbst, sondern die intern repräsentierten Reize gemeint sind.

werden, sie findet üblicherweise einige Zeit danach statt und mißt dann die *Erinnerung* an die Informationsaufnahme und nicht die Informationsaufnahme selbst. Der Schluß von der durch nachträgliche Befragung ermittelten Informationsaufnahme („welche Informationen wurden bemerkt?" oder: „... aufgenommen?") auf die tatsächlich erfolgte Informationsaufnahme ist lückenhaft:

> Alle gespeicherten Informationen sind zwar aufgenommene Informationen, aber nicht umgekehrt.

Zwischen der tatsächlichen Informationsaufnahme und der später durch Befragung gemessenen Informationsspeicherung werden mehrere Prozesse wirksam, die dafür sorgen, daß ein Teil der aufgenommenen Informationen bei der Befragung nicht mehr verfügbar ist: Die Informationen können *nicht* mehr *bewußt* sein, nicht richtig identifiziert, nicht gespeichert sein usw.

Auch die *unmittelbare Beobachtung* des motorischen Verhaltens (des beobachtbaren Leseverhaltens oder Suchverhaltens, z. B. während des Einkaufs), ist eine schwierige Methode, um die Informationsaufnahme zu messen. Im übertragenen Sinne gelten die gleichen Einwendungen wie für die Befragung. Nur ein Teil der tatsächlich aufgenommenen Informationen kommt im beobachtbaren Verhalten zum Ausdruck. Der Rückschluß vom beobachteten Verhalten auf die tatsächliche Informationsaufnahme kann dadurch unvollständig bleiben.

Die Marktforschung der Zukunft wird sich stärker als bisher der Analyse des nonverbalen Verhaltens widmen müssen, wenn es darum geht, die Informationsaufnahme von Konsumenten zu messen. Zum einen kann man Konsumenten am POS beobachten (vgl. *Rüdell*, 1993, S. 222ff.), zum anderen ihre körperlichen Kommunikationssignale detailliert messen (vgl. *Weinberg*, 1986b, S. 27ff.).

> Die Beobachtung der Informationsaufnahme wird in Zukunft an Bedeutung gewinnen.

Die Beobachtung der Informationsaufnahme kann also im Feld und im Labor erfolgen. Dabei empfiehlt sich folgendes Vorgehen:

- Es müssen ein präzises Beobachtungsdesign und ein praktikables Erhebungsprotokoll erstellt werden, um valide und reliable Daten der Informationsaufnahme messen zu können.
- Das Verhalten wird in einzelne Sequenzen zerlegt, z. B. Mimik, Gestik, Greifgeschwindigkeit, Produktbetrachtung, Regalnähe usw. Es empfiehlt sich, schwierige Sequenzen per Videofilm festzuhalten.
- Geschulte Beobachter interpretieren die Verhaltenssequenzen hinsichtlich der Informationsaufnahme. Dabei empfiehlt es sich, standardisierte Notationssysteme zu verwenden.
- Zur Validierung der Ergebnisse kann eine nachträgliche Befragung der Testpersonen erfolgen (erinnerte Informationsaufnahme).

Der Vorteil einer derartigen Beobachtung der Informationsaufnahme ist im Feldeinsatz in der realen Situation der Informationsbeschaffung zu sehen. Moderne Techniken der Beobachtung lassen erwarten, daß dieses Instrument der Marktforschung noch an Bedeutung gewinnen wird.

Am weitesten entwickelt ist die Technik, mit Hilfe einer psychobiologischen Methode die (visuelle) Informationsaufnahme genauer zu messen:

> Die Blickaufzeichnung ist in der Lage, die visuelle Informationsaufnahme zu messen.

Das wachsende Interesse an der menschlichen Informationsverarbeitung hat zur Folge, daß die zur Messung der Informationsaufnahme geeigneten *Techniken* – im wesentlichen die Blickaufzeichnungstechnik – ein weiterhin aktuelles Forschungsgebiet sind. Das spiegelt sich in der schnellen Entwicklung der zur Blickaufzeichnung geeigneten Geräte wider. Noch vor zehn Jahren wurden komplizierte und unpraktische Kamerasysteme benutzt, heute gibt es leistungsfähige und handliche Geräte, die sowohl im Labor als auch im Feld einsetzbar sind.[2]

Informationsaufnahme und Blickverhalten: Wenn man eine visuelle Vorlage (Anzeige, Plakat usw.) betrachtet, so hat man den Eindruck, daß die Augen mit einem Blick die Vorlage erfassen oder kontinuierlich darüber hinweggleiten. Dieser subjektive Eindruck täuscht: Der *Blick* tastet die Vorlage mit unregelmäßigen *Sprüngen* ab, die dem Betrachter nicht bewußt werden. Diese unregelmäßige Blickbewegung kommt wie folgt zustande: Der Blick verweilt zunächst auf einem für die Informationsaufnahme wichtigen Punkt. Er springt dann ruckartig und sehr schnell zum nächsten Punkt, verweilt wieder kurz, springt weiter usw. Das Verweilen des Blickes auf einem Punkt wird *Fixation* genannt, der schnelle Sprung wird als *Saccade* bezeichnet. Jeder Blickverlauf zerfällt also in Fixationen und Saccaden. Eine Fixation dauert im Durchschnitt 200 bis 400 msec, eine Saccade zwischen 30 und 90 msec.

Bei den *saccadischen Sprüngen* des Auges können kaum Informationen aufgenommen werden. Die Informationsaufnahme setzt nämlich voraus, daß beim Sehen ein klares Bild des Reizes, der die Information vermittelt, auf die Fovea projiziert wird (die Fovea centralis ist eine zentrale Stelle der Netzhaut, an der die Reize am genauesten aufgenommen werden). Dies ist während der schnellen Saccaden *nicht* möglich. Erst wenn der Blick kurz *verweilt*, entsteht ein klares Abbild des fixierten Reizes auf der Fovea. Nur

---

[2] Mit Hilfe dieser modernen Geräte setzte zu Beginn der 1970er Jahre eine systematische Forschungsarbeit über die Beziehung zwischen Blickverhalten und Informationsverarbeitung ein. Neuere Überblicke über dieses Forschungsgebiet vermitteln *Fisher, Monty* et al. (1981), *Gale* und *Johnson* (1984), *Lüer, Lass* et al. (1988), *Kowler* (1990), *Leven* (1991), *Chekaluk* und *Llewelynn* (1992), *Rayner* (1992) sowie *D'Ydewalle* und *Rensbergen* (1993). Deutsche Beiträge aus der Konsumentenforschung stammen insbesondere von *Witt* (1977), *Bernard* (1983), *von Keitz* (1994), *Musiol* (1982), *Leven* (1983, 1986), *Berndt* (1983) und *Kroeber-Riel* (1984c).

diese während einer Fixation klar aufgenommenen Reize werden kognitiv *weiterverarbeitet.*

Die *peripher* aufgenommenen Reize dienen im wesentlichen einer allgemeinen Orientierung, um das Blickverhalten zu steuern; sie vermitteln zudem bruchstückhafte Informationen, die bei der Interpretation zentral aufgenommener Informationen mitwirken. Kurzum:

> Die bei der Blickaufzeichnung gemessenen Fixationen sind Indikatoren für die Übernahme der visuellen Informationen in das Gedächtnis (Kurzzeitspeicher).

Bevor wir auf einige Fragen eingehen, die bei der Interpretation der Fixation als Informationsaufnahme auftauchen, geben wir praktische Beispiele für die Technik an:

Die Testpersonen setzen während der Messung eine „Brille" auf, mit deren Hilfe die Blickbewegungen registriert werden (vgl. *Abbildung 58*). Das *Biometric*-Verfahren liefert Blickaufzeichnungen auf einer ruhenden Vorlage. Das *NAC-Verfahren*[3] bietet dagegen ein bewegtes Videobild, das zu einem bestimmten Zeitpunkt das gesamte Blickfeld einer Person und darin einen kleinen Lichtpfeil zeigt, der auf das jeweils fixierte Element hinweist.[4] Wenn beim Betrachten eines Textes oder Bildes ein einzelnes Element fixiert wird, so bedeutet dies nicht, daß nur dieses einzelne Element als Information aufgenommen wird: Der vom Blickaufzeichnungsgerät angegebene „Fixationspunkt" ist nicht als Punkt im strengen Sinne aufzufassen. Der Blick nimmt auch die unmittelbare Umgebung dieses Punktes auf, so daß man eigentlich von einem „Fixationsbereich" sprechen müßte, der nicht ganz scharf abgegrenzt werden kann.

Außerdem ist zu beachten, daß eine Information nicht in der Dosierung aufgenommen wird, die allein dem visuellen Fixationsbereich entspricht. Vielmehr werden bei der Informationsaufnahme aufgrund der fixierten Reize umfassende Informationseinheiten (information chunks) gebildet und in das Gehirn transportiert.

Zum Beispiel: Wenn in einer als *Coca-Cola*-Werbung identifizierten Anzeige der Ausdruck (der Wortbereich) „mach mal" fixiert wird, so wird aufgrund dieser Fixation die umfassendere Information „mach mal Pause" aufgenommen. Aufgrund eines vorhandenen kognitiven Mechanismus werden die einzelnen fixierten Informationen – möglicherweise auch mit zusätzlicher Hilfe peripherer Informationen – zu möglichst sinnvollen und umfassenden Einheiten ergänzt. Einheiten einer Informationsaufnahme sind deswegen im allgemeinen keine einzelnen Buchstaben oder Wörter

---

[3] Das NAC-Gerät 1994 ist mit rechnergestützten Analysepaketen, einfacher Kalibrierung, farbigem Blickfeld, geringem Gewicht und mit Batteriebetrieb für Aufzeichnungen im Feld ausgestattet.
[4] Zur Leistungsfähigkeit verschiedener Verfahren, insb. der NAC-Blickaufzeichnung, vgl. u. a. *Loftus* (1979); *Schroiff* (1983); *Bernard* (1983) und insb. *Leven* (1988) sowie *v. Keitz* (1994).

Abbildung 58: Blickaufzeichnung

Anmerkung: Die Verdickungen und die Wendepunkte der Blickverlaufslinie zeigen Fixationen an: Das sind Punkte, an denen der Blick kurz verweilt und Informationen aufnimmt.

oder Bildelemente, sondern umfassendere Sinneinheiten wie Wortkombinationen, Sätze, ganze Figuren usw.

Dieser Sachverhalt verweist uns auf die Abhängigkeit des Blickverhaltens vom vorhandenen Kontext und vom vorhandenen Wissen (= Entschlüsselungsvermögen) des Individuums: Eine sinnlose Silbe kann zur Aufnahme genauso viele Fixationen benötigen wie ein ganzer Satz, der dem Betrachter bekannt und dadurch zu einer kognitiven Informationseinheit geworden ist; ein Anzeigenelement wird länger fixiert, weil es schlechter verstanden wird als andere Elemente usw.

Bei der Interpretation der durch Blickaufzeichnung ermittelten Fixationen haben wir stets die durch eine Fixation vermittelten umfassenden Informationseinheiten zu sehen. Dadurch kommen natürlich einige Unsicherheiten in die Interpretation der Ergebnisse, allerdings fallen sie beim praktischen Gebrauch der Blickaufzeichnung kaum ins Gewicht. Allerdings folgt aus diesen Überlegungen:

Die Informationsaufnahme muß stets als Bestandteil des gesamten Informationsverarbeitungsvorganges aufgefaßt werden.

Das heißt aber noch lange nicht, daß das Blickverhalten immer mit bewußter Aufmerksamkeit gesteuert wird. Viele kognitive Verhaltensweisen erfolgen *ohne* bewußte Kontrolle, vor allem solche, die durch lange Lernprozesse eingeschliffen sind. Darüber hinaus läuft das Blickverhalten aufgrund von biologisch bedingten Reiz-Reaktions-Schaltungen weitgehend automatisch ab.

Es ist nun wenig zweckmäßig, die gelernten Formen des Blickverhaltens von den anderen Verhaltensweisen abzugrenzen und nach gelernten oder ererbten Reaktionsanteilen zu suchen. Entscheidend ist, daß es Reaktionen des Blickverhaltens (und damit der Informationsaufnahme) gibt, die direkt auf eine bestimmte Reizdarbietung folgen und nicht oder nur wenig willentlich gelenkt werden.[5]

Die Frage, ob ein Konsument bei der Auswahl eines Produktes alternativenweise (Fall 1) oder attributweise (Fall 2) vorgeht, hat die Entscheidungsforschung lange beschäftigt. Erst mittels der Blickaufzeichnungsmethoden gelang es, diese unterschiedlichen Arten des kognitiven Entscheidungsverhaltens sowie weitere Entscheidungsmuster auf einfache Weise und genau zu ermitteln.[6]

Hier erweist sich die Leistungsfähigkeit der Blickaufzeichnung, die man als „Königsweg" der kognitiven Forschung bezeichnen kann.[7] Mit dieser Hilfe ist es möglich, zahlreiche Vorgänge und kognitive Programme der Informationsaufnahme, -verarbeitung und -speicherung nachzuweisen.

Anwendungen der Blickaufzeichnung: Die bisherigen Beispiele haben gezeigt, daß man die Blickaufzeichnung zum Testen von Werbewirkungen einsetzen kann, in der Hauptsache um zu erkennen, ob und wie eine bestimmte Information von den Umworbenen aufgenommen wird oder nicht.

Dadurch wird die Blickaufzeichnung zu einem wesentlichen Kontrollverfahren: In vielen Werbefilmen und Anzeigen kommt es ja darauf an, einige

---

[5] Einen umfassenden Überblick über das – reaktive – Blickverhalten von Konsumenten vermittelt die neuere Arbeit von *Leven* (1991).

[6] Vgl. *van Raaij* (1980); *Russo* (1978); *Bettmann* (1979, S. 216 ff.).

[7] Zu den vielfältigen Möglichkeiten, Parameter der Blickaufzeichnung zu bilden und im Rahmen der Konsumentenforschung zu interpretieren, vgl. mit weiteren Literaturhinweisen *Leven* (1983, 1986, 1991); *Kroeber-Riel* (1984c).

besonders wichtige Schlüsselinformationen zu vermitteln. Ohne Blickaufzeichnung ist die Frage, ob und inwieweit solche Schlüsselinformationen
vom Empfänger überhaupt bemerkt und aufgenommen werden, gar nicht
entscheidbar. Stellt man nun mittels Blickaufzeichnung fest, daß eine
Schlüsselinformation noch nicht einmal aufgenommen wurde, so erübrigt
sich jedes weitere Kopfzerbrechen darüber, wie die getestete Werbung
wirkt. Die Blickaufzeichnung wird deswegen von kommerziellen Instituten in den USA zur *Werbeforschung* eingesetzt, in der kommerziellen Forschung Deutschlands findet sie ebenfalls Verwendung.[8]

Eine andere Anwendung der Blickaufzeichnung bietet die Analyse von La-
den- und Schaufenstergestaltung sowie von Verpackung und Design im In-
vestitions- und Konsumgüterbereich (z. B. *Charlier* und *Buquet*, 1991). Mit
der Blickaufzeichnung läßt sich feststellen, welche Stellen der Verpackung
und des Design bevorzugt vom Betrachter fixiert werden, das heißt seine
Aufmerksamkeit erwecken und wesentliche Informationen zur Beurteilung des Produktes bieten. Diese vom Konsumenten bevorzugten Ver-
packungs- und Designinformationen decken sich häufig nicht mit den Vorstellungen der Kreativen, welche die Verpackung oder das Design gestaltet haben (*Kroeber-Riel,* 1980b). In vergleichbarer Weise kann man Blickaufzeichnungen heranziehen, um die Informationswirkungen von Umwelten (z. B. Landschaften) zu messen (z. B. *Küller,* 1987).

Zahlreiche Anwendungen liegen auch im Bereich der Verkehrspsycholo-
gie. Zum Beispiel hat man mittels Blickaufzeichnung Mängel bei der Gestaltung von Fahrkartenautomaten aufgespürt, die dadurch entstanden
sind, daß die Benutzer durch nebensächliche Informationen abgelenkt wurden und wesentliche Informationen zur Automatenbedienung unzureichend aufgenommen haben. Durch eine Veränderung des Informationsdisplays auf den Automaten konnten diese Mängel ausgeschaltet werden
(*Geiser* und *Reinig,* 1980). Oder: Durch Blickaufzeichnung kann herausgefunden werden, ob Piloten von Flugzeugen in kritischen Situationen wirklich diejenigen Informationen aufnehmen (und auch in einer geeigneten
Weise aufnehmen), welche für die Führung des Flugzeuges erforderlich
sind (*Fisher, Monty* et al., 1981).

III. Verarbeitung von Informationen

1. Wahrnehmung als subjektive und selektive
Informationsverarbeitung

Wahrnehmung ist ein Prozeß der *Informationsverarbeitung:* Durch diesen
Prozeß werden aufgenommene Umweltreize und innere Signale entschlüsselt. Sie bekommen dadurch einen Sinn *(Informationsgehalt)* für das
Individuum und werden zusammen mit anderen Informationen zu einem
inneren Bild der Umwelt und der eigenen Person verarbeitet.

---

[8] Zu Beispielen aus der deutschen Marktforschung vgl. vor allem *von Keitz* (1986,
1988, 1994) und *Leven* (1986, 1991 mit weiteren Literaturquellen).

Man kann deswegen sagen:

> Wahrnehmung ist ein Informationsverarbeitungsprozeß, durch den das Individuum Kenntnis von sich selbst und von seiner Umwelt erhält.[1]

Objektbereich	Sinnesmodalitäten	kognitive Prozesse
Gegenstände Vorgänge Beziehungen	sehen hören tasten schmecken riechen empfinden	und Interpretation der Sinneseindrücke

Abbildung 59: Schema der Wahrnehmung

Dieses Schema *(Abbildung 59)* hebt die Vielzahl von Wahrnehmungsvorgängen entsprechend den Sinnesmodalitäten (Geruch, Geschmack, Gehör usw.) hervor und weist auf die zur Verarbeitung der Sinneseindrücke notwendigen kognitiven Prozesse hin. Von entscheidender Bedeutung für das Verständnis des Wahrnehmungsprozesses ist seine

- Subjektivität,
- Aktivität,
- Selektivität.

Jeder einzelne lebt in einer *subjektiv* wahrgenommenen Welt. Diese persönliche Welt weicht mehr oder weniger stark von der subjektiven Umwelt der anderen ab, und es ist oft gar nicht möglich, anhand von Tatsachen zu entscheiden, ob der eine oder der andere seine Umwelt „*richtig*" oder „*falsch*" wahrnimmt. Durch Abweichungen der subjektiven Wahrnehmung objektiv gleicher Sachverhalte entstehen oft schwerwiegende Konflikte: Der einzelne beruft sich auf die von ihm wahrgenommenen Tatsachen und vermag nicht, seine Wahrnehmung als subjektiv-persönlich aufzufassen.

Wahrnehmung ist nicht nur eine passive Aufnahme von Reizeindrücken, die „von außen" kommen, sie ist ein *aktiver* Vorgang der Informationsaufnahme und -verarbeitung, durch den sich der einzelne seine subjektive Umwelt selbst konstruiert.

Schließlich muß Wahrnehmung *selektiv* sein: Sie ist ein System der *Informationsbewältigung* und dient dazu, aus der unübersehbaren Menge der auf unsere Sinnesorgane einwirkenden Reize einen kleinen Teil auszuwählen. Ohne diesen Auswahlvorgang wäre unser Informationsverarbeitungssy-

---

[1] Zur Konsumentenwahrnehmung vgl. insbesondere *Schiffmann* und *Kanuk* (1991, S. 146 ff.). Ein umfassendes Nachschlagewerk zur Wahrnehmung ist das Handbook of Perception (*Carterette* und *Friedman,* ab 1973.). Zum aktuellen Forschungsstand vgl. *Kebeck,* 1994.

stem überfordert. Welche Reize ausgewählt werden, hängt von den reaktiv und bewußt gesteuerten Formen der Informationsaufnahme ab.

Ein Beispiel aus der Filmgeschichte: Der britische Filmregisseur *Alfred Hitchcock* hatte es sich zur Gewohnheit gemacht, in jedem seiner Filme einmal in einer Nebenrolle in Erscheinung zu treten. Im Laufe der Jahre mußte der „Meister der Spannung" seine Auftritte an den Anfang der Filme legen, weil sich das Publikum immer weniger auf die Handlung konzentrierte und sich statt dessen zunehmend der Suche nach Herrn *Hitchcock* widmete. Der *Hitchcock*-Effekt gilt als selektive Wahrnehmung einer Randerscheinung. Diese wird durch Erwartungen des Individuums über ein Objekt ausgelöst, die die Wahrnehmung bestimmen.

Konsumentenverhalten: Für die Beeinflussung des Konsumentenverhaltens durch das *Marketing* kann die Bedeutung von Subjektivität, Aktivität und Selektivität der Wahrnehmung nicht genug hervorgehoben werden. Nicht das objektive Angebot bestimmt das Verhalten der Konsumenten, sondern das subjektiv *wahrgenommene* Angebot.

Wenn man das Konsumentenverhalten verstehen will, ist vor jedes Angebotsmerkmal der Ausdruck „subjektiv wahrgenommen" zu setzen: Nicht die Produktqualität, sondern die subjektiv wahrgenommene Qualität, nicht der objektiv günstige Preis, sondern der subjektiv wahrgenommene Preis, nicht die objektiven Einkaufsbedingungen, sondern die subjektiv wahrgenommenen Einkaufsbedingungen bestimmen das Konsumentenverhalten usw.

Die grundlegende *Konsequenz* für das Marketing liegt auf der Hand:

> Es genügt nicht, objektive Leistungen anzubieten. Es muß auch dafür gesorgt werden, daß diese Leistungen von der Umwelt wahrgenommen werden.

Das gilt für das Angebot öffentlicher Leistungen genauso wie für das Angebot kommerzieller, politischer und anderer Leistungen. So mancher Politiker meint, daß seine Leistungen verkannt werden. Er ist aber selbst dafür verantwortlich, wenn er es versäumt, diese Leistungen in der Wahrnehmung seines Publikums richtig zu positionieren.

Beispiel: Manche Städte und Regionen leiden unter einem schlechten Image, das heißt, sie werden in der subjektiven Wahrnehmung der Bevölkerung schlecht beurteilt (vgl. dazu die *Focus*-Studie 1995). Dieses Image führt dazu, daß Nachteile stärker gesehen, tatsächliche Standortvorteile weniger bemerkt werden. Die gesamte Beurteilung einer Stadt oder Region wird dann nachteilig eingefärbt, mit der Folge, daß z. B. qualifizierte Arbeitskräfte bei Bedarf nicht zuwandern und dadurch unter anderem Industrieansiedlungen erschwert werden. So weiß man von Städten im Ruhrgebiet, daß städtebauliche, kulturelle und landschaftliche Maßnahmen nur langsam das verfestigte und negative Kohle-Stahl-Image verändern.

Objektive Realität und subjektiv wahrgenommene Realität weichen also selbst in unserer engeren Erfahrungswelt stark voneinander ab, noch stärker sind die Abweichungen für die nur indirekt (über Massenmedien usw.) erfahrene Realität entfernter Lebensbereiche (z. B. anderer Kulturkreise). Die *Abweichungen* zwischen objektiver *Realität* und subjektiv *wahrgenommener* Realität verweisen auf grundlegende erkenntnistheoretische Fragen: auf die problematische Abgrenzung zwischen außen (Außenwelt) und innen (Innenwelt), von objektiver Wahrheit und subjektiver Wahrheit usw.

Wahrnehmung als Informationsverarbeitung: Die menschliche Wahrnehmung ist ein bevorzugter Gegenstand der kognitiven Theorien. Sie wird meistens als Informationsverarbeitung anhand des mehrstufigen Gedächtnismodells erklärt (vgl. das einleitende Kapitel unter C):

Die von den Umweltreizen (zum Beispiel einem Plakat) ausgelösten Sinneseindrücke werden zunächst im sensorischen Speicher festgehalten.[2] Es handelt sich dabei um eine passive und sehr kurze Speicherung. Ein kleiner Teil dieser Sinneseindrücke wird sodann für die weitere Verarbeitung in den Kurzzeitspeicher, das heißt in die zentrale Verarbeitungseinheit übernommen. Die weitere Verarbeitung – bei der auf die im Langzeitspeicher verfügbaren Erfahrungen zurückgegriffen wird – umfaßt als erstes die *Entschlüsselung* der Reize (ihre Dechiffrierung, Indentifizierung). Ein bestimmtes Wort muß beispielsweise als Name eines Freundes, eines Landes oder als Markenname erkannt werden. Zur Wahrnehmung gehört auch die Entschlüsselung von *inneren Reizen,* zum Beispiel die Wahrnehmung von Magenknurren als Hunger. Erst durch diese Entschlüsselung werden die aufgenommenen Reize zu Informationen für den Empfänger.

Diese Informationen werden in umfassende, gedankliche Bezugssysteme eingeordnet – das gehört noch zur Interpretation der Reize im weiten Sinne – sowie mit *anderen* Informationen *verknüpft,* also zu neuen gedanklichen Einheiten zusammengeführt.

Am *Max-Planck-Institut* in Tübingen wird die Wahrnehmung in drei Stufen eingeteilt: 1. Frühe Bildverarbeitung von Farbe, Form und Bewegung; 2. Wahrnehmungsorganisation der dreidimensionalen Welt aus zweidimensionalen Bildern und 3. High Level Vision (Wiedererkennung und Raumorientierung). „In den letzten Jahren hat sich immer mehr herauskristallisiert, daß Gegenstände eher bildhaft im Gehirn gespeichert werden und nicht als dreidimensionale Strukturmodelle" (*Bulthoff* in der ZEIT Nr. 22, 1995).

Die subjektive Interpretation der Reize umfaßt auch ihre *Bewertung.* Diese folgt aus Vergleichsprozessen („größer" – „kleiner") und aus einem direkten oder indirekten In-Beziehung-Setzen zu den subjektiven Emotionen und Motiven („gut" – „schlecht"). Eine direkte Bewertung liegt beispiels-

---

[2] Mit den dabei auftretenden Fragen der *„sensorischen* Organisation" beschäftigt sich die psychophysiologische Wahrnehmungsforschung: Es geht beispielsweise darum, wie visuelle Reize vom Auge aufgenommen, in interne Signale umgewandelt, ins Gehirn weitergeleitet, subjektiv bemerkt werden usw. In diesen Fragenbereich gehört das berühmte in Lexika nachlesbare *Weber-Fechnersche* Gesetz. Zur psychophysiologisch orientierten Wahrnehmungsliteratur vgl. *Sekuler* und *Blake* (1985).

weise vor, wenn ein Produkt positiv wahrgenommen wird, weil es durch ein Mädchen angeboten wird und dadurch latente Prädispositionen anspricht. Beispiel einer indirekten Wertung ist die Wahrnehmung eines Reizes als „Unkraut". In diesem Fall wird der Reiz mit Hilfe eines sprachlichen Entschlüsselungssystems identifiziert, das bereits Wertungen enthält, die das Subjekt ohne weiteres übernimmt. Direkte und indirekte Wertungen wirken meistens zusammen.

Zusammenfassend: Wahrnehmung ist ein komplexer kognitiver Vorgang, der mit anderen kognitiven Vorgängen wie Aufmerksamkeit, Denken und Gedächtnis verknüpft ist. Infolgedessen ist es kaum möglich, die Wahrnehmung als einen eigenständigen Vorgang abzugrenzen und zu untersuchen. Die Analyse der menschlichen Wahrnehmung bedeutet in letzter Konsequenz die Untersuchung des menschlichen Verhaltens.

Wahrnehmung und Aktivierung: Ein so komplexer Prozeß wie die Wahrnehmung entsteht durch das Ineinandergreifen von vielen psychischen Einzelprozessen. Es ist zweckmäßig,

● aktivierende Bestimmungsgrößen,
● kognitive Bestimmungsgrößen

zu unterscheiden. Da die kognitiven Bestimmungsgrößen (die *Informationsverarbeitung*) in den folgenden Kapiteln zur Produktwahrnehmung und Produktbeurteilung ausführlich dargestellt werden, folgt eine kurze Darstellung über den Einfluß des Aktivierungssystems (AS) auf die Wahrnehmung.

Die aktivierenden Prozesse bestimmen Intensität und *Selektivität* der Wahrnehmung. Als erstes ist die Wirkung der Aufmerksamkeit zu nennen:

Die **Aufmerksamkeit** ist ein zentrales Konstrukt zur Erklärung von Wahrnehmungsleistungen. Sie wurde bereits im Kapitel B.II.1. als phasische Aktivierung beschrieben: Die von einem Reiz bewirkte Aufmerksamkeit (phasische Aktivierung) sorgt dafür, daß der Organismus für die Aufnahme und Verarbeitung dieses Reizes sensibilisiert wird und daß die Aufnahme und Verarbeitung eines anderen Reizes gehemmt wird. Man kann auch sagen: Die Aufmerksamkeit selektiert die Wahrnehmung.

Nur solche Reize, die Aufmerksamkeit erzeugen, werden bewußt wahrgenommen und effizient weiterverarbeitet. Die Zuwendung von Aufmerksamkeit ist demgemäß der erste Schritt zur Wahrnehmung eines Reizes. Man kann insofern den *Stufenmodellen* des Entscheidungsverhaltens (vgl. das Kapitel D in diesem Teil) zustimmen, nach denen die von einem Stimulus ausgelöste Aufmerksamkeit einer der ersten psychischen Prozesse der Informationsverarbeitung ist.

Die Aufmerksamkeit wird demzufolge zu einer zentralen Größe in den Theorien zur menschlichen Informationsverarbeitung. Sie kann als Bereitstellung von kognitiver Verarbeitungskapazität für einen Reiz aufgefaßt werden.

Wie wird nun Aufmerksamkeit erzeugt?

Wenn ein Konsument Informationen sucht, um bewußt verfolgte Ziele zu erreichen, so wendet er seine Aufmerksamkeit *willentlich* bestimmten Reizen zu. Aufmerksamkeit wird aber auch *automatisch* vom Aktivierungspotential eines Reizes ausgelöst. Wie bereits im Kapitel über Aktivierung erklärt wurde, hängt das Aktivierungspotential von speziellen physischen, kognitiven und emotionalen Eigenschaften eines Reizes ab: Zum Beispiel haben Reize, die das Gefühl stärker ansprechen, die größer und intensiver sind und starke Überraschung auslösen, ein höheres Aktivierungspotential als andere Reize; sie werden deswegen auch besser aufgenommen. Die Aufmerksamkeit läßt sich durch Blickaufzeichnung (vgl. *Abbildung 60*) erfassen.

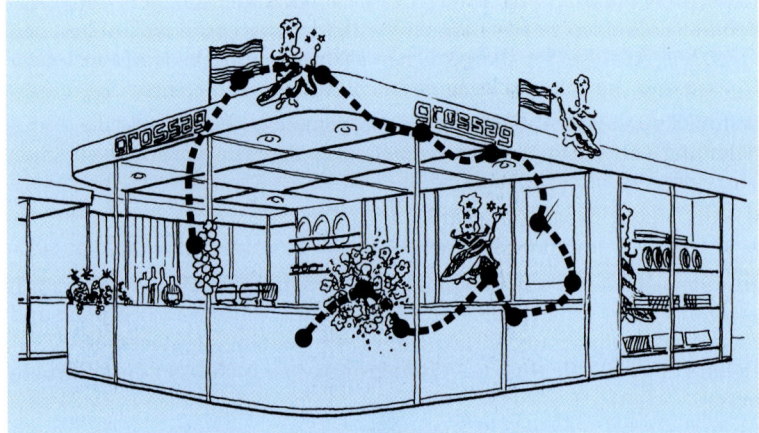

Abbildung 60: Verteilung der Aufmerksamkeit

Anmerkung: Die selektiven Wirkungen der Aufmerksamkeit lassen sich durch Blickaufzeichnung sichtbar machen: Visuelle Reize, die Aufmerksamkeit auslösen, werden vom Blick fixiert und aufgenommen; sie sind in der Abbildung durch schwarze Punkte gekennzeichnet. Die Blickaufzeichnung wird deswegen auch zur Messung der Aufmerksamkeit eingesetzt. (Hier: beim flüchtigen Betrachten eines Messestandes, bei dem die angebotenen Produkte zu kurz kommen.)

Für die Aufmerksamkeit bzw. selektive Wahrnehmung sind nicht nur das Aktivierungspotential der Reize, sondern auch Richtung und Qualität der von den Reizen angesprochenen *Antriebskräfte* entscheidend. Es ist deswegen nach dem Einfluß angenehmer und unangenehmer Gefühle auf die Wahrnehmung zu fragen. Diese Einflüsse wurden vor allem vom „New Look" der Wahrnehmungsforschung untersucht: Das ist eine psychologische Richtung, welche subjektive Prozesse wie Erwartungen, Emotionen und Motive als intervenierende Variablen des Wahrnehmungsvorganges untersuchte und damit die traditionelle Forschung über die Arbeitsweise des sensorischen Apparates ergänzte:

Zahlreiche Experimente[3] zeigen, daß die *emotionale* oder *motivationale* Be-

---

[3] Nach *Erdelyj* (1974, S. 2) entstanden bereits bis 1974 mehr als 1000 Berichte über New-Look-Experimente. Vgl. als aktuelles Beispiel auch *Schürer-Necker* (1994).

deutung eines Reizes die Auswahl und Entschlüsselung der Reize wesentlich steuert. Grob vereinfacht kann man sagen: Irrelevante Reize, also Reize, die keine vorhandenen Gefühle oder Bedürfnisse ansprechen, werden bei der Wahrnehmung benachteiligt, angenehme Reize werden bevorzugt, unangenehme gemieden. Auf eine einfache Formel gebracht heißt das:

> Der Konsument nimmt vor allem solche Reize wahr, die seinen Bedürfnissen und Wünschen entsprechen.

Angenehme Reize sprechen also in der Regel die Bedürfnisse des Individuums an und sind „nützlich", das gleiche gilt aber auch für unangenehme Reize, *wenn* sie das Individuum vor einer Gefahr warnen und insofern dazu beitragen, sein Wohlbefinden zu erhalten. Das erklärt, warum auch manche unangenehme Reize gut wahrgenommen werden.

Besonderes Interesse rief in der empirischen Wahrnehmungsforschung die **Wahrnehmungsabwehr** hervor: Unangenehme Reize werden (wenn nicht von existentieller Bedeutung oder persönlich interessant) gemieden oder schlechter wahrgenommen. *Hera* (1978) führte dazu Experimente aus dem Bereich der Werbung durch und bestätigte die folgenden Hypothesen.

Die *Hypothesen* lauteten: Stark aktivierende Blickfänge – in Anzeigen –, die unangenehm empfunden werden, werden langsamer identifiziert als angenehme Blickfänge gleicher Aktivierungsstärke. Zudem: Beim Betrachten einer Anzeige wendet sich der Blick schnell von den unangenehmen Blickfängen ab und den (nicht unangenehmen) Texten zu. Das heißt: Texte im Umfeld von unangenehmen Blickfängen werden schneller wahrgenommen als Texte im Umfeld angenehmer Blickfänge. Oder umgekehrt: Angenehme Blickfänge ziehen den Blick von den Texten ab.

Bei der Übertragung solcher Ergebnisse auf die Wahrnehmung von Werbung oder von anderen Reizen durch den Konsumenten ist zu beachten, daß im *Experiment* eine forcierte Darbietung des Reizmaterials erfolgt. Die Versuchspersonen werden angehalten, die Reize anzuschauen. Sie können also nicht, wie in einer realen Situation, den Reiz ignorieren oder sich von ihm abwenden. In *realen Situationen* wird die Wahrnehmungsabwehr deswegen in viel stärkerem Maße als in den Experimenten dazu führen, daß die Aufnahme und Verarbeitung unangenehmer Reize vermieden wird.

Wahrnehmungsabwehr scheint teilweise auf *unterschwellige* Mechanismen zurückzugehen. Solche unterschwelligen Mechanismen werden sozusagen als „Frühwarnsysteme" wirksam. Sie schützen den Organismus davor, Reize aufzunehmen, die subjektiv für ihn schädlich sind oder ihn bestrafen.

Unterschwellige Wahrnehmung: Die vorliegenden Experimente beziehen sich hauptsächlich darauf, den Vorgang einer unterschwelligen Wahrnehmung und die Wirkung auf die nachfolgenden psychischen Prozesse *nachzuweisen*. Dabei entstehen erhebliche Meßprobleme: Um unterschwellige Wahrnehmungs- und Beeinflussungswirkungen festzustellen, geht man am besten von einer Operationalisierung aus, welche die Wirkungen als *Differenz* von zwei *Indikatoren* ermittelt:[4]

Bereits *Byrne* (1959) projizierte wiederholt das Wort „Fleisch" (beef) so *kurzfristig* in einen Film ein, daß die Versuchspersonen nicht in der Lage waren, dieses Wort bewußt zu erkennen bzw. wahrzunehmen. Ergebnis: Die unterschwellige Darbietung *aktivierte* den Hunger der Versuchspersonen. Weil jedoch nicht auszuschließen war, daß die Versuchspersonen das Wort wenigstens bruchstückhaft erfaßt hatten, wiederholte *Spence* (1964) den Versuch mit einer anderen *Schwellenoperationalisierung*. Danach durften die Versuchspersonen noch nicht einmal empfinden, ob überhaupt ein Stimulus dargeboten wurde: Die Versuchspersonen durften keinen Unterschied zwischen einer Projektion des Stimulus und einer leeren Projektion bemerken. *Spence* blendete das Wort „Käse" (cheese) so kurzfristig, daß es unterhalb dieser Schwelle lag, in eine Serie von Worten ein, die nach einer Instruktion von den Versuchspersonen gelernt werden sollte. Hinterher wurde das Hungergefühl mit dem vorher festgestellten Hungergefühl der Versuchspersonen verglichen. Es ergab sich, daß der Hunger der Versuchspersonen nach der unterschwelligen Darbietung größer war als vorher. Die Ergebnisse von *Byrne* wurden dadurch bestätigt.

Koeppler (1972, S. 156 f.) und *Dudley* (1986) kommen nach einer Zusammenstellung und *Kritik* der vorhandenen *Experimente* zur unterschwelligen Wahrnehmung und Beeinflussung zu dem Ergebnis, daß es durch Reize, die unterhalb der Wahrnehmungsschwelle dargeboten werden, wahrscheinlich möglich ist, Bedürfnisse zu aktivieren und zu modifizieren.

Dieser Ansicht widerspricht *Brand* (1978), der zahlreiche Experimente zur unterschwelligen Wahrnehmung überprüfte. Nach seiner Analyse erfüllt kein Bericht wissenschaftliche Prüfkriterien, um das Phänomen der Unterschwelligkeit nachprüfbar belegen zu können.[5]

Ob die *Wirkungen* einer unterschwelligen Wahrnehmung von Reizen (sofern es das gibt) zu einer stärkeren Beeinflussung des Verhaltens führen können als die entsprechenden Wirkungen der überschwelligen (bewußten) Wahrnehmung dieser Reize, bleibt zusätzlich ungeklärt.[6]

---

[4] „Der eine der beiden Indikatoren zeigt an, daß der dargebotene Reiz nicht wahrgenommen, d. h. bewußt nicht perzipiert worden ist, während der andere Indikator denselben Reiz (durch den ersten Indikator als unbewußt qualifiziert) dennoch als wahrgenommen ausweist. Eine Differenz zwischen diesen beiden Indikatoren wäre z. B. gegeben, wenn ein Wort, obgleich es mit einem Tachistokop so kurzfristig exponiert wird, daß es nicht mehr identifiziert werden kann (1. Indikator), dennoch den Hautwiderstand in einer für dieses Wort typischen Weise verändert (2. Indikator)" (*Koeppler*, 1972, S. 14).

[5] Nach dem Staatsvertrag über Rundfunk in Deutschland ist der Einsatz unterschwelliger Techniken im Werbebereich verboten. Damit ist juristisch die Problematik unterschwelliger Beeinflussung mindestens unter Plausibilitätsgesichtspunkten anerkannt. Zu gesellschaftskritischen Argumenten vgl. auch *Rogers* und *Smith* (1993).

[6] Zum Erkenntnisstand vgl. die Übersichtsartikel von *Moore* (1982, 1991 und das Sonderheft der *Zeitschrift Psychology & Marketing,* (5, 1988, Nr. 4).

Die gegenwärtigen Fragestellungen richten sich in diesem Zusammenhang auf ein anderes Problem: Können Elemente eines überschwellig wahrgenommenen Umfeldes ohne Bewußtsein aufgenommen und doch verhaltenswirksam werden? Dazu zwei praktische Beispiele: nicht bewußte Aufnahme eines Plakatbildes in einem bewußt aufgenommenen Straßenbild oder: nicht bewußte Aufnahme von Bildelementen in einer aufmerksam betrachteten Anzeige.[7]

Man kann davon ausgehen, daß Sprach- und Bildelemente, die mit passiver Aufmerksamkeit und ohne Bewußtsein aufgenommen werden, erhebliche Beeinflussungswirkungen erzielen können. So wies beispielsweise *Janiszewski* (1990) in einer Untersuchung nach, daß eine periphere, nicht bewußte Aufnahme des Markennamens in einer Anzeige, in der Bildelemente vom Markennamen ablenken, zu einer Speicherung des Markennamens und zu verstärkter Markensympathie führt.

Messung von Wahrnehmung: Im Bereich der angewandten Forschung werden vor allem Tests durchgeführt, um

- den ersten spontanen Eindruck bei flüchtiger Wahrnehmung,
- das Verständnis und die Beurteilung bei genauerer Wahrnehmung

zu ermitteln. Es geht zum Beispiel bei einem Produkttest darum, den Eindruck zu messen, den ein Produkt bei flüchtiger Betrachtung im Regal oder

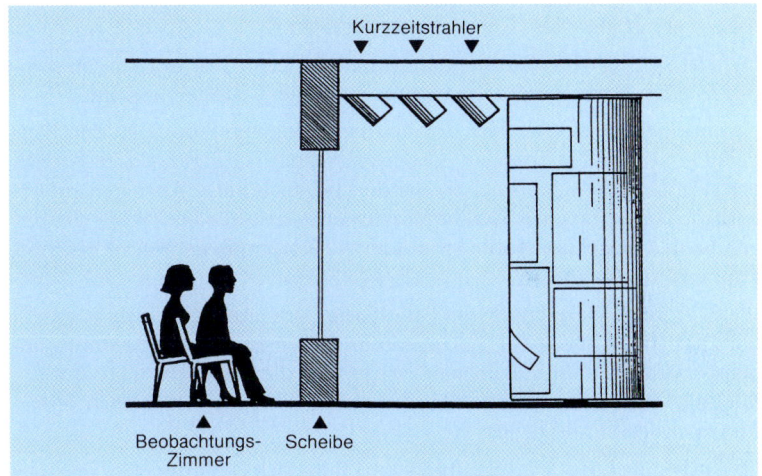

Abbildung 61: Elektronische Plakatbühne

Anmerkung: Durch eine Glaswand sehen die Testpersonen auf eine Bühne (hier mit Plakatsäule). Die Bühne wird durch eine elektronisch gesteuerte Beleuchtungsanlage für kurze Zeit erhellt. Auf der Bühne können auch größere Gebrauchsgüter, Warenregale usw. dargeboten werden.

---

[7] Besonders wirksam und für den praktischen Einsatz geeignet ist eine Beeinflussung, die zwar *überschwellig* dargeboten und deswegen wahrgenommen wird, deren Wirkungen aber vom Empfänger *nicht durchschaut* werden (*Kroeber-Riel* und *Meyer-Hentschel*, 1982; *Trommsdorff*, 1993; *Weinberg*, 1992a; *Kroeber-Riel*, 1993a).

im Schaufenster hervorruft, da dieser erste Eindruck für das Zustandekommen der Produktpräferenz eine wesentliche Rolle spielt. Oder man
stellt fest, ob eine Anzeige tatsächlich den Beeinflussungszielen entsprechend wahrgenommen, das heißt verstanden wird.

Für solche Tests werden standardisierte Wahrnehmungssituationen hergestellt, in denen die Testpersonen nach ihren subjektiven Wahrnehmungs-
eindrücken gefragt werden (vgl. *Abbildung 61*).

Ein wichtiges technisches Gerät, das dazu dient, die Wahrnehmungssituation zu standardisieren, ist das (elektronische) *Tachistoskop*:

Mit diesem Geräte kann die Darbietung von visuellem Wahrnehmungsmaterial zeitlich begrenzt und systematisch variiert werden. Die Darbietungszeiten können dabei von wenigen Millisekunden bis zur Dauerexpo-
sition reichen.

Bei der tachistoskopischen Darbietung werden Bilder von Gegenständen –
mehr oder weniger lange – auf eine Leinwand projiziert, oder die Gegenstände selbst werden in einem Raum gezeigt, der für die begrenzte Darbietungszeit beleuchtet wird.[8] Ein Beispiel bietet *Abbildung 61*: Die Testpersonen sitzen vor einer Glaswand, durch die sie in einen Raum schauen können, der während der Expositionszeit beleuchtet wird. Sie sehen dann für
die vorgesehene Zeit ein Produkt, ein Warenregal, ein Schaufenster, eine
Plakatsäule o. ä. Auf diese Weise werden vor allem die spontanen Anmu-
tungen erfaßt, die diese Gegenstände auslösen.

Die Darbietung von Wahrnehmungsmaterial beim Test mit kurzen standardisierten Darbietungszeiten ist aus mehreren Gründen wichtig:

(1) Im allgemeinen spielt sich die Wahrnehmung von Produkten und Werbemitteln unter den heutigen Low-Involvement-Bedingungen im Bereich
von wenigen Sekunden ab. So werden beispielsweise Anzeigen für Finanzdienstleistungen in Publikumszeitschriften nur 1,5 bis 2 Sekunden an-
geschaut, Verpackungen für Produkte wie Körperpflegemittel 4 bis 5 Sekunden.[9]

Wenn im Test (wie es häufig der Fall ist) die Darbietungszeit nicht begrenzt
wird und die Testpersonen zu längerer und intensiverer Wahrnehmung angeregt werden, dann erhält man Ergebnisse, die sich nicht mehr auf die
flüchtige Wahrnehmungsleistung in realen Situationen beziehen lassen
und deswegen unbrauchbar sind.

(2) Auch ganz kurze Darbietungszeiten im Bereich von hundertstel Sekunden sind zweckmäßig, da sie Einblick in das Zustandekommen der Wahrnehmung *(Aktualgenese)* ermöglichen und diagnostische Werte liefern.

(3) Die Wahrnehmung von komplexen Reizen wie Produkten oder Anzei-

---

[8] Zum Einsatz des Tachistoskops bei Testverfahren vgl. mit weiteren Literaturangaben *Hossinger* (1982), *von Rosenstiel* und *Neumann* (1982, S. 75 ff.) und die dritte Auflage des vorliegenden Buches, die ein Kapitel „Wahrnehmungstest mittels Tachistoskop" enthielt (S. 265 ff.).

[9] Zu den angegebenen Betrachtungszeiten vgl. *Kroeber-Riel* (1988, S. 136) und *Young*
(1981), zusammenfassend auch *von Keitz* (1986, S. 111).

gen geht nicht auf einen Schlag vor sich. Es handelt sich vielmehr um einen Prozeß sukzessiver gedanklicher Informationsverarbeitung.

Die unmittelbar in der ersten Phase des Wahrnehmungsprozesses sehr schnell entstehenden ersten Eindrücke haben erheblichen Einfluß auf die Informationsverarbeitung, die in den folgenden Wahrnehmungsphasen abläuft: Sie lösen gefühlsmäßige Haltungen aus, von denen es abhängt, ob sich der Betrachter dem Wahrnehmungsgegenstand mehr oder weniger aufmerksam zuwendet, und sie führen zu Vor-Urteilen, welche die weitere Wahrnehmung kanalisieren.

> Die Wahrnehmung entfaltet sich sukzessiv von einer ersten Anmutung zu einer kognitiven Interpretation.

Beispiel: Bei einem Test wurde ein gelbes Plakat für Babykost bei kurzer Betrachtungszeit als langweilig und ältlich empfunden. Diese erste Anmutung beeinflußte die spätere Produktbeurteilung negativ, wie Tests mit anderen Farben bestätigten, die als modern und jugendlich empfunden wurden. Zum Einfluß des ersten Eindrucks durch prägnante Gestaltung auf den Beurteilungsprozeß vgl. *v. Rosenstiel* (1990).

In diesem Zusammenhang ist auf die Kritik an den tachistoskopischen Untersuchungen einzugehen, derzufolge die kurzen Darbietungszeiten im Bereich von hundertstel Sekunden künstlich sind, denn niemals würden Werbemittel oder Produkte nur so kurz betrachtet.

Der Einwand verkennt Sinn und Wirkung der Methode: Das Abbrechen der Wahrnehmung nach Bruchteilen von Sekunden dient dazu, *Zwischenergebnisse* des Wahrnehmungsprozesses festzustellen, die vom Individuum nur nach einer solchen künstlichen Unterbrechung geäußert werden können. Eine spontane Äußerung über den ersten gefühlsmäßigen Eindruck eines Werbemittels oder eines Produktes läßt sich nach längerer Betrachtung aufgrund der damit verbundenen gedanklichen Verarbeitungsvorgänge nicht mehr messen. Entscheidend ist, daß die auf diese Weise gemessenen Zwischenergebnisse des Wahrnehmungsprozesses auch bei einem „natürlichen" Wahrnehmungsvorgang zustande kommen und seinen Ablauf beeinflussen.

Kurz gesagt: Das tachistoskopische Verfahren mag artifiziell sein (wie viele andere Meßmethoden auch), aber die Ergebnisse des Verfahrens beziehen sich auf einen realen, auch unter natürlichen Umfeldbedingungen auftretenden und wirksamen Sachverhalt.

2. Produktbeurteilung als kognitive Informationsverarbeitung

Nach der allgemeinen Erörterung der zur Wahrnehmung gehörenden Vorgänge wenden wir uns jetzt der Produktbeurteilung zu:

Die Produktbeurteilung ist ein Unterbegriff zur *Wahrnehmung.* Wahrnehmung umfaßt nicht nur die Entschlüsselung der aufgenommenen Reize (Informationen), sondern auch ihre gedankliche Weiterverarbeitung bis zur Beurteilung des wahrgenommenen Gegenstandes. Die Produktbeurteilung bezieht sich speziell auf die Wahrnehmung von (real oder bildlich dargebotenen) *Produkten*. Sie kommt durch ein Ordnen und Bewerten der zur Verfügung stehenden Produktinformationen zustande. Ergebnis der Produktbeurteilung ist die wahrgenommene Qualität eines Produktes.

> Produktwahrnehmung ist ein aktueller, durch äußere Reizdarbietung ausgelöster Prozeß. Dagegen ist die *Einstellung* zu einem Produkt das gelernte und verfestigte (gespeicherte) Ergebnis von vorausgegangenen Wahrnehmungsvorgängen.

Welche Einflußgrößen sind nun dafür verantwortlich, daß ein Produkt in den Augen der Konsumenten diese oder jene Eigenschaft beziehungsweise eine bestimmte Qualität hat? Zur Beantwortung dieser Frage ist die Produktbeurteilung als kognitiver Informationsverarbeitungsprozeß zu sehen, der (1) durch die zur Verfügung stehenden Informationen und (2) durch Programme zur Verarbeitung dieser Informationen bestimmt wird.

Die folgenden Kapitel richten sich nach dieser Gliederung: Zunächst werden die zur Produktbeurteilung herangezogenen Informationen, dann die kognitiven Informationsverarbeitungsprogramme dargestellt. Die aktuellen Informationen stammen aus einer unmittelbaren Reizaufnahme bei der Produktdarbietung. Die gespeicherten Informationen stammen aus dem Gedächtnis, sie repräsentieren die früheren Erfahrungen und die daraus abgeleiteten Erwartungen. Beide Arten von Informationen werden in der zentralen Verarbeitungseinheit (Kurzzeitspeicher) mittels kognitiver Programme verarbeitet. Diese kognitiven Verarbeitungsprogramme kann man als Konstruktionsregeln der Wahrnehmung auffassen.

Bei der Verarbeitung von aufgenommenen oder aus dem Gedächtnis abgerufenen Informationen werden auch zahlreiche *nicht-kognitive* Einflüsse wirksam, die von *Bleicker* (1983) systematisiert und erörtert werden. Sie betreffen vor allem die Situation, in der die Informationen verarbeitet werden (Zeitdruck usw.) und das Involvement bei der Wahrnehmung.

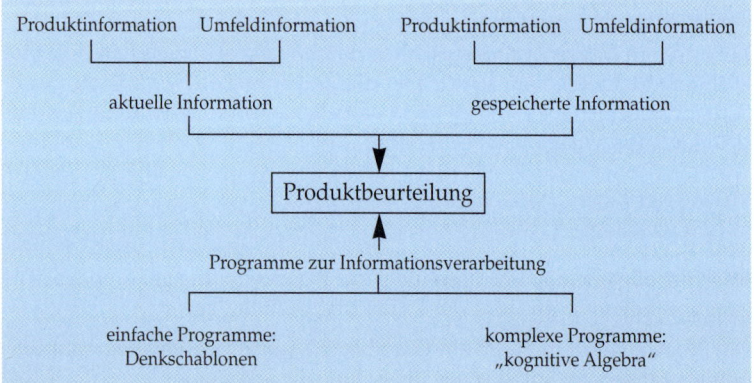

a) Aktuelle Informationen durch Produktdarbietung

Die Produktdarbietung in Form der unmittelbaren Darbietung des Produktes (im Regal, Schaufenster usw.) oder der symbolischen Darbietung (Abbildung in Anzeige, Prospekt usw.) ist eine komplexe Reizkonstellation: Sie umfaßt den zentralen Wahrnehmungsgegenstand – das Produkt – sowie die gleichzeitig dargebotenen Umfeldreize. Die durch die gesamte Reizkonstellation gelieferten Informationen können wie folgt gegliedert werden:

(1) Direkte Produktinformationen:

(a) wahrgenommene physikalisch-technische Eigenschaften des *Produktes* wie Farbe oder Form;
(b) wahrgenommene sonstige Merkmale des Produkt*angebotes* wie Preis oder Garantieleistung;

(2) Produktumfeldinformationen:

(a) wahrgenommene Angebots*situation*, in der die Produktdarbietung stattfindet, wie Geschäftsausstattung, Verkaufspersonal;
(b) wahrgenommene *sonstige* Situation, die in *keinem* Zusammenhang mit der Produktdarbietung steht, wie die Begleitung eines Freundes.

Von diesen *direkt* wahrgenommenen Informationen über die Produktdarbietung und ihr Umfeld schließt der Konsument auf weitere Informationen über das Produktangebot, etwa über die Brauchbarkeit und Lebensdauer des Produktes. Diese Beurteilungen hängen auch vom Produktumfeld ab. Beispielsweise wird die Beurteilung von Textilien auch davon abhängen, wie das Verkaufspersonal oder die Geschäftsqualität wahrgenommen werden. Diese Umfeldinformationen werden oft unbemerkt aufgenommen und verarbeitet. Zur Wahrnehmung von Qualitätsindikatoren für Produkte (wie Markenname, Preis, Händlerimage usw.) im internationalen Vergleich siehe *Dawar* und *Parker* (1994). Zur Qualitätswahrnehmung vgl. auch *Teas* (1993).

Direkte Produktinformationen

Die Überlegung, wie viele und welche Produktinformationen vom Konsumenten wahrgenommen und zur Produktbeurteilung herangezogen werden, hat die Konsumentenforschung schon oft beschäftigt. Auch die neuere Informationsverarbeitungsforschung hat sich diesem Problem zugewandt.[2]

Zur **Meßmethode:** Will man Auskunft über die *Informationsaufnahme* und -verarbeitung des Konsumenten erhalten, so kann man den Konsumenten *befragen*, etwa darüber, welche Informationen er für eine Produktbeurteilung benutzt. Die Befragungsergebnisse sind aber ungenau, weil damit die *erinnerte* Informationsaufnahme gemessen wird und zwischen diesen Meßergebnissen und der tatsächlichen Informationsaufnahme erhebliche Abweichungen bestehen können. Es kann sein, daß die Informationsauf-

---

[2] Vgl. z. B. *Ozanne, Brucks* et al. (1992); *Pavia* (1994) und *Eckman* und *Wagner* (1994).

nahme vom Konsumenten nicht bewußt kontrolliert wurde oder, falls bewußt kontrolliert, aus einer Vielzahl von Gründen wieder vergessen wurde oder nicht wiedergegeben werden kann.

Um die Mängel der Befragung zu umgehen und die Informationsaufnahme unter kontrollierten Bedingungen genauer erfassen zu können, wurden vier Erhebungsverfahren entwickelt, die auch bei der Messung von Wissen eine wichtige Rolle spielen können. Das sind:

- Informations-Display-Matrix (IDM),
- direkte Beobachtung,
- Blickaufzeichnung,
- Protokolle lauten Denkens.

Darüber hinaus werden Reaktionszeitmessungen benutzt (*Bettmann*, 1979, S. 199 ff.), die in der kognitiven Psychologie zu den bevorzugten Meßverfahren gehören, ebenso wie interaktive Bildschirmbefragungsmethoden (*Lantos*, 1982).

Informations-Display-Matrix:
Durch die Informations-Display-Matrix (IDM) wird der Konsument dazu gebracht, aus einem Informationsangebot durch direkt beobachtbares Verhalten bestimmte Informationen auszuwählen. Die Informations-Display-Matrix ist der Struktur des Entscheidungsfeldes der Entscheidungstheorie nachgebildet und kann auf einem üblichen PC-Bildschirm dargeboten werden. *Abbildung 62* gibt ihre Form wieder.[3]

Produkteigenschaften	Produktalternativen						
	A_1	A_2	·	·	A_j	·	A_m
E_1	e_{11}	e_{12}	·	·	e_{1j}	·	e_{1m}
E_2	e_{21}	e_{22}	·	·	e_{2j}	·	e_{2m}
·	·	·			·		·
·	·	·	·	·	·	·	·
E_i	e_{i1}	e_{i2}	·	·	e_{ij}	·	e_{im}
·	·	·	·	·	·	·	·
E_n	e_{n1}	e_{n2}	·	·	e_{nj}	·	e_{nm}

Abbildung 62: Formale Informations-Display-Matrix

Anmerkung: Die Elemente e_{ij} geben die Ausprägungen der Eigenschaften E_i (i = 1, …, n) für die Produktalternativen A_j (j = 1, …, m) an. Zur Spezifizierung einer solchen Matrix und ihrer Verwendung bei Informationsverarbeitungsexperimenten vgl. die folgenden Ausführungen.

Die in der Display-Matrix wiedergegebenen Produkteigenschaften E_i umfassen alle Kategorien von Informationen, die zur Produktunterscheidung

---

[3] Kritische Stellungnahmen und Vergleiche verschiedener Verfahren bieten *Russo* (1978), *van Raaij* (1977); *Kaas* und *Hofacker* (1983); *Weinberg* und *Schulte-Frankenfeld* (1983); *Bleicker* (1983) und *Kuß* (1987, S. 73 ff., insb. S. 118 ff.). Zum Einfluß von Eigenschaften der IDM auf die Entscheidungsqualität vgl. insb. *Kleinmuntz* und *Schkade* (1993).

beitragen, wie Markenname eines Produktes, Preis, Bestandteile usw. Sie werden *Informationsdimensionen* genannt. Die Elemente e_{ij} der Matrix geben die konkreten Ausprägungen auf diesen Informationsdimensionen für eine Produktalternative A_i wieder, zum Beispiel Preis: 1,50 DM, Markenname: Blendax, Inhalt: 100 Gramm usw. Diese konkreten Ausprägungen werden auch *Informationswerte* genannt.

Die in der Matrix aufgeführten Informationswerte machen die Menge der insgesamt zur Verfügung stehenden Produktinformationen aus. Im *Experiment* wird nun einer Versuchsperson die Aufgabe gegeben, für die Wahl eines Produktes diejenigen Informationen auszuwählen, die sie dafür benötigt. Sie erfährt durch diese Matrix, *welche* Produktalternativen und *welche* Eigenschaften (Informationsdimensionen) für ihre Beurteilung zur Verfügung stehen. Sie erfährt jedoch *nicht* die *Informationswerte*, also die in den einzelnen Feldern der Matrix ausgewiesenen Informationen. Diese sind meistens zunächst verdeckt. Durch Anforderung der gewünschten Werte kann sich nun die Versuchsperson sukzessiv die zur Produktbeurteilung von ihr gewünschten Informationen beschaffen. Dadurch erfährt der Versuchsleiter, wie viele und welche Informationen in welcher Reihenfolge (alternativenweise oder attributweise oder wechselnd) von der Versuchsperson aufgenommen werden.

Einwände gegen das IDM-Verfahren richten sich darauf, daß die Informationsdarbietungen außerordentlich abstrakt erfolgen: Die auf diese Weise dargebotenen Produktinformationen werden aus dem konkreten Kontext herausgelöst, in dem sie sonst erscheinen. Zudem werden erheblich mehr Informationen als bei einem realen Produktangebot angeboten, und eine IDM kann zur „Überrationalisierung" des Entscheidungsverhaltens verführen. Dies dürfte das Verhalten nicht unerheblich beeinflussen, so daß die externe Validität dieser Experimente skeptisch beurteilt wird. Eine eingehende Kritik der Verwendung von IDM und eine Beschreibung ihrer Weiterentwicklung in der Konsumentenforschung bieten *Kaas* und *Hofacker* (1983), *Weinberg* und *Schulte-Frankenfeld* (1983) sowie unter Kosten-Nutzen-Aspekten *Kleinmuntz* und *Schkade* (1993).

Direkte Beobachtung:
Die Versuchsperson steht in diesem Fall vor einem Regal oder an einem Tisch, auf dem Produkte so dargeboten werden, daß die Informationen nicht unmittelbar und vollständig sichtbar sind. Sie soll nun das Produkt in die Hand nehmen und erhält dadurch die Möglichkeit, bestimmte Informationen auf dem Produkt oder auf der *Verpackung* zu sehen und aufzunehmen. Der verborgen hinter einem Einwegspiegel sitzende Beobachter erfährt durch das Betrachtungsverhalten, *welche* Informationen von der Versuchsperson übernommen werden. Dieses Vorgehen ist zwar produktnäher, bietet aber nur eine beschränkte Möglichkeit zur Informationsdarbietung (denn es können nur solche Informationen berücksichtigt werden, deren Wahrnehmung man direkt beobachten kann).

Blickaufzeichnung:
Dieses bereits unter C.II.3. beschriebene Verfahren zeichnet das Blickverhalten bei der Betrachtung von Produkten und Informationsdisplays auf.

Da jede Informationsaufnahme eine kurze Fixation des Blickes voraussetzt, erhält man über die aufgezeichneten *Blickfixationen* genaue Auskünfte über die tatsächliche Informationsaufnahme. Dieses Verfahren ist zwar aufwendig, aber von allen das leistungsfähigste.

Protokolle lauten Denkens:
Mit dieser besonders zeitaufwendigen Methode lassen sich verbale Auskünfte über die gerade stattfindende Aufnahme *und* Verarbeitung von Informationen gewinnen. Die Versuchspersonen werden gebeten, alle Gedanken, die ihnen beim Ablauf kognitiver Tätigkeiten (Zeitunglesen, Einkaufen usw.) in den Kopf kommen, sofort laut zu äußern. Diese Äußerungen werden protokolliert und ausgewertet (*Ericsson* und *Simon*, 1984, S. 78 ff.).

Die Protokolle werden in erster Linie dazu herangezogen, um Denkstrukturen zu finden. Die Datenerhebung leidet wieder an der künstlichen „Überrationalisierung" des Entscheidungsverhaltens, und die Auswertung der Protokolle (z. B. Tonbandaufnahmen während des Einkaufens im Geschäft) ist äußerst schwierig. Für die Klärung der hier untersuchten Fragen zur Menge und Art der bei Produktbeurteilungen benutzten Informationen wird diese Methode relativ selten benutzt.

Schlüsselinformationen: Aus vielen empirischen Untersuchungen (vgl. zusammenfassend *Weinberg*, 1981; oder *Peter* und *Olson*, 1993) kennt man die Neigung zur Entscheidungsvereinfachung durch gezielte und reduzierte Informationswahrnehmung. Konsumenten, die aus einem großen Angebot von Produktinformationen beliebig wählen können, benutzen zur Produktbeurteilung nur einen relativ *kleinen Teil* der angebotenen Informationen. Sie ziehen zur Produktbeurteilung bevorzugt *Schlüsselinformationen* wie Markenname oder Testurteil heran. Solche Konsumenten, die auf Schlüsseninformationen zurückgreifen, brauchen weniger Informationen für die Produktbeurteilung als solche, die dies nicht tun.

Zum Verständnis dieser Befunde ist der Begriff Schlüsselinformation zu definieren:

> Schlüsselinformationen (information chunks) sind Informationen, die für die Produktbeurteilung besonders wichtig sind und mehrere andere Informationen substituieren oder bündeln.

Solche Schlüsselinformationen sind der *Preis, wenn* von ihm auf die Qualität geschlossen wird, das *Testurteil* der *Stiftung Warentest* oder der *Markenname*. Der Konsument erwartet von Schlüsselinformationen wesentliche oder sogar hinreichende Auskünfte über die Produktqualität oder das Image von Produkten. Sie ersetzen ihm viele Einzelinformationen, die er sonst zur Produktbeurteilung heranziehen würde. In den folgenden Kapiteln wird die Funktion solcher Schlüsselinformationen unter verschiedenen Gesichtspunkten beleuchtet.

Experimentelle Befunde: Zur reduzierten Nutzung von Informationen liegen mehrere Untersuchungen aus den USA und Deutschland vor, die mit Hilfe des bereits beschriebenen IDM-Verfahrens durchgeführt wurden. Die

Interpretation der Ergebnisse steht also unter dem Vorbehalt, den wir zur Validität dieses Verfahrens gemacht haben. Über diese Untersuchungen berichtet zusammenfassend *Bleicker* (1983), zur interkulturellen Vergleichbarkeit siehe *Jacoby, Hojer* et al. (1981).

Die Versuchspersonen benutzen von den insgesamt zur Verfügung stehenden Informationen über die verschiedenen Produkteigenschaften tatsächlich nur wenige: Die Zahl der durchschnittlich für eine Produktwahl herangezogenen Informationen lag zwischen fünf und sechs. Das stimmt mit den Ergebnissen von vergleichbaren Untersuchungen überein. *Bleicker* hat dazu eine übersichtliche Tabelle zusammengestellt, in der die verfügbaren und die tatsächlich genutzten Informationen über die vorhandenen Alternativen und über die Eigenschaften dieser Alternativen ausgewiesen werden *(Abbildung 63)*. Sie kann noch um ein weiteres – und konsistentes – Ergebnis von *Berndt* (1983) ergänzt werden: Verfügbar waren 10 Informationen, genutzt wurden durchschnittlich 5,8.[4]

Autoren	Produkt	Information über Merkmale		Information über Alternativen	
		verfügbar	genutzt*	verfügbar	genutzt*
Jacoby, Szybillo, Busato-Schach (1977)	Zahnpasta	16 18	5,8 4,2		
Jacoby et al (1978)	Frühstücksflocken Margarine Kopfschmerz-mittel	30 23 13	4,6 7,5 6,7	16 16 16	3,2 11 12
Konert (1981)	Kaffeemaschinen Kameras	8 11	5,3 6,2	5 5	4,8 4,8
Knappe (1981)	Kaffee Schmalfilm-kameras	8 12	4,7 6,1	16 11	6,2 6,3
Quelch (1987b)	Frühstücksflocken	5	2,3		
Raffée et al. (1976)	Zahnpasta	14 12	6,2 5,8		
Ratchford & Van Raaij (1980)	PKW	10	8,2	10	8,8
Sheluga Jaccard & Jocoby (1979)	Pocketkameras	6	5,6	16	12

Abbildung 63: Durchschnittliche Nutzung der verfügbaren Produktinformationen nach verschiedenen Experimenten (Autoren)

---

[4] Vgl. dazu auch *Kuß* (1991, S. 49 ff.).

Anmerkung: * Bei mehreren experimentellen Bedingungen wurden die jeweils höchsten Werte angegeben.

Quelle: Bleicker (1983, S. 16).

In den Experimenten von *Jacoby, Hojer* et al. wurde bei der Aufnahme von Informationen bevorzugt auf *Schlüsselinformationen* zurückgegriffen. In der amerikanischen Untersuchung war der Markenname eine solche Schlüsselinformation, im deutschen Experiment das Qualitätsurteil der *Stiftung Warentest*.

Schlüsselinformationen wurden in den Experimenten *häufiger* und *früher* herangezogen als die anderen Informationen. Es ist bekannt (*Weinberg*, 1981), daß in einer realen Kaufsituation die Rolle der Schlüsselinformationen bei der Produktbeurteilung noch wesentlich größer ist, da in den experimentellen Wahlsituationen die Benutzung der anderen Informationen erheblich stimuliert wird. Wenn diese Schlüsselinformationen (Marken- und Herstellername, Warentestinformationen) *nicht* verfügbar waren, so wurden als nächstes Informationen über den Preis und über wirksame Bestandteile der Zahnpasta aufgenommen (vgl. dazu auch die Ergebnisse von *Berndt*, 1983).

Dabei darf in diesem Zusammenhang nicht übersehen werden, daß in den Experimenten eine *Kaufsituation* simuliert wurde: Es ist in diesem Fall anzunehmen, daß der Preis *nicht* die Funktion einer *Schlüsselinformation* im obigen Sinne für die Produktbeurteilung übernahm, vielmehr dazu diente, das für die Kaufentscheidung maßgebende Verhältnis von positivem Nutzen (Qualität) und negativem Nutzen (Kosten = Preis) einzuschätzen (vgl. dazu im einzelnen Kapitel D).

Das amerikanische Experiment ergab darüber hinaus, daß durchschnittlich wesentlich weniger Informationen zur Produktbeurteilung benutzt wurden, wenn der *Markenname* verfügbar war. Dies spricht dafür, daß der Markenname tatsächlich als Schlüsselinformation verwendet wurde.[5]

Abschließende *Kritik:* Der entscheidende Fortschritt, den die Experimente zur Informationsverarbeitung gebracht haben, ist in den angewandten Methoden zur systematischen Messung der Informationsaufnahme und -verarbeitung bei Beurteilung und Wahl von Produkten zu sehen. Das Forschungsinteresse dazu hat inzwischen merklich nachgelassen. Die Ergebnisse selbst sind weniger umwerfend: Daß bei der Beurteilung von Produkten nur relativ wenige Produktinformationen herangezogen werden und zu Schlüsselinformationen verdichtet werden, war bereits bekannt. Neuartiger sind dagegen die Ergebnisse zur Informationsüberlastung der Konsumenten, die wir im Kapitel D behandeln.

Darbietungsformen der Produktinformation: Die bereits kritisierte Künstlichkeit der Informationsdarbietung in den IDM-Experimenten zeigt sich auch darin, daß die Konsumenten nachweislich anders reagieren, wenn die Informationen nicht durch eine Display-Matrix, sondern real oder bildlich

---

[5] Das bestätigen auch die empirischen Befunde von *Weinberg* (1981) zum limitierten Entscheidungsverhalten.

mit einer äußeren Aufmachung oder durch *Verpackungen* und damit in einer realitätsnäheren Form dargeboten werden. Auch die *Anordnung* und Darbietungsform der Informationen beeinflußt die Informationsverarbeitung.

Bei vielen Untersuchungen zur Informationsverarbeitung des Konsumenten wird der Einfluß der *äußeren* Aufmachung der Informationen übersehen. Diese hat eine viel größere Wirkung als die oben angegebenen Variationen der Informationsdarbietung (*Eckman* und *Wagner,* 1994).

Um die Aufmerksamkeit der Konsumenten auszulösen und sie zu aktivieren und um damit Voraussetzungen für eine *effiziente* Aufnahme, Verarbeitung und Speicherung der Produktinformationen zu schaffen, können die Produktinformationen in einer stimulierenden Weise *„verpackt"* werden. Darüber hinaus können sie so gestaltet werden, daß sie in einer ganz bestimmten (dem Marketingziel entsprechenden) Weise verstanden und in das kognitive Bezugssystem des Konsumenten eingebaut werden: Informationen, die in diesem Sinne attraktiv „aufgemacht" sind, werden bevorzugt aufgenommen und üben einen entsprechenden Einfluß auf die Produktbeurteilung aus. Produktdesign, Verpackung und dargebotene Zusatzinformationen müssen zu diesem Zweck auf die Informationsverarbeitungsfähigkeit und auf die Erwartungen des Konsumenten abgestimmt werden. Die äußere Produktgestaltung wird so zu einer Verkaufshilfe, die zur effizienten Produktwahrnehmung unentbehrlich ist (*Weinberg,* 1992 a).

Irreführende Information: Ein typisches Wahrnehmungsproblem, das eng mit der Darbietungsform der Produktinformation zusammenhängt, ist die Irreführung des Verbrauchers. Aus verhaltenswissenschaftlicher Sicht kommt es nicht darauf an, ob eine Information *tatsächlich* richtig, falsch oder irrelevant ist, sondern wie sie vom Verbraucher *subjektiv* wahrgenommen wird. Irreführung liegt vor, wenn die vermittelten Informationen einen falschen, das heißt der Wirklichkeit nicht entsprechenden Eindruck über einen bestimmten Sachverhalt hervorrufen oder bestätigen. Der falsche Eindruck muß über die bloße Wahrnehmung und Speicherung hinaus verhaltensrelevant sein, ohne daß der Beeinflußte diese spezifische Form der Einflußnahme bemerkt.

Ob man die Irreführung davon abhängig macht, daß der ausgelöste Eindruck über die Realität verhaltensrelevant ist (zu konkreten Haltungsänderungen oder Handlungen führt) oder nicht: Der *entscheidende Ansatzpunkt* für die Irreführung ist stets die nachweisbare Tatsache, daß eine Information so verstanden bzw. wahrgenommen wird, daß ein falsches Bild von der Realität entsteht.

Neben diesem empfängerorientierten Irreführungsbegriff (*Gardner,* 1975) gibt es Irreführungsbegriffe, die gar nicht nach der Wirkung einer Information auf den Konsumenten (Empfänger) fragen. Irreführung tritt danach bereits dann ein, wenn eine Information *objektiv* nicht den Tatsachen entspricht. Dieser „objektive" Irreführungsbegriff, der u. a. von der Arbeitsgemeinschaft der Verbraucher in Deutschland vertreten wird, ist aus verschiedenen Gründen problematisch. Er ist unsinnig, weil gerade in der Verbraucherpolitik seine Verwendung zu sinnlosen Folgerungen führt. Will man den Verbraucher schützen, so kommt es darauf an, welche tatsächlichen *Wirkungen* die Produktinformation auf den Verbraucher, das heißt auf seine subjektive Wahrnehmung, hat.[6]

Wie Irreführung gemessen wird, hat bisher vor allem im Rahmen der Diskussion über irreführende Werbung eine Rolle gespielt (*Koppelmann*, 1981, S. 191 ff.). Wir beschäftigen uns hier einmal mit einem anderen Bereich und berichten über die Untersuchung von *Diller* (1978b) über irreführende *Preisinformationen:*[7]

Diller wollte *keine* „empfängerorientierte Analyse" durchführen, sondern die „tatsächliche Preisgünstigkeit von solchen Artikeln messen, die der Handel als besonders günstig darstellt" (ebenda, S. 253). Ob dabei der Verbraucher *tatsächlich* irregeleitet wurde oder nicht, bleibt offen.

Nach *Diller* umfassen Preisinformationen „alle thematischen *und* unthematischen Wahrnehmungen der Konsumenten über die absolute und relative Höhe des Preises einer Ware oder gewerblichen Leistung" (*Diller*, 1978 b, S. 250). Irreführend können Preisinformationen beispielsweise wirken, wenn sie durch sprachliche Etiketten in mißverständlicher Weise eingefärbt werden. Bezeichnungen wie „Fabrikpreis", „Gelegenheitspreis" und vor allem „Sonderangebote" können vom Konsumenten als Hinweis auf besonders niedrige Preise *wahrgenommen* werden.

Auch optisch hervorgehobene Preisinformationen erwecken den Eindruck von niedrigen Preisen. „Plakative, überdimensionale Preisschilder erwecken bei den Verbrauchern ... häufig ebenso den Anschein eines preisgünstigen Angebotes wie sogenannte Preisbrechersymbole", z. B. wie ein Blitz oder wie ein Geldstück mit Börse (ebenda, S. 252). Ferner dürfte „eine besonders starke suggestive Wirkung von Preisgegenüberstellungen, d. h. von Bezugnahmen des Handels auf früher geforderte (höhere) Preise, ausgehen, mit denen die Preiswürdigkeit eines bestimmten Angebots unterstrichen werden soll" (ebenda, S. 252).

Diese Beispiele verdeutlichen, wie Preisinformationen aufgrund verschiedener *Darbietungsformen* irreführend wahrgenommen werden können. Paradoxerweise werden dadurch gerade solche Verbraucher irregeführt, die besonders preisbewußt sind. *Diller* zieht aus seinen Überlegungen die Folgerung, daß die Verbraucherpolitik mehr als bisher auf Irreführung über Preisangaben achten solle. *Andere* Arten der Irreführung, wie die Irreführung durch Mogelpackungen, sind von der Verbraucherpolitik bereits energisch angepackt worden.

---

[6] Vgl. dazu mit Fällen zur Irreführung *Müller-Hagedorn* (1986, S. 30 ff.) und die Übersicht über die Verfahren zur Ermittlung der Irreführung von Verbrauchern durch *Kuhlmann* (1990, S. 107 f.).

[7] Zu preisbezogenen Irreführungen und Fehlurteilen vgl. auch *Kuhlmann* (1990, S. 237 ff.).

Produktumfeldinformationen

Die Produktumfeldinformationen werden von uns eingeteilt in die wahrgenommene Angebotssituation – wie die Eingliederung eines Produktes in das Sortiment – und in die wahrgenommenen sonstigen Informationen, die in keinem sinnvollen Zusammenhang mit der Produktdarbietung selbst stehen (z. B. Begleitung eines Freundes). Um die psychologisch besonders interessanten Wirkungen der Produktumfeldinformationen zu erklären, müssen wir etwas weiter ausholen:

Jede Reizwahrnehmung wird vom *Umfeld* des *Reizes* mitbestimmt. Dazu gehören nicht nur die unmittelbar benachbarten Reize gleicher Art – etwa das visuelle Umfeld –, sondern alle „*gleichzeitig*" aufgenommenen Reize, auch unterschiedlicher (etwa taktiler oder akustischer) Art. Ein Flugzeug wird zum Beispiel nach Sicht *und* nach Gehör identifiziert. Zum Umfeld eines Reizes gehören auch die bei der Reizwahrnehmung ablaufenden *sozialen Interaktionen.*

Die Abhängigkeit der Wahrnehmung eines Reizes vom Reizumfeld wird auf der Ebene *elementarer* Wahrnehmungen vor allem von der *Gestalttheorie* postuliert. Ein klassisches Beispiel dazu ist die Wahrnehmung einer Strecke, die als unterschiedlich lang wahrgenommen wird, wenn sie in zwei verschiedene Umfelder eingebettet wird (vgl. *Abbildung 64*).

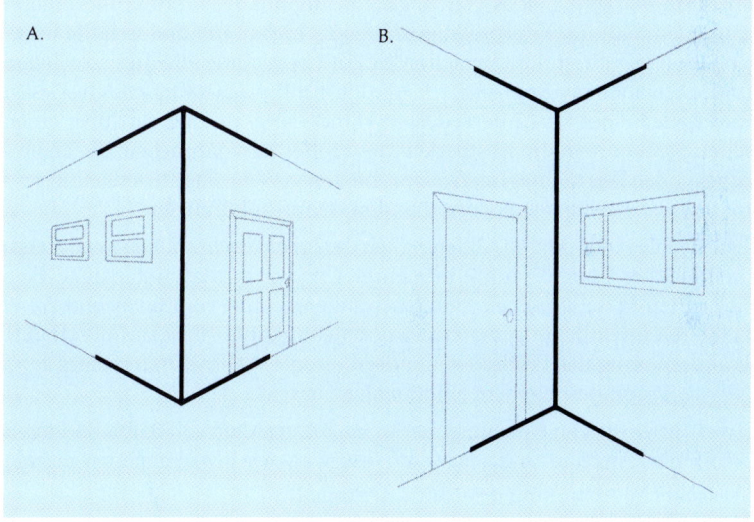

Abbildung 64: Elementare Wahrnehmung in Abhängigkeit vom Umfeld

Anmerkung: Der senkrechte Strich wirkt in Abhängigkeit vom Umfeld – Gebäudekante oder Zimmerkante – unterschiedlich lang (Müller-Lyersche Täuschung). Nach *Sekuler* und *Blake* (1985, S. 246).

Auf der Ebene *komplexer* Reizkonstellationen, mit der wir es bei der Wahrnehmung von Produkten, Geschäften, Anbietern usw. zu tun haben, lassen sich die Gestaltgesetze als allgemeine Einsichten in die Bedeutung des gesamten *Wahrnehmungszusammenhanges* verstehen. Änderungen des Wahrnehmungsfeldes können bereits durch Änderungen eines einzelnen Elementes erfolgen und zu einer veränderten Wahrnehmung aller anderen Elemente führen (Interdependenz aller Elemente in einem Wahrnehmungsfeld).

Umfeld als Interpretationshilfe: Wie sich die Wahrnehmung eines Ereignisses ändert, wenn sich das *Umfeld* des Ereignisses ändert, läßt sich an einem klassischen Experiment von *Loftus* und *Palmer* (1974) verdeutlichen: Den Versuchspersonen wurde im Film ein Unfall gezeigt, bei dem zwei Autos zusammenstießen. Die Versuchspersonen konnten die *Geschwindigkeit* der Fahrzeuge beobachten. Anschließend wurden sie mittels verschiedener Formulierungen gefragt, wie schnell wohl die Autos gefahren seien – als sie „sich berührten", „aufeinanderstießen", „zusammenprallten", „aufeinander zurasten" und „zerschmettert wurden". In Abhängigkeit von den in der Frage benutzten *Wörtern* schwankten die Geschwindigkeitsschätzungen zwischen 40,8 Meilen bei der Formulierung „zerschmettert" und 31,8 Meilen bei der Formulierung „berührten". Ein Ergebnis, das für die Interpretation polizeilicher und richterlicher Protokolle bemerkenswert ist!

Diese Untersuchung verdeutlicht die Spannweite des Begriffes *Reizumfeld*, der sich sogar auf zusätzlich dargebotene verbale Interpretationshilfen für die wahrnehmenden Subjekte bezieht.

Auch im Marketing ist es üblich, gleichzeitig mit der Produktinformation durch Umfeldreize Interpretationshilfen zu bieten, um dadurch die Interpretation der Produktinformation in eine bestimmte Richtung zu leiten (vgl. dazu auch *von Rosenstiel*, 1979, S. 156 ff.). Typisch dafür sind die *Gesten* und Reden eines Verkäufers, dessen Hände langsam und zart über einen Anzug gleiten, um die Kostbarkeit des Stoffes hervorzuheben, die bedeutungsvollen Worte eines Gastgebers, mit denen Wein eingeschenkt und probiert wird und die den bevorstehenden Genuß ankündigen.

Emotionales Umfeld: Die Abhängigkeit der *Produktwahrnehmung* von einem emotionalen Umfeld wurde in mehreren Experimenten untersucht. Eine der ersten systematischen Untersuchungen wurde von *Smith* und *Engel* (1968) veröffentlicht. In diesem Experiment geht es nicht um die direkte Wahrnehmung des Produktes, sondern um die Wahrnehmung eines *abgebildeten* Produktes in einem emotionalen Umfeld.

Zwei Gruppen von Konsumenten (n = 120) im Alter von 35 bis 44 Jahren wurde eine Anzeige für einen Mittelklassewagen in zwei Versionen gezeigt:
(1) sachliche Abbildung des Autos (Gruppe I),
(2) Abbildung des Autos mit erotischem Mädchen (Gruppe II).

Durch eine entsprechende Bildmontage wurde die Person in den Vordergrund vor das Auto plaziert. Das Mädchen hatte dabei keine erkennbare Funktion, die es in einen sinnvollen Zusammenhang mit dem Auto brachte – es sollte lediglich dekorativ wirken.

Nach Betrachtung der Anzeigen beurteilten die Versuchspersonen das Auto anhand eines dem Semantischen Differential entsprechenden Eigenschaftsprofils mit folgendem Ergebnis: Gruppe II, die das *Auto* zusammen *mit* dem *Mädchen* gesehen hatte, erhielt einen anderen Eindruck von dem Auto als Gruppe I:

- Sie erhielten einen emotionaleren Eindruck vom Auto. Dieses wurde für ansprechender, aufregender und jugendlicher gehalten.
- Sie beurteilten die objektiven Eigenschaften anders: Das Auto wurde für teurer gehalten und für weniger sicher.
- Sie meinten zu über 90 %, ihre Qualitätswahrnehmung sei *völlig unabhängig* von der Betrachtung des Mädchenbildes gewesen.

Die Ergebnisse sprechen für sich. Umfeldreize können das *Wahrnehmungsfeld* einer Person *umstrukturieren, ohne* ihre bewußte Aufmerksamkeit zu erregen.

Möglicherweise wird hier die Tendenz deutlich, Vorgänge zu leugnen, die das eigene Selbstbild verletzen: Konsumenten, Verbraucherpolitiker und Marketingleute halten gern am Bild des vernünftigen Menschen fest, der auf solche emotionalen Tricks nicht hereinfällt. Infolgedessen wird die praktische Bedeutung von solchen Darbietungstechniken und ganz allgemein des Einflusses emotionaler Reize auf die Produktbeurteilung *unterschätzt* oder sogar abgestritten und als abwegiger Einzelfall hingestellt.

Auch andere Untersuchungen[8] bestätigen, daß emotionale Reize im Umfeld eines Produktes die Produktbeurteilung erheblich beeinflussen, auch wenn dieser Einfluß von den Empfängern *nicht bemerkt* wird oder nicht bemerkt werden will. Wir wissen inszwischen aus der Bildverarbeitungsforschung, daß der nicht bewußte Einfluß von emotionalen Bildern darauf zurückzuführen ist, daß die gedankliche Verarbeitung von Bildern weitgehend automatisch erfolgt und kognitiv kaum kontrolliert wird.

Allgemein gesehen entfaltet ein *emotionales* Umfeld zwei wesentliche Wirkungen auf die Produktbeurteilung:

(1) Es erzeugt ein *Wahrnehmungsklima,* das zu einer selektiven (entweder positiven oder negativen) Betonung von wahrgenommenen Produkteigenschaften führt.

(2) Es erzeugt *spezifische Assoziationen* zwischen Umfeldinformationen und Produktinformationen. Diese sind zum Beispiel dafür verantwortlich, daß ein Auto für weniger sicher gehalten wird, wenn es im Umfeld eines bestimmten Personentyps wahrgenommen wird.

Die Autowerbung (wie die Werbung anderer Branchen auch) macht sich die Wirkung emotionaler Umfeldinformationen in erheblichem Ausmaß, oft allerdings in wenig professioneller Weise, zunutze. Eine Autoanzeige (in *Abbildung 65* wiedergegeben) wurde in einem Experiment systematisch variiert, um die Rahmenbedingungen von Umfeldwirkungen zu erforschen:

Es stellte sich heraus, daß die Entfernung zwischen dem Produkt (Auto) und dem emotionalen Element (Mädchen) eine entscheidende Rolle spielt. Die räumliche Nähe von Auto und Mädchen führte zu mehr Aufmerksamkeit für die Anzeige und zu einem stärkeren Einfluß des abgebildeten

---

[8] Vgl. *Mitchell* und *Olson* (1981); *Reid* und *Soley* (1983) sowie *Kroeber-Riel* (1984c).

Mädchens auf die Produktbeurteilung, aber auch zu einer wesentlich stärkeren Ablenkung vom Text der Anzeige. Die einzelnen Ergebnisse dieser Untersuchung verdeutlichen, daß der Einfluß emotionaler Umfeldinformationen auf die Produktbeurteilung sehr differenziert zu sehen ist (*Kroeber-Riel*, 1984c und 1993a).

Abbildung 65: Der Einfluß eines emotionalen Umfeldes auf die Produktbeurteilung (nach Kroeber-Riel, 1984c)

Abbildung 65a: Autoanzeige ohne emotionales Zusatzelement

Abbildung 65b: Autoanzeige mit emotionalem Zusatzelement (Originalanzeige)

Die Erkenntnisse zur Verwendung von Umfeldreizen lassen sich zu der sozialtechnischen Empfehlung *zusammenfassen:*

> Benutze emotionale Umfeldinformationen, um ein attraktives Wahrnehmungsklima zu schaffen und die Produktwahrnehmung in die gewünschte Richtung zu lenken.

Klimawirkungen des Umfeldes werden hauptsächlich durch emotionale Reize hervorgerufen, die nebenbei und wenig bewußt aufgenommen werden. Dazu eignen sich vor allem solche Reize, auf die Menschen automatisch im positiven Sinne reagieren.

Bisher war von der atmosphärischen Wirkung des Umfeldes die Rede. Dabei geht es auch und vor allem um den fast immer vorhandenen emotionalen Einfluß des Umfeldes auf die Informationsverarbeitung – auf die Wahrnehmung von Produkten.

Das Umfeld gewinnt darüber hinaus eine dominante Bedeutung für die Einschätzung eines Gegenstandes, wenn der Betrachter **wenig involviert** ist. Das ist beispielsweise der Fall, wenn sich der Empfänger einer Werbung nicht für die Werbebotschaft interessiert und sich der Werbung nur flüchtig, mit sehr geringer Aufmerksamkeit, zuwendet.

Er nimmt unter diesen Bedingungen kaum noch Informationen über den Gegenstand auf. Aufgrund seiner unzureichenden Informationsaufnahme ist er dann nicht in der Lage, ein überlegtes Urteil über den Gegenstand zu fällen.

Er leitet dann sein Urteil von dem gefühlsmäßigen Eindruck ab, den die Darbietung des Gegenstandes macht. Dieser Eindruck hängt weitgehend vom Umfeld ab, zum Beispiel von der gefälligen Aufmachung einer Anzeige: von einem ansprechenden Sonnenuntergang oder einer hübschen Landschaft, vor dem ein Produkt abgebildet ist.

Kurz gesagt: Die gefällige Darbietung, das ansprechende Umfeld des Gegenstandes, bestimmt die Beurteilung des Gegenstandes; die sachlichen Eigenschaften des Gegenstandes (die Informationen über den Gegenstand) treten bei dieser flüchtigen Urteilsbildung in den Hintergrund (*Petty* und *Cacioppo*, 1983; *Chaiken*, 1987; *Kroeber-Riel*, 1988, S. 103, 159 ff.).

b) Gespeicherte Information: Produktwissen

Dem Schemakonzept entsprechend können wir die Wahrnehmung auch als einen mehrstufigen Prozeß des „Mustervergleichs" auffassen. Das Individuum sucht bei der Wahrnehmung eines Reizes ein Schema, das für das Verständnis und die Beurteilung des Reizes geeignet ist, es nutzt dann dieses Schema für die mit der Wahrnehmung verbundenen Informationsverarbeitung (*Graesser* und *Nakamur*, 1982). Die Wahrnehmung von Produkten und Marken hängt also wesentlich von den Produkt- und Markenschemata ab, über die der Konsument aufgrund seiner Erfahrung verfügt. Informationen, die ein Schema ansprechen, werden schneller verarbeitet, sie erleichtern die Produktbeurteilung und werden besser erinnert, das heißt in das Gedächtnis eingeordnet.

Setzen wir diese Erkenntnisse in **Sozialtechniken** zur Beeinflussung von Konsumenten um, so ergeben sich zwei grundlegende Alternativen, um die Wahrnehmung zu beeinflussen:

- Stimme die dargebotenen Reize auf die bei den Konsumenten vorhandenen Schemata der Produktbeurteilung ab.
- Ändere die Schemata der Konsumenten für die Produktbeurteilung.

Im ersten Fall paßt man sich den *gegebenen* (durch Marktforschung feststellbaren) Erwartungsmustern an, nach denen die Konsumenten ihre Umwelt wahrzunehmen pflegen. *Beispiel:* Viele Konsumenten besitzen ein visuelles Schema, nach dem Geschäftsleute (Manager) gutgekleidet aussehen, mit kleinen Aktenkoffern Flugzeugtreppen hinuntersteigen usw. Die Werbung stellt diese Leute so dar und kann sich dann auf die erwartungsgemäße Dechiffrierung und Wirkung der so abgebildeten Männer verlassen. Durch wiederholte Abbildungen dieser Art werden die Erwartungsmuster wieder verstärkt und Klischees verfestigt.

Im zweiten Fall betrachtet man die bei den Konsumenten vorhandenen Wahrnehmungsschemata nicht als gegebene Voraussetzungen. Man versucht vielmehr, diese zu *beeinflussen*, um auf diese Weise bestimmte (stereotype) Wahrnehmungsmuster zu formen. Das ist beispielsweise der *VW*-Werbung in den USA gelungen, die ein *VW*-Schema erzeugte, nach dem *VW* ein besonders kleiner, kompakter und wendiger Wagen ist: Aufgrund dieser – von der Werbung geschaffenen – Erwartung nahmen Konsumenten, als sie dem *VW* gegenüberstanden und gebeten wurden, seine Länge einzuschätzen, den *VW* nicht unbeträchtlich kleiner wahr, als er tatsächlich war.[9]

Stereotype Erwartungen: Überragende Bedeutung für die Wahrnehmung des Konsumenten haben die Erwartungen, die aus der Kenntnis einer *bekannten* Marke (eines Markennamens, einer Herkunftsbezeichnung) abgeleitet werden. Dazu ein inzwischen klassisches Marketingexperiment von *Makens* (1965):

Makens hat seinen Versuchspersonen – Personen mit etwa gleicher, guter Ausbildung, 31 bis 45 Jahre alt – Kostproben von Putenfleisch vorgelegt. Die Kostproben stammten von den *gleichen* Puten, es waren gleich große Bruststücke. Sie wurden unter gleichen Bedingungen auf Keramikplatten präsentiert. Kurz gesagt, die Kostproben hatten *objektiv* die gleiche Qualität (kontrollierte Variable). Die unabhängige Variable war in diesem Experiment die Herkunftsbezeichnung. Ein Teil der Kostproben wurde mit einem Plastikschild versehen, das angab, das Fleisch stamme von Marke A, ein anderer Teil mit Hinweisschildern auf Marke B. Marke B war den Versuchspersonen unbekannt, Marke A war den Versuchspersonen sehr be-

---

[9] Ungeklärt ist allerdings, ob es hierzu vorhandener Muster oder nur einzelner Bausteine bedarf, auf denen die stereotype Wahrnehmung und Beurteilung beruht.

kannt und wurde von ihnen auch üblicherweise vorgezogen und gekauft. Das wußte man von einem Panel, dem die Leute angehörten.

Nach Verkostung der Proben wurden die Versuchspersonen gebeten, die Fleischbeschaffenheit und den Geschmack auf einer Präferenzskala einzuschätzen (abhängige Variable). *Abbildung 66* gibt einen Auszug aus den Ergebnissen wieder. Sie zeigen, daß wesentlich mehr Leute die Proben von Marke A, also von der *bekannten* Marke, *vorgezogen* haben. Das Ergebnis ist signifikant.

Versuchspersonen, die das Fleisch von Marke A vorzogen	56%
Versuchspersonen, die das Fleisch von Marke B vorzogen	34%
Indifferente Versuchspersonen	10%

Abbildung 66: Geschmackspräferenzen für Putenfleisch gleicher Qualität in Abhängigkeit von der Herkunftsbezeichnung

Anmerkung: Marke A = bekannte Marke
Marke B = unbekannte Marke

Quelle: Makens (1965, S. 262).

Wegen seines hervorragenden Einflusses auf die Produktbeurteilung wurde der Markenname im vorhergehenden Kapitel als *Schlüsselinformation* (information chunk) bezeichnet.

Er vermittelt Informationen, die durch Erfahrung und Werbung gewonnen werden, und verdichtet (reduziert) die Informationsaufnahme. Man kann außerdem sagen, daß ein altbekannter Markenname eine verfestigte Markenvorstellung und damit ein Schema repräsentiert, nach der sich der Konsument bei der Wahrnehmung richtet.

> Ein bekannter Markenname aktiviert ein Markenschema: Er beeinflußt automatisch die gesamte Produktwahrnehmung.

Dabei denkt man wie im oben wiedergegebenen Experiment in erster Linie an Markennamen mit gutem Ruf, welche zu einer positiven Beurteilung der entsprechenden Produkte führen.[10]

Der Markenartikeleffekt macht deutlich, warum die Schaffung eines bekannten und positiven Marken- oder *Firmenimages* durch Werbung und Öffentlichkeitsarbeit so wichtig ist. Positive Wirkungen kommen nicht zustande, wenn die vom Firmennamen (oder Markennamen) ausgelösten Assoziationen in *Widerspruch* zu denjenigen Assoziationen stehen, die von dem wahrgenommenen Produkt ausgelöst werden (sollen). Beispiel: Die negative Einstellung eines Konsumenten zu einer Firma der chemischen Industrie wird wohl kaum seine positive Wahrnehmung von Parfum oder Wein verbessern, wenn diese Produkte den Namen der Chemiefirma tragen.

---

[10] Dieser Markenartikeleffekt gehört zu den ersten Befunden der Marktpsychologie (*König*, 1926, S. 198). Er wurde seither immer wieder bestätigt, vgl. *von Rosenstiel* und *Ewald* (1979, II, S. 20 ff.).

3. Kognitive Programme zur Informationsverarbeitung

a) Die subjektive Psycho-Logik

In diesem Kapitel geht es um die internen Informationsverarbeitungsprogramme des Konsumenten. Im Rahmen seiner Entscheidungen werden zwei Programmarten wirksam:

- *Beurteilungsprogramme,* die zur Informationsverarbeitung bei Beurteilung eines Produktes dienen,
- *Auswahlprogramme,* die zur Wahl eines Produktes aus mehreren Produktalternativen dienen.

Diese Programme können durchaus voneinander abhängig sein und die *gleiche* formale Struktur haben. Programme, die zur *Beurteilung* eines Produktes (zur Qualitätswahrnehmung) führen, reichen allerdings im allgemeinen nicht aus, um die *Auswahl* eines Produktes zu beschreiben: Eine hohe wahrgenommene Qualität führt noch nicht zu Entscheidungen, dieses Produkt zu kaufen, beispielsweise, wenn der *Preis* sehr hoch ist oder wenn andere Produkte eine *gleich* hohe Qualität haben. Es gibt darüber hinaus Auswahlprogramme, die von der vorherigen Qualtitätsbeurteilung unabhängig sind (z. B. bei habitualisierten und impulsiven Entscheidungen).

Wir wenden uns hier den Beurteilungsprogrammen und später im Kapitel D über Kaufentscheidungen den Auswahlprogrammen und ihrem Zusammenhang mit den Beurteilungsprogrammen zu.

Nicht selten wird beiden kognitiven Programmen eine mathematisch-logische Form unterstellt, die als „kognitive Algebra" bezeichnet wird (eine Übersicht dazu bieten alle kognitiv orientierten Lehrbücher zum Consumer Behavior). Dies darf jedoch nicht zu der Ansicht führen, als folge die menschliche Informationsverarbeitung *generell* den Regeln objektiver mathematischer Logik. Die Logik der menschlichen Informationsverarbeitung ist stets eine *subjektive* Psycho-Logik.

Subjektive Psycho-Logik: Das subjektive Schließen – zum Beispiel von einem wahrgenommenen Produktmerkmal auf die gesamte Produktqualität – kann zwar den Informationsverarbeitungsregeln folgen, die wir aus der formalen Logik kennen, aber die menschlichen Entscheidungen umfassen auch intuitive, subjektive Formen des Schließens, die den Regeln der formalen Logik nicht immer entsprechen.

Die modernen Entscheidungs- und Informationsverarbeitungstheorien beschäftigen sich bevorzugt mit solchen internen Denkprogrammen, die sich an der formalen Logik orientieren und eine formalisierbare Struktur aufweisen. Beispiele sind die Modelle der Eindrucksbildung und Produktbeurteilung, mit denen wir uns im folgenden Kapitel b auseinandersetzen. Die einfachen linearen Modelle der Produktbeurteilung gehen beispielsweise davon aus, daß sich die Produktbeurteilung aus der algebraischen Summe (oder aus dem Durchschnitt) von einzelnen Eindrücken berechnen läßt.

Die empirische Forschung hat nachgewiesen, daß selbst dann, wenn nach logischen Regeln verfahren wird und überlegte („rationale") Urteile gefällt werden, erhebliche *Verzerrungen* auftreten. Diese subjektiven Verzerrungen setzen die Logik der Urteilsbildung nicht außer Kraft, aber sie beeinflussen das Ergebnis der Urteilsbildung in vielfältiger Weise.

Verzerrungen der subjektiven Urteilsbildung sind erst ansatzweise erforscht (vgl. z. B. *Pincus,* 1992), nicht zuletzt deswegen, weil sich die frühere kognitive Forschung bevorzugt an solche Fälle gehalten hat, in denen diese Verzerrungen gering sind. Die meisten Verzerrungen scheinen sich auf drei Ursachen zurückführen zu lassen:

(1) Das Urteilen wird durch Emotionen (Affekte) unbewußt in eine bestimmte Richtung gedrängt.

(2) Das Urteilen wird durch verfestigte Vor-Urteile (Schemata) bestimmt.

(3) Das Urteilen wird von intuitiven Schlüssen in einer formal-logisch nicht nachzuvollziehenden Weise beeinflußt.

Die emotionalen Einflüsse auf das Urteilen werden u. a. von *Zajonc* (1980) hervorgehoben und auf die überspitzte Formel gebracht, daß wir so urteilen, wie wir aufgrund unserer Gefühle urteilen möchten. Die *kognitive* Forschung hat diesen Gesichtspunkt bisher vernachlässigt; sie geht von der Arbeitshypothese aus, daß Urteilsfehler hauptsächlich durch die kognitiven Einflüsse der Wahrnehmung und der sonstigen Verarbeitung von Informationen entstehen. Sie konzentriert sich deswegen auf die oben unter (2) und (3) genannten Einflußgrößen. Über empirische Befunde unterrichten *Nisbett* und *Ross* (1980) sowie *Wyer* und *Carlston* (1979).

Zusammenfassend:

> Überlegte, rationale Urteile unterliegen subjektiven Einflüssen.

Diese Einflüsse sind bereits bei der Darstellung des Wahrnehmungsprozesses sichtbar geworden, beispielsweise bei der Beurteilung eines Produktes in Abhängigkeit vom emotionalen Umfeld (Beispiel: Beurteilung eines Autos, das zusammen mit einem erotischen Reiz präsentiert wird).

Ein anderes Beispiel: Ein Konsument will einen schwedischen Mittelklassewagen kaufen. Er beschafft sich Informationen über diese Wagen durch das Lesen von Testzeitschriften und erfährt, daß der *Volvo* aufgrund von Expertenurteilen und einer Leserumfrage besser abschneidet als andere Wagen, auch was die Reparaturanfälligkeit angeht.

Dieser Konsument beschließt nun, den Volvo zu kaufen, aber noch vor dem Kauf hört der Konsument im Bekanntenkreis, daß jemand sehr schlechte Erfahrungen mit einem *Volvo* gemacht habe. Eine Reparatur habe die andere gejagt! Diese vereinzelte Information verändert, statistisch gesehen, die Menge der positiven Informationen über den *Volvo* fast überhaupt nicht. Trotzdem ist damit zu rechnen, daß die nähere Umweltinformation den Konsumenten stark beeinflußt und von seinem positiven Urteil abbringt. Der Konsument läßt sich dann von einer *einzelnen,* sehr konkreten und persönlich gewonnenen Information *ohne statistisches Gewicht* mehr beeindrucken als von der abstrakten, statistisch abgesicherten Information (vgl. dazu auch *Freedman, Sears* et al., 1981, S. 160).

Die *Fehleinschätzung* von statistischen Daten und ganz allgemein von Wahrscheinlichkeiten gehört zu den typischen Verzerrungen subjektiver Wahrnehmung. Weitere Quellen von Fehlschlüssen ergeben sich daraus, daß leicht verfügbare und persönlich gewonnene Informationen eher zur Urteilsbildung herangezogen werden als schwer verfügbare und externe Informationen.

Außerdem unterlaufen dem Individuum bei der subjektiven Einschätzung von Kausalbeziehungen ganz erhebliche Irrtümer. Diese Einschätzungen werden als Kausalattributionen bezeichnet und von den Attributionstheorien ausführlich untersucht.

Attributionen als Psycho-Logik: Nach den kognitiven Theorien ist davon auszugehen, daß Menschen ein Bedürfnis haben, Ursachen für ein Verhalten zu suchen und das Verhalten kausal zu erklären. Da die Ursachen für das Verhalten selten offenkundig sind, müssen sie aus den vorliegenden Informationen erschlossen werden. Dabei folgt angeblich auch der „Mann auf der Straße" subjektiven rationalen Regeln, fast so wie ein Wissenschaftler Kausalbeziehungen untersucht (*Kelley*, 1978, S. 218 ff.).

Zunächst ein einfaches Beispiel: Ein Konsument sieht, daß ein Freund, dessen Sachkenntnis er schätzt, ein Produkt kauft und schließt: „*Wenn* mein sachkundiger Freund dieses Produkt kauft, *dann* muß das Produkt gut sein." Attributionstheorien beschäftigen sich also mit subjektiven Ursache-Wirkungs-Wahrnehmungen. Sie beschreiben „vergleichsweise rationale Prozesse der Informationsverarbeitung im Alltagsdenken" (*Herkner*, 1991, S. 285). Bevorzugtes Anwendungsgebiet der Attributionstheorien ist die Wahrnehmung von Personen einschließlich der Selbstwahrnehmung.

Da die Attributionstheorien interessante Einsichten in die subjektive Psycho-Logik liefern, gehen wir kurz auf die für das Verstehen von Konsumenten relevante Attributionstheorie von *Kelley* und auf einige Folgerungen für die Produktbeurteilung ein.[1]

Nach der Attributionstheorie von *Kelley* (vgl. insbesondere *Kelley*, 1973, deutsch 1978) werden die Ursachen für ein Verhalten (1) in den Eigenschaften von Personen, (2) in Umweltreizen und (3) in den besonderen Handlungsumständen eines Zeitpunktes gesucht. Beispiel: Jemand beobachtet, daß ein Restaurantbesucher ein bestimmtes Gericht bestellt. Die Ursachen dafür können im ausgefallenen Geschmack des Besuchers (Personenattribution), in der besonderen Qualität des Gerichtes (Reizattribution) oder in den Empfehlungskärtchen auf den Tischen (Umständeattribution) gesucht werden.[2]

Welcher Grund aus der Vielzahl der in Frage kommenden Gründe für ein Verhalten ausgewählt und akzeptiert wird, hängt von den psycho-logi-

---

[1] Zur Einführung in die Attributionstheorie vgl. *Hewstone* und *Antaki* (1992) sowie *Freedman, Sears* et al. (1981, S. 127 ff.). Deutschsprachige Darstellungen bieten *Heckhausen* (1980), der Sammelband von *Herkner* (1980), *Debler* (1984), *West-Wieklund* (1985, insb. S. 139 ff.), *Weiner* (1988, S. 217 ff.) und *Niemeyer* (1993).

[2] Gründe werden aber nicht nur aus dem Verhalten anderer, sondern auch aus dem eigenen Verhalten abgeleitet. In der Attributionstheorie von *Kelley* wird im übrigen zwischen einmaligen Beobachtungen (Informationen) und wiederholten Beobachtungen unterschieden; vgl. *Kelley* (1978, S. 212 f., 227 ff.).

schen Schlußverfahren ab, die das Individuum anwendet. Die wichtigste Regel dabei ist die „Zusammenhangsregel" *(Kovariationsregel):* „Eine Wirkung wird derjenigen Ursache aus der Menge möglicher Ursachen zugeschrieben, mit der sie über die Zeit hinweg kovariiert" *(Kelley,* 1978, S. 216). Danach kommt es also darauf an, welche Zusammenhänge zwischen Verhalten und möglichen Ursachen vom Individuum *subjektiv* wahrgenommen werden.

Wie genau ein Grund von mehreren Gründen einem Verhalten aus der Sicht des attribuierenden Individuums zugeordnet wird, ist davon abhängig, (1) wie deutlich sich ein wahrgenommener Grund für das Verhalten von anderen Gründen (auch emotional) abhebt, (2) wie stark (auch im motivationalen Sinne) die Übereinstimmung der eigenen Ansicht mit den Äußerungen von anderen Personen ist und (3) wie konsistent ein Zusammenhang über einen Zeitraum hinweg wahrgenommen wird. Diese Zuordnungsregeln, die das Ergebnis von emotionalen, motivationalen und kognitiven Prozessen sind, werden anschaulicher, wenn wir nun einige Beispiele zum Konsumentenverhalten betrachten.[3]

Beispiele zur Konsistenz mit den Äußerungen von anderen Personen: Wenn andere Personen ein Produkt loben, so neigt der Konsument dazu, dem Produkt gute Eigenschaften zu attribuieren, auch wenn die eigenen Erfahrungen mit dem Produkt mal schlecht sind. Oder: Wenn eine Person einen Vortrag nicht versteht, und andere loben den Vortrag, so wird diese Person die Gründe für das unzureichende Verständnis eher bei sich selbst als beim Vortrag suchen. Wir können das auch so ausdrücken: „Wenn ein unzufriedener Konsument erfährt, daß andere Konsumenten zufrieden sind, so gibt es eine Tendenz, die eigene Unzufriedenheit einem anderen Grund, aber nicht dem Produkt selbst, zuzuordnen" *(Zaltman* und *Wallendorf,* 1979, S. 431).

Daraus können Folgerungen für die Kommunikationspolitik der Anbieter, aber auch für die Verbraucherpolitik, abgeleitet werden. So kann eine Werbung, die sich glaubwürdig auf das Urteil einer „Mehrheit" beruft, unter bestimmten Umständen die Produktbeurteilung einer Person sogar dann positiv beeinflussen oder zum Guten wenden, wenn diese mal unangenehme Erfahrungen mit dem Produkt gemacht hat.

Voraussetzung dafür, daß die Qualität einer Marke (eines Produktes) als *Ursache* für ein Kaufverhalten betrachtet wird, ist eine eindeutige Unterscheidbarkeit der Marke von anderen Marken.[4] Erst dadurch wird es in vernünftiger Weise möglich, die Markenqualität als Grund für den Markenkauf anzunehmen. Andernfalls wird eine andere Attribuierung nahegelegt. Beispiel: Wenn eine Marke keine besonderen Eigenheiten aufweist, ordnet

---

[3] *Debler* (1984, S. 9) beklagt, daß motivationale und emotionale Aspekte in der Regel als „Fehlattributionen" behandelt werden, obwohl Kognition und Bewertung (Emotion, Motivation) prinzipiell aufeinander bezogen sein müßten.

[4] Eine weitere Voraussetzung für die hier vorliegende Reizattribution ist zeitliche Konsistenz der Wahrnehmungen zwischen Markenwahl und Markeneigenart. Bei Einmalwahrnehmung gelten Modifikationen; vgl. *Kelley* (1978); *Herkner* (1991, S. 286 ff.); siehe auch *Kardes* (1988).

der Konsument seine Zufriedenheit mit der Marke eher der gesamten Produktklasse (und nicht der speziellen Marke) zu.[5]

In diesem Zusammenhang haben wir stets das *beobachtbare* Verhalten gegenüber dem Produkt und die daraus *abgeleitete* Produktbeurteilung zu unterscheiden:

Konsumenten entscheiden sich oft spontan oder mit unvollständiger kognitiver Kontrolle für ein Produkt (= beobachtbares Verhalten). Erst hinterher werden aufgrund subjektiver Attribuierung dem eigenen Verhalten oder dem Verhalten von anderen Personen logisch stringente Gründe zugeordnet.

Die tatsächlichen Ursachen des beobachtbaren Verhaltens und die subjektiv zugeordneten Gründe haben oft nichts miteinander zu tun! Die nachträgliche und subjektive Zuordnung von Gründen hat wiederum Rückwirkungen auf das zukünftige Verhalten: Zum Beispiel kann der einem spontanen Kaufverhalten nachträglich zugeordnete Grund „renommierter Hersteller" zum Wiederholungskauf dieses Produktes führen und damit später tatsächlich zur Ursache für das Verhalten werden.

Über das Ausmaß der „Entkoppelung" von kognitiver Produktbeurteilung und tatsächlichem Verhalten gegenüber dem Produkt ist noch relativ wenig bekannt. Tatsache ist, daß das Verhalten häufig nicht kognitiv gelenkt wird und daß dem Verhalten erst später vernünftige Gründe wie „gute Produktqualität" oder „renommierter Kundendienst" oder „umweltfreundliches Produkt" untergeschoben werden. Dieser Sachverhalt dürfte für die Marktforschung beunruhigend sein, da es schwierig ist, nachträgliche „Rationalisierungen" zu ermitteln.[6]

Die Kritik an der Attributionstheorie richtet sich vor allem darauf, daß ihre Erklärungen die gedanklichen Aktivitäten der Konsumenten überschätzen. Viele Beurteilungen laufen *„gedankenlos"* ab, nach festgelegten Denkmustern und nicht aufgrund einer so umfassenden kognitiven Einsicht, wie sie von den Attributionstheorien unterstellt wird (*Herkner*, 1981a, S. 332).

Vereinfachung durch Denkschablonen: Wir verarbeiten in den meisten Fällen eingehende Informationen mittels eines Schemas, das heißt, wir verarbeiten sie mehr oder weniger automatisch nach schablonenhaften Denkmustern. Beispiele: Wir schließen von einem Personeneindruck automatisch auf einen anderen und bedienen uns dabei bekannter Klischees (vgl. *Abbildung 67*):

---

[5] Aufgrund dieser Erkenntnis wurden in der Konsumentenforschung Strategien entworfen und getestet, wie man eine Marke präsentiert, damit die Konsumenten der Marke „gute Produktqualität" attribuieren; vgl. mit weiteren Literaturangaben *Zaltman* und *Wallendorf* (1983, S. 469).
Zur weiteren Anwendung der Attributionstheorie in der Konsumentenforschung vgl. *Weinberg, Konert* et al. (1982); *Kardes* (1988); *Folkes* (1988, 1991) und *Niemeyer* (1993).

[6] Gerade psycho-logische Beurteilungsprozesse bedürfen eines kombinierten Einsatzes von Beobachtungen und psychologischen Befragungstechniken.

Der eifrige Studierende: hart arbeitend, blaß, verbissener Gesichtsausdruck, gewissenhaft, sauber angezogen, arbeitet auch in den Ferien, verbringt viel Zeit in der Bibliothek, gibt die Seminararbeiten pünktlich ab, liest mehr als die angegebene Literatur, schreibt in den Vorlesungen jedes Wort mit, schwänzt nie, bekommt gute Noten, hat wenig gesellschaftlichen Umgang.

Trendy-Typ: reich, aus der Mittelschicht, sehr modisch gekleidet, kommt aus den Vorstädten des Ostens, gepflegte Sprache, Frauen sind geschminkt, enge Designer-Jeans, fährt Sportwagen, macht Europareisen, besucht häufig Diskos und Restaurants, fährt Ski, ist ehrgeizig, elitär, geht in die Cafeteria.

Feministin: hat links orientierte Anschauungen, freimütig, unattraktives Äußeres, trägt Women's Lib-Abzeichen, verkauft feministische Literatur, ist aggressiv, herausfordernd, trägt Overalls.

Fauler Hänger: schmuddelig, unordentlich, sitzt nur seine Zeit ab, gelangweilt, apathisch, liegt in der Sonne, arbeitet so wenig wie möglich, schwänzt Vorlesungen, fällt durch Prüfungen, weiß nicht, warum er überhaupt an der Uni ist, versucht, andere für sich arbeiten zu lassen, ist gleichgültig gegenüber anderen.

Radikaler: schmuddeliges Äußeres, protestiert häufig, trägt Overalls oder provozierende Klamotten, verteilt Flugblätter auf dem Campus, trägt Abzeichen, organisiert Protestmärsche, ist freimütig, laut, meistens links, lebt in Wohngemeinschaften, aggressiv.

Abbildung 67: Beurteilung von Studierenden nach einem Personenschema

Anmerkung: Auszug aus einer Beschreibung von 16 Studierendentypen (nach den stereotypen Vorstellungen einer befragten Gruppe von Universitätsstudenten in den USA) nach *Forgas* (1983, S. 158 f.).

Aus Untersuchungen weiß man, daß bei der Produktbeurteilung solche Eindrücke eine wichtige Rolle spielen, die nicht direkt gewonnen, sondern mit Hilfe von kognitiven Schemata aus den aufgenommenen Informationen *abgeleitet* werden. Dabei werden Produkteigenschaften, die man nicht wahrnehmen kann (über die keine Informationen vorliegen), aus einem vorhandenen Produktschema ergänzt.[7]

Dabei sind Bildinformationen besonders wirksam. Sie können über vorhandene visuelle Produktschemata Eindrücke über das Produkt auslösen, die stärker sind als Eindrücke, welche *direkt* in verbaler Form dargeboten werden.

Die schematische Informationsverarbeitung hat erhebliche *Vorteile:* Sie ermöglicht es dem Individuum, mit einer ungeheuren Anzahl von eingehenden Informationen schnell und wirksam fertig zu werden, ohne viel nachdenken zu müssen.

Andererseits stellt sie eine dauernde *Gefahr* für die Wahrnehmung dar, weil sie nicht auf den realen einzelnen Fall, auf eine spezielle Situation, zugeschnitten ist. Die Informationen werden vielmehr unabhängig davon nach einem gleichbleibenden Raster verarbeitet, oder sie werden erst gar nicht aufgenommen, weil sie nicht in das vorhandene Denkschema passen. Dadurch kann es im Einzelfall leicht zu Fehlurteilen kommen (*Freedman, Sears* et al., 1981, S. 119).

Das gilt auch für die Produktbeurteilung. Der Konsument ist durch vorhandene Vorurteile und Denkschablonen weitgehend vorprogrammiert: Er

---

[7] Vgl. *Taylor* und *Crocker* (1981) und aus der Konsumentenforschung *Peter* und *Olson* (1992).

schließt vom Preis auf die Qualität, von der Farbe auf die Frische von Nahrungsmitteln, vom Herstellernamen auf die Qualität usw. Diese Formen schematischer Produktbeurteilung werden jetzt erörtert.[8]

b) Einfache Programme: Denkschablonen

Sie sind im wesentlichen dadurch gekennzeichnet, daß der Konsument in einer (kognitiv) *vereinfachenden* Weise von einem Eindruck auf einen anderen schließt und dabei nicht selten subjektiven Denkgewohnheiten und -präferenzen folgt, die schwer durchschaubar und nachvollziehbar sind. Die Beschreibung dieser subjektiven Schlußverfahren läßt viele Fragen offen; viele widersprüchliche Beobachtungen über das menschliche Entscheidungsverhalten sind noch ungeklärt.

Bei vereinfachter – **schematischer** – Produktbeurteilung schließt der Konsument:

● von einem einzelnen Eindruck E_1 auf die gesamte Produktqualität P,
● von einem einzelnen Eindruck E_1 auf einen anderen E_2,
● von der gesamten Produktqualität P auf einen einzelnen Eindruck E_1 oder E_2.

Als *Eindruck* bezeichnen wir elementare Wahrnehmungseinheiten, das sind hier einzelne Produktinformationen oder Produktumfeldinformationen. *Verbalisierte* Eindrücke sind beispielsweise „das Brot ist frisch" oder „dieser Preis liegt über dem Durchschnittspreis" oder „die Produktfarbe ist angenehm". Es kann sich um rein *sachliche* Informationen oder *wertende* Informationen handeln.[1]

Die drei oben angegebenen subjektiven Schlußverfahren können durch Abbildung von *kognitiven Strukturen* (vgl. *Abbildung 68a–c*) veranschaulicht werden. Eine solche kognitive Struktur umfaßt mehrere miteinander verbundene Kognitionen, das sind hier die wahrgenommene Produktqualität (eine komplexe kognitive Einheit) und die einzelnen Eindrücke. Der *erste* Schluß „Eindruck → Produktqualität" läßt sich wie folgt abbilden (*Abbildung 68a*):

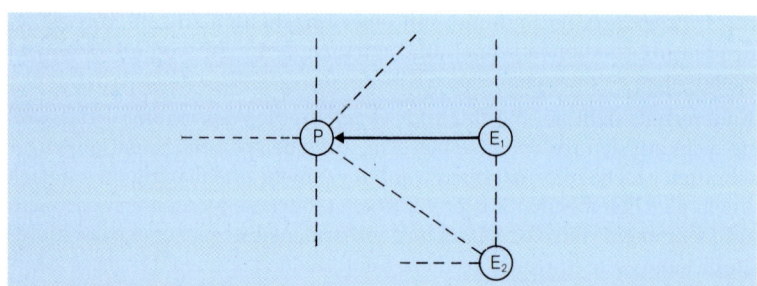

Abbildung 68a: Eindruck → Produktqualität

---

[8] Zur Verwendung von Farbattributionen im schematisierten Sinne vgl. *Heller* (1989).
[1] In der Einstellungsforschung, deren Sprache wir hier folgen, wird auch zwischen „Eindrücken" als „wahrgenommenen Ausprägungen von Produktmerkmalen" und „bewerteten Eindrücken" unterschieden; vgl. *Trommsdorff* (1975, S. 56).

Jeder Kreis gibt eine kognitive Einheit an. Bei der Wahrnehmung eines Produktes entstehen im allgemeinen mehrere, miteinander verbundene *Eindrücke* (E_i), von denen auf die *Produktqualität* (P) geschlossen wird. Diese Eindrücke sind *untereinander* gar nicht oder mehr oder weniger fest verbunden. Die Verbindungen zwischen den kognitiven Einheiten sind für die Messung und Beeinflussung der Wahrnehmung bedeutungsvoll. Sie sind zugleich der Ansatzpunkt, um die Konsistenz der kognitiven Struktur zu erklären.

Die *dicke Linie* gibt die *dominierende* Struktur an, die hier betrachtet wird. Die anderen, gestrichelten Linien verweisen auf weitere kognitive Beziehungen, auf die hier nicht weiter eingegangen wird.

Die weiteren Schlüsse lassen sich nun wie folgt abbilden:

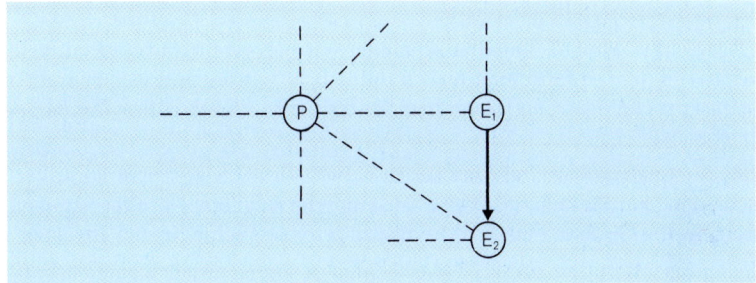

Abbildung 68 b: Eindruck 1 → Eindruck 2

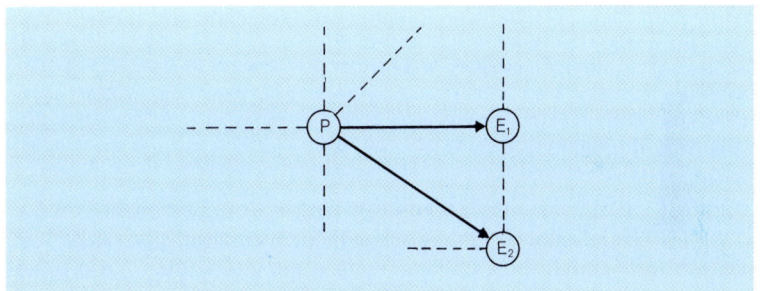

Abbildung 68 c: Produktqualität → Eindrücke

Abbildung 68 a–c: Kognitive Strukturen einfacher Schlußverfahren

Diese Darstellungsweise soll die *Einbettung* einer kognitiven Einheit in ein *System* von Einheiten – in ein übergeordnetes Schema – veranschaulichen. Nun genauer zu den drei Schlüssen:

Das Beurteilungsmuster $E_1 → P$

Durch diesen Schluß von einem *einzelnen* Eindruck auf die *gesamte* Qualität erleichtert sich der Konsument die Qualitätsbeurteilung. Die einzelnen Eindrücke übernehmen die Funktionen von *Schlüsselinformationen* (Schlüsselattributen), die dem Konsumenten die Verarbeitung von weiteren Informationen weitgehend ersparen.[2]

Der vereinfachende Schluß $E_1 \to P$ kann aber auch dazu dienen, eine Produktbeurteilung herbeizuführen, wenn *komplexere* Beurteilungsprogramme *nicht* zu einem befriedigenden Ergebnis geführt haben. Das ist etwa der Fall, wenn der Konsument durch konfliktäre Beurteilung verunsichert ist und dann seinen Konflikt durch Rückgriff auf einen einzelnen Eindruck löst.

Besonders verbreitet sind schematische Schlüsse von *Preis, Markenname, Geschäftsimage* und vom *Qualitätsurteil* einer *Warentestinstitution,* in Deutschland vom Urteil der *Stiftung Warentest,* auf die Qualität. Beispielsweise wird, ohne weitere Qualitätsmerkmale heranzuziehen, vom Namen einer renommierten Firma auf die Qualität eines Vitaminpräparates oder von Schmerzmitteln geschlossen.

Dem Schluß **Preis** $\to$ **Qualität** schenken wir besondere Aufmerksamkeit, weil er in der Literatur ausführlich untersucht wurde[3] und weil er wegen seines psychologischen Hintergrundes bis heute ein reizvolles Thema geblieben ist.

Bei der Analyse von Preiswirkungen haben wir als erstes zwei grundverschiedene Funktionen des Preises auseinanderzuhalten: Der Preis kann einerseits die Qualität eines Produktes, andererseits seine Kosten anzeigen.

Er repräsentiert demzufolge sowohl einen positiven als auch einen negativen Produktnutzen.[4]

Wir beschäftigen uns hier mit der Wirkung des Preises als Qualitätsindikator. Zum Preis als Qualitätsindikator kann folgende allgemeine Hypothese formuliert werden:

> In bestimmten Wahrnehmungssituationen schließt der Konsument vom wahrgenommenen Preis auf die Produktqualität.[5]

Zunächst ein altbekanntes, inzwischen klassisches Experiment von *McConnell* (1968a): Er bot 60 studentischen Biertrinkern drei *„Biermarken"* an, die sich *nicht* durch die Qualität, sondern nur durch ihre Preise unter-

---

[2] Ob ein wahrgenommenes Merkmal eine Schlüsselinformation ist, wird zweckmäßigerweise aufgrund einer mehrdimensionalen Messung angegeben: der Markenname ist *mehr* oder *weniger* ein komplexes Schlüsselmerkmal, das ein Markenschema aktiviert (zu einem Meßkonzept vgl. *Weinberg,* 1981).

[3] Vgl. *Riesz* (1980); *Rexeisen* (1982); *Monroe* (1982); *Shugan* (1984); *Diller* (1985); *Zeitham* (1988) sowie *Obermiller* (1988) und mehrere andere Beiträge in *Houston* (1988); *Burton-Lichtenstein* (1990) mit einigen weiteren Literaturangaben. Neuere Beiträge stammen von *Dawar* und *Parker* (1994); *Lichtenstein* und *Ridgway* (1993) sowie *Rao* und *Bergen* (1992).

[4] Man kann auch sagen: Der Preis hat eine Indikator- sowie Entgeltfunktion für die Produktqualität.

[5] Die neuere Forschung geht dazu über, statt allgemeine Preiswirkungen nachzuweisen, die Bedingungen zu spezifizieren, unter denen der Preis dazu benutzt wird, auf die Qualität zu schließen; *Obermiller* (1988, S. 304).

schieden. Das Bier wurde mit drei neutralen Etiketten versehen (L, N, P) und mit *verschiedenen Preisen* ausgezeichnet. Die Versuchspersonen hatten mehrere Wochen lang Gelegenheit, die „Biermarken" zu probieren. Nach Ablauf der Versuchszeit wurden sie gebeten, die Bierqualität nach typischen Biereigenschaften (mittels Adjektiven mit positivem oder negativem Wertsinn wie tangy, rich, flavored oder biting, watery) zu beurteilen und außerdem eine allgemeine *Qualitätseinschätzung* abzugeben. Nach beiden Messungen stellte sich heraus, daß die subjektive Qualitätswahrnehmung signifikant von der Preishöhe abhängig war. *Abbildung 69* gibt einige experimentelle Ergebnisse wieder.

Kritik am *Experiment:* Die mögliche Kritik an der – nicht repräsentativen – Stichprobe und an Mängeln des Designs fällt hier nicht ins Gewicht, weil die Ergebnisse mit den Ergebnissen vergleichbarer Experimente konsistent sind.[6]

Wichtig ist dagegen ein Einwand gegen die ganze Gruppe von derartigen Experimenten, der die *künstliche* Probiersituation betrifft: Man wird die dominante Rolle des Preises für die Qualitätsbeurteilung darauf zurückführen müssen, daß *andere* Eindrücke, von denen der Konsument auf die Qualität schließen kann, durch das experimentelle Design *ausgeschlossen* wurden. Solche anderen Qualitätsindikatoren können das Image des Geschäftes, in dem das Bier gekauft wird, oder auch die Markenbezeichnung sein. Sie können an die Stelle des Preises treten oder seinen Einfluß *erheblich* modifizieren (vgl. etwa *Venkataraman,* 1981, und *Obermiller,* 1988, S. 304).

Einschätzung der Bierqualität (durch wertende Adjektive)	Biermarke mit		
	höchstem Preis	mittlerem Preis	niedrigstem Preis
positiv	93	73	57
negativ	71	82	101

Abbildung 69: Die Wahrnehmung der Qualität in Abhängigkeit vom Preis

Anmerkung: Die Zahlen geben die Nennungen von Eigenschaftswörtern pro Biermarke wieder (n = 477).

Quelle: McConnell (1968a, S. 441).

Zur *Erklärung* der Preis-Qualitäts-Beziehung sind zwei grundlegende Fragen zu beantworten, (1) *warum* richtet der Konsument überhaupt seine Auf-

---

[6] Die Tatsache, daß *mehrere* Produkte (Produktausfertigungen) gleichzeitig beurteilt wurden, entspricht durchaus der hier verfolgten Fragestellung zur Beurteilung *einzelner* Produkte, denn auch bei einer einzelnen Produktbeurteilung ist meistens die *gedankliche* Gleichzeitigkeit von mehreren Produkten gegeben. Zu einer Kritik (Reanalyse der Daten), die sich vor allem gegen die in der Tabelle nicht wiedergegebenen Angaben zur allgemeinen Qualitätseinschätzung des Bieres richtet, vgl. *Riesz* (1980) sowie die Erwiderung von *McConnell* (1980).

merksamkeit auf eine einzelne Information, um damit die Qualität zu bestimmen sowie (2) was geht in ihm vor, d. h., wie sieht sein internes *Verarbeitungsprogramm* aus?

Zur ersten Frage: Der Konsument bevorzugt für seine Produktbeurteilung klar abgehobene und identifizierbare Produktmerkmale. Sind diese nicht vorhanden (z. B. bei sehr einfachen Produkten), oder ist die Produktbeurteilung aus anderen Gründen für ihn schwer durchzuführen (z. B. bei sehr komplexen Produkten), so neigt der Konsument dazu, von einem dominanten Einzeleindruck (hier: Preis) auf die Gesamtqualität zu schließen. Man kann dieses Verhalten auch als „kognitive Entlastung" des Konsumenten sehen. Der Konsument vermeidet, wenn er nicht dazu motiviert ist, extensiv zu entscheiden, den gedanklichen Aufwand für eine genauere Produktbeurteilung und greift dann auf Denkschablonen bzw. auf einfache heuristische Schlüsse zurück (*Peter* und *Olson*, 1992; *Weinberg* 1981).[7]

Die nächste Frage betrifft die Denkprogramme, die hinter dem Schließen vom Preis auf die Qualität stehen. Zwei kognitive Muster sind hervorzuheben:

● Der Preis hat einen *Voraussagewert* für die Qualität, der auf *konkrete* frühere *Erfahrungen* mit dem Produkt zurückgeht. Der Konsument weiß, daß er dieses oder jenes Produkt am sichersten nach dem Preis beurteilen kann.[8]

● Der Preis löst eine kognitive *Dissonanz* aus, die durch die Produktbeurteilung reduziert wird: Nach dem im Konsumenten vorhandenen Wahrnehmungsschema müssen sich Preis und Qualität entsprechen. Nimmt er bei gleicher wahrgenommener Qualität einen höheren Preis wahr, so entsteht Dissonanz, die er durch die höhere Qualitätsbeurteilung ausgleicht (*McConnell*, 1968a, S. 442; *Venkataraman*, 1981).

Um *Mißverständnisse* zu *vermeiden*: Der Schluß vom Preis auf die Qualität ist etwas anderes als der Schluß vom Preis auf ein *anderes* Qualitätsmerkmal. Beispiel: Der Preis gibt indirekt den Prestigewert des Gutes an und bestimmt aus *diesem* Grund bei sozial auffälligen Produkten die Qualitätswahrnehmung (hier lautet der Schluß: Preis → anderer Einzeleindruck → Qualitätsurteil).

Das *Marketing* wird von den vorliegenden Untersuchungen darauf hingewiesen, daß der Preis – auch wenn er nicht dominantes Merkmal der Qualitätsbestimmung ist – die Qualitätswahrnehmung generell beeinflußt und unter bestimmten Bedingungen[9] für das Unternehmen zu einem wichtigen Instrument der (Produkt-)Imagegestaltung wird. Die daraus folgenden Im-

---

[7] Unsere Begründung zur Preis-Qualitäts-Beurteilung entspricht dem Argument in der Literatur, der Preis werde dann als Qualitätsindikator benutzt, wenn die Qualitätsbestimmung schwierig sei (geringe Unterscheidbarkeit der Produktqualitäten). Es gibt aber noch andere Wahrnehmungssituationen, in denen der Konsument auf den Preis zurückgreift, vgl. *Simon* 1992, S. 609ff.).

[8] Ohne den Begriff Voraussagewert zu benutzen, erklären auch *von Rosenstiel* und *Ewald* (1979), Bd. II, S. 70) die Indikatorwirkung des Preises in diesem Sinne.

[9] Vgl. dazu mit weiteren Angaben über die Bedingungen, unter denen mit positiven Preis-Qualitäts-Beziehungen zu rechnen ist, *Burton-Lichtenstein* (1990).

plikationen für das Marketing werden von *Simon* (1992) und auch von *Johnson* und *Kellaris* (1988) erörtert.

Als nächste Schlüsselinformation für den Schluß $E_1 \rightarrow P$ sind *Gütebezeichnungen* zu nennen, die der Konsument in Form von Siegeln, Testurteilen, Produktklassifikationen usw. sieht. Obwohl es sich um einzelne Merkmale eines Produktes handelt, wirken sie wie *vor-gefertigte* Produkturteile, die der Konsument oft unbesehen übernimmt, um die gesamte Produktqualität zu beurteilen.

Der Schluß von einer sprachlichen Gütebezeichnung auf die Qualität geht nicht selten auf einen *Sprachrealismus* des Konsumenten zurück: Sprachliche Etiketten werden für bare Münze genommen und prägen die Wahrnehmung des Produktes.

Beispiel: Die dem Konsumenten unbekannten und, wie sich neuerdings herausgestellt hat, zum Teil schädlichen Chemikalien von Kosmetikmitteln werden auf der Verpackung *Aufbaustoffe* genannt. Diese Benennung und der Hinweis, daß das Produkt nur in Apotheken erhältlich ist, führen dazu, daß das Kosmetikmittel vom Konsumenten von vornherein in die Klasse der gesundheitsfördernden Produkte eingereiht wird. In der Wahrnehmung der Konsumenten *sind* die Stoffe des Kosmetikmittels aufgrund einer verbalen Deklaration tatsächlich „Aufbaustoffe" (zu weiteren Beispielen *Kroeber-Riel* und *Meyer-Hentschel*, 1982, S. 158 ff.).

Die kognitive Bequemlichkeit des Konsumenten wird auch angesprochen, wenn dem Konsumenten gesetzlich geschützte oder vertrauenswürdige *Produktklassifikationen* wie Handelsklasse A, 1. Wahl usw. geboten werden. Er erhält dann leichte Möglichkeiten, ohne weitere Informationsverarbeitung auf die Produktqualität zu schließen.

Hierzu gehören auch die Qualitätsurteile der *Stiftung Warentest,* die sich die Konsumenten in erheblichem Umfang zunutze machen (*Silberer*, 1978 a). Diese Qualitätsurteile sollen eigentlich den Konsumenten über „objektivierbare Merkmale des Nutz- und Gebrauchswertes von Waren und Leistungen" unterrichten (Satzung der *Stiftung Warentest*) und das *Informationspotential* des Konsumenten bei der Produktbeurteilung *vergrößern.*

Die Benutzung der Qualitätsurteile durch den Konsumenten entspricht aber durchaus nicht immer dieser verbraucherpolitischen Absicht. Vielmehr kann man unterstellen, daß Konsumenten die Qualitätsurteile der *Stiftung Warentest* häufig als verläßliche und bequeme *Schlüsselinformationen* wahrnehmen, die ihnen eine weitere Informationsverarbeitung einschließlich des Lesens der den Qualitätsurteilen zugrunde liegenden Testberichte ersparen. Mit anderen Worten: Der Schluß vom *pauschal* übernommenen Testurteil auf die Produktqualität *ersetzt* dem Konsumenten eine eigene Produktbeurteilung. Der Konsument hält sich lieber an die Empfehlungen der *Stiftung Warentest* aus Berlin, als sich selbst Gedanken über die Produktqualität zu machen.

Das Beurteilungsmuster $E_1 \rightarrow E_2$

Der Schluß von einem Eindruck auf einen anderen (vgl. *Abbildung 68 b*) kann durchaus auf logischen Ableitungen beruhen. In diesem Fall handelt es sich stets um einen *induktiven* Schluß, beispielsweise um einen Analogieschluß, auf den sich der Konsument stützt. Er kann aber auch aufgrund von subjektiven Eindrucksverknüpfungen auf eine logisch nicht begründbare Weise zustande kommen.

Die zuletzt genannten subjektiven Eindrucksverknüpfungen werden in der (Gestalt-)Psychologie unter dem Stichwort Irradiation erörtert. Darunter versteht man, allgemein gesprochen, „das Ausstrahlen und Hineinwirken von einem Bereich (der Wahrnehmung) auf einen anderen" (*Pelzer, 1971, S. 232*). Wir haben diesen Sachverhalt bereits im Zusammenhang mit den Wirkungen der Produktumfeldinformationen beschrieben: Das emotionale Erleben eines neben dem Auto abgebildeten Mädchens wirkt sich auf die Wahrnehmung der Eigenschaften des Autos aus. *Beispiele* für Irradiationen:

Es wird von E_1	geschlossen auf E_2
1. Art des Verpackungspapiers	Frische des Brotes
2. Farbe	Wohlgeschmack von Speiseeis
3. Geruch	Reinigungskraft eines Reinigungsmittels
4. Stärke der Rückholfeder des Pedals	Beschleunigungsvermögen des Autos
5. Material der Flaschenausstattung	Geschmack von Weinbrand
6. Farbe	Streichfähigkeit von Margarine
7. Farbe der Innenlackierung	Kühlleistung des Eisschranks

Diese Irradiationen sind nach *Spiegel* (1970, S. 134) *um so stärker:*

- je diffuser und weniger ausgegliedert der Eindruck E_2 ist, auf den geschlossen wird,

- je weniger thematisch der Eindruck E_1 ist, von dem beim Schluß ausgegangen wird,

- je mehr die beiden Eindrücke E_1 und E_2 erlebnismäßig miteinander verknüpft sind.

Diffuse und wenig ausgegliederte Eindrücke sind etwa der *Geschmack* oder der *Geruch* eines Produktes. Sie sind schwer identifizierbar. Dazu gehören auch allgemeine Qualitätskriterien wie Eleganz, Solidität, Komfort usw.

Von Rosenstiel und *Neumann* (1982, S. 85) machen darauf aufmerksam, daß unter der Irradiation theoretisch heterogene Sachverhalte zusammengefaßt werden. Aufgrund der unzureichenden Möglichkeiten zur Erklärung von Irradiationserscheinungen wird es notwendig, für den *praktischen* Einzelfall Vermutungen über die bei den Konsumenten auftretenden Schlüsse $E_1 \rightarrow E_2$ aufzustellen und sie empirisch im einzelnen zu überprüfen.

Das *Marketing* macht sich die Irradiation zunutze – vor allem dann, wenn die Qualitätswahrnehmung eines Produktes schwierig ist – und wird nach abgehobenen Indikatormerkmalen bzw. nach deutlich erkennbaren *Signaleigenschaften* suchen, an denen die Wahrnehmung des Konsumenten ansetzen kann.

Alles in allem lernt man aus diesen Erkenntnissen, daß „die Eindrucksbildung ein ganzheitlicher Prozeß ist, in dessen Verlauf bestimmte ,zentrale'

Merkmale einen unverhältnismäßig großen Einfluß gewinnen und zu Kristallisationspunkten für jegliche weitere Information (über den Gegenstand) werden" (*Forgas*, 1994, S. 55).

Das Beurteilungsmuster P → E₁, E₂

Ist ein Urteil über die Gesamtqualität gebildet worden, so beeinflußt dieses wiederum die Wahrnehmung von einzelnen Eigenschaften. Dieser *Halo-Effekt* ist in allen Bereichen menschlicher Urteilsfindung zu beobachten:

Das gleiche Lächeln eines Mannes wird bei negativer Einstellung zu diesem Mann als „gemein" oder „ironisch", bei positiver Einstellung als „gewinnend" oder „freundschaftlich" wahrgenommen.

Nach psychologischer Erklärung steht hinter dem Halo-Effekt das Streben nach kognitiver Konsistenz. Wenn jemand einen Gegenstand gut beurteilt, so neigt er auch dazu, einzelne Eigenschaften dieses Gegenstandes, die er nicht wahrnimmt und die in gar keinem Zusammenhang mit der bisherigen Einschätzung stehen, ebenfalls positiv einzuschätzen (*Beckwith, Kassarjian* et al., 1978; *Forgas*, 1994, S. 61 ff.).

c) Komplexe Programme: kognitive Algebra

Wir beschäftigen uns jetzt mit Beurteilungsprozessen, die wesentlich *systematischer* und „rational" durchschaubarer sind als die im vorigen Kapitel dargestellte subjektive Informationsverarbeitung. Das sind Beurteilungen und Entscheidungen, denen der Konsument mehr Mühe und Aufmerksamkeit zuwendet, bei denen er relativ *vernünftig* vorgeht und sich mehr so verhält, wie es den Modellen der Entscheidungstheorie entspricht. Sie lassen sich deswegen auch eher in *Modelle* fassen (vgl. auch *MacInnis, Nakamoto* et al., 1992).

Die Modelle über die Produktbeurteilung gehen von der Hypothese aus, daß sich die wahrgenommene Produktqualität aufgrund einer systematischen Wahrnehmung von einzelnen Produkteigenschaften bildet; anders gesagt: Die Beurteilung eines Produktes setzt sich aus mehreren *Teilurteilen* zusammen. Sie kann in die allgemeine Formel gefaßt werden:

$$P_{ij} = f\,(E_{ij1}, E_{ij2}, \ldots, E_{ijn})$$

P_{ij}: wahrgenommene Qualität des Produktes j für den Konsumenten i

E_{ijk}: Eindrücke k des Konsumenten i von den einzelnen Eigenschaften von Produkt j
(k = 1, …, n).

Derartige Modelle werden **Multiattributmodelle** genannt, nach der Vielzahl von Produkteigenschaften (Attributen), die bei der Beurteilung berücksichtigt werden. Sie sollen eine bei der Produktbeurteilung benutzte „kognitive Algebra" der Konsumenten abbilden.

Die Eindrücke E_{ijk} sind Wahrnehmungseinheiten, wie wir sie im vorigen Kapitel kennengelernt haben. Allerdings müssen wir jetzt genauer zwischen *sachlichen* Eindrücken („das Auto hat vier Türen") und *wertenden* Eindrücken („eine angenehme viertürige Karosserie") unterscheiden. Das Gesamturteil läßt sich nur dann aus einzelnen Eindrücken ableiten, wenn diese Wertungen einschließen. Wir haben es also stets mit wertenden Eindrücken (Teilurteilen) E_{ijk} zu tun, denn aus bloß sachlichen – nicht wertenden – Eindrücken (wie das Auto hat vier Türen, 100 PS, eine grüne Farbe usw.) läßt sich lediglich eine Produktbeschreibung ableiten, aber kein positives oder negatives Urteil.

Es gibt mehrere Arten von Beurteilungsmodellen (vgl. *Bettman, Johnson* et al., 1991, S. 38 ff.; *Weinberg*, 1981, S. 64 ff.). Sie lassen sich für das Konsumentenverhalten folgendermaßen gliedern:

Bei einem *alternativenweisen* Vorgehen kann man mehrere Beurteilungsmodelle bzw. Entscheidungsregeln heranziehen:

- *Dominanzprinzip:* Man wählt die Alternative, die wenigstens bei einem Attribut positiver als die übrigen Alternativen beurteilt wird, wobei die übrigen Attribute bei allen Alternativen gleich bewertet werden.
- *Konjunktive Regel:* Die gewählte Alternative muß auf jedem Attribut einen kritischen Wert erreichen. Durch Anhebung des kritischen Wertes kann der „evoked set" sukzessiv verringert werden, bis eine Alternative übrigbleibt.
- *Disjunktive Regel:* Hier setzt der Entscheidende hinreichende Kriterien für alle Attribute fest und wählt eine Alternative, wenn sie für mindestens ein Attribut den kritischen Wert erfüllt (Gegenstück zur konjunktiven Regel).

Für ein *attributweises* Vorgehen empfiehlt man vor allem folgende zwei Entscheidungsregeln:

- *Lexikographische Regel:* Kennt man die wichtigste Produkteigenschaft, so wählt man die Alternative, die dieses Attribut am besten erfüllt. Bei vergleichbaren Alternativen wendet man diese Regel auf die zweitbeste Eigenschaft an usw.
- *Attributweise Elimination:* Alle Alternativen, die einen bestimmten Wert des wichtigsten Attributes nicht erreichen, werden eliminiert. Das Entscheidungskriterium kann so lange auf andere Attribute ausgedehnt werden, bis eine Alternative verbleibt.

Nach den *kompensatorischen* Modellen kann der Nachteil eines Eindruckes durch den Vorteil eines anderen kompensiert werden, beispielsweise kann ein Weniger an Bequemlichkeit des Autos durch ein Mehr an Wirtschaftlichkeit ausgeglichen werden. Das ist bei *nicht-kompensatorischen* Modellen nicht der Fall. So wird z. B. beim konjunktiven Modell unterstellt, daß der Konsument von allen Eigenschaften eines Produktes einen bestimmten Qualitätsstandard verlangt; wird nur eine Eigenschaft diesem Standard nicht gerecht, so kann dies durch die Werte einer anderen Eigenschaft nicht mehr ausgeglichen werden. Das Ergebnis ist dann ein negatives Urteil über das gesamte Produkt.

Kompensatorische Modelle werden nachfolgend etwas genauer dargestellt. Die Funktionsweise der nicht-kompensatorischen Modelle wird später im Zusammenhang mit den Modellen zur Produktauswahl in Kapitel D beschrieben. Von den kompensatorischen Modellen sind *linear-additive Modelle* besonders verbreitet. Sie haben die Grundform

$$P_{ij} = \sum_{k=1}^{n} E_{ijk}$$

Sie gelten als klassische Typen der *Multiattributmodelle*. An dieser Stelle ist daran zu erinnern, daß derartige Modelle sowohl in der Wahrnehmungsforschung als auch in der Einstellungsforschung zu finden sind. In der Wahrnehmungsforschung bilden sie den aktuellen Vorgang einer Produktbeurteilung (Wahrnehmung) bei Darbietung eines Produktes ab, in der Einstellungsforschung geben sie eine gespeicherte Produktbeurteilung (= verfestigte Wahrnehmung) wieder.

Multiattributmodelle lassen sich einsetzen, um Produktbeurteilung oder Einstellung zu ermitteln.

Der Ausdruck E_{ijk} zeigt, wie erwähnt, einen wertenden Eindruck an. Solche wertenden Eindrücke können sich *spontan* bei der Betrachtung eines Produktes bilden. Beispiel: Wenn der Konsument auf einer Verpackung die Aufschrift „Vitamingehalt" liest, so wird er im allgemeinen unmittelbar, ohne weitere Überlegungen, einen positiven Eindruck von dieser Produkteigenschaft bekommen. Es ist aber auch möglich, daß der positive Eindruck eines Produktmerkmals in *zwei Schritten* zustande kommt: Zuerst nimmt der Konsument einen Sachverhalt wahr (das Produkt enthält Vitamine), dann wertet er diesen Sachverhalt (das bedeutet Gesundheit und ist wichtig).

In fast allen Multiattributmodellen werden die Eindrücke E_{ijk} nicht als unmittelbar wahrgenommene Einheiten betrachtet, sondern als Ergebnis einer *getrennten* sachlichen Wahrnehmung (hoher Vitamingehalt) und einer zusätzlichen Beurteilung bzw. Wertung (das ist gut). Der Ausdruck E_{ijk} wird dann in zwei *Komponenten* zerlegt, in einen sachlichen Eindruck (kognitive Komponente) und in einen wertenden Eindruck (motivationale Komponente).

Das Schema dieser Eindruckszerlegung sieht also wie folgt aus:

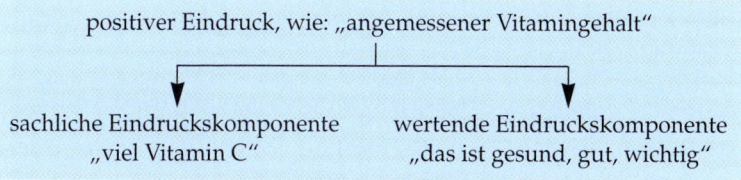

Ob beim Anblick eines Produktes der Eindruck „angemessener Vitamingehalt" als einheitliche Assoziation entsteht oder ob der Konsument tatsächlich erst den Vitamingehalt feststellt und dann wertet, ist eine *empirische* Frage, die nicht generell beantwortet werden kann, weil es auf die jeweilige Wahrnehmungssituation ankommt. Die in den Modellen abgebildete getrennte Bewertung *(Zwei-Komponenten-Betrachtung)* hat für das *Marketing* den Vorteil, daß man Informationen über das Zustandekommen der einzelnen Teilurteile bekommt, beispielsweise darüber, ob ein negatives Teilurteil über den Vitamingehalt des Produktes auf die sachliche Wahrnehmung des Vitamingehaltes zurückgeht („wenig Vitamine") oder auf eine negative Wertung („viele, aber unwichtige Vitamine").

Als Beispiel für ein linear-additives Modell der Produktbeurteilung geben wir nachfolgend ein einfaches und für die Marketingforschung *praktikables* Modell wieder: Die zur Produktbeurteilung addierten Eindrücke werden dabei wie folgt gemessen: Zuerst wird der sachliche Eindruck (wahrgenommene Ausprägung einer Produkteigenschaft) gemessen, und dann wird dieser Eindruck gewichtet.[1]

Das Gewicht gibt an, wie wichtig diese Eigenschaft für den Konsumenten ist. Darin liegt eine indirekte Wertung, denn die Wichtigkeit soll zum Ausdruck bringen, wie stark die Motive (Bedürfnisse) sind, die von einer Eigenschaft angesprochen werden. Werden durch eine Eigenschaft stärkere Motive (Bedürfnisse) befriedigt, so wird diese Eigenschaft vom Konsumenten auch höher bewertet. Das Modell hat die Form:

$$Q_{ij} = \sum_{k=1}^{n} x_{iJk} \, y_{ijk}$$

Dabei bedeuten:

Q_{ij} = Qualitätsurteil des Konsumenten i über die Marke j
x_{iJk} = Wichtigkeit der Eigenschaft k für Konsument i am Produkt J
y_{ijk} = Ausprägung der Eigenschaft k an der Marke j, beurteilt durch Konsument i (j ∈ J)

Die folgenden Angaben zur Messung und Berechnung der Produktbeurteilung sind einer Untersuchung von *Behrens, Weinberg* et al. (1978) über die Qualitätsbeurteilung von Waschmitteln (neben anderen Produkten) entnommen.

Messung von x_{iJk}:
Vor der Formulierung der Fragen, durch welche die Wichtigkeit der einzelnen Produkteigenschaften ermittelt wurde, mußte festgestellt werden, welche Eigenschaften üblicherweise für die Beurteilung der Produkte verwendet werden. Dies geschah in der vorliegenden Untersuchung durch

---

[1] Das dargestellte Modell wird als „Modell mit *indirekter* Motivgewichtung" bezeichnet, weil die Bedeutung der angesprochenen Motive nicht direkt, sondern nur indirekt über die *Gewichte* erfaßt wird. Es ist von einem Modell *Rosenbergs* (1956, 1960) mit direkter Motivgewichtung abgeleitet und von *Weinberg, Behrens* et al. (1976) für die Produktbeurteilung modifiziert worden.

Analyse schriftlicher Quellen (Werbetexte, Testberichte) und durch Befragung in einem Pretest. Für jedes Produkt wurden über zwanzig Eigenschaften gefunden, von denen fünf Eigenschaften nach einem Spontanassoziationstest als wichtigste Eigenschaften ermittelt und ausgewählt werden konnten.

Die Pretests zeigten außerdem, daß Antworten, die man mit Hilfe von Rating-Skalen erhielt, die Wichtigkeit von Produkteigenschaften nicht hinreichend differenzierten (weil die extremen Antworten überwogen). Daher wurde ein Konstantsummen-Verfahren angewendet. Die Konsumenten hatten eine vorgegebene Anzahl von Punkten je nach empfundener Wichtigkeit auf die vorgegebenen Produkteigenschaften zu verteilen.

Messung von y_{ijk}:
Um die von den Konsumenten wahrgenommene Ausprägung der vorgegebenen Eigenschaften bei den einzelnen Marken zu messen, konnten Rating-Skalen verwendet werden. Die Messung erfolgte einpolig auf einer Rating-Skala mit fünf Punkten:

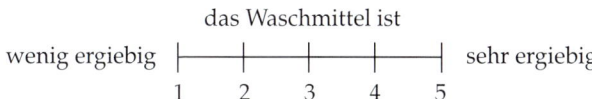

das Waschmittel ist

wenig ergiebig ├────┼────┼────┼────┤ sehr ergiebig

1   2   3   4   5

Berechnung von Q_{ij} für drei Vollwaschmittelmarken:

Eigenschaft	Wert für X_{iJk}	Wert für y_{ijk}			Wert für $x_{iJk} \cdot y_{ijk}$		
		Marke S	Marke F	Marke W	Marke S	Marke F	Marke W
Wäschepflege	3	3	4	5	9	12	15
Geruch	2	5	3	1	10	6	2
Reinigungskraft	4	3	4	5	12	16	20
Ergiebigkeit	2	3	4	5	6	8	10
Frische	4	3	2	5	12	8	20
				Q_{ij}	49	50	67

Validierung von Q_{ij}:
Die berechneten Qualitätsmaße Q_{ij} wurden wie folgt validiert: Die inhaltliche Gültigkeit der *errechneten* Qualitätsmaße wurde mit direkt *erfragten* Qualitätsurteilen im Sinne eines externen Validitätskriteriums korreliert. Zu diesem Zweck wurden mittels Rating-Skalen globale Qualitätsurteile je Marke ermittelt. Das errechnete Qualitätsmaß korrelierte mit dem direkt erfragten Qualitätsurteil hoch signifikant mit etwa 0,70.

Das benutzte Modell von *Weinberg, Behrens* et al., (1976) ist als Übergang zu einer ebenfalls weitverbreiteten Gruppe von linear-additiven Beurteilungsmodellen aufzufassen, die zum *Fishbein*-Modelltyp gehören. Zwei dieser Modelle – das *Fishbein*- und das *Trommsdorff*-Modell – werden im Kapitel über Einstellungsmessung beschrieben. Die dabei benutzten Meßverfahren gehen aus *Abbildung 70* hervor; sie faßt die Gliederung der wichtigsten linear-additiven Produktbeurteilungsmodelle zusammen.

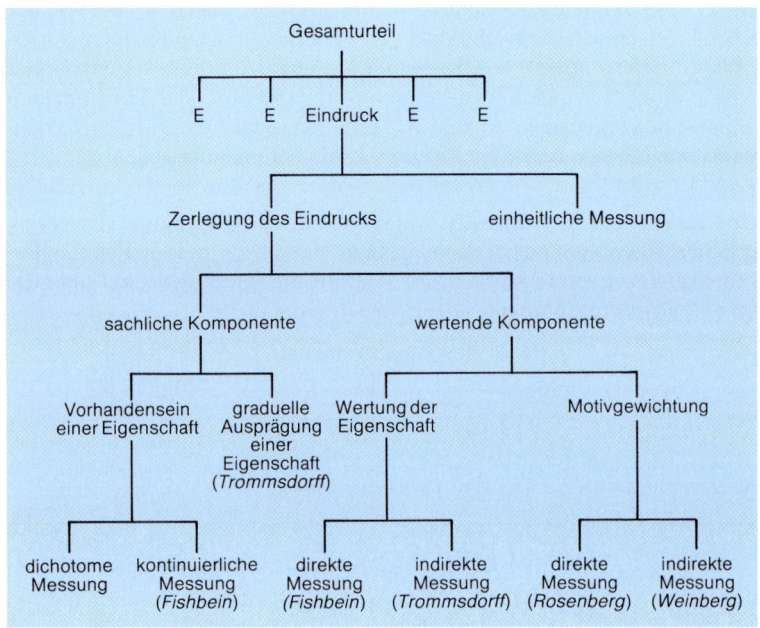

Abbildung 70: Ordnung linear-additiver Produktbeurteilungsmodelle nach dem x gewählten Kompositionsverfahren

Anmerkung: Die Gesamtbeurteilung des Produktes wird additiv aus den Einzeleindrücken E_i berechnet. Die Modelle unterscheiden sich hauptsächlich danach, wie die sachlichen Eindruckskomponenten und die wertenden Eindruckskomponenten gemessen werden. Die Schlüsselfragen dazu lauten: Welche Produkteigenschaften werden wahrgenommen, wie werden diese Eigenschaften gewertet?

Zur Modellbeurteilung:

Die linear-additiven Modelle bilden klare und *einfach* durchschaubare Informationsverarbeitungsprozesse des Konsumenten ab. Sie formulieren keine zu großen Erwartungen an die Informationsverarbeitungsfähigkeit. Durch die Nichtberücksichtigung von Konfliktwirkungen auf die Beurteilung (Ambivalenz bei stark positiv *und* stark negativ bewerteten Eigenschaften eines Produktes) wird allerdings wie in der klassischen Nutzenarithmetik von einer wichtigen *Verhaltensdeterminante* abstrahiert.

Grundlegende Fragen bei der Beurteilung der linear-additiven Modelle beziehen sich auf die *multiplikative* Verknüpfung der Eindruckskomponenten (Multiplikationsannahme) sowie auf die *Addition* der Eindrücke zum Gesamturteil (Additionsannahme). Die *Additionsannahme* wird zwar ab und zu in Frage gestellt („das Ganze ist mehr als die Summe seiner Teile"), aber alles in allem sprechen die vorliegenden Untersuchungen zur Validierung (meist mittels eines Außenkriteriums wie bei *Weinberg, Behrens* et al., 1976) der additiven Modelle dafür, diese Annahme beizubehalten.

Die Zahl der in die Urteilsbildung eingehenden Eindrücke (meist nur wenige und unter fünf) ist natürlich von der *Wahrnehmungssituation* abhängig.[2] Produktbeurteilungen, bei denen der Konsument besondere Probleme sieht, sind im allgemeinen extensiver und umfassen *mehr* Einzeleindrücke. Eine solche extensivere Beurteilung liegt unter anderem vor, wenn sich unter den vom Konsumenten wahrgenommenen Produktalternativen einige von schlechter und nicht akzeptabler Qualität befinden oder eine innovative Beurteilungssituation vorliegt.

Die geringe Zahl der in die Produktbeurteilung eingehenden Eindrücke macht auf ein zentrales Problem bei der praktischen Umsetzung der Modelle aufmerksam: Es ist die Ermittlung der beurteilungsrelevanten Eigenschaften. Eine Methode, diese Eigenschaften zu erfahren, besteht darin, die Konsumenten zu einem Produkt (Produktnamen) Eigenschaften assoziieren zu lassen: Zuerst assoziierte Eigenschaften (salient beliefs) scheinen bevorzugt zur Produktbeurteilung herangezogen zu werden.

Eine weitere *methodische Entwicklung* zur Bestimmung von Qualitätsurteilen für Produkte mit unterschiedlichen Eigenschaften betrifft die Verbundmessung („Conjoint Measurement").

Die Verbundmessung (Conjoint Measurement) dient insbesondere der Erleichterung der empirischen Datenerhebung und der richtigen Gewichtung der Produkteigenschaften im Rahmen des Gesamturteils. Das Verfahren gleicht in der Datenerhebung der multidimensionalen Skalierung (MDS), deren Anwendung für die Einstellungs- und Wahrnehmungsmessung u. a. *Hammann* und *Erichson* (1994, S. 140ff.) und *Nieschlag, Dichtl* et al. (1994, S. 828ff.) sowie *Trommsdorff* (1981) beschreiben.

Im einzelnen: Gehen wir einmal davon aus, die für die Beurteilung eines Produktes maßgebenden Eigenschaften seien bekannt. Nach den bisher beschriebenen Methoden werden die Teilurteile über diese Eigenschaften gemessen und zu einem Gesamturteil zusammengerechnet. Das ist nur mit großem Erhebungsaufwand möglich und kann, wie später noch gezeigt wird, zu systematischen Fehlern führen. Nach der Verbundmessung genügt es, nur die Präferenzen für die einzelnen Produkte zu erfragen. Das ist relativ einfach, weil die Leute nur angeben müssen, ob sie das Produkt A dem Produkt B vorziehen, Produkt B dem Produkt C usw. Das Ergebnis einer solchen Messung sind ordinale Daten.

Kurz: Aus empirisch erhobenen globalen Urteilen über multiattributive Alternativen lassen sich die partiellen Beiträge einzelner Attribute zum Zustandekommen des Globalurteils ermitteln. Ordinalskalierte Präferenzurteile werden in intervallskalierte Teilpräferenzwerte für die einzelnen Merkmalsausprägungen transformiert und die Gobalurteile auf ein metri-

---

[2] Zur Modellierung von entscheidungsrelevanten Alternativen vgl. *Nedungadi* und *Kanetkar* (1992) und zur empirischen Relevanz *Hulland* (1992).

sches Skalenniveau angehoben (*Nieschlag, Dichtl* et al., 1994, S. 828 f.; vgl. auch *Backhaus, Erichson* et al. ,1994, 9. Kapitel). Die Verbundmessung ermöglicht es also, einfach ermittelte Gesamturteile zu *dekomponieren* und auf rechnerischem Weg den Anteil der Einzelurteile (Eindrücke) am Gesamturteil zu erfahren.

Verbraucherpolitische Aspekte: Wenn Warentesturteile dem Konsumenten geeignete Informationen für seine Beurteilung liefern sollen, müssen sie auf seine Informationsverarbeitungsprogramme (auf seine kognitive Algebra) abgestimmt sein. Um das zu beurteilen, ist zunächst die Entstehung von Warentesturteilen zu klären.

Die *Stiftung Warentest* versteht unter der Qualität die „Gebrauchstauglichkeit" von Produkten. Messen läßt sich diese über einzelne Produkteigenschaften:

$$Q_j = \sum_{k=1}^{n} x_{jk} \cdot y_{jk}$$

Q_j = Qualitätsurteil eines Konsumenten über die Marke j (wahrgenommene Zweckeignung der Marke j)

x_{jk} = Wichtigkeit der Eigenschaft k an der Marke j

y_{jk} = „objektivierte" Ausprägung der Eigenschaft k an der Marke j

Die Auswahl der Produktmerkmale, Prüfmethoden und Gewichtungsfaktoren spiegelt überwiegend die subjektive Meinung der Gutachter wider. Konsumentenurteile über die Qualität von Produkten gehen meist nur indirekt in das Qualitätsmaß mit ein. Insofern spiegelt das Qualitätsmaß der *Stiftung Warentest* nicht unbedingt die Qualitätsauffassung von Konsumenten wider, sondern dient beim Kauf als Orientierungshilfe. So gesehen, erfüllen die Qualitätsmaße der *Stiftung Warentest* eine normative Funktion (vgl. *Weinberg, Behrens* et al., 1976).

Beispiel: „**Deodorants**" (test 1/94) beurteilt nach Verpackung (30%), praktische Prüfung (25%) und Wirksamkeit (45%). Die Prozentzahlen geben die Gewichtung der Teilurteile bei Berechnung des Gesamturteils an. Die am stärksten ins Gewicht fallende „Wirksamkeit der Deodorants" wurde an 80 Prüfpersonen (Männer und Frauen) ermittelt, welche die Deos insgesamt acht Wochen lang (mit dazwischengeschalteten Pausen) benutzten. „Je eine Achselhöhle wurde deodoriert, die andere blieb zum Vergleich unbehandelt. Vier Geruchsprüfer beurteilten die Deowirksamkeit", indem sie „sieben Stunden nach Auftragen des Deos an der behandelten und der unbehandelten Achsel schnüffelten".

„**Haarshampoos**" (test 4/93) beurteilt nach Verpackung (15%), Umweltverträglichkeit (20%), praktische Prüfung (55%) und Hautverträglichkeit (10%). Die Prozentzahlen geben die Gewichtung der Teilurteile bei Berechnung des Gesamturteils an. Die am stärksten ins Gewicht fallende praktische Prüfung der Haarshampoos erfolgte an je 12 Probanden, indem „ein friseurtechnischer Anwendungstest" durchgeführt wurde. Die Haare wurden sechsmal in zwei Wochen mit je 3 ml Shampoo jeweils einmal gewaschen. Zwei Friseurinnen beurteilten während und nach den Wäschen folgende Kriterien: Verteilbarkeit, Anschäumvermögen, Schaumbildung und -beschaffenheit, Gefühl an den Händen, Auswaschbarkeit, Naßkämmbarkeit, Griff naß und trocken, Glanz, antielektrostatische Wirkung, Fülle, Frisierwilligkeit, Beschwerung, Fettigkeit des Haares u. a.

Zur *Problematik* der Testurteile: Das durch Teilbewertung zustande gekommene Urteil weist den gleichen grundsätzlichen Mangel auf wie die Ergebnisse der Summationsmodelle: Ein Produkt kann nicht nur als eine Zusammenfassung von einzelnen, ausgewählten Merkmalen gesehen werden.

Hinzu kommt eine ganz *spezifische* Testproblematik: Beschränkt sich die Beurteilung auf die Bewertung von *objektiv* nachweisbaren Produkteigenschaften, so fallen wichtige immaterielle, nur *subjektiv* erlebbare Produktmerkmale wie Schönheit des Designs, soziale Auffälligkeit oder Geschmack unter den Tisch. Die Praxis des Warentests zeigt, daß dies zutrifft: Der Warentest konzentriert sich auf die Beurteilung von solchen Produkteigenschaften, die man mit naturwissenschaftlich-technischen Testmetho-

Qualitätskriterien	Auto	Kühl-schrank	Mikrowellen-herd	Anzug	Stereo-anlage	Fahrrad	Joghurt
Technische Produktionseigenschaften Haltbarkeit, Sicherheit, Stand der Technik, Verträglichkeit, Frische, Reparaturanfälligkeit	●	●	●●	●	●●	○	○
Emotionale Produkteigenschaften Design, Marken-, Unternehmensimage, Innovation, Verpackung	●●	—	—	●	●	●	●
Preis Anschaffungspreis, Preissegment, Betriebskosten, Wiederverkaufswert, Finanzierungskonditionen	○	●	●	●	●	○	●●
Service Vor dem Kauf: Produktinformation, beim Kauf: Beratung, Atmosphäre nach dem Kauf: Kundendienst, Garantieleistung	●●	●	●	●●	●	●	——
Lieferfähigkeit Prompte Lieferung, Einhalten von Terminen	—	●	●	●●	●	●	●●
Umweltfreundlichkeit Energieverbrauch, Material, Entsorgung	●	●●	——		○	○	○
Individualisierung Individuelle Planung und Gestaltung	●●	—	—	●●	●	●	——
Produktbegleitendes Ambiente Kundenclubs, Schaffung einer Infrastruktur zur Nutzung, Wettbewerbe, begleitende Informationen	○	○	●	●	●●	○	——
Behandlung von Beschwerden Anlaufstelle für und Behandlung von Beschwerden	●	○	●	—	●	●	
Einkaufsstätte Erlebnishandel, Beratungszentrum, Versandhandel	●	○	○	●	●	○	—

●● = außerordentlich wichtig ● = sehr wichtig ○ = wichtig — = weniger wichtig —— = nicht wichtig

Abbildung 71: Qualitätskriterien, in die technische Gebrauchseigenschaften und subjektive Produkterlebnisse einbezogen werden

Anmerkung: Die Qualität wird für jedes Produkt anders gewichtet, berücksichtigt subjektives Produkterlebnis (wie Beschwerdebehandlung oder Einkaufserlebnisse) und ändert sich je nach Zielgruppe.

Quelle: DM 2/1992, S. 60

den oder zumindest intersubjektiv vergleichbar überprüfen kann. Ein gutes Beispiel für Testberichte – hier aus der Zeitschrift *DM* – die sowohl technische Eigenschaften als auch subjektiv erlebte Eindrücke ausweisen, bietet *Abbildung 71.*

Zur fallweise unzureichenden Konsumentennähe der Testurteile der *Stiftung Warentest* trägt auch die von den Konsumentenmeinungen weitgehend unabhängige, durch *Experten* beschlossene Auswahl der getesteten Produkteigenschaften bei. Demzufolge ist festzustellen, „daß die *Stiftung Warentest* in ihren Beurteilungen einige Produkteigenschaften manchmal nicht berücksichtigt, die den Konsumenten wichtig erscheinen" (*Weinberg, Behrens* et al., 1976, S. 27). Diese Kritik gilt auch noch heute.

IV. Speicherung von Informationen

1. Zum Menschenbild in der Konsumentenforschung

In diesem Kapitel geht es um das Lernen und um Gedächtnisprozesse. Die Theorien des Lernens sind zentrale Theorien zur Erklärung des menschlichen Verhaltens. Es ist deswegen auch verständlich, wenn gerade auf diesem verhaltenswissenschaftlichen Gebiet die Auseinandersetzungen um diese oder jene Theorie mit weltanschaulich beeinflußten Argumenten geführt werden.

Für die Verhaltenswissenschaften ist es keine Frage mehr, daß das menschliche Verhalten durch die *Wechselwirkungen* von ererbten Anlagen *und* von Umwelteinflüssen geprägt wird. Gleichwohl gibt es bis heute eine Kontroverse, welche Determinanten stärker sind: Die „Milieutheoretiker" bestehen darauf, daß die Umwelteinflüsse dominieren; die „Erbtheoretiker" meinen, das Verhalten sei zum überwiegenden Teil vom genetischen Erbgut des Menschen bestimmt.

Obwohl die *Erbforschung* aufgrund ihrer empirischen Untersuchungen eine Vielzahl von weitgehend gesicherten Hypothesen erarbeitet hat, werden diese Forschungsergebnisse von den *Milieutheoretikern* oft ungern zur Kenntnis genommen oder durch bloße Ad-hoc-Vermutungen entkräftet. Aber auch viele Erbtheoretiker sind gern bereit, die Erkenntnisse der Lerntheoretiker herunterzuspielen. Wie erbittert und emotional die Auseinandersetzungen zwischen Milieutheoretikern und Erbtheoretikern geführt wurden, hat *Zimmer* (1974) in einer populären Artikelserie beschrieben. Derzeit hat der Streit merklich nachgelassen, vielleicht auch unter dem Eindruck des Zusammenbruches sozialistischer Gesellschaftsordnungen vor wenigen Jahren.

Die Blickeinengung der Verfechter der extrem milieutheoretischen und extrem erbtheoretischen Positionen wird man nicht zuletzt auf *ideologische* Haltungen zurückführen können, die dem einzelnen Wissenschaftler nicht bewußt zu sein brauchen, die aber als verbreitete Hintergrundwertungen in die wissenschaftliche Arbeit einfließen:

Die Anhänger *demokratischer* und vor allem revolutionärer Weltanschauungen verteidigen die Meinung, das menschliche Verhalten sei in einem kaum beachtenswerten Umfang durch seine Erbanlagen bestimmt, im übrigen aber durch die Umwelt formbar. Das dahinterstehende *Erkenntnisinteresse* liegt auf der Hand: Die sozialen Unterschiede werden bei dieser Betrachtungsweise als Wirkungen von sozialen Einflüssen hingestellt, deren Beeinflußbarkeit es ermöglichen soll, derartige Unterschiede abzubauen und *Gleichheit* zwischen den Menschen herzustellen. Die Formbarkeit des Menschen durch Lernen soll auch sicherstellen, daß für revolutionäre Gesellschaftsentwürfe „neue", „bessere" Menschen projektiert werden können. Natürliche, erblich bedingte und schwer veränderliche Eigenarten der Menschen, insbesondere wenn sie Unterschiede des sozialen Verhaltens und der sozialen Hierarchie begründen, passen schlecht in dieses weltanschauliche Konzept.

Auf der anderen Seite neigen Personen mit mehr konservativer Einstellung und Anhänger *autokratischer* Systeme dazu, die Bedeutung der Erbanlagen für das menschliche Verhalten herauszustellen und zu betonen. Auch hier ist das *Interesse* offensichtlich: Bestehende politische Verhältnisse sollen mit dem Hinweis auf die von Natur aus gegebenen Veranlagungen der Menschen und die letztlich darauf zurückzuführenden gesellschaftlichen Einrichtungen und Schichten gerechtfertigt werden. Die Ausstattung der gesellschaftlichen Elite mit Privilegien wird als Ergebnis der *erblich* bedingten sozialen Unterschiede interpretiert.

In den letzten Jahren scheint sich eine problembewußtere Haltung durchzusetzen. Nachdem bei uns in den letzten Jahrzehnten *Umwelteinflüsse* und *Lernvorgänge* die psychologische Forschung und vor allem das Interesse der Öffentlichkeit beschäftigen (das ist u. a. auch als Reaktion auf die biologisch-rassistischen Ansichten im Nationalsozialismus zu verstehen), wird in *zunehmendem* Maße das *Ererbte* im Menschen berücksichtigt. Die vermittelnde Position unterstellt, daß das Erbgut den Menschen mit einem Verhaltenspotential ausstattet, das durch Lernprozesse entwickelt und ausgefüllt wird. Es geht also nicht um „Erbe kontra Umwelt", sondern um notwendige *und* hinreichende Bedingungen menschlichen Verhaltens.

Leider haben wir über die *erbbedingte* Verhaltensprägung im *Konsumbereich* fast keine empirisch fundierten Arbeiten. Sonst wüßten wir vielleicht unter anderem, wie Kaufsucht entsteht oder welche Persönlichkeitsmerkmale unsere Kaufneigungen steuern. Die Konsumentenforschung ist jedoch primär naturwissenschaftlich-empirisch orientiert. Wir müssen uns deswegen lerntheoretischen Erörterungen zuwenden, weil wir dazu einschlägige empirische Befunde vorliegen haben.[1]

2. Elemente des Lernprozesses

Der **Lernbegriff:** Wenn wir die Vielzahl der Lernbegriffe betrachten, so schält sich ein begrifflicher Inhalt heraus, der weitgehend Zustimmung fin-

---

[1] Zum Menschenbild in der Konsumentenforschung vgl. *Behrens* (1991, S. 15 ff.).

den dürfte: Lernen wird als eine Veränderung des Verhaltens angesehen, die auf *Erfahrung* (Übung) beruht. Ein Induviduum hat eine Situation erlebt, also Erfahrungen mit dieser Situation gesammelt und reagiert dadurch anders als vorher. Lernen kann man demgemäß definieren als eine relativ dauerhafte Verhaltensänderung, die als Ergebnis von Erfahrungen eintritt. Davon abzugrenzen sind Verhaltensänderungen aufgrund von *gewaltsamen* Eingriffen in den Organismus und *biologisch* bedingte Verhaltensänderungen, zum Beispiel Verhaltensänderungen nach Amputation eines Organs oder nach biologischen Reifeprozessen.

Konstituierend für das Lernen ist also eine *Umweltkonstellation,* in der sich das Individuum befindet. Das Individuum nimmt die Reize (Stimuli, Signale, Informationen) der Umwelt auf und verarbeitet sie. Es ist nun eine Frage der *Sprachregelung,* ob man die beobachtbaren Verhaltensänderungen, die auf diese Reizverarbeitung zurückgehen, als Lernen bezeichnet, oder den nicht beobachtbaren Prozeß der Informationsverarbeitung, durch den das Lernen zustande kommt. Im letzteren Falle wird Lernen als ein intervenierender, psychischer Vorgang und die Verhaltensänderung als Folge dieses Vorganges betrachtet. Solche Definitionen des Lernens trennen demzufolge Lernen und Ausführung („performance"): Lernen muß nicht unmittelbar zu Verhaltensänderungen führen, sondern kann als veränderte Verhaltens*möglichkeit,* als eine Erweiterung des individuellen *Verhaltensrepertoires* aufgefaßt werden. Davon ist die Umsetzung dieses Repertoires in tatsächliches Verhalten zu trennen.

Aufgrund dieser Sicht des Lernvorganges läßt sich der Lernbegriff breiter definieren als

> relativ überdauernde Änderung einer Verhaltensmöglichkeit aufgrund von Erfahrung oder Beobachtung.

Stimuli (Reize): Aus der Menge aller Reize bzw. Stimuli wirken auf den Menschen zwangsläufig nur solche, die er durch seine Sinnesorgane aufnehmen kann. Hier erhebt sich die Frage, ob von diesen Stimuli nur diejenigen wirksam sind, die er kognitiv verarbeitet, also bewußt wahrnimmt, oder auch Stimuli, die ohne Bewußtseinskontrolle aufgenommen werden (Problem des nicht-bewußten Lernens).

Die Reize, die man als „ursächlich" für die Auslösung einer Reaktion ansieht, können nicht losgelöst von der gesamten *Reizsituation* betrachtet werden, in der sie auftreten. Die gesamte Reizmenge läßt sich aufteilen in:

● die dominanten, unmittelbar reaktionsauslösenden Reize,
● die sonstigen, für das Verhalten nicht relevanten Reize,
● den gesamten Reizkontext (Reizsituation im weitesten Sinne).

Die Reizsituation können wir wiederum unter zwei verschiedenen Aspekten betrachten, von den dargebotenen Reizen her oder vom reizaufnehmenden Organismus bzw. Individuum her: Die Reaktion des Individuums auf einen Reiz, z. B. auf ein Produkt, kann ganz unterschiedlich sein, je nachdem, *wie* es dargeboten wird – etwa zusammen mit anderen Produkten, in einem ruhigen Geschäft oder in einem überfüllten und lauten Selbstbedienungsladen – und *wie empfänglich* (aufmerksam, depriviert) der Organismus für diese Reize gerade ist.

Selbst relativ einfache Reiz-Reaktions-Folgen lassen sich aufgrund dieser Multivalenz eines Reizes in verschiedenen Situationen nicht ohne weiteres analysieren. Zu jeder Beschreibung des Lernprozesses mit Hilfe von Reiz-Reaktions-Folgen gehört deswegen eine genauere *Operationalisierung* der verhaltensauslösenden *Reize*. Da oft nur die dominanten, unmittelbar reaktionsauslösenden Reize beschrieben werden, muß man sich die implizit mitbeeinflussende Reizsituation vergegenwärtigen, wenn man Fehlinterpretationen vermeiden will.

Reaktionen: Die für die Untersuchung des Konsumentenverhaltens relevanten *Reaktionen* sind ebenfalls äußerst *komplexe* Einheiten. Man denke nur an so komplexe Verhaltensweisen wie den Besuch eines Restaurants. Eine solche Verhaltensweise besteht aus vielen einzelnen und interdependenten Reaktionen, die von einer nicht mehr zu übersehenden und zudem noch zeitlich verteilten Menge von Stimuli ausgelöst werden.[1] Es kann bei lerntheoretischen Untersuchungen gerechtfertigt sein, von *makroskopischen* und komplexen Verhaltenseinheiten auszugehen. Es ist jedoch problematisch, sich von diesem Standpunkt *durchgehend* abhängig zu machen und die *mikroskopische,* auf elementare Verhaltenseinheiten und Verhaltenssequenzen gerichtete Betrachtungsweise beiseite zu schieben.

Der Kauf eines Getränkes an einem Getränkeautomaten zerfällt in mehrere gelernte Reiz-Reaktions-Beziehungen, die verschiedenen Verhaltensbereichen zuzuordnen sind, u. a. dem Bereich des verbalen Verhaltens (etwa die Reaktion auf die Gebrauchsanweisung des Automaten), des emotionalen Verhaltens (etwa die affektive Reaktion auf das Markensymbol *Coca-Cola*) oder des motorischen Verhaltens (Greifreaktion auf die Wahrnehmung des Produktangebotes). Es spricht nach dem heutigen Stand der Lerntheorien viel dafür, daß die Prozesse in diesen verschiedenen Verhaltensbereichen bzw. Subsystemen des Verhaltens *unterschiedlichen Gesetzmäßigkeiten* folgen. Das bedeutet nicht, daß sie nicht (auch) als einheitliche Verhaltensweisen erklärt werden können. Aber es bedeutet, daß es konkurrierende lerntheoretische Ansätze gibt und daß man – beim heutigen Stand der Lerntheorie – das Verhalten nur *unvollständig* nach einem *einzigen* lerntheoretischen Ansatz erklären kann.

---

[1] Die Komplexität der Reizkonstellationen und der von ihnen bewirkten Reaktionen kommt in dem von *Tolman* (1932) und auch von *Hull* (1952) benutzten Begriff des *makroskopischen* oder molaren Verhaltens zum Ausdruck. Nach der von ihnen geforderten makroskopischen Betrachtungsweise lassen sich auch sehr komplexe Konfigurationen von Reizen und Reaktionen als *Einheiten* der psychologischen Analyse auffassen. Es ist nach ihrer Ansicht weder notwendig noch zweckmäßig, komplexe Einheiten des menschlichen Verhaltens in elementare Wirkungsquanten aufzuspalten und sie mit Hilfe von (elementaren) physikalischen oder physiologischen Maßen abzugrenzen. Ein komplexer Akt des Verhaltens besitzt dieser Meinung zufolge eigene abgehobene Eigenschaften, die man ohne Rückgriff auf die ihnen zugrunde liegenden muskulären, endokrinen oder neuralen Prozesse identifizieren und beschreiben kann (vgl. *Bower* und *Hilgard,* Bd. 2, 1984, S. 88).

Solange eine *umfassende* Lerntheorie *fehlt,* ist es deswegen zweckmäßig, pragmatisch vorzugehen und sich nicht durch bestimmte methodologische Vorentscheidungen – zum Beispiel über die mikroskopische oder makroskopische Abgrenzung von Reiz- und Reaktionseinheiten – zu binden. *Pragmatisch* vorgehen heißt:

> Zur Erklärung des Konsumentenverhaltens sind Bausteine aus verschiedenen Lerntheorien verknüpfbar,

insbesondere aus den *„Miniaturtheorien"*, die wegen des Versagens der großen Systeme heute in der Psychologie vorherrschen und die ihren Geltungsbereich bewußt einschränken. Die verschiedenen Lerntheorien liefern also Beiträge, die oft zur Erklärung des Verhaltens allein nicht ausreichen, aber verbunden mit anderen theoretischen Ansätzen unverzichtbar sind.[2]

Intervenierende Variable: Eine der unterschiedlichen methodologischen Vorentscheidungen in den lerntheoretischen Ansätzen bezieht sich auch auf die Einbeziehung von hypothetischen *Konstrukten,* also von intervenierenden Variablen. Die intervenierenden Variablen werden in den Lerntheorien in verschiedener Weise verwandt. Sie werden:

(1) als *Ergebnis* eines Lernvorganges, nämlich als eine interne Reaktion auf die Umweltreize interpretiert. So werden nach *Tolman* (1932) Erwartungen gelernt – das sind intervenierende Variablen – und von diesen gelernten Erwartungen hängt dann das Verhalten ab.

(2) als *Einflußgrößen* interpretiert, die das Zustandekommen von Lernprozessen erklären helfen. Nach *Hull* (1952) sind z. B. neben den beobachtbaren Stimuli noch Größen wie „Anreizmotivation" oder „Gewohnheitsstärke" an der Auslösung von Reaktionen beteiligt. Abweichend von (1) wird hier die Reaktion und nicht irgendein intervenierender Prozeß als Ergebnis des Lernens angesehen.

Im Gegensatz dazu leiten andere Lerntheorien das Verhalten *unmittelbar* als Reaktion auf beobachtbare Reize ab. Sie beschränken sich also unter Verzicht auf zwischengeschaltete psychologische Konstrukte auf *einstufige S-R-Erklärungen* des Verhaltens. Das ist beispielsweise das Vorgehen der Behavioristen, die in der Tradition von *Skinner* (1973b) stehen. Für sie ist das Verhalten eine Funktion von *externen* Variablen. Für das Verständnis und die Anwendung der Lerntheorien ist die Kenntnis dieser methodologischen Unterschiede unerläßlich.

---

[2] Vgl. dazu *Lefrancois* (1986, S. 220): Da es zahlreiche Arten menschlichen Lernens gibt, besteht auch ein Bedürfnis nach einer großen Anzahl verschiedener Erklärungen.
Als Beispiele für die Verknüpfung mehrerer lerntheoretischer Ansätze zur Erklärung von erworbenen Verhaltensweisen vgl. die Theorie des sozialen Lernens von *Bandura* (1979) und die Umrisse einer integrativen Lerntheorie sozialen Verhaltens von *Wiswede* (1988, 1991 b, S. 114 ff.).

Fassen wir zusammen: Stimuli und Reaktionen sind äußerst komplexe Größen, die in externe, beobachtbare und interne psychische Größen eingeteilt werden können. Selbst für die Erklärung von abgrenzbaren Verhaltensweisen – wie dem Kauf eines Produktes – die als eigenständige Untersuchungsobjekte in Frage kommen, ist es möglicherweise zweckmäßig, einzelne *Subsysteme* von Reiz-Reaktions-Beziehungen zu unterscheiden, da die Lernprozesse in diesen Subsystemen unterschiedlichen Gesetzmäßigkeiten folgen. Eine theoretisch *geschlossene* Erklärung des Verhaltens über alle Subsysteme hinweg ist gegenwärtig noch *nicht möglich*. Man wird sich deswegen mit partiellen Erklärungen begnügen und verschiedene lerntheoretische Ansätze berücksichtigen.

Die möglichen S-R-Verknüpfungen: Wir sprechen einmal vereinfachend von *einem* Stimulus und von *einer* Reaktion. Der Stimulus repräsentiere eine als Wirkungseinheit auftretende Reizkonstellation und die Reaktion eine bestimmte, abgrenzbare Verhaltensweise (Reaktionsmenge).

Ein Individuum, das wiederholt einem bestimmten Stimulus ausgesetzt wird und daraufhin häufiger als vorher in einer bestimmten Weise reagiert, hat nach unserer Sprachregelung *gelernt*. Was hat man aber nun unter einem „bestimmten" Stimulus und unter einer „bestimmten" Reaktion zu verstehen? Sind immer genau die *gleichen* Stimuli und Reaktionen gemeint? Kann es auch sein, daß auf *einen* Stimulus in *unterschiedlicher* Weise reagiert wird und andererseits auf verschiedene Stimuli in der gleichen Weise? Diese verschiedenen Fragen sollen jetzt beantwortet werden. Zu diesem Zweck versuchen wir einmal, die für Lernen und Nicht-Lernen typischen S-R-Verknüpfungen zusammenzustellen (vgl. *Abbildung 72*):

	Reiz	⟶	Reaktion
1. Fall	gleich	⟶	gleich
2. Fall	gleich	⟶	unterschiedlich
3. Fall	unterschiedlich	⟶	gleich
4. Fall	unterschiedlich	⟶	unterschiedlich

Abbildung 72: Mögliche Reiz-Reaktions-Verknüpfungen

Dabei wird angenommen, daß es sich stets um die Verbindung von *einem* Reiz mit *einer* Reaktion handelt. Die Gleichheit oder Unterschiedlichkeit von Reiz und Reaktion ist im Hinblick auf die *zeitliche* Abfolge definiert. „Gleicher Reiz" bedeutet, daß ein Reiz unverändert wiederholt, also zu mindestens zwei Zeitpunkten ohne Änderung dargeboten wird.

Die Reiz-Reaktions-Beziehungen sind *probabilistisch* zu verstehen. Das heißt, daß wir es im ersten Fall nicht mit völlig festen S-R-Schaltungen (Reflexen) zu tun haben, bei denen durch einen bestimmten Reiz immer und immer die gleiche Reaktion ausgelöst wird, sondern mit Wahrscheinlichkeitsschaltungen: Auf einen gleichbleibenden Reiz folgt – nach einem Lernprozeß – mit einer größeren Wahrscheinlichkeit als vorher auch eine bestimmte, gleichbleibende Reaktion.

Der erste Fall „gleicher Reiz → gleiche Reaktion" verkörpert das *typische* Ergebnis eines Lernprozesses. Auf einen bestimmten Reiz erfolgt auch eine bestimmte Reaktion.

Im Gegensatz dazu stehen die Fälle 2 und 3. Die im 3. Fall genannte S-R-Verknüpfung „unterschiedlicher Reiz → gleiche Reaktion" bedeutet, daß das Individuum noch nicht in der Lage ist, auf unterschiedliche Reize in einer spezifischen, also der Reizkonstellation *angepaßten* Weise zu reagieren. Korrespondierend dazu ist auch Fall 2 zu sehen. Hier verknüpft das Individuum mit gleichen Reizen jeweils unterschiedliche Reaktionen und verhält sich damit ebenfalls nicht situationsspezifisch. Die zweite und die dritte Reiz-Reaktions-Verknüpfung verweisen demzufolge darauf, daß Lernen als situationsbedingtes Anpassungsverhalten noch nicht stattgefunden hat.

Unser Schema gibt nur die *dichotomen* Ausprägungen „gleich – unterschiedlich" an. In Wirklichkeit haben wir mit einem **Kontinuum** von Reizen und Reaktionen zu rechnen, in dem Gleichheit und Unterschiedlichkeit Extrempunkte sind. Für die Erklärung von Lernvorgängen sind vor allem die Bereiche des Kontinuums beachtenswert, die ein Mehr oder Weniger von Gleichheit anzeigen. Diese Relation des mehr oder weniger Gleichseins wird als Ähnlichkeit definiert. Produkte sind beispielsweise ähnliche Reize, wenn sie mehr oder weniger gleiche Farben, Größen usw. haben.

Generalisierung: Das Lernen wäre nun ein wenig zweckmäßiger Anpassungsmechanismus, wenn immer nur die *gleichen* Reize eine bestimmte Reaktion auslösen würden und wenn nur wenig abweichende, *ähnliche* Reize vom Individuum jeweils als eine neue Reizkonstellation verstanden würden. Eine Person, die gelernt hat, vor weißen Mäusen Angst zu haben (zu fliehen), wird meistens auch dann Angst haben, wenn sie Mäusen mit einer anderen Fellfarbe oder ähnlich aussehenden Tieren begegnet. Sie reagiert also auf ähnliche Reize in der gleichen Weise. Eine analoge Bedeutung kann auch die Ähnlichkeit von Reaktionen haben: Auf einen gleichbleibenden Reiz wird nicht immer in der gleichen Weise, sondern auf ähnliche Weise reagiert. Diese Erscheinungen nennt man Generalisierung. Wir unterscheiden:

Fall 1: *Stimulusgeneralisierung:*
ähnliche Reize → gleiche Reaktion

Fall 2: *Reaktionsgeneralisierung:*
gleicher Reiz → ähnliche Reaktion

Über die Reaktionsgeneralisierung gibt es verhältnismäßig wenige Untersuchungen. Unser Interesse gilt in erster Linie der Reizgeneralisierung, die auch für die Erklärung des Konsumentenverhaltens wichtig ist.

Bei der **Reizgeneralisierung** wird auf ähnliche Reize reagiert, *als ob* es sich um die gleichen Reize handelt. Das heißt, die Bedeutung eines Reizes wird verallgemeinert (generalisiert) und auf andere Reize übertragen. Auf ähnliche *Produkte* wird reagiert, als ob es sich um das gleiche Produkt handelt, auf inhaltlich oder vom Klang her ähnliche *Wörter,* zum Beispiel Firmennamen, wird reagiert, als ob es sich um das gleiche Wort handelt, auf ähnliche *Kaufsituationen* (z. B. auf einen Verkäufer im Urlaub, der an zu Hause erinnert) wird reagiert, als ob es sich um die gleiche Kaufsituation handelt, usw. Den Begriff der Ähnlichkeit können wird dabei *formal* wie folgt verdeutlichen:

Wir haben eine Stimulusmenge S_1 und eine Stimulusmenge S_2. Ähnlichkeit liegt vor, wenn beide Stimulusmengen gleiche Elemente enthalten, also wenn die Schnittmenge $S_1 \rightarrow S_2$ nicht leer ist. Sollen S_1 und S_2 die gleiche Reaktion auslösen, so muß die Schnittmenge $S_1 \rightarrow S_2$ eine Mindestgröße aufweisen (Mindestähnlichkeit der Reize). Beispiel: Reagiert ein *Konsument* auf die Wahrnehmung des Reizes S_1 (z. B. Coca-Cola-Flasche) bereits mit einer bestimmten Reaktion R (z. B. Durst oder Kauf), so besagt eine Generalisierung, daß bei genügend großer Ähnlichkeit eines anderen Reizes S_2 (z. B. eine Cola-Flasche einer anderen Marke) mit S_1 die gleiche Reaktion (Durst oder Kauf) erfolgt.

Ein für die Erklärung des *Konsumentenverhaltens* besonders aufschlußreiches Beispiel für die Reizgeneralisierung ist die *Nachahmung* von erfolgreichen *Produkten*. Will ein Unternehmer mit neuen Produkten ein auf dem Markt erfolgreiches Produkt nachahmen, so läuft das, lerntheoretisch gesehen, im allgemeinen darauf hinaus, eine Reizgeneralisierung von seiten der Konsumenten für die Absatzpolitik auszunutzen: Die Konsumenten sollen auf das neue Produkt in der gleichen Weise reagieren wie auf das bisher erfolgreiche Konkurrenzprodukt. Voraussetzung dazu ist eine hinreichende *Ähnlichkeit* zwischen den Produkten, damit die Verknüpfung „ähnliche Reize → gleiche Reaktion" erreicht wird. Gelingt das, so müssen nicht erst neue Lernprozesse in Gang gesetzt und neue Reiz-Reaktions-Verbindungen aufgebaut werden: Die bereits gelernten und vorhandenen Reiz-Reaktions-Verbindungen der Konsumenten, nämlich das gelernte Kaufverhalten bezüglich des erfolgreichen Produktes, werden durch Generalisierung auf das neue Produkt übertragen.

Diese Verhaltensweise erklärt auch den Erfolg einer Produktlinienpolitik (Beispiel: Zusätzlich zu einer Seife wird ein Deo mit ähnlicher Aufmachung angeboten) oder die akquisitorische Wirkung bekannter Namen wie Pierre Cardin, die in Lizenz für eine Vielzahl von Produkten benutzt werden (*Schiffman* und *Kanuk*, 1991, S. 197 f.). Reizgeneralisierung ist demzufolge *eine* wesentliche Ursache für die Präferenzbildung:[3]

Der Konsument überträgt Präferenzen, die er erworben hat, auf andere Produkte, die den präferierten Produkten ähnlich sind.

Bei der Ähnlichkeit zwischen Produkten geht es selbstverständlich um eine *wahrgenommene* Ähnlichkeit: Das eine Produkt muß ähnlich wie das andere wahrgenommen werden.

Die Beziehung zwischen der objektiven Ähnlichkeit der Produkte und der

---

[3] Vgl. dazu auch in *Schiffman* und *Kanuk* (1991, S. 197) den Fall „Absolut Wodka" gegen „Icy Wodka": Durch Gerichtsbeschluß wurde Icy ein Auftritt untersagt, der dem Auftritt von Absolut ähnlich ist.

Reaktion der Kosumenten läßt sich durch *Abbildung 73* darstellen. Mit wachsender physischer Unterschiedlichkeit zwischen den Produkten (d. h. mit zunehmender Produktabweichung) wird die Generalisierung – dargestellt durch einen Generalisationsgradienten – geringer. Der *Generalisationsgradient* drückt die Beziehung zwischen der Ähnlichkeit von Reizen und der Reaktionsstärke (Reaktionswahrscheinlichkeit) aus.

Beachtenswert ist noch der Zusammenhang von Reiz-Generalisierung und *Übungstransfer.*

Unter Übungstransfer (positivem Transfer) versteht man die Erleichterung eines neuen Lernprozesses durch Erfahrungen, die das Individuum bereits in anderen Lernprozessen unter ähnlichen Bedingungen gesammelt hat. Dieser Transfer kommt vor allem durch Generalisierung zustande (*Foppa,* 1975, S. 236ff.; vgl. auch *Alba, Hutchinson* et al. (1992).

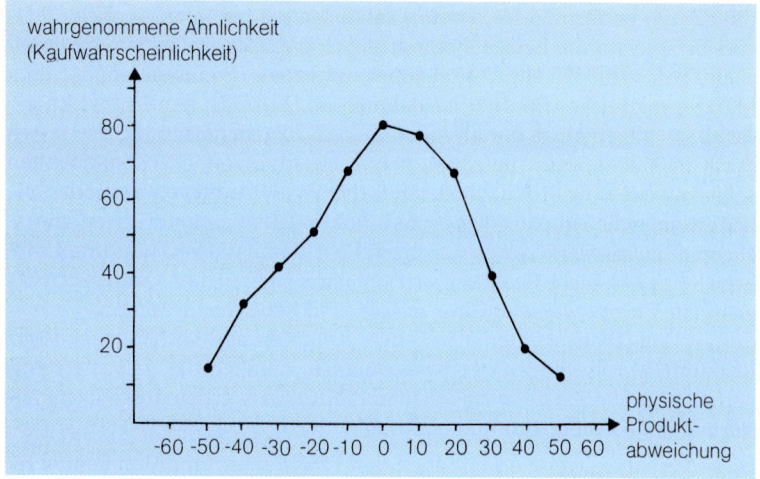

Abbildung 73: Typischer Verlauf eines Stimulus-Generalisationsgradienten

Anmerkung: Die abgebildeten Abweichungen (+/−) von einem bestimmten Produkt („0-Produkt") drücken die Stärke der wahrgenommenen Ähnlichkeit[4] eines Produktes mit dem „0-Produkt" aus, in Anlehnung an *Behrens,* 1973, S. 89.

Wir haben schließlich noch eine weitere S-R-Verknüpfung zu beschreiben, die wir oben mit der Merkformel *„unterschiedliche* Reize → *unterschiedliche* Reaktion" belegt haben.

Dieser Ausdruck ist eine sprachliche Vereinfachung, u. a. deswegen, weil er ein Kürzel für einen mehrstufigen Vorgang ist und letztlich wieder auf Fall 1 reduziert werden kann.[5]

---

[4] Zwischen physischer Ähnlichkeit und subjektiv wahrgenommener Ähnlichkeit braucht nicht unbedingt eine enge Beziehung zu bestehen, aber sie dürfte üblicherweise zutreffen.

[5] Dieser zweistufige Vorgang läßt sich wie folgt beschreiben:
Vor dem Lernen: Mehrere als ähnlich bzw. einheitlich wahrgenommene Reize lösen eine ganz bestimmte Reaktion aus (primäre Reizgeneralisierung).

Die Verknüpfung „unterschiedlich – unterschiedlich" soll zum Ausdruck bringen, daß das Individuum lernt, eine Menge von Reizen (Reizkonstellationen), denen es ausgesetzt ist und die es zunächst nicht differenziert und wie einen gleichbleibenden Reiz aufnimmt, immer feiner zu unterscheiden. Entsprechend dieser Reizunterscheidung reagiert es dann auch unterschiedlich. Diesen Vorgang nennt man *Reizdiskrimination* (Reizdiskriminierung, Reizdifferenzierung).

Reizdiskriminierung kann man als einen zur Reizgeneralisierung *komplementären* Vorgang ansehen. Beide zusammen bestimmen die Auffächerung und Abgrenzung der Reize in *ähnliche* Reize (Generalisierung: auf diese Reize folgt die gleiche Reaktion) und *unterschiedliche* Reize (Diskriminierung: auf diese Reize folgen unterschiedliche Reaktionen). Die Fähigkeit zur Unterscheidung von Reizen ist also eine wichtige Voraussetzung für den Aufbau eines *differenzierten Verhaltensrepertoires:* Erst wenn ein Individuum die Situationen, in die es kommt, auseinanderhalten kann und die Reizkonstellation zu unterscheiden weiß, wird es in die Lage versetzt, in einer der jeweiligen Reizkonstellation spezifischen Weise zu reagieren.

Die Diskriminierung zwischen zwei Reizen ist – wie gesagt – das *Ergebnis* eines Lernprozesses. Man kennt in den Lerntheorien zwei Formen: Das Individuum lernt entweder nur, die Bedeutung zweier *Stimuli* auseinanderzuhalten, oder es lernt, mit zwei verschiedenen Stimuli auch zwei verschiedene *Reaktionen* zu verknüpfen.

Für die Reizdiskriminierung können wir nach *Behrens* (1973) den folgenden *absatzwirtschaftlichen Sachverhalt* als Beispiel bringen:

Um produktspezifische Reaktionen, insbesondere den Kauf eines bestimmten Produktes, auszulösen, müssen die Konsumenten erst einmal dazu gebracht werden, die angebotenen Produkte differenziert wahrzunehmen. Bis vor einigen Jahren waren in der Wahrnehmung deutscher Konsumenten Bananen gleich Bananen. Innerhalb dieser Produktklasse wurde nicht nach bestimmten Züchtungen bzw. Herstellern unterschieden. Dadurch fehlte die Voraussetzung für Hersteller und Händler, gezielt für bestimmte Bananenarten zu werben und die Konsumenten zum Kauf ganz bestimmter Sorten anzuregen. Das änderte sich erst, als man anfing, die Bananen durch *differenzierende* Stimuli, wie Markenzeichen (-aufkleber), etwa für *Chiquita*-Bananen, unterscheidbar zu machen. Nun konnte man durch Werbung, Angebotspräsentation usw. Lernprozesse bei den Konsumenten in Gang bringen mit dem Ziel, daß sie eine Bananensorte von einer anderen unterschieden und auch präferierten.

Nach dem Lernen: Diese Reize werden jetzt unterschieden und lösen mehrere unterschiedliche Reaktionen aus (Reizdiskriminierung).
Wenn nach dem Lernen von mehreren unterschiedlichen Reizen und Reaktionen gesprochen wird, so bedeutet das, zeitlich gesehen, daß die gleichen Reize mit den gleichen Reaktionen verbunden werden, so daß sich die Verknüpfung nach Formel 4 auch nach Formel 1 schreiben ließe; es handelt sich um *mehrere* „gleiche Reize → gleiche Reaktionen".

3. Überblick über Lerntheorien

Bereits in den 1970er Jahren kritisierte *Ritchie*,[1] – noch heute gültig –, daß das für die Lernforschung aufgewandte Geld – unzählige Millionen Dollar – schlecht investiert sei. Es wurden unübersehbar viele empirische Untersuchungen durchgeführt, aber „im Bereich des Lernens gibt es keine theoretischen Erklärungen, die nicht durch zahlreiche alternative Erklärungen, die genauso plausibel sind, in Frage gestellt werden".

Diese Kritik wendet sich hauptsächlich gegen den von den klassischen Lerntheorien nicht selten gestellten Anspruch, mit *einer* Theorie das *gesamte* menschliche Verhalten erklären zu können.

Inzwischen ist die Einsicht weit verbreitet, daß es schwierig ist, das menschliche Verhalten mit wenigen allgemeinen (Lern-)Theorien zu erklären. Man neigt mehr zu Theorien mittlerer und geringer Reichweite. Außerdem werden die einzelnen Lerntheorien – wie wir bereits angedeutet haben – nicht mehr so scharf voneinander abgegrenzt wie früher. Sie überschneiden sich und werden eher als komplementär, denn als konkurrierend betrachtet.

Einen Überblick über die verschiedenen Lerntheorien gibt das bekannte Buch von *Bower* und *Hilgard* (1981, 1983, 1984). Lernprozesse werden in jedem Buch über Konsumentenverhalten erörtert, vgl. z. B. *Behrens* (1991), *Trommsdorff* (1993) und *Weinberg* (1981) sowie die im ersten Teil dieses Buches zitierte verhaltenswissenschaftliche Literatur.

Man kann die lerntheoretische Forschung grob einteilen in eine empirische – überwiegend experimentelle – und eine modelltheoretische Richtung. Eine andere Gliederung geht von der Komplexität der untersuchten Reiz- und Reaktionseinheiten aus: Die kleinsten Einheiten auf der Ebene von Nervenzellen sind Gegenstand der neurobiologischen (neurophysiologischen) Theorien. Die größeren Einheiten – komplexe Verhaltensweisen wie der Kauf eines Produktes – sind Gegenstand psychologischer Lerntheorien.

Weiterhin ist es möglich, nach dem Lernen von Menschen und dem Lernen von anderen intelligenten Systemen (z. B. Maschinen) zu unterscheiden. Die elektronische (kybernetische) Lernforschung und zum Beispiel die Klimaforschung beschäftigen sich mit der Konstruktion von Systemen, die sich an ihre Umwelt anpassen können.

Von den „anderen" (nicht psychologischen) Forschungsrichtungen dürfte die neurobiologische Richtung zur Zeit die größte Bedeutung für die Erklärung von Lernprozessen haben. Da wir uns in den nachfolgenden Kapiteln auf die psychologischen Ansätze beschränken, geben wir vorab einige Hinweise auf die neurobiologische Forschung.

Neurobiologische Theorien: Die neurobiologischen Theorien beschäftigen sich vor allem mit den bioelektrischen Aktivitäten und biochemischen Ver-

---

[1] *(Ritchie*, 1973, zitiert nach *Wolman*, 1981, S. 173).

änderungen, die sich im zentralen Nervensystem während des Lernens abspielen.[2] Im Vordergrund steht der Nachweis von Gedächtnisspuren im Gehirn, also von substantiellen Veränderungen, die mit der Speicherung von Informationen einhergehen. Es darf als gesichert gelten, daß die für das Lernen notwendige Speicherung von Informationen im Langzeitgedächtnis an den Aufbau von speziellen Proteinen wie Ribonukleinsäure (RNS) gebunden ist.

Die Förderung und Hemmung der Synthese von solchen „Gedächtnismolekülen" und die Übertragung dieser Moleküle von einem Organismus auf einen anderen – in zahlreichen Tierexperimenten erfolgreich durchgeführt – sind wichtige Fragestellungen der neurophysiologischen Lernforschung. Unmitelbare Anwendungen für die Manipulation des Konsumentenverhaltens ergeben sich aus den bisherigen Forschungsresultaten noch nicht, wir gehen deswegen nachfolgend von psychologischen Lerntheorien aus.

Psychologische Theorien: Modelltheoretische Ansätze dienen dazu, Gesetzmäßigkeiten des Lernprozesses zu *formalisieren*. Sie werden im Rahmen der mathematischen Psychologie behandelt. Fast alle Modelle bilden das Lernen als einen *probabilistischen* Prozeß ab. Ein Vorteil von vielen mathematischen Lernmodellen ist die Operationalisierung der in ihnen enthaltenen Variablen, die es erlaubt, diese Modelle auch empirisch zu überprüfen. Allerdings ist ihr empirischer Gültigkeitsbereich im allgemeinen sehr beschränkt, da sie sich nur auf einzelne *spezifische* Lernprozesse beziehen lassen.

Die klassischen Modelle von *Bush* und *Mosteller* (1955) bilden das Ergebnis von elementaren „Lernexperimenten" ab. Jedes Lernexperiment besteht aus einer Folge von Versuchen: Bei jedem Versuch äußert das Individuum eine ganz bestimmte Reaktion. Dieser Reaktion kann von vornherein eine Wahrscheinlichkeit zugeordnet werden. Nun hat jede Reaktion für das Individuum auch ein Ergebnis (outcome), und dieses Ergebnis verändert die Wahrscheinlichkeit für die Wiederholung der Reaktion beim nächsten Versuch. Das Ergebnis kann eine Belohnung oder Bestrafung durch den Experimentator sein, eine Umweltveränderung oder eine interne Stimulierung. Die Modelle beinhalten einen mathematischen Algorithmus, durch den die Veränderungen der Reaktionswahrscheinlichkeit unter dem Einfluß dieser Stimuluskonstellation berechnet werden.

Bezogen auf das Kaufverhalten kann man in Anlehnung an *Kuehn* (1962) das Modell wie folgt interpretieren (vgl. *Abbildung 74a*): Ein Konsument kauft wiederholt in einem Geschäft ein (Versuchsfolge). Bei jedem Einkauf erwirbt er ein Produkt (Reaktion). Das Produkt vermittelt ihm bestimmte Konsumerlebnisse (Ergebnis), die dazu führen, daß die Wahrscheinlichkeit des Wiederkaufs dieses Produktes steigt oder abnimmt, und zwar aufgrund ihres mehr oder weniger belohnenden oder bestrafenden Charakters.

---

[2] Sie gehören in den Bereich der biologischen oder physiologischen Psychologie. Vgl. dazu den Überblick über die Physiologie des Lernens in *Rogge* (1981, S. 251 ff.). Einführende und grundlegende Beiträge zur Gehirnforschung stammen von *Thompson* (1994) und *Roth* (1994).

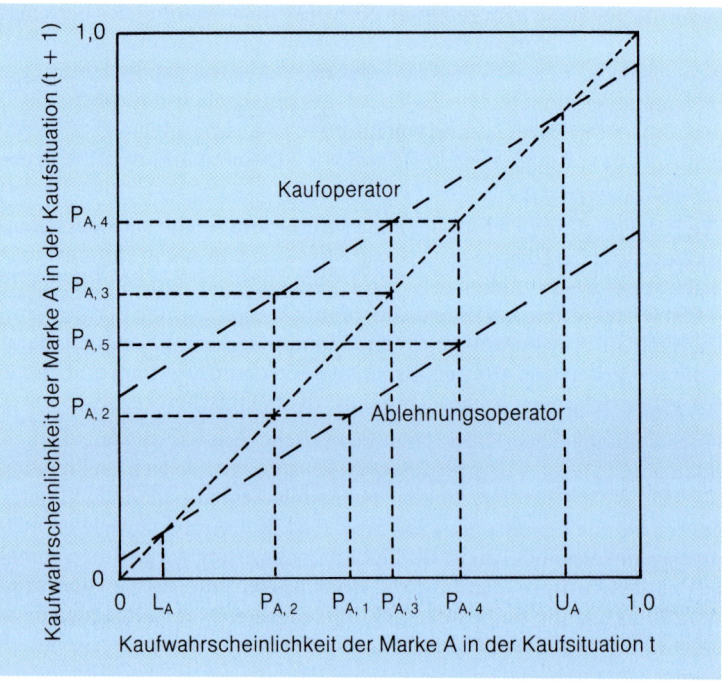

Abbildung 74a: Graphische Darstellung des linearen Lernmodells

Anmerkung: Die Funktion „Kaufoperator" zeigt den Verlauf der Wiederkaufwahrscheinlichkeit einer Marke zum Zeitpunkt t + 1, wenn sie in der Vorperiode t gekauft wurde. Die Funktion „Ablehnungsoperator" gibt die Wiederkaufwahrscheinlichkeit in Abhängigkeit von „Nicht-Kauf" in der Vorperiode an.
Quelle: Kuehn (1962); deutsche Fassung in *Kroeber-Riel* (1972a).

Da durch solche Lernmodelle der Wiederkauf einer Marke oder der Wechsel von einer Marke auf eine andere wiedergegeben werden kann, bezeichnet man sie als Markentreue- oder *Markenwechselmodelle* (brand switching models).

Da die Lernmodelle zur Erklärung und Prognose des Konsumentenverhaltens wenig beitragen, verzichten wir hier auf eine ausführliche Erörterung. Zur genaueren Wiedergabe und zur Diskussion der Modelle in der Konsumentenforschung: *Wilson, R. D.* (1980); *Böcker* und *Achter* (1981); *Müller-Hagedorn* (1986); *Bänsch* (1995) und *Weinberg* (1977).

Experimentelle Ansätze: Die gesamten experimentellen (empirischen) Lerntheorien sind in elementare und komplexe Theorien einzuteilen. Die *elementaren* Theorien liefern grundlegende und voneinander abgrenzbare Hypothesen. Sie gehen von unterschiedlichen methodologischen Positionen und abweichenden Ansichten über psychologische Theoriebildung aus.

Wir können bei den *elementaren* experimentellen (empirischen) Lerntheorien der folgenden Gliederung entsprechend drei Richtungen unterscheiden: S-R-Theorien (sie werden im nächsten Kapitel dargestellt), kognitive Theorien (Kapitel 5a) und Theorien des verbalen und bildlichen Lernens (Kapitel 5b):

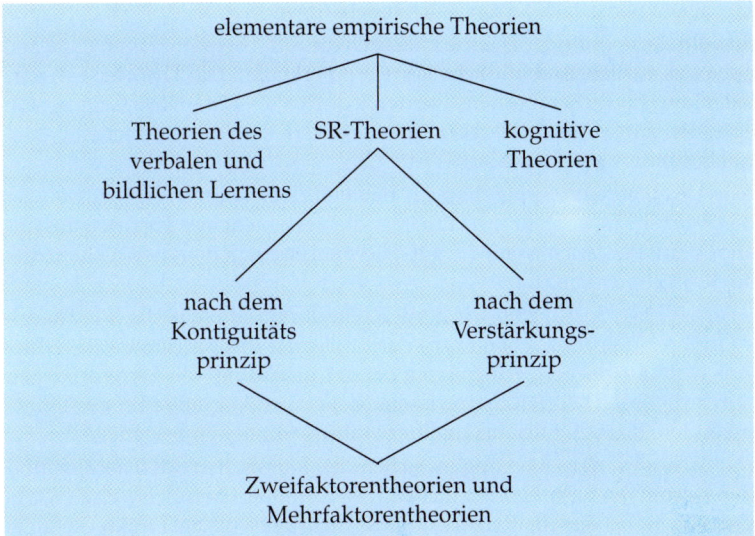

Abbildung 74b: Lerntheorien

Die *komplexen* Lerntheorien haben das Ziel, brauchbare Bestandteile aus verschiedenen elementaren Theorien zu vereinen. Die Grundzüge einer komplexen Theorie des sozialen Lernens, die vor allem von *Bandura* (1979) vertreten wird, stellen wir später im Zusammenhang mit den Sozialisationswirkungen der Massenkommunikation dar.

Eine klare Abgrenzung zwischen den einzelnen Theorien ist schwierig – nicht zuletzt deswegen, weil die Unterschiede zwischen den Theorien häufig nicht mit unterschiedlichen empirischen Fakten verbunden sind. Sie ergeben sich vielmehr aus der *Interpretation* der Sachverhalte: Gleiche Sachverhalte werden oft unterschiedlich erklärt. Dabei ergeben sich häufig auch erhebliche Gemeinsamkeiten (*Lefrancois*, 1986, S. 217).

Wenden wir uns als erstes der Unterscheidung von S-R-Theorien und kognitiven Theorien zu: Die *S-R-Theorien* betrachten das Verhalten (die Reaktionen) als eine Folge von Reizkonstellationen, denen das Individuum in seiner Umwelt ausgesetzt ist. Nach den *kognitiven* Theorien werden dagegen kognitive Orientierungen gelernt, insbesondere Erwartungen über die Umwelt. Das Verhalten wird von diesen kognitiven Orientierungen bestimmt und steht nicht direkt unter der Kontrolle der Umweltreize.

Steht ein Individuum vor einer neuen Situation, so bewältigt es diese nach den S-R-Theorien aufgrund seiner bisher erworbenen S-R-Verknüpfungen oder durch Probierverhalten, also durch völlig neue Lernprozesse. Nach den kognitiven Theorien wird das Individuum dagegen durch gedankliche Einsicht – durch kognitive Prozesse – dazu befähigt, neue Verhaltensweisen zu finden. Als Repräsentanten der S-R-Theorien sind *Hull, Pawlow* und

Skinner zu nennen, als klassischer Repräsentant der kognitiven Theorien *Tolman*. Zu den kognitiven Theorien zählen auch gestalt- und feldtheoretische Erklärungen des Lernens und die Informationsverarbeitungsmodelle, mit denen wir uns in diesem Buch beschäftigen.

Sowohl die kognitiven Theorien als auch die S-R-Theorien tragen dazu bei, auch das verbale und bildliche Lernen zu erklären. Die Theorien des verbalen und bildlichen Lernens werden jedoch als *eigenständige* Gruppe von Theorien aufgeführt, weil das Lernen von verbalem und bildlichem Material besondere Merkmale aufweist.

Alle Lerntheorien werden hier im Buchteil über kognitive Prozesse wiedergegeben. Es ist nicht zweckmäßig, die verschiedenen Theorien auseinanderzureißen, auch wenn die S-R-Theorien strenggenommen nicht in dieses Kapitel gehören.

Behrens (1991, S. 261, 280) weist mit Recht darauf hin, daß die S-R-Theorien in ihrer ursprünglichen Form zur Erklärung des Konsumentenverhaltens nicht ausreichen. Wir müssen bei der Erklärung von Lernvorgängen durch die S-R-Theorien in gewissem Maße auch kognitive Prozesse (insbesondere des Bewußtseins und der Wahrnehmung) einbeziehen.

Dadurch wird der Übergang zwischen den klassischen S-R-Theorien und den kognitiven Lerntheorien fließend. So formuliert beispielsweise *Wiswede* (1988, S. 19) das für Reiz-Reaktions-Theorien typische Effektgesetz „in einer kognitiven Verschränkung". Das heißt: Kognitive Vorgänge, wie die subjektive Wahrnehmung und die gedankliche Speicherung von Reizen, werden als „begleitende Prozesse" in Reiz-Reaktions-Erklärungen des Verhaltens einbezogen.

4. Lernen durch Konditionierung

Wenn man ohne Zusatz von den „klassischen" Lerntheorien spricht, so meint man im allgemeinen die S-R-Theorien, also diejenigen Theorien, die das Lernen in Form von – gesetzmäßigen – Verknüpfungen zwischen beobachtbaren Reizen (S = Stimulus) und beobachtbaren Reaktionen (R) darstellen.

S-R-Theorien umfassen hauptsächlich zwei Gruppen von Theorien: Die eine Gruppe erklärt das Lernen als Ergebnis des gemeinsamen Auftretens zweier Reize (Kontiguitätsprinzip), die andere erklärt das Lernen als Ergebnis der Verstärkung, die eine Reaktion erfährt (Verstärkungsprinzip). Außerdem gibt es Mehrfaktorentheorien, unter anderem die Zwei-Faktoren-Theorie von *Mowrer* (1960), die bei der Erklärung von Lernvorgängen sowohl das Kontiguitätsprinzip als auch das Verstärkungsprinzip berücksichtigen.

Lernen nach dem Kontiguitätsprinzip:[1] Eine fundamentale Theorie, die das

---

[1] Im engeren Sinne spricht man vom Kontiguitätsprinzip nur in Verbindung mit der Lerntheorie von *Guthrie* (Gleichzeitigkeit von Reiz und Reaktion). Im weiteren Sinne kann mit Kontiguität jede Gleichzeitigkeit, also auch die Gleichzeitigkeit von Reizen, wie sie die Theorien der klassischen Konditionierung postulieren, verstanden werden. Dabei ist Gleichzeitigkeit als zeitliche Nähe und nicht als strikte Gleichzeitigkeit aufzufassen.

Lernen nach dem Kontiguitätsprinzip erklärt, ist die Theorie der *klassischen Konditionierung* von *Pawlow:* Wird ein *neutraler* Reiz – das ist ein Reiz, der für das Individuum zunächst keine Bedeutung hat und keine Reaktion auslöst – eine Zeitlang zusammen mit einem *unbedingten Reiz* – das ist ein Reiz, der aufgrund angeborener Reiz-Reaktions-Verknüpfungen eine *„unbedingte" Reaktion* auslöst – dargeboten, so löst schließlich auch der ursprünglich neutrale Reiz diese Reaktion aus. Das Individuum hat dann gelernt, auf den ursprünglich neutralen Reiz zu reagieren. Der Reiz wurde konditioniert.

Dieser Lernprozeß kann an dem berühmten Hunde-Experiment von *Pawlow* demonstriert werden: Auf die Darbietung von Futter (Fleischpulver) sondert ein Hund Speichel ab. Das ist eine unbedingte – angeborene – Reaktion bzw. ein unkonditionierter Reflex. Wird nun das Futter wiederholt mit einem neutralen Reiz kombiniert, etwa mit einem Glockenton oder mit einem Licht, so sondert der Hund nach einiger Zeit auch dann Speichel ab, wenn nur der Ton oder das Licht dargeboten wird.

> Grundlage der klassischen Konditionierung ist die räumliche und zeitliche Nähe (Kontiguität) der beiden Reize.

Auf dieser einfachen Konditionierung können Konditionierungen *höherer Ordnung* aufgebaut werden. Dann dienen zur Konditionierung nicht mehr unbedingte Reize wie das Futter, die angeborene Reaktionen auslösen, sondern Reize, die bereits ihrerseits konditioniert sind (wie der Ton).

Durch die klassische Konditionierung werden in erster Linie Reaktionen ausgebildet, die der Regelung des inneren Kräftehaushalts dienen, unter anderem emotionale Reaktionen (zum Lernen durch klassische und Neo-Pawlow'sche Konditionierung siehe vor allem *Shimp,* (1991).

Anwendungen: Das Marketing kann sich auf solche Lernvorgänge stützen, um die gefühlsmäßige Haltung und die Einstellung der Konsumenten zu Produkten zu verändern. Es ist dann nicht notwendig, sich auf sachliche Argumente oder auf Produkterfahrungen zu beziehen. Es genügt vielmehr – wie es oft in der Werbung geschieht –, das Produkt oder den Produktnamen immer wieder zusammen mit angenehmen Stimuli zu präsentieren.

Ein Experiment zur klassischen Konditionierung der Konsumenten durch die Werbung wird in Kapitel B.III.2.b wiedergegeben und kommentiert. Dabei kommen Probleme der Konditionierungspraxis im einzelnen zur Sprache. Auf die klassische Konditionierung und ihre Anwendung wird deswegen im vorliegenden Kapitel nicht weiter eingegangen. Beispiele zur Anwendung der klassischen Konditionierung gibt *Abbildung 75* nach *Behrens* (1991, S. 277).

a) VOR DER KONDITONIERUNG	Reflexkondi-tionierung	Konditonierung von Emotionen	Bedeutungskon-ditionierung	werbliche Konditionierung
Glocke	neutraler Stimulus	„emotionsfreies" Objekt z. B. Kasten	neutrale (sinn-lose) Wörter, z. B. YOF	neutraler (neuer) Produktname
Fütterung	unkondanonier-ter (unbeding-ter) Stimulus	Angstauslöser, z. B. lauter Pfiff	Wörter mit emot. Bedeutung, z. B. „fröhlich"	Bilder mit emotionaler Bedeutung
Speichel-absonderung	unkonditionier-ter (unbeding-ter) Reflex	Angstreaktion	emot. Bedeutung wird aktiviert (bewußt)	emot. Bedeutung wird aktiviert (bewußt)
b) NACH DER KONDITIONIERUNG				
Glocke	konditionierter Stimulus	Objekt (Kasten)	Wort („YOF")	Produktname
Speichel-absonderung	konditionierter (bedingter) Reflex	emotionale Reaktion (Angst)	emotionale Bedeutung	emotionale Bedeutung

Abbildung 75: Anwendung der klassischen Konditionierung in der Werbung

Quelle: Behrens (1991, S. 277).

Lernen nach dem Verstärkungsprinzip: Auf diesem Prinzip bauen die Theorien der *instrumentellen* und *operanten* Konditionierung auf. Die Wahrscheinlichkeit eines Verhaltens ändert sich in diesem Fall aufgrund der *Konsequenzen*, die das Verhalten für ein Individuum hat. Die Konsequenzen bestehen aus Umweltreizen, die infolge des geäußerten Verhaltens auf das Individuum einwirken und von ihm als positiv (belohnend) oder negativ (bestrafend) empfunden werden. Nach *Skinner* (1973b, S. 76, 175) werden solche Umweltreize als positive Verstärker bezeichnet, deren *Darbietung* die Reaktionswahrscheinlichkeit erhöht (z. B. Geld, soziale Anerkennung), und solche als negative Verstärker, deren *Entzug* die Reaktionswahrscheinlichkeit erhöht (z. B. schmerzauslösende Reize, soziale Mißbilligung). Verhaltensverstärkende Belohnungen bestehen also aus der Darbietung von positiven Verstärkern oder aus dem Entzug von negativen Verstärkern.

Eine Schwächung des Verhaltens wird erreicht, wenn das Verhalten bestraft wird. Eine *Bestrafung* besteht aus der Darbietung negativer Verstärker oder aus dem Entzug positiver Verstärker. Dabei ist allerdings eine *Asymmetrie* zu beachten: Bestrafungen sind für die Verhaltenssteuerung wesentlich weniger wirksam und empfehlenswert als Belohnungen. Die beste Möglichkeit, unerwünschtes Verhalten zu reduzieren, besteht deswegen nach *Skinner* darin, „Umstände (zu schaffen), unter denen es wahrscheinlich nicht zu solchem Verhalten kommt", sowie darin, positive Verstärkungen für das unerwünschte Verhalten auszuschalten (*Skinner*, 1973 a, S. 70 f.).

Die operante Konditionierung ist für die Erklärung des Lernens von Konsumenten häufig untersucht und bestätigt worden: Positive Kauferfahrungen wirken als Verstärker für zukünftiges Verhalten. So kann beispielsweise auch aus einem impulsiven Erstkauf eine Markentreue entstehen.

Der lerntheoretische Grundsatz, nach dem das Verhalten durch die *Verhaltenskonsequenzen* geprägt und aufrechterhalten wird, wird auch **„Effektgesetz"** genannt.[2] Das Effektgesetz wurde von *Thorndike* (1913, 1932) in die Lerntheorien eingeführt und von *Hull, Skinner* und anderen aufgegriffen. Es lautet vereinfacht nach *Taylor, Sluckin* et al. (1982, S. 340):

> Belohnte Aktivitäten werden tendenziell verstärkt, bestrafte Aktivitäten geschwächt.

Für den Vergleich mit der klassischen Konditionierung ist hervorzuheben, daß das Verhalten nicht automatisch durch Umweltreize, die auf das passive Individuum einwirken, ausgelöst wird, wie es bei der klassischen Konditionierung der Fall ist. Das Individuum ist vielmehr seinerseits *aktiv* und bringt Verhaltensweisen hervor. Es versucht zum Beispiel, eine bestimmte Situation zu bewältigen; einige der dabei versuchsweise geäußerten (emittierten) Verhaltensweisen führen zum Erfolg, sie werden verstärkt bzw. belohnt und deswegen vom Individuum angenommen. Das Individuum reagiert also nicht nur passiv auf die Umwelt, sondern es wird selbst aktiv. Im Gegensatz zur klassischen Konditionierung erfolgt außerdem die Verstärkung eines Verhaltens erst *nach* der Reaktion.

Durch die instrumentelle oder operante Konditionierung (Lernen nach dem *Verstärkungsprinzip*)[3] werden vor allem Reaktionen ausgeformt, die den Kontakt des Individuums mit seiner *Umwelt* betreffen. Das Verstärkungsprinzip wird deswegen auch von mehreren Theorien aufgegriffen, die sich mit der Entstehung sozialer Verhaltensweisen beschäftigen, wie die Austauschtheorie von *Thibaut* und *Kelley* (1959), die Interaktionstheorie von *Homans* (1972), die Theorie des Modell-Lernens von *Bandura* (1979) sowie die integrative Lerntheorie von *Wiswede* (1985, 1988).

---

[2] Das Effektgesetz von *Thorndike* lautet in der Originalfassung: „Wenn ein modifizierbarer (Verhaltens-)Zusammenhang zwischen einer Situation und einer Reaktion hergestellt ist und von einem befriedigenden Zustand hinsichtlich der Lage der Dinge begleitet oder gefolgt wird, so wird die Stärke dieses (Verhaltens-) Zusammenhangs erhöht: Wenn derselbe durch einen unangenehmen Zustand entstanden ist und von einem solchen begleitet oder gefolgt wird, wird seine Stärke herabgesetzt" (1969).
„Die Ergebnisse aller unter verschiedenen Bedingungen zustande gekommenen Vergleiche besagen ausnahmslos, daß ein positiv verstärkter Verhaltenszusammenhang beträchtlich verstärkt wird, daß dagegen bei Bestrafung nur eine geringe oder keine Reduktion des Verhaltens eintritt" – zitiert nach *Skinner* (1973b, S. 413).

[3] Die verschiedenen Versionen des Lernens nach dem Verstärkungsprinzip werden oft unter dem Namen „Lernen durch Versuch und Irrtum" oder „instrumentelle Konditionierung" zusammengefaßt. Es hat sich aber eingebürgert, die von *Skinner* beschriebene operante Konditionierung als eine selbständige Spielart dieser Lernprozesse aufzufassen. Vgl. dazu *Skinner* (1973b, S. 66ff., insbesondere Seite 68). Der Unterschied zwischen instrumenteller und operanter Konditionierung, der in der unterschiedlichen Reizgebundenheit der geäußerten Reaktionen gesehen wird, ist für unsere Betrachtung von geringem Interesse.

Anwendungen: Eine erste und vereinfachte Anwendung auf das Kaufverhalten würde lauten, daß ein Kaufverhalten durch positive Erfahrungen mit dem Produkt belohnt und dadurch verstärkt (gelernt) würde. Die *Vereinfachung* geht bei dieser Anwendung allerdings zu weit, denn „Kaufverhalten" und „Belohnung" sind zu komplexe und für eine operationale Erklärung ungeeignete Größen. Man muß sie näher spezifizieren und meßbar machen. Zum Kaufverhalten als Lernvorgang gibt es nur wenig *empirisch* abgesicherte Untersuchungen (z. B. *Weinberg*, 1981).

Ein spezieller Fall des individuellen Kontaktes mit der Umwelt ist die *soziale Interaktion*. Zur Erklärung der sozialen Interaktion wird vor allem auf die Theorie der operanten Konditionierung von *Skinner* zurückgegriffen. Die grundlegende Hypothese der Interaktionstheorie lautet:

> Je häufiger die Aktivität einer Person belohnt wird, desto größer ist die Wahrscheinlichkeit, dasß diese Person die Aktivität ausführen wird.[4]

Die besonderen Bedingungen der sozialen Interaktion sind darin zu sehen, daß die *Belohnungen* vor allem in den *Reaktionen* der anderen *Personen* zu sehen sind. Der soziale Verkehr kann dadurch als ein Austausch von gegenseitigen Belohnungen und Bestrafungen aufgefaßt werden, die das Verhalten des einzelnen steuern. Mittels eines Systems lerntheoretischer Hypothesen kann das soziale Verhalten bis ins einzelne analysiert werden.

Dadurch lassen sich auch soziale Sachverhalte, wie Führung, Konformität oder Macht, auf individuell gelerntes Verhalten reduzieren. Zum Beispiel können Unterschiede in der Macht nach der Interaktionstheorie als Unterschiede in der Möglichkeit, andere zu belohnen, dargestellt werden (*Homans*, 1972a, S. 82).

Eine Übertragung dieser Konzeption auf die *ökonomischen* Beziehungen zwischen Personen liegt auf der Hand. Die Marketingforschung hat sich dabei auf die Untersuchung der vertikalen Interaktionen zwischen *Verkäufern* und *Käufern* konzentriert, und zwar sowohl auf der Einzelhandelsstufe als auch auf den vorgelagerten Handelsstufen.[5] *Evans* (1963) war einer der ersten, der den Verkaufsprozeß als eine belohnende oder bestrafende *Interaktion* zwischen Verkäufern und Käufern interpretiert und empirisches Material dazu gesammelt hat. Er fand bei einer Untersuchung von Lebensversicherungsverkäufen über Vertreter, daß der Erfolg des Verkaufsvorgangs weniger von den im voraus feststellbaren *Merkmalen* der Verkäufer (Käufer) abhängt – das war nach der üblichen Betrachtungsweise zu erwarten, nach der insbesondere die „Qualität" des Verkäufers ausschlaggebend ist –, sondern von der *gegenseitigen* Wahrnehmung der interagierenden Personen.

---

[4] Das ist die „Erfolgshypothese" nach *Homans* (1972, S. 62). Vgl. dazu die interaktionstheoretischen Arbeiten von *Homans* (1972, 1978) und von *Malewski* (1967) sowie zur Weiterentwicklung der Homan'schen Interaktionstheorie *Mikula* (1985).
[5] Eine interaktionstheoretische Interpretation der Macht in Absatzwegen geben *Weinberg* und *Zwicker* (1973).

5. Lernen als Erwerb von Produktwissen

a) Kognitive Verarbeitung beim Lernen (Kodierung)

Die klassischen Lerntheorien haben nicht gehalten, was man sich von ihnen versprochen hatte. Mit ihnen läßt sich komplexes menschliches Verhalten nur unzureichend erklären. Sie werden deswegen in zunehmendem Maß durch kognitive Ansätze ergänzt.

Die kognitiven Theorien benutzen durchaus Bausteine der klassischen Theorien wie das bereits skizzierte Effektgesetz, aber sie umfassen weitere und neue Erklärungen, die sich vor allem auf die Funktion des Gedächtnisses (Kurzzeitgedächtnis, Langzeitgedächtnis) beziehen.

Nach den kognitiven Theorien ist Lernen „ein Aufbau von Wissensstrukturen" (*Lindsay* und *Norman*, 1981, S. 379). Bei der Betrachtung von Lernen und Gedächtnis gibt es nur einen kleinen Unterschied: „Untersuchungen des Lernens tendieren dazu, den Wissenserwerb als primär zu setzen; Untersuchungen des Gedächtnisses hingegen legen großen Wert auf die Speicherung und den Gebrauch dieses Wissens" (ebenda, S. 378).

Die Notwendigkeit, alternative theoretische Ansätze zu entwickeln, bezieht sich in erster Linie auf das Erwerben von Wissen. Beim Wissenserwerb werden Prozesse sichtbar, die sich in den klassischen Modellen des Lernens durch wiederholte Reizdarbietung nicht widerspiegeln: Beim Lernen von Informationen kommt es weniger auf die Zahl der Darbietungen an als darauf, wie die dargebotenen Informationen gedanklich „bearbeitet" werden. Zudem genügt oft bereits eine einmalige Informationsdarbietung für den Wissenserwerb.

Ein Beispiel: Jemand lernt den Weg durch eine Stadt aufgrund einer einmaligen Auskunft, die er sich einprägt. Bei diesem Einprägen nimmt er visuelle Vorstellungen zu Hilfe: Er macht sich ein inneres Bild von seinem Weg durch die Stadt. In ähnlicher Weise können durch die einmalige Vorführung eines Produktes lang anhaltende Kenntnisse erworben werden.

Das Lernen von Wissen kann bis heute noch nicht befriedigend erklärt werden. Manche Lernprozesse laufen automatisch – ohne oder mit geringem Bewußtsein – ab, andere erfordern erhebliche gedankliche Anstrengungen. Manchmal wird aufgrund einer einmaligen Darbietung der Information gelernt, manchmal sind viele Wiederholungen notwendig. Die gegenwärtigen kognitiven Theorien haben zahlreiche Modelle und Erklärungen entworfen, um die komplexen Zusammenhänge zu erfassen. Dabei wird häufig das mehrstufige Gedächtnismodell als *Bezugsrahmen* benutzt, das wir im Zusammenhang mit den elementaren kognitiven Prozessen bereits im Kapitel C.I.1. beschrieben haben.[1]

---

[1] Aus der umfangreichen Literatur zu den kognitiven Theorien des Lernens (von Wissen) vgl. *Lindsay* und *Norman* (1981); *Alba, Hutchinson* et al. (1991); *Anderson* (1988) und zu praktischen Anwendungen dieser Lerntheorien *Gruneberg, Morris* et al. (1992).

Der eigentliche Lernvorgang bezieht sich auf die Übernahme von Information in den *Langzeitspeicher* (vgl. *Abbildung 50*). Er ist in einen umfassenden, kognitiven Verarbeitungsprozeß einbezogen, der aus folgenden miteinander verknüpften Phasen besteht:

(1) Aufnahme von Reizen, zum Beispiel von Wörtern.

(2) Kodierung: Die Reize werden in gedankliche Einheiten übersetzt – zum Beispiel in bildliche Vorstellungen – und verarbeitet.

(3) Speicherung: Die gedanklichen Einheiten werden in den Langzeitspeicher übernommen.

(4) Abruf der gespeicherten Einheiten aus dem Gedächtnis.

Die *Aufnahme* von Produktinformationen erfolgt durch unmittelbare oder symbolische Erfahrungen des Konsumenten. Die unmittelbaren Erfahrungen gehen auf den Umgang mit dem Produkt oder auf Beobachtung von anderen, die das Produkt nutzen, zurück. Die symbolischen Erfahrungen stammen hauptsächlich aus dem Kontakt mit anderen Personen oder Massenmedien, die über das Produkt berichten.

Die bei der Übernahme und Interpretation von Informationen auftretenden inneren Vorgänge haben wir bereits in den vorhergehenden Kapiteln über die Informationsaufnahme und die Wahrnehmung beschrieben. Wir wenden uns jetzt vor allem der Kodierung zu, die zu den Speicherungsvorgängen führt.

Kodierung beim Lernen: Bei der Übernahme der wahrgenommenen Informationen in das Langzeitgedächtnis treten gedankliche Verarbeitungsvorgänge (Kodierungen) auf, die sich in erster Linie auf die Verknüpfung der aufgenommenen mit den bereits im Gedächtnis gespeicherten Informationen beziehen.

Wichtig ist dabei,

● ob die aufgenommenen Informationen sprachlich oder bildlich verarbeitet werden, anders gesagt: ob sie mit sprachlichen oder bildlichen Vorstellungen verbunden werden;

● in welchem Ausmaß die Informationen zu dem vorhandenen Wissen in Beziehung gesetzt werden. Dieses Ausmaß wird als Verarbeitungs- oder Kodierungstiefe bezeichnet.

Mit diesen Vorgängen werden wir uns eingehender beschäftigen, zunächst mit der Verarbeitungstiefe, dann in einem eigenen Kapitel mit der bildlichen Kodierung.

Alle beim Lernen, Behalten und beim Abruf von Informationen aus dem Gedächtnis erbrachten gedanklichen Leistungen hängen ab von:

● Lernmaterial,

● situativen Lernbedingungen (Lerntechnik, Umfeld usw.),

● persönlichen Voraussetzungen.

Die von der *Person* abhängigen Voraussetzungen betreffen einerseits die aktivierenden Prozesse, die sich in der Person abspielen, vor allem den Ein-

fluß von Emotionen und Motiven auf Wissenserwerb und -speicherung.[2]
Mit diesem Einfluß hat sich in den letzten Jahren auch die Konsumentenforschung auseinandergesetzt.[3]

Andererseits ist an die unterschiedlichen Voraussetzungen zu denken, die
durch die kognitiven Fähigkeiten einer Person und ihr Wissen geschaffen
werden.

Das *vorhandene Wissen* spielt eine Schlüsselrolle für das Lernen.

Das Lernen von neuem (Produkt-)Wissen ist ja nur dadurch möglich, daß
die aufgenommenen Informationen zu dem bereits gespeicherten Wissen
in Beziehung gebracht werden.

Das gespeicherte Wissen ist im Gedächtnis in Form von Wissensstrukturen
repräsentiert. Diese Strukturen wurden bereits in den einführenden Kapiteln zu den kognitiven Prozessen als „semantische Netzwerke" und als
„Schemata" beschrieben (vgl. C.I.).[4]

Wissenserwerb ist zugleich ein Eingriff in vorhandene Wissensstrukturen.
Rummelhart und *Norman* (1978) unterscheiden nach Art dieses Eingriffs
mehrere Formen des Lernens von der Einordnung neuer Informationen in
bestehende Schemata bis zur Veränderung und zur Neubildung der Schemata selbst. Ein Beispiel dazu bietet *Abbildung 76.*

In dieser Abbildung wird das Lernen von Schokoladenwissen verdeutlicht.

Einfacher Wissenszuwachs liegt vor, wenn der Konsument einen neuen
Markennamen lernt. Sein Schokoladenwissen (-schema) bleibt davon unberührt: Er weist lediglich der Schemavariablen „Markenname" einen zusätzlichen „Wert" zu.

Verarbeitet der Konsument die neue Information, daß es Cola-Schokolade
gibt, so wird sein Schokoladenschema leicht verändert: Seine Kenntnisse
über den „Wertebereich" der verschiedenen Schokoladeeigenschaften
(Schemavariablen) wie „Geschmack" oder „Wirkung" nehmen zu.

Mit andere Worten: Das Schokoladenschema des Konsumenten umfaßt
nun auch die neue Variante Cola-Schokolade. Das Schema selbst bleibt aber
in seiner Struktur unverändert.

---

[2] *Thorson, Chi* et al. (1992) berichten, daß Emotionen (z. B. durch Werbung ausgelöst)
über das Gedächtnis die Einstellungen beeinflussen, während Kognitionen eine direkte Beziehung zwischen Aufmerksamkeit und Gedächtnis aufbauen können.

[3] Dabei geht es vor allem um die positiven Auswirkungen der Emotionen, die der
Empfänger von Werbung empfindet, auf die Erinnerung an die Werbebotschaft,
vgl. zu diesem Thema mit zahlreichen Literaturquellen *Friestad* und *Thorson* (1986);
Muncy (1986, S. 227 ff.); *Gardner* und *Vandersteel* (1984) sowie *Kuiken* (1991).

[4] Schemata müssen nicht unbedingt im Gedächtnis gespeichert werden. Sie können
auf Vorwissen aufbauen und im Bedarfsfalle „re-created" werden (*Brown*, 1992).

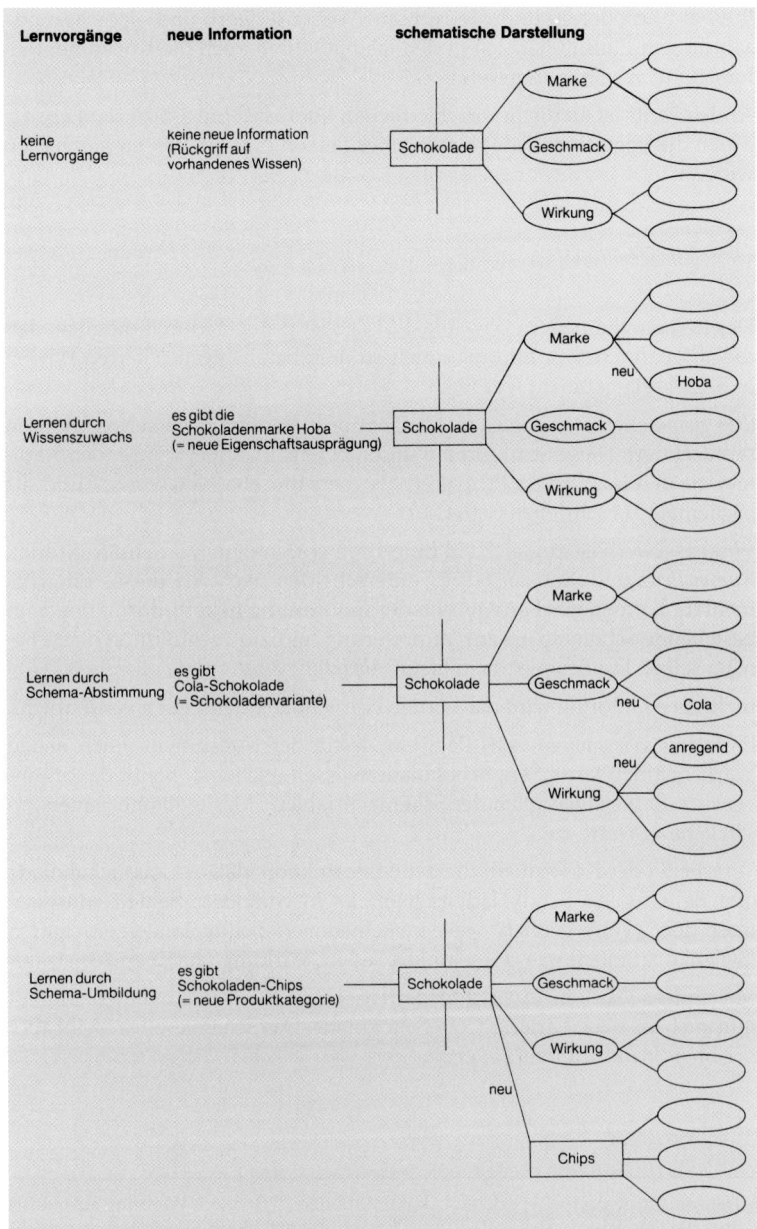

Abbildung 76: Lernen mittels Schema, dargestellt am Erwerben von Schokoladenwissen[5]

---

[5] Beim Wissenszuwachs werden neue Informationen in ein vorhandenes Schema eingeordnet. Bei Schema-Abstimmung (Feinabstimmung) wird ein Schema leicht verändert, zum Beispiel wird das Schokoladen-Schema differenziert, indem den

Er muß dieses Schema jedoch umbilden, wenn er die neue Produktkategorie „Schokoladen-Chips" lernt. Die Variablen des alten Schemas reichen nicht mehr aus, um diese Produktkategorie im Gedächtnis zu repräsentieren. Eine Verschmelzung der beiden Schemata Schokolade und Chips zu einem neuen Schema wird erforderlich.

Die vorhandenen Schemata lenken die gesamte Informationsverarbeitung, sie bestimmen die Aufmerksamkeit und die Schnelligkeit von Wahrnehmen und Lernen. Informationen, die ein Schema ansprechen und in das vorliegende Wissen eingeordnet werden können, lassen sich besser speichern und erinnern. Sind die Informationen schemainkonsistent, so erfordert die Einordnung zusätzliche gedankliche Leistungen: Die Aufmerksamkeit wird dann verstärkt und der gedankliche Verarbeitungsprozeß angeregt.[6] So erweckt beispielsweise die Abbildung eines Mannes mit Tierkopf mehr Aufmerksamkeit als eine Abbildung, die mit dem inneren Schema eines Mannes übereinstimmt.

Dieser für das Lernen wichtige Sachverhalt läßt sich auch aktivierungstheoretisch erklären: Die ausgelöste gedankliche Überraschung aktiviert den Betrachter und stimuliert seine kognitiven Aktivitäten (vgl. dazu die *Abbildung 15 a*).

Damit sind wir beim Begriff der Verarbeitungstiefe angekommen. Die **Verarbeitungstiefe** läßt sich als Ausmaß der kognitiven Aktivitäten verstehen, die das Individuum (während des Kodierens) durchführt, um eine dargebotene Information zu lernen.

Die Verarbeitungstiefe ist gering, wenn die Reize nur auf der *sensorischen* Ebene verarbeitet werden, zum Beispiel, wenn nur Farben oder Formen eines Reizes identifiziert werden. Mit fortschreitender *gedanklicher* Entschlüsselung des Reizes nimmt die Verarbeitungstiefe zu, bis hin zu den auf das Verständnis folgenden Kodierungsvorgängen wie Assoziation eines Begriffes mit anderen Begriffen, Verknüpfung eines Begriffes mit inneren Bildern, Einordnung eines Begriffes in begriffliche Kategorien usw.

Die Verarbeitungstiefe wird größer, wenn der Empfänger sinnvolle gedankliche Beziehungen zwischen (und mit) den aufgenommenen Informationen herstellt, welche die Einordnung dieser Informationen – zum Beispiel von Wortbedeutungen – in das bestehende Wissen erleichtern. Es werden dann mehr kognitive Operationen durchgeführt. Diese verbessern die Gedächtnisleistung.

Ist die Verarbeitungstiefe gering, so sind zum Lernen von Informationen mehr Wiederholungen erforderlich. Da bei der üblichen Konsumgüter-

---

Eigenschaften von Schokolade Cola-Werte zugeordnet werden. Bei der Umbildung des Schemas werden dem Gegenstand ganz neue Eigenschaften zugeordnet, hier durch Verschmelzung des Schokoladen-Schemas mit dem Chip-Schema zu einer neuen Produktkategorie: Schokoladenchips.
Das Marketing muß die zu lernenden Informationen so darbieten, daß diese Lernvorgänge unterstützt werden.

[6] Vgl. dazu die Untersuchung von *Puto* (1985) aus dem Bereich der Werbung.

werbung und bei vielen Marketingmaßnahmen mit einer geringen Verarbeitungstiefe zu rechnen ist, gibt es im wesentlichen nur zwei Möglichkeiten, die Gedächtnisleistung (den Lernerfolg) für Marketinginformationen zu erhöhen: Einsatz von Sozialtechniken,

● die auf eine Erhöhung der Verarbeitungstiefe bei den Empfängern abzielen,

● die der wiederholten Darbietung der Information bei geringer Verarbeitungstiefe dienen.

Eine Erhöhung der Verarbeitungstiefe kann unter anderem dadurch erreicht werden, daß der Empfänger durch das Lernmaterial oder durch aktivierende Techniken dazu angeregt wird, sich mit der dargebotenen Information auseinanderzusetzen und gedankliche Aktivitäten zu entfalten.[7]

Diese Überlegungen weisen auf eine enge Beziehung zwischen Verarbeitungstiefe und Involvement hin. In der Konsumentenforschung wird der psychologische Begriff Verarbeitungstiefe kaum verwendet, an seine Stelle tritt das **„Involvement"**.

Unter Involvement versteht man die Ich-Beteiligung bzw. gedankliches Engagement und die damit verbundene Aktivierung, mit der sich jemand einem Sachverhalt oder einer Aktivität zuwendet.[8]

Unter Lernen mit geringem Involvement[9] versteht man ein passives und absichtsloses Lernen von Informationen. Es erfolgt mit geringer Verarbeitungstiefe.

Der Begriff wurde von *Krugman* (1965, Wiederabdruck 1981) in die Konsumentenforschung eingeführt und später dazu benutzt, um die Wirkung von Fernsehwerbung zu erklären (*Krugman*, 1967). Die Stärke des Involvements wird von *Krugman* nach der Anzahl der in einer Zeiteinheit hergestellten gedanklichen Verknüpfungen zwischen der dargebotenen Information einerseits und den vorhandenen persönlichen Vorstellungen beziehungsweise Gedanken andererseits ermittelt.[10]

In dieser speziellen Operationalisierung wird deutlich, daß Lernen mit geringem Involvement als Lernen mit geringer Verarbeitungstiefe aufgefaßt werden kann.[11] Damit ist im Marketing dann zu rechnen, wenn – insbesondere auf gesättigten Märkten – die Produkte ausgereift sind und kaum noch Qualitätsunterschiede zwischen den angebotenen Produkten wahrgenommen werden (vgl. dazu auch *Kroeber-Riel*, 1993b;*Weinberg*, 1992a).

---

[7] Vgl. dazu einschränkend: Zusätzliche Aktivierung (z. B. durch Werbung) kann die gedanklichen Aktivitäten nur beschränkt verstärken.

[8] Wir greifen den Involvementbegriff vor allem im Kapitel D über die Entscheidungsprozesse der Konsumenten auf. Dort gehen wir auch auf die Bestimmungsgrößen des Involvements ein.

[9] Das Involvement umfaßt kognitive und emotionale Komponenten. Im Zusammenhang mit dem Lernen von Produktwissen ist nur vom kognitiven Involvement die Rede.

[10] Von *Krugman* kurz „Life" genannt: Sie umfassen die persönlichen Wertvorstellungen, Erfahrungen usw. (*Krugman*, 1981, S. 107).

[11] Vgl. dazu auch *Leavitt, Greenwald et al.* (1981, S. 16–17).

Der Erfolg von Informationen, die sich an Konsumenten mit geringem Involvement wenden, ist größer, wenn *Bilder* für die Informationsvermittlung benutzt werden. Bilder erfordern vom Empfänger weniger gedankliche Anstrengungen, sie werden weitgehend automatisch verarbeitet und deswegen bei geringem Involvement besser gelernt als Worte.

Aus der Erkenntnis, daß die Gedächtnisleistungen beim Lernen mit starkem Involvement (mit großer Verarbeitungstiefe) besser sind als beim Lernen mit geringem Involvement, läßt sich für die *beeinflussende* Kommunikation keineswegs die Folgerung ableiten, es wäre stets zweckmäßig, bei der Kommunikation das Involvement der Konsumenten anzuregen und sie dazu zu bringen, sich aufmerksam und eingehender mit der Produktinformation zu befassen. Für die Konsumentenbeeinflussung hat das Lernen von einprägsamem Lernmaterial mit geringem Involvement beachtliche Vorteile:

Lernen mit geringem Involvement erfordert zwar häufige Wiederholungen der Information, aber es unterläuft auch die gedankliche Kontrolle der Empfänger.

Dadurch, daß die Aufmerksamkeitszuwendung und die gedankliche Auseinandersetzung mit den dargebotenen Informationen geringer sind, tritt weniger Widerstand gegen die Beeinflussung auf, zugleich wird die interne Gegenargumentation verringert. Allgemein gesagt: Bei einer Beeinflussung, die unter den Bedingungen geringen Involvements erfolgt, werden Informationen unkritischer verarbeitet.

Dabei ist folgendes zu beachten: Bei geringer Verarbeitungstiefe werden zentrale Informationen einer aufgenommenen Botschaft – zum Beispiel sachliche Produktinformationen – weniger beachtet und gedanklich verarbeitet. Der Empfänger setzt sich gedanklich kaum damit auseinander. Nebensächliche Eindrücke werden wirksam und bestimmen die Vorstellungen von einer Firma oder einem Produkt – Eindrücke, die durch eine auffallende bildliche Information ausgelöst werden (die wenig zur eigentlichen sachlichen Information beiträgt), die durch eine gefällige Aufmachung der Information, durch einen attraktiven oder glaubwürdigen Kommunikator entstehen usw.

Dadurch kommt es beim Lernen mit geringer Verarbeitungstiefe zu einer stärkeren „peripheren Beeinflussung".[12] Für die Anwendung bedeutet das:

Ist das Involvement der Konsumenten (und damit die gedankliche Verarbeitungstiefe) gering, so wird es möglich, auf die Produktwahrnehmung und -beurteilung stärker durch nebensächliche Informationen und emo-

---

[12] Vgl. dazu das Modell der zentralen und peripheren Beeinflussungsrouten von *Petty* und *Cacioppo* (1983, 1986), ausführlich kommentiert von *O'Keefe* (1990, S. 95 ff.). und *Shimp* (1991, S. 181 ff.). Dieses Modell wird auch *ELM = Elaboration Likelihood Model* genannt: Unter den bei stärkerem Involvement auftretenden Elaborationen versteht man gedankliche Aktivitäten, die eine über das unmittelbare Verständnis der Information hinausgehende Informationsverarbeitung bewirken, insbesondere durch Einbeziehung der Information in das vorhandene Wissen.

tionale Klimawirkungen einzuwirken. Stark involvierte Konsumenten richten dagegen ihre Aufmerksamkeit auf die zur Produktbeurteilung wesentlichen sachlichen Informationen.

Abnutzungswirkungen beim Lernen: Aufgrund der bisherigen Einsichten in das Vergessen von Informationen müssen wir generelle Aussagen über die Anzahl der zum Lernen von Informationen erforderlichen Wiederholungen zurückweisen:

In der Konsumentenforschung wird von einigen Autoren behauptet, es genüge, eine Werbebotschaft dreimal zu wiederholen, bis der Konsument die Werbebotschaft gelernt hat. Dabei wird von einem „aktiven" Konsumenten ausgegangen.[13]

Ohne Angaben über die Bedingungen, unter denen gelernt wird, sind derartige Angaben unbrauchbar. Die Anzahl der Wiederholungen hängt von der Verarbeitungstiefe des durch die Informationsdarbietung ausgelösten Lernvorganges ab – also vom Ausmaß des Lernens, mit dem die Informationen aufgenommen und verarbeitet werden. Aktive Konsumenten mit hohem Involvement sind die Ausnahme und nicht die Regel!

Wenn wir uns jetzt genauer mit den Wiederholungswirkungen von Information beschäftigen, so ist zu beachten, daß die Botschaft nicht nur ankommt, sondern auch behalten und verhaltenswirksam werden soll.

Die Praxis interessiert in diesem Zusammenhang zwei wesentliche Fragen:

(1) Nutzt sich eine Botschaft ab, wenn sie oft wiederholt wird?

(2) Ist es zweckmäßig, massiv mit schnell aufeinanderfolgenden Wiederholungen zu werben oder die Wiederholungen über einen längeren Zeitraum zu verteilen? Diese zweite Frage wird im nächsten Kapitel über das Gedächtnis (über Behalten und Vergessen) beantwortet.

Der Abnutzungseffekt (Wear-out-Effekt) kann auf Wiederholungen beim Lernen *oder* beim Wiedererlernen bezogen werden. Im zuletzt genannten Fall geht es um Wiederholungen der Werbung, die dazu dienen, das Gedächtnis für die Werbebotschaft zu *erhalten.*

Die meisten Untersuchungen wurden zum Abnutzungseffekt beim erstmaligen Lernen durchgeführt. Man versteht darunter eine *absolute* Abnahme der Lernwirkungen bei wiederholtem Werbekontakt, also nicht nur eine Abnahme, denn das wäre trivial.

Die bekannteste Untersuchung zum Abnutzungseffekt stammt aus kombinierten Labor- und Felduntersuchungen über die Wirkung von Fernsehwerbung von *Grass* und *Wallace* (1969). Sie stellten fest, daß die Leistung beim Lernen der Werbebotschaft bei den ersten drei, vier Wiederholungen zunimmt, bei weiteren Wiederholungen aber wieder abnimmt (vgl. dazu im einzelnen auch *Kroeber-Riel,* 1980a, S. 400–401).

Der experimentelle Nachweis von *Grass* und *Wallace* (1969) und die theoretische Begründung des Abnutzungseffektes blieben umstritten, sie sind nach

---

[13]Vgl. dazu *Krugman* (1975) und *Engel, Kollat* et al. (1993) sowie die Diskussion dazu in *Kroeber-Riel* (1988, S. 112, 118) und *Bettman* (1979, S. 166 ff.).

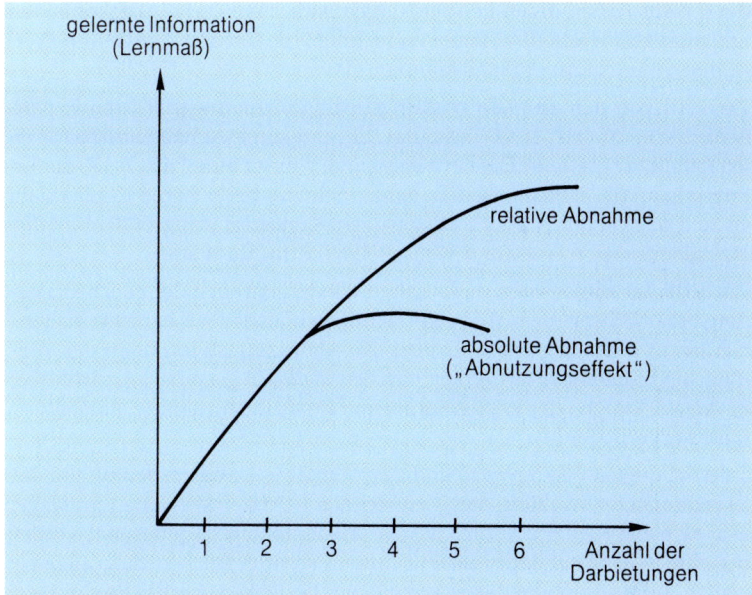

Abbildung 77: Abnehmende Werbewirkung und Abnutzungseffekt bei wiederholter Information (schematische Darstellung)

sorgfältigen Analysen von *Wimmer* (1980) sowie *Sternthal* und *Craig* (1982) abzulehnen.[14]

Wimmer kritisiert unter anderem, daß es in der Untersuchung von *Grass* und *Wallace* (1969) zu Laborartefakten gekommen ist, weil die Mehrfachkontakte innerhalb von ein- bis zweimaligen Sitzungen mit den Versuchspersonen hergestellt wurden. Dadurch traten Habituationswirkungen ein. Bei Werbekampagnen liegen dagegen üblicherweise längere Zeiträume von mindestens einem Tag zwischen den Wiederholungen. Hinzu kommt, daß bei den Felduntersuchungen erstes Lernen, Vergessen und Wiederlernen nicht ausreichend auseinandergehalten und kontrolliert wurden.

Aufgrund der vorliegenden Lern- und Gedächtnistheorien ist davon auszugehen, daß mit zunehmender Zahl von Wiederholungen das Lernen zwar nachläßt – die Leistungszuwächse werden geringer – aber *nicht* absolut abnimmt (vgl. dazu die obere Kurve in *Abbildung 77*). Das läßt sich für Werbewirkungen wie folgt formulieren:

Mit einem Abnutzungseffekt (klassischer „Wear-out-Effekt") ist beim Lernen von Werbeinformationen unter normalen Bedingungen nicht zu rechnen.

---

[14] Vgl. auch die skeptische Beurteilung des Abnutzungseffektes durch *Naples* (1979, S. 73).

Mit absolut rückläufigen Lernleistungen ist bei Wiederholungskontakten nur unter solchen Bedingungen zu rechnen, die für das Lernen von Werbebotschaften kaum in Frage kommen (*Wimmer,* 1980, S. 45 ff., 176).

Das wird von den an reale Wirkungsbedingungen angenäherten Experimenten von *Wimmer* (1980) bestätigt. Er fand keine Anhaltspunkte für einen Abnutzungseffekt: Die Lernleistung der Empfänger, das heißt die Erinnerung an die Werbebotschaft, nahm vielmehr bei höheren Kontaktzahlen zu. Die Zahl der Wiederholungen (acht Kontakte) war größer als in den Experimenten von *Grass* und *Wallace* (1969) (fünf Kontakte).

Das bedeutet keineswegs, daß häufige Wiederholungen der gleichen Werbung den Werbeerfolg nicht beeinträchtigen können. Wir haben ja bisher – in Anlehnung an die Literatur über die Abnutzungswirkungen der Werbung – lediglich über das *Lernen* von *Informationen* gesprochen, nicht über die Auswirkungen der Wiederholung auf Produktbeurteilung, Einstellung und Kaufverhalten.[15]

Untersuchungen von *Sternthal* und *Craig* (1982) u. a. weisen darauf hin, daß bei informativer Werbung damit zu rechnen ist, daß involvierte Empfänger nach etwa drei Kontakten durch weitere Wiederholungen (untersucht wurden insgesamt sechs Kontakte in einem Zeitraum von drei Wochen) dazu angeregt werden, aufgrund der Werbeaussagen eigene Gedanken über das Produkt und dabei auch Gegenargumente zu entwickeln (*Sternthal* und *Craig,* 1982, S. 281–282), welche die Einstellungsbeeinflussung beeinträchtigen. Bei nichtinvolvierten Empfängern sind diese Abnutzungserscheinungen der Werbung wesentlich geringer, falls sie überhaupt auftreten. Um sie zu vermeiden, ist es zweckmäßig, die sprachliche oder bildliche Fassung der dargebotenen Informationen zu variieren (vgl. dazu im einzelnen *Kroeber-Riel,* 1991, S. 115 ff.).

b) Lernen durch Bilder (Imagerywirkungen)

Die vom Konsumenten aufgenommenen Reize (Informationen) werden häufig in Form von inneren Bildern – Vorstellungsbildern – kodiert. Das gilt für sprachliche wie nichtsprachliche Reize, zum Beispiel für visuelle Reize oder Duftreize:

So kann zum Beispiel das Wort „Auto" das innere Bild eines Autos hervorrufen. Ein solches Bild kann aber auch durch eine Zeichnung, durch das Geräusch eines Autos, ja sogar durch eine innere Instruktion, sich ein Auto vorzustellen, ausgelöst werden.

Die Bedeutung von Gedächtnisbildern

Welche Rolle die inneren Bilder im Gedächtnis spielen, ist bis heute umstritten. Nach einer Auffassung wird das Wissen in einer abstrakten pro-

---

[15] Differenziert man zwischen einem affektiven und kognitiven „wear-out", so kommt es auf den Unterhaltungswert und Informationsgehalt bei Wiederholungskontakten an (vgl. *Hugher,* 1992).

positionalen Form gespeichert. Die inneren Bilder sind danach nur Oberflächenphänomene; sie sind einer von mehreren möglichen Kodes, um das
Wissen in unser Bewußtsein zu bringen.

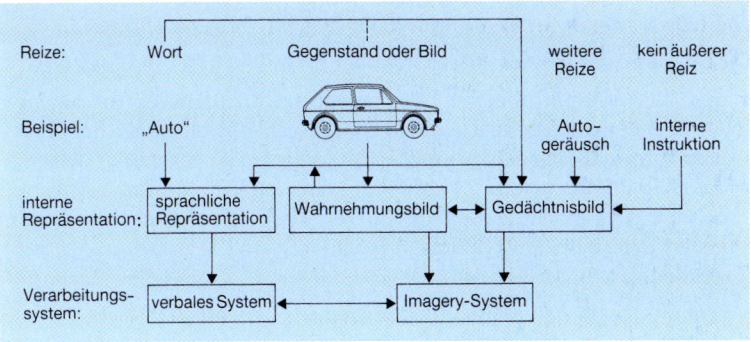

Abbildung 78: Begriffsnetz der Imageryforschung

Quelle: Kroeber-Riel (1986a, S. 82).

Nach anderen (Imagery-)Theorien wird das Wissen unmittelbar in einem
eigenständigen Bilderkode repräsentiert und gespeichert, der neben den
davon unabhängigen Sprachkode tritt.[1]

Die Forschung neigt inzwischen zu einem Standpunkt, der sowohl die eine wie die andere Ansicht gelten läßt. Für die praktische Anwendung der
Forschungsergebnisse über die Wirkung innerer Bilder auf das Verhalten
sind diese theoretischen Unterscheidungen ohnehin von geringem Interesse: Über den starken Einfluß bildlicher Vorstellungen auf Denken, Fühlen
und Handeln besteht kein Zweifel (zur Bildkommunikation und zu Imagerystrategien vgl. ausführlich *Kroeber-Riel*, 1993b).

Bevor wir auf diesen Einfluß eingehen, ist es zweckmäßig, einige Grundbegriffe einzuführen. Wir unterscheiden zwei Arten innerer Bilder *(Abbildung 78):*

● Wahrnehmungsbilder,
● Gedächtnisbilder.

Von einem *Wahrnehmungsbild* wird dann gesprochen, wenn der Gegenstand oder eine Abbildung des Gegenstandes (Foto, Modell) präsent sind
und vom Subjekt sinnlich wahrgenommen werden.

Ein *Gedächtnisbild* umfaßt die Vorstellungen in Abwesenheit des Gegenstandes. Die Gedächtnisbilder lassen sich als gelernte (gespeicherte) Wahrnehmungsbilder verstehen. Sie sind funktionell äquivalent: Es handelt sich
in beiden Fällen um visuelle Vorstellungen, die sich durch die gleichen Ei-

---

[1] Über die Auseinandersetzung zur Frage, ob bildliche Vorstellungen ebenso wie
sprachliche Vorstellungen auf ein einheitliches abstraktes Kodierungssystem
zurückgehen oder als eine originäre Kodierungsform aufzufassen sind, informieren unter anderem *Kosslyn* (1980); *Pylyshyn* (1981); zusammenfassend *Yuille* (1983).

genschaften wie farbig, geordnet, erregend usw. kennzeichnen lassen. Ihre gedankliche und emotionale Verarbeitung folgt den gleichen Regeln.[2] Die gedankliche Entstehung, Verarbeitung und Speicherung von inneren Bildern wird als *Imagery* bezeichnet. Es handelt sich also um die Kodierung von Informationen im Gedächtnis in einer nicht-verbalen Form.

Die Messung der inneren Bilder steht vor zwei wesentlichen Barrieren:

- dem Bewußtseinsproblem: Die visuelle Informationsverarbeitung ist weniger bewußt. Sie wird gedanklich weniger kontrolliert als die sprachliche Informationsverarbeitung (*Haber*, 1981, S. 5ff.; *Beaumont*, 1981).

- das Modalitätsproblem: Zur Messung der visuellen Informationsverarbeitung sind modalitätsspezifische Verfahren erforderlich, die der Eigenart der visuellen (bildlichen) Kodierung und Verarbeitung gerecht werden.[3]

Modalitätsspezifische Meßmethoden sind im wesentlichen nicht-verbale Verfahren, die es den Testpersonen ermöglichen, über ihre inneren Bilder und ihre Wirkungen Auskunft zu geben, ohne sie in Worte zu fassen. Zu diesen Methoden gehören unter anderem Bildrecall, Bildrecognition, Bilderskalen und psychobiologische Methoden wie die Blickregistrierung sowie elektrophysiologische Meßverfahren.

Gegenstand der Messung können sein: das Vorhandensein von inneren Bildern, ihr Inhalt, ihre Eigenschaften und Wirkungen (ob sie lebendig, aktivierend, angenehm usw. sind) und die Art und Weise, wie sie verarbeitet werden.

Innere Bilder entfalten sowohl kognitive als auch emotionale Wirkungen: Sie dienen der gedanklichen Informationsverarbeitung und -speicherung, und sie bestimmen unsere emotionalen Erlebnisse, unter anderem unsere Präferenzen für Personen und Gegenstände.[4]

Eine der wichtigsten Erkenntnisse der Konsumentenforschung besteht darin, daß die Präferenzen für Produkte, Geschäfte und Dienstleistungen wesentlich davon abhängen, wie *lebendig* das innere Bild ist, das sich die Konsumenten von den Objekten machen.[5]

Die **Lebendigkeit** eines inneren Bildes erweist sich in diesem Zusammenhang als „eine Art Superdimension" (*Ruge*, 1988, S. 105), die eng mit der emotionalen Wirkung von Bildern verbunden ist.[6]

---

[2] In der Imageryliteratur werden innere Bilder als quasi-visuell umschrieben: als „quasi-pictorial" oder als „sensory like" (*Hilgard*, 1981, S. 8; *Kosslyn*, 1980, S. 6, 81, 172; *Haber*, 1981, S. 32).
  Mit „quasi-pictorial" wird zum Ausdruck gebracht, daß die inneren Bilder – wie äußere Bilder – eine visuelle Modalität aufweisen. Im Englischen wird sprachlich zwischen äußerem Bild (picture) und innerem Bild (image) unterschieden.

[3] Vgl. dazu *Kroeber-Riel* (1986a, S. 83) und *Ruge* (1988, S. 74ff., 87ff.).

[4] Zur Übersicht über die Wirkungen innerer Bilder vgl. *Kroeber-Riel* (1993b).

[5] Weitere verhaltenswirksame Dimensionen innerer Bilder neben der Lebendigkeit sind die Anziehungskraft (Gefallen des Bildes), das Aktivierungspotential – einschließlich Komplexität und Neuartigkeit – sowie die psychische Distanz.

[6] Vgl. *Conway* und *Bekerian* (1988) sowie *Ruge* (1988, S. 151).

Man versteht darunter die Klarheit oder Deutlichkeit, mit der das Bild vor den inneren Augen des Betrachters steht. Man kann sie durch Befragungen oder mit Hilfe von Bilderskalen messen.

> Je lebendiger ein inneres Bild ausgeprägt ist, desto stärker ist sein Einfluß auf das Verhalten.

Wie lebendig das innere Bild ist, hängt wesentlich von den Bildern ab, die der Empfänger zuvor aufgenommen und gespeichert hat, beispielsweise von den Bildern, die in der Werbung dargeboten werden, um im Konsumenten ein inneres Bild von Firma oder Marke zu erzeugen. Bilder, die einen lebendigen Eindruck hervorrufen sollen, müssen assoziationsreich, gestaltfest und eigenständig sein, das heißt, sie müssen sich von konkurrierenden Bildern deutlich abheben.

Zum Aufbau eines klaren Vorstellungsbildes (über ein Produkt, eine Erlebniswelt, ein Geschäft usw.) ist im allgemeinen eine wiederholte Darbietung von entsprechenden Reizen erforderlich. Dabei können die dargebotenen Reize zwar variiert werden, aber das *grundlegende* Motiv ist beizubehalten, weil sein Wechsel zur Überlagerung unterschiedlicher innerer Bilder beim Konsumenten führen kann. Sein Vorstellungsbild vom Produkt oder vom Laden oder von einer Erlebniswelt wird dann diffus und verliert seine Verhaltenswirksamkeit (mit Beispielen: *Kroeber-Riel*, 1988, S. 194).

Die Auswirkungen der Lebendigkeit (Klarheit) von inneren Bildern auf das Konsumentenverhalten wurde durch mehrere empirische Untersuchungen des *Instituts für Konsum- und Verhaltensforschung* der Universität des Saarlandes belegt und auf das Marketing übertragen.[7] Sie betreffen auch das Lernen und Behalten von Marketinginformationen, die Gegenstand des folgenden Abschnittes sind.

Das Bildgedächtnis

Bereits in früheren Experimenten stellte sich heraus, daß das Gedächtnis für Bilder besonders leistungsfähig ist. *Shephard* (1967) legte seinen Testpersonen 612 Bilder vor. Die meisten Bilder stammten aus Werbeanzeigen. Bei dem nachfolgenden Wiedererkennungstest mußten die Testpersonen unter Bilderpaaren, die jeweils eines der vorher gezeigten Bilder enthielten, das richtige Bild erkennen. Die Wiedererkennungsleistung war – mit einer Fehlerquote von nur 1,5 % – außerordentlich hoch und wesentlich besser als die Leistung bei dem zum Vergleich durchgeführten Wiedererkennungstest für verbales Material (das aus Sätzen bestand).

In einem weiteren bekannten Experiment von *Standing, Conezio* et al. (1970) wurden 2500 Bilder hintereinander dargeboten und noch zu 90 % richtig

---

[7] Vgl. dazu *Kroeber-Riel* (1986a, 1993b) und die Darstellung der empirischen Untersuchungen durch *Ruge* (1988, S. 140 ff.).

wiedererkannt, selbst wenn zwischen Darbietung und Wiedererkennungstest bis zu drei Tage vergangen waren.

Man kann zusammenfassend feststellen: Das Gedächtnis für Bildinformationen ist wesentlich besser als das Gedächtnis für sprachliche Informationen. Das gilt sowohl für einfache als auch für komplexe sprachliche und bildliche Reize.

Bilder und Worte aus Experimenten von *Paivio*

	Klavier	Gerechtigkeit
	Schlange	Fähigkeit
	Uhr	Ich
	Bleistift	Moral
	Hummer	Tapferkeit
	Zigarre	Menge
	Stern	Theorie
	Haus	Freiheit
	Pfeife	Kummer

Abbildung 79: Experimentelle Reize zum Nachweis der überragenden Gedächtniswirkung von Bildinformationen

Quelle: Paivio (1971).

Abbildung 79 zeigt einige einfache Reize (Wörter, Bilder), mit denen *Paivio* (1971) in seinen Experimenten gearbeitet hat. Er untersuchte die Gedächtnisleistung für (1) elementare Bilder wie das Bild eines Klaviers sowie (2) die entsprechenden Wörter wie das Wort „Klavier" und (3) abstrakte Worte wie „Musik". Aufgrund seiner Ergebnisse und späterer Forschungsarbeiten läßt sich folgende Hypothese formulieren (*Sherman* und *Kulhavy*,1976, S. 720):

1. Reale Objekte werden besser erinnert als Bilder.
2. Bilder werden besser erinnert als konkrete Worte.
3. Konkrete Worte werden besser erinnert als abstrakte Worte.

Die Konkretheit (Bildhaftigkeit) einer Information erweist sich demzufolge als *Schlüsselgröße* dafür, wie gut die Information behalten wird. Es gibt inzwischen Wortlisten, welche die Konkretheit (Bildhaftigkeit) von Wörtern der Umgangssprache ausweisen und damit ihre Merkfähigkeit anzeigen.

Die bessere Erinnerung an konkrete Ausdrücke kann sich auch das Marketing, insbesondere die Werbung, zunutze machen, indem wenig einprägsame abstrakte Ausdrücke durch konkrete und bildhafte Ausdrücke ersetzt werden. So wies unter anderem *Robertson* (1987) nach, daß konkret-bildhaft formulierte Markennamen wie „Frosch" besser erinnert werden als abstrakte Markennamen wie „Moment". Ein erheblicher Teil der gesamten Gedächtnisvarianz – je nach Gedächtnismessung zwischen 19% und 27% – kann durch die gemessene Bildhaftigkeit der Markennamen erklärt werden.[8]

Aber zurück zur allgemeinen Gesetzmäßigkeit von der überlegenen Gedächtnisleistung für Bilder.[9] Sie wird mit der Wirkung des Imagerysystems erklärt, also damit, wie die aufgenommenen Informationen im Gedächtnis kodiert werden.

Der im Gedächtnis benutzte Bilderkode ist gegen gedächtnisreduzierende Einflüsse resistenter als der Sprachkode. Das hat zur Folge, daß die Gedächtnisleistung in dem Maße steigt, in dem eine Information im Gedächtnis bildlich kodiert wird (in den Imagekode übersetzt wird).

Eine spezielle Erklärung dazu bietet bereits *Paivio* (1971) mit seiner Theorie der doppelten Kodierung, die jedoch wie alle Imagerytheorien umstritten ist. Er formuliert zwei Hypothesen:

(1) Der verbale Kode kann in den bildlichen Kode übersetzt werden und umgekehrt.

(2) Inwieweit diese Übersetzung erfolgt, hängt davon ab, wie *konkret* die verbale oder bildliche Information ist.

Abstrakte Worte wie „Freiheit" werden *nur* verbal kodiert. *Konkrete* Worte wie „Sonnenuntergang" rufen zugleich innere Bilder hervor: Sie sind deswegen nicht nur in ihrem eigenen Kode, sondern auch im Bilderkode verfügbar.

Eine *abstrakte* bildliche Information läßt sich kaum in einen verbalen Kode übersetzen, sie ist deswegen *nur* in ihrem spezifischen Bilderkode vorhanden (das ist eine zweckmäßige, aber noch wenig diskutierte Ausweitung der Theorie von *Paivio,* die abstrakte Bilder außer acht läßt; vgl. *Krauss,* 1982, S. 28). *Konkrete* Bilder werden wiederum doppelt (wie konkrete Worte) kodiert: Sie werden in den Bilderkode und zusätzlich in einen verbalen Kode gebracht.

Konkrete Worte und Bilder werden aufgrund ihrer *doppelten* Kodierung besser behalten. Allgemein gesagt: Je konkreter bildliche und verbale Informationen sind, um so größer ist die Wahrscheinlichkeit, daß sie doppelt – verbal *und* bildlich – kodiert und gespeichert werden.

Bilder lassen sich jedoch im Gehirn besser doppelt kodieren als Worte, weil sie leichter in einen verbalen Kode übersetzt werden können als Worte in einen Bilderkode. Damit ist ihre überlegene Gedächtnisleistung zu begründen (*Paivio,* 1971, S. 179; Modifikationen dieser Theorie unter anderem durch *Bredenkamp* und *Wippich,* 1977).

---

[8] Vgl. dazu auch die Untersuchung über figurative Werbesprachen von *Stern* (1988).

[9] In der amerikanischen Forschung wird meistens vom „picture superority effect" (on memory) gesprochen, siehe *Childers* und *Houston* (1984); *Roediger* und *Weldon* (1987).

Wie in den Experimenten von *Paivio* wird in den psychologischen Untersuchungen meistens mit einfachen bildlichen und sprachlichen Reizen experimentiert (vgl. dazu *Weidemann,* 1988, S. 14 ff.). Die überlegene Gedächtnisleistung für Bilder läßt sich aber auch auf *komplexe* bildliche und sprachliche Informationen beziehen. Das wurde durch zahlreiche Untersuchungen der Konsumentenforschung belegt.[10]

Aus den Ergebnissen dieser Untersuchungen lassen sich Sozialtechniken ableiten, insbesondere auch Mnemotechniken, wie man die Gedächtnisleistung gezielt verbessern kann, indem man sich beim Einprägen von Informationen und beim Erinnern die unterstützenden Bildwirkungen zunutze machen kann (*MacDaniel* und *Pressley,* 1987, S. 299 ff.). Diese Techniken laufen oft darauf hinaus, die Erinnerung an eine sprachliche oder numerische Information dadurch zu verstärken, daß man sie mit Bildvorstellungen verknüpft (*Spoehr-Lehmkuhle,* 1982, S. 205 ff.).

Für die Übertragung auf das Konsumentenverhalten sind folgende Sozialtechniken hervorzuheben:

Verwendung von Bildern statt Wörtern: Man kennt in der täglichen Kommunikation solche Informationen, die „eigentlich" bildlich sind, weil sie einen konkreten Sachverhalt abbilden, aber trotzdem häufig in verbaler Form vermittelt werden. Damit wird eine unnötige Verminderung der Gedächtnisleistung bewirkt.

Beispiele aus der Werbung können dies verdeutlichen:

In einer Anzeige für eine Fluggesellschaft zielt die zentrale Argumentation auf das große internationale Liniennetz der Gesellschaft ab. Das Liniennetz wird durch einen längeren Text wiedergegeben, in dem die angeflogenen Flughäfen namentlich aufgeführt werden.

Wenn das Verständnis dieser abgedruckten Liste über den bloßen Eindruck „großes Liniennetz" hinausgehen und eine genauere Kenntnis des Streckennetzes vermitteln soll, so wird eine extensive Anzeigenbetrachtung erforderlich (beim Konsumenten vorausgesetzt). Selbst ein teilweises Lesen der Liste erfordert zahlreiche Fixationen mit dem Auge und einen erheblichen gedanklichen Aufwand.

Würde man das Streckennetz dagegen in einer korrespondierenden Landkarte abbilden, so könnten sich die Empfänger nicht nur leichter informieren – weil die bildlich organisierte Information eine schnellere Informationsaufnahme erlaubt – sondern auch später besser an die Informationen erinnern.

Ein anderes Beispiel aus der Fernsehwerbung: *Calgon* ist ein Mittel, das Kalkablagerungen an Metallteilen (Waschmaschinen) verhindert und zur Lebensdauer der Maschinen beiträgt. Der Produktnutzen von *Calgon* kann nun sprachlich oder bildlich vermittelt werden:

In einem Fernsehspot für *Calgon* berichtet ein Handwerker, der gerade eine Waschmaschine repariert hat, einer Hausfrau, daß der Zusatz von *Cal-*

---

[10] Zum Überblick der kaum noch überschaubaren Literatur vgl. *Ruge* (1988, insb. S. 130 ff.); *MacInnes* und *Price* (1987); *Konert* (1986, S. 71 ff., insb. S. 78 ff.); *Kroeber-Riel* (1986 a, 1993 b); *Weinberg* (1986 b).

gon Kalkablagerungen an Metallteilen der Maschine verhindert und deswegen für eine längere Lebensdauer der Waschmaschine sorgt.

Wir vergleichen drei Versionen dieses Spots: In der ersten Version wird nur eine *sprachliche* Darstellung des Produktvorteils gebracht. In der zweiten Version wird die Information über die Wirkung von *Calgon* durch ein Bild ergänzt, das nebeneinander zwei Metallteile der Maschine zeigt, einmal mit Kalkablagerung und das andere Mal nach *Calgon*benutzung ohne Kalkablagerung. Auf diese Weise wird der Produktnutzen sehr anschaulich mit Hilfe eines Bildes verdeutlicht (und wiederholt). Das ist die deutsche Fassung des *Calgon*-Spots (siehe *Abbildung 80*).

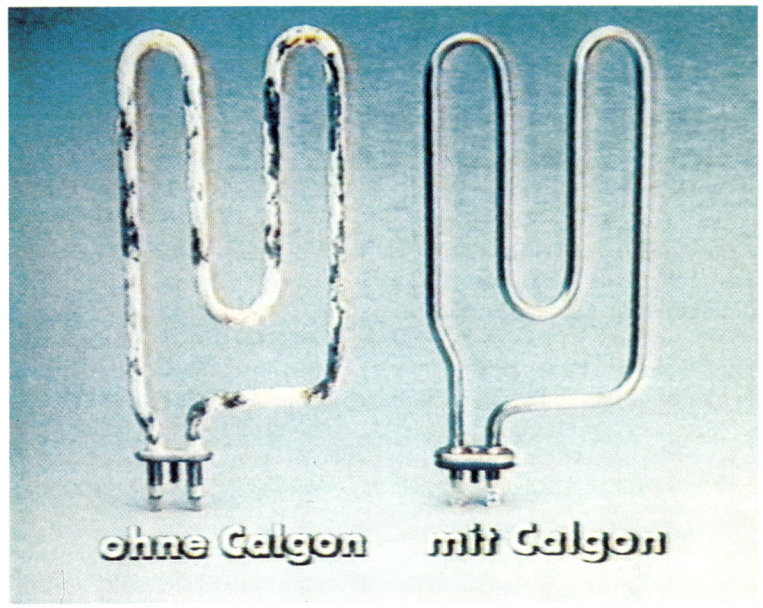

Abbildung 80: Verstärkung der Erinnerung durch lebendige Bilder

Durch die bildliche Wiedergabe des Produktnutzens wird die Erinnerung an das werbliche Nutzenversprechen erheblich verstärkt, insbesondere dann, wenn man an das geringe Involvement der Empfänger von Fernsehwerbung denkt.

Aber auch dann, wenn die eigentliche Information abstrakt ist, wie in Beschreibungen vieler technischer Produkte oder Dienstleistungen, kann man die Einprägsamkeit oft erhöhen, indem man an das bildliche Vorstellungsvermögen der Empfänger appelliert und die Information soweit wie möglich in konkrete und bildliche Darstellungen übersetzt. Die Verwendung von Business-Graphik ist ein Beispiel dafür (*Kroeber-Riel*, 1986c).[11]

Wort-Bild-Kombination: Die bisher geschilderten Imagerystrategien laufen darauf hinaus, abstrakte und verbale Informationen in möglichst konkrete und bildliche Informationen umzuformen.

Eine weitere Möglichkeit besteht darin, Wörter und Bilder zu kombinieren, um über das einprägsame Bild eine stärkere Verankerung der Wörter im Gedächtnis zu erreichen. Dazu gibt es mehrere Techniken:

(1) direkte Einbeziehung von Bildelementen in einen sprachlichen Ausdruck,

(2) Kombination eines Bildes mit einem Wort.

Im zweiten Fall kann das Bild zur Veranschaulichung der Wortbedeutung beitragen, es kann aber auch ohne oder nur in losem Zusammenhang zu dem Wort stehen. So werden z. B. Markennamen besser behalten, wenn sie in ein einprägsames Bild integriert sind.

Marketingimplikationen: Solche visuellen *Präsenzsignale* werden bei der zunehmenden Informationsüberlastung immer wichtiger, um eine Marke in der Informationsflut auffällig und sichtbar zu machen und die Markenerinnerung (Markenaktualität) gegenüber anderen Marken abzusichern.[12]

Die Unterstützung der Erinnerung an Marken, Läden und Werbebotschaften durch die Verwendung von Bildern ist vor allem für die Informationsvermittlung an **wenig involvierte** Konsumenten wichtig. Da Bilder, wie bereits ausgeführt wurde, mit geringer gedanklicher Anstrengung aufgenommen und verarbeitet werden, können mit ihnen auch solche Konsumenten erreicht und beeinflußt werden, die nur schwach aktiviert (involviert) sind. In mehreren Studien über das Low-Involvement-Verhalten (wie *Liu*, 1986) wird nicht nur die bessere Erinnerung an Bilder, sondern auch ihre stärkere Durchschlagskraft bei der Veränderung von Einstellungen herausgearbeitet.[13]

Die stärkere Erinnerung an Bilder führt gerade bei Empfängern mit geringem Involvement zu asymmetrischen Wirkungen von Informationen, die teils aus Bildern, teils aus Texten bestehen („Bild-Text-Schere"): Beim Fernsehen entsteht dadurch die Gefahr, „daß der Zuschauer sich zwar am Bilderfluß entlanghangelt, die zugehörigen Texte jedoch nicht versteht. Dies kann vor allem dann auftreten, wenn Wort und Bild auseinanderklaffen" (*Schenk*, 1987, S. 84).

Dies kann sich auch bei der Darbietung von Marketinginformationen auswirken: Wird dem Konsumenten ein Problem, das mit Hilfe eines Produktes gelöst werden kann, visuell vermittelt, die Problemlösung (durch das

---

[11] Vgl. dazu auch die von *Alesandrini* (1983) sowie *Alesandrini* und *Sheikh* (1983) empfohlenen „Bildstrategien".
[12] Vgl. dazu *Kroeber-Riel* (1993b) und *Weinberg* (1992a).
[13] Vgl. weiterhin *Jeck-Schlottmann* (1987) sowie *MacInnis* und *Price* (1987) und *Gröppel* (1991).

Produkt) dagegen nur sprachlich, so ist damit zu rechnen, daß sich der Konsument später vor allem an das bildlich dargestellte Problem und weniger an die gebotene Problemlösung erinnert. Deswegen ist ein umgekehrtes Vorgehen und vor allem ein stimmiges Zusammenspiel von Bild und Text bei Darstellung von Problem *und* Problemlösung effizienter.

Das gilt in gleicher Weise für die Produktpräsentation am POS mittels verbaler Informationen oder visueller Displays. Bildliche Problemlösungen werden spontan und ohne kognitive Anstrengung begriffen und gespeichert. Man weiß auch, daß Bildinformationen die gedankliche Kontrolle der Empfänger in einem beachtlichen Ausmaß unterlaufen können. Das kommt auch darin zum Ausdruck, daß der Konsument bildliche Produktinformationen akzeptiert, die, verbal dargeboten, abgelehnt würden (*Kroeber-Riel*, 1982b, S. 13ff.).

6. Gedächtnis: Behalten und Vergessen

Das Behalten: Nach den Ansätzen der kognitiven Informationsverarbeitungsforschung wird das Gedächtnis als *Langzeitspeicher* für Informationen betrachtet. Dieser Langzeitspeicher (LZS) ist durch sehr große Kapazität und Speicherdauer gekennzeichnet.

Die Langzeitspeicherung von Informationen ist mit dem Aufbau von materiellen Gedächtnisspuren, mit der Herstellung von neuen Schaltungen im Zentralnervensystem, verbunden. „Eine Proteinsynthese scheint für die Bildung einer Langzeitspur notwendig zu sein" (*Lindsay* und *Norman*, 1981, S. 326).[1] Die für den Aufbau einer dauerhaften Gedächtnisspur benötigte Zeit – den Zeitraum vom ersten Einprägen bis zur dauerhaften Speicherung – nennt man Konsolidierungsphase.

Das ist für die angewandte Gedächtnisforschung wichtig: Erst nach Ablauf dieser Festigungsperiode kann man das langfristige Gedächtnis messen. Vorher erfaßt man lediglich ein Kurzzeitgedächtnis. Die Messung des Gedächtnisses während der Festigungsperiode ist vor allem auch deswegen problematisch, weil die Erinnerung an eine Information in dieser Zeit gestört sein kann.

Das Vergessen: Nach einer führenden Vergessenstheorie (Interferenztheorie) werden einmal gelernte Informationen dauerhaft im Langzeitgedächtnis gespeichert. Nach dieser Theorie wird die spätere Wiedergabe einer gelernten Information deswegen gehemmt, weil die Information von vorher und nachher gespeicherten Informationen überlagert wird und sich deswegen der Erinnerung entzieht.

Die Überlagerung der im Gedächtnis aufgenommenen Informationen durch vorher oder nachher gespeicherte Informationen nennt man *Interferenzen*. Man unterscheidet solche Gedächtnishemmungen, die auf das *vorher* gespeicherte Material zurückgehen (proaktive Hemmungen) und sol-

---

[1] Zur Diskussion dieser Problematik siehe *Kroeber-Riel* (1979, S. 244–245); *Eysenck* (1977, S. 17ff., 109ff., 165ff.).

che, die durch das *nachher* gelernte Material entstehen (retroaktive Hemmungen).

Die Dauerspeicherung von gelernten Informationen im Gehirn ist zur verbreiteten Meinung über das Gedächtnis geworden. In einer informellen Umfrage fanden *Loftus* und *Loftus* (1980, S. 410), daß 84 % der befragten Psychologen und 69 % der Nicht-Psychologen (N = 169) der Behauptung zustimmten, daß „alles, was wir lernen, dauerhaft im Gedächtnis gespeichert wird".

Diese Meinung läßt sich allerdings nicht ganz aufrechterhalten. Man nimmt inzwischen noch andere Ursachen als Interferenzen für das Vergessen an: Bereits gespeicherte Informationen können im Gehirn gegen neue Informationen ausgetauscht werden (*Loftus* und *Loftus*, 1980, S. 418). Es gibt außerdem Anhaltspunkte für einen – wenn auch schwer nachweisbaren – Zerfall sowie für eine Änderung der Gedächtnisspuren im Laufe der Zeit (zusammenfassend *Lindsay* und *Norman*, 1981, S. 251).

Die gegenwärtigen Untersuchungen zum Vergessen beschäftigen sich bevorzugt mit der Frage, wie der *Zugriff* auf gespeicherte – also tatsächlich behaltene – Informationen möglich wird und erleichtert werden kann (vgl. *Gardial, Schumann* et al., 1993). Hierbei wird Vergessen hauptsächlich als ein „Versagen des Retrieval-Prozesses" angesehen.[2]

Zur Erleichterung des Zugriffs auf behaltene Informationen kommt es vor allem darauf an, dem Gedächtnis geeignete Hinweise für das Wiederauffinden der behaltenen Informationen zu geben, etwa durch den Hinweis auf die Umstände, unter denen eine Information erworben wurde (Weißt Du, damals in Paderborn …? – Erinnerst Du Dich, in jener Zeitschrift …? usw.).

Messungen des Gedächtnisses: Das heikelste Problem der Gedächtnisforschung ist bis heute die Messung: Wie kann man feststellen, welche Informationen tatsächlich behalten, welche vergessen wurden?

Die Messung der nach dem Lernprozeß gespeicherten Informationen führt in der experimentellen Grundlagenforschung schon allein deswegen zu Schwierigkeiten, weil die Wiedergabe einer behaltenen Information eine Übung darstellt, die zum weiteren Einprägen dieser Information führt.

Noch schwerwiegender ist folgendes: Benutzt man für die Behaltensprüfung unterschiedliche Meßverfahren, so erhält man auch grundsätzlich unterschiedliche Ergebnisse. Anders gesagt: Es ist gar nicht möglich, die behaltenen Informationen „objektiv" abzurufen. Jeder Abrufprozeß ist eine besondere kognitive Leistung, die das abgerufene Gedächtnismaterial sowohl quantitativ als auch qualitativ verändert!

Es gibt direkte und indirekte Meßverfahren: Die *direkten* zielen darauf ab, die gespeicherten Informationen zutage zu fördern. Die *indirekten* gründen

---

[2] Zum Vergessen als Störung des Wiederauffindens von bekannten Informationen vgl. auch *Wessels* (1994, S. 171 ff., 209) sowie *Anderson* (1988, S. 145 ff.). Zum Transferproblem gelernten Wissens auf andere Aufgabengebiete vgl. *Mandl, Gruber* et al. (1993), und zur Differenzierung zwischen impliziten und expliziten Gedächtnisprozessen vgl. *Sanyal* (1992).

sich auf die Erkenntnis, daß der Übungsaufwand, der dazu benötigt wird, um das dargebotene – verbale oder bildliche – Material wiederzulernen, entscheidend davon abhängt, wieviel von dem gelernten Material noch im Gedächtnis gespeichert ist. Man kann deswegen das Behalten (Vergessen) indirekt an der für das Wiedererlernen notwendigen Übung messen.

Für die Konsumentenforschung sind vor allem die direkten Methoden zu beachten. Es sind in der Hauptsache:

● freie Reproduktion (free recall),
● unterstützte Reproduktion (aided recall),
● Wiedererkennen (recognition).

Bei freier Reproduktion wird die Testperson aufgefordert, das Gelernte frei und ohne Hilfe wiederzugeben. Bei unterstützter Reproduktion werden ihr Gedächtnisstützen, zum Beispiel in Form von Hinweisen auf den Kontext des gelernten Materials, geliefert. Beim Wiedererkennen wird der Person das gelernte Material zusammen mit anderem Material vorgelegt, und sie wird gefragt, an welches Material sie sich erinnert. Die Vergessenskurve verläuft flacher und ist nach oben verschoben, wenn man das Behalten durch das Wiedererkennen mißt.

Recall- und Recognitionmessungen erfordern unterschiedliche gedankliche Abrufleistungen aus dem Gedächtnis.[3] Es ist bis heute zweifelhaft, inwieweit sie einen einheitlichen Gedächtnisstand (eine einheitliche Behaltensleistung) oder verschiedene Aspekte des Behaltens messen. *Du Plessis* (1994) folgert aus den Ergebnissen zum „Copy-Testing", daß die Hemisphärentheorie nicht bestätigt werden kann. Auf alle Fälle werden die Ergebnisse von Recall- und Recognitionmesungen in unterschiedlicher Weise von den Eigenschaften des Reizmaterials und den persönlichen Prädispositionen der Befragten beeinflußt. So fanden zum Beispiel *Bagozzi* und *Silk* (1981), daß die Ergebnisse von Recognitionmessungen stärker vom Interesse der Empfänger an der Werbung beeinflußt werden als die Recallergebnisse. Letztere weisen dagegen schlechtere Beziehungen zu kaufnäheren Wirkungsmaßen wie Beeinflussung oder Kaufverhalten auf (*Joung* und *Robinson*, 1992).

Die angegebenen Meßverfahren sind zugleich die bekanntesten Methoden, um Werbewirkungen zu ermitteln.

Besonders verbreitet – insbesondere für den Test von Fernsehwerbung – sind, trotz gravierender Validitätsprobleme, Recallmessungen, die 24 Stunden nach Darbietung der Werbung erfolgen („Day-after-Recall"). Zum Beispiel werden die Testpersonen einen Tag nach der Fernsehwerbung zu Hause angerufen und um Auskunft gebeten, ob sie sich an die Werbung erinnern und welche Elemente (Markenname, Slogan usw.) im Gedächtnis geblieben sind. Messungen 24 Stunden nach der Sendung haben den Vorteil, daß wirklich das Langzeitgedächtnis – auch unter dem Einfluß nachfolgender Informationen – überprüft wird.

---

[3] Eine ausführliche Diskussion über Recall und Recognition findet man in Heft 3 (1994) des *Journal of Advertising Research*. Diese Verfahren bleiben also klassisch und aktuell zugleich.

Die Gültigkeit dieser Werbewirkungsmessungen wird in Zweifel gezogen. *Dubow* (1994a, 1994b) und *Gibson* (1983, 1994) behandeln die Güte (insbesondere Reliabilität und Validität) von Recall-Messungen. Generell wird immer noch sehr kontrovers diskutiert, ob Recall-Messungen valide und reliable Ergebnisse liefern oder nicht (Pro: *Dubow*, 1994a; *Dubow*, 1994b; Contra: *Gibson*, 1983; *Gibson*, 1994).

Wenn auch der Day-after-Recall als „tot" eingeschätzt wird, so meinen die Befürworter wie *Dubow* (1994a) dennoch, daß sich Recallwerte zur Aussonderung solcher Werbemittel eignen, die wenig Überzeugungskraft besitzen.

Sowohl durch Recall- als auch durch Recognitionverfahren wird wohl nur das Behalten der Werbebotschaft ermittelt. Die Verfahren liefern diagnostische Werte über *Teilwirkungen* (Gedächtniswirkungen) der Werbung, aber sie zeigen nicht ohne weiteres Verhaltensänderungen an, die zum Kauf und damit zum Werbeerfolg führen. Dabei kommen neuere Untersuchungen zum Ergebnis, daß Recognitionmaße höhere „Erinnerungswerte" ausweisen als Recallmaße (*Du Plessis*, 1994).

In diesem Zusammenhang ist auf die unterschiedliche Bedeutung von Markenrecall und Markenrecognition für das Kaufverhalten hinzuweisen:

Der Markenrecall zeigt die „aktive Markenbekanntheit" an: Der Konsument ist in der Lage, aus dem Gedächtnis zu einem bestimmten Produkt- und Dienstleistungsbereich eine Marke zu nennen. Diese aktive Erinnerung ist bei bewußten und überlegten Entscheidungen wichtig, die nicht erst im Laden, sondern vorher getroffen werden, weil sie im wesentlichen die Menge der Alternativen begrenzt, die bei der Wahl berücksichtigt werden.

Markenrecognition gibt dagegen die „passive Markenbekanntheit" an: Der Konsument erinnert sich nur dann an die Marke, wenn er sie (beziehungsweise den Markennamen) sieht.

Beispiel: Die Konsumenten erkennen viele Reifenmarken wieder, wenn sie eine Liste mit den Namen der Reifenmarken vorgelegt bekommen und aufgefordert werden, die ihnen bekannten Marken anzukreuzen. Aber ohne eine solche Vorlage nach Reifen gefragt, können sie nur wenige Marken aus dem Gedächtnis angeben.

Wenn ein Konsument nun einen Reifen kaufen will, fragt er zunächst einmal solche Reifen nach, die zur aktuellen Alternativenmenge (Markenmenge) gehören, an die er sich aktiv erinnert. Mit dieser aktiven Markenbekanntheit sind in der Regel mehr oder weniger starke Einstellungen zur Marke verbunden (*Behrens*, 1988, S. 147).

Die Erhöhung der aktiven Markenbekanntheit ist deswegen ein wichtiger Schritt, um die Nachfrage nach der Marke zu fördern (vgl. im einzelnen mit Beispielen *Kroeber-Riel*, 1988, S. 83 ff.).

Anders sieht die Rolle der Markenbekanntheit bei *sehr geringem* Involvement aus. Dann wird die Entscheidung erst in der Kaufsituation getroffen. Es genügt eine nebenbei durch die Werbung erworbene *passive* Markenbekanntheit, um den Kauf einer Marke zu bewirken: Der Konsument denkt unter dieser Bedingung nicht weiter über seine Wahl nach und kauft im Laden bereits dann eine Marke, wenn er nur mit ihrem Namen vertraut ist (*Rossiter* und *Percy*, 1987, S. 225).

7. Anwendung: Das Vergessen von Werbebotschaften

Die Anwendung verschiedener Theorien zum Vergessensprozeß steht in der Konsumentenforschung noch am Anfang. Wir gehen nachfolgend auf eine interessante und grundlegende Arbeit von *Krauss* (1982) ein, in der das Vergessen von Werbebotschaften interferenztheoretisch erklärt wird, dann wenden wir uns der klassischen und noch heute aktuellen Studie von *Zielske* (1959) zu. Dort wird das unterschiedliche Behalten von Werbung auf die zeitliche Verteilung der Werbeaktivitäten zurückgeführt (Reanalyse dieser Studie durch *Simon*, 1979; und *Trommsdorff*, 1981).

Interferenzwirkungen des Werbefernsehens: In Amerika, Japan und bei Deutschlands Privatsendern wird das Fernsehprogramm (Filme, politische Sendungen usw.) laufend durch das Werbefernsehen unterbrochen. Bei den öffentlich-rechtlichen Sendern in Deutschland wird die Fensehwerbung dagegen in der Regel in mehreren Blöcken zusammengefaßt und getrennt vom Programm gesendet.

Zunehmend interessiert man sich für die Frage, welchen Einfluß das Programm, in das ein Fernsehspot eingeblendet wird, auf die Werbewirkung hat. Nach mehreren empirischen Arbeiten beeinträchtigen interessante Programme die Wirkungen der eingeschalteten Fernsehspots (*Bryant* und *Comisky*, 1978; *Soldow* und *Principe*, 1981).

Die amerikanischen Untersuchungen bieten bereits Hinweise darauf, daß die in Deutschland zwischen die Fernsehspots eingeschalteten „Inserts" (wie die Mainzelmännchen) ebenfalls Einfluß auf die Werbewirkung haben.

Zur Erörterung dieses Einflusses sind mehrere theoretische Ansätze geeignet:

Bei interferenztheoretischer Betrachtungsweise ist davon auszugehen, daß aufgenommenes Material (eine Information) für das Gedächtnis verloren geht, wenn es durch anderes Material ersetzt wird. Die entscheidende Gefahr für das richtige Behalten einer Information liegt also nicht in der Zeit, die zwischen Lernen und späterem Abruf vorgeht, sondern darin, daß eine ins Gedächtnis übernommene Information durch andere, vorher oder später in das Gedächtnis aufgenommene, Informationen „verdrängt" wird.

Diese Gefahr ist dann besonders groß, wenn die interferierenden Informationen ähnliche Merkmale aufweisen, vor allem, wenn es um Informationen der gleichen Modalität geht. Die Speicherung einer Bildinformation wird durch andere Bildinformationen eher gehemmt als durch verbale Informationen und umgekehrt. Aber Inserts können den Unterhaltungswert der Werbung erhöhen.[4]

Verzögertes Vergessen von Werbebotschaften: Die elementaren verbalen Lerntheorien liefern uns Erkenntnisse über die Beziehungen zwischen dem Lernen durch wiederholte Darbietung des verbalen Materials und dem anschließenden Vergessensprozeß. *Eine* Gesetzmäßigkeit besagt, daß der

---

[4] Nach einer neueren Studie hingegen haben Mainzelmännchen-Inserts keinen Einfluß auf die Wahrnehmung und die Erinnerung von Werbespots. Sie erhöhen aber den Unterhaltungswert der Werbeblöcke (*Media-Forum*, 1991).

Vergessensprozeß nach Wiederholungen verlangsamt wird. Beispiel: Nach der vierten Wiederholung wird das Gelernte langsamer vergessen als nach dem zweiten Wiederholen.

Diese Verzögerung des Vergessens kann man sich beim „verteilten Lernen" zunutze machen:

Verteilt man eine Anzahl von Wiederholungen beziehungsweise Lernvorgängen auf eine längere Zeit (zum Beispiel auf acht Wochen), so ist die durchschnittlich über die Gesamtheit von acht Wochen erreichte Lernleistung höher, als wenn man die Wiederholungen auf einen kurzen Zeitausschnitt (zum Beispiel auf die erste Woche) konzentriert: Der bei zusammengeballter Wiederholung nur wenig verzögerte Vergessensprozeß führt zu einem verhältnismäßig schnellen Abklingen der Erinnerung:

> Durch zeitlich verteilte Wiederholung einer Information (Werbung) werden durchschnittlich höhere Lernleistungen erzielt als durch massierte Wiederholung.

Obwohl es nicht möglich ist, von elementaren Gesetzmäßigkeiten des verbalen Lernens direkt auf das Lernen und Vergessen von Werbung zu schließen, spricht viel dafür, daß die angegebene Gesetzmäßigkeit über verteiltes Wiederholen auch für das Lernen von informativen (nicht von emotionalen) Werbebotschaften gilt (vgl. auch *Naples*, 1979, S. 16 ff.).

Die dominierende empirische Untersuchung zu diesem Thema stammt von *Zielske* (1959, 1980). Er untersuchte die Wirkung einer 13mal wiederholten Direktwerbesendung. Eine Personengruppe empfing eine Sendung pro Woche, so daß die Werbung auf die ersten 13 Wochen des Jahres konzentriert war („massierte Werbung"); eine andere Gruppe erhielt die Sendung über das Jahr verteilt im Abstand von vier Wochen („verteilte Werbung"). Der Erfolg wurde anhand von Erinnerungsmessungen (Recall) festgestellt:

Der für das gesamte Jahr ermittelte durchschnittliche Recallwert lag bei der massierten Werbung bei 21 % (der höchste erreichte Wert betrug 63 %), bei der verteilten Werbung waren es 29 % (höchster Wert 48 %).

Das Untersuchungsdesign sowie die Auswertung und Interpretation der Daten hatten einige Mängel, die bei einer Reanalyse der Daten durch *Simon* (1979) und *Trommsdorff* (1981) zutage traten, was aber nach *Trommsdorff* an den grundlegenden Ergebnissen wenig änderten: Durch massierte Werbung wird ein höherer Spitzenwert für die Lernleistung, aber ein geringerer Durchschnittswert über den gesamten Zeitraum erreicht *(Abbildung 81)*.

Aus dieser Einsicht in die Wirkungen der verteilten Werbung lassen sich einige *praktische Folgerungen* ziehen: Wenn es darum geht, saisonal oder zu einem Zeitpunkt – wie bei der politischen Wahlwerbung – einen Beeinflussungserfolg zu erzielen, wird man massiv werben.[5] Dagegen wird die Werbung für einen eingeführten Markenartikel verteilt wirksamer, weil

---

[5] Man beachte die Einschränkung, daß hier stets nur über die Erinnerungswirkungen der Werbung gesprochen wird!

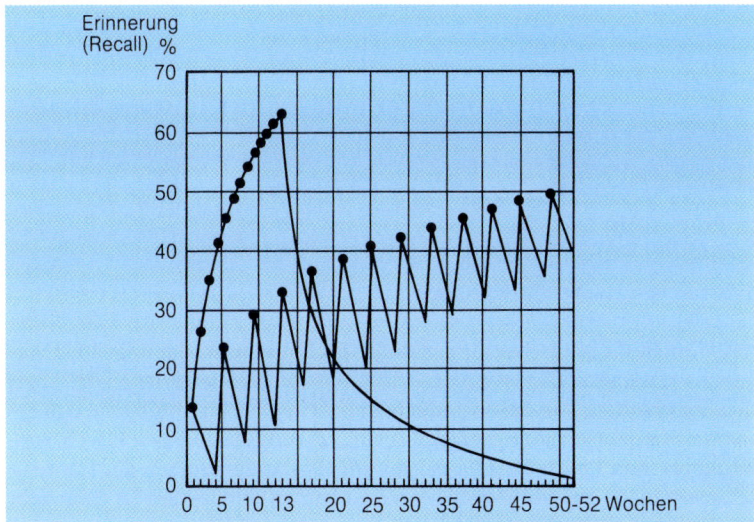

Abbildung 81: Wirkungen der massierten Werbung (steile Kurve) und der verteilten Werbung (Sägezähne)

Quelle: nach *Zielske* (1959).

man damit besser das aktuelle Markenbewußtsein über die Zeit hinweg aufrechterhalten und den laufenden Wiederverkauf der Marke stimulieren kann.

An dieser Stelle sind zwei weitere Werbestrategien zu erwähnen, die allerdings mit den hier wiedergegebenen Wiederholungs- und Vergessenswirkungen wenig zu tun haben, sondern mehr als grundsätzliche Möglichkeit zur zeitlichen Werbeplanung anzusehen sind: Es sind die „Schubwerbung" (flighting: auf Perioden verstärkter Werbung folgen jeweils werbelose Perioden) und die „pulsierende Werbung" (pulsing). Letztere wird von *Stern-thal* und *Craig* (1982, S. 279) als eine Abart der Schubwerbung angesehen: Sie unterscheidet sich von dieser dadurch, daß zwischen den Perioden verstärkter Werbung die Werbung nicht ganz aussetzt, vielmehr nur sehr schwach fortgeführt wird. Zur pulsierenden Werbung liegen einige interessante Modelle, unter anderem von *Simon* (1982b), vor.

D. Das Entscheidungsverhalten der Konsumenten

I. Das Zusammenwirken von aktivierenden und kognitiven Prozessen

1. Arten von Kaufentscheidungen

Individuelle Kaufentscheidungen stehen im Mittelpunkt der folgenden verhaltenswissenschaftlichen Analyse des Konsumentenverhaltens. Man kann den Entscheidungsbegriff eng oder weit fassen, je nachdem, ob man den gesamten Kaufentscheidungsprozeß meint (z. B. von der Produktwahrnehmung bis zum Produktkauf) oder nur am Zustandekommen des Kaufentschlusses (z. B. eine bestimmte Marke zu kaufen) interessiert ist. Hier geht es um den gesamten Kaufentscheidungsprozeß von Konsumenten.

Neben der auf dem Rationalprinzip aufbauenden „klassischen" Entscheidungstheorie bemüht sich die verhaltenswissenschaftliche Entscheidungsanalyse um eine Erklärung der Aktivierung und Steuerung *realer* Entscheidungen. Damit wird die Entscheidung zu einem Problem der Informationsverarbeitung im weiteren Sinne. Die psychische Aktivierung liefert die Schubkraft für die kognitive Informationsverarbeitung. Dabei empfiehlt es sich, nicht zwischen „Problemlösung" und „Entscheidung" begrifflich zu differenzieren.

Wissenschaftliche Beiträge zum Entscheidungsverhalten von Marktteilnehmern kleiden sich oft in scheinheilige Argumente. So bekundet man gerne seine Einsicht, daß Kaufentscheidungen nicht ausschließlich rational vollzogen werden. Dennoch wird nach wie vor das kognitive Problemlösungsverhalten in den Mittelpunkt der Untersuchungen gerückt. Trifft das die Wirklichkeit?

Auf **Konsumgütermärkten** wachsen die Marktsättigung, die Austauschbarkeit der Produkte und die Informationsüberlastung der Konsumenten stetig an. Marketingstrategien bemühen sich deshalb um eine psychische Marktdifferenzierung, z. B. mittels Erlebnisstrategien. Die Kundenansprache wird also persönlicher und die Kommunikation von Emotionen mitbestimmt.

Auf **Business-to-Business**-Märkten bestätigen Praktiker gerne, daß durch oligopolistische Marktstrukturen mit ausgereiften Qualitätsangeboten emotionale Entscheidungskriterien wie Glaubwürdigkeit, Vertrauen, Kontaktpflege und persönliche Bindungen mehr und mehr an Bedeutung gewinnen. Diese Einsicht hat in wissenschaftlichen Beiträgen zum Entscheidungsverhalten bei Investitionsgütern noch zu wenige Spuren hinterlassen.

Verfolgt man das Forschungskonzept von *Kroeber-Riel* anhand der fünf bisherigen Auflagen des Standardwerkes „Konsumentenverhalten" von 1975 bis 1992, so sieht man, wie er sich immer mehr von der angelsächsischen Dominanz kognitiver Ansätze entfernt und interdisziplinär orientiert hat. So betont er stets die Relevanz biologischer Erkenntnisse, die sich vor allem auf das emotionale und nonverbale Verhalten beziehen und die der Konsumentenforschung einen neuen Schub wissenschaftlicher Entdeckungen bringen. Entsprechend diesem Forschungsparadigma geht es in diesem Kapitel D um das Zusammenwirken von aktivierenden und kognitiven Prozessen beim Entscheidungsverhalten von Konsumenten.

Folgt man der angelsächsischen Tradition (zusammenfassend *Weinberg*, 1981, S. 12f.), so kann das Entscheidungsverhalten danach unterschieden werden, in welchem Ausmaß es kognitiv kontrolliert wird. Man erhält Kaufentscheidungen mit

- stärkerer kognitiver Kontrolle (z. B. extensive und limitierte Kaufentscheidungen) und mit
- schwächerer kognitiver Kontrolle (z. B. Gewohnheitsentscheidungen und Impulskäufe).

„Dazwischen" gibt es Kaufentscheidungen, die mehr oder weniger vereinfacht ablaufen.

Erweitert man diese Differenzierung um *emotionale* Prozesse entsprechend dem Aktivierungskonzept, so läßt sich das Entscheidungsverhalten aus der Verknüpfung von kognitiven und emotionalen Prozessen erklären. Hilfreich kann die weitere Berücksichtigung reaktiver Prozesse sein. Dabei bedeuten:

kognitiv: die gedankliche Steuerung der Kaufentscheidung
emotional: die Aktivierung und ihre Interpretation
reaktiv: das automatische Reagieren in der Handlungssituation

Diese Berücksichtigung der emotionalen Aspekte des Entscheidungsverhaltens erlaubt eine verfeinerte *Differenzierung* zwischen unterschiedlichen Entscheidungen bei schwacher kognitiver Kontrolle. Man erhält folgende idealtypische Einteilung (vgl. *Abbildung 82*):

Art der Entscheidung	Dominante Prozesse		
	emotional	kognitiv	reaktiv
extensiv	x	x	
limitiert		x	
habitualisiert			x
impulsiv	x		x

Abbildung 82: Dominante psychische Prozesse und Entscheidungsverhalten

Diese Typologie (*Weinberg*, 1994a, S. 174) berücksichtigt impulsives Verhalten, differenziert zwischen habitualisierten sowie impulsiven Entscheidungen und erklärt, wie kognitiv limitiert entschieden werden kann. Es bleibt kein Entscheidungsverhalten von besonderer empirischer Relevanz unberücksichtigt. Zentrales Anliegen dieser Typologie ist es dabei zu erklären, daß das Ausmaß der kognitiven Steuerung einer Entscheidung von der Aktivierung (bzw. ihrer Interpretation im Sinne einer Emotion) abhängt.

Das **Aktivierungskonzept** hilft dabei nicht nur, Arten von Entscheidungen zu differenzieren und zu erklären, sondern es legt auch unmittelbar nahe, wie das gewünschte Entscheidungsverhalten beeinflußt werden kann. Hier liegt also ein elementarer Schlüssel modernen Marketingdenkens vor, mit dessen Hilfe verhaltenswissenschaftliche Sozialtechniken entwickelt werden können. *Kroeber-Riel* hat eine Fülle von Beiträgen dazu geliefert, vor allem im Rahmen der Werbeforschung (1991).

2. Involvement und Entscheidungsverhalten

Trommsdorff (1993, S. 48) bezeichnet das Involvement als ein „Schlüsselkonstrukt der Marketingforschung". Es hat zunächst in der angelsächsischen Literatur[1] und später auch im deutschsprachigen Raum eine intensive Diskussion darüber ausgelöst, wie das persönliche Engagement bei Entscheidungen differenziert und erfaßt werden kann.

Das Involvementkonstrukt „paßt" in die kognitivistisch geprägte Tradition der Konsumentenforschung. Einerseits trägt es der Empirie insofern Rechnung, daß Entscheidungen mit mehr oder weniger Involvement gefällt werden. Andererseits konzentriert es sich aber nach wie vor auf die kognitive Dimension der Entscheidungsfindung, es liegt also ein anderer Schwerpunkt als beim Aktivierungskonzept vor.

Involvement und Emotion

Es gibt keine übereinstimmende Definition für Involvement. Zum *Definitionskern* kann *Zaichkowsky* (1985, S. 341) zitiert werden, die „a person's perceived relevance of the object based on inherent needs, values and interests" betont. Es handelt sich also um ein nicht beobachtbares, hypothetisches Konstrukt, das einen Zustand der Aktiviertheit kennzeichnet, von dem das gedankliche Entscheidungsengagement abhängt.[2]

Folgt man diesem Definitionskern, so ist *hohes* Involvement mit starken Emotionen (als kognitiv interpretierte Aktivierung) verbunden. Das Individuum ist bereit sich zu engagieren, also sich kognitiv und emotional mit der Entscheidung auseinanderzusetzen.

Bei *geringem* Involvement in kognitiver Hinsicht wird zwischen starker und schwacher emotionaler Ich-Beteiligung differenziert. Ist das emotionale Involvement ebenfalls schwach, so liegt der einfache Fall des reizgesteuerten, reaktiven Entscheidungsverhaltens vor. Ist es hoch, so liegt ein interessanter Sonderfall vor: Geringe kognitive Aktivitäten korrespondieren mit starken Emotionen.

---

[1] Einem ausführlichen Überblick über Involvementkonzepte im Zeitraum 1965 bis 1992 geben *Muehling, Laczniak* et al. (1993).
[2] Vgl. auch *Costley* (1988); *Kapferer* und *Laurent* (1985); *Jeck-Schlottmann* (1987); *Celsi* und *Olson* (1988) sowie *McQuarrie* und *Munson* (1992).

Hier liegt der die Involvementforschung (naheliegend) weniger interessierende besondere Fall der *impulsiven* Kaufentscheidung vor. Für ihre Erklärung eignet sich der Involvementansatz wenig. Zusätzlich wird von manchen Autoren (z. B. *Zaichkowsky,* 1987) ein *Gewohnheitsverhalten* mit starker emotionaler Beteiligung eingeführt, also „Fühlen ohne Denken". Trifft das die Realität?

Folgt man den auf dem Aktivierungskonzept basierenden empirischen Befunden, so liegt hier ein Kaufverhalten vor, das in emotionaler Hinsicht *manifest* und in kognitiver Hinsicht *latent* gesteuert wird. Die Wiederholung eines bewährten Kaufes ist dann eine bewußte Entscheidung. Oder gibt es den affektiv handelnden „Feeler" (*Zaichkowsky,* 1985, S. 32) im Sinne eines Personeninvolvements tatsächlich? Das ist ein noch ungeklärtes, empirisches Problem, das *Gröppel* (1991) bei sog. „sensualistischen" Konsumenten im Handel untersucht hat.

Ursachen und Wirkungen des Involvements

Das Involvement läßt sich auf verschiedene *Ursachen* zurückführen, die z. B. folgendermaßen gegliedert werden können (*Deimel,* 1989, S. 154 f.):

- **Personenspezifische** Faktoren charakterisieren den Einfluß persönlicher Prädispositionen eines Individuums, die von den subjektiven Bedürfnissen, Werten und Zielen abhängen. Es ist unklar, inwieweit das Personeninvolvement emotional gesteuert werden kann.

- **Situationsspezifische** Faktoren charakterisieren den Einfluß der Stimuli auf die Entscheidung. Hier können emotionale Reize kaufunterstützend eingesetzt werden.

- **Stimulusspezifische** Faktoren charakterisieren den Einfluß des Produktes und der Kommunikationsform, die wiederum in Werbeträger und Werbemittelinvolvement unterteilt werden kann. Während es schwierig ist, das Produktinvolvement eindeutig zu klassifizieren, kann das *Werbeinvolvement* hinsichtlich der emotionalen und kognitiven Wirkungen näher analysiert werden. So beschreibt *Kroeber-Riel* (1991, S. 99ff.) ein *Wirkungsmuster* der Werbung in Abhängigkeit von der Art der Werbung und dem Empfängerinvolvement.

Bei diesem Modell wird zwischen Werbekontakt, Aufmerksamkeit (stark – schwach), kognitiven und emotionalen Prozessen sowie Einstellung, Kaufabsicht und Verhalten unterschieden. Die Wirkungspfade der *emotionalen* Beeinflussung differenzieren danach, ob Konsumenten involviert sind oder nicht (siehe dazu auch Kap. C. II. 3. b. im dritten Teil dieses Buches).

Löst der Werbekontakt eine starke Aufmerksamkeit aus, so führt gemäß dem Aktivierungskonzept die emotionale Reaktion zu gedanklichen Vorgängen, die dann in bekannter Weise den Entscheidungsprozeß vorantreiben. Trifft die emotionale Werbung hingegen passive Konsumenten, die kaum involviert sind, so findet vorrangig eine emotionale Konditionierung statt. Sie setzt keine hohe Aufmerksamkeit voraus und trägt zu einer emotionalen Markenbindung ohne kognitiven Lernaufwand bei.

Abbildung 83 zeigt zusammenfassend die unterschiedlichen Charakteristika von High- und Low-Involvement bei werblicher Kommunikation:

Charakteristika der Kommunikation	Involvement	
	High	Low
Werbeziel	überzeugen	gefallen
Inhalt	Argumente	Identifikationen (z. B. Name, Logo)
Zeitdauer	lang	kurz
Mittel	Sprache	Bild
Wiederholung	weniger	häufiger

Abbildung 83: Charakteristika von High- und Low-Involvement bei werblicher Kommunikation

Relevanz für das Entscheidungsverhalten

Das Involvementkonzept erlaubt ebenso wie das Aktivierungskonzept die Ableitung der gewählten Typologie des Entscheidungsverhaltens (vgl. *Abbildung 84*):

Involvement		Entscheidungsmerkmale
kognitiv	emotional	
stärker	stark	extensiv
stark	schwach	limiert
schwach	stark	impulsiv
schwach	schwach	habitualisiert

Abbildung 84: Involvement und Entscheidungsverhalten

Beiden Konzepten ist also die *Aktivierung* als Elementargröße des Entscheidungsverhaltens gemeinsam, auf der emotionale und kognitive Prozesse aufbauen. Unterschiedlich ist aber das Interesse, das beiden Forschungsrichtungen zugrunde liegt.

Folgt man dem Aktivierungskonzept, so steht die emotionale Beeinflussung des Entscheidungsverhaltens im Vordergrund. Im Rahmen des Involvementkonzeptes interessiert vor allem das Ausmaß der kognitiven Steuerung von Entscheidungen. Enge Beziehungen zwischen beiden paradigmatischen Ansätzen findet man bei der Low-Involvement-Forschung. Gerade gering involvierte Entscheider bedürfen der richtigen emotionalen

Ansprache. Aktivierung und Involvement ergeben also erst gemeinsam eine Schlüsselposition in der Entscheidungsforschung des Marketing.

3. Modelle des Entscheidungsverhaltens

Modelle des Entscheidungsverhaltens sind vereinfachte Abbildungen der Wirklichkeit. Sie umfassen eine systematische Auswahl von Größen (Variablen), die zueinander in Beziehung gesetzt werden und das Zustandekommen des Verhaltens theoretisch *erklären*.

Modelle des Kauf- und Entscheidungsverhaltens können nach vielen Gesichtspunkten gegliedert werden. An dieser Stelle interessiert die Einteilung in Partialmodelle und in Totalmodelle; sie weist zugleich auf die unterschiedliche Abstraktion der Modelle hin: Die *Totalmodelle* versuchen, das gesamte Kauf- oder Entscheidungsverhalten abzubilden. Sie sind deswegen besonders komplex und auf starke Abstraktion angewiesen. *Partialmodelle* beziehen sich auf Ausschnitte des Verhaltens. Beispiele aus dem vorliegenden Buch sind Modelle des kognitiven Gleichgewichts, lineare Lernmodelle oder additive Einstellungsmodelle.

Wir beschäftigen uns hier mit den *Totalmodellen*, mit denen überaus optimistisch versucht wird, so komplexe Systeme wie das menschliche Verhalten als Ganzes abzubilden und zu erklären. In Anlehnung an *Topritzhofer* (1974a) und *Weinberg* (1977a) kann man folgende Modelle des Kaufverhaltens unterscheiden:

● Strukturmodelle des Kaufverhaltens,
● Stochastische Modelle des Kaufverhaltens,
● Simulationsmodelle des Kaufverhaltens.[1]

Am häufigsten werden in der Konsumentenforschung *Strukturmodelle* benutzt, vor allem, um kognitiv kontrollierte Entscheidungen darzustellen. Eine kritische Analyse dieser Modelle bietet *Mazanec* (1978).

Von den vorliegenden Modellen sind zunächst die Modelle von *Engel, Kollat* und anderen (1993) und von *Howard* und *Sheth* (1969) zu nennen. Sie beschreiben das Zusammenwirken der zur Kaufentscheidung führenden *psychischen Vorgänge*.

Das Modell zu den extensiven Entscheidungen von *Engel, Kollat* et al. fußt auf dem klassischen Phasenmodell. Es gliedert die Kaufentscheidung in mehrere aufeinanderfolgende Prozeßphasen:

---

[1] Strukturmodelle definieren (theoretische) Variablen und Variablenbeziehungen, mit denen die psychischen Vorgänge abgebildet werden, die das Zustandekommen des Konsumentenverhaltens erklären. Nach dem Komplexitätsgrad unterscheidet man Totalmodelle und Partialmodelle. Stochastische Modelle stellen Beziehungen zwischen Inputgrößen (Reizen) und Outputgrößen (Reaktionen) her und verzichten darauf, die dazwischen liegenden, nicht beobachtbaren Vorgänge im Konsumenten abzubilden. Diese Vorgänge werden im Modell durch einen Zufalls- bzw. Wahrscheinlichkeitsmechanismus repräsentiert.

```
  ┌ Problemerkenntnis  ←------------------------┐
  └→ Informationssuche        ------------------┤
  └→ Informationsverarbeitung -----------------┤
  ┌ Alternativenbewertung                       │
  └→ Auswahl einer Alternative -----------------┤
  ┌ Entscheidung: Kauf                          │
  └→ Entscheidungsfolgen ---------------------→┘
```

Abbildung 84a: Prozeßphasen einer Kaufentscheidung

Die gestrichelte Linie gibt Rückkoppelungen und Sprünge über eine oder mehrere Phasen hinweg an. Bei kollegialen Entscheidungen können einzelne Phasen auf verschiedene Personen oder Gruppen verteilt werden. Darauf kommen wir noch im Kapitel über Haushaltsentscheidungen zurück.

Das Modell von *Howard* und *Sheth* (1969) vermeidet die Schwächen des Phasenmodells. Es erklärt das Zustandekommen des Kaufverhaltens über unterschiedliche *Konstellationen* der in das Modell aufgenommenen *Variablen*. Das Modell umfaßt drei Variablenklassen:

(1) Inputvariable	(2) hypothetische Vorgänge im Konsumenten	(3) Outputvariable
beobachtete Reizeinflüsse wie Produktqualität oder Rat eines Freundes	wie Motivation	beobachtbare Ergebnisse der inneren Prozesse wie Kauf oder Pupillenerweiterung (als Indikator für Aufmerksamkeit)

Abbildung 84b: Beobachtbare u. nicht beobachtbare Variablen im Kaufentscheidungsprozeß

Der entscheidende Aspekt für die Ordnung der im Modell berücksichtigten Größen ist ihre empirische Verankerung: Input- und Outputvariablen sind meßbar, die hypothetischen Vorgänge sind theoretische Konstrukte. Eine genauere Beschreibung und Kritik dieses teilweise von Farley und Ring (1970, 1974) getesteten Modells ist kaum möglich, denn sie würde letztlich eine Zusammenfassung der gesamten Theorien von Howard und Sheth verlangen. Insoweit wird auf die Literatur zu diesem Modell hingewiesen.[2]

Unter den Modellen, die einem ausgeprägten kognitiven Ansatz folgen, ist insbesondere das Modell von *Bettman* (1979) bekannt geworden. Es gleicht im groben Aufbau den anderen Strukturmodellen. Besondere Beachtung

---

[2] *Mazanec* (1978); *Weinberg* (1981); *Behrens* (1991) und vor allem *Müller-Hagedorn* (1986) sowie *Bänsch* (1995).

verdient die Darstellung der kognitiven Programme, vor allem der Entscheidungsheuristiken, welche die Aufnahme und Verarbeitung der Informationen bei einer Konsumentenentscheidung dirigieren.

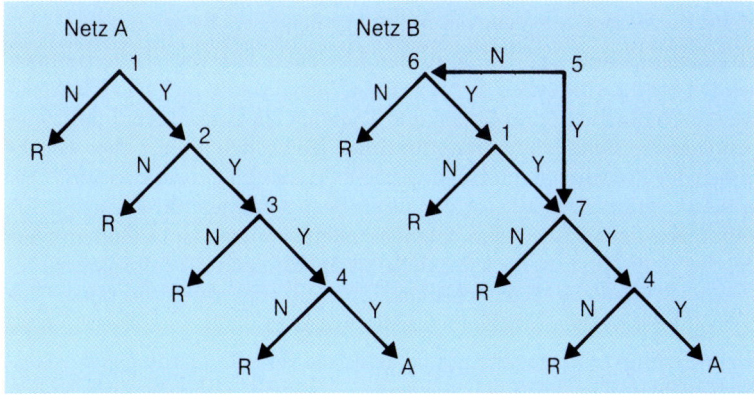

Abbildung 85: Entscheidungsnetze, die unterschiedliche kognitive Programme bei der Auswahl von Zahnpastamarken repräsentieren, nach Bettman

Zeichenerklärung:

N   Nein   A   Zustimmung (Kauf)
Y   Ja   R   Ablehnung (kein Kauf)
1   Verhütet sie zufriedenstellend Zahnschäden?
2   Ist sie hinreichend sparsam im Gebrauch?
3   Stellt sie die Kinder zufrieden?
4   Ist sie im Laden vorrätig?
5   Ist ihr Geschmack angenehm genug?
6   Erfrischt sie genügend den Atem?
7   Sorgt sie hinreichend für weiße Zähne?

Quelle: Bettman (1979, S. 231).

Diese Entscheidungsheuristiken wurden von *Bettman* bevorzugt mit Hilfe von Protokollen lauten Denkens erforscht und mittels *Entscheidungsnetzen* abgebildet. Entscheidungsnetze sind „verzweigte Strukturen", welche sich auf die Wahrnehmung und Verarbeitung von Produkteigenschaften und situativen Reizen bei einer Entscheidung beziehen und das Zustandekommen einer Entscheidung aufgrund von Zustimmungen und Ablehnungen von Alternativen anzeigen (*Bettman,* 1979, S. 231). Diese Entscheidungsnetze gleichen den in der Entscheidungstheorie verbreiteten Entscheidungsbäumen.

Abbildung 85 gibt zwei typische Entscheidungsnetze A und B wieder. Sie sollen die – unterschiedlichen – kognitiven Aktivitäten bei der Auswahl (beim Kauf) von Zahnpasta darstellen und zugleich eine unterschiedliche Entscheidungsheuristik widerspiegeln.

Andere kognitive Ansätze erklären das Entscheidungsverhalten durch die „kognitive Algebra" (das ist die gedankliche Kalkulation während der Produktbeurteilung und -auswahl) oder durch die semantischen Wissensstrukturen, die beim Suchen nach geeigneten Produktalternativen im Gedächtnis aktiviert werden (*Grunert*, 1990). Diese Modellstrukturen beziehen sich nicht mehr auf das gesamte Kaufverhalten und haben nur eine beschränkte Reichweite; sie werden deswegen der nachfolgenden Kritik besser gerecht.

Zusammenfassung und Kritik zu den Modellen: Die Vorteile von umfassenden Strukturmodellen des Verhaltens liegen darin, daß sie verhaltenswissenschaftliche Konzeptionen und Theorien, die sonst unverbunden nebeneinander stehen, integrieren und Bezüge zu den empirischen Ergebnissen der Konsumentenforschung herstellen. Sie bieten dadurch eine Orientierungshilfe für den Leser, der sie als Bezugsrahmen für vereinzelte Erkenntnisse über das Konsumentenverhalten benutzen kann. Zudem werden bei dem Versuch, diese Modelle zu präzisieren und empirisch zu testen, noch mögliche Hypothesen und Operationalisierungen sichtbar. Dies begründet ihren beachtlichen heuristischen Wert.

Im Erklärungszusammenhang sind derartige Modelle allerdings sehr skeptisch zu beurteilen: Es ist bei dem heutigen Stand des Wissens einfach noch nicht möglich, komplexe Systeme wie das Kaufverhalten in einem einzigen Modell so abzubilden, daß empirisch validierbare Erklärungen entstehen.

Die Bemühungen der Konsumentenforschung richten sich deswegen darauf, Modelle geringer Reichweite und mittlerer Reichweite zu entwickeln, welche Ausschnitte des Konsumentenverhaltens abbilden und eine durchgehende Umsetzung in überprüfbare Hypothesen erlauben.

Ein Modell, das auf *alle* Verhaltensweisen zugeschnitten ist, muß die beteiligten Variablen für jede der verschiedenen Verhaltensweisen vom Impulskauf bis zur extensiven Kaufentscheidung umfassen. Das macht die Modelle unökonomisch und unhandlich und – wie die Erfahrung mit vorhandenen Modellen lehrt – auch unbrauchbar, weil diese Modelle *implizit* doch nicht auf alle, sondern auf *bestimmte* Verhaltensweisen abgestimmt sind: Im Modell fehlen dann Variablen, die für die Erklärung der vernachlässigten Verhaltensweisen (beispielsweise für die Erklärung des impulsiven Verhaltens) erforderlich sind.

Durch eine *Beschränkung* von *Modellen* auf den einen oder anderen *Typ* des Entscheidungs- oder Auswahlverhaltens gewinnt man allerdings nur dann aussagekräftige (und anwendbare) Modelle, wenn man die *Bedingungen* kennt, unter denen das eine oder andere Verhalten tatsächlich auftritt. In dieser Hinsicht ist das Forschungsdefizit noch sehr groß, wie etwa die geringe Kenntnis über das Auftreten impulsiver Verhaltensweisen zeigt.

II. Entscheidungen mit stärkerer kognitiver Kontrolle

1. Modellverhalten und empirisches Entscheidungsverhalten

Das Entscheidungsverhalten der Konsumenten wird in der Literatur häufig durch formale deskriptive oder normative Modelle abgebildet. Deskriptive Modelle verfolgen den Zweck, das reale Entscheidungsverhalten zu beschreiben (und zu erklären). Normative Modelle formulieren dagegen eine Entscheidungslogik, nach der man bestimmte Ziele erreichen kann. Sie lassen sich meist durch den Satz kennzeichnen: „Wenn Du Dein Entscheidungsproblem in die vom Modell vorgeschriebene Form bringst, findest Du eine optimale Lösung!"

Normative **Entscheidungsmodelle** enthalten im allgemeinen folgende Elemente:

- eine Menge von Handlungsalternativen (Strategien des Entscheidenden),
- eine Menge möglicher Umweltzustände („Strategien" der Umwelt),
- eine Ergebnisfunktion, die jeder Kombination von Strategien des Entscheidenden und der Umwelt ein Ergebnis zuordnet,
- eine Präferenzrelation (Entscheidungskriterien), die die Ergebnisse in bezug auf die Präferenzen des Entscheidenden ordnet.

Die normativen Modelle dienen der Ableitung von Entscheidungen, die bei *gegebener Zielsetzung* des Individuum bewußt und überlegt nach logisch-mathematischen Regeln getroffen werden sollen. Aufgrund ihrer Unabhängigkeit von der Zielsetzung und Motivation des Entscheidenden richten sich die normativen Entscheidungsmodelle im allgemeinen auf die *formale* Rationalität der Entscheidung (von *materieller* Rationalität spricht man dann, wenn bestimmte Ziele und Motive für das Modell angenommen werden).

Für *normative* Zwecke entwickelte Entscheidungsmodelle lassen sich auch als *deskriptive Modelle interpretieren.* Bei einer solchen Interpretation können sie als theoretische Abbildungen eines Denkmusters aufgefaßt werden, d. h. als „idealtypische" Abbildungen einer *kognitiven Struktur,* deren Beherrschung dem Konsumenten zur Lösung eines Entscheidungsproblems verhilft.

Ein klassisches mikroökonomisches Modell rationaler Konsumentscheidung hat folgende Struktur:

Der Konsument habe darüber zu entscheiden, wie er die für seinen Konsum verfügbaren *Geldmittel* auf die einzukaufenden Produkte *aufteilt.* Die ihm zur Verfügung stehenden Produktalternativen lassen sich durch folgende Merkmale kennzeichnen.

den *Preis* der Produkte $= p_i$
die *Menge* der Produkte $= m_i$
die *Qualität* der Produkte $= q_i$ $i = 1, \ldots, n$

Während Preis und Menge – leicht vereinfacht – eindimensionale Größen sind, ist die *Qualität* des Produktes eine *mehrdimensionale Größe.* Sie besteht aus mehreren verschiedenen Qualitätsmerkmalen. Der Begriff Qualitätsmerkmal bezieht sich auf alle kaufrelevanten Eigenschaften des Produktes mit Ausnahme von Preis und Menge. Das können physische Eigenschaften wie Eiweißgehalt und Kalorien sein oder psychische Eigenschaften wie Prestigewert oder Attraktivität des Angebotsortes.

Die Qualität der Produkte kann demzufolge durch die Qualitätsmerkmale e_{hi} mit h = 1, ..., o beschrieben werden. Die Produkte lassen sich dann durch einen *Merkmalsvektor* $\vec{M}_i = (p_i, e_{hi})$ beschreiben.

Der Konsument will eine bestimmte Menge von Produkten erwerben, deren Kaufpreis den zur Verfügung stehenden Geldbetrag nicht übersteigt. Oder er will durch die Produktkäufe seine Ausgaben so gering wie möglich halten. Formulieren wir seine Zielfunktion einmal wie folgt:

(1) $p_1 m_1 + p_2 m_2 + ... + p_n m_n \to$ min!

Das heißt, die gesamten Ausgaben für die n Produkte sollen minimiert werden.

Der Konsument wird solche Produkte kaufen, die seinen Qualitätsvorstellungen gerecht werden. Nun hat jedes Produkt andere Eigenschaften. Das eine Produkt bietet bestimmte Vitamine, ein anderes bestimmte Prestigewerte, ein anderes wieder einen bestimmten Kälteschutz usw. Ein Produkt kann auch mehrere Merkmale gleichzeitig haben. Dem rationalen Konsumenten kommt es darauf an, durch eine *Kombination von Gütern* – gemäß der Zielfunktion durch eine möglichst billige Kombination – seine Ansprüche zu erfüllen. Dabei geht er von bestimmten Standards S_h aus, die seinem subjektiven *Anspruchsniveau* entsprechen. Er verlangt, daß die gekaufte Nahrung Vitamine einer bestimmten Zusammensetzung und Menge enthält, daß die gekaufte Kleidung einen bestimmten Kälteschutz bietet usw.

Bei der *Formulierung des Wahlproblems* ist daran zu denken, daß die durch S_h angegebenen Mindestmengen an Qualitätskomponenten durch unterschiedliche Mengenkombinationen der Güter zustande kommen können. Da generell gesehen alle Güter für die Deckung der Qualitätsansprüche in Frage kommen, sind die voneinander unabhängigen Mindestmengen S_1 bis S_o durch eine beliebige Mengenkombination von *allen* Produkten zu erreichen. Die Anspruchsniveaus können partiell oder insgesamt überschritten werden. Die Bedingungen für die Produktauswahl lassen sich jetzt durch das folgende System von Ungleichungen beschreiben:

(2) $e_{11} m_1 + e_{12} m_2 + ... + e_{1n} m_n \geq S_1$

$e_{21} m_1 + e_{22} m_2 + ... + e_{2n} m_n \geq S_2$

$\cdot \qquad \cdot \qquad \cdot$

$\cdot \qquad \cdot \qquad \cdot$

$\cdot \qquad \cdot \qquad \cdot$

$e_{o1} m_1 + e_{o2} m_2 + ... + e_{on} m_n \geq S_o$

mit der Nebenbedingung

$m_1, m_2, ..., m_n \geq 0$

Die linken Glieder der Ungleichungen können als allgemeine Formulierung für die insgesamt zur Verfügung stehenden Alternativen, die rechten Glieder als allgemeine Formulierung der Bedingungen, denen die Alternativen entsprechen müssen, interpretiert werden.

Wenn wir jetzt noch ein Kriterium angeben, nach dem die beste Güterkombination aus der Alternativenmenge ausgewählt wird, haben wird das Wahlproblem vollständig formuliert. Das geschieht durch Ergänzung des Gleichungssystems (2) durch die bereits formulierte *Zielfunktion* (1). Das so beschriebene Wahlproblem ist eine einfache Fassung des sogenannten *Diätenproblems*, mathematisch gesehen ein lineares Programm, das durch besondere Optimierungsverfahren wie die Simplexmethode gelöst werden kann.

Hinter Modellen dieser Art stehen Annahmen über die *Rationalität* des Konsumenten – die darin besteht, konsistent nach einer Rangordnung zu wählen – und über die im Dienste der Rationalität stehende Informationsverarbeitung, die es ihm ermöglicht, alle zur Auswahl stehenden Produkte in eine Rangordnung zu bringen.

Wir gehen einmal von einer deskriptiven Modellauffassung aus und betrachten die Annahmen als theoretische Verhaltensdarstellung mit der didaktischen Zielsetzung, durch einen Vergleich des Modellverhaltens mit dem tatsächlichen Entscheidungsverhalten die Einschränkungen der Konsumentenrationalität deutlich zu machen.

Die wesentlichen Abweichungen zwischen der im Modell abgebildeten und der tatsächlichen Informationsverarbeitung durch den Konsumenten lassen sich auf folgende Restriktionen zurückführen:

(1) *Kognitive* Restriktionen: Die Kapazität des Konsumenten für Informationsaufnahme, -verarbeitung und -speicherung ist sehr begrenzt. Der Konsument folgt im übrigen nicht nur den Regeln objektiver Logik, sondern auch einer subjektiven Psycho-Logik.

(2) *Emotionale* Restriktionen: Emotionen und Motive greifen laufend in den Entscheidungsprozeß ein und bestimmen Richtung und Effizienz dieses Prozesses.

(3) *Soziale* Restriktionen: Der Konsument entscheidet nicht unabhängig von seiner Umwelt. Informationsaufnahme und -verarbeitung stehen unmittelbar unter sozialem Einfluß.

Dabei ist zu beachten, daß die empirische Entscheidungsforschung das tatsächliche Verhalten mehr oder weniger (un-)genau mißt. Die experimentellen Situationen stellen oft künstliche Verhaltensbedingungen her. Manche Dimensionen des Entscheidungsprozesses werden vernachlässigt, weil sie schwer in den Griff zu bekommen sind. Dazu gehören insbesondere die zeitliche Dimension und das Ineinandergreifen von Teilentscheidungen.

Die stärkste Beschränkung des menschlichen Entscheidungsprozesses – insbesondere von Konsumenten – besteht hinsichtlich ihrer Kapazität und Motivation, Informationen aufzunehmen und zu verarbeiten.

In dieser Beschränkung wird von manchen Autoren eine Grunderkenntnis der empirischen Entscheidungsforschung gesehen. *Silberer* geht so weit, die *Kapazitätsbeschränkungen* des Konsumenten als einen generellen Ansatzpunkt für die Erklärung des Konsumentenverhaltens zu betrachten (*Silberer*, 1978b, 1979b, S. 50ff.).

Die Einsichten in die Beschränkungen der menschlichen Informationsaufnahme, -verarbeitung und -speicherung haben erhebliche praktische Bedeutung, weil sie Leitbilder über das menschliche Verhalten in Frage stellen, die die Politik, insbesondere die Verbraucherpolitik, lenken. Nach den in der Politik bevorzugten Leitbildern erscheint der Mensch (Konsument) als ein informationsverarbeitendes System, dessen Effizienz ohne weiteres dadurch gesteigert werden kann, daß man ihm mehr und bessere Informationen liefert und (durch Erziehung und Aufklärung) bessere Informationsverarbeitungsprogramme verpaßt.

Gerade dieser Ansicht wird durch die von *Jacoby* (1977) und seinem Kreis erarbeitete Hypothese zur **Informationsüberlastung** (information overload) widersprochen.

> Der Konsument benutzt zu seiner Entscheidung nur einen geringen Teil der angebotenen Informationen. Wird er dazu gebracht, darüber hinaus Informationen zu benutzen, so kann sich die Entscheidungseffizienz verringern.

Die Informationsüberlastung *(information overload)* verdeutlicht nach *Jacoby* (1977, S. 569) die Tatsache, „daß es für die menschliche Fähigkeit, in einer bestimmten Zeitspanne Informationen aufzunehmen und zu verarbeiten, eng abgesteckte Grenzen gibt". Werden diese Grenzen überschritten, so wird das Informationsverarbeitungssystem überlastet, die Entscheidungsleistung wird konfus, weniger genau und ineffizient.

Diese Hypothese von der Informationsüberlastung bezieht sich *nur* auf die *Menge* der verarbeiteten Informationen. Ergänzend dazu könnte man (spekulativ) eine Hypothese zur Überlastung des *Informationsverarbeitungsprogramms* formulieren:

> Der Konsument benutzt für seine Entscheidungen relativ einfache Informationsverarbeitungsprogramme. Wird er dazu gebracht, kompliziertere Programme zu benutzen, so kann sich die Entscheidungseffizienz verringern.

Die Hypothese von der Informationsüberlastung ist in ihrer allgemeinen Form noch *wenig* abgesichert, weil es erst eine kleine Anzahl von empirischen Untersuchungen gibt, und diese beziehen sich auf ganz spezielle Operationalisierungen.[1] Neuere Untersuchungen dazu stammen von *Berndt* (1983) sowie *Hagemann* (1988).

Der *Umfang* der dargebotenen und benutzten Informationen wird in den klassischen Experimenten nach der Zahl der Marken und der Zahl der Produkteigenschaften (durch Multiplikation) ermittelt. Zum Beispiel ergeben Informationen über vier Marken und jeweils sechs Produkteigenschaften 24 Informationseinheiten. In den Experimenten wurde die Menge dieser Informationseinheiten, die bei einer Produktwahl zur Verfügung standen,

---

[1] Die Hypothese von der Informationsüberlastung wird aber von der empirischen Alltagserfahrung bestätigt, ihr kommt also eine hohe „intuitive Evidenz" zu.

variiert. Die als abhängige Variable ermittelte Güte der getroffenen Entscheidung (Produktwahl) wurde unter anderem daran gemessen, ob die von einer Versuchsperson aufgrund der benutzten Information tatsächlich gewählte Marke der vorher für jede Versuchsperson festgestellten Idealmarke entsprach beziehungsweise nahekam.

Ergebnis: Die Zahl der „richtigen" Entscheidungen (bei denen die gewählte Marke der Idealmarke entsprach) ging zurück, wenn das dem Konsumenten „aufgedrängte" Informationsangebot einen bestimmten Umfang hinsichtlich der Markenzahl überschritt.[2] Aber: Die Zahl der „richtigen" Entscheidungen nahm zu, wenn mehr Informationen über die Eigenschaften der Marken angeboten wurden.

Die experimentellen Ergebnisse sind im Hinblick auf die Überlastungshypothese nicht ganz konsistent, und auch spätere Ergebnisse brachten keine einheitlichen Erklärungen. Hinzu kommen methodische Schwächen, nicht zuletzt solche der benutzten Meßverfahren.

Alles in allem sind die formulierten Hypothesen und die dazu erarbeiteten Ergebnisse ein *Anfang,* um die kognitive Überlastung des Konsumenten durch ein zu großes Informationsangebot und durch zu große Ansprüche an seine Verarbeitungsleistungen zu erklären und bei der praktischen Gestaltung des Informationsangebotes an die Konsumenten zu berücksichtigen.

2. Extensives und limitiertes Entscheidungsverhalten

a) Extensive Entscheidungen und Anspruchsniveau

Bei *extensiven* Kaufentscheidungen handelt es sich um ein Entscheidungsverhalten der Konsumenten im Sinne der empirisch orientierten ökonomischen Theorie: Der Entscheidungsprozeß wird gedanklich gesteuert, und es fehlen kognitive Anker. An Stelle von „extensiver Entscheidung" findet man auch Begriffe wie

- echte Entscheidung,
- Suchkauf,
- Planungshandeln,
- nicht programmierte Entscheidung,
- innovative Entscheidung,
- komplexe Entscheidung.

In der angelsächsischen Literatur überwiegt offensichtlich der Begriff „extensive problem solving" (vgl. z. B. *Howard,* 1977, S. 86 f.). Darunter wird

---

[2] In diesem Zusammenhang ist zu berücksichtigen, daß die experimentelle Situation die Konsumenten dazu bewegt, mehr Information zu beachten und in Betracht zu ziehen als tatsächliche Kaufsituationen. In realen Situationen kann der Konsument der Informationsfülle – durch selektive Wahrnehmung – einfacher ausweichen. Allerdings kann – wie *Berndt* (1983) nachweist – auch in diesen Situationen durch die Gestaltung des Informationsangebotes ein Druck zur Informationsbeachtung entstehen, der zur Informationsüberlastung führt.

ein Entscheidungsprozeß verstanden, der der *Konzeptbildung* dient und vor allem in innovativen Entscheidungssituationen anzutreffen ist. Charakteristisch sind der hohe Informationsbedarf, eine lange Entscheidungsdauer und die Notwendigkeit, Bewertungskriterien zu erarbeiten und Kaufrisiken abzubauen. Es handelt sich also um ein Entscheidungsverhalten, bei dem Prozesse der Informationsaufnahme und Informationsverarbeitung eine zentrale Rolle spielen. Meist benötigt der Konsument relativ viele Informationen, deren Verarbeitung zu einer längeren Entscheidungszeit führt als bei limitierten, habitualisierten oder impulsiven Kaufentscheidungen.

Folgt man den hier gewählten Kriterien zur Differenzierung zwischen verschiedenen Arten des Entscheidungsverhaltens, so lassen sich extensive Kaufentscheidungen nach folgenden Aspekten charakterisieren:

- **Kognitive Prozesse:** Die Produktauswahl wird *kognitiv gesteuert.* Die gedankliche Steuerung ist um so stärker, je weniger der Konsument über bewährte Entscheidungsmuster verfügt, um die Kaufentscheidung zu vereinfachen. Im Extremfall liegt ein Entscheidungsproblem vor, dessen Lösung überhaupt nicht vorstrukturiert ist.

- **Emotionale Prozesse:** Die kognitive Steuerung bedarf einer emotionalen Schubkraft. Damit gewinnt das *Anspruchsniveau,* das häufig erst während des Entscheidungsprozesses konkretisiert werden kann, eine besondere Bedeutung. Motivationale und kognitive Prozesse bedingen sich gegenseitig, d. h., das Anspruchsniveau aktiviert das Informationsverhalten und wird dadurch gleichzeitig konkretisiert. Dabei muß weiter differenziert werden, ob sich das Anspruchsniveau auf die Entscheidungsziele, auf das Entscheidungsverhalten oder auf beides bezieht.

- **Reaktive Prozesse:** Hierbei geht es vor allem um den *Reizwert* der Entscheidungssituation, der von internen Faktoren (wie z. B. Persönlichkeitsmerkmale) und externen Faktoren (wie z. B. soziale Einflüsse oder Zeitdruck) beeinflußt wird. Extensive Kaufentscheidungen werden in der Regel nicht reaktiv vollzogen, die Stimuluswahrnehmung führt also nicht zu automatischen Kaufhandlungen. Zwischen Reiz und Reaktion findet ein extensiver Informationsverarbeitungsprozeß statt.

Bei extensiven Kaufentscheidungen wird das *Anspruchsniveau,* also die subjektiv wahrgenommenen Anforderungen an das Entscheidungsverhalten und an die Entscheidungsziele, erst im Laufe des Entscheidungsprozesses fixiert. Entsprechend kann das Anspruchsniveau in verschiedenen Entscheidungsphasen mehr oder weniger als Regulativ wirksam werden. Je innovativer die Entscheidungssituation ist, desto eher werden zunächst alle wesentlichen Entscheidungsvariablen weder programmiert eingesetzt noch durch Prädispositionen in ihrer Wirksamkeit eingeschränkt. Erst im Laufe des Entscheidungsprozesses verfestigen sich Strategien der Informationsverarbeitung.

Es ist zweckmäßig, zwischen dem gesuchten Zielerreichungsgrad und dem angestrebten Entscheidungsniveau zu differenzieren. Dann wird die Unterscheidbarkeit zwischen vorgegebenen Zielen und gesetzten Ansprüchen an das eigene Verhalten betont. Geht man davon aus, daß Konsumenten ihre Einkaufsziele selbst setzen und den ihnen dazu als geeignet erscheinenden Entscheidungsprozeß selbst wählen, so liegt es nahe, die Zielinhalte von Konsumenten hinsichtlich einer konkreten Kaufentscheidung in enger Beziehung zum Anspruchsniveau an das Entscheidungsverhalten zu sehen. Andernfalls können motivationale oder kognitive Konflikte auftreten, die das Entscheidungsproblem auf eine andere Ebene (limitiert, habitualisiert, impulsiv) innerhalb der gewählten Verhaltenstypologie verlagern. Hinzu kommt, daß ein Konsument, der noch nicht über ein Anspruchsniveau hinsichtlich der Kaufentscheidung verfügt, zwangsläufig hohe Ansprüche an sein Entscheidungsverhalten stellen wird, sofern ihm an einer „rationalen" Kaufentscheidung besonders gelegen ist. Der Maßstab für das eigene Entscheidungsniveau wird zumindest so hoch angesetzt, daß ein den Einkauf steuerndes Ziel angemessen spezifiziert und ein entsprechender Lösungsweg eingeschlagen werden kann.

Das Anspruchsniveau drückt also subjektive Zielnormen im Hinblick auf das Entscheidungsergebnis und subjektive Leistungserwartungen im Hinblick auf das Entscheidungsverhalten aus. Personelle und situative Determinanten sorgen für die zeitliche Dynamik des Anspruchsniveaus.

b) Limitierte Entscheidungen und Schlüsselinformationen

Bei kognitiver Vereinfachung des Entscheidungsverhaltens erreicht ein Konsument ein Stadium, in dem er nicht mehr extensiv, jedoch noch nicht habitualisiert entscheidet. Er fällt seine Kaufentscheidungen *limitiert.* Versucht man, limitierte Kaufentscheidungen mittels der beteiligten kognitiven Vorgänge zu definieren, so geht es um Prozesse der Informationsaufnahme und Informationsverarbeitung, die dieses Entscheidungsverhalten typisch steuern.

Reaktive Prozesse spielen zur Charakterisierung limitierter Kaufentscheidungen keine besondere Rolle. Prägnante Reize, die automatisch ablaufende Reaktionsfolgen auslösen können, beeinträchtigen nicht die kognitive Informationsverarbeitung. Reaktive Prozesse findet man eher bei

- impulsiven Kaufentscheidungen, die häufig auch von einer affektiven Aufladung gesteuert werden, und bei
- habitualisierten Kaufentscheidungen, die meist emotions- und gedankenlos gefällt werden.

Unter limitierten Kaufentscheidungen werden hier solche verstanden, die geplant und überlegt gefällt werden und die auf Wissen bzw. Erfahrungen beruhen. Reaktive Prozesse steuern die Informationsverarbeitung also ebenso wenig wie bei extensiven Kaufentscheidungen.

Emotionale Prozesse im Sinne einer psychischen Aktivierung sind im Vergleich zu kognitiven Prozessen von untergeordneter Bedeutung. Das leuchtet sofort ein, wenn man extensive und limitierte Kaufentscheidungen in einer zeitlichen Folge sieht, so daß die Entscheidungssituation weder neuartig noch schwierig ist.

Kognitive Prozesse kennzeichnen limitierte Entscheidungen in besonderer Weise. Sie lassen sich unterteilen in solche, die die Informationsaufnahme betreffen, und in solche, die die Informationsverarbeitung im engeren Sinne betreffen.

Die *Aufnahme der Informationen* erfolgt überwiegend aktiv. Sie kann zufällig, impulsiv, gewohnheitsmäßig oder gezielt ablaufen, daran sei wiederholt erinnert. Hinsichtlich limitierter Kaufentscheidungen dürfte die Informationsaufnahme keine Besonderheiten aufweisen. Beispielsweise werden Bilder einer Anzeige gewohnheitsmäßig als erstes fixiert, und die geringe psychische Aktivierung limitierten Entscheidungsverhaltens wird kaum das gewohnheitsmäßige Blickverhalten beeinträchtigen.

Von Bedeutung für limitierte Kaufentscheidungen ist die erwähnte Unterscheidung zwischen *interner* und *externer* Informationssuche. Bei der internen Informationssuche werden gespeicherte Informationen aus dem Gedächtnis abgerufen, und bei der externen Informationssuche nimmt man zusätzliche Informationen aus der Umwelt auf.

Bei limitierten Kaufentscheidungen werden bevorzugt *interne* Informationen herangezogen, um einen Kauf zu realisieren. Der Konsument wird also prüfen, inwieweit seine Kauferfahrungen, Markenkenntnis und Prädispositionen ausreichen, um eine Wahl innerhalb des präferierten *„evoked set"* zu treffen. Dazu verfügt er über bewährte Entscheidungsregeln.

Erst dann, wenn die gespeicherten Informationen nicht ausreichen, um eine Kaufentscheidung zu fällen, wird der Konsument aktiv nach *externen* Informationen suchen. Da sein Entscheidungsfeld aber weitgehend vorgeklärt ist, interessieren ihn weniger Informationen zur Bildung neuer Prädispositionen, sondern eher Informationen zur Beurteilung der präferierten Kaufalternativen im einzelnen. Ihm geht es vor allem um prägnante, direkt zur Kaufentscheidung beitragende *Schlüsselinformationen.*

Schlüsselinformationen ersetzen Einzelinformationen, d. h., sie helfen dem Konsumenten, eine Entscheidung zu fällen, ohne einzelne Prüfprozesse durchführen zu müssen oder Entscheidungsregeln zu entwickeln. Um zu wissen, welche Informationen als Schlüsselinformationen geeignet sind, benötigt man Erfahrungen. Ein extensiv entscheidender Konsument wird Schlüsselinformationen nur begrenzt nutzen können (er muß sie erst finden), und ein habitualisiert entscheidender Konsument wird Schlüsselinformationen kaum noch brauchen. Limitiert entscheidende Konsumenten sind also besonders an Schlüsselinformationen interessiert, wenn die interne Informationssuche nicht ausreicht, Kaufentscheidungen zu fällen. Die externe Informationssuche konzentriert sich also auf „höherwertige" Informationen, die eine verdichtende, entlastende Informationsfunktion ausüben.

Die empirischen Befunde (vgl. zusammenfassend *Weinberg,* 1981) belegen, daß Konsumenten, die bevorzugt Schlüsselinformationen zur Produktbeurteilung heranziehen, weniger Informationen zur Kaufentscheidung benötigen als solche, die dies nicht tun. Eine wesentliche Voraussetzung zur Beschränkung auf Schlüsselinformationen ist die Konzentration der Entscheidung auf einen „*evoked set*", also auf die begrenzte, klar profilierte Zahl von kaufrelevanten Alternativen. Mehrere empirische Untersuchungen (vgl. *Schulte-Frankenfeld*, 1985) haben gezeigt, daß

- der „evoked set" nur aus wenigen Marken bestehen und
- die Kaufentscheidung durch Wahrnehmung eines „evoked set" vereinfacht wird.

Bedingungen zur Bildung eines „evoked set" sind vor allem Markenkenntnisse, Prädispositionen und Produkterfahrungen (tatsächliche oder symbolische), was bei limitierten Kaufentscheidungen auch vorausgesetzt werden kann. Die Bildung des „evoked set" ist ein Entscheidungsprozeß, der der Markenwahl vorausgeht. Zunächst eliminiert man mittels Entscheidungsregeln die Alternativen, die nicht in Frage kommen. Dann prüft man mittels gespeicherter Informationen die Alternativen des „evoked set" und zieht bevorzugt Schlüsselinformationen zur Entscheidungsfindung hinzu.

> „Evoked set" und Schlüsselinformationen vereinfachen den Entscheidungsprozeß und charakterisieren limitierte Kaufentscheidungen in besonderer Weise.[3]

3. Kognitive Programme der Produktwahl

Die Wahl eines Produktes wird von uns als zweistufiges Verfahren dargestellt. Erst beurteilt (bewertet) der Konsument bestimmte Eigenschaften oder die gesamte Qualität eines Produktes (Wahrnehmung), dann wählt er, wenn er eine Entscheidung treffen will, aufgrund dieser Beurteilung ein bestimmtes Produkt aus. Die beiden Stufen bestehen also aus:

- Produktwahrnehmung (Beurteilung und Bewertung),
- Produktauswahl für den Kauf.

Die auf diesen beiden Stufen ablaufenden Informationsverarbeitungsvorgänge lassen sich allerdings nicht so klar auseinanderhalten, wie es diese Gliederung nahelegt.

Die Produktbeurteilung wurde bereits behandelt. Jetzt geht es um die *Produktauswahl*. Wenn die Auswahl eines Produktes *nicht* zufällig, impulsiv oder gewohnheitsmäßig erfolgt, so wird sie aufgrund von kognitiven Programmen (Auswahlregeln, Entscheidungsregeln, Entscheidungsheuristiken) getroffen, die mehr oder weniger kognitiven Aufwand verursachen.

Die aufwendigeren kognitiven Programme fordern im allgemeinen eine gleichzeitige Berücksichtigung und Verknüpfung von mehreren Produkteigenschaften und Produktalternativen. Typisch für diese „Aggregationsprogramme" sind Entscheidungen, bei denen zunächst jede Alternative aufgrund von verschiedenen Eigenschaften beurteilt und bewertet (vgl. dazu die nächsten Seiten) und dann aus allen Alternativen die „beste" ausgewählt wird. Dieses Vorgehen wird als *Produktauswahl nach Alternativen*

---

[3] Zur Differenzierung zwischen „evoked set" und „consideration set" vgl. *Shocker, Ben-Akiva* et al. (1991).

bezeichnet. Es verlangt vom Konsumenten, daß er sich das Ergebnis der Produktbeurteilungen merkt, diese Produktbeurteilungen hinsichtlich der Preise vergleicht, die Alternativen untereinander vergleicht usw.

Einfacher sind dagegen Entscheidungen, die nach sogenannten „Eliminationsregeln" ablaufen: Dabei werden durch hintereinander geschaltete, elementare Auswahlschritte so lange Alternativen ausgesondert, bis eine einzige Alternative übrig bleibt. „Eliminationsregeln stellen wesentlich geringere Anforderungen an den Entscheidenden als Aggregationsregeln, da nur ordinale Vergleiche zu einem konstanten Kriterium auszuführen sind und das Ergebnis nicht gemerkt, sondern nur zur Entscheidung über den nächsten Schritt gebraucht wird" (*Aschenbrenner*, 1980, S. 154). Dieses Vorgehen wird als *Produktauswahl nach Attributen* bezeichnet.

Produktauswahl nach Alternativen durch Kosten-Nutzen-Algebra: Der Ausdruck „Algebra" (kognitive Algebra) deutet bereits an, daß es sich hier um verhältnismäßig aufwendige Informationsverarbeitungsprogramme handelt. Sie entsprechen dem klassischen ökonomischen Denken: Der Konsument beurteilt den „positiven Nutzen" und die Kosten („negativen Nutzen") der einzelnen Alternativen und wählt die Alternative mit dem größten „Nettonutzen". Als Kosten betrachten wir hier nur den Preis, obwohl selbstverständlich auch andere Kosten – für die aufgewandte Einkaufszeit, für das beim Einkauf benutzte Auto usw. – in Frage kommen.

Die für die Berechnung des „Nettonutzens" erforderliche Beurteilung und Bewertung der Alternativen wurde bereits im Kapitel über die Informationsverarbeitung beschrieben. Wir können uns also nachfolgend auf die kognitive Verknüpfung von Qualitätsinformationen und von Preisinformationen und auf die ins Spiel kommenden Auswahlregeln beschränken:

Den üblichen Modellen rationaler Entscheidung folgend, ist zunächst von der Regel auszugehen: Wähle das Produkt mit dem höchsten Nutzen, das heißt mit der höchsten wahrgenommenen Produktqualität. Anders gesagt: Entscheide dich für das Produkt, das an erster Stelle der Präferenzordnung steht! Vereinfachungen dieses Auswahlverfahrens, insbesondere die Auswahl nach dem Anspruchsniveau, werden später besprochen.

Die Auswahl nach der Qualität *ohne* Berücksichtigung des *Preises* setzt voraus, daß der wahrgenommene Preis in etwa gleich ist. Abweichungen von dem bei der Auswahl geltenden „Leitpreis" spielen für die Wahl keine Rolle, wenn sie vom Konsumenten nicht wahrgenommen oder toleriert, das heißt als nicht entscheidungsrelevant angesehen werden. Diese Regelung kann man auch als *Nebenbedingung* formulieren: Gewählt wird das Produkt mit der höchsten Qualität unter der Nebenbedingung, daß der Preis eine bestimmte Höhe (subjektiver Leit- oder Schwellenpreis) nicht überschreitet.

Gibt es mehrere voneinander abweichende Preise, und werden diese Preisabweichungen vom Konsumenten als entscheidungsrelevant angesehen, so richtet sich die Produktauswahl nach Qualität *und* Preis. Dabei repräsentiert die Qualität – in der Sprache der subjektiven *Kosten-Nutzen-Analyse* – den subjektiv wahrgenommenen Nutzen, der Preis die vom Konsumenten wahrgenommenen Kosten.

Bei *extensiven* bzw. gering limitierten Entscheidungen wird der Konsument danach streben, die Alternativen zu wählen, für welche die Differenz zwischen wahrgenommenem Nutzen und wahrgenommenen Kosten am größten ist. Diese Differenz wird hier als *Entscheidungswert* des Produktes bezeichnet:

$$\text{Wahrgenommene Qualität ("Nutzen")}$$
$$./.\ \text{Wahrgenommener Preis ("Kosten")}$$
$$=\ \textit{Entscheidungswert}\ (\text{"Nettonutzen"})$$

Dabei ist es letzten Endes gleichgültig, wie dieses Qualitäts-Preis-Verhältnis vom Konsumenten gedanklich verarbeitet wird: Ob der Konsument zunächst die wahrgenommene Qualität unabhängig vom Preis beurteilt und dann den Preis gedanklich *abzieht* oder ob gleich der Entscheidungswert geschätzt wird. Wenn letzteres zutrifft, kann der Preis wie jedes andere *Produktmerkmal* behandelt und in die einheitliche Gesamtbewertung des Produktes eingeschlossen werden.

Diese Überlegungen und Befunde stehen im Einklang mit den Annahmen der klassischen ökonomischen *Haushaltstheorie*. Die empirische Erforschung der Preis-Qualitäts-Wirkungen auf das Konsumentenverhalten ist deswegen, wie *Kaas* (1977, S. 79) hervorhebt, ein Bindeglied zwischen der neoklassischen ökonomischen Theorie und der Konsumentenforschung.

Das *Kaas-Modell* ist ein früher und umfassender Versuch, die durch Preis-Qualitäts-Einschätzungen entstehenden Entscheidungswerte der Konsumenten theoretisch abzuleiten, zu messen und die Wirkung auf das beobachtete Kaufverhalten nachzuweisen:

In den Untersuchungen von *Kaas* werden die *Entscheidungswerte* der Konsumenten direkt zu *Kaufwahrscheinlichkeiten* verrechnet. Sie ergeben sich der obigen Gleichung entsprechend als Differenz zwischen der Einstellung zum Produkt (verfestigtes Qualitätsurteil) und dem wahrgenommenen Preis des Produktes. Die entscheidende Technik von *Kaas* besteht darin, die Einstellung in wahrgenommenen *Geldeinheiten* zu messen. Dadurch erhalten Preis und Einstellung die gleiche Dimension, und es wird eine unmittelbare Berechnung des Entscheidungswertes nach der oben angegebenen Differenzformel möglich. Die Hypothese von *Kaas* lautet:

Es wird die Marke (Produktalternative) gekauft, für welche die Differenz zwischen Produkteinstellung (Qualitätseinschätzung) und Preis am größten ist.

Kaas stellt die Geldäquivalente der Einstellungen mit Hilfe von Feldexperimenten aus "Real-life-Käufen" fest.[1] Dadurch wird in die Untersuchungen von *Kaas* das Problem der Verhaltensrelevanz der Einstellungswerte einbezogen.

Die von *Kaas* in Preiseinheiten ermittelten Einstellungen der Konsumenten werden nicht isoliert für einzelne Konsumenten, sondern als Häufigkeitsverteilungen[2] über alle Käufer der betreffenden Produktgruppe ermittelt.

---

[1] Dies geschieht mit Hilfe einer Modifizierung des "law of comparative judgement" von *Thurstone*. Zu Einzelheiten vgl. *Kaas* (1977, S. 52–63).

[2] Es handelt sich dabei um Normalverteilungen; vgl. *Kaas* (1977, S. 48–50 und S. 73–77).

Dieses Vorgehen erlaubt es, aus den Entscheidungswerten Kaufwahrscheinlichkeiten für die verschiedenen Marken einer Produktgruppe zu berechnen und stochastische Preisabsatzfunktionen für die einzelnen Marken abzuleiten.

Zum Kern des Modells: Die bei der Qualitätseinschätzung ermittelten *Geldäquivalente* zweier Marken 1 und 2 werden als normalverteilte Zufallsvariablen x_1 und x_2 angesehen. Ihre Differenz $x_1 - x_2 =_{\text{def.}} x_{12}$ ist dann wiederum eine normalverteilte Zufallsvariable. Sie drückt den in Geld bewerteten *Einstellungsunterschied* (Präferenz) aus. Bei einer *Preisdifferenz* der beiden Marken $p_1 - p_2 =_{\text{def.}} p_{12}$ gilt:

$x_{12} > p_{12} \rightarrow$ Kauf von Marke 1
$x_{12} < p_{12} \rightarrow$ Kauf von Marke 2

Die *Wahrscheinlichkeiten* für das Auftreten dieser beiden Fälle sind dann gleich:

$$W_1 = \int\limits_{P_{12}}^{+\infty} f(x_{12})\, dx_{12} \text{ und}$$

$$W_2 = \int\limits_{-\infty}^{P_{12}} f(x_{12})\, dx_{12}$$

Darin bedeuten:
W_i = Kaufwahrscheinlichkeit für Marke i
$f(x_{12})$ = Wahrscheinlichkeitsverteilung des Geldäquivalents der Präferenz für Marke 1 (Normalverteilung).

Die Berechnung der beiden Integrale ergibt die *Kaufwahrscheinlichkeiten* als Funktion der Preisdifferenz. Nach Gewichtung mit der Gesamtzahl der Käufer der betreffenden Produkte (im Beispiel: der beiden Marken 1 und 2) und durch Auflösung nach dem Preis (p_i) erhält man daraus die Preisabsatzfunktion.[3]

Das Modell wurde mit gutem Erfolg für mehrere Produktgruppen *getestet*, u. a. für Haarspray mit sieben Marken und über 6000 registrierten Käufen sowie für Waschmittel mit acht Marken und ca. 190 000 Käufen! Die Bestimmtheitsmaße der gefundenen Preisabsatzfunktionen liegen je nach Produktgruppe zwischen 50 % und 95 %.

Das hier nachgewiesene „kalkulatorische" Verhalten der Konsumenten bei der Bildung von Entscheidungswerten darf nicht darüber hinwegtäuschen, daß der Einfluß des Preises auf eine Kaufentscheidung außerordentlich komplex ist. *Preise* sind stets subjektiv wahrgenommene Preise. Deswegen sind zunächst solche Probleme zu sehen, die mit der subjektiven Interpretation und Beachtung von Preisinformationen verbunden sind.

Ein wichtiger Versuch, die subjektiven Preiswirkungen zu erklären, stammt von *Diller* (1978b, 1979, 1982). Er entwickelte eine Theorie des Preisinter-

---

[3] Zur empirischen Preisermittlung vgl. auch *Biswas, Wilson* et al. (1993); *Diller* (1988); *Höger* (1992) sowie *Simon* und *Kucher* (1988).

esses, um der „überaus verstrickten Psycho-Logik" bei der subjektiven Verarbeitung von Preisinformationen auf die Spur zu kommen.

Das Preisinteresse wird von *Diller* als „Bedürfnis der Verbraucher, nach Preisinformationen zu suchen und diese bei ihren verschiedenen Einkaufsentscheidungen zu berücksichtigen", definiert. Dieses Interesse geht auf autonome Bedürfnisse (Spaß an Preisvergleichen, stimulierende Preiserlebnisse) und auf den durch die Kenntnis von Preisen erwarteten Informationserfolg zurück.

Das Preisinteresse äußert sich beim Einkaufsverhalten in verschiedener Weise: Generell kann man wohl davon ausgehen, daß sich der Konsument seine Preisinformationen nicht *vor* dem Einkauf, sondern erst am *Einkaufsort* besorgt. Er läßt sich dann weit weniger, als üblicherweise angenommen wird, von der Höhe des Preises leiten. Maßgebend sind vielmehr seine Qualitätsvorstellungen im weitesten Sinne. „Dem Preisinteresse wird überwiegend nur dann Rechnung getragen, wenn die Erfüllung von Qualitätsansprüchen dadurch nicht gefährdet erscheint" (*Diller*, 1979, S. 72; vgl. dazu auch *Diller*, 1982, S. 330). *Abbildung 86* macht deutlich, wie unterschiedlich sich das Preisinteresse beim Konsumenten äußern kann.

Produktauswahl nach Attributen durch heuristische Auswahlregeln: Eine erhebliche Vereinfachung der kognitiven Programme tritt ein, wenn der Konsument bei der Produktauswahl schrittweise vorgeht und so lange Alternativen aussondert, bis nur noch eine Alternative übrig bleibt. Er braucht sich dann keine Zwischenergebnisse (Qualitätsurteile, Preise usw.) zu merken. Hinzu kommt, daß das schrittweise Aussondern von Alternativen manchmal den subjektiven Fragestellungen bei der Auswahl eines Produktes besser gerecht wird als die Kosten-Nutzen-Algebra.

Zunächst ein Beispiel für das schrittweise Aussondern von Alternativen: Beim Kauf von Wein werden die angebotenen Weine erst nach dem Jahrgang sortiert und solche, die bestimmten Standards nicht entsprechen, aussortiert. Aus dem verbleibenden Angebot werden die Weine aus wenig präferierten Anbaugebieten ausgesondert, schließlich ein Wein nach der Lagenbezeichnung ausgewählt. (Ein solches Auswahlverfahren wird beobachtet, wenn in einer Auswahlsituation alle Informationen über die Eigenschaften der Alternativen gleichzeitig und leicht verfügbar sind.)

Beim schrittweisen Aussondern einer Alternative hält sich der Konsument stets an *einzelne* Eigenschaften eines Produktes (wie den Jahrgang der Weine), so daß eine Aggregation entfällt. Zu den betrachteten Eigenschaften kann man auch den *Preis* zählen. Die bekanntesten heuristischen Regeln sind:[4]

● Dominanzprinzip,
● konjunktive Regel,
● disjunktive Regel,
● lexikographische Regel,
● attributweise Elimination.

---

[4] Zur Definition dieser Regeln vgl. das Kapitel C.III.3. zu den kognitiven Programmen der Produktbeurteilung.

Vom Preisinteresse gelenktes Verhalten	Rang	subjektiv angegebene Häufigkeiten				
		„fast immer"	„häufig"	„manch- mal"	„selten"	„fast nie"
Preisvergleiche zwischen Marken im Geschäft („Markenvergleich")	1	30,1%	37,3%	13,3%	9,6%	9,6%
Bevorzugter Einkauf in Discountgeschäften und Verbrauchermärkten („Discount-Kauf")	2	31,3%	27,7%	24,1%	9,6%	7,2%
Nur das kaufen, was man sich vorgenommen hat („Plankauf")	4	33,7%	21,7%	21,7%	14,5%	8,4%
Gezielt nach Sonder- angeboten im Geschäft Ausschau halten („Angebotssuche")	5	27,7%	28,9%	20,5%	15,7%	7,2%
Für bestimmte Artikel bestimmte Geschäfte aufsuchen („gezielte Geschäftswahl")	7	26,5%	28,9%	19,3%	14,5%	10,8%
Billigere Handelsmarken kaufen („Handelsmarken")	11	8,4%	10,8%	32,5%	30,1%	18,1%
Mit dem Einkauf warten, bis man auf Sonder- angebote trifft („Warten")	12	4,8%	16,9%	28,9%	20,5%	28,9%

Abbildung 86: Preisinteresse und Konsumentenverhalten nach einer Untersuchung von Diller (Teilergebnisse)

Quelle: Diller (1982, Auszug aus Tabelle 6, S. 331).

Einige beispielhafte Erläuterungen der drei häufigsten Regeln:

Nach der *konjunktiven* Regel werden mehrere wichtige Eigenschaften gleich- zeitig (E_1 *und* E_2 *und* E_3 usw.) zur Beurteilung herangezogen. Jede dieser Ei- genschaften muß bestimmte Ansprüche erfüllen, sonst wird das Produkt (die Marke) nicht gewählt. Erfüllen mehrere Produkte diese Bedingungen, so können die Ansprüche an einzelne Eigenschaften erhöht, weitere Eigen- schaften eingeführt oder zusätzliche Entscheidungsregeln benutzt werden.

Bei der *disjunktiven* Regel wird bereits dann eine Alternative gewählt, wenn diese unter mehreren wichtigen Eigenschaften mindestens einen hervorra- genden Wert aufweist, unabhängig davon, wie die anderen Eigenschaften ausgeprägt sind. Demzufolge wird entweder die Eigenschaft E_1 *oder* die Ei- genschaft E_2 *oder* E_3 usw. als Maßstab verwendet. Das führt zu einer ver- kürzten und schnellen Auswahlentscheidung.

Eine besondere Vereinfachung des disjunktiven Verfahrens liegt vor, wenn sich die Konsumenten beim Kauf von Produkten an einige immer wieder angewandte Auswahlkriterien halten wie:

Kaufe stets die preiswerteste Marke!
Halte dich stets an den Rat eines Experten!

Lexikographische Regel: Der Konsument verfügt über eine Rangordnung von Produkteigenschaften, das heißt, eine Eigenschaft ist für ihn wichtiger als eine andere. Bei der Produktwahl hält sich der Konsument als erstes an die wichtigste Eigenschaft. Wird eine Alternative hinsichtlich dieser Eigenschaft gegenüber allen anderen eindeutig präferiert, so wird diese gewählt. Wenn dies nicht der Fall ist, wird die nächstwichtige Eigenschaft als Beurteilungskriterium herangezogen usw.

Die empirische Überprüfung, welche Entscheidungsheuristik von den Konsumenten angewandt wird, ist durch die Anwendung der sogenannten Prozeßverfolgungsverfahren (Informations-Display-Matrix, Blickaufzeichnung, Protokolle lauten Denkens usw.) erheblich erleichtert worden.[5] Die Forschung hat inzwischen wichtige Einsichten gewonnen, unter welchen Bedingungen die Produktauswahl nach dieser oder jener Regel erfolgt (zusammenfassend *Aschenbrenner,* 1980).

Die Kenntnis darüber, welche Entscheidungsregeln angewandt werden, ermöglicht es, die Konsumenteninformationen durch Marketing oder Verbraucherpolitik so darzubieten, daß die Informationen auf das tatsächliche Entscheidungsverhalten der Konsumenten abgestimmt sind oder ihr Entscheidungsverhalten (ihre Auswahlregeln) in eine gewünschten Richtung beeinflussen (vgl. u. a. *Bybee,* 1981). Die Werbung kann beispielsweise Anzeigen so gestalten, daß den Konsumenten eine konjunktive oder eine disjunktive Entscheidung nahegelegt wird (*Cohen,* 1982, S. 407 ff.).

Beispiel: In einer Anzeige kann hervorgehoben werden, daß eine Marke zusätzlich zu den Eigenschaften anderer Marken eine bestimmte Eigenschaft hat, ohne die das Produkt nicht gekauft werden sollte.[6]

Weitere Vereinfachungen, insb. bei niedrigem Involvement: Nicht nur die benutzten Auswahlprogramme (Entscheidungsheuristiken) ermöglichen eine Vereinfachung des Entscheidungsprozesses. Es gibt noch andere wichtige Einflußgrößen, die vor allem dann wirksam werden, wenn der Konsument mit dem Produkt vertraut ist und wenn sein Problembewußtsein bei der Produktauswahl abnimmt oder von vornherein gering ist.[7]

---

[5] Hier ist insbesondere die *Transitionsanalyse* zu nennen. Das ist ein formales Verfahren, um anhand von empirischen Ergebnissen der Prozeßverfolgungsverfahren festzustellen, welche Informationsverarbeitungsmuster (kognitiven Programme) von den Versuchspersonen benutzt werden. Eine Transition ist der Übergang von einer aufgenommenen (verarbeiteten) Information zur nächsten. Im Transitionsmuster „gleiches Attribut bei verschiedenen Alternativen" (das heißt: die Versuchsperson nimmt hintereinander Informationen über die gleiche Produkteigenschaft bei verschiedenen Alternativen auf) wird zum Beispiel ein schrittweises Aussondern von Alternativen sichtbar. Vgl. zusammenfassend *Hofacker* (1984); *Weinberg* und *Schulte-Frankenfeld* (1983); *Knappe* (1981, S. 163 ff., 192 ff.).

[6] Vgl. hierzu *Bleicker* (1983): Welche und wie viele Produktmerkmale in der Werbung hervorgehoben werden sollten, hängt davon ab, welches Evaluationsmodell von den Konsumenten benutzt wird.
In der Arbeit von *Bleicker* werden dazu Ergebnisse einer inhaltsanalytischen Untersuchung von Werbeanzeigen dargestellt (S. 53 ff.). Darin ging es darum, inwieweit Werbeanzeigen heuristische Produktauswahlregeln unterstellen bzw. widerspiegeln.

[7] Dazu hat *Weinberg* (1981) einige Hypothesen formuliert und getestet.

In Abhängigkeit von den Bedingungen, unter denen entschieden wird (Zeitdruck, Involvement usw.), werden die Vereinfachungen einer Produktauswahl im wesentlichen dadurch erreicht, daß der Konsument

● bei der Auswahl von Anfang an nur eine geringe Anzahl von Produkteigenschaften oder Alternativen in Betracht zieht;

● auf fertige Präferenzen (Einstellungen) zurückgreift und dadurch seine fallweisen Entscheidungen von vornherein einschränkt;

● eigene Auswahlentscheidungen durch die Kaufempfehlungen seiner Umwelt ersetzt;

● seinem Anspruchsniveau entsprechend die nächstbeste Alternative wählt und dadurch den Auswahlprozeß schnell abbricht.

Durch diese Vereinfachung des Entscheidungsprozesses wird auch die Entscheidungszeit erheblich verkürzt (*Howard*, 1977, S. 9, 56; *Weinberg*, 1981, S. 106 ff.).

Die in die engere Wahl kommende Alternativenmenge *(evoked set)* umfaßt im allgemeinen nur einen geringen Teil der insgesamt angebotenen Produkte und Dienstleistungen. Das wird durch *Abbildung 87* veranschaulicht.

In zahlreichen Untersuchungen fand *Weinberg* (1981) bestätigt, daß nur wenige Käufer bei einer Produktwahl mehr als fünf Alternativen vor Augen haben. Häufig umfaßt die bei einer vereinfachten Wahl berücksichtigte aktuelle Alternativenmenge nur zwei Marken, etwa bei Zahnpasta (*Weinberg*, 1981) oder bei Windeln (*Dieterich*, 1986).

Das gilt auch für den Einzelhandel. Beispiel: Im Durchschnitt waren 1988 den Kieler Konsumenten acht Pelzgeschäfte bekannt, aber nur drei werden beim Einkauf in Betracht gezogen (*Schäfer*, 1988, S. 430).

Die kleine Menge der bei einem Kauf berücksichtigten Alternativen ist durch die beschränkte Marktkenntnis des Konsumenten zu erklären und durch seine (durch Erfahrung erworbenen) Einstellungen, die zu einer Vorselektion der wahrgenommenen Alternativen in positiv und nicht positiv eingeschätzte führen. Mit zunehmender Markenvertrautheit erfolgt die Markenwahl mehr und mehr gewohnheitsmäßig stets aus der gleichen (aktuellen) Alternativenmenge, nicht selten durch zufallsbestimmte Wahl der Einzelmarke.

Besonders interessant ist der Befund, daß solche Käufer, die beim Kauf eines Produktes eine größere Alternativenmenge als andere Konsumenten vor Augen haben, dies auch bei anderen Produkten haben. Das bestätigt unsere Überlegung vom „engagierten Käufer", also von einem Konsumenten, dessen Involvement beim Kaufen durchgehend höher ist als das Involvement von anderen Konsumenten.

Die in *Abbildung 87* vorgenommene Einteilung der Marken hat erhebliche praktische Bedeutung und kann für ein Werbewirkungsmodell genutzt werden:

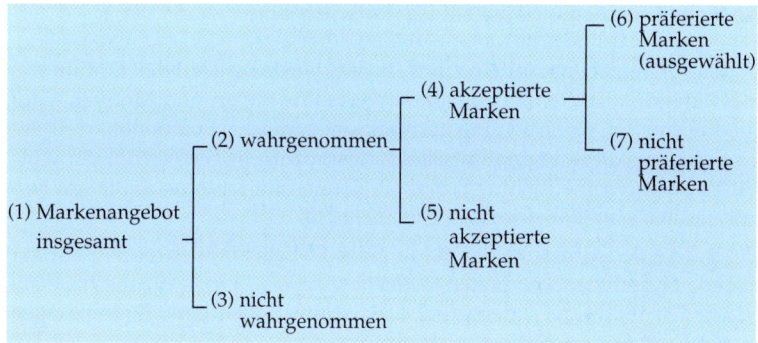

Abbildung 87: Markenwahrnehmung durch den Konsumenten

Anmerkung: Die nicht akzeptierten Marken lassen sich noch in abgelehnte und neutral beurteilte Marken unterteilen. Die akzeptierten Marken stellen unter bestimmten Bedingungen die aktuelle Alternativenmenge (evoked set) dar, aus der eine Marke ausgewählt wird.

Die Werbung muß, um den Markterfolg einer Marke durch die Kommunikation vorzubereiten, drei Ziele verfolgen: Sie muß dafür sorgen, daß die Marke von den Konsumenten (1) wahrgenommen, (2) akzeptiert und (3) vorgezogen wird.[8] Das setzt (1) eine auffällige Werbung voraus, die (2) einen positiven Eindruck von der Marke vermittelt und (3) die Marke gegenüber anderen Marken hervorhebt (positioniert).

Bei der zunehmenden Informationsüberlastung wird es immer schwieriger, die Marke in die Wahrnehmung der Konsumenten zu rücken, das heißt in der Informationsflut sichtbar zu machen. Die Werbung muß deswegen in zunehmendem Maße Aktualitätswirkungen entfalten, sie muß dafür sorgen, daß die angebotene Marke ins Gespräch kommt und bei Entscheidungen gedanklich präsent ist. Der geringe Markterfolg vieler Marken geht darauf zurück, daß die Aktualitätswirkungen der Werbung zu gering sind (vgl. im einzelnen *Kroeber-Riel*, 1989 a).

Die Wahrnehmbarkeit einer Marke, ihre Sichtbarkeit im Angebot, ist also eine notwendige, aber nicht hinreichende Bedingung dafür, daß eine Marke bei der Kaufentscheidung beachtet wird.

Bei sehr geringem Involvement wird eine Marke allerdings bereits dann gekauft, wenn sie zur Menge der bloß *wahrgenommenen* Marken gehört: Eine (durch die Werbung vermittelte) Bekanntheit der Marke genügt, weil der Konsument bei geringem Involvement eine Marke auch ohne vorherige Beurteilung – ohne ausgeprägte Markenakzeptanz – kauft.[9]

---

[8] Dementsprechend bezeichnet *Schäfer* die Bekanntheit (= Aufnahme eines Geschäftes in die Menge der wahrgenommenen Einkaufsalternativen) und die Attraktivität (Aufnahme in die aktuelle Alternativenmenge) als Funktion der Einzelhandelswerbung (*Schäfer*, 1988, S. 429).

[9] Diese Low-Involvement-Kaufverhaltenstheorie geht auf *Krugman* (1965) zurück; vgl. dazu auch *Assael* (1984, S. 80 ff.). Bei geringem Involvement werden also auch solche Marken gekauft, die zur Menge der wahrgenommenen, nicht akzeptierten, aber auch nicht abgelehnten Alternativen gehören; vgl. dazu die Anmerkung in *Abbildung 87*.

4. Motivationale Einflüsse auf die Entscheidung

In den vergangenen Kapiteln wurde bereits wiederholt auf den Einfluß von aktivierenden Kräften – insbesondere von Emotionen und Motiven – auf die Informationsverarbeitung aufmerksam gemacht. Emotionen und Motive greifen *laufend* in den Entscheidungsprozeß ein. Sie bestimmen seine Effizienz und seine Richtung, und sie können für situative Einflüsse verantwortlich sein (*Hermann* und *Gutsche*, 1993).

Besondere Bedeutung haben die in einer Entscheidungssituation auftauchenden **Konflikte.** Das können *Motivationskonflikte* sein, wenn die zur Wahl stehenden Produkte widersprüchliche Motivationen bzw. Zielsetzungen ansprechen. Es können aber auch *kognitiv bedingte Konflikte* sein wie die kognitive Dissonanz. Diese Konflikte führen zu einer *Verunsicherung* des Individuums und damit meist zu einer Verzögerung des Entscheidungsprozesses. Die Lösung der Konflikte bewirkt Veränderungen des gerade ablaufenden kognitiven Entscheidungsprogramms.

Im Zusammenhang mit der Produktauswahl sind vor allem drei motivationale Einflußgrößen hervorzuheben, die durch *Konflikte* in der Entscheidungssituation zustande kommen: das Anspruchsniveau der Konsumenten, ihre Zufriedenheit und das wahrgenommene Kaufrisiko.

Anspruchsniveau: Das Anspruchsniveau ist ein vom Individuum als verbindlich erlebter Standard der Zielerreichung. Beim extensiven Entscheidungsverhalten wurde diese subjektive Zielnorm bereits dahingehend differenziert, daß sie sich auf die Zielinhalte einerseits und auf das Verhalten andererseits beziehen kann. Sie ist das Ergebnis eines gleichzeitig und damit konfliktär wirkenden Strebens nach *Erfolg* und eines Vermeidens von *Mißerfolg.* Um diesen Konflikt zu verstehen, hat man davon auszugehen, daß eine positive oder negative Abweichung vom Anspruchsniveau als subjektiver Erfolg oder Mißerfolg erlebt und antizipiert wird. Das gilt aber nur dann, wenn das Anspruchsniveau in einer sinnvollen Beziehung zur Befähigung des Individuums steht – also als „befähigungsadäquat" empfunden wird. Erreicht das Individuum ein Ziel nicht, das von vornherein aufgrund seiner individuellen Fähigkeiten als zu hoch angesehen wird, so hat das Individuum auch kein Mißerfolgserlebnis. Das Ziel erscheint als „objektiv" zu hoch. Andererseits vermittelt das Erreichen von zu leicht erreichbaren Zielen auch kein Erfolgserlebnis.[1]

Innerhalb dieser subjektiv wahrgenommenen Grenzen eines befähigungsadäquaten Anspruchsniveaus führt die Realisierung eines höheren Anspruchsniveaus auch zu einem höheren Erfolgserlebnis. Es wird deswegen vom Individuum angestrebt. Andererseits wächst bei einem höheren Anspruchsniveau die Gefahr des Scheiterns, die das Individuum meidet.

---

[1] Vgl. zu diesem Konflikt und zu der sich daraus ergebenden Dynamik des Anspruchsniveaus *Weiner* (1992, S. 163).

Das individuelle Anspruchsniveau bestimmt, welche Alternativen als zufriedenstellend angesehen und akzeptiert werden und welche zurückgewiesen werden.[2]

Durch die Einteilung der Alternativen in befriedigende und nicht befriedigende Alternativen wird der kognitive Aufwand bei der Produktauswahl verringert. Dies gilt vor allem dann, wenn der Konsument Entscheidungsprozesse abbricht, weil er aufgrund eines niedrigen situationsbedingten Anspruchsniveaus oder aufgrund eines bereits durch Kauferfahrung verfestigten Anspruchsniveaus ohne langes Überlegen eine hinreichende (befriedigende) Alternative gefunden hat. Das ist besonders auf gesättigten Märkten beachtenswert, auf denen die Produkte weitgehend ausgereift sind. Die angebotenen Produkte unterscheiden sich dann kaum noch in der Qualität und werden unterschiedslos dem Anspruchsniveau der Konsumenten gerecht (Austauschbarkeit der Angebote).

Wie man aus dieser Skizze des Anspruchsniveaus erkennt, weist die Konzeption des Anspruchsniveaus auf mehrere für das Entscheidungsverhalten wichtige Sachverhalte hin:

● auf die *Beschränkung* individueller Zielsetzung und ihre Auswirkung auf die Produktauswahl;
● auf die bei aktuellen Zielvorstellungen auftretenden *Konflikte;*
● auf Stabilität und Dynamik der individuellen Zielvorstellungen.

In der neueren Konsumentenforschung wird der Begriff Anspruchsniveau relativ *wenig* benutzt (das ist wahrscheinlich auf die Schwierigkeiten zurückzuführen, diesen aus Motivationstheorien stammenden Begriff in die vorherrschenden kognitiven Theorien einzuordnen). Statt vom subjektiven Anspruchsniveau wird in der Konsumentenforschung von subjektiven Entscheidungs- oder von Bewertungsstandards gesprochen.

Es ist deswegen zweckmäßig, einige Beziehungen zwischen dem Anspruchsniveau und anderen Konstrukten der Konsumentenforschung herzustellen.

Ein wichtiger Zusammenhang besteht zwischen Anspruchsniveau und *Einstellung:* Nach der Zweck-Mittel-Analyse der Einstellungsforschung werden in den motivationalen Einstellungskomponenten die Zielvorstellungen des Konsumenten wirksam (vgl. B.V.). In den Modellen zur Einstellungsmessung kommt das in der Bewertung der Produkteigenschaften zum Ausdruck, denn diese Bewertungen müssen sich an den Zielvorstellungen des Konsumenten orientieren. Sie geben indirekt das Anspruchsniveau der subjektiven Zielsetzungen wieder.

Man kann folglich in vielen Fällen auf den Begriff Anspruchsniveau (ebenso wie auf den Motivbegriff) verzichten und statt dessen den Einstellungsbegriff verwenden: Einstellungen drücken ebenso wie das Anspruchsniveau die Erwartungen des Konsumenten an ein Produkt aus, und sie be-

---

[2] Zum Anspruchsniveau als Entscheidungsregulativ vgl. die Theorie der Konsumentenentscheidungen von *Weinberg* (1981, insb. S. 51 ff., 94).

grenzen dadurch auch die bei einer Entscheidung berücksichtigte Alternativenmenge (*„evoked set of alternatives"*).[3]

Zufriedenheit: Ein weiteres, in diesen Zusammenhang aufzunehmendes Konstrukt ist die Zufriedenheit (Unzufriedenheit) der Konsumenten, die von *Kaas* und *Runow* (1984, S. 452) „als Ergebnis eines psychischen Soll-Ist-Vergleichs von Konsumerlebnissen" verstanden wird. Das „Soll" bei diesem Vergleich kann als Anspruchsniveau aufgefaßt werden.

Die Zufriedenheit ist aber nicht nur ein Ergebnis des Anspruchsniveaus: Die vom Konsumenten empfundene Zufriedenheit bzw. Unzufriedenheit wirkt auch wieder stabilisierend oder verändernd auf sein Anspruchsniveau zurück. Sie ist wesentliche Ursache für die Dynamik des Anspruchsniveaus.

Die Konsumentenzufriedenheit äußert sich auch in offenen Verhaltensweisen, vor allem im Beschwerdeverhalten der Konsumenten. Die Beschwerden sind als wichtiges Feedback des Marktes anzusehen, sie können zur Früherkennung der sich wandelnden Verbraucherwünsche benutzt werden (vgl. dazu *Hansen, Raabe* et al. 1985 und *Fornell*, 1992).

Die *Messung* der Zufriedenheit und des Beschwerdeverhaltens ist besonders wichtig beim nicht-kommerziellen Marketing, wenn es darum geht, die Reaktionen von Kunden sozialer und öffentlicher Einrichtungen, von Patienten in Krankenhäusern, Empfängern von Zuwendungen von Wohlfahrtsorganisationen, Theaterbesuchern usw. zu erfassen (*Bruhn* und *Thilmes*, 1989, S. 83 ff.). Die Forschungsarbeiten über Zufriedenheit und Unzufriedenheit der Konsumenten („CS/D-Research") haben sich in den letzten zehn Jahren zu einem beachtlichen Forschungszweig mit zunehmenden Beiträgen entwickelt.[4]

Wahrgenommenes Kaufrisiko: Der Begriff wurde erstmals in expliziter Form von *Bauer* (1960, deutsch 1976) in die Literatur zum Konsumentenverhalten eingeführt. Er beschreibt das wahrgenommene Risiko als die vom Konsumenten nachteilig aufgefaßten Folgen seines Verhaltens, die der Konsument nicht sicher vorhersehen kann. Wir beschränken unsere Betrachtung auf das beim Kauf wahrgenommene Risiko (wahrgenommenes Kaufrisiko) und sprechen nachfolgend auch manchmal vereinfachend nur vom Risiko.

Meist wird gefragt, unter welchen Bedingungen, aber nicht, wie (psychologisch gesehen) das wahrgenommene Risiko entsteht.[5]

Das wahrgenommene Risiko als Unsicherheit bezüglich der Handlungsfolgen ist Ausdruck eines auf kognitiver Einschätzung beruhenden *Konfliktes*, es kann als eine Form der Vor-Entscheidungsdissonanz interpretiert

---

[3] Vgl. dazu *Howard* (1977, S. 58, 141) und zu weiteren Querverbindungen zwischen dem Konzept des Anspruchsniveaus und den kognitiven Theorien des Konsumentenverhaltens *Weinberg* (1977a und 1981).

[4] CS/D-Research = Consumer Satisfaction/Dissatisfaction Research. Vgl. *Bruhn* (1982); *Runow* (1982); *Weinhold* und *Baumgartner* (1981); *Standop* und *Hesse* (1985); *Hansen* und *Schoenheit* (1987); *Yi* (1990) und *Andreasen* (1991). Zu weiteren Konzepten vgl. *Teas* (1993).

[5] Ein Beitrag zur Entstehung des Risikos von *Folkes* (1988) untersucht, welche Gedächtnis- und Urteilsprozesse bei der Risikowahrnehmung wirksam werden.

werden. Diese Interpretation legen auch die Ausführungen von *Bauer* nahe. Er meint, vieles, was er zum wahrgenommenen Risiko sage, sei bereits in der *Theorie der kognitiven Dissonanz* von *Festinger* vorweggenommen.

Die *Operationalisierung* des Risikos ist schwierig, da das wahrgenommene Risiko ein Unsicherheitsgefühl des Konsumenten in der Entscheidungssituation ausdrücken soll, das sich nicht in kalkulatorischen Werten wie das mit Wahrscheinlichkeiten bezifferte Risiko der statistischen Entscheidungstheorie ausdrücken läßt. In den vielen, zum Teil widersprüchlichen und schwer vergleichbaren Untersuchungen über das wahrgenommene Risiko benutzt man deswegen auch ganz unterschiedliche Meßverfahren zur Bestimmung des Risikos.[6]

Ein verbreitetes Verfahren zur *Messung* des Risikos unterstellt, daß das wahrgenommene Risiko auf *zwei Komponenten* zurückgeht:

(1) die negativen Konsequenzen, das sind die wahrgenommenen möglichen Folgen des Kaufs,

(2) die wahrgenommene Unsicherheit über das Eintreten dieser Folgen.

Danach werden die Konsumenten im einfachen Fall aufgefordert, auf einer Ratingskala anzugeben, (1) wie groß nach ihrer Einschätzung die nach dem Kauf eines Produktes entstehenden Einbußen sein können und (2) wie sicher sie sind, daß die nachteiligen Folgen eintreten. Die Werte werden zur Berechnung des wahrgenommenen Risikos multiplikativ verknüpft.

Beispielsweise können durch Mängel nach dem Kauf eines kleinen Autos finanzielle Einbußen entstehen, die wesentlich geringer sind als die Einbußen bei einem großen (aber weniger reparaturanfälligen) Auto. Mit solchen Einbußen ist aber bei dem großen Auto weniger zu rechnen. Das wahrgenommene Risiko als Produkt aus den eingeschätzten negativen Folgen und der wahrgenommenen „Eintretenswahrscheinlichkeit" kann in einem solchen Fall gleich groß sein.[7]

Dieses einfache Verfahren ist wegen der eindimensionalen und globalen Messung der (nicht unbedingt unabhängigen) Komponenten fragwürdig. In anderen Untersuchungen werden die verschiedenen, bei einer bestimmten Entscheidung wahrgenommenen Risiken getrennt ermittelt und dann zu einem Gesamtrisiko zusammengefaßt (*Schweiger, Mazanec* et al., 1977; *Kuhlmann*, 1980).

Die vom Konsumenten erwarteten negativen Konsequenzen eines Kaufs können *finanzieller, funktioneller, psychischer* oder *sozialer* Art sein. An Bei-

---

[6] *Gemünden* (1984, 1985) stellt nach einem Vergleich von Untersuchungen aus der empirischen Entscheidungsforschung die Schwächen der Operationalisierung des wahrgenommenen Risikos und die damit zusammenhängende Problematik der Hypothesen zum wahrgenommenen Risiko dar.

[7] Das theoretische Bezugsfeld dieses Konstruktes sind u. a. die Wert-Erwartungstheorien (*Wiswede*, 1991, S. 333): Nach diesen Theorien läßt sich ein Konsument nicht nur von der Größe des subjektiv wahrgenommenen – positiven oder negativen – Nutzens leiten (den eine Handlung nach sich zieht), sondern auch von der Stärke der Erwartung, inwieweit der Nutzen später eintritt. Diese Theorien schaffen auch Querverbindungen zum Konstrukt des Anspruchsniveaus.

spielen veranschaulicht: Frühzeitiger Verschleiß oder ein gegenüber Konkurrenzangeboten (die zum Zeitpunkt des Kaufens noch nicht bekannt sind) überhöhter Preis führen zu finanziellen Einbußen, das gekaufte Produkt kann sachliche Mängel haben, die seinen Gebrauch erschweren, die erhoffte Zustimmung der Ehefrau oder die erwünschte Anerkennung der Freunde können ausbleiben. Durch die Frage, an welches Risiko die Käufer beim Kauf einer neuen Kaffeemarke gedacht haben, ermittelte bereits *Arndt* (1970, S. 1113) die in *Abbildung 88* aufgeführten Risikoaspekte.

Inhalt des wahr-genommenen Risikos	Größe des wahrgenommenen Risikos			
	groß	mittel	klein	gesamt
Geldverschwendung	26%	15%	11%	18%
Frustration und Ärger	6%	4%	3%	5%
Reaktion des Ehemanns	13%	4%	5%	7%
Unannehmlichkeiten, einen schlechteren Kaffee zu trinken oder Gästen anzubieten	23%	15%	23%	19%
Kein ernstes Problem; würde den Kaffee verbrauchen oder wegwerfen	22%	26%	19%	24%
Kein Risikoproblem	37%	52%	53%	43%
Gesamt*	127%	116%	114%	116%

Abbildung 88: Art und Größe des Risikos beim Kauf einer neuen Kaffeemarke

* Wegen Mehrfach-Antworten über 100 %

Quelle: nach der klassischen Studie von *Arndt* (1970, S. 1113; leicht geändert).

Die grundlegende Hypothese zum wahrgenommenen Kaufrisiko lautet:

Wenn das von einem Konsumenten wahrgenommene Kaufrisiko eine individuelle Toleranzschwelle übersteigt, versucht der Konsument, das Risiko zu *reduzieren*. Er benutzt dazu Reduktionstechniken, die den Ablauf des Entscheidungsprozesses *beeinflussen*.

Bei einer Produktwahl mit geringem Involvement ist allerdings kaum mit einer Risikowahrnehmung zu rechnen. Wenn bei stärkerem Involvement und vereinfachten Entscheidungen ein Risiko wahrgenommen wird, so liegt es oft unter dem Toleranzniveau des Konsumenten und wird nicht verhaltenswirksam. Man hat sich deswegen von der einfachen früheren Hypothese getrennt, nach der Konsumenten generell versuchen, das Risiko zu minimieren.[8]

---

[8] Das Risikoverhalten ist von Individuum zu Individuum unterschiedlich, es wird durch Gruppeneinfluß und kulturelle Bestimmungsgrößen geprägt. *Schiffman* und *Kanuk* (1991, S. 181) unterscheiden Konsumenten, die sich von anderen durch geringere oder höhere Risikowahrnehmung unterscheiden und danach ihr Kaufverhalten ausrichten. Gleichwohl ist Risikobereitschaft als generelles Persönlichkeitsmerkmal noch umstritten. Vgl. auch *Shanteau* (1992).

Über die *Wirkungen* des wahrgenommenen Risikos wurden zahlreiche empirische Untersuchungen durchgeführt, in Deutschland u. a. von *Grunert* (1983). Einen Überblick vermitteln die Arbeiten von *Kuhlmann* (1978, 1980) und *Gemünden* (1985).

Das Forschungsinteresse richtet sich bevorzugt auf die Techniken der Konsumenten, das wahrgenommene Risiko zu reduzieren. Sie lassen sich einteilen in Techniken, die dazu dienen, die nachteiligen *Konsequenzen* zu verringern (etwa durch den Kauf kleinerer Packungen bei neuen Produkten, absatzpolitisch umsetzbar in ein Angebot von Probierpackungen in der Einführungsphase eines Produktes) und in solche, die dazu dienen, die *Unsicherheit* abzubauen. Letztere bestehen insbesondere aus Strategien der subjektiven Informationsverarbeitung: In dieser Hinsicht ergeben sich – das ist vom Entstehungsprozeß des wahrgenommenen Risikos her auch verständlich – Parallelen zu den Techniken zur Reduzierung von kognitiven Dissonanzen:

Es ist vor allem daran zu denken, daß das Individuum zur Verringerung des Risikobewußtseins risikoerhöhende Informationen meidet, nach risikovermindernden Informationen sucht und bereits aufgenommene Informationen uminterpretiert. Was die Informationsaufnahme betrifft, so ist *Gemünden* (1985, S. 93) nach Auswertung der vorliegenden empirischen Befunde zu folgendem Ergebnis gekommen: Je geringer die Komplexität der Entscheidung ist, desto seltener bestätigt sich die Hypothese, daß beim Kauf ein Risiko wahrgenommen wird, welches zu erhöhter Informationsaufnahme führt.

Es spricht viel dafür, daß vor allem die *Produkttreue* (Markentreue) dazu dient, wahrgenommenem Kaufrisiko zu entgehen, dieses Risiko unter Kontrolle zu halten oder dieses Risiko zu reduzieren. Darauf hat aufgrund von theoretischen Überlegungen bereits *Bauer* (1960) hingewiesen. Spätere Erhebungen lieferten dazu empirisches Material, das bei aller Unterschiedlichkeit der Meßmethoden den Zusammenhang zwischen Kaufrisiko und Produkttreue bestätigte (zusammenfassend *Weinberg* 1977 a, S. 55 ff., 112 ff.).

Ein paar wiederholende Worte zum „sozialtechnischen Risiko" aus *Anbietersicht:* Ebensowenig wie man mit fortgeschrittener Technik leichtfertig umgehen kann, kann man nicht mit verhaltenswissenschaftlich fundierter Sozialtechnik (z. B. in den Medien) umgehen. Hier geht es ebenfalls um Auswirkungen emotionaler Einflüsse auf Entscheidungen, allerdings aus der Sicht einer gesellschaftlichen Verantwortung der Anbieterseite.

III. Entscheidungen mit geringer kognitiver Kontrolle

1. Habitualisiertes Entscheidungsverhalten

Einkaufsgewohnheiten sind *verfestigte Verhaltensmuster,* auch routinemäßiges Verhalten oder habituelles Verhalten genannt. Sie können als Umsetzung von bereits „vorgefertigten Entscheidungen" in Kaufhandlungen aufgefaßt werden. Eine genauere Fassung des – nicht ganz eindeutig – Begriffes ergibt sich aus den späteren Operationalisierungen.

a) Das Konzept der Habitualisierung

Habitualisierte Kaufentscheidungen kennzeichnen ebenso wie limitierte Kaufentscheidungen eine spezifische Form vereinfachten Entscheidungsverhaltens. Gemeinsam ist beiden Entscheidungsarten die *kognitive* Entlastung des Entscheidungsaufwandes, die untergeordnete Bedeutung *affektiver* Prozesse und die geringe Entscheidungszeit. Habitualisierte Kaufentscheidungen sind aber stärker vereinfacht als limitierte Kaufentscheidungen. Sie konzentrieren sich auf wenige, zentrale Kognitionen, während es bei limitierten Kaufentscheidungen auf prägnante Informationen (z. B. Schlüsselinformationen) und auf den „evoked set" ankommt. Darüber wurde im Teil D.II. berichtet. Hinzu kommt, daß habitualisierte Kaufentscheidungen auch *reaktiv* gefällt werden können, d. h. dann, daß sie quasi automatisch ablaufen. Die Habitualisierung, die zu bewährten, schnellen und risikoarmen Einkäufen verhelfen soll, läßt sich also als ein *psychischer* Prozeß spezifischer Art auffassen.

Diese Betrachtungsweise – Habitualisierung als ein *psychischer* Prozeß – erlaubt auch die Differenzierung zwischen mehr oder weniger stark habitualisierten Kaufentscheidungen.[1] Bei einer totalen kognitiven Entlastung läuft die Kaufentscheidung quasi automatisch (reaktiv) ab und führt mit an Sicherheit grenzender Wahrscheinlichkeit zu einem Wiederholungskauf.

Aber es gibt auch Wiederholungskäufe, die auf kognitiven Entscheidungen beruhen. Dann werden gelernte *Skripts* eingesetzt, die die kognitive Entlastung erlauben.

Ob partielle oder totale Habitualisierung – hier geht es um die Gewohnheitskäufe, an die sich der Konsument erinnert, auch wenn er sie gedankenlos durchgeführt hat. Die so verstandene *Wahrnehmbarkeit* habitualisierter Handlungen ermöglicht es erst, die kognitive Entlastung als Definitionskern der Habitualisierung zu erfragen. Man ist also besonders darauf angewiesen, daß der Konsument sich seines Gewohnheitsverhaltens bewußt ist bzw. daran erinnert werden kann.

Zur Messung der individuell wahrgenommenen, produktbezogenen Entscheidungsvereinfachung in der Kaufsituation benötigt man zwei Größen: Zum einen die beim Kauf *berücksichtigten* Eigenschaften, zum anderen die für eine Kaufentscheidung grundsätzlich als *relevant* wahrgenommenen Eigenschaften. Die *Differenz* gibt das Ausmaß der kognitiven Entlastung an (gelernte Skripts).

Die Berechnung dieser Differenz ist nicht unproblematisch. Die kognitive Entlastung wird nicht in *qualitativer,* sondern in *quantitativer* Hinsicht ermittelt. Dieses grundlegende Maß für die quantitative Reduktion der entscheidungsrelevanten Variablen bedarf der zusätzlichen qualitativen Wertung.

---

[1] Zur Konzeption vgl. ausführlich *Weinberg* (1979, 1980a, 1981) sowie *Kannacher* (1982); *Kaas* (1982) und *Dieterich* (1986).

Die hier gewählte Operationalisierung der Habitualisierung bedarf einer besonderen *Prüfung* hinsichtlich ihrer inhaltlichen *Gültigkeit*. Dazu können eine Reihe von Indikatoren herangezogen werden, die in der Literatur häufig – wenn auch unscharf und ungeprüft – habitualisierten Kaufentscheidungen zugrunde gelegt werden. So wird behauptet, daß Gewohnheitskäufer wenig Zeit zum Einkauf benötigen, besonders häufig Wiederholungskäufer sind, Informationen über präferierte Produkte besonders schnell wahrnehmen, mit den gekauften Produkten besonders zufrieden sind und ihr Entscheidungsfeld besonders auf situative Variablen (z. B. Preis, Erhältlichkeit, Service) beschränken.

Die kognitive Entlastung läßt sich auch global als eine psychische Größe erfassen, und zwar anhand der Wahrnehmung der betroffenen Konsumenten, inwieweit sie gewohnheitsmäßig einkaufen. Dazu kann man auf einer Ratingskala erfragen, wie sehr sich Konsumenten beim Einkauf des betreffenden Produktes von Gewohnheiten leiten lassen. Die Messung der Selbsteinschätzung des Gewohnheitsverhaltens ist auf Ratingskalen natürlich problematisch, und es ist interessant zu prüfen, ob und wie die vorgeschlagenen Operationalisierungen der Habitualisierung zusammenhängen.[2]

b) Entstehung der Entscheidungsvereinfachung

Habitualisierung als Persönlichkeitsmerkmal

Man kennt das Bedürfnis nach Vereinfachung der täglichen Lebensführung als eine zeitlich stabile Disposition mit individuell differentieller Ausprägung.[1] Die so verstandene Habitualisierung im Sinne eines *Persönlichkeitsmerkmales* ließe sich beispielsweise am Wunsch nach kognitiver Entlastung und nach Vertrautheit mit Produkten des täglichen Bedarfs ausdrücken. Allerdings hat die Persönlichkeitspsychologie bislang nur wenige Beiträge zur Erklärung des Konsumentenverhaltens geliefert.

Konsumenten, die das Bedürfnis nach kognitiv entlasteten Einkäufen haben, werden sich durch ein geringes *Involvement* auszeichnen, d. h. durch ein reduziertes Engagement am Einkauf, das mit einem hohen Engagement für andere Lebensbereiche, wie z. B. die Freizeit, einhergehen kann. Die Ich-Beteiligung am Entscheidungsprozeß wird also nicht nur verringert, sondern auch gewohnheitsfördernd verlagert.

Man weiß auch, daß die Habitualisierungsneigung von der *Risikoneigung* beeinflußt wird.[2] Dabei geht es um den Wunsch, negativen Konsequenzen des Kaufs bzw. der empfundenen Unsicherheit über mögliche Kauffolgen auszuweichen, und der Konsument hat mehrere Möglichkeiten, sein Kaufrisiko unterhalb einer individuellen Toleranzschwelle zu begrenzen. Eine

---

[2] Vgl. dazu die empirischen Tests, über die *Kannacher* (1982) und *Weinberg* (1981) berichten.

[1] Zu den personenspezifischen Kriterien habitualisierten Kaufverhaltens vgl. den Überblick bei *Kannacher* (1982) sowie *Olsen* (1992).

[2] Vgl. z. B. *Kaas* und *Dieterich*, 1979, S. 18.

der bewährtesten risikoreduzierenden Strategien ist bekanntlich die *Markentreue* (*Weinberg*, 1977 a, S. 112 f.).

Die Habitualisierungsneigung wirkt sich auch auf die Festlegung des *Anspruchsniveaus* hinsichtlich des Verhaltens aus. Je ausgeprägter die Neigung ist, sich Gewohnheiten hinzugeben, um so mehr sucht der Konsument nach einem problemlosen Anspruchsniveau, das wenige Risiken in sich birgt und keine Ansprüche an das Informationsverhalten stellt.[3]

Ergänzt man den Begriff „Persönlichkeitsmerkmal" um *soziodemographische* Kriterien, so läßt sich die Habitualisierungsneigung weiter spezifizieren. Vor allem findet man die sozialpsychologische Erfahrung bestätigt, daß gewohnheitsmäßiges Verhalten mit zunehmendem Alter ansteigt und auch vom sozialen Status abhängt, der in der Regel durch Ausbildung und Einkommen operationalisiert wird. Man kann annehmen, daß die Habitualisierungsneigung mit Zunahme des sozialen Status abnimmt. Als Erklärungen bieten sich zum einen die durch die Ausbildung geförderte Bereitschaft an, sich besser zu informieren, und zum anderen das Bedürfnis nach Abwechslung im Konsum, wenn der Zwang zur Sparsamkeit nachläßt (*Weinberg*, 1980 a, S. 166).

Habitualisierung durch eigene Gebrauchserfahrungen

Überwiegend wird die Entstehung von Gewohnheiten als ein Ergebnis von Lernprozessen aufgefaßt.[4] Der Beginn sich ausbreitenden Gewohnheitsverhaltens ist in der Regel ein *extensiver* Kaufentscheidungsprozeß, der bei wiederholt zufriedenen Erfahrungen mit dem Produkt kognitiv entlastet wird und zu einem *habitualisierten* Kaufentscheidungsprozeß erstarrt. Es liegt dann ein rational entstandenes Gewohnheitsverhalten vor. Diese Vorstellung von einer schrittweisen kognitiven Vereinfachung dominiert in der Literatur zum Entscheidungsverhalten von Konsumenten.[5]

Konsumenten lernen also durch eigene Gebrauchserfahrungen habitualisiert einzukaufen, und das Gewohnheitslernen wird gemäß dem *Verstärkungsprinzip* durch die positiven Handlungskonsequenzen besonders gefördert. Erfahrungen, Übung und Zufriedenheit kennzeichnen derart habitualisiert einkaufende Konsumenten.

Folgt man der Vorstellung von drei Phasen zunehmender Entscheidungsvereinfachung, so geht es insbesondere um den *Informationsbedarf* und um die *Informationsverarbeitung* (vgl. *Abbildung 89*):

---

[3] Damit muß keine Senkung des Anspruchsniveaus hinsichtlich der Ziele einhergehen.
[4] Vgl. die kognitiv orientierte Literatur zum Konsumentenverhalten.
[5] Vgl. z. B. *Engel, Kollat* et al. (1993).

Entscheidungsprozeß	extensiv	limitiert	habitualisiert
Informationsbedarf	hoch	mittel	gering
Informationsverarbeitung	langsam	mittel	schnell

Abbildung 89: Informationsbedarf und Informationsverarbeitung

Habitualisierung durch Übernahme von Gebrauchserfahrungen

Die kognitive Entlastung muß nicht das Ergebnis eigener Gebrauchserfahrungen sein, sondern kann auch durch *Beobachtung* und *Übernahme* von vorgegebenen Konsummustern entstehen. Nach *Bandura* (1979, S. 31 f.) läßt sich dieses „Lernen am Modell" durch folgende Phasen charakterisieren: Aufmerksamkeit, dann gedankliche und faktische Übernahme des Verhaltens sowie Stabilisierung des Verhaltens durch Verstärker.

Eine derartige kognitive Entlastung *ohne* vorherige eigene Erfahrung liegt dann vor, wenn Empfehlungen bzw. Gebrauchserfahrungen anderer bereits beim Erstkauf übernommen und angewendet werden. Man denke z. B. an die von Eltern geprägten Konsumgewohnheiten der Kinder oder an prestige- oder risikobeladene Produkte, deren Kaufrisiko durch Übernahme von Konsumnormen reduziert wird.

Vorstellbar ist auch, daß ein *Impulskauf* gewohnheitsmäßige Kaufentscheidungen einleitet. Eine spontane Kaufentscheidung führt dann zu einer Produktzufriedenheit, die den Konsumenten veranlaßt, beim Kauf des gleichen Produktes zu bleiben. Auch in diesem Fall liegt eine bewußte Entscheidung vor, das Kaufverhalten zu vereinfachen, ohne unbedingt mehrere Stufen der Entscheidungsvereinfachung zu durchlaufen.

Beim Lernen am Modell kommt es darauf an, zwischen dem Erwerb und der Ausführung eines Verhaltens zu differenzieren, und es vollzieht sich über bildliche und sprachliche Kommunikationsprozesse. Die dabei vom Individuum rezipierten Verhaltenssequenzen können gespeichert werden und sind bei Bedarf abrufbar, so daß sie ihrerseits zu Handlungen führen. In diesem Zusammenhang kommt der *stellvertretenden* Verstärkung (vicarious reinforcement) besondere Bedeutung zu: Im allgemeinen versteht man darunter die visuell oder akustisch wahrgenommenen Konsequenzen, die eine dritte Person erfährt.

c) Produkttreue als Folge habitualisierter Entscheidungen

Die „Treue" ist ein Phänomen, das in vielen Lebensbereichen auftritt und dem in der Regel ein hoher sozialer Stellenwert beigemessen wird. Verhaltenswissenschaftliche Erklärungen der menschlichen Treue stoßen daher auf ein breites Interesse.

Überwiegend versteht man unter Produkttreue (Markentreue) den *wiederholten* Kauf eines Produktes (einer Marke), und es hängt vom jeweiligen

Autor und von der jeweiligen Problemstellung ab, nach wie vielen Käufen des gleichen Gutes ein Konsument als mehr oder weniger treu bezeichnet wird. Dieser auf *Kauffolgen* basierenden Definition, die dem umgangssprachlichen Treuebegriff am nächsten kommt und in der Literatur am häufigsten verwendet wird, wird auch hier gefolgt.[1]

Man kennt auch die Definition der Produkttreue auf der Basis von *Kaufanteilen*. Nach dieser Definition ist ein Konsument dem Produkt treu, das den größten Anteil seines Budgets für eine Produktklasse beansprucht. Die Treue hängt dabei nicht von der Häufigkeit der Käufe ab. Dieser Begriff mag manchmal ökonomisch attraktiv sein, er widerspricht aber der üblichen Vorstellung von Treue, bei der das *zeitliche* Element, also die Beibehaltung eines Zustandes oder die Wiederholung einer Handlung, die ausschlaggebende Rolle spielt.

Eine *starke* Produkttreue spiegelt in der Regel habituelles Verhalten, im Extrem das gewohnheitsmäßige Kaufen des stets gleichen Produktes (der gleichen Marke), wider: In Ausnahmefällen kann der Wiederkauf einer Marke auch auf extensive Entscheidungen zurückgehen (*Dieterich*, 1986; *Weinberg*, 1977 a), so daß es zweckmäßig sein kann, zusätzlich zum Wiederkauf einen Indikator dafür zu ermitteln, ob tatsächlich gewohnheitsmäßiges Verhalten mit geringer kognitiver Kontrolle vorliegt.

Markentreue läßt sich auch so verstehen, daß sich das Wiederkaufverhalten nicht auf eine einzelne Marke, sondern auf eine Menge von akzeptierten Marken (auf das evoked set) bezieht, aus der dann eine *zufallsbedingte* Markenauswahl erfolgt. Bezogen auf eine einzelne Marke wird dies in schwacher Markentreue sichtbar.

Wir beschäftigen uns hier mit Ursachen und Wirkungen der starken Produkttreue, also des gewohnheitsmäßigen Kaufverhaltens.[2] In der Konsumentenforschung hat sich das Interesse am Thema Produkttreue erheblich vermindert und außerdem verschoben. Früher lag das Interesse bei der Abbildung von beobachtbaren Mustern des Wiederholungskaufs durch *„behavioristische Modelle"*. Sie haben das Ziel, stochastische Gesetzmäßigkeiten hinter den Wiederholungskäufen – welche meistens durch Panel-Untersuchungen ermittelt wurden – festzustellen (vgl. *Gierl* und *Mareks*, 1993). Diese Modelle sind unter der Bezeichnung *Markenwechselmodelle* (brand switching models) bekannt; es sind insbesondere Markovketten und Lernmodelle. Für die *Erklärung* des Gewohnheitsverhaltens geben diese Modelle nicht viel her (*Weinberg*, 1977 a, S. 41).

---

[1] Die Begriffe „Produkt" und „Marke" werden in diesem Kapitel synonym verwendet, gemeint ist stets der wiederholte Kauf des *gleichen* Gutes. Dabei kann es sich um Hersteller- oder Handelsmarken handeln. Von dieser Sprachregelung unberührt bleibt, daß mehrere Produkte unter einer Marke und technisch gleiche Produkte unter unterschiedlichen Marken angeboten werden können.

[2] Demzufolge ist klar, daß sich der hier benutzte Begriff Produkttreue auf geäußertes Verhalten, auf den Wiederverkauf von Produkten, und nicht auf eine psychische Prädisposition „Treue empfinden" bezieht.
Zu weiteren Operationalisierungen und Erklärungen des habituellen Verhaltens (= starke Produkttreue) vgl. *Weinberg* (1979, 1981, S. 120 ff. und S. 149 ff.).

Heute liegt der Schwerpunkt auf *verhaltenswissenschaftlichen Erklärungen* der Produkttreue. Man versucht, das *Warum* der Produkttreue herauszufinden und bedient sich dabei vorwiegend des Interviews neben Beobachtungen.

Die Produkttreue wird oft durch Befragungen gemessen: „Kaufen Sie immer die gleiche Marke oder mehrere Marken: zwei, drei, vier Marken usw.?"[3] Dadurch erhält man Größen, die man als *„erinnerte Markentreue"* bezeichnen kann (*Kroeber-Riel* und *Trommsdorff*, 1973, S. 58). Eine Verfeinerung dieser Messung verdanken wir *Weinberg*, der die Konsumten „in flagranti" – unmittelbar nach dem Kauf, noch im Kaufhaus – befragt. Dahinter steht die Überlegung, daß „die erinnerte Markentreue am ehesten der tatsächlichen Markentreue (im Sinne des Kaufverhaltens) entsprechen wird, wenn Befragungs- und Kaufsituation übereinstimmen" (*Weinberg*, 1977a, S. 60).

Die verhaltenswissenschaftlich orientierte *Literatur* zur Produkttreue (Markentreue) und Geschäftstreue (vor allem älteren Datums) ist kaum noch zu übersehen. Die empirischen Befunde geben darüber Auskunft,

(1) unter welchen *Bedingungen*
  (für welche Produkte, Kaufsituationen usw.)

(2) aus welchen *Gründen*
  (Alter, wahrgenommenes Risiko usw.)

Produkttreue (Markentreue) zu erwarten ist. Die Trennung in Bedingungen und Gründe ist natürlich eine Frage der Betrachtungsweise, beide Größen werden in den empirischen Untersuchungen als unabhängige Variablen benutzt.

Bedingungen der Markentreue: *Kroeber-Riel* und *Trommsdorff* (1973) führten mit den durch Befragung ermittelten Meßwerten für die Markentreue unterschiedlicher Güter (von Kaffee bis zu Kleidern) eine Faktorenanalyse durch um festzustellen, welche gemeinsamen Variablen „hinter" den gemessenen Werten für die Markentreue stehen. Die gewonnenen Faktoren konnten produktspezifisch interpretiert werden: Es gibt offensichtlich eine unterschiedliche Markentreue für folgende Produktgruppen:

- wenig markierte Güter des täglichen Bedarfs *(convenience goods)* geringe bis mittlere Markentreue
- stark markierte Güter des täglichen Bedarfs hohe Markentreue
- relativ selten gekaufte Gebrauchsgüter (*shopping* und *speciality goods*) geringe bis mittlere Markentreue.

Für die einzelnen Produkte ergeben sich allerdings ganz erhebliche Abweichungen (*Kroeber-Riel* und *Trommsdorff*, 1973, S. 66–68). Besonders beachtenswert ist, daß *starke Markenartikel* eine stereotype Beurteilung und Präferenz durch den Konsumenten und damit den gewohnheitsmäßigen Einkauf fördern.

---

[3] Meist wird dabei der Betrachtungszeitraum genau angegeben: innerhalb des letzten Monats, bei den letzten fünf Einkäufen usw.

Ein enger Zusammenhang besteht zwischen *Markentreue* und *Geschäfts-treue*. Die Koeffizienten für die Korrelation dieser beiden Größen schwanken zwischen 0,70 und 0,90. Sie können als gesichertes Ergebnis der empirischen Forschung gelten.[4]

Nach *Weinberg* (1981) gibt es Konsumenten mit unterschiedlich ausgeprägter Freude am Einkauf. Je weniger einkaufsgeneigt sie sind (wir können auch sagen, je weniger *kaufengagiert*), desto weniger Geschäfte suchen sie auf und um so produkttreuer sind sie. Dies bestätigt die im vorigen Kapitel formulierte Hypothese, daß größeres Kaufengagement (höheres Involvement beim Kaufen) dem habituellen Verhalten abträglich ist.

Gleichwohl ist es nicht möglich, die Korrelation zwischen Markentreue und Geschäftstreue generell so auszulegen, als ob die Geschäftstreue die Markentreue bestimmt. Es gibt Produkte, für die das zutrifft. Bei anderen Produkten geht die Beeinflussung in die andere Richtung (*Kroeber-Riel* und *Trommsdorff*, 1973, S. 74 f.). Ob Geschäftstreue und Markentreue von einer übergeordneten, intervenierenden Variablen „persönlichkeitsbedingtes Treueverhalten" abhängen, läßt sich (noch) nicht beantworten, da empirische Untersuchungen über die Beziehungen zwischen Produkt- und Geschäftstreue einerseits und dem Treueverhalten in anderen Lebensbereichen andererseits fehlen.

Zur **Erklärung** der Markentreue, die wie gesagt, nach Produktklassen zu differenzieren ist, wurden zahlreiche Hypothesen formuliert. Folgende scheinen einige Sicherheit zu bieten (*Kroeber-Riel* und *Trommsdorff*, 1973; *Weinberg*, 1977 a mit weiteren Erklärungen und Literaturhinweisen):

- Die Markentreue ist stärker bei *älteren* Personen. Diese gehen weniger Risiko ein und sind insgesamt weniger flexibel.
- Die Markentreue ist stärker, wenn der soziale *Status gering* ist. Das hat mehrere Gründe, nicht zuletzt das geringere Informationsverarbeitungsniveau weniger gebildeter Personen und ihre Unsicherheit beim Einkauf.
- Die Markentreue ist stärker, wenn ein *hohes Kaufrisiko* wahrgenommen wird. Die Konsumenten sind dann nach dem Leitsatz „keine Experimente" markentreu und vermeiden dadurch Risiko.
- Die Markentreue ist stärker, wenn der *Prestigewert* des Gutes hoch ist, das gilt vor allem für stark markierte Verbrauchsgüter (hier verhilft das Markenimage zu Prestige).

Nach den bereits beschriebenen Erklärungen der Low-Involvement-Theorie ist zu unterscheiden zwischen (1) Markentreue mit hohem Involvement, die auf starke emotionale Bindungen zu einer Marke zurückgeht, sowie (2) Markentreue mit niedrigem Involvement, die vorliegt, wenn Konsumenten weitgehend gleichgültig bei einer routinemäßigen und eingefahrenen Markenwahl bleiben (*Cushing* und *Douglas-Tate*, 1985, insb. S. 247 ff.).[5]

---

[4] Vgl. etwa *Kroeber-Riel* und *Trommsdorff* (1973, S. 61) sowie *Weinberg* (1977 a, S. 79) mit weiteren Literaturhinweisen.

[5] *Wiswede* (1992 a, S. 84) differenziert sechs Ebenen des Treueverhaltens: affektiv, kognitiv, habituell, risikomeidend, tradiert und sozial bedingt.

Die oben wiedergegebenen Ergebnisse über stärkere Markentreue bei höherem wahrgenommenen Kaufrisiko und bei prestigeträchtigen Gütern weisen auf involviertes Verhalten hin.

Folgerungen für das **Marketing:** In Zeiten zunehmender Sättigung auf vielen Märkten rücken Überlegungen zur langfristigen Sicherung der Marktanteile stärker in den Vordergrund. Die Praxis bestätigt die Relevanz dieses absatzpolitischen Zieles: Viele Unternehmen bemühen sich verstärkt um die Stabilisierung ihrer Umsätze durch eine Politik der Kundenerhaltung.

Der *verhaltensstabilisierende* Einfluß einer auf Stammkunden abzielenden Marketingpolitik wurde häufig untersucht (vgl. z. B. *Prakash,* 1992). *Nachdem* man bei den Versuchspersonen markentreues Verhalten etabliert hatte, versuchte man, ihr Kaufverhalten durch absatzpolitische Maßnahmen zu *beeinflussen:* durch Sonderpreise, Werbung, veränderte Verfügbarkeit des Produktes und Einführung einer neuen Marke.

Diese Maßnahmen zeigten zwar kurzfristige Erfolge, aber: *keiner* der Marketingstimuli, die während der Experimente eingeführt wurden, hatte beachtenswerte *Nachwirkungen.* Solche lediglich kurzfristigen Wirkungen von Marketingaktivitäten auf das gewohnheitsmäßige Kaufverhalten wurden auch von *Parfitt* und *Collins* (1972, S. 193 ff.) herausgefunden. Sie weisen darauf hin, daß der Konsument bei routinemäßigem Verhalten zwar die Angebotsbedingungen beachtet und bereit ist, vorübergehend auf ein anderes Produkt überzugehen. Er kehrt aber schnell wieder zur gewohnten Marke zurück, wenn die Sonderaktionen nachlassen.

Prognosen: Die Stabilität des markentreuen Verhaltens ist auch die Grundlage für leistungsfähige *Prognosemethoden,* vor allem, wenn der Markterfolg einer neuen Marke eingeschätzt werden soll.

Der Markterfolg einer neuen Marke hängt im wesentlichen von drei Größen ab:

(1) von der *„Marktdurchdringung",*
   das ist eine Größe, die angibt, wieviel Erstkäufer die neue Marke gewinnen konnte;
(2) von der *„Wiederholungskaufrate",*
   diese Größe zeigt an, in welchem Ausmaß die gewonnenen Käufer die Marke wieder kaufen und damit die Gewähr für einen dauerhaften Umsatz bieten;
(3) vom *„Kaufvolumen",*
   diese Größe gibt den Marktanteil der Marke an.

Mißt man in verschiedenen zeitlichen Abständen nach der Markteinführung diese Größen, so erfährt man die entscheidenden *Ursachen* für den *Umsatz.* Durch *Extrapolation* dieser ursächlichen Größen kann man den zukünftigen Umsatz (Markterfolg) mit viel größerer Sicherheit voraussagen als durch eine direkte und einfache Extrapolation der Umsätze (*Kroeber-Riel* und *Roloff,* 1972).

Dieses empirisch fundierte Verfahren zur Voraussage des zukünftigen Markterfolges wird u. a. durch das Modell von *Parfitt* und *Collins* (1972) wiedergegeben, das auch in der Praxis, so bei *Henkel* in Düsseldorf, sowohl im Rahmen der Analyse von Daten des Haushaltspanels als auch als abgeleitete Anwendung im Rahmen von Testmarktsimulationsmodellen (z. B. das TESI-Modell der GfK), Verwendung findet (lt. *Henkel*-Mitteilung 1994). Das *IVE-Institut* in Hamburg bietet ebenfalls einen Markttest an, der auf diesem Verfahren beruht (*IVE*-Pre-Test-Markt).

Verbraucherpolitisch bietet die auf Markentreue abgestimmte Marketingpolitik wenig Probleme. Beachtenswert ist die mit Markentreue verbundene Zufriedenheit der Konsumenten, ihre durchgehende Sicherheit, die richtige Marke gewählt zu haben (*Kroeber-Riel* und *Trommsdorff*, 1973, S. 72f.). Diese subjektiven Wirkungen der Markentreue sind nur dann Ansatzpunkt für verbraucherpolitische Überlegungen, wenn diese Zufriedenheit den Konsum von schädlichen Produkten stabilisiert.

Anders sieht es beim *impulsiven* Kaufverhalten aus. Die Tatsache, daß dieses Verhalten automatisch abläuft und den Konsumenten in der Kaufsituation zu unüberlegten und nicht vorgesehenen Käufen hinreißt, birgt erhebliche verbraucherpolitische Probleme.

2. Impulsives Entscheidungsverhalten

Oft genannt und wenig untersucht wird das impulsive Verhalten des Konsumenten.

> Impulsives Verhalten ist ein unmittelbar *reizgesteuertes* (reaktives) Entscheidungsverhalten, das in der Regel von Emotionen begleitet wird.

Der Konsument reagiert weitgehend automatisch: Er wählt das Produkt ohne weiteres Nachdenken, einfach deswegen, weil es ihm gefällt, seinen besonderen Vorlieben entspricht.

a) Das Konzept der Impulsivität

Hinter der sprachlichen Vielfalt steckt die Vorstellung von einer Entscheidung, die weder rational – wie extensive Entscheidungen – noch gewohnheitsmäßig – wie habitualisierte Entscheidungen – gefällt wird. Es handelt sich also um ein Entscheidungsverhalten, für dessen Charakterisierung das Ausmaß der kognitiven Steuerung allein nicht ausreicht.

Impulskauf als ein ungeplanter Kauf

Historisch kommt der Definition von Impulskäufen auf der Basis ungeplanter Käufe eine überragende Bedeutung zu. Danach stellen Impulskäufe die Differenz zwischen tatsächlich getätigten und vorher geplanten Käufen dar. Diese Definition überwiegt in der amerikanischen Literatur.[1]

---

[1] Vgl. beispielsweise *Iyer* (1989) sowie die zitierten US-Lehrbücher zum „Consumer Behavior".

Ungeplante Käufe, also solche, über die am Ort des Verkaufs erst entschieden wird, sind relativ früh und ausführlich untersucht worden, z. B. von *Du Pont* in den Jahren 1949–1965. Es wurde mehrfach bestätigt, daß Kaufentscheidungen, die durch die Präsentation der Ware am Verkaufsort ausgelöst werden, von großer Bedeutung sind, vor allem seit der Möglichkeit der Selbstbedienung. Die Gleichsetzung von Impulskäufen mit ungeplanten Käufen dient besonders sortimentspolitischen Empfehlungen für den Handel, weniger der verhaltenswissenschaftlichen Erklärung des Zustandekommens dieser Kaufentscheidungen.

Abgrenzung von anderen Verhaltensweisen: Wir sehen von anderen impulsiven Verhaltensweisen wie der impulsiven Informationssuche oder der impulsiven Wahl eines Geschäftes ab und konzentrieren uns auf die impulsive Wahl eines Produktes. Einer in der Konsumentenforschung verbreiteten Einteilung von *Stern* (1962, S. 59 f.) zufolge, hat man hier zwei impulsive *Kaufhandlungen* auseinanderzuhalten:

- *Erinnerungsgesteuerte* Impulskäufe liegen dann vor, wenn in der Kaufsituation ein Bedarf festgestellt wird, der nicht mehr bewußt war. Diese Definition knüpft ebenfalls an dem Planungsmangel an, unterstellt aber, daß es sich um latente Kognitionen handelt.

- *Geplante* Impulskäufe liegen dann vor, wenn der Konsument a priori bereit ist, situativen Einflüssen spontan nachzugeben. Das kann z. B. der Fall sein, wenn man günstige Sonderangebote ausnutzen will oder wenn man sich einfach „verführen" lassen möchte.

Diese Beispiele zeigen bereits die Tendenz, beschränkt rationale Wahlhandlungen bei der Definition des Impulskaufes zuzulassen. Sie belegen auch, daß es nicht zweckmäßig ist, Impulskäufe nur über ihre kognitive Steuerbarkeit zu definieren.

Impulsivität als ein psychischer Prozeß

Frühzeitig wurde die ausschließliche Verankerung des Begriffes „Impulskauf" am Planungsprozeß und am Ort der Kaufentscheidung kritisiert. Vor allem vermißte man die Analyse der am Impulskauf beteiligten *psychischen* Prozesse des Konsumenten, die auf affektive, kognitive und reaktive Teilprozesse zurückgeführt werden können.

Dahlhoff (1979, S. 22 f.) folgert aus empirischen Untersuchungen zum Impulsverhalten von Konsumenten, daß die Gleichsetzung von Impulskauf mit ungeplantem Kauf unzweckmäßig sei. Er schlägt vor, unter Impulskauf eine relativ *schnelle Kaufhandlung* einer Person am Ort des Einkaufs bei vorheriger Wahrnehmung des Kaufobjektes zu verstehen. Dazu ist eine vollkommen bewußte kognitive Steuerung nicht notwendig. Impulskäufe vollziehen sich plötzlich durch spontane Realisierung wahrgenommener Bedürfnisse. Offensichtlich überwiegen *affektive* (emotionale) Prozesse in der Kaufentscheidung.

Stern (1962, S. 59 f.) erweitert seine Klassifikation von Impulskäufen um zwei weitere Arten, bei denen *affektive* und *kognitive* Variablen angesprochen werden (getestet von *Han*, 1991):

● *Reine* Impulskäufe liegen dann vor, wenn spontan und emotionalisiert neue Kauferfahrungen gesammelt werden. Ein solches Kaufverhalten unterstellt Bedingungen (wie z. B. ein neues Produkt oder eine unbekannte Kaufsituation), die habitualisierte Teilentscheidungen beeinträchtigen.

● Impulskäufe durch *Überredung* liegen dann vor, wenn ein Erstkauf mit argumentativer Unterstützung von verkaufender Seite zustande kommt. Bei diesem Kauf spielen Bedürfnisse und gedankliche Prozesse eine Rolle, und die Abgrenzung zu rationalen Kaufentscheidungen ist schwierig.

Inwieweit *Persönlichkeitsmerkmale* geeignet sind, Impulskäufer zu charakterisieren, ist umstritten. Man kann vermuten, daß extrovertierte Konsumenten impulsiver einkaufen als introvertierte Konsumenten. Persönlichkeitsmerkmale können aber nur Verhaltenstendenzen angeben, da das aktuelle Verhalten weitgehend von situativen Variablen abhängt.

Menschliche Neigungen zum impulsiven Verhalten erkennt man bei folgenden Charakterisierungen:

● aktiv handelnde „Feeler" (*Zaichkowsky*, 1987),

● sensualistische Konsumenten (*Gröppel*, 1991),

● „Recreational Shoppers" (*Bellenger* und *Korgaonkar*, 1980).

Diese Persönlichkeitstypen präferieren Shopping aus Spaß und Vergnügen und neigen zu Impulskäufen. Ihre Erfassung erfolgt über die wahrgenommene Selbsteinschätzung.

Nach *Rook* (1987) lassen sich Impulskäufe charakterisieren durch:

● spontanes Handlungsbedürfnis,

● psychisches Ungleichgewicht,

● motivationale Konflikte,

● geringe kognitive Beteiligung (aber nicht gedankenlos),

● schwache Antizipation der Handlungskonsequenzen.

Nach seinen mittels Tiefeninterviews gefolgerten Ergebnissen fühlen sich Impulskäufer erregt, bei ihnen dominieren hedonistische bzw. konfliktäre Gefühle, und Impulskäufe lösen *starkes Involvement*, manchmal auch Nachkaufdissonanzen aus.

Eine definitorische Variante, die weder umgangssprachlichen Konventionen noch bewährten Meßkonzepten entspricht, stammt von *Trommsdorff* (1993, S. 290 f.): Danach sind Impulskäufer überhaupt nicht involviert, aber stark aktiviert (emotionalisiert). Sie lassen sich festmachen bei Spaß/Erregung, Zeitdruck/Streß und an einer Konfliktvermeidung beim Einkauf. Bereits diese „Arten des Impulskaufverhaltens" (S. 295) offenbaren die Schwierigkeit, Fälle von Aktivierung (Emotionalisierung) ohne Informationsverarbeitung (Involvement) nachzuweisen. Meßkonzepte mit kategorialen Anforderungen führen offenbar zu keiner praktikablen Definition impulsiven Entscheidungsverhaltens.

Definition impulsiver Kaufentscheidungen

Weinberg (1981, 1982) definiert Impulskäufe durch folgende Merkmale:

● *emotional:* affektive Aufladung des Konsumenten, das heißt starke Aktivierung;

● *kognitiv:* sehr geringe gedankliche Kontrolle des Entscheidungsverhaltens;

● *reaktiv:* weitgehend automatisches Reagieren auf eine Kaufsituation.

Danach umfassen impulsive Kaufentscheidungen auch „ungeplante" (unüberlegte) Entscheidungen, aber nicht jeder ungeplante Kauf wird impulsiv entschieden. Weinberg unterscheidet außerdem den impulsiven inneren *Entschluß,* ein bestimmtes Produkt zu kaufen, vom impulsiv ablaufenden *Kaufverhalten.* Es ist ja durchaus möglich, daß ein Konsument eine impulsive Auswahlentscheidung fällt, diese aber erst später oder gar nicht in Kaufverhalten umsetzt (*Weinberg,* 1981, S. 165).

Eine hervorragende Rolle für Impulskäufe niedrigwertiger Produkte spielen die am Ort des Verkaufs dargebotenen Reize mit starkem Aktivierungspotential (vgl. *Piron,* 1991). Beispiele: atmosphärische Reize wie Wühltische, stimulierende Musik, größere Einkaufwagen, denen man einen „Kaufsog" nachsagt, die aktivierende Gestaltung der Produkte selbst, ihre Plazierung, der Aufforderungscharakter von Displaymaterial, Schaufenster usw. – das sind typische Reizkonstellationen, die Impulskäufe fördern (vgl. dazu auch *Abbildung 90*).

Aufgrund der geringen Forschungsarbeit auf diesem Gebiet ist die Praxis mit ihren Erfahrungen, wie man Kunden zum impulsiven Kaufen anleitet, ausnahmsweise einmal der Konsumentenforschung voraus. Und das scheint vorläufig auch so zu bleiben, weil sich die gegenwärtige Forschung fast ausschließlich der kognitiven Psychologie zuwendet und das bewußte Entscheidungsverhalten der Konsumenten untersucht. Impulskäufe lassen sich aber *nur* erklären, wenn man sich auf die *Emotionen* und Motive des Konsumenten am Ort des Verkaufs besinnt. Den Untersuchungsrahmen könnten aktivierungstheoretische Ansätze sowie neuere Ansätze über das emotionale Involvement bieten.

b) Entstehung impulsiver Entscheidungen

Es ist zweckmäßig zu differenzieren zwischen

● Impulsivität als Folge der Reizsituation und

● Impulsivität als Folge psychischer Prozesse (z. B. Konflikte und Dissonanzen).

Für die theoretische Erklärung des Impulsverhaltens ist zu fragen: Wie kommt es zu den emotionalen und kognitiven Vorgängen, die das impulsive Verhalten determinieren? Welche Rolle spielt dabei die Reizsituation, die für die Auslösung des impulsiven Verhaltens verantwortlich ist?

Abbildung 90: Förderung der Impulskäufe durch Schaufenstergestaltung

Die emotionale „Aufladung" des Konsumenten kann direkt durch die stimulierenden Reize einer Situation erfolgen, sie kann aber auch das Ergebnis von motivationalen Vorgängen, insbesondere von Konflikten, sein. Nach *Weinberg* (1981) ist das impulsive Verhalten nicht selten eine Folge von Konflikten, die bei (extensiven) Auswahlentscheidungen auftreten.

Das ist beispielsweise der Fall, wenn der Konsument impulsiv auf ein *Ersatzprodukt* ausweicht, um einem Ambivalenzkonflikt bei der Entscheidung über zwei andere Alternativen zu entgehen (vgl. dazu Kap. B. IV. 3.). Auch bei Nachkaufdissonanzen können impulsive Entscheidungen festgestellt werden. Das ist beispielsweise dann der Fall, wenn rationale Konfliktlösungen nicht ausreichen und eine emotionale Aufladung zu einer spontanen Beendigung des dissonanten Zustandes führt.

c) Erfassung impulsiver Entscheidungen

Das impulsive Verhalten kann zunächst einmal durch Befragungen ermittelt werden, in denen die Konsumenten über ihre mit Impulskäufen verbundenen Erlebnisse berichten (*Rook*, 1987, vgl. auch *Abbildung 91*).[2]

Produktgruppe	% Bevölkerung
Kleidung	45
Blumen	38
Schuhe	30
Bücher	28
Spirituosen	17
Autozubehör	15
Spielsachen	10

Abbildung 91: Impulsives Kaufverhalten nach Produkten

Anmerkung: Ermittelt durch die einfache Frage: „Ist hier auf der Liste etwas dabei, was Sie öfter mal ganz spontan kaufen...?" Nennungen in % der Bevölkerung (14 Jahre und älter). N = zwischen 600 und 1775 je nach Produktgruppe.

Quelle: Spiegel-Dokumentation: „Persönlichkeitsstärke" (1983, S. 327, 441).

Bei genauerer Analyse wird man sowohl die affektive Aufladung des Verhaltens als auch die geringe kognitive Kontrolle erfassen. Wie *Weinberg* (1981) und *Dahlhoff* (1979) nachgewiesen haben, sind die Konsumenten unter bestimmten Bedingungen durchaus in der Lage, über ihr impulsives Verhalten und die damit verbundenen inneren Vorgänge Auskunft zu geben.[3]

Die für impulsives Verhalten typische emotionale Aufladung kann man auch psychobiologisch oder über Beobachtungen messen.

Letzteres hat *Weinberg* versucht: Er registrierte in einer experimentell kontrollierten Kaufsituation (Verkauf von Aufklebern) an einem Stand auf dem

---

[2] Zu den Meßverfahren für das impulsive Verhalten vgl. die Ansätze von *Dahlhoff* (1979); *von Rosenstiel* und *Ewald* (1979, Bd. I) und von *Weinberg* (1981).
[3] Die Messung der geringen kognitiven Kontrolle stellt ein besonderes Problem dar. *Kroeber-Riel* (1984a) schlägt dafür besondere Methoden der „Impulsmessung" vor.

Universitätsgelände den Gesichtsausdruck der studentischen Konsumenten. Die zum Verkauf angebotenen Aufkleber enthielten provokative und aufregende Merksprüche, ihr hohes Aktivierungspotential stimulierte die Studenten zu impulsivem (Kauf-)Verhalten. Aufgrund der Interpretation des Gesichtsausdrucks war es möglich, „Impulskäufer in ihrer Mimik signifikant von Nicht-Käufern zu unterscheiden" (*Weinberg*, 1981, S. 195).

In zahlreichen Erhebungen wird das Impulsverhalten durch die in einem Geschäft durchgeführten und *nicht geplanten* Käufe ermittelt, und zwar nach folgendem experimentellen Design: Vor dem Einkauf werden die vom Konsumenten vorgesehenen bzw. geplanten Käufe durch Befragung gemessen. Die Differenz zwischen diesen Käufen und den im Geschäft registrierten tatsächlichen Käufen wird als Impulskauf angesehen. Dabei werden die beiden Bezugsgrößen durch getrennte Stichproben festgestellt (vgl. zu einem Test für getrennte Stichproben *Cobb* und *Hoyer*, 1986).

Selbst wenn man davon ausgeht, daß tatsächlich das „wahre" *ungeplante* Kaufverhalten ermittelt worden wäre, so kann man dieses doch nicht annähernd mit dem Impulsverhalten im oben definierten Sinne gleichsetzen. Die ungeplanten Käufe umfassen neben dem durch die Einkaufssituation *ausgelösten* und weitgehend automatisch ablaufenden Impulsverhalten auch noch die durch die Einkaufssituation lediglich *angestoßenen* gewohnheitsmäßigen und entscheidungsgesteuerten Verhaltensweisen.

Aufgrund der benutzten Erhebungsmethoden ist es zur Zeit kaum möglich, Umfang und Bedingungen des impulsiven Kaufens genauer anzugeben.

Es wird geschätzt, daß 40–50 % der Käufe nicht geplante Käufe sind. Die echten Impulskäufe dürften 10–20 % ausmachen.

Die *persönlichen* Unterschiede, die das Impulsverhalten bestimmen, sind von besonderem Interesse. Es ist anzunehmen, daß das Alter ins Gewicht fällt. Jüngere Leute mit geringerer kognitiver Verhaltenskontrolle werden mehr zu Impulskäufen neigen als Konsumenten mittleren Alters und ältere Leute, die mehr zu Gewohnheitsverhalten neigen.

Bei der Erklärung des impulsiven Verhaltens können darüber hinaus Untersuchungen über das situative Verhalten weiterhelfen, denn es ist ja das unmittelbare Reagieren auf eine *Reizsituation*, die den Impulskauf kennzeichnet.

Einen erheblichen Einfluß üben insbesondere der Geschäftstyp,[4] in dem jeweils eingekauft wird, und die damit verbundenen (mehr oder weniger stimulierenden) Produktpräsentationen aus. Sie müßten in den empirischen Erhebungen genauer kontrolliert werden.[5]

---

[4] Damit hängt das Ergebnis zusammen, daß für unterschiedliche Geschäftstypen stark abweichende Impulskäufe festgestellt wurden (nach *Engel, Kollat* et al. (1993).
[5] Die Praxis kennt „Impulsartikel" in Abhängigkeit von der Plazierung im Geschäft, vgl. *Weinberg* (1986b).

Zum impulsiven Entscheidungsverhalten verbleiben folgende *Forschungsdefizite:*

● Wie läßt sich der Definitionskern von „Impulsivität" valide operationalisieren?

● Wie lassen sich impulsive Entscheidungen von impulsiven Handlungen (z. B. Käufen) abgrenzen?

● Wie sieht ein valides Meßkonzept für Impulsivität aus?

Dritter Teil

Umweltdeterminanten des Konsumentenverhaltens

A. Das System der Umweltvariablen: Erfahrungsumwelt und Medienumwelt

Die Umwelt des Menschen, die er umittelbar erlebt, besteht aus allen Gegenständen, die sich im Wahrnehmungsbereich menschlicher Sinne befinden. Es ist zweckmäßig, diese „Erfahrungsumwelt" einzuteilen in

● die physische Umwelt,
● die soziale Umwelt.

Zur *physischen* Umwelt zählen wir die natürliche Umwelt wie Landschaft, Klima und die vom Menschen geschaffene Umwelt wie Gebäude, Läden, Brücken usw. Zur *sozialen* Umwelt gehören die Menschen, ihre Interaktionen und die zur menschlichen Interaktion dienenden Organisationen, Werte und Normen. Man kann zur sozialen Umwelt auch die Tiere, vor allem die Haustiere, rechnen.[1]

Die Wirkungen der Umwelt auf den einzelnen hängen wesentlich davon ab, ob er in häufigen persönlichen Beziehungen zur Umwelt steht oder ob er nur ab und zu eher distanzierte Kontakte dazu hat. Das führt zur Unterscheidung der sozialen Umwelt in

● nähere Umwelt und
● weitere Umwelt.

Die *nähere* Umwelt umfaßt zum Beispiel das Büro, in dem wir arbeiten, oder die Freunde, mit denen wir leben. Die *weitere* Umwelt umfaßt z. B. Landschaften oder Vereine, denen wir angehören.

Noch eine weitere Unterscheidung ist wichtig: Wir kommen mit der Umwelt oft nicht direkt in Beziehung; viele Umwelteindrücke werden vielmehr durch Medien vermittelt.

Danach gliedern wir in

● Erfahrungsumwelt,
  das ist die Umwelt, die wir durch *direkte* Kontakte wahrnehmen;
● Medienumwelt,
  das ist die Umwelt, die uns *indirekt* durch Medien vermittelt wird.

Man kann auch von „Erfahrungswirklichkeit" und „Medienwirklichkeit" sprechen. Damit will man sagen, daß beide Umwelten für den Konsumenten „wirklich" sind, sein Verhalten bestimmen und manchmal nicht auseinandergehalten werden können.[2]

---

[1] Diese Einteilung kann auch zu mehrfachen Zurechnungen führen. Ein Gebäude (Museum) kann einerseits der physischen Umwelt zugerechnet werden, andererseits der sozialen Umwelt, da es eine kulturelle Institution repräsentiert.
[2] Beide bilden die „Erlebniswirklichkeit" des Menschen.

Danach kommen wir zu der in *Abbildung 92* wiedergegebenen Grobgliederung der Umweltvariablen:

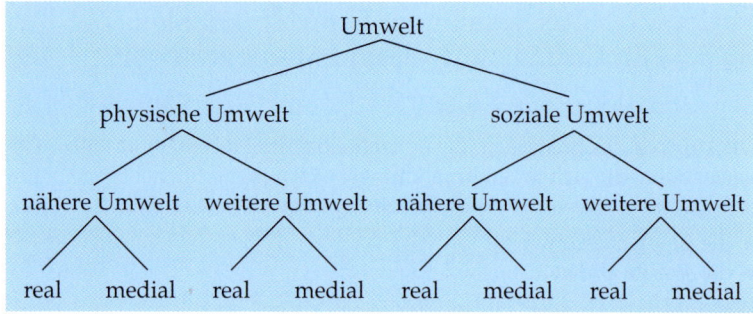

Abbildung 92: Das System der Umweltvariablen

Die Einschaltung von Medien verändert die Wahrnehmung mehr oder weniger stark, sie bestimmt maßgebend, welche Umwelteindrücke entstehen und wie diese wirken. Nachfolgend bringen wir noch einige Beispiele, um die durch Medien vermittelte Umwelt zu verdeutlichen:

Die persönlichen Beziehungen zur näheren sozialen Umwelt (Freunde, Kollegen) werden oft mittels Telefon oder Telefax abgewickelt. Durch Einschaltung dieser Medien fehlen wesentliche Ausdrucksmittel der nonverbalen Kommunikation, die bei direktem Kontakt den Kommunikationsfluß regeln und die Kommunikationswirkung mitbestimmen.

Die weitere physische und soziale Umwelt wird den Konsumenten überwiegend durch die Massenmedien erschlossen. Die Wahrnehmung der Umwelt hängt also davon ab, wie sie in den Medien präsentiert wird, z. B. wie Demonstrationen ins Bild kommen oder wie über eine Naturkatastrophe berichtet wird.

Die im Gedächtnis gespeicherten Umwelteindrücke werden mal mehr, mal weniger durch direkte Erfahrungen geprägt. Beispiele: Die Vorstellungen der deutschen Bevölkerung vom Golfkrieg wurden fast vollständig durch die Information des Fernsehens geprägt („Krieg als Medienereignis"), dagegen gehen Kenntnisse über die Familie überwiegend auf persönliche Erfahrung zurück, zusätzlich auf schriftliche und mündliche Überlieferungen.

Das, was die Konsumenten über ein Produkt oder eine Dienstleistung wissen, wird ebenfalls durch das Zusammenspiel von Medien (Werbung) sowie Einkaufs- und Konsumerfahrungen bestimmt. In einer empirischen Studie wurde zum Beispiel folgendes ermittelt:

Zu Vorstellungen über eine Genußmittelmarke gehören auch konkrete visuelle Vorstellungen von der Marke (Gedächtnisbilder); 40 % dieser Vorstellungen kommen durch Eindrücke über das Produkt und seine Verpackung zustande (direkte Erfahrung), 51 % durch die Werbung.[3]

---

[3] Vgl. im einzelnen *Kroeber-Riel* (1993b, S. 255).

Winterhoff-Spurk (1989) und auch andere Autoren haben Gedächtnismodelle entwickelt, die diese Herkunft der Vorstellungen aus direkter Erfahrung und Medienerfahrung berücksichtigen. Das Gedächtnismodell weist drei Langzeit-Speicher auf:

(1) durch Erfahrungen erworbenes Wissen über die reale Umwelt.

(2) durch Medien vermitteltes Wissen über die reale Umwelt.

(3) Wissen über irreale Umwelten.

Erwachsene können das Wissen aus den drei Speichern weitgehend auseinanderhalten.[4] Jüngere Kinder sind dazu jedoch noch nicht in der Lage. Sie erleben alle Umwelteindrücke wie reale, persönlich gemachte Erfahrungen. Das heißt: Auch die durch Medien vermittelte Umwelt wird zunächst als Realität interpretiert.

Die gedankliche Trennung zwischen

● direkter und medialer Erfahrung,
● realer und irrealer Umwelt

löst sich aber nicht selten auf. Die durch Medien erfahrene Umwelt kann auch wie eine persönliche Erfahrung wahrgenommen werden. Ein Medieneindruck kann noch intensiver und „realer als die Realität" erlebt werden (*Elsner, Gumbrecht* et al., 1994, S. 184ff.).[5]

Das gilt vor allem für die sinnlich eindrucksstarken Inszenierungen des Fernsehens. Es ist zu erwarten, daß die weitere Entwicklung der Technik wie die Einführung des hochauflösenden Fernsehens (HDTV) oder die Umweltsimulation durch Computer (Cyber-Space) zu einer weiteren Auflösung der Grenzen zwischen realer Erfahrung und Medienerfahrung führen wird. In zunehmendem Maße wird es auch dem Benutzer von audiovisuellen Medien schwer gemacht, reale und irreale Umwelt auseinanderzuhalten. Das gilt u. a. für die sogenannten „Reality-Sendungen" des Fernsehens.

Da der persönliche Erfahrungshorizont beschränkt ist, jedoch anschauliche Erfahrungen einen besonders starken Einfluß auf das Verhalten haben, bekommen Wahrnehmungs- und Entscheidungsverhalten oft irrationale Züge. Risiken werden aufgrund persönlicher Erfahrung oft über- oder unterschätzt und gegen (bessere) statistische Einsicht in das Entscheidungskalkül einbezogen. Anschauliche Einzelerlebnisse bestimmen also Entscheidungen, die nach vorliegenden Erkenntnissen über die Alternativen anders getroffen werden müßten.

Ein einfaches Beispiel für die Beeinflussung der Wahrnehmung aufgrund der Erfahrungsumwelt: Die persönliche Erfahrung des Autofahrers führt zur Unterschätzung der Risiken beim Autofahren und dazu, daß 90 % der Autofahrer ihre Fahrqualität besser als den Durchschnitt einschätzen (obwohl sie die durch Medien vermittelte Risikostatistik kennen).[6]

---

[4] Dazu dienen im Gedächtnis gespeicherte Kontextinformationen.
[5] Vgl. dazu auch *Kruse* und *Stadler* (1994, S. 39).
[6] Nach *Winterhoff-Spurk* (1989, S. 122).

Andererseits fehlen oft direkte Erfahrungen mit der Umwelt, insbesondere mit der weiteren physischen und sozialen Umwelt. Das Medium wird dann zum „Erfahrungshorizont" (*Elsner, Gumbrecht* et al., 1994, S. 187). Einstellung und Verhalten werden also nicht nur von den eigenen Erfahrungen bestimmt. Das Verhalten wird auch von der Medienumwelt geprägt.

Bei der Erklärung und Beeinflussung des Konsumentenverhaltens ist deswegen stets die grundlegende Frage zu stellen, wie das Erfahrungswissen oder Medienwissen der Konsumenten aussieht. Sozialtechnisch ausgedrückt: Wie vermittelt man das Wissen über die Umwelt, um das Verhalten zu beeinflussen?

> Die Medienumwelt wird dominant. Dadurch entstehen neue Lebenswelten, die das Individuum und seine Umwelt prägen.

Es sitzen vermutlich mehr Menschen vor Bildschirmen und sehen medial vermittelte Welten, als „nach draußen" zu gehen, um die Wirklichkeit unmittelbar zu erleben. Nach den vorliegenden Erkenntnissen besteht weitgehende Übereinstimmung darüber, daß die Medien die Umweltwahrnehmung in zunehmendem Maße bestimmen und neue Muster für menschliches Erleben liefern.[7]

Das Fernsehen ist also zum Leitmedium geworden: Die neuen Verhaltensmuster werden vom Fernsehen in besonderer Weise geprägt. Die Bildkommunikation bietet wirksame Möglichkeiten, irreale Erlebniswelten zu schaffen, z. B. in den Weltraum aufzubrechen, am Krieg der Sterne teilzunehmen, auf Inseln Abenteuer zu erleben usw.

Diese Medienumwelten werden auch zu einem Aufbruch im Marketing führen, zu einem Aufbruch in emotionale Welten der Sehnsüchte und Träume, die weit über die bisher für Produkte und Dienstleistungen realisierten Eindrücke hinausgehen.[8]

---

[7] Vgl. dazu *Merten* (1994, S. 154 ff.); *Elsner, Gumbrecht* et al. (1994, S. 188 ff.).
[8] Im einzelnen *Kroeber-Riel* (1989, S. 260 ff.).

B. Die Erfahrungsumwelt der Konsumenten: Direkte Umwelterfahrungen

I. Die physische Umwelt der Konsumenten

1. Kurze umweltpsychologische Einführung

Die Umweltpsychologie ist eine Richtung der Psychologie, die sich in den 70er Jahren entwickelt hat.[1] Sie knüpft an die Einsicht an, daß *Mensch* und *Umwelt* in einer „dynamischen *Wechselbeziehung*" stehen (*Ittelson, Proshansky* et al., 1977, S. 17).

Diese Einsicht wird durch die programmatische Formel V = f (P, U) – das Verhalten ist eine Funktion von Person und Umwelt – zum Ausdruck gebracht, die auf die feldtheoretischen Arbeiten von *Lewin* zurückgeht.[2] Wenngleich *Lewin* und andere frühere Sozialpsychologen den *Umweltbegriff* explizit nicht auf die soziale Umwelt beschränkten und theoretisch auch die physische Umwelt einbezogen, so wurden doch die Beziehungen zwischen Mensch und physischer Umwelt (Landschaften, Straßen, Gebäude, Einrichtungsgegenstände usw.) in der bisherigen sozialpsychologischen Forschung „weitgehend vernachlässigt" (*Brandstätter,* 1983, S. 48). Im Mittelpunkt standen stets der Mensch und die von ihm geschaffenen sozialen Beziehungen.

> Die Umweltpsychologie fragt in erster Linie nach den Wechselwirkungen zwischen Mensch und physischer (materieller) Umwelt. Sie ergänzt dadurch die Untersuchung der sozialen Umweltdeterminanten.

Jede einseitige und eingeengte Sicht der Umwelt ist ein analytischer Notbehelf: Es sollte kein Zweifel daran bestehen, daß „materielle Umwelt" und „soziale Umwelt" nur auf spezifische Beziehungen zwischen dem einzelnen und seiner Umwelt hinweisen und daß es eigentlich nur *eine* „Gesamtumwelt" gibt (*Ittelson, Proshansky* et al., 1977, S. 125).

---

[1] Die Etablierung der Umweltpsychologie spiegelt sich in der 1981 erfolgten Gründung des *Journal of Environmental Psychology* wider. Deutschsprachige Einführungen in die Umweltpsychologie bieten *Mehrabian* (1978, in gekürzter Fassung neu als Taschenbuch 1987), sowie *Mogel* (1984). Ein ausgezeichneter Übersichtsartikel stammt von *Russell* und *Ward* (1982), die zu den prominenten Vertretern der Umweltpsychologie gehören. Ein umfassendes zweibändiges Handbuch von *Stokols* und *Altman* erschien 1991. Umweltpsychologie wird auch ökologische Psychologie genannt. Zur Geschichte dieses Forschungsgebietes vgl. *Miller* (1984); als reichhaltiges Nachschlagewerk: *Kruse, Graumann* et al. (1990).

[2] Zur Entwicklung der Formel V = f (P, U) in der Feldtheorie von *Lewin* vgl. im einzelnen Kapitel II. Zur Benutzung der Formel in der Umweltpsychologie: *Russell* und *Ward* (1982, S. 652 ff.).

Die Formulierung einer „Wechselbeziehung zwischen Mensch und Umwelt" drückt aus, daß die Umwelt zugleich als unabhängige und als abhängige Variable zu sehen ist.

● Als *unabhängige* Variable weist sie auf den Einfluß der physischen Umwelt auf das Verhalten hin.

● Als *abhängige* Variable weist sie auf die Gestaltung (den Gebrauch) der Umwelt im Dienste des menschlichen Verhaltens hin.

Die vorwiegend normativ geführte ökologische Diskussion führt uns die komplexen Wechselwirkungen vor Augen: die Verschmutzung und Schädigung der Umwelt (abhängige Variable) durch den Menschen und die Auswirkungen dieser Umwelt (unabhängige Variable) auf den Menschen. Die rasch wachsende Umweltpsychologie bietet wesentliche Ansatzpunkte, um sich mit dieser Problematik auseinanderzusetzen und sozialtechnische Lösungswege zu erarbeiten (vgl. dazu u. a. *Eulefeld,* 1990; und *Spieker,* 1990).

Wir wenden uns nachfolgend vor allem der Umweltgestaltung und ihrem Einfluß auf das Konsumentenverhalten im kommerziellen Bereich zu. Dazu ist von folgenden Annahmen auszugehen:

Die physische Umwelt löst konsistente, über zeitliche und räumliche Einzelsituationen hinausgehende Verhaltenweisen aus. Sie wirkt aufgrund ihrer physischen Reizattribute (Farbe, Beleuchtung, Geruch usw.) *und* ihrer symbolischen Bedeutung. So wirkt zum Beispiel ein Kornfeld auf den Betrachter nicht nur durch seine Größe, Form, Lage usw., sondern auch durch seine Bedeutung, Rohstoff für das „tägliche Brot" zu liefern oder den Reichtum seines Eigentümers anzuzeigen.

Das Reagieren auf Umweltsituationen ist vorwiegend gelernt, es kann aber auch auf ererbte Prädispositionen zurückgehen. Entscheidend für die Reaktionen des Individuums ist seine subjektive Wahrnehmung. Sie ist von den Motiven und vom Wissen abhängig, die vom Individuum in einer bestimmten Umweltsituation aktiviert werden.

Bei der Formulierung von Gesetzmäßigkeiten zur Mensch-Umwelt-Beziehung hat man demzufolge auf der einen Seite die Merkmale der Umweltsituation, auf der anderen Seite persönliche Merkmale des Individuums in Betracht zu ziehen.

Bevorzugtes Thema der Umweltpsychologie ist die Abhängigkeit des menschlichen Verhaltens von der physischen Umgebung, die durch Wohnungen, Fabriken, Büros, Schulen, Geschäfte, Gefängnisse und Verkehrsmittel geschaffen wird. Dabei spielt der Begriff des *Raumes* oder *Ortes* (place) eine zentrale Rolle, denn die physische Umwelt ist ja stets räumlich organisiert.

Dann werden auch die Beziehungen *zwischen Menschen im Raum* untersucht. Sie können durch Stichworte wie Bevölkerungsdichte und Massierung (Überfülle in Räumen), Territorialität, persönlichen Raum und Privatsphäre gekennzeichnet werden. Es gibt zum Beispiel Untersuchungen darüber, wie Studierende „ihr Territorium" in der Bibliothek oder Urlauber am Strand abgrenzen, wie sie auf ein Eindringen in dieses Territorium reagieren usw.[3]

Wir beziehen uns hier auf kognitive und emotionspsychologische Ansätze der Umweltpsychologie. Letztere überwiegen bei weitem, sie stellen ein beachtliches Gegengewicht zu der sonst in Psychologie und Sozialpsychologie vorherrschenden kognitiven Denkweise dar und werden in einem gesonderten Kapitel dargestellt.

2. Kognitive Ansätze: Gedankliche Lagepläne beim Einkauf

Menschen besitzen hervorragende Fähigkeiten, räumliche Umwelten wahrzunehmen und zu erinnern. Die erworbenen Informationen über die räumliche Umwelt werden im Gedächtnis vor allem durch *innere Bilder* und damit in einer analogen Form repräsentiert (*Spoehr* und *Lehmkuhle*, 1982, S. 200 ff.): Wenn jemand gefragt wird, wo die Fleischabteilung eines Supermarktes ist, wieviel Fenster sein Ferienhaus hat oder über welche Straße man einen bestimmten Parkplatz erreicht, so macht er sich ein inneres Bild der Örtlichkeit. Er betrachtet dieses Bild mit seinen „inneren Augen" und findet auf diese Weise die Antwort. Die gesuchten Informationen – wie die Fensterzahl – sind im Gedächtnis kaum als abstraktes-propositionales Wissen gespeichert, vielmehr über innere Bilder verfügbar (die der bildlichen Wahrnehmung des Gegenstandes entsprechen).

Die Umweltpsychologie hat demzufolge erhebliche Gemeinsamkeiten mit der Imageryforschung, die sich mit dem Zustandekommen und der Wirkung von inneren Bildern beschäftigt.[1]

Von der Imageryforschung (*Kroeber-Riel*, 1993b, S. 20 ff.) wissen wir, daß reale Umwelteindrücke oder ihre bildliche Darstellung besser behalten werden als ihre verbale Umschreibung. Die gedankliche Verarbeitung der durch die Umwelt hervorgerufenen inneren Bilder folgt zudem anderen (analogen) Regeln als die verbale Informationsverarbeitung.

Beachtenswert ist in diesem Zusammenhang, daß die Aufnahme und Verarbeitung von realen oder bildlichen Umwelteindrücken weitgehend automatisch und *ohne* bewußte Kontrolle erfolgt (*Ittelson, Proshansky* et al., 1977, S. 27, 127 ff.). Daraus ergeben sich erhebliche Meßprobleme.

Ein Schwerpunkt der kognitiven Arbeiten zur Umweltpsychologie betrifft die gedanklichen Lagepläne (die „kognitive Kartographie"), die Menschen entwickeln, um sich in ihrer Umwelt zu orientieren.

Gedankliche Lagepläne sind subjektive vereinfachte innere Bilder einer räumlichen Ordnung. Sie bilden zum Beispiel ein Straßennetz, die Waren-

---

[3] Empirische Forschungsergebnisse und ihre theoretische Erklärung zu diesen Themen finden wir in allen umfassenden Werken zur Umweltpsychologie wie *Stokols* und *Altman* (1991) und in Werken der Sozialpsychologie wie *Sherrod* (1982) oder *Schultz-Gambard* (1987, S. 236 ff.).

[1] Auch die inneren Bilder von Produkten, ihrem Einkauf und Konsum werden als reale Produkterfahrungen, die das zukünftige Kaufverhalten steuern, gespeichert.

anordnung in einem Geschäft oder die Lage von Wohnungen oder Büros in einem großen Gebäude ab. Man hat unter anderem herausgefunden, daß auffallende Markierungen und Wahrzeichen in der räumlichen Umwelt sowie eine verbale Bezeichnung der Orte den Aufbau von solchen inneren Lageplänen und damit das räumliche Verhalten erleichtern.[2]

> Die Erkenntnisse über das Zustandekommen und die Wirkung gedanklicher Lagepläne können in den Marketingbereich übertragen werden, um die räumliche Orientierung der Konsumenten beim Einkauf zu erklären.

Dazu liegen mehrere Untersuchungen aus der Konsumentenforschung vor.[3] *Sommer* und *Aitkens* (1982) stellten in einer Untersuchung fest, wie sich die Besucher in großen und kleinen *Supermärkten* zurechtfinden, anders gesagt, über welche internen Lagepläne die Konsumenten verfügen, wenn sie einkaufen. Zu diesem Zweck wurden den Konsumenten (N = 120) schematische Karten von bestimmten, ihnen bekannten Supermärkten vorgelegt. Sie sollten anhand dieser Karten Auskunft darüber geben, wo das Warenangebot des Supermarktes zu finden ist: Die eine Hälfte der Konsumenten wurde gebeten, den Standort von elf vorgegebenen Produkten einzuzeichnen, die andere Hälfte wurde aufgefordert, den Standort wichtiger Produkte anzugeben, ohne daß dabei eine Produktvorgabe erfolgte.

Auf die Frage nach dem Standort der elf vorgegebenen Produkte wurden 86 % der möglichen Standorte genannt, aber von diesen Standorten waren nur 40 % zutreffend angegeben. Wenn die Konsumenten ohne Produktvorgaben von sich aus den Standort der Produkte nennen konnten, waren rund 60 % der Antworten richtig. Zwischen den kleinen und großen Supermärkten gab es keine Unterschiede. Auch Alter und Geschlecht wirkten sich nicht auf die Antworten aus. Interessant ist nun folgendes:

Wenn der Standort von Produkten zutreffend angegeben wurde, so handelte es sich zu 90 % (Durchschnitt unter allen Befragungsbedingungen) um solche Produkte, die am *Rand* – in den peripheren Lagen – des Supermarktes untergebracht waren. Die Standorte der Produkte in den *zentralen, inneren* Lagen des Supermarktes waren weitgehend unbekannt, das heißt, sie waren nicht in den internen kognitiven Lagekarten der Konsumenten verzeichnet (vgl. *Abbildung 93*).

Die bevorzugte Kenntnis der Randlagen des Supermarktes scheint unabhängig davon zu sein, daß es zwischen der Art der Produkte und ihrer räumlichen Plazierung im Supermarkt einen Zusammenhang gibt (*Sommer* und *Aitkens,* 1982, S. 212, 215).

---

[2] Zu den gedanklichen Lageplänen (kognitiven Karten, zur kognitiven Kartographie) vgl. im einzelnen *Downs* und *Stea* (1982) sowie *Spoehr* und *Lehmkuhle* (1982, S. 230 ff.). Umweltpsychologische Erkenntnisse dazu fassen *Gröppel* (1991, S. 112 ff.) sowie *Russell* und *Ward* (1982) zusammen.

[3] Zur Wirkung von gedanklichen Lageplänen (cognitive mapping) von Konsumenten vgl. außer den hier zitierten Arbeiten noch *Foxall* und *Hackett* (1992).

Das gefundene Ergebnis wird durch Untersuchungen des Kundenflusses in Einzelhandelsgeschäften bestätigt. Es entspricht den Befunden der allgemeinen Umweltpsychologie, nach denen die zentralen Bereiche einer Region weniger bemerkt werden und weniger verhaltensrelevant sind als die Randbereiche. Das läßt sich damit erklären, daß es in den inneren, zentralen Raumbereichen weniger ins Auge fallende Markierungen und Orientierungspunkte wie Eingänge, Ausgänge, Treppen, Tafeln, Farbflächen usw. gibt. Wie bereits erwähnt wurde, fördern solche Markierungen das Zustandekommen von orientierungsfreundlichen Lageplänen (*Gröppel*, 1991, S. 268f.).

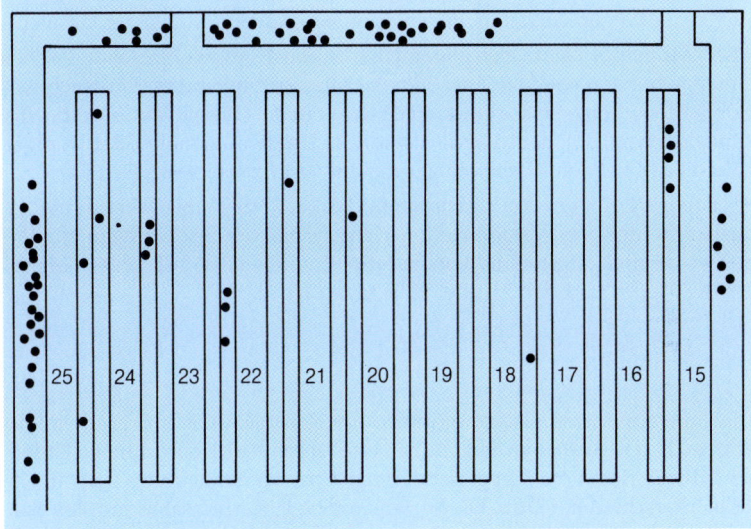

Abbildung 93: Gedanklicher Lageplan beim Einkauf im Supermarkt

Anmerkung: Die Abbildung zeigt einen schematischen Lageplan von Bereichen eines Supermarktes, in denen hauptsächlich Nahrungsmittel angeboten werden. Dieser Plan wurde den Befragten mit der Aufforderung vorgelegt, den Standort von Produkten einzutragen. Die Punkte im Plan geben zutreffende Standortangaben wieder. Wie man sieht, befinden sie sich fast nur am Rande des Raumes.
Quelle: Sommer und *Aitkens*, 1982, S. 214 (leicht verändert).

Eine frühe Untersuchung von *Grossbart* und *Rammohan* (1981) setzt sich mit dem Zusammenhang zwischen Einkaufsbequemlichkeit und internen Lageplänen der Konsumenten auseinander:
Die Attraktivität städtischer Einkaufsmöglichkeiten wird in erheblichem Ausmaß von der subjektiv wahrgenommenen Bequemlichkeit beim Einkauf bestimmt. Die Autoren weisen empirisch nach, daß die Einkaufsbequemlichkeit davon abhängt, ob die Konsumenten über passende und zugriffsleichte innere Lagepläne verfügen. Diese erleichtern die Orientierung beim Einkauf und ersparen den Konsumenten Unannehmlichkeiten beim Parken, beim Aufsuchen eines Geschäftes usw.
Grossbart und *Rammohan* (1981) heben hervor, daß eine Verbesserung der internen Lagepläne der Konsumenten durch – häufig vernachlässigte – verbale und bild-

liche Informationen von seiten der Einzelhändler in vielen Fällen mehr zur subjektiv wahrgenommenen Einkaufsbequemlichkeit beitragen kann als aufwendige Maßnahmen zur technischen Verbesserung der Einkaufsbequemlichkeit.

3. Emotionspsychologische Ansätze: Umwelttechnische Gestaltung von Wohnungen und Läden

Die Wahrnehmung und Wirkung der physischen Umwelt wird vom Menschen kognitiv nur wenig kontrolliert. Die Umwelt beeinflußt das Verhalten vor allem über *emotionale Reaktionen.* Viele Umweltpsychologen untersuchen deswegen vorrangig die emotionalen Auswirkungen der Umwelt.[1]

Nach *Mehrabian* sieht „der allgemeine Rahmen" umweltpsychologischer Untersuchungen wie folgt aus: „Eine bestimmte Umgebung verursacht bei einem Menschen gewisse emotionale Reaktionen. Diese Reaktionen bewirken wiederum, daß der Mensch sich dieser Umgebung mehr oder weniger nähert oder sie mehr oder weniger meidet" (*Mehrabian,* 1987, S. 16f.).

Abbildung 94 gibt ein von *Mehrabian* und *Russell* (1974) formuliertes emotionspsychologisches Modell zu den Mensch-Umwelt-Beziehungen wieder, das wiederholt getestet und von *Donovan* und *Rossiter* (1982) sowie *Gröppel* (1991, S. 125 ff.) auf den Handel übertragen wurde.

Das Grundmodell

Die Umweltreize (S) lösen Gefühle aus, welche als intervenierende Reaktionen (I) das Verhalten gegenüber der Umwelt (R) bestimmen. Unterschiedliche Reaktionen gegenüber einer Umwelt hängen von Persönlichkeitsunterschieden (P) ab. Die Variablen (S, I, P, R) sind sehr komplex und umfassen zahlreiche Einzelgrößen:

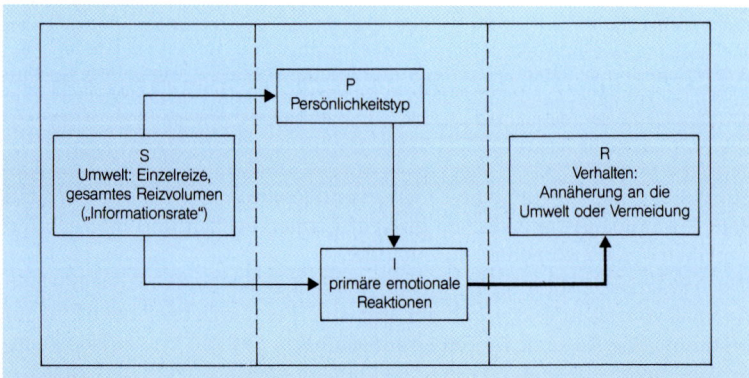

Abbildung 94: Das Verhaltensmodell von Mehrabian und Russell (1974)

---

[1] Prominente Vertreter dieser Richtung sind *Mehrabian* und *Russell* (*Ward und Russell,* 1981; *Russell und Pratt,* 1980; *Russell und Mehrabian,* 1987; *Russell* und *Snodgrass,* 1991).

Die Stimulusvariablen S (Umweltvariablen) können als eine Menge von Einzelreizen verschiedener Modalität beschrieben werden. Es sind zum Beispiel Farben, Beleuchtung (visuelle Modalität) oder Tierschreie, Musik (akustische Modalität). Entscheidend ist nach Ansicht fast aller Umweltpsychologen, daß die Einzelreize zusammenwirken: Sie bilden eine *einheitliche* Reizkonstellation und erfordern deswegen eine ganzheitliche Betrachtungsweise. Der Reizverbund kommt auch in intermodalen Wirkungen zum Ausdruck: Farben verändern zum Beispiel Geschmackseindrücke, oder sie rufen bestimmte Temperaturempfindungen hervor.

Eine Kritik am Modell bezieht sich darauf, daß *Mehrabian* und *Russell* keine Klassifizierung der Umwelt(-reize) vornehmen (*Donovan* und *Rossiter,* 1982, S. 36). Sie kennzeichnen unterschiedliche Reizkonstellationen – also Umwelten – lediglich durch die *„Informationsrate"*. Darunter versteht *Mehrabian* (1978, S. 16) das Reizvolumen der Umwelt. Das ist „die Menge von Informationen, die in einer Zeiteinheit in der Umwelt enthalten sind oder wahrgenommen werden". Eine hohe Informationsrate zeigt eine reizstarke Umgebung an.

Die Informationsrate wird insbesondere durch die Neuartigkeit und Komplexität der Umwelt bestimmt. Eine Umwelt, die selten, ungewohnt oder überraschend ist (Neuartigkeit) oder die asymmetrisch, bewegt oder nah ist (Komplexität), wird im Vergleich zu einer Umwelt, die diese Eigenschaften nicht hat, reizstärker empfunden. Von dieser Reizstärke hängt die von der Umwelt ausgelöste Erregung ab.[2]

Die intervenierenden Variablen (I): Da es unmöglich ist, die Vielfalt der von einer Umwelt verursachten Gefühle zu ermitteln, beschränken sich *Mehrabian* und *Russell* auf grundlegende Gefühlskomponenten (Dimensionen), die allen emotionalen Reaktionen eigen sind und ihrer Ansicht nach dafür sorgen, daß jemand von einer Umwelt angezogen oder abgestoßen wird. Es sind

- Erregung – Nichterregung,
- Lust – Unlust,
- Dominanz – Unterwerfung.

Erregung gibt die Stärke emotionaler Reaktionen an und kann auch als Aktivierung interpretiert werden. Die Dimension *Lust – Unlust* gibt die positive oder negative Richtung von Gefühlen wieder. Erregung und Lust sind keine unabhängigen Gefühlsdimensionen. Zwischen ihnen bestehen enge Beziehungen. Sie werden durch die bekannte Lambda-Funktion abgebildet, nach der mittlere Erregung am angenehmsten empfunden wird.

Nicht erwähnt wurde bisher die Gefühlsdimension *Dominanz – Unterwerfung.* Sie soll zum Ausdruck bringen, daß zahlreiche Emotionen mit einer Wahrnehmung des Individuums verbunden sind, im Verhalten frei und unabhängig (überlegen) oder aber kontrolliert (unterlegen) zu sein. Die Bestimmung dieser Dimension hat sich in empirischen Untersuchungen *wenig bewährt.* Es scheint sich mehr um ein Attribut kognitiver Vorgänge zu

---

[2] *Bost* (1987) operationalisiert die Informationsrate durch Items wie „abwechslungsreich, vielfältig und überraschend", *Gröppel* (1991) durch das Item „voller Leben und Überraschungen".

handeln. Die Dimension Dominanz wurde deswegen bei späteren Anwendungen des Modells aufgegeben.[3]

Die Persönlichkeitsvariablen P: *Mehrabian* und *Russell* benutzen die drei Gefühlsdimensionen auch dazu, Persönlichkeitstypen zu unterscheiden. Es gibt Personen, die mehr als andere (1) lustbetont oder unlustbetont sind, (2) gegenüber erregenden Reizen aufgeschlossen sind oder sich gegen Erregung abschirmen und (3) mehr Dominanz oder Unterwerfung empfinden. Von diesen Persönlichkeitsunterschieden hängen *unterschiedliche* Reaktionen auf die *gleiche* Umwelt ab. Besonders zu beachten sind persönliche Prädispositionen, sich mehr oder weniger gegen erregende Reize abzuschirmen: Personen, die dazu neigen, sich mehr als andere den erregenden Reizen der Umwelt auszusetzen, sind erregbarer; sie reagieren auf Umwelten mit überdurchschnittlichem Reizvolumen wesentlich stärker und anhaltender, aber weniger selektiv als andere (*Mehrabian, 1987*, S. 29 ff.). Die Wirkungen solcher Persönlichkeitsunterschiede konnte *Gröppel* (1991) in ihren Untersuchungen über das Verhalten von „sensualistischen Konsumenten" und „indolenten Konsumenten" in Einzelhandelsgeschäften nachweisen.

Die Reaktionsvariablen R: Das Ergebnis der Umweltwirkungen besteht in einem Annäherungs- oder Vermeidungsverhalten. Diese Verhaltensweisen durchdringen auch die kognitiven Reaktionen und äußern sich als positive oder negative Handlungsabsichten, Zielsetzungen, Einstellungen usw. Das *Annäherungs-* oder *Vermeidungsverhalten* zeigt sich zunächst einmal im motorischen Verhalten: Das Individuum sucht eine Umwelt auf oder meidet sie. Annäherungs- oder Vermeidungsverhalten manifestiert sich darüber hinaus in zahlreichen *spezifischen* Verhaltensweisen: Annäherungsverhalten schlägt sich in Erkundungsverhalten nieder (zum Beispiel als Suchverhalten in einem Einzelhandelsgeschäft), ferner in der Bereitschaft, mit anderen zu kommunizieren, in verstärkten Leistungen beim Problemlösen usw. – allgemein gesagt, in Aktivitäten, in denen eine positive Haltung gegenüber umweltrelevanten Verhaltensweisen zum Ausdruck kommt.

Modellanwendung: Die umweltpsychologischen Untersuchungen von *Mehrabian* und *Russell* haben zu Transferversuchen in den Handel geführt, die versuchen, *einzelne* Variablenbeziehungen (aber nicht das gesamte Modell) zu erklären. Im Vordergrund stehen die Variablenbeziehungen S → I, → R sowie die direkten Beziehungen S → R. Als unabhängige Variable S werden zum Beispiel von *Gröppel* (1991, S. 119) die Verbundpräsentation und als abhängige Variable der Erlebniswert der Einkaufsstätte untersucht. Wir gehen kurz auf die Verbundpräsentation aus umweltpsychologischer Sicht ein.

Mehrabian (1987, S. 178) bemängelt, daß in vielen Warenhäusern zusammenhängende Produkte räumlich voneinander getrennt präsentiert werden, wodurch die natürlichen Assoziationen beim Kunden zersplittert würden. Das hat laut *Mehrabian* zwei gravierende Nachteile zur Folge. Erstens bestehe die Gefahr, daß der Kunde vergißt, was er zu kaufen wünscht und zweitens werde kein zusätzlicher Bedarf nach artverwandten Gütern oder

---

[3] Vgl. dazu im einzelnen die Begründung von *Russell* und *Pratt*, 1980, S. 313.

Zusatzprodukten geweckt. *Mehrabian* fordert daher, die natürlichen Assoziationen des Kunden zu fördern.

Die Verbundpräsentation sollte aus umweltpsychologischer Sicht nach *Gröppel* (1995) um passende, themenbezogene Dekorationsmittel erweitert werden. Die Kombination „Verbundpräsentation und themenbezogene Dekorationsgegenstände" wird von ihr mit dem Begriff „kontextbezogene Verbundpräsentation" bezeichnet. Mittels der kontextbezogenen Verbundpräsentation kann ein „Sortimentsthema" gebildet werden. *Gröppel* (1991) konnte mittels eines Experimentes den Beleg erbringen, daß die Verbundpräsentation für den Erlebnishandel eine adäquate Methode darstellt. Eine kontextbezogene Verbundpräsentation bewirkt im Vergleich zu einer räumlich getrennten Präsentationsform

- einen positiveren emotionalen Eindruck von der Einkaufsstätte,
- eine bessere funktionale Beurteilung der Ware,
- eine größere Orientierungsfreundlichkeit,
- eine positivere Stimmung,
- eine individuellere Ausstrahlung des Verkaufsraums,
- eine längere Verweildauer und
- eine größere Ausgabenbereitschaft.

Lustbetonte Umweltwirkungen: Hier ist daran zu erinnern, daß sich die von der Umwelt ausgelösten emotionalen Reaktionen durch mehrere Dimensionen kennzeichnen lassen: Nach dem Modell von *Mehrabian* und *Russell* werden vor allem die Dimensionen „Lust" und „Erregung" verhaltenswirksam.

Unter den wirksamen Einzelreizen der physischen Umwelt werden an erster Stelle meistens die **Farben** genannt. Farben entfalten vielfältige und starke Wirkungen, die bis in die medizinische Verhaltenstherapie hineinreichen.

Allgemein gilt: Farben werden um so angenehmer erlebt, je leuchtkräftiger und gesättigter sie sind. Grautöne wirken deswegen unangenehm. Ordnet man die Farben nach ihren *lustbetonten* Wirkungen, so stehen Blau und Grün an erster Stelle, gefolgt von Violett, Rot und Gelb. Blau ist mit Abstand die beliebteste Farbe: „Es ist die Lieblingsfarbe von 40 % der Männer und 36 % der Frauen. Kaum jemand, der Blau nicht mag" (*Heller*, 1993, S. 23).

Diese Farbfolge deckt sich nicht mit der Rangfolge *erregender* Farben. *Grün* ist eine besonders angenehme Farbe, aber sie erregt die Betrachter am wenigsten. Die stärkste Erregung geht von Rot aus. Das bedeutet: Ist eine Umwelt relativ reizstark (bezogen auf die persönlichen Bedürfnisse seiner Bewohner), so wird man bei der Farbgestaltung die lustbetonten Farben vorziehen und erregende rote, orange und gelbe Farbtöne vermeiden.

Grüne *Zimmerpflanzen* sind ein oft empfohlenes Mittel, um Räume lustbetont und anziehend zu machen (*Mehrabian*, 1987, S. 87 ff., 98 ff., 109, 120). Sie eignen sich zugleich dazu, einen Raum abwechslungsreich zu gestalten. Dadurch erhöhen sie die „Informationsrate" der Umwelt und sorgen für eine zusätzliche, wenngleich moderate Erregungszufuhr.

Wir wenden uns jetzt kurz den einzelnen Farbwirkungen zu: Rot erregt am stärksten, es folgen Orange, Gelb, Violett.

Da eine erregende Umwelt die Kommunikation mit anderen fördert, „müßten sich die für den Geselligkeitsbereich der Wohnung ausgewählten Farbzusammenstellungen ... mehr auf die erregenderen Farbtöne und auf die satteren Farben stützen" (*Mehrabian*, 1987, S. 89).

Rot ist für eine breite Verwendung geeignet. Es gehört zu den von wenigen Menschen abgelehnten Farben (*Heller*, 1989, S. 51) und kann mittels zahlreicher Abstufungen und Träger (wie Tapeten, Bilder, Blumen) verschiedenen Verwendungszwecken angepaßt werden. Allerdings gibt es bei der Interpretation und Akzeptanz von Rot wie bei allen Farben beachtenswerte interkulturelle Abweichungen.

Der Erregungswert von *Orange* kommt an den von Rot heran.[4] Orange gilt als Farbe des natürlichen Feuers. Dies erklärt unter anderem die stimulierende Wirkung von offenen Feuern (Kaminen) in einer Wohnung.

Nicht zu übersehen sind in diesem Zusammenhang die intermodalen Wirkungen von Farben. Sie können einen Raum enger oder weiter erscheinen lassen, sie vermitteln warme oder kalte Eindrücke, kurzum: Sie verstärken und modifizieren die Wirkung von anderen Reizen.

Die **Beleuchtung** beeinflußt auch die Farbwirkungen. Man kann davon ausgehen, daß im allgemeinen gut beleuchtete Räume, vor allem durch natürliches Tageslicht, als anziehend empfunden werden. Von der Lichtintensität gehen zugleich Erregungswirkungen aus. Um diese den veränderlichen Bedürfnissen der Bewohner anzupassen, setzt sich *Mehrabian* (1987, S. 99, 109) dafür ein, flexible Beleuchtungssysteme mit mehreren unabhängigen Lichtquellen und Lichtstärkereglern zu benutzen.

Eine Technik der zusätzlichen Stimulierung ist die **Musik**. Sie leistet einen „ungeheuren potentiellen Beitrag" zu lustbetonten Raumerlebnissen (*Mehrabian*, 1987, S. 88). Es ist nachgewiesen, daß angenehme Musik – die nicht mit erregender Musik zu verwechseln ist – das Annäherungsverhalten und damit die positive Situationsbewältigung fördert, in der Wohnung, im Laden, in der Fabrik usw.[5]

Man hat auch den Einfluß verschiedener **Musiktempi** auf Reaktionen am Einkaufsort untersucht und festgestellt, daß innerhalb gewisser zeitlicher Frequenzen eine Verlangsamung der Musik zu einer Reduzierung der Einkaufsgeschwindigkeit und einer damit verbundenen Erhöhung der Verweildauer am PoS führt. In gewissen Grenzen kann also auch die Erlebnisvermittlung über Musiktempi intensiviert werden (*Weinberg*, 1992a, S. 164).

Nach Untersuchungen von *Bost* (1987, S. 120 f.) kann Musik in Einkaufsstätten eine entspannende Wirkung erzielen. In Kombination mit der oben geschilderten Erhöhung der Verweildauer werden Kunden so in die Lage versetzt, das Einkaufserlebnis besser zu genießen. Wichtig ist hierbei, daß

---

[4] *Knapp* und *Hall* (1992, S. 70) berichten in diesem Zusammenhang über ein interessantes Experiment: Das soziale Annäherungsverhalten – geäußert in freundlichen Worten, Lächeln usw. – stieg in orangegestrichenen Räumen im Verglaich zum Verhalten einer Kontrollgruppe um 53 %.

[5] Vgl. *Knapp* und *Hall* (1992, S. 71). Allgemein gesprochen gilt: Je angenehmer die Musik ist, um so wahrscheinlicher ist es, daß Annäherungsverhalten und nicht Vermeidungsverhalten auftritt. Im übrigen gilt das, was wir bereits im Zusammenhang mit der Beleuchtung erwähnt haben: Die von der Musik ausgehenden zusätzlichen *Erregungswirkungen* sind an die Bedürfnisse der Bewohner anzupassen.

Kunden die Hintergrundmusik als angenehm empfinden und nicht vordergründig als störend beim Einkauf. Deshalb empfiehlt es sich auch nicht, Musiktitel nach dem Geschmack des Publikums so auszuwählen, daß sie beim Einkauf dominieren. Es besteht dann die Gefahr, daß Kunden sich gestört oder belästigt fühlen.

Über die mögliche Wirkung von **Duftstoffen** wurde bereits berichtet (*Stöhr*, 1995). Sie werden noch wenig außerhalb natürlicher Wirkungsbereiche eingesetzt. So kennt man die angenehmen Düfte frischen Brotes oder frisch gemahlenen Kaffees oder eines gebackenen Kuchens, aber selten Düfte, die unabhängig vom Produkt gezielt Erlebnisse vermitteln, wie z. B. Düfte der Natur, Frische, Urlaub usw.

Beispiel: Frühlingsdüfte im Autohaus, Meerwasserdüfte und Möwengeräusche im Reisebüro, Plätzchendüfte zur Weihnachtszeit im Handel.

In *Japan* finden wir Vorbilder dafür, wie zahlreiche Einzelreize so aufeinander abgestimmt werden, daß eine lustbetonte und zugleich erregungsarme Umwelt entsteht: „Das hohe Reizvolumen von Menschenmengen und die häufig unangenehmen Konsequenzen extremer Konkurrenz tragen in Verbindung mit dem nationalen Trend in Richtung auf Nichtabschirmung zur Erklärung der allgemeinen Vorliebe für ein geringes Reizvolumen der Umwelt und der Verehrung von Kunstformen bei, deren Reizvolumen niedrig (friedlich, entspannend) und deren Lustdimension hoch ist" (*Mehrabian*, 1987, S. 163).

Heute geht es um die Kombination von Umweltreizen im Sinne der intermodalen Reizwirkung. Ein Beispiel, wie modalspezifisch ausgelöste Einzelerlebnisse zu einem Gesamterlebnis kombiniert werden können, zitiert *Weinberg* (1992a, S. 163). Danach kann ein emotionales Frischeerlebnis ausgelöst werden durch:

- Töne: helle, klare Klangfarbe, Dur-Tonlage
- Farben: Grün – Gelb – Blau
- Bilder: Blumen, Frühlingslandschaften, Wasserabbildungen
- Worte: Bildersprache mit dem Wort „frisch"
- Duft: Zitrusduft, Grasdüfte oder andere Naturdüfte
- Geschmack: Menthol oder Pfefferminz
- Haptik: glatte Oberfläche

Im Zusammenhang mit der Aktivierungswirkung von Reizen ist zu beachten, daß die Reizgebung entscheidend dazu beiträgt, wie *lebendig* die von der Umwelt hervorgerufenen „inneren Bilder" sind. Umwelten, die lebendig (anschaulich, klar, intensiv) vor unseren inneren Augen stehen, veranlassen uns eher als andere Umwelten zu umweltrelevanten Aktivitäten. Je lebendiger das innere Bild ist, das wir uns von einer Umwelt machen, desto anziehender wird diese Umwelt für uns sein.[6]

---

[6] Vorausgesetzt, daß die Umwelt positiv eingeschätzt wird. Die „Lebendigkeit" („vividness") kann nach Erkenntnissen der Imageryforschung als wichtiges Merkmal der Verhaltenswirksamkeit von inneren Bildern aufgefaßt werden. Zur Messung innerer Ladenbilder vgl. *Ruge* (1988) und *Kroeber-Riel* (1986a).

Die durch Einrichtungsgegenstände erzeugten Lust- und Erregungswirkungen können so kombiniert werden, daß optimale Umweltgefühle entstehen. Einen Vorschlag für die Wohnung von morgen macht *Mehrabian* (1987, S. 99). Er schlägt die Einführung von *Umweltreiz-Kassetten* vor: Sie sollen auf Knopfdruck visuelle und akustische Wirkungen sowie Geruchswirkungen erzeugen, diese mittels Computerprogramm aufeinander abstimmen und auf die emotionalen Wünsche der Empfänger einstellen.

Modellübertragung: Umwelttechnische Gestaltung von Läden

Erst relativ spät haben sich einige Wissenschaftler damit beschäftigt, wie sich die räumliche Gestaltung eines Geschäftes und die davon abhängige Ladenatmosphäre auf das Einkaufsverhalten der Konsumenten auswirkt. Konzeptionelle Vorarbeiten dazu stammen bereits von *Kotler* (1973) und von anderen Marketingforschern wie *Berman* und *Evans* (1989) oder *Baumgartner* (1981), welche Ursachen und Auswirkungen der Ladenatmosphäre darstellen.

Die Verkaufsraumgestaltung bietet zusammenfassend folgende Ansatzpunkte zur Erlebnisvermittlung (*Weinberg*, 1992a, S. 164):

- Ladenlayout,
- Dekoration,
- Farbwahl,
- Umfeldgestaltung.

Alle Gestaltungsbereiche dienen dazu, eine erlebnisorientierte **Ladenatmosphäre** zu erzeugen. Sie läßt sich auf den Dimensionen „Aktivierung" und „Vergnügen" messen.

Kotler (1973) gliedert die atmosphärischen Wirkungen eines Ladens in Aufmerksamkeitswirkung, informative Wirkung und emotionale Wirkung. Diese Einteilung entspricht der weitverbreiteten Unterteilung von Werbewirkungen, wie überhaupt die Ladenatmosphäre in Analogie zur Werbewirkung analysiert werden kann.[8]

Empirische Untersuchungen der Ladenatmosphäre sind schwierig, weil die Ladenatmosphäre auf flüchtigen und wenig bewußten Eindrücken während des Einkaufs beruht, die später außerhalb des Ladens schwer verbalisiert und kaum erinnert werden können. Erst umweltpsychologische Arbeiten haben damit begonnen, die Untersuchungen zur Ladenatmosphäre auf ein tragfähiges *theoretisches* Fundament zu stellen.[9] Wir geben hier die Ergebnisse einer Leitstudie von *Donovan* und *Rossiter* (1982) wieder.

---

[8] Vgl. *Kroeber-Riel* und *Meyer-Hentschel* (1982). Die dort dargestellten Methoden der Werbewirkungsforschung können auf die Untersuchung ladenatmosphärischer Wirkungen übertragen werden.

[9] Zu den umweltpsychologischen Ansätzen in Untersuchungen über die Stimmungswirkungen der Ladengestaltung vgl. *Donovan* und *Rossiter* (1982); *Sommer, Herrick* et al. (1981); *Bost* (1987) und vor allem *Gröppel* (1990, 1991 – vgl. dort zusammenfassend S. 132, 138ff.) sowie *Weinberg* (1992a, S. 123ff.).

Diese Autoren beziehen sich explizit auf das Modell von *Mehrabian* und *Russell* (siehe *Abbildung 94*).

Die Ladenatmosphäre wird als intervenierende Variable im Sinne dieses Modells angesehen. Sie kommt als emotionale Reaktion auf die Ladenumwelt (auf die physische Ladengestaltung) zustande und bestimmt ihrerseits das Verhalten beim Einkauf.

Zum *Untersuchungsdesign:* In Einzelhandelsläden unterschiedlichen Typs wurden 30 Testpersonen nach ihren Eindrücken und Reaktionen befragt. Jede Testperson besuchte mehrere Läden, insgesamt lagen 66 Befragungen (Beobachtungsfälle) vor. Die Testpersonen füllten nach einem Ladenbesuch – noch im Laden unter unmittelbarer Einwirkung der Ladenumwelt – einen Fragebogen aus, mit dem folgende Verhaltensgrößen gemessen wurden:

- die wahrgenommene „Informationsrate" der Umwelt: Sie gibt die Reizstärke der Ladengestaltung wieder;

- die emotionalen Eindrücke im Laden, welche Erregung, Lust und Dominanz der Testpersonen umfassen;

- das Annäherungs- und Vermeidungsverhalten in Form von geäußerten Verhaltensabsichten.

Die empirischen Ergebnisse bestätigen noch einmal die geringe Bedeutung der Gefühlsdimension *„Dominanz"*, die bereits durch andere Untersuchungen belegt wurde. Die beiden anderen Gefühlsdimensionen *Lust* und *Erregung* erwiesen sich als brauchbare Prädiktoren für das Verhalten im Laden.

Die wichtigsten Befunde lassen sich wie folgt zusammenfassen:

(1) Die von der Ladengestaltung verursachte Ladenatmosphäre manifestiert sich vor allem in den emotionalen Eindrücken „Vergnügen" und „Erregung".

(2) Das empfundene Vergnügen bestimmt am stärksten, wie sich die Kunden im Laden verhalten. Es schlägt sich in der Absicht nieder, länger im Laden zu bleiben und mehr Geld auszugeben als ursprünglich geplant.

(3) Wenn der Laden insgesamt positiv eingeschätzt wird, so steigt mit zunehmender Aktivierung (Erregung) die Absicht, mehr Zeit im Laden zu verbringen.

(4) Die wahrgenommene Größe des Ladens ist ebenfalls eine wichtige Ursache für die beabsichtigte Aufenthaltsdauer im Laden (positiver Einfluß).

Ergänzend einige neuere Ergebnisse zur Wirkung des **Ladenlayouts** (*Weinberg*, 1992a, S. 157 ff.):

Um die Orientierungsfreundlichkeit im Sinne einer erlebnisbezogenen Warenpräsentation zu unterstützen, ist es wichtig, die psychischen **Ordnungsschemata** der Kunden zu kennen. Gefragt ist, wonach Kunden die Waren im Regal einordnen, z. B. nach Herstellernamen, Größen, Farben, Geschmack oder Verbundwirkung. Erst die Berücksichtigung derartiger Ordnungsschemata erlaubt die Beurteilung der Ertragskraft einzelner

Produkte im Regal. Davon hängen auch die Aufenthaltsdauer vor dem Regal und der Kundenumschlag im Geschäft ab.

Die Orientierungsfreundlichkeit des Verkaufsraumes und das Wohlbefinden der Kunden werden auch davon beeinflußt, ob der **Kundenlauf** durch den Laden natürlichen Verhaltensweisen entspricht. *Gröppel* (1991, S. 63) hat die Ergebnisse verschiedener empirischer Studien zusammengefaßt:

- Kunden begehen das Verkaufslokal in der Regel in einer dem Uhrzeigersinn entgegengesetzten Richtung.
- Die Kunden sind meist bestrebt, sich wandbezogen zu orientieren, daher bevorzugen sie die Außengänge des Ladens.
- Sie folgen einem bestimmten Geschwindigkeitsrhythmus (schnell – langsam – schnell).
- Man meidet Kehrtwendungen und Ladenecken.
- Die Kunden lenken ihre Aufmerksamkeit (Blick- und Greifrichtung) vornehmlich auf rechte Plazierungsfelder.
- Man bevorzugt Bezirke (Stockwerke), die sich in der Nähe der Eingangsebene befinden.

Daraus resultieren unterschiedliche Verkaufszonenwertigkeiten (vgl. *Abbildung 95*):

„Hochwertige" Verkaufszonen	„Minderwertige" Verkaufszonen
• Hauptwege des Geschäfts • rechts vom Kundenstrom liegende Verkaufsflächen • Auflaufflächen, auf die der Kunde automatisch blickt • Gangkreuzungen • Kassenzonen (falls die Kunden warten müssen) • Zonen um die Beförderungseinrichtungen (z. B. Lifte, Treppen)	• Mittelgänge • links vom Kundenstrom liegende Verkaufsflächen • Einlaufzonen, die schnell passiert werden • Sackgassen des Verkaufsraumes • Räume hinter den Kassen • die höheren und tieferen Etagen

Abbildung 95: Verkaufszonen nach „Wertigkeit"

Die Alltagserfahrung lehrt, daß Verstöße gegen diese Grundregeln vom Kunden mißbilligt werden. Sie werden Geschäfte oder entlegene Ecken meiden, wenn sie das Gefühl haben, absichtlich auf langen und überflüssigen Wegen zur Ware geführt zu werden. „Einkaufsmühe" und „Einkaufserlebnis" sind widersprüchliche Empfindungen! Erlebniseinkäufe werden erst möglich, wenn der Kunde in für ihn natürlicher Weise durch den Laden gehen kann und die Ware in einer ihn ansprechenden Weise „entdeckt".

Wie erwähnt, wird das Annäherungs- und Vermeidungsverhalten im Laden weitgehend vom empfundenen Vergnügen (also von den lustbetonten emotionalen Eindrücken im Laden) determiniert. *Abbildung 96* gibt die Beiträge der Gefühlsdimensionen zur Erklärung des Verhaltens im Laden wieder.

Daß der Beitrag der im Laden empfundenen Erregung zur Erklärung des Annäherungs- und Vermeidungsverhaltens so gering ist, sagt noch nichts über die Bedeutung dieser Gefühlsdimension. *Donovan* und *Rossiter* (1982) fanden nämlich heraus, daß für diejenigen Testpersonen, die einem Laden insgesamt *positiv* gegenüberstehen – also die Ladenatmosphäre als angenehm empfinden – eine wichtige Gesetzmäßigkeit gilt: Je größer die empfundene Erregung ist, um so stärker wird das Annäherungsverhalten, insbesondere die Absicht, mehr Zeit im Laden zu verbringen.

Gefühls-dimension	Annäherungs- und Vermeidungsverhalten				
	Gesamtwert	Affekt zum Laden	Aufenthalts-zeit	Kommunika-tionshaltung	Ausgaben-bereitschaft
Vergnügen	0,67**	0,72**	0,51**	0,44**	0,40**
Erregung	0,13	0,00	0,17	0,22*	0,13
Dominanz	0,00	0,03	-0,04	0,01	-0,15
Multiple R.	0,68**	0,73**	0,52**	0,49**	0,40*
R^2 (bereinigt)	0,44	0,50	0,24	0,20	0,12

Abbildung 96: Beta-Koeffizienten für die Gefühlsdimensionen zur Vorhersage des Annäherungs- und Vermeidungsverhaltens

Anmerkung: *$p \leq 0.01$ **$p \leq 0.05$ (einseitiger Test)
Quelle: Donovan und Rossiter (1982, S. 49)

Aktivierte beziehungsweise erregte Konsumenten interagieren unter dieser Bedingung (daß ihnen der Laden gefällt) auch eher mit anderen Leuten im Laden, „wahrscheinlich auch mit dem Verkaufspersonal" (letzteres wurde in der vorliegenden Untersuchung allerdings nicht gemessen).

Die von *Mehrabian* und *Russel* eingeführte Messung der *Informationsrate* hat in der vorliegenden Untersuchung die Erwartungen nicht erfüllt. Um die Informationsrate zu messen, wurden die Besucher gefragt, wie neuartig, kontrastreich, groß usw. der Laden wahrgenommen wird. Es ergab sich lediglich *eine* signifikante Beziehung: Die wahrgenommene *Größe* des *Ladens* erhöht die Absicht der Besucher, mehr Zeit im Laden zu verbringen und mehr Geld als vorgesehen auszugeben.

Zusammenfassend: Die Ergebnisse vermitteln die praktisch verwendbare Einsicht, daß die äußere Ladengestaltung eine wichtige Strategie ist, um das Verhalten im Laden zu beeinflussen.

Neuere Ergebnisse bestätigen und ergänzen die von *Donovan* und *Rossiter* gefundenen Auswirkungen einer emotional erlebten Ladengestaltung auf das Kaufverhalten.[10] *Bost* (1987) stellte fest, daß unter dem Einfluß einer positiven Stimmungsänderung beim Einkauf die „Kauffreude" zunimmt. Dies spiegelt sich unter anderem in höheren Ausgaben beim Einkauf wider. Auch die Einkaufszufriedenheit wächst.

---

[10] Zur erlebnisbetonten Ladengestaltung und zum Erlebnishandel vgl. auch *Weinberg* (1986a, 1992a); *Konert* (1986, S. 238ff.), *Buckley* (1987). Neuere empirische Untersuchungen haben *Diller* (1990) sowie *Gröppel* (1990, 1991) vorgelegt.

Diller und *Kusterer* (1986) konnten in erlebnisbetonten Hifi- und Bücherge-
schäften einen erheblich höheren Umsatz – auch pro Mitarbeiter – als in den
nichterlebnisbetonten Kontrollgeschäften ermitteln.

Die neueren Untersuchungen weisen auch auf offene Fragestellungen für
die weitere Forschung hin:

● im methodischen Bereich: Die emotionale Ladenatmosphäre spiegelte
sich nicht in den „Anmutungsprofilen" wider, die *Diller* und *Kusterer* benutzt hatten. Wie in anderen Untersuchungen erwies es sich als schwierig, die emotionale Stimmung im Laden zu messen (*Diller* und *Kusterer*,
1986, S. 119).[11]

● im sozialtechnischen Bereich: Eine verkaufsfördernde Stimmung setzt
einerseits eine orientierungsfreundliche Ladenstruktur und den Einsatz
entspannender Reize, andererseits eine aktivierende und abwechs-
lungsreiche Gestaltung voraus. Es kommt also auf ein Zusammenspiel
von teils stimulierenden, teils entspannenden Gestaltungstechniken an
(vgl. dazu *Gröppel*, 1991, S. 270).

Das theoretische Problem, „das auch in den empirischen Ergebnissen
zum Vorschein kam", liegt darin, daß die gleichen Reize in manchen
Konstellationen sowohl anregend als auch entspannend wirken können
(*Bost*, 1987, S. 167).
Die Bedingungen, nach denen die komplexen Wechselbeziehungen zwischen den Reizen mal diese mal jene Wirkung hervorrufen und in unterschiedlicher Weise auf die Ladenatmosphäre durchschlagen, sind
schwer durchschaubar und erst ansatzweise erforscht.[12]

● im Wirkungsbereich: Die Ladenatmosphäre – allgemein gesagt: die emotionale Wirkung der physischen Umwelt – ist nur eine Bestimmungsgröße des Verhaltens. In der Kaufsituation treten noch die Wirkungen
der Sortimente und Preise sowie die Interaktionen zwischen Verkäufern
und Käufern hinzu.

Gleichwohl bieten die umweltpsychologischen Erkenntnisse bereits zahlreiche Anregungen, um grobe Mängel bei der Ladengestaltung zu vermeiden und gezielte Umwelttechniken zur Förderung des Einkaufsverhaltens
einzusetzen (siehe *Abbildung 97*).

---

[11] Das gelang dagegen in der Untersuchung von *Bost* (1987) mittels besonderer Stim-
mungsprofile und in den empirischen Studien von *Gröppel* (1991) mittels Bilderskalen.

[12] „Sie liegen noch ziemlich im dunkeln" (*Bost*, 1987, S. 167). Ein Beispiel sind die unterschiedlichen Ergebnisse über den Einfluß von Musik im Laden, vgl. *Bost* (1987,
S. 143, 169) und *Rarreck* (1989).

Abbildung 97: Erlebnisbetonte Ladengestaltung

II. Die nähere soziale Umwelt

1. Einteilung der sozialen Umwelt

Die sozialen Variablen werden zur Erklärung des Konsumentenverhaltens in eine nähere und in eine weitere Umwelt eingeteilt.

Die nähere Umwelt des Konsumenten umfaßt die Personen und Gruppen, mit denen der Konsument in einem regelmäßigen persönlichen Kontakt steht: seine Freunde und Berufskollegen, die Familie, Kindergarten und Schule, Vereine, in denen er mitwirkt usw.

Das Konsumentenverhalten wird entscheidend von den Einflüssen dieser näheren sozialen Umgebung bestimmt. Hervorzuheben sind die Wirkungen der Familie und der Bezugsgruppen. Vor allem die *Familie* ist Gegenstand der neueren Konsumentenforschung. Das hat mehrere Gründe:

Da Konsum und Kaufentscheidung weitgehend gemeinsam in der Familie erfolgen, sollte eigentlich die Familie und nicht der individuelle Konsument als Analyseeinheit in der Konsumentenforschung betrachtet werden (*Robertson* und *Zielinski*, 1981). Die Konsumentenforschung richtet sich deswegen vor allem auf die *kollektiven* Entscheidungen der *Familie* und ihre Auswirkungen auf das individuelle Einkaufs- und Konsumverhalten.[1]

Von der Familie gehen wichtige *Sozialisationswirkungen* aus: Die Familie weist die Kinder und Jugendlichen in ihre Konsumentenrolle ein. Sie ist aus diesem Grunde für das zukünftige Konsumentenverhalten mitverant-

---

[1] Zum Forschungsstand vgl. *Moore-Shay* und *Wilkie* (1988).

wortlich. Die Familie übernimmt hierbei die Rolle eines „Sozialisationsagenten", der Einflüsse aus der weiteren sozialen Umgebung (kulturelle Normen, Verhalten einer sozialen Schicht) aufnimmt und in persönlicher Interaktion an die einzelnen Familienmitglieder – insbesondere an die Kinder und Jugendlichen – weitergibt. Die Familie wird dadurch zu einem Schnittpunkt sozialer Einflüsse.

Die weitere soziale Umwelt umfaßt alle Personen und sozialen Gruppierungen, zu denen der Konsument *keine* regelmäßigen persönlichen Beziehungen unterhält. Das sind zunächst die sozialen Hintergrundsysteme wie Kultur und Subkultur, dann große soziale Organisationen wie Großstadt, Behörden, Gewerkschaft, Kirche, Partei, Großbetriebe und auch einzelne Personen wie Politiker und Schauspieler, die den einzelnen indirekt über die Massenmedien ansprechen (und die manchmal als breitenwirksame Leitbilder das Verhalten beeinflussen).

Der Einfluß der weiteren Umwelt ist besonders komplex; er ist schwierig zu identifizieren, auch deswegen, weil er indirekt wirkt und dem Konsumenten oft *nicht bewußt* wird.

Beispiele dafür sind Wertungen, die in der Sprache enthalten sind, und die mit der Sprache einer Kultur übernommen werden und das Konsumentenverhalten bestimmen oder das im Film gezeigte Konsumverhalten eines beliebten Stars, das ohne weiteres Nachdenken imitiert wird.

Die Einflüsse aus der weiteren Umwelt des Konsumenten sind wegen dieser Schwierigkeiten wenig erforscht. Schwerpunkte der Forschung sind die Einflüsse von Kultur und Subkultur sowie von sozialen Schichten.

Ein wichtiger Begriff in diesem Zusammenhang ist der *Lebensstil*. Er spiegelt die zahlreichen Umwelteinflüsse auf das Konsumentenverhalten wider: Unter Lebensstil versteht man – vereinfacht gesagt – eine Menge miteinander verbundener Einstellungen (zum Essen, Trinken, Wohnen usw.) und Aktivitäten (in der Freizeit, beim Einkaufen usw.), durch die das Verhalten der Konsumenten ein spezifisches Profil bekommt. Man spricht zum Beispiel vom Lebensstil der Franzosen oder der Oberschicht. Veränderungen des gemessenen Lebensstiles dienen dazu, die Dynamik der Einflüsse aus der Umwelt des Konsumenten zu erfassen.

Die nähere und weitere Umwelt wirken nicht getrennt und alternativ auf den Konsumenten ein, sie sind zu einem komplexen sozialen **Umweltsystem** verknüpft. Wenn zum Beispiel jemand in einem islamischen Land lernt, keinen Alkohol zu trinken, so ist die weitere Umwelt – unter anderem durch staatliche und religiöse Regelungen – ebenso daran beteiligt wie die nähere Umwelt durch Erziehungsmaßnahmen der Eltern und Lehrer.

Die Wirkungen der näheren und weiteren Umwelt auf das Verhalten können konsistent oder inkonsistent sein. *Inkonsistente* Wirkungen, welche entstehen, wenn Einflüsse der weiteren Umwelt – (wie Konsumempfehlungen der Werbung) – in Widerspruch zu den Wirkungen der näheren Umwelt (wie Konsumempfehlungen der Eltern) geraten, stellen ein interessantes Forschungsproblem dar. Man geht im allgemeinen davon aus, daß sich die direkten Einflüsse der näheren Umwelt durchsetzen.

Aus den bisherigen Darstellungen ist bereits ersichtlich geworden, daß die Beziehungen zwischen dem einzelnen Konsumenten und seiner näheren und weiteren sozialen Umwelt durch die Kommunikation hergestellt werden.

Die **Kommunikation** wird üblicherweise zweigeteilt in

- direkte Kommunikation,
- Massenkommunikation.

Die *direkte* Kommunikation von Person zu Person (auch persönliche Kommunikation genannt) dient der Verständigung in der *näheren* sozialen Umwelt. Sie erfolgt in sprachlicher Form, mündlich oder schriftlich, und durch verschiedene Formen der nicht-sprachlichen Verständigung. Eine solche non-verbale Kommunikation kann durch Mimik und Gestik, durch Kleidung oder Gerüche, durch Geschenke usw. erfolgen.

Durch die *Massenkommunikation* werden die Einflüsse der *weiteren* Umwelt vermittelt. Unter Massenkommunikation versteht man eine unpersönliche Kommunikation mit Hilfe von (technischen) Medien wie Zeitschriften, Film, Rundfunk oder Fernsehen. Hierbei lassen sich wiederum verbale und nicht-verbale Formen unterscheiden.

Demzufolge wird die persönliche Kommunikation im Zusammenhang mit der näheren Umwelt, die Massenkommunikation im Zusammenhang mit der weiteren Umwelt beschrieben.

2. Abgrenzung sozialer Einheiten (Soziale Kategorien, Aggregate, Gruppen)

Abweichend von der Umgangssprache bezeichnet man in der Soziologie (Sozialpsychologie) als *Gruppen* im allgemeinen nur solche Mehrheiten von Personen, zwischen denen *Interaktionen* stattfinden und die sich durch eine eigene Identität, d. h. durch die Wahrnehmung einer Zusammengehörigkeit, auszeichnen.

Personenmehrheiten, auf die das nicht zutrifft, werden soziale Kategorien oder Aggregate genannt.

Die Grobeinteilung in

- soziale Kategorien,
- soziale Aggregate,
- Gruppen

ist in der angelsächsischen Literatur verbreitet. Sie ist zweckmäßig und soll hier übernommen werden.

Eine soziale **Kategorie** wird definiert als eine Anzahl von Menschen, die *ähnliche* Merkmale aufweisen. Sie werden lediglich aufgrund dieser Merkmale (gedanklich) zu einer sozialen Einheit zusammengefaßt. Soziale Kategorien entstehen also durch eine formal-statistische *Klassifizierung* von Personenmengen. Die Arbeitnehmer, die weibliche Bevölkerung, die Katholiken eines Landes sind soziale Kategorien. Auch die Zielgruppen für absatzpolitische Maßnahmen, mit denen sich die Marketingtheorie beschäftigt, gehören dazu. Sie sind im allgemeinen keine Gruppen im *fachsprachlichen Sinne*.

Zu den sozialen Kategorien lassen sich meist auch die **sozialen Schichten** zählen. Soziale Schichten sind soziale Einheiten, die man dadurch erhält, daß man Personen mit gleichen (gleichartigen) sozialen Positionen innerhalb einer Gesellschaft – d. h. nach ihrem sozialen Status – zusammenfaßt. Nach einer *Grobeinteilung* unterscheidet man beispielsweise Unterschicht, Mittelschicht und Oberschicht. In diesen Schichtenbezeichnungen kommt die mit der sozialen Schichtung üblicherweise verbundene Sicht einer vertikalen und *hierarchischen* Gliederung der Gesellschaft und die schichtbezogene soziale Wertschätzung zum Ausdruck. Da soziale Schichten komplexe Größen und deswegen schwer zu bestimmen sind, behilft man sich oft mit einfachen *Indikatoren* für die Schichtzugehörigkeit, wie Größe des Einkommens oder Art der Ausbildung. Durch solche Abgrenzungen entstehen soziale Kategorien der Art: soziale Schicht S, gemessen nach dem Einkommen E und der Ausbildung A ihrer Mitglieder.

Es ist aber durchaus möglich, den Begriff der sozialen Schicht so zu verwenden, daß man die Schicht nicht zu den sozialen Kategorien, sondern zu den (weiter unten beschriebenen) *Sekundargruppen* zu zählen hat. Das ist etwa dann der Fall, wenn man von der „Oberschicht" einer kleineren Stadt spricht und wenn die Mitglieder dieser Oberschicht untereinander Beziehungen unterhalten. Sie stellen dann eine tatsächliche soziale *Einheit* und nicht nur eine statistisch ermittelte Größe dar.

Ein soziales **Aggregat** ist eine räumliche (beziehungsweise physische) *Ansammlung von Personen,* die *keine* wechselseitigen *Beziehungen* zueinander haben. Durch die räumliche Zusammengehörigkeit entsteht zwar eine beobachtbare soziale Einheit, die Beziehungen zwischen den Personen dieser Einheit sind aber nur lose, sie beschränken sich auf eine mögliche Wahrnehmung einzelner Personen untereinander und auf gelegentliche und sporadische Kontakte zwischen ihnen. Es handelt sich um eine *nicht strukturierte* Einheit: Die Stellungen und Funktionen der einzelnen Personen im Aggregat sind nicht geregelt. Beispiele für Aggregate sind das Publikum in einem Kino, die Bewohner eines Stadtbezirks, die Menschen im Hotel.

Im Gegensatz zur sozialen Kategorie stellt das soziale Aggregat ein konkretes soziales Gebilde dar, das bereits ein schwaches Maß an sozialer Integration aufweist. Dadurch entstehen erste Abgrenzungschwierigkeiten zur Gruppe.

Wenn wir eine **Gruppe** als eine Mehrheit von Personen betrachten, die in wechselseitigen Beziehungen zueinander stehen, so fragt sich, welche Art von *Beziehungen* man unterstellen soll, damit man von einer Gruppe sprechen kann. Genügt es schon, wenn sich die Personen wechselseitig *wahrnehmen?* Man könnte eine Anzahl von *Kunden,* die gemeinsam in einem Kaufhaus in den auf einem Tisch aufgestapelten Schlußverkaufsartikeln wühlen und sich gegenseitig mißtrauisch betrachten, bereits als eine Gruppe ansehen. Die meisten Autoren gehen aber davon aus, daß aus diesen *Kunden* erst dann eine Gruppe „wird", wenn sie sich durch eine *gemeinsame Aktion* (etwa durch eine gemeinsame Reklamation beim Verkäufer) miteinander verbunden fühlen und in gegenseitiger Abstimmung zusammen handeln. Aber auch der Begriff einer derartigen *temporären* Gruppe wird nur von einigen Sozialwissenschaftlern akzeptiert. Andere meinen, erst bei wiederholter und geregelter Interaktion könne man eine Personenmehrheit als Gruppe auffassen.

Die begriffliche Abgrenzung zwischen sozialen Aggregaten und Gruppen ist also nicht einheitlich und problematisch. Man wird allerdings weite Zustimmung finden, wenn man die *Gruppe* zunächst vereinfacht wie folgt *definiert*.[1]

> Als eine Gruppe bezeichnet man eine Mehrzahl von Personen, die in wiederholten und nicht nur zufälligen wechselseitigen Beziehungen zueinander stehen.[2]

Die wechselseitigen Beziehungen können *kognitiven* und *affektiven* Charakter haben oder auch nur beobachtbare *Verhaltensbeziehungen* sein. Kognitive Beziehungen bestehen z. B. aus der gegenseitigen Wahrnehmung der Mitglieder. Die affektiven Beziehungen geben die gefühlsmäßigen Bindungen und Beeinflussungen innerhalb einer Gruppe wieder; sie werden auch als Gruppenemotionen bezeichnet. Die Unterscheidung dieser verschiedenen Formen von Beziehungen innerhalb der Gruppen trägt zu einer systematischen Erklärung des Entstehens von Gruppen und Gruppenprozessen bei.

Die Beziehungen in der Gruppe führen zu einer sozialen Kooperation der Mitglieder, die in folgenden weiteren (abgeleiteten) Merkmalen zum Ausdruck kommt. Eine Gruppe hat

● eine eigene *Identität*, d. h. die Gruppe wird von den Mitgliedern (meist auch von Außenstehenden) als eine soziale Einheit aufgefaßt,
● eine soziale *Ordnung*, die den Mitgliedern eine Position in der Gruppe zuweist und ihre Tätigkeiten (Rollen) regelt,
● *Verhaltensnormen*, die das Verhalten der Mitglieder bestimmen und standardisieren,
● *Werte* und Ziele, die vom einzelnen als für seine Gruppe verbindlich erlebt werden.

Diese Merkmale sind *nicht unabhängig* voneinander. In den verschiedenen Gruppendefinitionen werden neben dem grundlegenden Merkmal der wechselseitigen Beziehungen zwischen den Gruppenmitgliedern einzelne dieser Merkmale mehr oder weniger stark hervorgehoben. Die einzelnen Merkmale verhelfen auch dazu, *Gruppeneinteilungen* zu bilden. Man kann demzufolge etwa die Gruppen nach ihren Zielen oder nach der Art ihrer sozialen Ordnung gliedern.

Eine bekannte Unterscheidung ist die Gliederung in Primärgruppen und Sekundärgruppen, nach der auch die Gliederung in Primärkommunikation und Sekundärkommunikation erfolgt. Primärgruppen werden meist auch „kleine Gruppen" genannt.[3]

---

[1] Diese Definition entspricht einer grundlegenden Kurzdefinition der Gruppe von *Lewin* (1963, S. 182 ff.), die sich in Sozialpsychologie und Soziologie weitgehend durchgesetzt hat, vgl. dazu auch Lehrbücher wie *Napir* und *Gershenfeld* (1989).
[2] Zur vielfältigen Einteilung von Gruppen vgl. *Bottomore* (1987, S. 94 ff.).
[3] Die Unterscheidung geht auf *Cooley* (1907, 1962) zurück, sie wurde im Laufe der Zeit allerdings präzisiert und von dem speziellen Verwendungszweck, für den sie *Cooley* entwarf, gelöst.

Primärgruppen sind Gruppen im *engeren Sinne:* Wenn das Wort Gruppe in der Sozialpsychologie ohne weitere Zusätze gebraucht wird, ist im allgemeinen die Primärgruppe gemeint. Man versteht darunter *kleine* und *informelle* Gruppen mit den obengenannten Eigenschaften, in denen die Mitglieder in *persönliche* (face-to-face) Interaktion treten. Sie haben relativ häufig engen und emotional fundierten Kontakt sowie ein ausgeprägtes Wir-Gefühl.

Die wichtigsten Primärgruppen sind die Familie, Spielgruppen und Freundeskreis, kleine Gemeinden, also die nähere soziale Umwelt.

Sekundärgruppen werden durch entgegengesetzte Merkmale charakterisiert: Es handelt sich demzufolge um *große* Gruppen, in denen die Mitglieder ein distanziertes und meist *formal* begründetes Verhältnis zueinander haben. Die Mitglieder kennen sich im allgemeinen nicht oder nur flüchtig, da die Gruppen nicht mehr überschaubar sind. Sie haben nur unregelmäßige und unpersönliche Kontakte. Typische Beispiele sind großstädtische Gemeinden, politische und wirtschaftliche Verbände, auch Nationen.

Eine andere, für die folgenden Kapitel beachtenswerte Einteilung ist die Gliederung in *Mitgliedschaftsgruppen, Fremdgruppen* und *Bezugsgruppen.*

Die engere soziale Umwelt besteht für den einzelnen aus Gruppen, denen er angehört (Mitgliedschafts- oder Eigengruppen). Gruppen, denen er nicht angehört und die meist außerhalb seiner unmittelbaren und engeren Umwelt liegen, nennt man Fremdgruppen.

Eine *Mitgliedschaft* kann nun entweder faktisch bestehen, dann nimmt die Person auch tatsächlich am Gruppenleben teil, oder nur nominell, dann gehört sie lediglich aufgrund des Ausweises in der Mitgliederkartei zur Gruppe. Man wird davon ausgehen können, daß im allgemeinen eine faktische Mitgliedschaft dadurch zustande kommt, daß sich eine Person einer Gruppe zugehörig fühlt, also der Gruppe (psychisch) nahesteht und sich mit ihren Zielen und Verhaltensweisen identifiziert.

Bei den Primärgruppen ist es wenig sinnvoll, zwischen nomineller und faktischer Mitgliedschaft zu unterscheiden, denn nach der Definition von Primärgruppen kann man eine Mitgliedschaft in Primärgruppen nur als faktische Mitgliedschaft verstehen. *Abbildung 98* veranschaulicht den Zusammenhang der bisher dargestellten Gruppeneinteilungen:

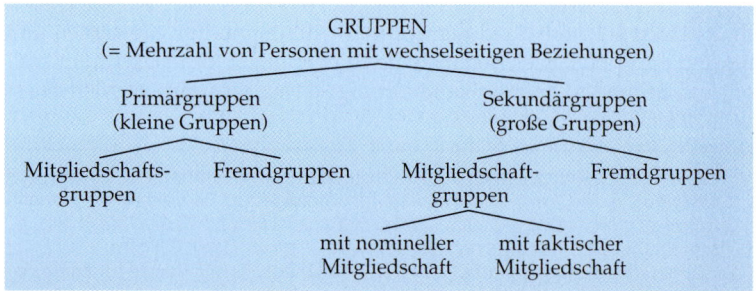

Abbildung 98: Die wichtigsten Gruppenarten

Der Begriff **Bezugsgruppe,** der in der gegenwärtigen Sozialpsychologie eine herausragende Bedeutung hat, geht auf *Hyman* (1942) zurück. Man versteht darunter Gruppen, nach denen sich das Individuum richtet: Die Bezugsgruppen bestimmen die Art und Weise, wie das Individuum seine Umwelt und sich selbst wahrnimmt und beurteilt, und sie liefern die Normen für sein Verhalten.

Die Bezugsgruppen können *Mitgliedschafts-* und *Fremdgruppen* umfassen, denn sowohl die eigenen Gruppen als auch fremde Gruppen können zu Ansatzpunkten für die eigenen Auffassungen und für das eigene Verhalten werden. Von manchen Autoren wie *König* (1967b, S. 118) werden allerdings nur Fremdgruppen als Bezugsgruppen angesehen.

Für das Verständnis des Bezugsgruppenbegriffs ist besonders bemerkenswert, daß es sich um einen fest eingebürgerten Begriff handelt. Bezugsgruppe ist ein terminus technicus geworden. Man darf von einem solchen Wortgebrauch nicht ohne weiteres darauf schließen, daß der Wortbestandteil *„-gruppe"* gleichbedeutend mit dem bisher benutzten Gruppenbegriff ist.[4] Gruppe kann im Zusammenhang mit Bezugsgruppe ganz anders aufzufassen sein: In vielen Bezugsgruppentheorien dienen auch *Einzelpersonen* als Bezugspunkte für die Erklärung individuellen Verhaltens (Bezugsperson), ferner imaginäre Gruppen und Personen sowie soziale Kategorien. Kurz gesagt, es werden alle realen und idealen Personen und sozialen Einheiten als mögliche Bezugsgruppen für das individuelle Verhalten herangezogen.

3. Haushalt und Familie

a) Vorbemerkung zu Haushalt und Familie

Nach der amtlichen *Statistik* gilt jede Personengemeinschaft als **Haushalt,** die ihre Lebensbedürfnisse gemeinsam finanziert und zusammen wohnt. Auch allein wirtschaftende Einzelpersonen werden zu den Haushalten gezählt. *Raffée* (1969) sieht den Haushalt als eine *organisatorische Einheit,* die aus einem oder aus mehreren Konsumenten besteht: Er dient der individuellen Bedürfnisbefriedigung seiner Mitglieder und ist durch eine eigene Wirtschaftsführung gekennzeichnet.

Von den privaten Haushalten (in der Bundesrepublik 1992 rund 35,7 Mio.) haben diejenigen Haushalte, die aus **Familien** bestehen, noch die größte Bedeutung. Das gilt sowohl in quantitativer Hinsicht – die meisten Konsumenten leben in Familien – als auch im Hinblick auf die Problematik von Familienentscheidungen. Seit einigen Jahren rücken auch die Ein-Personen-Haushalte („Singles") mehr in das Blickfeld, die knapp ein Drittel aller Haushalte ausmachen und voraussichtlich bis zum Jahr 2000 auf über 40 % zunehmen werden, davon über 40 % mit Personen im Pensionsalter.

Wir beschränken uns auf Kaufentscheidungen in Familienhaushaltungen und verwenden – für unseren Zweck – den Begriff Familie *synonym* mit dem Be-

---

[4] Zur linguistischen Klarstellung: Es ist grundsätzlich nicht möglich, von der Bedeutung von Wortbestandteilen auf die Bedeutung des gesamten Wortes zu schließen; vgl. dazu im einzelnen *Kroeber-Riel* (1969, S. 57).

griff Haushalt. Das setzt voraus, daß wir einleitend einige für die Analyse von Entscheidungsprozessen relevante Aspekte des *Familienlebens* skizzieren.

In der gegenwärtigen westlichen Industriegesellschaft überwiegt die *„Kernfamilie"*, das heißt eine Familie, die aus Eltern und Kindern besteht, zusammenlebt und im Regelfall keine weiteren Verwandten einschließt. Eltern und Kinder kann man als zwei *Untergruppen* der Familie mit eigenen Interaktionsmustern auffassen.[1]

Die Familie unterscheidet sich von anderen Primärgruppen insbesondere durch eine von der jeweiligen Kultur festgelegte *Rollenstruktur* (Tätigkeitsaufteilung für Mann, Frau und Kinder), außerdem durch die Qualität der *gefühlsmäßigen* Beziehungen zwischen den Familienmitgliedern – die sich u. a. in einem stark ausgeprägten Zusammengehörigkeitsgefühl äußern – sowie durch die *relativ* große Stabilität dieser gefühlsmäßigen Beziehungen. Durch diese Besonderheiten wird die Interaktion zwischen den Familienmitgliedern geprägt, die sich im übrigen in einer für die Interaktion in kleinen Gruppen typischen Weise abspielt. Beispielsweise ist die Kommunikation oft emotionaler und durch die langjährigen Beziehungen zwischen den Familienmitgliedern subtiler als in anderen Gruppen.

Ausgehend von der für uns grundlegenden Frage nach dem Einfluß der Familie auf das individuelle Konsumverhalten sind fünf *tiefgreifende Veränderungen* für das Verhalten der Familie im Zuge der gesellschaftlichen Entwicklung hervorzuheben:

(1) Trend zur zeitweise dezentral lebenden Kernfamilie.

(2) Immer mehr leben als Single (1995 lebten etwa 13 Millionen in Deutschland allein).

(3) Die Deutschen werden älter (nach *GfK* 1995 werden im Jahr 2000 mehr als 35 % älter als 50 Jahre sein).

(4) Stärkere Berufstätigkeit der Frau.

(5) Zunehmender Einfluß von Bezugsgruppen außerhalb der Familie.

Die Einschränkung der Familie auf die Kernfamilie – eine Folge der modernen Industriegesellschaft – ist weitgehend abgeschlossen. Noch vor 100 Jahren umfaßte ein *Mehrpersonenhaushalt* rund fünf Personen, heute sind es rund drei Personen. (Nimmt man Einpersonenhaushalte und Mehrpersonenhaushalte zusammen, so beträgt gegenwärtig die Haushaltsgröße im Durchschnitt nur noch etwa 2,3 Personen).

---

[1] In Zukunft kann es zweckmäßig werden, den Familienbegriff zu erweitern und vorrangig auf die Kommunikation und persönliche Verbundenheit innerhalb dieser „Familie" zu beziehen. Man kann unterscheiden:
● Die „Kernfamilie" aus Eltern und Kindern, die gemeinsam lebt und Haushaltsentscheidungen fällt.
● Die „Netzwerkfamilie", deren Verwandtschaft mehrere Haushalte umfaßt, sich aber durch familiäre Bindungen wie gemeinsame Verantwortung und subjektiv erlebten Familiensinn auszeichnet (vgl. im einzelnen *Bertram*, 1992).
● Die „Freundesfamilie", die ersatzweise für Verwandte die familiäre Verantwortung übernimmt. „Clanning ist das Zusammenleben von Menschen in einer selbsternannten Großfamilie" (*Faith Popcorn*, 1995).

Die *Berufstätigkeit* der verheirateten Frauen hat laufend zugenommen. Der Anteil der berufstätigen Frauen an den verheirateten Frauen ist von 32% im Jahr 1960 auf über 52% im Jahre 1992 gestiegen.

Das wirkt sich zunächst in einem veränderten Rollenverständnis der Frau aus. Im Hinblick auf das Konsumentenverhalten ist vor allem zu beachten, daß berufstätige Frauen das Familienbudget bereichern und eine flexiblere Überwindung von finanziellen Engpässen ermöglichen. Auf die Auswirkungen der Berufstätigkeit von Frauen kommen wir nachfolgend noch zurück.

Die Berufstätigkeit der Frauen und die von der Kernfamilie geschwächten Verwandtschaftsbeziehungen haben – in Verbindung mit weiteren Veränderungen im Umfeld der Familie – dazu geführt, daß die sozialen Einflüsse auf die Familienmitglieder, die von *außerhalb* der Familie kommen, erheblich zugenommen haben. Bildlich gesprochen: Es ist weniger die Mutter oder die Tante als die Freundin, welche das Verhalten der Hausfrau beeinflußt.

> Die Bedeutung der Familienmitglieder für individuelle und gemeinsame Kaufentscheidungen wird geringer.

Soziale Sanktionen, die das Verhalten steuern, kommen mehr und mehr aus der Umwelt außerhalb der Familie, insbesondere von anderen Bezugsgruppen wie Freundeskreis und Arbeitskollegen.

Der *soziale Einfluß,* der bei den Familienentscheidungen wirksam wird, kann aus verschiedenen Quellen kommen:

- *direkt* von *außerhalb* der Familie: Die Entscheidung, ein Produkt zu kaufen, geht beispielsweise auf den Einfluß eines Freundes zurück.
- *indirekt* von *außerhalb* der Familie: Die Familienmitglieder wirken als Vermittler externer sozialer Einflüsse. Zum Beispiel entspricht die Kaufentscheidung einer gesellschaftlichen Konsumnorm, die sich die Familienmitglieder zu eigen gemacht haben.
- von den *Familienmitgliedern* selbst: Die Kaufentscheidung geht z. B. auf die persönliche Machtausübung eines Familienmitgliedes zurück.

Diese verschiedenen Einflüsse lassen sich allerdings kaum trennen, sie sind oft miteinander verbunden. Hervorzuheben ist die Funktion der Familie, externe soziale Einflüsse auf das Verhalten der einzelnen Familienmitglieder zu vermitteln bzw. zu transformieren. Deswegen gilt die Familie auch als besonders wichtiger *Sozialisationsagent.*

b) Familienzyklus und Kaufverhalten

In der Haushalts- und Familienforschung werden demographische Variablen häufig gebraucht, um die Anzahl und Struktur der Familien zu erfassen.

Demographische Variablen sind Größen, die dazu geeignet sind, die Bevölkerung nach Art und Zusammensetzung (nach Alter, Geschlecht usw.) zu klassifizieren, oder es sind Größen zur Beschreibung der Bevölkerungsentwicklung und ihrer Determinanten (Lebenserwartung, Geburtenrate usw.). In der verhaltenswissenschaftlichen Absatzforschung werden solche

Größen im Sinne von einfach meßbaren Strukturdaten einer Population verwendet; meist sind es Daten, die der Marktsegmentierung dienen.

Bei verhaltenswissenschaftlicher Betrachtung dienen die demographischen Variablen insbesondere auch als *Indikatoren* für typische *Verhaltensweisen* von Familienmitgliedern bzw. Haushalten. So schließt man z. B. vom Familieneinkommen des Haushaltsvorstandes auf seinen sozialen Status und davon auf ein schichtenspezifisches Konsumverhalten, oder man schließt vom Alter auf die Sparbereitschaft.

Der Lebenszyklus bzw. der **Familienzyklus** ist eine demographische Variable, die – wie noch gezeigt wird – mit anderen Variablen in enger Beziehung steht und bevorzugt dafür verwendet wird, das Verhalten von Konsumenten, die in Familienhaushaltungen organisiert sind, zu bestimmen.

Familienzyklus ist ein Unterbegriff zum Begriff Lebenszyklus. Unter Lebenszyklus versteht man den in einzelne Phasen wie Kindheit, Jugend, Ehe usw. eingeteilten Lebensablauf. Sieht man eine solche Einteilung unter dem Gesichtspunkt der Eingliederung der Familie in den Lebensablauf, so spricht man von Familienzyklus. *Abbildung 99* zeigt eine schematische Darstellung der wichtigsten **Phasen** des Familienzyklus.[1]

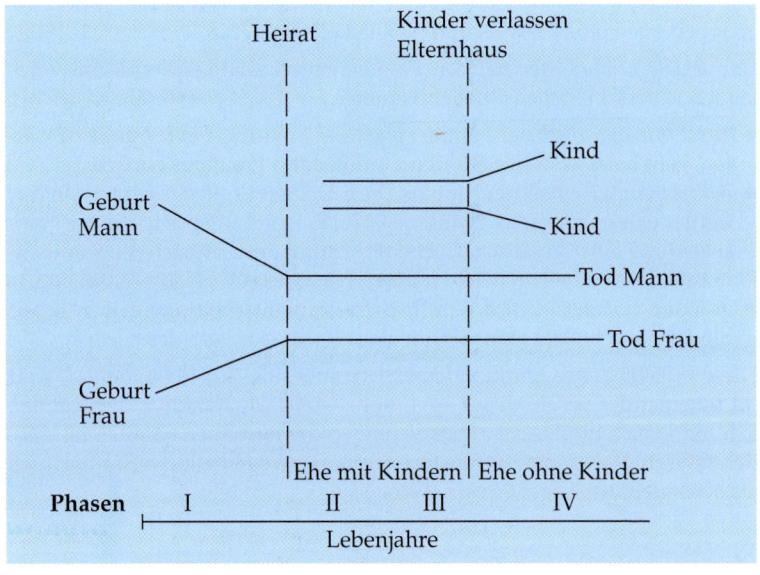

Abbildung 99: Schematische Darstellung des grundlegenden Lebenszyklus (Familienzyklus) von Mann und Frau

Anmerkung: Die Knicke in den Lebenslauflinien symbolisieren das Zusammenkommen zu einer Lebensgemeinschaft oder das Ausscheiden aus ihr.

---

[1] Die Phaseneinteilung für Lebens- und Familienzyklen weichen in einzelnen Untersuchungen zum Teil stark voneinander ab. Dadurch leidet die Vergleichbarkeit der Ergebnisse.

Phase I: unverheiratet, jung
Phase II: verheiratet, mit jungen Kindern
Phase III: verheiratet, mit älteren Kindern
Phase IV: verheiratet, ohne Kinder (diese haben das Elternhaus nach
            Ausbildung oder Ehe wieder verlassen)

Bei dieser Phaseneinteilung wird vom traditionellen Zyklus einer *durchschnittlichen Familie* mit einem Kind oder mehreren Kindern ausgegangen. Eine weitergehende Klassifizierung kann das Alter der Personen und die Zahl der Kinder mitberücksichtigen, ferner die Phase jungverheirateter Ehepaare ohne Kinder. Bei derartigen Einteilungen ist stets der *Zweck* der Klassifizierung zu beachten. Eine Einteilung, die gemacht wird, um die Rollenverteilung der Haushaltsmitglieder in den verschiedenen Phasen zu untersuchen, sieht anders aus als eine Einteilung im Hinblick auf den Kauf von Gebrauchsgütern.

Von den privaten Haushalten der *Bundesrepublik* sind rund 66 % Mehrpersonenhaushalte. Die durchschnittliche Personenzahl pro Haushalt beträgt etwa 2,3 Personen. Sie ist in kleinen Gemeinden wesentlich höher. Unter den Familienhaushaltungen mit Kindern sind solche mit einem Kind (rd. 50 %) und zwei Kindern (rd. 37 %) am häufigsten vertreten.

Das durchschnittliche Heiratsalter beträgt bei der ersten Eheschließung im alten Bundesgebiet 27 Jahre, in den neuen Bundesländern 25 Jahre. Die meisten Erstkinder kommen im ersten und zweiten Ehejahr zur Welt. Ein männlicher Konsument bleibt dem Markt durchschnittlich 70 bis 72 Jahre erhalten (mittlere Lebenserwartung), ein weiblicher durchschnittlich 76 bis 79 Jahre.[2]

Aufgrund dieser *Durchschnittszahlen* kann man ganz grob sagen, daß *Phase I* des traditionellen Familienzyklus bis zum 26. Lebensjahr dauert, *Phase II* bis zum 36. Lebensjahr (10. Lebensjahr der Kinder), *Phase III* bis zum 46. Lebensjahr (20. Lebensjahr der Kinder) und *Phase IV* bis zur mittleren Lebenserwartung von etwa 72 bis 79 Jahren. Die Zahlen für die verschiedenen Bevölkerungsgruppen streuen natürlich in unterschiedlichem Maße.

Der *Einfluß* des Familienzyklus auf das *Konsumentenverhalten* gibt den simultanen Einfluß mehrerer sozio-ökonomischer Einflußgrößen wieder. Das Verhalten in Phase III wird beispielsweise durch die Zahl der Kinder, das Alter der Eheleute, das Einkommen usw. beeinflußt.

Jede Phase des Familienzyklus repräsentiert demnach eine bestimmte *Konstellation von Einflußgrößen,* die sich durch eine Kombination von sozio-demographischen Variablen angeben läßt.

Es liegt deswegen auf der Hand, daß der Lebenszyklus *mehr* Informationen bietet als *einzelne* solcher demographischen Einflußgrößen, wenn es darum geht, das Konsumentenverhalten als abhängige Variable zu erklären.

---

[2] Die Zahlenangaben stammen aus dem Statistischen Jahrbuch der Bundesrepublik Deutschland von 1994.

Neuere Phaseneinteilung: Die in *Abbildung 99* wiedergegebene grundlegende Einteilung des Familienzyklus wurde in jüngerer Zeit differenziert und neu definiert. Dabei wird der (soziologische) Familienbegriff aufgegeben. Im Hinblick auf das Ziel, das Konsumentenverhalten zu erklären und den Markt mittels der Phaseneinteilung zu segmentieren, werden in den „Familienzyklus" auch die Lebensphasen von alleinstehenden Erwachsenen und von unverheirateten Paaren einbezogen.

Damit wird der gesellschaftlichen Entwicklung Rechnung getragen, nach der es immer mehr *einzeln* lebende Personen gibt, die nicht heiraten oder geschieden sind. Sie werden in der neuen Phasengliederung mit und ohne Kinder berücksichtigt. Als *Paare* werden nicht nur verheiratete, sondern auch unverheiratete Paare aufgefaßt, wenn sie einen gemeinsamen Haushalt führen – auch dann, wenn sie gleichgeschlechtlich sind.

Abbildung 100 gibt ein entsprechendes Schema des Familienzyklus wieder, das von *Gilly* und *Enis* (1982) stammt und von diesen Autoren im einzelnen begründet und mit anderen Phaseneinteilungen, insbesondere von *Murphy* und *Staples* (1979), verglichen wird. Gliederungskriterien sind Alter, Familienstand im weiten Sinne sowie Zahl und Alter der im Haushalt lebenden Kinder. Die Angaben zur Altersgruppierung in der letzten Zeile des Schemas beziehen sich auf das Alter der Frau im Haushalt (falls vorhanden, sonst auf das Alter des Mannes).[3]

Neuere Untersuchungen zum Konsum in einzelnen Lebenszyklusphasen von Haushalten (*Wilkes*, 1995) differenzieren wesentlich stärker als derzeitige traditionelle Haushaltsmuster, so z. B. zwischen acht Typen von Singles je nach Alter, Kinderzahl und Familienstatus. Sie bestätigen dennoch Modelltypen wie den von *Gilly* und *Enis* (1982) für Haushalte und Kinder und diesbezügliche Produkte. Bei ihnen läßt sich der Konsum generalisierend durch eine inverse U-Funktion darstellen, beginnend bei jungen Paaren und endend bei älteren Paaren oder Singles. Allerdings gibt es Ausnahmen: Stetige Ausgabenzuwächse beobachtet man bei der Wohnqualität, bei Versicherungen mit medizinischer Vorsorge sowie der Inanspruchnahme von Dienstleistungen. Dagegen sinken die Ausgaben für Alkohol und audio-visuelle Investitionen im Verlauf der Lebenszyklusphasen kontinuierlich.

Zurück zum Modell von *Gilly* und *Enis* (1982): Bei den *Kindern* wird zwischen jungen Kindern, die noch nicht in der Schule und unter sechs Jahren sind, sowie älteren Kindern unterschieden. Maßgebend für die Phasengliederung ist das Alter des jeweils jüngsten Kindes. „Volles Nest I" und „verzögertes volles Nest" umfassen die Phasen mit jüngeren Kindern (bei „verzögertem vollem Nest" haben die Eltern den Kinderwunsch aufgeschoben, sie sind bereits im mittleren Alter). „Volles Nest II und III" beziehen sich dementsprechend auf Familien mit älteren Kindern, in denen die Eltern entweder jung oder bereits im mittleren Alter sind.

---

[3] Zur kritisch-konstruktiven Erweiterung des Modells (Einbeziehung des Alters der Frau, Differenzierung zwischen Ruheständlern und Aufschlüsselung der „vollen Nester" nach Kindern im Vorschul-, Schul- und Nachschulalter) vgl. *Schaninger* und *Danko* (1993).

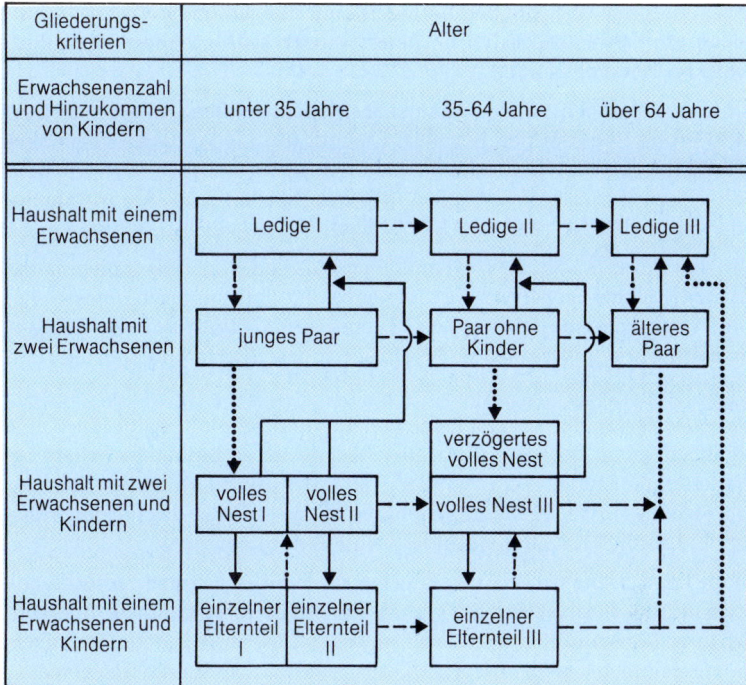

Abbildung 100: Fassung des Familienzyklus nach Gilly und Enis

Anmerkung: Durch spaltenweises Lesen findet man die Hauptphasen. In den Phasen volles Nest I und verzögertes volles Nest sind die Kinder unter sechs Jahren, in volles Nest II und III über sechs Jahre. Weitere Erklärungen im Text.

Zeichenerklärung: Heirat   –·–·–·–·–·–·–.
              Tod oder Scheidung   _____
              Kinder hinzu oder weg   · · · · · · · · · ·
              Alterung   _ _ _ _ _ _ _ _ _

Quelle: Gilly und *Enis* (1982, S. 274).

Anwendung: Der Familienzyklus als Segmentierungsvariable. Die Problematik bei der praktischen Anwendung des Zykluskonzeptes ist weniger in der empirischen Ermittlung der zur Phasenbestimmung dienenden demographischen Größen als in der *Einteilung* und Abgrenzung der einzelnen Phasen zu sehen (*Derrick* und *Lehfeld*, 1980).

Nach den vorliegenden empirischen Untersuchungen ist der Familienzyklus anderen demographischen Variablen bei der Bestimmung des Konsumentenverhaltens überlegen.

Man kann davon ausgehen, daß der Familienzyklus ein besserer Prädiktor für das Konsumverhalten ist als einfache soziodemographische Merkmale wie Alter und Einkommen.

Die Kenntnisse über die Bedingungen, unter denen das Konzept im Einzelfall zur Verhaltenserklärung herangezogen werden kann, sind allerdings noch unvollständig.

In Untersuchungen zum Marketing hat sich der Familienzyklus bei der Segmentierung von Märkten bewährt. Das gilt für das Verhalten gegenüber Produkten ebenso wie für das Verhalten in komplexen Märkten wie dem Freizeitmarkt (*Wachenfeld*, 1987, S. 193, mit Tabellen S. 512 ff. im Anhang) oder gegenüber Geschäften (*Müller-Hagedorn*, 1984, 1986, S. 175 ff.).

Um den Zusammenhang von Familienzyklus und Konsumentenverhalten zu verdeutlichen, geben wir nachfolgend einige Forschungsergebnisse wieder. Wir stützen uns dabei auf die Ergebnisse der *Allensbacher Werbeträgeranalyse* (*Institut für Demoskopie*, 1991), die manche Überraschungen über den Einfluß des Familienzyklus bietet.

Die *Allensbacher Analyse* läßt keine Freizeit- und Erholungsaktivitäten aus. Sie macht auch Angaben über den Tanzsport. Er ist besonders beliebt bei Paaren ohne Kinder (kein Wunder): 5,8 % der erwachsenen Bevölkerung gibt sich diesem anregenden Vergnügen in dieser Phase des Lebenszyklus hin. In Familien mit älteren Kindern sind es nur noch 2,7 %.

Junge Erwachsene stehen am Anfang ihrer beruflichen Karriere. Sie verdienen zwar nicht viel, haben aber nur geringe finanzielle Verpflichtungen und können ihren Konsum auf ihre persönlichen Bedürfnisse abstellen. Sie geben überdurchschnittlich viel für Hifi und CD aus, gehen viel aus und reisen gerne.

Mode wird bei den jungen Erwachsenen großgeschrieben. Sie machen gern die neue Mode mit, bei jungen Paaren mit Kindern wird es weniger, und in späteren Lebensphasen sinkt das Interesse an Mode noch weiter ab. Möglicherweise wird sich aber diese Einstellung mit dem neuen Lebensgefühl der Senioren ändern.

Ein ähnliches, noch verstärktes Konsumverhalten finden wir, wenn sich zwei junge Erwachsene (verheiratet oder unverheiratet) zu einem *Haushalt* zusammenschließen und noch keine Kinder haben. Das gilt beispielsweise für wiederholte Urlaubsreisen und für den Kauf von Autos. Bemerkenswert ist der hohe Freizeitanteil, den junge Erwachsene außerhalb des Hauses verbringen. Der Trend zur Kommunikation und zum Freundeskreis hält ungebrochen an.

Früher nahm man an, daß allein lebende junge Leute ihren Ein-Personen-Haushalt als vorübergehende Phase ansehen. In dieser Hinsicht bahnt sich ein Wandel an: Die Führung eines Ein-Personen-Haushaltes wird als eine Lebensform betrachtet, an der immer mehr Personen Gefallen finden. Diese Einstellung schlägt sich in einer steigenden Nachfrage nach dauerhaften und hochwertigen Haushaltsgütern und Einrichtungsgegenständen auch durch diese Gruppen nieder.

Die Gründung eines Haushaltes durch ein Paar führt nach den vorliegenden Analysen zu unterschiedlichen Verhaltensweisen, je nachdem, ob das Paar verheiratet ist (oder unverheiratet an eine andauernde gemeinsame Zukunft denkt) oder ob sich das Paar nur vorübergehend zusammenschließt. Bei vorübergehendem Zusammenschluß gleicht das Konsumverhalten mehr dem in Ein-Personen-Haushalten (*Zaltman* und *Wallendorf*, 1983, S. 66).

Aufgrund der verbreiteten Berufstätigkeit von beiden Partnern junger Paare steht dem Paar ohne Kinder ein verhältnismäßig hohes Familienbudget zur Verfügung. Es dient vor allem dem „Nestbau", falls Kinder gewünscht werden.

In dieser Phase des ersten Nestbaus wird relativ viel im Vergleich zu anderen Phasen für das Wohnen ausgegeben. Bevorzugt werden Wohnungen in der Nähe des Stadtkerns. Dagegen tendieren junge Familien mit Kindern dazu, sich am Stadtrand anzusiedeln.

„**Das volle Nest**" nennen die amerikanischen Forscher diejenige Phase des Lebenszyklus, welche eine komplette Familie repräsentiert. Es ist die Phase, in der in der Regel eine aus zwei Erwachsenen bestehende Gemeinschaft um ein Kind oder um mehrere Kinder erweitert wird.

Da das *Alter* der *Kinder* das Verhalten in dieser Phase entscheidend beeinflußt, wird stets das volle Nest I mit jüngeren Kindern unter sechs Jahren vom vollen Nest II, mit älteren Kindern unterschieden. (*Gilly* und *Enis*, 1982 ziehen als weiteres Unterscheidungskriterium auch das Alter der Eltern heran. Ihre in *Abbildung 100* wiedergegebene Phasengliederung umfaßt für die älteren Paare ein „verzögertes volles Nest" mit jüngeren Kindern und ein „volles Nest III" mit älteren Kindern.)

Die Geburt der Kinder beeinträchtigt zunächst einmal die finanzielle Situation der Familie:

Das Einkommen der Familie geht zurück, weil die Frau mindestens vorübergehend ihre Berufstätigkeit aufgibt. Schwerwiegender ist jedoch die Verteilung des Einkommens auf mehrere Köpfe (zusätzlich auf die der Kinder), die zu einem erheblich reduzierten Pro-Kopf-Einkommen und damit zu einer entsprechenden Verringerung des Lebensstandards in der Familie führt.

Das verringerte Einkommen hat für das Konsumverhalten verschiedene Folgen: Durch Vergleich ihres Lebensstandards mit dem Lebensstandard von Familien ohne Kinder oder mit weniger Kindern erfahren Familien mit vielen Kindern oft eine starke *relative Deprivation*, durch die sie nicht selten unzufrieden werden. Das Marketing kann diese Unzufriedenheit aufgreifen, es kann in Werbung und Verkauf mit seinen Argumenten auf diese Unzufriedenheit und auf das Streben nach besonders günstigem Einkauf (um es den anderen Familien gleichzutun) eingehen.

Der Rückgang des Einkommens in der Phase des vollen Nestes läßt allerdings nicht ohne weiteres Schlüsse auf das Ausgabenverhalten zu. Gerade in dieser Phase ist der Druck zum Geldausgeben besonders groß. Das geht auf den Bedarf zur weiteren Ausstattung des Haushalts sowie auf den durch die Kinder eintretenden Güterbedarf zurück, auch auf das Mieten oder Kaufen von entsprechend großen Wohnungen.

Hinzu kommt möglicherweise, daß jüngere Leute, auch wenn sie Kinder haben, für Ausgaben des demonstrativen Konsums anfälliger sind als ältere Leute, da sie damit (durch ihre „Konsumfassade") zur Etablierung ihrer sozialen Stellung beitragen wollen.

Aus diesen Gründen werden auch Ausgaben getätigt, die über das zur Verfügung stehende Familieneinkommen oft hinausgehen. Die Verschuldung von jungen Familien mit Kindern ist im Vergleich zur Verschuldung in anderen Phasen größer.

Ein interessanter Gesichtspunkt bei der größeren Verschuldung von jüngeren Familien ist ihr im Verhältnis zu älteren Leuten größerer Optimismus. Ältere Leute würden, wenn sie in der gleichen wirtschaftlichen Situation wie die jüngeren Leute wären, weniger Schulden machen und weniger ausgeben. Hier zeigt sich wieder:

Die *objektiven* wirtschaftlichen Verhältnisse wie Einkommensrückgang oder Bedarf reichen allein nicht aus, um bestimmte Verhaltensweisen auszulösen. Erst bei Kenntnis der *psychischen* Variablen ist man in der Lage, genauere Beziehungen zwischen objektiver Situation und Verhalten herzustellen.

Bezüglich der Gebrauchsgüter gibt es eine verbreitete Kaufordnung, nach der zunächst die für den Haushalt und das Familienleben notwendigen, auch teureren Gebrauchsgüter gekauft werden, selbst wenn Schulden gemacht werden müssen. Dazu gehören unter anderem Möbel, Küche und Auto. Aber auch Produkte, die der Geselligkeit und dem demonstrativen Konsum dienen, werden in dieser Phase gekauft, beispielsweise Musikanlagen. Ersatzanschaffungen werden dagegen bis in spätere Phasen aufgeschoben, ferner der Kauf mancher Gegenstände, die alleinige Bedürfnisse eines Partners befriedigen.

Die Nachfrage nach Konsumgütern, insbesondere nach Nahrungsmitteln und Kleidern, wird ausgedehnt und wesentlich vom Bedarf der *Kinder* mitgeprägt. Der Erholungskonsum wird eingeschränkt.

Sicherheit und Gesundheit werden für den Haushalt wichtiger. Ein Indikator für die größere Bedeutung der Gesundheit ist der steigende Budgetanteil für sportliche Betätigung (der auch bei den älteren Leuten eine wichtige Rolle spielt).

Insgesamt gesehen gelten jüngere Familien mit Kindern als relativ sensibel gegenüber Marketingmaßnahmen. Das hängt nicht zuletzt mit der geringeren Erfahrung jüngerer Eltern, mit dem Familienmanagement und ihrem größeren Risikobewußtsein zusammen.

In den **späteren Phasen** der Familie mit älteren und mit erwachsenen Kindern erhöht sich das Familienbudget durch die fortgeschrittene berufliche Karriere der Partner und die oft wieder einsetzende zusätzliche Berufstätigkeit der Frau.

Die Ausgaben des Haushalts richten sich nun wesentlich nach den Bedürfnissen der heranwachsenden Kinder, insbesondere für die Ausbildung. Fahrräder, Sportartikel und Musikinstrumente gehören beispielsweise zu den Gütern, für die Familien mit älteren Kindern mehr Geld ausgegeben.

Zu beachten ist in diesem Zusammenhang, daß die größeren Kinder bereits in nennenswertem Umfang in die Kaufentscheidungsprozesse der Haushalte eingreifen und dabei Wünsche und Anregungen durchzusetzen vermögen. Sie werden deswegen zu einer besonderen Zielgruppe für die Werbung. Der Bedarf von kleineren Kindern wird dagegen stärker von den Eltern artikuliert, die die Rolle eines „Torhüters" (gatekeeper) für den Konsum spielen.

In Familien mit älteren Kindern werden auch wieder mehr Anschaffungen für den persönlichen Bedarf der Erwachsenen getätigt, außerdem Ersatzbeschaffungen und Erweiterungen der Wohnungseinrichtung, an die nun gehobene Ansprüche gestellt werden. Auch steigen die Ausgaben für Versicherungen, medizinische Vorsorge und Inanspruchnahme von Dienstleistungen (z. B. Urlaubsreisen).

Es folgen dann die Phasen, in denen die Kinder das Haus verlassen haben – meist „leeres Nest" genannt – und die letzte Phase, in der nach dem Tod eines Partners oder nach der Scheidung ältere Leute wieder einen Ein-Personen-Haushalt führen.

Das „leere Nest" ist durch hohes Einkommen und hochwertigen Konsum gekennzeichnet. Später in den *Einzelhaushalten* von älteren Leuten geht das Einkommen im Durchschnitt gesehen wieder stark zurück, die Konsumansprüche werden geringer. Dadurch ändert sich die Zusammensetzung des Ausgabenbudgets beträchtlich. Es werden wieder mehr Bücher gelesen und Rätsel gelöst, mehr organisierte Ausflugfahrten gemacht und natürlich wesentlich mehr Geld für eine gesunde Lebensführung ausgegeben.

Der Markt für Senioren wird das Marketing in Zukunft wegen des wachsenden Anteils dieser Bevölkerungsgruppe wesentlich mehr als heute beschäftigen. Die Bedeutung dieses Marktes und die Änderung des Konsumverhaltens, die sich bei den älteren Leuten anbahnen, werden aus neueren Segmentierungsstudien ersichtlich (*Höfner*, 1987; *Meyer-Hentschel*, 1989; *Meyer-Hentschel* und *Meyer-Hentschel*, 1991).

Alles in allem zeigt sich, daß das Konsumprofil eines Haushalts wesentlich vom Lebenszyklus abhängt. Dadurch wird es möglich, von den zu erwartenden *Änderungen* des Familienzyklus – die vor allem aus demographischen Trends abgeleitet werden können – auf entsprechende zukünftige Nachfragebewegung zu schließen!

4. Kaufentscheidungen in der Familie

Untersuchungen von Kaufentscheidungen in der Familie bauen im allgemeinen auf einer Analyse der Interaktion zwischen den Familienmitgliedern auf. Dabei stehen die Kaufentscheidungen für Gebrauchsgüter und Dienstleistungen im Mittelpunkt, da derartige Entscheidungen umfangreichere Interaktionen auslösen als der Kauf von Verbrauchsgütern. Der Kauf von Verbrauchsgütern ist ohnehin teilweise habitualisiert, d. h., er bedarf dann keiner gesonderten Entscheidungen.

Die Interaktionsanalyse bezieht sich im wesentlichen auf die **soziale Rolle,** welche die Familienmitglieder bei ihren Kaufentscheidungen spielen. Eine soziale Rolle wird definiert als eine *Menge von Verhaltensmustern,* die dem einzelnen von der Gesellschaft (Gruppe) zugewiesen werden. Diese Zuweisung dient der funktionalen Eingliederung des Individuums in ein soziales Gebilde, sie ist mit Erwartungen der Umwelt verbunden, was der einzelne tun soll. Diese Erwartungen sind, je nachdem, ob es sich um *Muß-, Soll-* oder *Kann-Erwartungen* handelt, mit Sanktionen unterschiedlicher Verbindlichkeit verknüpft, wenn sich das Individuum nicht erwartungsgemäß verhält.

Der Begriff Rolle hängt eng mit dem Begriff *soziale Position* zusammen. Die soziale Position ist die Stellung oder der Platz, den ein Individuum in einer Gesellschaft einnimmt (Position als Student, Fernsehansager usw.). Durch die sozialen Positionen läßt sich die *Struktur* einer sozialen Einheit kennzeichnen. Zu jeder Position gehören bestimmte Verhaltensweisen, die man vom Träger dieser Positionen erwartet, das ist die *Rolle,* die er zu spielen hat. Sie repräsentiert den *funktionellen* Aspekt des sozialen Gebildes.

Es gibt Rollen, die das gesamte Verhalten einer Person durchdringen und ihre anderen Rollen determinieren (z. B. die Rolle, Frau zu sein). Andere Rollen haben dagegen nur eine begrenzte Reichweite für das Verhalten (etwa die Rolle eines Clubvorsitzenden). Die unterschiedliche *Reichweite* sowie die unterschiedliche Verbindlichkeit der Rollen lassen dem einzelnen einen Spielraum, wie er die an ihn gerichteten Rollenerwartungen realisiert und in tatsächliches Rollenspiel umsetzt.

Die Rolle, **Konsument** zu sein, ist mit anderen Rollen verknüpft, die der einzelne spielt. So kann z. B. die Verbraucherrolle Erwartungen einschließen, die sich an die Rolle des Familienvaters knüpfen oder an eine bestimmte Berufsrolle oder an Rollen, die von Freundschafts- und Verwandtschaftsverhältnissen geprägt werden.[1]

a) Methodische Ansätze: Beobachtung, Befragung, Experiment

In den empirischen Untersuchungen zur Konsumentenrolle werden im allgemeinen die tatsächlich gespielten Rollen, aber auch wahrgenommene Rollen der Familienmitglieder durch Beobachtung und Befragung erfaßt. Aufgrund der dabei auftauchenden methodischen Probleme der Datenerhebung und -auswertung ist es notwendig, die Gültigkeit der Ergebnisse vorsichtig zu beurteilen (vgl. dazu *Burns* und *Gentry, 1990,* und die Folgebeiträge in *Goldberg, Gorn* et al., 1990) – vorsichtiger als in anderen Gebieten der Konsumentenforschung, da sich die Erforschung der Familieninteraktion in den letzten Jahren nur schwach weiterentwickelt hat.

---

[1] Zum Rollenbegriff und zur Rollen-„theorie" sowie zur Übertragung des Rollenkonzeptes auf das Konsumentenverhalten vgl. *Wiswede* (1991, S. 185 ff., 447 ff.).

[2] Zur Analyse von sozialen Interaktionen als Instrument der empirischen Sozialforschung vgl. den Überblick von *Merkens* und *Seiler* (1978) und *Moore* (1986).

Zur **Beobachtung:** Das bekannteste *standardisierte* Beobachtungsverfahren, um das Rollenspiel und die Rollenbeziehungen in Kleingruppen zu erfassen, ist die **Interaktionsanalyse,** insbesondere das klassische Verfahren von *Bales* (IPA = Interaction Process Analysis).[3]

Das *Vorgehen bei der Interaktionsanalyse* (nach *Bales,* 1962):[3] Die Gruppe, deren Interaktionen beobachtet werden sollen, hält sich in einem Raum auf und wird aus einem anderen Raum – durch Einwegspiegel – *beobachtet.* Die Beobachter sind mit einem Gerät zur direkten Tonaufnahme ausgestattet, das es ihnen erlaubt, alles zu hören, was vorgeht. Für die Aufnahmen wird heute Videotechnik eingesetzt. Es gibt auch Interaktionsaufnahmegeräte, mit deren Hilfe die Interaktionsergebnisse nach einem standardisierten Muster chronologisch festgehalten werden können. In der angewandten Marketing-Forschung wird das Vorgehen vereinfacht. Zum Beispiel wird das von den Familien während des Entscheidungsprozesses geführte Gespräch lediglich auf Tonband aufgenommen und hinterher analysiert.

„Die Analyse des Interaktionsprozesses ist im Prinzip eine Art von Inhaltsanalyse; der Inhalt, den sie aus dem Rohmaterial der Beobachtung zu abstrahieren versucht, ist die Bedeutsamkeit jeder Handlung für die Lösung des Problems im Gesamtablauf des Gruppengeschehens. Man spricht deshalb besser von einer Analyse des Interaktionsprozesses als von Inhaltsanalyse. Der Kern der Methode besteht in einer bestimmten Art der Klassifikation des Verhaltens in Kleingruppen sowie in der Analyse des Materials mit dem Ziel, Indizes zu erhalten, die den Gruppenprozeß und die ihn beeinflussenden Faktoren beschreiben" (*Bales,* 1962, S. 151 f.).

> Das Verhalten der beobachteten Personen wird in *Beobachtungskategorien* zerlegt.

Das sind die kleinsten erkennbaren Einheiten des Verhaltens (Verhaltenskategorien). *Abbildung 101* gibt die von *Bales* zur Klassifizierung des Verhaltens benutzten **Kategorien** wieder. Die Kategorien sind nur in Kurzform umschrieben, für jede Kategorie gibt es noch eine ausführliche Definition.

Die Kategorien lassen sich nach verschiedenen *theoretischen Bezugssystemen* ordnen. *Bales* entwirft, wie die Tabelle angibt, ein System von kognitiven und affektiven Interaktionseinheiten (A, B, C, D). Danach wird zwischen Interaktionseinheiten unterschieden, die der instrumentellen *(kognitiven)* Bewältigung eines Problems dienen (B, C) und solchen, die mehr der *emotionalen* bzw. affektiven Regelung der interpersonellen Beziehungen beim Problemlösungsprozeß dienen (A, D).

---

[3] Zum *Bales*-Verfahren, das heute weniger eingesetzt wird, vgl. die ausführliche Darstellung von *Bales* (1950) und die methodischen Einführungen von *Bales* (1962, 1970).

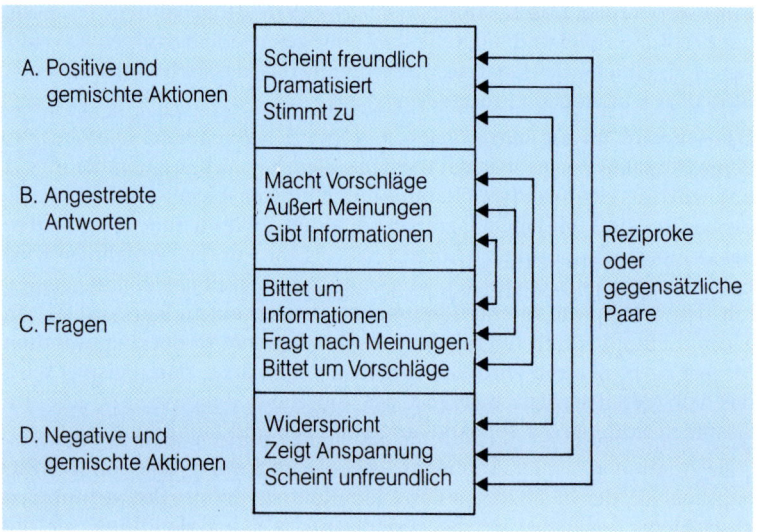

Abbildung 101: Kategoriensystem zur Klassifizierung des Verhaltens bei Interaktionen (IPA)

Anmerkung: A, D = sozialemotionaler Bereich
                B, C = aufgabenorientierter Bereich
Quelle: Bales (1970, S. 92).

Durch die Auswertung des Beobachtungsmaterials, d. h. durch die Klassifizierung des beobachteten Verhaltens nach den obengenannten Verhaltenskategorien, wird es möglich, sogenannte *Interaktionsprofile* zu erstellen, die über *Qualität* (Art der Verhaltenseinheiten) und *Quantität* (Anzahl der Verhaltenseinheiten) der beim Entscheidungsprozeß ablaufenden Interaktionen Auskunft geben.

Die *Kritik* an der IPA bezieht sich darauf, daß die Kategorien manche Verhaltensunterschiede verschleiern und heterogenes Verhalten in einer Kategorie zusammenfassen sowie darauf, daß die Intensität mancher Verhaltensweisen durch die Kategorie nicht hinreichend zum Ausdruck kommt. *Bales* selbst hat ein erweitertes Analysesystem *(Symlog)* geschaffen, das auch Auskunft darüber gibt, wie die Beteiligten während der Interaktion sich selbst und andere wahrnehmen (*Bales* und *Cohen*, 1982).[4]

Die Interaktionsanalyse von *Bales* (1971) kann in verschiedenen Bereichen der Konsumentenforschung benutzt werden, etwa zur Analyse von Familienentscheidungen oder zur Analyse von Verkäufer-Käufer-Beziehungen. Es gibt außerdem noch weitere Formen der Interaktionsanalyse, u. a. von *Bonoma* und *Felder* (1977) und von *Webb* (1978). Letztere wurde speziell für die Untersuchungen von Familienentscheidungen entwickelt. Auch die neueren Techniken, die im Rahmen der nonverbalen Kommunikationsforschung

---

[4] SYMLOG bedeutet: systematic multiple level observation of groups.

eingesetzt werden, eignen sich dazu, Interaktionen in Haushalten durch Beobachtung zu analysieren (vgl. *Klammer*, 1989; *Weinberg*, 1986 b).

Das Interview („Rolleninterview"): Die meisten Untersuchungen über das Rollenspiel bei Familienentscheidungen bedienen sich der Befragung als Erhebungsmethode, weil sie einfacher, ökonomischer und wesentlich praktikabler als die systematische Beobachtung ist. Im Vordergrund der überwiegend deskriptiven Untersuchungen steht die Ermittlung der Rollenverteilung bei Entscheidungen über einzelne *Produkte* und in den einzelnen *Entscheidungsphasen.*

Systematische Untersuchungsfehler können sich bei den Befragungen insbesondere dadurch einschleichen, daß nur *ein* Ehepartner nach seiner subjektiv eingeschätzten Rolle bei der Kaufentscheidung gefragt wird. Die Größe dieses Fehlers hängt davon ab, wie stark die subjektiv *wahrgenommene* Rolle von der *tatsächlich* gespielten Rolle abweicht. Ein Maß für diese Abweichungen ist der Grad an Übereinstimmung, den man feststellt, wenn man *beide* Ehepartner getrennt und unabhängig voneinander interviewt und die subjektive Wahrnehmung des einen Partners (z. B. Rollenwahrnehmung des Mannes) mit der subjektiven Wahrnehmung des anderen Partners über seine Rolle (z. B. Wahrnehmung der Frau über die Rolle des Mannes) vergleicht. Da diese Rollenwahrnehmungen innerhalb einer Familie (aber möglicherweise nicht auf aggregierter Ebene) divergieren, wird manchmal vorgeschlagen, das *arithmetische Mittel* aus den beiden gemessenen Wahrnehmungen zu nehmen.

Die Abweichungen zwischen den durch Interviews ermittelten Rollenwahrnehmungen der beiden Partner können eine Vielzahl von Ursachen haben: Sie können außer auf methodische Unzulänglichkeiten (bei der Erhebung) auch auf die zugrundeliegende Interaktion zurückgehen und konfliktäre Entscheidungen anzeigen: Wenn Entscheidungsprozesse Konflikte zwischen den Partnern enthalten und durch einen Kompromiß enden, so entstehen für die einzelnen Ehepartner ex post Interpretationsspielräume bezüglich ihres Anteils an diesen Entscheidungen. Diese können, zusammen mit dem erhöhten Affekt, der aus solchen Entscheidungen resultiert, die eigene Rollenwahrnehmung verzerren.[5]

Zudem ist zu beachten, daß die Befragten nicht nur über ihr tatsächliches Rollenverhalten berichten. Sie geben vielmehr ihr Rollenverhalten teilweise so wieder, wie es in ihren Augen auszusehen hat. Mit anderen Worten: sie orientieren ihre Antworten in nicht unerheblichem Ausmaß an „internen Theorien" über ihr Verhalten.

Gegen das Rolleninterview läßt sich schließlich noch einwenden, daß sich ein erheblicher Teil der Familieninteraktion auf der *nicht-verbalen* Ebene abspielt und das (sozial-)emotionale Verhalten der Beteiligten betrifft. Dieses Verhalten wird gedanklich wenig kontrolliert und gesteuert und ist dem

---

[5] Gerade Haushaltsentscheidungen verlaufen in der Regel konfliktär. Diese Konflikte sind um so geringer, je mehr Übereinstimmung über das Rollenverhalten der Partner besteht (*Qualls* und *Jaffe*, 1992).

einzelnen oft nicht oder nur wenig bewußt. Es kann deswegen nur unzureichend durch verbale Auskünfte erfaßt werden.

Ein typisches Beispiel dafür, wie überzogen Interviews als empirische Erhebungsmethode eingesetzt werden, bietet die Untersuchung von *Burns* und *De-
Vere* (1981).
Ziel dieser Untersuchung ist die Ermittlung der Rollenstruktur unter verschiedenen Bedingungen wie „Kaufentscheidung zu Hause" oder „Kaufentscheidung
im Geschäft". Diese Bedingungen werden dadurch „realisiert", daß die befragten Ehepartner gebeten werden, sich ein inneres Bild davon zu machen, das heißt,
sich den Ablauf einer Familienkaufentscheidung unter einer dieser Bedingungen
vorzustellen. Aufgrund dieser gedanklichen Vorstellung geben sie mittels eines
schriftlichen Fragebogens an, wie sich die an der Entscheidung beteiligten Familienmitglieder verhalten. Daß bei diesem Vorgehen normative Ansichten und interne Theorien über das eigene Verhalten zum besten gegeben werden und daß
das tatsächliche Rollenverhalten anders aussieht, steht außer Zweifel. Es ist nicht
erstaunlich, daß die Autoren in ihrer Untersuchung keine signifikanten Situati-
onseffekte gefunden haben!

Bei der Ermittlung des Rollenverhaltens ist also gegenüber den Ergebnissen von mündlichen und schriftlichen Befragungen eine distanzierte und
kritische Haltung erforderlich. Wenn möglich, sind Befragungen mit anderen Methoden zu koppeln, zumindest sind Bedingungen herzustellen, welche die Mängel des Interviews verringern, unter anderem dadurch, daß die
Befragung auf ein tatsächliches (nicht gedanklich konstruiertes) und konkretes Verhalten bezogen wird und kurzfristig nach diesem Verhalten stattfindet.[6]

Experimente: Relativ selten werden Familienentscheidungen unter experimentellen Bedingungen geprüft. Die Künstlichkeit der experimentellen Labor-
bedingungen führt zu einer Beeinträchtigung der externen Validität der Ergebnisse. Andererseits ermöglichen Experimente kausale Überprüfungen und
eine Anwendung von Meßmethoden, die sonst kaum herangezogen werden
können. Das ist auch der Grund, warum in den von *Böcker* angeregten Untersuchungen über den Einfluß von Familienmitgliedern experimentell vorgegangen wurde. *Böcker* und *Thomas* (1983); *Hubel* (1986) und *Böcker* (1987) brachten Familien dazu, Produkteinschätzungen sowohl individuell als auch
gemeinsam durchzuführen:

Die Familienmitglieder wurden zweimal nacheinander nach ihren Produkteinschätzungen gefragt: Nach der ersten Phase *individueller* Urteilsbildung und
nach einer zweiten Phase *gemeinsamer* Urteilsbildung.

Böcker und *Thomas* (1983, S. 246 f.) ermittelten auf diese Weise die Präferenzen
für Schokolade und drei teurere Gebrauchsgüter (Fahrräder, Radiorecorder,
Mopeds) von Müttern und Kindern. Dabei wurde nach der zweiten Phase der
gemeinschaftlichen Produkteinschätzung davon ausgegangen, „daß Änderungen der Präferenzwerte beider Personen allein durch ihre gegenseitige Beein-

---

[6] Über das methodische Vorgehen bei Rolleninterviews informieren *Meffert* und
Dahlhoff (1980, S. 106 ff.) sowie *Burns* und *Gentry* (mit Folgebeiträgen in *Goldberg,
Gorn* et al., 1990).

flussung herbeigeführt worden sind. Diejenige Person, deren Präferenzwerte weniger stark verändert wurden, gilt folgerichtig als die einflußreichere Person".

Abbildung 102 veranschaulicht diesen Zusammenhang: Der im unteren Kästchen ausgewiesene „Einfluß von Kind" ergibt sich aus dem Vergleich der gemeinsam von der Familie entwickelten Präferenzen mit den einzeln gebildeten Präferenzen von Mutter und Kind. Die weiteren Kästchen zeigen die Möglichkeiten weiterer Datenauswertung an (übernommen aus *Böcker* und *Thomas*, 1983, S. 247).

Böcker (1987) und *Hubel* (1986) weiteten diesen Ansatz in einem „wirklichkeitsnah gestalteten Feldexperiment" (*Hubel*, 1986, S. 124) aus und befragten 396 Familien – bestehend aus Mann, Frau, Kind – in ihrer häuslichen Umgebung. Die für die Präferenzbildung zur Auswahl stehenden Produkte und ihre Eigenschaften wurden auf Kärtchen vermerkt, die den Familienmitgliedern vorgelegt wurden.

Die Einschätzungen der Familienmitglieder bezogen sich in diesem Fall auf die Beurteilung von Marken anhand der (ebenfalls erfragten) kaufrelevanten Eigenschaften sowie auf die Vorauswahl von Marken und die endgültige Markenpräferenz. Zusätzlich wurden Angaben über die von den Familienmitgliedern wahrgenommenen Formen des sozialen Einflusses ermittelt.

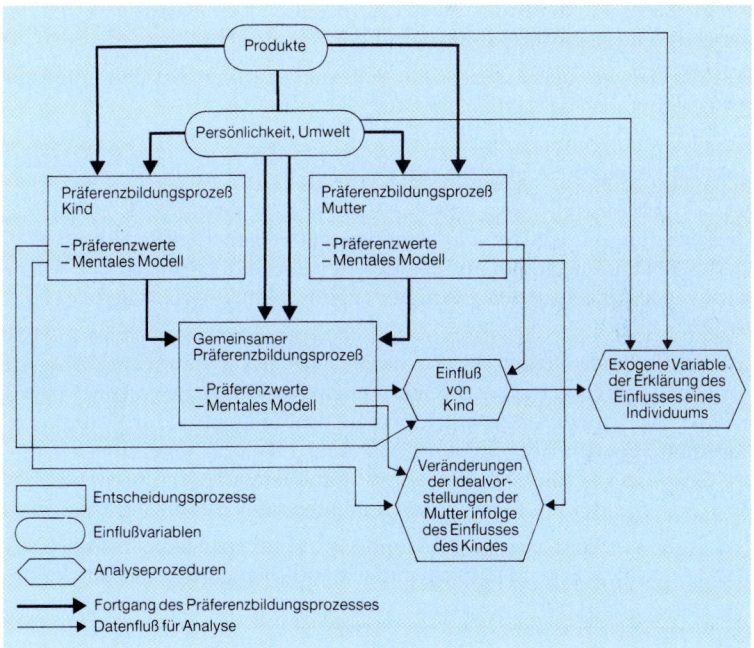

Abbildung 102: Erfassung der Präferenzbildung in Familien nach dem experimentellen Vorgehen von Böcker und Thomas

Quelle: Böcker und *Thomas* (1983, S. 247).

Der experimentelle Aufbau wurde hier etwas ausführlicher beschrieben, weil er eine selten benutzte Alternative zu den experimentellen Interaktionsanalysen darstellt und sich zu einer differenzierten Ermittlung von sozialen Einflußgrößen eignet. Man darf allerdings nicht übersehen, daß das experimentell induzierte Auswahlverhalten und das reale Kaufverhalten beträchtliche Unterschiede, insbesondere im Hinblick auf das auftretende Involvement, vorhandene latente Konflikte und die damit zusammenhängende gedankliche Kontrolle des Entscheidungsverhaltens, aufweisen.

b) Die Rolle der Familienmitglieder

Wir abstrahieren zunächst einmal von der Komplexität des Entscheidungsprozesses, um die *grundlegende* Rollenverteilung in der Familie sichtbar zu machen. Im folgenden Kapitel gehen wir dann auf komplexere Entscheidungsmuster, insbesondere auf das Wechselspiel des rationalen und emotionalen Entscheidungsverhaltens von Familienmitgliedern, ein.

Die Rolle von Mann und Frau: In der klassischen Untersuchung von *Davis* und *Rigaux* (1974) wird die Rolle von Mann und Frau in 73 belgischen Haushalten ermittelt.[1] *Davis* und *Rigaux* fragten Mann und Frau *getrennt* nach ihrem Einfluß auf 25 verschiedene Kaufentscheidungen, die üblicherweise im Haushalt getroffen werden. Dabei wurde der Einfluß in drei Entscheidungsphasen – in der Anregungsphase, bei der Informationssuche und bei der endgültigen Entscheidung – ermittelt.

Für die Fragen nach dem Einfluß der Ehepartner wurden folgende Anwortvorgaben benutzt:

Wert 1 = Mann dominiert
Wert 2 = gemeinsame Entscheidung
Wert 3 = Frau dominiert

Die Befragungsergebnisse werden im sogenannten *Rollendreieck* abgebildet. Dieses Rollendreieck gibt auf aggregierter Ebene den Einfluß von Mann und Frau auf die Kaufentscheidung der Familie an. Es wird wie folgt konstruiert:

Auf der Ordinate werden die durchschnittlichen Antworten der Befragten zur Dominanz eingetragen: Bezogen auf ein Produkt zeigt ein Wert von 1,0 an, daß *alle* Befragten der Ansicht waren, bei der Entscheidung dominiere der Mann. Ein durchschnittlicher Wert über 1,5 gibt – definitionsgemäß – an, daß weder Mann noch Frau einen dominierenden Einfluß haben; ein über 2,5 liegender Wert weist einen dominierenden Einfluß der Frau aus.

Nun kann ein Wert zwischen 1,5 und 2,5 auf unterschiedliche Weise zustande kommen. Er wird entweder im wesentlichen durch Angaben der Be-

---

[1] Die von *Davis* und *Rigaux* benutzten Methoden wurden von *Assael* (1987) sowie von *Loudon* und *Della Bitta* (1988) übernommen und in Deutschland von *Dahlhoff* (1980) sowie *Meffert* und *Dahlhoff* (1980) weiterentwickelt. Eine Fortführung der Studie von *Davis* und *Rigaux* wurde 1987 veröffentlicht, wiedergegeben in *Engel, Kollat* et al. (1993).

fragten bestimmt, die Entscheidung werde *gemeinsam* von Mann und Frau getroffen (= Wert 2); oder er entsteht durch eine Mischung der Angaben mit dem Wert 1 und der Angaben mit dem Wert 3, er drückt dann aus, daß teils der Mann und teils die Frau dominieren.

Um diese beiden Fälle auseinanderzuhalten, wird auf der Abzisse der Prozentsatz von Antworten eingetragen, welche die Entscheidung als eine *gemeinsame* Entscheidung der Ehepartner einstufen. Dieser Prozentsatz wird als *Ausmaß* der *Rollenspezialisierung* bezeichnet. Höhere Werte als 50 % ermöglichen es, die Mittelwerte zwischen 1,5 und 2,5 als gemeinsame Entscheidungen von Frau und Mann zu interpretieren. Niedrigere Werte als 50 % zeigen an, daß die Mittelwerte zwischen 1,5 und 2,5 auf autonome Entscheidungen hinweisen, die teils vom Mann, teils von der Frau getroffen werden.

Aufgrund dieser Koordinateneinteilung entstehen vier Felder, die in *Abbildung 103* dargestellt werden. Die Zuteilung von Produkten beziehungsweise von Entscheidungen in eines der vier Felder gibt darüber Auskunft, inwieweit beim Entscheiden der Mann oder die Frau dominiert (Bereiche I und III), Mann und Frau gemeinsam beteiligt sind (Bereich IV) oder manchmal der Mann und manchmal die Frau dominiert (Bereich II). Ein Koordinatenwert von (20/1,3) ist demnach wie folgt zu lesen: Die meisten Befragten geben an, daß bei der Entscheidung der Mann dominiert, aber 20 % der Befragten sagen, daß eine gemeinsame Entscheidung vorliege.

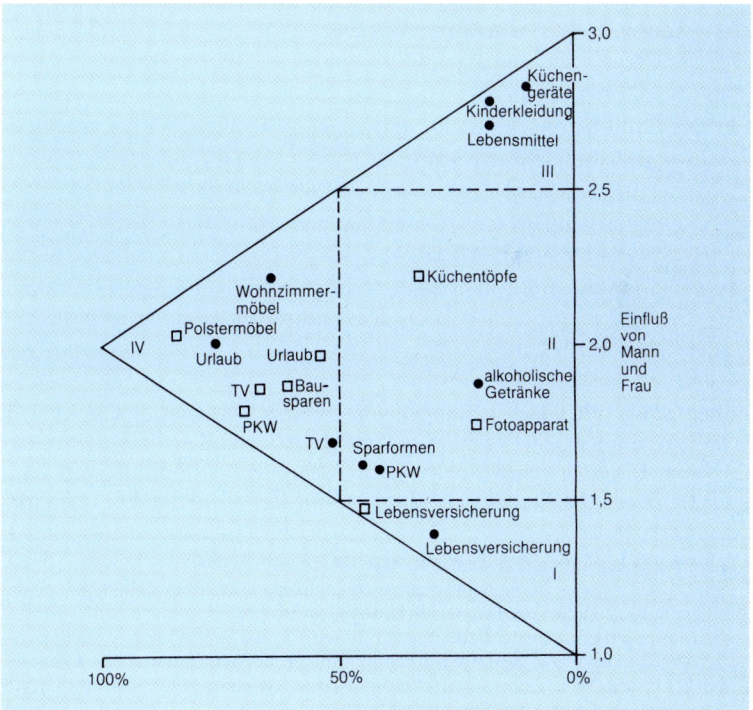

Abbildung 103: Das „Rollendreieck"

Anmerkung: Ordinatenwerte von *Dahlhoff* wurden in Werte von *Davis* und *Rigaux* transformiert. Die Ergebnisse von *Davis* und *Rigaux* gehen auf Antworten von Männern und Frauen zurück. Die hier wiedergegebenen Ergebnisse von *Dahlhoff* beziehen sich nur auf die Antworten von Männern. Beim Vergleich der Ergebnisse ist weiterhin zu berücksichtigen, daß die von *Davis* und *Rigaux* untersuchte Stichprobe zu einem erheblichen Teil aus der Oberschicht stammte, bei *Dahlhoff* war die Stichprobe aus Personen verschiedener Schichten gemischt. Zur Interpretation der Bereiche I–IV vgl. Text.

Die Rollenspezialisierung ist in diesem Fall geringer, als wenn nur 10 % gemeinsame Entscheidungen beteiligt sind.[2]

In *Abbildung 103* werden Ergebnisse der im Jahr 1971 in belgischen Haushalten durchgeführten Untersuchung von *Davis* und *Rigaux* (1974) und einer im Jahr 1978 in deutschen Haushalten durchgeführten Erhebung von *Dahlhoff* (1980) wiedergegeben. Diese Darstellung ermöglicht es, einige Ergebnisse beider Untersuchungen zu vergleichen, die sich auf die gleichen Produkte beziehen. Dabei sind natürlich die Abweichungen hinsichtlich Ort und Zeit der Erhebung und hinsichtlich der Stichproben zu berücksichtigen. Immerhin ergeben sich bemerkenswerte Ähnlichkeiten. Eine größere Abweichung besteht beim PKW-Kauf, der nach *Davis* und *Rigaux* mehr in den Bereich autonomer Entscheidungen von Mann oder Frau, bei *Dahlhoff* mehr in den Bereich gemeinsamer Entscheidungen fällt.

Aufgrund von diesen und weiteren Untersuchungen ist man zu folgender grober Abgrenzung des Einflusses der Ehepartner in verschiedenen Produktbereichen gekommen (*Kassarjian*, 1982, S. 636; *Zaltman* und *Wallendorf*, 1983, S. 169f., 179):[3]

▶ Der Einfluß des Mannes ist stärker, wenn es um den Kauf von Gebrauchsgütern geht, die *außerhalb* des Hauses benutzt werden (wie Rasenmäher) oder technisch sehr komplex sind (wie Autos).

▶ Die Frau dominiert meistens bei Kaufentscheidungen für Produkte, die *im* Haus benutzt werden.

▶ Bei Produkten mit gemeinsamer Nutzung und von größerer Bedeutung sind mehr gemeinsame Entscheidungen zu erwarten (zunehmender Trend).

24 hervorragende Untersuchungen von 1956 bis 1988 werden von *Kirchler* (1989) zusammengestellt und ausgewertet. Er berechnet auf der Grundlage dieser Untersuchungen einen „durchschnittlichen Einfluß" von Frau und Mann auf die Kaufentscheidungen von 45 Produkten. Die oben for-

---

[2] Die Dreiecksform entsteht dadurch, daß die auf den Achsen des Koordinatensystems abgetragenen Dimensionen nicht unabhängig sind. Eine Rollenspezialisierung von 100 % (Spitze des Dreiecks) kann nur auftreten, wenn der relative Einfluß von Mann und Frau ausgeglichen ist, was einem Ordinatenwert von 2,0 entspricht.

[3] Die Angaben über den Einfluß der Familienmitglieder würden noch an Genauigkeit gewinnen, wenn man unterscheiden würde, ob ein geringer Einfluß darauf zurückgeht, daß ein Familienmitglied nicht an der Entscheidung beteiligt wird oder bei einer Beteiligung nur schwach zum Zuge kommt (*Böcker*, 1987, S. 20).

mulierten Orientierungsaussagen über die Dominanz von Mann und Frau werden weitgehend bestätigt. Auffallend ist der durchschnittlich starke Einfluß des Mannes auf Entscheidungen, die sich auf die Finanzdienstleistungen beziehen (Kredite, Versicherungen).

Auch über Familienentscheidungen im deutschsprachigen Raum liegen inzwischen über die Pionierarbeiten von *Dahlhoff* (1980) und *Grundhofer* (1982) hinaus mehrere wissenschaftliche Untersuchungen vor, insbesondere die empirischen Arbeiten von *Böcker* und *Thomas* (1983); *Hubel* (1986); *Böcker* (1987) und *Kirchler* (teils wiedergegeben in *Kirchler,* 1989), zudem gibt es mehrere Untersuchungen von kommerziellen Marktforschungsinstituten wie die *Allensbacher Werbeträgeranalyse,* die über das – durch einfache und globale Fragen ermittelte – Ausmaß an Mitbestimmung an Familienentscheidungen berichten.

Auch Familienentscheidungen lassen sich in mehrere Entscheidungsphasen gliedern. Manche Autoren (wie *Meffert* und *Dahlhoff,* 1980) unterscheiden sechs Phasen der Entscheidungen von der ersten Anregung (Aufkommen des Kaufwunsches) bis zur endgültigen Entscheidung. Die von *Dahlhoff* (1980) durchgeführte Studie ergab, daß sich die Rollenverteilung von einer Entscheidungsphase zur nächsten ändert. Zum Beispiel setzt die Frau einen Entscheidungsprozeß über den Abschluß eines Bausparvertrages in Gang. Sie ist also in der Anregungsphase dominant. In den weiteren Entscheidungsphasen wie Informationssuche oder Überprüfung der Angebote dominiert teils der Mann, teils die Frau. Die endgültige Entscheidung wird dann gemeinsam getroffen.

Zu ähnlichen Einsichten kam *Böcker* (1987), der seine empirischen Untersuchungen ebenfalls auf die „Mehrphasigkeit" von gemeinsamen Familienentscheidungen abgestellt hat. Er hebt hervor, daß die *Vorauswahl* der Alternativen besondere Beachtung verdient. In der Vorauswahlphase werden die meisten der zur Verfügung stehenden Alternativen ausgesondert, die eigentliche Präferenzbildung bezieht sich dann nur noch auf die verbleibenden relevanten Alternativen.[4] Man kann behaupten:

Die Beschränkung der Entscheidung auf wenige Alternativen ist bei gemeinschaftlichen Entscheidungen größer als bei individuellen Entscheidungen.

Interessant ist auch, daß bei dieser Vorauswahl die an den Entscheidungen beteiligten Frauen und die heranwachsenden Kinder eine wesentlich größere Rolle spielen als üblicherweise angenommen wird (*Böcker,* 1987, S. 23).

Schließlich sind die Rollen der an der Produktauswahl beteiligten Familienmitglieder noch danach zu differenzieren, auf welche Produkteigenschaften sich die Mitsprache erstreckt. So kann zum Beispiel die Frau

---

[4] Im Sinne der neueren Terminologie kann man von einem familiären „Assessment-Center" sprechen: Es findet eine gegenseitige Überprüfung von Aktionen der Partner in den einzelnen Phasen statt, inwieweit sie zum gemeinsamen Entscheidungs- und Ergebniserfolg beitragen.

dominieren, wenn es um ästhetische Präferenzen geht, etwa bei der Bestimmung des Stils von Häusern und Möbeln oder bei der Farbe von Möbeln und Autos.[5]

Das Marketing kann sich die Ergebnisse von solchen Untersuchungen zunutze machen, um die Zielgruppen genauer zu bestimmen. Es ist insbesondere daran zu denken, Produktgestaltung und Werbung an die Erwartungen derjenigen Familienmitglieder anzupassen, die für eine Entscheidung maßgebend sind (*Assael*, 1987, S. 412 ff.). Dabei ist es nicht zweckmäßig, von „männlichen" Produkten und „weiblichen" Produkten auszugehen. Vielmehr haben bei männlichen Produkten oft die Frauen einen relativ großen Einfluß auf den Entscheidungsablauf und auf das Ergebnis der Entscheidung (sowie umgekehrt).[6]

Die Rolle der Kinder: Kinder beeinflussen die Familienentscheidungen *direkt*, indem sie aktiv als Interaktionspartner am Entscheidungsprozeß teilnehmen, oder *indirekt*, indem sie eine bestimmte Phase des Familienzyklus begründen (die Phase des „vollen Nestes"). In dieser Phase sieht die Rollenverteilung der Eltern anders aus als in späteren Phasen. So fanden etwa *Filiatrault* und *Ritschie* (1980), daß Ehepaare ohne Kinder mehr gemeinsam entscheiden als Ehepaare mit Kindern, in denen der Mann mehr dominiert (hier: bei Entscheidungen über die Urlaubs- und Hotelwahl).[7]

In Untersuchungen über die Rolle der Kinder stehen folgende Fragen im Vordergrund:

● bei kleinen Kindern:
Wie beeinflußt das Kind die Kaufentscheidung der Eltern, insbesondere: Wie sieht die Interaktion zwischen Mutter und Kind aus?

● bei größeren Kindern:
Welche Beiträge zu den Entscheidungen der Familie werden geleistet? Orientiert sich das Kind bei seinen eigenen (selbständigen) Entscheidungen mehr an den Eltern oder mehr an außenstehenden Freunden?[8]

Kleinere Kinder können (dürfen) im allgemeinen noch nicht allein über den Einkauf der von ihnen konsumierten Produkte entscheiden. Sie müssen die Mutter – oder den Vater – fragen. Diese fällen die Entscheidung und übernehmen dadurch die Rolle eines *„Torhüters"*.[9]

Ein Beispiel: *Atkin* (1978) analysiert das Interaktionsverhalten beim Kauf von Frühstücksflocken. Er *beobachtete* einkaufende Familieneinheiten mit

---

[5] Zu dieser attributbezogenen Mitsprache vgl. auch *Meffert* und *Dahlhof* (1980, S. 34 ff.) sowie *Böcker* und *Thomas* (1983, S. 250 f.); *Hubel* (1986, S. 149 ff.) sowie *Böcker* (1987, S. 20 ff.).

[6] Siehe dazu *Böcker* (1987, S. 23).

[7] Eine (tabellarische) Übersicht und eine Kritik der bisherigen Untersuchungen über den Einfluß der Kinder auf Kaufentscheidungen bietet *Mangleburg* (1990). Vgl. auch *Bachmann, John* et al. (1993).

[8] Zu diesen Fragestellungen siehe unter anderem *Assael* (1987, S. 411 ff.). Dort wird auch auf den Einfluß der Altersgenossen auf die Entscheidung der Kinder eingegangen, der hier nicht weiter verfolgt wird (S. 361).

[9] Vgl. auch *Kirchler* (1989) sowie *Belch* und *Belch* (1980). Zum Lernverhalten von Kindern vgl. *Peracchio*, 1992.

Kindern zwischen 3 und 12 Jahren (überwiegend Mütter mit Kindern) in Supermärkten vor Regalen, in denen Cornflakes angeboten wurden. Die Ergebnisse seiner Interaktionsanalyse werden in *Abbildung 104* zusammengefaßt.

Die Anwendung von Beobachtungsmethoden durch *Atkin* (1978) ist hervorzuheben, weil aufgrund von Befragungen, insbesondere der Eltern, der Einfluß der Kinder auf Kaufentscheidungen leicht unterschätzt wird. Nach der Befragung wurde kein Einfluß der Kinder ermittelt, dagegen ergab sich nach der Beobachtung ein beträchtlicher Einfluß. In 66 % der von *Atkin* präsentierten Fälle ergreift das Kind die *Initiative* und erbittet oder fordert die von ihm bevorzugte Frühstücksflockenmarke. Die vom Kind geäußerten Präferenzen kommen vor allem durch Werbung und Verkaufsförderung zustande.[10]

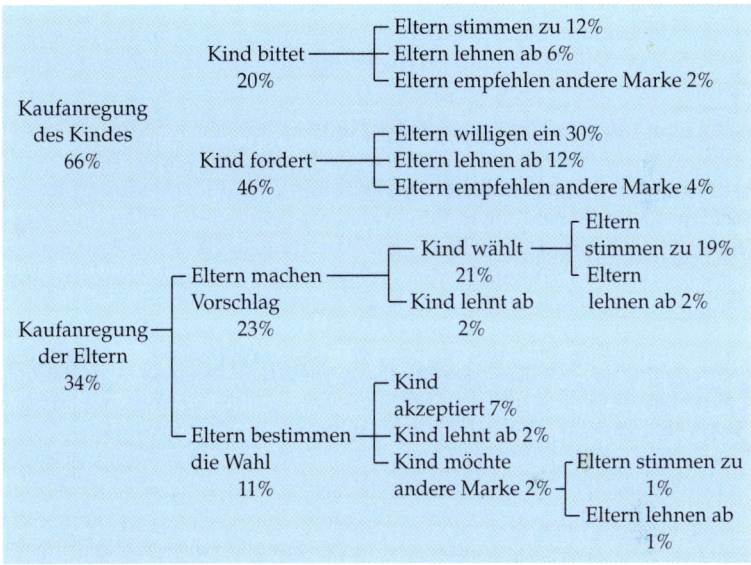

Abbildung 104: Eltern – Kind – Interaktion beim Kauf von Frühstücksflocken

Quelle: Atkin (1978, S. 43).

Wie sich aus *Abbildung 104* ergibt, reagieren die Eltern auf *Forderungen* der Kinder mehr als auf Bitten. Alles in allem stimmen sie den Vorschlägen der Kinder in den meisten Fällen zu.

In dieser Untersuchung wird deutlich, mit welchem Erfolg bereits kleine Kinder ihre Konsumwünsche artikulieren und ihre Markenwahl bei den

---

[10] In einer Replikation spezifizieren *Beatty* und *Talpade* (1994) die Bedingungen des Teenagereinflusses und präzisieren das Meßkonzept für Beeinflussung.

Eltern durchdrücken können (vgl. dazu auch mit weiteren Ergebnissen *Moschis*, 1987, S. 138 ff.). Vergleichbare Ergebnisse fanden *Böcker* und *Thomas* (1983) für Schokoladenriegel, die ja ebenfalls in die Konsumkompetenz von Kindern fallen.

Ältere Kinder (Jugendliche) fällen bereits in erheblichem Ausmaß unabhängige und *selbständige* Kaufentscheidungen für Produkte ihres persönlichen Bedarfs. Sie kaufen Schallplatten, Sportartikel, Filme, Modeschmuck usw. weitgehend allein. Beim Kauf ihrer Kleidung werden sie allerdings von den Eltern häufig begleitet und beraten. Die Eltern üben jedoch bei hochwertigen Gebrauchsgütern noch einen wesentlichen Einfluß auf die Kaufentscheidungen aus. Dieser Einfluß dient nach *Churchill* und *Moschis* (1979) zugleich dazu, den Kindern rationales Kaufverhalten beizubringen.

Der Einfluß der Jugendlichen auf die *gemeinsamen* Familienentscheidungen ist nach vorliegenden Untersuchungen gering, nimmt aber zu. Er erstreckt sich auf die Produkte und Dienstleistungen, an deren Konsum die Jugendlichen unmittelbar beteiligt und interessiert sind: u. a. auf Entscheidungen über den gemeinsamen Urlaub und über Restaurantbesuche (*Jenkins*, 1979).[11]

Wenn man aufgrund der vorliegenden Untersuchungen den Einfluß der Jugendlichen auf die einzelnen *Phasen* des Entscheidungsprozesses bezieht, so scheint es, daß Jugendliche vor allem in frühen Entscheidungsphasen von Familienentscheidungen mitwirken. Sie bringen Produkte und Marken ins Gespräch und treten häufig für Neuerungen ein.[12] Auch Frauen sind – wie bereits erwähnt wurde – in den ersten Entscheidungsphasen relativ stark beteiligt (*Kroeber-Riel*, 1980a, S. 437 f.; *Böcker*, 1987, S. 23):

> Kinder und Frauen sind oft die „Anreger" in der Familie. Von ihnen stammen die ersten Initiativen und Wünsche, die eine Familienentscheidung auslösen und zu einem Kauf führen.

Es liegt daher nahe, Frauen und Kinder als *Kommunikationsagenten* in den Dienst des Marketing zu stellen, als Agenten der Werbung, die kaufanregende Werbeappelle aufgreifen und in der Familie zur Sprache bringen. Wird eine Kaufidee erst einmal in der Familie diskutiert, so ist der erste Schritt zur Kaufentscheidung getan.

Auch die *Verbraucherpolitik* kann Folgerungen aus diesen Erkenntnissen ziehen. Sollen die von der *Stiftung Warentest* gelieferten Produktinformationen noch effizienter in den Entscheidungsprozeß der Familie einfließen,

---

[11] Aktuelle Jugendstudien, über die *Focus* (1995) berichtet, sehen eine Interessenkonzentration der Jugendlichen auf alles, was mit ihrer Freizeit, Freiheit und Unabhängigkeit zu tun hat. Entsprechend versuchen sie, familiäre Kaufentscheidungen zu beeinflussen. Dabei haben nach *Noelle-Neumann* (ebenda) vor allem die Spontanität und das Markenbewußtsein im Konsumverhalten der Jugendlichen zugenommen.

[12] „Wer früh um Kinder wirbt, hat später die Konsumenten". Zu Kindern als „wandelnde Markenspeicher" und „Kaufmotoren der Familie" vgl. *W & V* 4 Z (1992).

so müssen sie dasjenige Mitglied der Familie ansprechen, welches diese Informationen verwendet *oder* dafür sorgt, daß diese Informationen in die Familie (Familienentscheidung) hineingetragen werden.

Im Hinblick auf die – zunehmende – Bedeutung von Kindern für den Entscheidungsprozeß und im Hinblick auf die erheblichen Anstrengungen des Marketing, Kinder zu beeinflussen, wird es wichtig, in Testzeitschriften und Verbraucherinformationen spezielle Teile für Kinder und jugendliche Konsumenten vorzusehen. Die Zeitschrift *„test"* hat einen ausbaufähigen Anfang gemacht.

c) Interaktionsmuster während des Entscheidungsprozesses

Es genügt nicht, nur das Ausmaß des sozialen Einflusses anzugeben, den die Familienmitglieder bei Entscheidungen ausüben. Wir haben auch zu fragen, *wie* dieser Einfluß zustande kommt und ausgeübt wird.

Dabei treten zunächst die soziodemographischen und sozioökonomischen Bedingungen für die unterschiedliche Beteiligung der Familienmitglieder in das Blickfeld. Dazu gibt es allerdings nicht viele konvergierende Befunde. Es scheint so zu sein, daß die soziale Schicht und der Lebenszyklus einen beachtlichen Einfluß ausüben (zusammenfassend *Kirchler,* 1989, S. 186, 188):

(1) In mittleren sozialen Schichten wird mehr gemeinsam entschieden als in den unteren und höheren sozialen Schichten.

(2) Mit fortschreitendem Familienzyklus nehmen die gemeinsamen Entscheidungen ab.

Vielfältiger sind die Ergebnisse zum Zustandekommen des sozialen Einflusses – der ja, wie jeder asymmetrische Einfluß, als Macht von Familienmitgliedern aufgefaßt werden kann[1] – sowie zu den unterschiedlichen Formen der Interaktion (verbal, nicht verbal) und Wirkungen (kognitiv, emotional).

Nachfolgend wird in erster Linie auf Formen und Wirkungen der Familieninteraktion eingegangen, ausgehend von einer klassischen Untersuchung von *Kenkel* (1963), deren Methode und Ergebnisse noch heute wegweisend sind.

Um die Interaktionswirkungen bei einer Haushaltsentscheidung zu ermitteln, wurden 50 verheiratete *Paare* in eine hypothetische *Wahlsituation* gebracht: Sie wurden gebeten, in einer experimentellen Sitzung gemeinsam eine Entscheidung zu fällen, wie sie einen zusätzlichen Betrag von 300 Dollar (ein Geschenk), die ausschließlich für Konsumzwecke zu verwenden wären, zum Kauf verschiedener Produkte einsetzen würden.

Kenkel ermittelt als erstes die Gesamtmenge an Äußerungen, mit der jeder Ehepartner am Gespräch beteiligt war. Die *gesamte Redemenge* oder der gesamte Sprechbetrag – das ist der Gesamtbetrag aller aufgenommenen ver-

---

[1] Vgl. dazu den machttheoretischen Ansatz zur Familieninteraktion in *Hubel* (1986, S. 116 ff., 132 ff., 191 ff.) sowie *Kirchler* (1989, S. 93 ff.).

balen Verhaltenseinheiten – ist ein *Indikator* für den sozialen Einfluß, den eine Person ausübt.

In Anbetracht der Schwierigkeiten, den Einfluß der Interaktionspartner während eines Entscheidungsprozesses zu messen, kann man die *anteilige Redemenge* einer Person, auch wenn eine derartige eindimensionale Größe Mängel hat, als *Indikator* für den interpersonellen Einfluß nehmen. Durch mehrere Untersuchungen wurde belegt, daß die *Führerschaft* in Gruppen und der vom Führer auf Gruppenentscheidungen ausgeübte Einfluß hoch mit dem Gesamtsprechbetrag korrelieren, allerdings in unterschiedlichem Maße, abhängig von der jeweiligen Gruppengröße und von anderen Bedingungen. Diese Korrelation gilt insbesondere dann, wenn sich die Person mit der höchsten Gesamtredemenge auf die *aufgabenbezogenen* Aspekte der Problemlösung spezialisiert.

Aufgabenbezogene und emotionale Interaktion: In vielen Gruppen gibt es einerseits Mitglieder, die sich besonders auf die sachbezogene Aufgabenlösung spezialisieren und sich unter den Gruppenmitgliedern durch ihr instrumentales Verhalten zur Bewältigung der von der Umwelt gestellten Gruppenprobleme auszeichnen. Sie werden *aufgabenorientierte Gruppenführer* genannt (task specialist oder task leader). Andere in der Gruppe spezialisieren sich vor allen anderen auf ein mehr expressives oder sozialemotionales Verhalten. Sie sorgen für eine der Problemlösung förderliche Stimmung, für den Ausgleich von Spannungen in der Gruppe usw. und fördern dadurch die Integration in der Gruppe und den durch Diskussionen leicht bedrohten sozialen Zusammenhalt. Diese Gruppenmitglieder können *stimmungsorientierte Gruppenführer* genannt werden (social-emotional specialist oder social-emotional leader), sie sind besonders wichtig in Entscheidungsprozessen per Dialog.

Die Rolle des *aufgabenbezogenen* Familienmitgliedes erfordert im allgemeinen ein wesentlich stärkeres Ausmaß an verbaler Interaktion; es informiert, es argumentiert, macht Vorschläge usw. Insofern ist das Ergebnis von *Kenkel* (1963), daß der *Mann* beim familiären Entscheidungsprozeß mehr redet als die Frau, als Bestätigung des stärker aufgabenorientierten Verhaltens der Männer (in dieser Untersuchung) aufzufassen. Auch die inhaltliche Aufschlüsselung des verbalen Interaktionsverhaltens (der Redemenge) von beiden Ehepartnern führt in die gleiche Richtung. Nach der Verteilung auf *Produktgruppen* engagiert sich der Mann – wenn seine sachbezogenen Diskussionsbeiträge dominieren – am meisten für Entscheidungen, die sich auf die gesamte Familie beziehen.

Aus diesen Ergebnissen läßt sich auch der Anteil der Ehepartner am sozial-emotionalen Interaktionsverhalten ableiten. In der Mehrzahl aller Fälle übersteigt das expressive bzw. *emotionale Verhalten der Frau* das des Mannes. Bei der Zuordnung des überwiegend expressiven Verhaltens der Frau auf *Produkte* erkennt man, daß die Frau dieses Verhalten vor allem bei Diskussionen über Produkte äußert, welche die Kinder, den Haushalt und die gesamte Familie betreffen. Sie engagiert sich gefühlsmäßig im übrigen mehr als doppelt so viel, wenn es um Güter für den Bedarf des Ehemannes, als wenn es um Güter für den eigenen Bedarf geht.

Diese Verteilung der Rollen, also das Mehr oder Weniger an instrumentalem oder expressivem Verhalten der Ehepartner während des Entscheidungsprozesses variiert nicht nur mit dem *Entscheidungsobjekt* (Produkt), sondern auch mit der *Persönlichkeit* der Familienmitglieder und mit der *Entscheidungssituation* im weitesten Sinne, also mit dem spezifischen Verhaltenskontext, wie kultureller Hintergrund, Lebenszyklus usw.

Das Bild der Rollenverteilung, das sich nach diesen Experimenten von *Kenkel* ergibt, entspricht dem überkommenen Schema, nach dem sich der Mann mehr an den *Sachaufgaben* orientiert und die Frau sich stärker *emotional* verhält. Diese Rollendifferenzierung steht nicht im Widerspruch zu empirischen Ergebnissen, wonach sich der *Mann* in zunehmendem Maße an *allen Haushaltsfragen* beteiligt und in sachlicher Hinsicht in die bisherigen Kompetenzbereiche der Frau eindringt. Dieser Trend zu stärkerer gemeinschaftlicher Regelung aller Haushaltsfragen äußert sich unseres Erachtens in dem relativ hohen Anteil des *gleichverteilten Gesamtsprechbetrages.* Die Dominanz einer *Sprechqualität,* also eines expressiven oder instrumentalen Verhaltens, bedeutet *nicht* ohne weiteres, daß der personale Einfluß auf die Entscheidung asymmetrisch verteilt ist, und, wie man vielleicht annehmen könnte, stärker vom aufgabenbezogenen Verhalten des Mannes bestimmt wird. Zusammenfassend:

> Die aufgabenbezogenen und emotionalen Beiträge der Familienmitglieder ergänzen sich gegenseitig, sie tragen beide zu effizienter Interaktion und Entscheidung bei.

Wie man sieht, ist es nicht ohne weiteres möglich, den wahrgenommenen Vollzug einer Entscheidung durch ein Familienmitglied („der Ehemann entscheidet") mit dem *Einfluß* dieses Familienmitgliedes gleichzusetzen. Die Ermittlung der Entscheidungsdominanz eines Familienmitgliedes bei einer Entscheidung durch Rolleninterviews läßt die subtileren emotionalen – aber gleichwohl wirksamen – Einflüsse auf die betroffene Entscheidung weitgehend außer acht.[2]

Inwieweit in modernen Familien der Mann nach wie vor mehr aufgabenorientierte Beiträge, die Frau mehr emotionale Beiträge zum Entscheidungsprozeß liefert, ist noch unzureichend erforscht. Es spricht vieles dafür, daß sich in dieser Hinsicht die Unterschiede ausgleichen.

Konflikte und Strategien der Konfliktlösung: Die bei einer Interaktion auftretenden Konflikte sind – wie bereits erwähnt wurde – typische Kennzeichen von Familienentscheidungen.

Konflikte stellen sich in der Familie nur dann ein, wenn tatsächlich gemeinsam entschieden wird oder wenn die Familienmitglieder bei einer Einzelentscheidung davon ausgehen, daß gemeinsam entschieden werden sollte.

---

[2] Diese Ergebnisse widersprechen auch nicht Befunden, wonach Singles als Alleinentscheider beide Interaktionsaufgaben in einer Person vereinen.

Eine Möglichkeit, Konflikte zu *vermeiden,* besteht demzufolge darin, Entscheidungen, die eigentlich gemeinsam gefällt werden (sollen), stillschweigend oder ausdrücklich auf *ein* Familienmitglied zu delegieren. Diese Übertragung kann sich auf eine Gesamtentscheidung beziehen („Fahrräder kauft der Vater") oder auf eine Teilentscheidung, welche den Spielraum für eine folgende gemeinsame Entscheidung und auf diese Weise auch den Spielraum für Konflikte einengt. Das ist zum Beispiel der Fall, wenn die Mutter als „Finanzministerin" der Familie über das Budget entscheidet, das für einen vorgesehenen Restaurantbesuch zur Verfügung steht. Die gemeinsame Familienentscheidung über die Auswahl des Restaurants und des Essens geht dann von diesem Budgetrahmen aus.

Die Familie wird die *Übertragung* von Entscheidungen auf einen *einzelnen* vor allem dann akzeptieren, wenn von vornherein klar ist, welches Familienmitglied aufgrund seiner Autorität, Sachkenntnis oder Fürsorglichkeit für eine Entscheidung zuständig ist. Die Übereinstimmung darüber geht in erster Linie auf internalisierte Gruppen-(Familien)normen zurück. Es ist außerdem damit zu rechnen, daß Entscheidungen auf ein einzelnes Familienmitglied übertragen werden, wenn sich dieses Familienmitglied für eine bestimmte Entscheidung besonders engagiert sowie dafür kompetent ist und die anderen wenig interessiert sind.

Entscheidet die Familie *gemeinsam,* so ist davon auszugehen, daß Konflikte zwischen den Familienmitgliedern die Regel und nicht die Ausnahme sind. Dafür sprechen die unterschiedlichen Ziel- und Mittelpräferenzen der Familienmitglieder, vor allem auch von Eltern und Kindern. Konflikte entstehen durch:

● abweichende *Ziele* der Familienmitglieder,

● abweichende Ansichten über die *Mittel,* die zur Zielerreichung geeignet sind.

Konfliktwirkungen: Die bisherige Forschung befaßte sich hauptsächlich mit den Reaktionen der Familienmitglieder auf einen Konflikt und mit den Folgen des Konfliktes für den weiteren Ablauf einer Entscheidung.

Den Familienmitgliedern stehen nach *Sheth* (1974) folgende *Strategien* zur *Konfliktbewältigung* zur Verfügung:

(1) Extensivierung der Problemlösung:
   Falls die Ziele übereinstimmen, bemühen sich die Familienmitglieder, eine Alternative zu finden, die ihren verschiedenen Ansprüchen genügt, die aber vorher – etwa mangels Information – nicht berücksichtigt wurde,

(2) gegenseitige Beeinflussung der Zielsetzungen,

(3) Aushandeln von Kompromissen,

(4) familienpolitische Aktivitäten, unter anderem Bildung von Koalitionen.

Diese Koalitionen, wie Koalitionen der Kinder gegen die Eltern oder eines Elternteils mit einem Kind gegen einen anderen Elternteil, setzen dann ihre Präferenzen durch und veranlassen die anderen Familienmitglieder zur Anpassung (*Sheth*, 1974, S. 32 ff.).

Die von *Sheth* in Anlehnung an die allgemeine Konflikttheorie von *March* und *Simon* entworfenen Formen der Konfliktbewältigung werden in mehr oder weniger abgewandelter Form auch in andere Untersuchungen des Konfliktverhaltens übernommen (vgl. unter anderem *Davis*, 1976; *Belch* et al., 1980; *Spiro*, 1983).

Welche dieser Verhaltensweisen spielt nun die größte Rolle?

Nach der bereits zitierten Studie von *Belch, Belch* et al. (1980) bevorzugen die Familienmitglieder im allgemeinen *rational* orientierte Verhaltensweisen, die sich der ersten von *Sheth* aufgeführten Strategie zurechnen lassen. Sie bestehen darin, daß die Familie ausführlich über die Entscheidungsproblematik diskutiert, weitere Informationen einholt oder die Entscheidung dem Familienmitglied überläßt, welches die beste Sachkenntnis bezüglich des Entscheidungsobjektes hat.[3]

Da die von *Belch* befragten Familienmitglieder durchschnittlich nur *geringe* Konflikte erlebten, kann diese Form der Konfliktbewältigung vor allem bei schwachen Konflikten erwartet werden. Das ist mit empirischen Ergebnissen von *Spiro* (1983) konsistent: Nach *Spiro* neigen solche Familienmitglieder, welche nicht oder nur wenig auf Konflikte reagieren (wir setzen dies mit schwachen Konflikten gleich), dazu, Experteneinfluß auszuüben: Sie beeindrucken die anderen Familienmitglieder durch Informationen über das Entscheidungsobjekt (Produkt) und beeinflussen mit ihrem vorgegebenen Wissen die Entscheidung zu ihren Gunsten.

Dieses rational orientierte Vorgehen bei der Lösung von leichten Konflikten ist auch nach *konflikttheoretischen* Überlegungen zu erwarten: Leichte Konflikte tragen durch die von ihnen ausgelöste Aktivierung dazu bei, daß die Problemlösungsprozesse extensiver werden. Sie steigern dadurch ihre Effizienz.[4]

Neben dieser rational orientierten Konfliktlösungsstrategie nennt *Spiro* (1983) noch folgende Wege zur Konfliktbewältigung: Hervorheben der eigenen – formalen – Legitimation, eine Entscheidung zu fällen, sowie Verhandeln („Wenn Du dieser Entscheidung zustimmst, stimme ich einer anderen Entscheidung zu"), weiterhin Belohnen sowie emotionale Steuerung und Einflußnahme auf die Wahrnehmung der anderen.

Wenn die gegenseitige Beeinflussung der Familienmitglieder – bei stärkeren Konflikten – massiver wird, gehen die Familienmitglieder nach *Spiro* dazu über, mehr Überzeugungstechniken und mehr Techniken der Belohnung und emotionalen Steuerung einzusetzen. Um die anderen zu ihren Gunsten zu beeinflussen, versprechen sie beispielsweise etwas, was den an-

---

[3] Das zuletzt genannte Vorgehen kann auch als Strategie der Konfliktvermeidung betrachtet werden.

[4] Vgl. dazu das „Integrationsmodell" zur Lösung von Familienkonflikten von *Hubel* (1986, S. 157 ff.), das auch auf eine rationale Ausdehnung des Entscheidungsprozesses hinausläuft.

deren gut gefällt, oder sie ziehen sich in ihre Schmollecke zurück, um die anderen „weich" zu machen (*Spiro*, 1983, S. 394, 398).[5] Wir können nunmehr folgende Hypothese formulieren:

Leichte Konflikte werden bevorzugt mit rational wirkenden Strategien gelöst. Zur Lösung stärkerer Konflikte werden bevorzugt Strategien des gegenseitigen Austausches und der emotionalen Beeinflussung gewählt.

Vergleicht man nun die *gegenseitige* Wahrnehmung des von einem Familienmitglied ausgeübten Einflusses, so stellt sich folgendes heraus: Bei weitem die meisten Partner schätzen den vom anderen im Konfliktfall ausgehenden Einfluß anders ein als dieser selbst. „Das heißt: Wenn eine Person angab, daß sie eine bestimmte Strategie (wie emotionale Beeinflussung oder Belohnung) nicht wählte, so berichtete der Ehepartner häufig, daß dies doch der Fall sei" (*Spiro*, 1983, S. 398). Dieses Verhalten steht im Einklang mit der von uns hervorgehobenen Vermutung, daß im Konfliktfall die Spielräume zur Interpretation des Verhaltens der anderen Familienmitglieder besonders groß sind, so daß schon allein deswegen die verbalen Auskünfte über dieses Verhalten ungenau werden.

Spiro (1983) untersucht auch die Bedingungen, unter denen die Familienmitglieder zu einer mehr oder weniger starken gegenseitigen Beeinflussung und Verhaltenssteuerung neigen. Er stellt fest, daß eine *stärkere* Beeinflussung zustande kommt, wenn die Familien

- einem traditionellen Lebensstil folgen,
- in den frühen Phasen des Familienzyklus sind,
- eine berufstätige Frau umfassen.

Lebensstil und Familienzyklus erweisen sich also wieder als wichtige Determinanten des Entscheidungsprozesses.

Die ermittelten Konflikte und Konfliktlösungsstrategien bei Familienentscheidungen bieten zahlreiche Ansatzpunkte für das *Marketing,* die vor allem am Ort des Verkaufs nicht übersehen werden dürfen: Stärkere Konflikte sind stets mit einer Verunsicherung der Familienmitglieder verbunden, die im allgemeinen zu einem mehr oder weniger langen Aufschub der Kaufentscheidungen führt. Der Verkäufer sollte die wichtigsten Anlässe und Bedingungen kennen, bei denen es zu Konflikten beim Einkauf kommt[6], und er sollte über das erforderliche sozialtechnische Wissen verfügen, um verkaufswirksame Beiträge zur Reduzierung und Bewältigung dieser Konflikte leisten zu können.

Beispiele: Bei einem starken Konflikt ist das Präsentieren einer weniger

---

[5] Diese Ergebnisse werden auch von *Sheth* und *Cosmas* (1975) gestützt, die als bevorzugte Konfliktlösungsstrategien verschiedene Formen der Überzeugung des einen Partners durch den anderen nachgewiesen haben.
Nach *Kirchler* (1989, S. 236, 254 ff.) hängt das Verhalten im Konflikt vor allem von der Beziehungsqualität ab: Je disharmonischer die Beziehungen zwischen den Partnern sind, desto mehr werden einseitige Überzeugungs- und einseitige Austauschtechniken eingesetzt.

[6] Vgl. dazu *Klammer* (1989, S. 287).

konfliktgeladenen Alternative eine Möglichkeit, um einen kauflähmenden Familienkonflikt zu beenden.

d) Theoretische Erklärungen des Rollenverhaltens in der Familie

Die Rollenverteilung bei Familienentscheidungen ist in einem starken *Wandel* begriffen. Entscheidungen, die noch vor zehn Jahren als Domäne des Mannes aufgefaßt wurden – wie die Kaufentscheidung für Autos – werden in zunehmendem Maße von der Frau oder gemeinsam getroffen.[1] Diese Veränderungen werden in erster Linie durch den Wandel der Geschlechterrollen in unserer Gesellschaft verständlich.

Der *Rollenwandel* läßt sich als Teil des allgemeinen *sozialen* Wandels begreifen und erklären. Die Veränderung gesellschaftlicher Werte nach dem letzten Krieg, die zunehmende Berufstätigkeit der Frau und die bessere Bildung breiter Bevölkerungsschichten sind Kräfte des sozialen Wandels, die auch die sozialen Rollen von Mann und Frau, vor allem das Rollenverständnis der Frau, wesentlich geprägt haben. Hinzu kommt die demographische Entwicklung mit einem wachsenden Trend zum Leben als Single.

Bei der Darstellung des Rollenwandels wird in der Soziologie (nach dem Kriterium der dominierenden Entscheidungsgewalt von Ehepartnern) zwischen matriarchalischen, patriarchalischen und Partnerschafts-Familien unterschieden. Der sich gegenwärtig in fortgeschrittenen Industriegesellschaften entwickelnde Familientyp ist die Partnerschafts-Familie. In einer Partnerschafts-Familie, hier neutraler als Kooperations-Familie bezeichnet, steht kein Partner unter dem dominanten Einfluß des anderen. Es ist vielmehr so, daß (1) viele Entscheidungen *gemeinsam* getroffen werden und (2) jeder *einzelne* Ehepartner souverän und *gleichberechtigt* neben dem anderen auch selbständige Entscheidungen fällt, und zwar aufgrund einer akzeptierten Rollenverteilung.

Diese Rollenverteilung, die man auch als demokratische Arbeitsteilung bezeichnen kann, wird von den Ehepaaren als erfolgreiches Verhaltensmuster zur Bewältigung der Familienangelegenheiten erlebt. Die Rollenverteilung in der *Kooperations-Ehe* orientiert sich, jedenfalls hinsichtlich ökonomischer Entscheidungen, weitgehend am Leitbild der Gleichrangigkeit der Ehepartner.[2]

Die Entwicklung zur Kooperations-Ehe spiegelt sich deutlich im Entscheidungsverhalten wider. Der verheiratete Mann wächst aufgrund der Kooperation im Haushalt in eine ganz neue Rolle hinein. Er übernimmt im Rahmen des Haushalts immer mehr Entscheidungen und Arbeiten, die

---

[1] Gemäß *Shell-Studie 2000* werden KFZ-Entscheidungen zunehmend von Frauen gefällt.

[2] Das Fortbestehen des überkommenen Rollenverhaltens neben den neuen Rollen der Frau sieht das Marktforschungsinstitut *Edelkoort* in Paris (1994), wenn es zur „neuen Weiblichkeit" auch das Bedürfnis nach überkommenen Rollen wie „Femme Fatale" prognostiziert. Vgl. auch *Scanzoni* und *Szinovacz* (1980, S. 19 ff.).

früher die Hausfrau übernommen hat, und die als untergeordnete Frauen-entscheidungen und -arbeiten galten.[3] Entsprechend braucht sich die Frau nicht mehr, wie das in patriarchalisch geleiteten Familien üblich war, auf die Ausführung der vom Ehemann bestimmten Familien- und Haushalts-politik sowie auf die kleinen Entscheidungen zu beschränken. Sie ist heut-zutage an den „großen" Entscheidungen nachweislich in gleichem Maße beteiligt wie der Mann.

Frau und Mann beteiligen sich in zunehmendem Maße gleichrangig an *allen* Entscheidungen im Haushalt.

Bereits ältere Untersuchungen aus den Vereinigten Staaten liefern dazu Daten. *Qualls* (1982, mit weiteren Quellenhinweisen) ermittelte das unter-schiedliche Rollenverständnis von Haushaltsmitgliedern in einer kleinen Mittelweststadt und setzte dieses zum Einfluß der Ehepartner auf sechs Entscheidungsbereiche in Beziehung. Die Rollenauffassung wurde in diesem Fall mittels einer Geschlechterrolleneinstellungsskala gemessen. Nach dieser Skala werden die Ehepartner entweder als „modern einge-stellt" oder als „traditionell eingestellt" klassifiziert.[4]

Der *Einfluß* der Ehepartner auf die Familienentscheidungen wurde wieder wie üblich in drei Kategorien „Mann dominiert", „Frau dominiert" und „gemeinschaftliche Entscheidung" eingestuft. *Abbildung 105* gibt einige Er-gebnisse dieser Untersuchung wieder.

Frauen und Männer mit moderner Rollenauffassung geben in *allen* Ent-scheidungsbereichen einen wesentlich höheren Prozentsatz gemeinsamer Entscheidungen an (vgl. *Abbildung 105*).

Entscheidungs-bereiche	nach Angaben traditioneller Frau:			nach Angaben moderner Frau:		
	Dominanz Mann	Dominanz Frau	gemeinsame Entschei-dung	Dominanz Mann	Dominanz Frau	gemeinsame Entscheid-dung
Urlaubsreise	28	16	58	4	3	93
Automobile	52	4	44	3	25	72
Kindererziehung	12	7	81	2	9	89
Wohnen	23	6	71	8	4	88
Versicherung	33	2	65	21	4	75
Sparen	26	12	63	9	8	83

Abbildung 105: Rollenverteilung in der Familie bei traditionell und modern eingestellten Ehefrauen

Quelle: Qualls (1982, S. 269, Tafel 4 [Auszug]), Erläuterung im Text.

---

[3] Ob diese Kooperation aus Einsicht oder aus Notwendigkeit erfolgt, bleibt meist un-beantwortet.

[4] Vgl. zu dieser Klassifizierung im einzelnen auch *Scanzoni* und *Szinovacz* (1980, S. 26ff.).

Die Gestaltung von vielen Gebrauchsgütern, die bisher auf den Mann abgestellt war, ist in zunehmendem Maße auf die Frau abzustimmen und umgekehrt. Das ist in der Praxis inzwischen wohlbekannt und gilt unter anderem für Haushaltsgeräte wie Kaffeemaschinen. Sie hatten früher das Image, Geräte für die Frau zu sein. Heute erhalten sie aufgrund der wachsenden Entscheidungsbefugnis des Mannes im Haushaltsbereich mehr und mehr ein „Unisex-Image". – Oder: Baufachmärkte müssen sich in stärkerem Maße an die Ansprüche von Frauen anpassen, weil diese wesentlich mehr als früher den Einkauf mitbestimmen. Oder: Die Werbung wird viele stereotype Rollendarstellungen aufgeben müssen, mit denen sie gegenwärtig noch an den Erwartungen moderner Frauen „vorbeiwirbt".

Rollentheoretische Ansätze: Mit der Erklärung der Rollenverteilung in Familien beschäftigen sich drei Gruppen von Theorien:

- soziobiologische:
  Die biologische Vorprogrammierung des Verhaltens ist in erheblichem Ausmaß für das Rollenspiel der Geschlechter verantwortlich.

- soziologische:
  Das soziale Umfeld, insbesondere die Kultur, bestimmt die Geschlechterrollen.

- psychologische:
  Das Rollenverhalten hängt im wesentlichen von einem „inneren Kalkül" der Beteiligten ab.

Diese Theorien ergänzen sich gegenseitig. Es ist sicher nicht möglich, das komplexe Interaktionsverhalten einseitig mit Hilfe einer einzelnen Theorie zu erklären.

In der *Konsumentenforschung* sind nur soziologische oder psychologische Ansätze zu finden. Überblicke dazu vermitteln *Davis* (1991) und *Jenkins* (1980).

Die **Theorien der kulturellen Normen** sind die bekanntesten soziologischen Theorien zum Rollenwandel. Man kann sie in Anlehnung an *DeFleur, D'Antonio* et al. (1984, S. 345) wie folgt umschreiben:

Die Konzeption der Geschlechterrolle bezieht sich auf kulturelle Ideale, Überzeugungen und Erwartungen, wie ein Mann oder eine Frau handeln, denken oder fühlen soll. Durch die Sozialisation werden diese kulturellen Standards in einer Gesellschaft dem Individuum vermittelt. Wenn man von der Rolle der Frau in einer Gesellschaft (zum Beispiel in Amerika oder in Rußland) spricht, so meint man diese kulturelle Bestimmung der Geschlechterrolle.

Unsere Darstellung des Rollenwandels im ersten Teil dieses Kapitels entsprach im wesentlichen dieser Sicht: Danach hat der soziale bzw. kulturelle Wandel zu den Veränderungen der Geschlechterrolle, vor allem zur wachsenden Gleichstellung der Frau in Beruf und Familie, geführt.

Die **Austauschtheorien** sind (sozial-)psychologische Theorien. Eine dieser Theorien – die Interaktionstheorie von *Homans* – wurde bereits im Kapitel über Lernen erörtert.[5]

Der Grundgedanke der Austauschtheorien besteht darin, daß das soziale Verhalten als Austausch von positiven oder negativen Werten (Belohnungen und Bestrafungen) interpretiert werden kann. Das Individuum wählt danach die Verhaltensweisen (auch Rollen), die ihm einen möglichst hohen Austauschgewinn, das heißt eine möglichst hohe Nettobelohnung, bringen.

Als belohnend empfunden und damit positiv bewertet werden nicht nur Geld und materielle Güter, sondern auch Zuneigung, Beistand, Information, Prestige usw., d. h. nicht greifbare psychische Leistungen.

Ausgehend von diesen austauschtheoretischen Überlegungen wurden in der *Konsumentenforschung* zwei spezielle Theorien zur Erklärung der Rollenverteilung in Familien entwickelt: die Theorie des Ressourcenbeitrages und die Theorie des Vergleichspartners.

Die Theorie des *Ressourcenbeitrages* sieht die Ressourcen, die einem Familienmitglied in den Augen der anderen Familienmitglieder zur Belohnung und Bestrafung zur Verfügung stehen, als wesentliche Ursache der Macht und Rollenverteilung in der Familie an. Je mehr Ressourcen einem Ehepartner im Verhältnis zum anderen in Form von Einkommen oder in Form nicht-materieller Belohnungsquellen wie äußere Attraktivität, Charakter, Bildung usw. zur Verfügung stehen, um so stärker wird seine Position und damit sein Einfluß in der Familie sein (vgl. dazu *Scanzoni* und *Szinovacz,* 1980, S. 101 ff.).

Die der Frau im Zuge der gesellschaftlichen Entwicklung zugewachsene bessere Ausbildung und berufliche Qualifikation haben ihre verfügbaren Ressourcen und damit auch ihre Position in der Familie gestärkt. Als grobes durchschnittliches *Maß* für den relativen Einfluß der Ehepartner (für ihren relativen Ressourcenbeitrag) kann man die Differenz zwischen dem Ausbildungs- oder Berufsstand von Frau und Mann benutzen (*Davis,* 1991). Die für den empirischen Test dieser Theorie durchgeführten Untersuchungen führten zu widersprüchlichen Ergebnissen; die Akzeptanz dieser Theorie ist nach der von *Kirchler* (1989, S. 98, 205 ff.) zusammengefaßten Kritik gering.

Nach der Theorie des *Vergleichspartners* kommt es weniger auf den Wert der Ressourcen in den Augen der Ehepartner an, entscheidend ist vielmehr der Wert, der den Ressourcen eines Ehepartners *außerhalb* der Familie zuerkannt wird: Je mehr eine Person mit ihren Ressourcen (Aussehen, Ausbildung, Herkunft) in ihrer sozialen Umwelt anfangen kann, um so stärker wird ihre Stellung in der Familie sein. Diese Theorie hat den Vorteil, daß sie auch Veränderungen der Macht- und Rollenverteilung im Laufe des Familienzyklusses erklären kann.

---

[5] Eine andere bekannte Austauschtheorie, die ebenfalls für die Theorien zur Rollenverteilung in der Familie Pate stand, ist die Theorie des sozialen Austauschs von *Thibaut* und *Kelley* (1959). Zur Einführung in diese Theorie vgl. *Herkner* (1993, S. 396) und *Sherrod* et al. (1982, S. 308 ff.).

5. Einfluß von Bezugsgruppen

a) Die Wirkung von Bezugsgruppen

Der Bezugsgruppeneinfluß übt zusammen mit anderen sozialen Einflüssen einen Anpassungsdruck auf das Individuum aus, er ist wesentlich für konformes Verhalten verantwortlich.[1] Einen Überblick über Funktionen und Wirkungen von Bezugsgruppen bietet *Kumpf* (1983). Der soziale Druck, der ausgelöst wird, um *Konformität* zu erreichen, ist von unterschiedlicher Stärke: Er reicht von negativen und positiven sozialen Sanktionen bis zur bloßen Empfehlung eines Verhaltens durch eine Beeinflussungsquelle.[2]

Es ist zweckmäßig, das nicht-konforme Verhalten nicht einfach als Gegenteil von Konformität aufzufassen, sondern in unabhängiges und in anti-konformes Verhalten zu gliedern. *Unabhängigkeit* heißt, daß sich ein Individuum dem sozialen Einfluß entzieht und unabhängig von der sozialen Beeinflussung urteilt und handelt. *Anti-Konformität* heißt, daß das Individuum auf sozialen Einfluß reagiert, aber in einer der Beeinflussungsabsicht entgegengesetzten Weise (vgl. *Abbildung 106*).

Abbildung 106: Wirkung des sozialen Einflusses

Wenn wir Konformität als Ergebnis des Einflusses von Bezugsgruppen beschreiben, haben wir nach *Kelley* (1968) zwei Formen von Bezugsgruppen zu unterscheiden: komparative und normative Bezugsgruppen.

Bezugsgruppen übernehmen *komparative* Funktionen, wenn sie Maßstäbe liefern, an denen das Individuum seine Wahrnehmungen, seine Einstellungen, Meinungen und Urteile messen kann. Die Äußerungen der Bezugsgruppenmitglieder bilden dann einen *Bezugsrahmen* für die kognitiven Prozesse des Individuums, sie werden zu Ansatzpunkten für die eigenen *Ansichten*. Klassische Experimente dazu stammen von *Sherif* (1936) und *Asch* (1951, deutsch 1969).[3] In diesen Experimenten wurde gezeigt, daß die verbale Wiedergabe und Einschätzung optischer Wahrnehmungen durch Versuchspersonen davon beeinflußt wurde, was die anderen anwesenden Gruppenmitglieder vorgaben, wahrgenommen zu haben. An diese Experimente schließen das nachfolgend erörterte Experiment über konforme Produktbeurteilung von *Venkatesan* (1966, 1976) und die Experimente von *Bearden* und *Rose* (1990) an.

---

[1] Bezugsgruppen können auch „Fremdgruppen" sein, deren Einfluß per Massenkommunikation vermittelt wird. Ihre Einordnung in die *nähere* Umwelt der Konsumenten ist also meist nicht zwingend, aber zweckmäßig.

[2] Konformität kann auf bloßer Einwilligung beruhen (bei negativen sozialen Sanktionen), auf Indentifikation (bei positiven sozialen Sanktionen) oder auf Internalisierung (ohne soziale Sanktionen – Kompetenz und Glaubwürdigkeit der Einflußquelle genügen).

[3] Vgl. dazu auch ihre Wiedergabe und Kommentierung durch *Prose* (1983).

Die *normativen* Funktionen der Bezugsgruppen sind darin zu sehen, daß die Bezugsgruppen dem Individuum Normen liefern und durch Sanktionen für die Einhaltung dieser Normen sorgen. Der einzelne wird durch Übernahme der Normen dazu gebracht, sich in einer ganz bestimmten Weise zu verhalten. Man spricht deswegen auch von den *motivationalen* Wirkungen der Bezugsgruppen.

Die von den Bezugsgruppen gesetzten Maßstäbe und Normen unterliegen einem *dynamischen* Entwicklungsprozeß und tragen dadurch zur Dynamik des individuellen Verhaltens bei. Zudem kann das Individuum im Laufe der Zeit seine Position im sozialen Feld ändern und die Bezugsgruppe wechseln.

Die komparativen Bezugsgruppenwirkungen werden manchmal als „informative" Wirkungen bezeichnet.[4] Sie sind häufig mit normativen Wirkungen verknüpft. Der Einfluß von Bezugsgruppen auf ein bestimmtes Verhalten geht dann auf beide Wirkungen zurück (*Brehm* und *Kassin*, 1990, S. 398 mit Bezug auf *Insko, Drenan* et al., 1983).[5]

b) Konforme Produktbeurteilung

Grundlegende Hypothesen: *Festinger* (1954, vgl. auch *Festinger* 1950) hat eine Theorie des sozialen Vergleichs entwickelt, die das Zustandekommen der komparativen Funktionen von Bezugsgruppen erklären hilft. Drei grundlegende Hypothesen seien hier wiedergegeben:[1]

(1) Der Mensch hat das Bedürfnis, seine eigenen Meinungen und Fähigkeiten zu bewerten (sich ein Bild davon zu machen, ob sie richtig sind).

(2) In dem Maße, in dem objektive Vergleichsmaßstäbe für die Bewertung fehlen, werden die Meinungen und Fähigkeiten anderer Personen herangezogen.

(3) Die Tendenz, einen solchen Vergleich zwischen sich und anderen durchzuführen, verringert sich, wenn der Abstand zwischen den eigenen und fremden Meinungen und Fähigkeiten wächst.[2]

Ursächlich für das Streben nach dauernder Validierung der eigenen Meinungen und Verhaltensmöglichkeiten (des eigenen Verhaltensspielraumes) dürfte vor allem die Suche nach Erfolg und das Vermeiden von Mißerfolg durch die eigenen Handlungen sein. Erfolg und Mißerfolg können dabei

---

[4] Neben den komparativen und normativen Wirkungen werden die „informativen Wirkungen" manchmal auch als dritte Form der Bezugsgruppenwirkungen aufgefaßt. Es geht dann um Informationen, die das Individuum bei Entscheidungsunsicherheit bevorzugt von Bezugsgruppen übernimmt (vgl. *Assael*, 1987, S. 376).

[5] Zur Bedeutung von Bezugsgruppen vgl. auch *Hogg* und *Abrams* (1993), *Paichler* (1988) und *Rogoff* (1990).

[1] Zur Theorie sozialer Vergleichsprozesse vgl. die Einführung und den Überblick in *Haisch* und *Frey* (1984) sowie *West* und *Wicklund* (1985, S. 157 ff.).

[2] Die Hypothesen wurden frei übersetzt. Sie werden von *Festinger* zwar nicht *explizit* auf den Einfluß von Bezugsgruppen bezogen, sie drücken aber grundlegende Erkenntnisse über den Wirkungsmechanismus von Bezugsgruppen aus. Die Hypothesen verweisen uns auf die *Motivation*, die zum sozialen Vergleich führt (Hypothese 1), auf die *Situationen*, in denen der Bezugsgruppeneinfluß bevorzugt wirksam wird (Hypothese 2), und auf einen Aspekt der *Bezugsgruppenwahl* (Hypothese 3).

auch als soziale Konsequenzen im lerntheoretischen Sinne aufgefaßt werden. Die Fehleinschätzung von eigenen Meinungen und Fähigkeiten führt leicht zu Handlungen, die vom Individuum als Mißerfolg oder Bestrafung erlebt werden. Man möchte mit seinen Meinungen und Absichten nicht „falsch liegen", und zwar sowohl im Hinblick auf prüfbare objektive Sachverhalte, als auch im Hinblick auf das sozial Übliche und Anerkannte.

Die *Unsicherheit* eines Individuums „falsch zu liegen", nimmt in dem Maße zu, in dem die eigene Beurteilungsfähigkeit nicht ausreicht und in dem (insbesondere prüfbare) Informationen fehlen, die als Grundlage und Maßstab für die Urteilsbildung in Frage kommen (Hypothese 2). Als Bezugspunkt für eine „richtige" Einschätzung des eigenen Verhaltens werden dann Meinungen und Verhaltensweisen von *Bezugspersonen* herangezogen. Die Auswahl der Bezugspersonen hängt u. a. von der in Hypothese 3 beschriebenen Distanz zwischen dem eigenen (kognitiven und motivationalen) Verhalten und dem Verhalten der in Frage kommenden Bezugsperson ab. Wenn ein größerer oder sogar grundlegender Unterschied zwischen dem Verhalten besteht, verliert der Vergleich für den einzelnen seine Maßstabsfunktion und seine beeinflussende Kraft.

Beispiel: Anfänger in einer Sportart oder in einer Wissenschaft sollten ihre diesbezüglichen Meinungen und Fähigkeiten nicht mit denen eines Profis messen.

Ergebnisse der Konsumentenforschung

Die subjektive Unsicherheit, die nach Hypothese 2 von *Festinger* dann entsteht, wenn sich die Meinungsbildung nicht oder nur wenig an objektiv gegebene Sachverhalte bzw. an Informationen über solche Sachverhalte halten kann, spielt auch für das Konsumentenverhalten eine große Rolle. Gerade beim Angebot von Konsumgütern liegen derartige Informationsmängel aus objektiven Gründen (mangelnde Qualitätstransparenz) oder aus subjektiven Gründen (mangelndes Qualitätsbeurteilungsvermögen) vor. Das nachfolgend skizzierte Experiment von *Venkatesan* über konforme Produktbeurteilung geht von der subjektiven Unsicherheit aus, die Konsumenten beim Angebot eines Produktes empfinden. Es knüpft an die klassischen *Wahrnehmungsexperimente* von *Asch* und *Sherif* an.

Konforme Produktbeurteilung: *Venkatesan* (1976) bat in seinem grundlegenden Experiment die Versuchspersonen, aus drei ihnen vorgeführten Anzügen A, B und C von objektiv *gleicher Qualität* den nach ihrer Meinung besten Anzug auszuwählen. Die Auswahl dieses Anzuges durch die Versuchspersonen erfolgte unter drei verschiedenen Versuchsbedingungen, unter (a) einer Kontrollbedingung, (b) einer Konformitätsbedingung und (c) einer Reaktanzbedingung.

Bei der *Kontrollbedingung* wurde wie folgt vorgegangen: Die Versuchspersonen wurden – wie unter den anderen Bedingungen – zunächst instruiert. Dann konnten sie zwei Minuten lang die Anzüge ansehen und überprüfen. Die Anzüge trugen keinerlei Qualitäts- und Herkunftsbezeichnungen. Nach dieser Prüfung gaben sie *ohne Kenntnis* der Urteile der anderen Versuchspersonen ihre Entscheidung an.

Die *Instruktion* lautete: Die drei vorgeführten Anzüge stammen von drei verschiedenen Herstellern und sind qualitativ verschieden. Vorhergehende Experimente, durchgeführt vom Center for Experimental Studies in Business, haben gezeigt, daß erfahrene Fachhändler und Schneider in der Lage sind, den besten Anzug herauszufinden. Das folgende Experiment dient dazu, festzustellen, ob auch Konsumenten das fertigbringen.[3]

Wie zu erwarten war, wich die Verteilung der Antworten, welcher der Anzüge der beste wäre, nicht signifikant von einer Zufallsverteilung ab.

Bei der *Konformitätsbedingung* wurden die Versuchspersonen einem manipulierten Gruppeneinfluß ausgesetzt. Sie wurden in eine Gruppe einbezogen, die außer einer Versuchsperson aus drei weiteren, vorher instruierten Personen bestand. Diesen instruierten Gruppenmitgliedern wurde gesagt, sie sollten eindeutig und klar für Anzug B votieren. Jeder in der Gruppe wurde nun aufgefordert, seine Wahl öffentlich bekanntzugeben. Nachdem alle Gruppenmitglieder die Anzüge geprüft hatten, gaben sie ihre Wertung ab, und zwar aufgrund einer vorher arrangierten Sitz- und Stimmordnung die Versuchsperson als letzte.

Ergebnis: Der durch die gleichgerichteten Aussagen der übrigen Gruppenmitglieder wirksame soziale Einfluß bewirkte eine *Anpassung* der Qualitätsbeurteilung durch die Versuchspersonen an den Gruppenstandard. Anzug B wurde von den Versuchspersonen in signifikanter Weise häufiger präferiert als die beiden anderen Anzüge. *Abbildung 107* gibt die Verteilung der Antworten unter den verschiedenen Versuchsbedingungen wieder.

Experimentelle Bedingungen	Der beste Anzug ist			Anzahl der Vpn.
	Anzug A	Anzug B	Anzug C	
Kontrollbedingung	17	10	20	47
Konformitätsbedingung	11	22	9	42
Reaktanzbedingung	14	14	19	47

Abbildung 107: Verteilung der Präferenzen für die Anzüge A, B und C

Die dritte experimentelle Bedingung *(Reaktanzbedingung)* zielte auf eine Versuchssituation ab, in der sich der Gruppeneinfluß als *weniger* wirksam oder als unwirksam erweisen sollte. Für die mangelnde Wirksamkeit eines Gruppeneinflusses gibt es verschiedene Ursachen. *Venkatesan* stützte sich auf das Erklärungsmodell von *Brehm* (1966). Er versuchte, bei seinen Versuchspersonen Reaktanz zu erzeugen (das ist eine Form des psychischen *Widerstandes* gegen sozialen *Einfluß,* die bereits ausführlich behandelt wurde).

Die *Reaktanz-Hypothese* von *Venkatesan* lautete: In einer Konsumenten-Entscheidungssituation, in der keine objektiven Standards für die Entscheidungsbildung zur Verfügung stehen, tendieren die einer Gruppennorm ausgesetzten Konsumenten *weniger* dazu, sich der Norm anzupassen, wenn sie *merken,* daß sie zu dieser Anpassung veranlaßt werden sollen (*Venkatesan,* 1966, S. 385).

---

[3] Diese Instruktionen tragen – neben den Interaktionsanweisungen – wesentlich dazu bei, daß die Personen eine Gruppe bilden.

Unter der vom Experiment geschaffenen Reaktanzbedingung wurde der Konformitätsdruck so offen ausgeübt, daß er von den Versuchspersonen als eine Beeinträchtigung ihrer Entscheidungsfreiheit wahrgenommen werden konnte. Das Ergebnis bestätigte die Hypothese: Der Anzug B wurde unter Gruppendruck nicht stärker präferiert als unter der Kontrollbedingung.

Die Untersuchung von *Venkatesan* belegt unter kontrollierten Bedingungen das Zustandekommen von konformen Produktbeurteilungen. Einen vergleichbaren Nachweis für das Zustandekommen von Produktpräferenzen unter dem Einfluß von Bezugsgruppen liefern *Stafford* (1966, deutsch 1976) und *Bearden* und *Rose* (1990).

Bedingungen des Gruppeneinflusses: Die vereinfachte *experimentelle* Situation läßt eine direkte Übertragung auf das Marketing nicht zu. Dazu bedarf es einer verfeinerten Betrachtung der Konformität oder Reaktanz auslösenden Bedingungen und ihrer Eingliederung in das gesamte Feld verhaltenswirksamer Kräfte.

Bei Betrachtung der *Konformitätsbedingung*, auf die wir uns hier beschränken wollen, ist es zweckmäßig, die für den Beeinflussungsprozeß maßgebenden *Merkmale* wie folgt zu gliedern:

(a) Merkmale der beteiligten Personen, von denjenigen, die beeinflussen (Gruppe) und denjenigen, die beeinflußt werden.
(b) Merkmale der Situation, in der die Beeinflussung stattfindet.
(c) Merkmale des Verhaltens, auf das sich die Beeinflussung richtet.

Oft werden für die Analyse der Beeinflussungsvorgänge einerseits nur persönliche und andererseits nur situative Merkmale (b und c) unterschieden.

Die *Zusammensetzung* der *Gruppe* (Homogenität im sozialpsychologischen und demographischen Sinne) ist für den Beeinflussungserfolg wichtig, aber auch andere Gruppenmerkmale wie die Attraktivität der Gruppe für den einzelnen, die Zielsetzung der Gruppe usw.

Die *Beeinflussungssituation* im Experiment von *Venkatesan* unterscheidet sich in mehrfacher Hinsicht von Kaufsituationen. In Kaufsituationen stehen mehr Informationen über die Qualität zur Verfügung als im Experiment, und zwar vor allem Qualitäts-, Herkunfts- und Markenbezeichnungen, die bestimmte Images bei den Konsumenten auslösen. Dadurch werden *Prädispositionen* bei den Konsumenten aktiviert. Die Konsumenten sind nun nicht mehr so ausschließlich wie im Experiment auf „fremde Hilfe" bei der Meinungsbildung angewiesen.

Es fragt sich allerdings, welche Wirkungen solche individuellen *Prädispositionen* gegenüber Produkten *im Verhältnis* zu den von der Gruppe geäußerten Produktbeurteilungen entfalten, ob sie durch den *Gruppeneinfluß* möglicherweise überspielt werden und für die Meinungsbildung von untergeordneter Bedeutung sind.

Diese Frage läßt sich nicht generell beantworten, da es nicht nur auf die relative Stärke von Bezugsgruppeneinfluß und Prädisposition, sondern auch auf das *Zusammenwirken* dieser Feldkräfte mit anderen Feldkräften ankommt. Es gibt dazu aber einige Untersuchungen von *Lewin* (1958, 1963) und von *Bourne* (1972), die nachweisen, daß der Bezugsgruppeneinfluß das Verhalten der Konsumenten in manchen Situationen wesentlich stärker prägt als die individuellen Prädispositionen.

Lewin beschreibt empirische Untersuchungen über den *Wechsel* von *Konsumgewohnheiten.* Dabei zeigte sich zum Beispiel folgendes: Die Bereitschaft von Konsumenten, von Weißbrot auf Vollkornbrot überzugehen, war überwiegend von ihren persönlichen Präferenzen abhängig, wenn sie einzeln um einen solchen Wechsel gebeten wurden. „Im Falle der Gruppenentscheidung ist (jedoch) die Bereitschaft von der persönlichen Vorliebe verhältnismäßig unabhängig, das Individuum handelt anscheinend vorwiegend als Gruppenmitglied" (*Lewin*, 1963, S. 266 f.).

Bourne (1972) versuchte, die Auswirkungen, die das Image eines Nahrungsmittels auf seinen Kauf und seinen Konsum hatte, mit den *Auswirkungen* des *Bezugsgruppeneinflusses* zu vergleichen. Die einzelnen Konsumenten wurden gefragt, ob sie bestimmte Produkteigenschaften des Nahrungsmittels positiv oder negativ beurteilen, beispielsweise ob das Nahrungsmittel mehr nützt, als es schadet oder ob es mehr schadet, als es nützt, ob es preiswert oder aufwendig ist usw. Außerdem mußten sie Angaben darüber machen, ob das Nahrungsmittel bei ihren Freunden (angenommene Bezugsgruppe) sehr beliebt sei oder nicht. Ihr tatsächliches Konsumverhalten wurde durch einen Index ausgedrückt, der die Häufigkeit maß, mit der die Befragten das Nahrungsmittel konsumierten. Als *unabhängige Variablen* wurden also einerseits das Image – auch als Prädisposition interpretierbar – und andererseits der (angenommene) Bezugsgruppeneinfluß aufgefaßt, als *abhängige* Variable das Konsumentenverhalten.

Der Bezugsgruppeneinfluß dominierte in *diesem* Fall über die vorhandenen Einstellungen. Die Dominanz des Bezugsgruppeneinflusses wird insbesondere durch einen Vergleich des Konsumindex bei *konfliktären* Konstellationen der Verhaltensdeterminanten sichtbar: Bei negativem Bezugsgruppeneinfluß und positivem Produktimage sowie bei negativem Produktimage und positivem Bezugsgruppeneinfluß schlägt die Wirkung der Bezugsgruppe jeweils durch.

Die Studie von *Bourne* läßt sicherlich hinsichtlich Operationalisierung der Variablen und statistischer Absicherung der Ergebnisse manche Kritik zu. Sie weist aber ebenso wie die Untersuchung von *Lewin* (1963, S. 223 ff.) nach, daß

individuelles Verhalten in vielen Situationen mehr vom Bezugsgruppeneinfluß als von den individuellen Prädispositionen abhängt, vor allem dann, wenn die Prädispositionen schwach ausgeprägt sind.

Dies wird auch in den Modellen des Konsumentenverhaltens berücksichtigt, in denen sozialer Gruppeneinfluß und individuelle Einstellung als *gemeinsame* Einflußgrößen auf das Verhalten ausgewiesen werden.[4]

---

[4] Vgl. insb. das in der Konsumentenforschung verbreitete und bereits dargestellte Modell von *Ajzen* und *Fishbein* (1981, S. 408).
Der Bezugsgruppeneinfluß wird in diesem Modell als normative Bezugsgruppenwirkung auf das Verhalten aufgefaßt; diese ergänzt die verhaltenslenkende Wirkung individueller Einstellungen, vgl. dazu auch *Bearden* und *Rose* (1990).

Anwendung im Marketing

In vielen Kaufsituationen stehen die Konsumenten unter dem Einfluß mehrerer Bezugsgruppen. Im Hinblick auf den Einsatz des absatzpolitischen Instrumentariums ist deshalb als erstes zu fragen, in welchen *Märkten* der Bezugsgruppeneinfluß so stark ist, daß er für das Marketing genutzt werden kann.

Voraussetzungen im Produktbereich: Es hat wenig Zweck, *bestimmte* Produkte zu ermitteln, deren Kauf unter Bezugsgruppeneinfluß steht. Maßgebend für den Bezugsgruppeneinfluß ist vielmehr eine allgemeine Produkteigenschaft, die sich allerdings im Laufe der Zeit ändern kann:

> Der Bezugsgruppeneinfluß bezieht sich auf das Verhalten gegenüber sozial *auffälligen* Produkten.

Auffällig heißt, das Produkt muß von anderen nicht nur gesehen, sondern auch *beachtet* werden. Produkte, die jeder besitzt und die nicht als besonders modisch gelten, werden von der Umwelt nicht beachtet, sie können deswegen nicht zu den sozial auffälligen Produkten gehören. Computer waren zum Beispiel früher sozial auffällige Produkte, heute sind sie es nicht mehr.

Dieser Sachverhalt läßt sich auch *theoretisch* absichern: Ebenso wie öffentlich abgegebene Urteile[5] einem stärkeren *Konformitätsdruck* unterliegen als nicht geäußerte oder private, nichtöffentlich abgegebene Urteile, so wird der Konsum von auffälligen Produkten als eine Form öffentlich beachteten Verhaltens zu stärkerer Konformität führen.

Im Zusammenhang mit der sozialen Auffälligkeit ist nun zwischen *Produkten* und *Marken* zu unterscheiden. Auch wenn das Produkt selbst weit verbreitet und deswegen nicht auffällig ist, so kann doch die Markenwahl von der Umwelt beachtet werden und unter sozialem Einfluß stehen. Das trifft zum Beispiel für Autos zu.

Diese auf *Bourne* zurückgehende Klassifizierung von Produkten wurde von *Bearden* und *Etzel* (1982) aufgegriffen und auf ihre empirische Relevanz überprüft. Diese Autoren teilen die Produkte wie folgt ein:

- Luxusgüter / Alltagsgüter,
- öffentlich konsumierte Güter / privat konsumierte Güter.

Sozial auffällig sind nur solche Produkte, die nicht von allen gekauft werden, dies gilt für die Luxusgüter. Sozial auffällige Produkte müssen ferner „sichtbar" sein, ihr Konsum muß von der Umwelt beachtet werden. Dies gilt für Produkte, die *öffentlich* und nicht in privater Verborgenheit konsumiert werden.

Ob ein Gut ein Alltags- oder ein Luxusprodukt ist, bestimmt vor allem den Bezugsgruppeneinfluß auf die Wahl des *Produktes*, ob es öffentlich oder privat konsumiert wird und dadurch auffällig ist oder nicht, bestimmt vor allem den Bezugsgruppeneinfluß auf die Wahl der *Marke*.

---

[5] Die Art der Öffentlichkeit ist im Hinblick auf die Bezugsgruppe zu sehen.

Durch die Kombination dieser Bedingungen (Produktmerkmale) ergeben sich vier Produktbereiche, in denen ein *unterschiedlich* starker Bezugsgruppeneinfluß zu erwarten ist (siehe *Abbildung 108*).

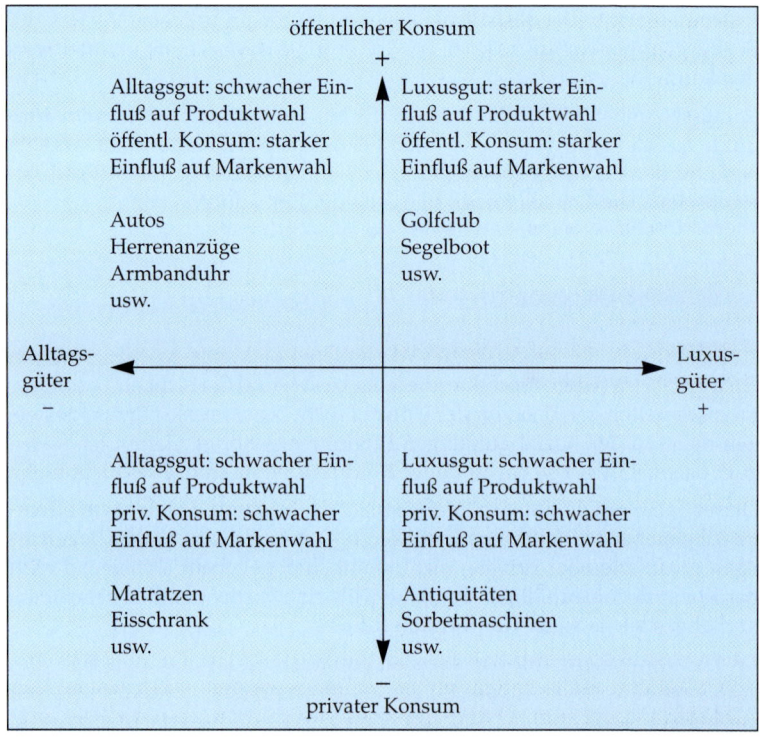

Abbildung 108: Bezugsgruppeneinfluß auf Kaufentscheidungen für Produkte und Marken nach Bearden und Etzel (1982)

Quelle: Bearden und Etzel (1982).

Die in *Abbildung 108* enthaltenen grundlegenden Hypothesen über die unterschiedliche Stärke des Bezugsgruppeneinflusses in verschiedenen Produktbereichen wurden durch die Untersuchung von *Bearden* und *Etzel* bekräftigt. Dabei zeigte sich, daß die Markenwahl im allgemeinen stärker vom Bezugsgruppeneinfluß bestimmt wird als die Produktwahl.

Die soziale Auffälligkeit von Produkten steht in enger Beziehung zum Prestigewert und **Demonstrationseffekt** von Produkten:

Die Ausführungen über den Bezugsgruppeneinfluß bei auffälligen Produkten lassen sich auch für die Erklärung des demonstrativen Konsums verwenden.

Zum Verständnis der sozialen Interaktion beim *demonstrativen Verhalten* sei auf einen Ansatz von *Goffman* (1991) über die Selbstdarstellung im täglichen Leben aufmerksam gemacht. *Goffman* beschreibt die „Verhaltens-Fassade", die jeder aufbaut, um die Umwelt über seine soziale Rolle zu informieren und sich vor anderen in einem für die soziale Wertschätzung günstigen Licht zu zeigen. Man denke etwa an die demonstrative Gestaltung von Ziergärten um Einfamilienhäuser, die den Vorbeigehenden u. a. darauf aufmerksam macht, daß hier ein Mann mit Geschmack wohnt. (Diese Demonstration ist selbstverständlich oft nicht bewußt.) Bei einer Übertragung auf den Konsumbereich können wir von *Konsumfassaden* oder von Konsumkulissen sprechen, deren Errichtung und Pflege von den Konsumenten oft mit großem Aufwand betrieben wird (wie z. B. die nach wie vor praktizierte „Potenzdemonstration" mittels bestimmter Automarken).

Bei der Ausgestaltung der Konsumfassaden hält sich der Konsument stark an Bezugsgruppen. Die Anpassung an ihre Meinungen und Standards hilft ihm, Produkte zu kaufen, die es ihm erlauben, sich in einer sozial richtigen bzw. akzeptierten Form in Szene *zu setzen*.

Eine neuere Theorie des Eindruckschindens weitet diese Überlegungen aus: Es ist die *„Impression-Management-Theorie"* (*Mummendey* und *Bolten*, 1985). Sie stellt die Motivation sowie die Strategien und Wirkungen der Bemühungen einer Person dar, beim Umgang mit anderen ein vorteilhaftes Bild von sich zu vermitteln. Diese Bemühungen dienen auch dazu, das *Selbstbild* zu formen, denn dieses Selbstbild wird vor allem dadurch bestimmt, wie uns andere sehen. Das erklärt die große Bedeutung, die das Image-Management für jeden hat.[6]

Sozial auffällige Güter spielen für die Selbstdarstellung eine entscheidende Rolle, es ist sogar anzunehmen, daß sie für die soziale Interaktion in hoch entwickelten Gesellschaften immer wichtiger werden. Das gilt vor allem für Produkte, die zum „Outfit" der Konsumenten beitragen wie Kleidung, Accessoires oder dekorative Kosmetik.

In einem Vergleich der Werbung aus den 60er Jahren mit der Werbung der 80er Jahre fand *Kempf* (1987) heraus, daß die Werbung in zunehmendem Maße Bezugsgruppen darstellt, um die soziale Anerkennung, die man durch den Konsum erzielt, herauszustellen.

Absatzpolitische Maßnahmen: Um den Bezugsgruppeneinfluß für das Marketing einzuspannen, ist von den in *Abbildung 108* wiedergegebenen Hypothesen über die mehr oder weniger starken Wirkungen der Bezugsgruppen in verschiedenen Produktmärkten auszugehen:

Falls man Produkte verstärkt einem Bezugsgruppeneinfluß aussetzen möchte (weil dieser Bezugsgruppeneinfluß für das Marketing günstig ist), so kommen absatzpolitische Maßnahmen in Betracht, welche die soziale *Auffälligkeit* eines Produktes *erhöhen*. Dabei ist zunächst an die äußere Auffälligkeit – die z. B. durch wirksame Farbgebung erhöht werden kann – aber auch an die symbolische Auffälligkeit (exklusives Image) zu denken.

---

[6] Zur theoretischen Einordnung der „Impression-Management-Theorie" vgl. *Markus* und *Zajonc* (1985, S. 205 ff.), zur Einbeziehung in die Wirtschaftspsychologie *Wiswede* (1991, S. 286–288).

Um bei gegebener Auffälligkeit eines Produktes oder einer Marke den Einfluß der sozialen Umwelt auf die Produktbeurteilung der Konsumenten auszunutzen, lassen sich hauptsächlich folgende Techniken in Werbung und Verkauf anwenden (nach *Kroeber-Riel* und *Meyer-Hentschel*, 1982, S. 139 ff.):

- Hinweise auf die Mehrheit der Konsumenten,
- Hinweise auf qualifizierte Gruppen (Bezugsgruppen).

Die Werbung nimmt dann bildlich oder sprachlich auf Personen und Gruppen Bezug, nach denen sich der einzelne richten kann (soll). Theoretisch gesehen handelt es sich dabei vor allem um eine Form des Imitations- oder Modell-Lernens.

Nach *Peter* und *Olson* (1992) kann man dabei unterscheiden in

- die unmittelbare bildliche Darstellung von Modellen, zum Beispiel einer Bezugsgruppe für Jugendliche in der Werbung;
- die verdeckte Einbeziehung von Modellen, indem man (etwa bei Rundfunkspots) an die Empfänger appelliert, sich Bezugsgruppen vorzustellen, sich ein „inneres Bild" davon zu machen;
- die sprachliche Beschreibung eines Modells, durch die gesagt wird, wie sich andere, die ähnlich sind (= Bezugsgruppe), in einer bestimmten Situation verhalten.

Beim *persönlichen Verkauf* wird zum Beispiel den Konsumenten oft berichtet, welche Bezugsgruppen (Nachbarn, Freunde, Clubangehörige, Filmschauspieler usw.) ein bestimmtes Produkt ebenfalls gekauft haben. Ein entsprechendes Vorgehen ist auch bei *Direktwerbung* und klassischer Medienwerbung zu beobachten *(Abbildung 109)*.

Die Werbung kann im einfachsten Fall durch Hinweise auf „die Mehrheit" an das weitverbreitete Bedürfnis nach sozialem Vergleich und sozialer Anpassung appellieren und dadurch bei den Konsumenten Unsicherheit bei der Beurteilung der sachlichen oder sozialen Qualität eines Produktes abbauen. Dazu ein Beispiel: Der beliebte Hinweis auf soziale Mehrheiten (z. B. von PKW-Herstellern) soll die Einbettung in bewährte Bezugsgruppen nahelegen („beim Kauf dieser Marke liege man richtig").

Ein solcher undifferenzierter Hinweis auf die Mehrheit (z. B. „Hunderttausende von Käufern") hat allerdings einige Nachteile: Er ist nicht für exklusive Produkte geeignet, also gerade für solche Produkte nicht, die unter starkem Bezugsgruppeneinfluß stehen. Außerdem ist seine Wirkung geringer als die Wirkung eines Hinweises auf *qualifizierte* Gruppen, die zu den Bezugsgruppen der in Frage kommenden Konsumenten gehören und deswegen einen stärkeren Einfluß auf das Verhalten ausüben.[7] Ein Beispiel für Werbung mit einem klaren und qualifizierten (bildlichen) Bezugsgruppenappell vermittelt *Abbildung 109*.

Hinweise auf *qualifizierte* Bezugsgruppen können entsprechend unserem Bezugsgruppenbegriff auch Hinweise auf einzelne Personen enthalten. Bei

---

[7] Letzteres gilt zum Beispiel für die Ergebnisse in den Experimenten von *Bearden* und *Rose* (1990), in denen studentische Versuchspersonen darauf hingewiesen wurden, daß eine bestimmte Farbe von den meisten *Mitstudenten* bevorzugt wurde.

diesen kann es sich um konkrete Persönlichkeiten wie bekannte Filmstars handeln oder um stereotype Bezugspersonen wie „die liebe Oma".

Sind Sie auf Rosen gebettet, wenn der Herbst des Lebens kommt?

Wer sein Leben lang gearbeitet hat, verdient einen schönen Lebensabend. Doch die Rente erreicht bei weitem nicht das letzte Nettoeinkommen. Damit ist man zwar versorgt, aber man hat nicht ausgesorgt.

Mit einer Lebensversicherung können Sie mehr für Ihren Lebensabend tun. Denn Sie bilden dank hoher Überschußbeteiligung ein beachtliches Vorsorgekapital für später.

Zugleich bietet eine Lebensversicherung sofortigen Risikoschutz. Ihr Partner oder Ihre Familie ist mit der vollen Summe abgesichert. Vom ersten Beitrag an. Ohne Wartezeiten. Sprechen Sie doch mal mit einem Versicherungsfachmann. Es ist beruhigend, wenn man einer rosigen Zukunft entgegensieht.

Lebensversicherung
Leben braucht Sicherheit.

Abbildung 109: Werbung mit Bezugsgruppenappell

Zu den qualifizierten Bezugsgruppen, auf die sich die Werbung beziehen kann, sind auch solche zu rechnen, die nicht zur näheren sozialen Umwelt des Konsumenten (zur Familie, zum Sportclub, zu den Schulfreunden usw.), sondern zur weiteren Umwelt gehören. Diese Gruppen können als „sozial entfernte Bezugsgruppen" ebenfalls die Produktbeurteilung von Konsumenten umso stärker beeinflussen, je attraktiver die Mitglieder dieser Gruppe und ihr Verhalten in den Augen der Konsumenten sind.

Folgerungen für das Marketing: Die Marktforschung kann durch einfache Einstellungsmessungen derartige Bezugsgruppen für einzelne Marktsegmente feststellen; diese können dann zum Ansatzpunkt für die Werbung – und auch für die Produktgestaltung – werden. (Siehe dazu auch *Zaltman* und *Wallendorf*, 1984, S. 140.)

Konsumtheoretische Folgerungen: Wir schließen unsere Beschreibung der marketingrelevanten Wirkungen komparativer Bezugsgruppen mit einigen Hinweisen auf die *relative Deprivation* (relative Benachteiligung) von Konsumenten ab, eine bemerkenswerte Erscheinung, die ebenfalls durch sozialen Vergleich entsteht. Relative Deprivation entsteht dadurch, daß sich eine Person mit *anderen* (aufgrund ähnlicher Merkmale auch vergleichbaren) Personen *vergleicht* und unzufrieden ist, daß diese Personen ein Verhalten zeigen, das ihr selbst abgeht. Relative Deprivation drückt sich beispielsweise in dem Vorwurf einer Frau an ihren Mann aus: „Schau mal die Müllers! Die verdienen auch nicht viel mehr als wir, leisten sich aber einen teuren Urlaub nach dem andern!"[8]

Der Versuch, die aufgrund eines sozialen Vergleichs empfundene relative Benachteiligung zu überwinden und anderen Personen nachzueifern, ist ein wesentliches Stimulans für das Konsumentenverhalten. Das wird zum Beispiel bereits in der Konsumtheorie von *Duesenberry* (1967) erläutert. Er meint im Gegensatz zu klassischen Konsumtheorien, daß höhere Konsumausgaben durchaus auch ohne Veränderungen von *Preis* und *Einkommen* entstehen können. Höhere Konsumausgaben lassen sich auch auf die Tendenz zurückführen, in zunehmendem Maße höherwertige Güter zu konsumieren. Als Ursache für diese Tendenz wird die relative Deprivation von Konsumenten angeführt. Die Konsumenten, motiviert durch die allgemein verbreitete gesellschaftliche Wertschätzung eines hohen Lebensstandards, vergleichen sich mit solchen Bezugspersonen, die einen *höheren* Lebensstandard haben. Sie orientieren sich dann zur Überwindung der von ihnen wahrgenommenen relativen Benachteiligung an diesem Lebensstandard und erhöhen ihre bisherigen Konsumausgaben. Der *soziale Vergleich* wird auf diese Weise zu einer entscheidenden Determinante des Konsumentenverhaltens.

c) Vermittlung von Konsumnormen

Theoretische Ansatzpunkte: *Normen* können als *Verhaltensregeln* definiert werden, die von den meisten Mitgliedern einer Gruppe akzeptiert werden. Die oft zitierte *Definition* von *Homans* lautet: „Eine Norm ist … eine Idee in den Köpfen der Gruppenmitglieder …, die in die Form einer Aussage darüber gebracht werden kann, was andere Menschen tun sollten und tun müßten, was man unter gewissen Umständen von ihnen erwartet" (*Homans*, 1978, S. 136; *Homans*, 1992, S. 123). Einschränkend fügt *Homans* hin-

---

[8] Zu Theorien des sozialen Vergleichs vgl. *Bierhoff* und *Klein* (1990), zusammenfassend *Suls* und *Wills* (1991) sowie mit Blick auf das Konsumentenverhalten *Richins* (1991).

zu, daß man eigentlich erst dann von Normen sprechen kann, wenn Abweichungen bis zu einem bestimmten Grad von der Umwelt bestraft werden. Je nach Stärke und Art dieser Bestrafung, die von schweren und gesetzlich geregelten Sanktionen bis zu leichten gesellschaftlichen Mißbilligungen reichen kann, erhalten die Normen unterschiedliche Verbindlichkeit. Nach dem Grad dieser Verbindlichkeit lassen sich die Normen in *Muß-Normen*, *Soll-Normen* und *Kann-Normen* einteilen.[1]

Diese Einteilung bewährt sich auch bei der Beschreibung von Normen des Konsumverhaltens.

Die Einhaltung von Normen ist jedoch nicht nur auf *Bestrafungen* für abweichendes Verhalten wie soziale Mißbilligung, sondern auch auf *Belohnungen* für normen-entsprechendes Verhalten, insbesondere auf soziale Anerkennung, zurückzuführen (interaktionstheoretische Erklärungen der Konformität).[2]

Für den einzelnen sind vor allem die positiven oder negativen Sanktionen seiner *Bezugsgruppe* von Bedeutung; es ist deswegen verständlich, daß er seine Normen in erster Linie von seinen Bezugsgruppen bezieht. Das heißt nicht, daß es sich nur um spezifische Normen dieser Bezugsgruppen handelt. Es können auch Normen sein, die eine über die Bezugsgruppe hinausgehende Geltung haben und die von ihr lediglich weitervermittelt werden. Die Bezugsgruppe erhält dadurch ihre *normativen Funktionen*: Sie liefert und verstärkt Normen, die zu Beweggründen des individuellen Handelns werden.[3]

Es gibt Normen, die *für alle* gelten, und andere, die *nur für einzelne* Gruppenmitglieder gelten. Normen für einzelne Gruppenmitglieder betreffen das Gruppenmitglied als Träger einer sozialen Rolle. Mit jeder Rolle, zum Beispiel der Rolle des Lehrers oder der Hausfrau, sind bestimmte gesellschaftliche *Erwartungen* verbunden, die in den an den Träger der Rolle gerichteten *Normen* ihren Ausdruck finden. Eine Rolle läßt sich deswegen auch als eine Menge von Normen, die sich an einen einzelnen richten, umschreiben. Uns werden hier solche Normen interessieren, die den einzelnen in seiner Rolle als Konsument angehen.

Normen erleichtern und stabilisieren die *soziale Interaktion*, ja, man kann sogar sagen, daß sie die soziale Interaktion erst ermöglichen. Wenn der ein-

---

[1] Vgl. dazu auch *Dahrendorf* (1977, S. 149 f.): „Zwischen Muß-, Soll- und Kann-Erwartungen einerseits, Gesetz, Sitte und Gewohnheit andererseits besteht nicht nur eine Analogie, sondern diese beiden Begriffsgruppen beziehen sich auf identische Gegenstände."

[2] Vgl. dazu *Homans* (1978, u. a. S. 134 ff.); *Homans* (1992 und 1993).

[3] Das gilt übrigens auch für die Wissenschaft: Die Konformität scheint dort nicht wesentlich geringer zu sein als in anderen Lebensbereichen. Mit welchem Stoff man sich beschäftigt, welche Methoden man anwendet, welche Literatur man zitiert, das hängt auch von den Normen der jeweiligen wissenschaftlichen Bezugsgruppe ab, die ein diffiziles Instrumentarium an sozialen Sanktionen hat, um die Einhaltung solcher Normen durchzusetzen. Allerdings scheinen unter bestimmten Bedingungen Abweichler eher als in anderen Lebensbereichen toleriert zu werden, weil ihre Funktionen für den Fortschritt und die Zielerreichung der Gruppe stärker wahrgenommen werden.

zelne in den meisten Situationen aufgrund sozialen Lernens nicht wüßte, was und mit welcher Verbindlichkeit (Muß, Soll, Kann) er zu tun hat, würde es im sozialen Leben zu dauernden Reibereien kommen. Der zweckmäßige Ablauf der sozialen Interaktion wäre in Frage gestellt.

Die durch das genormte Verhalten entstehende *Stabilität* der Interaktion führt sowohl zu einer Entlastung der persönlichen Beziehungen untereinander als auch zu einer Entlastung der individuellen Entscheidungen.

Von der Gruppe aus gesehen besteht die Entlastung darin, daß das Verhalten des einzelnen nicht jedes Mal von neuem reglementiert werden muß. Das genormte Verhalten *substituiert* dadurch den persönlichen *Einfluß,* der von der Gruppe ausgeübt werden müßte, um die Gruppenmitglieder zu einem dem Gruppenziel zuträglichen Handeln zu veranlassen.

Die sozialen Normen sorgen demzufolge dafür, daß die sozialen Interaktionen auch ohne unmittelbare persönliche Lenkungsmaßnahmen zielgerecht und reibungslos, d. h. vor allem auch konfliktsparend, verlaufen. Die sozialen Normen wirken deswegen systemstabilisierend. Das gilt auch für die *Konsumnormen* in Industriestaaten. Sie fördern die Entwicklung und Stabilisierung eines marktwirtschaftlichen Wirtschafts- und Gesellschaftssystems und sind Ausdruck einer systemimmanenten, konsumorientierten *Wertordnung.*

Das Individuum muß nicht jedesmal von neuem *entscheiden,* ob das, was es vorhat oder tut, „richtig" ist. Das an den Normen ausgerichtete Verhalten (Verhaltensmuster) ersetzt also eine Vielzahl von individuellen Entscheidungsprozessen.

Normen für das Konsumentenverhalten: In Erklärungs- und Prognosemodellen des Konsumentenverhaltens wie dem Modell von *Ajzen* und *Fishbein* (1973, 1978) wird der Einfluß von sozialen Normen auf das Verhalten oft als gleichberechtigte Einflußgröße *neben* den individuellen Prädispositionen aufgeführt. Gleichwohl werden die normativen Einflüsse auf das Verhalten in der Literatur zum Konsumentenverhalten nur am Rande behandelt. Etwas ausführlicher befassen sich *Zaltman* und *Wallendorf* (1983, S. 146 ff.) damit. In ihrer *Systematik* werden die sozialen Normen danach eingeteilt, ob sie

● die Auswahl von Produkten
   (Beispiel: Auswahl eines Autos nach Normen umweltbewußten Verhaltens) oder
● den Ablauf des Kaufverhaltens
   (Beispiel: normative Ablehnung der Bestechung des Geschäftspartners)

beeinflussen (*Zaltman* und *Wallendorf*, 1983, S. 148, 151).

Bei der Auswahl von Produkten wird aus der Menge der überhaupt *möglichen* Alternativen von vornherein der Teil ausgeschieden, der solchen sozialen Normen *nicht* entspricht, an die sich das Entscheidungssubjekt hält. Das läßt sich am Beispiel eines Hauskaufs veranschaulichen. Für ein Entscheidungssubjekt kommen nur solche Alternativen in Frage, die mit seiner Rolle im gesellschaftlichen Leben (etwa als Leiter einer Firma oder als Vorsitzender eines Clubs) und mit den damit verbundenen Normen verträglich sind. Zur Wahl stehen etwa solche Häuser, die in einem bestimmten Wohnviertel liegen, bestimmten Erwartungen an die Repräsentation entsprechen usw.

Wiswede bezeichnet den individuellen Entscheidungsspielraum, der nach Befolgen der sozialen Normen dem einzelnen noch bleibt, als *„soziale Konsumfreiheit"* (*Wiswede*, 1972, S. 85). Diese Konsumfreiheit wird bereits von den Produzenten antizipiert, so daß das auf dem Markt erscheinende Güterangebot bereits der zu erwartenden – oder vom Angebot erst stimulierten – Konformität der Nachfrager entspricht.

Aber auch *innerhalb* des von der Normierung freigelassenen Entscheidungsspielraums ist noch sozialer *Druck* vorhanden: Im Rahmen der definierten Grenzen darf sich das Individuum nicht nur anders verhalten als seine Nachbarn, dies wird sogar von ihm erwartet oder sogar verlangt. Tut es dies nicht, so heftet sich seiner Lebensführung leicht der Vorwurf mangelnder Persönlichkeit an (ein „Schablonen-Mensch", ein Mitläufer zu sein – nach *Hofstätter*, 1973, S. 64 f.). In Anbetracht dieses Ausmaßes an sozialem Druck und Einfluß innerhalb und außerhalb der von den Normen gesteckten Grenzen ist es tröstlich zu wissen, daß der einzelne den sozialen Einfluß zum großen Teil nicht wahrnimmt und sich einer *eingebildeten* individuellen *Freiheit* erfreut.

Normen, die sich auf den *Kaufvorgang* richten, können vor dem Einkauf, während des Einkaufs oder hinterher wirksam werden. Das Verhältnis zwischen Anbieter und Konsument wird in allen Phasen des Einkaufsvorganges – oft ohne daß sich die Beteiligten dessen bewußt sind – von sozialen Normen mit unterschiedlicher sozialer Reichweite (von allgemein gültigen sozialen Normen bis hin zu Gruppennormen) geleitet:

Vor dem Kauf bestimmen zum Beispiel Normen, ob und inwieweit die Konsumenten über die Vor- und Nachteile eines Produktes i. w. S. informiert werden. Diese Normen haben erhebliche gesellschaftliche Bedeutung und sind in allgemeinen und spezifischen Rechtsvorschriften kodifiziert (vgl. etwa §§ 123 und 463 BGB).

Während des Kaufs sind Normen dafür verantwortlich, ob und wie über z. B. den Preis verhandelt werden darf. Dies gilt vor allem in Entwicklungsländern. Aber auch bei uns regeln derartige Normen in manchen Situationen auf sehr subtile Weise das Zusammenspiel von Verkäufer und Käufer.

Nach dem Kauf beziehen sich die Normen unter anderem auf das Verhalten bei Reklamationen. Dabei gilt:

> **Abweichungen von der Norm werden eher dem Käufer als dem Verkäufer zugestanden.**

Sozialtechniken des Marketing: Das Marketing kann sich auf *vorhandene* Konsumnormen beziehen, es kann diesen Normen größere Verbreitung verschaffen, es kann Normen verstärken und modifizieren.

In manchen Fällen mag es dem Marketing auch gelingen, *neue Konsumnormen* einzuführen, insbesondere dann, wenn sie in konsistenter Weise mit anderen sozialen Normen verknüpft werden können. Ein Beispiel bot die *Colgate-Werbung*. Sie führte dem Fernsehzuschauer die sozialen Folgen des Mundgeruchs vor Augen: Einsamkeit durch soziale Mißbilligung des Mundgeruchs.

Mundgeruch ist dabei nicht als eine Eigenschaft von Konsumenten anzusehen, sondern als Vernachlässigung einer wichtigen Konsumnorm: Nimm eine desodorierende Zahnpasta: natürlich Colgate, denn „Colgate macht der Einsamkeit ein Ende"! Es ist durchaus möglich, daß durch eine solche Werbung in Verbindung mit anderen Deodorant-Werbungen überhaupt erst eine neue und spezielle Konsumnorm: „Benutze ein Deodorant!" geschaffen, zumindest aber in stärkerem Maße verbreitet wird.[4]

Um Konsumnormen zu verbreiten, zu verstärken oder neu zu schaffen, lassen sich vorhandene Bezugsgruppen der Konsumenten einspannen oder sogar neue Bezugsgruppen ins Leben rufen. Letzteres wird man erreichen, wenn die Werbung *symbolische Bezugsgruppen* in Form von bestimmten Stereotypen über den „richtigen" Verwenderkreis schafft.

Die für das Marketing relevanten Normen können sich entweder direkt auf den *Konsum* von Produkten beziehen oder auf Verhaltensweisen, die den Konsum von bestimmten Produkten *implizieren*, etwa auf Eßgewohnheiten, die zur Nachfrage nach bestimmten Produkten führen.

Der *Appell* an ein normengetreues Verhalten der Verbraucher, der insbesondere über Werbung, Verkaufsförderungsmaßnahmen oder persönlichen Verkauf erfolgen wird, läßt sich dadurch formulieren, daß direkt auf soziale Normen oder soziale Sanktionen Bezug genommen wird. Das Vorgehen läßt sich in drei Thesen zusammenfassen:

(1) Der Verbraucher kann durch Hinweise auf Konsumnormen und auf soziale Belohnungen dazu gebracht werden, sich konform zu verhalten.

(2) In Ausnahmefällen sind auch Hinweise auf Bestrafungen für abweichendes Verhalten geeignet.

(3) Der Appell an den Verbraucher wird wirksamer, wenn er sich auf die speziellen Bezugsgruppen der Empfänger bezieht.

Da Bestrafungen – wie wir aus der Lerntheorie wissen – seltener, weniger und kürzer als Belohnungen wirken, wird ein Hinweis auf soziale Bestrafungen nur ausnahmsweise und nur dann zweckmäßig sein, wenn die Bestrafungen wesentlich stärker sind als die für einen Appell an den Konsumenten in Frage kommenden sozialen Belohnungen. Dazu gibt es allerdings keine brauchbaren Untersuchungen aus der Konsumentenforschung.

Direkter Hinweis auf Konsumnormen: Fangen wir beim *persönlichen Verkauf* an: Der Verkäufer kann sich in vielen Fällen als Normenvermittler ausgeben. Er klärt den Konsumenten darüber auf, welche Normen gültig sind und durch welche Produkte „man" diese Normen erfüllen kann. Der Ver-

---

[4] Ein weiteres Beispiel bot die *Deutsche Bundesbahn:* Sie geriet in Zeitnot, die werbliche Positionierung als modernes Dienstleistungsunternehmen personell (durch Schulung) und sachlich (mittels Serviceeinrichtungen) entsprechend den Kundenerwartungen zu erfüllen.

käufer ist manchmal auch in der Lage, auf einzelne Konsumenten aufmerksam zu machen (von denen er annehmen kann, daß sie zur Bezugsgruppe des potentiellen Käufers gehören) oder auf allgemein anerkannte Leitbilder, die der empfohlenen Norm entsprechend gekauft haben.

Die größere Sensibilität von Frauen gegenüber Modenormen macht sie auch zu vorzüglichen *Agenten,* um diese an Männer weiterzuvermitteln. Die Männer akzeptieren diese Vermittlung u. a. deswegen, weil sie durch die Interaktion mit den Frauen dafür belohnt werden und weil sie die Frauen in dieser Hinsicht für *kompetent* halten. Manche Frauen werden ihrerseits dazu motiviert, Modenormen an ihre Männer zu vermitteln, weil sie erwarten, daß modekonformes Verhalten zur gesellschaftlichen Anerkennung der Männer beiträgt und damit indirekt auch ihnen zugute kommt.

Auch in der *Werbung* sind Hinweise auf Verhaltensnormen üblich. Beispiele bot eine Serie der Werbung für die Benutzung von Bahn und Bus, die unter dem gleichbleibenden Motto „Busse und Bahnen – Grüne Welle für Vernunft" lief.[5]

Die in den Anzeigen dargestellten Personen, zum Beispiel Sparkassenleiter Manfred Knüttel, haben mehr oder weniger den Charakter von Bezugspersonen (für ein bestimmtes Verhalten). Sie weisen den Leser auf wichtige Normen wie Pünktlichkeit, Sparsamkeit, Sicherheit hin und sie machen ihm klar, daß er diesen Normen entsprechen kann, wenn er mit Bahn oder Bus fährt (diese Werbung zeigt zugleich ausgezeichnet die Nachahmung der persönlichen Kommunikation in der Werbung).

● „Was Pünktlichkeit angeht, muß ich doch Vorbild sein. Deshalb fahre ich mit Bussen & Bahnen", meint die Kindergärtnerin Angelika Roth. „Machen Sie es wie Angelika Roth – steigen Sie um auf die Grüne Welle für Vernunft. Nicht nur Kindergärtnerinnen müssen pünktlich sein."

● „Seit ich mit Bussen & Bahnen fahre, steht das Komma auf meinem Konto etwas weiter rechts", meint Sparkassenleiter Manfred Knüttel. „Herr Knüttel weiß, wie man mit Geld am besten umgeht, deshalb heißt es für ihn: … Busse & Bahnen … Vernunft trägt hohe Zinsen. Deshalb machen Sie's wie dieser Geld-Fachmann …"

● „Ich sehe Tag für Tag, was Sicherheit bedeutet. Deshalb fahre ich mit Bussen & Bahnen", meint Verkehrsrichter Klaus Niem. „… Machen Sie's wie unser Verkehrsrichter – setzen Sie auf die Grüne Welle für Vernunft. Was Sie im Namen der Sicherheit tun, tun Sie für sich …"

Die Berufung auf Verhaltensnormen ist allerdings eine schwierige Sozialtechnik, weil ihre Wirksamkeit durch eine Vielzahl von *Einflußgrößen* (wie Normenkonflikte, normative Beeinflußbarkeit der Empfänger usw.) bestimmt wird.

---

[5] Der Nostalgietrend einerseits und die aktuelle Verkehrsdiskussion andererseits geben dieser Werbekampagne eine besondere Bedeutung.

Hinsichtlich der sozialen Rahmenbedingungen ist zu beachten, daß Leute mit hohem Status ihre Bezugsgruppen und -personen mehr im Bereich der *Sekundärgruppen*, Leute mit niedrigem Status ihre Bezugsgruppen und -personen mehr im Bereich der *Primärgruppen*, vor allem in ihren Familien, suchen. Wie *Trommsdorff* (1969) mit Hilfe einer Inhaltsanalyse nachweisen konnte, machen sich die Frauenzeitschriften diese unterschiedliche soziale Orientierung für ihre *Kommunikationsstrategie* zunutze. *Trommsdorff* fand in Zeitschriften, die sich an Leserinnen mit hohem Status wenden (wie *Madame*), redaktionelle und werbliche Inhalte mit ausgesprochener Sekundärgruppenorientierung, in Zeitschriften, die sich an Leserinnen mit niedrigerem Status wenden (wie damals *Brigitte*), Inhalte mit ausgesprochener Primärgruppenorientierung (Zu Beispielen vgl. die *Abbildung 110*).

Brigitte	Madame
● med. Probleme	● Golfen
● Scheidungsopfer	● Wohnen der High-Society
● Probleme im Urlaub	● Hollywood
● Rezepte	● Job: Headhunter
● Sommerfeste	● Top-Restaurants
● Beziehungsprobleme	● Event-Diner im „Le Canard"
● zu Hause lebende erwachsene Kinder	

Abbildung 110: Beispiele für Bezugsgruppenorientierung bei Zeitschriftenthemen

Quellen: *Brigitte* Heft 15 (1994);
        Madame Heft 8 (1994).

Hinweise auf soziale Belohnungen und Bestrafungen: sind *implizit* bereits im Hinweis auf die Normen enthalten. Wenn man beim Marketing, insbesondere bei der Werbung, *explizit* auf soziale Sanktionen hinweist, so wird man an starke soziale Bedürfnisse oder Ängste appellieren und versuchen, daß die auf konformes Verhalten abzielenden Sanktionen dem Leser stärker bewußt werden. Daß dabei auch unerfüllte und unerfüllbare Hoffnungen und Wünsche nach sozialen Belohnungen verstärkt und ausgenutzt werden, gehört zum kommerziellen Stil.

Beispiele aus der kommerziellen und nicht-kommerziellen Werbung verwenden gerne das *Drohen* mit sozialen *Bestrafungen*, welches die Konsumenten dazu bringen soll, bestimmte gesellschaftliche Normen oder Konsumnormen einzuhalten.[6]

Abbildung 111 gibt eine Anzeige mit sozialer Sanktionsandrohung wieder, falls gegen das empfohlene Markenverhalten verstoßen wird.

---

[6] Beispiele findet man bei der Thematisierung von Umweltproblemen, z. B. Zunahme des Ozons in der Luft bzw. des Waldsterbens, wenn der PKW-Verkehr nicht eingeschränkt wird.

Abbildung 111: Appell an Verhaltensnormen in der kommerziellen Werbung

Soziale *Belohnungen* verheißt die Werbung für *Ferrero*-Süßigkeiten: Dort wird aus „Großmutter die liebste Omi der Welt", weil sie ihren Enkeln eine süße „Kinder-Überraschung" schenkt.

In vielen Werbeappellen werden die sozialen Belohnungen nicht verbal angegeben, sondern *bildlich* dargestellt: Auf Fotos wird etwa die Bewunderung durch andere, der geschäftliche Erfolg, das gesellige Glück für denjenigen, der die Konsumnormen erfüllt, dargestellt. Zugleich lassen sich auf diese Weise auch die *Bezugsgruppen* ins Bild bringen.

Gesellschaftliche Implikationen: Die von der *Werbung* auf diese Weise erreichte Konformität der Konsumenten ist ebenso wie die durch andere Werbetechniken erzielte Verhaltensbeeinflussung Ausdruck *sozialer Kontrolle* und *Macht*.

Nach einer Untersuchung von *Möller* (1970, S. 127) wirkt die soziale *Kontrolle* durch Konsumwerbung in zwei Richtungen: „Zum einen bewirkt sie eine Verstärkung der Kontrolle dessen, was ‚man' zu besitzen hat, in welcher Ausführung, und sogar, wann ‚man' es sich anzuschaffen hat … Neben der Besitzkontrolle verstärkt Konsumwerbung die soziale Verhaltenskontrolle, die über den Bereich des Kaufes hinausgeht. Text und Bild vermitteln Lebenshaltungen, die als Erwartungen auf den Beschauer einwirken."

Will man diese gesellschaftlichen Konsequenzen der durch die kommerzielle Werbung ausgelösten Verhaltensnormierung nicht akzeptieren, so kann man folgende *politische Maßnahmen* erwägen:

(1) bessere Aufklärung der Konsumenten und eine korrigierende, politisch gelenkte Gegenwerbung,

(2) eine Mißbrauchsgesetzgebung zur Ausschaltung von Werbung, die gesellschaftlich nachteilige Normen vermittelt.[7]

6. Muster der persönlichen Kommunikation

a) Grundbegriffe: Persönliche Kommunikation und Massenkommunikation

Als Kommunikation wird der *Austausch von Informationen* bezeichnet. Durch Kommunikation wirkt ein Mensch auf einen anderen ein. Dieser Prozeß *wechselseitiger Einwirkungen* wird in anderen Zusammenhängen auch als *Interaktion* bezeichnet. Die Begriffe Kommunikation und Interaktion können in etwa synonym gebraucht werden. Unterschiede der Definition kommen durch die Einbeziehung dieser Begriffe in spezifische Theorien zustande, in denen diese Austauschprozesse unter verschiedenen Gesichtspunkten und mit unterschiedlichen Methoden dargestellt werden.[1]

Die Kommunikation wird häufig als eigentlicher Träger des sozialen Geschehens bezeichnet.

Erklärungen von Kommunikationsprozessen sind deswegen Schwerpunkte für die Erklärung des menschlichen Verhaltens.

Der Kommunikationsprzß umfaßt der vielzitierten Lasswell-Formel zufolge im wesentlichen fünf Komponenten:

- *Wer* (Kommunikator)
- sagt *was* (Kommunikationsinhalt)

---

[7] Vgl. dazu auch das letzte Kapitel dieses Buches über die Verbraucherpolitik.
[1] Zur Kommunikationsforschung vgl. die Angaben zur grundlegenden Literatur in Kap. B des ersten Teils.

- über welchen *Kommunikationskanal*
- zu *wem* (Kommunikant)
- mit welcher *Wirkung* (Kommunikationseffekt)
- unter welchen *Bedingungen* (Kommunikationssituation)

Die zuletzt genannte Komponente ist nur implizit in der von *Lasswell* (1967) aufgeführten Gliederung enthalten, es hat sich aber als zweckmäßig erwiesen, sie gesondert aufzuführen.

Wir bezeichnen den Kommunikationsinhalt meist als Information und unterscheiden *kognitive* Informationen, das sind Informationen, die kognitive Prozesse vermitteln (z. B. Wissen über einen Gegenstand), und *affektive* Informationen, die affektive Prozesse vermitteln. Die Informationen können in verschiedener Form, z. B. durch Sprache und Bild, durch Musik, Gesten, Geruch usw., symbolisiert werden.

Menschen (und Tiere) verfügen über ein reichhaltiges Instrumentarium an nichtverbalen Ausdrucksformen, insb. an Gesichts- und Körperbewegungen. Am wichtigsten für die persönliche Kommunikation ist der Gesichtsausdruck. Er wird von den Kommunikationspartnern genauestens beobachtet und drückt vor allem interpersonelle Einstellungen und Affekte aus. Für die nicht-verbale Kommunikation sind eigene Kapitel vorgesehen.

Mit der Frage, wie die Kommunikation auf das Verhalten der Kommunikationsteilnehmer wirkt, beschäftigt sich die pragmatische Richtung der Kommunikationsforschung. Man gliedert die gesamte *Kommunikationsforschung* in eine pragmatische, semantische und syntaktische Richtung (auch kurz Pragmatik, Semantik und Syntaktik genannt).[2] Diese Gliederung entspricht den drei Dimensionen, die man einem Zeichen zuschreibt. Es gibt:

(a) eine *pragmatische* Dimension:
Sie bezieht sich auf die Wirkung der zur Kommunikation eingesetzten Zeichen. Eine typische Fragestellung der pragmatischen Kommunikationsforschung heißt etwa: Wie wirkt der Satz „Die neuen Herrenhemden haben spezielle Magnet-Kraft" unter bestimmten Bedingungen auf die Empfänger?

(b) eine *semantische* Dimension:
Sie bezieht sich auf die Bedeutung der Zeichenmenge. Man kann nach der Bedeutung von „Magnet-Kraft" fragen: Was stellt sich der Empfänger vor, wenn er das Wort „Magnet-Kraft" hört? Oder man interessiert sich dafür, welche Gegenstände der Realität durch den Satz „Die neuen Herrenhemden …" getroffen werden.[3]

(c) eine *syntaktische* Dimension:
Sie beziehen sich auf die formalen, von jeder inhaltlichen Interpretation losgelösten Beziehungen der Zeichen untereinander. In syntaktischer Hinsicht wäre etwa zu fragen, warum die Worte nicht anders, z. B. in der Reihenfolge „neue Hemden für Herren", angeordnet werden.

---

[2] Ein umfassendes Nachschlagewerk über Begriffe, Theorien und ihre Anwendung ist das dreibändige „Encyclopedic Dictionary of Semiotics" von *Sebeok* (1986, mit bibliographischem Band).

[3] Zu diesen zwei semantischen Aspekten vgl. *Kroeber-Riel* (1969, S. 26 ff.) mit weiterer Literatur.

Die pragmatische Dimension bezieht die beiden anderen Dimensionen ein, und die semantische bezieht die syntaktische Dimension ein. Untersuchungen über die Bedeutung und den Assoziationsgehalt von Worten gehören beispielsweise ebenso zur pragmatischen Erforschung der Sprachwirkungen wie die Auseinandersetzung mit der Logik (Formalstruktur) eines Satzes.

Die **pragmatische Kommunikationsforschung** ist typisch für *interdisziplinäre* Forschung. Sie umfaßt Arbeiten aus der Sprachpsychologie und -soziologie, aus Linguistik, Sprachphilosophie und verwandten Disziplinen.

Bei einer *psychologischen Analyse* der Kommunikation hat man zwischen den beobachtbaren Stimuli der Kommunikation und den intervenierenden Prozessen von Sendern und Empfängern zu trennen. *Beobachtbare Stimuli* sind u. a. das Erscheinungsbild eines Kommunikators oder die gesprochenen und geschriebenen Worte. Diese Reize wirken auf den Empfänger einer Kommunikation und lösen dort zunächst *intervenierende,* nicht direkt meßbare Prozesse aus – wie Aufmerksamkeit oder Einstellungsänderungen – und erst später *beobachtbare Prozesse.*

Zu den intervenierenden Prozessen gehört die *Dekodierung* der aufgenommenen Reize. Man versteht darunter die Zuordnung einer (subjektiven) Bedeutung zu einem Zeichen, also den Vorgang, der dazu führt, daß die Zeichenmenge „Herrenhemd" mit Vorstellungen wie Kleidungsstück assoziiert wird. Die Dekodierung der benutzten Zeichen ist die Grundlage für die weiteren informationsverarbeitenden Prozesse. Der nach dem S-O-R-Schema aufgegliederte Kommunikationsprozeß sieht also von seiten des Empfängers vereinfacht wie folgt aus: (vgl. *Abbildung 112*):

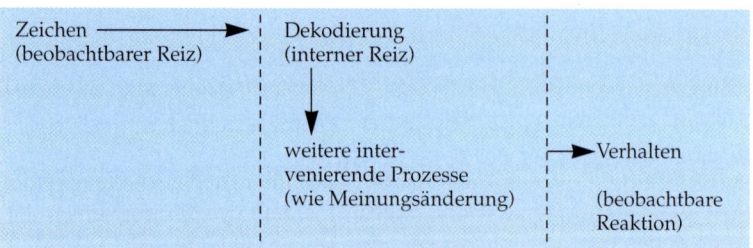

Abbildung 112: S-O-R-Schema des Kommunikationsprozesses

In der Kommunikationsforschung ist es üblich geworden, einige Beziehungen in diesen kommunikativen Reiz-Reaktions-Ketten genauer zu untersuchen und andere durch vereinfachende Annahmen aus dem Untersuchungsfeld auszuklammern.

Bezüglich der Beziehung *„beobachtbare Zeichen → Dekodierung"* unterstellt man meistens, daß die Zeichen in einer dem symbolischen Vorverständnis entsprechenden Weise interpretiert werden, d. h., man geht davon aus, daß die Zeichen eine „übliche" Bedeutung haben und dementsprechend von den Empfängern verstanden werden. Bezüglich der Auswirkungen auf das beobachtbare Verhalten, d. h. bezüglich der Beziehung *„intervenierende Pro-*

zesse → Verhalten", geht man im allgemeinen davon aus, daß das Verhalten – soweit es überhaupt von der Kommunikation beeinflußt wird – von den „davor" liegenden Einstellungen und Absichten determiniert wird und daß es genügt, ihre Änderungen als Wirkung der Kommunikation zu messen.

Ausgehend von diesen Vereinfachungen konzentriert sich die pragmatische Kommunikationsforschung in vielen Untersuchungen in der Hauptsache auf die Beziehungen zwischen den symbolisch übertragenen und bereits als dekodiert angesehenen Informationen (das sind interne Reize) und den ausgelösten Veränderungen von Einstellungen, Meinungen und Handlungsabsichten (das sind interne Reaktionen).

Bei der Auswertung von Ergebnissen der Kommunikationsforschung hat man sich derartige Vereinfachungen stets vor Augen zu halten. Das gilt beispielsweise auch hinsichtlich vieler Erkenntnisse der *Yale*-Schule um *Hovland* und *Janis*. Als Stimuli betrachten sie meistens die bereits inhaltlich interpretierte Sprache und als maßgebende Reaktionen Einstellungs- und Meinungsänderungen.

Die zwei klassischen **Fragestellungen**, nach der die Studien der *Yale*-Schule angelegt waren, lauten:

(a) Wie wirken *gleiche* Reize – z. B. gleiche Werbebotschaften – auf *verschiedene* Empfänger?

(b) Wie wirken *verschiedene* Reize – z. B. verschiedene Formulierungen einer Werbebotschaft – auf *gleiche* Empfänger?

Durch diese Fragestellungen lassen sich systematisch die Wirkungen eines Kommunikationsprozesses auseinanderhalten, die einerseits von den Merkmalen des Empfängers (z. B. von der Beeinflußbarkeit einer Person) und andererseits von den Merkmalen der Informationsübertragung (z. B. von der Intensität der emotionalen Appelle) ausgehen.

Die Forschungsmethoden der *Yale*-Schule werden inzwischen heftig kritisiert, aber die zentralen Fragestellungen und viele grundlegende Erkenntnisse sind bis heute gültig (*Schenk*, 1987, S. 97). Besonders problematisch ist die in den experimentellen Untersuchungen induzierte starke Reaktivität der Versuchspersonen. Dadurch wurden die Wirkungen der Kommunikation auf *wenig involvierte* Empfänger ausgeschlossen.

Nachfolgend wird kurz das Zustandekommen der persönlichen Kommunikationsbeziehungen und ihrer Wirkungen dargestellt, reduziert auf grundlegende Größen, die in keiner Kommunikationsanalyse fehlen dürfen.

Unter **persönlicher** Kommunikation versteht man eine direkt von *Person zu Person* gerichtete Kommunikation. Die für diese Kommunikation auch noch gebrauchte Ausdrucksweise „Mund-zu-Mund-Kommunikation" (face-to-face-communication, word-of-mouth-communication) veranschaulicht ihre Unmittelbarkeit. Sie wird auch Primärkommunikation oder *direkte* Kommunikation genannt.[4]

---

[4] Zu den Determinanten der „Word-of-Mouth"-Kommunikation vgl. *Bone* (1992).

Die Kommunikation in *Primärgruppen* ist typisch für die persönliche Kommunikation: Sie findet regelmäßig und in einem verhältnismäßig homogenen Milieu statt. Über das persönliche Gespräch zwischen den Gruppenmitgliedern wird sozialer Einfluß vermittelt. Durch die unmittelbare Verständigungsmöglichkeit gibt es laufend *Rückkopplungen* zwischen den Kommunikationspartnern, indem sie abwechselnd sprechen, rückfragen, Unklarheiten beseitigen usw. Diese „Reziprozität der (persönlichen) Kommunikation" (*Hartley* und *Hartley,* 1969, S. 23) macht sie flexibel und erklärt ihre Intensität bei der Beeinflussung. Das gilt nicht nur für die persönliche Kommunikation, sondern auch für die mittels Medien, wie beispielsweise per Telefon oder interaktivem Mailing.

Die **Massenkommunikation** wendet sich dagegen an ein breites Publikum, sie ist mehr oder weniger eine Einwegkommunikation über Medien. Über Reaktionen der Empfänger wird der Kommunikator – wenn überhaupt – indirekt und mit reichlicher Verzögerung informiert. Die Massenkommunikation heißt auch Sekundärkommunikation oder *indirekte* Kommunikation.

Merkmale	persönliche Kommunikation	Massen- kommunikation
Umfang des Empfängerkreises	gering	groß
Homogenität des Empfänger- kreises	groß	gering
Kontaktfrequenz	groß	gering
Kontaktintensität	groß	gering
Distanz Sender – Empfänger	gering	groß
Rückkopplung Empfänger – Sender	groß	gering

Abbildung 113: Merkmale von persönlicher Kommunikation und Massenkommunikation

Persönliche Kommunikation und Massenkommunikation unterscheiden sich, stark verallgemeinert, vor allem durch die in *Abbildung 113* angegebenen Merkmale.

Beide Arten der Kommunikation lassen sich in sprachliche und nichtsprachliche Formen einteilen. Diese Einteilung ist allerdings im Hinblick auf die empirische Kommunikationsforschung unscharf und nicht wörtlich zu nehmen, aus folgendem Grund: Bilder sind eigentlich auch nichtsprachliche Ausdrucksformen. Die Kommunikationsforschung behandelt aber die (symbolische) Kommunikation mittels Sprache und Bild als eine Einheit. Das heißt: Die Bildkommunikation wird üblicherweise *nicht* zur nichtsprachlichen (nonverbalen) Kommunikation gerechnet. Unter nichtverbaler Kommunikation wird im allgemeinen nur eine Kommunikation durch die Gesichts- und Körpersprache verstanden.

Bilder spielen allerdings in der *persönlichen* Kommunikation eine untergeordnete Rolle. Sie werden dort nur hilfsweise und selten benutzt. Wir können deswegen von der Bildkommunikation absehen und uns auf die *sprachliche* Kommunikation beschränken, wenn wir hier auf die persönliche Kommunikation eingehen. Ein folgendes Kapitel beschäftigt sich dann mit dem nichtverbalen Kommunikationsverhalten der Konsumenten.[5]

b) Wirkungen der persönlichen Kommunikation

Die Wirkungsweise der persönlichen Kommunikation (gemeint ist jetzt stets die sprachliche Kommunikation, wenn nichts anderes vermerkt wird) wird nachfolgend am Ablauf eines *Diffusionsprozesses* dargestellt. Darunter versteht man die Ausbreitung einer Nachricht (Innovation) in einem sozialen System. Durch paarweise Treffen von Personen in einer Gruppe, also durch unmittelbare, *persönliche* Kommunikation, wird eine neue Nachricht weitergegeben. Die zentrale Fragestellung lautet: Wie schnell und wie vollständig werden die Personen im sozialen System von der Nachricht erreicht?

Im folgenden wird u. a. von der Vereinfachung ausgegangen, daß sich die Nachricht im Verlauf des Kommunikationsprozesses *nicht* verändert. Der Empfänger der Nachricht kann sie akzeptieren bzw. „glauben", oder er kann die Nachricht ablehnen. Wenn er sie akzeptiert, wird er dadurch motiviert, die Nachricht auch weiterzugeben. Er wird dann seinerseits als Kommunikator in der Gruppe tätig und für den Diffusionsprozeß effizient. Jede Person kann die Nachricht an mehrere andere Personen weitergeben.

Determinanten der Kommunikationswirkung

Als Determinanten der Kommunikationswirkung unterscheidet man:

- Merkmale des Kommunikators (Glaubwürdigkeit),
- Merkmale des Kommunikanten (Einstellungen),
- Merkmale der Kommunikationssituation (geographische und soziale Distanzen im Kommunikationsfeld).

In diesem Zusammenhang gehen wir auf einige allgemeine Fragen ein, welche die Kommunikationsteilnehmer und -situation betreffen.[1]

Merkmale des Kommunikators: Das Ergebnis einer Kommunikation wird wesentlich davon beeinflußt, welche Glaubwürdigkeit ein Kommunikator hat. Darunter werden mehrere wirkungsrelevante Merkmale zusammengefaßt, die ein Kommunikator in den Augen der Kommunikanten hat und die auch als (positives) *Image* des Kommunikators aufgefaßt werden können.

Die beiden wichtigsten Komponenten der Glaubwürdigkeit sind das Ansehen, das ein Kommunikator als *Experte* genießt, sowie seine *Vertrauens-*

---

[5] Viele der Wirkungsmuster der verbalen Kommunikation gelten auch für die nichtverbale Kommunikation oder können sinngemäß auf diese übertragen werden. Ein Beispiel ist die selektive Wahrnehmung durch den Kommunikanten (Empfänger), der die Mitteilungen des Kommunikators (Senders) aufgrund seiner subjektiven Einstellungen und Erwartungen interpretiert.

[1] Vgl. zu diesen drei Determinanten zusammenfassend *Frey* (1979) mit zahlreichen Literaturhinweisen. Die persönliche Beeinflußbarkeit als Bestimmungsgröße des Kommunikationserfolges wird hier nicht mehr betrachtet.

würdigkeit. Ein Kommunikator wird als Experte eingeschätzt, wenn er als Quelle stichhaltiger (valider) Behauptungen wahrgenommen wird; und er gilt als vertrauenswürdig, wenn sich der Kommunikant darauf verlassen kann, daß der Kommunikator seine Informationen möglichst unverfälscht und zutreffend wiedergeben will.[2]

Der Kommunikator gewinnt sein Ansehen als *Experte* aufgrund von Erfahrungen und speziellen Kenntnissen, die ihm zugesprochen werden. Als Indikator dafür wird u. a. sein Alter herangezogen. Eng verknüpft mit der Stellung als Experte ist die Position des Kommunikators in einer Gruppe (Führerschaft).

Schwieriger ist es, die Wurzeln der wahrgenommenen *Vertrauenswürdigkeit* des Kommunikators zu bestimmen; sie reichen vom physischen Erscheinungsbild bis zum sozialen Status und umfassen auch seine wahrnehmbaren Kommunikationsabsichten. Zum Beispiel wirkt ein Kommunikator, der gelegentlich und nebenbei seine Informationen vermittelt, eher als vertrauenwürdige Quelle einer Nachricht (weil seine mögliche Beeinflussungsabsicht versteckt bleibt) als jemand, der in den Augen der Kommunikanten von Berufs wegen darauf aus ist, andere zu seiner Meinung zu bekehren. *Verkäufer* und *Vertreter* haben deswegen von vornherein einen schweren Stand, als neutrale Kommunikatoren wahrgenommen zu werden. Die zentrale Hypothese lautet:

> Mit zunehmender Glaubwürdigkeit des Kommunikators steigt die Wahrscheinlichkeit, daß eine Kommunikation wirksam wird.

„Wirksam" heißt für das vorliegende Modell, daß die Information vom Kommunikanten übernommen wird. Die Gültigkeit dieser Hypothese ist aber an bestimmte Bedingungen geknüpft.[3]

Allerdings fördert die Glaubwürdigkeit des Kommunikators den Erfolg einer Kommunikation nur kurzfristig, in unmittelbarem Anschluß an die Kommunikation. Langfristig scheinen glaubwürdige Quellen keine bessere Wirkung als nicht-glaubwürdige Quellen zu erzielen: Die Behinderung des Kommunikationserfolges durch nicht-glaubwürdige Quellen läßt auf die Dauer nach, ihre Kommunikationswirkung steigt noch nachträglich *(Sleeper-Effekt).* Das führt man vor allem darauf zurück, daß nach einiger Zeit Inhalt und Quelle der Nachricht nicht mehr gedanklich miteinander assoziiert werden.[4]

Merkmale des Kommunikanten: Die vorhandenen Prädispositionen der Empfänger sind die nächste Einflußgröße, von der die Übernahme der Nachricht abhängt. Darunter können jedoch zwei ganz *verschiedene* Gegebenheiten verstanden werden, die *allgemeine Beeinflußbarkeit* der Personen

---

[2] Vgl. dazu auch *McGuire* (1985, S. 263 ff.), dort wird ein weiterer Überblick über die Kommunikatorvariablen gegeben.

[3] Vgl. im einzelnen *Sternthal, Dholakia* et al. (1978); *McGuire* (1985, S. 263 ff.) mit weiteren Literaturhinweisen.

[4] Zum Sleeper-Effekt vgl. *McGuire* (1985, S. 290 ff.)

und ihre unterschiedlichen *Einstellungen* gegenüber der gegebenen Kommunikation.

Während die persönliche Beeinflußbarkeit ein von den jeweiligen Kommunikationsbedingungen weitgehend *unabhängiges* Merkmal ist, handelt es sich bei den kommunikationswirksamen *Einstellungen* um ganz konkrete, einzelne Einstellungen der Empfänger zu den Bestimmungsgrößen der Kommunikation, vor allem zur Art der Kommunikation, zum Kommunikator und zum Inhalt. Der Einfluß solcher Einstellungen erstreckt sich also stets auf eine ganz bestimmte *Kommunikationssituation*.

Die Einstellung zum Kommunikator kann dabei getrennt von der wahrgenommenen Glaubwürdigkeit des Kommunikators gesehen werden. Sie ist ein umfassendes Konstrukt. Zum Beispiel ist es durchaus möglich, daß ein Kommunikator als glaubwürdig gilt, aber beim Kommunikanten trotzdem unbeliebt ist; dieser hat dann eine negative Grundhaltung zum Kommunikator.

Wenn man sagen würde, eine *einzelne* positive *Einstellung* zu einem Element der Kommunikation würde die Kommunikationswirkung fördern, so wäre das eine übermäßige Vereinfachung. Die Kommunikanten haben gleichzeitig mehrere und interdependente Einstellungen zu den verschiedenen Elementen der Kommunikation, z. B. zum Kommunikator oder zum Inhalt. Es kommt nun darauf an, ob durch die Kommunikation eine konsistente oder inkonsistente *Einstellungskonstellation* hervorgerufen wird. Von der Konsistenz oder Inkonsistenz dieser Konstellation hängt die Wirkung der Einstellungen ab.

Je stärker die Übereinstimmung (Konsistenz) der dargebotenen Information mit den vorhandenen Einstellungen der Empfänger ist, desto höher ist die Übernahmewahrscheinlichkeit für die Nachricht.

Das entspricht der Hypothese, daß „Menschen dazu tendieren, Kommunikationen ... aufzunehmen, die ihre eigenen, schon bestehenden Dispositionen und Einstellungen begünstigen oder ihnen entsprechen" (*Berelson* und *Steiner*, 1972, Bd. 2, S. 334).[5] Entsprechend vermeiden sie von vornherein Informationen, die in Widerspruch dazu stehen (*selektive Informationsaufnahme*).[6]

Im allgemeinen wird man davon ausgehen können, daß die *Übernahmewahrscheinlichkeit* für eine Nachricht am höchsten ist, wenn der Kommunikator sehr glaubwürdig ist *und* wenn der Kommunikant eine für den Kommunikationserfolg günstige Einstellung hat. Sie ist am geringsten, wenn

---

[5] Übereinstimmung oder Widerspruch zwischen einer dargebotenen Nachricht und den vorhandenen Einstellungen des Empfängers sind nach zahlreichen Untersuchungen entscheidend dafür verantwortlich, ob die Nachricht übernommen wird. Es ist jedoch darauf zu achten, daß es ein komplexes Zusammenspiel zwischen dieser Einstellungsdiskrepanz und der Glaubwürdigkeit des Senders sowie dem Involvement hinsichtlich der Nachricht gibt (vgl. dazu zusammenfassend mit einer Beschreibung von verschiedenen theoretischen Ansätzen *Frey*, 1979).

der Kommunikator wenig glaubwürdig ist *und* der Kommunikant eine für den Kommunikationserfolg hinderliche Einstellung hat. Die Übernahmewahrscheinlichkeiten für die beiden anderen Fälle werden sich *zwischen* diesen Extremwerten bewegen.

Kommunikationssituation: Unter der Kommunikationssituation im weiten Sinne fassen wir alle Bedingungen zusammen, unter denen die Kontakte zwischen Personen zustande kommen und ablaufen. Nicht alle Personen in einem sozialen System haben mit gleicher Häufigkeit Kontakt. Die Kontaktaufnahme wird durch persönliche Sympathien und Antipathien der Beteiligten (interpersonale Attraktivität), durch ihre Absichten und ihre Interessen erschwert oder erleichtert. Oder: Die Zugehörigkeit zu verschiedenen sozialen Einheiten errichtet Schranken, zum Beispiel durch mangelnde sprachliche Verständigungsmöglichkeiten usw.

Anders formuliert: Das bisher als *homogen* beschriebene soziale Feld zerfällt in einzelne Personengruppen. Von der Zugehörigkeit zu diesen Personengruppen wird die Wahrscheinlichkeit der individuellen Kontaktaufnahme bestimmt. Wenn die Kontakte einmal zustande gekommen sind, finden sie unter ganz verschiedenen Bedingungen statt: im Restaurant, bei der Berufsarbeit, in Gegenwart anderer Personen oder unter vier Augen usw. Alle diese Bedingungen gehören zur Kommunikationssituation und beeinflussen den Ablauf des Kommunikationsprozesses.

Bereits die **geographische Distanz** erschwert die Kontaktaufnahme. Die Auswirkungen der geographischen Distanz lassen sich z. B. an der Abnahme der Kontakte zwischen den Bewohnern von zunehmend weiter voneinander entfernten *Städten* nachweisen. Es gibt sogar Formeln, durch die man mit guter Annäherung an empirisch festgestellte Werte die Kontakthäufigkeit berechnet hat (*Hofstätter*, 1966, S. 313).

Auch die **soziale Distanz** führt zu unterschiedlichen Kontaktwahrscheinlichkeiten. Als wesentliche Ursachen sind an dieser Stelle die Abweichungen im *sozialen Status* der beteiligten Kommunikationspartner zu nennen.

Wir können nach diesen Gesichtspunkten alle Mitglieder des sozialen Systems sowohl nach ihrer geographischen als auch nach ihrer sozialen Position im Feld *klassifizieren* und die geographischen und sozialen *Distanzen* zwischen den Personen im Feld feststellen.

> Die Wahrscheinlichkeit, daß es zu einem Kontakt zwischen den Personen kommt, ist um so größer, je kleiner die räumlichen und sozialen Distanzen zwischen den Personen sind.

Zum Ergebnis des Kommunikationsprozesses: Die Verbreitung einer Nachricht in einem sozialen System wird im wesentlichen von vier *Wahrscheinlichkeitsgrößen* bestimmt, die wir einmal zusammenstellen:

(1) die Wahrscheinlichkeit, daß eine Person Kontakt zu einer anderen Person erhält (*Kontaktwahrscheinlichkeit*),

(2) die Wahrscheinlichkeit, daß diese Person die jeweilige Nachricht von der anderen Person erfährt (*Informationswahrscheinlichkeit*),

(3) die Wahrscheinlichkeit, daß diese Person die Nachricht akzeptiert *(Übernahmewahrscheinlichkeit)*,

(4) die Wahrscheinlichkeit, daß diese Person die Nachricht weitergibt, d. h. selbst zum Kommunikator wird *(Weitergabewahrscheinlichkeit)*.

Die Wirkungen der Nachricht nach erfolgten Kontakten lassen sich an einem **Kommunikationsbaum** verdeutlichen *(Abbildung 114)*. Er stellt die *möglichen* Auswirkungen dar, die sich aus einem Kontakt zwischen zwei Kommunikationspartnern ergeben können. Dabei wird unterstellt, daß jemand, der die Nachricht akzeptiert hat, diese nur einmal weitergibt. Trifft der Kommunikator auf einen bereits informierten Kommunikanten, so ergibt sich keine weitere Wirkung.

Zunächst ist die *Wahrscheinlichkeit* zu definieren, mit der zum Zeitpunkt t des Diffusionsprozesses die Nachricht an eine *bereits informierte* Person in einem bestimmten sozialen und geographischen Feld gelangt. Sie hängt von dem Anteil der bereits informierten Personen an der Gesamtheit der Personen ab. Diese Wahrscheinlichkeit kann *nicht exogen* bestimmt werden, sie richtet sich nach dem Verlauf des Diffusionsprozesses.

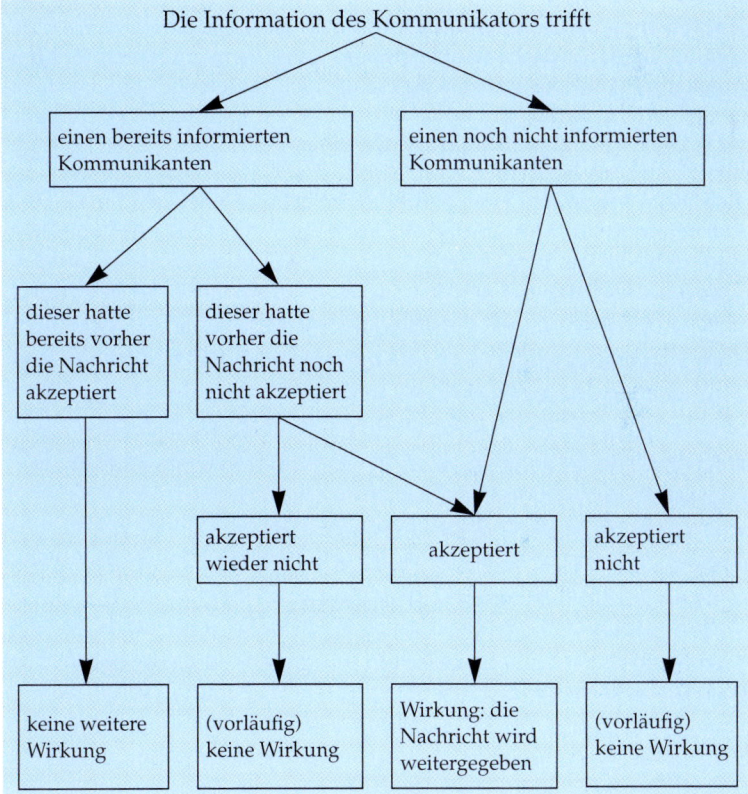

Abbildung 114: Kommunikationsbaum nach Karlsson (1967). Mögliche Wirkungen der persönlichen Kontakte

Nun kann die *Informationsübernahmewahrscheinlichkeit* P formuliert werden. Es ist die mittlere Wahrscheinlichkeit dafür, daß eine *nicht-informierte* Person im sozialen System zum Zeitpunkt t die Nachricht von einem Kommunikator erhält und akzeptiert.

Mit Hilfe dieses Zusammenhanges von Wahrscheinlichkeitsgrößen, die das Zustandekommen und die Wirkung der Kommunikation bestimmen, kann der Kommunikationsprozeß *simuliert* werden. Durch eine solche Simulation wird der wahrscheinliche *Verlauf der Kommunikation* bestimmt.[7]

Wird eine solche Simulation häufig genug durchgeführt, so erhält man eine *Wahrscheinlichkeitsverteilung* für die Zahl der nach t Perioden informierten Personen. Diese Verteilung kann man auf *analytischem* Wege nicht gewinnen, weil sie sich aus mehreren zufallsverteilten Größen zusammensetzt. Außerdem vermittelt die Aufzeichnung der zustande gekommenen Kommunikationskontakte im Zeitablauf Einblicke in die Dynamik eines Diffusionsprozesses.

Persönliche Kommunikation auf dem Markt

Die Steuerung der Kommunikation auf dem Markt, und zwar sowohl der Kommunikation zwischen Anbietern und Konsumenten als auch der Kommunikation von Konsumenten untereinander, ist eine wichtige *Sozialtechnik* der Unternehmungen. *Abbildung 115* gibt die wichtigsten Instrumente der Marketingkommunikation wieder, deren Zusammenwirken als Kommunikationsmix bezeichnet wird. *Direkte persönliche Kontakte* kommen vor allem beim Verkauf an Handel und Endabnehmer sowie bei Information und Beratung auf Messen und Ausstellungen zum Zuge (im einzelnen *Kroeber-Riel*, 1991 a, 1993 a).

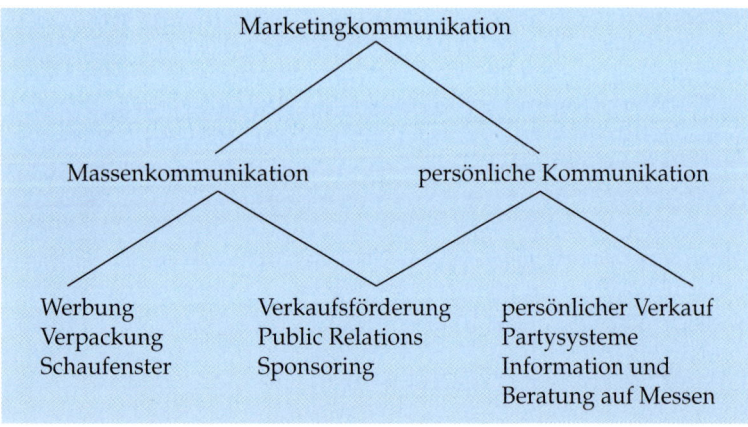

Abbildung 115: Die wichtigsten Instrumente der Marketingkommunikation

---

[7] Zur Simulationstechnik vgl. mit Anwendungsbeispielen *Mertens* (1982).

Der Erfolg der Absatzpolitik hängt entscheidend davon ab, ob es gelingt, ökonomisch effizient mit den Konsumenten zu kommunizieren und für diesen Zweck auch die Händler und Handelsmittler einzuspannen. Bei der Überlegung, wie die Wirkung der Kommunikation auf dem Markt im Rahmen der gegebenen Kommunikationsbedingungen verbessert werden kann, ist an mehrere Wege zu denken:

(a) Wirkungssteigerung einer *Kommunikationsart,* also der persönlichen Kommunikation oder Massenkommunikation auf dem Markt,
(b) *Substitution* der einen Kommunikationsart durch die andere,
(c) wirkungsvolle *Mischung* der Kommunikationsarten (Kommunikationsmix).

Eine wesentliche Steigerung der Wirkungen der verschiedenen Kommunikationsarten und -mittel wird durch integrierte Kommunikation möglich, d. h. durch eine Abstimmung aller Inhalte (Botschaften), die durch die Kommunikation vermittelt werden. Wir gehen hier zunächst auf eine Kommunikationsart – auf die persönliche Kommunikation – ein, später auf die Massenkommunikation und auf das Zusammenwirken von persönlicher Kommunikation und Massenkommunikation.

Vergleicht man die Wirkungen der persönlichen Kommunikation mit den Wirkungen der Massenkommunikation, so erweist sich die persönliche Kommunikation als überlegen. Eine allgemeine Hypothese lautet:

> Persönliche Kommunikation ist wirkungsvoller als Massenkommunikation.[1]

Im Hinblick auf den Markt bedeutet dies u. a., daß die *Mund-zu-Mund-Werbung* der Konsumenten untereinander wirkungsvoller ist als die über Massenmedien gestreute Werbung. Einen neueren Überblick über die Mund-zu-Mund-Werbung und ihre Bestimmungsgrößen gibt *Bone* (1992).

Zur Formulierung der allgemeinen Hypothese von der **Überlegenheit der persönlichen Kommunikation** ist zunächst *kritisch* zu bemerken:

Das Prädikat „wirkungsvoller" läßt offen, um welche Wirkungen es sich handelt. Solange dieses Prädikat nicht spezifiziert ist, entzieht sich die Aussage jeder Überprüfung. (Man könnte ja gerade unter Wirkungen solche Wirkungen verstehen, die speziell von der persönlichen Kommunikation

---

[1] Dieser häufig durchgeführte Vergleich leidet an einem impliziten Mangel: Wenn man ohne weitere Anmerkung von Kommunikation spricht, meint man die symbolische Kommunikation durch Bild *und* Sprache. In dieser persönlichen Kommunikation werden Bilder nur ausnahmsweise benutzt, in der Massenkommunikation spielen dagegen Bilder eine wichtige, oft dominierende Rolle. Bei einem Vergleich der persönlichen Kommunikation zwischen Konsumenten (sprachbetont) mit der Massenkommunikation (oft bildbetont) werden insofern nicht vergleichbare Vermittlungsformen in Beziehung gesetzt.
Der Vergleich leidet darüber hinaus darunter, daß die Ermittlung von Bild- und Sprachwirkungen unterschiedliche – modalitätsspezifische – Meßverfahren erfordert. Diese Probleme werden allerdings in der Konsumentenforschung kaum diskutiert. Sie sind bei der Interpretation der nachfolgend wiedergegebenen Forschungsergebnisse zu beachten.

stammen, dann wird die Aussage zu einer Tautologie.) Im Kontext der Theorien des Konsumentenverhaltens haben wir, wenn nichts weiter angegeben wird, als Wirkung die Beeinflussung von Kaufhandlungen oder die Änderung von produktbezogenen *Einstellungen* und *Meinungen* aufzufassen, weniger Aktualisierungswirkungen (und Informationswirkungen), die durch die Massenkommunikation oft ebenso erzielt werden können. In diesem konkreten Sinne ist die Hypothese durch mehrere *empirische* Untersuchungen, auf die noch eingegangen wird, bestätigt worden.

Die erste bekannte Untersuchung zur Überlegenheit der persönlichen Kommunikation auf dem Markt ist die *Decatur*-Studie von *Katz* und *Lazarsfeld* (1964). Die Autoren ermittelten durch Interviews mit Konsumenten, auf welche Einflüsse diese ihre Kaufentscheidungen zurückführen. Es ging speziell darum, ob ein kurz vorher vollzogener Markenwechsel bei Nahrungsmitteln und Haushaltsartikeln auf den Einfluß der persönlichen Kommunikation oder auf den Einfluß der Massenkommunikation zurückzuführen war. Als *wichtigste* Einflußquelle erwies sich die *persönliche* Kommunikation mit anderen Konsumenten.[2]

Die für die *Decatur*-Studie benutzten Methoden sind problematisch; ihre speziellen Ergebnisse lassen sich nicht so ohne weiteres auf andere Mediensituationen übertragen. Damals wurde auch das *Fernsehen* noch nicht berücksichtigt.

Spätere Untersuchungen, die das Fernsehen einbezogen, *bestätigten* allerdings den *überlegenen* Einfluß der persönlichen Kommunikation zwischen den Konsumenten auf die Kaufentscheidungen (zusammenfassend: *Assael*, 1981, S. 372). Das ist mit deutschen Untersuchungen konsistent, welche die persönliche Kommunikation mit anderen Personen als eine bevorzugte Informationsquelle ausweisen (*Meffert*, 1979; *Katz*, 1983, S. 43 ff.).

Wir haben jetzt die *Ursachen* zu suchen, welche für die überlegenen Wirkungen der persönlichen Kommunikation verantwortlich sind. Im wesentlichen sind drei Ursachen aufzuführen (vgl. dazu *Kaas*, 1973, S. 54 ff.):

(1) Größere Glaubwürdigkeit und stärkere soziale Kontrolle des Kommunikators.

(2) Eine bessere selektive Informationsaufnahme durch die Kommunikanten.

(3) Größere Flexibilität beim gegenseitigen Informationsaustausch.

Die größere **Glaubwürdigkeit** der persönlichen Kommunikation mit Konsumenten wird damit begründet, daß ihre Teilnehmer – Freunde, Familienmitglieder, Bekannte usw. – im allgemeinen *nicht kommerziell* motiviert sind. Der Gesprächspartner wird mehr oder weniger als neutrale Informationsquelle eingestuft, als Ratgeber und Schiedsrichter angesehen. Die Werbung ist dagegen eine von den Unternehmungen kontrollierte Informationsquelle, deren kommerziell motivierte Beeinflussungsabsicht offenkundig ist.

---

[2] Vgl. dazu *Katz* und *Lazarsfeld* (1964, deutsche Teilübersetzung in *Kroeber-Riel*, 1972 a). Die Ergebnisse dieser Studie wurden in der zweiten Auflage des vorliegenden Buches genauer dargestellt und erörtert (*Kroeber-Riel*, 1980a, S. 475–477).

Die stärkere soziale *Kontrolle,* die der Kommunikator bei der persönlichen Kommunikation ausübt, entsteht dadurch, daß der Kommunikator im Verlauf der (üblicherweise wiederholten) Kommunikationskontakte prüfen kann, inwieweit seine Ratschläge und Empfehlungen vom Kommunikanten übernommen wurden. Der Kommunikant fühlt sich oft an die Ratschläge und Empfehlungen gebunden und nimmt sie schon allein deswegen an, um den Kommunikator nicht zu enttäuschen, um ihm gefällig zu sein – oder lerntheoretisch gesehen, weil er von seinem Kommunikationspartner soziale Belohnungen und Bestrafungen erwartet.[3]

Diese Vorteile größerer Glaubwürdigkeit und stärkerer sozialer Kontrolle haben die *kommerziell* ausgerichteten Quellen der persönlichen Kommunikation jedoch *nicht.* Für die Kommunikation mit Vertretern, Verkäufern, Firmenrepräsentanten usw. bleiben allerdings noch die übrigen Gründe erhöhter Wirksamkeit (2 und 3) bestehen. Man stuft deswegen heute die Wirkung der von Geschäftsleuten ausgehenden persönlichen Kommunikation im allgemeinen *unter* der Wirkung privater Kontakte, aber *über* der Wirkung der Massenkommunikation ein. Es muß allerdings betont werden, daß es ganz auf das konkurrierende Angebot von Kommunikationsquellen ankommt, welche Wirksamkeit eine Kommunikationsart entfaltet.

Die bereits erläuterte **selektive Informationsaufnahme** ist ein psychischer Filtermechanismus, der die Konsumenten davor schützt, alle Informationen aufzunehmen und verarbeiten zu müssen, die auf sie eindringen. Sie nehmen hauptsächlich solche Informationen auf, die im Zusammenhang mit ihren individuellen Bedürfnissen stehen und ihnen bei der Bewältigung ihrer Aufgaben dienen. Andere Informationen werden vermieden.

Aus der ununterbrochenen Flut von Informationen, die auf den einzelnen Konsumenten eindringt, überwindet nur ein kleiner Teil diese *Filter,* der weitaus größte Teil der Werbung wird gar nicht wahrgenommen.[4] Die persönliche Kommunikation ist in der Lage, die Aufmerksamkeit gezielt und nachhaltig auf die angebotenen Informationen zu lenken. (Auf Dauer kann sich aber auch der einzelne bei der persönlichen Kommunikation durchaus Informationen *entziehen,* die ihn nicht reizen; man denke nur an die Witzfigur des zeitunglesenden Familienvaters beim Frühstück, über den die verbale Produktion seiner Angehörigen wirkungslos hinweggeht.)

Größere **Flexibilität** bekommt die persönliche Kommunikation durch die laufende Rückkoppelung (feedback) während des Gesprächs, die den Kommunikationsteilnehmern ermöglicht: Mißverständnisse zu klären, Themen gemäß den speziellen Wünschen der Kommunikationspartner auszudehnen oder einzuengen, das heißt letztlich, das Gespräch so zu führen, daß es auf die individuelle Informationsnachfrage *zugeschnitten* ist.

---

[3] Nach *Bone* (1992) wird die persönliche Kommunikation vor allem durch die soziale Bindung unter den beteiligten Personen, ihrer Zufriedenheit und Rolle als Entscheider sowie vom Neuigkeitsgrad der Kommunikationssituation beeinflußt.

[4] Die damit zusammenhängende Informationsüberflutung (Anteil der nicht beachteten Informationen an den verfügbaren bzw. angebotenen Informationen) wird immer größer und erfordert besondere Strategien und Techniken der Informationsvermittlung, vgl. dazu *Kroeber-Riel* (1987, 1991, 1993a).

Weiterhin „sind der Werbung durch rechtliche Vorschriften Grenzen gesetzt, die die interpersonelle Kommunikation nicht einzuhalten braucht. Jene muß sich darauf beschränken, die Vorteile des eigenen Produktes hervorzuheben, ohne präzise Vergleiche mit Konkurrenzprodukten zu ziehen. … Derartigen Beschränkungen (keine vergleichende Werbung) ist die Mund-zu-Mund-Werbung nicht unterworfen. Man darf deshalb annehmen, daß sie häufig gerade dann den Ausschlag gibt, wenn der Konsument Präferenzkonflikte hat" (*Kaas*, 1973, S. 55).

Struktur und Ablauf der Mund-zu-Mund-Werbung auf dem *Markt* weisen gegenüber dem allgemeinen *Wirkungsmuster* der persönlichen Kommunikation keine bemerkenswerten Besonderheiten auf. Wir können unsere allgemeinen Aussagen über die persönliche Kommunikation ohne weiteres auf den Markt *übertragen*. Das gilt für die Bedeutung der Merkmale von Sender und Quelle ebenso wie für die Merkmale der Kommunikationssituation.

Die allgemeinen Bestimmungsgrößen für das Kommunikationsverhalten werden durch *spezielle Bedingungen* ergänzt, die in den besonderen (konsumbezogenen) Zielsetzungen und Verhaltensweisen der Konsumenten begründet sind und sich nach Produkten unterscheiden. Solche Bedingungen gehen in erster Linie auf die *Motive* zurück, die mit dem Einkauf von Produkten zusammenhängen, aber auch auf die speziellen *Gelegenheiten* zur Kommunikation, d. h. auf das Kommunikationsangebot auf dem Markt.[5]

Anlässe der persönlichen Kommunikation: Die Motive der Konsumenten, mit anderen Kontakt aufzunehmen und über Produkte zu sprechen, sind eine Zeitlang unter dem Eindruck der Theorie der zweistufigen Kommunikation vernachlässigt worden. Nach dieser Theorie erscheint die breite Menge der Konsumenten eher *passiv* als aktiv, sie wird von ihren Meinungsführern mit Informationen versorgt, ohne selbst aktiv nach Informationen zu suchen. Es ist unter anderem *Cox* (1967 d, deutsch 1976) zu verdanken, daß auch verschiedene Formen der *aktiven Informationssuche* der Konsumenten und ihre Motive stärker in das Blickfeld der Kommunikationsforschung gerückt sind. Im Mittelpunkt der heutigen Erklärungen steht das **Involvement** der Konsumenten, das ihre Kommunikationsaktivitäten anregt, insbesondere

- das Produktinvolvement,
- das Situationsinvolvement.

Als erstes ist das Produktinvolvement[6] zu nennen, das als aktives Produktinteresse dafür mitverantwortlich ist, in welchem Umfang sich jemand

---

5 Das Kommunikationsangebot kann in der Rangfolge abnehmender Glaubwürdigkeit und Wirkung wie folgt eingeteilt werden: (1) vom Konsumenten kontrollierte Quellen, (2) neutrale Quellen und (3) vom Unternehmen kontrollierte Quellen. Diese Einteilung wurde in zahlreiche Lehrbücher zum Konsumentenverhalten übernommen (wie *Loudon* und *Della Bitta*, 1988, S. 606); sie deckt sich mit neueren empirischen Ergebnissen (*Wilkie*, 1986, S. 156 ff.). Eine weitergehende und genauere Aufgliederung der Informationsquellen nach Glaubwürdigkeit findet man in *Schiffmann* und *Kanuk* (1991, S. 278 ff.).

6 Das Produktinvolvement wurde als Komponente des reizbedingten Involvements beschrieben.

aktiv an persönlichen Kommunikationen über dieses Produkt beteiligt. Welche Bedeutung das aktuelle Interesse an einem Gesprächsgegenstand hat, kann auch daran abgelesen werden, daß Gerüchte, die durch persönliche Kommunikation verbreitet werden, überwiegend solche Leute erreichen, die an einem entsprechenden *Thema* interessiert sind.[7]

Werbung, welche die persönliche Kommunikation stimulieren und ein Produkt „ins Gespräch bringen will", muß deswegen darauf angelegt sein, das *Interesse* an einem Angebot zu *wecken*. Das kann durch Appelle geschehen, die Neugier erwecken, Späße oder einen Gag unter die Leute bringen oder das Informationsinteresse durch Widerspruch anstacheln.

Das *situative* Involvement wird vor allem von der Motivation und den kognitiven Konflikten in Entscheidungssituationen – insbesondere vom wahrgenommenen Kaufrisiko – bestimmt. Wie wir wissen, versucht der Konsument, ein wahrgenommenes Kaufrisiko abzubauen, indem er sich vor allem durch persönliche Kommunikation um *Informationen* bemüht, die ihm mehr Wissen und damit mehr Sicherheit über die Folgen des Kaufs geben. Diese Informationen beziehen sich nicht nur auf die Merkmale des Produktes, sondern auch auf das Konsum- und Einkaufsverhalten *anderer* Konsumenten, um mögliche soziale Folgen des Kaufs (Mißbilligung, Prestigeverlust usw.) abschätzen zu können. Der Konsument sucht also, wenn er verunsichert ist, Rat und Halt bei anderen Konsumenten. Wir können dazu folgende *Hypothese* formulieren:

> Konsumenten, die ein hohes Kaufrisiko wahrnehmen, suchen mehr *persönliche* Kontakte, um produktbezogene Gespräche zu führen, als Konsumenten mit niedrigem Kaufrisiko.

Diese Hypothese wurde durch empirische Untersuchungen unter Berücksichtigung einiger Rahmenbedingungen bestätigt.[8] Das Bestreben, subjektive Verunsicherungen wie das wahrgenommene Kaufrisiko zu beseitigen, *reicht* aber *nicht aus,* um sich verstärkt an der persönlichen Kommunikation zu beteiligen, wenn die Konsumenten nicht gleichzeitig ein hinlängliches *Interesse* an dem Produkt haben.

Anwendungen im Marketing: Die überlegenen Wirkungen der persönlichen Kommunikation auf dem Markt kann sich das Marketing im wesentlichen wie folgt nutzbar machen:

- Steuerung der persönlichen Kommunikation zwischen Konsumenten,
- Einsatz der persönlichen Kommunikation zwischen Verkäufer und Konsument.

---

[7] Beachtenswert ist bezüglich der Wirkung des subjektiven Interesses an der Kommunikation vor allem die vom Interesse gesteuerte selektive Informationsaufnahme.

[8] Vgl. *Cunningham* (1967b); *Arndt* (1967a) und *Arndt* (1970, S. 1112ff., insb. 1117). Eine umfassende Analyse von Untersuchungen der empirischen Entscheidungsforschung zum wahrgenommenen Risiko durch *Gemünden* weist allerdings auf wesentliche Schwächen bei der Operationalisierung dieses Begriffes und der damit formulierten Hypothesen hin; vgl. *Gemünden* (1984).

Wir beschäftigen uns als erstes mit den Möglichkeiten, in die persönliche Kommunikation zwischen den Konsumenten einzugreifen. Der Einsatz der persönlichen Kommunikation durch *Verkäufer* wird vor allem im Kapitel über nonverbale Kommunikation behandelt.[9]

Die Bedeutung der persönlichen Kommunikation zwischen den Konsumenten kommt in dem Sprichwort zum Ausdruck „Ein zufriedener Kunde ist der beste Verkäufer": Die persönliche Kommunikation zwischen den Konsumenten setzt häufig erst *nach* dem Kauf eines Produktes ein und dient dem Austausch von Konsumerfahrungen.

Voraussetzung dafür, daß das Marketing die persönliche Kommunikation auf dem Markt, die vor oder nach dem Kauf stattfindet, kontrollieren und beeinflussen kann, ist eine laufende Beobachtung der Kommunikationsvorgänge auf dem Markt. Die Marktforschung hat – hauptsächlich für Produkte, die mit höherem Involvement gekauft werden – herauszufinden, wie die Kommunikation in den verschiedenen (Sub-)Systemen der persönlichen Kommunikation, die für ein Unternehmen relevant sind, abläuft und welche Gründe dafür maßgebend sind. Hierbei interessiert vor allem, was die Leute über das Produkt sagen, welche Eigenschaften in ihren Gesprächen am meisten erwähnt werden usw. Aus den Ergebnissen einer solchen Marktforschung kann man ein Feed-back des Marktes auf die absatzpolitischen Maßnahmen eines Unternehmens herauslesen und Ansatzpunkte für ihre Korrektur gewinnen.

Die persönliche Kommunikation auf dem Markt ist nicht für alle Produkte gleichermaßen relevant. Ihr kaufentscheidender Einfluß bezieht sich vor allem auf solche Produkte, deren Konsum unter starkem *Bezugsgruppeneinfluß* steht. Das sind, wie bereits dargelegt wurde, sozial auffällige und teuere Produkte.

Zur **Steuerung** der **Kommunikation** zwischen den Konsumenten verfügt das Unternehmen über zwei Möglichkeiten:

> Das Marketing kann direkt oder indirekt (über Meinungsführer) auf die persönliche Kommunikation zwischen den Konsumenten einwirken.

Wir wenden uns zunächst der direkten Einwirkung und im nächsten Kapitel dem Weg über die Meinungsführer zu. Die direkte Einwirkung umfaßt zwei Verfahren:

(1) Hemmung oder Förderung der persönlichen Kommunikation auf dem Markt,
(2) Simulation der persönlichen Kommunikation durch die Massenkommunikation.

---

[9] In diesem Zusammenhang darf die Kostenproblematik des Verkäufereinsatzes nicht übersehen werden. Obwohl die persönliche Beeinflussung von Kunden durch Verkäufer im allgemeinen wirksamer ist als ihre Beeinflussung durch die Massenkommunikation, versuchen die Unternehmen in zunehmendem Maße, die persönliche Kommunikation durch Massenkommunikation zu ersetzen, weil die Kosten für persönliche Kontakte inzwischen außerordentlich hoch sind.

Zu (1): *Hemmung* der persönlichen Kommunikation ist angebracht, wenn sich auf dem Markt eine *negative* Mund-zu-Mund-Werbung entwickelt. Manchmal kann eine solche Werbung durch juristische Maßnahmen unterbunden werden, etwa dadurch, daß Medien oder anderen Quellen untersagt wird, bestimmte Behauptungen über ein Produkt oder über einen Hersteller zu verbreiten.

Wie bereits erwähnt wurde, kann sich das Marketing in Einzelfällen gegen die nachteiligen Wirkungen der persönlichen Kommunikation auch durch einen schnellen Umsatzverlauf abschirmen, der dazu führt, daß der kritische Umsatz für ein Produkt erzielt wird, bevor die Mund-zu-Mund-Werbung auf dem Markt wirksam wird und dem Verkauf schadet. Darauf baut eine Strategie bei der Einführung von Filmen auf, welche die Filmkritik der Zuschauer zu scheuen haben:

Zunächst werden für einen Film durch Publizitätskampagnen und Werbung *Aufmerksamkeit* und *Neugier* ausgelöst. Der Film läuft dann simultan in allen Kinos zugleich an. Wenn nach den Aufführungen eine abträgliche regionale und überregionale Mund-zu-Mund-Kommunikation einsetzt, kann diese nicht mehr viel schaden, weil aufgrund des vorher aufgeheizten Publikumsinteresses mittels der simultanen Aufführungen bereits ein kritischer Umsatz erreicht wurde. Gute Filme werden dagegen am besten in mehreren aufeinanderfolgenden Wellen *nacheinander* (nicht gleichzeitig) in verschiedenen Kinos auf dem Markt eingeführt, damit sich die positive Mund-zu-Mund-Werbung voll zugunsten des Kinobesuches auswirken kann.

Förderung beziehungsweise *Stimulieren* der persönlichen Kommunikation verfolgt den Zweck, die Konsumenten durch Werbung, Produktgestaltung und Verkaufspolitik dazu anzuregen, über das Produkt in einer positiven Weise zu kommunizieren. Die Werbung muß, um das zu erreichen, einen Konversationsanstoß bieten und das Produkt „thematisieren". Sie kann dazu beispielsweise Sprachelemente zur Verfügung stellen (Jargon, Slogan), die sich für die Konversation zwischen den Konsumenten eignen und diese fördern (vgl. dazu mit zahlreichen Beispielen *Williams,* 1982, S. 385 ff.).

Auch durch Maßnahmen der Verkaufsförderung wie Kostproben, Sondervorführungen, Umtauschaktionen usw. kann man die Konsumenten dazu bringen, sich mit dem Angebot auseinanderzusetzen und darüber mit anderen zu sprechen.

Schließlich lassen sich die fördernden Wirkungen einer persönlichen Kommunikation zwischen den Konsumenten mit den Vorteilen des persönlichen Verkaufs verknüpfen. Das ist dann der Fall, wenn man Verkäufer für ein Produkt gewinnt, die selbst zur Zielgruppe der persönlich kommunizierenden Konsumenten gehören: Beispiele: Studenten vertreten auf dem Campus eine Fluggesellschaft und verkaufen Flugscheine an ihre Mitstudenten. Oder: Auf informell vorbereiteten Hausfrauenparties wird ein mit der Gastgeberin „befreundeter" Firmenvertreter als Animator für Spiel und Kaffeeklatsch und zugleich als Verkäufer aktiv.[10]

---

[10] Das ist die Strategie des „Party-Verkaufs", durch den u. a. Tupperware und (im Ausland) Silit-Töpfe verkauft werden.

Zu (2): Durch eine *Simulation* von persönlicher Kommunikation wird versucht, den Erfolg einer – unpersönlichen – Massenkommunikation zu erhöhen, indem einige Wirkungsmuster der persönlichen Kommunikation nachgeahmt, d. h. simuliert werden: Bereits 1956 haben *Horton* und *Wohl* in der Zeitschrift *Psychiatry* einen Artikel veröffentlicht, in dem sie die Bedingungen dieser Simulation analysieren. Ihre Vorschläge können für die politische und kommerzielle Werbung sowie Fernsehunterhaltung übernommen werden:

Horton und *Wohl* (1956) bezeichnen die *imitierten persönlichen Beziehungen* als para-soziale Beziehungen. Solche para-sozialen Beziehungen werden u. a. durch Sendungen im Fernsehen und Rundfunk hergestellt, in denen einzelne, dem Publikum meist bekannte und emotional verbundene Quizmeister, Ansager, Moderatoren usw. auftreten. Diese müssen in der Lage sein, durch ihre *Sprache* (Du-Anrede, Zielgruppenjargon), durch die Intimität ihrer *Gesten* oder durch die *Vertraulichkeit* ihrer Stimme eine Atmosphäre der persönlichen Gemeinsamkeit, also eine Gruppenstimmung, zu erzeugen.

Durch eine entsprechende Imagepolitik für diese Kommunikatoren kann der Eindruck der geringen sozialen Distanz zum Empfänger noch bekräftigt werden. Die von ihnen gespielten Rollen sollen es dem Publikum leicht machen, die *komplementären Rollen* eines persönlich angesprochenen Kommunikationspartners zu spielen. Das wird u. a. dadurch erreicht, daß dem Empfänger Rollen zugewiesen werden, die er gerne spielen möchte, im täglichen Leben aber nicht realisieren kann: beispielsweise indem er in Rundfunk- und Fernsehsendungen zum Partner einer ihm sonst verschlossenen Gesellschaft gemacht wird.

Es gibt viele derartige Techniken, mit denen man die *Illusion* einer *persönlichen* und direkten *Kommunikation* „von Mensch zu Mensch" erzeugen und die Aktivität des Publikums so stimulieren kann, daß es sich mit den ihm zugewiesenen Rollen identifiziert. Beispiele aus der Produktwerbung sind Versuche, bei den Umworbenen den Eindruck zu vermitteln, daß sie einem exklusiven Kreis von Verwendern mit eigenen Gruppennormen und Verhaltensweisen angehören. Die Werbung gibt sich dann als persönliche Kommunikation mit den Mitgliedern dieses Kreises aus. Sie ist es dann, die den „Gruppeneinfluß" ausübt.[11]

c) Die Rolle von Meinungsführern

Begriff und Messung

Bei der Kommunikation in kleinen Gruppen hat nicht jedes Mitglied das gleiche Gewicht. Einige Gruppenmitglieder üben einen *stärkeren* persönlichen *Einfluß* als andere aus. Diese Gruppenmitglieder bezeichnen wir als *Meinungsführer*. Einfluß ausüben heißt, das Verhalten von anderen ändern können – im Zusammenhang mit der Kommunikation heißt das vor allem, die *Meinungen* von anderen beeinflussen.

---

[11] Man denke an im Dienstleistungsbereich beworbene Mitgliederclubs.

Meinungsführer haben eine *Schlüsselstellung* in der Gruppe. Sie haben mehr Kontakte als andere Gruppenmitglieder. Sie werden um ihre Ansichten gefragt, geben Ratschläge, vermitteln Informationen, suchen aber auch ihrerseits Informationen und Ratschläge bei ihren Bekannten. Kurzum: Sie entfalten im Rahmen der persönlichen Kommunikation eine besondere Aktivität und übernehmen durch ihren größeren Einfluß oft Auslösefunktionen für die Meinungen und Entscheidungen der anderen.[1]

Der *fachsprachliche* **Begriff**

Meinungsführung weicht vom umgangssprachlichen Begriff vor allem in zwei Punkten ab:

(1) Meinungsführung wird *nicht* als eine weithin erkennbare *Eigenschaft* von Personen aufgefaßt, sondern als eine verbreitete Form des Kommunikationsverhaltens in kleinen Gruppen. Dadurch wird auch die hohe Zahl von Meinungsführern verständlich. Man nimmt an, daß hinsichtlich eines bestimmten Meinungsgegenstandes durchschnittlich zwanzig bis fünfundzwanzig Prozent der Kommunikationsteilnehmer Meinungsführer sind.

(2) Meinungsführung ist ein *gradueller Begriff:* Es ist nicht so, daß jemand entweder die Rolle des Meinungsführers übernimmt oder nicht übernimmt. In Abhängigkeit vom Umfang des persönlichen Einflusses, den jemand ausübt, spricht man von einem Mehr oder Weniger an Meinungsführung.

In der Sozialpsychologie hat man zunächst versucht, die *Eigenschaften* zu finden, die eine Person dazu befähigen, Meinungsführer zu werden (oder, ganz allgemein, eine Führung zu übernehmen). Inzwischen ist man zu der Einsicht gelangt, daß es kaum möglich ist, Meinungsführung an bestimmten Persönlichkeitsmerkmalen abzulesen.

Das heißt aber nicht, daß persönliche Eigenschaften nicht dafür verantwortlich sind, ob jemand ein schwacher oder starker Meinungsführer ist: Meinungsführung entsteht im wesentlichen aus dem Zusammenwirken von *situativen* und *persönlichen* Bedingungen.

Persönliche Merkmale, welche die Meinungsführung fördern, sind vor allem

● das persönlich, anhaltende Involvement,[2]
● die kommunikative und sachliche Kompetenz, die wesentlich von persönlichen Eigenschaften bestimmt wird.

Die kommunikative Kompetenz wird unter anderem von persönlichen Fähigkeiten und Neigungen wie dem Sprachvermögen und der Geselligkeitsneigung mitbestimmt. Auch die sachliche Kompetenz hängt von persönlichen Voraussetzungen wie Intelligenz ab.

---

[1] Die Meinungsführerschaft kann auch „virtuell" sein, wenn Meinungsführer „screen to face" ihren Einfluß ausüben. Zum Konzept der Meinungsführerschaft im Konsumgütermarketing vgl. *Brüne* (1989).
[2] Vgl. dazu auch das Modell von *Richins* und *Root-Shaffer* (1988), die einen starken Einfluß des andauernden Involvements auf die Meinungsführung ermittelt haben.

Noelle-Neumann (1985) weist nach, daß „Persönlichkeitsstärke" und Meinungsführung eng verbunden sind. Dabei kann die von ihr ermittelte Persönlichkeitsstärke teils als gemessene Meinungsführung (Selbsteinschätzung der Befragten auf Skalen wie „Ich merke öfter, daß sich andere nach mir richten" und teils als gemessene Persönlichkeitseigenschaften, die sich in Meinungsführung niederschlagen, aufgefaßt werden.[3]

Situative Bedingungen, die Meinungsführung fördern, sind vor allem

- das situative Involvement einer Person, das ihre Kommunikationsaktivitäten anstachelt,[4]
- die Kommunikationssituation, die eine Person mit der Nachfrage nach meinungsbildenden Gefühlsäußerungen und Informationen konfrontiert.

Durch *Interaktion* dieser Bedingungen und von weiteren (bisher nicht so konkret erfaßten) persönlichen und situativen Bedingungselementen wird das *Ausmaß* an Meinungsführung geprägt, durch das eine Person gekennzeichnet ist.

Wir wenden uns jetzt der Messung von Meinungsführung und anschließend den Verhaltensweisen zu, die mit Meinungsführung verknüpft sind. Was die Messung von Meinungsführung so schwierig macht, ist die weite Verbreitung von Meinungsführern.

Messung von Meinungsführung: Die Meinungsführung wird im wesentlichen anhand des (situationsabhängigen) *Kommunikationsverhaltens* von Gruppenmitgliedern *gemessen*. Dazu gibt es zwei Möglichkeiten: Eine *Beobachtung* der Kommunikation, verbunden mit einer Befragung über ihre Wirkung auf die Kommunikationsteilnehmer, oder *eine Ex-post-Befragung,* mit der das Kommunikationsgeschehen über die subjektive Wahrnehmung der Beteiligten erfaßt wird. Üblich – auch in der verhaltenswissenschaftlichen Marketingforschung – ist die Ex-post-Befragung. Die Meinungsführung wird dabei nach drei Verfahren ermittelt:

(1) Soziometrischer Test,
(2) Auskunft von Schlüsselinformanten,
(3) Selbsteinschätzung der Befragten.

Das zweite Verfahren, die Befragung von gut informierten Gruppenmitgliedern, wer der Meinungsführer sei, wird wegen seiner methodischen Unzulänglichkeiten selten benutzt und hier außer acht gelassen.[5]

Der **soziometrische Test** geht auf *Moreno* (1934, deutsch 1974) zurück und ist ein Verfahren zur quantitativen Erfassung der Beziehungen zwischen den Gruppenmitgliedern, bei *Moreno* insbesondere ihrer gegenseitigen Zu- und Abneigungen. Die Personen werden gefragt, *mit wem* sie am mei-

---

[3] *Weimann* (1991) hat die Skala mittels eines soziometrischen Tests validiert.
[4] Diese Hypothese kann durch die bereits erwähnten Befunde von *Richins* und *Root-Shaffer* (1988) und ihre Interpretation nicht entkräftet werden.
[5] Es gelten die gleichen Einwände wie gegen die Expertenvalidierung im Rahmen der Marktforschung.

sten verkehren, wen sie mehr oder weniger gern haben oder mit wem sie am liebsten Kontakt haben möchten. Durch diese Fragen ermittelt man die faktische *Interaktion* zwischen den Personen sowie ihre *Interaktionspräferenzen*. Technisch gesehen geht das so vor sich, daß man die Befragten auffordert, von sich aus eine andere Person zu wählen, und zwar im Hinblick auf die verschiedenen, oben angegebenen Gesichtspunkte. Man fragt zum Beispiel: „Nennen Sie die Person, von der Sie sich am liebsten Rat holen".

Die Auswertung der Antworten kann durch ein Soziogramm, eine Soziomatrix oder durch soziometrische Indizes erfolgen. Das *Soziogramm*, für das wir in *Abbildung 116* ein Beispiel bringen, ist eine graphische Darstellung der durch die Erhebung erfaßten *Kommunikationsbeziehungen*. Der Pfeil von Person zu Person gibt an, wer wen „gewählt" hat. Die vom Soziogramm ausgewiesenen Informationen können noch in verschiedener Hinsicht erweitert und verfeinert werden, etwa, indem man neben den positiven Wahlen durch weitere Pfeile auch die negativen (Ablehnungen) angibt oder indem man durch gesonderte Bezeichnungen der Knotenpunkte bestimmte Eigenschaften der Kommunikationspartner anzeigt.

Der *soziometrische Status* einer Person wird durch *Anzahl* und *Art* der empfangenen Wahlen gekennzeichnet. Man kann Personen unterscheiden, die durchschnittlich viele Wahlen, mehr oder weniger Wahlen erhalten haben.

Aus der *Soziozentralität* einer Person, die in einer überdurchschnittlichen Zahl von Wahlen zum Ausdruck kommt, kann man auf *Meinungsführung* schließen. Obwohl zwischen Soziozentralität und Meinungsführung ein enges Verhältnis besteht, kommt es im Einzelfall auf die erfragten Kommunikationsbeziehungen an, wie *valide* die Soziozentralität als Indikator für die Meinungsführung ist. Es ist ein Unterschied, ob man die Zentralität einer Person in einem Kommunikationsnetz von mehr freundschaftlich orientierten Beziehungen oder in einem Kommunikationsnetz von mehr beruflich orientierten Beziehungen ermittelt. In Abhängigkeit von den jeweiligen Kommunikationsbeziehungen drückt die zentrale Stellung einer Person verschiedene *funktionelle Aspekte der Meinungsführung* aus. Man hat deswegen zunächst einmal anhand von speziellen Kriterien anzugeben, was man im Hinblick auf ganz bestimmte Kommunikationsbeziehungen (Freundschaftsbeziehungen, berufliche Beziehungen usw.) unter Meinungsführung zu verstehen hat. Erst dann kann man beurteilen, wie weit sich die Zentralität in den entsprechenden Kommunikationsnetzen mit der Meinungsführung deckt.

In der bahnbrechenden *Drug-Studie* von *Coleman, Katz* et al.[6] werden drei verschiedene Arten von Kommunikationsbeziehungen unterschieden, nämlich *Freundschaftsbeziehungen, Diskussionsbeziehungen* und *Beratungsbeziehungen*.

---

[6] Vgl. *Coleman, Katz* et al. (1966) sowie in deutscher Sprache *Coleman, Katz* et al. *Menzel* (1972) sowie *Katz* (1970).

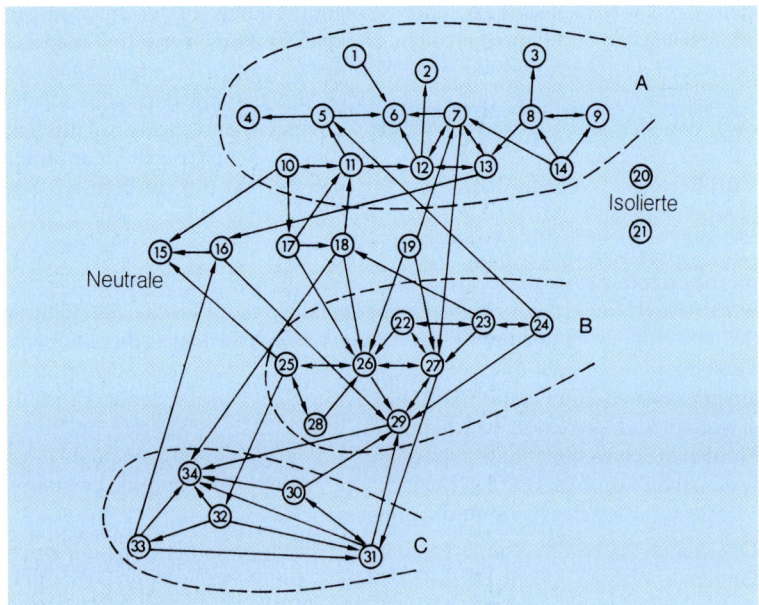

Abbildung 116: Soziogramm der Kommunikationsbeziehungen

Anmerkung: Jeder Kreis stellt eine Person dar. Die Pfeile geben an, wer wie oft von anderen „gewählt" wurde. Beispielsweise ist Person 26 ein Meinungsführer.

Da wir uns hier nur allgemein mit der Darstellungsform eines Sozio-gramms beschäftigen, sehen wir einmal davon ab, welche speziellen Kommunikationsbeziehungen in dieser Abbildung dargestellt sind. Wir nehmen an, die abgebildeten Kommunikationsbeziehungen seien im Hinblick auf das vorliegende *Untersuchungsziel* für die Ermittlung der Meinungsführung relevant: Die abgestufte Anzahl der auf eine Person entfallenden, durch die Pfeile abgebildeten Wahlen verdeutlicht den *graduellen Charakter* der *Meinungsführung*.

Das Soziogramm gibt uns auf diese Weise Aufschluß über die Rollen der einzelnen Personen bei der persönlichen Kommunikation, insbesondere über die *zentrale* Stellung der Meinungsführer. Je nach Art der Kommunikationsbeziehungen kann ein solches System mehr oder weniger zentriert sein.

Der soziometrische Test ist ein relativ genaues und *valides* Verfahren zur Ermittlung der *Meinungsführung*.

Er vermag genaue Einblicke in die persönlichen Beziehungen in einem sozialen System, u. a. über die Beziehungen der Abnehmer auf einem Markt, zu liefern. Wegen der Beschränkung auf kleinere, abgrenzbare und überschaubare Marktausschnitte und wegen der Aufwendigkeit des gesamten Untersuchungsverfahrens ist er allerdings für die *praktische* Marktforschung *kaum* geeignet. Er kommt vielleicht in Frage, um Kommunikationsnetze und Meinungsführer auf überschaubaren Investitionsgütermärkten festzustellen. Die namentlich identifizierten Meinungsführer auf einem solchen Markt können dann gezielt durch Direktwerbung und Verkaufsförderungsmaßnahmen angesprochen werden.

Der eigentliche Anwendungsbereich der Soziometrie ist die Grundlagenforschung. Durch den soziometrischen Test wird es möglich, komplizierte Kommunikationsstrukturen auf dem Markt zu entwirren und zu messen.

Zur **Selbsteinschätzung** der Befragten: In den meisten Marketing-Untersuchungen wird die Meinungsführung dadurch ermittelt, daß man die Personen einer Stichprobe direkt oder indirekt danach *fragt, ob* und *in welchem Ausmaß* sie sich *selbst* als Meinungsführer einschätzen. Für diese Selbsteinschätzung haben sich folgende Fragen in empirischen Untersuchungen bewährt:

- Ganz allgemein gesehen, sprechen Sie gern über das Produkt X mit Ihren Freunden?
- Meinen Sie, daß Sie dabei Ihren Freunden nur sehr wenig, durchschnittlich viel oder sehr viel Informationen über das Produkt X geben?
- Wenn Sie mit Ihren Freunden über das Produkt X diskutieren, welche Rolle spielen Sie dabei meistens? Hören Sie hauptsächlich zu, was Ihre Freunde sagen, oder versuchen Sie, Ihre Freunde von Ihren eigenen Ideen zu überzeugen?
- Wenn Sie sich mit Ihren Freunden vergleichen, werden Sie ungefähr genauso gern oder mehr oder weniger gern um Ratschläge über das Produkt X gefragt?
- Haben Sie den Eindruck, daß Sie allgemein von Ihren Freunden und Nachbarn als gute Quelle für Ratschläge betrachtet werden?

Daß es überhaupt möglich ist, die Selbsteinschätzung für die Messung der Meinungsführung zu verwenden, ergibt sich daraus, daß das Kommunikationsgeschehen von den (befragten) Teilnehmern *bewußt erlebt* wird und daß die Beeinflussung anderer bzw. die Meinungsführung Vorgänge sind, über die sich der einzelne grundsätzlich im klaren ist. Dabei sind Fehleinschätzungen des eigenen Verhaltens einzukalkulieren. Kritisch anzumerken ist, daß die Selbsteinschätzung nur eine einseitige „Momentaufnahme" der individuell wahrgenommenen Meinungsführung liefert, die den *interaktiven* Prozeß der Meinungsführung unzureichend erfaßt (*Kaas*, 1980, S. 193).

Man steht hier, wie so oft in der Marktforschung bzw. empirischen Sozialforschung, vor einem Problem der Erhebungsökonomik. Genauere Verfahren sind oft wesentlich umständlicher und aufwendiger. Das gilt hier für den soziometrischen Test, der zudem für größere Stichproben kaum anwendbar ist. Wegen des kleineren Stichprobenumfangs wird auch die Repräsentativität der soziometrischen Ergebnisse für einen Gesamtmarkt geringer. Bei einem weniger genauen Verfahren, wie bei der Selbsteinschätzung, geht es deswegen vor allem um die Entscheidung, ob die Validität der Messungen für einen bestimmten Untersuchungszweck noch ausreicht.

Verhalten und Einsatz von Meinungsführern

Die Flut von Veröffentlichungen über Meinungsführung erlaubt es nicht mehr, an dieser Stelle einen Überblick über die zahlreichen Erkenntnisse zum Verhalten der Meinungsführer – insbesondere auf Produktmärkten – zu geben. Dazu sind einschlägige Monographien geeignet, in deutscher Sprache vor allem die von *Koeppler* (1984) und *Beba* (1988).

Wir erörtern nachfolgend einige Untersuchungen, die grundlegende Einsichten in

- den sozialen Status,
- das Kommunikationsverhalten,
- die Einflußbereiche

der Meinungsführer gebracht haben, anschließend die sozialtechnischen Folgerungen.

Sozialer Status: Im Kapitel über persönliche Kommunikation wurde die Homogenität des Kommunikationsmilieus bei der persönlichen Kommunikation, die sich in einer geringen sozialen Distanz zwischen den Kommunikationspartnern widerspiegelt, beschrieben.

Status der Meinungsführerin	Status der beeinflußten Frau			
	niedrig	mittel	hoch	Summe
niedrig	4	7	2	13
mittel	6	21	3	30
hoch	–	4	19	23
Summe	10	32	24	66

Abbildung 117: Meinungsführung über Statusgrenzen hinweg

Anmerkung: Status von Meinungsführerin und beeinflußter Hausfrau bei paarweisen Kontakten.
Quelle: Katz und *Lazarsfeld* (1972, S. 111).

Da Meinungsführung durch persönliche Kommunikation im wesentlichen *innerhalb* einer Gruppe zustande kommt, können wir erwarten, daß sich die Meinungsführer und die von ihnen beeinflußten Konsumenten im sozialen Status kaum unterscheiden. Dieser Zusammenhang wurde erstmals in einer Pionierstudie von *Katz* und *Lazarsfeld* (1972) nachgewiesen (vgl. *Abbildung 117*).

Zusammenfassend: Die Meinungsführung auf dem Markt ist ein Beeinflussungsprozeß, der hauptsächlich horizontal in den sozialen Schichten verläuft.

Kommunikationsverhalten: Es versteht sich von selbst, daß ein Konsument nur dann Meinungsführung erreicht, wenn er viele Kontakte entfaltet, also gesellig ist. Mit Meinungsführung ist stets ein aktives Kommunikationsverhalten verbunden.

Aktives Kommunikationsverhalten führt aber erst dann zur Meinungsführung, wenn es auf geeignete Empfänger stößt, welche sich dem Informationsangebot der Meinungsführer öffnen oder aktiv nach Informationen suchen. Das ist dann der Fall, wenn die Empfänger hinreichend involviert sind, etwa weil sie ein hohes Kaufrisiko empfinden, das sie durch die persönliche Kommunikation abbauen wollen (vgl. dazu auch *Koeppler*, 1984, S. 97).

Bisher sind wir der klassischen Sicht gefolgt und haben den Meinungsführer als Kommunikator betrachtet, als einen Konsumenten, der andere Konsumenten beeinflußt. Nun betrachten wir den Meinungsführer als Kommunikanten, also auch als Empfänger von Kommunikation.

Dabei fällt zunächst einmal auf, daß das Kommunikationsverhalten der Meinungsführer durch einen verstärkten Konsum von Massenmedien gekennzeichnet ist, insbesondere von solchen, die ihn über seinen Kompetenzbereich informieren (*Koeppler*, 1984, S. 100; *Beba*, 1988, S. 29 ff.). Meinungsführer treten darüber hinaus auch in der persönlichen Kommunikation als Kommunikanten und als „Einflußempfänger" auf (*Feick, Preice* et al., 1986).

In vielen Fällen kann man auch von einer Hierarchie von Meinungsführern ausgehen, in der es Top-Meinungsführer gibt, die ihren Einfluß auf nachgeschaltete Meinungsführer geltend machen (zusammenfassend *Merten*, 1986, S. 113). Selbstverständlich sind Konsumenten, die sich stärker an Meinungsführern orientieren, ebenso wie andere Konsumenten gleichzeitig noch anderen Einflüssen ausgesetzt: Meinungsführung wirkt oft *neben* der Massenkommunikation und zusätzlich zu weiteren persönlichen Kontakten.

Einflußbereiche: Aufgrund einiger älterer Untersuchungen (etwa von *Katz* und *Lazarsfeld*) nahm man zunächst an, daß der sachbezogene Einflußbereich eines Meinungsführers im wesentlichen auf *einzelne* Gegenstandsbereiche beschränkt ist. Durch spätere Untersuchungen ist man zu einer anderen, noch heute akzeptierten Hypothese gekommen:

> Wenn jemand Meinungsführer für ein Produkt ist, dann ist er mit großer Wahrscheinlichkeit auch Meinungsführer für andere Produkte.

Bei der Frage, ob sich die Meinungsführung einer Person auf einen Meinungsgegenstand (monomorphe Meinungsführung) oder auf mehrere Meinungsgegenstände (polymorphe Meinungsführung) erstreckt, ist zu beachten, daß bereits eine grundlegende Einengung der Meinungsführung durch eine Person vorliegt, wenn wir sie nur auf den *Markt* beziehen (gegenüber einer Meinungsführung, die auch politische, soziale, kulturelle und andere Meinungsgegenstände betrifft). Der Markt ist dabei im Sinne der vorhin getroffenen Überlegung als eine typische *Situation* zu sehen, die sich durch bestimmte Merkmale von anderen Situationen, in denen Meinungsführung sonst noch stattfindet, abhebt.[7]

Man kann davon ausgehen, daß sich die Meinungsführung einer Person *innerhalb* einer Produktkategorie durchweg auf mehrere Produkte richtet, also insofern bereits als polymorph bezeichnet werden kann. Die Überlappung der Meinungsführung auf mehreren Produktmärkten ist am größten, wenn durch die Produkte ähnliche Interessen involviert werden.

---

[7] Zur Interdependenz und Messung von monomorpher und polymorpher Meinungsführung vgl. *Richmond* (1980) mit weiteren Quellenangaben.

Einsatz von Meinungsführern: Meinungsführer sind Schaltstellen der Kommunikation und üben nur dann Einfluß aus, wenn es um Themen geht, an denen ihre Kontaktpartner interessiert sind. Beispiel: Meinungsführer unter Schülern tragen wesentlich zur Einstellungsbildung gegenüber der Bundeswehr bei (*Diller* und *Beba*, 1988, S. 42–43).

Bezogen auf das kommerzielle Marketing heißt das, daß der Einsatz von Meinungsführern nur zweckmäßig ist, wenn sich die Konsumenten involviert mit einem Produkt oder mit einer Dienstleistung auseinandersetzen – in Ausnahmefällen: wenn man sie durch den von Meinungsführern ausgeübten Einfluß involvieren kann. Der Einfluß von Meinungsführern bleibt auch dann beschränkt, weil über die Meinungsführer stets nur ein Teil der Konsumenten erreicht werden kann (*Merten*, 1986, S. 113).

Wie kann man nun die Meinungsführer erreichen? Im Zusammenhang mit der soziometrischen Messung der Meinungsführung wurde bereits gesagt, daß sich eine individuelle, namentliche Feststellung von einzelnen Meinungsführern eigentlich nur für kleinere (Investitionsgüter-)Märkte lohnen wird. Beim Marketing für Konsumgüter wird man sich nicht auf eine namentliche Ermittlung einzelner Meinungsführer stützen, sondern auf die Kenntnis von typischen, die Meinungsführer auszeichnende Merkmale wie die Persönlichkeitsstärke, ihr Involvement oder ihr Kommunikationsverhalten. Die Meinungsführer können dann aufgrund solcher Merkmale (die sich unter anderem durch Medienanalysen ermitteln lassen) vom Marketing erreicht und dafür eingesetzt werden, andere, schwerer erreichbare Konsumenten zu informieren und zu beeinflussen.

Eine andere Möglichkeit ist die *Nachahmung* von Meinungsführern in der Massenkommunikation.

In der Werbung, insbesondere in der Rundfunk- und Fernsehwerbung, werden zu diesem Zweck symbolische Meinungsführer eingesetzt, zum Beispiel Ärzte, die bestimmte Medikamente empfehlen (vgl. dazu auch *Assael*, 1984, S. 427).

Auch dann, wenn man die Meinungsführer weder namentlich noch vom Typ her kennt, kann man sich die bisherigen Kenntnisse über den Ablauf der Meinungsführung auf einem Produktmarkt zunutze machen und die Meinungsführer „schaffen".

Ein Beispiel bietet die Verkaufsstrategie einer Firma, die Schwimmbecken verkaufte: Sie wählte aus jedem Nachbarschaftsverbund eine Familie aus und überließ ihr ein Schwimmbad zu Selbstkosten, weit unter dem Marktpreis. An diesen günstigen Preis wurde die Bedingung geknüpft, daß die Nachbarn das Schwimmbecken ausprobieren dürfen und daß der ausgewählte Besitzer des Schwimmbeckens alle Nachbarn über Gespräche und Beratungen von seinen Erfahrungen profitieren läßt.

Alles in allem sind die Einsatzmöglichkeiten für das Konsumgütermarketing beschränkt. Das gezielte Ansprechen von Meinungsführern oder die verstärkte Kommunikationswirkung, die man durch simulierte Meinungsführer in der Massenkommunikation erreicht, werden im allgemeinen nur eine unterstützende Funktion in der Marktkommunikation haben.[8]

d) Nonverbale Kommunikation

In Anbetracht der begrifflichen Vielfalt in der Sozialpsychologie empfiehlt sich aus anwendungsorientierter Sicht für die Marktkommunikation von Konsumenten ein weitgefaßter Begriff. Unter nonverbaler Kommunikation werden hier die persönliche Kommunikation und die Massenkommunikation verstanden, die sich nicht auf sprachliche Informationsübertragungen stützen. Nach dieser Einteilung ist auch die vokale Kommunikation eine Form der nicht-sprachlichen Kommunikation (vgl. *Weinberg*, 1986b, S. 5ff.).

Dieser Begriff läßt zwei Formen der nonverbalen Marktkommunikation zu:

● die Kommunikation mittels Gesichts- und Körpersprache,
● die Kommunikation mittels materieller Gegenstände.

Während die erstgenannte Form in der sozialpsychologischen Literatur unumstritten ist (vgl. etwa die Standardwerke von *Argyle*, 1992a sowie *Scherer* und *Wallbott*, 1984, und die dort angegebene Literatur), gibt es zu der letztgenannten Form nur wenige Untersuchungen (z. B. *Reardon*, 1991). Bei der Kommunikation mittels Gegenständen geht es um materielle Verständigungsmittel wie Kleidung, Möbel, Geschenke und Dinge des täglichen Bedarfs usw. Beide Formen der nonverbalen Kommunikation findet man in der persönlichen Kommunikation und in der Massenkommunikation (z. B. die Mimik eines Sprechers, Verwendung von Bildern oder materiellen Verständigungsmitteln).

Kennzeichnung und Messung

Nonverbale Kommunikation bezeichnet also all jene menschlichen Ausdrucksformen, die weder schriftlich noch durch das gesprochene Wort übertragen werden (*Bekmeier*, 1989a, 1994a). Für „nonverbal" werden auch synonyme Begriffe wie „außersprachlich," „nichtsprachlich", „nichtlinguistisch" oder „averbal" verwandt. Die verschiedenen Formen der nonverbalen Kommunikation können durch die bei der Information benutzten Übertragungswege beschrieben werden (vgl. *Abbildung 118*):

Empfängerorientierte Klassifikation	Senderorientierte Klassifikation	Beispiel
auditiver Kanal (Gehörsinn)	akustischer Kanal	Variation der Stimmfrequenz
taktiler Kanal (Tastsinn)	kinetischer Kanal	Hautkontakt
olfaktorischer Kanal (Geruchssinn)	chemischer Kanal	Duftstoffe
gustatorischer Kanal (Geschmackssinn)	chemischer Kanal	Geschmack
thermaler Kanal (Temperatursinn)	thermaler Kanal	Körperwärme
visueller Kanal (Sehsinn)	optischer Kanal	Mimik, Gestik, Körpersprache

Abbildung 118: Empfänger- und senderorientierte Übertragungsmodalitäten nonverbaler Signale

Danach tritt die nonverbale Kommunikation bei der direkten Interaktion von Mensch zu Mensch als *zweites* Verständigungssystem *neben* die Sprache.[1]

---

[8] Zu den „Möglichkeiten zur Steuerung von Meinungsführern durch Anbieter am Markt" vgl. zusammenfassend auch *Kumpf* (1983, S. 330ff.).

Die nonverbale Kommunikation durch Körpersprache umfaßt im wesentlichen:[2]

- Gesichtsausdruck,
- Blickkontakt,
- Gestik,
- Körperhaltung, Körperorientierung, Körperbewegung.

Im allgemeinen werden mehrere dieser Übermittlungsformen *gleichzeitig* benutzt. Sie bilden ein komplexes, inderdependentes System, das in *Abbildung 119* skizziert wird.

Neben dieser Körpersprache gibt es noch weitere Signale nichtsprachlicher Verständigung zwischen Personen, die auch vom Körper ausgehen und deswegen in einem weiteren Sinne ebenfalls zur Körpersprache gerechnet werden können. Am wichtigsten sind vokale Mittel wie Ton, Sprechmelodie oder Sprechpausen (*Scherer*, 1982); ferner gehören dazu Hautfarbe, Körpergeruch, Körperberührung usw., also Signale verschiedener Sinnesmodalitäten, die von einer Person ausgehen und Informationen vermitteln. In diesem Sinne umfaßt die nonverbale Kommunikation „alle Formen der Kommunikation, die sich zwischen körperlich anwesenden Personen abspielen und andere Mittel als die Sprache benutzen" (*Kendon*, 1981, S. 3).

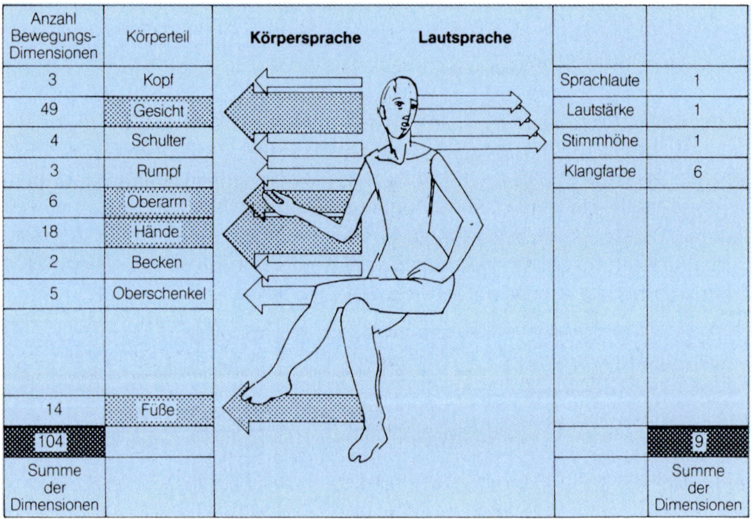

Anzahl Bewegungs-Dimensionen	Körperteil	**Körpersprache**	**Lautsprache**		
3	Kopf			Sprachlaute	1
49	Gesicht			Lautstärke	1
4	Schulter			Stimmhöhe	1
3	Rumpf			Klangfarbe	6
6	Oberarm				
18	Hände				
2	Becken				
5	Oberschenkel				
14	Füße				
104				9	
Summe der Dimensionen				Summe der Dimensionen	

Abbildung 119: Das Alphabet der Körpersprache

---

[1] Die nichtverbale Kommunikation wird in diesem Zusammenhang oft als „analoge Kommunikation" bezeichnet, im Gegensatz zur „digitalen Kommunikation" durch Sprachzeichen. Vgl. dazu auch die später dargestellte Verbindung der nonverbalen Kommunikation zu den rechtshemisphärischen Gehirnaktivitäten. Diese werden meistens als „analoge Informationsverarbeitung" verstanden.

[2] Die folgende Einteilung entspricht der Gliederung der „nonverbalen Signalsysteme" im Sammelband von *Scherer* und *Wallbott* (1984). Vgl. auch zusammenfassend *Ekman* (1988); *Ekman* und *Friesen* (1978b) sowie *Scherer* und *Ekman* (1982).

Anmerkung: Die Körpersprache läßt sich in 104 Bewegungsdimensionen einteilen, die räumliche und zeitliche Werte umfassen. Zum Bewegungsverlauf des Kopfes gehört z. B. die Dimension „Drehen" mit dem räumlichen Wert „stark links gedreht" und einem zeitlichen Wert.
Quelle: Frey (1984, S. 30–31).

Die Erfahrung lehrt, daß der nonverbalen Kommunikation häufig eine höhere Glaubwürdigkeit zukommt als den verbalen Äußerungen (*Weinberg*, 1986 b, S. 8–9). Das gilt besonders dann, wenn sie spontan erfolgt und folglich kognitiv kaum kontrolliert wird. Die Glaubwürdigkeit hängt also nicht nur von der Person, sondern besonders von der Kommunikationssituation ab. Geschulte Mimen wissen diese Wirkung der nonverbalen Kommunikation zur Verhaltenssteuerung zu nutzen.

Die Kenntnis der Beziehungen zwischen verbaler und nonverbaler Kommunikation ist für das Konsumentenverhalten von erheblicher Bedeutung (vgl. *DePaulo*, 1992). Das gilt beispielsweise für

● die Marktforschung: Welche Beziehungen bestehen zwischen Ergebnissen aus Beobachtung und Befragung?

● die Käufer-Verkäufer-Beziehungen: Wie wird ein erfolgreiches Verkaufsgespräch nonverbal unterstützt?[3]

● das Kaufverhalten: Inwieweit korrespondieren das bekundete und das beobachtete (insbesondere emotionale) Entscheidungsverhalten?

● die Werbung: Wie werden nonverbale Signale mit werblichen Aussagen glaubhaft attribuiert?

Zur Massenkommunikation als Teilgebiet der nonverbalen Kommunikation: Obwohl die Bildkommunikation die Massenkommunikation in zunehmendem Maße beeinflußt, wird sie in der Literatur zur nichtverbalen Kommunikation kaum erwähnt.[4] Das ist nicht zuletzt deswegen erstaunlich, weil die Unterscheidung von verbaler und nicht-verbaler Kommunikation mit den links- und rechtshemisphärischen Gehirnaktivitäten des Menschen in Verbindung gebracht wird: Nach einem weithin akzeptierten Modell ist die linke Gehirnhälfte des Menschen vor allem auf die analytisch-rationale Verarbeitung von Sprachinformationen spezialisiert, die rechte Gehirnhälfte auf die analoge Verarbeitung von nichtverbalen Informationen durch Bilder, Musik, Gerüche usw.

Diese Verknüpfung der nichtsprachlichen Kommunikation mit den rechtshemisphärischen Gehirnaktivitäten ist zumindest aus heuristischen Gründen fruchtbar, denn die rechtshemisphärische Informationsverarbeitung des Menschen wird im allgemeinen durch Merkmale charakterisiert, die auch der nichtsprachlichen Kommunikation zugeschrieben werden: Sie folgt ganzheitlichen Verständnisregeln, sie bezieht sich stärker auf das gefühlsmäßige Verhalten, sie wird kognitiv weniger kontrolliert und ist dem einzelnen weniger bewußt als die sprachliche Kommunikation.

---

[3] Vgl. dazu die folgenden Ausführungen.
[4] Ausnahmen sind einige Bücher, in denen Bildkommunikation auch als nonverbale Kommunikation bezeichnet wird wie „Nonverbale Kommunikation durch Bilder" von *Schuster* und *Woschek* (1989) oder „Nonverbal Communication in Advertising" von *Hecker* und *Stewart* (1988).

Demzufolge gehört die Bildkommunikation von der formalen Abgrenzung her (sie ist nichtsprachlich) sowie von ihren psychischen Eigenarten her (sie wird durch rechtshemisphärische Gehirnaktivitäten gekennzeichnet) eigentlich zur nonverbalen Kommunikation. Sie wird gleichwohl nach herrschendem Sprachgebrauch *nicht* dazugezählt.[5] Wir wählen dennoch für unsere Arbeit die folgende **Arbeitsdefinition:**

> Die nichtverbale Kommunikation umfaßt alle Formen der persönlichen Kommunikation und der Massenkommunikation, die sich nicht auf eine symbolische (vor allem sprachliche) Informationsübertragung stützen.

Damit orientieren wir uns an einem sehr weiten Begriff der nonverbalen Kommunikation, der uns zu folgender Einteilung kommunikativer Ausdrucksformen führt (vgl. *Abbildung 120*):

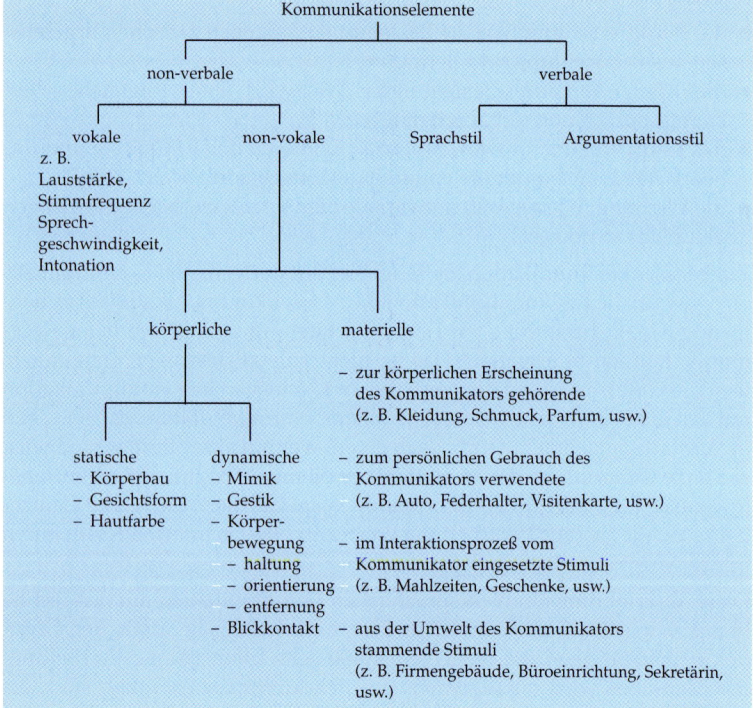

Abbildung 120: Klassifikation kommunikativer Ausdrucksformen

Quelle: Weinberg, 1986b, S. 85.

---

[5] Bilder können selbständige, nichtverbale Verständigungsmittel der Massenkommunikation sein, zum Beispiel Landschaftsbilder oder Städtebilder. In der Forschung zur nichtverbalen Kommunikation werden jedoch Bilder aus der Massenkommunikation im allgemeinen nur insoweit berücksichtigt, als sie das nonverbale Verhalten von Personen (zum Beispiel das Ausdrucksverhalten eines Gesichtes) abbilden; vgl. unter anderem *Umiker-Sebeok* (1981).

Die Einbeziehung der Massenkommunikation und von materiellen Verständigungsmitteln (Kleidung, Geschenke, Produkte) erweist sich für die Kommunikationsforschung als zweckmäßig (auch wenn wir uns im Rahmen *dieses* Kapitels nur mit der persönlichen Kommunikation auseinandersetzen). Der *Ausschluß* der Bildkommunikation ist aus pragmatischen Gründen akzeptabel: Er entspricht dem herrschenden Sprachgebrauch, und er ist zweckmäßig, weil die Bildkommunikation ein eigenständiger und kaum noch zu überschauender Forschungsbereich geworden ist. Die enge Verbindung von Bildkommunikation und nichtverbaler Kommunikation muß aber stets beachtet werden.

Bei der **Messung** des nonverbalen Kommunikationsverhaltens ist von folgenden Beziehungen auszugehen (vgl. *Abbildung 121*):

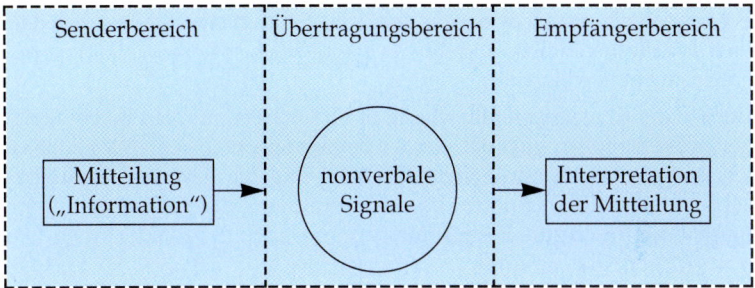

Abbildung 121: Meßebenen der nonverbalen Kommunikation

Messungen beziehen sich je nach Forschungsfrage auf die Vorgänge im Sender, auf die objektiv feststellbaren nonverbalen Signale oder auf die Vorgänge im Empfänger. In diesem Zusammenhang ist darauf aufmerksam zu machen, daß wir Kommunikation als eine Übertragung von kognitiver *und* affektiver Information verstehen.

Zwei besondere Schwierigkeiten sind bei der Messung zu bewältigen:

(1) die modalitätsspezifische Erfassung,

(2) die geringe kognitive Kontrolle

der nichtsprachlichen Kommunikation. Die Informationsübertragung erfolgt mit Signalen *unterschiedlicher Modalität:* akustisch, optisch, haptisch usw. Die Meßverfahren müssen auf diese verschiedenen Modalitäten der nichtsprachlichen Signale abgestimmt sein. Beispiele dafür sind Beobachtungen der Mimik, phonetische Messungen von akustischen Signalen oder die olfaktorische Ermittlung des Geruchs.

Da Signale unterschiedlicher Modalität im Gehirn (wahrscheinlich) auch unterschiedlich kodiert und verarbeitet werden, entstehen bei der Ermittlung der psychischen Vorgänge im Sender und im Empfänger methodische Probleme einer modalitätsspezifischen Messung.

Eine andere Schwierigkeit kommt dadurch zustande, daß die nonverbale Kommunikation auf seiten der Sender und der Empfänger oft ohne (oder mit geringer) *Absicht* und ohne (oder mit geringem) *Bewußtsein* abläuft:

Die nichtverbale Kommunikation läßt sich danach klassifizieren, ob nur der Sender oder nur der Empfänger oder ob beide absichtslos und mit geringer kognitiver Kontrolle handeln (*Argyle*, 1992a, S. 17).

Inwieweit eine völlig absichtslose oder unbewußte Mitwirkung an einem Informationsaustausch überhaupt noch zur (nonverbalen) *Kommunikation* gezählt werden soll, ist umstritten.[6] Nach *Argyle* (1992, S. 17) sind die meisten nichtsprachlichen Mitteilungen auf seiten des Senders „größtenteils unbewußt" und auf seiten des Empfängers „größtenteils bewußt". (Es ist gleichwohl fraglich, ob die Empfänger tatsächlich das nonverbale Kommunikationsverhalten ihrer Partner *überwiegend* bewußt registrieren.[7]) Diese Asymmetrie soll es ermöglichen, die Wirkungen der nonverbalen Kommunikation auf der *Empfängerseite* wenigstens teilweise mit verbalen Methoden – vor allem durch *Befragungen* – zu messen. Die verbale Messung versagt jedoch, wenn es darum geht, das Senderverhalten festzustellen, weil sich die Sender ihres eigenen nichtsprachlichen Kommunikationsverhaltens nicht bewußt sind.

Gerade die Konsumentenforschung hat besonders mit diesen Schwierigkeiten zu kämpfen, weil die von ihr bevorzugt untersuchten Verhaltensweisen (kognitiv kontrolliertes Verhalten) und die bevorzugt benutzten Meßmethoden (Befragungen) bei der Erforschung der nonverbalen Kommunikation kaum zum Zuge kommen.

Zur Messung der *persönlichen* nonverbalen Kommunikation (die bei weitem am meisten untersucht wird) werden vor allem **Beobachtungsverfahren** herangezogen.[8] Die Beobachtungen erfolgen teils im Feld, teils im Labor unter kontrollierten Bedingungen: Es handelt sich grob gesehen um:

● unmittelbare Verhaltensbeobachtung,
● Verhaltensaufzeichnung mittels Film und Video,
● apparative Verhaltensmessung.[9]

Bei der Auswertung der direkt durch Beobachtung oder bildliche Aufzeichnung (Film, Video) gewonnenen Daten kann man die Mimik und Gestik wie folgt analysieren:

Beispiel 1: Facial-Action-Coding-System (nach *Bekmeier,* 1994b):

Das Facial-Action-Coding-System (FACS) bezeichnet ein Analyseverfahren zur Beschreibung und Interpretation der Gesichtssprache. Das von den amerikanischen Psychologen *Paul Ekman* und *Wallace Friesen* (1984) entwickelte, elementaristische Notationsverfahren beschreibt die Mimik unter

---

[6] Vgl. dazu *Knapp* (1992, S. 8 ff.); *Kendon* (1981, S. 8 ff.) sowie *Scherer* und *Ekman* (1982).

[7] Die Angaben von *Argyle* beziehen sich auf die persönliche Kommunikation. Sie können aber auch auf die Massenkommunikation bezogen werden.

[8] Überblicke über die Methoden zur Messung der nonverbalen (persönlichen) Kommunikation bieten *Scherer* und *Ekman* (1982); *Winkler* (1981) und die *Forschungsgruppe Weinberg* (*Bekmeier,* 1989a; *Klammer,* 1989; *Weinberg,* 1986b).

[9] Apparative Techniken der Verhaltensaufzeichnung betreffen entweder das beobachtbare Verhalten – wie Gesten – oder physiologische, nicht mehr direkt beobachtbare Reaktionen wie Veränderungen des Pupillenumfanges oder von Stimmfrequenzen.

Berücksichtigung der zugrunde liegenden Muskelveränderungen. Von einer anatomischen Analyse der Gesichtsaktivitäten ausgehend, haben *Ekman* und *Friesen* 33 visuell unterscheidbare Bewegungseinheiten (Action Units) des Ausdrucks feststellen können. Diese bilden die Ausgangsbasis des Notationssystems und lassen sich als anatomisch begründete, kleinste Einheiten des mimischen Verhaltens definieren. In empirischen Studien gelang es *Ekman* und *Friesen* weiterhin, die für bestimmte Emotionen typischen Muskelaktivitäten einzugrenzen und mit Hilfe ihres Notationssystems zu beschreiben. Genaue Deskriptionen des äußeren Erscheinungsbildes bestehen für die Emotionen „Freude", „Überraschung", „Angst", „Ekel", „Ärger" und „Traurigkeit". Obwohl das Facial-Action-Coding-System hinsichtlich der Forschungsökonomik äußerst aufwendig ist, bietet das Analyse-System gegenüber den bislang klassischen Verfahren der nonverbalen Kommunikationsforschung verschiedene Vorzüge:

- Die Methodik basiert auf empirisch abgesicherten Erkenntnissen aus dem Bereich der Neurophysiologie.
- Es existieren zahlreiche Hinweise zur Validität und Reliabilität des Verfahrens (*Bekmeier,* 1989 a).
- Im Vergleich zu den klassischen Verfahren der nonverbalen Kommunikationsforschung bietet das System einen hohen Objektivitätsgrad.
- Angesichts der vollständigen Erfassung der Gesichtssprache kann das System bei den unterschiedlichsten Forschungsfragen Anwendung finden und somit einen interdisziplinären Forschungstransfer erleichtern. Ferner beinhaltet das System sichere Regeln, um auch flüchtige Mimiken zu identifizieren.
- Für Zwecke der Verhaltensanalyse am POS ist versucht worden, das FACS praktikabel zu vereinfachen (*Klammer,* 1989; *Rüdell,* 1993).

Beispiel 2: Das Berner System (nach *Bekmeier,* 1994 b):

Das Berner System dient zur Analyse der *Körpersprache.* Ende der siebziger Jahre wurde dieses von Siegfried Frey und Mitarbeitern (1981) entwickelte Erhebungsinstrument vor allem zur Analyse des gestischen Verhaltens in Interaktionssituationen eingesetzt. Das Berner System läßt sich in verschiedene Arbeitsschritte einteilen:

- Anfertigen von Filmaufzeichnungen über das menschliche Ausdrucksverhalten. Diese Zwischenspeicherung ermöglicht eine wiederholte Betrachtung der nonverbalen Phänomene und erleichtert eine detailgenaue Beschreibung des Verhaltens.
- Kodierung der Filmaufzeichnungen mittels einer Zeitreihennotation. Bei der Zeitreihennotation wird das nonverbale Ausdrucksverhalten in eine räumliche und eine zeitliche Komponente gegliedert. Unter räumlicher Kodierung versteht man die Positionsbeschreibung für die Körperteile Kopf, Rumpf, Schultern, Oberarme, Hände, Oberschenkel und Füße. Zur Erleichterung der Notation haben *Frey* und Mitarbeiter einen Kodierbogen entwickelt, in dem die potentiell möglichen Positionen dieser einzelnen Körperteile aufgelistet sind. Die zeitliche Komponente findet Berücksichtigung, indem die Position der einzelnen Körperteile zu bestimmten Zeitabständen (meist in Halbsekundenschritten) notiert

werden. Positionsänderungen über die Zeit kennzeichnen eine Bewegung.

● Die Auswertung der Notationen erfolgt mit Hilfe elektronischer Datenverarbeitungsprogramme. Als Ergebnis erhält man übergeordnete Kennziffern, Korrelationen und charakteristische Determinanten der Körpersprache.

Vorteile des Systems:

Angesichts der detaillierten Notation der Körpersprache kann das System bei den unterschiedlichsten Forschungsfragen Anwendung finden und somit einen interdisziplinären Forschungstransfer erleichtern.

Nachteile des Systems:

Wie bei FACS stellen Erhebungsaufwand und Datenmenge hohe Anforderungen an die Beobachter und an das Auswertungsdesign. FACS und Berner System sind Verfahren der *Fremdeinschätzung* des nonverbalen Ausdrucksverhaltens.

Will man die *Selbsteinschätzung* von Probanden erfragen, so bieten sich verbale und nonverbale Skalen an. Zu den letzteren zählen *Gesichterskalen,* um Einstellungen und Gefühle zu messen. Es wird dann eine vorhandene affektive Information (Gefühl, Einstellung) einem Gesichtsausdruck zugeordnet:

Statt eine Person nach ihren Gefühlen und Einstellungen zu fragen, legt man ihr eine Auswahl von Gesichtern vor und bittet sie, dasjenige Gesicht anzugeben, das ihren Gefühlen oder Einstellungen am besten entspricht. Eine solche Gesichterskala besteht oft aus Piktogrammen und sieht zum Beispiel wie folgt aus (vgl. *Abbildung 122*):[10]

gefällt
(Zustimmung)

mißfällt
(Ablehnung)

Abbildung 122: Gesichterskala zur Selbsteinschätzung psychischer Prozesse

Solche Gesichterskalen sind valide Instrumente, um positive oder negative Haltungen – z. B. Einstellungen zu einem Produkt – zu messen.

Mit einer differenzierteren Abbildung von Gesichtsausdrücken lassen sich auch ganz bestimmte Gefühle wie Freude, Überraschung usw. wiedergeben bzw. messen. Die Elemente einer solchen differenzierten Gesichterskala wurden im 2. Teil bei der Behandlung von Emotionen erläutert.

---

[10] Diese Gesichterskalen umfassen noch angedeutete Handbewegungen, welche den Gesichtsausdruck unterstreichen sollen. Sie stammen aus einer Untersuchung über die Reaktion von Kindern auf Fernsehwerbung von *Roedder, Sternthal* et al. (1981).

Nonverbale Skalen dieser Art haben verschiedene Vorteile. Sie lassen sich vor allem dann heranziehen, wenn die befragten Personen – zum Beispiel Kinder – ihre Eindrücke schlecht verbalisieren können.

Zusammenfassend: Die Erkenntnisse, die bei der Analyse des nonverbalen Verhaltens gesammelt werden, können uns dazu dienen, nonverbale Meßverfahren zu verbessern. Solche Meßverfahren werden in der Konsumentenforschung dringend benötigt, um die übermäßig strapazierten verbalen Verfahren – insbesondere die Befragungen – zu ergänzen.

Wirkung im Kommunikationsprozeß

Wir geben jetzt einen kurzen Überblick über Wirkungen der nonverbalen Kommunikation, verbunden mit Anwendungsbeispielen aus dem Marketing.[11] Die „Verwendungsbereiche der Körpersprache" können wir nach *Argyle* (1992, S. 103) wie folgt zusammenfassen:

- Äußerung von Gefühlen und Einstellungen,
- Informationen über die Persönlichkeit des Kommunikators,
- Begleitung von verbalen Mitteilungen,
- Beteiligung an standardisiertem Sozialverhalten (Riten),
- (manipulative) Beeinflussung des Verhaltens von anderen.

Uns interessieren hier vor allem die ersten drei Bereiche, in denen die nonverbale Kommunikation eingesetzt wird, um dem Empfänger kognitive oder affektive Informationen zu vermitteln. Zu jedem Verwendungsbereich stellen wir jeweils eine andere nonverbale Verhaltensweise dar.[12] Im nächsten Kapitel wird dann im einzelnen auf die nichtsprachliche Kommunikation zwischen Verkäufer und Käufer eingegangen. (Dabei kommen auch materielle Mittel der nonverbalen Kommunikation wie Kleidung und Geschenke zur Sprache.)

Äußerung von Gefühlen und Einstellungen: Der Zusammenhang zwischen Gefühlen und nonverbalem Verhalten wurde bereits im Kapitel über Emotionen beschrieben. Eine Schlüsselrolle bei der Übermittlung von *Gefühlen* spielt der Gesichtsausdruck.

In ihm spiegeln sich die Emotionen eines Menschen in beobachtbarer Weise wider. Anhand des Gesichtsausdrucks können Dimensionen eines Gefühls (wie Stärke der Erregung) oder auch ganz bestimmte Gefühle wie Überraschung erkannt werden. Im Durchschnitt wird der emotionale Aus-

---

[11] Die Literatur zur nonverbalen Kommunikation ist nicht mehr zu überblicken. Am besten hält sich der Forscher zunächst an Überblicksartikel wie *Knapp, Cody* et al. (1987) oder *Burgoon* (1985) sowie an Sammelbände wie *Scherer* und *Wallbott* (1984) oder *Siegman* und *Feldstein* (1987) mit ausführlichen Bibliographien; der Studierende der Konsumentenforschung an Anwendungsliteratur wie *Bekmeier* (1989a); *Klammer* (1989); *Rüdell* (1993) und *Weinberg* (1986b).

[12] Auf diese Weise kommen mehrere verschiedene nonverbale Verständigungsmittel zur Sprache. Eigentlich müßte man, wie *Argyle* in seinem Buch über Körpersprache, in jedem Verwendungsbereich auf *alle* nonverbalen Verhaltensweisen eingehen, aber das ist hier nicht möglich.

druck eines Gesichts von ungefähr 60% der Kommunikationsteilnehmer richtig gedeutet (*Argyle*, 1992).

Weinberg (1981, S. 179 ff.; siehe auch *Weinberg* und *Gottwald*, 1982) hat erstmalig Untersuchungen durchgeführt, um anhand des Gesichtsausdrucks die Emotionen von **Konsumenten** festzustellen.

Er beobachtete mit einer versteckten Filmkamera das Verhalten beim Einkauf in einer (reizstarken) Situation, in der vorwiegend Impulskäufe getätigt wurden. Anhand von vorgegebenen Rating-Skalen schätzten dann Experten die im Gesicht der Konsumenten zum Ausdruck kommenden Gefühle ein. Die aufgezeichneten Gesichtsausdrücke wurden z. B. danach beurteilt, wie interessiert, neugierig, begeistert, erfreut usw. die beobachteten Personen waren. Der Gesichtsausdruck von (Impuls-)Käufern zeigte stärkere Emotionen an als der Gesichtsausdruck der Nichtkäufer.

Die Gesichts- und Körpersprache kann eine Vielzahl unterschiedlicher Emotionen kommunizieren. Ihr Ausdruckspotential kann auf biologische Prädispositionen oder Ergebnisse von Lernprozessen zurückgeführt und vor allem durch Schlüsselreize ausgelöst werden. *Abbildung 123* gibt einen Überblick über biologisch vorprogrammierte Schlüsselreize, zu denen auch die Körpersprache zählt:

Reiz	Kennzeichen
Erotische Reize	Im Vergleich zu den anderen Schlüsselreizen entfesseln erotische Reize die stärksten Aktivierungswirkungen (*Meyer-Hentschel*, 1988, S. 30). Allerdings existiert bei ihnen jedoch eine erhöhte Gefahr, daß sie von der ursprünglichen Intention der Werbebotschaft ablenken oder Reaktanz bzw. Irritation auslösen.
Kindchenschema	Kleine Vögel, Hunde oder pausbäckige Kindergesichter lösen beim Betrachter automatische Reaktionen wie Sympathie und Pflegeverhalten aus. Dabei besagt die „Reizsummenregelung", daß die Übertreibung von Einzelmerkmalen kleinkindtypischer Merkmale (großer Kopf, Kulleraugen und kurze, dicke Extremitäten) zu einer Intensivierung des Eindrucks führt (*Eibl-Eibesfeldt*, 1987, S. 729 ff.).
Archetypische Darstellungen	Ausgehend von den Erkenntnissen der analytischen Psychologie sollen hier Wirkfaktoren, die im Unterbewußtsein des Menschen angesiedelt sind, angesprochen werden. Eine Visualisierung dieser Impulse ist häufig in Traumbildern, Märchenfiguren, Gestalten aus Sagen und mythologischen Erscheinungen zu finden (*Dieterle*, 1992).
Körpersprache	Insbesondere die Mimik kann eine Vielzahl unterschiedlicher Emotionen kommunizieren. Als genetisch verankert und universal verständlich gilt das mimische Ausdrucksverhalten für Freude, Ärger, Wut, Ekel, Trauer und Überraschung (*Izard*, 1994; und *Ekman*, 1988).

Abbildung 123: Biologisch vorprogrammierte Schlüsselreize

Quelle: Bekmeier (1994 a).

Eingehend erforscht sind die nonverbalen Äußerungen von *interpersonalen* Einstellungen (das sind Einstellungen einer Person gegenüber anderen Personen, mit denen sie kommuniziert). Dabei sind insbesondere zwei Einstellungsdimensionen zu beachten: die freundliche oder feindselige Haltung sowie die dominante oder unterwürfige Haltung gegenüber einem anderen.

Zum Verhältnis von verbaler und nonverbaler Kommunikation gibt es in den bereits zitierten Quellen zahlreiche empirische Befunde: Die nonverbalen Ausdruckskomponenten haben für die Äußerung von Gefühlen und Einstellungen meistens eine *stärkere* Bedeutung als verbale Komponente.[13] Dies gilt vor allem dann, wenn Einstellungen mitgeteilt werden, die unter Konventionszwang stehen und deswegen verbal nicht frei geäußert werden können, z. B. das verbal demonstrative Desinteresse bei schwierigen Geschäften, das aber von einer auf erfolgreichen Abschluß hinweisenden Körpersprache begleitet wird.

Es ist allerdings nicht möglich – wie oft angenommen wird – einer bestimmten Ausdruckskomponente (zum Beispiel dem Gesichtsausdruck) *generell* eine überragende Kommunikationswirkung zuzusprechen. Welche Ausdruckskomponente bei einer Kommunikation dominant ist, und welche relativen Beiträge die verbalen und nichtverbalen Ausdruckskomponenten zur Kommunikation leisten, hängt von der jeweiligen *Kommunikationssituation* ab (*Ekman, Friesen* et al., 1980). Gerade das nonverbale Kommunikationsverhalten wird in besonderem Maße von der Kommunikationssituation determiniert (*Argyle* und *Trower*, 1981 a, S. 59).

Mitteilungen über die Persönlichkeit des Kommunikators: Nonverbale Reize informieren uns über die Persönlichkeit unserer Gesprächspartner, beim ersten Kontakt ebenso wie nach längerer Bekanntschaft. Sie geben uns Auskunft darüber, wer der andere ist, welche Eigenschaften er hat, welche Ziele er verfolgt usw.

Vor allem bei ersten oder *flüchtigen* Kontakten orientieren wir uns an vorhandenen Schemata: Aufgrund weniger verbaler oder nichtverbaler Äußerungen wissen wir bereits über einen anderen Menschen „Bescheid": Wir ordnen unseren Gegenüber ohne weiteres Nachdenken einer bestimmten Kategorie zu, die sich auf seinen sozialen Status, seinen Charakter oder auf andere Eigenschaften beziehen kann. (Anders gesagt: Wir attribuieren aufgrund der nonverbalen Reize dem Sender ganz bestimmte Eigenschaften).

Zu den statistischen Reizen einer stereotypen Personenbeurteilung gehören zunächst einmal körperliche Eigenschaften wie Größe, Körperbau oder Hautfarbe, weiterhin die vom einzelnen kontrollierte äußere Erscheinung wie der Haarschnitt und schließlich die materiellen Attribute wie Kleidung, Perücke, Schmuck, Brille usw.

---

[13] Auch die Abbildung nonverbalen Verhaltens wie Mimik und Gestik in Filmen kann mehr zur Eindrucksbildung der Empfänger beitragen als verbale Darstellungen; vgl. dazu mit Angaben über den Einflußanteil nonverbaler Elemente *Bekmeier* (1989, S. 207 ff.).

Die Werbung bildet Personen immer wieder mit gleichen nonverbalen Attributen ab. Der Betrachter kann dann die abgebildeten Personen aufgrund ihrer stereotypen Erscheinungsweise gleich in eine bestimmte Kategorie einordnen. *Umiker* und *Sebeok* (1981) zeigen zum Beispiel, daß es in der amerikanischen Werbung typische nonverbale Verhaltensmuster gibt, mit denen Frauen in den verschiedenen Stufen ihres Lebenszyklus vom jungen Mädchen bis zur alten Frau dargestellt werden. Heranwachsende junge Mädchen werden zum Beispiel mit einem Gesichtsausdruck und in einer Körperhaltung abgebildet, die – im Gegensatz zur Abbildung von jungen Männern – einen übermäßigen Zug an süßer und schutzbedürftiger Kindlichkeit aufweisen. (Auf diese Weise wird die Rolle des jungen Mädchens in der amerikanischen Gesellschaft mitgeprägt.)

Äußere Gestaltungsmerkmale wie Kleidung oder Brille und nichtsprachliche Verhaltensweisen (wie die Körperhaltung) können also im Marketing gezielt dazu eingesetzt werden, um die Wahrnehmung der Persönlichkeit von Verkäufern, Firmenrepräsentanten usw. durch die Kunden in einer subtilen Weise zu beeinflussen. *Behrens* (1982, S. 189) hebt hervor, daß die Werbung, wenn sie gleichbleibende nonverbale Reize für die Personendarstellung benutzt, die vorhandenen gesellschaftlichen Klischees verstärkt.

Begleitung von verbalen Aussagen: Manche Ethnologen nehmen an, daß die Sprache ihren Ursprung in der Kommunikation mittels Gesten („Zeichensprache") hat. Wie viele andere ursprüngliche Verhaltensweisen hat der Mensch auch seine Zeichensprache beibehalten. Sie begleitet *jede* verbale Kommunikation. Man kann sagen:

> Das nichtverbale Verhalten ist Kontext jeder verbalen Kommunikation.

Wie jeder Kontext verändert das nichtverbale Verhalten die Wirkung der sprachlichen Verständigung. Gesetzmäßigkeiten, die wir für die kontextabhängige Wahrnehmung gefunden haben, lassen sich auf die Kommunikation übertragen.

Nach verbreiteter Auffassung übernimmt das nichtverbale Verhalten während eines Gesprächs *sechs* Funktionen: Es unterstreicht, ergänzt, wiederholt und ersetzt sprachliche Aussagen, es widerspricht ihnen und es regelt den Kommunikationsfluß.

Es wird angenommen, daß die nonverbale Kommunikation eine höhere Glaubwürdigkeit als die verbale Kommunikation hat: Sie kann vom Sender weniger „gefälscht" werden, weil sie spontaner abläuft und deswegen kognitiv weniger kontrolliert werden kann.[14]

Die meisten der sechs aufgeführten Funktionen des nonverbalen Verhaltens während eines Gesprächs dienen der *Metakommunikation*. Darunter

---

[14] Nach *Argyle* (1992, S. 342 ff.). Die Annahme ist allerdings empirisch noch nicht hinreichend belegt. Für wie glaubwürdig das nichtverbale Kommunikationsverhalten gehalten wird, hängt insbesondere von der Kommunikationssituation und von den Merkmalen des Kommunikanten ab; vgl. dazu die Ergebnisse in *Knapp* (1992, S. 21 ff.).

versteht man die Kommunikation *über* eine gerade ablaufende Kommunikation: Kleine Gesten weisen auf die Bedeutung einer nachfolgenden verbalen Information hin, die Tonhöhe drückt die Vertraulichkeit des gerade geführten Gesprächs aus, ein Augenzwinkern bringt zum Ausdruck, daß die gerade aufgestellte Behauptung übertrieben ist usw.[15]

In diesem Zusammenhang übernehmen das räumliche Verhalten eines Menschen und sein Blickverhalten wesentliche Aufgaben.

● Sie regulieren den Gesprächsfluß:

Hinwendung oder Abwendung zu einer Person drückt die Absicht aus, ein Gespräch zu beginnen oder zu beenden. Der Blickkontakt signalisiert, ob jemand für ein Gespräch offen ist oder nicht. Wer zum Beispiel nicht gefragt werden will, schaut weg.

Blickkontakte während des Gesprächs dienen auch dazu, vom Gesprächspartner ein Feedback zu bekommen, eigene Ausführungen zu unterstreichen und überzeugend zu wirken.

● Sie zeigen Vertraulichkeit und Glaubwürdigkeit des Gesprächs an:

Eine geringe räumliche Distanz deutet Vertraulichkeit mit einem Gesprächspartner an. Dabei ist der (kulturabhängige) persönliche Raum des einzelnen zu beachten.[16]

Nach empirischen Befunden (vgl. *Winterhoff-Spurk*, 1993) ist zunächst der „intime Raum" zu sehen, das ist der Umkreis von etwa 50 cm einer Person. Er erlaubt Flüstern und intime Konversation. Es folgt die „informelle persönliche Distanz" von etwa 50 bis 100 cm, in dem sich das übliche Gespräch zwischen Personen des engeren Umfeldes abspielt (darüber hinaus gibt es noch den Raum für formellere soziale Beziehungen und den öffentlichen Raum). Die Verletzung dieser Räume durch Personen, denen dies nicht zusteht, führt zu erheblichen Störungen der Interaktion.

Der Blickkontakt gilt als Indikator für die Aufrichtigkeit, denn die Augen gelten als besonders zuverlässige Auskunftsquelle (*Tubbs* und *Moss*, 1991, S. 155). Darauf deuten mehrere empirische Untersuchungen hin:

Exline, Thibaut et al. (1979) fanden in einem Experiment heraus, daß Personen, die gerade jemand getäuscht hatten, den Blickkontakt im Vergleich zu ihrer vorhergehenden Interaktion verringerten. „Machiavellistische" Personen, die gegenüber anderen manipulativ eingestellt sind und ihr eigenes Verhalten bei der Beeinflussung von anderen stärker unter Kontrolle haben, nutzen dieses Vertrauen in den Blickkontakt aus. Um sich den Anschein von Unschuld zu geben, verringern sie das Blickverhalten nach ihrem Täuschungsmanöver erheblich weniger als andere Personen.

Kenntnisse über das Wechselspiel zwischen *verbaler* und *nonverbaler* Kommunikation haben für das Marketing erhebliche Bedeutung, insbesondere für die Marktforschung (beim Interview[17]) und für die Verkäufer-Käufer-Interaktion.

---

[15] Das gilt insbesondere noch für das vokale Verhalten, das oft als „paralinguistisch" oder „parasprachlich" bezeichnet wird (*Knapp*, 1992, S. 329 ff.; *Scherer*, 1982).

[16] Vgl. dazu die Forschungsübersicht von *Sherrod* et al. (1982) und im Rahmen der nonverbalen Kommunikationsforschung *Knapp* (1992, S. 158 ff.).

Fragt man insgesamt nach den praktischen Folgerungen für das Marketing, so sind drei Bereiche hervorzuheben, in denen Kenntnisse von Sozialtechniken der nichtverbalen Kommunikation besonders erfolgversprechend sind: interkulturelle Kontakte, Werbung (durch Abbildung des nichtverbalen Verhaltens)[18] und persönliche Kommunikation mit den Abnehmern.

Anwendung: Interaktion zwischen Verkäufer und Konsument

Die Erkenntnisse über nonverbale Kommunikation lassen sich in jeden Kommunikationsbereich übertragen. Man kann von ihnen Sozialtechniken sowohl für die Massenkommunikation als auch für die persönliche Kommunikation auf dem Markt ableiten. Einige Beispiele können die vielseitigen sozialtechnischen Anwendungsmöglichkeiten verdeutlichen (wieder eingeteilt nach Objektkommunikation und Körpersprache).

Beispiele zur Objektkommunikation

● im Bereich der Massenkommunikation: Gestaltung von Fassaden – zum Beispiel von Bankgebäuden –, von Messeständen oder von Produktdesign;[19]

● im Bereich der persönlichen Kommunikation: Einsatz von Geschenken, vor allem im interkulturellen Umgang mit Kunden, oder von Firmenkleidung.

Beispiele zur Körpersprache:

● im Bereich der Massenkommunikation: Darstellung von Körpersprache in der Werbung;[20]

● im Bereich der persönlichen Kommunikation: Verwendung von Mimik und Gestik beim persönlichen Verkauf.

Besonders zu beachten sind die Möglichkeiten der nonverbalen Marktkommunikation bei der Beeinflussung von wenig involvierten Konsumenten. Die bildhaften Eindrücke der nonverbalen Kommunikation können von den Empfängern mit geringer gedanklicher Beteiligung verarbeitet und gelernt werden (*Bekmeier*, 1989 a, S. 77 ff.; *Gilbert* und *Krull*, 1988).

Wesentliche Vorteile hat die nonverbale Kommunikation auch für das interkulturelle (globale) Marketing, das durch den europäischen Binnenmarkt in Zukunft mehr Bedeutung bekommen wird. So ist in westlichen Kulturen davon auszugehen, daß vor allem die emotionale Gesichts- und

---

[17] Vgl. dazu *Sternthal* und *Craig* (1982, S. 291).

[18] Auch in der Massenkommunikation sind die „Kontextfunktionen" der nonverbalen Kommunikation zu berücksichtigen. Ein Beispiel bietet die Untersuchung von *Weinberg, Konert* et al. (1984). Danach wird die emotionale Wirkung von Gesichtsausdrücken durch den verbalen oder bildlichen Kontext (Hintergrund) signifikant verändert. Diese Erkenntnis kann dazu benutzt werden, um die Dekodierung eines in der Werbung abgebildeten emotionalen Gesichtsausdrucks durch den Konsumenten zu erleichtern (zu präzisieren) oder in eine bestimmte Richtung zu lenken.

[19] Vgl. dazu *Schwanfer* (1985).

[20] Vgl. dazu *Bekmeier* (1989a); *Stewart, Hecker* et al. (1987); *Haley, Richardson* et al. (1984) und den Sammelband von *Hecker* und *Stewart* (1987).

Körpersprache dazu beiträgt, sprachliche Verständnisbarrieren zu überwinden: „Ein Franzose wird einen lachenden Mund und strahlende Augen ebenso als Freude erkennen und interpretieren wie ein Italiener, Engländer oder Deutscher" (*Bekmeier,* 1989b, S. 101).

Als Beispiel für die nonverbale Marktkommunikation greifen wir die Interaktion von Verkäufer und Konsument (ein bisher noch vernachlässigtes Thema) heraus.

Um Erklärungen des Verkäuferverhaltens einordnen zu können, gehen wir zunächst auf theoretische Ansätze der Konsumentenforschung zu diesem Thema ein (vgl. *Klammer,* 1989, S. 180ff. und *Weinberg,* 1986b, S. 75ff.).

Überblick: Theoretische Ansätze zur Verkäufer-Käufer-Interaktion

Die frühere psychologische Forschung setzte sich hauptsächlich mit den Eigenschaften eines „guten" Verkäufers auseinander. Der Erfolg im Verkauf wurde als Ergebnis von persönlichen Eigenschaften des Verkäufers wie Aussehen, Selbstsicherheit usw. angesehen.

In der neueren Forschung ist man zu einer gänzlich anderen Sicht übergegangen:

Der Verkaufsvorgang wird als eine *Interaktion* zwischen Verkäufer und Käufer aufgefaßt. Der Ausgang beziehungsweise Erfolg des Verkaufsvorganges hängt danach vom Verhalten *beider* Partner ab. Er kann jedoch durch geeignete Sozialtechniken des Verkäufers gesteuert und beeinflußt werden. Solche Sozialtechniken bestehen zum Beispiel darin, daß der Verkäufer zweiseitig argumentiert (also nicht nur einseitig die Vorteile des Produktes hervorhebt), den Käufer durch versteckte Komplimente aktiviert und belohnt oder den Konsumenten darauf hinweist, daß er in Übereinstimmung mit seiner Bezugsgruppe handelt, wenn er das Produkt kauft.

Sozialtechniken sind lernbar. Es kommt demzufolge weniger auf die vorhandenen Eigenschaften des Verkäufers als auf sein sozialtechnisches Know-how an.

Wenn man den Verkaufsvorgang als einen dynamischen sozialen Prozeß sieht, kommen zu seiner Erklärung vor allem

(1) Interaktionstheorien,
(2) Theorien der beeinflussenden Kommunikation

in Betracht.

Interaktionstheorien:[21] Zu den zentralen Begriffen der Interaktionstheorie zählen Belohnung, Bestrafung und Motivierung. Der Wert einer Belohnung ist um so größer, je besser Motive befriedigt werden (Motivreduktion) und je stärker sie sind. Bestrafung läßt sich umgekehrt zur Belohnung definieren, und das Ausbleiben einer Belohnung kann als Bestrafung empfunden werden.

---

[21] Einen Überblick über die Verwendung von interaktionstheoretischen Ansätzen zur Erklärung der Verkäufer-Käufer-Interaktion im Marketing (speziell auch im Investitionsgütermarketing) mit einer Unterteilung in Prozeßansätze (wie den nachfolgend beschriebenen Ansatz von *Willett* und *Pennington, 1966*), Strukturansätze (wie *Schoch, 1969*) und Netzwerkansätze bietet *Kern* (1990).

Es gibt zahlreiche Versuche, die Kommunikation zwischen Verkäufer und Konsument interaktionstheoretisch zu interpretieren. Einer der ersten Versuche stammt von *Homans* (1972), der folgende Hypothese nahelegt:

Die Wahrscheinlichkeit, daß ein potentieller Käufer die Interaktion mit einem Verkäufer aufnimmt und bis zu einem Kaufabschluß fortsetzt, ist größer, wenn diese Interaktion ihm eine als ausreichend empfundene Gratifikation einbringt.

Dabei hängen die „Gratifikationen", die der Käufer erhält, auch vom nonverbalen Verhalten des Verkäufers ab. Sie unterstützen also den positiven Ausgang der Verkaufsverhandlung.

Malewski (1967, S. 56 f.) formuliert mehrere Aussagen über die *Wahrscheinlichkeit* des Auftretens von Reaktionen. Dabei versucht er, Erklärungen für die Änderung von Verhaltenswahrscheinlichkeiten anzugeben. Dieser Ansatz weist also ein Meßkonzept auf und läßt sich auf Käufer-Verkäufer-Beziehungen übertragen. Zu seinen zentralen Hypothesen gehören:

● Die Wahrscheinlichkeit des Auftretens einer Reaktion wächst mit der Zunahme des Wertes, der Häufigkeit und der Regelmäßigkeit der infolge einer derartigen Reaktion erhaltenen Belohnungen.

● Je später bzw. unregelmäßiger belohnt wird, um so unwirksamer ist eine Belohnung.

● Wird eine bestimmte Reaktion bei einem bestimmten Reizkomplex belohnt, so erhöht sich die Wahrscheinlichkeit, daß diese Reaktion auch bei ähnlichen Reizkomplexen auftritt.

Für die verbale und nonverbale Kommunikation zwischen Verkäufer und Käufer liefern diese Hypothesen mehrere Anregungen (*Weinberg,* 1986b, S. 79):

● Das Verkaufsgespräch hat Belohnungscharakter und leistet damit einen Beitrag zur Zufriedenheit der Käufer und zur Stabilität der Verkaufsbeziehungen.

● Verkaufsgespräche folgen sozialtechnischen Regeln. Verstöße dagegen, z. B. durch ungeschickte Verhandlungsführung, beeinträchtigen die Belohnung des Käufers und reduzieren die Wahrscheinlichkeit eines erfolgreichen Kaufabschlusses.

● Das Generalisierungsprinzip der Lerntheorie, das in der letztgenannten Hypothese von *Malewski* zum Ausdruck kommt, hebt auf die Ähnlichkeit erfolgversprechender Stimulibündel ab. Ein erfolgreicher Verkäufer wird aus Erfahrung wissen, welche verbalen und nonverbalen Elemente seiner Verkaufsstrategie bei jeder Interaktion unentbehrlich sind, um dem Käufer bewährte Einkaufserlebnisse zu vermitteln.

Theorien der beeinflussenden Kommunikation: Analog zur Blickweise in der Werbung kann der Verkäufer als Kommunikator gelten, dessen Ziel es ist, den Konsumenten zu einem Kauf zu bewegen. Der Beeinflussungsprozeß läßt sich in mehrere Stufen zerlegen, z. B. nach *Weinberg* (1986b, S. 81 ff.) in:

- Aufmerksamkeit auslösen,
- Kontakt mit dem Kunden herstellen,
- Ansprache der Motive des potentiellen Käufers,
- Herausarbeitung des Produktangebotes zur Motivbefriedigung,
- Überzeugung des Kunden vom Produktangebot,
- Herbeiführen des Kaufentschlusses.

Im Rahmen der beeinflussenden Kommunikation zwischen Verkäufer und Käufer können nonverbale Signale auf *kognitive* Prozesse einwirken. Nach *Mehrabian* (1972) wird ein Interaktionsprozeß zu 7% verbal, zu 38% vokal und zu 55% mimisch beeinflußt. Das nonverbale Verhalten (insb. Blickkontakte, Kopfbewegungen und Körperhaltungen) erlauben vor allem Attributionen auf die Einstellung und den Status des Kommunikationspartners. Nonverbale Signale regulieren, modifizieren und unterstützen also Beeinflussungsversuche im Rahmen der Kommunikation.

Sheth (1979) unterscheidet zwischen zwei Einflußgrößen auf den Erfolg einer Kommunikation: *Inhalt* und *Stil*. Je größer die Diskrepanzen in den Erwartungen der beiden Partner sind, desto geringer ist die Erfolgswahrscheinlichkeit für den beabsichtigten Verkaufsabschluß. So wird es darauf ankommen, nicht nur eine übereinstimmende Produktbeurteilung zu finden (Inhalt der Kommunikation), sondern sich auch auf eine Interaktionsart (Stil der Kommunikation) zu einigen. Ein erfolgreicher Verkäufer wird versuchen, den Erwartungen seines Partners hinsichtlich Inhalt und Stil der Kommunikation im Rahmen der Beeinflussungsstrategie möglichst entgegenzukommen.

Im Rahmen der beeinflussenden Kommunikation hat sich eine Sozialtechnik besonders bewährt: die Strategie der *zweiseitigen* Argumentation, die nonverbal in vielfältiger Weise unterstützt werden kann. Das Steuerungspotential dieser Beeinflussungsstrategie (neben Vorteilen werden auch kritisierbare Aspekte des Angebots behandelt) wird kaum durchschaut und wirkt deshalb quasi automatisch. Es wird ein Gefühl der Meinungs- und Verhaltensfreiheit vermittelt (Vermeidung von Reaktanz), die Glaubwürdigkeit der Kommunikation wird erhöht, und es erfolgt eine „Impfung" gegen konkurrierende Angebote oder kritische Einwände von dritter Seite. Beispiele aus der Werbung belegen die Wirksamkeit dieser Kommunikationsstrategie (vgl. *Kroeber-Riel* und *Meyer-Hentschel*, 1982, S. 175f.).

Nichtverbales Verhalten beim Verkauf

Wir versuchen nachfolgend, einige Muster dieser nichtverbalen Kommunikation zu beschreiben und Ergebnisse der Kommunikationsforschung auf den Verkaufsvorgang zu übertragen. Aufgrund mehrerer Untersuchungen von *Klammer* (1989) können wir bei dieser Übertragung auf einige konkrete (gemessene) Werte zurückgreifen. Wir beziehen uns nachfolgend auf *Abbildung 124*, die das unterschiedliche nonverbale Verhalten eines erfolgreichen und eines nicht erfolgreichen Verkäufers wiedergibt.

Zur Interpretation der Angaben in *Abbildung 124* ist folgendes zu bemerken:

In einem Möbelhaus wurde durch mehrere Beobachter das Verhalten von zwei Verkäufern bei 45 Kundenkontakten registriert, getrennt nach dem Verhalten beim Sprechen und beim Zuhören. Man kann aufgrund der Produktkenntnisse und der Interessen der Kunden davon ausgehen, daß das Involvement der Kunden bei der Kommunikation relativ hoch war.

nonverbale Verhaltenselemente beim Zuhören	Mittelwerte	
	erfolgreicher Verkäufer A	nicht erfolgreicher Verkäufer B
Blickkontakt aufnehmen	9,97	7,10
Kopfbewegungen:		
● lateral (Neigung)	1,23	0,25*
● vertikal	3,47	1,15
Distanz 50–150 cm	0,50	0,05*
Lippen zusammenpressen	0,13	0,50
vorbeugende Körperbewegung	0,27	0,05*

Abbildung 124: Nonverbales Verhalten und Verkäufererfolg

Anmerkung: Mittelwerte für die Menge aufgetretener Verhaltenseinheiten pro Kundenkontakt, Sterne * zeigen signifikante Unterschiede an. Darstellung des Untersuchungsdesigns im Text.

Quelle: Klammer, 1989, S. 240 (Auszug).

81% der Gespräche von Verkäufer A führten zum Kaufabschluß, aber nur 50% von Verkäufer B. Insgesamt gesehen zeichnete sich der erfolgreiche Verkäufer A durch ein aktiveres nonverbales Verhalten aus, er setzte zudem mehr *verbale* Verstärker durch Ausdrücke wie „ja, ja" oder „ganz richtig" ein (*Klammer*, 1989, S. 218–248).

Nachfolgend gehen wir auf wichtige Komponenten und Wirkungen von Mimik und Körpersprache ein:

Körpersprache: Die Körpersprache[22] wird hier in einem weiten Sinne aufgefaßt. Sie umfaßt alle kommunikativen Signale, die vom menschlichen Körper ausgehen. Dazu gehören unter anderem Stimmsignale und Körpergeruch.

Die Kenntnis der Körpersprache bietet dem Verkäufer zwei Möglichkeiten:

(1) Er kann seine Körpersprache zur Steuerung des Verkaufsvorganges und zur Beeinflussung des Kunden einsetzen.
(2) Er kann aus der Körpersprache des Kunden Aufschluß über dessen Meinungen, Gefühle und Absichten erhalten, die er auf verbalem Wege nicht erhält.

---

[22] Vgl. dazu insbesondere auch *Weinberg* (1986b, S. 75ff., insb. S. 99ff. und S. 109 ff.).

Die nachfolgenden Überlegungen beziehen sich nicht bloß auf die Interaktion zwischen Verkäufer und Konsument (Verbraucher), sondern ganz allgemein auf Verkäufer-Käufer-Beziehungen, auch im industriellen Bereich.

Gesichtsausdruck und Blickkontakt: Wir haben bereits beschrieben, wie sich am *Gesichtsausdruck* die inneren Erregungen und Gefühle eines Menschen ablesen lassen.

Durch Beobachtung des Gesichtsausdrucks konnte zum Beispiel *Weinberg* (1981, S. 179 ff.) Käufer von Nichtkäufern unterscheiden, da die (impulsiven) Käufer unter stärkerer emotionaler Spannung standen. Verkäufer können trainiert werden, die „Gesichtssprache" der Kunden zu lernen, um Aufschluß über ihre emotionale Beteiligung am Verkaufsvorgang zu erhalten.[23]

Der Gesichtsausdruck diente auch in der Untersuchung von *Klammer* (1989) zur Unterscheidung von Verhaltensweisen am Ort des Verkaufs: Der erfolgreiche Verkäufer (A) unterschied sich vom nicht erfolgreichen unter anderem dadurch, daß er die Augenbrauen weniger (mißbilligend) zusammenzog und die Lippen weniger zusammenpreßte. (Der Wert für das zuletzt genannte Verhalten ist in *Abbildung 124* ausgewiesen.)

Der *Blickkontakt* begleitet jedes Gespräch und trägt zur Steuerung der Verhandlung bei. Einen groben Eindruck vom Blickverhalten während einer Interaktion geben die folgenden Durchschnittszahlen. Sie zeigen die Zeitanteile des Blickverhaltens an der gesamten Interaktionszeit an:[24]

Blick zum andern während des Sprechens	40 %
Blick zum andern während des Zuhörens	75 %
wechselseitiger Blick (Blickkontakt)	30 %

Der Blick drückt Aufmerksamkeit gegenüber dem anderen aus, er wird vom Gesprächspartner in der Regel als belohnend und motivierend empfunden. Aus *Abbildung 124* geht beispielsweise hervor, daß der erfolgreiche Verkäufer wesentlich häufiger Blickkontakt mit seinen Kunden aufnahm als der nicht erfolgreiche Verkäufer.[25]

Den Eindruck, den jemand bei einem – freundlich verlaufenden – Gespräch von seinem Gesprächspartner gewinnt, ist um so besser (angenehmer), je öfter dieser ihn anblickt und je weniger er den Blick abwendet. Über entsprechende Forschungsergebnisse berichten *Ellsworth* und *Ludwig* (1994) und *Knapp* (1992). Blickkontakte zum Gesprächspartner bieten demzufolge dem Verkäufer eine starke soziale Brücke. Sie sorgen außerdem für die zum erfolgreichen Verkaufsgespräch erforderlichen Rückkoppelungen.

---

[23] Vgl. dazu den Abschnitt „Übung in Körpersprache" in *Argyle* (1992, S. 346 ff.).

[24] Nach *Argyle* (1992, S. 217). Vgl. dazu auch den Vergleich empirischer Ergebnisse von *Knapp* (1992, S. 298). Die Streuung um die angegebenen Durchschnittswerte ist groß.

[25] Blicke können aber auch Aggressionen auslösen, insbesondere lange und unablässige Blicke sind ein „uraltes Signal für Herausforderung und Dominanz". Vgl. im einzelnen *Forgas* (1994).

Stimmsignale: Das vokale Verhalten (Stimmqualität, Sprechmelodie, Sprechpausen usw.) übernimmt in der Kommunikation mehrere Funktionen (*Knapp,* 1992, S. 326 ff.; *Scherer,* 1982). Die Stimme gilt unter anderem als Indikator für persönliche Eigenschaften und für die psychische Verfassung des Sprechers. Zum Beispiel fand *Brown* (1982, S. 214 ff.) bei allen Sprechern eine konsistente Beziehung zwischen der „Sprechrate" – die man auch als Sprechtempo bezeichnen kann – und der vom Zuhörer wahrgenommenen Kompetenz des Sprechers. Unter Kompetenz versteht er eine Kombination von Sprechereigenschaften wie aktiv, intelligent, sicher oder ehrgeizig, die sich positiv auf den Kommunikationserfolg auswirken: Bei zunehmender Sprechrate steigt die eingeschätzte Kompetenz des Sprechers.

Verkäufer mit ausgeprägtem Sprechtempo scheinen mehr Überzeugungskraft zu besitzen (*Knapp,* 1992, S. 352; *Mehrabian,* 1972).

Hier ergeben sich interessante Querverbindungen zur Wirkung von zeitkomprimierten Film- und Fernsehsendungen. Das sind solche Sendungen, deren Laufzeit nachträglich durch ein besonderes Kompressionsverfahren verringert wurde. Bei gleichem Inhalt und gleicher Bildfolge laufen diese Sendungen schneller ab (ohne daß Sprachverzerrungen im Sinne des „Micky-Mouse-Effektes" auftreten). Diese zeitkomprimierten Sendungen sind nach den Untersuchungen von *McLachlan* und *LaBarbera* (1978) und *LaBarbera* und *McLachlan* (1979) wesentlich wirksamer als Fernsehstücke, die mit normaler Schnelligkeit ablaufen. Die Fernsehwerbung macht sich inzwischen diese Wirkung erhöhten Sprechtempos zunutze.

Sprechtempo und Stimmvolumen sind schließlich noch für die Aktivierung der Gesprächspartner mitverantwortlich. Das wird in Verkaufsschulungen auf die Formel gebracht „Lebendiges Sprechen schafft Kontakt und Aufmerksamkeit". Ein gleichbleibendes Sprechen wird als eintönig – also wenig aktivierend – sowie als ausdruckslos und *zu* sachlich kritisiert.

Körperhaltung und Gestik: Körperhaltungen bringen Einstellungen gegenüber dem andern und eine mehr oder weniger aktive Beteiligung an der Interaktion zum Ausdruck. Die Beteiligten erfahren auf diese Weise ziemlich deutlich, was sie vom andern zu erwarten haben.

Abbildung 125 veranschaulicht anhand von einfachen Strichmännchen einige Körperhaltungen mit leicht dekodierbarem Ausdrucksgehalt, die bei einem Verkäufer nicht gern gesehen werden und den Verkaufsvorgang hemmen.

Entspannte Haltungen – unter anderem gekennzeichnet durch asymmetrische Arm- und Beinhaltungen sowie Rückwärtslehnen des Körpers – werden bevorzugt gegenüber Personen mit niedrigem sozialem Status eingenommen, sie drücken auf diese Weise die Nichtachtung gegenüber einem Verhandlungspartner aus.

Positiv wirkende Körperbewegungen und Gestik waren nach der Untersuchung von *Klammer* (1989) Kennzeichen für einen erfolgreichen Verkäufer: Er führte mehr vertikale Kopfbewegungen zum Nicken als der nicht erfolgreiche Verkäufer aus, neigte Kopf und Körper dem Kunden zu (*Abbildung 124*).

Abbildung 125: Einige Körperhaltungen, die beim Verkäufer nicht gern gesehen werden

Quelle: Argyle (1992, S. 256–258).

Die *Gesten* eines Menschen, das sind überwiegend Bewegungen von Kopf, Armen und Händen, werden einer weitverbreiteten Klassifikation des nonverbalen Verhaltens von *Ekman* und *Friesen* (1981) zufolge meistens in fünf Arten eingeteilt.[26] Davon sind für die Verkäufer-Käufer-Interaktion besonders diejenigen Gesten beachtenswert, welche die sprachlichen Aussagen veranschaulichen, unterstreichen oder auch widerlegen („Illustratoren") sowie die Gesten, welche den verbalen Gesprächsfluß regeln („Regulatoren").

Zu den *„Illustratoren"* gehören Gesten, mit denen ein *Verkäufer* die gerade besprochenen Produkteigenschaften unterstreicht und veranschaulicht.

---

[26] Das sind insgesamt: Embleme, Illustratoren, Adaptoren, Affektoren (Affekt-Displays) und Regulatoren (*Ekman* und *Friesen*, 1981).

Beispiel: Die Hände des Verkäufers gleiten langsam und zart über einen Anzug, um die Kostbarkeit des Stoffes anzudeuten. Solche Gesten haben als Kontext der Produktwahrnehmung einen nicht unerheblichen Einfluß auf die Produktbeurteilung.

Aus Erkenntnissen über solche Gesten können auch Anregungen zur Interpretation des *Käuferverhaltens* abgeleitet werden: *Ekman* und *Friesen* (1979) haben unter anderem nachgewiesen, daß man an den Handbewegungen ablesen kann, ob jemand seine Gefühle verbirgt und seine Gesprächspartner täuscht. In Situationen, in denen getäuscht wird, nehmen manche Gesten zu (in den Handgelenken drehende Hände), andere Gesten nehmen ab. Am Gesichtsausdruck können diese Täuschungen nicht abgelesen werden. Dies läßt sich damit erklären, daß Versuchspersonen ihr Gesicht bei Täuschungsversuchen eher kontrollieren können als ihren Körper.

Die zweite Art von Gesten, die wir erwähnt haben, sind die *„Regulatoren"*, die dazu dienen, den Gesprächsfluß zu regeln. Sie sind für den Verkäufer deswegen wichtig, weil dieser darauf achten muß, schnell ins Gespräch zu kommen und während der Interaktion stets die Initiative zu behalten (*Argyle,* 1992, S. 291). Gesten weisen darauf hin, wann Gespräche angefangen oder beendet werden, wann ein Gesprächswechsel stattfindet usw. Bemerkenswert ist in diesem Zusammenhang die Wirkung einer Vis-à-vis-Körperorientierung, bei der ein Gesprächspartner dem andern direkt gegenüber sitzt oder gegenüber steht. Durch diese Körperorientierung wird ein Druck zum laufenden Fortgang der Interaktion ausgeübt.

Räumliches Verhalten: Eine positive und kommunikative Haltung kommt durch räumliche Nähe zum Ausdruck, so lange der persönliche oder intime Raum dabei nicht verletzt wird (vgl. dazu *Abbildung 124*).

Rückt der Verkäufer dem Kunden „zu nah auf den Leib", so führt dies zur Verletzung des *intimen* oder persönlichen *Raumes* des Kunden. Der Kunde weicht dann meistens zurück, um wieder die richtige Distanz herzustellen. Viele Verkäufer merken diese Raumverletzung nicht und setzen sie fort, indem sie dem Kunden nachrücken. Amerikanische Autoren machen darauf aufmerksam, daß europäische Verkäufer in den USA zu diesen Verstößen neigen und dadurch Unbehagen auslösen, welches die Verkaufsverhandlungen stören kann (*Sternthal* und *Craig,* 1982, S. 286).

Eng verbunden mit dem Eindringen in den intimen oder persönlichen Raum eines Menschen sind *Körperberührungen.* Auch in dieser Hinsicht sind die US-Amerikaner empfindlicher als die meisten Europäer. Die in Kontinentaleuropa akzeptierten Berührungen eines andern, zum Beispiel am Arm, sind ihnen unangenehm. Die unterschiedliche Verbreitung von Berührungskontakten läßt sich durch folgenden Vergleich belegen: Die Zahlen geben die Häufigkeit an, mit der sich Personen berühren, die in einem Café zusammensitzen (nach *Argyle* und *Trower,* 1981, S. 25).

San Juan (Puerto Rico)	180
Paris	110
Gainesville (Florida)	2
London	0

Verkäufer sollten die Regeln des räumlichen Verhaltens kennen und beachten, insbesondere, wenn sie in einem anderen Kulturkreis aktiv werden.

Objekt-Kommunikation: Die von seiten des Verkäufers eingesetzten materiellen Mittel nonverbaler Kommunikation umfassen Gegenstände,

- die zur äußerlichen (körperlichen) Erscheinung des Verkäufers beitragen, wie Kleidung, Perücken, Schmuck,
- die dem persönlichen Gebrauch dienen, wie Auto, Aktentasche,
- die in der Verkäufer-Käufer-Interaktion eingesetzt werden, wie Mahlzeiten, Geschenke,
- die zur kommunikativen Umwelt des Verkäufers gehören, wie Büroeinrichtung, Bürodekoration.

Um konkret und anschaulich werden zu können, greifen wir aus der Vielzahl der materiellen Kommunikationsmittel Kleidung und Geschenke heraus.

Beispiel Kleidung: Verkäufer und Käufer erhalten durch die Kleidung Aufschluß über die Persönlichkeit des andern. Der Schluß von Kleidung auf die Persönlichkeit erfolgt nach den Regeln der *stereotypen Personenwahrnehmung,* die wir bereits dargestellt haben. Außerdem wirkt die Kleidung von Verkäufer und Käufer als Bestandteil der unmittelbaren Umwelt unbewußt auf das Verhalten der Interaktionspartner ein. Farbenfrohe Kleidung kann die Interaktionspartner aktivieren und ablenken; anschmiegsame Gewebe können – bei gefälligen Körperformen – lustbetonte Akzente setzen usw. (im einzelnen *Mehrabian,* 1978, S. 61 ff.).

Über die Wirkung von Kleidern als nonverbales Kommunikationsmittel gibt es eine umfangreiche Literatur.[27] Bei der Untersuchung dieser Wirkungen hält man die *Kommunikationssituation* im allgemeinen *konstant.* Dadurch wird der Einfluß von unterschiedlichen Funktionen der Kleidung weitgehend ausgeschaltet: Der Schluß von der Kleidung auf die Persönlichkeit sieht ja zum Beispiel in einer Verkäufer-Käufer-Interaktion anders aus als in einer Urlaubssituation am Strand.

Der Betrachter zieht in erster Linie Schlüsse von der Kleidung auf soziodemographische Merkmale und persönliche Eigenschaften. Eine *systematische* Untersuchung über den Zusammenhang von Kleidung und Persönlichkeitsbeurteilung stammt von *Holman* (1980). Sie ermittelte zunächst – durch eine Clusteranalyse von Merkmalen von 392 Kleidungen – sechs typische Kleidungen von Studierenden. Die Persönlichkeitseinschätzung erfolgte dann durch eine Befragung: Den befragten Personen wurden standardisierte Fotos vorgelegt, welche eine unterschiedlich gekleidete Frau in stets gleicher Haltung vor gleichem Hintergrund (Campus der Universität) zeigten. Die Befragten wurden gebeten, mittels Rating-Skalen nähere Angaben über die Eigenschaften dieser Frau, unter anderem auch über ihren Lebensstil und ihr Konsumverhalten, zu machen.

---

[27] Vgl. dazu den Forschungsüberblick von *Knapp* (1992, S. 122 ff.); ferner *Hoffmann* (1981, mit einem beachtenswerten Meßmodell, sowie 1985).

In Abhängigkeit von der Kleidung wurden statistisch signifikante Unterschiede der *Personeneinschätzung* gefunden. Zum Beispiel wurde der Frau aufgrund einer bestimmten Kleidung (dunkelgrüne Bluse mit langen Ärmeln, straffe lange Jeans) folgende Eigenschaften wesentlich stärker zugesprochen als der gleichen Frau in den anderen Kleidern: Mitglied in studentischen Verbindungen, seltener Bierkonsum, ausgesprochen sexy, aber konservativer Lebensstil.

Entsprechend weist die Kleidung der Verkäufer auch auf den *sozialen Status* hin. Wenn der soziale Status der Verkäufer (gemessen an den Erwartungen der Käufer) zu niedrig eingeschätzt wird, so wirkt sich dies nachteilig auf den Verkaufserfolg aus.

Argyle (1992a) differenziert zusammenfassend zwischen folgenden Informationen, die über die äußere Erscheinung einer Person Auskunft geben:

Individuelle Identität: Menschen kleiden sich in charakteristischer Weise, um von ihrer Umwelt eindeutig identifiziert und schneller erkannt zu werden.

Gruppenzugehörigkeit: Eine Gruppenzugehörigkeit wird zum Ausdruck gebracht, indem man in der Kleidung einen besonderen Stil trägt. Damit drückt man auch den Grad der sozialen Integration aus.

Alter und Geschlecht: In den meisten Gesellschaften gibt es klare Konventionen über altersbedingte Kleidungen von Männern und Frauen. Überschreitungen dieser Konventionen werden nur in gewissen Bandbreiten toleriert, wenn auch mit zunehmender Tendenz.

Beruf und soziale Rolle: Viele Berufe sind bereits an der Kleidung erkennbar. Unterschiedliche Kleidungen innerhalb einer Berufsgruppe verweisen auf verschiedene Rollen ihrer Träger. Zeremonien sind ein besonderer Anlaß, um sich abhebend und auffallend zu kleiden.

Persönlichkeitsmerkmale: Bestimmte Persönlichkeitstypen bevorzugen auch in der Kleidung eine bewußte Selbstdarstellung. Deshalb kann Kleidung auch von Beobachtern entsprechend dekodiert werden. Die äußere Erscheinungsweise spiegelt also das Selbstbild wider und erzeugt entsprechende Reaktionen bei Dritten, wodurch es wieder verstärkt wird. So erhält man verschiedene Hinweise, die das Bild von der Persönlichkeit vervollständigen.

Auch die persönlichen *Gebrauchsgegenstände* eines Verkäufers, wie z. B. das Auto, Armbanduhr, Aktentasche, Taschenrechner usw., beeinflussen das Verkaufsgespräch. So gehört das Auto nach *Weinberg* (1986b, S. 111) zu den käuflichen Statussymbolen. Dabei muß beachtet werden, daß luxuriöse Limousinen beim Käufer zu Neidgefühlen führen können, wohingegen kleine Autos am Erfolg des Verkäufers manchmal zweifeln lassen. Es kommt also wieder auf die „ausgewogene Mitte" an.

Nicht zu übersehen ist, daß die Kleidung nicht nur auf die Person des Verkäufers, sondern auch auf die von ihm vertretene *Firma* hinweist. Kleidungsregeln für Verkäufer oder einheitliche Kleidung sind deswegen vor allem in solchen Firmen zu finden, die ein ausgeprägtes Imagemanagement betreiben. Beispiele sind Banken, Möbelhäuser und Reiseveranstalter.

Beispiel Geschenke: Die in der Konsumentenforschung durchgeführten Untersuchungen über das Geschenkverhalten beziehen sich hauptsächlich darauf, aus welchem Anlaß Geschenke gekauft werden und welche Produkteigenschaften beim Einkauf von Geschenken beachtet werden (*Scammon, Shaw* et al., 1982; *DeVere, Scott* et al., 1983).

Eine einschlägige Studie über das Geben von Geschenken als nonverbales Kommunikationsverhalten verdanken wir *Belk* (1979). Er faßt Geschenke als *Mittel* des *sozialen Austausches* auf und stellt dadurch eine Beziehung zu den austauschtheoretischen Erklärungen der Verkäufer-Käufer-Interaktion her.

Geschenke werden üblicherweise zweiseitig ausgetauscht. Im geschäftlichen Verkehr wird allerdings auch ein einseitiges Geben akzeptiert. Gerade bei *Einseitigkeit* sind die Regeln nonverbaler Kommunikation, die in einem sozialen System gelten, besonders zu beachten: Der Wert der Geschenke muß innerhalb bestimmter Grenzen liegen, und er muß der Kommunikationssituation entsprechen. Zudem sollen die Geschenke im allgemeinen keine intime Note haben, das heißt, nicht den Intimbereich der Empfänger ansprechen (z. B. kein Schmuck als Geschenk unter Geschäftsleuten).[28]

Nun bleiben solche Empfehlungen abstrakt und leerformelhaft, solange dazu keine konkreten, empirisch untermauerten Angaben vorliegen. Dies gilt vor allem für das *internationale* Geschenkverhalten, bei dem man sich nicht auf das eigene (kulturspezifische) Fingerspitzengefühl verlassen kann. Eine im Auftrag der *Parker Pen Company* durchgeführte Erhebung über das Geschenkverhalten im internationalen Geschäftsverkehr von *Reardon* (1981) gibt erstmals genaueren Aufschluß darüber, wie Geschenke als Mittel der nonverbalen Kommunikation zwischen Verkäufer und Käufer eingesetzt werden können. (*Reardon*, 1981, beschreibt in diesem Zusammenhang auch die Schwierigkeiten, die amerikanische Geschäftsleute im Ausland haben, weil sie ohne Umschweife und ungeduldig zu den geschäftlichen Verhandlungen übergehen und dabei wenig Sinn für die erforderliche kommunikative Begleitmusik zeigen.)

Das *Datenmaterial* von *Reardon* (1981) stammt aus zwei Interviewwellen: Sie befragte zunächst telefonisch 97 Experten und dann persönlich weitere 200 international erfahrene amerikanische Geschäftsleute. Die Auswertung verdeutlicht, wie groß die internationalen Unterschiede in der Kommunikation mittels Geschenken sind.[29] Diese Unterschiede hatte bereits *Hall* in seinem bekannten Artikel „Die schweigende Sprache im Überseegeschäft" in der *Harvard Business Review* (November/Dezember 1970) beschrieben.

Nachfolgend ein kurzer Auszug aus den Befragungsergebnissen und den daraus abgeleiteten Richtlinien für das Geschenkverhalten im Ausland:

Japan: Wichtige Kalenderdaten für das Schenken sind der 1. Januar und Mitte Juni (Mittsommer). Merkliche Danksagungen vom Beschenkten sind nicht

---

[28] Vgl. *Belk* (1979, S. 100 ff.) und speziell zum unpassenden Schenken von Parfum in Europa *Reardon* (1981, S. 6).

[29] Vgl. auch *Jolibert* und *Fernandez-Moreno* (1983) über die Unterschiede des Geschenkverhaltens in Frankreich und Mexiko.

zu erwarten. Markennamen auf Geschenken sind – im Gegensatz zu Europa – willkommen. Es ist nicht zweckmäßig, gleich beim ersten geschäftlichen Treffen ein Geschenk mitzubringen. Die Geschenke sind nur zu übergeben, wenn der Empfänger allein ist oder wenn alle Anwesenden beschenkt werden. Beim Einpacken sind auffallende Farben und schwarz-weiße Farbkombinationen sowie Bänder und Schleifen zu vermeiden (*Reardon* führt zu jedem Kulturkreis an, ob und wie Geschenke eingepackt werden sollen).

Arabien: Keinen Alkohol in islamischen Ländern schenken! Niemals Geschenke für Frauen mitbringen! Geschenke mit intellektuellem Einschlag wie Bücher appellieren an das Selbstwertgefühl des Arabers und sind deswegen willkommen. Die Geschenke sind möglichst (im Gegensatz zu Japan) in Gegenwart vieler Leute zu übergeben.

Lateinamerika: Es sind keine Geschenke zu übergeben, bevor sich nicht persönliche Beziehungen zum Empfänger entwickelt haben. Keine Messer schenken! Besonders gut geeignet sind – anders als in Arabien – Geschenke für die gesamte Familie. Die Geschenke sind nicht im Zusammenhang mit geschäftlichen Verhandlungen zu übergeben. Eine passende Gelegenheit bietet das Mittagessen, bei dem nicht über Geschäftliches gesprochen werden soll.

Geschenkt werden vor allem (Angaben in % der Befragten):

Geschenkartikel	(53%)
Zierrat für Haus und Büro	(51%)
Schreibinstrumente	(50%)
Kleidungsstücke	(36%)
Alkohol	(31%)

Wie groß die Unsicherheit über die ungeschriebenen Regeln des Geschenkverhaltens sind, zeigen Antworten auf eine gesondert gestellte Frage an 25 führende Manager, welche Sorgen sie beim Geben von Geschenken haben. An erster Stelle wurde geäußert, daß der Zweck des Geschenkes falsch interpretiert werden könnte. Von den insgesamt Befragten (N = 297) gaben fast alle an, sie könnten einen internationalen „Geschenkführer" gebrauchen.

Die Erfolgschancen von Verkäufern im internationalen Geschäftsverkehr wären erheblich größer, wenn Geschenke gezielt als Sozialtechnik zur Beeinflussung der Kunden angesehen würden. Dies setzt aber Kenntisse über die Regeln des Geschenkgebens voraus.[30]

Zusammenfassung: Nonverbale visuelle Signale nimmt der Mensch mit dem Auge wahr. Da in der Regel ca. 90% der Informationen durch das Auge aufgenommen werden, zählen die visuellen Botschaften nicht nur zu den bedeutsamsten Informationsträgern, sondern weisen zudem eine enorme Gestaltungsvielfalt auf (*Mayer, Däumer* et al., 1982, S. 45). *Abbildung 126* gibt eine Übersicht über die Varianten der nonverbalen visuellen Kommunikation.

---

[30] Erkenntnisse über sozialtechnisch wirksame Geschenke würden auch helfen, die vorweihnachtliche Geschenkflut auf ein die Kommunikation unterstützendes Ausmaß zu reduzieren.

Veränderbare Elemente			Unveränderbare Elemente
Körpersprache	**Objektsprache**	**Raumsprache**	**Körperbau**
Mimik Gestik Körperbewegung Körperkontakt etc.	körpernahe Objekte z. B. Kleidung, Schmuck, Haar- und Barttracht etc. körperferne Objekte z. B. Statussymbole, Einrichtungsgegenstände etc.	Distanzzonen Territorien „Pufferzone" etc.	Figur Gesichtsform Hautfarbe etc.

Abbildung 126: Ausgewählte nonverbale visuelle Kommunikationselemente

Quelle: Bekmeier (1994 a, b).

III. Die weitere soziale Umwelt der Konsumenten

1. Kennzeichnung

Kultur kann nach *Kroeber* und *Kluckhohn* (1952) als Übereinstimmung der Verhaltensmuster vieler Individuen bezeichnet werden. Diese Übereinstimmung wird auf größere soziale Einheiten wie Länder, Sprachgemeinschaften oder umfassende übernationale Einheiten (europäische Kultur) bezogen. Ihre ausführliche *Definition* lautet:

> „Kultur besteht aus expliziten und impliziten Denk- und Verhaltensmustern, die durch Symbole erworben und weitergegeben werden und eine spezifische, abgrenzbare Errungenschaft menschlicher Gruppen bilden. Einzuschließen sind auch die in den geschaffenen materiellen Gütern zum Ausdruck kommenden Errungenschaften. Kernstück jeder Kultur sind die durch Tradition weitergegebenen Ideen …, insbesondere Werte. Kulturelle Systeme können einerseits als das Ergebnis von Handlungen, andererseits als bedingende Elemente für weitere zukünftige Handlungen betrachtet werden" (*Kroeber* und *Kluckhohn*, 1952, S. 181).

Kultur und Zivilisation werden von uns als *synonyme* Begriffe gebraucht. Das ist eine begriffliche Vereinfachung, die für unseren Darstellungszweck praktisch ist und sich an den angelsächsischen Sprachgebrauch anlehnt. Die Kultur einer Gesellschaft drückt sich in ihren Werten, ethischen Grundsätzen und auch in den Objekten aus, die sie herstellt und mit denen sie sich umgibt (*Solomon*, 1994, S. 574).

Der Begriff *Subkultur* hat die gleichen Funktionen wie der Begriff Kultur: So wie dieser dazu dient, übereinstimmende spezifische Verhaltensweisen von verschiedenen Gesellschaften zu bestimmen, dient der Begriff Subkultur dazu, Verhaltensweisen von sozialen Gruppierungen *innerhalb* der Gesellschaft zu analysieren: Kultur ist ein „intergesellschaftlicher Begriff" und Subkultur ein „intragesellschaftlicher Begriff". Beispiele sind die Subkulturen von jugendlichen Religionsgemeinschaften oder von ethnischen Gruppen wie die der Weißen in einer Bevölkerung.

Auch die verschiedenen *sozialen Schichten* wie Unterschicht, Mittelschicht und Oberschicht können wir zu den Subkulturen einer Gesellschaft zählen.

2. Kultur

Die Kultur ist ein *Hintergrundphänomen,* das unser Verhalten prägt, ohne daß wir uns dieses Einflusses bewußt sind. Erst der Blick auf *andere* Kulturen macht uns die kulturell bedingten Unterschiede des Verhaltens deutlich. Kulturelle und subkulturelle Normen sind die wichtigsten sozialen Verhaltensdeterminanten. Sie prägen unser Verhalten von den alltäglichen Gewohnheiten bis zur weltanschaulichen Haltung. Auf einen kurzen Nenner gebracht, kann man *Kultur* wie folgt definieren:

> Kultur umfaßt gesellschaftlich übereinstimmende Muster in Denken, Fühlen und Handeln.

Die kulturellen Verhaltensmuster umfassen vor allem

● grundlegende Werte und Normen,
● für eine Gesellschaft wichtiges Wissen und
● typische Handlungsmuster.

Beispiel Kanada: Ein grundlegender Wert ist „law and order", dieser Wert ist in den USA wesentlich weniger ausgeprägt. In der Eskimo-Kultur ist mehr Wissen über Schnee als in anderen Kulturen vorhanden. Das kommt auch in der Sprache zum Ausdruck, die eine Vielzahl von Bezeichnungen für Schneesorten enthält. Ein kulturtypisches Handlungsmuster kann man bei Beerdigungszeremonien beobachten.

Das Verhalten manifestiert sich auch in materiellen Gütern wie Denkmälern oder Kirchen. Diese dienen ebenso wie die Medien (Bücher, Filme) dazu, die Kultur zu vermitteln und zu dokumentieren. Damit werden zugleich Ansatzpunkte für Kulturanalysen geschaffen. Kulturen sind einerseits das Ergebnis menschlichen Verhaltens, andererseits Bestimmungsgrößen des Verhaltens.

In diesem Buch ist der zweite Gesichtspunkt entscheidend: Kultur als Umwelt des Konsumenten, die sein Verhalten bestimmt. Die kulturellen Muster werden dem Konsumenten durch den Sozialisationsprozeß vermittelt, in dem

● Erfahrungsumwelt und
● Medienumwelt

zusammenwirken. Durch die Erfahrungsumwelt lernt der einzelne die Kultur im direkten Kontakt kennen, durch die Kommunikation mit Menschen der gleichen Kultur und durch die Eindrücke, die kulturspezifische Gegenstände wie Häuser oder Einrichtungen hinterlassen.

Die Medien liefern ebenfalls immer mehr Beiträge, die dem einzelnen Kultur nahebringen. Früher waren es vor allem die Printmedien (wie Märchenbücher), heute sind es in erster Linie die elektronischen Medien, die Aufschluß über Fühlen, Wissen und Handeln in der Gesellschaft geben.

Durch diese direkten und medialen Erfahrungen erkennt der Konsument, welches Verhalten in seiner kulturellen Umwelt verbreitet und akzeptiert ist. Dadurch wird sein Verhaltensspielraum wesentlich abgegrenzt.

Die Untersuchungen über den Einfluß der Kultur richten sich manchmal auf einzelne besonders beachtenswerte Verhaltensweisen (wie das Feiern eines religiösen Festes), häufiger aber auf komplexere Verhaltensmuster. Eine operationale Größe, um solche Verhaltensmuster empirisch in den Griff zu bekommen, ist der Lebensstil.

Unter dem Lebensstil (life-style) versteht man eine Kombination von typischen Verhaltensweisen, die eine gesellschaftliche Gruppe oder Untergruppe von einer anderen unterscheidet. So spricht man vom Lebensstil der Deutschen oder Japaner oder vom sportlichen oder modischen Lebensstil.

Der Lebensstil wird auf allen Verhaltensebenen erfaßt. Die Präsentation des Lebensstils bezieht sich also auf typische emotionale und kognitive Verhaltensweisen sowie auf typische Handlungen. Sportlicher Lebensstil wird z. B. gekennzeichnet durch die sportliche Aktivität sowie die sportbezogenen Gefühle und Meinungen, die Menschen mit diesem Lebensstil ausdrücken.[1] *Abbildung 127* faßt diese Beziehungen zwischen Kultur und Verhalten zusammen.

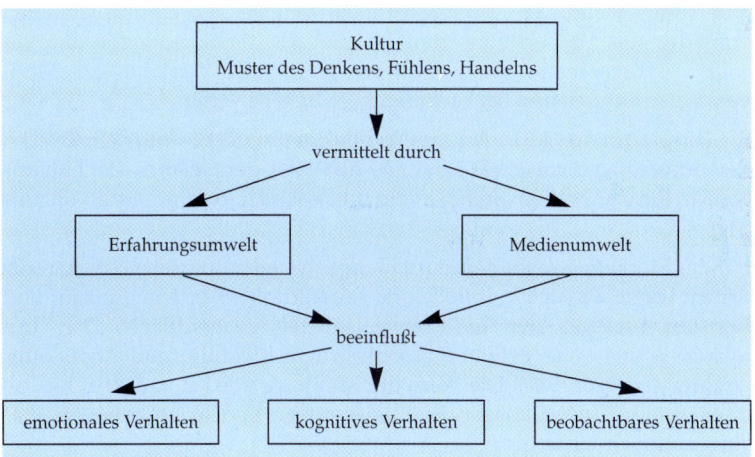

Abbildung 127: Beziehungen zwischen Kultur und Verhalten

Der gesamte Verhaltensspielraum des Konsumenten wird weitgehend von der Kultur abgesteckt.

---

[1] Vereinzelt auftretendes Verhalten wie eine vereinzelte Ansicht über Sport oder der Kauf einer bestimmten Marke zeigen dagegen weniger den kulturellen Einfluß an.

Dazu ergeben sich wesentliche Fragen der Konsumentenforschung:

(1) Wie sehen die kulturellen Verhaltensmuster einer Gesellschaft aus?

(2) Wie äußern sich diese Verhaltensmuster in der Erfahrungsumwelt und Medienumwelt des Konsumenten?

(3) Wie beeinflussen sie das Konsumentenverhalten?

Zur Beantwortung dieser Fragen benötigt man spezielle Analysen

(1) des Verhaltens in einer Gesellschaft,

(2) der Erfahrungs- und Medienumwelt und

(3) des Einkaufs- und Konsumverhaltens.

Methodisch ist dabei folgendes zu beachten:

Das Verhalten kann mehr oder weniger genetisch vorprogrammiert, kulturell oder subkulturell geprägt oder individuell sein. Um kulturelle Verhaltensweisen zu erkennen, muß man das Verhalten auf gesellschaftlicher (aggregierter) Ebene messen und vergleichen, denn erst aus einem solchen Vergleich lassen sich die kulturellen *Muster* ableiten. Kulturelle Muster lassen sich oft nicht direkt in der Erfahrungs- und Medienumwelt der Konsumenten erkennen, sie müssen über Bedeutungsanalysen (semiotische Analysen) erschlossen werden.

Ausgangspunkt von Untersuchungen der Wirkung von kulturellen Mustern ist die Ermittlung von Wertorientierungen. Werte sind grundlegende menschliche Zielvorstellungen. Sie sind besonders geeignet, kulturelle Verhaltensmuster zu repräsentieren, weil sie das gesamte Verhalten durchdringen. So bestimmt zum Beispiel die „Freizeitorientierung" in einer Gesellschaft eine Vielzahl von entsprechenden Vorstellungen, Motiven, Einstellungen und beobachtbaren Verhaltensweisen.

Ein Beispiel für den Ausdruck von Werten der physischen Umwelt: *Kroeber-Riel* (unveröffentlicht 1994) leitet aus Analysen der Gefängnisarchitektur ab, daß Resozialisation offenbar kein umfassender Wert des Strafvollzugs ist.

Für das Marketing besonders aufschlußreich sind empirische Arbeiten zur dritten Frage, wie sich kulturelle und subkulturelle Werte im Einkauf und Konsum von Produkten und Dienstleistungen niederschlagen. Das kann man z. B. aus einer Bedeutungsanalyse von Kleidung und Accessoires erfahren (*Holman,*1980). Die Form der Kleidung weist u. a. darauf hin, ob in einer Gesellschaft konservative oder offene Haltungen zur Sexualität eingenommen werden.

Die kulturellen Werte und Verhaltensnormen werden den Individuen durch *Sozialisationsprozesse* vermittelt: Kleinere Gruppen aus der näheren Umwelt des Individuums, insbesondere die Familie, treten dabei als Sozialisationsagenten auf, d. h., die kulturellen Normen werden durch den von ihnen ausgeübten Einfluß vermittelt.

Es gibt zahlreiche Zugänge zu einer Kultur und zum Vergleich von Kulturen (Übersicht durch *Marsella, Tharp* et al., 1979). Wir wählen hier zwei

Zugänge aus, die sich bei der theoretischen Erklärung kultureller Eigenarten bewährt haben und zugleich für das *Marketing* geeignet sind:

- Zugang über die Sprache
  (allgemeiner: über das Kommunikationsverhalten),
- Zugang über den Lebensstil.

a) Zugang über die Sprache

Mit dem Gebrauch der Sprache erwirbt der einzelne eine kulturell *vorgeformte Sicht* seiner Umwelt. Die von ihm erlernte Muttersprache bringt eine spezifische Ordnung in die Gegenstände der Umwelt, sie lenkt Wahrnehmung und Denken (*Oksaar, 1993*). Anders gesagt: Die erkannte Wirklichkeit ist eine sprachgeformte Wirklichkeit. Sprachinhalte sind Denkanweisungen, wie das „Sein" in „gewußtes Sein" zu überführen ist.[2]

Die Diskussion über den *Einfluß* der verschiedenen *Sprachen* auf Wahrnehmung und Denken wird insbesondere von zwei gegensätzlichen Forschungsrichtungen angeregt: Auf der einen Seite stehen Forscher, die der *Whorf-Sapir*-Hypothese anhängen, welche ein sprachliches Relativitätsprinzip formuliert: Sie meinen, daß „das Denken selbst ... in einer Sprache – in Englisch, in Deutsch, in Sanskrit, in Chinesisch – geschieht" und demzufolge starke kulturelle Abweichungen aufweist (*Whorf*, 1963, S. 52). Auf der anderen Seite stehen Forscher, die von einer weitgehenden interkulturellen *Universalität* der Sprach- und Denkstrukturen ausgehen und diese nachzuweisen versuchen.[3]

Auch wenn man die grundsätzlichen Probleme, ob und inwieweit das Denken von der Sprache determiniert wird, offenläßt, so ist (aufgrund der engen Beziehungen zwischen Sprache und Denken und aufgrund der kommunikativen Funktionen der Sprache) unbestritten, daß sich Analysen des Sprachgebrauchs für den Vergleich von Kulturen eignen:

> Kulturelle Verhaltensweisen spiegeln sich in der Sprache wider.

Wie groß *Abweichungen* im *Sprachverständnis* sein können, zeigt *Abbildung 128*. In ihr sind die mit einem Reizwort verbundenen bildlichen Assoziationen von deutschen und französischen Studenten aufgeführt (*Kroeber-Riel*, 1992).

---

[2] Vgl. dazu das Kapitel über Sprache und Denken in *Kroeber-Riel* (1969).
[3] Kurze Problemskizze und die Gegenüberstellung der Forschungspositionen in *Osgood* (1973).

Zu „frisch", „frais"

Rang	deutsche Studenten		französische Studenten	
1	Früchte	44	Früchte	29
2	Dusche	43	Getränk	25
3	Wasser	33	frischer Wind	23
4	frischer Wind	29	Eis	20
5	Gemüse	27	Wasser	18
6	Getränk	26	Gemüse	13
7	Bad	26	kaltes Wetter	11
8	Eis	23	Kühlschrank	10
9	Milch	16	Schnee	10
10	Kleidung	13	Yoghurt	10

Zu „ruhig", „tranquil"

Rang	deutsche Studenten		französische Studenten	
1	Wald	41	Land	13
2	schlafen	35	Wald	11
3	Kirche	20	Natur	10
4	Nacht	19	Haus	9
5	Wasser	17	See	9
6	lesen	14	Zimmer	8
7	Friedhof	13	Bücherei	5
8	Natur	9	Landschaft	5
9	Bett	8	einsam	5
10	See	8	Pensionär	5

Abbildung 128: Kulturelle Unterschiede des Sprachgebrauchs

Anmerkung: Prozentsatz aller bildlichen Assoziationen von Rang 1 bis 10.

Quelle: Institut für Konsum- und Verhaltensforschung, 1992.

Derartige Studien bieten Ansatzpunkte für die (interkulturelle) *Konsumentenforschung* und für die Entwicklung von Sozialtechniken für das Marketing.

Beispiele: Um zu verhindern, daß Werbung und Public Relations in einer dem Produkt- oder Firmenimage abträglichen Weise verstanden werden, müssen die interkulturellen *Unterschiede* im *„Sprachdenken"* und *„Bilddenken"* beachtet werden. Nur wenn diese Unterschiede – bezogen auf die werbliche Argumentation – gering sind, ist eine direkte Übertragung der werblichen Argumentation durch Übersetzung in fremde Sprachen möglich (wirksam).

Die gleichen Überlegungen gelten auch im Hinblick auf *subkulturelle* Unterschiede des *Sprachverständnisses*. Beispiel: Stimmen die von einer Werbebotschaft bei Personen aus unterschiedlichen sozialen Schichten ausgelösten Assoziationen im wesentlichen überein, so kann die Werbung über die Grenzen der sozialen Schichten hinweggehen und für alle Zielgruppen *einheitlich* konzipiert werden.[4] Sind dagegen die Übereinstimmungen des Sprachverständnisses geringer, so wird der Werbung nahegelegt, die Werbeappelle in Abhängigkeit von den Zielgruppen zu *differenzieren*.

Dabei ist nicht zu übersehen, daß über längere Zeit hinweg die heutigen Massenmedien und die Werbung zur Vereinheitlichung des Sprachverständnisses in den sozialen Schichten beitragen.

Nicht nur über Sprache und Bild, sondern auch über das *nonverbale* Kommunikationsverhalten findet man Zugang zu den kulturellen und subkulturellen Eigenarten. Wir sind darauf bereits im Kapitel über nonverbale Kommunikation eingegangen. Dort wurden kulturelle Unterschiede des räumlichen Verhaltens (Kontakte im Café) und des Geschenkgebens beschrieben. Techniken der „nonverbalen Inhaltsanalyse" gewinnen zunehmend an Bedeutung (*Solomon* und *Englis,* 1994).

Weinberg (1993) weist darauf hin, wie wichtig gerade die nichtverbale Verständigung für das internationale Marketing ist.

b) Zugang über den Lebensstil

Als Lebensstil bezeichnen wir eine Kombination typischer Verhaltensmuster einer Person oder einer Personengruppe i. w. S. (also keine vereinzelten Verhaltensweisen wie die Wahl einer Marke oder eines Geschäftes). Der Lebensstil umfaßt:

- Muster des *beobachtbaren* Verhaltens und
- Muster von *psychischen* („inneren") Größen.

Diese können auf ein einzelnes Individuum bezogen werden (persönlicher Lebensstil) oder auf soziale Kategorien. Man spricht dann vom Lebensstil der Frauen, der Jugend, der Engländer usw.

In der Konsumentenforschung versucht man, mit Hilfe des Lebensstilkonzeptes Marktsegmente abzugrenzen, die sich durch gleiches oder ähnliches *Konsumverhalten* auszeichnen (*Lastovicka,* 1982, S. 126).

Allgemein gesehen können wir im Rahmen des vorliegenden Kapitels sagen:

> Der Lebensstil repräsentiert kulturelle und subkulturelle Verhaltensmuster. Seine Messung ermöglicht den Vergleich des Konsumentenverhaltens in unterschiedlichen Kulturen (Subkulturen).

Aus unserer Definition des Lebensstils ergeben sich bereits Anhaltspunkte für seine *Messung:* Für eine umfassende Ermittlung des Lebensstils sind Messungen des beobachtbaren Verhaltens – zum Beispiel in der Freizeit –

---

[4] Wie einheitlich (unterschiedlich) Werbekonzeptionen sein sollen, hängt natürlich von der Art der Argumentation und von ihrer symbolischen Umsetzung ab.

und von psychischen Größen (wie Leistungsmotivation, Einstellung zu Konsumgütern usw.) zweckmäßig. Es ist aber auch möglich, den Lebensstil *nur* anhand des beobachtbaren Verhaltens oder *nur* anhand von psychischen Größen festzustellen, denn die äußeren und inneren Verhaltensmuster sind weitgehend konsistent, d. h. aufeinander abgestimmt. Das wird deutlich, wenn man sich die Meßverfahren ansieht.[1]

Leicht *beobachtbares* Verhalten, an dem man den Lebensstil ablesen kann, sind zum Beispiel die Kleidung der Menschen oder der Konsum von Produkten und Leistungen. Manche Untersuchungen ziehen die Wohnungseinrichtung zur Unterscheidung von verschiedenen Lebensstilen heran.

Zu den *psychischen* Größen, mit denen der Lebensstil gekennzeichnet wird, gehören vor allem Einstellungen und Meinungen – auf einer höheren Verhaltensebene auch Werte:

Werte sind Vorstellungen vom Wünschenswerten, von grundlegenden Zielvorstellungen, die eine Vielzahl von Motiven und Einstellungen und in Abhängigkeit davon eine Vielzahl von beobachtbaren Verhaltensweisen bestimmen. So führt zum Beispiel der Wert „Familienorientierung" zu speziellen Einstellungen und Verhaltensweisen hinsichtlich Wohnen, Essen und Trinken, Freizeit usw. und damit zu konkreten Verhaltensmustern, die einen bestimmten Lebensstil kennzeichnen.[2]

Persönliche Werthaltungen werden deswegen dazu herangezogen, um – indirekt – den Lebensstil von Konsumenten auszudrücken und Trends im Lebensstil sichtbar zu machen.[3]

Zusammenfassend: Der Lebensstil ist als ein komplexes Verhaltensmuster aufzufassen, das für eine Gruppe von Menschen typisch ist und sowohl psychische – emotionale und kognitive – als auch beobachtbare Verhaltensweisen umfaßt.

Die typischen Verhaltensmuster, die ein Lebensstil anzeigt, können sich auf einzelne Lebensbereiche beziehen – wie der „erotische Lebensstil" oder der „sportliche Lebensstil" – oder auf größere kulturelle und subkulturelle Verhaltensbereiche, wie der Lebensstil der Deutschen und der Landwirte.

---

[1] Auch demographische Größen wie Alter oder Familiengröße werden zur Messung herangezogen, sie sind aber lediglich als Indikatoren für äußere oder innere Verhaltensmuster anzusehen.
Auswahl und Validierung der für die Lebensstilmessung benutzten Indikatoren sind schwierig: Zur Messung der psychischen Lebensstilkomponenten kommen auch nichtverbale Methoden in Frage. In einem einfachen Fall werden den Befragten Lebensstilbilder (zum Beispiel Personenfotos) vorgelegt, aus denen sie solche auswählen, die den von ihnen bevorzugten oder angestrebten Lebensstil wiedergeben (*Gröppel*, 1991).
Einen Überblick zur Validierung von Lebensstilindikatoren (der jedoch von einer etwas anderen als der von uns vertretenen Meßkonzeption ausgeht) bietet *Lastovicka* (1982).

[2] Vgl. dazu *Wiswede* (1991a, S. 14ff.); *Silberer* (1991, S. 90ff.) und *Trommsdorff* (1993, S. 163ff.).

[3] Vgl. dazu *Tietz* (1982a, 1983, S. 248ff.); *Pitts* und *Woodside* (1984); *Windhorst* (1985); *Schürmann* (1988); *Szallies* und *Wiswede* (1991); zur Geschichte des modernen Lebensstils im Konsumbereich *Becher* (1990).

Der Lebensstil ist ein komplexes und typisches Verhaltensmuster, das besonders gut dazu geeignet ist, kulturelle Unterschiede anzuzeigen.

In den Werthaltungen manifestieren sich besonders deutlich kulturelle Unterschiede in den Ansprüchen an die Lebensqualität. *Abbildung 129* zeigt die von *FORSA* (1994) ermittelten Faktoren der Lebensqualität in Deutschland.[4]

● Gesundheit	99%
● Harmonie in der Familie	94%
● Glückliche Partnerschaft	91%
● Soziales Engagement	73%
● Karriere	71%
● Wohlerzogene Kinder	70%
● Eigenes Haus mit Garten	65%
● Anerkennung in der Gesellschaft	63%
● Viel Geld verdienen	45%
● Viele erotische Abenteuer	26%
● Athletischer Körper	21%
● Als trinkfest gelten	8%
● Teure Kleider	6%
● Großes Auto	6%

Abbildung 129: Faktoren der Lebensqualität in Deutschland 1994

Quelle: FORSA (1994).

Umfassende Lebensstilmessungen stützen sich in der Konsumentenforschung oft auf den klassischen *A-I-O-Ansatz* von *Wells* und *Tigert* (1971). Dabei bedeuten:

A = Aktivitäten, zum Beispiel in den Bereichen Arbeit, Freizeit, Einkauf oder im sozialen Bereich;

I = Interessen, zum Beispiel hinsichtlich Familie und Heim, Beruf, Erziehung oder Essen;

O = Meinungen (opinions), zum Beispiel über sich selbst, über Politik, Wirtschaft, Erziehung oder Natur.[5]

Die A-I-O-Komponenten erfassen die drei wesentlichen Formen menschlicher Lebensäußerungen (Verhaltensmuster), und zwar

(1) die beobachtbaren Aktivitäten,
(2) emotional bedingtes Verhalten (Interessen) und
(3) kognitive Orientierungen (Meinungen).

---

[4] Einen Überblick über weitere empirische Untersuchungen zum interkulturellen Vergleich von Werten, Einstellungen und Lebensstilen von Konsumenten gibt *Holzmüller* (1989).
[5] Das A-I-O-Konzept wurde bereits Anfang der 70er Jahre entwickelt.

Alle drei Komponenten werden üblicherweise mit Hilfe von Befragungen ermittelt – auch die beobachtbaren Aktivitäten.

Ähnlichkeiten mit dem A-I-O-Ansatz weisen aktuelle Typologien von Agenturen bzw. Instituten der Praxis auf, so z. B. von *Gruner & Jahr* sowie *Burda*. Abweichende Konzepte verfolgen *SINUS* (Wertorientierungen, Alltagsbewußtsein, sozialer Status), *MC & LB* (Lebensstil, Persönlichkeitsmerkmale, Wertorientierungen) sowie *GfK* mit den Euro-Styles. Einen vergleichenden Überblick über diese und weitere Typologien zum Lebensstil gibt *Drieseberg* (1995, insb. S. 212 ff.).

Für interkulturelle Vergleiche ergeben sich bei den für Lebensstilmessungen erforderlichen Befragungen methodische Schwierigkeiten. Diese gehen in erster Linie zurück auf die sprachliche und soziale Distanz zwischen dem Forscher, der in einer fremden Kultur die Untersuchungen durchführt, und den Forschungsobjekten (den Mitgliedern dieser Kultur), ferner auf die mangelhafte Vergleichbarkeit der Ergebnisse von Befragungen, die von Angehörigen verschiedener Kulturkreise mehr oder weniger unabhängig voneinander durchgeführt werden. Die Befragungsverfahren sind also speziell auf diese Schwierigkeiten abzustellen und möglichst um nicht-verbale Erhebungsmethoden zu ergänzen. Das gilt vor allem dann, wenn es sich um emotional verankerte Life-Style-Studien handelt.

Im **Marketing** sind relativ einfache Messungen des Lebensstils sehr beliebt geworden, um Subkulturen abzugrenzen (Beispiel: Lebensstil des deutschen Mannes) oder um produktbezogene Lebensstile zu finden (Beispiel: Lebensstil von Hobbyköchen oder Büchernarren). Sie dienen vor allem zur Marktsegmentierung (*Freter*, 1983, S. 82 ff. oder *Drieseberg*, 1995, S. 10 ff.) und zu einer entsprechenden Ausrichtung der Marketingaktivitäten auf die Lebensstilsegmente.[6]

Laufende Beobachtungen des Lebensstils haben sich bewährt, um Trends und grundlegende Veränderungen des Konsumentenverhaltens anzuzeigen. Sie können dem Marketingmanager darüber Auskunft geben, in welche Richtung sich die Nachfrage bewegt. Zu diesem Zweck werden von zahlreichen (und den bereits genannten) Marktforschungsgesellschaften und Werbeagenturen regelmäßig aktualisierte Lebensstildaten angeboten.[7]

Das zunehmende Interesse am internationalen Marketing (insbesondere am Euro-Marketing und Euro-Management, vgl. *Scholz* und *Zentes*, 1995)

---

[6] *Banning* (1987) entwickelt unter diesen Gesichtspunkten eine „lebensstil-orientierte Marketingtheorie". Er bietet in seinem Buch eine Übersicht über die zahlreichen Lebensstilkonzepte und Messungen, unter anderem durch den A-I-O-Ansatz. Zum aktuellen Stand der Lebensstil-Forschung vgl. *Drieseberg* (1995). Zu entsprechenden Ansätzen in den USA vgl. *Engel, Kollat* et al. (1993).

[7] Den praktischen Nutzen der Lebensstilforschung hat man gleichwohl skeptisch zu beurteilen (*Drieseberg*, 1995, S. 223). Das Lebensstilkonzept ist ziemlich komplex und entspricht nicht dem praktischen Bedürfnis nach einfacher Segmentierung. In Werbeagenturen scheint das Konzept eher als prestigeorientiertes Verkaufsargument bei Präsentationen benutzt zu werden; vgl. dazu *Rabia* (1991).

regt zu Lebensstiluntersuchungen auf den internationalen Märkten an, die konkrete Ansatzpunkte für das Marketing liefern können (vgl. dazu *Kroeber-Riel*, 1992; *Weinberg*, 1993, und als Beispiel *Doran*, 1994).

Ein Beispiel für vergleichende Studien stammt vom Internationalen Forschungsinstitut für Sozialen Wandel in Paris (*Woesler de Panafieu*, 1988). Das Institut stellt durch laufende Erhebungen Lebensstiltypen in den europäischen Ländern fest, unter anderem im Ernährungsbereich. Ein spezieller Lebensstiltyp ist zum Beispiel der „sorglose Esser": Das sind vor allem jüngere – eher männliche – Personen, die wenig Probleme mit dem Essen haben und sich durch ein besonderes Ernährungsverhalten auszeichnen, unter anderem dadurch, daß sie vorbereitete Nahrungsmittel wie Tiefkühl- und Schnellkochgerichte vorziehen. Dieser Lebensstiltyp ist in den europäischen Ländern in unterschiedlichem Ausmaß vertreten, er machte 1988 z. B. in

Deutschland   19% und in
Italien   12%

der Bevölkerung aus. Das hat entsprechende Folgen für das Nahrungs- und Genußmittelmarketing.[8]

3. Subkulturen und soziale Schichten

Die für das Marketing wichtigsten Bevölkerungsgruppierungen in Deutschland mit eigenen und abgrenzbaren Verhaltensweisen, die als *Subkulturen* aufgefaßt werden können, sind:

● die Bewohner geographischer Gebiete,
  z. B. die Bayern
● die Jugendlichen und die Senioren,
  z. B. die Teenager
● die sozialen Schichten,
  z. B. die Arbeiterschicht.

Die *Religionsgemeinschaften* sind für das Marketing nur noch am Rande interessant, weil die konsumprägende Kraft der Religion kleiner (geworden) ist und sich im wesentlichen nur noch über tradierte Gewohnheiten bemerkbar macht. Dagegen bilden langfristige Bewohner ausländischer Herkunft mehrere Subkulturen von erheblicher Bedeutung, auf die wir nicht gesondert eingehen können. Daneben lassen sich noch weitere Bevölkerungskreise mit subkulturellen Eigenarten wie die Bewohner von Gemeinden unterschiedlicher Größe und Kultur abgrenzen.

Geographische Gebiete: Die subkulturellen Eigenarten der Bewohner verschiedener *geographischer* Gebiete sind uns u. a. durch die *Nielsen*-Untersu-

---

[8] Neben der *GfK* verfolgt *GMF – Getas* (in Verbindung mit *RISC* in der Schweiz) länderübergreifende Marktforschungsinteressen, um z. B. bei Ernährung, Pharma, Fahrzeugen, Zigaretten und Medien internationale Life-Style-Typen für das Marketing auszumachen. Mehrere Agenturen bzw. Institute widmen sich sporadisch der „Cross Cultural Consumer Characterization".

chungen zugänglich. Die Bundesrepublik wird in sieben *Nielsen*-Gebiete eingeteilt:

Nielsen I: Schleswig-Holstein, Hamburg, Bremen, Niedersachsen
Nielsen II: Nordrhein-Westfalen
Nielsen III: Hessen, Rheinland-Pfalz, Saarland, Baden-Württemberg
Nielsen IV: Bayern
Nielsen V: Berlin
Nielsen VI: Mecklenburg-Vorpommern, Brandenburg, Sachsen-Anhalt
Nielsen VII: Thüringen, Sachsen

Das Gebiet *Nielsen III* wird noch weiter untergliedert, indem Baden-Württemberg (IIIb) als eigene Region behandelt wird.

Die Aufteilung in *Nielsen*-Gebiete ist die bekannteste geographische Segmentierung des deutschen Marktes. Einige Untersuchungsergebnisse mit bemerkenswerten geographischen *Besonderheiten* des *Konsumverhaltens* gibt *Abbildung 130* wieder. Die Auswertung solcher Angaben für eine regional spezifizierte Marketing-Politik liegt auf der Hand. Dabei darf nicht übersehen werden, daß regionale Eigenarten des Konsumentenverhaltens möglicherweise durch den dahinterstehenden Einfluß von weiteren *unabhängigen* Variablen – etwa durch unterschiedliche Lebensgewohnheiten in den geographischen Gebieten – erklärt werden können.

Produkte	*Nielsen I* und Berlin	*Nielsen IIIb* Baden-Württemberg
Bienenhonig	121	109
Limonade ohne Kohlensäure	131	77
klare Spirituosen	165	49
Weißwein	97	160
Teigwaren	78	133
Feinkostsuppen	83	113

Abbildung 130: Geographische Unterschiede des Konsumverhaltens

Anmerkung: Die Zahlen geben den Verbrauchsindex an: 100 = durchschnittlicher Pro-Kopf-Verbrauch, berechnet nach dem mengenmäßigen Absatz in den alten Bundesländern im Jahr 1991.

Quelle: Sonderauswertung der *A. C. Nielsen Marketing Research* 1992.

Jugendliche und Senioren: Sie müssen, damit man Aggregate mit homogenen Verhaltensweisen bekommt, noch genauer nach den Lebensstilen und soziodemographischen Kriterien segmentiert werden. Für eine absatzpolitisch orientierte Analyse des potentiellen und tatsächlichen Verhaltens der Jugendlichen und Senioren ist es zweckmäßig, die auf den Verbrauch von Produkten und Dienstleistungen gerichteten *Verhaltensweisen* einzuteilen in:

(1) das eigenständige und spezifische Konsumverhalten von Jugendlichen und Senioren, das man in den anderen Altersgruppen nicht findet;
    Konsumbeispiel bei Jugendlichen: Cola-Getränke
    Konsumbeispiel bei Senioren: Koffeinfreie Getränke

(2) das etablierte Konsumverhalten, in dem sich die Altersgruppen kaum unterscheiden;
Beispiel: Konsum von Fruchtsaft;
(3) bezogen auf Jugendliche: das in der Entwicklung begriffene, zum Konsumverhalten der Erwachsenen hinführende Verhalten;[1]
Beispiel: der Verbrauch von alkoholischen Getränken wie Wein oder Bier, der – in Jugendjahren ausprobiert – im Erwachsenenstadium zur lieben Gewohnheit wird.

Bei genauerer Betrachtung der altersbedingten zyklischen Schwankungen kann man noch die „Lernphasen" aufführen, in denen die Kinder in das für Jugendliche typische Konsumverhalten und die Erwachsenen in das für Senioren typische Konsumverhalten hineinwachsen. Die dabei entstehenden Konsummuster gehen teils auf Reifungsprozesse und teils auf Lernen zurück.

Die empirische Ermittlung dieses Konsumverhaltens und seine Erklärungen, unter anderem durch die dahinter stehenden Lebensstile, Wertvorstellungen und Einstellungen, schaffen eine Grundlage für die gezielte Ausschöpfung und Beeinflussung der *Jugend- und Seniorenmärkte*. Es gibt dazu bereits eine Reihe von ausführlichen empirischen Untersuchungen, wie die *Jugend-Media-Analyse* sowie spezielle Studien von Marktforschungsinstituten.[2]

Die Beeinflussung des *jugendlichen* Verhaltens erfolgt nicht zuletzt mit dem Ziel, die Weichen für das *spätere* Konsumverhalten als Erwachsene zu stellen. Die Konditionierung der Jugendlichen zu konsumeifrigen *Marktpartnern* (wie es im ideologischen Marketingjargon so schön heißt) wird sich vor allem auf das unter (3) genannte Entwicklungsverhalten der Jugendlichen richten.

Soziale Schichtung

Wir *definieren* soziale Schichtung mit Hilfe des Begriffes *sozialer Status*. Darunter verstehen wir die Stellung eines Menschen in einem sozialen System, und zwar entweder im Sinne einer sozialen Position oder im Sinne einer sozialen Wertschätzung, die einem Menschen im sozialen System entgegengebracht wird. Wir verwenden den Begriff Status in dem zuletzt genannten Sinne. Über den sozialen Status einer Person, also über ihre Einschätzung, besteht in einem sozialen System (in einer Gruppe, in einer Gesellschaft) weitgehende Übereinstimmung. *Personenmehrheiten mit gleichem sozialen Status* nennen wir soziale Schichten oder soziale Klassen, ihre Rangordnung heißt soziale Schichtung.[3]

---

[1] Das gesonderte Aufführen dieses Konsumverhaltens ist deswegen erforderlich, weil wir die Erwachsenen (zwischen Jugend und Alter) nicht als eigenständige Konsumgruppe aufgeführt haben.
[2] Überblicke mit Literaturnachweisen vermitteln *Meyer-Hentschel* (1989) sowie *Meyer-Hentschel* und *Meyer-Hentschel* (1991).
[3] Zur sozialen Schichtung (engl.: stratification) vgl. *Darroch* (1986) und als deutsche Grundlage *Wiswede* (1985 und 1991 b).

Schichtungskriterien: An welchen *Kriterien* kann man nun ermessen, ob jemand einen höheren oder niedrigeren Status hat, d. h. einer höheren oder niedrigeren sozialen Schicht angehört? Diese Frage läßt sich nicht generell, sondern nur innerhalb eines Sozialsystems beantworten. In der einen Gesellschaft ist etwa die *Abstammung* das Schlüsselkriterium, in einer anderen, leistungsorientierten Gesellschaft sind *Einkommen* und *Berufe* die vorrangigen Statuskriterien.

In den leistungsorientierten Industriegesellschaften dominieren folgende Statuskriterien (Schichtungskriterien):

(1) *Beruf, Ausbildung, Einkommen:*

Der Beruf verkörpert die funktionelle Basis der Schichtung. Die Wertschätzung, die ein Mitglied in leistungsorientierten Gesellschaften genießt, ist wesentlich auf seine beruflichen Leistungen zurückzuführen. Der Beruf *korreliert* hoch mit Ausbildung und Einkommen. Der durch den Beruf und damit durch die Funktion in einer Gesellschaft *erworbene* Status darf demzufolge als Schlüsselstatus angesehen werden. Der Schlüsselstatus entscheidet im wesentlichen über die Zugehörigkeit zu einer sozialen Schicht (Beispiel: Ärzte, Richter, Professoren).

(2) *Vermögen, Abstammung:*

Im Gegensatz zu dem unter (1) aufgeführten, weitgehend selbsterworbenen Status ist der Status, den jemand aufgrund seiner Abstammung und seines Vermögens – wenn wir einmal von größeren ererbten Vermögen ausgehen – zuerkannt bekommt, im wesentlichen ein *übernommener* Status. Beispielsweise kann die obere Oberklasse aus alten und angesehenen Familien bestehen, die meist ein Vermögen haben, das mehrere Generationen zurückreicht. Der Status der Abkömmlinge dieser Familien ist also insofern ein *zugeschriebener* und kein eigenständig erworbener Status (Beispiel: Fortbestand von Adelsgeschlechtern).

(3) *Macht, Interaktion:*

Der Status kann auch auf Verhaltenskonsequenzen der oben aufgeführten Statusmerkmale beruhen und an diesen *Verhaltenskonsequenzen* gemessen werden: Häufig ist der auf andere ausgeübte Einfluß, das bedeutet die *Macht* über andere Personen, die Folge eines qualifizierten Berufes oder eines großen Vermögens. Umfang und Stärke der Macht können dann zusätzlich als Indikatoren für den Status einer Person herangezogen werden (Beispiel: Konzernmacht oder Politikereinfluß).

Eine anders geartete Verhaltenskonsequenz ist der empirisch nachgewiesene häufigere Primärkontakt zwischen Personen mit *gleichem Status.* Die Interaktionshäufigkeit zwischen Personen kann deswegen dazu dienen, die Zugehörigkeit zu einer Schicht zu erfassen und verschiedene Schichten auseinanderzuhalten (soziometrische Messung der sozialen Schichtung). Eine weitere Verhaltenskonsequenz ist schließlich die Ähnlichkeit des *Lebensstils* bei gleichem Status (Beispiel: der Mittelstand in Kleinstädten).

Weitere Kriterien zur Bestimmung des Status oder der Schichtzugehörigkeit können u. a. noch religiöse Mitgliedschaften (Beispiel: protestantische Minderheit in Irland) oder ethnische Merkmale (wie Weiße in afrikanischen Gesellschaften) sein.

Statusinkonsistenz wird zur Unsicherheit führen, wie jemand einzustufen ist. Zum Beispiel kann eine Person aus „gehobener" Familie stammen, aber einen untergeordneten Beruf ausüben. Der Beruf allein ist dann nicht mehr so gut geeignet, den Status anzuzeigen, und die Zuordnung zu einer bestimmten Schicht ist dann schwierig. Auch das eigene Bewußtsein dieser Person über die Schichtzugehörigkeit kann widersprüchlich sein. Man wird sich in einem solchen Fall am tatsächlichen Verhalten der Person orientieren und die *Interaktion* mit anderen Personen als Maßstab betrachten. Verkehrt diese Person überwiegend mit Personen der oberen Schichten, so wird man sie zu diesen zählen können.

Einteilung der Schichten: Anhand der bisher aufgezählten Kriterien könnte man in erster Linie *kontinuierliche* Schichteinteilungen schaffen, etwa nach dem Einkommen Schichten von Personen, die 1000 DM im Monat verdienen, 5000 DM, 10000 DM, 20000 DM usw. Die *diskrete* Gliederung in einige wenige Schichten, z. B. in eine Oberschicht, Mittelschicht und Unterschicht, impliziert die Frage, bei welchen Grenzwerten der kontinuierlichen Merkmale, also bei welchem Einkommen, Vermögen oder Beruf die Abgrenzung der Schichten vorzunehmen ist. Hier kann man sich wieder an die *Verhaltenskonsequenzen* halten und die Grenzen, grob gesagt, so ziehen, daß man Bevölkerungskategorien erhält, deren Mitglieder untereinander wesentlich mehr Primärkontakte unterhalten und die sich durch gleiche und ähnliche Verhaltensweisen auszeichnen.[4] Bei einer Grobeinteilung westlicher Industriegesellschaften in drei Schichten kann man aufgrund vorliegender Untersuchungen von folgender Schichtverteilung ausgehen. Diese Verteilung spiegelt die typische Hierarchie in *„Mittelklassegesellschaften"* wider.

Unterschicht:	20% der Bevölkerung
Mittelschicht:	60% der Bevölkerung
Oberschicht:	20% der Bevölkerung

Messung: Für die Messung der sozialen Schichten ist es wichtig, die *subjektiven* Vorstellungen eines Befragten über die eigene Schichtzugehörigkeit – und über die Schichtzugehörigkeit anderer – und die *„tatsächliche"* Schichtzugehörigkeit auseinanderzuhalten.

Einen Überblick über die statistischen Methoden zur Messung der sozialen Schichtung gibt *Trommsdorff* (1993, S. 223 ff.). Die Meßverfahren können in direkte und indirekte Methoden eingeteilt werden. Erstere erfassen die Schichtzugehörigkeit direkt anhand des erfragten sozialen Status von Per-

---

[4] Wenn wir in diesem Zusammenhang von Verhaltenskonsequenzen sprechen, so meinen wir, daß Leute, die zur gleichen sozialen Schicht gehören, oft *übereinstimmende Verhaltensweisen* an den Tag legen. Das Verhalten ist aber nicht nur eine Folge, sondern oft auch Ursache für einen sozialen Status, also seinerseits ein statusbildendes und damit schichtbildendes Merkmal.

sonen. Letztere messen die Schichtzugehörigkeit indirekt über Indikatoren, welche den sozialen Status anzeigen:

(1) Direkte Messungen

Der soziale Status und damit die Schichtzugehörigkeit wird direkt durch Befragung der Mitglieder einer Gesellschaft gemessen:

(a) Die Befragten werden gebeten, Angaben über die soziale Schichtung einer Gesellschaft zu machen und die eigene Schichtzugehörigkeit einzuschätzen.

(b) Die Befragten werden gebeten, Angaben über die soziale Schichtung einer Gesellschaft zu machen und die Schichtzugehörigkeit anderer Leute einzuschätzen.

(2) Indirekte Messungen

Der soziale Status und damit die Schichtzugehörigkeit wird indirekt über Indikatoren erfaßt. Von diesen Indikatoren wird auf die soziale Schicht *geschlossen:*

(a) Die Verhaltenskonsequenzen der Schichtzugehörigkeit werden ermittelt, und zwar entweder als psychische Größen, wie schichtspezifische Einstellungen, oder als soziale Größen, wie schichtspezifische Interaktionsmuster.

(b) Es werden beobachtbare Statuskriterien ermittelt; das sind in erster Linie sozioökonomische Merkmale, wie Ausbildung, Beruf, Einkommen, die z. B. nach der *Indexmethode* miteinander zu Schichtkriterien verrechnet werden.

Am weitesten verbreitet sind die *objektiven* Verfahren. So bezeichnet man üblicherweise die unter (2 b) aufgeführten Meßverfahren. „Objektiv" bedeutet dabei allerdings nicht, daß diese Verfahren in der Lage sind, die Schichtzugehörigkeit faktisch zutreffend anzugeben, also valide sind (das ist gerade bei diesen Verfahren zweifelhaft). Mit „objektiv" meint man in diesem Zusammenhang nur, daß *beobachtbare Größen* für die Messung herangezogen werden, nämlich sozioökonomische Merkmale der Bevölkerung, die von subjektiven Einschätzungen der Befragten unabhängig sind. Da in der Marketing-Forschung fast nur diese objektiven Verfahren verwandt werden, beschränken wir uns bei der folgenden Darstellung auf diese Verfahren.

Die objektiven Verfahren bestimmen die Schichtzugehörigkeit mittels *einfacher* eindimensionaler Skalen oder Indizes – die auf dem Gebrauch eines einzelnen, sozioökonomischen Abgrenzungsmerkmals basieren – oder mittels *multipler* Indizes, in die mehrere Kriterien eingehen.

Der wichtigste *Einzelindikator* für die Schichtung ist der *Beruf* (des Haushaltsvorstandes). Andere Indikatoren, die für die Konstruktion einfacher Schichtungsskalen in Frage kommen, sind Einkommen und Ausbildung.

Multiple Indizes wurden für deutsche Verhältnisse bereits 1961 von *Scheuch* und *Daheim* entwickelt. Ein einfach konstruierter Index von ihnen besteht aus einem Punktwert, der nach den Ausprägungen der drei Kriterien

(1) Beruf des Haupternährers,
(2) Einkommen des Haupternährers und
(3) Schulbildung

errechnet wird. Ein entsprechender Index wird in den USA benutzt. Ein weiteres multiples Maß, das in den Vereinigten Staaten häufig in der kommerziellen Praxis herangezogen wird, berücksichtigt über diese drei Indikatoren hinaus noch die Wohngegend – das ist dort ein typischer Indikator für soziale Schicht (vgl. die Übersicht über amerikanische Meßverfahren in *Engel, Kollat* et al. (1993).

Anwendung im Marketing: Die Messung von sozialen Schichten wird verwendet, um Zielgruppen für das Marketing zu bestimmen. Bei der dazu durchgeführten Marktsegmentierung stehen wir vor allem vor zwei *praktischen* Fragen:

(1) Welches sind die zur Marktsegmentierung geeigneten Schichtungskriterien?

Zur Beantwortung dieser Frage können wir auf die soziologischen Vorarbeiten über Schichtungsindikatoren zurückgreifen, etwa auf die Untersuchungen zum oben angegebenen Schichtungsindex von *Scheuch* und *Daheim*. Allerdings ist die Validität derart einfacher Meßtechniken problematisch.

(2) Über welches Konsumentenverhalten kann die soziale Schichtung Auskunft geben?

Operational gesagt: Welche Beziehungen bestehen zwischen den zur Messung der sozialen Schichtung herangezogenen Indikatoren und dem Konsumentenverhalten? Die Brauchbarkeit der Marktsegmentierung hängt davon ab, ob man durch die Messung von sozialen Schichten mittels einfacher oder multipler Indikatoren und durch weitere zusätzliche Segmentierungskriterien in die Lage versetzt wird, soziale Kategorien mit *homogenen* Verhaltensweisen abzugrenzen.

Gleichheit oder Ähnlichkeit von Verhaltensweisen dienen dazu, Grenzwerte für die Schichtungskriterien festzulegen, damit anhand dieser Werte einigermaßen *einheitliche* soziale Schichten abgegrenzt werden können. Um jedes Mißverständnis auszuschließen, hat man sich immer wieder vor Augen zu führen, daß durch die Messung der sozialen Schichten mit Hilfe von sozioökonomischen Merkmalen nur eine *kontinuierliche* Rangfolge von sozialen Schichten – im Sinne von Personenmehrheiten mit gleichem Status – entsteht. Die *Grenzziehung* zwischen den einzelnen Schichten ist mehr oder weniger beliebig und kann je nach dem Untersuchungszweck eine andere sein. Für die eine Untersuchung kann es zweckmäßig sein, nur zwei oder drei Schichten zu bilden, für eine andere erscheinen fünf oder sechs Schichten sinnvoll. Wie man die Grenzen zieht, hängt im Einzelfall stets von den in einer Untersuchung betrachteten *Verhaltensweisen* der Gesellschaftsmitglieder ab, deren Gleichartigkeit zur Bedingung für die Schichteinteilung wird.

Die zahlreichen Arbeiten aus der *kommerziellen* Marktforschungspraxis geben relativ wenig Auskunft über den Zusammenhang von sozialer Schichtung und Konsumentenverhalten, weil sie häufig die Logik der Marktsegmentierung nach sozialen Schichten mißachten und zum Beispiel Einkommensklassen einfach als soziale Schichten interpretieren. Die (wissenschaftliche) Konsumentenforschung beschäftigt sich hauptsächlich damit, ob die soziale Schicht *oder* das Einkommen besser dazu geeignet ist, Marktsegmente mit homogenen Verhaltensweisen abzugrenzen.

In einer beispielhaften und großangelegten Untersuchung überprüfte *Schaninger* (1981) den Zusammenhang zwischen (1) Einkommen, (2) sozialer Schicht und (3) einer Kombination von Einkommen und sozialer Schicht auf der einen Seite und der Verbrauchshäufigkeit und Nutzung von Konsumgütern sowie von einigen weiteren Verhaltensweisen wie dem Medienkonsum auf der anderen Seite.[5] Danach stellt sich – grob gesagt – folgendes heraus:

- Soziale Schichten sind besser als das Einkommen zur Marktsegmentierung geeignet, wenn es um Nahrungsmittel, Getränke sowie um das Einkaufsverhalten und den abendlichen Fernsehkonsum geht.
- Das Einkommen ist bei (fast allen) elektrischen Hausgeräten, Softdrinks, Mixgetränken und scharfen alkoholischen Getränken besser geeignet.
- Eine Kombination von Einkommen und sozialer Schicht ist der einfachen Marktsegmentierung überlegen bei Make-up, Kleidung, Autos und Fernsehgeräten.

Wichtig ist die Erkenntnis, daß die soziale Schicht für eine Reihe von Gütern des täglichen Bedarfs ein überlegenes Segmentierungskriterium ist. Früher ging man davon aus, daß die Marktsegmentierung nach sozialen Schichten im wesentlichen nur für Gebrauchsgüter in Frage kommt. Heute weiß man, daß soziale Schichtungskriterien auch im Business-to-Business relevant sind, aber allein zur Marktsegmentierung nicht ausreichen.[6]

[5] Von *Schaninger* werden *Hollingshead* folgend fünf soziale Schichten gebildet. Das Einkommen wird in vier Klassen eingeteilt (N = 325 kanadische Haushalte). Die Studien von *Schaninger* (1981) sind deswegen besonders interessant, weil sie zahlreiche schichtspezifische Verhaltensweisen aufzeigen.
[6] *Engel, Kollat* et al. (1993) erörtern auch verschiedene Beispiele für die Marktsegmentierung nach sozialen Schichten und nach zusätzlich verwendeten Segmentierungskriterien. Sie gehen dabei auf das von der sozialen Klasse abhängige Konsumentenverhalten in verschiedenen Bereichen wie Mode oder Freizeit ein.

C. Die Medienumwelt der Konsumenten: Indirekte Umwelterfahrungen

I. Die zweite Wirklichkeit der Konsumenten

Der Realität ist Konkurrenz entstanden. Das, was wir als „Wirklichkeit" erleben, zerfällt immer mehr in zwei verschiedene Wirklichkeiten: Die erste Wirklichkeit ist die durch direkte persönliche Erfahrung erlebte Umwelt (Erfahrungsumwelt). Die zweite Wirklichkeit ist die durch Medien vermittelte Umwelt (Medienumwelt).[1] Diese erhält zunehmende Bedeutung für die Konsumenten. Es zeichnet sich sogar ab, daß die Medienumwelt dominant wird.[2]

Die Entstehung einer mehrfachen Wirklichkeit läßt sich am besten mit Hilfe einer erkenntnistheoretischen Richtung erklären, die *Konstruktivismus* genannt wird:

Danach ist die Wahrnehmung ein aktiver und subjektiver Vorgang, durch den der einzelne seine Vorstellungen von der Umwelt selbst „konstruiert". Er erzeugt seine subjektive Umweltwahrnehmung dadurch, daß er die von den Sinnesorganen aufgenommenen Reize selektiv verarbeitet. Dazu dienen gedankliche und emotionale Verarbeitungsprogramme, die starke interindividuelle Unterschiede aufweisen (vgl. dazu auch das Kapitel C.III. über die Wahrnehmung der Konsumenten im zweiten Teil dieses Buches).

Die grundlegende Auffassung des Konstruktivismus läßt sich auf folgenden Nenner bringen:

> Die vom einzelnen wahrgenommene Umwelt (Wirklichkeit) ist nicht objektiv gegeben, sie wird vielmehr aufgrund der Umwelteindrücke gedanklich konstruiert.

Anschaulich ausgedrückt: Verschiedene Menschen kommen bei objektiv gleicher Reizaufnahme – zum Beispiel beim Gang durch einen Laden oder beim Anschauen eines Fernsehspots – zu unterschiedlicher Wahrnehmung,

---

[1] In diesem Teil des Buches über die Umwelt der Konsumenten bezieht sich der Begriff der wahrgenommenen Wirklichkeit selbstverständlich nur auf die äußere – physische und soziale – Umwelt der Konsumenten und nicht auf den Konsumenten selbst, der selbstverständlich auch Gegenstand der Wahrnehmung ist.

[2] Diese Einschätzung wird auch gestützt durch die Entwicklung der über Medien vermittelbaren „virtuellen Realität", in denen Konsumenten sogar einkaufen können (Cyberspace-Shopping). Zu Entwicklungstrends im Einzelhandel vgl. *Darnstädt* (1995) und *Scholz* (1995) mit einem Beispiel einer virtuellen Apotheke.

sie erleben unterschiedliche Wirklichkeiten, weil ihre Erwartungen und gedanklichen Ordnungsschemata unterschiedlich sind.[3]

Die Menschen in hochentwickelten Informationsgesellschaften konstruieren ihre Wirklichkeit in zunehmendem Maße aufgrund der Eindrücke, die sie aus den Medien empfangen. „Wirklichkeit ist in einer von Massenmedien geprägten Gesellschaft zunehmend das, was wir über Mediengebrauch als Wirklichkeit konstruieren." An diese Wirklichkeit glauben wir, danach handeln wir (*Schmidt*, 1994, S. 18). Kurz gesagt:

> Die Medienumwelt ist die zweite Wirklichkeit des Konsumenten.

Um etwas über die Entstehung dieser „Konsumentenwirklichkeit" zu erfahren, müssen wir uns mit den Bestimmungsgrößen der durch die Medien vermittelten Umweltwahrnehmung beschäftigen.

Das sind:

● das Medienangebot,
● die internen Verarbeitungsprogramme der Konsumenten,
● die situativen Bedingungen.

Hinsichtlich des **Medienangebotes** ist vor allem zu fragen, wie die physische und soziale Umwelt in den Medien dargestellt wird, wie stark die Abweichungen der vermittelten Erlebnisse von den realen Umwelterfahrungen sind und wie diese wirken.

Eine grundlegende Erkenntnis besteht darin, daß die schnelle und oft unvorhersehbare Reizdarbietung in den audiovisuellen Medien zu einer eher flüchtigen gedanklichen Verarbeitung und Speicherung der Eindrücke führt. Die Umwelt wird dadurch im Vergleich zu der durch direkte Erfahrungen erlebten Umwelt häufiger als zusammenhangslos, wahrscheinlich auch als emotionaler erlebt.[4]

Eine weitere Besonderheit ist der weite Erlebnisraum, den die Medien bieten: Er erstreckt sich von realen Alltagswelten bis zu irrealen und phantastischen Welten.

> Die durch das Fernsehen geschaffene neue Welt ist „eine Guck-Guck-Welt, in der mal dies, mal das in den Blick gerät und zugleich wieder verschwindet. In dieser Welt gibt es kaum Zusammenhänge, kaum Bedeutung …
>
> Dabei wird die Unterhaltung zum natürlichen Rahmen jeglicher Darstellung von Erfahrung. Jedes Thema wird als Unterhaltung präsentiert …

---

[3] *Kruse* und *Stadler* (1994, S. 25 ff.) unterscheiden einen trivialen und einen radikalen Konstruktivismus. Der triviale Konstruktivismus sieht die wahrgenommene Umwelt (Erlebniswirklichkeit) als eine möglichst große Annäherung an die objektiven Reizgegebenheiten, der radikale Konstruktivismus sieht die Erlebniswirklichkeit losgelöst von der Reizkonstellation als ein Ergebnis weitgehend selbständiger Konstruktionsvorgänge.

[4] Vor allem bleiben die von den Bildern des Fernsehens vermittelten Emotionen im Gedächtnis hängen, weniger die Informationen, vgl. dazu *Schmidt* (1994, S. 17).

So kommt es, daß die Amerikaner die am besten unterhaltenen und zugleich wahrscheinlich die am schlechtesten informierten Leute der Welt sind" (*Postman*, 1993, S. 99, 110, 132).

Die fortwährende Erweiterung unseres Erlebnisraumes – durch neue Programme und Medien – öffnet dem Konsumenten bisher unbekannte Möglichkeiten, seine Erfahrungswelt zu verlassen und in neue Medienumwelten aufzubrechen.

Das **interne Verarbeitungsprogramm** – also die gedankliche Konstruktion der gedanklichen Wirklichkeit – wird vor allem durch die *Wahrnehmungsschemata* der Empfänger bestimmt. Diese liefern die Raster, um die von den Medien gelieferten Eindrücke zu erkennen, zu ordnen und zu bewerten.[5]

Zum Beispiel kann der Fernsehzuschauer aufgrund seiner Medienschemata beim Zappen sehr schnell erkennen, um welche Art von Sendung es geht, wie real die dargestellte physische und soziale Umwelt ist und welchen Nervenkitzel er von einer Sendung zu erwarten hat.

Diese Medienschemata[6] werden bereits durch die Sozialisation erworben und dann durch Erfahrung weiterentwickelt. Sie spiegeln verbreitete soziale Standards zur Bewältigung der von den Medien dargebotenen Eindrücke wider. Insofern ist die Konstruktion der Wirklichkeit stets eine „soziale Konstruktion der Wirklichkeit", die von vielen Mitgliedern einer Kultur oder Subkultur geteilt wird.

Schließlich sind noch die individuellen und sozialen **Situationsbedingungen** zu nennen, zu denen das situative Involvement der Empfänger und die Interaktion mit anderen Leuten während des Medienkonsums gehören. Auch in dieser Hinsicht bestehen erhebliche Unterschiede zwischen der Wahrnehmung der Umwelt in den Medien und der unmittelbaren Umweltwahrnehmung – letztere erfolgt ja selten im Sessel, mit einer Salzstange in der Hand.

Um Mißverständnisse auszuschließen, ist darauf hinzuweisen, daß die Konstruktion der zweiten Wirklichkeit kein willentlicher und bewußter Vorgang ist (wie man aufgrund des Ausdrucks „Konstruktion" denken könnte), sondern weitgehend automatisch, mit geringer gedanklicher Kontrolle, abläuft. Die Medienumwelt wird infolgedessen meistens erlebt, ohne hinterfragt und analysiert zu werden.[7]

Die Erforschung dieser Einflußgrößen hat kaum begonnen. Besonders wenig wissen wir über die Wirkung irrealer Welten auf das Verhalten[8] und über die gedanklichen und emotionalen Raster (Schemata), mit der Fernseheindrücke von den Empfängern bewältigt werden.[9] Die sozialtechnischen Risiken der Beeinflussung durch die neuen Medien sind noch unbekannt.

---

[5] Zu den Schemata vgl. Kapitel C.III. im zweiten Teil dieses Buches.

[6] Zur Entstehung und Funktion von Medienschemata vgl. *Schmidt* und *Weischenberg* (1994, S. 216 ff.).

[7] „Wirklichkeitskonstruktion widerfährt uns mehr, als daß sie uns bewußt wird" (*Schmidt*, 1994, S. 5).

[8] Vgl. *Dombrowski* (1993, S. 3).

[9] Vgl. dazu *Schmidt* und *Weischenberg* (1994, S. 222).

Multimedia und virtuelle Welten[10]

Die Medienumwelt der Konsumenten im Sinne einer „zweiten Wirklichkeit" wurde in letzter Zeit vor allem durch zwei Entwicklungen beeinflußt:

- den multimedialen Fortschritt,
- die Entwicklung virtueller Welten, vor allem computergenerierter Konstruktionen der Wirklichkeit (*Bormann, 1994, S. 23ff.*).

Multimedia als **Audiovisuelles Medienverbundsystem** bietet die technische Basis für die Entwicklung neuer Endverbraucherkontakte:

- Konsumelektronik im Handel inkl. Spiele, Verlagswesen, Unterhaltungselektronik,
- Wohnzimmer als mediale Schaltzentrale.

Vor allem wird das **Internet** zur weiteren Entwicklung von Multimedia aus Verwendersicht beitragen (vgl. *Abbildung 131*). Die Diskussion über die Balance zwischen sozialtechnischen Möglichkeiten und sozialrechtlicher Akzeptanz wird noch Jahre beanspruchen (vgl. auch *Palupski*, 1995, S. 270–271).[11]

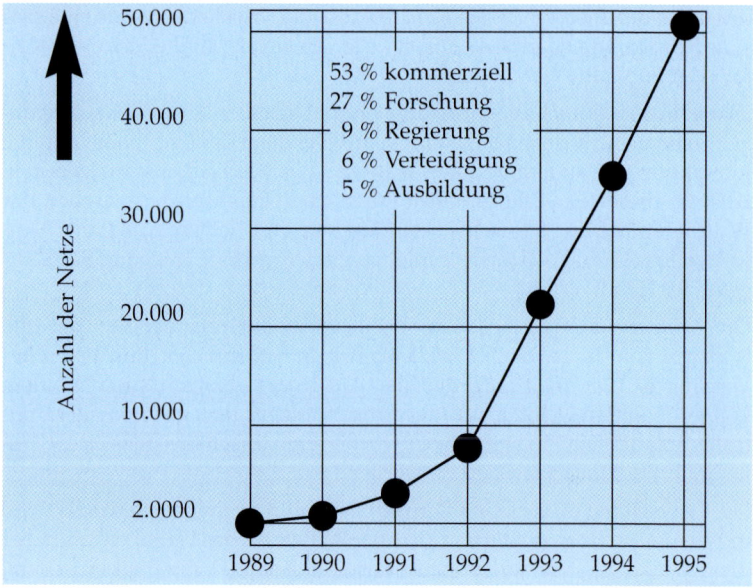

Abbildung 131: Die Entwicklung des Internet von einer Wissenschaftsplattform zu einem kommerziellen Medium

Quelle: Lange, R. O. (1969), Aufbruch in eine revolutionäre Online-Zukunft, in: NTZ-Telekommunikation und Informationstechnik 1, S. 8–15.

---

[10] Zur Abgrenzung der Begriffe „Virtual Reality" und „Cyberspace" vgl. *Bullinger* und *Bauer* (1994).

[11] *„Die Welt"* vom 28. 2. 1996 berichtet, daß rund 40 Millionen Menschen derzeit das *Internet* nutzen. 1995 wurde der Umsatz über elektronisches Shopping auf 700 Mio. US-Dollar geschätzt, im Jahre 2000 werden es über 2 Mrd. Dollar sein.

Multimedia wird die Angebots- und Kommunikationsformen vor allem in folgender Hinsicht beeinflussen:

● Gestaltungsaspekte

Multimedia bietet Möglichkeiten für **neue Gestaltungskonzepte** auf Basis bewährter Gestaltungstechniken, so beispielsweise die Übertragung eines Kataloges oder eines Lexikons auf CD-ROM unter Nutzung von gesprochenem Text, Musik und anderen Vertonungen, der Wiedergabe von Bildern und Filmsequenzen. Die Sozialtechnik der Bildkommunikation (*Kroeber-Riel*, 1993b) ist hierbei von zentraler Bedeutung, da die Visualisierung von Informationen ein wesentlicher Aspekt multimedialer Gestaltung ist.

● Strategieaspekte

Multimedia bietet Möglichkeiten für **neue Strategien,** d. h., Angebote und Informationen können in einem zuvor technisch nicht realisierbaren Maße individualisiert verfügbar gemacht werden. Beispiele sind die Möglichkeiten, Kataloge individuell zu gestalten (wie Warenpräsentation in gewünschter Farbe und Größe) und Bestellungen auf die Wünsche der Konsumenten abzustimmen (wie Lieferzeit, Menge und Service). Damit entstehen neuartige Marktbeziehungen, die den Trend zur Individualisierung (*Weinberg*, 1992a) unterstützen.[12]

Vor allem im **Verkauf** wird Multimedia mehr und mehr die Konsumenten erreichen (*Silberer*, 1995, S. 19ff.):

● **Produktpräsentation mit Multimedia:**
Z. B. in Handel oder Banken, über Vertreter, zur Selbstbedienung, für Messen und Ausstellungen, in der Touristenbranche etc.;

● **Automaten- und Schaufensterverkauf:**
Interaktive Angebotspräsentation auf Bildschirm inkl. Bestellmöglichkeit;

● **Teleselling:**
Klassische Versandhäuser, TV-Sender unterbreiten kundenspezifische Angebote und Entgeltmöglichkeiten;

● **Buchungssysteme:**
Z. B. bei Fluggesellschaften, Autoverleihern, Reiseveranstaltern;

● **Home Banking:**
Sämtliche Bankgeschäfte per Code-Karte am Home-Bildschirm;

● **Nachkauf-Service:**
– Fehlerdiagnose und Produktprüfung durch Einsatz von Expertensystemen über Online-Anschluß,
– Schadensregulierung bei multimodaler Schadensanalyse,
– Unterstützung von Reparaturarbeiten bei Diagnosesystemen auf CD-ROM.

---

[12] *Scholz* (1995, S. 131–132) zeigt an einem Beispiel, wie ein Autokauf der Zukunft durch Verknüpfung von Internet, E-Mail, WWW und Audiokommunikation erfolgen kann. Zu Marketingimplikationen bei Einsatz von Virtual Reality vgl. *Palupski* (1995).

Die **virtuellen Welten** lassen sich folgendermaßen einteilen:

- mentale Welten (vor allem durch Imagery der Konsumenten),
- durch persönliche Erfahrung vermittelte Welten,
- durch die Medien vermittelte Welten.

Zu den **mentalen Welten:** Diese spielten schon immer eine wichtige Rolle, es sind Phantasiegebilde, die sich zum Teil weit von der Wirklichkeit entfernen, wie Vorstellungen des Menschen über künstliche Welten. Oft werden sie durch besondere Bewußtseinszustände erreicht, zum Beispiel durch Drogen oder durch Hungern.

Beispiele: Die neuen Welten von *Huxley*

Zu den **Erfahrungsumwelten:** Diese sind relativ neu, denn erst in letzter Zeit ist man in der Lage, virtuelle Umwelten so zu erzeugen, daß sich der Konsument in ihnen realistisch bewegen und wie natürlich fühlen kann.

Beispiele: Die Themenparks wie *Euro-Disney*

Zu den **von den Medien vermittelten Umwelten:** Hierhin gehören die einfachen Darstellungen von künstlichen Umwelten im Print und im Film sowie die durch Computersimulation vermittelten virtuellen Welten (vgl. *Abbildung 132*).

Beispiele: Die Comics-Mode in Japan, Filme wie *Jurassic-Park*, Cyberspace-Shopping.

Die Simulation der Wirklichkeit durch „Virtual Reality" im Sinne indirekter Umwelterfahrungen wird begünstigt durch die Dreidimensionalität, die multiple sensorische Ansprache und die Möglichkeit, sich selbst im Raum (z. B. beim Einkauf) zu bewegen. In Zukunft wird es möglich sein, verstärkt taktile und auch olfaktorische Reize einzubeziehen (z. B. durch Datenanzüge mit Sensoren und Datenhelme mit steuerbaren Duftpatronen).

Vergleicht man die Möglichkeiten, Konsumerlebnisse virtuell oder real zu sammeln, so läßt sich beim heutigen Stand der Technik und des Wissens zusammenfassen:

- Je langfristiger Konsumerlebnisse gespeichert werden, desto mehr verwischen sich die Erlebnisquellen. Daraus folgt, daß Verhaltenserklärungen nach bewährten und vergleichbaren Mustern möglich bleiben, über die in diesem Buch berichtet wird.
- Virtuelle Erlebnisse werden (noch) von besonders involvierten Zielgruppen gesucht. Für sie gelten die Sozialtechniken, die für *hoch involvierte* Konsumenten erläutert wurden (vgl. D.I. und II. im 2. Teil dieses Buches): Ihr Entscheidungsverhalten ist eher extensiv als vereinfacht, sie haben einen hohen Informationsbedarf und bedürfen einer hinreichend starken Aktivierung für die Informationsverarbeitung. Man darf erwarten, daß mit Zunahme der technischen Reife neuer Medien ihr Gebrauch alltäglich im Sinne von *Low-Involvement*-Verhalten werden wird.[13]

---

[13] Der Berliner *Tagesspiegel* berichtet am 14. 3. 1996 vom ersten Modellversuch einer virtuellen Universität in Deutschland. Zehn Berliner und Brandenburger Hochschulen und Forschungsinstitutionen bieten die Möglichkeit zum „online-chat" mit den Dozenten und Videokonferenzen mit den Universitäten.

Abbildung 132: Simulierte Erfahrungsumwelt

Anmerkung: Ein Pilot bereitet sich vor, eine virtuelle Welt zu betreten.

Quelle: Pimentel und *Teixeira* (1994, S. 230C–3).

II. Wirkungsmuster der Medien

1. Massenmedien und Massenkommunikation

In Anlehnung an *Maletzke* (1972, S. 9) versteht man unter *Massenkommunikation* alle Formen von Kommunikation, bei der Aussagen öffentlich durch technische Verbreitungsmittel bei räumlicher oder zeitlicher oder raumzeitlicher Distanz zwischen den Kommunikationspartnern an ein disperses Publikum vermittelt werden. Mit diesen Merkmalen läßt sich die Massenkommunikation von der *persönlichen* (direkten) *Kommunikation* abgrenzen.

Ein zentrales Merkmal der Massenkommunikation ist die Einschaltung von Massenmedien. Massenmedien sind technische Mittel zur Vermittlung von Informationen und Emotionen. Sie lassen sich vielfältig einteilen, z. B. in:

- Printmedien wie Zeitungen, Zeitschriften, Bücher, Prospekte und Plakate;
- Rundfunkmedien wie Fernsehen, Hörfunk und Videotext;
- Audiovisuelle Medien wie Film und Video;
- Tonträger wie Audiokassette, Schallplatte und CD;
- Nachrichtentechnische Medien wie Telefon, Telefax und Fernschreiber;
- Computergestützte Medien wie Personal Computer, CD-ROM, E-Mail, Online-Dienste und Internet (in diesen Fällen spricht man auch von interaktiven Medien).

Die Übergänge zwischen Individualkommunikation und Massenkommunikation sind fließend. So lassen sich manche Formen von Bildschirmtext (aufgrund ihrer breiten Streuung) und von direkter Kommunikation mittels gedruckter Briefe als Massenkommunikation auffassen.

Der in den letzten Jahrzehnten vervielfachte Einsatz von technischen Medien ist die Ursache einer zunehmenden *Informationsüberflutung* geworden. Die Informationsüberflutung (oder Informationsüberlastung) in der Bundesrepublik Deutschland beträgt über 98%. Das heißt: Mehr als 98% der von den Medien angebotenen Informationen werden nicht beachtet, sie landen wirkungslos auf dem Müll. Diese Informationsüberflutung hat weitgehende Auswirkungen auf die Gestaltung und Wirkung des Informationsangebotes, insbesondere durch Werbung (im einzelnen *Kroeber-Riel*, 1987).

Die Untersuchungen zur Massenkommunikationsforschung[1] konzentrieren sich meistens auf das eine oder andere Element des Kommunikationsprozesses: auf den Kommunikator oder den Kommunikanten, auf die vermittelte Information bzw. Aussage, die Medien oder die Wirkungen. Die Einteilung in diese Elemente, die der *Lasswell*-Formel entspricht, bestimmt die Gliederung vieler Bücher über den Kommunikationsprozeß. *Maletzke* (1972, S. 10) interpretiert und bezeichnet diese Elemente als *Feldfaktoren*. Er hebt damit hervor, daß sie nicht unabhängig voneinander wirken, sondern in *gegenseitigen Beziehungen* stehen und ein Kräftefeld bilden, das als Ganzes das

---

[1] Die Erforschung der Massenkommunikation ist innerhalb der Kommunikationsforschung der stärkste Forschungszweig geworden. Zur Einführung vgl. *MacQuail* (1994).
Über die laufende Forschung berichten das Mass Communication Review Yearbook (ab 1980, Bd. 1 von *Wilhoit* und *DeBock*) sowie das Communication Yearbook der ICA, vgl. insb. *Deetz* (1992, 1993, 1994).
Eine Dokumentation der Medienwirkungsforschung in Deutschland hat die DFG (1986) vorgelegt (mit einem Beitrag von *Kroeber-Riel* zur entsprechenden Konsumentenforschung).

Verhalten der am Kommunikationsprozeß beteiligten Personen determiniert. Ändert man eines der Elemente, etwa das eingesetzte Medium, so hat das Wirkungen auf den gesamten Ablauf des Kommunikationsprozesses. Die zur persönlichen Kommunikation im Kapitel B.II. wiedergegebenen Forschungsergebnisse zur Wirkung dieser Feldfaktoren können zum Teil auf die Massenkommunikation übertragen werden. Entscheidende Abweichungen ergeben sich aus dem anders gearteten – indirekten – Kontakt zwischen Kommunikator und Kommunikant, also durch die Einschaltung der Medien:

Aufgrund der Medieneinschaltung kennen sich die Empfänger untereinander meistens nicht. Sie sind ein zersplittertes, voneinander getrenntes („disperses") Publikum. Innerhalb des großen und anonymen Empfängerkreises gibt es allerdings kleine Gruppen – Familien, Freundeskreise, Berufskollegen –, die ihr Empfängerverhalten aufeinander abstimmen, also ganz bestimmte Sendungen empfangen, andere nicht empfangen und über die empfangene Massenkommunikation sprechen. Die durch die Massenmedien verbreiteten Kommunikationsinhalte werden dann in *persönlichen* Gesprächen wieder aufgegriffen. Die Massenkommunikation hat deswegen oft eine *initiierende,* die weitere Kommunikation anregende Wirkung.[2]

Das ist auch ein Grund dafür, warum die Wirkungen der Massenkommunikation relativ schlecht abgeschätzt werden können: Man darf nicht nur die *unmittelbaren Wirkungen* betrachten, sondern muß auch die indirekten Wirkungen berücksichtigen, die sich aus der Fortpflanzung der Kommunikation in kleinen Gruppen ergeben.

Da es zwischen dem Kommunikator *(Sender)* und dem Kommunikanten *(Empfänger)* keine direkten Beziehungen gibt, fehlt das persönliche *feedback,* das die direkte Kommunikation auszeichnet. Massenkommunikation ist noch meistens – wenn man von neuen technischen Medien absieht – eine *Ein-Weg-Kommunikation* vom Sender zum Empfänger, bei der der Sender während der Kommunikation fast gar keine und nach der Kommunikation nur sehr beschränkte Möglichkeiten hat, etwas über die Reaktionen des Empfängers zu erfahren und die Kommunikation darauf abzustimmen. Und umgekehrt: Der Empfänger hat wenig Rückkoppelungsmöglichkeiten mit dem Sender. Selbst dort, wo solche Rückkoppelungen in Form von Leserbriefen, Anrufen in der Redaktion der Massenmedien usw. vorgesehen sind, wird die Einseitigkeit des Kontaktes weitgehend aufrechterhalten, denn diese Feedback-Reaktionen werden von seiten des Mediums meist nur selektiv und in einer für Außenstehende nicht verfolgbaren Weise ausgewertet.[3]

---

[2] Vgl. dazu das folgende Kapitel über mehrstufige Kommunikation in C.III.
[3] Neue technische Einrichtungen ermöglichen eine interaktive Zwei-Wege-Kommunikation. Der Empfänger kann zum Beispiel auf Warenangebote auf dem Bildschirmtext mit Bestellungen über spezielle Bedienungsgeräte reagieren oder Fragen der Marktforschung, die auf dem Bildschirm erscheinen, beantworten.

2. Wirkung von Medien

Über die Wirkungen der Medien gibt es seit jeher heftige Auseinandersetzungen. Geisteswissenschaftlich und sozialphilosophisch orientierte Autoren neigen meistens dazu, der Massenkommunikation eine die gesamte Persönlichkeit des modernen Menschen umfassende und durchdringende, seine Einstellungen und Meinungen völlig beherrschende Wirkung zuzuschreiben.[1]

Empirisch orientierte Forscher schätzen dagegen die Wirkungen im allgemeinen wesentlich geringer und vorsichtiger ein. Sie unterliegen allerdings oft einem *Fehlschluß,* indem sie die (gesamten) Wirkungen der Massenkommunikation mit einigen speziell von ihnen ermittelten Wirkungen gleichsetzen und dabei die oben erwähnten Sekundärwirkungen – die späteren Wirkungen durch Fortführung der Kommunikation in kleinen Gruppen – sowie andere als die gemessenen Teilwirkungen vernachlässigen.

Nach den Ergebnissen der empirischen Forschung ist es zweckmäßig, drei verschiedene Wirkungsarten der Massenkommunikation zu unterscheiden:

- Informationswirkungen: Vermittlung von Wissen,
- Beeinflussungswirkungen: Verstärkung von Meinungen,
- Überzeugungswirkungen: Veränderung von Einstellungen.

Dabei geht es vor allem um die Frage: „Was machen die Medien mit den Konsumenten?"

Im 4. Kapitel von C.II. ist dann die ergänzende Frage zu stellen: „Was machen die Konsumenten mit den Medien?" Wie nehmen die Konsumenten die Medienangebote wahr? Dahinter steht die Einsicht, daß das Medienprogramm von den Konsumenten sehr unterschiedlich genutzt und verarbeitet wird. Die jeweilige Nutzung und Verarbeitung des angebotenen Programms hängt in erster Linie von den Bedürfnissen und Kenntnissen der Konsumenten sowie von der Kommunikationssituation ab.

Medienwirkungen lassen sich demzufolge nur erklären, wenn der Blick nicht nur auf die direkten Wirkungen der Medienprogramme gerichtet wird – zum Beispiel auf die Wirkung von angsterregenden Bildern –, sondern auch darauf, wie der Konsument mit dem Programm umgeht. Das Programm ist demzufolge als ein Angebot zu verstehen, das seine Wirkungen erst aufgrund der subjektiven Wahrnehmung und Verarbeitung durch den Konsumenten entfaltet.

---

[1] Der Medienphilosoph *McLuhan* (1969, S. 26) formuliert folgendermaßen: „Alle Medien massieren uns gründlich durch. Sie sind dermaßen durchgreifend in ihren persönlichen, politischen, ökonomischen, ästhetischen, psychologischen, moralischen, ethischen und sozialen Auswirkungen, daß sie keinen Teil von uns unberührt, unbeeinflußt, unverändert lassen. *Das Medium ist Massage.* Jegliches Verständnis sozialer und kultureller Wandlungen ist unmöglich ohne eine gewisse Kenntnis der Wirkung von Medien als Umwelten."

a) Informationswirkungen

Bei einer amerikanischer Befragung gaben 95% der erwachsenen Bevölkerung an, daß sie ihre Informationen darüber, „was in der Welt los ist", von den Massenmedien bekommen.[1]

Diese Antwort ist sicher von der stereotypen Ansicht über die allgegenwärtige Wirkung der Massenmedien beeinflußt, aber im großen und ganzen gerechtfertigt: Erwachsene, die nicht mehr in der Ausbildung sind, beziehen ihre Kenntnisse über ihre weitere Umwelt bevorzugt über die Massenmedien.

Die oft vertretene Ansicht, daß die informativen Sendungen des Fernsehens (wie die Nachrichten) am meisten zur Verbreitung von Informationen in der Bevölkerung beitragen, wird durch empirische Untersuchungen kaum gestützt. Es ist vielmehr anzunehmen, daß der Informationsstand der Empfänger vor allem vom Konsum gedruckter Medien bestimmt wird (*Roberts* und *Bachen, 1981*). Dieser Sachverhalt kommt auch in der geringen Austauschbarkeit von Fernsehen und gedruckten Medien zum Ausdruck.

Die überlegenen Informationswirkungen der *Druckmedien* über das Fernsehen läßt sich auf mehrere Gründe zurückführen: Durch die Sozialisation – durch Erziehung und gesellschaftliche Gewohnheiten – lernen wir, sachliche Informationen eher den Zeitungen und Büchern zu entnehmen als dem Fernsehen. Außerdem zieht das Fernsehen mit seiner Bildersprache die Aufmerksamkeit mehr auf Aktionen, auf emotional wirkende Ereignisse, so daß die sachliche Informationsvermittlung beeinträchtigt wird. Das Fernsehen gilt deswegen als ausgesprochenes Unterhaltungsmedium. Inwieweit das Internet sowie Videotext und Bildschirmtext zu einer intermedialen Umverteilung der Informationswirkungen zugunsten des Bildschirms führen können, läßt sich noch nicht ganz übersehen.

Im Zusammenhang mit der Informationswirkung ist auch die oft überprüfte *Hypothese von der Wissenslücke* zu sehen: Danach erzielen Bevölkerungsschichten mit geringem sozialen Status von den Massenmedien einen geringeren Informationsgewinn (Wissenszuwachs) als die Bevölkerung mit höherem sozialen Status (Bildung, Einkommen). Die zunehmende Verbreitung von Massenmedien trage insoweit zu einer Verschärfung sozialer Unterschiede bei.

Auf der Suche nach einer Erklärung für diesen im einzelnen noch umstrittenen Zusammenhang ist man auf mehrere Ursachen gestoßen, unter anderem auf die geringere Fähigkeit der Angehörigen unterer Schichten, Informationen aufzunehmen und zu verarbeiten, sowie auf ihre geringere Motivation, Wissen zu erwerben. Massenmedien begünstigen folglich die Interessen der Mittelschicht (*Katz*, 1992, S. 204).

Welche Auswirkungen die neuen Medien auf das Entstehen einer Wissenslücke haben, ist schwer zu beurteilen. Die verhältnismäßig hohen Ko-

---

[1] Nach einer Untersuchung der amerikanischen *Roper*-Organisation (1977), übernommen aus *Roberts* und *Bachen* (1981, S. 319).

sten für die Erstausrüstung und die laufenden Kosten für die Programmnutzung sowie die geringere Motivation zur Benutzung informativer Medien (Sendungen) werden wahrscheinlich dazu führen, daß weniger gebildete Leute aus dem Informationsangebot der neuen Medien wesentlich weniger Nutzen ziehen als die Angehörigen höherer Schichten.

Mit den Schwierigkeiten, untere soziale Schichten mit Informationen zu erreichen, setzt sich auch die *Konsumentenforschung* auseinander. *Robin, Capella* et al. (1982, S. 239 ff.) führten ein Experiment durch, in dem die Bevölkerung einer kleinen Stadt mittels Zeitung und Rundfunk über den Service örtlicher Banken informiert werden sollte. Dabei wurde mehrere Wochen lang der Wissenszuwachs der Bevölkerung unterschiedlicher sozialer Schichten ermittelt. Hierbei hat sich bestätigt, daß bei den unteren sozialen Schichten eine Wissenslücke auftritt. Wenn man allerdings diese Wissenslücke über den untersuchten Zeitraum hinweg betrachtet, nimmt ihre Stärke ab (ebenda, S. 243).

Auch in der *verbraucherpolitischen Forschung* hat sich herausgestellt, daß die nach Massenkommunikation auftauchende Wissenslücke der unteren sozialen Schichten zu einer Barriere bei der Aufklärung der Bevölkerung wird (*Tölle*, 1983, S. 209, mit weiteren Literaturhinweisen).[2]

b) Beeinflussungswirkungen

Wir lassen die Wirkungen der *Werbung* zunächst einmal außer acht. Die Werbeforschung dazu hat sich zu einem eigenständigen Zweig der angewandten Kommunikationsforschung entwickelt. Die eigentliche Massenkommunikationsforschung verfolgt weiter gesteckte Ziele: Sie untersucht den durch Massenkommunikation ausgelösten Wandel von Meinungen und Einstellungen eines breiten Publikums zu allen gesellschaftlich relevanten – wirtschaftlichen, politischen, kulturellen – Gegenständen.[1]

Wirkung durch Verstärkung: Eine verbreitete Hypothese besagt, daß sich der einzelne vor allem der Massenkommunikation aussetzt, deren Inhalt nicht in Widerspruch zu seinen Einstellungen und Meinungen steht.

Das wird unter anderem damit erklärt, daß die Individuen *kognitive Dissonanz* vermeiden, die entsteht, wenn sie abweichende Meinungen aufnehmen. Zum Beispiel werden konservative Leser weniger die *Frankfurter Rundschau* lesen, progressive Leser werden an der *Welt* wenig Gefallen finden.

---

[2] Die Wissenskluft, welche der Medienkonsum hinterläßt und verstärkt, wird als relativ starke und gesellschaftlich problematische Medienwirkung eingestuft. Das gilt auch für die gesellschaftliche Themensteuerung, die durch die Medien erfolgt (vgl. auch *Katz*, 1992, S. 202).

[1] Diese breite Perspektive stellt die Massenkommunikationsforschung vor Aufgaben, denen sie bis heute nicht annähernd gerecht werden konnte. Dafür ist nicht zuletzt der beschränkte Einsatz von wissenschaftlichen Forschungsmitteln verantwortlich. Die staatlichen und kommerziellen Massenmedien (Rundfunk, Fernsehen, Zeitschriftenverlage) unterstützen die wissenschaftliche Forschung relativ wenig, treiben aber selbst auch nur wenig Forschung, die zur Erklärung der Kommunikationswirkungen beitragen könnte.

Für die selektive Aufnahme von Informationen ist nach *Freedman, Sears* et al. (1981, S. 447 ff.) nicht nur die subjektive Motivation verantwortlich, solchen Medien auszuweichen, deren Inhalt den eigenen Meinungen und Einstellungen zuwiderläuft. Es gibt auch noch andere Gründe, nicht zuletzt die Anpassung der Medien (Journalisten) an die Erwartungen der Empfänger bzw. Käufer.

Das massenmediale Informationsangebot wird nicht nur selektiv aufgenommen, sondern auch selektiv *ausgewertet*. Das heißt: *Wenn* jemand einem Medium ausgesetzt ist, dann wird er von den gebotenen Informationen bevorzugt solche aufnehmen, die mit seinen Prädispositionen übereinstimmen. Außerdem wird er die aufgenommenen Informationen entsprechend seinen Prädispositionen weiterverarbeiten (interpretieren, behalten usw.):

„Wenn sich die Menschen also tatsächlich in der Hauptsache den Kommunikationen aussetzen, die mit ihren Überzeugungen in Einklang stehen, und andere Informationen vermeiden, wenn sie außerdem dazu neigen, zuwiderlaufende Aussagen zu vergessen, und wenn sie schließlich in der Erinnerung Aussagen verfälschen, dann ist es doch offensichtlich, daß die Massenkommunikation kaum ihre Standpunkte verändern kann. Im Gegenteil, sie wird bestehende Auffassungen bestätigen und bestärken." (*Klapper,* 1970, S. 89; vgl. auch *Klapper,* 1973).[2]

Diese Behauptung wird **Verstärkungshypothese** genannt:

> Massenkommunikation wirkt hauptsächlich dadurch, daß sie vorhandene Meinungen bestätigt und verstärkt.

Allgemein gesehen haben wir es mit dem bereits im Kapitel über persönliche Kommunikation erörterten Ergebnis zu tun, daß unterschiedliche subjektive *Prädispositionen* wesentlich für die Kommunikationswirkungen verantwortlich sind.

In späteren Untersuchungen zur Verstärkungshypothese hat sich herausgestellt, daß ihre allgemeine Formulierung zu undifferenziert bzw. unvollständig ist.[3] Es fehlt an einer genauen

- Abgrenzung von Rahmenbedingungen,
- Operationalisierung der Variablen.

Die Forschung zur beeinflussenden Kommunikation, etwa durch die *Yale*-Schule, hat überzeugende Belege dafür gesammelt, daß es unter bestimmten Bedingungen durchaus gelingt, Einstellungen und Meinungen der Empfänger zu verändern. Wir kommen darauf weiter unten unter dem Stichwort *„Überzeugungswirkungen"* noch zurück.

---

[2] Die Verstärkungswirkung wurde im Laufe der Zeit unterschiedlich beurteilt. Während man zunächst von starken Wirkungen ausging, hat man nach dem Kriege eher begrenzte Wirkungen von Massenmedien festgestellt. Empirische Untersuchungen der letzten Zeit bestätigen wieder die Verstärkungshypothese, spezifizieren allerdings die Beeinflussungsbedingungen.

[3] Vgl. *Schenk* (1987) mit einer Erörterung verschiedener theoretischer Ansätze.

An dieser Stelle sind bereits einige allgemeine Bedingungen anzugeben, welche die Beeinflussung von Meinungen durch die Massenkommunikation ermöglichen:

Wenn die Empfänger von sich aus für eine Beeinflussung offen und auf diese vorbereitet sind, kann die Massenkommunikation einen wesentlichen Beitrag zur Bildung und Veränderung von Meinungen liefern. Das ist vor allem dann der Fall, wenn jemand *aktiv* nach Anhaltspunkten für die Meinungsbildung sucht oder *neue* Meinungen bildet.

Der Einfluß der Massenmedien wird besonders wirksam, wenn die neu gebildeten Meinungen nur in einem schwachen Zusammenhang mit bereits vorhandenen und verfestigten Meinungen stehen (*Freedman, Sears* et al., 1981, S. 453).

Zu den Bedingungen, welche die Beeinflussungswirkungen der Massenkommunikation besonders *erschweren*, gehört eine Bindung des einzelnen an Einstellungen und Meinungen, die durch interpersonelle Kommunikation in Bezugsgruppen „kontrolliert" werden. (Auf diese Interdependenz von Massenkommunikation und persönlicher Kommunikation sind wir bereits mehrfach eingegangen.)

Was die **Operationalisierung** der Variablen betrifft, so haben wir zu beachten, daß die Abweichungen zwischen den Ergebnissen der Umfrageforschung (geringer Einfluß der Massenmedien) und der experimentellen Forschung (starker Einfluß der Massenmedien) schon allein dadurch zustande kommen, daß die Empfänger der Kommunikation unterschiedlich ausgesetzt sein können.

Auch vom *Gegenstand* der Kommunikation können sich systematische Unterschiede ergeben. In Experimenten werden häufig relativ uninteressante Meinungsgegenstände (zum Beispiel bezüglich des Konsumverhaltens) ausgewählt, in der Feldforschung stehen eher aktuelle und persönlich wichtige Meinungen – wie die Haltung zu politischen Parteien – im Mittelpunkt. Letztere sind ja relativ schwer zu beeinflussen.[4]

Wirkung durch Thematisierung (Agenda Setting): Diese Konzeption[5] kann als Ergänzung zur Verstärkungshypothese aufgefaßt werden. Sie läßt sich auf folgenden Nenner bringen:

> Die Massenmedien bestimmen weitgehend, mit welchen Themen sich das Publikum beschäftigt und über welche es nachdenkt (Thematisierungsfunktion).[6]

---

[4] Weitere Erklärungen zu den Differenzen zwischen den Forschungsrichtungen resultieren aus den unterschiedlichen Auswertungsmethoden.

[5] Vgl. dazu die Beiträge im 11. Band des Communication Yearbook (*Anderson*, 1988) sowie die Literaturanalyse von *Gleich* und *Groebel* (1994).

[6] *O'Guinn* und *Faber* (1991) machen darauf aufmerksam, daß „Agenda Setting" auch einzelne Aspekte eines Themas betreffen kann, die Meinungen besonders beeinflussen. Eine Operationalisierung der Überzeugungswirkungen einzelner Themen ist mittels Multiattributmodellen (vgl. dazu das Kapitel über Einstellungsmessung in diesem Buch) möglich.

Die Medien sind dafür verantwortlich, über *welche* Themen (Gegenstände) die Leute nachdenken und sich eine Meinung bilden, aber weniger dafür, wie sich die Leute im einzelnen zu diesen Themen stellen. Man kann auch sagen, die Massenmedien geben die Tagesordnung für die öffentliche Diskussion an (*Noelle-Neumann,* 1980, S. 220).

Die entscheidende Auswirkung der Thematisierung von seiten der Journalisten (diese werden durch Auswahl und Bearbeitung der Themen zu „Torhütern" der öffentlichen Meinung) liegt darin, daß das Publikum seine Wahrnehmung darüber, was wichtig ist und zum Gegenstand gedanklicher und emotionaler Zuwendung wird, den Medien anpaßt.[7] Im Hinblick auf die mögliche Themenvielfalt für die öffentliche Diskussion bedeutet dies eine erhebliche Meinungslenkung, die nicht zuletzt dafür verantwortlich ist, ob *gesellschaftliche* Probleme beachtet und dadurch auch einer Lösung zugänglich gemacht oder einfach übergangen werden *(vgl. Abbildung 133).*

Abbildung 133: Thematisierung der Ozongefahr durch die Presse

Anmerkung: Die Presse bestimmt ebenso wie andere Massenmedien, welche Themen auf der „Tagesordnung" stehen. Auf diese Weise werden gesellschaftliche Probleme entweder thematisiert oder in den Hintergrund gedrängt.

Die Forschung hat ergeben, daß die Beziehungen zwischen der Thematisierung durch die Medien und der Themenübernahme durch das Publikum ziemlich komplex sind, so daß man nicht einfach davon ausgehen kann, daß Themen, die von den Medien nach vorne geschoben werden, vom Publikum auch wirklich übernommen werden: Die Wirkung der Thematisierung ist zwar direkt davon abhängig, wie stark sich die Empfänger den Me-

---

[7] Vor allem Zeitungen und Fernsehen bestimmen, welche Themen beachtet und diskutiert werden.

dien aussetzen; sie weist aber in Abhängigkeit von der Art des Mediums, von den Personenmerkmalen und von den sozialen Umfeldbedingungen ganz erhebliche Unterschiede auf (*DeFleur* und *Dennis*, 1991, S. 330ff.).

Die Thematisierungswirkung der Medien kann auch für die *Werbung* genutzt werden:

Sutherland und *Galloway* (1981) unterstellen, daß starke Werbung, die zu einer häufigen Präsenz des Produktes in den Massenmedien führt, eine Marke „thematisiert" und in den Augen der Konsumenten wichtig macht. Dieser Effekt wird bei ausgesprochenen „Low-Involvement-Produkten" in der Regel ausreichen, um ein Kaufverhalten anzuregen, selbst wenn die Werbung noch keine Beeinflussungswirkungen in dem Sinne entfaltet, daß sie eine Einstellungsbildung oder Einstellungsänderung bezüglich der Produkte bewirkt. Mit diesem Ansatz beschäftigen sich auch *Schenk, Donnerstag* et al. (1990, S. 93–99) sowie *Kroeber-Riel* (1993c).

c) Überzeugungswirkungen

Eine dritte Hauptwirkung neben der Informations- und Beeinflussungswirkung ist die Überzeugungswirkung der Massenkommunikation. Unter *Überzeugungswirkungen* lassen sich alle Einflüsse der Massenmedien auf die Einstellungen des Publikums zusammenfassen. Sie kommen durch ein Zusammenspiel von Informationsvermittlung und emotionaler Einwirkung zustande.

Die Überzeugungswirkungen umfassen

● die Verstärkung bestehender Einstellungen,
● die Veränderung der Einstellungen.

Die Verstärkung von Einstellungen hat vor allem dann wesentliche gesellschaftliche Konsequenzen, wenn bestimmte politische Überzeugungen gestärkt, andere geschwächt werden und so in die politische Steuerung eingegriffen wird.

Die Verstärkung von bestimmten Einstellungen kann indirekt auch eine Einstellungsänderung bewirken: Das ist dann der Fall, wenn die Medien das Publikum dazu bringen, ihre Einstellungen öffentlich zu äußern und zu vertreten. Am öffentlich wahrnehmbaren Meinungsklima, das unter anderem in persönlichen Gesprächen, Demonstrationen, dem Tragen von Abzeichen usw. zum Ausdruck kommt, können sich dann anders eingestellte Personen orientieren und so ihre Einstellungen ändern.[1]

Die Verstärkung von Einstellungen und die Änderung von Einstellungen (durch eine vom Sender erreichte Überzeugung) sind *alternative* Wirkungen. Es hängt von der Art und von den Einsatzbedingungen der Massenkommunikation ab, welche Alternative zum Zuge kommt.

---

[1] Das Buch von *Noelle-Neumann* „Die Schweigespirale" (1980) analysiert anhand langjähriger Forschungserfahrungen der Verfasserin das Zusammenspiel zwischen Massenmedien, öffentlicher Meinung und Meinungsbildung des einzelnen. Der oben wiedergegebene Zusammenhang ist nur ein Teil dieses Wirkungszusammenhanges; vgl. dazu auch *Roberts* und *Bachen* (1981, S. 327).

Die *direkten* Überzeugungswirkungen der Massenkommunikation werden durch empirische Untersuchungen deutlich belegt. Sie sind bei langfristigen Einwirkungen der Massenmedien vor allem dann zu erwarten, wenn

- systematisch und professionell Überzeugungstechniken (Sozialtechniken) eingesetzt werden,
- Einstellungen und Meinungen gegenüber Gegenständen beeinflußt werden, die für den Empfänger keine zentrale Bedeutung haben.

Die Untersuchungen zur beeinflussenden Kommunikation beispielsweise durch Werbung (aus der „Persuasionsforschung") weisen nach, daß der systematische Einsatz von Techniken der beeinflussenden Kommunikation wie emotionales Konditionieren eine erfolgreiche Verhaltenssteuerung ermöglicht – oft ohne daß den Empfängern die Beeinflussung bewußt wird. Durch wirksame und professionelle Sozialtechniken können sogar relativ zentrale Einstellungen und Verhaltensweisen geändert werden, die im allgemeinen als schwer beeinflußbar gelten.

Die vom *Marketing* mittels Massenkommunikation angestrebte Beeinflussung von Konsumenten bezieht sich fast nur auf Meinungsgegenstände wie Marken oder Einkaufsstätten, die für die Empfänger von untergeordneter Bedeutung sind, verglichen mit Themen aus anderen Bereichen wie Beruf oder Politik. Es ist deswegen verständlich, daß die Werbung erheblich größere Überzeugungswirkungen erzielt als eine Massenkommunikation in wichtigeren Lebensbereichen.[2]

Für Sozialtechniken besonders wirksam erweisen sich Strategien und Techniken der Bildverwendung. Bilder entfalten starke Überzeugungswirkungen, die u. a. dadurch zustande kommen, daß sie die gedankliche Kontrolle der Empfänger unterlaufen. Nach Erkenntnissen der Werbeforschung lassen sich dadurch langfristige Einstellungsveränderungen erreichen (im einzelnen *Kroeber-Riel*, 1993). Diese Erkenntnis läßt sich in allen gesellschaftlichen Bereichen umsetzen. Alles in allem:

> Unter sozialtechnischer Perspektive entfalten Medien direkte und starke Überzeugungswirkungen.

d) Nutzenwirkungen

Bei der bisherigen Darstellung der Medienwirkungen war der Blick vom Sender auf den Empfänger gerichtet: Es ging darum, was die Medien dem Publikum „antun".

---

[2] *Katz* (1992, S. 212) bringt die Erkenntnisse der neueren Forschung auf folgenden Nenner: Die Forschungsrichtungen sind „einig in dem Glauben, daß die Medien über persuasive Kräfte verfügen, obwohl diese subtiler und hinterlistiger sind, als bisher angenommen wurde… Die Medien sind auch in der Lage, einen direkten Einfluß auszuüben, und zwar in dem Sinne, daß zwischenmenschliche Faktoren und Selektivität neutralisiert werden!"

In den letzten zwei Jahrzehnten wurde ein weiterer Ansatz der Medienforschung entwickelt, der als *Nutzen-* oder *Belohnungsansatz* bezeichnet wird. Dieser Ansatz geht von einem *aktiven* Publikum aus, das die Medien bewußt und selektiv nutzt, um seine Bedürfnisse zu befriedigen und um auf diese Weise durch die Mediennutzung Belohnungen (Gratifikationen) zu erhalten.

Die Nutzen- und Belohnungsforschung richtet sich vor allem (1) auf das soziale und individuelle Zustandekommen der Bedürfnisse, die *hinter* der Mediennutzung stehen und die davon abgeleiteten Erwartungen an das Medienangebot, sowie (2) auf die von den Erwartungen bestimmten Muster der Mediennutzung, die daraus folgende Bedürfnisbefriedigung und ihre individuellen und gesellschaftlichen Konsequenzen. Vereinfacht gesagt folgt diese Forschungsrichtung der Frage: Was sucht und findet das Publikum in der Mediennutzung?

Diese Sicht ist also mehr vom Empfänger auf den Sender gerichtet. Insofern kann der Nutzen- und Belohnungsansatz als „Gegenposition zum Wirkungsansatz angesehen werden. Andererseits können die Publikumsbedürfnisse aber auch als intervenierende Variable in die (traditionelle) Wirkungsforschung eingeführt werden und so einen Beitrag zur Verbindung der beiden Ansätze leisten" (*Schenk*, 1987, S. 383).[1]

Nach dem Nutzen- und Belohnungsansatz treten vor allem die Funktionen der Massenkommunikation in das Blickfeld, dem Publikum etwas zu bieten und seine Wünsche zu erfüllen. Wir können diese Funktionen unter anderem wie folgt einteilen:

(1) nach dem psychologischen Nutzen durch:

- Aktivierung und emotionale Stimulierung,
- gedankliche Anregung;

(2) nach dem inhaltlichen Angebot:
- Unterhaltung und Entspannung,
- Information und Bildung,
- Normen und Verhaltensmuster;

(3) nach den medienspezifischen Beiträgen der
- Druckmedien (Printmedien),
- Funkmedien (elektronische Medien).

Zu (1) Psychologischer Nutzen: Die *Aufmerksamkeit* ist die erste und wichtigste Barriere auf dem Weg zum Empfänger der Kommunikation. Für die Wirkungen der Massenkommunikation ist sie besonders wichtig, weil der Empfänger nicht wie bei der persönlichen Kommunikation gezielt auf bestimmte Kommunikationsinhalte aufmerksam gemacht werden kann. Vielmehr hängt es von der *Stimulierung* seiner Aufmerksamkeit durch äußere Aufmachung und den Inhalt der Medien ab, welche Informationen er aus dem riesigen Angebot aufnimmt.

---

[1] Vgl. dort auch eine Zusammenfassung und Erörterung des Nutzen- und Belohnungsansatzes (*Schenk*, 1987, S. 379–420).

Durch die zunehmende Medienkonkurrenz wird es immer schwieriger, die Aufmerksamkeit der Empfänger für eine bestimmte Sendung (Nachricht) zu erreichen. Es ist deswegen damit zu rechnen, daß die Massenmedien in Zukunft mehr als bisher professionelle Sozialtechniken einsetzen, um gezielt Aufmerksamkeit auszulösen und die Zuwendung der Empfänger zu erlangen. Dies werden insbesondere manipulative – vom Empfänger nicht durchschaute – Techniken einer aktivierenden Informationsverpackung sein.[2]

Andererseits sucht auch das Publikum *von sich aus* Anregungen in den Programmen durch *aktivierende* Sendungen und durch emotionale Erlebnisvermittlung.

Als gedankliche (kognitive) Anregungen dienen vor allem Informationen, die den Empfänger interessieren und dementsprechend „belohnen". Ein auffallender Trend ist dabei die Bevorzugung von solchen Informationen, die besonders unterhaltsam verpackt sind, in den Vereinigten Staaten „Infotainment" genannt (*Krüger*, 1988, S. 644).

Dieser Trend läßt sich auf den vordringenden Medienstil unseres Fernsehzeitalters zurückführen, der dadurch gekennzeichnet ist, daß Unterhaltung zur „Superideologie" und zum „natürlichen Rahmen jeglicher Darstellung von Erfahrung" gemacht wird (*Postman*, 1993, S. 110).

Diese Entwicklung ist auch für die Werbung beachtenswert: Die unterhaltsame Aufmachung von Informationen wird in Zukunft – auch nach Ansicht von führenden Werbeagenturen in Deutschland – zur notwendigen Bedingung für eine wirksame Informationsvermittlung durch die Werbung werden (*Andresen* und *Ruge*, 1985).

Zu (2) Inhaltliches Angebot: Oft werden Massenmedien nur aus Langeweile benutzt, um die Zeit auszufüllen. In diesem Fall erfolgt der Mediengebrauch ziemlich wahllos und auch unabhängig vom Inhalt. Das gilt beispielsweise für die Benutzung von Funkmedien als *Sekundärbeschäftigung:* Man denke an die Hausfrau, die während ihrer Hausarbeit pausenlos das Radio laufen läßt und das gesamte Programm eines Senders über sich rieseln läßt.

Das wohl wichtigste Motiv für den Mediengebrauch scheint das Bedürfnis zu sein, *Spaß und Unterhaltung* zu haben, sich zu zerstreuen und zu entspannen.

Um das zu erreichen, werden Medien und Kommunikationsinhalt vom Empfänger selektiert. Zugleich zeigen sich hier die von den Massenmedien gebotenen Möglichkeiten zur Realitätsflucht der Empfänger. Das Bedürfnis nach Unterhaltung und Zerstreuung prägt die Kommunikationsstrategien der großen Funkmedien. Das wird unter anderem durch eine Untersuchung von *McDonald* und *Russel* (1988) bestätigt. Danach folgt auf eine starke Zustimmung von Zuschauern zu Fernsehprogrammen in den folgenden Jahren eine Ausweitung des entsprechenden Programmtyps.

---

[2] Zur wachsenden „Aktivierungskonkurrenz" der Medien vgl. *Kroeber-Riel* (1987, 1988, S. 119 ff.).

Das Eingehen auf die Wünsche des Publikums nach Unterhaltung und Amüsement hat die Massenmedien, insbesondere die Funkmedien, bei den Kulturkritikern in den Verruf gebracht, Volksverdummung zu betreiben und das Publikum in einer Scheinwelt zu halten, in der es um so eher dem Einfluß herrschender politischer Kräfte ausgesetzt ist.

Man darf bei einiger Berechtigung dieser Kritik aber nicht übersehen (wenn man systemkonform argumentieren will), daß dem Einfluß informativer und bildender Sendungen – die, wie man heutzutage sagt, zur Bewußtseinsbildung beitragen – enge Grenzen gesetzt sind, weil sich das Publikum solchen Sendungen nur sehr beschränkt aussetzt. *Abbildung 134* zeigt die Einstellungen gegenüber Sendungstypen, die u. a. auch dazu beitragen, das Programmangebot zu gestalten.

Die stärker auf Publikumswünsche eingestellten privaten Sender bieten wesentlich mehr unterhaltsame Programme und weisen eine größere zeitliche Dynamik der Programmgestaltung auf.

Sendungstypen		Spielfilm	Nachrichten	Action/Krimi	Ratgeber	Dokumentar	Sport	Kultursendung	Musiksendung	Polit. Magazin	Quiz/Show	Familienserie
Einstellung		60	45	28	23	4	-13	-15	-16	-20	-45	-49
Attribut	Bewertung	Zuschreibung										
aktuell	84	-67	1,59	-77	81	74	73	69	26	1,17	-38	-77
spannend	29	80	16	1,12	-31	-14	37	-53	-51	-11	-12	6
Hintergrund	26	-62	1,07	-85	90	91	-4	44	-42	1,10	-37	-89
Phantasie	9	22	-12	26	2	5	-77	3	-23	-13	-13	-40
gute Laune	1	54	-88	42	-53	-51	-40	-39	55	-79	11	-6
Gespräche	-6	28	91	14	4	23	8	-7	-26	57	-22	-17
Neues	-9	-58	-82	-73	51	-56	-58	-10	-46	-62	-55	-85
ablenkend	-37	69	-60	75	-39	-44	-27	-18	53	-70	16	8
Menschen	-96	86	30	71	-65	-52	32	-35	62	-20	60	45

Abbildung 134: Einstellungen gegenüber Sendungstypen

Anmerkung: Die Zeilen und Spalten sind so angeordnet, daß in der ersten Spalte der am positivsten und in der letzten Spalte der am negativsten bewertete Sendungstyp steht. Dasselbe gilt für die Merkmalsbewertungen in den Zeilen.

Quelle: Hasebrink und *Doll* (1991).

Zu (3) Medienspezifische Beiträge: Die verschiedenen Medien erfüllen im Hinblick auf die unter (1) und (2) besprochenen Wirkungen jeweils bestimmte *Funktionen*. Bücher übernehmen zum Beispiel in stärkerem Maße als Illustrierten die Funktion, Informationen und Bildung zu vermitteln. Das Kino dient fast ausschließlich der Unterhaltung und spricht das Publikum überwiegend emotional an usw. Es ist deswegen aufschlußreich, sich die unterschiedliche funktionale Bedeutung der Massenmedien vor Augen zu führen.

Eine grundlegende Untersuchung über die von den Medien übernommenen Funktionen stammt von *Katz, Gurevitch* et al. bereits aus dem Jahre 1973:

Diese Autoren bestimmten zunächst einmal die *Bedürfnisse* (needs), die nach Ansicht der Befragten durch den Konsum der Massenkommunikation gedeckt werden sollen. Insgesamt wurden 35 Bedürfnisse sehr konkreter Art einbezogen: Bedürfnisse, die sich auf das eigene Selbst beziehen – wie die Bedürfnisse, „unterhalten zu werden, sich selbst kennenzulernen, zu hören, ob andere genauso denken wie man selbst" usw. – oder Bedürfnisse, die sich auf die Beziehungen zur Umwelt beziehen, wie die Bedürfnisse „zu erfahren, was für Leute die Führer des eigenen Landes sind, oder das Bedürfnis, Zeit mit Freunden zu verbringen" (*Katz, Gurevitch* et al.,1973, S. 170f.).

Die Studie belegt die *gegenseitige* **Austauschbarkeit** der **Medien,** wenn es darum geht, die an die Massenkommunikation gestellten Ansprüche der Empfänger zu befriedigen. *Am größten* ist die funktionelle Austauschbarkeit von Fernsehen und Radio. Am geringsten ist sie zwischen Büchern und Fernsehen. Die Analyse dieser Ergebnisse dient dazu, die grundlegenden Probleme der Medienüberlappung und der Medieneffizienz zu erklären (*Katz, Gurevitch* et al., 1973, S. 176).

Die neuen Medien werden voraussichtlich die Funktionen und damit auch die Austauschbarkeit der Medien ändern. Der Videotext der Fernsehanstalten und das *Internet* sind Medien, die vor allem der Informationsvermittlung dienen und deswegen andere informative Medien teilweise ersetzen. Sie erzeugen demzufolge in erster Linie *Informationswirkungen* und können als Informationsinstrumente des Marketing sowie als Informationsquelle für den Konsumenten benutzt werden.[3] Dagegen wird das Spartenfernsehen die Unterhaltungsmöglichkeiten des Publikums erweitern.

3. Werbung als Massenkommunikation

Werbung ist ein Thema, zu dem besonders viele Veröffentlichungen erscheinen. Gleichwohl spielt dieses Thema in der allgemeinen Konsumentenforschung – in Lehrbüchern, auf den jährlichen Kongressen der *Association for Consumer Research* (ACR) usw. – nur eine geringe Rolle. Für diesen erstaunlichen Sachverhalt ist wahrscheinlich auch die *Verselbständigung* der Werbeforschung verantwortlich, die sich von der Konsumentenforschung weitgehend abgekoppelt hat.

Wir gehen im Rahmen des vorliegenden Buches nur auf grundlegende Fragen der Werbewirkung und der Werbestreuung durch Massenmedien ein. Schwerpunkt ist die Darstellung eines von *Kroeber-Riel* entwickelten Modells, welches die „Wirkungspfade" der Werbung zeigt, mit denen man unter verschiedenen Bedingungen zu rechnen hat. Dieses Modell verdeutlicht, daß eine Werbung, die sich an involvierte Konsumenten wendet, ganz

---

[3] Zur Nutzung der neuen Medien beobachtet man Hemmschwellen bei älteren Kunden, Probleme der Informationsüberlastung und nur eine teilweise Befriedigung des Beratungsbedarfs durch Multimedia. Zu Marketingaspekten vgl. auch *Zentes* (1987, insb. S. 43ff.).
Besondere Beachtung für das Marketing hat der *Bildschirmtext (Btx)* gefunden, der eine interaktive Zwei-Wege-Kommunikation ermöglicht. Zur Verwendung von Btx im Marketing vgl. *Meffert* (1983) und speziell im Investitionsgütermarketing *Götz* (1985) sowie zum Bildschirmtext als Informationsquelle für den Konsumenten *Kaps* (1983) und *Ernst* (1985).

andere Wirkungen hat als eine Werbung für wenig involvierte und passive Konsumenten. Im übrigen liegt zur Werbung ein Buch von *Kroeber-Riel* (1993c) vor.[1]

a) Funktionen der Werbung

Definition: Werbung wird definiert als versuchte Einstellungs- und Verhaltensbeeinflussung mittels besonderer Kommunikationsmittel.

Diese Definition grenzt Werbung von anderen Formen der Beeinflussung ab, bei denen keine gesonderten Kommunikationsmittel *(Werbemittel)* eingesetzt werden. Unsere Definition entspricht insofern dem betriebswirtschaftlichen Sprachgebrauch z. B. von *Albach* (1961, S. 624), der unter (Absatz-)Werbung „den planvollen Einsatz von Werbemitteln zur Erzielung bestimmter Absatzleistungen" versteht. Eine andere Form der Meinungsbeeinflussung durch Kommunikation ist das *Personal Selling* oder die *Verkaufsförderung*.

Werbung ist nun nicht schlechthin Beeinflussung, sondern der *systematische Versuch* der Beeinflussung. Würde man nur die Meinungsbeeinflussung als Werbung bezeichnen, so würde ein ergebnisloser Beeinflussungsversuch und damit so manche Werbekampagne nicht unter den Begriff Werbung fallen. Auch diese Überlegung ist in der Definition von *Albach* enthalten, und zwar durch den Ausdruck „planvoller Einsatz von Werbemitteln".

Wenn von Werbung gesprochen wird, meint man üblicherweise die *Absatzwerbung* auf dem Markt, also nur die auf die Erzielung von Absatzleistungen gerichtete Meinungsbeeinflussung. Bei anderen Zielsetzungen ist der Werbebegriff zu spezifizieren in politische Werbung, kirchliche Werbung, kommunale Werbung usw. Für diese anderen Arten von Werbung stehen auch andere Begriffe wie Propaganda, Public Relations o. ä. zur Verfügung.

Normative Betrachtung: Durch unsere Definition vermeiden wir, die Werbung von vornherein als einen normativen Begriff zu verstehen wie in der älteren Literatur, z. B. bei *Seyffert* (1966, Bd. 1, S. 7). Er schreibt: „Werbung ist eine Form der seelischen Beeinflussung, die durch bewußten Verfahrenseinsatz zum freiwilligen Aufnehmen, Selbsterfüllen und Weiterpflanzen des von ihr dargebotenen Zweckes veranlassen will." Diese *normative* Abgrenzung des Begriffes Werbung hat mehrere *Nachteile*: Zunächst ist nicht klar, was ein „freier Wille" ist und wie man ihn messen kann. Vor al-

---

[1] Inzwischen gibt es neben der verbreiteten amerikanischen Literatur zur Werbung zahlreiche deutsche Arbeiten, die eher betriebswirtschaftlich orientiert sind: *Unger* (1989) oder *Koppelmann* (1981) sowie *Tietz* und *Zentes* (1980); mehr verhaltenswissenschaftlich ausgerichtet sind *Kroeber-Riel* (1991); *Schenk, Donnerstag* et al. (1990); *Schweiger* und *Schrattenecker* (1989) und *Meyer-Hentschel* (1993). Den Zusammenhang zwischen Werbewirkung und Kaufverhalten untersucht mit zahlreichen Befunden *Mayer* (1990).
Aus der amerikanischen Literatur sind solche Werke hervorzuheben, die aus der Konsumentenforschung (angewandten Kommunikationsforschung) stammen, wie *Belch* und *Belch* (1992); *Rossiter* und *Percy* (1995); auch *Rothschild* (1987) sowie *Ray* (1982). Als Zeitschriften sind vor allem das *Journal of Advertising* und das *Journal of Advertising Research* sowie *Current Issues and Research in Advertising* zu nennen.

lem aber: Durch die normative Definition von *Seyffert* wird das Untersuchungsfeld der Werbelehre von vornherein auf einen für wünschenswert gehaltenen Sachverhalt eingegrenzt. Andere Sachverhalte, wie die unterschwellige Beeinflussung, werden außer acht gelassen, „da sie keine Werbung sind" (*Seyffert*, 1966, Bd. 1, S. 6).

Eine solche Festlegung des Werbebegriffes dient dazu, die Wirklichkeit zu *entproblematisieren*: Erscheinungen, die man moralisch nicht akzeptieren will, braucht man auch nicht zu untersuchen, sie werden per definitionem aus der Wissenschaft ausgeschlossen. Diese Strategie dient offensichtlich der *Rechtfertigung* der Werbewissenschaft: Durch die normative Definition und Abgrenzung des Untersuchungsfeldes wird kundgetan, daß man sich nur mit der Werbung beschäftigt, die moralisch einwandfrei und gesellschaftlich akzeptabel ist.

Durch die Erörterung von normativen Fragen sind wir mitten in die Diskussion der **gesellschaftlichen Probleme** der Werbung geraten. Wie man sieht, sind Werbewissenschaftler zwar bereit, Techniken zur Beeinflussung des Konsumenten zu entwickeln, sie wollen aber einige peinliche Konsequenzen der Werbung, wie die gezielte Beeinträchtigung der menschlichen Entscheidungsfreiheit und die Konditionierung des Menschen im Dienste des Marketing, nicht wahrhaben. *Man will manipulieren, aber nicht in den Ruf des Manipulierers kommen.*

Dem muß man einerseits entgegenhalten, daß die *empirischen* Wirtschafts- und Sozialwissenschaften die Wirklichkeit so erfassen sollten, wie sie ist. Andererseits muß sich aber auch der Wissenschaftler – nach unserer wissenschaftstheoretischen Auffassung – um die Verwertung seines Wissens kümmern und fragen, welche Konsequenzen die Anwendung seiner Erkenntnisse für ein soziales System hat. Dabei kann er primäre Werturteile nicht umgehen. In programmatischer Weise ist deswegen von der *Werbewissenschaft* zu fordern:

- die metaphysische Annahme von der „Willensfreiheit" des Menschen aufzugeben,
- die durch Werbung ausgeübte Beeinflussung ohne Schönfärberei beim Namen zu nennen und zu untersuchen,
- die gesellschaftlichen Folgen der Werbung zu werten und dabei die Wertmaßstäbe offenzulegen sowie
- für eine Mißbrauchsgesetzgebung einzutreten, die den Konsumenten vor einer zu weitgehenden Beeinflussung schützt.

Mit den ideologischen und gesellschaftlichen Fragestellungen der werblichen Beeinflussung setzen sich andere Veröffentlichungen von *Kroeber-Riel* genauer auseinander (*Kroeber-Riel*, 1972d, 1974a, 1974b). Wir formulieren unsere Sicht wie folgt:

Werbung ist eine legitime Sozialtechnik: Die Beeinflussung von Menschen ist ein universeller sozialer Vorgang. Ohne ihn kommt kein soziales System aus.

Werbung wird in jedem Gesellschaftssystem angewandt. Die Kritik an den sozialtechnischen Wirkungen der Werbung konzentrierte sich einseitig auf die kommerzielle Werbung:

Es ist üblich geworden, die durch die Werbung ausgeübte Macht (darunter ist eine einseitig bewirkte Verhaltensbeeinflussung zu verstehen) zu verdammen, wenn sie von den Unternehmungen ausgeht, und sie stillschweigend zu akzeptieren, wenn sie von Kommunen, Parteien, Gewerkschaften usw. ausgeht. Man darf aber nicht übersehen, daß die von *öffentlichen Institutionen* ausgeübte *Beeinflussung* nicht weniger fragwürdig ist als die kommerzielle Beeinflussung. Wenn jemand seinen Wohnsitz nach Berlin verlegt, weil er dem Hauptstadtimage der *Berlin-Werbung* erlegen ist, so kann das mehr und viel gravierendere Veränderungen für ihn bringen, als wenn er diesem und jenem Appell der kommerziellen Werbung folgt. Das Argument, der öffentliche Zweck rechtfertige die persönlichen Nachteile, besticht lediglich durch seinen vordergründigen sozialen Appeal, aber nicht durch sachlichen Inhalt.

Die Macht der Werbung wird wahrscheinlich noch am ehesten unter Kontrolle gehalten, wenn sie dezentralisiert ausgeübt wird, das heißt, wenn mehrere Institutionen wie Unternehmen, Parteien oder Gewerkschaften versuchen, ihre konkurrierenden Ziele mit der Werbung durchzusetzen.

Für den Wissenschaftler geht es darum, die durch Werbung entstehenden Beeinflussungen festzustellen, zu erklären und dazu beizutragen, daß die Macht nicht *mißbraucht* wird. Wie dieser Mißbrauch abzugrenzen ist, das ist ein schwieriges Problem, auf das allenfalls Berufsphilosophen und Schwarz-Weiß-Maler schnelle und endgültige Antworten parat haben (vergleiche dazu das Kapitel über Verbraucherpolitik).

Funktionen für den Konsumenten

Vom Konsumenten aus (nicht vom Unternehmer aus) betrachtet, kann man der Werbung *vier* Funktionen zusprechen. Sie vermittelt:

- Zeitvertreib und Unterhaltung,
- emotionale Konsumerlebnisse,
- Informationen für Konsumentenentscheidungen,
- Normen und Modelle für das Konsumentenverhalten.

Unterhaltung: Werbung dient dem Konsumenten oft, vielleicht sogar überwiegend zur Unterhaltung. Der Konsument *amüsiert sich,* wenn er einen lustigen Fernsehspot sieht, er entspannt sich bei den Werbesprüchen von *RTL* oder der Werbemusik von *MTV*. Dieses Ziel der Konsumenten wird oft übersehen und unterschätzt. Wenn man der Werbung vorwirft, sie informiere zu wenig, so könnte man im Hinblick auf diese Funktion der Werbung auch erwidern: um so besser, wenn sie statt dessen den Konsumenten zu kostenloser Unterhaltung verhilft.

Die von den Konsumenten lediglich zur Unterhaltung aufgenommene Werbung kann durchaus einschneidende gesellschaftliche *Wirkungen* haben. Sie trägt zur Sozialisierung bei, sie prägt Vorstellungen und Gefühle der Kinder und Erwachsenen, etwa indem sie Vorurteile bekräftigt. Allgemein gesagt: Sie ist an der Ausformung des Weltbildes der Konsumenten und am Wertewandel beteiligt (*Kroeber-Riel,* 1989b). Auf die damit zusammenhängenden Fragen wird in einem späteren Kapitel über die Sozialisationswirkungen der Werbung eingegangen.

Emotionale Erlebnisse: In Verbindung mit dem Unterhaltungsnutzen der Werbung ist auch die Vermittlung emotionaler Erlebnisse für den Konsumenten zu sehen: Ein erheblicher Teil der Werbung wird aufgenommen, weil sie dem Konsumenten emotionale Erlebnisse vermittelt. Dies gilt vor allem für Werbung mit einem hohen Anteil von Bildern, also für die Fernsehwerbung und für die Zeitschriftenwerbung. Die Abbildung von erotischen Personen oder schönen Landschaften sind Beispiele für emotional anregende Motive: Der Konsument reagiert auf solche Motive aufgrund ihres Aktivierungspotentials weitgehend automatisch, also selbst dann wenn ihn die Werbung vom Inhalt her nicht interessiert und berührt.

Darüber hinaus ist zu vermuten, daß sich Konsumenten aktiv und absichtsvoll emotionaler Werbung aussetzen, weil sie (auch) mit Hilfe der Werbung emotionale Bedürfnisse befriedigen wollen. Aufgrund zunehmender sensualistischer Einstellung wird der Konsument zukünftig noch mehr als bisher emotionale Stimulierung in der Werbung suchen.[1]

Information: Werbung kann durch die von ihr gebotenen Informationen das Entscheidungsfeld der Konsumenten bereichern. Das gilt insbesondere dann, wenn Konsumenten aktiv für ihre *Kaufentscheidungen* nach Informationen suchen. So unterrichtet die Werbung über das Angebot von konkurrierenden Produkten und Dienstleistungen oder über die stoffliche Zusammensetzung eines Gutes. Diese Informationsfunktion der Werbung wird wirtschaftspolitisch gefördert, weil sie die Rationalität der Konsumwahl vergrößert und dadurch auch den Wettbewerb verbessern hilft.

Werbung ist insoweit als ein von den Unternehmungen zur Verfügung gestelltes *Informationspotential* anzusehen, das von den Konsumenten fallweise in Abhängigkeit von ihren Informationsbedürfnissen in Anspruch genommen wird, sonst aber weitgehend vernachlässigt wird.

Die oft vorgetragene Behauptung, die Werbung sei in den letzten Jahren unter dem Einfluß der Verbraucherpolitik und einer angeblich im Vergleich zu früher kritischeren Haltung der Konsumenten informativer geworden, läßt sich nach umfangreichen Inhaltsanalysen des *Instituts für Konsum- und Verhaltensforschung* nicht aufrechterhalten.[2]

Normen und Verhaltensmodelle: In den meisten Fällen werden Produkte oder Dienstleistungen gekauft, ohne daß ein extensiver Entscheidungs-

---

[1] Wir können uns zu diesem Thema kurz fassen, weil wir die emotionale Erlebnisvermittlung durch die Werbung bereits ausführlich im Kapitel B.III.2b. im zweiten Teil des Buches erörtert haben. Vgl. dazu auch *Weinberg* (1995).

[2] Auch Inhaltsanalysen der amerikanischen Werbung, die sich auf die langfristige Entwicklung des Informationsgehaltes der Werbung in den letzten Jahrzehnten beziehen, weisen eine Abnahme der informativen Werbung nach (*Leiss, Kline* et al., 1986, vgl. insb. S. 220).

prozeß vorangegangen ist (*Weinberg, 1981*). Das Kaufverhalten wird dann durch vereinfachte Entscheidungsprozesse bestimmt, es ist mehr oder weniger habitualisiert oder affektiv gesteuert. Der Informationsbedarf und demzufolge die Informationsaufnahme der Konsumenten sind unter diesen Umständen gering.

Die Werbung bietet auch in dieser Hinsicht Anregungen: Sie stellt dem Konsumenten bestimmte Normen bzw. fertige Verhaltensmodelle zur Verfügung, an die sich der Konsument in Kaufsituationen halten kann. Die Übernahme solcher Verhaltensmodelle erfolgt nicht aufgrund von rationalen Problemlösungsprozessen, sie ist vielmehr das Ergebnis eines nicht weiter reflektierten Lernprozesses: Der Konsument *lernt* Verhaltensmuster und „wendet sie an", ohne bewußt über ihre Zweckmäßigkeit zu entscheiden. Beispielsweise vermittelt die Werbung den Konsumenten durch soziale Vergleiche bestimmte Anspruchsniveaus und Standards, die dann die Produktauswahl bei verkürzten bzw. vereinfachten Entscheidungsprozessen bestimmen.

Die durch Übernahme von Verhaltensnormen bewirkte *Vereinfachung* oder Substituierung eigener *Entscheidungen* wird von vielen Konsumenten geschätzt und gesucht. Sie ziehen es oft vor, sich am Verhalten *anderer* zu orientieren, anstatt sich selbst den Kopf über das Für und Wider dieses Verhaltens zu zerbrechen. Ein solches Verhalten erspart also „psychische Kosten".

Es ist folglich eine unangemessene Simplifizierung, Zweckmäßigkeit oder Nutzen der Werbung für den Konsumenten nur unter dem Gesichtspunkt zu sehen, ob die Werbung ihm Informationen für Kaufentscheidungen liefert.

> Die faktisch nachweisbaren Erwartungen der Konsumenten an die Werbung gehen über die Befriedigung von Informationsbedürfnissen weit hinaus.

Für eine normative, wertende Betrachtung dieser speziellen Funktionen der Werbung sollte man zunächst von diesen faktischen Sachverhalten ausgehen. Erst dann ist zu fragen, wieweit man die Werbung reglementieren soll, um gesellschaftlich *nachteilige* Wirkungen der Werbung in den vier Funktionsbereichen auszuschließen.

Eine weitere Frage ist es, ob man aus ideologischen Erwägungen heraus Standards für die Informationsvermittlung setzen soll, an denen sich die Werbung zu orientieren hat, um die Rationalität des Verbraucherverhaltens zu fördern. Bei diesen häufig diskutierten Überlegungen besteht jedoch die Gefahr, von faktisch unzutreffenden Bedingungen des menschlichen Verhaltens auszugehen. Würde man, wie manchmal gefordert wird, zur Förderung des rationalen Verhaltens die Werbung zwingen, nur sachliche Informationen zu liefern, so liefe das zugleich auch auf die – unerfüllbare – Forderung an den Konsumenten hinaus, sein Kaufverhalten nur noch rational und über extensive Entscheidungsprozesse zu steuern.

Die Beschreibung der Funktionen der Werbung verdeutlicht, daß es grundlegende *Konflikte* zwischen den Zielen der Konsumenten und denen der

Unternehmer gibt. Das gilt für alle Funktionsbereiche. Zum Beispiel ist manche Werbung – vom Standpunkt des Unternehmens aus – *wirkungslos*, weil sie nur zur Unterhaltung konsumiert wird. Vom Standpunkt des Konsumenten aus hat eine solche Werbung durchaus ihren Zweck *erfüllt*. Im Hinblick auf ihre Funktionen, zu unterhalten und emotional anzuregen, teilen Werbebotschaften ein Schicksal, das auch andere Beeinflussungsstrategien ereilt, wie Choräle, Predigten und andere Rituale in der Kirche: Sie erbauen und entspannen, haben aber wenig Einfluß auf das geäußerte Verhalten. Sie gehören einfach zu unseren kulturellen *Konsumgewohnheiten*.

Ein weiterer Konflikt, der in Abhängigkeit von der Kommunikationssituation zwischen Konsumenten und Unternehmern entstehen kann, betrifft die Informationsfunktion. Der Konsument wünscht Informationen, der Unternehmer enthält sie ihm aber in seiner Werbung vor. Man könnte noch weitere Konflikte dieser Art aufzählen.

Funktionen für das Marketing

Werbung ist für die Unternehmungen ein absatzpolitisches Instrument. Gliedert man wie *Wöhe* (1993, S. 635) die Absatzpolitik in Anlehnung an *Gutenberg* nach den absatzpolitischen Instrumenten, so gehört die Werbung zu den kommunikationspolitischen Mitteln der Unternehmung.

Die speziellen Ziele, die das Unternehmen mit der Werbung verfolgt, werden meist in *ökonomische Ziele* und in *Kommunikationsziele* eingeteilt. Als ökonomische Ziele sind zum Beispiel die Einführung eines Produktes bei den Konsumenten (Einführungswerbung), die Erhaltung des Kundenstammes oder ganz allgemein des Umsatzes (Stabilisierungswerbung) oder die Vergrößerung von Marktanteilen (Expansionswerbung) zu nennen.

Die Kommunikationsziele kann man als Subziele der *ökonomischen* Ziele auffassen, denn diese lassen sich häufig nicht direkt realisieren. Um ökonomische Ziele zu erreichen, muß man die absatzpolitischen Aktionsmöglichkeiten einer Unternehmung so präzisieren, daß sie als *Sozialtechniken* zur Steuerung des Konsumentenverhaltens formuliert werden können. Beispielsweise muß man, um den Umsatz durch die Werbung zu erhöhen (ökonomisches Ziel), verschiedene Kommunikationstechniken entwerfen und anwenden, wie die Technik der emotionalen Konditionierung eines Markennamens durch einen Fernsehspot, die Veränderung des Images durch die Argumentation einer Anzeige, die Verstärkung vorhandener Verhaltensweisen durch einen einprägsamen Erinnerungsslogan usw. Solange keine konkreten Kommunikationsziele als *Subziele* zur Erreichung der ökonomischen Ziele formuliert werden, kann Werbung nicht planvoll durchgeführt und ihre Wirkung letztlich nicht kontrolliert werden.

Die Werbeziele müssen demzufolge so formuliert werden, daß der Erfolg auf dem Markt den Werbemaßnahmen wenigstens grob zugerechnet werden kann. Das erfordert eine *Operationalisierung* der Ziele durch *konkrete* Kommunikationsziele und eine Operationalisierung der Maßnahmen durch *konkrete* Sozialtechniken wie: Setze in Anzeigen und Funkspots emotionale Konditionierungstechniken ein, um das Ziel „Verbessere (in einer bestimmten Weise) die Einstellung gegenüber der Marke" zu erreichen (vgl. zu dieser Operationalsierung *Kroeber-Riel*, 1991, S. 29–32).

b) Erklärung von Werbewirkungen: Ein Modell der Wirkungspfade[1]

Das nachfolgende Modell umfaßt zunächst die verschiedenen komplexen Teilwirkungen (Verhaltensweisen der Umworbenen), die bei einer Werbewirkungsanalyse zu berücksichtigen sind. Das sind in erster Linie die psychischen Reaktionen der Umworbenen auf die Werbung und das davon bestimmte Kaufverhalten. Wir nennen sie *Wirkungskomponenten* (vgl. *Abbildung 135*).

Nun führt nicht jede Werbung zur gleichen Wirkung. In Abhängigkeit von den Bedingungen, unter denen Werbung stattfindet, löst die eine Werbung diese, die anderer Werbung jene Teilwirkungen aus. Die unter einer bestimmten Bedingung ins Spiel kommenden Wirkungskomponenten und ihre Verknüpfung bezeichnen wir als *Wirkungsmuster* der Werbung.

Die Bedingungen für das Zustandekommen der Wirkungsmuster werden durch zwei *Wirkungsdeterminanten* definiert:

Die erste Determinante bezieht sich auf Unterschiede der Werbung, welcher der Konsument ausgesetzt ist (also auf Unterschiede der dargebotenen *Reize*). Wir unterscheiden *emotionale* und *informative* Werbung.

Die zweite Wirkungsdeterminante bezieht sich auf Unterschiede der Empfänger. Sie wird durch das *Involvement* der Konsumenten angegeben: *Stark* involvierte Konsumenten reagieren anders auf die Werbung als *schwach* involvierte.

Die Einführung dieser Determinanten spiegelt Erkenntnisse wider, welche die Werbeforschung in den letzten Jahren gewonnen hat. Ohne Berücksichtigung der Art der Werbung (emotional oder informativ) und des Involvements der Empfänger (gering oder stark) läßt sich das Zustandekommen der Werbewirkungen nicht mehr erklären (im einzelnen *Kroeber-Riel*, 1993c).

Unser Werbewirkungsmodell arbeitet also mit *drei* Konzepten:

(1) Wirkungskomponenten:
    Das sind die in Frage kommenden „Bausteine" der gesamten Werbewirkung.

(2) Wirkungsdeterminanten:
    Das sind die Bestimmungsgrößen der Werbewirkung. Mit ihnen werden die Bedingungen angegeben, die zu einer bestimmten Werbewirkung führen.

(3) Wirkungsmuster:
    Das sind diejenigen Werbewirkungen von (1), die unter den verschiedenen Bedingungen von (2) zu erwarten sind.

---

[1] Für die kritische Kommentierung und die daraus gewonnenen Anregungen zu diesem Modell sei Herrn Professor Dr. *H. Steffenhagen*, Aachen, gedankt.

Unser *Ziel* ist es, unterschiedliche Wirkungsmuster der Werbung abzugrenzen und zu begründen. Damit sollen solche Auffassungen und Modelle entkräftet werden, nach denen die Wirkungen der Werbung anhand eines einheitlichen Wirkungsmusters beurteilt werden.

Die Bestimmung unterschiedlicher Wirkungsmuster ist Voraussetzung dafür, daß die Werbung so geplant und die Werbewirkung so gemessen werden kann, wie es der jeweiligen Marktsituation entspricht.

Die Wirkungskomponenten

Abbildung 135 stellt die zu unserem Modell gehörenden Wirkungskomponenten und ihre möglichen Verknüpfungen (gestrichelte Linien) zusammen.

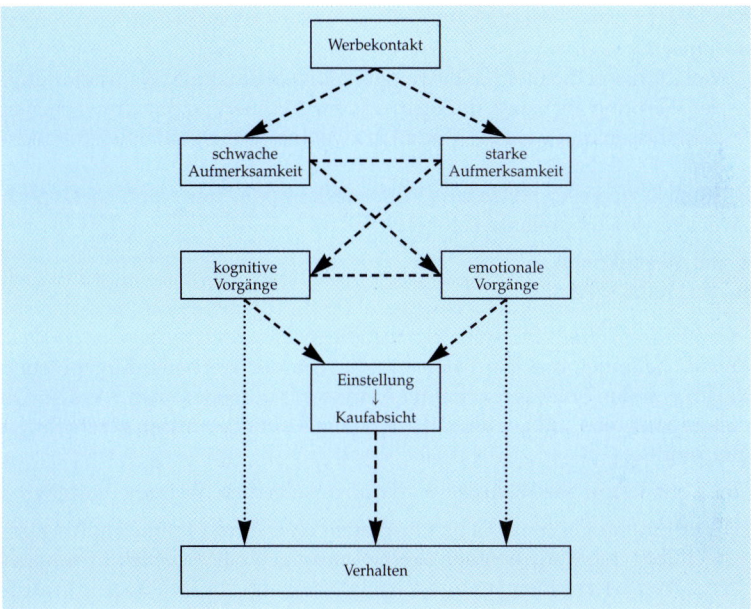

Abbildung 135: Wirkungskomponenten der Werbung (Grundmodell)

Die Wirkungskomponenten umfassen zunächst einmal die von der Werbung angesprochenen Antriebskräfte der Konsumenten und die von ihr bewirkte gedankliche Steuerung des Verhaltens, also aktivierende und kognitive Vorgänge. Es sind:

- *Emotionale* Prozesse:
  Sie repräsentieren die Wirkungen der Werbung auf Emotion und Motivation der Empfänger. Im Modell werden diese beiden aktivierenden Vorgänge zusammengefaßt und zur schnellen Verständlichkeit einfach als „emotionale Vorgänge" ausgewiesen.

- *Kognitive* Prozesse:
  Es handelt sich um die Aufnahme, Verarbeitung und Speicherung der von der Werbung dargebotenen Informationen. Die kognitiven Wirkungen sorgen dafür, daß die von der Werbung angesprochenen Antriebskräfte (Emotion, Motivation) der Empfänger in „rationale Bahnen" gelenkt werden.

- *Einstellung, Kaufabsicht:*
  Man kann sie als Vor-Entscheidungen der Konsumenten verstehen, die durch das Zusammenwirken von emotionalen und kognitiven Wirkungen entstehen und wesentlich dafür verantwortlich sind, ob ein Produkt (eine Marke) gekauft wird.

Eine Sonderstellung unter den psychischen Wirkungskomponenten nimmt die *Aufmerksamkeit* ein. Sie wird nur teilweise von der Werbung beeinflußt, in erheblichem Ausmaß wird sie vom Involvement der Empfänger bestimmt.[2]

- *Aufmerksamkeit:*
  Von ihr hängt die mehr oder weniger aktive Aufnahme (Wahrnehmung) der Werbung ab. Sie ist als Ausdruck der Aktivierung der Umworbenen aufzufassen und wird im Modell in zwei Intensitätsgraden wiedergegeben.

Zusätzlich zu diesen *psychischen* Wirkungskomponenten werden jetzt noch zwei andere Komponenten eingeführt:

- der Werbekontakt,
- das (Kauf-)Verhalten.

Sie bilden Anfang und Ende der Wirkungskette.

Kontakt bedeutet, daß die Werbung (die von der Werbung dargebotenen Reize) von den Sinnesorganen der Empfänger aufgenommen werden. Ob dies bewußt oder unbewußt, mit oder ohne Aufmerksamkeit, geschieht, ist gleichgültig.

Der Kontakt mit der Werbung wird auf verschiedene Weise hergestellt:

(1) Der Empfänger nimmt von vornherein eine aufmerksame Haltung gegenüber den dargebotenen Werbesendungen ein. Beispiel: Er schaltet das Werbefernsehen ein und verfolgt die dargebotenen Spots mit Aufmerksamkeit.

(2) Der Empfänger ist zwar nicht aufmerksam, aber er wendet sich einer einzelnen Werbesendung zu, weil diese gerade eine Orientierungsreaktion (beispielsweise durch laute Musik) auslöst.

(3) Der Empfänger ist passiv und der Werbung nur deswegen ausgesetzt, weil er sich einem bestimmten Medium (unabhängig von der Werbung)

---

[2] Zum System der Wirkungskomponenten gehören nicht nur Größen, die von der Werbung beeinflußt werden, sondern auch solche, die von der Situation der Empfänger (Umworbenen) abhängen. Der Begriff Wirkungskomponente kann also in einem weiten Sinne als „Baustein" für das Zustandekommen der Gesamtwirkung bzw. des Erfolges der Werbung (= Beeinflussung des Kaufverhaltens) verstanden werden.

ausgesetzt hat. Jemand ist z. B. der Funkwerbung ausgesetzt, weil er wegen der Unterhaltungsmusik gerade Radio hört und das Radio bei den zwischendurch eingeschalteten Werbesendungen nicht ausschaltet.

Gerichtete Aufmerksamkeit ist also nur *ein* Grund für den Werbekontakt, dessen Bedeutung in der klassischen Werbeforschung maßlos übertrieben wird. Werbewirkungen kommen auch zustande, wenn die Werbung nebenbei, flüchtig, ohne Absicht und Aufmerksamkeit aufgenommen wird.

Das (Kauf-)*Verhalten* ist die von der Werbung angestrebte „Endwirkung". Daß das Verhalten in unserem Modell wie in anderen Modellen unmittelbar als Folge von psychischen Wirkungen (zum Beispiel als Folge der von der Werbung hervorgerufenen Einstellung) verstanden wird, macht deutlich, daß die zeitliche Dimension und damit die zeitlichen Verschiebungen der Teilwirkungen vernachlässigt werden.

Alle angegebenen Wirkungskomponenten sind *komplexe* Größen. Zu ihrem Verständnis ist auf die Darstellung der psychischen Determinanten im zweiten Teil dieses Buches hinzuweisen. Für die Anwendung des Modells sind die Wirkungsdeterminanten in Abhängigkeit von der jeweiligen Fragestellung noch weiter aufzugliedern und zu operationalisieren.[3]

Die Wirkungsdeterminanten

Sie dienen dazu, die Bedingungen zu definieren, unter denen die Werbung unterschiedliche Wirkungen entfaltet.[4] Es kommen zahlreiche Bestimmungsgrößen in Frage, zum Beispiel die für die Werbestreuung eingesetzten Medien oder die Übertragungsmodalität: Fernsehwerbung wirkt anders als Zeitschriftenwerbung, eine Werbung mit Bildern anders als eine reine Textwerbung.

Die beiden wichtigsten Determinanten im Modell sind:

● die *Art* der *Werbung*
(emotional oder informativ oder gemischt),
● das *Involvement* der Konsumenten
(geringes oder hohes Involvement).[5]

---

[3] Das gilt vor allem für die genauere und operationale Abgrenzung der einzelnen Variablen der kognitiven und emotionalen Wirkungen. In diesem Zusammenhang ist darauf aufmerksam zu machen, daß die psychischen Verhaltensgrößen wie Emotion oder Einstellung der Konzeption unseres Buches entsprechend als manifeste psychische Prozesse aufzufassen sind.

[4] Die Wirkungsdeterminanten sind als *Indikatoren* der *Werbesituation* zu sehen. Sie lassen einen Schluß auf ein bestimmtes Werbewirkungsmuster zu. Zum Beispiel kann die Verwendung eines erotischen Frauenbildes in der Anzeigenwerbung als Indikator für emotionale Werbung, die Streuung von Werbung durch Rundfunk (im morgendlichen Unterhaltungsprogramm) als Indikator für das geringe Involvement der Empfänger herangezogen werden.

[5] Ferner muß die Werbewiederholung beachtet werden (vgl. *Kroeber-Riel*, 1993c, S. 95ff.).

Kombiniert man die beiden zuerst genannten Determinanten, so erhält man sechs Konstellationen. Jede dieser Konstellationen gibt eine spezielle *Bedingung* für die Werbewirkung an:

	stark involvierte Konsumenten	schwach involvierte Konsumenten
informative Werbung	1	2
emotionale Werbung	3	4
gemischte Werbung	5	6

Zu den beiden Determinanten und ihren Ausprägungen ist folgendes zu sagen:

Art der Werbung: Als *informative* Werbung verstehen wir hier eine Werbestrategie, die sich im wesentlichen darauf beschränkt, dem Empfänger sachliche Informationen zu vermitteln. Das sind beispielsweise Informationen über den Preis, über Design, Firmengröße, Angebotsbedingungen usw. Ein Beispiel für informative Werbeanzeigen gibt *Abbildung 136a* wieder.

In der *emotionalen* Werbung dominiert dagegen die Darbietung emotionaler Reize wie Bilder einer Traumlandschaft oder politische Reizwörter. Die emotionale Werbebotschaft kann sich direkt auf das Produkt – allgemein gesagt: auf das Werbeobjekt – beziehen. Oder sie wird lediglich in einem räumlichen oder zeitlichen Zusammenhang mit dem Produkt dargeboten. Die in *Abbildung 136b* dargestellte Anzeige repräsentiert diesen Typ von Werbung.

Wenn es darum geht, ein Werbemittel der emotionalen oder der informativen Werbung zuzurechnen, tauchen kaum Abgrenzungsprobleme auf. Diese sind schon eher zu erwarten, wenn wir diese beiden Extremtypen der Werbung gegen die dritte Art von Werbung abgrenzen, mit der wir es zu tun haben: Das ist die *gemischte* Werbung, die sowohl einen informativen als auch einen emotionalen Inhalt hat. Sie macht bei weitem den größten Teil der Werbung aus und arbeitet meistens nach dem klassischen Schema: Appelliere an ein Bedürfnis und zeige, daß dein Angebot geeignet ist, dieses zu befriedigen. Das wird durch *Abbildung 136c* veranschaulicht.

Abbildung 136: Arten der Werbung

COMMERZBANK ☀

Neu bei der Commerzbank: der Dynamische Sparplan.

Sparrate: ab 20 Mark monatlich
Laufzeit: 2 bis 6 Jahre
Bonus: 3 bis 18 Prozent der jährlichen
               Sparleistung ab dem 2. Jahr der
               Einzahlung.

Über Ihr Sparkapital können Sie im Rahmen der gesetzlichen Kündigungsfrist jederzeit verfügen, ohne den bereits erzielten Bonus zu verlieren. Für Ihr Sparguthaben erhalten Sie z. Z. 3 Prozent* Zinsen im Jahr. Wählen Sie den schnelleren Weg zu Ihrem ganz persönlichen Sparziel. Kommen Sie zur Commerzbank.

Sparplan-Rechenbeispiele auch über Btx ✳38900121#.
* Stand: 12. August 1985

☀
**Commerzbank.
Die Bank an Ihrer Seite.**

Abbildung 136a: Informative Werbung

Abbildung 136 b: Emotionale Werbung

Abbildung 136 c: Gemischte Werbung mit informativem und emotionalem Inhalt

Die Einführung der nächsten Determinante geht von der Erkenntnis aus, daß Werbung auf stark involvierte Konsumenten anders wirkt als auf wenig involvierte Konsumenten.

Involvement: Wir haben Involvement bereits an einer anderen Stelle definiert und als Engagement oder als Ich-Beteiligung der Konsumenten umschrieben.

Hier meinen wir zunächst einmal das Involvement eines Konsumenten, *bevor* er die Werbung aufnimmt. Dieses Involvement wird im wesentlichen von den persönlichen Eigenschaften des Konsumenten bestimmt, außerdem von seinem Interesse am beworbenen Produkt und von der Situation, in der sich der Konsument befindet. Zum situativen Involvement kann auch das Involvement gerechnet werden, das durch das gerade benutzte Medium erzeugt wird.

Wenig involvierte Konsumenten verhalten sich einer bestimmten Werbung gegenüber passiv, sie nehmen die Werbebotschaft desinteressiert und häufig absichtslos auf, ohne weiter darüber nachzudenken. Nur die stark involvierten Konsumenten wenden sich mit Aufmerksamkeit der Werbung zu. Sie nehmen die Werbebotschaft bewußt auf und setzen sich *aktiv* mit ihr auseinander.

In Begriffen der Aktivierungsforschung können wir sagen, daß involvierte Konsumenten ein (erheblich) höheres Aktivierungsniveau als wenig involvierte Konsumemten haben. In unserem Wirkungsmodell kommt das unterschiedliche Involvement beziehungsweise Aktivierungsniveau der Konsumenten dadurch zum Ausdruck, daß wir die Wirkungskomponente *„Aufmerksamkeit"* zweiteilen:

> „Geringe Aufmerksamkeit" zeigt an, daß die Werbung auf passive, wenig involvierte Konsumenten trifft. „Starke Aufmerksamkeit" weist auf involvierte Empfänger hin.

Wir haben uns bisher auf das beim Empfang der Werbung *vorhandene* Involvement bezogen. Es ist jedoch auch möglich, daß die Werbung selbst auf das Involvement der Empfänger einwirkt, indem sie diese aktiviert (= Reaktionsinvolvement).

In diesem Zusammenhang sind zwei Aktivierungsformen auseinanderzuhalten: die tonische Aktivierung, auch Aktivierungsniveau genannt, und die phasische Aktivierung.[6]

Die Werbung bringt es selten fertig, das Aktivierungsniveau und damit das oben angegebene, anhaltende Involvement der Personen zu steigern. Ihr gelingt es im allgemeinen nur, die phasische Aktivierung zu erhöhen und

---

[6] Die aktivierungstheoretischen Ansätze eignen sich gut dazu, die verschiedenen Involvementformen auf einen einheitlichen Nenner zu bringen und die Beziehung zwischen Involvement und Aufmerksamkeit herzustellen. Diese Beziehung steht hier im Vordergrund, weil die Werbeforschung seit jeher mit dem Begriff Aufmerksamkeit arbeitet.

damit einen kurzfristigen Aktivierungsschub auszulösen. Die Erhöhungen der *phasischen* Aktivierung können nun verschiedene Auswirkungen haben:

(1) Der Empfänger wendet sich aufgrund der kurzfristigen Aktivierung – die zum Beispiel durch einen Blickfang ausgelöst wird – der Werbung zu. Dadurch entsteht ein Werbekontakt, der im Modell durch die Wirkungskomponente „Kontakt" berücksichtigt wird.

(2) Unter bestimmten Bedingungen ist es möglich, daß durch phasische Aktivierung die Aufmerksamkeit für die *gesamte* Werbebotschaft (und nicht nur für einzelne Teile von ihr) verstärkt wird. Dies hat die gleiche Auswirkung wie eine gestiegene tonische Aktivierung und läuft bei hinreichender Aktivierungsstärke auf ein höheres Involvement der Konsumenten hinaus (im Modell berücksichtigt über „Aufmerksamkeit").

Die Wirkungsmuster

Wenn wir nachfolgend die Wirkungen der Werbung unter den einzelnen Bedingungen beschreiben, so stellen wir stets ein vollständiges Wirkungsmuster vor, das heißt, wir verfolgen den Pfad einer Werbewirkung von den ersten Teilwirkungen – wie Aufmerksamkeit – bis zum Verhalten. Jedes Wirkungsmuster verdeutlicht demzufolge die Wirkungen einer Werbung, die unter den angegebenen Bedingungen zum Erfolg führt (und nicht nur Wirkungsbruchstücke hervorbringt).

Eine Besonderheit der Werbewirkung bei wenig involvierten Konsumenten ist vorab zu nennen, weil sie bei jeder Art von Werbung vorkommt:[7] Werbung, die sich an passive und *wenig involvierte* Empfänger wendet, muß öfter *wiederholt* werden, um wirksam zu werden. Die Vernachlässigung dieser Erkenntnis hat in der Werbeforschung bereits zu erheblichen Mißverständnissen geführt: Man sprach der „Low-Involvement-Werbung" Wirkungen ab, weil man die Wirkungen bereits nach wenigen Expositionen des Werbemittels gemessen hat, also zu einem Zeitpunkt, zu dem noch keine meßbaren Wirkungen vorhanden waren (*Kroeber-Riel*, 1984 b).

Informative Werbung: Anlaß für diese Werbung ist die Meinung von Werbetreibenden, daß es genüge, dem Konsumenten lediglich sachliche Informationen zu bieten. Im kommerziellen Bereich wird informative Werbung häufig für erklärungsbedürftige und neue Produkte benutzt.

Die informative Werbung bietet meistens *verbale* Informationen dar, oft ergänzt um eine sachbezogene Abbildung. Ein Beispiel dafür haben wir bereits in *Abbildung 136a* gezeigt.

Die Vermittlung von umfangreicheren (über wenige Sätze hinausgehenden) Sachinformationen führt im allgemeinen nur dann zum beabsichtigten Erfolg, wenn die Empfänger **involviert** sind und deswegen die Werbe-

---

[7] Vgl. insbesondere *Kroeber-Riel* (1984b, 1993c, S. 115ff.) sowie *Mühlbacher* (1982) mit der jeweils angegebenen Literatur zur Wirkung von emotionaler oder von informativer Werbung bei gering involvierten Konsumenten.

botschaft aufmerksam aufnehmen und verarbeiten. Das typische in *Abbildung 137* wiedergegebene Wirkungsmuster einer informativen Produktwerbung lautet wie folgt: „Starke Aufmerksamkeit – kognitive Wirkungen – Einstellungen[8] – Verhalten".

Bei der Verarbeitung einer informativen Werbebotschaft stellen sich mehr oder weniger starke emotionale *Begleitreaktionen* ein, denn bei involvierten Empfängern werden die vermittelten Informationen vorhandene Bedürfnisse ansprechen. Das Involvement geht ja nicht zuletzt darauf zurück, daß Interesse am Gegenstand besteht, auf den sich die Informationen beziehen. Die emotionalen Begleitreaktionen aktivieren den Empfänger und sorgen für eine effiziente Verarbeitung und Speicherung der Informationen. Dieser Vorgang wird durch die gestrichelten Linien im Wirkungsmuster abgebildet.

Je *geringer* diese emotionalen Begleitreaktionen sind, um so *geringer* werden nach aktivierungstheoretischen Erkenntnissen die Chancen einer effektiven Informationsvermittlung. Daraus lassen sich sozialtechnische Folgerungen ziehen: Die Informationen sollen möglichst so ausgewählt und formuliert werden, daß sie die Motive der Empfänger ansprechen.

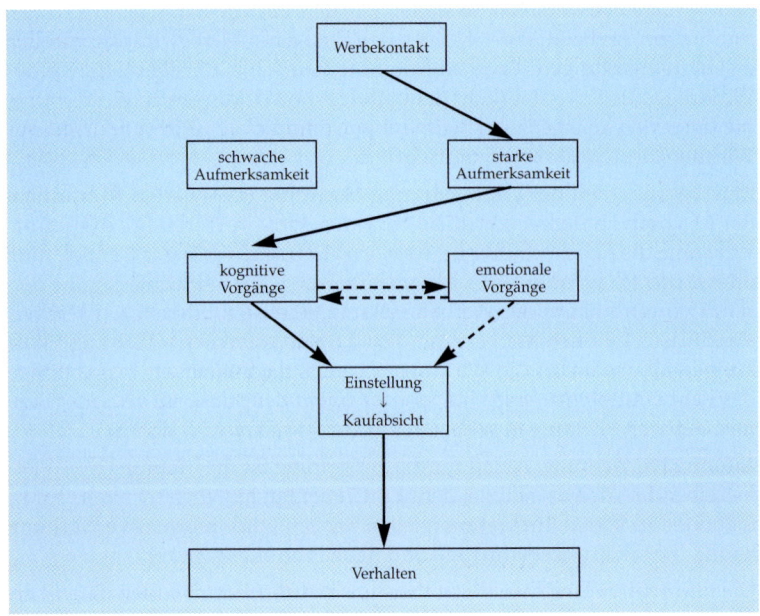

Abbildung 137: Wirkungspfad der informativen Werbung bei involvierten Konsumenten

---

[8] Hier und im folgenden Text wird die Stufe „Kaufabsicht" nicht weiter erwähnt, weil der Zusammenhang zwischen Einstellung, Kaufabsicht und Verhalten in diesem Zusammenhang keine grundsätzlichen Probleme bringt. Vgl. dazu auch das Kapitel B.V.1 b. im zweiten Teil des Buches.

Aber bleiben wir bei den ausgelösten *kognitiven* Wirkungen: Sie betreffen unter anderem das Verständnis und die gedankliche Verarbeitung der dargebotenen Argumente. Die Wirkung informativer Werbung hängt mehr als die Wirkung jeder anderen Werbung davon ab, daß die Informationsdarbietung

(1) auf die kognitiven Fähigkeiten der Empfänger abgestimmt ist und
(2) Regeln folgt, die für eine überzeugende Argumentation gelten.

Das sind *beispielsweise* die Regeln der zweiseitigen Argumentation, nach denen eine informative Werbung besser wirkt, wenn nicht nur Argumente für, sondern auch Argumente gegen den Gegenstand, um den es geht, vorgetragen werden. An eine wirksame Formulierung der zweiseitigen Argumente sind bestimmte sozialtechnische Anforderungen zu stellen *(Faison*, 1980, S. 236 ff.; *Kroeber-Riel* und *Meyer-Hentschel*, 1982, S. 178).

Verstehen und gedankliches Weiterverarbeiten der vorgetragenen Informationen (Argumente) reichen aber noch nicht aus, um das Verhalten zu beeinflussen. Die kognitiven Vorgänge müssen zu einer verhaltenswirksamen *Einstellung* und Handlungsabsicht führen. Das wird erreicht – vereinfacht gesagt –, wenn die übernommenen (Produkt-)Informationen den Erwartungen des Empfängers entsprechen und von ihm positiv bewertet werden. Erst diese Bewertung durch den Empfänger führt zu einer Einstellung gegenüber dem Gegenstand bzw. zu einer Einstellungsveränderung.

Diese Form der Einstellungsbildung baut folglich auf einer Wahrnehmung und Bewertung von Informationen – das heißt auf kognitiven Prozessen – auf. Aus der Einstellung folgen dann unter bestimmten Bedingungen Kaufabsicht und Kaufverhalten. Dieses Wirkungsmuster der informativen Werbung gibt die vorherrschende Ansicht über Werbewirkung wieder, obwohl es, wie wir jetzt sehen, nur *ein* Wirkungsmuster von vielen ist.

Sind die Empfänger **wenig involviert,** so nimmt die informative Beeinflussung einen völlig anderen Verlauf. Eine umfangreichere Informationsvermittlung ist nicht mehr möglich.[9] Die schwache Aufmerksamkeit bei der Informationsaufnahme und die geringe kognitive Verarbeitungstiefe läßt nur eine Vermittlung von wenigen, leicht verständlichen und merkbaren Informationen zu.

Welcher Weg führt nun bei so geringen kognitiven Aktivitäten der Umworbenen zum Kaufverhalten?

Diese Frage beantwortet ein grundlegender Ansatz von *Ray* (1973), der durch einige empirische Belege abgestützt und in der Marketingforschung prominent geworden ist (siehe *Abbildung 138*):

---

[9] Das bedeutet für die Informationsvermittlung: Entweder gelingt die Informationsvermittlung nach dem vorhin dargestellten Werbewirkungsmuster (für den Fall involvierter Konsumenten) oder das Informationsangebot bleibt – weitgehend – wirkungslos.

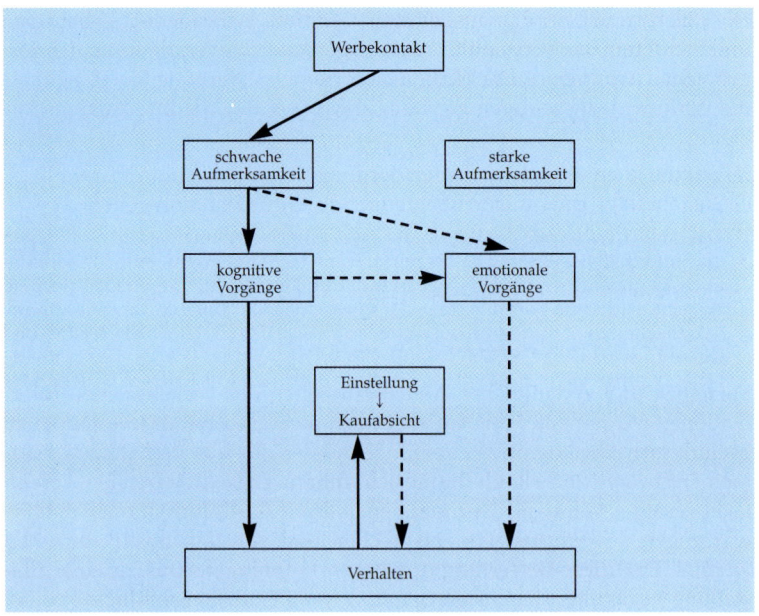

Abbildung 138: Wirkungspfad der informativen Werbung bei wenig involvierten Konsumenten

Wenn wenig involvierte Konsumenten werblichen Informationen über ein Produkt ausgesetzt sind, wird dies nicht zu fundiertem Produktwissen und zu einer daraus abgeleiteten Einstellung führen. Die dargebotenen Informationen reichen jedoch nach einigen Wiederholungen im allgemeinen dafür aus, daß sich der Konsument den Produktnamen bzw. Markennamen merkt, vielleicht auch noch die eine oder andere Produkteigenschaft.

In der *Kaufsituation,* in welcher der Konsument den angebotenen Marken mit geringem Interesse und ohne feste Präferenzen für eine bestimmte Marke gegenübersteht, genügt dann bereits das Wiedererkennen eines Markennamens, um den Konsumenten zum Kauf dieser Marke zu veranlassen. Vielleicht kauft der Konsument auch deswegen, weil er irgendeine Produkteigenschaft flüchtig behalten hat oder weil ihm der Markenname durch das bloße Wiederholungslernen sympathisch geworden ist (gestrichelter Pfad).[10]

---

[10] Mit den Auswirkungen von Wiederholungen einer Information auf die Sympathie hat sich vor allem der amerikanische Sozialpsychologe *Zajonc* (1980) beschäftigt: Er hat in empirischen Untersuchungen festgestellt, daß die bloße Wiederholung einer Information, also schon das wiederholte Ausgesetztsein („pure exposure") gegenüber einer Information, genügt, um die Information beziehungsweise den von ihr gemeinten Gegenstand sympathisch zu finden (wenn keine anderen, widersprechenden Erfahrungsquellen wirksam werden). Es ist also möglich, daß wenig involvierte Konsumenten wiederholt einen Markennamen aufnehmen – absichtslos, nach *Zajonc* sogar unbemerkt – und danach Sympathie gegenüber diesem Namen (der Marke) empfinden.

Die Markenwahl erfolgt jedenfalls *nicht* deswegen, weil der Konsument vorher Kenntnisse über Produkteigenschaften erworben und eine Präferenz (Einstellung) gegenüber der Marke entwickelt hat.

Erst *nach* dem Kauf lernt er das Produkt (die Marke) näher kennen. Erst jetzt, im Umgang mit der Marke, nimmt er Eigenschaften der Marke wahr und wird dadurch in die Lage versetzt, die Marke zu beurteilen und eine *Einstellung* zur Marke zu bilden. Das auf diese Weise entstandene Wirkungsmuster (von *Krugman*, 1965, „Low-Involvement-Lernen" genannt) wird in *Abbildung 138* beschrieben: „Werbekontakt – schwache Aufmerksamkeit – kognitive Prozesse – Verhalten – Einstellung". Der Wirkungspfad widerspricht der Ansicht, die Bildung einer Einstellung zur Marke müsse stets dem Kauf der Marke vorausgehen.[11] Das „klassische" Wirkungsmuster „Werbung → Einstellung → Verhalten" kommt bei niedrigem Involvement vor allem durch eine *periphere Beeinflussung* zustande:[12]

Da der Konsument (allgemeiner: der Empfänger von Werbung) bei niedrigem Involvement nicht genügend aktiviert ist, um sich genauere Gedanken über das Angebot zu machen, da er nur flüchtig und sehr beschränkt Informationen über das Produkt aus der Werbung aufnimmt und verarbeitet, hat er wenig Anhaltspunkte für eine überlegte Produktbeurteilung. Er läßt sich dann von Nebensächlichkeiten der dargebotenen Werbung beeindrucken, von einer gefälligen Werbemittelgestaltung und Aufmachung der Information.

Seine Haltung zum Produkt hängt dann wesentlich von den peripheren und eher gefühlsmäßigen Eindrücken ab, welche die Werbung auf ihn macht.

Emotionale Werbung: *Mitchell* und *Olson* (1981) boten in einer Untersuchung unter anderen Anzeigen auch eine Anzeige dar, die nur ein emotionales Bildmotiv und keine direkten oder indirekten Produktinformationen enthielt, dazu eine Headline: „Kosmetiktücher der Marke X".

Die Untersuchung war so angelegt, daß die Testpersonen **involviert** waren. Schon zwei Kontakte bewirkten eine deutliche Verbesserung der Einstellung gegenüber dieser Marke.

Darüber hinaus stellten *Mitchell* und *Olson* fest, daß sich auch die – kognitive – Beurteilung der Kosmetiktücher signifikant verschoben (verbessert) hatte. Zum Beispiel wurden die Kosmetiktücher der Marke X nach der emotionalen Werbung für etwas weicher gehalten als nach der im Vergleich dazu durchgeführten informativen Werbung, die ausdrücklich auf die Weichheit der Kosmetiktücher hinwies.

---

[11] Wie *Kroeber-Riel* (1984b) nachweist, stützen zwar die empirischen Studien, auf die sich *Ray* (1973) beruft, den Wirkungsmechanismus von *Ray,* sie schließen aber konkurrierende Wirkungsmuster des Low-Involvement-Lernens bei emotionaler Werbung nicht aus.

[12] Das Modell der zentralen und peripheren Beeinflussungswege geht auf *Petty* und *Cacioppo* zurück (1983, 1986). Kurze zusammenfassende Darstellung in *Kroeber-Riel* (1993, S. 103 ff.).

Dies läßt sich wie folgt erklären: Die emotionale Werbung löst *vorrangig* emotionale Prozesse aus.[13] Diese emotionalen Prozesse wirken nun ihrerseits auf die durch die Werbung in Gang gekommenen kognitiven Vorgänge ein: Die Einwirkung erfolgt unter anderem dadurch, daß eine selektive Produktbeurteilung induziert wird:

Der Konsument hat Wissen über die typischen Eigenschaften eines Produktes gespeichert. Er weiß zum Beispiel, daß Kosmetiktücher im allgemeinen weich sind. Werden nun durch die Werbung für eine Marke angenehme Gefühle hervorgerufen, so aktiviert er unter dem Einfluß dieser angenehmen Gefühle aus der Menge aller gedanklich gespeicherten Produkteigenschaften im Zusammenhang mit der Marke vor allem Vorstellungen über positive Eigenschaften (*Kroeber-Riel*, 1993b).

Zusätzlich oder alternativ kommen auch andere Reizverarbeitungsaktivitäten zum Zuge, die dazu führen, daß die emotionalen Vorgänge die gedankliche Beschäftigung mit dem Produkt – insbesondere die Produktbeurteilung – anregen und in eine bestimmte Richtung lenken.

Neben diesen indirekten Wirkungen emotionaler Vorgänge auf die Produktbeurteilung gibt es noch die *direkten* Wirkungen: Die hervorgerufenen emotionalen Eindrücke werden direkt mit Produkteigenschaften assoziiert.

Der dominante Wirkungspfad verläuft so oder so über die vorherrschenden emotionalen Vorgänge zu den kognitiven Vorgängen (vgl. *Abbildung 139*). Entscheidend ist die Einsicht, daß sich die involvierten Konsumenten gedanklich aktiv verhalten: Unter dem Einfluß der vorrangig ausgelösten emotionalen Reaktionen entstehen *auch* gedankliche Vorstellungen bzw. Assoziationen zum Produkt, die sich in einer – verbal meßbaren – Produktbeurteilung niederschlagen.[14]

In geringerem Ausmaß ist schließlich damit zu rechnen, daß die Empfänger der emotionalen Werbebotschaft auch *Informationen* entnehmen, die unmittelbar zu einer kognitiven Informationsverarbeitung führen. Beispiel: Markenname als Information. (Diese Wirkungen werden in *Abbildung 139* durch eine gestrichelte Linie wiedergegeben.)

Die emotionalen *und* die kognitiven Wirkungen zusammen bestimmen schließlich die Einstellungsbildung. Der gesamte Wirkungspfad sieht also wie folgt aus: „Kontakt – starke Aufmerksamkeit – emotionale Wirkung – kognitive Wirkung – Einstellung", und zwar in der von *Abbildung 139* spezifizierten Form.

Aus den Ausführungen zur Wirkung emotionaler Werbung auf stark *involvierte* Konsumenten läßt sich auch eine Gefahr dieser Werbung herauslesen: Wenn sich stark involvierte Konsumenten gedanklich mit emotionaler Werbung auseinandersetzen, kommt es eher zu Widersprüchen gegen die Werbung, zu Gegenargumenten gegen die Werbebotschaft, als bei wenig involvierten Konsumenten. Es ist u. a. daran zu denken, daß die Werbung häufig emotionale Bildmotive enthält, die zum Widerspruch reizen, weil sie in keinem sachlichen Zusammenhang zum Produkt stehen. Diese Gefahren sind geringer, wenn der Konsument die emotionale Werbung mit geringem Involvement empfängt, besser gesagt, passiv über sich ergehen

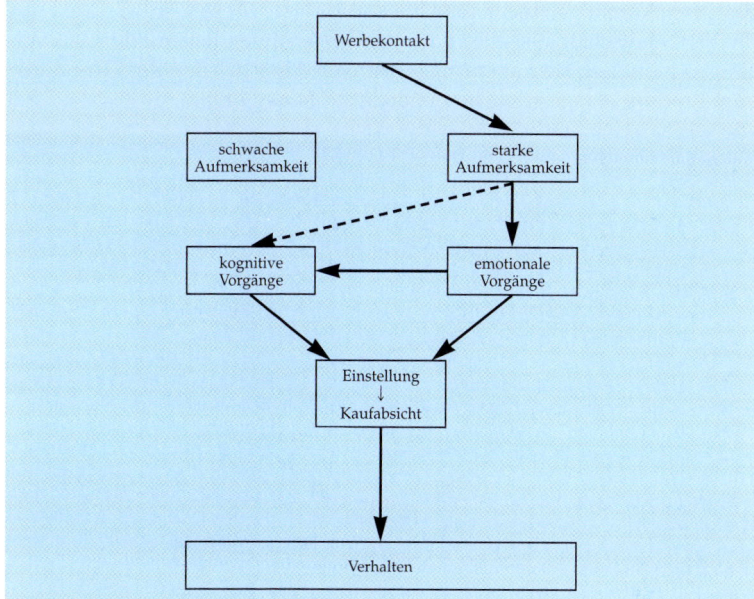

Abbildung 139: Wirkungspfad der emotionalen Werbung bei involvierten Konsumenten

läßt. Die gedankliche (kognitive) Kontrolle der Werbebotschaft durch den Empfänger ist dann wesentlich geringer.

Emotionale Werbung, die sich an passive Konsumenten richtet, die **wenig involviert** sind, wirkt in erster Linie nach den Gesetzmäßigkeiten der emotionalen (klassischen) Konditionierung. Diese haben wir ausführlich im Kapitel B.III. im zweiten Teil dieses Buches beschrieben.

Die emotionale Konditionierung ist nicht darauf angewiesen, daß sich die Konsumenten der Werbung aufmerksam zuwenden. Es genügt, wenn die Werbung als solche (der Fernsehspot, die Anzeige) absichtslos und flüchtig, ohne kognitive Anteilnahme, aufgenommen wird. Durch häufige Wiederholung der Werbung wird eine emotionale Bindung zur Marke hergestellt, die sich in einer verhaltenswirksamen Einstellung zur Marke – allgemeiner gesagt: zur angebotenen Leistung – niederschlägt.

Der dominante Wirkungspfad heißt: „Kontakt – geringe Aufmerksamkeit – emotionale Wirkungen – Einstellung – Verhalten" *(Abbildung 140)*. Auch bei einer solchen Konditionierung wird man eine gewisse Beteiligung von

---

[13] Zu widersprechen ist der Ansicht von *Mitchell* und *Olson* (1981), daß die Wirkungen der emotionalen Werbung bei involvierten Konsumenten als klassische Konditionierung interpretiert werden können; vgl. zu diesem Widerspruch *Kroeber-Riel* (1984b).

[14] Vgl. dazu im einzelnen *Mitchell* und *Olson* (1981). Sie sprechen davon, daß die emotionalen Vorgänge zu „Mediatoren" für die gedankliche Beschäftigung mit dem Produkt werden.

kognitiven Vorgängen nicht ausschließen können. Diese werden direkt von der Werbebotschaft ausgelöst oder von den ablaufenden emotionalen Vorgängen induziert; sie tragen zur kognitiven Anreicherung der Einstellung zum Produkt bei (gestrichelte Linien in *Abbildung 140*).

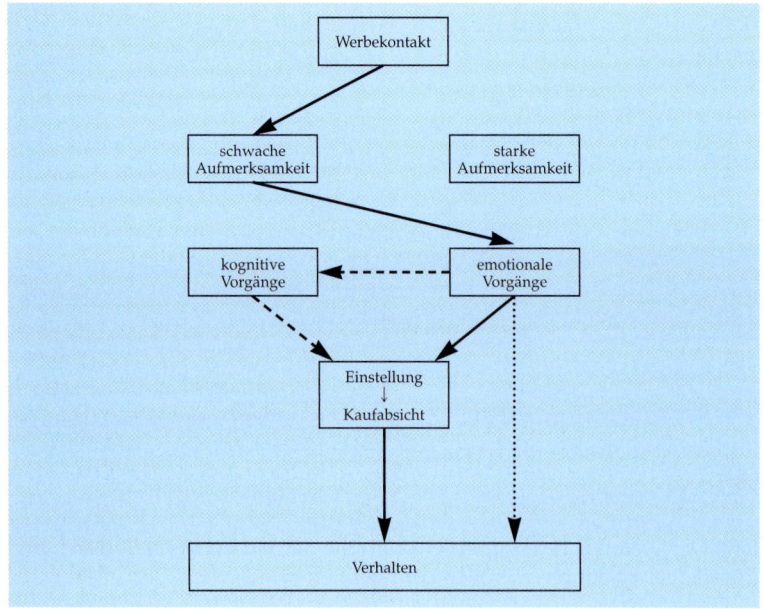

Abbildung 140: Wirkungspfad der emotionalen Werbung bei wenig involvierten Konsumenten

Ein interessantes Problem ist die Einbeziehung der Einstellung in das Wirkungsmuster.[15] Die Einstellung(-sänderung) wird üblicherweise als Ergebnis der emotionalen Konditionierung gesehen. Nach der Theorie der klassischen Konditionierung kann man aber *auch* annehmen, daß eine direkte Beziehung zwischen einer konditionierten Emotion und dem Verhalten hergestellt wird, wie z. B. bei manchen Impulskäufen (*Weinberg*, 1981). Das drückt die gepunktete Linie in *Abbildung 140* aus.

Gemischte Werbung: Bei weitem am häufigsten wird die Werbung durch Informationsvermittlung *und* emotionale Erlebnisvermittlung – in unterschiedlicher Zusammensetzung und Stärke – gekennzeichnet. Daraus folgt, daß sich *mehrere* der bisher beschriebenen Wirkungspfade verbinden.

---

[15] Dieses Problem hat eine objektsprachliche und eine metasprachliche Seite. Was letztere betrifft, so ist zu fragen, ob man bereits die bloß emotional konditionierte Beziehung zu einem Gegenstand (Produkt) als Einstellung bezeichnen soll oder nicht. Man neigt in der wissenschaftlichen Konsumentenforschung dazu, nur solche Vorgänge als Einstellung aufzufassen, die eine kognitive Struktur haben und die gedankliche Produktbeurteilung mitenthalten. Davon sind wir auch in unserer Modelldarstellung ausgegangen.

Die häufigste Werbung mit gemischt informativem und emotionalem Inhalt ist durch Verknüpfung von *mehreren* Wirkungsmustern gekennzeichnet. Dies verdeutlicht die Komplexität der Werbewirkung, die man mit einem einheitlichen Wirkungsschema nicht annähernd erfassen kann.

Auch in diesem Zusammenhang führt die Unterscheidung zwischen geringem und starkem Involvement zu wesentlichen Einsichten: Bei *starkem* Involvement laufen ausgeprägte emotionale und informative Prozesse der Einstellungsbildung ab. Bei *schwachem* Involvement erfolgt die Einstellungsbildung auf peripherem Wege: Nebensächliche, gefällige Gestaltungselemente und Darbietungsformen der Werbung schlagen dann auf die Einstellung zur Firma oder Marke durch. In manchen Fällen hinterläßt die Werbung sogar nur – schwache – Erinnerungen an den Namen der Firma oder Marke, ohne Wirkungen auf die Einstellung zur Firma oder Marke zu hinterlassen.

Wir verzichten auf eine Erörterung der zahlreichen Wirkungsmuster, die sich aus dem Zusammenspiel der dargestellten informativen und emotionalen Werbewirkungen ergeben. Hauptaufgabe des vorliegenden Kapitels war der Entwurf einer grundlegenden Modellstruktur (bestehend aus Wirkungskomponenten, Wirkungsdeterminanten und Wirkungsmustern), die sich aus den Ergebnissen der empirischen Konsumentenforschung zur Erklärung von Werbung herauskristallisiert – auch wenn sie noch spekulative Einschläge aufweist.[16]

Im Hinblick auf die Wirkungen der gemischten – emotionalen und informativen – Werbung ist besonders auf die *Interaktion* zwischen kognitiven und emotionalen Vorgängen zu achten. Diese Interaktion äußert sich vor allem in zwei Wirkungen:

● Ablenkungswirkungen,
● Kontexteffekte.

Ein Beispiel für Ablenkungswirkungen ist der durch Blickaufzeichnung ermittelbare Sachverhalt, daß der Betrachter von Anzeigen mit einem gemischt emotionalen (bildlichen) und informativen (verbalen) Inhalt selbst bei aufmerksamem Verhalten als erstes das emotionale Bild beachtet. Er wird dadurch von den verbal angebotenen Informationen abgelenkt und nimmt von diesen oft nur noch einen Teil auf.

Ein Beispiel für den Kontexteffekt ist darin zu sehen, daß ein Text in Abhängigkeit von dem daneben stehenden Bild interpretiert wird und umgekehrt.

Schließlich ist noch hervorzuheben, daß die Übertragungsmodalität (Bild oder Sprache) eine einflußreiche Wirkungsdeterminante ist. Bei *geringem* Involvement hat der Gebrauch von Bildern sowohl für die Informationsvermittlung als auch für die Vermittlung von emotionalen Eindrücken erhebliche Vorteile, weil die Verarbeitung von Bildern von den Empfängern

---

[16] Vgl. zu diesem Zusammenspiel auch die Wirkungsmuster, die von *McKenzie, Lutz* et al., (1986) aufgezeigt werden.

weniger kognitive Anstrengungen (man kann hier auch sagen, weniger Involvement) verlangt als die Verarbeitung sprachlich formulierter Inhalte (vgl. ausführlich *Kroeber-Riel*, 1993b). Dies führt zu asymmetrischen Werbewirkungen, wenn die Informationen, wie es oft der Fall ist, durch Sprache, die emotionalen Eindrücke aber durch Bilder vermittelt werden.

c) Bedeutung der Massenmedien

Die Bedeutung der Massenmedien[1] geht daraus hervor, daß ein großer Teil der gesamten Einnahmen der Medien auf Einnahmen aus Werbung entfällt. Bei Pressemedien, wie dem *Stern*, besteht über die Hälfte der Einnahmen einer verkauften Auflage aus Einnahmen aus dem Anzeigengeschäft. Aus diesem Sachverhalt können sich indirekt Einflüsse der werbetreibenden Wirtschaft auf die redaktionelle Gestaltung der Medien ergeben.

Die Bedeutung eines Massenmediums hängt ab:

(1) von seiner Reichweite,
    gemessen durch Menge und Qualität der erreichten Personen (Kontakte),
(2) von seiner werblichen Eignung,
    gemessen an redaktionellem Inhalt, Image, Aufmachung des Mediums usw.

Die Reichweiten sind die bei weitem wichtigsten Bestimmungsgrößen für die Mediaauswahl. In ihnen kommt auch mittelbar die werbliche Eignung zum Ausdruck.[2]

Reichweiten

Die *quantitative* Reichweite erfaßt die Zahl der erreichten Personen, die *qualitative* Reichweite die Zusammensetzung und damit die Qualität der erreichten Personen. Die räumliche Reichweite, die die geographische Verbreitung eines Mediums angibt, kann ohne weiteres unter die qualitative Reichweite subsumiert werden. Sie ist nichts anderes als eine spezifische Zusammensetzung des erreichten Publikums und kann durch die geographischen Merkmale der vom Medium erreichten Personen ermittelt werden.

Angaben über die quantitativen und über die qualitativen Reichweiten erhält man aus der *Media-Analyse*; das ist eine von der *Arbeitsgemeinschaft Media-Analyse e.V.* und *Media-Micro-Census GmbH* herausgegebene und von mehreren Instituten durchgeführte Untersuchung über Werbeträger in der

---

[1] Eine übersichtliche Einteilung der Massenmedien bietet *Koppelmann* (1981, S. 221–222). Im Handbuch der Kommunikations- und Werbewirtschaft von *Tietz* (Bd. 2, 1982) werden die einzelnen Werbeträger einschließlich der *neuen* Medien im einzelnen dargestellt.

[2] Quantitative und qualitative Reichweite und Wirksamkeit der Medien als Werbeträger sind auch die Kriterien, die in Entscheidungen über den Medieneinsatz für die Werbung eingehen. Entscheidungshilfen bieten Mediaselektionsmodelle, vgl. zum Überblick *Schmalen* (1992, S. 115ff.), über Modellentwicklungen informieren *Leckenby* und *Ju* (1990).

Bundesrepublik. Daneben gibt es noch die *Allensbacher Werbeträgeranalyse* (AWA). Sie erstreckt sich auf das Medienverhalten der deutschen Wohnbevölkerung in Privathaushalten. Die folgenden Angaben sind, wenn nichts anderes gesagt wird, dem Arbeitsheft des *Spiegel* zur Medienanalyse 1994 („MA '94") entnommen (*Spiegel*-Verlag, 1994).

Quantitative Reichweite: Bei der quantitativen Reichweite interessieren als erstes die durchschnittlich von einer Ausgabe eines Pressemediums oder von einer bestimmten Sendezeit eines Funkmediums *erreichten Personen.* Diese einfache Reichweite ist von der kumulierten Reichweite zu unterscheiden, die man erhält, wenn man mehrere Ausgaben oder Sendungen eines Mediums oder mehrere Medien einsetzt. Die kumulierte Reichweite kann netto (ohne Mehrfachkontakte) und brutto berechnet werden. Die genaueren Reichweitendefinitionen ergeben sich im Zusammenhang mit den angegebenen Beispielen.

Für die Pressemedien wird die *einfache Reichweite* durch die durchschnittliche Anzahl der Leser pro Ausgabe (LpA) angegeben, für den Werbefunk und für das Werbefernsehen durch Empfänger pro Zeitraum. Diese Kennzahlen werden in *Prozent* der gesamten Bevölkerung ausgedrückt. Zu den Reichweitenunterschieden folgende Angaben *(MA 1994):*

● Reichweiten von *Pressemedien:*
  unter den Zeitungen führt die *Bildzeitung* mit 18,1 %
  (*Bild am Sonntag* mit 16,9 %),
  unter den Zeitschriften führt *Hör zu* mit 14 %
● Reichweiten von *Funkmedien:*
  unter den TV-Sendern führt ZDF mit 11,8 %
  (Zum Vergleich: *ARD* 9,3 %; *RTL* 8,5 %; *SAT 1* mit 7,6 %),[3]
  unter den Radio-Sendern führt *WDR 4* mit 1,4 %.[4]

Die angegebenen Kennzahlen für die Pressemedien „Leser pro Ausgabe" (LpA) werden durch *Befragung* ermittelt. Es handelt sich bei dieser Kennzahl um einen *terminus technicus* der Medienanalyse, der nicht wörtlich verstanden werden darf. Er bezieht sich ganz allgemein auf den durchschnittlichen Kontakt einer Person mit dem Medium und erfaßt alle Personen, die eine Zeitung oder Zeitschrift „gelesen oder durchgeblättert" haben. Im übrigen informieren die Veröffentlichungen der Medienanalyse auch ausführlich über die angewandten Erhebungsmethoden.

Die LpA-Zahl sowie die anderen Prozentzahlen können, bezogen auf eine *einzelne* Person, als *Wahrscheinlichkeit* interpretiert werden, mit der eine Person Kontakt mit dem Medium bekommt.

Ein *Nachteil* bei der Verwendung solcher Reichweitenzahlen besteht in der Unsicherheit, ob die in einem bestimmten Zeitraum des Erhebungsjahres ermittelten Medienkontakte bis zur nächsten Erhebung konstant sind. Eine Annahme der *Gleichverteilung* widerspricht der Tatsache, daß das Medienverhalten saisonalen Schwankungen unterliegt, sie impliziert ferner Un-

---

[3] bezogen auf die durchschnittliche halbe Stunde zwischen 18 und 20 Uhr. Die AWA 94 kommt zu etwas höheren Reichweiten, jedoch zur gleichen Rangfolge.
[4] bezogen auf die durchschnittliche halbe Stunde zwischen 6 und 18 Uhr.

abhängigkeit der Kontakte zu einem Medium. Auch das ist in Frage zu stellen, denn von den Konsumenten werden oft bestimmte Kombinationen von Medien benutzt.

Aus den Reichweitenzahlen ergeben sich nur die Wahrscheinlichkeiten für den Kontakt einer Person mit einer *beliebigen* Ausgabe des Mediums im *Erscheinungsintervall*. Durch Sonderuntersuchungen einzelner Medien wird darüber hinaus die Wahrscheinlichkeit ermittelt, mit der eine Ausgabe von einer Person wiederholt zur Hand genommen wird, sowie die Wahrscheinlichkeit, mit der eine Person mit den Seiten einer Ausgabe Kontakt bekommt.[5]

Aufgrund von differenzierten Angaben über Wiederholungskontakte und Seitenkontakte (*Hör zu*-Service, o. J.; *Burda*, 1989) lassen sich dann *Kontaktwahrscheinlichkeiten für eine im Medium plazierte Anzeige* errechnen. Wie weiter unten noch dargestellt wird, sind für die Bestimmung der Wahrscheinlichkeit, mit der jemand Kontakt mit einer ganz bestimmten Anzeige erhält, weitere Einflußfaktoren wie Größe und Farbe der Anzeige zu beachten.

Durch mehrmaliges Einschalten einer Werbebotschaft in die Medien kann man den Adressatenkreis der Werbung erweitern. Es gibt zwei verschiedene Möglichkeiten:

● mehrmalige aufeinanderfolgende Benutzung des gleichen Mediums,
● Benutzung von verschiedenen Medien.

Die auf diese Weise erzielten Reichweiten kann man *kumulierte Reichweiten* nennen.

Würde man die Reichweiten der Ausgaben *eines* Mediums *addieren*, so würden die meisten Personen (z. B. Abonnement-Leser) mehrfach erfaßt (*„interne Überschneidung"*). Wenn mit einer Ausgabe 5 % der Bevölkerung erreicht werden, dann werden mit zwei Ausgaben nicht 10 % erreicht, sondern aufgrund der internen Überschneidung wesentlich weniger. Bei Belegung von *mehreren* Medien taucht das analoge Problem der *„externen Überschneidung"* auf.

Grundlage für die Mediaplanung in der Werbung sind erst einmal die kumulierten Reichweiten *ohne* Mehrfachzählungen. Um die *Nettoreichweiten* zu erfassen, sind also solche Medienbenutzer auszuschalten, die wiederholt von einem Medium oder von mehreren Medien gleichzeitig erreicht werden: Für die Werbung zählt bei Belegung eines Mediums zunächst der *Zuwachs* von noch nicht erreichten Personen. Selbstverständlich sind dann auch die Wiederholungskontakte einzukalkulieren, die für den Werbeerfolg eine wesentliche Rolle spielen.

Als *kumulierte Nettoreichweite* bezeichnet man nun die Reichweite, die man ohne Mehrfachzählung von Personen, also ohne interne *und* externe Überschneidungen, durch Belegung von mehreren Medien erhält.

---

[5] Bei der Berechnung von Reichweiten der TV-Werbung werden die Ergebnisse üblicherweise (z. B. in der *AWA 94*) nach Sendezeiten aufgeschlüsselt (z. B. „Reichweite *RTL, 20.00 bis 20.30:* 13,2 %", oder bezogen auf eine längere Zeitspanne, z. B. „Reichweite *ZDF, durchschnittl. halbe Stunde 18.00 bis 20.00:* 11,0 %").

Mögliche Mehrfachkontakte innerhalb der Ausgaben eines Werbeträgers oder zwischen Ausgaben verschiedener Werbeträger werden nicht mitgezählt, da immer nur der erste Kontakt gezählt wird. Je nachdem, welche Zielsetzungen die Mediaplanung hat, wird man auch anders berechnete Reichweitenzahlen heranziehen.[6]

Wir veranschaulichen nachfolgend die Interpretation des Reichweitenbegriffes anhand einiger *Beispiele*. *Abbildung 141* verdeutlicht die Entstehung der Nettoreichweiten für zwei Zeitschriften: Sie gibt die Prozentzahl erreichter Personen ohne interne Überschneidungen in Prozent der Gesamtbevölkerung an, die man bei der Verbreitung einer Zeitschrift über mehrere Ausgaben hinweg erhält. Wie man sieht, ist der *Kumulierungseffekt* beim *Spiegel* wesentlich höher als bei der *TV Hören und Sehen*. Das kommt daher, daß eine Programmzeitschrift aufgrund von festen Abonnenten weniger Käuferfluktuation hat als der *Spiegel*.

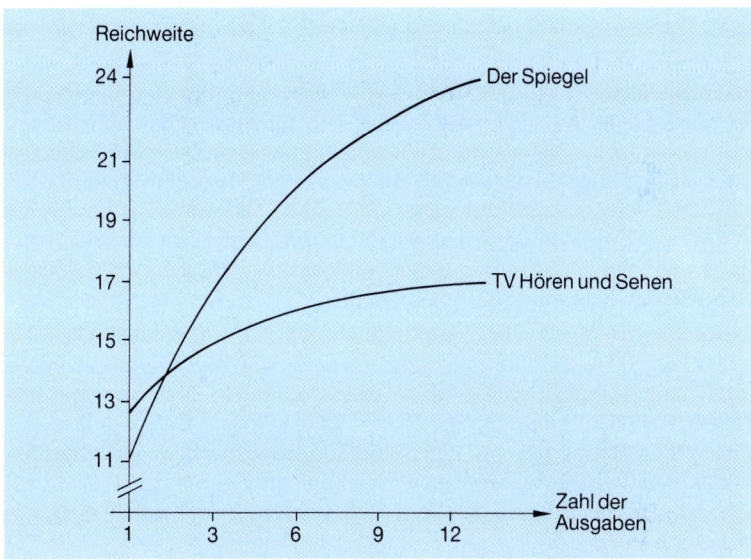

Abbildung 141: Kumulierte Reichweiten von zwei Medien ohne „interne Überschneidungen"

Quelle: Spiegel-Verlag (1989).

Eine Erhöhung der Reichweiten läßt sich besser erreichen, wenn man *mehrere Medien kombiniert*. Aus Erfahrung weiß man, daß im allgemeinen der kumulierte Einsatz von *mehreren* Werbeträgern dem mehrmaligen Einsatz des *gleichen* Werbeträgers vorzuziehen ist, *wenn* man die Medien nur unter dem Gesichtspunkt einer möglichst großen quantitativen Reichweite auswählt und Wiederholungskontakte außer acht läßt.

---

[6] Zur Reichweitenberechnung und Mediaselektion vgl. *Wessbecher* und *Unger* (1991) sowie *Sissors* und *Bumba* (1993).

Eine Kombination von Medien scheint aber auch der Wirksamkeit der Werbung zugute zu kommen. *Mayer* (1993, S. 123 ff.) berichtet über mehrere Untersuchungen, nach denen die mit verschiedenen Methoden gemessene Werbewirkung durch eine Verknüpfung der Werbeaktivitäten in *verschiedenen* Medien erheblich gesteigert werden konnte.

Qualitative Reichweite: Da sich die Werbung stets auf bestimmte Zielgruppen richtet und ganz spezifische Beeinflussungserfolge erzielen will, ist die Medienauswahl vor allem auch im Hinblick auf die *Zusammensetzung* der erreichten *Personen* vorzunehmen. Die qualitative Reichweite eines Mediums wird durch die *Merkmale* des vom Medium erreichten Publikums angegeben. Man zieht dazu demographische Merkmale, wie Alter und Größe des Wohnorts, sozioökonomische Merkmale, wie Einkommen oder soziale Schicht, und in zunehmendem Maße auch psychologische Merkmale, wie die Einstellung zu bestimmten Gegenständen oder Besonderheiten des Konsumverhaltens, heran.

Jeder Werbeträger läßt sich dann durch eine Menge von Merkmalen seines Publikums, d. h. durch ein *Publikumsprofil,* charakterisieren.

Beispiel: *Abbildung 142* gibt auszugsweise das **Leserprofil** von einigen Zeitschriften wieder. Man kann der Tabelle etwa entnehmen, daß die *Zielgruppe* (Leser) mit einem Haushalts-Nettoeinkommen von über DM 5000 mit einem geringeren Streuverlust von *Capital* als vom *Stern* erreicht wird, Personen mit höherer Ausbildung eher von der *FAZ* als vom *Spiegel* usw. Nach der Art des vom Medium erreichten Publikums richtet sich auch der *redaktionelle Stil* eines Mediums, auf den wiederum der Stil der *Werbung* abgestellt werden kann und soll.

Die qualitative Reichweite eines Mediums, wie sie in *Abbildung 142* ausgewiesen wird, läßt sich nun zu den *Zielgruppen* der *Werbung,* die ebenfalls durch eine Kombination von Merkmalen – durch ein Zielgruppenprofil – charakterisierbar sind, in Beziehung setzen. Wir *vergleichen* also die Zusammensetzung des von einem Medium bzw. Werbeträger erreichten Publikums (wiedergegeben durch Publikumsprofile) mit der Zusammensetzung der Zielgruppen der Werbung (wiedergegeben durch Zielgruppenprofile).[7]

> Um *Streuverluste* der Werbung gering zu halten, muß das von den Medien erreichte Publikum mit den Zielgruppen der Werbung weitgehend übereinstimmen.

Operational ausgedrückt: Die berechnete Distanz zwischen dem Publikumsprofil eines Mediums und dem Zielgruppenprofil muß möglichst klein sein.

---

[7] Dazu läßt sich ein „Index der Zielgruppen-Affinität" bilden, der angibt, ob die Zielgruppe in der Reichweite des Mediums größer/kleiner als in der durchschnittlichen Bevölkerung ist.

Medien	Quantita-tive Reichweite %	Männer		Frauen		Haushalts-einkommen über 5000 DM		Studium	
		B1	B2	B1	B2	B1	B2	B1	B2
Der Spiegel	12,3	16,7	64	8,4	36	21,1	28	36,4	24
Capital	2,9	4,8	77	1,3	23	6,6	37	8,1	23
Stern	16,5	19,1	55	14,1	45	22,1	22	28,2	14
Die Zeit	3,3	4,2	60	2,5	40	6,2	32	16,4	41
FAZ	1,9	2,5	61	1,4	39	4,6	39	8,2	35
Die Welt	1,4	1,8	61	0,9	36	2,8	34	4,2	26

Abbildung 142: Qualitative Reichweite von Werbeträgern (Zusammensetzung der Leser ausgewählter Zeitschriften)

Anmerkung: Die Zahlen in den mit B1 bezeichneten Spalten sind Prozentsätze der Bevölkerung. Die Zahlen in den mit B2 bezeichneten Spalten sind Prozentsätze der Leser (quantitative Reichweite) des jeweiligen Mediums.
Beispiel: *Capital* wird von 4,8 % der deutschen Männer gelesen, 23 % der Leser von *Capital* sind Frauen.
Quelle: Spiegel-Verlag (1991, S. 23–27).

Werbliche Eignung

Um eine Entscheidung zwischen den Medien als Werbeträger zu treffen, ist als nächstes die unterschiedliche werbliche Wirksamkeit der Medien in Betracht zu ziehen. Bisher haben wir uns nur mit den von den Medien erreichten Personen und ihren Merkmalen auseinandergesetzt. Nun ist nach der Qualität der Medien selbst, nach ihrer Kontaktqualität, zu fragen.[8] Wir beschränken uns hier darauf, zwei Klassen von Merkmalen anzugeben, welche die Eignung der Medien charakterisieren:

● Eigenschaften, die zur *Anmutungsqualität* des Mediums gehören, zum Beispiel das Prestige oder die Glaubwürdigkeit des Werbeträgers,
● Eigenschaften, die die *äußere Gestaltung* des Mediums betreffen, zum Beispiel Heftumfang, Farbe, redaktionelles Umfeld.

Diese und einige weitere Eigenschaften bestimmen die Qualität eines Mediums: Sie werden bei der Mediengewichtung berücksichtigt, die dazu dient, Eignungsrelationen herzustellen und aus den vorhandenen Medien die für die Werbung geeigneten Medien auszuwählen.

Die **Anmutungsqualität,** also der subjektive und gefühlsmäßige Eindruck des Mediums auf die Empfänger, wird meistens festgestellt, indem man sein Image mißt – das ist eine komplexe Form der Messung – oder indem man die Glaubwürdigkeit des Mediums ermittelt. Im zuletzt genannten Fall wird nur eine Komponente der gesamten Anmutungsqualität erfaßt.

Das *Image* eines Mediums wirkt sich in umfassender Weise auf das Verhältnis des Rezipienten zum Medium aus, unter anderem auf die Aufmerksamkeit, mit der das Medium aufgenommen wird, oder auf die Bin-

---

[8] *Koppelmann* (1981, S. 247 ff.) gibt einen kurzen Überblick über die Kriterien der Kontaktqualität.

dung, die zwischen dem Medium und seinen Empfängern besteht und die in der Bezugsart und in der Bezugstreue zum Ausdruck kommt.

Die mit einem positiven Image verknüpfte *Glaubwürdigkeit* des Mediums verstärkt, wie man annehmen darf, den Kommunikationserfolg in ähnlicher Weise wie die Glaubwürdigkeit des Kommunikators. Die Glaubwürdigkeit beider kann sich gegenseitig stützen, sie kann sich aber auch widersprechen und dann möglicherweise aufheben.

Das Medium, dem man die größte Glaubwürdigkeit zuspricht, ist das *Fernsehen:*

> „63 % der Jugendlichen und jungen Erwachsenen würden am ehesten dem Fernsehen glauben, wenn sie von Radio, Fernsehen, Zeitungen und Zeitschriften über ein und dasselbe Ereignis informiert würden, die Berichte aber einander widersprächen oder voneinander verschieden wären. Bezogen auf eine solche hypothetisch vorgegebene Situation würden nur 19 % der Berichterstattung in Tages- und Wochenzeitungen, 17 % dem Radio und 2 % den Zeitschriften glauben. Diese Antwortverteilung gleicht stark den Ansichten der Gesamtbevölkerung, wie sie in der Studie „Massenkommunikation 1964–1980" erhoben worden sind: 66 % finden danach das Fernsehen und je 14 % das Radio sowie die Zeitung am glaubwürdigsten."
> Dabei gibt es starke bildungsabhängige Unterschiede: Die Studenten sind die einzige Gruppe, die die Zeitung als glaubwürdigstes Medium sogar über das Fernsehen stellt (*Bonfadelli, Darkow* et al., 1986, S. 161).[9]

Die Glaubwürdigkeit des Fernsehens wird auch von der Eindringlichkeit und subjektiv wahrgenommenen Zuverlässigkeit der audio-visuellen Informationsübertragung abgeleitet. Dem Fernsehen gelingt es besser als jedem anderen Medium, die Realität des täglichen Lebens zu simulieren und neue Realitäten zu schaffen.

Gleichwohl darf nicht übersehen werden, daß die Fernsehwerbung unter erheblichen Abnutzungserscheinungen leidet. Sie wird in zunehmendem Maße von erwachsenen Zuschauern als langweilig und störend empfunden. Die wachsende Ausweitung der Fernsehwerbung über private Sender und Kabelprogramme wird diesen Trend verstärken und wahrscheinlich auch in Deutschland dazu führen, daß Fernsehwerbung wie in den USA einen geringeren „Reputationseffekt" als bisher bekommt und weniger glaubwürdig als gedruckte Werbung wirkt (*Williams,* 1982, S. 422; *Ray,* 1982, S. 384). Das beeinträchtigt natürlich nicht die anderen Vorteile des Fernsehens wie seine besondere Fähigkeit zur emotionalen Erlebnisvermittlung.

Neben dem subjektiven Bild, das die Empfänger von einem Medium haben, spielen die objektiv feststellbare äußere Aufmachung des Mediums und der redaktionelle Inhalt eine wichtige Rolle für die Werbewirkung.

---

[9] Auch wenn man nicht ohne weiteres davon ausgehen kann, daß die Medienglaubwürdigkeit auf die Glaubwürdigkeit der Werbung im Medium übertragen wird, so sprechen doch viele Befunde dafür. Davon wird auch der multimediale Einsatz der Werbung in Zukunft profitieren.
Hinzu kommt, daß selbst bei geringerer Glaubwürdigkeit die audio-visuelle Durchschlagskraft des Fernsehens medienspezifische Überzeugungswirkungen hervorruft.

Äußere Gestaltung und Erscheinungsweise des Mediums setzen auch die Bedingungen für die Gestaltung der *Werbebotschaft:* von ihr hängt es ab, ob eine Werbung nur schwarz/weiß oder farbig gestaltet werden kann, welche Werbedauer oder Anzeigengröße möglich ist usw. Von den gesamten Wirkungsfaktoren der äußeren Aufmachung spielen *Größe* und *Farbe* einer Werbebotschaft eine herausragende Rolle.

Weitere Werbeträger: Obwohl wir in diesem Kapitel nur auf die Werbung mittels Massenmedien eingegangen sind, seien kurz zwei weitere Formen der Werbung genannt: Die *Direktwerbung* durch gezielte Ansprache der einzelnen Konsumenten, insbesondere über Postsendungen (Werbebriefe, Kataloge) sowie die Außenwerbung.

Ein neues Verfahren zur Bewertung der Außenwerbung ist das *„FAW-Nielsen-Modell"* (*FAW,* 1993). Das Modell entstand aus einer Kooperation zwischen dem *Fachverband Außenwerbung e.V. (FAW),* der *Nielsen Werbeforschung S+P* sowie dem *Arbeitskreis Werbungstreibende und Agenturen (AWA).*

Das Ergebnis des Modells bildet der sog. „Großflächen-Beachtungswert pro Tag", der auf der „Verkehrsfrequenz" und der „Plakat-Beachtungs-Chance" basiert. Die „Verkehrsfrequenz gibt die Anzahl der Passanten pro Tag an einem Großflächen-Standort an. …Die Plakat-Beachtungs-Chance gibt an, wie viele von 100 Personen, die am Standort vorbeikommen, das Plakat so beachten, daß sie sich später an das Plakat erinnern können" (*FAW,* 1993).

Zum Aufbau des Modells wurden an 230 Standorten insgesamt rund 30 000 Passanten befragt. Aus den Analysen wurden standortspezifische Einflußgrößen abgeleitet, die für hohe, mittlere oder niedrige Beachtungswerte maßgeblich sind (z. B. Plazierung, Umfeldkomplexität, Situationskomplexität etc.). Diese Einflußgrößen beziehen sich sowohl auf die Qualität der Aufstellung als auch auf die Qualität des Aufstellungsortes.

4. Die Wahrnehmung des Medienangebotes durch die Konsumenten

Wir wenden uns jetzt der Frage zu: „Was machen die Konsumenten mit dem Medienangebot?" Wie die Konsumenten das Medienangebot wahrnehmen und nutzen, hängt weitgehend von den Kommunikationsbedingungen ab. Diese haben sich in den letzten Jahren geradezu dramatisch verändert, insbesondere durch:

(1) die Entwicklung und Verbreitung von neuen Medien,

(2) die zunehmende Informationsüberflutung,

(3) den veränderten Medienstil.

Zu (1): Unter „neuen Medien" hat man ganz unterschiedliche Entwicklungen der Medientechnik angekündigt wie Videotext, Bildschirmtext, Kabel- und Satellitenfernsehen usw. Auf den Beitrag des Internet zur weiteren Entwicklung multimedialer Angebote wurde bereits eingegangen.

Manche dieser Entwicklungen haben sich kaum durchgesetzt, manche gehören heute zur Standardausstattung eines Haushalts und können kaum noch als „neu" bezeichnet werden. Innovationen, die zur Zeit diskutiert werden, sind vor allem

- im Computerbereich: erlebnisreiche Computer- und Videospiele sowie Cyber Space und Internet,
- im Fernsehbereich: hochauflösendes Fernsehen (HDTV) sowie interaktives Fernsehen.

Dabei ist zu beachten, daß der Computer in zunehmendem Maße allein oder in Verbindung mit Fernsehgeräten als Unterhaltungsmedium benutzt wird. Da uns hier vor allem die Weiterentwicklung der klassischen Medien, vor allem des Fernsehens, als Leitmedium interessiert, gehen wir nachfolgend kurz auf die neuen Fernsehtechniken ein.

Eine große Zukunft sagt man für

- hochauflösendes Fernsehen (HDTV),
- interaktives Fernsehen

voraus. Das hochauflösende Fernsehen bezieht durch das große und beeindruckende Bild den Zuschauer so intensiv in das dargestellte Geschehen ein, daß man von „Telepräsenz" spricht (im Gegensatz zu Television). Da sich dieses Fernsehen vor allem für Spielfilme, Shows und Sportereignisse eignet, ist zu vermuten, daß durch HDTV die Unterhaltung im Fernsehen zu Lasten der Informationsvermittlung noch mehr in den Vordergrund tritt.

Damit werden die von *Postman* (1993, S. 116) kritisierten Fernsehwirkungen weiter verstärkt: „Die Menschen sprechen nicht mehr miteinander, sie unterhalten einander. Sie tauschen keine Gedanken aus, sie tauschen Bilder aus". Die äußere bildliche Aufmachung entscheidet in zunehmendem Maße darüber, wie glaubwürdig und wie überzeugend eine Information ist.[1]

Interaktives Fernsehen ermöglicht dem Benutzer, über die Fernsteuerung in Interaktion mit dem Fernsehprogramm zu treten und direkt auf Angebote der Sender zu reagieren, zum Beispiel aus einem riesigen Angebot an Filmen und anderen Programmen auszuwählen oder die Programme zu bewerten.[2] Diese Leistungen werden durch die Einbeziehung von Computern in die Telekommunikation und durch Hochleistungsdatenleitungen ermöglicht.[3]

Ein Tag im Leben der Telecomputer-Familie könnte dann so aussehen: Frühmorgens erwacht die Familie vom Meeresrauschen, die Videosonne geht auf... Bevor Vater Bob seine Geschäftsfreunde per Videokonferenz begrüßt, zieht er sich schnell noch Hemd und Krawatte an... Tochter Jenny geht inzwischen Teleshopping. Abends versammelt sich die Familie um eine ... Pizza, vom Söhnchen ebenso per Fernbedienung geordert wie der Film „Jurassic Park" (*Der Spiegel*, 1994, Nr. 8, S. 14).

---

[1] *Postman*, 1993, S. 116, vgl. auch S. 12ff., 110, 126.
[2] Oder Informationen oder Gutscheine über Produktangebote abzurufen.
[3] Durch Silicon-Graphics-Computer und durch Data Highways. „Zerstückelt und zu Datenpaketen gebündelt können Bilder, Töne und Texte beliebig manipuliert, kopiert und mit einer enormen Geschwindigkeit verbreitet werden" (*Der Spiegel*, 1994, Nr. 8, S. 102).

Der Aufbau dieser Systeme soll angeblich der wichtigste Markt im nächsten Jahrhundert werden. Die entscheidende Verbreitung erwartet man aufgrund der Nachfrage nach den damit verbundenen vergrößerten und neuen Unterhaltungsmöglichkeiten – ein weiterer Schritt zur Vergnügungsgesellschaft.[4]

Zu (2): Unter Informationsüberflutung kann man den Teil der in einer Gesellschaft oder für einen einzelnen verfügbaren Informationen verstehen, der nicht genutzt wird. Beispiel: Wenn jemand ein Buch kauft und von 300 Seiten nur 40 liest, dann das Buch wegstellt, so bleiben 260 von 300 Seiten ungelesen: Die Informationsüberflutung beträgt in diesem Fall 87 %.

Nach Schätzungen der Informationsüberflutung in Japan, USA und Deutschland kann man davon ausgehen, daß nur 1 % bis 2 % der durch Massenmedien verbreiteten Informationen benutzt werden. Der Rest landet unbeachtet auf dem Müll.[5]

Die gigantische Informationsüberflutung geht darauf zurück, daß seit Jahrzehnten das Informationsangebot wesentlich stärker zunimmt als die Informationsnachfrage. Diese Entwicklung wird sich fortsetzen. Wir haben deswegen mit einer weiter wachsenden Informationsüberflutung zu rechnen – in allen gesellschaftlichen Bereichen. So ist davon auszugehen, daß sich die Zahl der Werbemittel (Anzeigen, Fernsehspots usw.) in den nächsten fünf bis sieben Jahren verdoppeln wird bei nur wenig zunehmender Aufnahme von Werbung.

Die Informationsüberflutung hat erhebliche gesellschaftliche Konsequenzen:

Was oft als bessere Informationsversorgung hingestellt wird, hat zur Folge, daß die Informationsaufnahme der Konsumenten stärker und in einer schwer durchschaubaren Weise von den Medien gesteuert wird. Bei hoher Informationsmenge sind die Konsumenten nämlich darauf angewiesen, der Informationsflut auszuweichen, sich abzuschotten, oder die Information sehr selektiv, vor allem in einer verdichteten Form, aufzunehmen. Die Medien lenken die selektive Informationsaufnahme dadurch, daß sie die Aufmerksamkeit der Empfänger durch eine aktivierende Verpackung und Darbietung der Stimuli auf ganz bestimmte Informationen lenken. Auch die Verdichtung der Information wird weitgehend von den Medien vorgenommen. Inwieweit dabei Sozialtechniken der Informationsaufnahme und -verarbeitung strategisch eingesetzt werden, bleibt meist unbekannt.

Ein klassisches Beispiel für die manipulative Informationsversorgung war die Darstellung des Golfkrieges in den Medien ("„Der Krieg als Medienereignis"). Da der einzelne nicht in der Lage war, die wesentlichen Informa-

---

[4] Die ideale Einstiegsdroge für die neue Medienwelt sind Videospiele: „Interaktives Fernsehen wird durch Spiele erst populär", sagt *Paul Saffo*, Forscher beim kalifornischen *Institute for the Future*. „Mit Videospielen sind die Leute vertraut, jetzt wollen sie gegen den Nachbarn oder Kollegen spielen, ohne das Haus zu verlassen… Rund 6,5 Milliarden Dollar haben die US-Bürger im vergangenen Jahr für Video-Games ausgegeben" (mehr als für Kinokarten) (*Der Spiegel*, 1994, Nr. 8, S. 102).

[5] Vergleiche dazu im einzelnen mit Literaturhinweisen *Kroeber-Riel*, 1987.

tionen aus den verschiedenen Quellen aufzunehmen und zu beurteilen, wandte er sich vor allem den verdichteten Informationen von Nachrichtensendungen und Kriegsberichten zu, bevorzugt solchen, die besonders aufmerksamkeitsstark waren. Das waren die Sendungen des Fernsehens. Der Golfkrieg spielte sich deswegen vor allem in der vom Fernsehen dominierten Medienumwelt ab. Nach den heute vorliegenden Analysen weiß man, daß sich die Empfänger aufgrund dieser selektiven Informationsaufnahme ein Bild vom Krieg machten, das sehr einseitig war und weit weg von der grausamen Erfahrungsumwelt der Kriegsteilnehmer lag.[6]

Auch wenn das Publikum selbst die Medien und die Programme auswählt und seine Eindrücke aktiv und im Gespräch mit anderen bildet, so darf der manipulative Charakter der Informationsversorgung durch die Medien nicht unterschätzt werden.

Zu (3): Die Medientechnologie und die wachsende Informationsüberflutung haben zu einem dramatischen Umbruch des Medienstils geführt. Im Gegensatz zum früheren Medienstil (im „Zeitalter des Buchdrucks")[7] weist der gegenwärtige Medienstil folgende Eigenarten auf:

● geringe Komplexität,
● starke Aktivierungskraft,
● bildbetont und sinnlich.

Diese Stilmerkmale sind im Fernsehen mustergültig zu finden. Sie setzen sich aber auch in den anderen Medien durch, denn das Fernsehen prägt als Leitmedium die Erwartungen, die die Empfänger auch an die anderen Medien einschließlich Printmedien stellen. In Abhängigkeit von der technologischen Entwicklung der visuellen Medien – vor allem des Fernsehens – hat die Einführung und Verbreitung der Bildkommunikation besonders starke Auswirkungen auf den Medienstil gehabt:

Das spiegelt sich auch im Stil der Printmedien wider. Er wurde in den letzten Jahren durch „mehr Bilder, größere Bilder, farbige Bilder" bestimmt, auch in der Anzeigenwerbung. So stieg von 1963 bis 1990 der Anteil von ein- bis zweiseitigen Bildern in den Werbeanzeigen des *STERN* von 10 % auf knapp 50 % (im einzelnen *Kroeber-Riel*, 1993b, S. 3, 10).

> Informationsüberflutung heißt heute vor allem Bildüberflutung!

Um sich in der Bilderflut durchzusetzen, werden die Anbieter von Informationen in den Massenmedien dazu gezwungen, Bilder mit stärkerer Aktivierungskraft einzusetzen. Dadurch kommt es zu einer Aktivierungsspirale: In einem Prozeß wechselseitiger Verstärkung versuchen die konkurrierenden Informationsanbieter, durch aktivierende Bildmotive und durch aktivierende Bildgestaltung die Aufmerksamkeit des Publikums auf die eigenen Bilder zu lenken.

---

[6] Zur Frage, ob Journalisten funktional eher Agenten der Gesinnung oder der Verantwortung sind, vgl. *Weischenberg* (1994, S. 451 ff.) und zum Krieg als Medienereignis vgl. *Löffelholz* (1993).
[7] Vgl. dazu *Postman* (1993, S. 44 ff.).

Das wird u. a. in der zunehmenden Emotionalität der dargebotenen Bilder sichtbar. In den Medien werden immer mehr Bildmotive aus dem persönlichen und sozialen Bereich, die früher tabu waren, benutzt. Dadurch kommt es auch zu einer Trivialisierung von Bildmotiven mit ethischem Gehalt, zum Beispiel von religiösen und nationalen Symbolen oder von Bildern, die soziale Anteilnahme auslösen sollen.

Die Konsequenz: Wenn durch allzu häufige (Ab-)Nutzung die Wörter und Bilder, die in den Massenmedien benutzt werden, ihren moralischen Gehalt einbüßen, so lassen sich kaum noch moralische Appelle durch die Kommunikation vermitteln. Die Möglichkeiten zur moralischen Steuerung der Gesellschaft werden dann wesentlich eingeschränkt.

Die Veränderungen des Medienstils beeinflussen auch die Wahrnehmung und Beurteilung der angebotenen Informationen durch die Konsumenten. Stark aktivierende, unterhaltsame Bilder schlagen die Aufmerksamkeit des Publikums in den Bann; sie führen auch zur Bevorzugung von bestimmten Sendungen im Fernsehen. Die Akzeptanz dieser Sendungen durch das Publikum werden den Medien wieder zurückgemeldet, dadurch wird die Tendenz verstärkt, aktivierende und unterhaltsame Sendungen anzubieten.

Der vermehrte Bilderkonsum wird sich langfristig darin niederschlagen, daß das vermittelte Wissen und die ausgelösten Gefühle im Gedächtnis weniger sprachlich, vielmehr in Bildern repräsentiert werden. Welche Verhaltenswirkungen das hat, ist noch nicht abzusehen. Man kann annehmen, daß das Verhalten in zunehmendem Maße durch die aktivierenden und anschaulichen Vorstellungen gelenkt wird und dadurch weniger bewußt und rational kontrolliert werden kann. Die „Informationsgesellschaft" sieht einer fragwürdigen Zukunft entgegen.

III. Die mehrfach erfahrene Umwelt

1. Vernetzung von Erfahrungsumwelt und Medienumwelt

Die durch persönliche Erfahrung erlebte Umwelt und die Umwelt, die von den Medien vermittelt wird, wurden bisher getrennt dargestellt (in Kapitel B. und C.). Diese Trennung diente dazu, die verschiedenartigen Umwelteinflüsse herauszuarbeiten, die auf den Konsumenten einwirken. Diese Formen des kommunikativen Einflusses wirken aber nicht nur nebeneinander. *Die Einflüsse von persönlicher und medialer Umwelt interagieren.* Ein Einfluß kann den anderen ersetzen oder wird erst durch den anderen wirksam, er kann den anderen ergänzen, abschwächen usw.

> Die Wirkungen von persönlicher Kommunikation und medialer Kommunikation sind miteinander verflochten und üben gemeinsam den sozialen Einfluß auf den einzelnen Konsumenten aus.

Ein typisches Beispiel ist der *Sozialisationsprozeß* des Kindes. Die kulturellen Standards werden dem Kind teils durch die Massenmedien, insbesondere durch das Fernsehen und durch Bücher, geliefert, teils durch die Schule, durch Freunde und Eltern. Die Lehrer, Freunde und Eltern sind dabei als Sozialisationsagenten zu verstehen, die ihrerseits Standards aus der weiteren sozialen Umgebung aufnehmen und den Kindern in persönlichen Gesprächen selektiert und kommentiert weitergeben.

Die Verknüpfung von persönlicher Kommunikation und der medialen Massenkommunikation ist ein zentraler Ansatzpunkt der neueren Kommunikationsforschung. Im Vordergrund steht die Überlegung, wie und mit welcher Wirkung „soziale Netzwerke in den Fluß der Massenkommunikation eingreifen" (*Katz*, 1992, S. 190).

Die ungeheure Zunahme der Massenkommunikation, die in der wachsenden Informationsüberflutung sichtbar wird, hat das Bedürfnis nach Unterstützung bei der Auswahl und Bewertung von Informationen verstärkt. Dieses Bedürfnis kann durch **Metakommunikation,** also durch eine Kommunikation über die von den Medien vermittelten Informationsangebote, befriedigt werden.

Der Metakommunikation dienen Medien wie Programmzeitschriften, Presseberichte oder Datenbanken, aber auch die persönliche Kommunikation: Im persönlichen Gespräch kann u. a. das Medienangebot wiedergegeben und kommentiert werden (*Merten*, 1994, S. 155 ff.).

Natürlich stehen die „erste" Erfahrungswirklichkeit und die „zweite" Medienwirklichkeit nicht parataktisch nebeneinander, sondern beeinflussen sich gegenseitig. Vor allem weiß man, daß bei längerfristigem Erfahrungshorizont sich beide Erlebnisquellen in der subjektiven Erinnerung verwischen.

Ferner kann man annehmen, daß die Medienwirklichkeit über die erläuterten psychischen Prozesse (vgl. den 2. Teil dieses Buches) die Gegenstände unserer Erfahrungswirklichkeit beeinflußt. Daraus erklärt sich auch die gigantische technische Entwicklung, die den Weg in die Mediengesellschaft ermöglicht. So werden Medienwirklichkeiten von heute zu Erfahrungswirklichkeiten von morgen.[1]

2. Sozialisation

Die Sozialisation ist ein typisches Muster für mehrfache Kommunikation. Das ergibt sich bereits aus den Theorien des sozialen Lernens, mit denen die Sozialisation erklärt wird.

---

[1] Vgl. dazu auch die Drei-Welten-Theorie von *Popper*, nach der die Leistungssteigerung des Menschen (in Welt 1) über sein Bewußtsein (in Welt 2) auch durch die Computerentwicklung (in Welt 3) erklärt werden kann (*Popper*, 1984, S. 32 ff., sowie *Popper* und *Eccles*, 1982, S. 62 ff.). Für diesen anregenden Hinweis sei Professor Dr. *F. W. Veauthier* von der Universität des Saarlandes gedankt.

„Sozial" hat in diesem Zusammenhang einen doppelten Sinn:

(1) Das Lernen ist sozial, weil es im Kontakt mit der sozialen Umwelt (also nicht durch einsame Erfahrung) entsteht. Die Umwelt wird dabei sowohl durch die persönliche Kommunikation als auch durch die Massenmedien wahrgenommen.

(2) Das Lernen ist sozial, weil es sich auf das Erwerben von Verhaltensmustern bezieht, die den Umgang mit der sozialen Umwelt betreffen.

Das Verhalten gegenüber der sozialen Umwelt betrifft vor allem das persönliche Verhalten gegenüber anderen, aber auch das Verhalten gegenüber den Medien. Aus ökologischen Gründen wird man heute auch das Verhalten gegenüber der physischen Umwelt einbeziehen, da dieses Verhalten wiederum Auswirkungen auf das soziale System hat.

a) Soziales Lernen am Modell

Unter Sozialisation versteht man das *Lernen* von Verhaltensweisen, mit denen sich ein Individuum in das soziale System einfügt. Das Individuum lernt dabei vor allem, eine bestimmte Rolle in der Gesellschaft zu spielen.

Der Ausdruck Sozialisation bezieht sich auf eine Folge von sozialen Lernerfahrungen, die zur Integration eines Individuums in die Gesellschaft führen. „Sozialisation ist ein interaktionaler Prozeß, in dem das Verhalten eines Individuums so modifiziert wird, daß es mit den Erwartungen der Mitglieder der Gruppe übereinstimmt, der es zugehört. Sie umfaßt also nicht allein den Prozeß, durch den das Kind nach und nach die Verhaltensweisen seiner erwachsenen Umgebung erlernt, sondern auch den Prozeß, durch den ein Erwachsener ein Verhalten annimmt, das den mit einer neuen Position verbundenen Erwartungen entspricht – sei es in einer Gruppe, einer Organisation oder der Gesellschaft insgesamt" (*Secord* und *Backmann*, 1983, S. 574).

An der Sozialisationsforschung sind zahlreiche *Disziplinen* beteiligt, auch die Konsumentenforschung.[1] Die Veröffentlichungen zu diesem Gebiet sind kaum noch zu übersehen. Sie stehen allerdings weitgehend unverbunden, oft *widersprüchlich* nebeneinander, so daß man geradezu von einer *pointillistischen* Forschung sprechen kann, die kein klares Gesamtbild ergibt.[2]

---

[1] Überblicke zur Konsumentensozialisation liefern *Moschis* (1985, 1987, 1991) sowie *O'Guinn* und *Faber* (1991) mit zahlreichen Literaturhinweisen.

[2] Zur Sozialisation gibt es – abweichend zu anderen sozialwissenschaftlichen Gebieten – umfassende deutsche Literatur, die auch ausführlich über amerikanische Forschungsergebnisse berichtet. Gesamtdarstellung durch *Mühlbauer* (1980, mit einer kommentierten Literaturübersicht, S. 371–495).
Die empirische Sozialisationsforschung stellte *Steffens* (1981) anhand von „anglo-amerikanischen Untersuchungen" dar. *Bonfadelli* (1981) beschäftigt sich mit der „Sozialisationsperspektive in der Massenkommunikationsforschung". Ein umfangreiches Handbuch der Sozialisationsforschung stammt von *Hurrelmann* und *Ulich* (1991), eine Zusammenfassung bietet *Herkner* (1993, S. 39–128).

Das soziale Lernen erfolgt nach den verschiedenen, bereits erörterten *Lernprinzipien*.[3] Eine besonders wichtige Form des sozialen Lernens ist *das Lernen durch Beobachtung*:

Ein Individuum (Nachahmer) beobachtet ein anderes (Leitbild, *Modell*) und ahmt das beobachtete Verhalten des anderen nach. „Das nachgeahmte Verhalten kann direkt beobachtet worden sein, visuell über Massenmedien vermittelt, verbal beschrieben oder einfach in der Phantasie vorhanden sein" (*Secord* und *Backman*, 1983, S. 587).

Lernen durch Beobachtung bzw. die Nachahmung eines Modells ist ein *effizienter* Weg, um *neue* Verhaltensweisen ohne eigene Erfahrung zu übernehmen. Es weist einige *Besonderheiten* im Vergleich zu den im zweiten Teil des Buches dargestellten Lernvorgängen auf:

Eine Verstärkung (Belohnung, Bestrafung) des übernommenen Verhaltens ist nach Ansicht vieler Lerntheoretiker *nicht* notwendig. Gleichwohl greifen Verstärkungen (Belohnungen, Bestrafungen) an vielen Stellen in diesen Lernprozeß ein: Während der Beobachtung selbst oder später bei der Ausführung des übernommenen Verhaltens. Eine wichtige Rolle spielt die *Verstärkung*, die das *Modell* für sein Verhalten (also nicht der Übernehmer) erhält: Wird das Modell für sein Verhalten belohnt, so ist die Wahrscheinlichkeit, daß dieses Verhalten vom Beobachter übernommen wird, größer, als wenn das nicht geschieht.

Die bekannteste und leistungsfähigste Theorie des Lernens durch Beobachtung stammt von *Bandura* (1976, 1979).[4] Danach wirken an diesem Lernprozeß (Modell-Lernen) folgende Vorgänge mit:

(1) Aufmerksamkeit, das heißt Hinwendung zu einem Modell,
(2) gedankliche Übernahme und Erinnerung an das Modellverhalten,
(3) reale, das heißt körperliche Umsetzbarkeit dieses Verhaltens und
(4) motivationale Verstärkungsprozesse, welche die tatsächliche Auswahl und Stabilisierung der gespeicherten Verhaltensweisen bedingen (*Bandura*, 1979).

Von der Vielzahl der durch Beobachtung übernommenen und gespeicherten Verhaltensmuster wird immer nur ein kleiner Teil *tatsächlich* umgesetzt, das heißt real ausgeführt. Es ist im wesentlichen jener Teil, der für das Individuum *angenehme* Konsequenzen hat, dessen Ausführung verstärkt beziehungsweise belohnt wird. Dieser Sachverhalt kann dazu dienen, die Unwirksamkeit der vielen von den Massenmedien gelieferten Verhaltensmodelle zu erklären: Das in den Medien dargebotene Modellverhalten wird zwar gedanklich registriert und insofern gelernt (es wird als Verhaltens*möglichkeit* gespeichert), aber es bleibt *zunächst* weitgehend unwirksam, bis die für die Umsetzung des Modellverhaltens geeigneten (vor allem belohnenden) Situationen eintreten.[5]

---

[3] Zu den verschiedenen lerntheoretischen Ansätzen vgl. Kapitel C.IV. im zweiten Teil dieses Buches.
[4] Vgl. dazu auch *Herkner* (1981) und *Stadler* (1985: Die soziale Lerntheorie von *Bandura*).
[5] Eine empirische Studie dazu stammt u. a. von *Krebs* (1981).

> Das Lernen am Modell erfolgt mindestens in zwei Stufen: Erst wird ein Verhaltensmodell gelernt und im Gedächtnis gespeichert, später wird es *in geeigneten Situationen* in tatsächliches Verhalten umgesetzt.

Die gedankliche Speicherung der Verhaltensmodelle ist wahrscheinlich weitgehend an innere *Bilder* gebunden. Dies erleichtert die langfristige Erinnerung. Allerdings führt die Messung der Gedächtnisbilder zu ganz erheblichen Schwierigkeiten, die nicht zuletzt für die fragwürdigen Ergebnisse der empirischen Forschung verantwortlich sind:

Es ist deswegen zu vermuten, daß die häufig festgestellte geringe Wirksamkeit der von den Massenmedien – insbesondere vom Fernsehen – vermittelten Verhaltensmodelle nur eine *vorgetäuschte* Unwirksamkeit ist: Erstens sind die üblicherweise herangezogenen Befragungen nur beschränkt in der Lage, die in Form von inneren Bildern festgehaltenen Modelle möglichen Verhaltens zu messen; zweitens werden diese Modelle nicht gleich verhaltenswirksam, sondern erst dann, wenn die (gesellschaftliche) Situation eine Realisierung der erlernten Modelle ermöglicht.

Die von den Massenmedien übernommenen Verhaltensmodelle können demzufolge mit starker zeitlicher Verzögerung wirken.

b) Konsumentensozialisation

Konsumentensozialisation ist die Einführung eines Individuums in die Konsumkultur einer Gesellschaft. Das heißt: der einzelne lernt, seine *Konsumentenrolle* zu spielen. Er lernt, die Erwartungen zu erfüllen, welche die Gesellschaft an einen Konsumenten stellt.

Grundfragen: Die ersten systematischen Einführungen in die *Konsumentensozialisation* stammen von *Ward* (1974) sowie von *Ward, Wackman* et al. (1971).[1]

Ward (1974) hat sich mit der Sozialisation des *Kindes* auseinandergesetzt und festgestellt, daß „Erfahrungen aus der Kindheit von größter Bedeutung für die Gestaltung von kognitiven Mustern und von Verhaltensmustern im späteren Leben sind" (S. 1). Er umreißt drei Forschungsschwerpunkte:

- *Wie* lernen Kinder die für das Konsumentenverhalten erforderlichen Kenntnisse, Einstellungen und Fähigkeiten?

- *Was* lernen Kinder dabei?

- *Welche Bedeutung* hat das Gelernte für das Konsumentenverhalten im Erwachsenenalter?

---

[1] *Ward* und die mit ihm zusammenarbeitenden Forscher haben sich besonders eingehend mit der Konsumentensozialisation beschäftigt und zahlreiche Arbeiten hervorgebracht, vgl. auch noch *Ward, Robertson* et al. (1986) sowie *Ward* und *Klees* (1987).

Aufgrund vorliegender Untersuchungen geht man davon aus, daß das Elternhaus mehr das rational-praktisch orientierte Konsumverhalten prägt. Die expressive, emotionale Einfärbung des Konsumentenverhaltens scheint dagegen mehr von den Gleichaltrigen und von den Massenmedien zu kommen. Dies wird durch empirische Befunde bereits von *Moschis* und *Churchill* (1977, S. 70) gestützt. Ihre Daten „zeigen eine signifikante positive Beziehung zwischen dem Ausmaß an innerfamiliärer Kommunikation über Konsumfragen und der Stärke, mit der Heranwachsende *ökonomische* Motive für den Konsum geltend machen".

Wir bleiben nachfolgend bei der Sozialisation von *Kindern* und vernachlässigen die Sozialisation von Erwachsenen, die zunehmend mehr Beachtung findet (ein typisches Beispiel ist die Sozialisation von Gastarbeitern, also der Prozeß, durch den die Gastarbeiter Verhaltensweisen lernen, die sie für ihre Integration im Beruf und Leben des neuen Landes benötigen).

Dem heranwachsenden Kind werden von zahlreichen Stellen (*„Sozialisationsagenten"*) Modelle geliefert, an denen es seine Konsumentenrolle einüben kann. Das sind einerseits Familie, Kindergarten und Schule, Gleichaltrige und Freunde, mit denen das Kind in unmittelbarem und persönlichem Kontakt steht, andererseits die Massenmedien wie das Fernsehen, Comic-Hefte, Bücher usw.

Das Lernen an den von Sozialisationsagenten gelieferten Verhaltensmodellen spielt demzufolge eine vorrangige Rolle. Daneben kommen aber auch andere Formen des Lernens zum Zuge, insbesondere die emotionale Konditionierung und das Lernen durch unmittelbare Erfahrung:

Durch emotionale Konditionierung erwerben die Kinder vor allem Präferenzen. So wird ihnen zum Beispiel durch das Werbefernsehen die Vorliebe für bestimmte Produkte und Marken beigebracht.

Beim Lernen durch direkte Erfahrung spielt das *Taschengeld* eine entscheidende Rolle, durch das die Kinder in die Lage versetzt werden, an ökonomischen Austauschbeziehungen teilzunehmen. Nach *Furnham* und *Lewis* (1986, S. 39 ff.) ist die Zuweisung von Taschengeld durch die Elten wahrscheinlich der wichtigste Beitrag zur Konsumentensozialisation, soweit es um „monetäre und ökonomische Verhaltensmuster" geht.

Sozialisationsagenten: In der *näheren* Umwelt sind die *Familie* und die *gleichaltrigen Freunde* die wichtigsten Sozialisationsagenten (nach *Roth*, 1983, S. 92 ff. und 245 ff.). Die Eltern wirken einerseits durch ihre Erziehungsmaßnahmen und andererseits als Modell, an dem die Kinder ihr Verhalten bei der Produktauswahl und beim Einkauf lernen.

Das elterliche Verhalten gibt vor allem dann ein wirksames Modell ab, wenn es sich um gleichbleibende Verhaltensmuster handelt, die von den Kindern leicht beobachtet werden können.

Eine gute Möglichkeit zur Beobachtung erhalten Kinder, wenn sie ihre Mutter beim *Einkauf* begleiten. Es ist deswegen zu erwarten, daß die Kenntnisse von Kindern über Geschäfte und Produkte und das damit zusammenhängende Verhalten wesentlich von dem beobachtbaren Verhalten der Mutter bestimmt wird. Diesen Zusammenhang wies *Roth* (1983) in einer explorativen Untersuchung nach, die sich mit dem Zustandekommen der „Konsumdispositionen bei Vorschulkindern" beschäftigt.

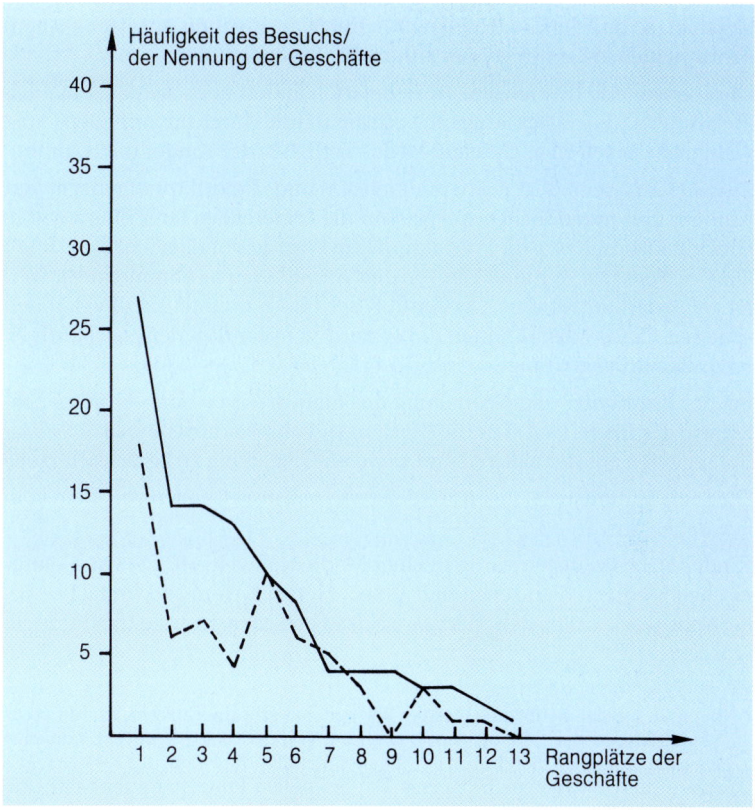

Abbildung 143: Die Geschäftskenntnis von Kindern in Abhängigkeit vom Einkaufsverhalten der Mutter

Anmerkung: Die Zahlen auf der Ordinate geben Häufigkeitsangaben der Kinder (erinnerte Geschäfte) und der Mütter (besuchte Geschäfte) an. Die Angaben der Kinder sind gestrichelt, die Angaben der Mütter durchgezogen. Die Zahlen auf der Abszisse beziehen sich auf folgende, in eine Rangordnung gebrachten Geschäfte: 1 = *Nutzung*, 2 = *Kaufhof*, 3 = *Horten*, 4 = *Aldi*, 5 = *Massa*, 6 = *Esbella*, 7 = *Coop*, 8 = *Plaza*, 9 = *Woolworth*, 10 = *DS-Markt*, 11 = *Edeka*, 12 = *Nibelungen-Center*, 13 = *Tengelmann*.

Quelle: Roth (1983, S. 173).

Abbildung 143 gibt ein Ergebnis dieser Untersuchung wieder: Die Kinder kannten hauptsächlich diejenigen Geschäfte, die sie zusammen mit der Mutter besucht hatten. Bei neun der dreizehn Geschäfte, nach denen gefragt wurde, stimmte die Rangordnung der Nennungen durch die Kinder (Recall) mit der Rangordnung der von der Mutter besuchten Geschäfte überein.

Ob man – wie *Roth* – den Zusammenhang zwischen der Geschäftskenntnis des Kindes und der Häufigkeit, mit der die Geschäfte von Mutter und Kind besucht werden, durch Beobachtungslernen (Modell-Lernen) allein erklären kann, ist allerdings fraglich. Durch den wiederholten Besuch des Geschäftes lernen die Kinder die Geschäfte *direkt* – meistens unter belohnenden Bedingungen – kennen. Sie sammeln also selbst Erfahrungen mit dem Geschäft, so daß die Geschäftskenntnis auch als Ergebnis eines (einfachen) instrumentellen Lernprozesses aufgefaßt werden kann.

Diese erweiterte theoretische Interpretation ändert aber nichts daran, daß die Mutter als Sozilisationsagent wirksam ist und durch ihr Verhalten (Auswahl und Besuch eines Geschäftes) das Verhalten der Kinder mitbestimmt.

Zusammenfassend: Geschäftspräferenzen und Produktpräferenzen von Kindern und Jugendlichen spiegeln oft die Präferenzen ihrer Eltern wider. Dies gilt insbesondere für Produkte, deren Kauf gewohnheitsmäßig erfolgt. Die *Gewohnheiten* werden dann von den Vorbildern übernommen, *ohne* weiter reflektiert zu werden. Der Einfluß der Eltern nimmt allerdings in den späteren Phasen der Kindheit ab, er wird vom Einfluß der gleichaltrigen Freunde zurückgedrängt.

Bei der Ermittlung und Beurteilung des Einflusses von Sozialisationsagenten wie der Eltern sind stets die Wirkungen von konkurrierenden Sozialisationsagenten aus der näheren und weiteren Umgebung zu berücksichtigen.[2] Die Sozialisationswirkungen aus der *weiteren* Umwelt gehen vor allem vom Fernsehen aus.

Kinder wachsen gegenwärtig in einer Medienumwelt auf, die von elektronischen Medien – Fernsehen und Video, Hörfunk, Tonband und CD – beherrscht wird. Unter den Medien ist das **Fernsehen** zum Leitmedium geworden:

> In Japan werden bereits die meisten Babys dem Fernsehen ausgesetzt. Mit sechs Monaten wird der Reiz der Fernbedienung von den Babys entdeckt, zunächst noch als Spielzeug. Bereits mit 10 Monaten benutzt die Hälfte der Kinder regelmäßig die Umschaltmöglichkeiten. Die bewußtere Programmwahl beim Umschalten beginnt im Alter von zwei Jahren.[3]

> Nach internationalen Untersuchungen steigt die durchschnittliche Sehhäufigkeit kontinuierlich bis zum Schulbeginn. Damit findet der Sozialisationsprozeß durch das Fernsehen im wesentlichen bereits statt, bevor das Schulalter erreicht wird (*Groebel*, 1994, S. 22). Nach Schuleintritt geht die Sehhäufigkeit zurück, um kurz darauf wieder zu steigen; sie erreicht bei den elf- bis zwölfjährigen Kindern ihr Maximum.

82 % aller Kinder in der gesamten Bundesrepublik sehen jeden Tag oder fast jeden Tag fern. Die Präferenzen für die Programmarten sind altersabhängig. Die wichtigsten Motive für den häufigen Fernsehkonsum sind Langeweile und Ablenkung. Fernsehen dient demzufolge vor allem dem „Stimmungsmanagement" der Zuschauer (*Groebel*, 1994, S. 24).

---

[2] Dies gilt ganz besonders, wenn man die Markenkenntnis von Kindern in Abhängigkeit von der Häufigkeit des Markenkaufs durch die Mutter untersucht (*Roth,* 1983, S. 176 ff.). In der Untersuchung von *Roth* werden jedoch diese konkurrierenden Einflußgrößen (Störgrößen) nicht so kontrolliert, wie es zweckmäßig wäre.

[3] Nach einer Befragung der Eltern von 300 jungen Kindern in Japan, vgl. *Groebel* (1994, S. 22).

Fernsehkonsum und persönliche Kommunikation sind dabei eng verknüpft. Wie bereits erwähnt wurde, übernimmt die persönliche Kommunikation vor allem die Funktion einer Metakommunikation: Über die Hälfte der Kinder spricht mit Freundinnen und Freunden über die aufgenommenen Eindrücke. Als nächstwichtiger Gesprächspartner über die gesehenen Fernsehsendungen wird die Mutter genannt (*Klingler* und *Windgasse*, 1994, S. 6).

Wie häufig die Kinder fernsehen, hängt nicht zuletzt vom Vorbild der Eltern und von der Sozialschicht ab. Wenn die Eltern häufig fernsehen – das ist mehr in unteren sozialen Schichten der Fall – werden auch die Kinder zu Vielsehern (*Oswald* und *Kuhn*, 1994, S. 37–38).

Das **Werbefernsehen** wird besonders stark frequentiert. 53 % der Kinder, mehr Mädchen als Jungen, geben an, jeden Tag oder fast jeden Tag das Werbefernsehen einzuschalten. Es gibt aber keine gesicherten Erkenntnisse darüber, ob den sechs- bis dreizehnjährigen jene kritische Distanz bereits genügend zu eigen ist, die man Erwachsenen bei der Beurteilung der Werbung attestiert. Immerhin zeigen Befragungen der Kinder, daß sie die Werbung vorwiegend als Verkaufsinstrument ansehen. Nach dem Zweck der Werbung gefragt, sagen 41 % der sechs- bis siebenjährigen und 78 % der zwölf- bis dreizehnjährigen Kinder, daß Werbung zum Kauf anregen soll (vgl. *Klingler* und *Windgasse*, 1994, insb. Seite 12 und Seite 7).

Nach einer älteren Untersuchung der *Arbeitsgemeinschaft Rundfunkwerbung* (1981, S. 371 ff.) konnte sich etwa die Hälfte der Kinder spontan (bei freiem Recall) an mehrere Werbesendungen erinnern.[4] Intensive Nutzer des Werbefernsehens zwischen sechs und acht Jahren konnten erheblich mehr Markennamen als Kinder des gleichen Alters mit geringerer Nutzungsintensität nennen. Und: Häufig gezeigte Marken werden positiv beurteilt (*Poiesz*, 1986).[5]

Wie stark die Wirkungen der Fernsehwerbung sind, hängt natürlich im Einzelfall – wie bei jeder *Sozialtechnik* – einerseits von den eingesetzten Beeinflussungstechniken ab, zum Beispiel von der Wahl attraktiver Modelle oder von Bildertechniken, die Spannung und Aufmerksamkeit auslösen.[6] Andererseits bestimmen auch die Vorlieben und gedanklichen Verarbeitungsprogramme der Kinder die Wirkung. Auch Kinder konstruieren aus dem Medienangebot sehr selektiv „ihr Programm". Redaktionelle Programme und Werbesendungen entfalten deswegen auch ganz unterschiedliche Wirkungen.

Man kann also zusammenfassend sagen, daß das Werbefernsehen wichtige Beiträge zur Konsumentensozialisation leistet.

Verhaltensänderungen: Die meisten Untersuchungen beziehen sich auf eine kurzfristige Medieneinwirkung, die über die eigentlichen Sozialisations-

---

[4] Zur Wirkung des Fernsehens, auch des Werbefernsehens auf Kinder vgl. *Ward, Robertson* et al. (1986) sowie *Palmer* und *Dorr* (1980) und *Adler, Lesser* et al. (1980).
[5] Nach *Kaplitzka* (1980) sieht etwa die Hälfte der Kinder (fast) immer die Sendungen des Werbefernsehens. Das bestätigen auch *Klingler* und *Windgasse* (1994, S. 4).
[6] Vgl. dazu Untersuchungen zur „Persuasionforschung" wie *Adler* und *Faber* (1980); *Rossiter* (1980); *Ward* (1980); *Barcus* (1980). Zur Wahl und Wirkung von Modellen (Vorbildern) vgl. auch *Robertson, Rossiter* et al. (1975) sowie *Mayer, Däumer* et al. (1982, S. 168 ff.).

wirkungen von Medien, insbesondere über erreichte – und anhaltende – Verhaltensänderungen, kaum Auskunft geben können.[7] Im Hinblick auf Sozialisierungswirkungen durch länger andauernde Beeinflussung sind die Ergebnisse einer Studie von *Gorn* und *Goldberg* (1982) aufschlußreich, deren Interpretation allerdings auf amerikanische Bedingungen zu beziehen ist.

Gorn und *Goldberg* (1982) setzten in einem Sommerlager fünf- bis achtjährige Kinder täglich zwei Wochen lang Werbesendungen im Fernsehen aus und kontrollierten das davon beeinflußte *Konsumverhalten*. Es wurden vier Gruppen gebildet: eine Kontrollgruppe ohne Werbung, eine Gruppe mit kommerzieller Werbung für Bonbons und eine andere Gruppe mit kommerzieller Werbung für Früchte. Die vierte Gruppe sah Fernsehspots mit einer staatlichen Aufklärung über die Vorteile einer ausgeglichenen Nahrungszusammensetzung und eines mäßigen Zuckerkonsums.

Nach den Ergebnissen wurde das *Ernährungsverhalten* nur von der Bonbonwerbung (signifikant) *beeinflußt*. Diese Wirkung widersprach den Erwartungen, denn alle Kinder, also auch die drei Gruppen ohne staatliche Aufklärung, waren sich aufgrund ihrer Erziehung darüber im klaren, daß sie eigentlich aus gesundheitlichen Gründen mehr Früchte und weniger Bonbons essen sollten. Die zusätzliche staatliche *Aufklärung* war trotz ihrer Wiederholung *nicht* in der Lage, eine nennenswert stärkere Hinwendung zum Früchtekonsum zu erreichen. Dies wurde ihrer trockenen pädagogischen Art, die die öffentliche Aufklärung an sich hat, zugeschrieben sowie ihrer im Vergleich zur Bonbonwerbung geringeren Popularität.

Bereits diese Beschreibung von Teilergebnissen macht deutlich, wie die kommerzielle Fernsehsendung in Konkurrenz zu anderen Einflüssen den Konsum stimulieren und in das Ernährungsverhalten der Kinder eingreifen kann.[8] Alles in allem können wir davon ausgehen, daß die Fernsehwerbung bei Gütern des täglichen Bedarfs einen moderaten, in manchen Fällen auch stärkeren Einfluß auf *Markenkenntnis* und *Markenpräferenzen* sowie auf das tatsächliche *Konsumverhalten* ausüben kann.

Interaktion zwischen Fernsehen und Eltern: Die von den Kindern vom Werbefernsehen übernommenen *Vorstellungen, was* – welche Produkte – und *wie* „man" zu konsumieren hat, können durch den verbreiteten gemeinsamen Einkauf von Eltern und Kindern in erheblichem Umfang in *tatsächliches* Kauf- und Konsumverhalten umgesetzt werden. Die Forschung richtet deswegen ihr Interesse nicht nur auf die Beeinflussung der Kinder durch das Werbefernsehen, sondern auch auf die *Interaktion* zwischen *Eltern* und

---

[7]   In den meisten Beiträgen zur Wirkung des Fernsehens auf Kinder wird kaum zwischen *Beeinflussungswirkungen* und *Sozialisationswirkungen* unterschieden, so daß man den Eindruck bekommt, daß unter Sozialisationswirkung jede Art von Beeinflussung von Kindern verstanden wird, auch die kurzfristige Beeinflussung von Markenpräferenzen oder die kurzfristige Vermittlung von Produktkenntnissen.

[8]   Speziell zur Beeinflussung des Ernährungsverhaltens durch Fernsehwerbung gibt es mehrere empirische Erhebungen aus den achtziger Jahren; vgl. unter anderem *Atkin* (1980, S. 294). *Atkin* weist zusammenfassend darauf hin, daß Appelle für eine ausgeglichene Ernährung, die sich an die *Vernunft* der Kinder wenden, wenig wirksam sind (ebenda, S. 297).

Kindern, nachdem den Kindern die „Konsumbotschaften" von den Massenmedien übermittelt wurden (selten darauf, daß die Eltern Werbebotschaften an die Kinder weitervermitteln).

Die Umsetzung der von den Kindern übernommenen und gespeicherten „Konsumbotschaften" wird entscheidend von der Kommunikation innerhalb der *Familie* mitbestimmt. Die Sozialisation geht also wesentlich auf ein Zusammenwirken von Massenmedien (insbesondere Fernsehen) und Eltern zurück – nach folgendem Muster:

Fernsehwirkung auf die Kinder (1. Stufe)
→ Kommunikation mit den Eltern (2. Stufe)
→ Konsumverhalten der Kinder (3. Stufe).

Die Eltern werden bei diesem Ablauf zu *Torhütern* für das Reich des Konsums: Sie kommentieren die vom Fernsehen stimulierten Produktwünsche der Kinder, geben ihnen nach, weisen sie zurück oder modifizieren sie. Die Eltern übernehmen demzufolge wichtige, in den Theorien des sozialen Lernens vorgesehene Verstärkerfunktionen, die dafür mitverantwortlich sind, welche der vom Fernsehen übernommenen *Konsummodelle* tatsächlich umgesetzt werden. Dadurch kommen diese Modelle nur *selektiv* zum Zuge.[9]

Die Sozialisationswirkungen des (Werbe-)Fernsehens sind demzufolge sehr komplex: Sie umfassen *einerseits* die verschiedenen direkten Einflüsse

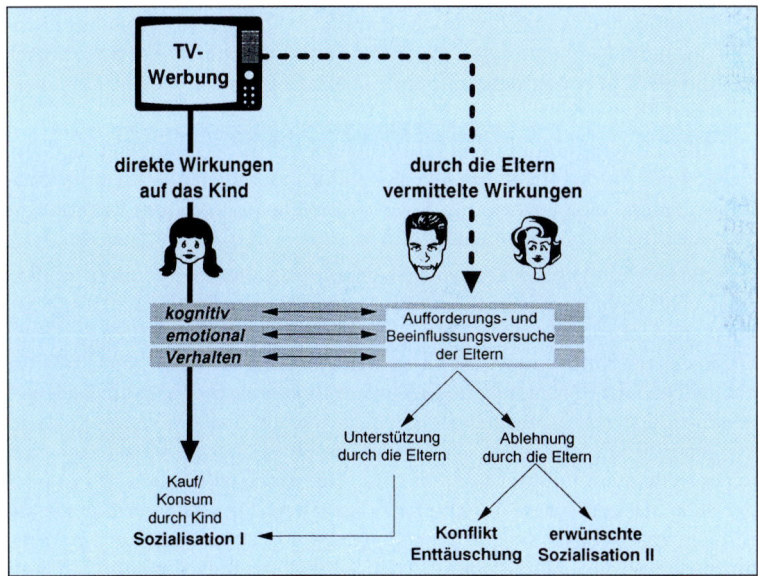

Abbildung 144: Wirkungen der Fernsehwerbung im Sozialisationsprozeß: Einbeziehung der Eltern

Quelle: nach *Moschis* (1987, S. 141).

---

[9] Vgl. dazu das Phasenschema von *Bandura* (1976, 1979) zum sozialen Lernen, das zu Beginn dieses Kapitels dargestellt wurde.

auf das kindliche Verhalten und *andererseits* die durch Interaktion mit den Bezugsgruppen, vor allem den Eltern, „gefilterten" Einflüsse. *Moschis* (1987, S. 141) faßt diese Beziehungen in einem „Modell" zusammen, das in *Abbildung 144* wiedergegeben wird.

Dabei können folgende Elternwirkungen auf die Kinder unterschieden werden: Die Eltern unterstützen die vom Fernsehen angeregten Kauf- und Konsumwünsche der Kinder (Sozialisationswirkung I), oder sie versuchen, diesen entgegenzutreten. Das kann zu Ärger, Konflikten und Frustrationen der Kinder führen (ohne oder mit langfristigen Lernwirkungen) oder zu einem von den Kindern akzeptierten Verhalten und damit ebenfalls wieder zu erwünschten Sozialisationswirkungen (II).

Die Literatur weist darauf hin, daß die Wirkungen des Fernsehens auf die Kinder nicht ohne die intervenierenden Einflüsse der Eltern zu erklären sind.[10] Wie stark diese Einflüsse sein können, wurde bereits im Zusammenhang mit der Rollenverteilung in der Familie beschrieben.

Die Elterneinflüsse hängen natürlich insbesondere davon ab, wie stark die Familieninteraktion ist (*Moschis*, 1987, S. 140) und wie der Erziehungsstil aussieht: Autoritäre Eltern achten stärker auf den Einfluß des Fernsehens auf die Kinder und kontrollieren auch die Wirkungen des Werbefernsehens stärker (*Carlson* und *Grossbart*, 1988).

Allerdings zeichnet sich durch den Zerfall der Familie und den Rückgang der persönlichen Interaktion in der Familie ab, daß die Kontrolle und Modifikation der Medienumwelt durch die Familie nachläßt. Auch die Sozialisation gerät in zunehmendem Maße in den Sog der von den Medien vermittelten Eindrücke![11]

Die durch Interaktion mit den Eltern entstehende Zweistufigkeit der Wirkungen des Werbefernsehens legt es nahe, Kinder auch als „Kommunikationsagenten" einzusetzen, um Konsumappelle an die Eltern heranzutragen, die die Eltern sonst nicht erreichen.

Wer die Werbung für ein *nachteiliges* Konsumverhalten von Kindern zur Rechenschaft ziehen will, macht es sich etwas zu leicht: Er vernachlässigt die oben angegebene *„Torhüterfunktion"* der Eltern. Es sind die *Eltern,* die dem Drängen der Kinder nach dem von der Werbung nahegelegten Konsum nachgeben. Für die entstehenden Konsummuster und -folgen sind deswegen die Eltern *mitverantwortlich* zu machen – wenn man die Verantwortung der Eltern überhaupt ernst nimmt und die Eltern nicht auch als ein Glied in der Kette manipulierter Konsumenten einordnen will. (Auch hier ist wieder schichtspezifisches Verhalten zu registrieren: Je niedriger die soziale Schicht, um so stärker neigen die Eltern dazu, Konsumwünschen ihrer Kinder nachzugeben, um so stärker wird außengelenktes Konsumverhalten unkritisch übernommen und stabilisiert.)

Als weitere Medien zur Konsumentensozialisation kommen vor allem noch Zeitschriften in Frage, entweder jugendorientierte Zeitschriften wie

---

[10] Vgl. dazu insbesondere *Ward* und *Robertson* (1986, zusammenfassend S. 11 ff., 123 ff.).
[11] Vgl. dazu auch *Postman* (1993).

BRAVO[12] oder *MÄDCHEN* oder allgemeine Zeitschriften wie *STERN, BUNTE, QUICK* und *NEUE REVUE.* Die allgemeinen Zeitschriften werden von 20% bis 30% der Jugendlichen gelesen. Diese Zeitschriften vermitteln in großem Umfang Anzeigenwerbung, aber auch wirksame Leitbilder des Konsums. Das gleiche gilt für die zahlreichen Frauenzeitschriften (wie *COSMOPOLITAN, BRIGITTE* oder *MADAME*), denen an einer Marktsegmentierung nach Lebensstilen und sozialen Klassen gelegen ist. Auch sie wirken als mediale Sozialisationsagenten.

c) Kritik der Sozialisationswirkungen

In der empirischen Medienforschung zeichnet sich eine Tendenz ab, den Massenmedien einen *stärkeren* Einfluß einzuräumen und die Langzeitwirkungen sowie die *potentiellen Nachteile* des Konsums von Massenmedien in das Blickfeld zu rücken. Diese Nachteile sind darin zu sehen, daß die heutigen Medien, insbesondere das Fernsehen, eine Vielzahl von negativen Verhaltensmodellen (der Gewalt, der Aggression, der Sucht usw.) vermitteln, die von den Kindern und Jugendlichen aufgenommen und gespeichert werden.

Die allgemeine Kritik entzündet sich hauptsächlich an den vermittelten Modellen von **Gewalt** und **Sexualität.** Die Frage, welche Wirkungen diese Modelle auf das Verhalten entfalten, wird in der Literatur bis heute kontrovers beantwortet.

Übermäßige persönlichkeitsdeformierende Darstellungen von Brutalität und Sexualität sind Hauptgründe für die Aufnahme von Medien in die Liste der *jugendgefährdenden Schriften,* die in der Bundesrepublik als – sehr grober – Filter gegen den Mißbrauch von Pressemacht bei der Sozialisation von Jugendlichen wirksam wird.[1]

In zunehmendem Maße werden Videofilme und Computerspiele von den Jugendlichen als Medien bevorzugt. Ein beachtlicher Teil der Videos und Computerspiele enthält Gewalt- und Pornomotive, die zu einer Indizierung durch die Bundesprüfstelle für jugendgefährdende Schriften, auch zu Beschlagnahmen führen. (Videofilme und Computerspiele sind Schriften im Sinne des GjS).[2]

---

[12] Die auflagenstarke Jugendzeitschrift *BRAVO* ist ein wichtiges Sozialisationsmedium. Sie erzielte (lt. *Media Perspektiven* 1/1996, S. 23) im III. Quartal 1995 eine verkaufte Auflage/Woche von 1,43 Mio. (*Bravo Girl:* 0,86 Mio.).

[1] Zur Wirkung von Gewaltdarstellungen im Fernsehen vgl. im einzelnen *Krebs* (1981) und *Haase* (1981) sowie den Überblick in *Schenk* (1987, S. 344ff.), der vor allem an die Kulturindikatorenforschung *Gerbners* anknüpft. Nach der Dokumentation für den ARD-Forschungsdienst durch *Groebel* und *Gleich* (1990) „stellt die Mehrzahl der ca. 5000 bislang erschienenen Studien zur Mediengewalt einen, wenn auch häufig nur mäßigen aggressionsverstärkenden Effekt fest" (vgl. dazu auch *Selg* (1991) sowie Heft 4 (1992) des *BPS-Infodienstes).*

[2] In Zusammenarbeit mit der *Bundesprüfstelle für jugendgefährdende Schriften* und der *Deutschen Gesellschaft für Jugendschutz* gibt *R. Stefen* einen „BPS-Report-Informationsdienst zum Jugendmedienschutz" heraus (Nomos Verlagsgesellschaft, Baden-Baden). In diesem Report wird über die Arbeit der BPS und ihre Entscheidungen berichtet.

In den letzten Jahren mehren sich Entscheidungen, die sich auch auf Computerspiele mit rechtsextremen und neonazistischen Inhalten beziehen.

Beispiel aus *FOCUS* 9/1994 (vgl. auch *Abbildung 145):*

Konsum von **indizierten* oder beschlagnahmten**** Computerspielen
bei 10- bis 16jährigen Hauptschülerinnen und -schülern

82,6 % sind in irgendeiner Form damit in Kontakt gekommen

60,5 % nutzen indizierte und/oder beschlagnahmte Computerspiele

33,5 % haben indizierte oder beschlagnahmte Computerspiele zu Hause

▶ Von den 10- bis 12jährigen spielen **53 %** mit
   indizierten und/oder beschlagnahmten Computerspielen

▶ Von den 13- bis 14jährigen spielen **67 %** mit
   indizierten und/oder beschlagnahmten Computerspielen

▶ Von den 15- bis 16jährigen spielen **62 %** mit
   indizierten und/oder beschlagnahmten Computerspielen

*Indizierte Computerspiele sind genau wie Videos, Zeitschriften usw. zwar nicht verboten, dürfen aber Jugendlichen unter 18 Jahren nicht zugänglich gemacht werden. Die Bonner *Bundesprüfstelle für jugendgefährdende Schriften (BPjS)* bearbeitet entsprechende Indizierungsanträge, die von Jugenämtern gestellt werden, und setzt die Medien auf ihre Index-Liste.

**Beschlagnahmte Computerspiele, Videos usw. unterliegen einem generellen Verbreitungsverbot nach § 131 und § 184 StGB. Die Beschlagnahme wird durch die Staatsanwaltschaft angeordnet, wenn der Inhalt dem Verbot der Gewaltdarstellung und der Aufstachelung zum Rassenhaß widerspricht oder „harte" pornographische Inhalte wiedergibt.

Abbildung 145: Verbreitung von Nazi-Ideologie auf Disketten und Sex-Spiele auf CD-ROM

Quelle: Glogauer Studie (FOCUS 9, 1994, S. 151)

Die Feder sträubt sich, den Inhalt solcher Computerspiele oder anderer Spiele wiederzugeben, die gegenwärtig Kinder und Jugendliche in den Umgang mit roher Gewalt, Haß und widerwärtiger Sexualität einführen. Die Diskussion zur ethischen Medienerziehung mit Blick auf die neuen Medien hat inzwischen begonnen (z. B. *Schmälzle*, 1992).

Die spezifischen Wirkungen der Massenmedien auf die Sozialisation von **Konsumenten** sind zunächst in der Verbreitung und Verstärkung von Modellen zu sehen, die dem Heranwachsenden bestimmte *Konsumrollen* zuweisen. Es sind unter anderem geschlechtsspezifische, schichtspezifische und altersspezifische Rollen:

Unter anderem wird kritisiert, daß die *Rolle* „des" *Mannes* sowie „der" *Frau* durch die Medien einseitig und stereotyp abgebildet wird. Frauen werden noch immer als Hausfrau und als dekorative Ausstattung von Männerwelten herausgestellt (z. B. als Auto-Accessoires) und viel stärker mit dem *Konsum* von Produkten *assoziiert* als Männer, insbesondere mit der zu Hause erfolgenden Produktverwendung (z. B. in der glücklichen Familie oder Partnerschaft).

Die so dargestellten Rollenstereotype kommen den Vorurteilen der Empfänger entgegen und bekräftigen sie. Sie tradieren geschlechtsspezifische Konsummuster, die mit den tatsächlichen Konsummöglichkeiten oft gar nicht übereinstimmen.

Die Medien vermitteln auf diese Weise stark schematisierte, schichtenspezifische Modelle des Konsumentenverhaltens. Sie *verfestigen* traditionelle *Rollenbilder* und sorgen für eine Aufrechterhaltung der sozialen Distanz zwischen den sozialen Schichten.

Die Einschränkungen der sozialen *Orientierungsmöglichkeiten* dürfte in noch stärkerem Maße für die Jugendzeitschriften gelten, die ihre Leser ausschließlich mit den fragwürdigen Modellen einer *altersspezifischen*, auf Jugendlichkeit zugeschnittenen Welt (auch Konsumwelt) vertraut machen.

Darüber hinaus werden vor allem noch folgende, auf den Konsum bezogene Sozialisationswirkungen der Massenmedien kritisiert:

Die **Massenmedien stimulieren** durch redaktionelle und werbliche Beiträge in einer für den Konsumenten abträglichen Weise

(1) schädliches Konsumverhalten,
(2) konfliktäres Konsumverhalten,
(3) Flucht in den Konsum (Ausweichverhalten).

Solche Wirkungen werden in der Literatur auch als nicht intendierte Wirkungen oder Nebenwirkungen der Werbung für Kinder beschrieben (*Atkin*, 1980, S. 297 ff.; auch *Robertson*, 1980).

Zu (1): Schädliches Konsumverhalten wird gefördert, wenn der heranwachsende Konsument durch die von den Medien vermittelten *Modelle* zum Konsum nachteiliger (zum Beispiel gesundheitsgefährdender) Produkte verführt wird. Das kann vor allem dann geschehen, wenn Modelle dargeboten werden, die für den Jugendlichen attraktiv sind, mit denen er sich identifiziert. Aus der Theorie des sozialen Lernens wissen wir, daß attraktive Modelle besonders stark zur Imitation anregen. Einfache Beispiele sind die Zigarettenwerbung und die Alkoholwerbung.

Man sollte allerdings die *Einzelwirkung* der Werbung, z. B. der Werbung für Alkohol, nicht überschätzen: Solange der Konsum von Alkohol gesellschaftlich *legitimiert* und begünstigt wird, solange bei öffentlichen Gelegenheiten der Alkoholgenuß von bekannten und wirksamen Modellen (im Sinne des sozialen Lernens) vorgeführt wird, hat es wenig Sinn, allein die Wirkungen der Werbung zu verteufeln. Sie können nur in Verbindung mit den anderen Kommunikationswirkungen beurteilt werden.

Zu (2): Konflikte und Ängste (letztere können eine Folge von Ambivalenzkonflikten sein) können beim Konsum dadurch entstehen, daß der Jugendliche von den Medien hochgeschraubte Konsumstandards übernimmt, die er nicht verwirklichen kann und denen er auf Kosten anderer widersprüchlicher Werte (Zielvorstellungen) nacheifert.

Zu (3): Der sogenannte *Eskapismus-Vorwurf* an die Medien zielt darauf ab, daß den jungen Konsumenten eine unproblematische, schöne Welt des Konsums vorgegaukelt wird, in die sie sich vor den Kümmernissen und dem Streß des Lebens *zurückziehen* können. Darin kann auch ein *Vorteil* gesehen werden, weil diese Flucht entspannen, entkrampfen, zur Konfliktbewältigung beitragen kann.

Das durch Medien angebotene und geförderte *Fluchtverhalten* in „andere Wirklichkeiten" (des Traums, der Sucht, eines arbeitslosen Lebens) ist ein wesentliches Argument, das zur Begründung von Indizierungen durch die *Bundesprüfstelle für jugendgefährdende Schriften* benutzt wird (siehe oben).

3. Diffusion

a) Die mehrstufige Kommunikation zur Verbindung von Umwelteinflüssen

Wir haben bisher zwischen der näheren und weiteren Umwelt des Konsumenten getrennt. Die *nähere* Umwelt wird durch seine Familie, seine Freunde und Bekannten, d. h. durch seine Primärgruppen, gebildet. Die Kommunikation in diesen Gruppen ist eine *direkte* Kommunikation von Person zu Person.

Die *weitere* Umwelt wird durch die Sekundärgruppen gebildet, denen der Konsument angehört: den großen Organisationen und Gemeinden, auch den sozialen Schichten, usw. Sie ist durch größere soziale Distanz gekennzeichnet. Die Kommunikation ist entpersönlicht: Typisch für den Kontakt zur weiteren Umwelt ist die *indirekte* Kommunikation (Massenkommunikation).

Die *Trennung* in nähere und weitere Umwelt diente dazu, die verschiedenartigen sozialen Einflüsse herauszuarbeiten, die auf den Konsumenten einwirken und die durch persönliche Kommunikation mit den ihnen nahestehenden Personen sowie durch die Massenkommunikation vermittelt werden. Diese Formen des kommunikativen Einflusses wirken aber nicht nur nebeneinander. *Die Einflüsse von näherer und weiterer Umwelt interagieren.*

> Die Wirkungen von näherer und weiterer Umwelt sind miteinander verflochten. Sie üben gemeinsam den sozialen Einfluß auf den einzelnen aus.

Von **einstufiger Kommunikation** spricht man, wenn ein Kommunikator – gegebenenfalls über einen Kommunikationskanal – den Empfänger *unmittelbar* anspricht und ihm einen Kommunikationsinhalt vermittelt. Das Muster des einstufigen Kommunikationsflusses läßt sich sowohl auf die Massenkommunikation als auch auf die persönliche Kommunikation beziehen.

Ansatzpunkt für diese Sicht ist der Kommunikator: Er ist der aktive Kommunikationspartner, der sich an die anderen wendet und sie in einem Zuge mit seiner Kommunikation erreicht.

Der älteren Kommunikationsforschung lag fast ausschließlich ein *Modell einstufiger Kommunikation* zugrunde. Man ging davon aus, daß das Publikum eine atomistische Struktur habe, also aus vielen einzelnen, voneinander getrennten Personen bestehe und die Massenkommunikation direkt auf diese einzelnen – passiv aufnehmenden – Personen stoße und ihre Meinung präge.

Aus dieser Sicht wird der Einfluß der persönlichen Kommunikation unabhängig von der Massenkommunikation wirksam: Massenkommunikation und persönliche Kommunikation wurden überwiegend als *konkurrierende* Kommunikationsmöglichkeiten betrachtet.

Legt man eine solche Einstufigkeit der Kommunikationsprozesse zugrunde und bildet ein Modell, das sowohl die Massenkommunikation als auch die persönliche Kommunikation einbezieht, so erhält man das in *Abbildung 146* beschriebene *Kommunikationsmuster des einstufigen Kommunikationsprozesses*. Die damit verbundenen Hypothesen formulieren im wesentlichen folgende Sachverhalte:

- Die Kommunikation vermittelt ihre Inhalte direkt den Empfängern (Einstufigkeit).
- Die Kommunikanten sind dabei weitgehend passiv (Publikumspassivität).
- Massenkommunikation und persönliche Kommunikation wirken getrennt nebeneinander (Kommunikationskonkurrenz).

Die Hypothese von der einstufigen Kommunikation wurde hauptsächlich durch die Arbeiten einer Forschungsgruppe um *Lazarsfeld, Berelson* und *Katz* erschüttert. In der *Erie-Untersuchung* von *Lazarsfeld, Berelson* et al. (deutsch 1969) wurde die Meinungsänderung der Wähler durch den *Wahlkampf* anläßlich der Wahl des amerikanischen Präsidenten im Jahre 1940 festgestellt.

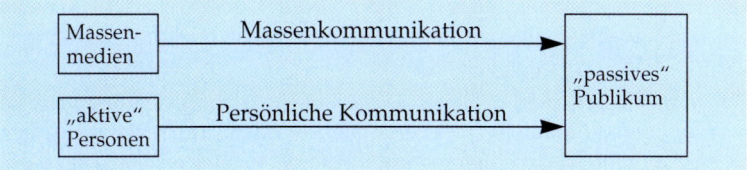

Abbildung 146: Schematische Darstellung einstufiger Kommunikationsprozesse nach älteren Modellen

Es stellte sich heraus, daß die *direkte* Wirkung der *Massenkommunikation* entgegen der damals vorherrschenden Meinung ziemlich gering blieb, daß aber die von den Massenmedien gelieferten Informationen von einem kleinen, aktiven Teil der Bevölkerung aufgegriffen und von diesem in persönlichen Gesprächen an den weniger aktiven Teil der Bevölkerung *weitergeleitet* wurden. Diese aktiven Personen, die Meinungsführer, fungierten also als „Relaisstationen" der Kommunikation: Sie waren gleichzeitig Empfänger der meinungsbildenden Massenkommunikation und Sender einer persönlichen Kommunikation, mit der das übrige Publikum beeinflußt wurde.

Auch neuere Forschungsergebnisse (*Schenk* und *Rössler*, 1994, S. 261) belegen, ... „daß die Inhalte der Medienberichterstattung nur einen geringen direkten Einfluß auf das Individuum ausüben. Dagegen erweist sich die persönliche Gesprächsaktivität ... als zentrale Determinante sowohl für die Bedeutung eines Themas (Agenda-Setting) als auch für die Einstellungen zum Thema (Persuasion)".

Zweistufige Kommunikation: Die Ergebnisse der *Erie*-Studie wurden von *Katz* und *Lazarsfeld* später noch einmal aufgegriffen und zu einem Modell der zweistufigen Kommunikation verdichtet, das man auch als Theorie vom persönlichen Einfluß der Meinungsführer bezeichnen kann. Sie fanden durch weitere Erhebungen heraus, daß auch das mit den alltäglichen Entscheidungen über Einkauf, Kinogang und Mode verbundene Kommunikationsverhalten nach dem Muster zweistufiger Kommunikation abläuft (*Katz* und *Lazarsfeld*, 1962, 1964, 1972).

Abbildung 147 verdeutlicht den zweistufigen Kommunikationsfluß: *Zuerst* wirkt die *Massenkommunikation* auf die Meinungsführer ein, *dann* wirken die *Meinungsführer* auf das übrige Publikum ein, das von der Massenkommunikation nicht berührt wird.

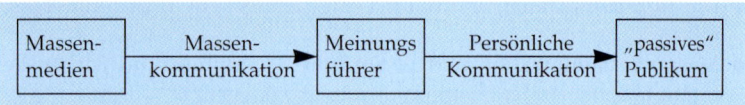

Abbildung 147: Schematische Darstellung der zweistufigen Kommunikation

Die Aufmerksamkeit der Kommunikationsforschung richtete sich nun stärker auf die *persönliche Kommunikation* in den Primärgruppen, die sich *zwischen* die Massenkommunikation und ihre Adressaten schiebt und die Wirkungen der Massenkommunikation modifiziert. Die Meinungsführer traten in das Blickfeld. Die Funktionen der *Meinungsführer* und der von ihnen ausgelösten persönlichen Kommunikation werden von *Katz* und *Lazarsfeld* (1962, S. 97 ff.) wie folgt gekennzeichnet:

(1) „Manche Menschen scheinen als persönliche Übermittler für andere zu fungieren. Ohne diese Relaispersonen würden durch Massenmedien übermittelte Nachrichten manche Leute gar nicht erreichen. Dies ist ... das Wesentliche des Meinungsführerbegriffes: Wir sprechen von einer *„Relaisfunktion"* der zwischenmenschlichen Beziehungen.

(2) Weiterhin scheint der persönliche Einfluß außerordentlich wirksam zu sein. Wenn ein Beeinflussungsversuch durch Massenmedien mit zwischenmenschlichen Beziehungen zusammenfällt, hat er offenbar viel größere Erfolgsaussichten. Wir nennen das *Verstärkungsfunktion.*"

Das Interesse bei empirischen Untersuchungen gilt hauptsächlich dem Informationsverhalten der Meinungsführer. Dem Modell der zweistufigen Kommunikation entsprechend fand man, daß Meinungsführer – verglichen mit Nicht-Meinungsführern – Massenmedien tatsächlich verstärkt nutzen. Das gilt vor allem für solche Medien, die das jeweilige „Fachgebiet" der Meinungsführer betreffen.

In der jüngeren Forschung zur Meinungsführerschaft interessiert man sich für die Netzwerke persönlicher Beziehungen von Meinungsbildnern (*Schenk,* 1993; sowie *Schenk* und *Rössler,* 1994). Empirische Befunde zeigen, daß sich die Beziehungen zwischen „Opinion Leaders" und Meinungsempfängern u. a. nach der Stärke der Netzwerke (Kernnetze), der Multiplexität ihrer Beziehungen sowie dem Konsens/Dissenz im Netzwerk charakterisieren lassen.

Bereits die älteren empirischen Befunde zur zweistufigen Kommunikation, die von *Arndt* (1968 d) auch für das Kommunikationsverhalten der Konsumenten bestätigt wurden, haben die *generellen* Ansichten von einer *einstufigen* Wirkung der Massenkommunikation widerlegt. Man braucht das Modell einstufiger Kommunikation deswegen nicht aufzugeben. Es kann wie die weitergehenden Hypothesen zur zweistufigen (oder mehrstufigen) Kommunikation aufrechterhalten werden, wenn man den Geltungsbereich der Aussagen über den Kommunikationszufluß genauer abgrenzt, das heißt die Rahmenbedingungen präzisiert. Kurzum:

> Die Aussagen über zweistufige Kommunikation dürfen nicht verallgemeinert oder als Ersatz für das Erklärungsmodell einstufiger Kommunikationsflüsse betrachtet werden.

Rahmenbedingungen für die bisher beschriebenen Kommunikationsmuster: In den bisher beschriebenen Hypothesen über den Kommunikationsfluß wird dem *Publikum* eine ziemlich *passive* Rolle zugewiesen. Das Publikum ist jedoch oft selbst *aktiv,* es hat Informationsbedürfnisse und sucht diese sowohl über die Massenkommunikation als auch über die persönliche Kommunikation zu befriedigen.[1]

Die Informationsbedürfnisse des Publikums und seine davon ausgelöste Kommunikationsaktivität entscheiden im wesentlichen, *welche* der beiden Kommunikationsformen wirksam wird. Auch die Massenkommunikation kann aufgrund von Informationsbedürfnissen eines einzelnen ohne Zwischenschaltung eines Meinungsführers wesentlichen Einfluß auf Einstel-

---

[1] Die Vorstellung vom aktiven Publikum ist der Ansatzpunkt für den „Nutzen- und Belohnungsansatz" zur Erklärung der Medienwirkung, der mit den hier wiedergegebenen Theorien konkurriert; vgl. *Schenk* (1987, S. 369 ff.).

lungen und Verhalten bekommen. Nach dem Kriterium vorhandener oder fehlender *Informationsbedürfnisse* sind folgende Fälle möglich:

(1) Der einzelne hat Informationsbedürfnisse (im weitesten Sinne) und *sucht aktiv Informationen*
   (a) direkt durch die Massenkommunikation,
   (b) durch die persönliche Kommunikation.

(2) Der einzelne hat keine Informationsbedürfnisse, er ist *passiv*. Es kommt dann in erster Linie auf die aktivierende Kraft der Kommunikatoren an, ob und wieweit er
   (a) von der Massenkommunikation und/oder
   (b) von der persönlichen Kommunikation beeinflußt wird.

Das *Informationsbedürfnis* von seiten der Kommunikanten *und* die *Aktivierungskraft*, die der Kommunikation von den Kommunikatoren gegeben wird, erscheinen als wesentliche Bestimmungsgründe für die Inanspruchnahme und den Erfolg der Massenkommunikation und der persönlichen Kommunikation.

Unter persönlicher Kommunikation kann man in diesem Zusammenhang einerseits eine *direkte* Kommunikation verstehen, die ausschließlich dazu dient, Informationen auszutauschen, die unabhängig vom Inhalt der Massenmedien sind. Die persönliche Kommunikation kann aber andererseits auch der *Weitervermittlung* von Inhalten der Massenkommunikation nach dem Konzept der zweistufigen Kommunikation dienen. Was diesem Konzept der „Weitervermittlung" neuerdings entgegengehalten wird, ist die Erkenntnis, daß die Meinungsführer viel weniger, als man bisher annahm, aktiv sind und andere indoktrinieren, daß vielmehr der einzelne oft in einen *aktiven* Meinungsaustausch mit anderen tritt, um von sich aus über Informationen zu sprechen, die er vorher von der Massenkommunikation empfangen hat. Mit anderen Worten: Er möchte dabei unterstützt werden, aus den Medienangeboten seine Wirklichkeit – seine Medienumwelt – zu konstruieren.

Diese Kompetenz der Meinungsführer wird in zunehmendem Maße auch virtuellen Meinungsführern zugesprochen, das sind meinungsbildende Personen, die in den Massenmedien auftreten. Es zeichnet sich in den letzten Jahren ab, daß auch die Auswahl und Bewertung von Informationen zukünftig mehr durch Anleitungen aus den Massenmedien und nicht allein durch persönliche Gespräche erfolgt.[2]

---

[2] Vergleiche dazu *Merten* (1994, S. 161): „Der klassische Meinungsführer, der als real vorhandene Person in der direkten Interaktion mit anderen seinen Einfluß geltend machen konnte, wird tendenziell immer mehr abgelöst durch einen virtuellen Meinungsführer, der nicht real, sondern nur in den Medien vorhanden ist".

Die folgenden Überlegungen versuchen, die Bedingungen, unter denen die Massenkommunikation und die persönliche Kommunikation meinungs-bildend werden, noch stärker zu differenzieren.[3]

Betrachten wir als erstes die Folgen der Passivität oder Aktivität der Konsumenten: Ist der Konsument *passiv,* so muß die Massenkommunikation *emotionaler* angelegt werden, um die Konsumenten zu erreichen. Es hieße, die aktivierende Kraft der Massenkommunikation zu unterschätzen, wenn man ihr nicht zutraut, auch passive Konsumenten beeinflussen zu können. Insofern können, wie auch unsere Ausführungen zur Werbung und emotionalen Konditionierung verdeutlichen, die Informationen durchaus einstufig durch die Massenkommunikation direkt zu den Konsumenten fließen und diese beeinflussen.

Ist der Konsument *aktiv* und bestrebt, *Informationsbedürfnisse* zu befriedigen, so ist entsprechend den vorhandenen empirischen Unterlagen zu fragen:

● Auf *welche Informationen* richten sich seine Informationsbedürfnisse?
● *Welche* subjektive *Bedeutung* haben diese Informationen für den Konsumenten?

Nach zahlreichen empirischen Belegen werden in den verschiedenen *Stadien des Entscheidungsprozesses* unterschiedliche Informationsbedürfnisse geäußert: Der Konsument sucht in einem ersten Stadium zunächst einmal Informationen über das Vorhandensein oder die Verfügbarkeit eines Produktes, in einem zweiten Stadium Informationen, die sich auf seine Motive und Interessen beziehen und in einem dritten Stadium Informationen, die ihm zu einer Bewertung des Produktes verhelfen.

Die Werbung in den Massenmedien nutzt der Konsument vor allem dann, wenn es um Informationen geht, die ihm eine Marktübersicht verschaffen und die ihn überhaupt erst einmal über das Vorhandensein der Produkte informieren. Informationen aus den Massenmedien eignen sich im allgemeinen gut zur ersten *Problemorientierung.*

---

[3] Wie komplex diese Ausgangsbedingungen sind, ergibt sich bei einer gleichzeitigen Berücksichtigung der Merkmale „Aktivität" oder „Passivität der Konsumenten", „Aktivierung durch den Kommunikator", „Phasen des Entscheidungsprozesses" sowie „wahrgenommenes Kaufrisiko".
Nehmen wir lediglich zwei dieser Merkmale heraus, so erhalten wir in Anlehnung an die besprochene Literatur folgende Hypothesen:
(1) Bei großem Kaufrisiko:
  (a) In der ersten Orientierungsphase der Entscheidung sind sowohl Massenkommunikation als auch persönliche Kommunikation wirksam.
  (b) In der Bewertungs- und Auswahlphase dominiert der Einfluß der persönlichen Kommunikation.
(2) Bei geringem Kaufrisiko:
  (a) In der ersten Orientierungsphase der Entscheidung dominiert der Einfluß der Massenkommunikation.
  (b) In der Bewertungs- und Auswahlphase sind Massenkommunikation und persönliche Kommunikation wirksam.
Man hat zu beachten, daß die Zweiteilung der Entscheidungsphasen und des Kaufrisikos weiterer Verfeinerungen bedürfen. Wie dann im Einzelfall der Kommunikationseinfluß aussieht, hängt von den weiteren, obengenannten Merkmalen der Kommunikationssituation ab.

Anders verhält es sich, wenn der Konsument in das Stadium des alternativen *Vergleichs* und der alternativen *Bewertung* kommt. Er neigt dann eher dazu, sich mit anderen auszusprechen, von anderen beraten zu lassen und die Kompetenz und Hilfe von Meinungsführern zu suchen.

Nicht nur die Art, auch die subjektive Bedeutung der Information prägt das selektive Kommunikationsverhalten der Konsumenten. Eine Information hat für den Konsumenten eine größere Bedeutung, wenn sie für schwerwiegende Entscheidungen herangezogen wird: Das sind Entscheidungen, die Produkte mit einem größeren wahrgenommenen Kaufrisiko betreffen und die ihn in eine Entscheidungsunsicherheit bringen.

Handelt es sich um Entscheidungen für Produkte mit *geringem Kaufrisiko,* so wendet sich der Konsument eher an die Massenmedien, deren Gebrauch für ihn im allgemeinen zeitsparender und einfacher ist als persönliche Recherchen. Die Massenkommunikation ist dann durchaus in der Lage, den Konsumenten zum Kauf von Produkten zu veranlassen. Bei Produkten mit *größerem Kaufrisiko* sucht der Konsument dagegen die Diskussion mit Personen seiner näheren Umgebung und soziale Absicherung, soweit seiner Kommunikation nicht situative Einflüsse wie Zeitdruck oder Informationsüberflutung entgegenstehen.

Zusammenfassend kann man sagen, daß der Konsument in den schwierigeren Stadien des Kaufentscheidungsprozesses – das ist bei der Bewertung und Auswahl von Alternativen – sowie bei Entscheidungen über den Kauf von Produkten mit größerem Kaufrisiko eher die *persönliche* Kommunikation suchen wird. In diesen Fällen ist seine Verunsicherung am stärksten. Im übrigen wendet er sich auch direkt an die Massenkommunikation, um ihr Informationen für seine Entscheidungen zu entnehmen. Das Auseinanderrechnen der meist im Verbund auftretenden Wirkungen von Massenkommunikation und persönlicher Kommunikation ist schwierig und bisher methodisch noch nicht befriedigend gelöst.

Das **Marketing** muß wissen, ob und wie der Konsument von sich aus zur Informationssuche *motiviert* ist und *welche* Informationen er benötigt. Nach diesen Voraussetzungen kann sich die Kommunikationsstrategie des Marketing richten: Informative Werbung wird vor allem dann auf starke Barrieren für ihre Wirkung stoßen, wenn der Konsument *nicht* zur Informationsaufnahme *motiviert* ist und wenn es sich um Informationen handelt, die sich der Konsument lieber durch persönliche Kommunikation besorgt. Die Werbung kann sich in diesen Fällen unter anderem die größere kommunikative Stoßkraft von persönlichen Kontaktleuten und Meinungsführern zunutze machen und sich zunächst *bevorzugt an diese* wenden. Nach der Hypothese zweistufiger Kommunikation können dann die *Meinungsführer* zu Kommunikationsagenten werden, die den Inhalt der Werbung weitervermitteln.[4]

Zusammenfassend: Die Hypothesen von der einstufigen und von der zweistufigen Kommunikation sind – jede für sich genommen – unzureichende Erklärungsmuster für den Beeinflussungsvorgang. Nach dem Konzept der

---

[4] Vgl. dazu auch die Hinweise zu den virtuellen Meinungsführern in den Medien.

zweistufigen Kommunikation wird insbesondere der Einfluß der Meinungsführer zu stark generalisiert und überschätzt (*Schenk*, 1987, S. 252ff.,
mit einer zusammenfassenden Hypothesenkritik). In der Kommunikationsforschung bahnt sich deswegen eine theoretische Neuorientierung in
Richtung auf Modelle mehrfacher Kommunikation an.

Der Begriff der **mehrfachen Kommunikation** bezieht sich darauf, daß Wahrnehmung und Einfluß der Umwelt auf das Individuum durch eine Verknüpfung von Erfahrungen durch die Kommunikation mit anderen und
durch die Massenkommunikation erfolgen. Persönliche Kommunikation
und Massenkommunikation können parallel und nacheinander, konkurrierend oder komplementär genutzt werden. In vielen Fällen wird es um
eine Abfolge, also um eine mehrstufige Kommunikation im Dienste einer
Entscheidung gehen.

Die Wirkung auf das Verhalten ist stets das Ergebnis des Einflusses aller beteiligten Kommunikationsformen. Die Mehrstufigkeit der Kommunikation
wird außerdem unter dem Gesichtspunkt gesehen, daß der Kommunikationsfluß *nicht* nur vom *aktiven* Kommunikator zum *passiven* Kommunikanten geht, sondern auch vom Kommunikanten, also vom Konsumenten her,
dirigiert wird. Ein Beispiel für mehrstufige und mehrfache Kommunikation bietet das Kontaktkettenkonzept von *Beba* und *Diller* (*Diller* und *Beba*,
1988; *Beba*, 1988a, 1988b).

Sie formulieren im Zusammenhang mit der Kommunikation der Bundeswehr die Hypothese, daß eine nachhaltige Beeinflussung der Empfänger
(Schüler, die ihre Kenntnisse über die Bundeswehr ergänzen und eine positive Haltung gewinnen sollen) vor allem durch nacheinander geschaltete
Mehrfachkontakte erreicht wird, die sowohl durch persönliche Kommunikation als auch durch Massenkommunikation zustande kommen können.

Abbildung 148 zeigt das *Muster* einer Kontaktkette, die aus einer Folge von
persönlichen Kontakten (PK) und Kontakten durch die Massenkommunikation (KM) besteht und selbstverständlich auch noch ganz andere Kon-
taktkettenglieder umfassen kann. Die einzelnen Kontakte lösen unterschiedliche Kommunikationswirkungen aus, die sich ergänzen oder widersprechen und zu einer Abschwächung oder Verstärkung des angestrebten Kommunikationserfolges führen können.

In einer Untersuchung von *Beba* (1988b) wurden Ausschnitte einer solchen
Kontaktkette empirisch überprüft, die u. a. den Mehrfachkontakt von
Schülern durch einen Besuch bei der Truppe und durch den folgenden Be-
such eines Jugendoffiziers in der Schule umfaßt. Der dadurch entstandene
„Kommunikationsdruck" hatte unter anderem eine signifikant höhere Wir-
kung auf die Einstellungen zur Bundeswehr und auf Glaubwürdigkeit und
Attraktivität der Bundeswehr zur Folge. Mittels einer soziometrischen
Analyse konnte außerdem nachgewiesen werden, daß ein höherer Kom-
munikationsdruck deutlich die zwischenmenschliche Kommunikation
zum Thema Bundeswehr fördert.

Bemerkenswert an diesem Konzept sind die Verpflechtung von persönlicher und unpersönlicher Kommunikation (die auch im Sinne eines zwei-

stufigen Kommunikationsflusses wirken kann) sowie die kontaktspezifischen – medienspezifischen – Wirkungen, die unterschiedliche Beiträge zum Kommunikationserfolg leisten und darauf hinweisen, daß der planvolle Einsatz von derartigen Kontaktketten zweckmäßig ist.[4]

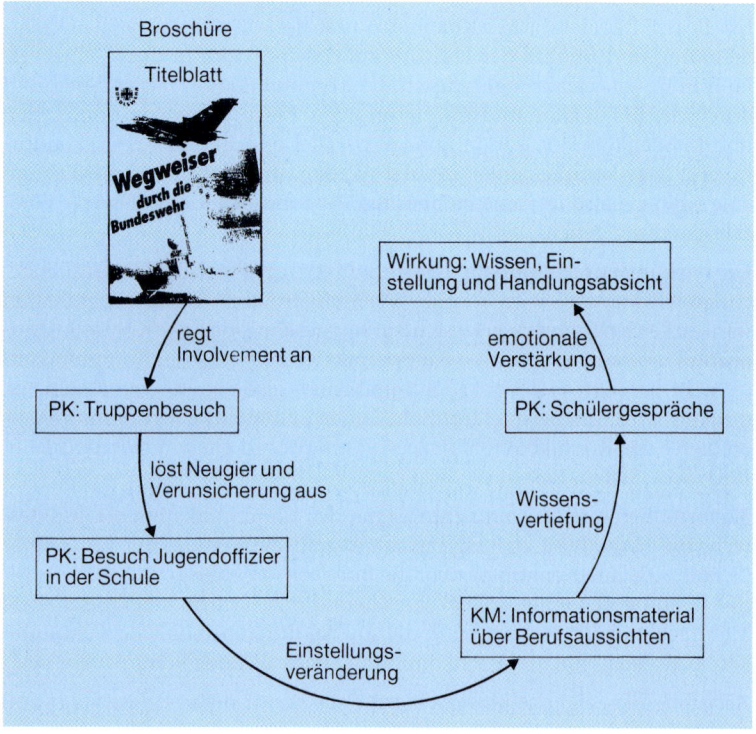

Abbildung 148: Mögliche Kontaktkette zur Beeinflussung von Schülermeinungen über die Bundeswehr nach Beba und Diller

Anmerkung: Nacheinander geschaltete Kontakte *einer* Person. PK = Persönliche Kontakte – KM = Kontakte durch Massenmedien. Erläuterung im Text nach *Diller* und *Beba* (1988) sowie *Beba* (1988b).

Alles in allem kommt es auf die komplexen *Ausgangsbedingungen* der Kommunikation an, *welche* Kommunikationsstufen oder -schritte letztlich zur Veränderung des Verhaltens führen. Es ist Aufgabe der verhaltenswissenschaftlichen Marketingforschung, die Bedingungen dieser mehrfachen und mehrstufigen Kommunikation zu erforschen und sich nicht zu sehr auf ein bestimmtes Kommunikationsmuster zu fixieren.

---

[4] Vgl. dazu unter anderem *Merten* (1986), der besonders auf die Rolle von Meinungsführerhierarchien eingeht. Bei den Ansätzen zur mehrstufigen und mehrfachen Kommunikation wird der direkte Einfluß der Massenmedien auf die Empfänger wesentlich höher als in den älteren Modellen, vor allem zur zweistufigen Kommunikation, eingeschätzt, vgl. dazu auch *Beba* (1988) und *Merten* (1986, S. 116).

b) Vernetzung der Kommunikation bei der Verbreitung von Innovationen

Die *Diffusionsforschung* wird hier nur kurz behandelt, vor allem deswegen, weil von *Kaas* (1973) eine hervorragende *Zusammenfassung* der Diffusionsforschung vorliegt und weil wir uns hier dem Thema dieses Kapitels entsprechend auf die Rolle der mehrstufigen Kommunikation beim Diffusionsprozeß beschränken.

Unter *Diffusion* versteht man die Ausbreitung einer Neuigkeit (Innovation) in einem sozialen System von der Quelle bis zum letzten Übernehmer. Die Neuigkeit kann auch ein neues Produkt oder eine neue Dienstleistung sein.

Die Diffusionsforschung im Marketing bezieht sich folglich auf den Prozeß der Verbreitung neuer Produkte und Dienstleistungen.

Als klassische Orientierungspunkte für die Diffusionsforschung können die Arbeiten von *Rogers* (1969) und *Robertson* (1971) gelten. Der Diffusionsprozeß wird meistens beschrieben im Hinblick[1]

- auf das individuelle Entscheidungsverhalten beim Kauf neuer Produkte,
- auf die Umwelteinflüsse, die dabei wirksam werden.

Hier interessieren nur die Umwelteinflüsse, die durch ein Zusammenwirken von Massenkommunikation (meist Einführungswerbung) und persönlicher Kommunikation zwischen den Konsumenten entstehen.

Die Diffusion hat den Zeitfaktor in die Kommunikationsforschung eingeführt (*Katz*, 1992, S. 195): Innovationen benötigen mehr oder weniger viel Zeit, um sich in einem sozialen System auszubreiten. Die zentralen Forschungsfragen beziehen sich auf diesen zeitlichen Ausbreitungsvorgang, vor allem auf die sozialen Kräfte, die ihn beschleunigen oder verlangsamen.

Erklärungen des zeitlichen Verlaufs der Diffusion können bei zwei Schlüsselfiguren der sozialen Interaktion ansetzen, das sind

(1) die Innovatoren und
(2) die Diffusionsagenten.

Die *Innovatoren* sind die ersten, die eine Innovation übernehmen. Sie bilden sozusagen die *Brückenköpfe* bei der Ausbreitung eines neuen Produktes und sind für das Marketing strategisch wichtige Kontaktstellen. Die Marktforschung hat sich deswegen besonders auf sie konzentriert. Den Innovatoren werden die „späteren" Übernehmer eines neuen Produktes gegenübergestellt. Eine Unterscheidung von „Innovations-Typen" liefert eine Motivstudie von *Hirschi* und *Fuhrer* (1990).

---

[1] Einen Überblick über den gegenwärtigen Stand der Diffusionsforschung (über intra- und interindividuelle Vorgänge bei der Übernahme und Verbreitung von Innovationen) vermitteln *Gatignon* (1991) sowie *Gatignon* und *Robertson* (1985, 1991) mit forschungsleitenden Fragestellungen für die Zukunft. Der Sammelband von *Nakicenovic* und *Grübler* (1991) informiert über Diffusionsforschung im technischen und sozialen Bereich (und unterschiedliche theoretische Ansätze). Wir gehen im Rahmen dieses Kapitels nur auf die (interindividuellen) Kommunikationsvorgänge und nicht auf den intraindividuellen Entscheidungsprozeß ein.

Die *ersten Übernehmer* eines Produktes können durch einen bestimmten Persönlichkeitsstil gekennzeichnet werden. Damit man sie durch Marketingmaßnahmen erreichen kann, ist man in der Marktforschung dazu übergegangen, die Märkte und das von den einzelnen Medien erreichte Publikum nach innovatorischen Einstellungen und Persönlichkeitsmerkmalen, die damit zusammenhängen, zu segmentieren.

Was uns nun besonders interessiert, ist das Kommunikationsverhalten der *Innovatoren.* Sie sind im allgemeinen sozial besonders gut integriert. Nur in Ausnahmefällen, wenn unter den Übernehmern eine Abneigung gegenüber Neuerungen vorherrscht, sind die ersten Übernehmer Abweichler und Outsider. Eine starke soziale Integration bedeutet, daß die Innovatoren viele persönliche Beziehungen zu anderen Konsumenten haben und geselligen Verbänden angehören.

Innovatoren können aufgrund ihrer persönlichen Merkmale und Verhaltensweisen weitgehend mit den *Meinungsführern* in einem sozialen System gleichgesetzt werden. „Das Ausmaß der Beziehung zwischen innovatorischer Haltung und Meinungsführung hängt … ab von dem Risiko, das mit der Übernahme eines neuen Produktes verbunden ist, sowie von der Auffälligkeit des Produktes" (*Robertson,* 1971, S. 105).[2]

Gerade beim Diffusionsprozeß liegen oft solche Voraussetzungen vor, wie wir sie als Ursache für ein Bedürfnis nach persönlicher Kommunikation und nach Anlehnung an die Meinungsführer genannt haben:

> Beim Kauf eines neuen Produktes wird oft ein erhebliches Kaufrisiko wahrgenommen. Das Kommunikationsverhalten wird deswegen relativ stark durch persönliche und zweistufige Kommunikation geprägt.[3]

Andere wichtige Kontaktstellen während des Diffusionsprozesses sind für den Konsumenten der Handel, die Handelsvertreter und Reisenden, die die neuen Produkte an den Mann bringen und in der Sprache der Diffusionstheorie als *Diffusionsagenten* bezeichnet werden.

Auch wenn man die Stärke der von den Innovatoren und Diffusionsagenten erreichten Meinungsbeeinflussung schwer abschätzen kann, so kann man doch sagen, daß sie bevorzugt Gesprächspartner für die anderen Konsumenten sind. Zudem lenken sie durch den Konsum neuer Güter das Interesse der übrigen auf diese Güter und regen zur Imitation an.

Alles in allem: Es hängt maßgebend vom Verhalten der Innovatoren und Diffusionsagenten ab, wie schnell sich ein neues Produkt durchsetzt, vor allem auch von ihrem Innovations- und Entscheidungsinvolvement (*Dowling* und *Midgley,* 1993).

---

[2] Das setzt voraus, daß die Innovatoren auch über die meinungsführerspezifische Sachkenntnis verfügen.
[3] Dies gilt natürlich selten für geringwertige Güter, die wir in diesem Kapitel außer acht lassen.

Die beim Diffusionsprozeß wirksamen *Kommunikationsbeziehungen* zwischen dem Anbieter eines neuen Produktes, den Diffusionsagenten, Innovatoren und übrigen Konsumenten faßt *Abbildung 149* zusammen. Innovatoren und Diffusionsagenten werden dabei in doppelter Weise tätig. Sie vermitteln Informationen an die übrigen Konsumenten, zum Beispiel über ihre persönlichen Erfahrungen mit dem Produkt, außerdem geben sie nach dem Konzept der zweistufigen Kommunikation die von ihnen aufgenommenen Inhalte der Werbung weiter. Wir sehen hier das typische Kommunikationsgeflecht einer mehrstufigen Kommunikation einschließlich der in sie eingebetteten zweistufigen Kommunikation, die, wie gesagt, unter Diffusionsbedingungen eine besondere Rolle spielt.

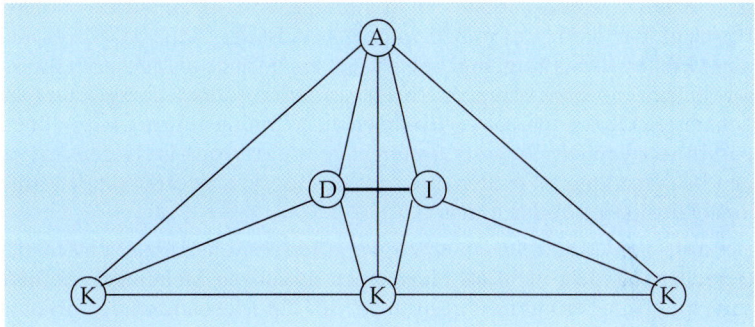

Abbildung 149: Schema zum Kommunikationsfluß beim Diffusionsprozeß

Anmerkung: A = Anbieter, D = Diffusionsagent, I = Innovator, K = Konsument.
Erläuterung der Kommunikationsbeziehungen:
A–K und A–I: Einstufige Massenkommunikation (Werbung).
A–D–K und A–I–K: Zweistufige Kommunikation.
(Der Anbieter kommuniziert nur indirekt mit den Konsumenten.)
A–D: Persönliche Kommunikation und Massenkommunikation.
D–I, D–K, I–K und K–K: Persönliche Kommunikation, meist zweiseitig.
(Die Beziehungen D–K und I–K führen oft zu asymmetrischer Beeinflussung, d. h.,
K wird mehr beeinflußt.)
Quelle: Kaas (1973).

Diffusionsmodelle: Einen Teil der genannten Kommunikationsbeziehungen hat *Kaas* (1973) in einem komplexen Diffusionsmodell abgebildet.

Dem *Einfluß der Meinungsführer* widmet *Kaas* eine ausführliche Analyse. Er legt dabei eine zweistufige Kommunikation zugrunde. *Kaas* unterscheidet drei Wirkungen der Meinungsführer beim Diffusionsprozeß:

(1) Den *Eigeneffekt* der Meinungsführer. Er kommt dadurch zustande, daß die Erstkaufwahrscheinlichkeit der Meinungsführer größer ist als die der übrigen Konsumenten. Dieser Effekt ist das Ergebnis der größeren Innovationsbereitschaft der Meinungsführer.

(2) Den *Vermittlungseffekt* der Meinungsführer. Er kommt dadurch zustande, daß die Meinungsführer, sobald sie das neue Produkt übernommen haben, ihrerseits als Kommunikatoren wirksam werden und die Informationen über das neue Produkt an die Konsumenten weitervermitteln.

(3) Den *Beeinflussungseffekt* der Meinungsführer. Er kommt dadurch zustande, daß die Meinungsführer durch ihre persönliche Kommunikation mit den übrigen Konsumenten generell einen stärkeren Einfluß auf die Übernahmeentscheidungen der Konsumenten ausüben als die Massenkommunikation.

Der erste Effekt *(Eigeneffekt)* läßt sich unabhängig vom Meinungsführerkonzept generell allen Innovatoren zuschreiben. Innovatoren sind eher Erstkäufer eines neuen Produktes als andere Konsumenten. Sie tragen schon dadurch stärker zur ersten Verbreitung dieser Produkte bei. Der zweite Effekt *(Vermittlungseffekt)* ist typisch für eine zweistufige Kommunikation. Die Werbung erreicht zunächst die Meinungsführer, und diese wirken als „Relaisstation" der Kommunikation, indem sie die Werbebotschaft über das neue Produkt weitergeben. Ist der Diffusionsprozeß auf diese Weitervermittlung angewiesen – d. h., gelangt die Neuerung ausschließlich oder vorwiegend durch die Vermittlung der Meinungsführer zu den übrigen Konsumenten –, so können die Meinungsführer auch zu Engpässen werden. Der Vermittlungseffekt kann deswegen im Gegensatz zu den beiden anderen Effekten, die stets positiv sind, negativ werden und den Diffusionsprozeß hemmen.

Der dritte Effekt *(Beeinflussungseffekt)* kann auch erweiterter als von *Kaas* interpretiert werden: nicht als Folge einer einseitigen Meinungsbeeinflussung durch die Meinungsführer, sondern als diffusionsfördernde Wirkung *jeder* persönlichen Kommunikation, bei der Konsumenten, die innovationsoffen sind und bereits Erfahrungen mit dem Produkt haben, andere Konsumenten zum Kauf des neuen Produktes beeinflussen. Dieser persönliche, *gegenseitige* Informationsaustausch zwischen den Konsumenten kann durch Marketingmaßnahmen stimuliert werden und ist besonders wirkungsvoll, wenn die Übernehmer mit dem neuen Produkt zufrieden sind.

Kaas bezieht allerdings alle Effekte ausschließlich auf die Wirkung von Meinungsführern im Diffusionsprozeß. In Anlehnung an *Katz* und *Lazarsfeld* können der von *Kaas* aufgeführte Vermittlungseffekt als Ergebnis der „Relaisfunktion" der Meinungsführer und der Beeinflussungseffekt als Ergebnis der „Verstärkungsfunktion" der Meinungsführer verstanden werden.

Das Modell von *Kaas* bildet also mehrere wichtige Muster der mehrfachen *Kommunikation* ab, die im Diffusionsprozeß wirksam werden. *Abbildung 150* zeigt den unterschiedlichen Verlauf von mehreren Diffusionskurven. Die mögliche fördernde Wirkung der Meinungsführer wird dabei gut sichtbar.[3]

---

[3]   Ein anderer idealtypischer Verlauf der Diffusionskurve hat einen S-förmigen Verlauf. Zeichnet man als Ordinatenwerte (Zahl der Übernehmer, auch Umsatz) nicht die kumulierten Zahlen, sondern die Zuwächse ein, so entspricht dieser S-Diffusionskurve eine Kurve, die wie eine Normalverteilung aussieht. Vgl. *Robertson* (1971, S. 31). Zu weiteren Diffusionsmodellen, insb. zur Erklärung der Diffusion technischer Produkte, vgl. *Gierl* (1987) und *Weiber* (1992). Einen Überblick über neuere Ansätze und Literatur zur Diffusionsmodellierung geben *Schmalen* und *Binninger* (1994) sowie *Parker* (1993).

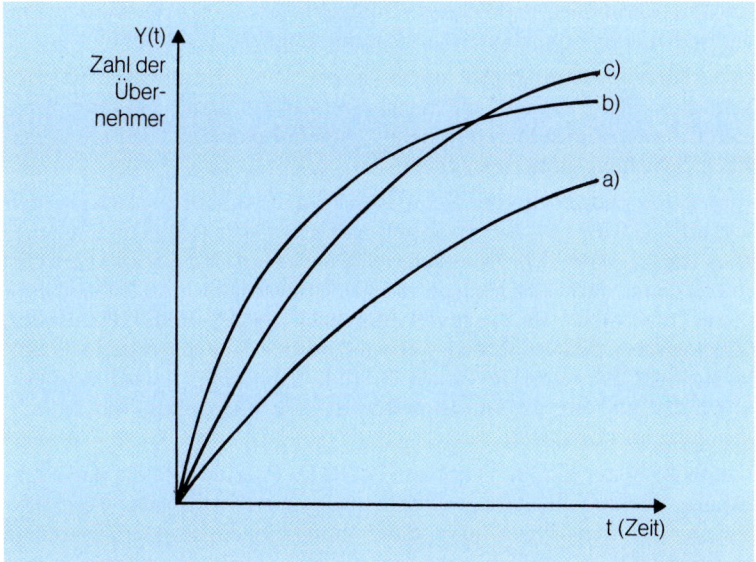

Abbildung 150: Typische Diffusionskurven nach dem Modell von Kaas (1973)

Anmerkung: Kurve a) zeigt den Diffusionsverlauf bei Massenkommunikation, die Kurven b) und c) geben den Diffusionsverlauf bei zweistufiger Kommunikation wieder. Der Verlauf nach b) beruht auf einer höheren Zahl von Meinungsführern als der Verlauf nach c).

Auch wenn die *Prämissen* des Modells die wirklichen Kommunikationsbeziehungen nur selektiv aufgreifen, so geben sie doch die grundlegende *Struktur des Diffusionsprozesses* so treffend wieder, daß der nach dem Modell ermittelte typische Kurvenverlauf für viele empirisch ermittelte Diffusionskurven charakteristisch ist.

Prognosen bei Produkteinführung: Diffusionskurven der angegebenen Form sind, weil sie keinen Wendepunkt besitzen, besonders gut für Extrapolationen geeignet. Sie können deswegen unter bestimmten Rahmenbedingungen bei der *Prognose* des Umsatzes von neuen Produkten verwandt werden (*Parfitt* und *Collins*, 1972). Beispielsweise erhielt *Priewasser* (1985, S. 157) nach der Untersuchung von mehreren Diffusionskurven für die Verbreitung von *Girokonten* und *Euroscheckkarten* in Deutschland „überraschend gleichförmige Marktdurchdringungsraten bei den untersuchten Innovationen. Dies läßt uns schließen, daß auch in der Prognoseperiode bei vergleichbaren Produktinnovationen mit einer ähnlichen Verbreitungsgeschwindigkeit zu rechnen ist."[4] Eine solche Prognose sollte allerdings von den im Einzelfall gegebenen empirischen Werten ausgehen. Aufgrund die-

---

[4] Zur Prognose mittels Diffusionsmodellen im Konsumgüterbereich vgl. *Hesse* (1987).

ser Werte kann eine entsprechende Diffusionskurve geschätzt werden. Erst dann ist eine Extrapolation in die Zukunft möglich.[5] Dabei kann es allerdings problematisch sein, den Markt als eine Einheit zu betrachten. Bei manchen Diffusionsprozessen (bei manchen Gütern) reagieren die beteiligten Marktsegmente – zum Beispiel die verschiedenen sozialen Schichten – unterschiedlich:

Um Fehlprognosen zu vermeiden, ist man dann darauf angewiesen, den Verlauf der Diffusion getrennt nach mehreren Marktsegmenten zu prognostizieren. *Wind, Robertson* et al. (1982) haben auf einem Markt für industrielle Güter solche segmentspezifischen Unterschiede des Diffusionsprozesses hinsichtlich der Länge der Anlaufzeit bei der Produkteinführung (Zeit zwischen dem Angebot des neuen Produktes und den ersten Käufen), hinsichtlich der Schnelligkeit der Produktverbreitung – wiedergegeben durch die Steigung der Diffusionskurve – sowie erreichter Marktdurchdringung nachgewiesen.

Voraussagen der Marktreaktion auf ein neues Produkt und die davon abhängige Planung des absatzpolitischen Vorgehens können also wesentlich genauer werden, wenn man dabei unterschiedliche Marktsegmente berücksichtigt.

---

[5] Mit den dabei auftauchenden formalen Extrapolationsproblemen haben sich *Kroeber-Riel* und *Roloff* (1972) auseinandergesetzt.

D. Das Zusammenwirken von psychischen Determinanten und Umweltdeterminanten aus feldtheoretischer Sicht

Der oft in *Analogie* zur *physikalischen* Feldtheorie dargestellte Grundgedanke der sozialwissenschaftlichen Feldtheorie läuft darauf hinaus, das menschliche Verhalten aus einer ursächlichen Gesamtkonstellation von *interdependenten* psychischen Einflußgrößen und Umweltdeterminanten („Kräften") abzuleiten. Nach *Lewin* (1963), dem eigentlichen Begründer der Feldtheorie, lauten die grundlegenden Sätze der Feldtheorie:

A. „Das Verhalten muß aus einer Gesamtheit der zugleich gegebenen Tatsachen abgeleitet werden.

B. Diese zugleich gegebenen Tatsachen sind insofern als ein ‚dynamisches Feld' aufzufassen, als der Zustand jedes Teils dieses Feldes von jedem anderen Teil abhängt" (*Lewin*, 1963, S. 69).

„Was in der Feldtheorie wichtig ist, ist die Art und Weise des analytischen Vorgehens. Anstatt das eine oder andere *isolierte* Element einer Situation, dessen Bedeutung ohne Berücksichtigung der Gesamtsituation nicht beurteilt werden kann, herauszugreifen, findet es die Feldtheorie in der Regel vorteilhafter, mit einer Charakterisierung der Gesamtsituation zu beginnen" (*Lewin*, 1963, S. 104).

Im Mittelpunkt feldtheoretischer Überlegungen steht demzufolge der *Wirkungszusammenhang* aller Feldkräfte.[1] Im Gegensatz dazu stehen Verhaltenstheorien, die nur einzelne Verhaltensdeterminanten als isolierbare Ursachen darstellen, d. h. nach bestimmten *typischen* Ursachen des Verhaltens fragen.

Aus dieser Konzeption heraus ist es verständlich, daß sich das besondere Interesse der Feldtheorie auf Verhaltensweisen richtet, die unter dem Einfluß von *mehreren* gleichzeitig wirkenden Kräften stehen, z. B. auf das Verhalten in Konfliktsituationen.[2]

Die Gesamtheit der verhaltensbestimmenden Kräfte wird von *Lewin* als „Lebensraum" oder als **psychologisches Feld** einer Person bezeichnet. Das Verhalten (V) ist eine Funktion dieses Lebensraumes. Der Lebensraum kann als Zusammenwirken der psychischen Beschaffenheit der Person (P)

---

[1] Die Verhaltensdeterminanten stehen auch in einem zeitlich-vertikalen Bezug zueinander (*Bänsch*, 1996, S. 29).

[2] Vgl. zum vorstehenden Text und einleitend zur Feldtheorie *Deutsch* (1968); *Hall* und *Lindzey* (1978, Bd. 1, S. 240 ff.) sowie *Weiner* (1992, S. 113 f.). Eine Werksausgabe von *Kurt Lewin* wurde von C. F. *Graumann* in den Verlagen Huber (Bern) und Klett-Cotta (Stuttgart) herausgegeben. Band 1 zur Wissenschaftstheorie erschien 1981, Band 7 zur Angewandten Sozialpsychologie 1983. Zu neueren Entwicklungen der Feldtheorie vgl. *Wheelan, Pepitone* et al. (1990).

und der (sozialen und medialen) Kräfte der Umwelt (U) aufgefaßt werden. Das ergibt die *Lewin*sche Formel:

$$V = f\ (P,\ U).$$

Die Kräfte der Umwelt werden natürlich nur insofern *verhaltenswirksam*, als sie vom Individuum wahrgenommen und ihrerseits in eine psychische Dimension *transformiert* werden.

Die Schwierigkeiten, die sich bei dieser Betrachtung für die Abgrenzung der Begriffe P und U ergeben, schildert *Deutsch* (1968, S. 423 ff.). Wie bereits erwähnt, ist es zweckmäßig, in das Umweltkonzept der Feldtheorie die physische Umwelt einzubeziehen, auch wenn sich *Lewin* im wesentlichen auf die soziale Umwelt bezogen hat (vgl. dazu *Saegert*, 1987).

Ein wichtiges Ergebnis des feldtheoretischen Vorgehens ist darin zu sehen, daß die *Interdependenz* von psychischen Determinanten und Umwelt-Determinanten hervorgehoben und analysiert wird. Kein komplexes Modell menschlichen Verhaltens kommt ohne Berücksichtigung der Grundstrukur des Lebensraumes (P, U), also ohne Berücksichtigung sowohl der psychischen als auch der sozialen und medialen Einflußgrößen und ihrer gegenseitigen Abhängigkeit, aus.

Die Bedeutung der einzelnen Kräfte für das Verhalten wird bei feldtheoretischer Betrachtung sowohl in zeitlicher als auch in sachlicher Hinsicht relativiert:

a) Zeitliche Relativierung von Verhaltensdeterminanten:

Wenn in der Feldtheorie die Analyse des Verhaltens von der Gesamtsituation her aufgerollt wird, so wird stets eine zeitlich gebundene Situation – in der Sprache von *Lewin* „die Situation zu gegebener Zeit" – zugrunde gelegt und im Zusammenhang mit einer Abfolge von solchen Situationen untersucht. Nehmen wir als Beispiel das Einkaufsverhalten einer Hausfrau: Zu den P-Kräften gehören etwa die Motive und Normen dieser Frau, ihr Wissen und Denken – zu den U-Kräften die (wahrgenommenen) Einflüsse der Werbung und ihrer Interaktionspartner im Geschäft. Um das Verhalten der Hausfrau zu bestimmen, kann man nicht nur von einer *„vorhandenen"* Situation, d. h. von den zu einer bestimmten Zeit gegebenen Wirkungsquanten der verschiedenen Einflußgrößen, ausgehen, man muß vielmehr die zeitliche Dynamik aller interdependenten Kräfte einbeziehen.

Diese Dynamik macht es notwendig, die verhaltensprägende Gesamtsituation im Zeitablauf immer wieder neu zu bestimmen. Das Hinzutreten *neuer* Kräfte – wie eine neue Werbekampagne im Fernsehen oder das Auftreten eines neuen Verkäufers – oder Verschiebungen der vorhandenen Kräfte – wie das Abschweifen der Gedanken zu den beruflichen Sorgen – verändern das Zusammenspiel der situativen Kräfte. Die auf das Verhalten wirkenden Kräfte erhalten in der neuen Situation einen neuen Stellenwert und damit einen anderen Einfluß auf das Verhalten. Kurz gesagt: Das Schließen von einer Konstellation psychischer und sozialer bzw. medialer Kräfte auf das Verhalten ist nur zeitlich bedingt möglich!

In neueren Untersuchungen über das Konsumentenverhalten (vgl. z. B. *Weinberg*, 1993) stößt man auf einen bisher kaum erklärten Sachverhalt:

Konsumenten weisen (mehr als früher) in unterschiedlichen Situationen stark abweichende Verhaltensmuster auf:

Der Manager, der eben noch im konservativen Anzug an einer Konferenz teilnahm, verwandelt sich eine Stunde später in der Freizeit in einen bunten Vogel. Auch sein Konsumverhalten ändert sich, wenn er seine Rolle wechselt: Es sieht im Unternehmen anders aus als zu Hause und wieder anders im Freizeitclub.

Dieses sprunghafte Verhalten des gleichen Konsumenten erschwert es, sein Verhalten in Abhängigkeit von Personenmerkmalen zu erklären und eine personenbezogene Marktsegmentierung vorzunehmen.

Aber es wäre möglich, dieses Verhalten situativ zu erklären, als Ergebnis von Feldkräften, die in *typischen* Situationen auftreten. Bewegt sich der Konsument von einem sozialen Feld (Unternehmen) in ein anderes (Familie), so wechseln auch die auf ihn einwirkenden Feldkräfte. Hier wirken vor allem die medialen Feldkräfte im Sinne einer situativen Segmentierung.

Aus einer solchen situativen Feldanalyse könnten eine Verhaltenstypologie und eine entsprechende Marktsegmentierung abgeleitet werden – ein Versuch, der unseres Wissens bisher noch nicht befriedigend im feldtheoretischen Sinne unternommen wurde.

b) Sachliche Relativierung von Verhaltensdeterminanten:

Da jede Kraft bzw. Verhaltensdeterminante in das Zusammenspiel aller situativen Kräfte einbezogen ist, vergrößert oder verringert sich ihr Einfluß auf das Verhalten in Abhängigkeit vom Einfluß der anderen Kräfte. Die Änderung auch nur *einer* Kraft im Feld hat Rückwirkungen auf das *gesamte System*, d. h. auf die Wirkung aller übrigen Kräfte. Das kann man am Beispiel der Relativität moralischer Urteile veranschaulichen: Experimente haben gezeigt, daß die moralische Beurteilung eines Sachverhalts durch eine Person davon abhängt, welche anderen Sachverhalte gleichzeitig mitbeurteilt werden. Nimmt man in die zu beurteilenden Sachverhalte auch nur *einen* anderen Sachverhalt auf, so ändert sich der *gesamte* Kontext der Beurteilung und mit diesem die einzelne Beurteilung.

Derartige Kontextwirkungen sind Ausdruck der *gegenseitigen Abhängigkeit* der einzelnen Feldkräfte.[3] Sie tragen viel zur Erklärung des unterschiedlichen Verhaltens unter *scheinbar* gleichen bzw. gleichartigen Verhaltensbedingungen bei. Ein Beispiel aus dem Marketingbereich bieten die unterschiedlichen Meßwerte, die man erhält, wenn man die Einstellung gegenüber einem Produkt mißt. Nimmt man für die Einstellungsmessung eine Rating-Skala mit den Polen „gut (7) – schlecht (1)", so hängt der Meßwert, den man bei der Befragung erhält, davon ab, in welchem *Fragebogenkontext* diese Skala benutzt wird. Bei Verwendung der *gleichen* Skala für die Einschätzung des *gleichen* Produktes können sich abweichende Befragungswerte ergeben, je nachdem, wie die Skala in einen bestimmten Fragebogen eingeordnet ist, d. h., in welchem assoziativen Zusammenhang

---

[3] Erinnert sei an die gegenseitige Beeinflussung zwischen Erfahrungsumwelt und Medienumwelt der Konsumenten.

der Befragte die Skala benutzt. Beispielsweise haben sich unterschiedliche Werte in Abhängigkeit davon ergeben, ob eine solche Skala im gleichen Fragebogen einmal isoliert, das andere Mal im Rahmen eines semantischen Differentials gebraucht wurde (*Kroeber-Riel*, 1972b, S. 104f.).

Vierter Teil
Konsumentenverhalten und Verbraucherpolitik

A. Zum Problem der Konsumentensouveränität

Das Problem der Souveränität des Bürgers hat in der Staatsphilosophie und in der Politologie eine lange Geschichte. Es spielt vor allem bei *naturrechtlichen* Erörterungen eine Rolle. Denker des Naturrechts, wie *Locke* und *Rousseau*, betrachten die Souveränität und Freiheit als einen naturgegebenen Zustand des Menschen. Von der Souveränität des Bürgers werden seine politischen Rechte und Pflichten abgeleitet. Allerdings: In Anbetracht der realen Lebensbedingungen kamen sie zu der Erkenntnis, daß diese Zustände kaum realisiert sind, vielmehr durch Erziehung des Menschen erkämpft werden müssen.

In der neueren *politologischen* Forschung wird die Souveränität der Bürger im wesentlichen als eine Fiktion angesehen. Es hat sich herausgestellt, daß der Bürger an der Gestaltung seiner politischen Umwelt nur wenig mitwirkt. Er ist passiv und reagiert mehr oder weniger auf Reize aus seiner Umwelt. Demzufolge kann er auch von den politischen Instanzen stark beeinflußt werden. Die Vertreter der gegenwärtigen formalen Demokratiemodelle halten oft noch nicht einmal das Ideal der Souveränität für sinnvoll. Sie haben nicht nur die Behauptung vom souveränen Bürger aufgegeben, sondern sich auch von der Norm des souveränen Bürgers seit langem getrennt.[1]

In der *Wirtschaftswissenschaft* und in der *Wirtschaftspraxis* hält sich dagegen das Leitbild vom souveränen Bürger. Die Ansicht, daß der Konsument souverän ist, wird ebenso ernsthaft verteidigt wie die normative Forderung, daß der Konsument souverän sein soll. Möglicherweise ist der Bürger im Bereich des ökonomischen Verhaltens einschließlich des Konsumverhaltens tatsächlich souveräner als im Bereich der Politik. Das ist die Ansicht vieler Fachvertreter wie *Schumpeter,* der das darauf zurückführt, daß das Verhalten, wenn es um die täglichen und unmittelbaren Interessen des einzelnen geht, eher einem Druck zur „Rationalität" ausgesetzt ist als im Bereich des politischen Verhaltens. Die Zielsetzungen des einzelnen sind dann konkreter, und es liegen mehr persönliche Erfahrungen vor, wie man die Ziele in geeigneter Weise verwirklichen kann. Letztlich fallen diese Unterschiede aber nicht ins Gewicht: Auch das Konsumentenverhalten ist nur bedingt rational und von einer so verstandenen Souveränität weit entfernt, Wirklichkeit und Leitbild klaffen also auch hier auseinander.

Der Grund, warum das Leitbild vom souveränen Konsumenten *ungeachtet der Realität* aufrechterhalten wird, liegt auf der Hand. Die Behauptung, der Konsument sei souverän, dient *ideologischen* Zwecken, und alteingesessene Ideologien haben bekanntlich eine lange Lebensdauer. So wird auch in Mar-

---

[1] Zur Geschichte des Leitbildes von der Souveränität bzw. Selbstbestimmung des Menschen vgl. *Zimpel* (1972, insb. S. 21 ff., S. 41 ff., S. 102 ff.).

ketinglehrbüchern vereinzelt behauptet, daß der Konsument souverän sei. Es sei sein freier Wille, ob er sich den Marketingaktivitäten aussetze, und er sei frei in seiner Entscheidung, entsprechend seinen Bedürfnissen zwischen den angebotenen Waren zu wählen. Der Konsument wird dadurch zum unabhängigen Richter stilisiert, der darüber entscheidet, welche Güter auf dem Markt ankommen und konsumiert werden. Aufgabe der Unternehmer ist es dann, die Produktion den Bedürfnissen der Konsumenten anzupassen.[2] Eine genaue Analyse von Texten aus Marketinglehrbüchern, die solche metasprachlichen Versteckspiele vor der Realität enthalten, findet man bereits bei *Kroeber-Riel* (1972c, 1974b) und *Fischer-Winkelmann* (1973).

Dabei wird folgendes Rechtfertigungsschema wirksam: Wenn der Konsument *souverän* ist, entscheidet er letztlich *selbst*, ob er ein Angebot akzeptiert oder ablehnt. Das gilt sowohl für Informationsangebote als auch für Angebote von wirtschaftlichen Gütern. Er trägt deswegen auch die Verantwortung für sein Verhalten. Die Unternehmer richten sich nach den Konsumenten und erfüllen lediglich ihre Bedürfnisse. Sie brauchen deswegen nicht für die Folgen des Marketing einzustehen: Die Konsumenten wollen es ja nicht anders!

Das gleiche Rechtfertigungsschema ist natürlich auch anderen Strategen der Beeinflussung willkommen, Gewerkschaftlern ebenso wie Politikern. Erst wird der Wähler beeinflußt und hinterher wird gesagt, die Wahl spiegele die Wünsche der Wähler wider.

Eine solche Entproblematisierung und ideologische Rechtfertigung wirkt unglaubwürdig. Die Unglaubwürdigkeit hängt nicht zuletzt damit zusammen, daß viele Argumente, die zur Verteidigung des Leitbildes vom souveränen Konsumenten angeführt werden, verhaltenswissenschaftlichen Erkenntnissen widersprechen.

Das Verhalten des Menschen wird, wie dieses Buch an vielen Stellen belegt, oft und auch hinsichtlich seines Konsumverhaltens durch Reiz-Reaktions-Beziehungen gesteuert. Die Werbung beeinflußt gerade solche reizgesteuerten Verhaltensweisen und beeinflußt damit die Verbraucher. Daran ändert auch der Hinweis nichts, daß das reizgesteuerte Verhalten beim Menschen mit kognitiven Vorgängen verbunden ist (die aber oft nicht bewußt sind und nicht mit einer kognitiven Kontrolle des Verhaltens gleichzusetzen sind).

Beschränkungen der Konsumentensouveränität und „Manipulation" des Konsumenten werden oft in einen engen Zusammenhang gebracht oder sogar gleichgesetzt. Da der Begriff „Manipulation" starke Wertungen enthält und bevorzugt zu ideologischen Zwecken benutzt wird, ist es zweckmäßig, den Manipulationsbegriff durch den wertneutraleren Begriff der Verhaltenssteuerung zu ersetzen.

---

[2] *Kotler* und *Bliemel* (1995, S. 8) unterscheiden zwischen Wünschen und Bedürfnissen. „Der Marketer schafft keine Bedürfnisse; sie existieren bereits, wenn er auf den Plan tritt. Der Marketer beeinflußt ... die Wünsche der Menschen."

Wir verstehen unter einer Verhaltenssteuerung eine von außen kommende Beeinflussung des Verhaltens, die vom Betroffenen gedanklich (willentlich) nicht kontrolliert wird. Das ist dann der Fall, wenn

- der Konsument die Wirkungen der Werbung nicht durchschaut, wenn er gar nicht bemerkt, was mit ihm geschieht;
- die Werbung zwanghaft wirkt. Die Wirkung tritt dann automatisch ein. Der Konsument kann sich dem Einfluß der Werbung nicht oder nur schwer entziehen.

Das Zustandekommen beider Sachverhalte – die sich operationalisieren und messen lassen – ist an bestimmte Rahmenbedingungen gebunden (vgl. im einzelnen *Kroeber-Riel* und *Meyer-Hentschel*, 1982, S. 25 ff.).

Einige *Beispiele* können die Möglichkeiten zur Verhaltenssteuerung veranschaulichen:

Man hat herausgefunden, daß die Meinung von Leuten besser beeinflußt werden kann, wenn man die Leute vom Beeinflussungsziel ablenkt. Man nennt diese Technik *ablenkende Kommunikation.* Die Ablenkung erfolgt etwa dadurch, daß man dem Sprecher einer Werbebotschaft einen fremdländischen Akzent gibt oder Bilder zeigt, die nicht zur Argumentation passen und von dieser ablenken. Während der Argumentation für eine bestimmte Automarke werden etwa Bilder einer Landschaft gezeigt. Durch derartige Ablenkungseffekte erreicht man gerade bei den Leuten eine wesentlich größere Beeinflussung, die eine der Werbung entgegengesetzte Meinung vertreten.

In diesem Fall nimmt der Konsument *bewußt* Informationen auf, und er verarbeitet diese Informationen auch gedanklich. Aber: Durch die Darbietung ablenkender Reize wird in seinen Informationsverarbeitungsprozeß eingegriffen, und zwar so, daß sein Widerstand gegen die Meinungsänderung geschwächt wird. Der Konsument durchschaut nicht, in welcher Art und Weise sich derjenige, der ihn beeinflußt, seine kognitiven Mechanismen zunutze macht. Würde man den Konsumenten nach der Beeinflussung fragen, ob er mit dieser Prozedur einverstanden sei, so würde er wahrscheinlich empört reagieren und diese als Täuschung bezeichnen.

Eine Vielzahl von Beeinflussungstechniken laufen, psychologisch gesehen, nach diesem oder einem ähnlichen Schema ab. Sie führen zwar zu bewußten Informationsverarbeitungen und zu willentlich gesteuerten Verhaltensweisen, aber der Konsument erkennt nicht, was mit ihm geschieht, und er kann es auch nicht erkennen. Hier von Souveränität oder Selbstbestimmung des Konsumenten zu sprechen, ist wohl nicht sinnvoll.

Nun zur Auslösung weitgehend automatisch ablaufender Verhaltensweisen, denen sich der Konsument nicht (kaum) entziehen kann. Der Konsument reagiert in diesem Fall auf Reize, ohne sein Verhalten in bemerkenswertem Maße kognitiv zu steuern. Mit diesen Verhaltensweisen beschäftigen sich mehrere Kapitel dieses Buches, insbesondere die Kapitel über die durch das Marketing ausgelöste Aktivierung des Konsumenten, die ihn dazu bringt, bestimmte Informationen aufzunehmen und automatisch effizienter als andere Informationen zu verarbeiten und zu speichern, außerdem die Kapitel über emotionale Konditionierung und über das Entscheidungsverhalten der Konsumenten mit geringer kognitiver Kontrolle.

Beispiel: Durch wiederholte Darbietung eines neutralen Markennamens zusammen mit angenehmen Reizen (wie Landschaftsbildern, erotischen Appellen usw.) ist es möglich, eine positive Haltung zu dem vorher neutralen Markennamen zu erzeugen. Zugleich verwandelt sich auf diesem Wege eine desinteressierte Haltung gegenüber einem bestimmten Produkt in eine positive Einstellung. Bemerkenswert an diesem Vorgehen ist, daß es *keiner einzigen sachlichen Information über das Produkt* bedarf, um eine Hinwendung zu diesem Produkt zu erreichen.

Würde man die Testfrage stellen, ob der Konsument (wenn er hinterher über den Beeinflussungsvorgang informiert würde) diese Form der Einwirkung akzeptiert, so würde seine Antwort in vielen Fällen sicherlich „nein" lauten. Leider gibt es keine systematischen Untersuchungen über das Ausmaß, in dem die Konsumenten durch derartige Marketingmaßnahmen gesteuert werden. Eines zeigen aber die vorhandenen empirischen Ergebnisse: Durch sozialtechnische Ansprache der ererbten Reaktionen eines Menschen und durch systematische Anwendung *lerntheoretischer* Prinzipien kann das Konsumentenverhalten in beträchtlichem Maße so beeinflußt werden, *wie es den Marketingzielen entspricht.* Darauf weisen bereits „Klassiker" unter den Verhaltenswissenschaftlern hin, die sich mit den ererbten Reaktionen beschäftigen (wie *Eibl-Eibesfeldt,* 1985, S. 63ff.), und auch solche, die das gelernte Verhalten untersuchen (wie *Skinner,* 1973a).

Unter der Ideologie von souveränen und vernünftigen Menschen vergessen wir leicht unsere genetische Abstammung. Wir übersehen gern, daß Teile unseres Zentralnervensystems noch aus der entwicklungsgeschichtlichen Vergangenheit stammen und unser Verhalten bestimmen. Wir glauben gern, daß jede erotische Erregung Ausdruck einer willentlich gesteuerten menschlichen Zuneigung ist und vergessen, daß es so etwas wie reizgebundene Hormonausschüttungen und triebhafte Reaktionen gibt.

Es ist das Verdienst der modernen Sozialwissenschaften, insbesondere der vergleichenden Verhaltenswissenschaften, der Psychobiologie und der Vererbungsforschung im weitesten Sinne, diese Tatsachen von den tierisch bedingten Verhaltensweisen des Menschen und die Bedeutung von *sensorisch* gesteuerten Reaktionen wieder stärker hervorzuheben.

Die in diesem Buch durchgeführten Verhaltensanalysen verdeutlichen, daß die vom Marketing ausgehende Verhaltenssteuerung, die zu Beschränkungen der Konsumentensouveränität führt, eine weitverbreitete, alltägliche Erscheinung ist. Es wäre ein hoffnungsloser Versuch, sie durch eine bis ins einzelne gehende Reglementierung des Marketing zu vermeiden.

Für die Verbraucherpolitik ergeben sich daraus entscheidende Folgerungen: Wenn verbraucherpolitische Maßnahmen wirksam sein sollen, müssen sie von den vorhandenen Verhaltensweisen der Konsumenten ausgehen und auf ihre angeborenen und erlernten Verhaltensmuster abgestimmt sein.

B. Verbraucherpolitik

I. Einrichtungen der Verbraucherpolitik

Nach *Scherhorn* (1975, S. 121) versteht man unter Verbraucherpolitik „alle staatlichen oder staatlich geförderten Maßnahmen …, die darauf abzielen, das Ungleichgewicht zwischen Produzenten und Konsumenten zu mildern und dem Konsumenteninteresse zu angemessener Durchsetzung zu verhelfen". Das Ungleichgewicht wird in einer stärkeren Macht der Anbieter gesehen, ihre Interessen auf dem Markt durchzusetzen.

Die Verbraucherpolitik in Deutschland war zunächst darauf gerichtet, durch gesetzliche Regelungen und staatliche Verordnungen die Verbraucher zu *schützen,* unter anderem vor Übervorteilung und Täuschung durch die Anbieter. In zunehmendem Maße übernahmen in den 60er und 70er Jahren neugegründete Verbraucherorganisationen, wie die *Verbraucherzentralen* oder die *Stiftung Warentest,* verbraucherpolitische Aufgaben, die sich im wesentlichen um Aufklärung und Information der Verbraucher bemühen.[1]

Die Entwicklung der Verbraucherpolitik und das damit verbundene Suchen nach gesellschaftlich akzeptierten Zielen und nach wirksamen verbraucherpolitischen Maßnahmen wurde in den 70er Jahren von heftiger wissenschaftlicher Diskussion begleitet, deren Schwerpunkt beim Arbeitskreis *Biervert, Fischer-Winkelmann* u. a. an der Universität Wuppertal lag.[2]

Die wissenschaftliche Diskussion zu diesen Themen ist abgeklungen: Die Verbraucherpolitik und ihre Erforschung sind inzwischen zu etablierten Einrichtungen geworden. Überblicke zur verbraucherpolitischen Forschung bieten *Fleischmann* (1981) sowie *Hansen, Stauss* et al. (1982) und die Zusammenfassung von *Hansen* (1995). Die Forschung kann sich vor allem an den umfangreichen empirischen Arbeiten aus den USA orientieren. Eine wichtige Dokumentation dazu bieten die Tagungsberichte des *American Council on Consumer Interests* (wie *Haldeman,* 1991).

---

[1] Zur Entstehung der Verbraucherpolitik in Deutschland vgl. *Hansen* und *Stauss* (1982). Die Verbraucherpolitik erhielt wesentliche Anregungen von der amerikanischen Verbraucherbewegung (Konsumerismus) und der von ihr herausgeforderten Verbraucherpolitik in den USA (vgl. dazu *Selter,* 1982).

[2] Vgl. insb. *Biervert, Fischer-Winkelmann* et al. (1977 a und 1978 a); die Sammelwerke von *Biervert, Fischer-Winkelmann* et al. (1977 b, Bd. 1 und 2, 1978 b); *Rock* und *Schaffartzik* (1983); *Piepenbrock* und *Schroeder* (1987) und die ausführliche Darstellung der verbraucherpolitischen Problematik durch *Kuhlmann* (1990).

Einrichtungen der Verbraucherpolitik: Die Bundesregierung hat in zwei Berichten (1971, 1975) über ihre Verbraucherpolitik Rechenschaft gegeben.[3] In diesen Berichten werden vor allem folgende verbraucherpolitische Ziele genannt:

● Stärkung der Marktposition des Verbrauchers, insbesondere durch Förderung des Wettbewerbs zwischen den Anbietern,
● Stärkung der Rechtsposition des Verbrauchers,
● Beratung und Information des Verbrauchers,
● Schutz des Verbrauchers gegen unlautere Verkaufspraktiken,
● Schutz vor gesundheitlichen Schäden durch den Konsum von Gütern sowie Umweltschutz,
● Sicherung eines optimalen Angebots in verschiedenen wichtigen Konsumbereichen (Nahrungsmittel, öffentliche Leistungen, Wohnungen),
● Verbesserung der organisatorischen Vertretung der Verbraucherinteressen.

Einen systematischen Überblick über das Ziel- und Mittelsystem der Verbraucherpolitik von den gesellschaftlichen Oberzielen bis zu den umsetzbaren Zielen auf der Handlungsebene vermittelt *Abbildung 151* (nach *Hemberle* und *von Keitz,* 1978).[4] Grob gesehen kann man die verbraucherpolitischen Ziele (und Maßnahmen) einteilen in:

● Verbraucherschutz,
● Verbraucheraufklärung und Information.

Durch den *Verbraucherschutz* sollen die Konsumenten vor Schäden beim Einkauf und beim Verbrauch von Waren und Dienstleistungen geschützt und ihre Rechtsstellung im Wirtschaftsverkehr verbessert werden. Die Schäden können materieller oder immaterieller Art (wie die Beeinträchtigung der Gesundheit) sein.

Die zum Schutz der Verbraucher erlassenen Rechtsvorschriften und Verordnungen reglementieren das Verhalten der Anbieter untereinander – vor allem, um einen leistungsfähigen Wettbewerb aufrechtzuerhalten – und das Verhalten der Anbieter gegenüber den Verbrauchern.[5] Als Rechtsvorschriften sind als erstes das „Gesetz gegen Wettbewerbsbeschränkungen" (GWB) und das „Gesetz gegen den unlauteren Wettbewerb" (UWG) zu nennen.[6]

Paragraph 1 UWG lautet: „Wer im geschäftlichen Verkehre zu Zwecken des Wettbewerbes Handlungen vornimmt, die gegen die guten Sitten verstoßen, kann auf Unterlassung und Schadensersatz in Anspruch genommen werden." Paragraph 3 richtet sich gegen unrichtige Angaben der Anbieter und Paragraph 4 gegen unwahre und irreführende Werbung.

---

[3] Danach wurde von der Bundesregierung kein Rechenschaftsbericht mehr vorgelegt (lt. telefonischer Auskunft 1994 vom Referat „Verbraucherpolitik"). Es gibt noch eine AgV-Schrift über „Bilanz und Perspektiven der Verbraucherpolitik in der Bundesrepublik" (*Maier,* 1984).
[4] Zum Ziel- und Mittelsystem der Verbraucherpolitik vgl. auch *Mähling* (1983, S. 41) und *Biervert, Fischer-Winkelmann* et al. (1977, S. 131 ff.) sowie *Kuhlmann* (1990, insb. S. 59 ff.).
[5] Zu den rechtlichen Regelungen des Verbraucherschutzes vgl. *von Hippel* (1985) und zum Verbraucherrecht in der Europäischen Gemeinschaft *Isken* (1991).
[6] Eine Übersicht über die relevanten Rechtsvorschriften für das Marketing bietet *Ahlert* (1989).

Gesellschafts-politische Ziele	1. Selbstverwirklichung Freiheit			
Wirtschafts-politische Ziele 1. Ordnung	2. Verbesserung der Wettbewerbsordnung			
Wirtschafts-politische Ziele 2. Ordnung	3.1 Verbesserung der Markttransparenz		3.2 Machtausgleich	
Verhaltensziele 1. Ordnung	4.1 Veränderung des Verbraucherverhaltens		4.2 Veränderung des Marketingverhaltens	
Verhaltensziele 2. Ordnung (Strategien)	5.1 Verbraucherauf-klärung -information -erziehung -beratung Vermittlung von Kenntnissen über: ● Waren und Dienstleistun-gen ● Preise ● Qualitäten ● wirtschaft-liche Zusam-menhänge ● Verbraucher-rechte ● rationales Verhalten auf dem Markt ● rationales Verhalten im Haushalt ● kritische Kon-sumhaltung	5.2 Gesetzliche Re-gelung des Ver-braucherverhal-tens Verbote und Einschränkun-gen des Kon-sums von: ● gesundheits- und sozial-schädlichen Produkten und Dienst-leistung Verordnungen und Gebote des Konsums von: ● gesundheits-fördernden und sozial wünschens-werten Pro-dukten und Dienstleistun-gen	5.3 Freiwillige Selbstkontrolle und Selbstbe-schränkung des Marketingver-haltens, Entwicklung von: ● freiwilligen Verhaltens-regeln und Empfehlung-gen zur Selbstbe-schränkung von Werbung Vermittlung von: ● Informatio-nen über Un-zulässigkeiten in der Wer-bung	5.4 Gesetzliche Re-gelung des Mar-ketingverhaltens Im Bereich von: ● Produkt-politik ● Distributions-politik ● Preispolitik ● Kommunika-tionspolitik ● Marktfor-schung ● Reglementie-rung des miß-bräuchlichen Ausnutzens von Markt-macht
Instrumente	6.1 ● Zeitschriften, Broschüren, Pressedienste etc. ● Rundfunk- und Fernseh-sendungen ● Beratungs-stellen ● Schulunter-richt ● Erwachsenen-bildung usw.	6.2 Überwachungs-tätigkeit durch: ● Ordnungs-ämter ● Gesundheits-amt ● Polizei etc. ● Ordnungsver-fahren und ● gerichtliche Verfahren	6.3 ● Vermittlungs-tätigkeit des Deutschen Werberates ● Informations-material des Deutschen Werberates ● moralische Appelle („moral per-suasion")	6.4 Überwachungs-und Kontroll-tätigkeit durch: ● Kartell-behörde ● Gewerbeauf-sichtsamt ● Ordnungsamt ● Wirtschafts-polizei ● Gesundheits-amt ● Ordnungsver-fahren und ● gerichtliche Verfahren

Abbildung 151: Das gegenwärtige Zielsystem der Verbraucherpolitik

Quelle: Hemberle und *von Keitz* (1978, S. 15).

Zu den allgemeinen Rechtsvorschriften kommen zahlreiche spezielle Vorschriften, wie das Gesetz zur Regelung der „Allgemeinen Geschäftsbedingungen" oder das Gesetz zur Regelung von Reiseverträgen.

Die Regelungen auf Bundesebene werden durch solche auf der Ebene der Länder und Gemeinden ergänzt. Es gibt inzwischen Tausende von Einzelregelungen zum Verbraucherschutz. Ihre Wirksamkeit ist oft gering, weil die für die Überwachung zuständigen Behörden überfordert sind und die verbraucherpolitischen Regelungen manchmal auf die leichte Schulter nehmen.[7]

Neben den staatlichen Einrichtungen zum Verbraucherschutz gibt es noch freiwillige Schutzeinrichtungen und Selbstkontrollen wirtschaftlicher Verbände und Organisationen, zum Beispiel den *Deutschen Werberat*.

Wir wenden uns jetzt der *Verbraucheraufklärung* und *Verbraucherinformation* zu, die nach dem Willen der Bundesregierung eine besonders wichtige Rolle spielen. Sie sollen die Verbraucher dazu befähigen, „als überlegt agierende Marktpartner aufzutreten" (*Bundesregierung*, 1975, S. 49).

Verbraucheraufklärung (-beratung, -bildung) und Verbraucherinformation werden im wesentlichen von öffentlichen Institutionen der Verbraucherpolitik durchgeführt. An erster Stelle stehen:

- *Stiftung Warentest:*
  gegründet 1964. Nach der Satzung ist es ihre Hauptaufgabe, „die Öffentlichkeit über objektivierbare Merkmale des Nutz- und Gebrauchswertes von Waren und Leistungen zu unterrichten". Die Ergebnisse des Warentests werden in der Zeitschrift „test" (Druckauflage 1994: knapp 1 Mio.) veröffentlicht.
- *Verbraucherzentralen:*
  gegründet ab 1953. Hauptaufgabe ist die Verbraucherberatung auf örtlicher Ebene. Verbraucherzentralen gibt es in allen Bundesländern mit rund 300 Beratungsstellen, einschließlich der Verbraucherzentralen, die 1990 für die fünf neuen Bundesländer hinzukamen.

Bekannte Institutionen sind noch die *Arbeitsgemeinschaft der Verbraucherverbände (AGV)*, die 1953 gegründet wurde und – als Lobbyist – Verbraucherinteressen bei der Gesetzgebung vertritt, sowie die *Stiftung Verbraucherinstitut* in Berlin; sie wurde 1978 gegründet und dient der Fortbildung von Vertretern der Verbraucherpolitik.[8]

Kritik der Verbraucherpolitik: Die verbraucherpolitischen Ziele und Maßnahmen waren (sind) erheblicher Kritik ausgesetzt. Die wissenschaftliche Diskussion um die Verbraucherpolitik bezieht sich vor allem auf

- fehlende gesellschaftliche Legitimation,
- unzureichende politische Zielgewichtung,
- einseitige und unzweckmäßige Zielsetzungen,
- geringe Wirksamkeit der Maßnahmen.

---

[7] Vgl. dazu die empirischen Ergebnisse von *Barton-von Keitz, Schmitt* et al., 1980.
[8] Darüber hinaus gibt es noch mehrere andere Institute wie das *Institut für Angewandte Verbraucherforschung e.V.* (Ifa, Köln) sowie Verbände und Vereine wie den Verbraucherschutzverein in Berlin. Zu den Angaben über die Institutionen der Verbraucherpolitik vgl. *AGV* (1989) sowie *Kuhlmann* (1990).

Selbstverständlich kann man diese Kritik nicht unterschiedslos auf alle verbraucherpolitischen Einrichtungen beziehen. Einzelne Institutionen wie die *Stiftung Warentest* schneiden bei der Kritik wesentlich besser ab als andere (vgl. z. B. *Weinberg* und *Behrens*, 1978).

Die mit der **Legitimation** verbundenen Probleme interessieren uns nur am Rande. Wir weisen hier auf die Arbeit von *Biervert, Fischer-Winkelmann* et al. (1977) hin, in der die Legitimation der in der Bundesrepublik vorhandenen verbraucherpolitischen Institutionen geprüft und kommentiert wird.

Die **unzureichende Zielgewichtung** ist innerhalb der Verbraucherpolitik darin zu sehen, daß keine klare Rangfolge für die anzustrebenden Ziele besteht. Die ohnehin zu knappen Ressourcen der Verbraucherpolitik werden aufgrund fehlender Gewichtung durch verzettelte Aktionen und durch Maßnahmen für völlig untergeordnete Ziele verschwendet. Ein typisches Beispiel ist die Diskussion über irreführende Werbung in Deutschland ohne Berücksichtigung der tatsächlichen Werbewirkung.

Die Irreführung der Verbraucher müßte an den *tatsächlichen* Auswirkungen der werblichen Information auf das Verbraucherverhalten festgestellt werden. In vielen Fällen wird sich einerseits herausstellen, daß die von der Verbraucherpolitik angegriffene Beeinflussung durch die Werbung oder andere absatzpolitische Maßnahmen, gemessen an unseren gesellschaftlichen und wirtschaftlichen Problemen, von völlig untergeordneter Bedeutung sind. Andererseits geht die Verbraucherpolitik, wie bereits erwähnt wurde, an wichtigen Konsumentenproblemen (wie z. B. Vereinfachung der Kaufentscheidung) vorbei.

Die **einseitige Zielsetzung** besteht in einer unzweckmäßigen Fixierung der verbraucherpolitischen Sicht auf das rationale Kaufverhalten der Konsumenten. Andere Verhaltensweisen des Konsumenten beim Einkauf und auch andere – politische, gesellschaftliche usw. – Lebensbereiche des Konsumenten bleiben weitgehend außer acht. Beispielsweise wird umweltbewußtes Verhalten nicht unter dem Gesichtspunkt sozial erwünschten Verhaltens honoriert, sondern im Falle der Nichtbefolgung sanktioniert.

Die verbraucherpolitischen Maßnahmen von der Verbraucheraufklärung bis zum Verbraucherschutz sollen letztlich dazu dienen, Beschränkungen der Konsumentensouveränität durch das Marketing aufzuheben und den Konsumenten „souveräner", die Gesellschaft „intelligenter" zu machen (*AGV*, 1988, S. 21). Nicht vorhanden oder unterentwickelt sind solche Maßnahmen, die das Einkaufsverhalten des Konsumenten hinnehmen, *wie es ist*, die von den gewohnheitsmäßigen oder erlebnisorientierten Entscheidungen des Konsumenten ausgehen und dafür sorgen, daß der Konsument dabei keinen Schaden erleidet.

Das vorrangige Ziel, der Machtentfaltung des Marketing durch verhaltenssteuernde Techniken sowie undurchsichtige und verbraucherschädliche Angebote vor allem dadurch entgegenzutreten, daß man den Verbraucher aufklärt und informiert und zu einer stets kritischen, rationalen Haltung erzieht, läßt sich kaum erreichen: Aufklärung und Information können die Verhaltenssteuerung des Konsumenten durch beeinflussende Techniken des Marketing nicht verhindern, weil durch diese Techniken oft *automatisch* Verhaltensweisen ausgelöst werden, denen sich ein noch so gebildeter und aufgeklärter Konsument nicht entziehen kann. Insgesamt ist also zu fordern: Nicht nur rationale Aufklärung, sondern mehr Schutz für einen Verbraucher, der sich aufgrund mangelnder Durchschaubarkeit der Verhaltensbeeinflussung von seiten des Marketing nicht immer und vollständig selbst schützen kann.[9]

Die *Kommission der Europäischen Gemeinschaften* nimmt in dieser Hinsicht eine ausgewogene Haltung ein: Sie hebt in ihren verbraucherpolitischen Vorstößen besonders hervor, daß „das Vertrauen des Verbrauchers" in die angebotenen Güter geschützt werden soll.[10] Dadurch wird – ohne auf die Ideologie vom souveränen Konsumenten zurückzugreifen – ein wichtiger Ansatzpunkt geschaffen, um das tatsächliche und meist kognitiv wenig kontrollierte Konsumentenverhalten gegen den Mißbrauch von Marketingmacht abzusichern (*Europäische Gemeinschaften,* 1986, insb. S. 11 ff.).

Die Einseitigkeit der Verbraucherpolitik ist aber noch in einer anderen Richtung zu suchen. Wenn es nach der gegenwärtigen Verbraucherpolitik ginge, müßte jeder von morgens bis abends eine aktive Rolle als rationaler Konsument spielen.[11] Rationalität im Konsumbereich darf nicht isoliert gesehen werden. Es kann durchaus sein, daß „unvernünftiges" Verhalten im Konsumbereich zu einem Vorteil in anderen Lebensbereichen führt. So wird zum Beispiel routinemäßiges, schnelles Einkaufen ohne vollständigen Vergleich verschiedener Angebote (ohne Preisvergleiche usw.) dazu führen, daß der Konsument mehr Freizeit bekommt. Dieser Wert kann für ihn größer sein als die Einbuße, die er durch das unüberlegte Einkaufen erleidet. Vertreter der Verbraucherpolitik werden einwenden, solche Einbußen des Konsumenten seien selbstverständlich nicht gewollt. Vernünftiges Handeln des Konsumenten heiße, daß sich der Konsument über seine Ziele im klaren sei und abwäge, was für ihn besser sei: mehr Zeit für den Einkauf aufzuwenden oder mehr Freizeit zu haben.

Damit wird aber wieder ein *homo oeconomicus* unterstellt, der sich über alle seine Ziele und Mittel im klaren ist. Wenn die Verbraucherpolitik den Konsumenten immer nur zu überlegten und durchrationalisierten Kaufentscheidungen anhält (selbst im Bereich alltäglicher Konsumgüter), dann muß sie damit rechnen, daß ein Konsument durch den entstehenden Entscheidungsaufwand subjektiv ungewollte Einbußen in anderen Lebensbereichen erleidet.

---

[9] Dabei wird unserer pragmatischen Haltung folgend vorausgesetzt, daß die schädlichen Wirkungen der Verhaltenssteuerung erstens faktisch nachgewiesen werden und zweitens unter gesellschafts- und sozialpolitischen Aspekten gewertet (gewichtet) werden, bevor dagegen etwas unternommen wird.

[10] Insbesondere das Vertrauen darauf, daß die angebotenen Güter „angemessenen Gesundheits- und Sicherheitsnormen" entsprechen. Vor allem die Sicherheit des Kindes soll besonders beachtet und geschützt werden (*Europäische Gemeinschaften,* 1986).

[11] Man stelle sich die Erschöpfung einer Gesellschaft vor, die unermüdlich jede Entscheidung rational reflektiert, ohne die Gelegenheit zu haben, auf lebenserleichternde Gewohnheitsentscheidungen zurückgreifen zu können.

Die **geringe Wirksamkeit** vieler verbraucherpolitischer Maßnahmen ist eine Folge der geringen Berücksichtigung verhaltenswissenschaftlicher Erkenntnisse in der Verbraucherpolitik, die teils auf einen objektiven Mangel an Erkenntnissen, teils auf Unwillen der Verbraucherschützer zurückgeht (*Kroeber-Riel*, 1977b, S. 224; sowie *Weinberg* und *Spieker*, 1994).

Was für das Marketing eine Selbstverständlichkeit ist, fehlt in der Verbraucherpolitik noch weitgehend: eine *systematische Marktforschung* über das Verhalten der Zielgruppen und die Auswertung der gewonnenen Ergebnisse für gezielte verbraucherpolitische Aktionen.

Besonders gravierend machte sich bisher das Defizit verhaltenswissenschaftlicher Erkenntnisse bei der Konzeption verbraucherpolitischer Kommunikationstechniken bemerkbar. Die verbraucherpolitische Kommunikation mit dem Konsumenten vernachlässigt selbst einfache Sozialtechniken. Der Konsument wird in der verbraucherpolitischen Kommunikation oft wie ein Computer behandelt: Ihm werden zu viele, schwer verständliche und schwer auswertbare Informationen vermittelt.[12] Ursache dafür ist ein *unzweckmäßiges Kommunikationsmodell*, von dem in der Verbraucherpolitik ausgegangen wird. Viele Verbraucherfunktionäre sind der Ansicht, die Verbraucherpolitik könne nicht die gleichen „beeinflussenden" Verhaltenstechniken benutzen wie das Marketing.

Verbraucherpolitische Maßnahmen müssen auf das *faktische* Kommunikationsverhalten des Konsumenten eingestellt sein. Sie müssen den Konsumenten aktivieren und seine Aufmerksamkeit erregen, sonst sind sie zur Wirkungslosigkeit verurteilt. Sie müssen auf die beschränkte Kapazität des Konsumenten, Informationen aufzunehmen, zu verarbeiten und zu speichern, eingestellt sein. Und sie müssen dabei die interindividuellen (zielgruppenspezifischen) Unterschiede in der Beeinflussung berücksichtigen. Auf die Bedeutung dieser Kommunikationsbedingungen wurde im vorliegenden Buch ausführlich eingegangen.

Kurzum: Die Verbraucherpolitik kann zwar das Ziel anstreben, den Verbraucher rationaler zu machen, aber sie kann nicht, ohne ihre Wirksamkeit einzubüßen, rationale Verbraucher als Zielgruppe ihrer Maßnahmen voraussetzen. Das „rationale Menschenbild", an dem mancher sich gerne orientiert, setzt an die Stelle des realen Verbrauchers eine Fiktion.

Die geringe verhaltenswissenschaftliche Fundierung der Verbraucherpolitik führt leicht auch zu einer *Überforderung der Konsumenten*. Aus dem Programm der Verbraucherpolitik und ihrer praktischen Umsetzung erhält man den Eindruck, der Konsument solle zu einem voll durchrationalisierten Verhalten erzogen werden. Die Verbraucherpolitik wird, wie *Biervert, Fischer-Winkelmann* et al. (1976) sagen, von einem nicht realisierbaren „Traum vom souveränen Konsumenten" geleitet.[13]

---

[12] Diese Erfahrung kann man machen, wenn man in einer Verbraucherzentrale mit Informationen überschüttet wird und keine kauferleichternde Entscheidungshilfe erhält.

[13] Diese in der Souveränitätsideologie wurzelnde Ansicht spiegelt sich in Verlautbarungen der *AGV* wider, vgl. etwa *AGV* (1988).

Die angestrebte formale *und* substantielle Rationalität des Konsumenten nimmt auf die faktisch vorhandenen Beschränkungen des rationalen Verhaltens zu wenig Rücksicht. Besonders deutlich wird das bei der Ansicht, der Konsument sei in der Lage, eine rationale Bedürfnisbilanz zu erstellen. Rationale Bedürfnisbilanz und rationale Bewältigung der Bedürfnisse stehen im Widerspruch zur begrenzten Fähigkeit des Menschen, seine Bedürfnisse zu dirigieren und in rationale (extensive) Mittelentscheidungen umzusetzen.

Zusammenfassend:

> Wenn die Verbraucherpolitik die Konsumenten nicht überfordern will, muß sie sich an das vorhandene Verhaltensrepertoire halten und die Konsumenten so nehmen, wie sie sind.

II. Verbraucherpolitische Ziele und Strategien auf verhaltenswissenschaftlicher Grundlage

1. Ableitung der Ziele

Wir wollen nun aus unserer Kritik Folgerungen ziehen und ein System von verbraucherpolitischen Zielen und Strategien entwickeln. Es versteht sich von selbst, daß die Entwicklung eines solchen Systems nur ein grober Entwurf sein kann.

Ein **pragmatischer Entwurf** von verbraucherpolitischen Zielen verzichtet darauf, von sehr abstrakten Normen wie „Selbstverwirklichung des Menschen" auszugehen. Wenn man auf einer so abstrakten Zielebene ansetzt, bewegt man sich im rein philosophischen Bereich (im Bereich der theoretischen Ethik) und verstrickt sich leicht in persönliche *Glaubensbekenntnisse,* die für die praktische Arbeit *irrelevant* sind, weil der Weg von der philosophischen Norm zu konkreten verbraucherpolitischen Zielsetzungen zu weit und vielschichtig ist.

Es ist zweckmäßig, an politisch legitimierte Zielsetzungen des *vorhandenen* (marktwirtschaftlichen) *Gesellschaftssystems* anzuknüpfen. Dadurch wird die konkrete politische Interpretation der Ziele und ihre Umsetzung in praktische Politik erleichtert.

> Ein solches Verfahren leidet allerdings an einer *perspektivischen Verkürzung.* Alternative und reformatische Zielsetzung bleiben im Hintergrund, systemimmanente Mängel des Zielsystems werden nicht weiter diskutiert. Es handelt sich deswegen um ein Vorgehen für kurz- und mittelfristige Planungen, das vor allem dazu führen soll, von abstrakten programmatischen und ideologischen Langzeitdiskursen abzukommen und konkrete verbraucherpolitische Normen zu formulieren.

Aus einem gewählten *Oberziel* (aus dem gesellschaftlichen Zielsystem) müssen verbraucherpolitische *Teilziele* und Maßnahmen abgeleitet werden, die praktisch *umsetzbar* sind. Mit anderen Worten: Es muß nach verbraucherpolitischen Normen gesucht werden, die operational und gültig sind.

Eine *Norm* ist *gültig,* wenn die hinter der Norm stehende Zielsetzung anerkannt wird und wenn die praktische Anwendung der Norm dazu führt, daß dieses Ziel tatsächlich erreicht wird.

Operationalität und Gültigkeit der verbraucherpolitischen Normen können also nur beurteilt werden, wenn sie zum Konsumentenverhalten in Beziehung gesetzt und auf ihre *tatsächliche* Wirkung überprüft werden. Zu diesem Zweck ist eine *verhaltenswissenschaftliche Analyse* notwendig.

> Die verhaltenswissenschaftliche Analyse dient der Feststellung, welche der insgesamt in Frage kommenden verbraucherpolitischen Normen aufgrund von Gesetzmäßigkeiten des Verbraucherverhaltens mit Aussicht auf Erfolg umgesetzt werden können.

Aber selbst wenn man auf diesem Wege zur Abgrenzung von wirksamen verbraucherpolitischen Normen kommt, bleibt noch die Frage zu beantworten, *welche* der Normen im Hinblick auf die finanziellen Restriktionen der Verbraucherpolitik *praktisch umgesetzt* werden sollen.

Die Auswahl und Gewichtung von Normen, die in die Praxis umgesetzt werden sollen, müßten nach ihrem *Beitrag zur Lösung von sozialen Problemen* erfolgen: Die durch das nachfolgend aufgeführte Oberziel geforderte Verbesserung der Bedürfnisbefriedigung der Konsumenten wird zweckmäßigerweise nicht auf *alle* Konsumenten und auf *alle* Bedürfnisse bezogen, sondern bevorzugt auf solche, die im Rahmen der politisch legitimierten Sozialpolitik als besonders *förderungswürdig* anerkannt werden (z. B. auf Arbeitslose). Das erfordert die Formulierung verbraucherpolitischer Normen für spezielle Verbrauchersegmente.

Die Ableitung der verbraucherpolitischen Ziele folgt demnach einem Drei-Stufen-Verfahren:

Erste Stufe:
Auswahl eines politisch legitimierten *Oberziels* der Verbraucherpolitik aus dem vorhandenen gesellschaftlichen Zielsystem.

Zweite Stufe:
Ableitung *wirksamer* Teilziele und Maßnahmen mit Hilfe einer verhaltenswissenschaftlichen Analyse.

Dritte Stufe:
Auswahl solcher Teilziele und Maßnahmen, die zur Lösung von aktuellen *sozialen* Problemen beitragen.

Die folgende Betrachtung konzentriert sich – nach einer kurzen Beschreibung des für ein marktwirtschaftliches System weitgehend selbstverständlichen Oberziels – auf die verhaltenswissenschaftliche Analyse, das heißt auf die Ableitung von operationalen und gültigen verbraucherpolitischen Teilzielen und Maßnahmen (Strategien).

Zum **Oberziel** der Verbraucherpolitik: Dem politischen Zielsystem in der Bundesrepublik können wir als übergeordnetes, allgemeines Ziel der Verbraucherpolitik die Forderung entnehmen, die Konsumenten besser als bisher in die Lage zu versetzen, durch den Kauf von Gütern oder den Verbrauch von öffentlichen Leistungen ihre Bedürfnisse zu befriedigen. Nachfolgend wird die Beeinträchtigung der Bedürfnisbefriedigung ausschließlich in Abhängigkeit von den Marketingaktivitäten gesehen.

Dieses direkt oder indirekt in den politischen Programmen verankerte Oberziel entspricht einer *marktwirtschaftlichen,* auf Befriedigung *individueller* Verbraucherbedürfnisse gerichteten Hintergrundideologie.[1] Die in diesem Zusammenhang oft geführte – aber fruchtlose – Diskussion um „echte" (notwendige, gesellschaftlich legitime) und „unechte" Bedürfnisse umgehen wir. Mit dieser Unterscheidung arbeiten die deutschen Verbraucherverbände bis heute – sie geben damit vor, über die echten Bedürfnisse der Verbraucher Bescheid zu wissen (*AGV,* 1988, S. 4–6). Aufgrund unserer pragmatischen Vorgehensweise gehen wir hier von den *vorhandenen,* vom marktwirtschaftlichen System mitgeprägten Bedürfnissen aus.

In dieser abstrakten Form ist das formulierte Oberziel noch ziemlich *trivial,* das heißt selbstverständlich (wenn man von unserem Wirtschaftssystem ausgeht). Es bekommt erst dann eine konkrete Bedeutung, wenn wir das Oberziel *operationalisieren* und auf Bedürfnissen der Konsumenten beziehen.

Die Operationalisierung des Oberziels kommt dadurch zustande, daß wir konkrete, auf die Verbraucher bezogene Teilziele und Strategien formulieren, die zur Durchsetzung des Oberziels führen. Die Ableitung solcher Normen muß zwangsläufig mit einer Präzisierung des Bedürfnisbegriffes beginnen: *Bedürfnisse* sind Antriebskräfte des menschlichen Verhaltens. Sie werden auch als Bedarfe oder Motive bezeichnet. In der Entscheidungstheorie werden Bedürfnisse in Form von Zielen ausgedrückt. Zur empirischen Messung von Bedürfnissen hat die verhaltenswissenschaftliche Forschung den Einstellungsbegriff eingeführt.

Die gemessenen *Einstellungen* zu einem Gegenstand umfassen bei den meisten Meßkonzepten zwei Komponenten: das auf den Gegenstand bezogene Bedürfnis sowie die gleichzeitig auftretenden (kognitiven) Vorstellungen des Konsumenten, in welcher Weise der Gegenstand zur Bedürfnisbefriedigung geeignet ist (vgl. im einzelnen das Einstellungskapitel im zweiten Teil des Buches).

Zur *Veranschaulichung:* Wenn jemand äußert, er schätze das Produkt P hoch ein (Äußerung einer stark positiven Einstellung), so ist das beispielsweise darauf zurückzuführen, daß er ein starkes Qualitätsbedürfnis hat *und* der Meinung ist, das Produkt P sei zur Befriedigung dieses Bedürfnisses geeignet.

---

[1] Es geht also um die aktualisierten Bedürfnisse aus Verbrauchersicht. Offen bleibt dabei, ob und inwieweit gesellschaftliche Bedürfnisse (z. B. nach Umweltschutz) befriedigt werden.

Welche Bedürfnisse und welche Kenntnisse (Vorstellungen) über ein Produkt in einer gemessenen Einstellung zum Ausdruck kommen, kann durch mehrdimensionale *Einstellungsmodelle* ermittelt werden. Einstellungen geben also *indirekt* und in einer operationalen Form auch Auskunft über die vorhandenen Bedürfnisse der Konsumenten.

Einstellungen spielen bei vereinfachten Kaufentscheidungen eine *Schlüsselrolle*. Solange der Konsument beim Einkaufen keine Probleme sieht, verläßt er sich auf seine gefühlsmäßigen Wertungen (Einstellungen). Die Einstellung und damit die in den Einstellungen zutage tretenden Bedürfnisse steuern häufig das Kaufverhalten, ohne daß der Konsument im einzelnen über die Produktalternativen nachdenkt.

Dieses *einstellungsgesteuerte* (vereinfachte) Entscheidungsverhalten kann als eine besonders ökonomische Form der Konsumentenentscheidungen angesehen werden, die den Konsumenten von fallweisen Einschätzungen der Produkte und damit von extensiveren Entscheidungsprozessen entlastet. Es spricht viel dafür – das könnte durch verbraucherpolitische Marktforschung nachgewiesen werden –, daß die Konsumenten bestrebt sind, in *dieser* Weise ihren Entscheidungsaufwand zu verringern und ihre vorhandenen Bedürfnisse in Kaufverhalten umzusetzen und zu befriedigen. Die Verbraucherpolitik sollte deswegen dieses *vereinfachte* sowie das *gewohnheitsmäßige* und erlebnisorientierte Entscheidungsverhalten kennen und fördern!

Wie dies geschehen kann, wird im nächsten Abschnitt über die verbraucherpolitischen Strategien skizziert: Es geht insbesondere darum, bei gewohnheitsmäßigen und vereinfachten Entscheidungen das Vertrauen des Konsumenten in die „Problemlosigkeit" seines Kaufverhaltens zu schützen.[2]

Nur wenn durch das routinemäßige und vereinfachte Entscheiden erhebliche, vom Konsumenten nicht gesehene Schäden eintreten, sollte man ihn von diesen Verhaltensweisen abbringen. Die *bisherige* Verbraucherpolitik schlägt einen anderen Kurs ein: Dem Leitbild vom souveränen Konsumenten folgend, versucht sie, durch umfassende Aufklärung und Information des Konsumenten sein Verhalten zu rationalisieren und die Kaufentscheidungen extensiver zu machen – auch auf Märkten für Güter des täglichen Bedarfs. Der Kaufentscheidungsprozeß wird dadurch *komplizierter* gemacht, oder umgekehrt ausgedrückt, eine routinemäßige und vereinfachte Bedürfnisbefriedigung wird *erschwert*.

Wir formulieren deswegen, abweichend von der bisherigen Verbraucherpolitik, als grundlegendes

1. Ziel: Unterstützung und Förderung von routinemäßigen und vereinfachten Kaufentscheidungen der Konsumenten.

Dieses Ziel bezieht sich selbstverständlich *nicht* auf das *gesamte* Konsumentenverhalten (ein solches Ziel wäre zu undifferenziert und dadurch un-

---

[2] Vgl. dazu den von der *Kommission der Europäischen Gemeinschaften* geforderten „Vertrauensschutz" (1986).

wirksam), sondern auf einen Teil des Einkaufsverhaltens, auf den Einkauf von Konsumgütern des täglichen Bedarfs und auf andere Güter, deren Einkauf *problemlos* ist. Das dürfte die Mehrzahl aller Alltagseinkäufe ausmachen. Zur Relevanz derartiger Kaufentscheidungen bei umweltbewußten Einkäufen gibt es eine aktuelle empirische Studie von *Monhemius* (1993). Nun ist das, was als *problemlos* anzusehen ist, subjektiv zu verstehen. In den Theorien des Konsumentenverhaltens wird die Problemlosigkeit vor allem durch das „subjektiv wahrgenommene Kaufrisiko" gemessen. Bei *geringem* subjektiv wahrgenommenen *Kaufrisiko* ist das Informationsbedürfnis des Konsumenten gering. Verbraucherpolitische Informationen sollten deswegen *nur* dann eingreifen, wenn die subjektive Wahrnehmung des Konsumenten von den faktischen Gegebenheiten zu seinem Schaden abweicht, beispielsweise, wenn ein objektives Konsumrisiko – wie die Schädlichkeit bei Medikamenten – subjektiv nicht gesehen wird. In einem solchen Fall ist es Aufgabe der Verbraucherpolitik, den Konsumenten auf die Risiken hinzuweisen, sein Kaufverhalten zu problematisieren und den routinemäßigen Ablauf der Entscheidungen (zum Beispiel den habitualisierten Produkteinkauf) zu *erschweren*.

Eine Problematisierung und Rationalisierung des Kaufverhaltens durch die Verbraucherpolitik ist auch bei *anderen* Gütergruppen bzw. Einkäufen zweckmäßig: bei Einkäufen mit starkem wahrgenommenen Kaufrisiko weicht der Konsument von seinem sonst üblichen routinemäßigen und vereinfachten Kaufverhalten ab. Er sucht dann Informationen und Entscheidungsrationalität. Das gilt unter anderem beim Einkauf neuer Produkte, sozial auffälliger und teurer Produkte.

Für solche *extensiveren* Einkaufsentscheidungen, die eine stärkere gedankliche Informationsverarbeitung notwendig machen, wird der Konsument eine Unterstützung seiner Entscheidungsrationalität begrüßen. Für dieses, und nur für dieses Verhaltenssegment formulieren wir:

2. Ziel: Rationalisierung von Kaufentscheidungen.

Dieses Ziel umfaßt die Versorgung der Konsumenten mit besseren *„Denkprogrammen"* (insbesondere durch die sogenannte Verbraucherbildung) und die Versorgung mit zusätzlichen und geeigneten Informationen. Da es sich um das klassische Ziel der Verbraucherpolitik handelt, sollte die effiziente Unterstützung (und Erleichterung) bei komplexen Entscheidungen eine Selbstverständlichkeit sein. Das setzt natürlich die Einsicht voraus, daß die Informationsverarbeitungskapazität von Menschen limitiert ist.

Bisher haben wir das *affektive* und *impulsive* Entscheidungsverhalten (im engeren Sinne) außer acht gelassen. Dieses Verhalten macht uns auf die Notwendigkeit einer dritten Zielsetzung aufmerksam: Wie bereits ausgeführt wurde, ist das Marketing in der Lage, willentlich gelenkte Prozesse der Informationsaufnahme und Informationsverarbeitung zu unterlaufen und den Konsumenten zu beeinflussen, *ohne* daß dieser den Beeinflussungsvorgang durchschaut.

Diese nicht bewußt durchschauten und nicht willentlich kontrollierten Beeinflussungsvorgänge wirken sich auf alle Entscheidungsprozesse, d. h. auf einzelne Entscheidungsschritte beim stark vereinfachten Kauf bis zur extensiven Konsumentscheidung, aus. In besonderem Maße macht sich dieser Einfluß natürlich bei spontanen Einkäufen bemerkbar, beim impulsiven Griff in das Regal, beim unreflektierten Abschluß eines Ratenzahlungsvertrages usw.

Wegen der *Alltäglichkeit* und *Normalität* solcher Beeinflussungen durch das Marketing wäre es unwirksam, sie grundsätzlich zu verbieten oder in allen Einzelheiten zu reglementieren. Es kann nur darum gehen, den erkennbar schädlichen *Mißbrauch* solcher Beeinflussungsstrategien zu verhindern. Dazu dient das

3. Ziel: Schutz vor schädlichen Einwirkungen durch das Marketing.

Diese Einwirkungen umfassen nicht nur die Meinungsbeeinflussung durch die Werbung, sondern jede Einwirkung durch das Marketing, die für den Konsumenten schädlich ist, insb. auch durch undurchsichtige Produkt- und Dienstleistungsangebote. Ziel 3 umfaßt also auch den Schutz vor gesundheitsschädlichen Produkten, vor undurchsichtigen Verkaufspraktiken, vor manipulativen Angebotsformen und dergleichen.

Die für den Konsumenten entstehenden Schäden sind *faktisch* (anhand von *Tatsachen*) abzuschätzen. Nicht jeder individuelle Nachteil des Konsumenten ist verbraucherpolitisch (sozialpolitisch) relevant. Ein politischer Konsens darüber, *welche* Schäden durch verbraucherpolitische Maßnahmen abzuwenden sind (ein Konsens darüber, was in diesem Zusammenhang unter „schädlich" zu verstehen ist), läßt sich durchaus erzielen, wie – bei analoger Betrachtung – die politischen Übereinkünfte über abzuwendende Umweltschäden zeigen.

Es ist vor Verwirklichung der drei skizzierten Ziele notwendig, Klarheit über die Rahmenbedingungen und damit über die *Verhaltenssegmente,* für die diese Ziele gültig sind, zu gewinnen. Wir müssen beispielsweise wissen, welche Produktkäufe mit hohem Kaufrisiko verbunden sind, wie der mögliche Kaufkraftverlust (als finanzielle Einbuße bei fehlender Markttransparenz) auf den verschiedenen Märkten aussieht, welchen tatsächlichen Einfluß die Werbung auf die Einkaufsentscheidungen hat usw.

2. Ableitung der Strategien

Diesen grundlegenden Zielen können Strategien, das heißt grundlegende Maßnahmen zur Erreichung der Ziele, zugeordnet werden. Man kann die verbraucherpolitischen Strategien danach unterscheiden, ob sie

- beim Konsumenten ansetzen oder
- beim Marketing ansetzen.

Das eine Mal ist der *Konsument* der Adressat der verbraucherpolitischen Maßnahmen, sein Verhalten soll durch die Verbraucherpolitik beeinflußt werden. Das andere Mal wendet sich die Verbraucherpolitik an die marketingtreibenden *Institutionen,* um deren Maßnahmen zu reglementieren. Wir kommen nach dieser Einteilung zu dem nachstehend abgebildeten Schema der Verbraucherpolitik *(Abbildung 152):*

Grundlegende Ziele	Grundlegende *Strategien* auf den Konsumenten bezogen	auf das Marketing bezogen
Unterstützung und Förderung routinemäßiger und vereinfachter Kaufentscheidungen	Strategien 11	Strategien 12
Rationalisierung von Kaufentscheidungen	Strategien 21	Strategien 22
Schutz vor schädlichen Einwirkungen durch das Marketing	Strategien 31	Strategien 32

Abbildung 152: Formulierung der Ziele und Strategien der Verbraucherpolitik

Aus den Ausführungen im vorigen Abschnitt wird ersichtlich, daß die abgeleiteten *Strategien* nur für bestimmte *Verhaltenssegmente* gültig sind. Das heißt: Diese Strategien führen nur unter bestimmten Rahmenbedingungen zu einer wirksamen Verbraucherpolitik. So ist eine Maßnahme der *Strategien 12* eher für den Markt für Güter des täglichen Bedarfs und seltener für den Markt für langlebige Gebrauchsgüter zweckmäßig.

Ferner kann die *gleiche* verbraucherpolitische Maßnahme, zum Beispiel der Warentest, für zwei *verschiedene* Ziele eingesetzt werden. Warentesturteile können angeboten werden, um Einkaufsentscheidungen zu vereinfachen. Sie werden dann *ohne* besonderen kognitiven Aufwand vom Konsumenten übernommen und erleichtern die eigene Urteilsbildung des Konsumenten (*Kroeber-Riel*, 1981 d).

Sie können aber auch im Rahmen einer extensiven Kaufentscheidung herangezogen werden: Der Konsument entnimmt dann dem Warentest differenzierte Informationen über die Qualität der Produkte. Er wird sich in diesem Fall mit dem Zustandekommen des Testurteils befassen und unter anderem prüfen, wie die Produkteigenschaften, die er selbst für besonders wichtig hält, beim Test abschneiden. Das Vermitteln von Warentesturteilen kann also sowohl zur *Strategie 11* als auch zur *Strategie 21* gehören.

Nachfolgend werden in Kürze einige Strategien skizziert:

Auf den Konsumenten gerichtete Strategien: Sollen vereinfachte Kaufentscheidungen gefördert werden *(Strategien 11)*, so kann man dem Konsumenten *Schlüsselinformationen* über das Angebot zur Verfügung stellen, die er in einfacher Weise verarbeiten kann und die es ihm ermöglichen, ohne weitere Produktvergleiche und mit geringem Entscheidungsaufwand zu Kaufentscheidungen zu kommen. *Eine* Möglichkeit dazu sind die vorhin erwähnten Urteile der *Stiftung Warentest.*

Die heutigen *Warentesturteile* basieren im wesentlichen auf Expertenurteilen, die sicherstellen, daß der Konsument gebündelte Informationen über die objektive Produktqualität bekommt. Sie gehen davon aus, daß der Konsument diese Informationen bei seinen eigenen Entscheidungsprozessen in einer differenzierten Weise aufnimmt und auf Brauchbarkeit für die eigene Entscheidung prüft. Sie sind demzufolge vor allem auf Verwirklichung des Zieles 2 angelegt, das heißt für die Verwendung bei extensiven Kaufentscheidungen vorgesehen.[1]

Wenn jedoch Testurteile zur *Vereinfachung* von Kaufentscheidungen herangezogen werden, so ist davon auszugehen, daß sie vom Konsumenten ohne weitere Nachprüfung als Kaufempfehlung vertrauensvoll und pauschal übernommen werden wollen. Bei *dieser* Verwendung von Testurteilen müßte durch empirische Verbraucherforschung besser als zur Zeit gesichert sein, daß die Warentesturteile wirklich *bedürfnisadäquat* sind, das heißt dem subjektiven Bewertungsraster der meisten Konsumenten gerecht werden.

Für die Rationalisierung von extensiveren Kaufentscheidungen können die klassischen Strategien der Verbraucherbildung und Verbraucherinformation benutzt werden, vorausgesetzt, sie werden in einer wirksamen sozialtechnischen Form umgesetzt *(Strategien 21).*[2]

Die *Verbraucherbildung* hat vor allem „*Denkprogramme*" zu vermitteln. Sie soll die Verbraucher in die Lage versetzen, ihre Marketingumwelt kritisch wahrzunehmen und zu beurteilen und vernünftige Kaufentscheidungen zu fällen.

Verbraucherinformationen sollen dafür sorgen, daß die Verbraucher die für extensive Kaufentscheidungen benötigten Informationen auch wirklich erhalten. Die vom Marketing gebotenen *Informationen* reichen in Umfang und Qualität oft nicht dazu aus, was zu Unzufriedenheit und Verbraucherbeschwerden führen kann (*Graf*, 1990, S. 31 ff.). Die verbraucherpolitisch vermittelten Denkprogramme und Informationen dürfen – wie bereits begründet wurde – den Verbraucher nicht überfordern. In zunehmendem Maße können dazu neue Medien wie Bildschirmtext (*Kuhlmann*, 1987) und neue Kommunikationstechniken wie Verbraucher-Expertensysteme (*Russo*, 1989) eingesetzt werden. Vor allem die Nutzung von Expertensystemen durch Verbraucher könnte in Zukunft zur wirksamen Vermittlung von Informationen und Informationsverarbeitungsprogrammen bei extensiven Kaufentscheidungen beitragen.

Soll der Konsument vor dem Marketing geschützt werden *(Strategien 31),* so ist in erster Linie – bezüglich der Strategien, die beim Konsumenten ansetzen – an die *Immunisierung* der Konsumenten gegenüber Beeinflussungen durch das Marketing zu denken: Es handelt sich darum, seine Empfänglichkeit für Appelle des Marketing zu verringern. Derartige Strategien können mit Hilfe der Reaktanztheorie entwickelt werden. Sie laufen darauf hinaus, bei den Konsumenten eine Art Trotzreaktion durch verhaltenswirksame Beeinflussung gegen die Marketingaktivitäten zu erzeugen.

---

[1] Zur unterschiedlichen Verwendung von Testinformationen bei Kaufentscheidungen, insbesondere bei Entscheidungen mit stärkerer kognitiver Kontrolle, vgl. *Weinberg* und *Behrens* (1978); *Silberer* (1979b, S. 179 ff.); *Tölle* (1983, S. 200 ff.).

[2] Die verbraucherpolitisch orientierte Konsumentenforschung kann die Grundlagen für eine sozialtechnisch wirksame Verbraucherbildung und -information erarbeiten. Vgl. beispielsweise die Arbeit von *Grunert* (1982) über die Informationsverarbeitung der Konsumenten und die Folgerungen für die Verbraucherpolitik.

Dieser Weg, die Sensibilität der Käufer gegen Marketingeinflüsse zu schärfen, wird in der Verbraucherpolitik nicht fundiert genug diskutiert, wahrscheinlich deswegen, weil er gegen das Leitbild vom souveränen Konsumenten verstößt. Immunisierung heißt ja nicht nur aufklären und informieren, sondern vor allem gefühlsmäßig abschirmen.

Immunisierung der Verbraucher darf *nicht* mit *Gegeninformation* verwechselt werden. Die Gegeninformation, eine ebenfalls wichtige, von *Scherhorn* und *Wieken* beschriebene Strategie der Verbraucherpolitik, dient dazu, „verschleiernden und irreführenden Informationen des Anbieters" entgegenzuwirken (*Scherhorn* und *Wieken*, 1976, S. 259). Sie vermittelt also Informationen über bestimmte Produkte, die bewußt verarbeitet werden und zu einer Korrektur der durch das Marketing vermittelten Informationen führen. Gegeninformation ist vor allem im Rahmen der *Strategie 21* einsetzbar. Durch Immunisierung wird dagegen eine gefühlsmäßige Haltung erzeugt („Trotzreaktion"), die dazu führt, daß der Konsument unabhängig von den vermittelten Informationen weniger beeinflußt werden kann. Diese gefühlsmäßige Antihaltung muß den Konsumenten noch nicht einmal bewußt sein.

Auf das Marketing gerichtete Strategien: Unabhängig von den Zielsetzungen, die mit diesen Strategien verfolgt werden, hat man *zwei* Möglichkeiten zu sehen: Die auf (gegen) das Marketing gerichteten Strategien der Verbraucherpolitik können darauf abzielen,

- die Marketingaktivitäten konsumentenfreundlicher zu machen,
- die Marketingaktivitäten zu reglementieren und zu beschränken.

Beide Maßnahmen können *auch* durch eine Selbstkontrolle der Wirtschaft bzw. des Marketing verwirklicht werden. Man wird allerdings davon ausgehen können, daß sich die *Selbstkontrolle* in erster Linie darauf beschränken wird, das Marketing konsumentenfreundlicher zu machen. Für Beschränkungen der Marketingaktivitäten wird sie weniger in Frage kommen.

Das besonders in den Vordergrund gerückte Organ der Selbstkontrolle ist der *Deutsche Werberat,* der 1972 vom *ZAW* gegründet wurde, um zweifelhafte und am Rande der Legalität befindliche Werbemaßnahmen, ganz allgemein „Auswüchse der Werbung", zu verhindern und zu unterbinden. Den Aktivitäten des *Deutschen Werberats* wird auch eine präventive Wirkung zugeschrieben. Er und der *ZAW* informieren die Werbetreibenden laufend über Unzulässigkeiten in der Werbung und über Entwicklungen und Forderungen der Verbraucherpolitik.[3]

Aufgrund der Berufsideologien und der ökonomischen Zielsetzungen auf seiten des Marketing (der Wirtschaft) wird man sich auf die Selbstkontrolle der Wirtschaft allein *nicht* verlassen. Das Marketing muß deswegen über die Selbstkontrolle hinaus durch Gesetze und Verordnungen zugunsten des Konsumenten unterstützt werden. Durch derartige verbraucherpolitische

---

[3] Vgl. dazu die jährlich (z. B. 1995) erscheinende *ZAW*-Edition „Werbung in Deutschland").

Reglementierungen wurden bereits erhebliche Verbesserungen für den Konsumenten erreicht (vgl. *Bundesregierung, 1975,* S. 12 ff.). Ein Beispiel für eine Reglementierung des Marketing, um schädliche Beeinflussungstechniken zu verhindern, ist das Verbot, in der Heilmittelwerbung mit angstauslösenden Appellen zu werben.

Um Mißverständnisse zu vermeiden: Bei der Reglementierung des Marketing wird nicht an eine ins einzelne gehende Reglementierung gedacht, sondern an eine gezielte Unterbindung von solchen Marketingstrategien, die den Konsumenten *tatsächlich* und *nachweisbar* in einem nicht vertretbaren Ausmaß schädigen. Diese Forderung vereint alle verantwortlich agierenden Marktpartner, und die Konsumentenforschung kann dazu wesentliche Impulse beitragen.

3. Ein umweltorientiertes Beispiel

Nachfolgend wird das verbraucherpolitische Ziel- und Strategiekonzept auf verhaltenswissenschaftlicher Grundlage an einem umweltorientierten Beispiel kurz erläutert. Damit soll das mehr formale Orientierungsschema für die Verbraucherpolitik an einem aktuellen Inhalt veranschaulicht werden.

Die derzeitige Verbraucherpolitik konzentriert sich aus Marketingsicht auf Umweltaspekte (vgl. zusammenfassend *Hansen,* 1995). Dabei geht es um Fragen des ökologischen Marketing (Kauf, Konsum und Entsorgung) aus Verbraucher-, Hersteller- und Handelssicht. Hier interessiert entsprechend dem oben aufgezeigten Orientierungsrahmen die staatlich wie privatwirtschaftlich beeinflußbare Verbraucherpolitik mit Blick auf die Verwender- und Anbieterseite.

Ein so verstandenes, verhaltenswissenschaftlich verankertes Oberziel der Verbraucherpolitik könnte lauten:

> Unterstützung eines naturverbundenen Lebensstiles durch umweltbewußtes Konsumentenverhalten.

Hinter diesem Oberziel (*Weinberg* und *Spieker,* 1994) steckt die allseits bekannte Erfahrung, daß Umweltwissen und Umwelthandeln nach wie vor weit auseinanderklaffen. Das vorgeschlagene Oberziel einer ökologisch orientierten Verbraucherpolitik läßt sich deshalb folgendermaßen begründen:

Das Umweltbewußtsein der Verbraucher

Eine der Größen, die seit Anfang der siebziger Jahre gewissermaßen Hoffnungsträger einer umfassenden ökologischen Änderung des menschlichen Wirtschaftens sind, ist das „Umweltbewußtsein der Verbraucher". Dies beinhaltet insbesondere eine größere Einsicht in die Gefährdungen der Natur durch den Menschen, einschließlich der negativen Rückwirkungen auf den

Menschen selbst sowie eine damit verbundene stärkere Bereitschaft zu individuellen Konsequenzen im eigenen Konsumverhalten. Demoskopische Ergebnisse belegen seit einigen Jahren enorme Steigerungen dieses Umweltbewußtseins, allerdings sind die Konsumgewohnheiten nicht im selben Maße verändert worden.

Für Unternehmen bedeutet diese Tatsache eine etwas konfuse Ausgangslage. Einerseits steigen die Ansprüche der Konsumenten an die ökologischen Qualitäten der Produkte und Dienstleistungen, andererseits werden hiermit verbundene steigende Kosten und/oder Abstriche in der Bequemlichkeit im Konsum selbst kaum durch die Märkte honoriert und lassen somit massive Innovationen nur selten lukrativ erscheinen.

Es gibt eine intensive Diskussion über Möglichkeiten der Beeinflussung der Verbraucher zu einem steigenden umweltbewußten Verhalten. Die vorherrschende Meinung scheint dabei deutlich eine Betonung der sachlichen Aspekte, verbunden mit ethischen Begründungen und moralischen Appellen, zu favorisieren. Die begrenzten Erfolge lassen jedoch Zweifel an dieser Strategie aufkommen. Hier soll diese Variante mit einer alternativen Vorgehensweise konfrontiert werden, die gewissermaßen das Gegenstück darstellt: Eine emotionale Positionierung umweltbewußten Konsums in Verbindung mit Spaß und Lebensfreude.

Unternehmen müssen mit Markterfolgen rechnen können, um ökologisch orientierte Innovationen vorzunehmen. In gewissem Umfang sind solche Erfolge auch realisierbar, die Grenzen sind allerdings relativ eng gezogen. Die Erfahrungen der letzten Jahre zeigen deutlich, daß sich Produkte mit größeren ökologischen Vorteilen nur durchsetzen können, wenn sie sich hinsichtlich Preis, „normaler" Qualität und Anwendungsfreundlichkeit, Verfügbarkeit und ähnlicher Kriterien nicht allzusehr von dem gängigen Standard unterscheiden, es sei denn, sie bieten zusätzlich andere Vorteile.

Mit anderen Worten zeigen sich im „täglichen Konsumleben" kaum atypische Abweichungen. Massive Verhaltenskonsequenzen hat das gestiegene Umweltbewußtsein dagegen bei Vorfällen, bei denen erhebliche umwelt- und gesundheitsschädigende Praktiken nachgewiesen werden (z. B. die Verwendung von Stoffen, die die Ozonschicht gefährden). Hier kann es in besonders gravierenden Fällen zu Entwicklungen kommen, die die Existenzgrundlagen von Unternehmen gefährden.

Allgemein formuliert, führt das Umweltbewußtsein primär auf gesellschaftspolitischer Ebene zu intensiven Verhaltensänderungen, wo über Zusammenschlüsse in Initiativen, Verbänden oder Parteien Synergieeffekte erzielbar sind und zu maßgeblichen Einflußgrößen werden können. Auf individueller Ebene, wie beispielsweise im privaten Konsum, werden die eigenen Verhaltensmöglichkeiten zwangsläufig weitaus geringer eingeschätzt. Man muß davon ausgehen, daß bei Überlegungen bezüglich größeren eigenen Engagements im Konsum die erzielbaren Erfolge mit den dabei notwendigerweise entstehenden Aufwendungen verglichen werden, und das mit einem sehr ungünstigen Ergebnis. Nimmt man die ohnehin täglich zu bewältigenden Probleme im haushaltswirtschaftlichen Bereich hinzu (begrenzte Zeit und Budgets), wird die eher vorsichtige Verhaltensänderungsbereitschaft verständlicher (z. B. beim Abfall). Überzeugungsarbeit mit sachlichen und moralischen Appellen ändert an dieser Sachlage nichts. Sie führt sicherlich auch weiterhin zu steigendem Engagement im gesellschaftspolitischen Bereich, aber angesichts der angedeuteten sachlichen Grenzen wohl kaum zu grundlegenden Änderungen im privaten Konsumbereich. Hinzu kommt ein weiteres Problem, das im folgenden behandelt werden wird und ebenfalls eine andere Vorgehensweise im Konsumbereich nahelegt.

Die Forderung nach einem „ökologischen Konsum" bedingt eine Kategorisierung, die eine überzeugende Einordnung im Einzelfall ermöglicht. Gemeint ist die Etikettierung von Unternehmen, Produkten oder Dienstleistungen mit einem Attribut, das sie als zweifelsfrei „umweltfreundlich" bzw. umweltgerecht ausweist (z. B. Öko-Label nach *Hansen* und *Kull*, 1995). Trotz der zahlreichen Versuche, hier zu einer wissenschaftlich fundierten und konsensfähigen Lösung zu kommen, ereignen sich immer wieder Vorfälle, die auch gutgemeinte Konzepte in das Kreuzfeuer der Kritik geraten lassen. Hier sei nur an die Querelen um den „Grünen Punkt" erinnert.

Die Folge ist eine immer größer werdende Verunsicherung der Verbraucher und ebenso der Unternehmen, die kaum mit ausreichender Wahrscheinlichkeit kalkulieren können, ob eine Innovation auf Dauer „den Segen" der öffentlichen Meinung erhält. Somit ist es kaum möglich, einwandfrei umweltgerecht produzieren und konsumieren zu können. Größere individuelle Verhaltensbereitschaften sind angesichts solcher Unsicherheiten eher unwahrscheinlich.

Umweltbewußter Konsum als Erlebnis

Als Quintessenz der bisherigen Ausführungen kann festgehalten werden, daß

- sachlich moralische Appelle weniger an private Konsumgewohnheiten als vielmehr an gesellschaftspolitische Aktivitäten gerichtet sind und daß
- die unklare Kategorie „umweltbewußter Konsum" den Anreiz, sich umweltbewußt zu verhalten, deutlich vermindert.

Als Ausweg kann eine Strategie in Frage kommen, die mit modernen Kommunikationsstrategien des Marketing arbeitet, hierüber effiziente Techniken für eine Steigerung des individuellen Verhaltens entwickelt und die Marktchancen ökologischer Produktinnovationen steigert (*Weinberg*, 1992a).

Im Zuge des allseits konstatierten Wertewandels hat auch der Konsum eine grundlegende Wandlung erlebt. Größerer Wohlstand, zunehmende Mobilität und enorme Kommunikationsmöglichkeiten sind als wichtige Strukturentwicklungen zu nennen. Die Ansprüche der Menschen an Güter und Dienstleistungen haben sich verstärkt emotionalen Aspekten zugewandt.

Erlebnisorientierung, „Hedonismus" und der Einbau von Produkten und Dienstleistungen in den persönlichen Lebensstil im Sinne eines „demonstrativen Konsums" seien als prägnante Schlagworte der letzten Jahre genannt. Die Entwicklungen haben ebenfalls gezeigt, daß bei einer erfolgreichen Positionierung von Produkten als Bestandteile emotionaler Erlebnisse neue Spielräume entstehen, die bei Konsumenten einen erhöhten Einsatz (auch in ökonomischer Hinsicht) hervorrufen können.

Die vorherrschenden Assoziationen mit „Umweltbewußtsein" lassen jedoch ein ernstes Bild vor bedrohlichem Hintergrund entstehen. Umweltbewußtes Verhalten direkt als Mittel zu Lebensfreude und Spaß zu verstehen, erscheint kaum möglich und sinnvoll. Um dennoch nicht auf die Nutzung emotionaler Strategien verzichten zu müssen und den ernsten Hintergrund nicht aus den Augen zu verlieren, muß ein umsichtiges und psychologisch einfühlsames Vorgehen gewählt werden.

Umweltbewußter Konsum als Bestandteil eines naturverbundenen Lebensstiles

Die Positionierung eines Produktes in emotionale Zusammenhänge mit dem Ziel, ein wirksames Produktimage auf Gefühlsebene zu erzeugen, muß besondere Gesetzmäßigkeiten beachten. So ist auf jeden Fall ein positives Bild zu erzeugen, bedrohliche, angsterzeugende Strategien schrecken ab und führen zu negativen Reaktionen. Begleitende Werbemaßnahmen müssen vorwiegend mit bildlichen, emotional ansprechenden Motiven arbeiten, um prägnante Images bilden zu können, nicht jeder Themenbereich ist hierzu geeignet.

Im Zusammenhang mit ökologischen Aspekten bietet sich fast zwangsläufig der Bereich „Natur" als Quelle für erfolgversprechende Ideen an. Eigenstudien belegen, daß dieser Begriff psychologisch eng mit dem Themengebiet „Umwelt" verbunden ist, jedoch klar abgegrenzt wird, was die emotionalen Aspekte betrifft. Insofern ruft das Thema „Natur" positive Assoziationen in erstaunlicher Bandbreite hervor, das Thema „Umwelt" dagegen nahezu ausschließlich negative Bilder.

Die Einbettung umweltorientierter Innovationen in emotionale Aspekte aus der „Naturwahrnehmung" verspricht insofern gravierende Vorteile. Sie beinhaltet die wesentlichen Forderungen des Umweltschutzes, umgeht aber die unbefriedigende Einordnung in eine gesellschaftlich zu konkretisierende Kategorie „umweltfreundlich". Dieses Urteil wird dem Verbraucher überlassen. Und hier läßt sich aus dem gestiegenen Umweltbewußtsein der Schluß ziehen, daß auf Konsumentenseite die Kritikfähigkeit so gestiegen ist, daß „Mißbrauch" recht schnell erkannt und sanktioniert werden dürfte.

Im Rahmen des gesellschaftlichen Wertewandels belegt der Bereich „Natur" oberste Ränge und zeigt die breite Attraktivität dieses Themas. Kommunikationsstrategien können daher mit breiter Akzeptanz rechnen, was auch den Umfang der erzielbaren Markterfolge ökologischer Produktinnovationen begünstigt. Wenn es gelingt, diese Produkte überzeugend in emotionale Aspekte einzuordnen, die ihrerseits mit einem naturverbundenen oder natürlichen Lebensstil in Verbindung gebracht werden, können solche Produkte ein prägnantes Image erhalten, das mindestens konkurrenzfähig ist. Auf jeden Fall umgeht eine solche Positionierung die individuelle Analyse: „Problem – Lösung – notwendiger Aufwand." Eher lautet die entscheidende Frage seitens der Konsumenten, ob ein solches Produkt zu dem individuellen Lebensstil paßt und somit einen Beitrag zur subjektiv empfundenen Lebensqualität leisten kann.

Auf diesem Wege kann eine ökologische Produktinnovation in gewissem Sinne zu einem „Status- und Prestigeobjekt" werden, und solche Werte können bekanntlich auch besondere Preise verlangen. Um eine solche Strategie für ein Produkt oder eine Dienstleistung einzuschlagen, muß in jedem Einzelfall die „Natürlichkeit" geprüft und individuell positioniert werden. Denn der Wechsel von „Umwelt" auf „Natur" entkommt dem gestiegenen Bewußtsein und Anspruchsniveau der Konsumenten hinsichtlich der Umweltverträglichkeit natürlich nicht.

Die ableitbaren Ziele

Folgen wir der verhaltenswissenschaftlichen Ausrichtung dieses Kapitels, so lassen sich folgende Ziele der Verbraucherpolitik auf der Basis des Oberzieles formulieren:

1. Ziel: Förderung der Entscheidung für naturverbundene Lebensweisen.

Hierbei geht es wieder darum, das tägliche Entscheidungsverhalten zu *vereinfachen*. Erlebnisorientierte Menschen, die nach Genuß, Kommunikation und hedonistischer Lebensqualität streben, brauchen Entscheidungshilfen, wie sie mit umweltfreundlichen Produkten und Dienstleistungen soziale Anerkennung finden, ja sich „in Szene setzen können" (*Kaas*, 1994, S. 108). Die Verbraucherpolitik wird quasi „revolutionär" gefordert, Konsumenten in ihrem Lebensnerv zu treffen.[1]

Hier stellt sich wieder das Problem, ob die Verbraucherpolitik von einem normativen oder faktischen Leitbild der Konsumenten ausgehen will.

2. Ziel: Rationalisierung umweltbewußter Kaufentscheidungen.

Der Kauf umweltverträglicher Produkte und Dienstleistungen bereitet dem Konsumenten nach wie vor Schwierigkeiten. Zwar helfen *Öko-Label* oder der *Grüne Punkt*, und man kennt inzwischen z. B. chemische Substanzen, die als umweltschädlich gelten.

Aber es gibt immer noch zahlreiche Einkäufe, bei denen Konsumenten auch ein ökologisches Risiko empfinden, vor allem dann, wenn zusätzlich gesundheitliche Unsicherheiten ausgelöst werden (z. B. bei Verwendung von Kunststoffen für Textilien oder Chemikalien in Lebensmitteln). Dann suchen die Konsumenten nach Entscheidungsrationalität, und hier kann die Verbraucherbildung helfen, Schlüsselinformationen zu liefern, die ver-

---

[1] Beim *Öko-Dialog* 1994 in Bonn-Bad Godesberg sagte ein Umweltfunktionär in Erregung zu dieser Forderung: „Umweltschutz ist eine zu ernste Angelegenheit, um mit Spaß und Freude assoziiert zu werden…"

ständlich, konzentriert und vor allem schnell aufgenommen und verarbeitet werden können. Man bedenke wieder die in diesem Buch oft angeschnittenen Probleme des Involvements, der begrenzten Informationsverarbeitungskapazität und des zeitlichen Entscheidungsdrucks.

3. Ziel: Schutz vor umweltschädlichen Produkten und Dienstleistungen.

Wieder geht es um den zukunftsorientierten Blick der Verbraucherpolitik, umweltschädliche Produkte und Dienstleistungen öffentlich anzuprangern. Einereits gehört dazu politischer Mut und entsprechende Unterstützung von staatlicher Seite, sich auf „deutschtümliche Definitionskriege einzulassen", andererseits aber der Wille der Bundesregierung und der Landesregierungen, Umweltpolitik endlich zur „Chefsache" zu erheben. Das in der Öffentlichkeit verbreitete Wissen um den Zustand unserer Umwelt ist ein guter Nährboden für mehr Pragmatik in ökologischer Hinsicht.

Die folgende *Abbildung 153* faßt diese Ziele einer möglichen Verbraucherpolitik zusammen und ordnet sie den grundlegenden Strategien zu, die auf die Konsumenten bzw. Unternehmen bezogen werden können.

Grundlegende Ziele	Grundlegende Strategien	
	bezogen auf die Konsumenten	bezogen auf das Marketing
Förderung der Entscheidung für naturverbundene Lebensweisen	11	12
Rationalisierung umweltbewußter Kaufentscheidungen	21	22
Schutz vor umweltschädlichen Produkten und Dienstleistungen	31	33

Abbildung 153: Beispielhafte Ziele und Strategien einer umweltorientierten Verbraucherpolitik

Die ableitbaren Strategien

Die grundlegenden Maßnahmen zur Erreichung dieser Ziele können wieder beim Konsumenten oder beim Marketing ansetzen.

Grundlegende Strategien mit Blick auf die Konsumenten: Anknüpfungspunkte zur Positionierung naturverbundener Lebensweisen und Lebenswerte (Feld 11) erhält die Verbraucherpolitik aus der Werteforschung (*Schulze*, 1992), vor allem mit Blick auf langfristige Trends der Lebensqualität (*Weinberg*, 1992 a) und der Konsumleitbilder (*Gierl*, 1995, S. 323 ff.). Der erste Teil dieses Buches faßt die aktuellen Trends zusammen.

Hilfen zur Rationalisierung umweltbewußter Kaufentscheidungen (Feld 21) bedeutet aus Verbrauchersicht zweierlei: Zum einen geht es um Unterstützung beim Informations- und Anreizdilemma (*Kaas*, 1994), d. h., den Begriff der „Umweltfeindlichkeit" in verständliche und glaubhafte Termine zu operationalisieren, die die Kommunikation zwischen Anbieter und Verbraucher erleichtern. Die Verbraucherpolitik muß also versuchen, zeitaktuell die Angebote und Bedarfe zu prüfen und sich selbst in diese Interaktion auf dem Markt kommunikativ einzubringen. Beispiel: Wie können Baustoffe von Konsumenten hinsichtlich ihrer Herkunft, Gewinnungsart und Verträglichkeit (ohne fachchinesisch) beurteilt werden?

Zum anderen geht es um mehr Wissen über die Anbieterseite, denn Vertrauenwürdigkeit zum Angebot hängt auch von der umweltpolitischen Reputation der anbietenden Unternehmen ab. Hier leistet das *IMUG-Institut* in Hannover eine Pionierarbeit, um eine „sustainable consumption" durch Berücksichtigung sozialökologischer Informationen über Unternehmen zu gewährleisten (*Hansen*, *Schönheit* et al., 1994). Auch diese Informationen müssen aufbereitet werden, daß sie die Verbraucher erreichen, interessieren und von ihnen als ökologisch relevant verstanden werden.

Der Schutz vor umweltschädlichen Produkten und Dienstleistungen (Feld 31) wird aus verhaltenswissenschaftlicher Sicht zu einem Problem der Konsumentenimmunisierung. Diese Technik der „gefühlsmäßigen Abschirmung" vor schädlichen Angeboten bedeutet primär nicht Gegeninformation, sondern eher Reaktanzerzeugung, also Herabsetzung der Glaubwürdigkeit der Anbieterseite bzw. ihrer Angebote oder Erhöhung des Mißtrauens, um das Risiko sorgloser Einkäufe herabzusetzen. Diese Techniken sind in der Konsumentenforschung bekannt, und ihre Einsatzmöglichkeiten wurden in diesem Buch vor allem im Zusammenhang mit Bezugsgruppeneinflüssen diskutiert. Die Verbraucherpolitik weist bei der Nutzung dieser Sozialtechnik noch erhebliche Defizite auf.

Grundlegende Strategien mit Blick auf das Marketing: Die Profilierung der Anbieterkompetenz und der Angebote selbst für naturverbundene Lebensstile (Feld 12) von seiten der Verbraucherpolitik bedeutet, über den Brückenschlag zum Verbraucher bei der Lösung des Informations- und Anreizdilemmas zu helfen. Eine ökologisch orientierte, strategische Marketingplanung (*Meffert* und *Kirchgeorg*, 1993) wird diese Mittlerfunktion dankbar aufgreifen. Beispiele: Standardisierung von umweltbezogenen Produkteigenschaften, die von Konsumenten länderübergreifend positiv beurteilt werden (*Herker*, 1995), oder finanzielle Unterstützung umweltbewußten Verhaltens (z. B. durch Maßnahmei der Steuerpolitik), die Unternehmen veranlaßt, entsprechende Angebote auf den Markt zu bringen (z. B. für den Straßenverkehr, für die Müllentsorgung oder für die Vermeidung von Einwegverpackungen). Wichtig ist aber hierbei der klare Bezug zum Lebensstilkonzept, vor allem zur sozialen Akzeptanz umweltbewußten Verhaltens nach dem Motto: „Tue Gutes und zeige es allen."

Die Rationalisierung umweltbewußter Kaufentscheidungen mit Blick auf das Marketing (Feld 22) bedeutet eine eindeutige, einfache und verständliche Sach- und Sprachregelung, wenn umweltorientierte Einkäufe mit Risiko verbunden sein können. Hier geht es um einen stärkeren Dialog zwischen Verbraucherpolitik und Anbieter, um die gesellschaftliche Verantwortung der Unternehmerseite einzubeziehen. Auch hier sind materielle und immaterielle Belohnungssysteme noch lange nicht ausgereizt.

Der Schutz vor umweltschädlichen Produkten und Dienstleistungen (Feld 33) kann zu Empfehlungen oder Verboten auf der Anbieterseite führen. Dabei ist nicht nur an die Hersteller selbst zu denken, sondern auch an den Handel, der seine „Gate-Keeper-Funktion" im ökologischen Sinne ausüben kann (*Hansen*, 1995 a). Die Praxis der letzten Jahre hat wiederholt gezeigt, daß der Handel selbstregulierend bereit ist, umweltschädliche Produkte auszulisten. Auch hier bedarf es einer noch engeren Kooperation zwischen Verbraucherpolitik, Hersteller und Handel.

Literaturverzeichnis

A

Aaker, D. A. und *D. E. Bruzzone* (1985): Causes of Irritation in Advertising, Journal of Marketing, 49, S. 47–57.

Abelson, R. P. (1981): Psychological Status of Script Concept, American Psychologist, 36, Nr. 7, S. 715–729.

Abelson, R. P. und *M. J. Rosenberg* (1958): Symbolic Psycho-Logic: A Model of Attitudinal Cognition, Behavioral Science, 3, S. 1–13.

Aberg, L. (1991): Facet Theory of Communication, Arbeitspapier der Universität Helsinki.

Abrams, D. und *M.A. Hogg* (1990): Social Identity Theory- Constructive and Critical Advances, New York u. a.

Adler, R. P. und *R. J. Faber* (1980): Background: Children's Television Viewing Patterns, in: *Adler, Lesser* et al., S. 13–28.

Adler, R. P.; G. S. Lesser et al. (Hrsg. 1980): The Effects of Television Advertising on Children. Review and Recommendations, Lexington (Mass.) u. a.

Adlwarth, W. (1983): Formen und Bestimmungsgründe prestigegeleiteten Konsumverhaltens, München.

Adt, P. (1983): Untersuchungen zur Wirkung von Schlagermusik, Arbeitspapier des Instituts für Konsum- und Verhaltensforschung an der Universität des Saarlandes, Saarbrücken.

AGV Arbeitsgemeinschaft der Verbraucherverbände (Hrsg. 1988): Werbung – Berieselung oder Information, Verbraucher Rundschau, H. 10, Bonn.

AGV Arbeitsgemeinschaft der Verbraucherverbände (Hrsg. 1989): Die Verbraucherverbände und ihre Aufgaben, Verbraucher Rundschau, H. 2, Bonn.

Ahlert, D. (1988): Marketing-Rechts-Management, Köln u. a.

Ahtola, O. T. (1975): The Vector Model of Preferences: An Alternative to the Fishbein Model, Journal of Marketing Research, 12, H. 1, S. 52–59.

Ajzen, I. und *M. Fishbein* (1970, 1981): The Prediction of Behavior from Attitudinal and Normative Variables, Journal of Experimental Social Psychology, 6, 1970, S. 466–487. Deutsche Fassung in: *Herkner* (1981b), S. 265–289.

Ajzen, I. und *M. Fishbein* (1973, 1978): Attitudinal and Normative Variables as Predictors of Specific Behavior, Journal of Personality and Social Psychology, 27, 1973, S. 41–57. Deutsche Übersetzung in: *Stroebe* (1978), S. 404–444.

Alba, J. W.; J. W. Hutchinson et al. (1991): Memory and Decision Making, in: *Robertson, T. S.* und *H. H. Kassarjian* (Hrsg. 1991), S. 1–49.

Albach, H. (1961): Werbung, in: *Beckerath, Bente* et al. (1961), Bd. 11, S. 624–632.

Albert, D. (Hrsg. 1984): Bericht über den 34. Kongreß der Deutschen Gesellschaft für Psychologie in Wien 1984, Göttingen.

Alesandrini, K. L. (1983): Strategies that Influence Memory for Advertising Communication, in: Harris, S. 65–82.

Alesandrini, K. L. und *A. A. Sheikh* (1983): Research on Imagery: Implications for Advertising, in: *Sheikh*, S. 535–556.

Allen, C. T. (1992): Putting More Emotion into Consumer Research: Integrating Emotional/Hedonic Experience with Traditional Attitude Models, in: *Mc Alister, L.* und *M. L. Rothschild* (Hrsg. 1992): Advances in Consumer Research, Vol. 20, Provo UT.

Allen, C. T. und *C. A. Janiszewsi* (1989): Assessing the Role of Contingency Awareness in Attitudinal Conditioning with Implications for Advertising Research, Journal of Marketing Research, 26, S. 30–43.

Allen, C. T. und *D. R. John* (Hrsg. 1994): Advances in Consumer Research, Vol. 21 (1994), Provo UT.

Allen, C. T.; K. A. Machleit et al. (1988): On Assessing the Emotionality of Advertising via Izard's Differential Emotions Scales, in: Houston, S. 226- 231.

Allen, C. T.; K. A. Machleit et al. (1992): A Comparison of Attitudes and Emotions as Predictors of Behavior at Diverse Levels of Behavioral Experience, in: Journal of Consumer Research, Vol. 18., No. 4, S. 493–504.

Allen, D. E. und *P. F. Anderson* (1994): Consumption and Social Stratification: Bourdieu's Distinction, in: Advances in Consumer Research, 21, S. 70–74.

Alwitt, L. F. und *A. A. Mitchell* (Hrsg. 1985): Psychological Processes and Advertising Effects, Hillsdale (N. J.).

Amann, A. (1991): Soziologie, 3. Aufl., Wien u. a.

Anastasi, A. (1964, 1976): Fields of Applied Psychology, New York. Deutsche Übersetzung unter dem Titel: Angewandte Psychologie, 2. Aufl. (1976), Weinheim u. a.

Anderson, J. A. (Hrsg. 1988, 1990, 1991): Communication Yearbook, published for ICA, Band 11 (1988), Band 13 (1990), Band 14 (1991), Newbury Park u. a.

Anderson, J. R. (1988): Kognitive Psychologie – eine Einführung, Heidelberg.

Andreasen, A. R. (1991): Consumer Behavior Research and Social Policy, in: *Robertson, T.S.* und *H. H. Kassarjian* (Hrsg. 1991), S. 459–506.

Andreasen, A. R. (1994): Session Summary – Recent Advances in Social Marketing, in: *Allen, C. T.* und *D. R. John* (Hrsg. 1994): Advances in Consumer Research, Vol. 21, Provo UT, S. 254.

Andresen, T. B. (1988): Anzeigenkontakt und Informationsüberschuß – eine empirische Untersuchung über die Determinanten des Anzeigenkontaktes in Publikumszeitschriften mit Hilfe der Blickaufzeichnung, Wirtschaftswissenschaftliche Dissertation an der Universität des Saarlandes, Saarbrücken.

Andresen, T. B. und *H.-D. Ruge* (1985): Die Zukunft der Werbeträger, Absatzwirtschaft, 28, Nr. 7, S. 64–83.

Andritzky, K. (1972): OLISSA – Erste Marke in einem anonymen Markt, in: Fallstudien aus der Unternehmenspraxis, Reihe 1: Marketing, hrsg. von der *Deutschen Unilever GmbH*, Hamburg in Zusammenarbeit mit *E. Dichtl*, Hamburg.

Andritzky, K. (1976): Die Operationalisierbarkeit von Theorien zum Konsumentenverhalten, Berlin.

Angermeier, W. F. und *M. Peters* (1973): Bedingte Reaktionen, Berlin u. a.

Arbeitsgemeinschaft Rundfunkwerbung (Hrsg. 1981): Kinder – Medien – Werbung. Ein Literatur- und Forschungsbericht, Schriftenreihe Mediaperspektiven, 1, Frankfurt.

Arch, D. C.; J. R. Bettman et al. (1978): Subjects' Information Processing in Information Display Board Studies, in: *Hunt*, S. 555–561.

Argyle, M. (1972): Soziale Interaktion, Köln.

Argyle, M. (1992): The Social Psychology of Everyday Life, London u. a.

Argyle, M. (1992a): Körpersprache und Kommunikation, 6. Aufl., Paderborn.

Argyle, M.; A. Furnham et al. (1981): Social Situations, Cambridge u. a.

Argyle, M. und *P. Trower* (1981): Signale von Mensch zu Mensch, Weinheim u. a.

Arndt, J. (1967a): Word of Mouth Advertising and Informal Communication, in: *Cox*, S. 188–239.

Arndt, J. (1967b, 1976): Role of Product-Related Conversations in the Diffusion of a New Product, Journal of Marketing Research, 4, H. 3, S. 291–295. Deutsche Übersetzung unter dem Titel Mund-zu-Mund-Werbung, in: *Specht, Wiswede* (1976), S. 269–279.

Arndt, J. (Hrsg. 1968a): Insights into Consumer Behavior, Boston.

Arndt, J. (1968b): Profiling Consumer Innovators, in: *Arndt* (1968a), S. 71–83.

Arndt, J. (1968c): Selective Processes in Word of Mouth, Journal of Advertising Research, 8, S. 19–22.

Arndt, J. (1968d): Testing the „Two-Step Flow of Communication" Hypothesis, in: *Arndt* (1968a), S. 189–202.

Arndt, J. (1970): Methodisches Beispiel einer Untersuchung über Mundwerbung, in: *Behrens*, S. 1103–1125.

Arndt, J. (1979): Family Life Cycle as a Determinant of Size and Composition of Household Expenditures, in: *Wilkie*, S. 128–132.

Arnold, W.; H. J. Eysenck et al. (Hrsg. 1993): Lexikon der Psychologie, 11. Aufl., Freiburg u. a.

Aronson, E. (1978): The Theory of Cognitive Dissonance, in: *Berkowitz*, S. 181–220.

Aronson, E. (1994): Sozialpsychologie. Menschliches Verhalten und gesellschaftlicher Einfluß, Heidelberg.

Asanger, R. und *G. Wenninger* (1994): Handwörterbuch der Psychologie, 5. Aufl., München, u. a.

Asch, S. E. (1951, 1969): Effects of Group Pressure Upon the Modification and Distortion of Judgement, in: *Guetzkow* (1951), S. 177–190. Deutsche Übersetzung: Änderung und Verzerrung von Urteilen durch Gruppendruck, in: *Irle* (1969) S. 57–83.

Aschenbrenner, K. M. (1977): Komplexes Wahlverhalten: Entscheidungen zwischen multiattributen Alternativen, in: *Hartmann, Koeppler*: Fortschritte der Marktpsychologie, S. 21–52, Frankfurt/M.

Aschenbrenner, K. M. (1980): Kaufentscheidung, in: *Hoyos, Kroeber-Riel* et al., S. 151–162.

Asendorpf, J. (1983): Soziale Interaktion und Emotion, in: *Euler, Mandl* (1983), S. 267–273.

Assael, H. (1992): Consumer Behavior and Marketing Action, 4. Aufl., Boston u. a.

Astous, A. d' (1990): An Inquiry into the Compulsive Side of „Normal" Consumers, in: Journal of Consumer Policy, Vol. 13, No. 1, S. 15–32.

Astous, A. d'; J. Maltais et al. (1990): Compulsive Buying Tendencies of Adolescent consumers, in: Advances in Consumer Research, 17, S. 306–312.

Atkin, C. K. (1978): Observation of Parent-Child Interaction in Supermarket Decision-Making, Journal of Marketing, 42, H. 4, S. 41–45.

Atkin, C. K. (1980): Effects of Television Advertising on Children, in: *Palmer, Dorr* (1980), S. 287–306.

Atkin, C. K. und *W. Gibson* (1978): Children's Nutrition Learning from Television Advertising, unveröffentlichtes Manuskript, wiedergegeben nach *Atkin* (1980).

Atkinson, R. L.; R. C. Atkinson et al. (1993): Introduction to Psychology, 11. Aufl., Fort Worth u. a.

Atkinson, R. C. und *R. M. Shiffrin* (1968): Human Memory: A Proposed System and Its Control Processes, in: *Spence* und *Spence* (1968), S. 89–195.

Atkinson, R. C. und *R. M. Shiffrin* (1971): The Control Process of Short-Term Memory, Scientific American, 225, S. 82–90.

Atteslander, P. (1993): Methoden der empirischen Sozialforschung, 7. Aufl., Berlin u. a.

Aufermann, J.; H. Bohrmann et al. (Hrsg. 1973): Gesellschaftliche Kommunikation und Information, Bd. 1–2, Frankfurt/Main.

B

Bachmann, G. R.; D. R. John et al. (1993): Children's Susceptibility to Peer Group Purchase Influence, in: Advances in Consumer Research 20, S. 463–469.

Backhaus, K.; B. Erichson et al. (1994): Multivariate Analysemethoden, eine anwendungsorientierte Einführung, 7. Aufl., Berlin u. a.

Backhaus, K.; M. Kleinschmidt et al. (1983): Die Stimmfrequenz, Marketing ZFP, 5, H. 2, S. 113–121.

Baddeley, A. (1994): The Cognitive Psychology of Everyday Life, in: *Honeck, R. P.*(Hrsg 1994), S. 228–241.

Badura, B. und *K. Gloy* (Hrsg. 1972): Soziologie der Kommunikation, Stuttgart u. a.

Bagozzi, R. P. (1980): Causal Models in Marketing, New York.

Bagozzi, R. P. (1982a): A Field Investigation of Causal Relations Among Cognitions, Affect, Intentions, and Behavior, Journal of Marketing Research, 19, S. 562–583.

Bagozzi, R. P. (Hrsg. 1982b): Journal of Marketing Research, Special Issue on Causal Modeling, 19.

Bagozzi, R. P. (1983): A Holistic Methodology for Modeling Consumer Response to Innovation, Operations Research, 31, S. 128–176.

Bagozzi, R. P. (1991): The Role of Psychophysiology in Consumer Research, in: *Robertson, Kassarjian*, S. 124–161.

Bagozzi, R. P. (Hrsg. 1994): Advanced Methods of Marketing Research, Cambridge (Mass.).

Bagozzi, R. P. und *F. M. Nicosia* (1980): On the Distinction Between Cognition and Motivation in Consumer Research, unveröffentlichtes Arbeitspapier der Alfred P. Sloan School of Management am MIT, Cambridge (Mass.).

Bagozzi, R. P. und *A. J. Silk* (1981): Recall, Recognition, and the Measurement of Memory for Print Advertisements, Arbeitspapier der Alfred P. Sloan School of Management am MIT, Cambridge (Mass.).

Bagozzi, R. P. und *A. M. Tybout* (Hrsg. 1983): Advances in Consumer Research, 10, Ann Arbor: Association for Consumer Research.

Bahrdt, H. P. (1994): Schlüsselbegriffe der Soziologie. Eine Einführung mit Lehrbeispielen. 6. Auflage, München.

Balderjahn, I. (1993): Marktreaktionen von Konsumenten, Berlin.

Bales, R. F. (1950): Interaction Process Analysis, Cambridge (Mass.).

Bales, R. F. (1962): Die Interaktionsanalyse: Ein Beobachtungsverfahren zur Untersuchung kleiner Gruppen, in: *König*, S. 148–167.

Bales, R. F. (1970): Personality and Interpersonal Behavior, New York.

Bales, R. F. (1971): Interaction Process Analysis, in: *Hollander* und *Hunt*, S. 254–261.

Bales, R. F. und *S. P. Cohen* (1982): SYMLOG. Ein System für die mehrstufige Beobachtung von Gruppen, Stuttgart.

Bamossy, G. B. und *W. F. Raaij* (Hrsg. 1993): European Advances in Consumer Research, Provo UT.

Bandura, A. (1977, 1979): Social Learning Theory, Englewood Cliffs (N. J.), Deutsche Übersetzung unter dem Titel Sozial-kognitive Lerntheorie, (1979), Stuttgart.

Bandura, A. (1981): Verstärkerbedingungen des Modells und deren Auswirkungen auf das Lernen imitativer Verhaltensweisen, in: *Herkner*, S. 13–26.

Bandura, A. (Hrsg. 1976): Lernen am Modell – Ansätze zu einer sozial-kognitiven Lerntheorie, Stuttgart.

Banning, T. E. (1987): Lebensstilorientierte Marketing-Theorie, Bd. 15 der Reihe Konsum und Verhalten, Heidelberg.

Bänsch, A. (1995): Käuferverhalten, 6. Aufl., München u. a.

Bänsch, A. (1996): Verkaufspsychologie und Verkaufstechnik, 6. Aufl., München u. a.

Baqué, E. F.; M.-C. Catteau et al. (1984): Asymmetry of Electrodermal Activity: A Review, Biological Psychology, 18, S. 219–239.

Barcus, F. E. (1980): The Nature of Television Advertising to Children, in: *Palmer* und *Dorr*, S. 273–286.

Barg, C.-D. (1977): Messung und Wirkung der psychischen Aktivierung durch die Werbung, wirtschaftswissenschaftliche Dissertation an der Universität des Saarlandes, Saarbrücken.

Baron, R. A. (1992): Psychology, 2. Aufl., Boston, u. a.

Baron, R. A. und *D. Byrne* (1994): Social Psychology – Understanding Human Interaction, 7. Aufl., Boston.

Barry, R. J. (1982): Novelty and Significance Effects in the Fractionation of Phasic OR Measures: A Synthesis with Traditionel OR Theory, Psychophysiology, 19, H. 1, S. 28–35.

Barton, B. (1980): Distract and Concquer: Distraction as an Advertising Strategy, Arbeitspapier des Instituts für Konsum und Verhaltensforschung an der Universität des Saarlandes, Saarbrücken.

Barton-von Keitz, B. (1980): Das Betrachten von Anzeigen. Forschungsergebnisse zum Blickverhalten, Interview und Analyse, 7, H. 6, S. 254–257.

Barton-von Keitz, B.; D. Schmitz et al. (1980): Verbraucherpolitik im Saarland, Arbeitspapier des Instituts für Konsum- und Verhaltensforschung an der Universität des Saarlandes, Saarbrücken.

Baschek, I.- L.; J. Bredenkamp et al. (1977): Bestimmung der Bildhaftigkeit (I), Konkretheit (C) und der Bedeutungshaltigkeit (M) von 800 Substantiven, Zeitschrift für Experimentelle und Angewandte Psychologie, 24, H. 3, S. 353–396.

Bass, F. M. und *W. L. Wilkie* (1973): A Comparative Analysis of Attitudinal Predictions of Brand Preference, Journal of Marketing Research, 10, S. 262–269.

Bauer, E. (1995): Internationale Marktforschung, Oldenburg.

Bauer, H. (1983): Die Determinanten der Markentreue beim Automobilkauf, in: *Dichtl, Raffée* et al. (1983), S. 28.

Bauer, R. A. (1960, 1976): Consumer Behavior as Risk Taking, in: *Hancock* (1960), Deutsch in: *Specht* und *Wiswede* (1976), S. 207–217.

Baumgartner, R. (1981): Ladenerneuerung, Dissertation an der Universität St. Gallen (Schweiz).

Bearden, W. O. und *M. J. Etzel* (1982): Reference Group Influence on Product and Brand Purchase Decisions, Journal of Consumer Research, 9, H. 2, S. 183–194.

Bearden, W. O. und *R. L. Rose* (1990): Attention to Social Comparison Information: An Individual Difference Factor Affecting Consumer Conformity, Journal of Consumer Research, 16, Nr. 4, S. 461–471.

Beatty, S. E. und *S. Talpade* (1994): Adolescent Influence in Family Decision Making: A Replication with Extension, in: Journal of Consumer Research, 21, S. 332–341.

Beaumont, J. C. (1981): Split Brain Studies and the Duality of Consciousness, in: *Underwood* und *Stevens* (Hrsg.), S. 189–215.

Beba, W. (1988a): Die Bedeutung der interpersonellen Kommunikation – Wandlung des Meinungsführerkonzeptes, Arbeitspapier Nr. 24 des Instituts für Marketing der Universität der Bundeswehr Hamburg, Hamburg.

Beba, W. (1988b): Die Wirkung unterschiedlicher Kommunikationsformen im Rahmen der Nachwuchswerbung, Arbeitspapier Nr. 29 des Instituts für Marketing der Universität der Bundeswehr Hamburg, *Prof. Dr. H. Diller*, Hamburg.

Becher, U. A. J. (1990): Geschichte des modernen Lebensstils: Essen, Wohnen, Freizeit, Reisen, München.

Becker, B. W. und *H. Becker* (Hrsg. 1973): „Marketing Education and the Real World" and „Dynamic Marketing in a Changing World", Combined Proceedings, Chicago.

Beckerath, E. von, *H. Bente* et al. (Hrsg. 1961): Handwörterbuch der Sozialwissenschaften, Bd. 1–19, Stuttgart u. a.

Beckwith, N. E. und *D. R. Lehmann* (1973): The Importance of Differential Weights in Multiple Attribute Models of Consumer Attitude, Journal of Marketing Research, 10, S. 141–145.

Behrens, G. (1973): Lernen – Grundlagen und Anwendungen auf das Konsumentenverhalten, in:Kroeber-Riel, S. 83–124.

Behrens, G. (1976): Werbewirkungsanalyse, Opladen.

Behrens, G. (1982): Das Wahrnehmungsverhalten der Konsumenten, Frankfurt/Main.

Behrens, G. (1984): Kommunikative Beeinflussung durch emotionale Werbeinhalte, in: *Mazanec, Scheuch.*

Behrens, G. (1991): Konsumentenverhalten, Bd. 18 der Reihe Konsum und Verhalten, 2. Aufl., Heidelberg.

Behrens, G. und *P. Weinberg* (1978): Messung der Qualität von Produkten eine empirische Studie, in: Topritzhofer, S. 131–143.

Behrens, K. C. (Hrsg. 1974): Handbuch der Marktforschung, Wiesbaden.

Behrens, K. C. (Hrsg. 1975): Handbuch der Werbung, 2.Aufl., Wiesbaden.

Bekmeier, S. (1989a): Nonverbale Kommunikation in der Fernsehwerbung, Heidelberg.

Bekmeier, S. (1989b): Nonverbale Kommunikation in der Fernsehwerbung, Marketing ZFP,11, H. 2, S. 93–102.

Bekmeier, S. (1992): Wie steuert man Emotionen durch Bilder? in: Werbeforschung & Praxis, Nr. 3, S. 84–89.

Bekmeier, S. (1994a): Emotionale Bildkommunikation mittels nonverbaler Kommunikation. Eine interdisziplinäre Betrachtung der Wirkung nonverbaler Bildreize, in: *Forschungsgruppe Konsum und Verhalten* (Hrsg. 1994): Konsumentenforschung, S. 89–105, München.

Bekmeier, S. (1994b): Stichwort „Berliner System", S. 98–99, Stichwort „Facial Acting Coding System", S. 309, in: Diller (Hrsg. 1994).

Bekmeier, S. (1995): Brand Equity from a Consumer Oriented Perspective, in: *Association for Consumer Research*, Summerconference Copenhagen (in Druck).

Bekmeier, S. und *M. Schoppe* (1985): Facial Action Coding System – eine Validierungsstudie im Rahmen der Konsumentenforschung, Schriften aus dem Arbeitskreis betriebswirtschaftliche Verhaltensforschung, Universität Paderborn.

Belch, G. E. und *M. A. Belch* (1992): Introduction to Advertising and Promotion Management, 2. Aufl.,Homewood, III. u. a.

Belch, M. A.; G. E. Belch et al. (1980): Conflict in Family Decision Making: An Exploratory Investigation, in: Olson, S. 475–479.

Belk, R. W. (1979): Gift Giving Behavior, in: *Sheth*, 1978–1982, S. 95–126.

Belk, R. W. (Hrsg. 1991): Highways and Buyways: Naturalistic Research from the Consumer Behavior Odyssey, Provo, UT: Association for Consumer Research.

Belk, R. W.; M. Wallendorf et al. (1989): The Sacred And The Profane in Consumer Behavior: Theodicy on the Odyssey, Journal of Consumer Research, 16, Nr. 1, S. 1–38.

Bellenger, D. N. und *E. C. Hirschman* (1977): Identifying Opinion Leaders by Self Report, in: Greenberg und Bellenger, S. 341–344.

Bellenger, D. N. und *P. K. Korgaonker* (1980): Profiling the Recreational Shopper, in: *Journal of Retailing* 56, S. 77–92.

Bellezza, F. S. (1987): Mnemonic Devices and Memory Schemas, in: *McDaniel* und *Pressley* (1987), S. 34–55.

Belz, C. (Hrsg. 1986): Realisierung des Marketing, Bd. 1 und 2, Savosa u. a.

Belz, C. (1989): Konstruktives Marketing, Savosa u. a.

Benjafield, J. G. (1992): Cognition, Englewood Cliffs N. J.

Benninghaus, H. (1976): Ergebnisse und Perspektiven der Einstellungs- und Verhaltensforschung, Meisenheim am Glan.

Bente, G.; E. Stephan et al. (1992): Fernsehen und Emotion: Neue Perspektiven der psychophysiologischen Wirkungsforschung, in: *Medienpsychologie 4*, S. 186–204.

Berekoven, L.; W. Eckert et al. (1993): Marktforschung: *Methodische Grundlagen und praktische Anwendung*, 6. Aufl., Wiesbaden.

Berelson, B. und *M. Janowitz* (Hrsg. 1967): Reader in Public Opinion and Communication, 2. Aufl., New York u. a.

Berelson, B. und *G. A. Steiner* (1972, 1974): Menschliches Verhalten: Grundlegende Ergebnisse empirischer Forschung, Bd. 1: Forschungsmethoden/Individuelle Aspekte, 3. Aufl. (1974). Bd. 2: Soziale Aspekte, 1. Aufl. (1972), Weinheim u. a.

Berger, C. R. und *S. H. Chaffee* (Hrsg. 1987): Handbook of Communication Science, Newbury Park u. a.

Bergler, R. (1963): Psychologie des Marken- und Firmenbildes, Göttingen.

Bergler, R. (Hrsg. 1975): Das Eindrucksdifferential – Theorie und Technik, Bern, u. a.

Berkowitz, L. (Hrsg. 1978): Cognitive Theories in Social Psychology, New York u. a.

Berlyne, D. E. (1960, 1974): Connict, Arousal and Curiosity, New York u. a.,Deutsche Übersetzung (1974): Konflikt, Erregung, Neugier. Zur Psychologie der kognitiven Motivation, Stuttgart.

Berlyne, D. E. (1971): Aesthetics and Psychobiology, New York.

Berlyne, D. E. (1978): Curiosity and Learning, Motivation and Emotion, 2, H. 2. S. 97–175.

Berman, B. und *J. R. Evans* (1989): Retail Management: A Strategic Approach, 4. Aufl., New York u. a.

Berndt, H. (1983): Konsumentscheidung und Informationsüberlastung – Der Einfluß von Quantität und Qualität der Werbeinformation auf das Konsumentenverhalten. Eine empirische Untersuchung, München.

Berndt, R. (1992, 1995): Marketing, 2. Aufl.,Band 1 und 2 (1992), Band 3 (1995), Berlin u. a.

Bernhard, U. (1977): Die Bedeutung und Verwendung der Blickregistrierung für den Werbepretest, in: *Hartmann* und *Koeppler*, S. 169–186.

Bernhard, U. (1978): Blickverhalten und Gedächtnisleistung beim visuellen Werbekontakt unter besonderer Berücksichtigung von Plazierungseinflüssen, Frankfurt/Main.

Bernhard, U. (1983): Das Verfahren der Blickaufzeichnung, in: *Forschungsgruppe Konsum und Verhalten*, S. 105–121.

Bernsdorf, W. (Hrsg. 1969): Wörterbuch der Soziologie, 2. Aufl. (1969), neu aufgelegt als Fischer-Taschenbuch in drei Bänden (1979), 6. Aufl., Stuttgart.

Berrigan, I. und *C. Finkbeiner* (1992): Segmentation-Marketing – New Methods for Capturing Business Markets, New York.

Bertram, H. (Hrsg. 1992): Die Familie in Westdeutschland – Stabilität und Wandel familialer Lebensformen, Opladen.

Berufsverband deutscher Markt- und Sozialforscher (Hrsg. 1988): Marktforschung im magischen Viereck – Beiträge zum 23. BVM-Kongreß, Offenbach.

Best, J. B. (1986): Cognitive Psychologie, St. Paul u. a.

Bettman, J. R. (1979): An Information Processing Theory of Consumer Choice, Reading (Mass.) u. a.

Bettman, J. R.; E. J. Johnson et al. (1991): Consumer Decision Making, in: *Robertson, T.S.* und *H. H. Kassarjian* (Hrsg. 1991), S. 50–84.

Biehal, G. und *D. Chakravarti* (1982): Experiences with the Bettman-Park Verbal Protocol Coding Scheme, Journal of Consumer Research, 8, H. 4, S. 442–448.

Bierhoff, H. W. und *R. Klein* (1990): Relative Deprivation und Prozedurale Gerechtigkeit: Theorien, Ergebnisse und angewandte Aspekte, in: *Frey, D.* und *G. Köhnken* (Hrsg. 1990), S. 138–145.

Bierhoff, H. W. (1993): Sozialpsychologie, 3. Aufl., Stuttgart u. a.

Biervert, B. (1976): Ziele und Legitimation der Verbraucherpolitik, in: *Biervert, Fischer-Winkelmann* et al., S. 13–38.

Biervert, B.; W. F. Fischer-Winkelmann et al. (1976): Verbrauchergerechte Verbraucherforschung und -politik. Eine Situationsanalyse, Wuppertal.

Biervert, B.; W. F. Fischer-Winkelmann et al. (1977a): Grundlagen der Verbraucherpolitik: eine gesamt- und einzelwirtschaftliche Analyse, Reinbek.

Biervert, B.; W. F. Fischer-Winkelmann et al. (Hrsg. 1977b): Verbraucherpolitik, Diskussionsbeiträge für das 3. Wuppertaler Wirtschaftswissenschaftliche Kolloquium (WWK), Bd. 1–2, Wuppertal.

Biervert, B. und *W. F. Fischer-Winkelmann* et al. (Hrsg.1978a): Verbraucherpolitik in der Marktwirtschaft, Reinbek.

Biervert, B. und *W. F. Fischer-Winkelmann* et al. (Hrsg. 1978b): Plädoyer für eine neue Verbraucherpolitik, Wiesbaden.

Birbaumer, N. (1975): Physiologische Psycholgie – eine Einführung an ausgewählten Themen, Berlin u. a.

Biswas, A.; E. J. Wilson et al. (1993): Reference Pricing Studies in Marketing, in: *Journal of Business Research* 27, S. 239–256.

Bither, S. W. (1972): Effects of Distraction and Commitment on the Persuasiveness of Television Advertising, Journal of Marketing Research, 9, S. 1–5.

Black, P. (Hrsg. 1970): Physiological Correlates of Emotion, New York u. a.

Bleicker, U. (1983): Produktbeurteilung der Konsumenten, Würzburg u. a.

Bloch, P. H. (1986): Product Enthusiasm: Many Questions, A Few Answers, in: *Lutz*, S. 359–543.

Böcker, F. (1987): Die Bildung von Präferenzen für langlebige Konsumgüter in Familien, Marketing ZFP, 9, H. 1, S. 16–24.

Böcker, F. und *D. Achter* (1981): Stochastische Prozeßmodelle des Markenwahlverhaltens. Ein Vergleich einiger Verhaltens- und einiger Entscheidungsmodelle, Zeitschrift für Betriebswirtschaft, 51, H. 9, S. 831–853.

Böcker, F. und A. Schwerdt (1981): Die Zuverlässigkeit von Messungen mit dem Blickaufzeichnungsgerät NAC Eye-Mark-Recorder IV, Zeitschrift für experimentelle und angewandte Psychologie, 28, H. 3, S. 353–373.

Böcker, F. und L. Thomas (1983): Der Einfluß von Kindern auf die Produkt präferenzen ihrer Mütter, Marketing ZFP, 5, H. 4, S. 245–252.

Boehme, K. (1982): Nonverbale Kommunikation, in: *Kagelmann* und *Wenninger,* S.127–133.

Bone, P .F. (1992): Determinants of Word-Of-Mouth Communiactions During Product Consumption, in: *Advances in Consumer Research 19*, S. 579–583.

Bonfadelli, H. (1981): Die Sozialisationsperspektive in der Massenkommunikationsforschung, Berlin.

Bonfadelli, H.; M. Darkow et al. (1986): Jugend und Medien, Eine Studie der ARD/ZDF-Medienkommission und der Bertelsmann Stiftung, Schriftenreihe Media-Perspektiven, H. 6, Frankfurt.

Bonoma, T. V. und L. C. Felder (1977): Nonverbal Communication in Marketing: Toward a Communicational Analysis, Journal of Marketing Research, 14, H. 2, S.169–180.

Bormann, S. (1994): Virtuelle Realität, Bonn u. a.

Bortz, J. (1993): Statistik für Sozialwissenschaftler, 4. Aufl., Berlin u. a.

Bost, E. (1987): Ladenatmosphäre und Konsumverhalten, Heidelberg.

Bottenberg, E. H. (1972): Emotionspsychologie. Ein Beitrag zur empirischen Dimensionierung emotionaler Vorgänge, München.

Bottomore, T. (1987): Sociology – A Guide to Problems and Literature, 3. Aufl., London.

Boucsein, W. (1988): Elektrodermale Aktivität, Grundlagen, Methoden, Anwendungen, Berlin u. a.

Boudon, R. und F. Bourricaud (Hrsg. 1992): Soziologische Stichwörter, Opladen.

Bourne, F. S. (1972): Der Einfluß der Bezugsgruppen beim Marketing, in: *Kroeber-Riel* (1972a), S. 141–155.

Bourne, L. E. und B. R. Ekstrand (1992): Einführung in die Psychologie, Eschborn bei Frankfurt.

Bower, G. H. (1981): Mood and Memory, American Psychologist, 36, Nr. 2, S. 129–148.

Bower, G. H. (Hrsg. 1982): The Psychology of Learning and Motivation, New York u. a.

Bower, G. H. (1983): Affect and Cognition, in: *Broadbent*, S. 387–402.

Bower, G. H. und E. R. Hilgard (1981, 1983, 1984): Theories of Learning, Englewood Cliffs (N. J.), Deutsche Übersetzung als: *Hilgard, E. R.* und *G. H. Bower*: Theorien des Lernens, Bd. 1, 5. Aufl. (1983), Bd. 2, 3. Aufl. (1984), erschienen als *Bower, G. H. und E. R. Hilgard*, Stuttgart.

Brand, H. W. (1978): Die Legende von den „geheimen Verführern", Weinheim u. a.

Brandstätter, H. (1983): Sozialpsychologie – Psychologie sozialer Erfahrung, Stuttgart u. a.

Brandt, U. und B. Köhler (1972): Norm und Konformität, in: *Graumann,* S. 1710–1789.

Bredenkamp, J. und W. Wippich (1977): Lern- und Gedächtnispsychologie, Bd. 1–2, Stuttgart u. a.

Brehm, J. W. (1966): A Theory of Psychological Reactance, New York u. a.

Brehm, J. W. (1989): Psychological Reactance: Theory and Applications, in: *Srull*, S. 72–75.

Brehm, S. S. und S. M. Kassin (1990): Social Psychology, Boston u. a.

Brinberg, D. und R. J. Lutz (Hrsg.1986): Perspectives on Methodology in Consumer Research, New York u. a.

Broadbent, D. E. (Hrsg. 1983): Functional Aspects of Human Memory, London.

Brock, T. C. und *S. Sharitt* (1983): Cognitive-Response Analysis in Advertising, in: *Percy* und *Woodside*, S. 91–116.

Brown, B. L. (1982): Experimentelle Untersuchungen zur Personenwahrnehmung aufgrund vokaler Hinweisreize, in: Scherer, S. 211–227.

Brown, H. (1976). Brain and Behavior. A Textbook of Physiological Psychology, New York u. a.

Brown, J. (Hrsg. 1976): Recall and Recognition, London u. a.

Brown, S.-L. und *G. E. Schwartz* (1980): Relationships Between Facial Electromyography and Subjective Experience During Affective Imagery, Biological Psychology, 11, S. 49–62.

Brown, T. J. (1992): Schemata in Consumer Research: A Connectionist Approach, in: *Advances in Consumer Research*, 19, S. 787–794.

Bruhn, M. (1982): Konsumentenzufriedenheit und Beschwerden, Schriften zum Marketing, Bd. 4., Frankfurt/Main u. a.

Bruhn, M. (Hrsg. 1994): Handbuch Markenartikel, Stuttgart.

Bruhn, M. und *J. Tilmes* (1989): Social Marketing, Stuttgart u. a.

Brüne, G. (1989): Meinungsführerschaft im Konsumgütermarketing, Heidelberg.

Brungs, S. (1984): Kann Werbung, die auf die Nerven geht, erfolgreich sein?, WWG-Informationen, o. Jg., Folge 97, S. 57–63.

Btx-Reihe der Studiengruppe Bildschirmtext (1983), hrsg. von *Falk von Bornstaedt*, Gröbenzell bei München.

Buchbender, O. und *H. Schuh* (1983): Die Waffe, die auf die Seele zielt, Psychologische Kriegsführung 1939–1945, Stuttgart.

Buck, R. (1988): Human Motivation and Emotion, 2. Aufl., New York u. a.

Buck, R.; A. Chandhuri et al. (1995): Conceptualizing and Operationalizing Affect, Reason, and Involvement in Persuasion: The ARI Model and the CASC Scale, in: Advances in Consumer Research 22, S. 440–447.

Buckley, P. G. (1987): The Internal Atmosphere of a Retail Store, in: *Wallendorf* und *Anderson*, S. 568.

Buckwitz, H. (1981): Die Mainzelmännchen werben für Sie!, in: werben & verkaufen, H. 33, August 1981, S 5–6.

Bullinger, H.-J. und *W. Bauer* (1994): Strategische Dimensionen der Virtual Reality, in: *Office Management Heft 3*, S. 14–18.

Büning, N.; G. Dehr et al. (1981): Zur Wirkung der Fernsehwerbung auf kindliche Zuschauer, Arbeitspapier Nr. 14 des Instituts für Markt- und Verbrauchsforschung der FU Berlin.

Burda GmbH (Hrsg. 1989): Anzeigenkontakte – Hefterstkontakt – Heftmehrfachkontakte, Offenburg.

Burda-Marktforschung (Hrsg. 1987): Blickaufzeichnung – Anzeigen-Kontakte. in: BUNTE, Offenburg.

Burgoon, J. K. (1985): Nonverbal Signals, in: *Knapp* und *Miller* (1985), S. 344–392.

Burgoon, J. K.; B. A. Le Poire et al. (1992): Nonverbal Behaviors as Indices of Arousal: Extension to the Psychotherapy Context, in: Journal of Nonverbal Behavior 16, S. 159–178.

Burgoon, J. K.; D. L. Kelley et al. (1989): The Nature of Arousal and Nonverbal Indices, in: Human Communication Research 16, S. 217–255.

Burgoon, M.; F. G. Hunsaker et al. (1993): Human Communication, 3. Aufl., Thousand Oaks (Calif.).

Burns, A. C. und S. P. DeVere (1981): Four Situations and Their Perceived Effects on Husband and Wife Purchase Decision Making, in: Monroe, S. 736–741.

Burns, A. C. und J. W. Gentry (1990): Toward Improving Household Consumption Behavior Research: Avoidance of Pitfalls in Using Alternative Household Data Collection Procedures, in: Goldberg, Gorn et al., S. 518–530.

Burton, S. und D. R. Lichtenstein (1990): Assessing the Relationship between Perceived and Objective Price-Quality: A Replication, in: *Goldberg, Gorn* et al., S. 715–722.

Büschken, J. (1994): Multipersonale Kaufentscheidungen, Wiesbaden.

Bush R. R. und F. Mosteller (1955): Stochastic Models for Learning, New York.

Bybee, C. R. (1981): Fitting Information Presentation Formats to Decision-Making. A Study in Strategies to Facilitate Decision-Making, Communication Research, 8, H. 3., S. 343–370.

Byrne, D. (1959): The Effect of a Subliminal Food Stimulus on Verbal Responses, in: *Journal of Applied Psychology*, 43, S. 249–251.

C

Cacioppo, J. T. und R. E. Petty (1981): Electromyograms as Measures of Extent and Affectivity of Information Processing, American Psychologist, 36, H. 5, S. 441–456.

Cacioppo, J. T. und R. E. Petty (Hrsg. 1983): Social Psychophysiology, New York u. a.

Cacioppo, J. T. und L. G. Tassinary (Hrsg. 1990): Principles of Psychophysiology, Cambridge.

Cahan, L. und J. Robinson (1984): Visual Merchandising – A Practical Guide, Englewood Cliffs, (N. J.).

Calder, B. J. (1981): Cognitive Consistency and Consumer Behavior, in: *Kassarjian* und *Robertson*, S. 258–280.

Carlson, L. und S. Grossbart (1988): Parental Style and Consumer Socialization of Children, Journal of Consumer Research, 15, S. 77–94.

Carlson, N. R. (1993): Psychology – The Science of Behavior, 4. Aufl., Boston u. a.

Carterette, E. C. und M. P. Friedman (1974–1986): Handbook of Perception, Vol. 1-10, New York.

Carver, C. S. (1980): Perceived Coercion, Resistance to Persuasion, and the Type A Behavior Pattern, Journal of Research in Personality, 11, S. 467–481.

Cathelat, B. (1977): Les Styles de Vie des Francais 1978–1998, Paris.

Cathelat, B. (1992): Lifestyles, London.

Cattell, R. B. (1977, 1978): The Scientific Analysis of Personality and Motivation, 2. Aufl., New York. Deutsche Übersetzung unter dem Titel: Die empirische Erforschung der Persönlichkeit, 2. Aufl.(1978), Weinheim u. a.

Cattin, P. J. und D. R. Wittink (1982): Commercial Use of Conjoint Analysis: A Survey, Journal of Marketing, 46, S. 44–53.

Cautela, J. R. und L. MacCullough (1986): Verdecktes Konditionieren – eine lerntheoretische Perspektive der Vorstellungskraft in: *Singer* und *Pope*.

Celsi, R. L. und J. C. Olson (1988): The Role of Involvement in Attention and Comprehension Processes, Journal of Consumer Research, 15, S. 210–224.

Chaiken, S. (1987): The Heuristic Model of Persuasion, in: *Zanna, Olson* et al., S. 3–40.

Chalmers, A.F. (1994): Wege in die Wissenschaft – Einführung in die Wissenschaftstheorie, 3. Aufl., Berlin.

Charlier, J. und *C. Buquet* (1991): Experience with an Eye Tracker in Visual Communication Evaluation, in: *Schmid, R. und D. Zambarbieri* (Hrsg. 1991), S. 457–464.

Chekaluk, E. und *K. Llewelynn* (Hrsg. 1992): The Role of Eye Movements in Perceptual Processes, Amsterdam.

Cherry, C. (1967): Kommunikationsforschung – eine neue Wissenschaft, 2.Aufl., Frankfurt/Main.

Childers, T. L. und *M. J. Houston* (1984): Conditions for a Picture-Superiority Effect on Consumer Memory, Journal of Consumer Research, 11, Nr. 2, S. 642–654.

Chisnall, P. M. (1985): Marketing. A Behavioural Analysis, 2. Aufl., London.

Christianson, S.-A. (Hrsg. 1992): The Handbook of Emotion and Memory, Hillsdale N. J. u. a.

Christie, P. und *F. Geis* (Hrsg. 1970): Studies in Machiavellianism, New York.

Churchill, G. A. (Jr.) und *G. P. Moschis* (1979): Television and Interpersonal Influences on Adolescent Consumer Learning, in: Journal of Consumer Research. 6, S. 23–35.

Cialdini, R. B.; R. E. Petty et al. (1981): Attitude and Attitude Change, Annual Review of Psychology, 32, S. 357–404.

Clee, M. A. und *R. A. Wicklund* (1980): Consumer Behavior and Psychological Reactance, Journal of Consumer Research, 6, H. 4, S. 389–405.

Clynes, M. (Hrsg. 1982): Music, Mind, and Brain. The Neuropsychology of Music, New York u. a.

Cobb, C. J. und *W. D. Hoyer* (1986): Planned Versus Impulse Purchase Behavior, in: *Journal of Retailing 62*, S. 384–409.

Cohen, D. (1981): Consumer Behavior, New York.

Cohen, J. B. (1982): The Role of Affect in Categorization: Toward a Reconsideration of the Concept of Attitude, in: *Mitchell*, S. 94–100.

Cohen, J. B. und *C. S. Arem* (1991): Affect and Consumer Behavior, in: Robertson, Kassarjian (1991), S. 188–240.

Coleman, J. S.; E. Katz et al.(1966, 1972): Medical Innovation, Indianapolis, New York u. a. Auszugsweise deutsche Übersetzung unter dem Titel: Die Ausbreitung einer Innovation unter Ärzten, in: *Kroeber-Riel* (1972a), S. 122 -140.

Conen, D. (1981): Werbesprache und Reaktanz, Arbeitspapier über die Zwischenergebnisse einer empirischen Untersuchung des Instituts für Psychologie an der Universität München.

Conway, M. A. und *D. A. Bekerian* (1988): Characteristics of Vivid Memories, in: *Gruneberg, Morris* et al., S. 519–524.

Costley, C. L. (1988): Meta Analysis of Involvement Research, in: *Houston*, S. 554–562.

Cox, D. F. (Hrsg. 1967a): Risk Taking and Information Handling in Consumer Behavior, Boston.

Cox, D. F. (1967b): Risk Taking and Information Handling in Consumer Behavior, in: *Cox*, 1967 a, S . 604–639.

Cox, D. F. (1967c): Risk Handling in Consumer Behavior – An Intense Study of Two Cases, in: *Cox* (1967a), S. 34–81.

Cox, D. F. (1967d, 1976): The Audience as Communicators, in: *Cox* (1967a), S. 172–187. Deutsche Übersetzung unter dem Titel: Informationssuche und Kommunikationskanal, in: *Specht* und *Wiswede* (1976), S. 219–234.

Crick, F. (1994): Was die Seele wirklich ist: Die naturwissenschaftliche Erforschung des Bewußtseins, München u. a.

Cuceloglu, D. (1972): Facial Code in Affective Communication, in: *Speer*, S. 19–32.

Cunningham, S. M. (1967a): Perceived Risk and Brand Loyality, in: *Cox* (1967a). S. 507–523.

Cunningham, S. M. (1967b): Perceived Risk as a Factor in Informal Consumer Communications, in: *Cox* (1967a), S. 265–288.

Cunningham, S. M. (1967c): The Major Dimensions of Perceived Risk, in: *Cox* (1967a), S. 82–108.

Cunningham, W. H. und *I. C. M. Cunningham* (1981): Marketing – A Managerial Approach, Cincinnati u. a.

Cushing, P. und *M. Douglas-Tate* (1985): The Effect of People/Product Relationships on Advertising Processing, in: *Alwitt* und *Mitchell*, S. 241–260.

D

Dahlhoff, H.-D. (1979): Ungeplante und impulsive Kaufentscheidungen, Arbeitspapier Nr. 19 des Instituts für Marketing an der Universität Münster.

Dahlhoff, H.-D. (1980): Kaufentscheidungsprozesse von Familien. Empirische Untersuchung zur Beteiligung von Mann und Frau an der Kaufentscheidung, Frankfurt u. a.

Dahlhoff, H.-D. (1981): Wertorientierungen von Verbrauchern, in: Haase und Molt, S. 130–152.

Dahrendorf, R (1977): Homo Sociologicus. Ein Versuch zur Geschichte, Bedeutung und Kritik der Kategorie der sozialen Rolle, 15. Aufl., Opladen, u. a.

Darnstädt, C. (1995): Cyberspace -Shopping: Entwicklungstrends im Erlebnishandel, Schriftenreihe MHK-Premium, Universität Hannover.

Darroch, G. (1986): Class and Stratification, in: *Tepperman* und *Richardson* (1986).

Darschin, W. und *B. Frank* (1991): Tendenzen im Zuschauerverhalten, Fernsehgewohnheiten und Fernsehreichweiten im Jahr 1990, Media-Perspektiven, H. 3, S. 178–193.

Davis, H. L. (1991): Decision Making Within the Household, in: *Kassarjian, Robertson* (Hrsg. 1991), S. 357–379.

Davis, H. L. (1981): Decision Making Within the Household, Journal of Consumer Research, 2, H. 4, S. 241–260. Wiederabgedruckt in: *Kassarjian* und *Robertson*, S. 357–379.

Dawar, M. und *P. Parker* (1994): Marketing Universals: Consumers' Use of Brand Name, Price, Physical Appearance, and Retailer Reputation as Signals of Product Quality, in: *Journal of Marketing*, 58, S. 81–95.

Day, R. L. (Hrsg. 1968): Marketing Models – Quantitative and Behavioral, 2. Aufl., Scranton.

Debler, W. F. (1984): Attributionsforschung: Kritik und kognitiv-funktionale Reformulierung, Salzburg.

DeBruicker, F. St. (1979): An Appraisal of Low Involvement Consumer Information Processing , in: *Maloney* und *Silverman*, S. 112–130.

DeBruicker, F. S. und S. Ward (1980): Cases in Consumer Behavior, Englewood Cliffs (N. J.).

Deetz, S. A. (Hrsg. 1992, 1993,1994): Communication Yearbook, Band 15 (1992), Band 16 (1993), Band 17 (1994), Newbury Park, Beverly Hills u. a.

DeFleur, M. L.; W. V. D' Antonio et al. (1984): Sociology = Human Society, 4. Aufl., Glenview (Ill.) u. a.

DeFleur, M. L. und *E. E. Dennis* (1991): Understanding Mass Communication, 4. Aufl., Boston u. a.

Deimel, K. (1989): Grundlagen des Involvement und Anwendung im Marketing, in: *Marketing-ZFP 11*, 8, S. 153–161.

DePaulo P. J. (1992): Applications of Nonverbal Behavior Research in Marketing and Management, in: *Feldman, R. S.* (Hrsg. 1992), S. 63–87.

Derrick, F. W. und *A. K. Lehfeld* (1980): The Family Life Cycle: An Alternative Approach, Journal of Consumer Research, 7, H. 2, S. 214–217.

Deshpandé, R. und *S. Krishnan* (1980): Consumer Impulse Purchase and Credit Card Usage: An Empirical Examination Using the Log Linear Model, in: *Olson,* S. 792–799.

Deutsch, M. (1968): Field Theory in Social Psychology, in: *Lindzey* und *Aronson,* Bd. 1, S. 412–487.

DeVere, S. P.; C. D. Scott et al. (1983): Consumer Perceptions of Gift-Giving Occasions: Attribute Saliency and Structure, in: *Bagozzi* und *Tybout,* S.185–190.

DFG Deutsche Forschungsgemeinschaft (Hrsg. 1986): Medienwirkungsforschung in der Bundesrepublik Deutschland, Bd. 1: Berichte und Empfehlungen, Bd. 2: Dokumentation, Weinheim, (einbändige Studienausgabe 1987).

Dichtl, E. und *W. Eggers* (Hrsg. 1992): Marke und Markenartikel als Instrumente des Wettbewerbs, München.

Dichtl, E.; H. Raffée et al. (Hrsg.1983): Marktforschung im Automobilsektor, Frankfurt: Verband der Automobilindustrie.

Dichtl, E. und *H. Raffée* (Hrsg.1989): Innovatives Pharma-Marketing, Wiesbaden.

Dieterich, M. (1986): Konsument und Gewohnheit, eine theoretische und empirische Untersuchung zum habituellen Kaufverhalten, Heidelberg u. a.

Dieterle, G. (1989): Tiefenpsychologische Ansätze als heuristische Quelle für psychologisch relevante Bildmotive in der Werbung, Arbeitspapier, Institut für Konsumund Verhaltensforschung, Saarbrücken.

Dieterle, G. (1992): Die Suche nach verhaltenswirksamen Bildmotiven für eine erlebnisbetonte Werbung, Bd. 34 der Reihe Konsum und Verhalten, Heidelberg.

Diller, H. (1978a): Verbesserungsmöglichkeiten der Verbraucherinformation durch Berücksichtigung verhaltenstheoretischer Erkenntnisse, Zeitschrift für Verbraucherpolitik, 2, H. 1, S. 24–41.

Diller, H. (1978b): Theoretische und empirische Grundlagen zur Erfassung der Irreführung über die Preisbemessung, Wirtschaftswissenschaftliches Studium, 7, H. 6, S. 249–255.

Diller, H. (1979): Preisinteresse und Informationsverhalten beim Einkauf dauerhafter Lebensmittel, in: *Meffert, Steffenhagen,* et al., S. 67–84.

Diller, H. (Hrsg. 1980): Marketingplanung, München.

Diller, H. (1982): Das Preisinteresse von Konsumenten, Zeitschrift für betriebswirtschaftliche Forschung, 34, H. 4, S. 315–334.

Diller, H. (1985): Preispolitik, Stuttgart u. a.

Diller, H. (1988): Das Preiswissen von Konsumenten, in: *Marketing-ZFP,* 10, S. 17–24.

Diller, H. (1990): Zielgruppen für den Erlebnishandel, in: *Trommsdorff,* S. 139–156.

Diller, H. (Hrsg. 1994):Vahlens Großes Marketing Lexikon, München.

Diller, H. und *W. Beba* (1988): Corporate Communication, ausgewählte Fragen und Anwendungen am Beispiel der Nachwuchswerbung der Bundeswehr, Arbeitspapier Nr. 25 des Instituts für Marketing der Universität der Bundeswehr Hamburg, *Prof. Dr. H. Diller,* Hamburg.

Diller, H. und *M. Kusterer* (1986): Erlebnisbetonte Ladengestaltung im Einzelhandel, eine empirische Studie, in: *Trommsdorff.*

Dimberg, U. (1982): Facial Reactions to Facial Expressions, Psychophysiology, 19, H. 6, S. 643–647.

Dimbley R. und *G. Burton* (1992): More than Words, An Introduction to Communication, 2. Aufl., London u. a.

Dimond, S. J. (1980): Neuropsychology. A Textbook of Systems and Psychological Functions of the Human Brain, London u. a.

Dombrowski, I. (1993): Theoretische Ansätze zur Wirkung irrealer Bildwelten in der Werbung, Arbeitspapier Nr. 15 der Forschungsgruppe „Konsum und Verhalten", Saarbrücken.

Donelly, J. H. (Jr.) und *J. M. Ivancevich* (1970): Post-Purchase Reinforcement and Back-Out Behavior, Journal of Marketing Research, 7, S. 399–400.

Donovan, R. J. und *J. R. Rossiter* (1982): Store Atmosphere: An Environmental Psychology Approach, Journal of Retailing, 58, H. 1, S. 31–57.

Doraw, K. B. (1994): Exploring Cultural Differences in Consumer Decision Making, in: Advances in Consumer Research 21, S. 318–323.

Dörner, D. (1983): Empirische Psychologie und Alltagsrelevanz, in: *Jüttemann*, S. 13–29.

Dowling, G. R. und *D. F. Midgley* (1993): The Decision Processes of Innovative Communicators and Other Adopter, in: Marketing Letters 4: 4, S. 297–308.

Downs, R. M. und *D. Stea* (1982): Kognitive Karten – Die Welt in unseren Köpfen, New York.

Drieseberg, T. J. (1995): Lebensstil-Forschung, Heidelberg.

dtv-Atlas zur Psychologie (1993, 1994), Band 1, 4. Aufl. (1994), Band 2, 3. Aufl. (1993).

Dubois, B. (1990): Comprendre le Consommateur, Paris.

Dubow, J. S. (1992): Occasion-based vs. User-based Benefit Segmentation: A Case Study, in: Journal of Advertising Research, Vol. 32, No. 2, S. 11–18.

Dubow, J. S. (1994): Point of View: Recall revisted: Recall redux, in: Journal of Advertising Research, Vol. 34, No. 3, S. 92–106.

Dubow, J. S. (1994): Rejoinder to Larry Gibson's response to „Recall revisted: Recall redux", in: Journal of Advertising Research, Vol. 34, No. 4, S. 70–73.

Dubow, J. S. (1994): Rejoinder to Hal Ross' response to „Recall revisted: Recall redux", in: Journal of Advertising Research, Vol. 34, No. 4, S. 74–76.

Dudley, S. C. (1986): Subliminal Advertising. What is the Controversy About?, Akron Business and Economic Review, 18, Nr. 2, S. 6–18.

Duesenberry, J. S. (1967): Income, Saving and the Theory of Consumer Behavior, 5.Aufl., Cambridge (Mass.).

Duncan, C. P. und *R. W. Olshavsky* (1982): External Search: The Role of Consumer Beliefs, Journal of Marketing Research, 19, H. 1, S. 32–44.

Dunn, S. W. und *A. M. Barban* (1982): Advertising: Its Role in Modern Marketing, 5. Aufl., Chicago u. a.

Du Plessis, Erik (1994): Recognition versus Recall, in: Journal of Advertising Research, Vol. 34, No. 3, S. 75–91.

E

Ebbinghaus, H. (1885, 1985): Über das Gedächtnis: Untersuchungen zur experimentellen Psychologie, Leipzig, Neuaufl. Darmstadt.

Eckmen, M. J. Wagner (1994): Judging the Attractiveness of Product Design: The Effect of Visual Attributes and Consumer Characteristics, in: Advances in Consumer Research, 21, S. 560–565.

Eco, U. (1988): Einführung in die Semiotik, 6.Aufl., München.

Edell, J. A. C. (1981): The Information Processing of Pictures in Print Advertisements, Dissertation an der Carnegie-Mellon University, Pittsburgh (Penn.).

Ehrenberg, A. S. C. (1972): Repeat-Buying. Theory and Applications, Amsterdam, u. a.

Ehrlich, D.; J. Guttmann et al. (1957): Postdecision Exposure to Relevant Information, Journal of Abnormal and Social Psychology, 54, S. 98–102.

Eibl-Eibesfeldt, I. (1985): Der vorprogrammierte Mensch. Das Ererbte als bestimmender Faktor im menschlichen Verhalten, München u. a.

Eibl-Eibesfeldt, I. (1987): Grundriß der vergleichenden Verhaltensforschung-Ethnologie, 7. Aufl., München u. a.

Eibl-Eibesfeldt, I. (1991): Das verbindende Erbe – Expeditionen zu den Wurzeln unseres Verhaltens, Köln.

Eibl-Eibesfeldt, I. und *C. Sütterlin* (1992): Im Banne der Angst – Zur Natur- und Kunstgeschichte menschlicher Abwehrsymbolik, München u. a.

Ekman, P. (1988): Gesichtsausdruck und Gefühl. 20 Jahre Forschung von Paul Ekman, hrsg. von M. Salisch, Reihe innovative Psychotherapie und Humanwissenschaften, 38, Paderborn.

Ekman, P. (1993): Facial Expression and Emotion, in: American Psychologist, 48, S. 384–392.

Ekman, P.; W. V. Friesen et al. (1971): Facial Affect Scoring Technique: A First Validity Study, Semiotica, 3, S. 37–58.

Ekman, P; W. V. Friesen et al. (1974): Emotion in the Human Face: Guidelines for Research and an Integration of Findings, New York, u. a.. Deutsche Übersetzung unter dem Titel: Gesichtssprache. Wege zur Objektivierung menschlicher Emotionen, Wien u. a.

Ekman, P. und *W. V. Friesen* (1978a): Facial Action Coding System, Investigators Guide, Palo Alto.

Ekman, P. und *W. V. Friesen* (1978b): Facial Action Coding System, Manual, Palo Alto.

Ekman, P.; W. V. Friesen et al. (1979): Handbewegungen und Stimmhöhe bei Täuschungsverhalten, in: *Scherer* und *Wallbott*, S. 108–123.

Ekman, P.; W. V. Friesen et al. (1980): Relative Importance of Face, Body, and Speech in Judgements of Personality and Affect, Journal of Personality and Social Psychology, 38, H. 2, S. 270–277.

Ekman, P. und *W. V. Friesen* (1981): The Repertoire of Nonverbal Behavior – Categories, Origins, Usage and Coding, Semiotica, 1 (1969), S. 49–98. Wiederabgedruckt in: *Kendon* (1981a).

Ekman, P. und *H. Oster* (1979): Facial Expressions of Emotions, Annual Review of Psychology, 30, S. 527–554.

Ellsworth, Ph. C. und *L. M. Ludwig* (1984): Visuelles Verhalten in der sozialen Interaktion, in: Scherer und Wallbort (1984), S. 64–86.

Elsner, M.; H. U. Gumbrecht et al.(1994): Zur Kulturgeschichte der Medien, in: *Morten, K.* et al. (Hrsg. 1994), S. 163–187.

Emery, M. C. und *T. C. Smythe* (Hrsg. 1989): Readings in Mass Communication, Concepts and Issues in the Mass Media, 7. Aufl., Dubuque, Iowa.

Engel, J. F.; D. T. Kollat et al. (1993): Consumer Behavior, 7. Aufl., New York u. a.

Engelkamp, J. und *H. D. Zimmer* (1990): Von der Gedächtnispsychologie zur Psychologie der Informationsverarbeitung, in: Magazin, Forschung der Universität des Saarlandes.

Engels, A. und *E. Timaeus* (1983): Face to Face' Interaktionen, in: *Irle*, 1. Halbbd., S. 344–401.

Erber, R. (1986): Book Review, W. Kroeber-Riel, Konsumentenverhalten (Consumer Behavior) (3rd edition), München, 1984, International Journal of Research in Marketing, 3, S. 207–210, North Holland.

Erdelyj, M. H. (1974): A New Look at the New Look: Perceptual Defense and Vigilance, Psychological Review, 81, S. 1–25.

Ericsson, K. A. und *H. A. Simon* (1984): Protocol Analysis – Verbal Reports as Data, Cambridge, Mass.

Ernst, M. (1985): Bildschirmtext-Informationen für Konsumgüter-Kaufentscheidungen, Bd. 7 der Reihe Konsum und Verhalten, Würzburg.

Esch, F.-R und *T. Muffler* (1989a): Expertensysteme im Marketing, Marketing ZFP, 11, H. 3, S. 145–152.

Esch, F.-R. (1990): Expertensystem zur Beurteilung von Anzeigenwerbung, Bd. 28 der Reihe Konsum und Verhalten, Heidelberg.

Esch, F.-R. und *W. Kroeber-Riel* (Hrsg. 1994): Expertensysteme für die Werbung, München.

ESOMAR (1985): Broadening the Uses of Research, Helsinki.

Eulefeld, G. (1990): Umwelterziehung, in: *Kruse, Graumann* et al. (1990), S. 654–659.

Euler, H. A. und *H. Mandl* (Hrsg. 1983): Emotionspsychologie – ein Handbuch in Schlüsselbegriffen, München u. a.

Europäische Gemeinschaften, Kommission (1987): Neuer Impuls für die Politik zum Schutz der Verbraucher, Bulletin der Europäischen Gemeinschaften, Beilage 1986/6, Luxemburg.

Exline, R.; J. Thibaut et al. (1979): Machiavellismus, unethisches Verhalten und visuelle Interaktion, in: *Scherer* und *Wallbott* (Hrsg. 1979), S. 86–103.

Eyal, C. H.; J. P. Winter et al. (1981): The Concept of Time Frame in Agenda-Setting, in: *Wilhoit* und *de Bock*, Bd. 2, S. 212–218.

Eysenck, M. W. (1977): Human Memory. Theory, Research and Individual Differences, Oxford, New York u. a.

Eysenck, M. W. (1982): Attention and Arousal: Cognition and Performance, Berlin u. a.

Eysenck, M. W. (1984): A Handbook of Cognitive Psychology, London u. a.

F

Fahrenberg, J.; P. Walschburger et al. (1979): Psychophysiologische Aktivierungsforschung, München.

Faison, E. J. W. (1980): Advertising: A Behavioral Approach for Managers, New York u. a.

Farley, J. U. und *L. W. Ring* (1970): An Empirical Test of the Howard-Sheth-Model of Buyer Behavior, Journal of Marketing Research, 7, H. 4, S. 427–438.

Farley, J. U. und *L. W. Ring* (1974): Deriving an Empirically Testable Version of the Howard-Sheth-Model of Buyer Behavior, in: *Sheth, S.* 137–154.

FAW (Hrsg. 1993): Die Bewertung von Großflächen-Standorten, Fachverband Außenwerbung, Frankfurt a. M.

Fazio, R. N.; J. Chen et al. (1982): Attitude Accesibility, Attitude-Behavior Consistency and the Strength of the Object-Evaluation Association, Journal of Experimental Social Psychology, 18, S. 339–357.

Fazio, R. N.; T. M. Lenn et al. (1984): Spontaneous Attitude Formation, Social Cognition, H. 2, S. 217–234.

Fazio, R. N. und *M. P. Zanna* (1978): Attitudinal Qualities Relating to the Strength of the Attitude-Behavior-Relationship, Journal of Experimental Social Psychology, 14, S. 398–408.

Fazio, R. N. und *M. P. Zanna* (1981): Direct Experience and Attitude-Behavior Consistency, Advances in Experimental Social Psychology, 14, S. 161–202.

Feick, L. F.; L. L. Price et al. (1986): People Who Use People: The Other Side of Opinion Leadership, in: *Lutz*, S. 301–305.

Feigs, J. (1976): Der Einfluß der Einstellung zu Werbung und der Kompetenzempfindung auf die Werbewirkung. Eine empirische Untersuchung, wirtschaftswissenschaftliche Dissertation an der Universität des Saarlandes, Saarbrücken.

Feldman, R. S. (Hrsg. 1992): Applications of Nonverbal Behavioral Theories and Research, Hillsdale u. a.

Festinger, L. (1957, 1978): A Theory of Cognitive Dissonance, Stanford (Cal.), 1957. Deutsche Übersetzung unter dem Titel Theorie der kognitiven Dissonanz, Bern, 1978.

Festinger, L. (1972): Experimente über die Wirkung der kognitiven Dissonanz nach Wahlentscheidungen, in: *Kroeber-Riel* (Hrsg. 1972a), S. 78–91.

Festinger, L.; S. Schachter et al. (1963): Social Pressures in Informal Groups, 2. Aufl., o.O.

Feyerabend, P. (1993): Wider den Methodenzwang – Skizze einer anarchistischen Erkenntnistheorie, 4. Aufl., Frankfurt/Main.

Filiatrault, R. und *J. R. B. Ritchie* (1980): Joint Purchasing Decisions: A Comparison of Influence Structure in Family and Couple Decision-Making Units, Journal of Consumer Research, 7, H. 2. S. 131–140.

Fischer-Winkelmann, W. F. (1973): Marginalien zur Konsumentensouveränität als einem Axiom der Marketing-Theorie, Zeitschrift für betriebswirtschaftliche Forschung, 25, S. 161–175.

Fischer-Winkelmann, W. F und *R. Rock* (Hrsg. 1977): Marketing und Gesellschaft, Wiesbaden.

Fischer, H.-D. (Hrsg. 1982): Bochumer Studien zur Publizistik und Kommunikationswissenschaft, Bochum.

Fishbein, M. (Hrsg. 1967): Readings in Attitude Theory and Measurement, New York u. a.

Fishbein, M. und *J. Ajzen* (1974): Attitudes Towards Objects as Predictors of Sale and Multiple Behavioral Criteria, Psychological Review, 81, S. 59–74.

Fishbein, M. und *J. Ajzen* (1975): Belief, Attitude, Intention and Behavior: An Introduction to Theory and Research, Reading (Mass.) u. a.

Fisher, D. F.; R. A. Monty et al. (Hrsg. 1981): Eye Movements: Cognition and Visual Perception, Hillsdale (N. J.).

Fiske, C. A.; L. A. Luebbehusen et al. (1994): The Relationship between Knowledge and Search: It Depends, in: *Allen, C. T.* und *A. R. John* (Hrsg. 1994), S. 43–50.

Fiske, S. T. und *P. W. Linville* (1980): What Does the Schema Concept Buy Us?, Personality and Social Psychology Bulletin, 6, S. 542–557.

Fleischmann, G. (Hrsg. 1981): Der kritische Verbraucher: Information – Organisation – Durchsetzung seiner Interessen, Frankfurt/Main u. a.

Folkes, V. S. (1988): Recent Attribution Research in Consumer Behavior – A Review and New Direction, Journal of Consumer Research, 14, S. 548–565, wiederabgedruckt in: *Kassarjian und Robertson* (1991), S. 358–382.

Folkes, V. S. (1988a): The Availability Heuristic and Perceived Risk, Journal of Consumer Research, 15, Nr. 1, S. 13–23.

Foppa, K. (1975): Lernen, Gedächtnis, Verhalten, 9. Aufl., Köln u. a.

Forgas, J. P. (1983): The Effects of Prototypicality and Cultural Salience on Perceptions of People, Journal of Research in Personality, 17, S. 153–173.

Forgas, J.P. (1994): Soziale Interaktion und Kommunikation – Eine Einführung in die Sozialpsychologie, 2.Aufl., München u. a.

Formell, C. (1992): A National Customer Satisfaction Barometer: The Swedish Experiment, in: Journal of Marketing 56, S. 6–21.

Forschungsgruppe Konsum und Verhalten (Hrsg. 1994): Konsumentenforschung, München.

Forschungsgruppe Konsum und Verhalten (Hrsg. 1983): Innovative Marktforschung, Würzburg u. a.

Foxall, G. und R.E. Goldsmith (1994): Consumer Psychology for Marketing, London.

Foxall, G. F. und P. M. W. Hackett (1992): Consumer's Perceptions of Micro-Retail Location, in: International Review of Retail, Distribution and Consumer Research, 2, S. 309–327.

Foxman, E. R.; P. S. Tansuhaj et al. (1989): Family Members' Perception of Adolescents' Influence in Family Decision Making, in: Journal of Consumer Research 15, S. 482–491.

Fraisse, P. (1968): The Emotions, in: *Nuuin* und *Fraisse* et al., S. 102–191.

Franke, J. und T. M. Kühlmann (Hrsg. 1990): Psychologie für Wirtschaftswissenschaftler, Landsberg am Lech.

Freedman, J. L.; D. O. Sears et al. (1981): Social Psychology, 4. Aufl., Englewood Cliffs (N. J.).

Freter, H. W. (1979): Interpretation und Aussagewert mehrdimensionaler Einstellungsmodelle im Marketing, in: *Meffert* und *Steffenhagen* et al., S. 163–184.

Freter, H. W. (1983): Marktsegmentierung, Stuttgart u. a.

Frey, D. (Hrsg. 1978): Kognitive Theorien der Sozialpsychologie, Bern u. a.

Frey, D. (1979): Einstellungsforschung: Neuere Ergebnisse der Forschung über Einstellungsänderungen, Marketing ZFP, 1, H. 1, S. 31–45.

Frey, D. (1981): Informationssuche und Informationsbewertung bei Entscheidungen, Bern u. a.

Frey, D. (1984): Die Nonverbale Kommunikation, hrsg. von der SEL Stiftung für technische und wirtschaftliche Kommunikationsforschung, Stuttgart.

Frey, D. (1984): Die Theorie der kognitiven Dissonaz, in: *Frey* und *Irle*, Bd. 1, S. 243–292.

Frey, D. und S. Greif (Hrsg. 1994): Sozialpsychologie. Ein Handbuch in Schlüsselbegriffen, 3. Aufl., München u. a.

Frey, D. und A. Gaska (1993): Die Theorie der kognitiven Dissonanz, in: *Frey, D.* und *M. Irle* (Hrsg. 1993), Bd. 1, S. 275–324.

Frey, D.; Graf C. Hoyos et al. (Hrsg. 1992): Angewandte Psychologie, Weinheim.

Frey, D. und M. Irle (Hrsg. 1985, 1993): Theorien der Sozialpsychologie, Bd. I (1993): Kognitive Theorien, 2. Aufl., Bd. II (1985): Gruppen- und Lerntheorien, Bd. III (1985): Motivations- und Informationsverarbeitungstheorie, Bern u. a.

Frey, D. und G. Köhnken (Hrsg. 1990): Bericht über den 37. Kongreß der Deutschen Gesellschaft für Psychologie in Kiel 1990, Göttingen u. a.

Frey, D.; R. Wicklund et al. (1978): Die Theorie der objektiven Selbstaufmerksamkeit, in: Frey, S. 192–216.

Frey, S.; H. P. Hirsbrunner et al. (1981): Das Berner System zur Untersuchung nonverbaler Interaktion, in: *Winkler*, S. 203–237.

Friedrich, B. (1982): Emotionen im Alltag, Versuch einer deskriptiven und funktionalen Analyse, München.

Friedrichs, J. (1990): Methoden der empirischen Sozialforschung, 14.Aufl., Opladen.

Frieling, H. (1981): Farbe hilft verkaufen; Farbenlehre und Farbenpsychologie für Handel und Werbung, 3. erweiterte Aufl., Göttingen u. a.

Frieling, H. (1986): Mensch und Farbe, 3.Aufl., München.

Frieling, H. (1990): Das Gesetz der Farbe, 3. Aufl., Göttingen.

Friestad, M. und *E. Thorson* (1986): Emotion-Eliciting Advertising: Effects on Long Term Memory and Judgement, in: Lutz, S. 111–116.

Fröhlich, W. D.; R. Zitzlsperger et al. (Hrsg. 1992): Die verstellte Welt, Beiträge zur Medienökonomie, 2. Aufl., Weinheim.

Fuchs-Heinritz, W.; R. Lautmann et al. (1994): Lexikon zur Soziologie, 3.Aufl., Opladen.

Furnham, A. und *A. Lewis* (1986): Economic Mind – The Social Psychology of Economic Behavior, Brighton u. a.

G

Gabrielsson, A. (1982): Perception and Performance of Musical Rhythm, in: *Clynes*, S. 159–169.

Gale, A. G. und *F. Johnson* (Hrsg. 1984): Theoretical and Applied Aspects of Eye Movement Research, Amsterdam u. a.

Gardial, S. F.; D. W. Schumann et al. (1993): The Effects of Memory Set Accessibility and Relevance of the Use of Memory Information During Product Choice, in: *Marketing Letters 4*, 3, Holland, S. 241–251.

Gardner, M. P. und *M. Vandersteel* (1984): The Consumer's Mood: An Important Situational Variable, in: *Kinnear*, S. 525–529.

Gatignon, H. (1991): Innovative Decision Processes, in: *Robertson* und *Kassarjian*, S. 316–348.

Gatignon, H. und *T. S. Robertson* (1985, 1991): A Propositional Inventory for New Diffusion Research, Journal of Consumer Research, 11, 1985, S. 849–867, wiederabgedruckt in Kassarjian und Robertson (1991), S. 461–486.

Gattermann, R. (Hrsg. 1993): Verhaltenspsychologie, Jena.

Gazzaniga, M. S. und *C. Blakemore* (Hrsg. 1975): Handbook of Psychobiology, New York u. a.

Gehm, T. und *R. Scherer* (1987): Emotionsantezedente Faktoren als subjektive Dimensionskriterien emotionsbeschreibender Adjektive, Sprache und Kognition, H. 2, S. 51–63.

Geiser, G. und *H.-J. Reinig* (1980): Der ratlose Reisende vor dem Fahrkartenautomaten, Forschung. Mitteilungen der DFG, H. 4, S. 26–28.

Gemünden, H. G. (1984): Entscheidungsproblem und Informationsnachfrage – Eine kritische Bestandsaufnahme der empirischen Befunde, Manuskripte aus dem Institut für Betriebswirtschaftslehre an der Universität Kiel, Kiel.

Gemünden, H. G. (1985): Perceived Risk and Information Search. A Systematic Meta-Analysis of the Empirical Evidence, International Journal of Research in Marketing, 2, Nr. 2, S. 70–100.

Gerhards, J. (1988): Soziologie der Emotionen, Weinheim u. a.

Ghazizadeh, U. R. (1987): Werbewirkungen durch emotionale Konditionierung, Theorie, Anwendung und Meßmethode, Frankfurt/Main u. a.

Gibson, L. D. (1983): Not Recall, in: Journal of Advertising Research, Vol. 23, No. 1, S. 39–46.

Gibson, L. D. (1994): Recall revisted: Recall redux – Some Reactions, in: Journal of Advertising Research, Vol. 34, No. 3, S. 107–108.

Giere, R. (1988): Explaining Science – A Cognitive Approach, Chicago u. a.

Gierl, H. (1987): Die Erklärung der Diffusion technischer Produkte, Schriften zum Marketing, hrsg. v. Dichtl, *E.* und *F. Böcker* et al., Bd. 21, Berlin u. a.

Gierl, H. (1995): Marketing, Stuttgart u. a.

Gierl, H. und *M. Marcks* (1993): Der Einsatz von Modellen zur Markentreue-Messung, in: Marketing-ZFP 15, S. 103–108.

Gilbert, D. S. und *D. S. Krull* (1988): Seeing Less and Knowing More: The Benefits of Perceptual Ignorance, Journal of Personality and Social Psychology, 54, Nr. 2, S. 193–202.

Gillies, D. (1993): Philosophy of Science in the Twentieth Century, Oxford (UK) u. a.

Gilly, M. C. und *B. M. Enis* (1982): Recycling the Family Life Cycle: A Proposal for Redefinition, in: *Mitchell*, S. 271–276.

Glass, A . L.; K. J. Holyoak et al. (1979): Cognition, Reading (Mass.) u. a.

Glass, D. V. und *R. König* (Hrsg. 1970): Soziale Schichtung und soziale Mobilität, 4. Aufl., Köln.

Gleich, U. und *J. Groebel* (1994): Agenda Setting – die Thematisierungsfunktion der Medien neu betrachtet, in: ARD-Forschungsdienst 10, S. 517–522.

Gniech, G. und *H.-J. Grabitz* (1978): Freiheitseinengung und psychologische Reaktanz. in: *Frey*, (1978a), S. 48–73.

Goffmann, E. (1991): Wir alle spielen Theater, 4. Aufl., München

Goldberg, M. E.; G. Gorn et al. (Hrsg. 1990): Advances in Consumer Research, 17, Provo (UT).

Goldstein, E. B. (1980): Sensation and Perception, Belmont (Cal.).

Gordon, W. und *D. Corr* (1990); New Ways for the Investigation of Brand Relations, in: Journal of the Market Research Society 32, S. 409–434.

Gorn, G. J. und *M. E. Goldberg* (1982): Behavioral Evidence of the Effects of TV Food Messages on Children, Journal of Consumer Research, 9, S. 200–206.

Gorn, G. J.; W. J. Jacobs et al. (1987): Observations on Awareness and Conditioning, in: *Wallendorf* und *Anderson*, S. 415–416.

Götz, G. (1985): Bildschirmtext – Bedeutung und Anwendung im Investitionsgütermarketing. Berlin u. a.

Grabicke, K. (1981): Informationsverhalten von Konsumenten, in: *Haase* und *Molt*, S. 109–129.

Grabitz-Gniech, G. und *H.-J. Grabitz* (1973): Psychologische Reaktanz: Theoretisches Konzept und experimentelle Untersuchungen, Zeitschrift für Sozialpsychologie, 4, S. 19–35.

Grabitz, H.-J. und *G. Gniech* (1984): Die kognitiv-physiologische Theorie der Emotion von Schachter, in: Frey und Irle, S. 161–191.

Graesser, A. C. und *G. V. Nakamura* (1982): The Impact of a Schema in Comprehension and Memory, in: *Bower*.

Graf, K. (1990): Die Behandlung von Verbraucherbeschwerden in Unternehmen, Berlin.

Graumann, C.-F. (Hrsg. 1972, 1975): Sozialpsychologie, Halbbd. 1: Theorien und Methoden, 2. Aufl., (1975), Halbbd. 2: Forschungsbereiche (1972), Göttingen.

Graumann, C. F.; T. Herrmann et al. (Hrsg. 1983): Enzyklopädie der Psychologie, Göttingen u. a.

Gray, J. A. (Hrsg. 1990): Psychobiological Aspects of Relationships between Emotion and Cognition, Hillsdale N. J. u. a.

Green, P. E.; D. S. Tull et al. (1988): Research for Marketing Decisions, 5. Aufl., Englewood Cliffs N.J.

Greenberg, B. A. und *D. N. Bellenger* (Hrsg. 1977): Contemporary Marketing Thought, 1977 Educator's Proceedings, Chicago (Ill.).

Grings, W. W. und *M. E. Dawson* (1978): Emotions and Bodily Responses – A Psychophysiological Approach, New York u. a.

Groebel, J. und *U. Gleich* (1990): ARD Forschungsdienst: Medien und Gewalt, Media Perspektiven, Nr. 11, S. 737–741.

Groebel, J. (1994): Kinder und Medien: Nutzung, Vorlieben, Wirkungen, in: Media Perspektiven 1, S. 21–27.

Gröppel, A. (1990): Erlebnisbetontes Handelsmarketing, in: *Trommsdorff* (Hrsg. 1990), S. 121–137.

Gröppel, A. (1991): Erlebnisstrategien im Einzelhandel, Heidelberg.

Gröppel, A. (1995): Kundenorientiertes Handelsmarketing, in: *Poth* (Hrsg. 1995), Neuwied.

Grossbart, S. L. und *B. Rammohan* (1981): Cognitive Maps and Shopping Convenience, in: *Monroe*, S. 128–134.

Grubitzsch, S. und *G. Rexilius* (Hrsg. 1990): Psychologische Grundbegriffe – Mensch und Gesellschaft in der Psychologie.

Grundhöfer, H. (1982): Konsumverhalten und -einstellungen im familienstrukturellen Kontext, Forschungsberichte des Landes Nordrhein-Westfalen, Nr. 3111, hrsg. vom *Minister für Wissenschaft und Forschung*, Opladen.

Gruneberg, M. M. und *P. E. Morris* (1992): Applying Memory Research, in: *Gruneberg, M. M.* und *P. E. Morris* (Hrsg. 1992), S. 1–17.

Gruneberg, M. M. und *P. E. Morris* (Hrsg. 1992): Aspects of Memory, Vol. 1, 2. Aufl., London u. a.

Gruner & Jahr (Hrsg. 1986): Dialoge 2 – der Bürger im Spannungsfeld von Öffentlichkeit und Privatleben, Hamburg.

Grunert, K. G. (1982): Informationsverarbeitungsprozesse bei der Kaufentscheidung: Ein gedächtnispsychologischer Ansatz, Frankfurt/Main u. a.

Grunert, K. G. (1983): Die Ermittlung entscheidungsrelevanter Produktmerkmale beim Automobilkauf, in: Dichtl und Raffée et al., S. 38–58.

Grunert, K. G. (1988): Research in Consumer Behaviour: Beyond Attitudes and Decision-Making, European Research, 16, S. 172–183.

Grunert, K. G. (1990): Kognitive Strukturen in der Konsumforschung – Entwicklung und Erprobung eines Verfahrens zur offenen Erhebung assoziativer Netzwerke, Heidelberg.

Grunert, K. G. und *A. Lewis* (1986): The Economic Mind – The Social Psycholoy of Economic Behaviour, Brighton (Sussex).

Grunert, K. G. und *H. Saile* (1977): Der Risikoreduzierungsansatz bei der Ermittlung von Informationsbedarf und Informationsangebot, in: Biervet, Fischer-Winkelmann et al. (1977b), S. 436–446.

Guba, E. (Hrsg. 1990): The paradigm dialog, Newbury Park u. a.

Guba, E. und *Y. S. Lincoln* (1990): Fourth generation evaluation, 2. Aufl., Newbury Park u. a.

Guilford, J. P. (1954): Psychometric Methods, 2.Aufl., New York u. a.

Gunter, B. und *A. Furnham* (1992): Consumer Profiles – An Introduction to Psychographics, London u. a.

Gutenberg, E. (1984): Grundlagen der Betriebswirtschaftslehre. Bd. 2: Der Absatz, 17. Aufl., Berlin, u. a.

H

Haase, H. (1981): Gewalt im Fernsehen, in: Haase und Molt, S. 262–282.

Haase, H. und *W. Molt* (Hrsg. 1981): Handbuch der Angewandten Psychologie, Bd. 3, Markt und Umwelt, Landsberg am Lech.

Haber, R. N. (1981): The Power of Visual Perceiving, Journal of Mental Imagery, 5, S. 1–40.

Habermas, J. (1985): Zur Logik der Sozialwissenschaften. Materialien, Frankfurt/Main.

Hagemann, H. W. (1988): Wahrgenommene Informationsbelastung des Verbrauchers, München.

Haisch, J. und *D. Frey* (1984): Die Theorie sozialer Vergleichsprozesse, in: *Frey* und *Irle*, S. 75–97.

Haldeman, V. (Hrsg. 1991): Proceedings of the 37th Annual Conference of the American Council on Consumer Interests, Columbia.

Haley, R. I. und *A. L. Baldinger* (1991): The ARF Copy Research Validity Project, in: Journal of Advertising Research, Vol. 31, No. 2, S. 11–32.

Haley, R. I.; J. Richardson et al. (1984): The Effects of Nonverbal Communications in Television Advertising, Journal of Advertising Research, 24, Nr. 4, S. 11.

Hall, C. S. und *G. Lindzey* (1978, 1979): Theorien der Persönlichkeit, Bd. 1 (1978), Bd. 2 (1979), München.

Hall, E. T. (1960, 1981): The Silent Language in Overseas Business, Harvard Business Review, 38, 1960, H. 3, S. 87–96. Wiederabgedruckt in: Kassarjian und Robertson, S. 499–506.

Hammann, P. und *B. Erichson* (1994): Marktforschung, 3.Aufl., Stuttgart u. a.

Hammann, P. und *Ch. Schuchard-Ficher* (1980): Messung von Nachkauf-Dissonanz im Automobilmarkt, Marketing ZFP, 2, H. 3, S. 155–161.

Han, Y. K. und *G. A. Morgan* et al. (1991): Impulse Buying Behavior of Apparel Purchasers, Clothing and Textile Research Journal 9, S. 15–21.

Hansen, F. (1981): Hemispheral Lateralization Implications for Understanding Consumer Behavior, Journal of Consumer Research, 8, H. 1, S. 23–37.

Hansen, U. (Hrsg. 1995): Verbraucher- und umweltorientiertes Marketing, Stuttgart.

Hansen, U. (1995a): Ökologisches Marketing im Handel, in: Hansen, U. (Hrsg. 1995), S. 349–372.

Hansen, U. und *K. Jeschke* (1992): Nachkaufmarketing ein neuer Trend im Konsumgütermarketing? in: Marketing ZFP 14, S. 88–97.

Hansen, U. und *S. Kull* (1995): Öko-Labels als umweltbezogenes Informationsinstrument, in: *Hansen, U.* (Hrsg. 1995), S. 405–421.

Hansen, U.; T. Raabe et al. (1985): Verbraucherabteilungen als strategische Antwort auf verbraucher- und umweltpolitische Herausforderungen, in: *Raffée* und *Wiedmann*, S. 637–661.

Hansen, U.; B. Stauss et al. (Hrsg. 1982): Marketing und Verbraucherpolitik, Stuttgart.

Hansen, U. und *I. Schoenheit* (Hrsg. 1987): Verbraucherzufriedenheit und Beschwerdeverhalten, Frankfurt u. a.

Hansen, U.; J. Schoenheit et al. (1994): Sustainable Consumption und der Bedarf an unternehmensbezogenen Informationen, in: Forschungsgruppe Konsum und Verhalten (Hrsg.), München, S. 227–244.

Hansen, U. und *B. Stauss* (1982): Marketing und Verbraucherpolitik, ein Überblick, in: *Hansen, Stauss* et al. (1982), S. 2–21.

Hark, H. (Hrsg. 1988): Lexikon Jungscher Grundbegriffe, Olten.

Harris, R. J. (Hrsg. 1983): Information Processing Research in Advertising, Hillsdale (N. J.).

Hartfiel, G. und *K. H. Hillmann* (1982): Wörterbuch der Soziologie, 3. Aufl., Stuttgart.

Hartley, E. L. und *R. E. Hartley* (1969): Die Grundlagen der Sozialpsychologie, 2. Aufl., Berlin.

Hartmann, D. (1990): Sozialtechnologie, in: *Grubitzsch* und *Rexilius*, S. 1013–1018.

Hartmann, K. D. und *K. Koeppler* (Hrsg. 1977, 1980): Fortschritte der Marktpsychologie, Bd. 1 (1977), Bd. 2 (1980), Frankfurt/Main.

Hasebrink, U. und *J. Doll* (1991): Zur Programmauswahl von Fernsehzuschauern, in: Rundfunk und Fernsehen 38, Heft 1, S. 21–36.

Hatt, H. (1990): Psychologie des Riechens und Schmeckens, in: *Maelicke*, S. 93–126.

Hätty, H. (1989): Der Markentransfer, Bd. 20 der Reihe Konsum und Verhalten, Heidelberg.

Hauser, J. R. und *G. L. Urban* et al. (1993): How Consumers Allocate Their Time when Searching for Information, in: Journal of Marketing Research, 30, S. 452–466.

Hawkins, D. I. und *R. J. Best* et al. (1992): Consumer Behavior, Implication for Marketing Strategies, 5. Aufl., Homewood.

Hawkins, D. I. und *D. S. Tull* (1994): Essentials of Marketing Research, Paramount GB.

Hayakawa, S. J. (1979): Durchbruch zur Kommunikation. Vom Sprechen, Zuhören und Verstehen, Darmstadt.

Hecker, S. und *D. W. Stewart* (Hrsg. 1988): Nonverbal Communication in Advertising, Lexington.

Heckhausen, H. (1989): Motivation und Handeln, 2. Aufl., Berlin u. a.

Heider, F. (1946): Attitude and Cognitive Organizations, Journal of Psychology, 21, S. 107–112.

Heigl-Evers, A. (Hrsg. 1984): Sozialpsychologie, Bd. 1, Die Erforschung der zwischenmenschlichen Beziehungen, Bd. 2, Gruppendynamik und Gruppentherapie, Kindlers Psychologie des 20. Jahrhunderts, Weinheim u. a.

Heller, E. (1993): Wie Farben wirken, Farbpsychologie, Farbsymbolik, kreative Farbgestaltung, 2. Aufl.,Reinbek bei Hamburg.

Hemberle, G. und *W. von Keitz* (1978): Verhaltenswissenschaftliche Verbraucherpolitik, Arbeitnehmer, 5, S. 190–200.

Hempel, C. G. (Hrsg. 1965): Aspects of Scientific Explanation and Other Essays in the Philosophy of Science, New York, u. a.

Hempel, C. G. und *P. Oppenheim* (1965): Studies in the Logic of Explanation, in: *Hempel*, S. 245–290.

Hensmann, J. (1980): Neuere Forschungsansätze zum Problem der interpersonellen Kommunikation von Konsumenten, Die Betriebswirtschaft, 40, S. 387–414.

Hera, A. (1978): Die Identifikationsgeschwindigkeit für plakative Werbedarbietungen mit emotionalen Blickfängen – eine experimentelle Untersuchung mit Hilfe der Tachistoskopie und Psychophysiologie, wirtschaftswissenschaftliche Dissertation an der Universität des Saarlandes, Saarbrücken.

Herber, H. J. (1976): Motivationspsychologie: eine Einführung, Stuttgart u. a.

Herker, A. (1995): Eine Erklärung des umweltbewußten Konsumentenverhaltens, in: Marketing-ZFP 17, S. 149–161.

Herkner, W. (Hrsg. 1980): Attribution – Psychologie der Kausalität, Bern u. a.

Herkner, W. (Hrsg. 1981): Experimente zur Sozialpsychologie, Bern u. a.

Herkner, W. (1992): Psychologie, 2. Aufl., Wien u. a.

Herkner, W. (1993): Lehrbuch der Sozialpsychologie, 6. Aufl., Bern u. a.

Hermann, A. und *J. Gutsche* (1993): Situative Einflüsse bei Kaufentscheidungen, in: Marketing-ZFP 15, S. 95–101.

Herrmann, T. (1979): Psychologie als Problem: Herausforderungen der psychologischen Wissenschaft, Stuttgart.

Herrmann, T. und *P.R. Hofstätter* et al. (Hrsg. 1977): Handbuch psychologischer Grundbegriffe, München.

Hermanns, A. (1982): Marketingaktivitäten eines Produktionsgüterherstellers für Folgemärkte: Überprüfung alternativer Beduftungen für den Relaunch einer im Markt befindlichen Schaumbadmarke. Bericht über ein Studienprojekt, Bd. 1, Studien- und Arbeitspapiere Marketing der Hochschule der Bundeswehr München.

Hermanns, A. (1983): Marketing für Produktionsobjekte. Das Beispiel Parfümöle, Bd. 1, Studien- und Arbeitspapiere Marketing der Hochschule der Bundeswehr München.

Hermanns, A. (1983a): Neue Kommunikationstechnologien im Marketing, Studien- und Arbeitspapiere Marketing der Hochschule der Bundeswehr München, Bd. 2, München.

Hermanns, A. (1992): Handbuch des Electronic Marketing. Funktionen und Anwendungen der Informations- und Kommunikationstechniken im Marketing, München.

Hermann, T. (1979): Psychologie als Problem: Herausforderungen der psychologischen Wissenschaft, Stuttgart.

Herrmann, T.; P. R. Hofstätter et al. (Hrsg. 1977): Handbuch psychologischer Grundbegriffe, München.

Herzog, W. (1982): Entwicklung der Anzeigengestaltung zwischen 1960 und 1981: emotionale versus informative Inhalte (dargestellt am Beispiel des SPIEGEL). Diplomarbeit am Lehrstuhl für Marketing (*Prof. Dr. W. Kroeber-Riel*) der Universität des Saarlandes, Saarbrücken.

Hesse, H.-W. (1987): Kommunikation und Diffusion von Produktinnovationen im Konsumgüterbereich, Vertriebswirtschaftliche Abhandlungen, H. 9, Berlin u. a.

Hessert, G. (1988): Die Geschäftstreue zur Einkaufsstätte Weingut, Dissertation der Universität Gießen, Gießen.

Hewstone, M.; C. Antahi (1992): Attributionstheorie und soziale Erklärungen, in: *Stroebe, W.* und *M. Hewstone* et al. (Hrsg. 1992), S. 112–143.

Higgins, E. T.; C. P. Herman et al. (Hrsg. 1981): Social Cognition – The Ontario Symposium, Vol. 1, Hillsdale (N.J.).

Hildebrandt, L. (1983a): Konfirmatorische Analysen von Modellen des Konsumentenverhaltens, Berlin u. a.

Hildebrandt, L. (1983b): Kausalmodelle in der Konsumverhaltensforschung, in: *Irle* (1983), S. 271–327.

Hildebrandt, L. (1984): Kausalanalytische Validierung in der Marketingforschung, Marketing-ZFP, 6, H. 1, S. 41–51.

Hildebrandt, L. und *V. Trommsdorff* (1983): Konfirmatorische Analysen in der empirischen Forschung, in: *Forschungsgruppe Konsum und Verhalten*, S. 139–160.

Hilgard, E. R. (1981): Imagery and Imagination in American Psychology, Journal of Mental Imagery, 5, S. 5–66.

Hilgard, E. R. und *G. H. Bower* (1981, 1983, 1984): Theories of Learning, siehe unter *Bower, Hilgard*.

Hill, R. P. und *M. B. Mazis* (1986): Measuring Emotional Responses to Advertising, in: *Lutz*, S. 164–169.

Hill, W. (1988): Marketing, Bd. 1–2., 6. Aufl., Bern u. a.

Hinrichs, A. (1982): Die Wirkung von Verfremdungseffekten auf Wahrnehmung und Beurteilung von Anzeigen – eine experimentelle Untersuchung, Diplomarbeit, Fachrichtung Wirtschaftswissenschaften, Universität Oldenburg, *Prof. Dr. G. Behrens*, Oldenburg.

Hippel, E. von (1985): Verbraucherschutz, 3. Auflage, Tübingen.

Hirschi, F. und *P. Fukser* (1990): Wie innovativ ist der Konsument? in: Index 3, S. 50–55

Hirschman, E. C. (Hrsg. 1989): Interpretive Consumer Research, Provo UT.

Hirschman, E. C. (1993): Ideology in Consumer Research. 1980 and 1990: A Marxist and Feminist Critique, in: Journal of Consumer Research, 19, Nr. 4, S. 537–555.

Hirschman, E. C. und *M. B. Holbrook* (Hrsg. 1985): Advances in Consumer Research, Vol. XII, Provo UT.

Hirschman, E.C. und *M. B. Holbrook* (1992): Postmodern Consumer Research, Newbury Park, u. a.

Hirschman, E. C. und *J. N. Sheth* (Hrsg. 1987): Research in Consumer Behavior, Vol. 2, London.

Hofacker, T. (1984): Identifying Consumer Information Processing Strategies: New Methods of Analyzing Information Display Board Data, in: Kinnear (1984), S. 579–584.

Hoffmann, H.-J. (1981): Kommunikation mit Kleidung, Communications: internationale Zeitschrift für Kommunikationsforschung, 7, S. 269–290.

Hoffmann, H.-J. (1985): Kleidersprache, Frankfurt u. a.

Höfner, K. (1987): Fünf neue einkommensstarke Verbraucherzielgruppen in Westeuropa, eine Untersuchung der Dr. Höfner & Partner Management Beratung, München.

Hofstätter, P. R. (1973): Einführung in die Sozialpsychologie, 5. Aufl., Stuttgart.

Hofstätter, P. R. (1977): Persönlichkeitsforschung, 2. Aufl., vorher erschienen unter: Differentiale Psychologie, Stuttgart.

Hofstätter, P. R. (1981): Psychologie (Fischer-Lexikon 6), 26. Aufl., Frankfurt/Main.

Höger, A. (1992): Der Zusammenhang von Preis und Kaufverhalten, in: Planung und Analyse 19, S. 46–50.

Hogg, A. M. und *D. Abrams* (1993): Group Motivation, Hartfordshire.

Holbrook, M. B. (1987): An Audiovisual Inventory of Some Fanatic Consumer Behavior – The 25-Cent Tour of a Jazz Collector's Home, in: Wallendorf und Anderson, S. 144–149.

Holbrook, M. B. (1994): Ethics in Consumer Research – An Overview and Prospectus, in: *Allen, C.T.* und *D. R. John* (Hrsg.): Advances in Consumer Research, Vol. 21, Provo UT, S. 566–572.

Holbrook, M. B. und *R. Batra* (1987): Assessing the Role of Emotions As Mediators of Consumer Responses to Advertising, Journal of Consumer Research, 14, S. 404–420.

Holbrook, M. B. und *E. C. Hirschman* (1993): The Semiotics of Consumption, – Interpreting Symbolic Consumer Behavior in Popular Culture and Works of Art, Berlin u. a.

Hollander, E. P. und *R. G. Hunt* (Hrsg. 1976): Current Perspectives in Social Psychology, 4. Aufl. (1976), London, Toronto.

Holman, R. H. (1980): Clothing as Communication: An Empirical Investigation, in: *Olson*, S. 372–377.

Holman, R. H. und *M. R. Solomon* (Hrsg. 1991): Advances in Consumer Research, 18, Provo UT.

Holzmüller, H. H. (1989): Konsumentenforschung, interkulturelle, in: *Macharzina* und *Welge*, Sp. 1143–1158.

Homans, G. C. (1972): Elementarformen sozialen Verhaltens, 2. Aufl., Köln, u. a.

Homans, G. C. (1978): Theorie der sozialen Gruppe, 7.Aufl., Köln, u. a.

Homans, G. C. (1993): The Human Group, New Brunswick N. J. u. a.

Homans, G. C. (1993): Social Behavior as Exchange, New York.

Homans, G. C. und *V. Vanberg* (1972): Grundfragen soziologischer Theorie, Opladen.

Homburg, Ch. (1989): Exploratorische Ansätze der Kausalanalyse als Instrument der Marketingforschung, Frankfurt.

Honeck, R. P. (Hrsg. 1994): Cognitive Psychology, 2. Aufl., Guilford.

Hoppe, F. (1931, 1965): Erfolg und Mißerfolg, Psychologische Forschung, 14, (1931), S. 9–22. Auszugsweise wiederabgedruckt unter dem Titel „Das Anspruchsniveau", in: *Thomae*, (1965), S. 217–230.

Horn, C.-M. (1983): Feldtheorie und Konsumverhalten, Schriftenreihe des Instituts für Allgemeine Wirtschaftsforschung an der Albert-Ludwigs-Universität Freiburg, Bd. 19, Freiburg.

Horn, J. (1982): Fernsehverbreitung und Fernsehnutzung in den USA. Neue Ergebnisse aus der US-Zuschauerforschung, Media Perspektiven, 6, S. 398–403.

Horton, D. und *R. R. Wohl* (1956): Mass Communication and Para-Social Interaction, Psychiatry 19, S. 215–229.

Horton, P.B.; G. R. Leslic et al. (1991): The Sociology of Social Problems, 10.Aufl., Englewood Cliffs (N.J.).

Hör zu (Hrsg. 1992): Media-Planung für Märkte, 4. Aufl., Hamburg.

Hör zu (o. J.): Anzeigen-Kontakt-Chancen in Publikumszeitschriften. Schätzskalen-Validierung, durchgeführt und hrsg. von Infratest, München.

Hossinger, H.-P. (1982): Pretests in der Marktforschung. Die Validität von Pretestverfahren der Marktforschung unter besonderer Berücksichtigung der Tachistoskopie, Würzburg u. a.

Houston, M. J. (Hrsg. 1988): Advances in Consumer Research, Vol. XV, Association for Consumer Research, Minneapolis.

Hovland, C. I. und *J. L. Janis* et al.(1953): Communication and Persuasion, New Haven, London.

Hovland, C. I. und *M. J. Rosenberg* (Hrsg. 1969): Attitude Organization and Change. An Analysis of Consistency Among Attitude Components, 4. Aufl., New Haven u. a.

Howard, J. A. (1977): Consumer Behavior. Application of Theory, New York, u. a.

Howard, J. A. (1993): Buyer Behavior in Marketing Strategy, 2. Aufl., Englewood Cliffs (N.J.).

Howard, J. A. und *J. N. Sheth* (1968): A Theory of Buyer Behavior, in: *Kassarjian* und *Robertson*, S.467–487.

Howard, J. A. und *J. N. Sheth* (1969): The Theory of Buyer Behavior, New York u. a.

Hoyningen-Huene, P. (Hrsg. 1989): Reductionism and systems theory in the life science: some problems and perspectives, Dordrecht u. a.

Hoyos, Graf C. und *W. Kroeber-Riel* et al. (Hrsg. 1990): Wirtschaftspsychologie in Grundbegriffen, 2. Aufl., München.

Hubel, W. (1986): Der Einfluß der Familienmitglieder auf gemeinsame Kaufentscheidungen, Berlin.

Hughes, G. D. (1992): Realtime Response Measures Redefine Advertising Wearout, in: Journal of Advertising Research 32, S. 61–77

Hull, C. L. (1952): A Behavior System: An Introduction to Behavior Theory Concerning the Individual Organism, New Haven

Hulland, J. S. (1992): An Empirical Investigation of Consideration Set Formation, in: *Sherry, J. F.* und *B. Sternthal* (Hrsg. 1992), S. 253–245

Humm, P. (1982): Die Berücksichtigung von Duftwirkungen bei der Produktgestaltung, Diplomarbeit am Lehrstuhl für Marketing (*Prof. Dr. W. Kroeber-Riel*) der Universität des Saarlandes. Saarbrücken.

Hunt, H. K. (Hrsg. 1978): Advances in Consumer Research, 5, Ann Arbor.

Hunt, J. McV. (Hrsg. 1944): Personality and the Behavior Disorders, Bd. 1, New York

Hurrelmann, K. (1993): Einführung in die Sozialisationsforschung, 4. Aufl., Weinheim u. a.

Hurrelmann, K. und *D. Ulich* (Hrsg. 1980, 1991): Handbuch der Sozialisationsforschung, 1. Aufl. (1980), 3. Aufl. mit dem Titel: Neues Handbuch der Sozialisationsforschung (1991), Weinheim u. a.

Hüttner, M. und *A. Pingel* et al. (1994): Marketing-Management, München u. a.

Hyman, H. H. (1942): The Psychology of Subjective Status, Psychological Bulletin, 39, S. 473–474.

I

Immelmann, K.; K. R. Scherer et al. (Hrsg. 1988): Psychobiologie – Grundlagen des Verhaltens, Stuttgart u. a.

Inglehart, R. (1989): Kultureller Umbruch – Wertewandel in der westlichen Welt, Frankfurt u. a.

Insko, C. A.; S. Drenan et al. (1983): Conformity as a Function of the Consistency of Positive Self-Evaluation with Being Liked and Being Right, Journal of Experimental Social Psychology, 19, S. 341–358.

Institut für Demoskopie Allensbach (Hrsg. 1981): Eine Generation später – Bundesrepublik Deutschland, 1953–1979, Allensbach.

Institut für Demoskopie Allensbach (1991): AWA '91, Bd. II., Allensbacher Markt-Analyse, Allensbach am Bodensee.

Irle, M. (1975): Lehrbuch der Sozialpsychologie, Göttingen, u. a.

Irle, M. (Hrsg. 1983), Marktpsychologie, 1.Halbbd.: Marktpsychologie als Sozialwissenschaft. 2. Halbbd.: Methoden und Anwendungen in der Marktpsychologie, Göttingen. Toronto u. a.: Hogrefe.

Isken, K. J. (1991): Die Verbraucherpolitik im EWGV und die einheitliche europäische Akte, Dissertation der westfälischen Wilhelms-Universität zu Münster.

Issing, L. J.; H. D. Micllasch et al. (Hrsg. 1986): Blickbewegung und Bildverarbeitung, Europäische Hochschulschriften, Frankfurt.

Ittelson, W. H.; H. M. Proshansky et al. (1977): Einführung in die Umweltpsychologie, Stuttgart.

Iyer, E. S. (1989): Unplanned Purchasing: Knowledge of Shopping Environment and Time Pressure, in: Journal of Retailing 65, S. 40–57.

Izard, C. E. (1994): Die Emotionen des Menschen: eine Einführung in die Grundlagen der Emotionspsychologie, 2. Aufl., Weinheim u. a.

J

Jacoby, J. (1977): Information Load and Decision Quality: Some Contested Issues, in: Journal of Marketing Research, 14, S. 569–573.

Jacoby, J. (1994): Session Summary – Ethical Issues in Consumer Research, in: *Allen, C. T.* und *D. R. John* (Hrsg. 1994): Advances in Consumer Research, Vol. 21, Provo UT, S. 565.

Jacoby, J.; W. D. Hoyer et al. (1981): Intra- and Interindividual Consistency in Information Acquisition – A Cross-Cultural Examination, in: Raffée und Silberer, 1981, S. 87–109.

Janis, I. L. und *L. Mann* (1977): Decision Making. A Psychological Analysis of Conflict, Choice, and Commitment, New York, u. a.

Janiszewski, C. (1990): The Influence of Print Advertisement Organization on Affect Toward a Brand Name, Journal of Consumer Research, 17, Nr. 1, S. 53–65.

Jeck-Schlottmann, G. (1987): Visuelle Informationsverarbeitung bei wenig involvierten Konsumenten. Eine empirische Untersuchung zur Anzeigenbetrachtung mittels Blickaufzeichnung, Wirtschaftswissenschaftliche Dissertation an der Universität des Saarlandes, Saarbrücken.

Jeck-Schlottmann. G. (1988): Anzeigenbetrachtung bei geringem Involvement, Marketing ZFP, 10, H. 1, S.33–44.

Jellinek, P. (1976): Parfümieren von Produkten, Heidelberg.

Jenkins, R. L. (1979): The Influence of Children in Family Decision-Making: Parents' Perceptions, in: *Wilkie*, S. 413–419.

Jenkins, R. L. (1980): Contributions of Theory to the Study of Family Decision-Making, in: *Olson*, S. 207–211.

Jennings, J. R. und *M. G. H. Coles* (Hrsg. 1992): Handbook of Cognitive Psychophysiology, Chichester u. a.

Johannsen, U. (1971): Das Marken- und Firmen-Image. Theorie, Methodik, Praxis, Berlin.

Johnson, R. L. und *J. J. Kellaris* (1988): An Exploratory Study of Price/Perceived Quality Relationships Among Consumer Services, in: *Houston*, S. 316–322.

Jolibert, A. J. P. und *C. Fernandez-Moreno* (1983): A Comparison of French and Mexican Gift Giving, in: *Bagozzi* und *Tybout*, 1983, S. 191–197.

Jung, C. G. (1986): Der Mensch und seine Symbole, 9.Aufl., Olten u. a.

Jung, C. G. (1987): Archetyp und Unbewußtes, 2. Aufl., Olten u. a.

Jungmann, T. (1988): Empirische Untersuchung zum Schaufensterverhalten von Passanten, Diplomarbeit am Lehrstuhl für Marketing (*Prof. Dr. Kroeber-Riel*) der Universität des Saarlandes, Saarbrücken.

Just, M. A. und *P. A. Carpenter* (1976): Eye Fixations and Cognitive Processes, Cognitive Psychology, 8, S. 441–480.

Jüttemann, G. (Hrsg. 1983): Psychologie in der Veränderung. Weinheim u. a.

K

Kaas, K.-P. (1973): Diffusion und Marketing, Stuttgart.

Kaas, K.-P. (1977): Empirische Preisabsatzfunktionen bei Konsumgütern, Berlin u. a.

Kaas, K.-P. (1980): Meinungsführung, in: *Hoyos* und *Kroeber-Riel* et al., S. 188–194.

Kaas, K.-P. (1982): Consumer Habit Forming, Information Acquisition and Buying Behavior, Journal of Business Research, 10, S. 3–15.

Kaas, K.-P. (1994): Marketing im Spannungsfeld zwischen umweltorientiertem Wertewandel und Konsumentenverhalten, in: Unternehmensführung und externe Rahmenbedingungen, Kongreßdokumentation 47. Deutcher Betriebswirtschaftler-Tag 1993, Stuttgart, S. 93–112.

Kaas, K.-P. und *M. Dietrich* (1979): Die Entstehung von Kaufgewohnheiten bei Konsumgütern, Marketing-ZFP, 1, H. 1, S. 13–22.

Kaas, K.-P. und *T. Hofacker* (1983): Informationstafeln und Denkprotokolle – Bestandsaufnahme und Entwicklungsmöglichkeiten der Prozeßverfolgungstechniken, in: *Forschungsgruppe Konsum und Verhalten,* 1983, S. 75–99.

Kaas, K.-P. und *H. Runow* (1984): Wie befriedigend sind die Ergebnisse der Forschung zur Verbraucherzufriedenheit, DBW – Die Betriebswirtschaft, 44, H. 3, S. 451–460.

Kafitz, W. (1977): Der Einfluß der musikalischen Stimulierung auf die Werbewirkung – eine experimentelle Untersuchung, Wirtschaftswissenschaftliche Dissertation an der Universität des Saarlandes, Saarbrücken.

Kagelmann, H. J. und *G. Wenninger* (Hrsg. 1982): Medienpsychologie, München u. a.

Kaiser, W. (1980): Telekommunikationsformen und ihre Anforderungen an die Teilnehmer, in: *Witte,* 1980, S. 16–32.

Kalbfleisch, P. J. (Hrsg. 1993): Interpersonal Communication, Hillsdale N. J.

Kannacher, V. (1982): Habitualisiertes Kaufverhalten von Konsumenten, München.

Kanter, D. L. (1981): It Could Be: Ad Trends Flowing from Europe to U.S., Advertising Age Magazine, S. 49–52.

Kapferer, J. N. (1986): A Comparison of TV Advertising and Mothers Influence on Children's Attitudes and Values, in: *Ward* und *Robertson* et al., S. 125–142.

Kapferer, J. N. und *G. Laurent* (1985): Consumers' Involvement Profile: New Empirical Results, in: *Hirschman* und *Holbrook,* S. 290–295.

Kaplitzka, G. (1980): Kinder und Fernsehwerbung, Vierteljahreshefte für Medienplanung, H. 3, S. 15–17.

Kaps, R. U. (1983): Die Wirkung von Bildschirmtext auf das Informationsverhalten der Konsumenten, Schriftenreihe der Studiengruppe Bildschirmtext, Bd. 1, Starnberg.

Kardes, F. R. (1988): Base Rate Information, Causal Inference and Preference, in: *Houston,* S. 96–100.

Karlsson, G. (1967): Ein mathematisches Modell der Nachrichtenverbreitung, in: *Mayntz,* S. 73–82.

Kassarjian, H. H. (1982): Consumer Psychology, Annual Review of Psychology, 33, S. 619–649.

Kassarjian, H. H. (1983): Males and Females in the Funnies: A Content Analysis, Working Paper, UCLA, Los Angeles.

Kassarjian, H. H. (1987): How We Spend Our Summer Vacation: A Preliminary Report on the 1986 Consumer Behavior Odyssey, in: *Wallendorf* und *Anderson,* S. 376–377.

Kassarjian, H. H. und *J. B. Cohen* (1965): Cognitive Dissonance and Consumer Behavior, California Management Review, 8, S. 55–64.

Kassarjian, H. und *T. Robertson* (Hrsg. 1991): Perspectives in consumer behavior, 4. Aufl., Englewood Cliffs.

Katona, G. (1960): Das Verhalten der Verbraucher und Unternehmer, Tübingen.

Katona, G. (1972): Über das rationale Verhalten der Verbraucher, in: *Kroeber-Riel,* S. 61–77.

Katz, E. (1973): Die Verbreitung neuer Ideen und Praktiken, in: *Schramm.*

Katz, E. (1992): Wird das Fernsehen überschätzt: Konzepte der Medienwirkungsforschung, in: *Fröhlich* und *Zitzlsperger* (Hrsg. 1992), S. 190–221.

Katz, E.; M. Gurevitch et al. (1973): On the Use of the Mass Media for Important Things, in: American Sociological Review, 38, S. 164–181.

Katz, E. und *P. F. Lazarsfeld* (1955): Personal Influence, New York u. a., Auszugsweise übersetzt unter dem Titel: Persönlicher Einfluß und Meinungsbildung, Wien (1962) sowie Meinungsführer beim Einkauf, in: *Kroeber-Riel* (1972a), S. 107–121.

Katz, R. (1983): Informationsquellen der Konsumenten, Wiesbaden.

Kaufmann, L. und *M. Sandman* (1984): Gegenmaßnahmen zur Süßwarenwerbung für Kinder: Ist Gegenwerbung erfolgreich?, WWG-lnformationen, Folge 99, S. 121–126.

Kebeck, G. (1994): Wahrnehmung: Theorien, Methoden und Forschungsergebnisse der Wahrnehmungspsychologie, Weinheim .

Keitz, B. von (1983): Wirksame Fernsehwerbung, Würzburg u. a.

Keitz, B. von (1983a): Der Test von TV-Werbung. Neue Ansätze auf der Basis der Aktivierungstheorie, in: Planung und Analyse, 10, H. 8, S. 340–344.

Keitz, B. von (1983b): Wirksame Fernsehwerbung, 2. Aufl., Würzburg u. a.,

Keitz, B. von (1986): Wahrnehmung von Informationen, in: *Unger*, 1986, S. 97–121.

Keitz, B. von (1988a): Eye Movement Research: Do Consumers Use the Information They Are Offered, European Research, 16, S. 217–224.

Keitz, B. von (1988b): Neues aus der Kommunikationsforschung: Wie, wann, warum apparativ testen?, in: *Berufsverband Deutscher Markt- und Sozialforscher,* S. 505–536.

Keitz, B. von (Hrsg. 1985): 1. Symposium zur Kommunikationsforschung, von Keitz, Institut für Kommunikationsforschung, Saarbrücken.

Keitz, B. von und *G. Kosaris* (1989): Blickaufzeichnungs-Tests: Was macht der Arzt mit der Anzeige?, in: *Dichtl* und *Raffée* et al. (Hrsg.), S. 201–202.

Keitz, W. von (1981): Der Saarbrücker Aktivierungs-Test (SAT), Schriftenreihe Annales Universitatis Saraviensis, Rechts- und Wirtschaftswissenschaftliche Abteilung, Bd. 97, Köln u. a.

Keitz-Krewel, B. v. (1994): Werbe-Tests mit apparativen Methoden: Das Beispiel „Anzeigen-Tests mit Blickaufzeichnung", in: *Forschungsgruppe Konsum und Verhalten* (Hrsg. 1994), S. 45–59.

Keller, J. A. (1981): Grundlagen der Motivation, München u. a.

Kelley, H. H. (1973, 1978): The Process of Causal Attribution, American Psychologist, 28, 1973, S. 107–128. Deutsche Übersetzung unter dem Titel Kausalattribution: Die Prozesse der Zuschreibung von Ursachen, in: *Stroebe*, 1978, S. 212–265.

Kelley, H. H. (1968): Two Functions of Reference Groups, in: *Hyman* und *Singer,* S. 77–83.

Kemper, T. D. (1991): An Introduction to the Sociology of Emotions, in: *Strongman,* S. 301–350.

Kempf, U. (1987): Vergleich von Anzeigenwerbung aus den 1960er Jahren und von heute unter besonderer Berücksichtigung inhaltlicher Kriterien, Diplomarbeit am Lehrstuhl für Marketing (*Prof. Dr. Kroeber-Riel*) der Universität des Saarlandes, Saarbrücken.

Kendon, A. (Hrsg. 1981a): Nonverbal Communication, Interaction and Gesture, The Hague, Paris.

Kendon, A. (1981b): lntroduction: Current Issues in the Study of Nonverbal Communication, in: *Kendon*, S. 1–53.

Kenkel, W. F. (1963): Observational Studies of Husband-Wife Interaction in Family Decision Making, in: *Sussmann*, 1963, S. 144–156.

Kern, E. (1990): Der Interaktionsansatz im Investitionsgütermarketing – eine konfirmatorische Analyse, Berlin.

Kidd, R. F. und *M. S. Saks* (Hrsg. 1980): Advances in Applied Social Psvchology, Bd. 1, Hillsdale (N. J.).

Kind, H. (Hrsg. 1995): Buchmarketing – Wandel im Handel, Düsseldorf.

Kinnear, T. (Hrsg. 1984): Advances in Consumer Research, 11, Ann Arbor, Association for Consumer Research.

Kirchler, E. (1989): Kaufentscheidungen im privaten Haushalt, Göttingen u. a.

Kiss, T. und *H. Wettig* (1972): Die Anzeigenwirkung in Abhängigkeit von Wirkungsfaktoren der Zeitschriften, ESOMAR (Hrsg.), S. 101–139.

Klammer, M. (1989): Nonverbale Kommunikation beim Verkauf, Heidelberg.

Klapper, J. T. (1970): Die gesellschaftlichen Auswirkungen der Massenkommunikation, in: *Schramm* (1973), S. 85–98.

Klapper, J. T. (1973): Massenkommunikation. Einstellungskonstanz und Einstellungsänderung, in: *Aufermann, Bohrmann* et al. (Hrsg. 1973), Bd. 1, S. 49–63.

Klauer, K. Ch. (1991): Einstellungen, Göttingen.

Kleinmuntz, D. N. und *D. A. Schkade* (1993): Information Display and Decision Process, in: Psychological Science, 4, S. 221–227.

Klingler, W. und *Th. Windgasse* (1994): Was Kinder sehen – Eine Analyse der Fernsehnutzung von 6–13 jährigen, in: Media Perspektiven 1, S. 2–13.

Kluckhohn, C. (1962): Values and Value-Orientation in the Theory of Action, in: *Parsons* und *Shils*, S. 388–433.

Kluwe, R. H. (1988): Methoden der Psychologie zur Gewinnung von Daten über menschliches Wissen, in: *Mandl* und *Spada*, S. 359–385.

Kluwe, R. H.; C. Misiak et al. (1985): Wissenserwerb beim Umgang mit einem umfangreichen System: Lernen als Ausbildung subjektiver Ordnungsstrukturen, in: *Albert*, S. 255–257.

Knapp, M. L. (Hrsg. 1992): Nonverbal Communication in Human Interaction, 3. Aufl., New York u. a.

Knapp, M. L.; M. J. Cody et al. (1987): Nonverbal Signals, in: *Berger* und *Chaffee*, S. 385–418.

Knapp, M. L. und *G. R. Miller* (Hrsg. 1985): Handbook of Interpersonal Communication. Beverly Hills u. a.

Knappe, H. J. (1981): Informations- und Kaufverhalten unter Zeitdruck, Bern.

Knoblich, H. und *B. Schubert* (1989): Marketing mit Duftstoffen, München u. a.

Knoll, J. H. und *R. Stefen* (1978): Pro und Contra BRAVO, Schriftenreihe der Bundesprüfstelle für jugendgefährdende Schriften, Baden-Baden.

Koeppler, K.-F. (1972): Unterschwellig wahrnehmen – unterschwellig lernen. Stuttgart, u. a.

Koeppler, K.-F. et al. (1974): Werbewirkungen definiert und gemessen, Velbert.

Koeppler, K. (1984): Opinion Leaders. Merkmale und Wirkung, Bd. 18 der Schriftenreihe der Verlagsgruppe Bauer, Hamburg.

Konert, F.-J. (1986): Vermittlung emotionaler Erlebniswerte, Heidelberg.

König, R. (Hrsg 1967): Soziologie, Frankfurt a. M.

König, Th. (1926): Reklame-Psychologie – ihr gegenwärtiger Stand – ihre praktische Bedeutung, 3. Aufl., München, u. a.

Koppelmann, U. (1981): Produktwerbung, Stuttgart u. a.

Kosaris, G. (1985): Anzeigenerfolg nicht dem Zufall überlassen! Konsequenzen aus Copytests mit Blickaufzeichnung, in: *von Keitz*, S. 35–52.

Kosslyn, S. M. (1980): Image and Mind, Cambridge (Mass.).

Kotler, P. (1973): Atmospherics as a Marketing Tool, in: Journal of Retailing, 49, H. 4, S. 48–64.

Kotler, P. (1977, 1989): Marketing-Management, 2. Aufl. (1977), 4. völlig neubearbeitete Aufl. (1989), Stuttgart.

Kotler, P. und *A. R. Andreasen* (1991): Strategic Marketing for Nonprofit Organizations, Englewood Cliffs (N. J.).

Kotler, P. und *F. Bliemel* (1995): Marketing-Management, 8. Aufl., Stuttgart.

Kotler, P. und *E. Roberto* (1991): Social Marketing, Düsseldorf u. a.

Kowler, E. (Hrsg. 1990): Eye Movements and Their Role in Visual and Cognitive Processes, Amsterdam.

Krauss, W. (1982): Insertwirkungen im Werbefernsehen. Eine empirische Untersuchung zum „Mainzelmänncheneffekt", Bochum.

Krebs, D. (1981): Gewaltdarstellungen im Fernsehen und die Einstellungen zu aggressiven Handlungen bei 12–15jährigen Kindern – Bericht über eine Längsschnittstudie, Zeitschrift für Sozialpsychologie, 12, S. 281–302.

Krech, D. und *R. S. Crutchfield* (1971, 1972, 1985): Grundlagen der Psychologie. Bd. 1, 4. Aufl. (1972), Bd. 2 (1971), Weinheim u. a., Neuauflage in 8 Bänden (1985).

Kroeber, A. L. und *C. Kluckhohn* (1952): Culture: A Critical Review of Concepts and Definitions, Harvard University Peabody Museum of American Archeology and Ethnology Papers, 47, H. 1, Cambridge (Mass.).

Kroeber-Riel, W. (1969): Wissenschaftstheoretische Sprachkritik in der Betriebswirtschaftslehre, Berlin.

Kroeber-Riel, W. (Hrsg. 1972a): Marketingtheorie. Verhaltensorientierte Erklärungen von Marktreaktionen, Köln.

Kroeber-Riel, W. (1972b): Zur Prognoserelevanz von Einstellungswerten, die durch einfache Ratings gemessen werden. Eine Problemskizze, in: *Kroeber-Riel* (1972a), S. 92–106.

Kroeber-Riel, W. (1972c): Theoretische Konstruktionen und empirische Basis in mikroökonomischen Darstellungen des Konsumentenverhaltens, in: Dlugos und Eberlein, S. 209–219.

Kroeber-Riel, W. (1972d): Über die Schönfärberei in der Werbelehre – faktische und normative Aspekte der menschlichen Verhaltenssteuerung, Wirtschaftswissenschaftliches Studium, 1, S. 127–129.

Kroeber-Riel, W. (Hrsg. 1973): Konsumentenverhalten und Marketing, Opladen.

Kroeber-Riel, W. (1974a): Erotik verführt zum Konsum. Das verfehlte Leitbild der Verbraucheraufklärung, Wirtschaftswoche, 28, S. 50–52.

Kroeber-Riel, W. (Hrsg. 1974b): Ideologische Komponenten der entscheidungsorientierten Absatztheorie, in: *Weinberg, Behrens* et al., S. 29–49.

Kroeber-Riel, W. (1977a): Kritik und Neuformulierung der Verbraucherpolitik auf verhaltenswissenschaftlicher Grundlage, Die Betriebswirtschaft, 37, S. 89–103.

Kroeber-Riel, W. (1977b): Ziele der Verbraucherpolitik, Arbeitnehmer, 5, S. 221–229.

Kroeber-Riel, W. (1978): Verhaltenswissenschaftliche Marketingforschung, in: *Weinhold-Stünzi*, S. 139–161.

Kroeber-Riel, W. (1979): Activation Research – Psychobiological Approaches in Consumer Research, Journal of Consumer Research, 5, H. 4, S. 240–250. Wiederabgedruckt in *Kassarjian* und *Robertson*, 1991, S. 225–239.

Kroeber-Riel, W. (1980b): Designtest, Communication, 2, H. 3, S. 22–26.

Kroeber-Riel, W. (1980c): Marktpsychologie, in: *Hoyos, Kroeber-Riel* et al., S. 20–40.

Kroeber-Riel, W. (1981): Die Verhaltensbiologie, in: *Tietz*, S. 41–51.

Kroeber-Riel, W. (1981a): Offensive Markenpolitik in Europa, Food + Nonfood, 13, H. 11, S. 54–68.

Kroeber-Riel, W. (1981b): Plakatwerbung: Kreativität ohne Kontrolle?, FAW (Fachverband Außenwerbung) '81, Referat anläßlich der Jahreshauptversammlung am 29.04.1981 in München, Frankfurt/Main.

Kroeber-Riel, W. (1981c): Wirkungen von Warentestinformationen im Anbieter- und Konsumentenbereich, in: *Fleischmann*, S. 43–52.

Kroeber-Riel, W. (1982a): Laborforschung und Menschenbild, in: *Hansen, Stauss* et al., S. 154–160.

Kroeber-Riel, W. (1982b): Die Wirkung von Bildern in der Werbung. Theorie – Anwendung Messung, Referat einer Fachveranstaltung von BILD, Hamburg: Axel Springer.

Kroeber-Riel, W. (1982c): Werbeforschung in der USA-Praxis. Ein Reisebericht des Instituts für Konsum- und Verhaltensforschung, Saarbrücken.

Kroeber-Riel, W. (1983a): Neuere Methoden der Marktforschung, Die Betriebswirtschaft, 43, H. 2, S. 277–285.

Kroeber-Riel, W. (1983b): Pictorial Information Processing – Outlines of a Consumer Research Program, Arbeitspapier des Instituts für Konsum- und Verhaltensforschung an der Universität des Saarlandes, Saarbrücken.

Kroeber-Riel, W. (1983c): Wirkung von Bildern auf das Konsumentenverhalten. Neue Wege der Marketingforschung, Marketing ZFP, 5, H. 3, S. 153–160.

Kroeber-Riel, W. (1984a): Analysis of Non-Cognitive Behavior – Especially by Nonverbal Measurement, Arbeitspapier des Instituts für Konsum- und Verhaltensforschung der Universität des Saarlandes, Saarbrücken. Wiederabgedruckt in: *Bagozzi*, 1989.

Kroeber-Riel, W. (1984b): Emotional Product Differentiation by Classical Conditioning (with Consequences for the „Low-lnvolvement Hierarchy", in: *Kinnear*, S. 538–543.

Kroeber-Riel, W. (1984c): Effects of Emotional Pictorial Elements in Ads Analyzed by Means of Eye Movement Monitoring, in: *Kinnear*, S. 591–596.

Kroeber-Riel, W. (1984d): Zehn Thesen zum Design, Erschienen unter dem Titel „Elend der Einheit" im manager magazin, 14, 1984, H. 5, und unter dem Titel „Produkt-Design, mit erlebnisbetonten Komponenten Produktpräferenzen schaffen" im Marketing Journal, 17, 1984, H. 2, S. 136–141.

Kroeber-Riel, W. (1985): Vorteile der bildbetonten Werbung, Werbeforschung und Praxis, 30, Nr. 4, S. 122–126.

Kroeber-Riel, W. (1986a): Die inneren Bilder der Konsumenten – Messung, Verhaltenswirkung, Konsequenzen für das Marketing, Marketing ZFP, 6, H. 2, S. 81–94.

Kroeber-Riel, W. (1986b): lnnere Bilder – Signale für das Kaufverhalten, absatzwirtschaft, 29, Nr. 1, S. 50–57.

Kroeber-Riel, W. (1986c): Erlebnisbetontes Marketing, in: *Belz*, S. 1137–1151.

Kroeber-Riel, W. (1987): lnformationsüberlastung durch Massenmedien und Werbung in Deutschland, DBW – Die Betriebswirtschaft, 47, Nr. 3. S. 257–261.

Kroeber-Riel, W. (1989a): Die Werbung von morgen muß Firmen und Marken inszenieren HARVARDmanager, Nr. 3, S. 78–86.

Kroeber-Riel, W. (1989b): Das Suchen nach Erlebniskonzepten für das Marketing – Grundlagen für den sozialtechnischen Forschungs- und Entwicklungsprozeß, in: *Specht, Silberer* et al., S. 247–263.

Kroeber-Riel, W. (1991): Strategie und Technik der Werbung – verhaltenswissenschaftliche Ansätze, 3. Aufl., Stuttgart u. a.

Kroeber-Riel, W. (1991a): Kommunikationspolitik, Marketing ZFP, 13, H. 3, S. 164–171.

Kroeber-Riel, W. (1992): Globalisierung der Euro-Werbung, in: Marketing 14, S. 261–267.

Kroeber-Riel, W. (1993a): Marketing-Kommunikation, in: *Wittmann, Kern* et al.

Kroeber-Riel, W. (1993b): Bildkommunikation – Imagerystrategien für die Werbung, München.

Kroeber-Riel, W. (1993c): Strategie und Technik der Werbung – verhaltenswissenschaftliche Ansätze, 4. Aufl., Stuttgart u. a.

Kroeber-Riel, W. und *I. Behle* (1995): Computer Aided Advertising System (CAAS) – Einsatz wissensbasierter Computersysteme für die (Pharma-)Werbung, in: *Lonsert, M.; K.-J. Preuß* et al. (Hrsg. 1995), 621–648.

Kroeber-Riel, W. und *F.-R. Esch* (1988): Irritationswirkungen der Werbung, untersucht an Lenor-Fernsehspots, Bericht des Instituts für Konsum- und Verhaltensforschung der Universität des Saarlandes für Procter & Gamble, Saarbrücken.

Kroeber-Riel, W. und *F.-R. Esch* (1992): Expertensysteme im Marketing, in: *Hermanns, A. und F. Flegel* (Hrsg. 1992), Handbuch des Electronic Marketing. Funktionen und Anwendungen der Informationstechnik im Marketing, München.

Kroeber-Riel, W.; G. Hemberle et al. (1979): Product Differentiation by Emotional Conditioning, Arbeitspapier des Instituts für Konsum- und Verhaltensforschung an der Universität des Saarlandes, Saarbrücken.

Kroeber-Riel, W. und *H. Jung* (1994): Wirkung von Gefängnisfassaden – Theoretische Ansätze, empirische Ergebnisse und rechtspolitische Folgen, in: Monatszeitschrift für Kriminologie und Strafrechtsreform 77, S. 156–172.

Kroeber-Riel, W.; T. Lorson et al. (1992): Expertensysteme in der Werbung, DBW (Die Betriebswirtschaft), 52, 1, S. 91–108.

Kroeber-Riel, W. und *G. Meyer-Hentschel* (1982): Werbung – Steuerung des Konsumentenverhaltens, Würzburg.

Kroeber-Riel, W.; R. Möcks et al. (1982): Zur Wirkung von Duftstoffen. Untersuchungsbericht des Instituts für Konsum- und Verhaltensforschung für die Firma Henkel (Düsseldorf), Universität des Saarlandes, Saarbrücken.

Kroeber-Riel, W. und *B. Neibecker* (1983): Elektronische Datenerhebung: Computergestützte Interviewsysteme, in: *Forschungsgruppe Konsum und Verhalten,* S. 193–208.

Kroeber-Riel, W. und *S. Roloff* (1972): Zur Problematik von Wendepunkten in Trendfunktionen, dargestellt an einem Modell zur Prognose von Marktanteilen, Zeitschrift für betriebswirtschaftliche Forschung, 24, S. 294–300.

Kroeber-Riel, W. und *V. Trommsdorff* (1973): Markentreue beim Kauf von Konsumgütern – Ergebnisse einer empirischen Untersuchung, in: *Kroeber-Riel* (1973), S. 57–82.

Kroeber-Riel, W. und *R. Wimmer* (1977): Bericht über den psychophysiologischen Test (PPP) der dor-flüssig-Werbung. Ergebnisse und Folgerungen für weitere Copytests, Arbeitspapier des Instituts für Konsum- und Verhaltensforschung an der Universität des Saarlandes, Saarbrücken.

Krüger, U. M. (1988): Infos – Infotainment – Entertainment: Programmanalyse 1988, Media Perspektiven, H. 10, S. 637–663.

Krüger, U. M. (1991): Positionierung öffentlich-rechtlicher und privater Fernsehprogramme im dualen System. Programmanalyse 1990, Media-Perspektiven, H. 5, S. 303–332.

Krugman, H. E. (1967): The Measurement of Advertising Involvement, Public Opinion Quarterl, 30, S. 583–596.

Krugman, H. E. (1965, 1981): The Impact of Television Advertising: Learning Without Involvement, Public Opinion Quarterly, 29, 1965, S. 349–356. Wiederabgedruckt in: *Kassarjian* und *Robertson*, 1981, S. 104–109.

Krugman, H. E. (1975): What Makes Advertising Effective?, Harvard Business Review, 53, März/April, S. 96–103.

Kruse, P. und *M. Stadler* (1994): Der psychische Apparat des Menschen, in: *Merten*, K. et al. (Hrsg. 1994), S. 20–42.

Kuehn, A. A. (1972): Die Produktwahl des Konsumenten als Lernprozeß, in: *Kroeber-Riel*, (1972a), S. 156–170.

Kuhlmann, E. (1974): Impulsives Kaufverhalten, Arbeitspapier des Instituts für Konsum- und Verhaltensforschung an der Universität des Saarlandes, Saarbrücken.

Kuhlmann, E. (1978): Effizienz und Risiko der Konsumentenentscheidung, Stuttgart.

Kuhlmann, E. (1980): Kaufrisiko, in: *Hoyos* und *Kroeber-Riel* et al., S. 522–533.

Kuhlmann, E. (1987): Verbraucherinformation durch rechnergestützte Informationssysteme, Marketing ZFP, 9, H. 2, S. 77–84.

Kuhlmann, E. (1990): Verbraucherpolitik – Grundzüge ihrer Theorie und Praxis, München.

Kuhlmann, E.; M. Brünne et al. (1992): Interaktive Informationssysteme in der Marktkommunikation, Heidelberg.

Kuhn, T. S. (1967): Die Struktur wissenschaftlicher Revolutionen, Frankfurt/Main.

Kuhn, T. S. (1972): Postskript: – 1969: zur Analyse der Struktur wissenschaftlicher Revolutionen, in: *Weingart*, S. 287–319.

Kuhn, T. S. (1977): Die Entstehung des Neuen – Studien zur Struktur der Wissenschaftsgeschichte, Frankfurt/Main.

Kuiken, D. (Hrsg. 1991): Mood and Memory – Theory, Research and Applications, Newbury Park u. a.

Küller, R. (1987): Enviromental Psychology from a Swedish Perspective, in: Handbook of Enviromental Psychology, New York u. a. , S. 1243–1280.

Kumpf, M. (1983): Bezugsgruppen und Meinungsführer, in: *Irle*, 1. Halbbd., S. 282–330.

Kuß, A. (1987): Information und Kaufentscheidung, Methoden und Ergebnisse empirischer Konsumentenforschung, Berlin u. a.

Kuß, A. (1991): Käuferverhalten, Stuttgart u. a.

L

LaBarbera, P. und *J. McLachlan* (1979): Time Compressed Speech in Radio Advertising, Journal of Marketing, 43, S. 30–36.

Laberenz, H. (1988): Die prognostische Relevanz multiattributiver Einstellungsmodelle für das Konsumenten-Verhalten, Hamburg.

Lakatos, I. und *A. Musgrave* (Hrsg. 1974): Kritik und Erkenntnisfortschritt, Braunschweig.

Lamnek, S. (1993): Qualitative Sozialforschung, Bd. 1, 2. Aufl., Weinheim.

Landon, E. L. und *W. B. Locander* (1979): Family Life Cycle and Leisure Behavior Research, in: *Wilkie*, S. 133–138.

Lange, R. O. (1996): Aufbruch in eine revolutionäre Online-Zukunft, in: NTZ-Telekommuniktion und Informationstechnik 1, S. 8–15.

Langfeldt, H. P. (1993): Psychologie: Grundlagen und Perspektiven, Neuwied.

Lantos, G. P. (1982): An Improved Research Methodology for Studying Consumer Information Processing Behaviour, Journal of the Market Research Society, H. 1, S. 29–45.

LaPiere, R. T. (1934, 1967): Attitudes Versus Actions, Social Forces, 13, S. 230–237. Wiederabgedruckt in: *Fishbein* (1967), S. 26–31.

Lasswell, H. D. (1967): The Structure and Function of Communication in Society, in: *Berelson* und *Janowitz*, S. 178–190.

Lastovicka, J. L. (1979): Questioning the Concept of Involvement Defined Product Classes, in: *Wilkie,* S. 174–179.

Lastovicka, J. L. (1982): On the Validation of Lifestyle Traits: A Review and Illustration, Journal of Marketing Research, 19, S. 126–138.

Lazarsfeld, P. F.; B. Berelson et al. (1969): Wahlen und Wähler. Soziologie des Wahlverhaltens, Neuwied u. a.

Lazarsfeld. P. F. und *R. K. Merton* (1973): Massenkommunikation, Publikumsgeschmack und organisiertes Sozialverhalten, in: *Aufermann, Bohrmann* et al.,Bd. 2, S.447–470.

Lea, S.E.G.; R. M. Tarpy et al. (1987): The Individual in the Economy, Cambridge u. a.

Leavitt, C.; A. G. Greenwald et al. (1981): What is Low Involvement Low In?, in: *Monroe,* S. 15–20.

Leckenby, J. D. und *K.-H. Ju* (1990): Advances in Media Decision Models, in: *Leigh, J. H.* und *C. R. Martin* (jr.) (Hrsg.), Current Issues & Research in Advertising, Issue 2, S. 311–356.

Lefrancois, C. R. (1976, 1986): Psychologie des Lernens, 2 Aufl. (1986), Berlin u. a.

Legewie, H. (1969): Indikatoren für Kreislauf, Atmung und Energieumsatz, in: *Schönpflug,* S. 157–194.

Legewie, H. (1988): Alltagspsychologie, in: *Assanger* und *Wenninger,* S. 15–20.

Lehmann, D. R. (1971): Television Show Preference: Application of a Choice Model, Journal of Marketing Research, 8, S. 47–55.

Leibenstein, H. (1966): Mitläufer-, Snob- und Veblen-Effekte in der Theorie der Konsumentennachfrage, in: *Streissler* und *Streissler,* S. 231–255.

Leigh, J. H. und *C. R. Martin* (Jr.) (Hrsg. 1978–1990): Current Issues and Research in Advertising, Bd. 1 (1978) – Bd. 12 (1990), An Annual Publication of the Division of Research, Graduate School of Business Administration, University of Michigan, Ann Arbor.

Leigh, T. W. und *P. F. MacGraw* (1989): Mapping the Procedural Knowledge of Industrial Sales Personnel: A Script-Theoretic Investigation, Journal of Marketing, 53, S. 16–34.

Leigh, T. W. und *A. J. Rethans* (1983): Expenences with Script Elicitation within Consumer Decision Making Contexts, in: *Bagozzi* und *Tybout,* S. 667–672.

Leinfellner, W. (1974a): Wissenschaftstheorie und Begründung der Wissenschaften, in: *Eberlein; Kroeber-Riel* et al., S. 11–35.

Leinfellner, W. (1974b): Epitheoretische Aspekte sozialwissenschaftlicher Theorien, in: *Eberlein; Kroeber-Riel* et al., S. 131–167.

Leiss, W.; S. Kline et al. (1986): Social Communication in Advertising, Toronto u. a.

Lenz, M. und *W. Fritz* (1986): Die Aktivierungsforschung im Urteil der Marketingpraxis, Marketing ZFP, 8, H. 3, S. 181–186.

Leong, S. M. und *P. S. Busch* et al. (1989): Knowledge Basis and Salesman Effectiveness: A Script-Theoretic Analysis, Journal of Marketing Research, 26, S. 164–178.

Leppin, A. (1994) Bedingungen des Gesundheitsverhaltens, Weinheim, München.

Lessne, G. und *M. Venkatesan* (1989): Reactance Theory in Consumer Research: The Past, Present and Future, in: *Srull*, S. 76–78.

Leven, W. (1983): Informationsaufnahme und Informationsspeicherung beim Betrachten von Werbeanzeigen, Marketing ZFP, 5, H. 1, S. 13–29.

Leven, W. (1986): Blickregistrierung in der Werbeforschung, in: Issing und Michasch, S. 147–172.

Leven, W. (1988): Automatische Blickregistrierung – Technik und Meßgenauigkeit, Marketing ZFP, 10, H. 2, S. 116–122.

Leven, W. (1991): Blickverhalten von Konsumenten, Bd. 30 der Reihe Konsum und Verhalten, Heidelberg.

Levine, F. M. (Hrsg. 1975): Theoretical Readings in Motivation: Perspectives on Human Behavior, Chicago.

Lewin, K. (1958): Group Decision and Social Change, in: *Maccoby, Newcomb* et al., S. 197–211.

Lewin, K. (1963): Feldtheorie in den Sozialwissenschaften, Ausgewählte theoretische Schriften, Bern u. a.

Lewin, K. (1981–1983): Werkausgabe, hrsg. von *C. F. Graumann*, Bd. 1 (1981) – Bd. 7 (1983), Bern u. a.

Ley, R. G. und *M. P. Bryden* (1981): Consciousness, Emotion, and the Right Hemisphere, in: *Underwood* und *Stevens*, S. 215–241.

Lichtenstein, D. R. und *N. M. Ridgeway* (1993): Price Perceptions and Consumer Shopping Behavior, in: Journal of Marketing Research 30, S. 234–245.

Likert, R. (1932,1970): A Technique for the Measurement of Attitudes, Archives of Psychology, 140, (1932), S. 44–53. Wiederabgedruckt in: *Summers*, (1970), S. 149–158.

Lindgren, H. C. (1973): Einführung in die Sozialpsychologie, Weinheim u. a.

Lindsay, P. H. und *D. A. Norman* (1977, 1981): Human Information Processing. An Introduction to Psychology, 2. Aufl. (1977), New York u. a., Deutsche Übersetzung unter dem Titel: Einführung in die Psychologie: Informationsaufnahme und -verarbeitung beim Menschen, 1981, Berlin u. a.

Lindsley, D. B. (1970): The Role of Nonspecific Reticulo-Thalamo-Cortical Systems in Emotion, in: *Black*, S. 147–188.

Lindzey, G. und *E. Aronson* (Hrsg. 1968, 1969, 1985): The Handbook of Social Psychology, 2. Aufl., Bd. 1–2 (1968), Bd. 3–5 (1969), Reading (Mass.) u. a., 3. Aufl. (1985) in zwei Bänden, New York.

Lindzey, G.; C. S. Hall et al. (1978): Psychology, 2. Aufl., New York.

Lintas (Hrsg. 1972): Experimente am Ohr, Hamburg.

Liu, S. S. (1986): Picture-Image Memory of TV Advertising in Low-lnvolvement Situations – A Psychophysiological Analysis, in: *Leigh* und *Martin*, S. 27–60.

Lockner, R. und *G. Schweiger* (1992): Der Emotionsmesser Programmanalysator und rationale Argumente, in: Werbeforschung und Praxis, 6, S. 194–196.

Lodge, M. (1981): Magnitude Scaling. Quantitative Measurement of Opinions, Series: Quantitative Applications in the Social Sciences, 25, Beverly Hills u. a.

Loesch, G. (1978): CONMEA – Ein neuer Ansatz zur Vorabschätzung des Kaufverhaltens, Interview und Analyse, 5, H. 2, S. 59–63.

Loesch, G. (1981): Mainzelmänncheneffekte oder Kroeber-Riel-Effekte, Interview und Analyse, 8, H. 11/12, S. 470–474.

Loewen, J. (1988): Empirische Untersuchung zum Schaufensterverhalten von Passanten, Diplomarbeit am Lehrstuhl für Marketing (*Prof. Dr. Kroeber-Riel*) der Universität des Saarlandes, Saarbrucken.

Löffelholz, M. (Hrsg. 1993): Krieg als Medienereignis. Grundlagen und Perspektiven der Krisenkommunikation, Opladen.

Loftus, E. F. (1980): Memory, Reading (Mass.) u. a.

Loftus, E. F. und G. R. Loftus (1980): On the Permanence of Stored Information in the Human Brain, American Psychologist, 35, H. 5, S. 409–420.

Loftus, G. R. (1976): A Framework for a Theory of Picture Recognition, in: *Monty* und *Senders*, (1976), S. 499–511.

Loftus, G. R. (1979): On-line Eye Movement Recorders: The Good, the Bad, and the Ugly, Behavior Research Methods & Instrumentation, 11, S. 188–191.

Loftus, D. A. (1990): Affect and Arousal in the Study of Mood and Memory, Evanston Ill.

Loftus, E. F. und J. C. Palmer (1974): Reconstruction of Automobile Destruction: An Example of the Interaction Between Language and Memory, in: Journal of Verbal Learning and Verbal Behavior, 13, S. 585–589.

Lonsert, M.; K.-J. Preuß et al. (1995): Handbuch Pharma-Management, 2 Bände, Wiesbaden.

Loudon, D. und A. J. Della Bitta (1993): Consumer Behavior – Concepts and Applications, 4. Aufl., New York.

Lück, H. E.; R. Miller et al. (Hrsg. 1984): Geschichte der Psychologie. Ein Handbuch in Schlüsselbegriffen, München u. a.

Lüer, G. (1988): Kognitive Prozesse und Augenbewegungen, in: *Mandl* und *Spada*, S. 386–399.

Lüer, G.; U. Lass et al. (Hrsg. 1988): Eye Movement Research, Göttingen u. a.

Luhmann, N. (1971): Öffentliche Meinung, in: *Luhmann, N.*: Politische Planung. Aufsätze zur Soziologie von Politik und Verwaltung, Opladen, S. 9–34.

Lutz, R. J. (Hrsg. 1986): Advances in Consumer Research, Vol. XIII, Provo UT: Association for Consumer Research.

Lysinski, E. (1919): Zur Psychologie der Schaufensterreklame, Zeitschrift für Handelswissenschaft und Handelspraxis, 12, S. 6 ff.

M

MacCracken, G. (1986): Culture and Consumption. A Theoretical Account of the Structure and Movement of the Cultural Meaning of Consumer Goods, Journal of Consumer Research, 13, Nr. 1, S. 71–84.

Macharzina, K. und M. Welge (Hrsg. 1989): Handwörterbuch Export und internationale Unternehmung. Stuttgart.

MacInnis, D. J.; K. Nakamoto et al. (1992): Cognitive Associations and Product Category Comparisons: The Role of Knowledge Structure and Context, in: *Sherry, J. F.* und *B. Sternthal* (Hrsg. 1992), S. 260–267.

MacInnis, D. J. und L. L. Price (1987): The Role of Imagery in Information Processing: Review and Extensions, Journal of Consumer Research, 13, Nr. 4, S. 473–491.

MacKenzie, S. B.; R. J. Lurz et al. (1986): The Role of Attitude Toward the Ad as a Mediator of Advertising Effectiveness: A Test of Competing Explarations, Journal of Marketing Research, 23, S. 130–143.

Maelicke, A. (Hrsg. 1990): Vom Reiz der Sinne, Weinheim.

Mahle, W. A. (Hrsg. 1986): Langfristige Medienwirkungen, AKM Studien Nr. 27, Berlin.

Mähling, F. W. (1983): Werbung, Wettbewerb und Verbraucherpolitik, München.

Maier, L. (1984): Verbraucherpolitik in der Bundesrepublik Deutschland – Bilanz und Perspektiven, hrsg. von der AGV (Arbeitsgemeinschaft der Verbraucher), Bonn.

Makens, J. C. (1965): Effects of Brand Preference Upon Consumers' Perceived Taste of Turkey Meat, in: Journal of Applied Psychology, 19. S. 261–263.

Malatesta-Magai, C. Z. und *L. C. Culver* (1991): Identification of Emotions, Moods and Personality via Diary Data, in: *Strongman*, S. 163–186.

Maletzke, G. (Hrsg. 1972): Einführung in die Massenkommunikationsforschung, Berlin.

Malewski, A. (1967): Verhalten und Interaktion, Tübingen.

Malmo, R. B. (1959): Activation: A Neurophysiological Dimension, Psychological Review, 66, S. 367–386.

Maloney, J. C. und *B. Silverman* (Hrsg. 1979): Attitude Research Plays for High Stakes, 8th Attitude Research Conference, American Marketing Association, Chicago.

Mandl, H.; F. H. Friedrich et al. (1988): Theoretische Ansätze zum Wissenserwerb, in: *Mandl* und *Spada*, S. 123–160.

Mandl, H.; H. Gruber et al. (1993): Das träge Wissen, in: Psychologie heute 20, 9, S. 64–69.

Mandl, H. und *H. Spada* (Hrsg. 1988): Wissenspsychologie, München.

Mandler, J. M. (1984): Stories, Scripts, and Scenes: Aspects of Schema Theory, London.

Mangleburg, T. F. (1990): Children's Influence in Purchase Decisions: A Review and Critique, in: *Goldberg, Gorn* et al., S. 813–825.

Mann, L. (1991): Sozialpsychologie, 9. Aufl., München.

Manning, A. (1979): Verhaltensforschung, Berlin u. a.

March, J. G. und *H. A. Simon* (1993): Organizations, 2. Aufl., Cambridge Mass. u. a.

Marks, L. J. und *M. A. Kamins* (1988): The Use of Product Sampling and Advertising: Effects of Sequence of Exposure and Degree of Advertising Claim Exaggeration on Consumers' Belief Strength, Belief Confidence and Attitudes, Journal of Marketing Research, XXV, S. 266–281.

Markus, H. und *R. B. Zajonc* (1985): The Cognitive Perspective in Social Psychology, in: *Lindzey* und *Aronson*, S. 137–230.

Marsella, A. J.; R. G. Tharp et al. (Hrsg. 1979): Perspectives on Cross-Cultural Psychology, New York, u. a.

Martin, E. und *Th. Scheer* (1995): Erfolgsfaktor „zufriedene Kunden", in: *Kind, H.* (Hrsg. 1995), S. 27–57.

Martin, I. und *P. H. Venables* (Hrsg. 1980): Techniques in Psychophysiology, Chichester u. a.

Martin, M. (1992): Mikrographische Marktsegmentierung, Wiesbaden.

Maslow, A. H. (1975): Motivation and Personality. in: *Levine*, S. 358–379.

Mayer, A. und *R. U. Mayer* (1987): Imagetransfer, hrsg. vom Spiegel-Verlag, Hamburg.

Mayer, H. (1990): Werbewirkung und Kaufverhalten unter ökonomischen und psychologischen Aspekten, Stuttgart.

Mayer, H. (1993): Werbepsychologie, 2. Aufl., Stuttgart.

Mayer, R. E. (1981): The Promise of Cognitive Psychology, San Francisco.

Mayntz. R. (Hrsg. 1967): Formalisierte Modelle in der Soziologie. Neuwied, u. a.

Mayo, C. und *N. M. Henley* (Hrsg. 1981): Gender and Nonverbal Behavior, New York u. a.

Mazanec, J. (1978): Strukturmodelle des Konsumverhaltens, Wien.

Mazanec, J. und *F. Scheuch* (Hrsg. 1984): Marktorientierte Unternehmensführung, Wien.

Mc Alister, L. und *M. L. Rothschild* (Hrsg. 1992): Advances in Consumer Research, Vol. 20, Provo UT.

McAuley, W. J. und *C. L. Nutty* (1982): Residential Preferences and Moving Behavior: A Family Life-Cycle Analysis, Journal of Marriage and the Family, 44, S. 301–309.

McCann-Erickson (1982): Der Deutsche Mann. Lebensstile und Orientierungen, Köln u. a.

McConnell, J. D. (1968a): An Experimental Examination of the Price-Quality Relationship, Journal of Business, 41, 4, S. 439–444.

McConnell, J. D. (1968b): Effect of Pricing on Perception of Product Quality, Journal of Applied Psychology, 52, S. 331–334.

McConnell, J. D. (1980): Comment on ‚A Major Price-Perceived Quality Study Reexamined‘, Journal of Marketing Research, 17, S. 263–264.

McDaniel, M. A. und *M. Pressley* (Hrsg. 1987): Imagery and Related Mnemonic Processes – Theories, Individual Differences and Applications, New York u. a.

McDonald, D. G. und *S. Russell* (1988): Audience Role in the Evolution of Fictional Television Content, Journal of Broadcasting & Electronic Media, 32, H. 1, S. 61–71.

McGuire, W. J. (1985): Attitudes and Attitude Change, in: Lindzey und Aronson, Vol. 2, S. 233–346.

McLachlan, J. und *P. LaBarbera* (1978): Time Compressed Speech in Television Commercials, Journal of Advertising Research, 18, S. 11–15.

McLuhan, M. und *Q. Fiore* (1969): Das Medium ist Massage, Frankfurt/Main.

McQuail, D. (1994): Mass Communication Theory, 3. Aufl., London u. a.

McQuarrie, E. F. und *J. M. Munson* (1992): A Revised Product Involvement Inventory: Improved Usability and Validity, in: Advances in Consumer Research 19, S. 108–115.

McSweeney, F. K. und *C. Bierley* (1984): Recent Developments in Classical Conditioning, Journal of Consumer Research, 11, H. 2, S. 619–631.

Meffert, H. (1979): Die Beurteilung und Nutzung von Informationsquellen beim Kauf von Konsumgütern. Empirische Ergebnisse und Prüfung ausgewählter Hypothesen, in: *Meffert* und *Steffenhagen* et al., S. 39–65.

Meffert, H. (1982, 1991): Marketing – Einführung in die Absatzpolitik, 6. Aufl. (1982) – weitergeführt mit dem Titel: Marketing, Grundlagen der Absatzpolitik, 7. Aufl. (1986, Nachdruck 1991), Wiesbaden.

Meffert, H. (1983a): Marktorientierte Führung in stagnierenden und gesättigten Märkten, Arbeitspapier der Wissenschaftlichen Gesellschaft für Marketing und Unternehmensführung, Münster.

Meffert, H. (1983b): Bildschirmtext als Kommunikationsinstrument – Einsatzmöglichkeiten im Marketing, Stuttgart u. a.

Meffert, H. und *M. Bruhn* (1981): Beschwerdeverhalten und Zufriedenheit von Konsumenten, Die Betriebswirtschaft, 41, H. 4, S. 597–613.

Meffert, H. und *H.-D. Dahlhoff* (1980): Kollektive Kaufentscheidungen und Kaufwahrscheinlichkeiten. Analysen und methodische Ergebnisse zu Basisproblemen der Käuferverhaltensforschung, Gruner + Jahr Schriftenreihe, Bd. 27, Hamburg.

Meffert, H. und *G. Heinemann* (1990): Operationalisierung des Imagetransfers, Begrenzung des Transferrisikos durch Ähnlichkeitsmessungen, Marketing ZFP, 12, H. 1, S. 5–10.

Meffert, H. und *M. Kirchgeorg* (1993): Marktorientiertes Umweltmanagement, 2. Aufl., Stuttgart.

Meffert, H.; H. Steffenhagen et al. (Hrsg. 1979): Konsumentenverhalten und Information, Wiesbaden.

Mehrabian, A. (1972): Nonverbal Communication, Chicago.

Mehrabian, A. (1978, 1987): Räume des Alltags oder wie die Umwelt unser Verhalten bestimmt, Frankfurt/Main u. a., in verkürzter Fassung als Taschenbuch (1987), Frankfurt/Main u. a.

Meinefeld, W. (1977): Einstellung und soziales Handeln, Reinbek.

Meldman, N. J. (1970): Diseases of Attention and Perception, Oxford u. a.

Menzel, H. und *E. Katz* (1955): Social Relations and Innovation in the Medical Profession: The Epidemiology of a New Drug, Public Opinion Quarterly, 19, S. 337–352.

Merkens, H. und *H. Seiler* (1978): Interaktionsanalyse, Stuttgart u. a.

Merten, K. (1986): Hierarchische Medienwirkungen, in: *Mahle*, S. 111–118.

Merten, K. (1994): Evolution der Kommunikation, in: *Merten*, K. et al. (Hrsg. 1994), S. 141–162.

Merten, K.; S. J. Schmidt et al. (Hrsg. 1994): Die Wirklichkeit der Medien, eine Einführung in die Kommunikationswissenschaft, Opladen.

Mertens, P. (1969, 1982): Simulation, 1.Aufl. (1969), 2.Aufl. (1982), Stuttgart.

Meyer, W.-U. und *A. Schützwohl* (1993): Einführung in die Emotionspsychologie, Bd. 1, Bern u. a.

Meyer-Hentschel, G. (1980): Aus der Ferne Gefühle messen? Beobachtung durch Thermographie: Ein neues Problem der Verhaltensforschung, Communication aktuell, Juli-Heft, S. 5.

Meyer-Hentschel, G. (1983): Aktivierungswirkung von Anzeigen. Meßverfahren für die Praxis, Würzburg u. a.

Meyer-Hentschel, H. (1990): Produkt- und Ladengestaltung im Seniorenmarkt – Ein verhaltenswissenschaftlicher Ansatz, Wirtschaftswissenschaftliche Dissertation an der Universität des Saarlandes, Saarbrücken.

Meyer-Hentschel, H. und *G. Meyer-Hentschel* (1991): Das goldene Marktsegment – Produkt- und Ladengestaltung fur den Seniorenmarkt, Frankfurt.

Meyer-Hentschel Management Consulting (Hrsg. 1993): Erfolgreiche Anzeigen, 2. Aufl., Wiesbaden.

Meyer-ten-Vehn, H. (1981): Zum Konsumverhalten von Schulkindern und der Rolle des Werbefernsehens, Media Perspektiven, H. 4, S. 310–318.

Meyers, L. (1988): Factors Affecting the Use of Conceptually Driven and Data Driven Processing, in: *Houston*, S. 169–173.

Meyers, L. und *A. M. Tybout* (1989): Schema Congruity as a Basis for Product Evaluation, Journal of Consumer Research, 16, Nr. 1, S. 39–54.

Michman, R. D. (1991): Lifestyle Market Segmentation, New York u. a.

Mietzel, G. (1994): Wege in die Psychologie, 6. Aufl., Stuttgart.

Mikula, G. (1985): Psychologische Theorien des sozialen Austausches, in: *Frey, D.* und *M. Irle* (Hrsg. 1985), S. 273–305.

Milgram, S.; L. Mann et al. (1965): The Lost Letter Technique of Social Research, Public Opinion Quarterly, 29, S. 437–438.

Miller, G. A.; E. Galanter et al. (1960, 1973): Plans and the Structure of Behavior, (1960), London u. a. Deutsche Übersetzung unter dem Titel: Strategien des Handelns, (1973), Stuttgart.

Miller, N. E. (1944): Experimental Studies of Conflict, in: *Hunt*, S. 431–465.

Miller, N. E. (1964): On the Functions of Theory, in: *Sanford* und *Capaldi*, S. 97–103.

Miller, R. (1984): Ökologische Psychologie, in: *Lück* und *Miller,* S. 178–184.

Mitchell, A. A. (Hrsg. 1982): Advances in Consumer Research, 9, Ann Arbor: Association for Consumer Research.

Mitchell, A. A. und *J. C. Olson* (1981): Are Product Attribute Beliefs the Only Mediator of Advertising Effects on Brand Attitude?, Journal of Marketing Research, 18, S. 318–332.

Mizerski, R. W.; L. L. Golden et al. (1979): The Attribution Process in Consumer Decision Making, Journal of Consumer Research, 6, H. 2, S. 123–140.

Mocek, R. (1990): Wissenschaftstheorie, in: *Sandkühler,* H. J. (Hrsg.), Europäische Enzyklopädie zu Philosophie und Wissenschaften, Bd. 4, S. 952–965, Hamburg.

Mogel, H. (1984): Ökopsychologie – eine Einführung, Stuttgart u. a.

Möller, C. (1970): Gesellschaftliche Funktionen der Konsumwerbung, Stuttgart.

Monhemius, K. Ch. (1993): Umweltbewußtes Kaufverhalten von Konsumenten, Frankfurt.

Monroe, K. B. (Hrsg. 1981): Advances in Consumer Research, 8, Ann Arbor: Association for Consumer Research.

Monroe, K. B (1982): The Influence of Price on Product Perceptions and Product Choice, in: *Mitchell,* S. 206–209.

Monty, R. A. und *J. W. Senders* (Hrsg. 1976): Eye Movements and Psychological Processes, Hillsdale (N. J.).

Monzel, A. (1983): Entwicklung und Test einer Gesichterskala zur Messung von Emotionen, Diplomarbeit am Lehrstuhl für Marketing (*Prof. Dr. Kroeber-Riel*) der Universität des Saarlandes, Saarbrücken.

Mooere-Shay, E. S. und *W. L. Wilkie* (1988): Recent Developments in Research on Family Decisions, in: *Houston,* S. 454–460.

Moore, D. L. (1986): Social Interaction Data. Procedural and Analytic Strategies, in: *Brinberg* und *Lutz,* S. 181–212.

Moore, T. E. (1982, 1991): Subliminal Advertising – What You See Is What You Get, Journal of Marketing, 46, 1982, S. 38–47, wiederabgedruckt in: *Kassarjian* und *Robertson,* 1991, S. 75–88.

Moorman, C. (1994): Perspectives on Consumer Health Issues: Theoretical, Methodological and Policy Insights, in: *Allen,* J., S. 12.

Morel, J. und *E. Bauer* et al. (1989): Soziologische Theorie – Abriß der Ansätze ihrer Hauptvertreter, München u. a.

Moreno, J. L. (1934, 1974): Who Shall Survive? A New Approach to the Problem of Human Interrelations, Washington (D. C.), Deutsche Übersetzung (1974): Die Grundlagen der Soziometrie: Wege zur Neuordnung der Gesellschaft, 3.Aufl., Opladen.

Morris, D. (1985): Bodywatching, Oxford.

Morris, P. E. und *M. A. Conway* (Hrsg. 1993): The Psychology of Memory, Vol. I-III, Cambridge GB.

Morvitz, V. G.; E. Johnson et al. (1993): Does Measuring Intent Change Behavior? in: Journal of Consumer Research 20, S. 46–61.

Morvitz, V. G. und *D. Schmittlein* (1992): Using Segmentation to Improve Sales Forecasts Based on Purchase Intent: Which „Intenders" Actually Buy? Journal of Marketing Research 29, S. 391–405.

Moschis G. P. und *G. A. Churchill* (Jr.) (1977): Mass Media and Interpersonal Influences on Adolescent Consumer Learning, in: *Greenberg* und *Bellenger,* S. 68–74.

Moschis G. P. (1985, 1991): The Role of Family Communication in Consumer Socialization of Children and Adolescents, Journal of Consumer Rescarch, 11, 1985. S. 898–913, wiederabgedruckt in: *Kassarjian* und *Robertson*, 1991, S. 396–417.

Moschis G. P. (1987): Consumer Socialization – A Life-Cycle Perspective, Lexington (Mass.) u. a.

Moscovitsch, M. (1983): The Linguistic and Emotional Functions of the Normal Right Hemisphere, in: *Perecman*, S. 57–82.

Moser, K. (1990): Werbepsychologie – eine Einführung, München.

Moskowitz, H. R. und *B. Jacobs* (1980): Ratio Scaling of Perception Vs. Image: Its Use in Evaluating Advertising Promise vs. Product Delivery, in: *Leigh* und *Martin*, S.59–95.

Mowen, J. C. (1993): Consumer Behavior, 3.Aufl., New York u. a.

Muehling, D. D.; R. N. Laczniak et al. (1993): Defining, Operationalizing, and Using Involvement in Advertising Research: A Review, in: Journal of Current Issues and Research in Advertising 15, S. 21–57.

Mühlbacher, H. (1982): Selektive Werbung, Linz.

Mühlbauer, K. R. (1980): Sozialisation. Eine Einführung in Theorien und Modelle, München.

Müller-Hagedorn, L. (1984): Die Erklärung von Käuferverhalten mit Hilfe des Lebenszykluskonzeptes, WiSt, 13, H. 11, S. 561–569.

Müller-Hagedorn, L.(1994): Das Konsumentenverhalten. Grundlagen für die Marktforschung, 2. Aufl., Wiesbaden.

Müller-Hagedorn, L. und *E. Vornberger* (1979): Die Eignung der Grid-Methode für die Suche nach einstellungsrelevanten Dimensionen, in: *Meffert* und *Steffenhagen*, et al., S.185–207.

Müller, S. (1981): Die Rolle des Preises im Kaufentscheidungsprozeß, Jahrbuch der Absatz- und Verbrauchsforschung, 27, H. 1, S. 40–63.

Mummendey, H. D. (1988): Die Beziehung zwischen Verhalten und Einstellung, in: *Mummendey*, S. 1–26.

Mummendey, H. D. (Hrsg. 1988): Verhalten und Einstellung, Berlin u. a.

Mummendey, H. D. und *H.-G. Bolten* (1985): Die Impression – Management – Theorie, in: *Frey* und *Irle*, Bd. III, S. 57–78.

Muncy, J. A. (1986): Affect and Cognition: A Closer Look at two Competing Theories, in: *Lutz*, S. 226–230.

Münkler, H. (1982): Machiavelli: Die Begründung des politischen Denkens der Neuzeit aus der Krise der Republik Florenz, Frankfurt.

Murphy, P. E. und *W. A. Staples* (1979): A Modernized Family Life Cycle, Journal of Consumer Research, 6, S. 12–22.

Musiol, K. G. (1982): Die Wirkung von Werbebotschaften – Eine kommunikationswissenschaftliche Untersuchung zur Akzeptanz von Versandhausanzeigen, Magisterarbeit, Fachbereich Sozialwissenschaften, Ludwig-Maximilians-Universität (Prof. Dr. Sturm), München.

Myers, J. G.; W. P. Massy et al. (1980): Marketing Research and Knowledge Development. An Assessment for Marketing Management, Englewood Cliffs (N. J.).

Myers, J. H. und *W. H. Reynolds* (1967): Consumer Behavior and Marketing Management, Boston, u. a.

Myers, J. H. und *T. S. Robertson* (1972): Dimensions of Opinion Leadership, Journal of Marketing Research, 9. S. 41–46.

Myrtek, M. (1983): Typ-A-Verhalten, Untersuchungen und Literaturanalysen unter besonderer Berücksichtigung der psychophysiologischen Grundlagen, München.

N

Napier, R. W. und *M. K. Gerschenfeld* (1989): Groups – Theory and Experience, Boston u. a.

Naples, M. J. (1979): Effective Frequency. The Relationship Between Frequency and Advertising Effectiveness, New York.

Nedungadi, P. und *V. Kanetkas* (1992): Incorporating Consideration Sets into Models of Brand Choice, in: *Sherry, J. F.* und *B. Sternthal* (Hrsg. 1992), S. 252–252.

Neibecker, B. (1983a): Elektronische Datenerhebung: Computergestützte Reaktionsmessung, in: *Forschungsgruppe Konsum und Verhalten*, S. 209–234.

Neibecker, B. (1983b): Computer-controlled Magnitude Scaling: An Application to Measure Emotional Impact, Arbeitspapier des Instituts für Konsum- und Verhaltensforschung an der Universität des Saarlandes, Saarbrücken.

Neibecker, B. (1985): Konsumentenemotionen. Messung durch computergestützte Verfahren, Würzburg u. a.

Neibecker, B. (1987): Werben mit Bildern, Marketing Journal, 20, Nr. 4, S. 356–361.

Neibecker, B. (1989): Einsatz von Expertensystemen im Marketing, in: *Scheer* (Hrsg.), S. 55–82.

Neibecker, B. (1990): Werbewirkungsanalyse mit Expertensystemey, Bd. 26 der Reihe Konsum und Verhalten, Würzburg.

Neidhardt, F. (Hrsg. 1994): Öffentlichkeit, öffentliche Meinung, soziale Bewegungen, Opladen.

Neisser, U. (1974): Kognitive Psychologie, Stuttgart.

Nelson, W. W. und *G. R. Loftus* (1980): The Functional Visual Field During Picture Viewing, Journal of Experimental Psychology: Human Learning and Memory, 6, H. 4, S. 391–399.

Nicholas, J. M. (Hrsg. 1977): Images, Perception, and Knowledge, Dordrecht (Holland) u. a.

Niekamp, W. E. (1971): An Exploratory Analysis of Selected Factors of Pictorial Composition Through the Ocular Photography of Eye-Movements, Dissertation an der Indiana University, Bloomington.

Niemeyer, H. G. (1993): Begründungsmuster von Konsumenten, Heidelberg.

Nieschlag, R. und *E. Dichtl* et al. (1994): Marketing, 17. Aufl., Berlin.

Nighswonger, N. J. und *C. R. Martin* (Jr.) (1981): On Using Voice Analysis in Marketing Research, Journal of Marketing Research, 18, S. 350–355.

Nisbett, R. E. und *L. Ross* (1980): Human Inference: Strategies and Shortcomings of Social Judgement, Englewood Cliffs (N. J.).

Noelle-Neumann, E. (1979): Massenmedien und sozialer Wandel – Methodenkombination in der Wirkungsforschung, Zeitschrift für Soziologie, 8, H. 2, S. 164–182.

Noelle-Neumann, E. (1980): Die Schweigespirale. Offentliche Meinung – unsere soziale Haut, München u. a.

Noelle-Neumann, E. (1985): Die Identifizierung der Meinungsführer, in: ESOMAR, S. 125–171.

Nolte, H. (1976): Die Markentreue im Konsumgüterbereich, Bochum.

Nolting, H.P. und *P. Paulus* (1993): Psychologie Lernen, 4. Aufl., Weinheim.

Norman, D. A. und *D. E. Rumelhart* (1978): Gedächtnis und Wissen, in: *Norman* und *Rumelhart*, S. 21–50.

Norman, D. A. und *D. E. Rumelhart* (Hrsg. 1975, 1978): Explorations in Cognition, San Francisco. Deutsch erschienen (1978): Strukturen des Wissens, Wege der Kognitionsforschung, Stuttgart.

Noton, D. und *L. Stark* (1971): Eye Movements and Visual Perception, Scientific American, 224, H. 6, S. 34–43.

Nötzel, R. (1978): Das Kindchenschema in der Werbung. Eine Untersuchung über Ansätze zur Verhaltensforschung bei der Reaktion auf Werbemittel, Interview und Analyse, 5, S. 305–311.

Nötzel, R. (1988): Zur Beachtung der Werbewirksamkeit von Schaufenstern, Planung und Analyse, Nr. 5, S. 201–205.

O

Obermiller, C. (1988): When Do Consumers Infer Quality From Price, in: *Houston*, S. 304–310.

Ogilvy Center for Research and Development (Hrsg. 1986): Attitude Accessibility: On the Trail of a New Tool for Predicting Brand Choice, Arbeitspapier, San Francisco.

O'Guinn, T. C. und *R. J. Faber* (1991): Mass Communication and Consumer Behavior, in: *Robertson* und *Kassarjian*, S. 319–400.

O'Keefe, D. J. (1992): Persuasion – Theory and Research, 2. Aufl., London u. a.

Oksaas, E. (1993): Spracherwerb als Kulturerwerb, in: Mitteilungen der Alexander von Humboldt Stiftung 62, S. 23–30.

Olson, B. (1992): Brand Loyalty and Lineage: Explolring New Dimensions for Research, in: Advances in Consumer Research 20, S. 575–580.

Olson, J. C. (1977): Price as an Informational Cue: Effects on Product Evaluations, in: *Woodside, Sheth* et al, S. 267–286.

Olson, J. C. (Hrsg. 1980a): Advances in Consumer Research, 7, Ann Arbor: Association for Consumer Research.

Olson, J. C. (1980b): Encoding Processes: Levels of Processing and Existing Knowledge Studies, in: *Olson*, S. 154–160.

Onkvisit, S. und *J. J. Shaw* (1994): Consumer Behavior. Strategy and Analysis, New York u. a.

Opp, K. D. (1972): Verhaltenstheoretische Soziologie, Reinbek.

Opp, K. D. (1976): Methodologie der Sozialwissenschaften. Einführung in die Probleme ihrer Theorienbildung, Neuausgabe, Reinbek.

Opwis, K. (1988): Produktionssysteme, in: *Mandl* und *Spada*, S. 74–98.

Opwis, K. (1992): Kognitive Modellierung: Zur Verwendung wissensbasierter Systeme in der psychologischen Theoriebildung, Bern u. a.

Orth, B. (1974): Einführung in die Theorie des Messens, Stuttgart u. a.

Osgood, C. E. (1973): Eine Entdeckungsreise in die Welt der Begriffe und Bedeutungen, in: *Schramm* (1973), S. 39–54.

Osgood, C. E. (1977): The Cross-Cultural Generality of Visual-Verbal Synesthetic Tendencies, Behavioral Science, 5, (1959), S. 146–169, wiederabgedruckt in: *Snider* (1977), S. 561–584.

Osgood, C. E.; G. J. Suci et al. (1957): The Measurement of Meaning, Urbana (Ill.), S. 18–30, 318–331, auszugsweise wiederabgedruckt in: *Snider* (1977), S. 56–82.

Osgood, C. E. und *P. H. Tannenbaum* (1955): The Principle of Congruity in the Prediction of Attitude Change, Psychological Review, 62, S. 52–55.

Oswald, H. und *H. -P. Kuhn* (1994): Fernsehhäufigkeit von Jugendlichen, in: Media Perspektiven 1, S. 35–41.

Ozanne, J. L.; M. Brucks et al. (1992): A Study of Information Search Behavior during the Categorization of New Products, Journal of Consumer Research, 18, S. 452–463

P

Paichler, G. (1988): The Psychology of Social Influence, Cambridge.

Paivio, A. (1971): Imagery and Verbal Processes, New York, u. a.

Paivio, A. (1976): Imagery in Recall and Recognition, in: *J. Brown*, S. 103–130.

Paivio, A. (1977): Images, Propositions, and Knowledge, in: *Nicholas*, S. 47–71.

Palmer, E. L. und *A. Dorr* (Hrsg. 1980): Children and the Faces of Television. Teaching, Violence, Selling, New York u. a.

Palupski, R. (1995): Virtual Reality und Marketing, in: Marketing ZFP 17, S. 264–272.

Papalia, D. E. und *S. W. Olds* (1986): Psychology, New York u. a.

Parfitt, J. H. und *B. J.K. Collins* (1972): Prognose des Marktanteils eines Produktes auf Grund von Verbraucherpanels, in: *Kroeber-Riel* (1972a), S. 171–207.

Park, C. W.; D. L. Mothersbaugh et al. (1994): Consumer Knowledge Assesment, Journal of Consumer Research, 21, S. 71–82.

Park, C.W. und *S. M. Young* (1983): Types and Levels of Involvement and Brand Attitude Formation, in: *Bagozzi* und *Tybout* (1983), S. 320–324.

Park, D. C. (1980): Item and Attribute Storage of Pictures and Words in Memory, American Journal of Psychology, 93, H. 4, S. 603–615.

Parker, P. (1993): Choosing Among Diffusion Models: Some Empirical Evidence, in: Marketing Letters 4:1, S. 81–94.

Parsons, T. und *E. A. Shils* (Hrsg. 1962): Toward a General Theory of Action, Cambridge.

Pavia, T. (1994): Brand Names and Consumer Inference: The Effect of Adding a Numeric Component to a Brand Name, in: Advances in Consumer Research, 21, S. 195–201.

Pelzer, K.E. (1971): Irradiation, in: *Arnold, Eysenck* et al., (1980), Bd. 2, S. 232.

Peracchio, L. A. (1992): How Do Young Children Learn to be Consumers? A Script-processing Approach, Journal of Consumer Research 18, S. 425–440.

Percy, L. und *A. G. Woodside* (Hrsg. 1983): Advertising and Consumer Psychology, Lexington.

Perecman, E. (Hrsg. 1983): Cognitive Processing in the Right Hemisphere, New York et al.

Peter, J. P. und *J. C. Olson* (1992): Consumer Behavior – Marketing Strategy Perspectives, 3. Aufl., Homewood (Ill).

Petri, C. (1992): Entstehung und Entwicklung kreativer Werbeideen. Verbale und visuelle Assoziationen als Grundlage der Bildideenfindung für eine erlebnisbetonte Werbung , Band 33 der Reihe Konsum und Verhalten, Heidelberg.

Petty, R. E. und *J. T Cacioppo* (1981): Issue Involvement as a Moderator of the Effects on Attitude of Advertising Content and Context, in: *Monroe* (1981), S.20–24.

Petty, R. E. und *J. T Cacioppo* (1983): Central and Peripheral Routes to Persuasion: Application to Advertising , in: *Percy* und *Woodside* (1983), S. 3–24.

Petty, R. E. und *J. T Cacioppo* (1986): Communication and Persuasion, Central and Peripheral Routes to Attitude Change, New York.

Petty, R. E.; Th. M. Ostrom et al. (1981a): Historical Foundations of the Cognitive Response Approach to Attitudes and Persuasion, in: *Petty* und *Ostrom* et al. (1981), S. 5–29.

Petty, R. E.; Th. M. Ostrom et al. (Hrsg. 1981): Cognitive Responses in Persuasion, Hillsdale (N. J.).

Petty, R. E.; R. H. Unnava et al. (1991): Theories of Attitude Change, in: *Robertson, T.S.* und *H. H. Kassarjian*, S. 241–280.

Phillips, D. M.; J. C. Olson et al. (1995): Consumption Visions in Consumer Decision Making, in: Advances in Consumer Research 22, S. 280–284.

Piaget, J. und *B. Inhelder* (1973): Die Psychologie des Kindes, Olten.

Piepenbrock, H. und *C. Schroeder* (Hg.) (1987): Verbraucherpolitik kontrovers, Köln.

Pimentel, K. und *K. Teixeira* (1994): Virtual Reality, 2. Aufl., New York u. a.

Pincus, D. R. (1992): Emotional Stimuli, in: *Sherry, J. F.* und *B. Sternthal* (Hrsg. 1992), S. 245–250.

Piron, F. (1991): Defining Impulse Purchasing, in: Advances in Consumer Research 18, S. 509–514.

Pitts, R. E. und *A. G. Woodside* (1984): Personal Values & Consumer Psychology, Lexington.

Plutchik, R. (1984): Emotions and Imagery, in: Journal of Mental Imagery. 8. H. 1, S. 105–112.

Plutchik, R. (1991): The Emotions, revised Edition, Lanham u. a.

Plutchik, R. (1994): The Psychology and Biology of Emotions, New York u. a.

Plutchik, R. und *H. Kellerman* (Hrsg. 1989): Emotion – Theory, Research and Experience, Vol. 4: The Measurement of Emotions, San Diego u. a.

Poiesz, T. (1986): Children's Relationships Between Repetition and Affect: Theory, Research and Policy Implications, in: *Ward, Robertson* et al. (1986), S. 55–66.

Popcorn, F. (1995): The Popcorn Report, New York.

Popper, K.R. (1984): Auf der Suche nach einer besseren Welt, München u. a.

Popper, K.R. und *J.C. Eccles* (1982): Das Ich und sein Gehirn, 2. Aufl., München u. a.

Porges, S. W. und *M. G. H. Coles* (Hrsg. 1976): Psychophysiology, Stroudsburg (Penn.).

Postman, N. (1993): Wir amüsieren uns zu Tode. Urteilsbildung im Zeitalter der Unterhaltungsindustrie, 7. Aufl., Frankfurt/Main.

Poth, L. G. (Hrsg. 1977, 1995): Marketing, 1. und 3. Auflage, Neuwied.

Powers, K. J. (1992): A Longitudinal Examination of Addictive Consumption, in: *McAlister, L.* und *M. L. Rothschild* (Hrsg. 1992), S. 405–413.

Prakastz, V. (1992): Some Brand Loyalty and Pricing Issues in Consumer Research, in: Advances in Consumer Research 20, S. 591–594.

Priewasser, E. (1985): Die Banken im Jahr 2000, Frankfurt.

Probst, H. H. (1982): Immer mehr Genüsse, immer weniger genießen, in: Psychologie heute, 9, S. 22–28.

Prokasy, W. F. und *D. C. Raskin* (Hrsg. 1973): Electrodermal Activity in Psychological Research, New York,u. a.

Prose, F. (1983): Gruppeneinfluß und Wahrnehmungsurteile: die Experimente von Sherif und Asch, in: *Frey* und *Greif*, (1983), S. 453–458.

Puto, C. P. (1985): Memory for Scripts in Advertisements, in: *Hirschman* und *Holbrook* (1985), S.404–409.

Pylyshyn, Z. W. (1981): The Imagery Debate: Analogue Media Versus Tacit Knowledge, Psychological Review, 88, H. 1, S. 16–45.

Q

Qualls, W. J. (1982): Changing Sex Roles: Its Impact Upon Family Decision Making, in: *Mitchell* (1982), S. 267–270.

Qualls, W. J. und *F. Jaffe* (1992): Measuries Conflict in Household Decision Behavior, in: Advances in Consumer Research 19, S. 522–531.

R

Raaij, W. F. van (1977): Consumer Choice Behavior: An Information Processing Approach, wirtschaftswissenschaftliche Dissertation an der Universität Tilburg.

Raaij, W. F. van (1980): Die Erleichterung von Wahlentscheidungen der Konsumenten durch optimale Informationsdarbietung, in: *Hartmann* und *Koeppler*, (1980), S. 259–279.

Raaij, W.F. van und *G.B. Bamossy* (Hrsg. 1993): European Advances in Consumer Research, Vol. 1, Provo UT: Association for Consumer Research.

Rabia, L. (1991): Une Evaluation Empirique des Etudes de Styles de Vie dans les Agences de Publicité en France, Les Cahiers Lyonnais de Recherche en Gestion, Nr. 12, Lyon.

Raffée, H. (1969): Konsumenteninformation und Beschaffungsentscheidung des privaten Haushalts, Stuttgart.

Raffée, H. (1981): Ausgewählte Ergebnisse eines Stadt-Land-Vergleichs von Informationsaktivitäten des Konsumenten, in: *Raffee* und *Silberer*, (1981), S. 241–256.

Raffée, H. (1987): Marketing in sozialer Verantwortung – Gedanken zu einer Markt- und Marketingethik, in: *Wissenschaftliche Gesellschaft für Marketing und Unternehmensführung e. V.* (Hrsg.): Unternehmensführung in sozialer Verantwortung, Münster, S. 11–23.

Raffée, H. und *W. Fritz* (1980), lnformationsüberlastung des Konsumenten. in: *Hoyos* und *Kroeber-Riel* et al., (1980), S. 83–90.

Raffée, H.; H. Goslar et al. (1976): Irreführende Werbung, Wiesbaden.

Raffée, H.; Sauter B. et al. (1973): Theorie der kognitiven Dissonanz und Konsumgüter-Marketing, Wiesbaden.

Raffée, H.; M. Schöler et al. (1975): Informationsbedarf und Informationsbeschaffungsaktivitäten des privaten Haushalts. Vergleichende Analyse des Informationsverhaltens privater Haushalte aufgrund von zwei empirischen Untersuchungen in Mannheim und im Neckar-Odenwald-Kreis, Bericht aus dem Sonderforschungsbereich 24 ‚Sozial- und wirtschaftspsychologische Entscheidungsforschung der Universität Mannheim, Mannheim.

Raffée, H. und *G. Silberer* (Hrsg. 1981): Informationsverhalten des Konsumenten. Ergebnisse empirischer Studien, Wiesbaden.

Raffée, H. und *G. Specht* (1974): Basiswerturteile in der Marketing-Wissenschaft, Zeitschrift für betriebswirtschaftliche Forschung, 26, S. 373–396.

Raffée, H. und *K.-P. Wiedmann* (Hrsg. 1985a): Strategisches Marketing, Stuttgart.

Raffée, H. und *K.-P. Wiedmann* (1985b): Wertewandel und gesellschaftsorientiertes Marketing, in: *Raffée, H.* und *Wiedmann, K.-P.* (Hrsg.): Strategisches Marketing, Stuttgart, S. 552–611.

Raffée, H. und *K.-P. Wiedmann* (1986): Marketing und Werte – Ergebnisse einer empirischen Untersuchung und Skizze von Marketingkonsequenzen, in: *Belz* (1986), Bd. 2, S. 1187–1243.

Raffée, H. und *K.-P. Wiedmann* (1988): Der Wertewandel als Herausforderung für Marketingforschung und Marketingpraxis, in: Marketing ZFP, 10, H. 3. S. 198–210.

Rao, A. R. und *M. E. Bergen* (1992): Price Premium Variations as a Consequence of Buyers' Lack of Information, in: Journal of Consumer Research 19, S. 412–423.

Rarreck, M. (1989): Musik als Mittel der Verkaufsförderung am Point of Sale, Werbeforschung & Praxis, Folge 1, S. 10–16.

Ray, M. L. (1973): Marketing Communication and the Hierarchy-of-Effects, Arbeitspapier des Marketing Science Institute, Boston.

Ray, M. L. (1982): Advertising and Communication Management, Englewood Cliffs (N. J.).

Rayner, K. (Hrsg. 1992): Eye Movements and Visual Cognition: Scene Perception and Reading.

Rayner, K.; G. W. McConkie et al.(1978): Eye Movements and Integrating Information Across Fixations, Journal of Experimental Psychology: Human Perception and Performance, 4, H. 4, S. 529–544.

Reardon, K. K. (1981): Persuasion – Theory and Context, Beverly Hills u. a.

Reardon, K. K. (1991): Persuasion in Practice, Newbury Park u. a.

Redel, M. (1988): Vergleich von Anzeigenwerbung für Nahrungs- und Genußmittel aus den 1960er Jahren und von heute. Diplomarbeit am Lehrstuhl für Marketing (*Prof. Dr. Kroeber-Riel*) der Universität des Saarlandes, Saarbrücken.

Rehorn, J. (1977): Markttests, Neuwied.

Reid, L. N. und *L. C. Soley* (1983): Decorative Models and the Readership of Magazine Ads, Journal of Advertising Research, 23, H. 2, S. 27–32.

Reimann, H.; B. Giesen et al. (1991): Basale Soziologie, Bd. 1: Theoretische Modelle, 4. Aufl., Bd. 2: Hauptprobleme, 4. Aufl., Opladen.

Revers, W. J. (1979): Mensch und Musik, in: *W. C. Simon*, S. 10–28.

Rexeisen, R. J. (1982): Is There a Valid Price Quality Relationship?, in: *Mitchell* (1982), S. 190–194.

Reynolds, T. J. und *J. Gutman* (1984): Advertising is Image Management, Journal of Advertising Research, Nr. 1, S. 27–37.

Reynolds, T. J. und *J. Gutman* (1988): Laddering Theory, Method, Analysis and Interpretation, Journal of Advertising Research, 28, Nr. 1, S. 11–35.

Richardson, J. (1981): Evaluating the Finished Package, in: *Stern* (1981), S. 298–308.

Richins, M. L. (1988): Social Comparison and the Idealized Images of Advertising, in: Journal of Consumer Research 18, S. 71–83.

Richins, M. L. und *T. Root-Shaffer* (1988): The Role of Involvement and Opinion Leadership in Consumer Word-of-Mouth: An Implicit Model Made Explicit, in: *Houston* (1988), S. 32–36.

Richmond, V. P. (1980): Monomorphic and Polymorphic Opinion Leadership Within a Relative Closed Communication System, Human Communication Research, 6, S. 111–116.

Riesz, P. C. (1980): A Major Price-Perceived Quality Study Reexamined, Journal of Marketing Research, 17, S. 259–262.

Roberts, D. F. und *Ch. M. Bachen* (1981): Mass Communication Effects, Annual Review of Psychology, 32, S. 307–356.

Roberts, D. F und *N. Maccoby* (1985): Effects of Mass Communication, in: *Lindzey* und *Aronson*, (1985), Bd. II, S. 539–598.

Robertson, K. R. (1987): Recall and Recognition Effects of Brand Name Imagery, Psychology & Marketing, 4, S. 3–15.

Robertson, T. (1986): Intra-Family Processes – the American Experience, in: *Ward, Robertson* et al. (1986), S. 143–149.

Robertson, T. S. (1971): Innovative Behavior and Communication, New York, u. a.

Robertson, T. S. (1980): Television Advertising and Parent-Child Relations, in: *Adler* und *Lesser* et al., (1980), S. 195–212.

Robertson, T. S. und *H. H. Kassarjian* (Hrsg. 1991): Handbook of Consumer Behavior, Englewood Cliffs (N.J.).

Robertson, T. S. und *J. Zielinski* (1981): New Sociological Perspectives for Consumer Behavior Research , unveröffentlichtes Manuskript.

Robin, D. P.; L. M. Capella et al. (1982): Attacking the Knowledge Gap Phenomenon, in: *Mitchell* (1982), S. 239–243.

Rock, R. und *K.-H. Schaffartzik* (Hrsg. 1983): Verbraucherarbeit: Herausforderungen der Zukunft – Dialog zwischen Praxis und Wissenschaft, Frankfurt u. a.

Roedder, D. L.; B. Sternthal et al. (1981): Attitude-Behavior Consistency in Children's Responses to Television Advertising, Arbeitspapier der University of California.

Roediger, H. L. und *M. S. Weldon* (1987): Reversing the Picture Superiority Effect, in: *McDaniel* und *Pressley* (1987), S. 150–174.

Rogers, E. M. (1962): Diffusion on Innovations, New York, u. a.

Rogers, M. und *K. H. Smith* (1993): Public Perceptions of Subliminal Advertising, in: Journal of Advertising Research, 33, S. 10–18.

Rogge, K. E. (1981): Physiologische Psychologie. München u. a.

Rogoff, B. (1990): Apprenticeship in Thinking – Cognitive Development in Social Context, New York u. a.

Rohracher, H. (1988), Einführung in die Psychologie, hrsg. von *N. Birbaumer*, 13. Aufl. (1988). München.

Rook, D. W. (1987): The Buying Impulse, Journal of Consumer Research, 14, S. 189–199.

Rosenberg, M. J. (1956, 1978): Cognitive Structure and Attitudinal Affect, Journal of Abnormal and Social Psychology, 53, (1956), S. 367–372. Deutsche Übersetzung unter dem Titel: Einstellungsbezogener Affekt und kognitive Struktur, in: *Stroebe*, (1978), Bd. 1, S. 277–292.

Rosenberg, M. J. (1960): An Analysis of Affective-Cognitive Consistency, in: *Hovland* und *Rosenberg*, (1969a), S. 15–64.

Rosenberg, M. J. und *C. I. Hovland* (Hrsg. 1969a): Attitude Organization and Change, 4. Aufl., New Haven, u. a.

Rosenberg, M. J. und *C. I. Hovland* (1969b): Cognitive, Affective and Behavioral Components of Attitudes, in: *Rosenberg, Hovland* (1969a), S. 1–14.

Rosenstiel, L. von (1973): Psychologie der Werbung, Rosenheim.

Rosenstiel, L. von (1979): Produktdifferenzierung durch Werbung, Marketing ZFP, 1, H. 3, S. 151–165.

Rosenstiel, L. von. (1990): Die Macht des ersten Eindrucks, in: Absatzwirtschaft, 33, S. 64–72.

Rosenstiel, L. von und *G. Ewald* (1979): Marktpsychologie, Bd. I: Konsumverhalten und Kaufentscheidung, Bd. II: Psychologie der absatzpolitischen Instrumente, Stuttgart u. a.

Rosenstiel, L. von und *P. Neumann* (1992): Psychologie in Marketing und Werbung, in: *Frey, Hoyos* et al. (1992), S. 208–228.

Ross, H. L. (Jr.) (1982): Recall Versus Persuasion: An Answer, Journal of Advertising Research, No. 1, S. 13–16.

Ross, H. L. (Jr.) (1984): Recall revisted: Recall redux – More Reactions, in: Journal of Advertising Research, No. 3, S. 109–111.

Rossiter, J. R. (1980): Source Effects and Self-Concept Appeals in Children's Television Advertising, in: *Adler, Lesser* et al. (1980), S. 61–94.

Rossiter, J. R. (1982): Visual Imagery: Applications to Advertising, in: *Mitchell* (1982), S. 101–106.

Rossiter, J. R. und L. Percy (1983): Visual Communication in Advertising, in: *Harris* (1983), S. 83–125.

Rossiter, J. R. und L. Percy (1995): Advertising and Promotion Management, 2. Aufl., New York u. a.

Rost, D. (1982): Messen im Marketing-Mix – Ausstellen oder Aussteigen?, Absatzwirtschaft, H. 1, S. 46–54.

Rost, W. (1990): Emotionen – Elixiere des Lebens, Berlin u. a.

Roth, E. (1967): Einstellung als Determination individuellen Verhaltens, Göttingen.

Roth, G. (1994): Das Gehirn und seine Wirklichkeit, Frankfurt a. Main.

Roth, R. (1983): Die Sozialisation des Konsumenten, Thun, Frankfurt/Main.

Roth, R. W. (1983): Die Sozialisation des Konsumenten: Einflüsse von Familie, Schule, Gleichaltrigen und Massenmedien auf das Konsumverhalten von Kindern und Jugendlichen, Wirtschaftswissenschaftliche Dissertation an der Universität Mannheim, Mannheim.

Roth, W. (1987): Verdeckte Konditionierung, Darstellung, Kritik, Prüfung, Regensburg.

Rothschild, M. L. (1987): Marketing Communications, Lexington.

Rötzer, F. und P. Weibel (Hrsg. 1993): Cyberspace: Zum medialen Gesamtkunstwerk, Wien.

Rüdell, M. (1993): Konsumentenbeobachtung am Point-of-Sale, Ludwigsburg u. a.

Ruge, H.-D. (1988): Die Messung bildhafter Konsumerlebnisse, Bd. 16 der Reihe Konsum und Verhalten, Heidelberg.

Rulffs, J. H. (1988): Absatzchancen durch Werbeverstärker am POS, Dynamik im Handel, Nr. 8.

Runow, H. (1982): Zur Theorie und Messung der Verbraucherzufriedenheit, Frankfurt/Main.

Russell, J. A. und G. Pratt (1980): A Description of the Affective Quality Attributed to Environments, Journal of Personality and Social Psychology. 38, S. 311–322.

Russell, J. A. und J. Snodgrass (1991): Emotion and the Environment, in: *Stokols, D. und I. Altman* (Hrsg. 1991), S. 245–280.

Russell, J. A. und L. M. Ward (1981): On the Psychological Reality of Environmental Meaning: Reply to Daniel and Ittelson, Journal of Experimental Psychology (General), 110, H.2, S.163–168.

Russell, J. A. und L. M. Ward (1982): Environmental Psychology, Annual Review of Psychology, S. 651–688.

Russo, J. E. (1978): Eye Fixations Can Save the World: A Critical Evaluation and a Comparison Between Eye Fixations and Other Information Processing Methodologies, in: *Hunt* (1978), S. 561–570.

Russo, J. E. und A. D. Hotowit (1989): Expert Systems for Consumers General Motors Corporation, o. O.

Russo, J. E. und L. D. Rosen (1975): An Eye Fixation Analysis of Multialternative Choice, Memory & Cognition, 3, H. 3, S. 267–276.

Rützel, E. (1977): Aufmerksamkeit, in: *Herrmann, Hofstätter* et al., S. 49–57.

S

Saegert, S. (1987): Environmental Psychology and Social Change, in: *Stokols* und *Altman* (1987), S. 99 – 128.

Dr. Salcher-Team GmbH (1982): Die werbliche Kommunikation mit dem jungen Konsumenten, (Gemeinschaftsuntersuchung), München/Ottobrunn.

Sanford, F. H. und *E. J. Capaldi* (Hrsg. 1964): Research in Perception, Learning and Conflict, Belmont (Cal.).

Sanyal, A. (1992): Priming and Implizit Memory: A Review and a Synthesis Relevant for Consumer Behavior, in: Advances in Consumer Research 19, S. 795 – 805.

Sarbin, T. R. und *V. L. Allen* (1968): Role Theory, in: *Lindzey, Aronson,* Bd. 1, S. 488 – 567.

Sarris, V. und *A. Parducci* (Hrsg. 1984): Perspectives in Psychological Experimentation: Toward the Year 2000, Hillsdale (N.J.).

Scammon, D.; R. T. Shaw et al. (1982): Is a Gift Always a Gift? An Investigation of Flower Purchasing Behavior Across Situations, in: *Mitchell* (1982) S.531 – 536.

Scanzoni, J. und *M. Szinovacz* (1980): Family Decision-Making. A Developmental Sex Role Model, Beverly Hills u. a.

Schachter, S. (o.J.): Werbetrends, ein neues, realitätsgerechteres Modell zur Beobachtung und Positionsbewertung von Marken, hrsg. von der W. Schaefer-Marktforschung, Hamburg.

Schachter, S. (1971): Emotion, Obesity and Crime, New York.

Schachter, S. (1975): Cognition and Peripheralist-Centralist Controversis in Motivation and Emotion, in: *Gazzaniga* und *Blakemore,* S. 529 – 564.

Schachter, S. und *J. E. Singer* (1962): Cognitive, Social and Physiological Determinants of Emotional State, Psychological Review, 69, S. 379 – 399.

Schaefer, W. (1988): Die totale Konkurrenz im Handel, in: *Berufsverband der deutschen Markt- und Sozialforscher e. V.* (Hrsg.), Marktforschung im magischen Viereck (Vorträge auf dem 23. Kongress der Deutschen Marktforschung). Offenbach .

Schandry, R. (1989): Lehrbuch Psychophysiologie, 2.Aufl., München u. a.

Schaninger, Ch. M. (1981): Social Class Versus Income Revisited: An Empirical Investigation, Journal of Marketing Research, 18, S. 192 – 208.

Schaninger, Ch. M. und *W. D. Danko* (1993): A Conceptual and Empirical Comparison of Alternative Household Life Cycle Models, Journal of Consumer Research 19, S. 580 – 594.

Scheer, A. W. (Hrsg. 1989): Betriebliche Expertensysteme II. Einsatz von Expertensystem-Prototypen in betriebswirtschaftlichen Funktionsbereichen, Wiesbaden.

Scheid, D. (1984): Psychophysiologische Aktivierung und Erinnerungsleistung als Reaktionen auf erotische Reize in der Anzeigenwerbung, wirtschaftswissenschaftliche Dissertation an der Universität des Saarlandes, Saarbrücken.

Schenk, M. (1987): Medienwirkungsforschung, Tübingen.

Schenk, M. (1993): Die Ego-zentrierten Netzwerke von Meinungsbildnern, in: Kölner Zeitschrift für Soziologie und Sozialpsychologie 45, S. 254 – 269.

Schenk, M. und *J. Donnerstag* et al. (1990): Wirkungen der Werbekommunikation. Köln u. a.

Schenk, M. und *P. Rössler* (1994): Das unterschätze Publikum: Wie Themenbewußtsein und politische Meinungsbildung im Alltag von Massenmedien und interpersonaler Kommunikation beeinflußt werden, in: *Neidhardt, F.* (Hrsg. 1994), S. 261 – 295.

Scherer, K. R. (1981): Wider die Vernachlässigung der Emotion in der Psychologie, in: *Michaelis, W.* (Hrsg.), Bericht über den 32. Kongreß der Deutschen Gesellschaft für Psychologie in Zürich 1980, Bd. 1, Göttingen u. a.

Scherer, K. R. (Hrsg. 1982): Vokale Kommunikation. Nonverbale Aspekte des Sprachverhaltens, Weinheim u. a.

Scherer, K. R. (1990a): Theorien und aktuelle Probleme der Emotionspsychologie, in: *Scherer* (1990b), S. 2–38.

Scherer, K. R. (Hrsg. 1990b): Psychologie der Emotion, Enzyklopädie der Psychologie C IV 3, Göttingen u. a.

Scherer, K. R. und *P. Ekman* (Hrsg. 1982): Handbook of Methods in Nonverbal Behavior Research, Cambridge, London.

Scherer, K. R.; A. Stahnke et al. (Hrsg. 1987): Psychobiologie – Wegweisende Texte der Verhaltensforschung von Darwin bis zur Gegenwart, München.

Scherer, K. R. und *H. G. Wallbott* (Hrsg. 1984): Nonverhale Kommunikation: Forschungsberichte zum Interaktionsverhalten, 2. Aufl., Weinheim u. a.

Scherhorn, G. (1975): Verbraucherinteresse und Verbraucherpolitik. Schriften der Kommission für wirtschaftlichen und sozialen Wandel. Bd. 17, Göttingen.

Scherhorn, G. und *L. A. Reisch* (1985): Women and Addictive Buying, Arbeitspapier der Universität Hohenheim, (unveröffentlichtes Manuskript).

Scherhorn, G. und *L. A. Reisch* (1990): Addictive Buying in West Germany: an Empirical Study, in: Journal of Consumer Policy, Vol. 13 No. 4, S. 355–387.

Scherhorn, G. und *K. Wieken* (1976): Über die Wirksamkeit von Gegeninformationen für Konsumenten, in: *Specht* und *Wiswede*, S. 257–266.

Scheuch, E. K. und *H. Daheim* (1970): Sozialprestige und soziale Schichtung, in: *Glass* und *König* (1970), S. 65–103.

Scheuch, E. K. und *Th. Kutsch* (1975): Grundbegriffe der Soziologie, Bd. 1: Grundlegung und elementare Phänomene, 2. Aufl., Stuttgart.

Schiebel, B. (1989): Verhalten und Einstellung – Zusammenhangsanalysen mit Strukturvergleichsmodellen, in: *Mummendey* (1988), S. 189–216.

Schiffman, L. G. und *L. Kanuk* (1994): Consumer Behavior, 5. Aufl., London u. a.

Schmalen, H. (1992), Kommunikationspolitik – Werbeplanung, 2. Aufl., Stuttgart u. a.

Schmalen, H. und *F.-M. Binninger* (1994): Ist die klassische Diffusionsmodellierung wirklich am Ende? in: Marketing ZFP 16, S. 5–11.

Schmälzle, U. F. (Hrsg. 1992): Neue Medien – Mehr Verantwortung, Bundeszentrale für politische Bildung, Bonn.

Schmid, R. und *D. Zambarbieri* (Hrsg. 1991): Oculumotor Control and Cognitive Processes, North-Holland.

Schmidt, S. J. (1994): Die Wirklichkeit des Beobachters, in: *Merten, K.; S. J. Schmidt* et al. (Hrsg. 1994), S. 3–19.

Schmidt, S. J. und *S. Weischenberg* (1994):Mediengattungen, Berichterstattungsmuster, Darstellungsformen, in: *Merten, K. ; S. J. Schmidt* et al. (Hrsg. 1994), S. 212–236.

Schmidt-Atzert, L. (1981): Emotionspsychologie, Stuttgart u. a., Neuauflage in Vorbereitung.

Schmidt-Atzert, L. (1987): Zur umgangssprachlichen Ähnlichkeit von Emotionswörtern , Psychologische Beiträge, Bd. 29, S. 140–163.

Schmölders, G. (1966): Psychologie des Geldes, Reinbek.

Schnedlitz, P. (1979): Einstellungsmäßige und normative Determination von Kaufabsichten, Dissertation an der Universität Graz.

Schneider, D. J.; A. H. Hastorf et al.(1979): Person Perception, 2. Aufl., Reading (Mass.), u. a.

Schneider, G. F. und *V. Trommsdorff* (1972): Das Image des Saarlandes, Untersuchung am Institut für Konsum- und Verhaltensforschung an der Universität des Saarlandes, Saarbrücken.

Schneider, K. und *W. Dittrich* (1990): Evolution und Funktion von Emotionen in: *Scherer* (1990), S. 41–114.

Schneider, K. und *H.-D. Schmalt* (1994): Motivation, 2. Aufl., Stuttgart.

Schnell, R.; P. B. Hill et al. (1993): Methoden der empirischen Sozialforschung, 4. Aufl, München u. a.

Schober, R. (1979): Urlaubserwartungen – Urlaubswünsche, Das Reisebüro, H. 1. S. 1–3.

Schobert, R. (1980): Positionierungsmodelle, in: *Diller* (1980), S. 145–161.

Scholz, Ch. (1995): Einfluß des virtuellen Unternehmens auf den Handel, in: *Trommsdorff, V.* (Hrsg. 1995), S. 123–134.

Scholz, Ch. und *J. Zentes* (Hrsg. 1995): Strategisches Euro-Management, Stuttgart.

Schönpflug, W. (1968): Gedächtnis und generalisierte psychologische Aktivierung, Zeitschrift für erziehungswissenschaftliche Forschung 2, S. 195–221.

Schönpflug, W. (Hrsg. 1969a): Methoden der Aktivierungsforschung, Bern u. a.

Schönpflug, W. (1969b): Phänomenologische Indikatoren der Aktiviertheit, in: *Schönpflug* (1969a) S. 215–238.

Schramm, W. (1973): Grundfragen der Kommunikationsforschung, 5. Aufl., München.

Schroiff, H.-W. (1983): Experimentelle Untersuchungen über Gütekriterien von Blickbewegungsregistrierungen, Dissertation an der RWTH Aachen.

Schuchard-Ficher, C. (1979): Ein Ansatz zur Messung von Nachkauf-Dissonanz, Berlin.

Schulte-Frankenfeld, H. (1985): Vereinfachte Kaufentscheidungen von Konsumenten, Frankfurt a. Main.

Schultz-Gambard, J. (Hrsg. 1987): Angewandte Sozialpsychologie- Konzepte, Ergebnisse, Perspektiven, München u. a.

Schulz, R. (1972): Kaufentscheidungsprozesse des Konsumenten, Wiesbaden.

Schulz, W. (1990): Prestige und Konsum, Werbeforschung & Praxis, 4, S. 127–136.

Schulze, G. (1992): Die Erlebnisgesellschaft, Frankfurt/Main.

Schuman, H. und *M. P. Johnson* (1976): Attitudes and Behavior, Annual Review of Sociology, S. 161–207.

Schumpeter, J. A. (1993): Kapitalismus, Sozialismus und Demokratie, 7. Aufl., Tübingen u. a.

Schuppe, M. (1988): Im Spiegel der Medien: Wertewandel in der Bundesrepublik Deutschland, Frankfurt u. a.

Schürer-Necker, E. (1994): Gedächtnis und Emotionen, Hemsbach.

Schürmann, P. (1988): Werte und Konsumverhalten, München.

Schuster, M. und *B. P. Woschek* (Hrsg. 1989): Nonverbale Kommunikation durch Bilder, Stuttgart.

Schwanzer, B. (1985): Die Bedeutung der Architektur für die Corporate Identity eines Unternehmens – eine empirische Untersuchung von Geschäften und Bankfilialen, Wien.

Schwartz, G. E.; G. L. Ahern et al. (1979): Lateralized Facial Muscle Response to Positive and Negative Emotional Stimuli, Psychophysiology, 16, H.6, S. 561–571.

Schwarz, N. (1985): Theorien konzeptgesteuerter Informationsverarbeitung, in: *Frey* und *Irle* (1985), S. 269–292.

Schwarzer, R. (1992): Psychologie des Gesundheitsverhaltens, Göttingen u. a.

Schweiger, G. (1975): Mediaselektionsmodelle – Daten und Modelle, Wiesbaden.

Schweiger, G. (1978): Ergebnisse einer Image-Transfer-Untersuchung, in: *Österreichische Werbewissenschaftliche Gesellschaft* (Hrsg.): Die Zukunft der Werbung, Bericht der 25. Werbewissenschaftlichen Tagung, Wien, S. 129–138.

Schweiger, G.; J. Mazanec et al. (1977): Das erlebte Risiko als Determinante der Sparentscheidungen privater Anleger: Empirische Befunde zur Nutzung ,höherer' Sparformen in der österreichischen Bevölkerung, Arbeitspapier der Wirtschaftsuniversität Wien, H. 9, Wien.

Schweiger, G. und *C. Schrattenecker* (1989): Werbung, 2.Aufl., Stuttgart.

Scitovsky, T. (1977): Psychologie des Wohlstandes – die Bedürfnisse des Menschen und der Bedarf des Verbrauchers, Frankfurt/Main u. a.

Scott, L.M. (1992): Playing with Pictures: Postmodernism, Postsructuralism, and Advertising Visuals, in: *Sherry, J.F.* und *B. Sternthal* (Hrsg 1992): Advances in Consumer Research, Vol. XIX, Provo UT, S. 596–612.

Sebeok, T. A. (Hrsg. 1986): Encyclopedic Dictionary of Semiotics, Bd. 1–3, Berlin u. a.

Secord, P. F. und *C. W. Backman* (1974, 1983): Social Psychology, 2. Aufl. (1974), New York, u. a., Deutsche Übersetzung der 2. Aufl. unter dem Titel: Sozialpsychologie, 4.Aufl. (1983), Frankfurt.

Segalowitz, N. S. (1982): The Perception of Semantic Relations in Pictures, Memory & Cognition, 10, Nr. 4, S. 381–388.

Séguéla, J. (1983): Hollywood wäscht weißer – Werbung mit dem Starsystem, Landsberg am Lech.

Seiffert, H. und *G. Radnitzky* (1990): Handlexikon zur Wissenschaftstheorie, München.

Seiffert, H. (1991): Einführung in die Wissenschaftstheorie, Bd. 1, 11. Aufl., München.

Seiler, T. B. (1980): Entwicklungstheorien in der Sozialisationsforschung, in: *Hurrelmann* und *Ulich* (1980), S. 101–122.

Sekuler, R. und *R. Blake* (1985): Perception, New York.

Selg, H. (1991): Auswirkungen von Gewaltdarstellungen in Massenmedien, in: BPS-Report, S. 6–8.

Selter, G. (1982): Idee und Organisation des Konsumerismus – eine empirische Untersuchung der Verbraucherbewegung in den USA, in: *Hansen, Stauss* et al., (1982), S. 22–42.

Senders, J. W.; D. F. Fisher et al. (Hrsg. 1978): Eye Movements and the Higher Psychological Functions, Hillsdale (N. J.).

Seyffert, R. (1966): Werbelehre, Bd. 1–2, Stuttgart.

Shanteau, J. (1992): Decision Making under Risk, in: Advances in Consumer Research 19, S. 177–181.

Sheikh, A. A. (Hrsg. 1983): Imagery: Current Theory, Research and Application, New York u. a.

Shell, Deutsche-Jugendwerk (Hrsg. 1982): Jugend '81- Lebensentwürfe, Alltagskulturen, Zukunftsbilder, 2. Aufl., Opladen.

Shephard, R. N. (1967): Recognition Memory for Words, Sentences, and Pictures, in: Journal of Verbal Learning and Verbal Behavior, 6, S. 156–163.

Sherif, M. (1936): The Psychology of Social Norms, New York.

Sherif, M. und *C. I. Hovland* (1961): Social Judgement, New Haven.

Sherif, M. und *C. W. Sherif* (1967): The Own Categories Procedure in Attitude Research, in: *Fishbein*, S. 190–198.

Sherman, B. und *P. Judkins* (1993): Virtuelle Realität. Computer kreieren synthetische Welten, München.

Sherrod, D. und Mitarbeiter (1982): Social Psychology. New York

Sherry, J. R. (1991): Postmodern Alternatives: The Interpretive Turn in Consumer Research, in: *Robertson, T.* und *H. Kassarjian* (Hrsg. 1991): Perspectives in Consumer Behavior, Englewood Cliffs, S. 548–591

Sherry, J. R. und *B. Sternthal* (Hrsg. 1992): Advances in Consumer Research 19, Provo U. T.

Sheth, J. N. (Hrsg. 1974): Models of Buyer Behavior. Conceptual, Quantitative and Empirical, New York u. a.

Sheth, J. N. (1975a): A Field Study of Attitude Structure and the Attitude-Behavior Relationship, Zeitschrift für Markt-, Meinungs- und Zukunftsforschung, 18, S. 3851–3879.

Sheth, J. N. (1975b, 1979): Buyer-Seller Interaction. A Conceptual Framework, in: *G. Zaltman* und *B. Sternthal* (Hrsg. 1975): Broadening the Concept of Consumer Behavior, Cincinnati. Wiederabgedruckt in: *Wallendorf* und *Zaltman* (1979), S. 135–142.

Sheth, J. N. (Hrsg. 1978–1988): Research in Marketing- A Research Annual, Vol. 1 (1978) – Vol 10 (1988), Greenwich (Conn.), London.

Sheth, J. N. (1981): Psychology of Innovation Resistance: The Less Developed Concept (LDC) in Diffusion Research, in: *Sheth*, Bd. 4 (1981), S. 272–282.

Sheth, J. N. und *S. Cosmas* (1975): Tactics of Conflict Resolution in Family Buying Behavior, Paper Presented at the Meetings of American Psychological Association, Chicago.

Sheth, J. N. und *E. Hirschmann* (Hrsg.): Research in Consumer Behavior, 1 (1985), Vol. 4 (1990) folgende von *E. Hirschman* herausgegeben, Vol. 5 (1991), London.

Sheth, J. N. und *P. S. Raju* (1974): Sequential and Cyclical Nature of Information Processing. Models in Repetitive Choice Behavior, in: *Ward* und *Wright*, S. 348–358.

Sheth, J. N. und *M. Venkatesan* (1968): Risk-Reduction Processes in Repetitive Consumer Behavior, Journal of Marketing Research ,5, S. 307–310.

Shimp, T. A. (1991): Neo Pavlovian Conditioning and its Implications for Consumer Theory and Research , in: *Robertson* und *Kassarjian* (1991), S. 162–187.

Shimp, T.A.; E.W. Stuart et al. (1991): A Program of Classical Conditioning. Experiments Testing Variations in the Conditioned Stimulus and Context, in: Journal of Consumer Research, 18, S. 1–12.

Shocker, A. D.; M. Ben-Akiva et al. (1991): Consideration Set Influences on Consumer Decision-Making and Choice: Issues, Models, and Suggestions, in: Marketing Letters 2, 3, Holland, S, 181–197.

Shugan, St. (1984): Price-Quality Relationship, in: *Kinnear* (1984), S. 627–632.

Siegman, A. W. und *S. Feldstein* (Hrsg. 1987): Nonverbal Behavior and Communication, 2. Aufl., Hillsdale (N.J.).

Silberer, G. (1978a): Die Verbreitung neutraler Gütertestinformation in der Bundesrepublik Deutschland, Zeitschrift für Verbraucherpolitik, 2, S. 124–143.

Silberer, G. (1978b):Basiskonzepte und theoretische Leitprinzipien als Bezugsrahmen für die Erklärung des Konsumentenverhaltens, Beiträge zum Dritten Europäischen Kolloquium der ökonomischen Psychologie, Augsburg.

Silberer, G. (1979a): Dissonanztheoretische Forschungsarbeiten im Marketing-Bereich, Psychologie und Praxis,H. 4, S. 145–153.

Silberer, G. (1979b): Warentest, Informationsmarketing, Verbraucherverhalten, Berlin.

Silberer, G. (1981): Das Informationsverhalten des Konsumenten beim Kaufentscheid-Ein analytisch-theoretischer Bezugsrahmen, in: *Raffee* und *Silberer* (1981), S. 27–58.

Silberer, G. (1987):Anwendungsorientierte Sozialpsychologie des Marktverhaltens, in: *Schultz-Gambard* (1987), S. 123–138.

Silberer, G. (1990): Reaktanz bei Konsumenten. in: *Hoyos, Kroeber-Riel* et al., (1990), S. 386–391.

Silberer, G. (1991): Werteforschung und Werteorientierung im Unternehmen, Stuttgart

Silberer, G. (1995): Multimedia und Marketing, Stuttgart.

Silberer, G. und *D. Frey* (1981): Vier experimentelle Untersuchungen zur Informationsbeschaffung bei der Produktauswahl, in: *Raffee* und *Silberer* (1981), S. 63–83.

Silbermann, A. (1982): Handwörterbuch der Massenkommunikation und Medienforschung, Bd. 1 und 2, Berlin.

Simon, H. (1982): ADPULS: An Advertising Model with Wearout and Pulsation, Journal of Marketing Research, 19, S. 352–363.

Simon, H. (1992): Preismanagement: Analyse – Strategie – Umsetzung, 2. Aufl., Wiesbaden.

Simon, H. und *E. Kucher* (1988): Die Bestimmung von empirischen Preisabsatzfunktionen, in: Zeitschrift für Betriebswirtschaft 58, S. 171–183.

Simon, H. A. (1979): Information Processing Models of Cognition, Annual Review of Psychology, 30, S. 363–396.

Simon, J. L. (1979): What Do Zielske's Real Data Really Show About Pulsing?, Journal of Marketing Research ,16, S. 415–420.

Simon, W. C. (1979): Mensch und Musik, Salzburg.

Singer, J. L. (1981): Toward the Scientific Study of Imagination. Imagination, Cognition, and Personality, 1, H. 1, S. 5–27.

Singer, J. L. und *K. S. Pope* (Hrsg. 1986): Imaginative Verfahren der Psychotherapie, Paderborn.

Singh, S. N. und *J. C. Hitchon* (1989): The Intensifying Effects of Exciting Television Programs on the Reception of Subsequent Commercials, Psychology & Marketing. 6, Nr. 1, S. 1–31.

Sissors, J. Z. und *L. Bumba* (1993): Advertising Media Planning, 4. Aufl., Lincolnwood (ll).

Six, B. (1983): Effektivität der Werbung, in: *Irle* (1983), 2. Halbbd., S. 341–386.

Six, B. und *B. Schäfer* (1985): Einstellungsänderung Stuttgart u. a.

Skinner, B. F. (1973a): Jenseits von Freiheit und Würde, Reinbek.

Skinner, B. F. (1973b): Wissenschaft und menschliches Verhalten, München.

Steffens, G. A. (1981): Empirische Sozialisationsforschung – Struktur, Funktion und Problematik am Beispiel ausgewählter anglo-amerikanischer Untersuchungen zur Primärsozialisation, Frankfurt/Main, u. a.

Smelser, N. J. (Hrsg. 1988): Handbook of Sociology, Newbury Park u. a.

Smith, G. H. und *R. Engel* (1968): Influence of a Female Model on Perceived Characteristics of an Automobile, Proceedings of the 76th Annual Convention of the American Psychological Association, S. 681–682.

Smith, P. und *D. Swann* (1979): Protecting the Consumer. An Economic and Legal Analysis, Oxford.

Smith, R. A. und *M. J. Houston* (1985): A Psychometric Assessment of Measures of Scripts in Consumer Memory, Journal of Consumer Research, 12, S. 214–224.

Snider, J. G. und *Ch. E. Osgood* (Hrsg. 1977): Semantic Differential Technique, 3. Aufl., Chicago.

Snodgrass, J. G. und *P. M. Burns* (1978): The Effect of Repeated Tests on Recognition Memory for Pictures and Words, Bulletin of the Psychonomic Society, 11, H. 4, S. 263–266.

Snyder, M. L. und *R. A. Wicklund* (1981): Vorhergehende Freiheitsausübung und Reaktanz, in: *Herkner* (1981b), S. 105–119.

Sojna, J. und *E. Spangenberg* (1994): Ethical Concerns in Marketing Research, in: *Allen, C.T.* und *D.R. John* (Hrsg 1994): Advances in Consumer Research, Vol. 21, Provo UT, S. 392–397.

Sokolov, Y. N. (1969):Die reflektorischen Grundlagen der Wahrnehmung, in: *Hiebsch,* S. 61–93.

Soldow, G. F. und *V. Principe* (1981): Response to Commercials as a Function of Program Context , Journal of Advertising Research, 21, H. 2, S. 59–65.

Solomon, M. R. (1994): Consumer Behavior, Buying, Having and Being, 2. Aufl., Boston, u. a.

Solomon, M. R. und *B. G. Englis* (1994): Observations: The Big Picture -Product Complementarity and Integrated Communications, Journal of Advertising Research 34, S. 57–63.

Sommer, R. und *S. Aitkens* (1982): Mental Mapping of Two Supermarkets, Journal of Consumer Research, 9, H. 2, S. 211–216.

Sommer, R. und, *L. Herrick* (1981): The Behavioral Ecology of Supermarkets and Farmers' Markets, Journal of Environmental Psychology, 1, S. 13–19.

Spada (Hrsg. 1992): Lehrbuch Allgemeine Psychologie, 2. Aufl., Bern u. a.

Sparks, G. G. und *J. O. Greene* (1992): On the Validity of Nonverbal Indicators as Measures of Physiological Arousal, in: Human Communication Research 18, S. 445–471.

Spear, N. E. (1984): The Future Study of Learning and Memory from a Psychobiological Perspective, in: *Sarris* und *Parducci* (1984), S. 87–108.

Specht, G.; G. Silberer et al.(Hrsg. 1989): Marketing-Schnittstellen, Herausforderungen für das Management, Stuttgart.

Specht, K. G. und *G. Wiswede* (Hrsg. 1976): Marketingsoziologie. Soziale Interaktionen als Determinanten des Marktverhaltens, Berlin.

Spence, D. P. (1964): Effects of a Continuously Flashing Subliminal Verbal Food Stimulus on Subjective Hunger Ratings, Psychological Review, 15, S. 993–994.

Spence, K. W. und *J. T. Spence* (Hg.) (1968): The Psychology of Learning and Motivation, in: Advances in Research and Theory, Bd. 2, New York, London.

Spiegel, B. (1961): Die Struktur der Meinungsverteilung im sozialen Feld, Bern u. a.

Spiegel, B. (1970): Werbepsychologische Untersuchungsmethoden. Experimentelle Forschungs- und Prüfverfahren, 2. Aufl., Berlin.

Spiegel-Verlag (Hrsg. 1983): SPIEGEL-Dokumentation: Persönlichkeitsstärke – ein neuer Maßstab zur Bestimmung von Zielgruppenpotentialen, Hamburg.

Spiegel-Verlag (Hrsg. 1986): SPIEGEL-Dokumentation „Outfit" – Einstellungen, Stilpräferenzen, Markenonentierung, Kaufverhalten, soziale Milieus, Hamburg.

Spiegel-Verlag (Hrsg. 1989,1991): Arbeitsdaten Medienanalyse MA '89 und MA '91, Hamburg.

Spiegel-Verlag (Hrsg. o. J.): Der Spiegel: Image und Funktion, Eine Untersuchung bei SpiegelLesern über Leseverhalten und Beurteilung des Spiegel, Hamburg.

Spieker, H. (1990): Gesellschaftliche Bedingungen umweltbewußten Konsums, Arbeitspapier der Forschungsgruppe Konsum und Verhalten, Paderborn.

Spiro, R. L. (1983): Persuasion in Family Decision-Making, Journal of Consumer Research, 9, S. 393–402.

Spoehr, K. T. und *S. W. Lehmkuhle* (1982): Visual Information Processing, San Francisco.

Sprenger, S. P. und *G. Deutsch* (1995): Linkes Rechtes Gehirn, 3. Aufl., Heidelberg u. a.

Springer, S. P. und *G. Deutsch* (1994): The Human Split Brain: Surgical Seperation of the Hemisphere, in: *Honeck, R. P.* (Hrsg. 1994), S. 48–58.

Srull, T. K. (Hrsg. 1989): Advances in Consumer Research, 16, Provo (UT).

Staats, A. W. (1968): Learning, Language, and Cognition, New York.

Staats, A. W. und C. K. Staats (1958, 1978): Attitudes Established by Classical Conditioning, Journal of Abnormal and Social Psychology, 57, S. 37–40. Deutsche Übersetzung unter dem Titel: Erzeugung von Einstellungen durch Klassische Konditionierung, in: *Stroebe, W.* (Hrsg. 1978), Bd.1.

Stadler, J. (1985): Die soziale Lerntheorie von Bandura, in: *Frey* und *Irle* (1985), S. 241–272.

Stafford, J. E. (1966, 1976): Effects of Group Influences on Consumer Brand Preferences, in: Journal of Marketing Research 3, S. 68–75. Deutsch in: *Specht* und *Wiswede* (1976), S. 95–110.

Standing, L.; J. Conezio et al. (1970): Perception and Memory for Pictures: Single-Trial Learning of 2500 Visual Stimuli, in: Psychonomic Science, 19, 2, S. 73–74.

Standop, D. und H.-W. Hesse (1985): Zur Messung der Kundenzufriedenheit mit Kfz-Reparaturen – Skripten zum Marketing, hrsg. vom Fachbereich Wirtschaftswissenschaften der Universität Osnabrück, Osnabrück.

Stark, R. (1993): Sociology, 5. Aufl., Belmont (Cal.).

Stark, S. (1992): Stilwandel von Zeitschriften und Zeitschriftenwerbung, Band 31 der Reihe Konsum und Verhalten, Heidelberg.

Steffenhagen, H. (1978): Wirkungen absatzpolitischer Instrumente. Theorie und Messung der Marktreaktion, Stuttgart.

Stegmüller, W. (1978, 1979): Hauptströmungen der Gegenwartsphilosophie: eine kritische Einführung, Bd.1: 6. Aufl. (1978), Bd. 2: 2. Aufl. (1979), Stuttgart.

Stegmüller, W. (1983): Probleme und Resultate der Wissenschaftstheorie und Analytischen Philosophie, Bd. 1: Erklärung – Begründung – Kausalität, 2. Aufl, Berlin u. a.

Stegmüller, W. (1987, 1989): Hauptströmungen der Gegenwartspsychologie – eine kritische Einführung, Bd. 1 7. Aufl. (1987), Bd. 2 8. Aufl. (1989), Stuttgart.

Stegmüller, W. und M. Varga v. Kibed (1983): Probleme und Resultate der Wissenschaftstheorie und analytischen Philosophie, Bd. 1 2. Aufl., Berlin u. a.

Stehr, N. und R. König (Hrsg. 1975): Wissenschaftssoziologie – Studien und Materialien, Sonderheft 18 der Kölner Zeitschrift für Soziologie und Sozialpsychologie, 27.

Steiger, A. (1988): Computergestützte Aktivierungsmessung in der Marketingforschung, Frankfurt u. a.

Steiner, W.; E. Hanisch et al. (1978): Der Einfluß erogener Duftstoffe auf die visuelle Wahrnehmung erotischer Reize, Journal of the Society of Cosmetic Chemists, 29, S. 545–558.

Stern, B. B. (1988): Figurative Language in Services Advertising: The Nature and Uses of Imagery, in: *Houston* (1988), S. 185–190.

Stern, W. (Hrsg. 1981): Handbook of Package Design Research, New York u. a.

Sternthal, B.; R. Dholakia et al. (1978): The Persuasive Effect of Source Credibility: Tests of Cognitive Response, Journal of Consumer Research, 4. H. 4, S. 252–260.

Sternthal, B. und S. C. Craig (1982): Consumer Behavior – An Information Processing Perspective, Englewood Cliffs (N. J.).

Stewart, D. W. und S. Hecker (Hrsg. 1989), Non-Verbal Communication in Advertising, New York.

Stewart, D. W.; S. Hecker et al. (1987): It's More Than What You Say: Assessing the Influence of Nonverbal Communication in Marketing, Psychology & Marketing, 4, Nr. 4, S. 303–322.

Stillings, N. A.; Feinstein et al. (1992): Cognitive Science – An Introduction, 5. Aufl., Cambridge (Mass.). u. a.

Stöhr, A. (1995): Olfaktorische Stimulation am POS, Arbeitspapier der Universität Paderborn.

Stokols, D. und *I. Altman* (Hrsg. 1991): Handbook of Environmental Psychology, 2. Aufl., New York u. a.

Stratte-McClure, J. (1982): Not Divided, But United by Lifestyle, Advertising Age's Focus, Januar, S. 10–15.

Streissler, E. und *M. Streissler* (Hrsg. 1966): Konsum und Nachfrage, Köln, u. a.

Stroebe, W. (Hrsg. 1978, 1981), Sozialpsychologie, Bd. 1: Interpersonale Wahrnehmung und soziale Einstellungen (1978), Bd. 2: Gruppenprozesse (1981), Darmstadt.

Stroebe, W. und *K. Jonas* (1990): Strategien der Einstellungsänderung, in: *Stroebe* und *Hewstone*, S. 171–208.

Stroebe, W.; M. Hewstone et al. (Hrsg 1992): Sozialpsychologie – eine Einführung, 2. Aufl., Berlin u. a.

Strongman, K. T. (Hrsg. 1991): International Review of Studies on Emotions, 1, Chichester u. a.

Strümpel, B. (1980): Psychologie gesamtwirtschaftlicher Prozesse, in: *Hoyos, Kroeber-Riel* et al. (1980), S. 15–29.

Stuart, E. W.; T. A. Shimp et al. (1987): Classical Conditioning of Consumer Attitudes: Four Experiments in an Advertising Context, Journal of Consumer Research, 14, Nr. 3, S. 334–349.

Sturdivant, F. D.; L. W. Stern et al. (1970): Managerial Analysis in Marketing, Glenview (Ill.).

Sturm, H. und *S. Jörg* (1980): Informationsverarbeitung durch Kinder, München u. a.

Sturm, H.; P. Vitouch et al. (1982): Emotion und Erregung Kinder als Fernsehzuschauer, Fernsehen und Bildung, Heft 1–3, S. 11–114.

Sujan, M. und *A. M. Tybout* (1988): Applications and Extensions of Categorization Research in Consumer Behavior, in: *Houston,* S. 50–54.

Suls, J. und *T. A. Wills* (Hrsg. 1991): Social Comparison – Contemporary Theory and Research, Hillsdale N. J.

Summers, G. F. (Hrsg. 1970): Attitude Measurement, Chicago.

Sutherland, M. und *J. Galloway* (1981): Role of Advertising: Persuasion or Agenda Setting, Journal of Advertising Research. 21, H. 5, S. 25–31.

Sutter, A. (1983): Entwicklung der Anzeigengestaltung zwischen 1960 und 1982: emotionale versus informative Inhalte, Diplomarbeit, Fachbereich Wirtschaftswissenschaften, Universität des Saarlandes (*Prof. Dr. W. Kroeber-Riel*), Saarbrücken.

Szallies, R. und *G. Wiswede* (Hrsg. 1991): Wertewandel und Konsum, Fakten, Perspektiven und Szenarien für Markt und Marketing, 2. Aufl., Landsberg am Lech.

T

Tack, W. H. (1976): Stochastische Lernmodelle, Stuttgart.

Tauchnitz, J. (1990): Werbung mit Musik, Reihe Konsum und Verhalten, Band 24, Heidelberg.

Taylor, A.; W. Sluckin et al.(1982): Introducing Psychology, 2. Aufl., Harmondsworth.

Taylor, S. E.; J. Crocker (1981): Schematic Bases of Social Information Processing, in: *Higgins; Herman* et al., S. 98–135.

Teas, K. R. (1993): Expectations, Performance Evaluation, and Consumers' Perceptions of Quality, Journal of Marketing, 57, S. 18–34.

Tepperman, L. und *R. J. Richardson* (Hrsg. 1986): The Social World – An Introduction to Sociology, Toronto u. a.

Terzani, T. (1988): Das ist ein Vergnügen, wirkliches Vergnügen – Organisierte Lust und Freizeitindustrie in Japan, SPIEGEL, 42, Nr. 36, S. 160–177.

Textil-Wirtschaft (Hrsg. 1990): Läden '90- Die interessantesten Eröffnungen des Jahres, Frankfurt.

Thayer, R. E. (1989): The Biopsychology of Mood and Arousal, New York.

Thibaut, J. W. und *H. H. Kelley* (1959): The Social Psychology of Groups, New York u. a.

Thomae, H. (Hrsg. 1965): Die Motivation menschlichen Handelns. Köln u. a.

Thomas, A. (1991, 1992): Grundriß der Sozialpsychologie, Band 1 (1991): Grundlegende Begriffe und Prozesse, Band 2 (1992): Individuum – Gruppe – Gesellschaft, Göttingen u. a.

Thompson, R. F. (1994): Das Gehirn, 2. Aufl., Heidelberg.

Thorelli, H. B.; H. Becker et al. (1975): The Information Seekers: An International Study of Consumer Information and Advertising Image, Cambridge (Mass.).

Thorelli, H. B. und *S. V. Thorelli* (1977): Consumer Information Systems and Consumer Policy, Cambridge (Mass.).

Thorndike, E. L. (1969): Educational Psychology. Three Volumes in One, New York.

Thorson, E. (1991): Moment by Moment Analyses of TV Commercials: Their Theoretical and Applied Roles: Summary of the Panel, in: *Holman* und *Solomon*, S.538–539.

Thorson, E.; A. Chi et al. (1992): Attention, Memory, Attitude and Conation: A Test of the Advertising Hierarchy, Journal of Consumer Research, 19, S. 366–379.

Tietz, B. (Hrsg. 1981, 1982): Die Werbung. Handbuch der Kommunikations- und Werbewirtschaft, Bd. I (1981), Bd. 2 und 3 (1982), Landsberg am Lech.

Tietz, B. (1982a): Die Wertedynamik der Konsumenten und Unternehmer in ihren Konsequenzen auf das Marketing, Marketing ZFP, 4, H. 2, S. 91–103.

Tietz, B. (1983): Konsument und Einzelhandel, 3. Aufl., Frankfurt/Main.

Tietz, B.; R. Köhler et al. (Hrsg. 1995): Handwörterbuch des Marketing, 2. Aufl., Stuttgart.

Tietz, B. und *J. Zentes* (1980): Die Werbung der Unternehmung, Reinbek.

Tölle, K. (1983): Das Informationsverhalten der Konsumenten zur Nutzung und Wirkung von Warentestinformationen, Frankfurt/Main u. a.

Tölle, K.; Th. Hofacker et al. (1981): Der ‚Information Seeker': Konsumbegeistert oder konsumkritisch?, Marketing ZFP, 3, H. 1, S. 47–50.

Tolman, E. C. (1932): Purposive Behavior in Animals and Men, New York.

Tomczak, T.; F. Müller et al. (Hrsg. 1995): Die Nicht-Klassiker der Unternehmenskommunikation, St. Gallen.

Topritzhofer, E. (Hrsg. 1978): Marketing. Neue Ergebnisse aus Forschung und Praxis, Wiesbaden.

Triandis, H. C. (1975): Einstellungen und Einstellungsänderungen, Weinheim u. a.

Trommsdorff, G. (1969): Kommunikationsstrategie sechs westdeutscher Frauenzeitschriften: Einkommenshöhe der Leserin als beschränkender Einfluß auf ihre sozialen Orientierungsmöglichkeiten", Kölner Zeitschrift für Soziologie und Sozialpsychologie, 21, S. 60–90.

Trommsdorff, V. (1975): Die Messung von Produktimages für das Marketing, Köln u. a.

Trommsdorff, V. (1976): Image- und Einstellungsmessung in der Marktforschung: theoretische und pragmatische Argumente zur mehrdimensionalen Messung, Der Markt, 57, S. 28–32.

Trommsdorff, V. (1977), Probleme der Image- und Einstellungsmessung im Werbepretest, in: *Reber* (1977), S. 61–84.

Trommsdorff, V. (1981): Massierte und verteilte Werbung. Rekonstruktion von ZIELSKEs Sägezähnen, Diskussionspapier Nr. 60, Berlin: TUB, Wirtschaftswissenschaftliche Dokumentation.

Trommsdorff, V. (1982a): Mainzelmännchen: Wie man unbequeme Forschungsbefunde beseitigt, Interview und Analyse, 9, H. 2, S. 59–62.

Trommsdorff, V. (1982b): Kausalmodelle: Gegen Irrtum in der Marktforschung, Marktforschung, 4, S. 111–116.

Trommsdorff, V. (Hrsg. 1990): Handelsforschung: „Internationalisierung im Handel", Wiesbaden.

Trommsdorff, V. (1992a): Multivariate Imageforschung und strategische Marketingplanung, in: *Hermanns* und *Flegel* (1992), S. 321–338.

Trommsdorff, V. (1992b): Wettbewerbsorientierte Image-Positionierung, in: Markenartikel 10, S. 458–463.

Trommsdorff, V. (1993): Konsumentenverhalten, 2. Aufl., Stuttgart, u. a.

Trommsdorff, V. (Hrsg. 1995): Handelsforschung: „Informationsmanagement im Handel", Wiesbaden.

Trommsdorff, V. (1995): Positionierung, in: *Tietz, B.; R. Köhler* et al. (Hrsg. 1995), Spalte 2055–2068.

Trommsdorff, V.; U. Bleicker et al. (1980): Nutzen und Einstellung, Wirtschaftswissenschaftliches Studium, 9, H. 6. S. 269–276.

Trommsdorff, V. und *H. Schuster* (1981): Die Einstellungsforschung für die Werbung, in: *Tietz*, S. 717–765.

Trommsdorff, V. und *H. Schuster* (1987): Wettbewerbsstruktur-Analyse aus Image-Daten, Marktforschung, H. 2, S. 63–67.

Trommsdorff, V. und *C. Zellerhoff* (1994): Produkt- und Markenpositionierung, in: *Bruhn* (Hrsg. 1994), S. 349–373.

Tubbs, S. L. und *S. Moss* (1991): Human Communication, 6. Aufl., New York.

Tucker, D. M. (1981): Lateral Brain Function, Emotion, and Conceptualization, Psychological Bulletin, 89, H. 1, S. 19–46.

U

Ulich, D. (1989a): Konflikt-Modelle, 2.Aufl., München.

Ulich, D. (1989b): Das Gefühl – Eine Einführung in die Emotionspsychologie, 2. Aufl., München u. a.

Ulich, D. (1993): Einführung in die Psychologie, 2. Aufl., Stuttgart u. a.

Ulich, D. und *P. Mayring* (1992): Psychologie der Emotionen, Stuttgart.

Umiker-Sebeok, J. (1981): The Seven Ages of Women: A View from American Magazine Advertisements, in: *Mayo* und *Henley*, S. 209–252.

Underwood, G. (1979): Memory Systems and Conscious Processes, in: *Underwood* und *Stevens* (1979), S. 91–121.

Underwood, G. und *R. Stevens* (Hrsg. 1979, 1981): Aspects of Consciousness, Bd. 1 (1979): Psychological Issues, Bd. 2 (1981): Structural Issues, London u. a.

Unger, F. (Hrsg. 1986): Konsumentenpsychologie und Markenartikel, Heidelberg u. a.

Unger, F. (1989): Werbemanagement, Heidelberg u. a.

V

Valence, G.; A. d'Astous et al. (1988): Compulsive Buying: Concept and Measurement, in: Journal of Consumer Policy, Vol. 11 No. 4, S. 419–433.

Van Toller, S. und *G.H. Dodd* (Hrsg. 1988): Parfumery – The Psychology and Biology of Fragrance, London u. a.

Veblen, Th. (1899, 1993): The Theory of the Leisure Class (1899), Harmondswoth. Deutsche Übersetzung (1993): Theorie der feinen Leute, 4. Aufl., Köln u. a.

Venkataraman, V. K. (1981): The Price-Quality Relationship in an Experimental Setting, Journal of Advertising Research, 21, H. 4, S. 49–52.

Venkatesan, M. (1966, 1976): Experimental Study of Consumer Behavior Conformity and Independence, Journal of Marketing Research, 3, S. 384–387. Deutsch in: *Specht* und *Wiswede* (1976), S. 85–93.

Verbraucheranalyse (1987): Berichtsband, Gemeinsamer Bericht der Verlage ADAC, Axel Springer u. a., Hamburg.

Voland, E. (1993): Grundriß der Soziobiologie, Stuttgart u. a.

Vroom, V. H. (1967): Work and Motivation, 3.Aufl., New York u. a.

W

Wachenfeld, H. (1987): Freizeitverhalten und Marketing, Bd. 13 der Reihe Konsum und Verhalten, Heidelberg u. a.

Wagner, H. und *A. Manstead* (Hrsg. 1989): Handbook of Social Psychophysiology, Chichester u. a.

Wallbott, H. G. und *K. R. Scherer* (1989):Assessing Emotion by Questionnaire, in: *Plutchik* und *Kellermann*, S. 55–82.

Wallendorf, M. und *G. Zaltman* (Hrsg. 1984): Readings in Consumer Behavior, 2. Aufl., New York u. a.

Wallendorf, M.; R. Belk et al. (1988): Deep Meaning in Possessions: The Paper, in: *Houston*, S. 528–530.

Wallendorf, M. und *P. Anderson* (Hrsg. 1987): Advances in Consumer Research, XIV, Provo UT.

Walters, C. G. und *B. J. Bergiel* (1989): Consumer Behavior – A Decision-Making Approach, Cincinnati u. a.

Wansink, B. (1994): The dark side of Consumer Behavior: Examinations of Impulsive and Compulsive Consumption, in: *Allen* und *John*, (1994), S. 508.

Ward, L. M. und *J. A. Russell* (1981): The Psychological Representation of Molar Physical Environments, Journal of Experimental Psychology (General), 110, H. 2, S. 121–152.

Ward, S. (1974): Consumer Socialization, Journal of Consumer Research, 1, S. 114.

Ward, S. (1980a): The Effects of Premium Offers in Children's Television Advertising, in: *Adler* und *Lesser* et al. (1980), S. 95–110.

Ward, S. (1980b): The Effects of Television Advertising on Consumer Socialization, in: *Adler, Lesser* et al. (1980), S. 185–194.

Ward, S.; D. M. Klees et al. (1987): Consumer Socialization in Different Settings – An International Perspective, in: *Wallendorf* und *Anderson*, S. 468–472.

Ward, S. und *T. S. Robertson* (Hrsg. 1973): Consumer Behavior: Theoretical Sources, Englewood Cliffs (N. J.).

Ward, S.; T. Robertson et al. (Hrsg. 1986): Commercial Television and European Children, Aldershot u. a.

Ward, S.; D. B. Wackman et al. (1977): How Children Learn to Buy. The Development of Consumer Information-Processing Skills, Beverly Hills, u. a.

Ward, S und F. E. Webster Jr. (1991): Organizational Buying Behavior, in: *Robertson* und *Kassarjian* (1991), S. 419–458.

Ward, S. und *P. Wright* (Hrsg. 1974): Advances in Consumer Research, 1, Ann Arbor.

Webb, P. H. (1978): A New Method for Studying Family Decision, Journal of Marketing, 42, S. 12 und 126.

Weber, G. (1996): Strategische Marktforschung, München.

Weiber, R. (1992): Diffusion von Telekommunikation – Problem der kritischen Masse, Wiesbaden.

Weidenmann, B. (1988): Psychische Prozesse beim Verstehen von Bildern, Bern u. a.

Weimann, G. (1991): The Influentials: Back to the Concept of Opinion Leaders, in: Public Opinion Quaterly 55, S. 267–279.

Weinberg, P. (1971): Betriebswirtschaftliche Logik, Bd. 1 der Reihe Wissenschaftstheorie der Wirtschafts- und Sozialwissenschaften, Düsseldorf.

Weinberg, P. (1976a): Produktspezifische Markentreue von Konsumenten – eine empirische Studie, Zeitschrift für betriebswirtschaftliche Forschung 8, S. 276–297.

Weinberg, P. (1976b): Das Qualitätsurteil von Konsumenten, in: Paderborner Studien, Heft 1, S. 56–59.

Weinberg, P. (1977a): Die Produkttreue der Konsumenten, Wiesbaden.

Weinberg, P. (1977b): Konsumentenverhalten, in: *Poth* (1977), S. 1–19.

Weinberg, P. (1978): Produktqualität – Methodische und verhaltenswissenschaftliche Grundlagen, in: WiSt – Wirtschaftswissenschaftliches Studium 7. Jg., Heft 1, 1978, S. 15–18, 46.

Weinberg, P. (1979): Habitualisierte Kaufentscheidungen von Konsumenten, Die Betriebswirtschaft, 39, S. 563–571.

Weinberg, P. (1980a): Vereinfachung von Kaufentscheidungen bei Konsumgütern, Marketing ZFP, 2, H. 2, S. 87–94.

Weinberg, P. (1980b): Markentreue und Markenwechsel, in: *Graf C. Hoyos; W. Kroeber-Riel* et al. (Hrsg. 1980): Grundbegriffe der Wirtschaftspsychologie, München, S. 162–168.

Weinberg, P. (1981): Das Entscheidungsverhalten der Konsumenten, Paderborn u. a.

Weinberg, P. (1983): Beobachtung des emotionalen Verhaltens, in: Innovative Marktforschung, Forschungsgruppe für Konsum und Verhalten, Würzburg, S. 45–62.

Weinberg, P. (1984): Die Bedeutung der nonverbalen Kommunikationsforschung für Marktforschung und Werbung, in: *J. Mazanec* und *F. Scheuch*, S. 455–474.

Weinberg, P. (1985): Erlebnisbezogene Marketingstrategien, in: Kommunikationsstrategien in stagnierenden Märkten, Tetra-Pak-Seminar, Frankfurt/Main.

Weinberg, P. (1986a): Vom Preis- zum Erlebniswettbewerb, Absatzwirtschaft, 29. Nr. 3, S. 87–91.

Weinberg, P. (1986b): Nonverbale Marktkommunikation, Heidelberg.

Weinberg, P. (1986c): Erlebnisorientierte Einkaufsstättengestaltung im Einzelhandel, in: Marketing ZFP 8, S. 97–102.

Weinberg, P. (1986d): Konsumentenverhalten, in: *Poth, L. G.*

Weinberg, P. (1988): Erlebnisorientierte visuelle Kommunikation, in: Werbeforschung und Praxis 31,S. 82–84.

Weinberg, P. (1989a): Aktuelle Wertetrends und Konsumverhalten, in: *H. Brezinski* (Hrsg. 1989): Wirtschaft und Kultur, Frankfurt, S. 61–68.

Weinberg, P. (1989b): Kommunikationsstrategien im Pharmamarkt, in: *H. Simon;* *K. Hilleke-Daniel* et al. (Hrsg. 1989): Wettbewerbsstrategien im Pharmamarkt, Stuttgart, S. 143–150.

Weinberg, P. (1991): Konsumentenforschung, in: Marketing ZFP 13, S. 186–190.

Weinberg, P. (1992a): Erlebnismarketing, München.

Weinberg, P. (1992b): Erlebnis-Marketing, in: Gablers Fachlexikon Marketing, München, S.275–280.

Weinberg, P. (1992c): Euro-Brands: Erlebnismarketing auf europäischen Märkten, in: Marketing ZFP, 14, S.257–260.

Weinberg, P. (1992d): Markenartikel und Markenpolitik, in: Handwörterbuch der Betriebswirtschaft, 5. Auflage, Stuttgart, Spalten 2679–2690.

Weinberg, P. (1993): Cross Cultural Aspects of Emotional Benefit Strategies, in: *Bamossy, G.B.* und *W.F. v. Raaij* (Hrsg.): European Advances in Consumer Research, Provo UT, S. 84–86.

Weinberg, P. (1994a): Emotionale Aspekte des Entscheidungsverhaltens. Ein Vergleich von Erklärungskonzepten, in: Forschungsgruppe Konsum und Verhalten (Hrsg 1994), S. 171–181.

Weinberg, P. (1994b): Erlebnismarketing, in: Handwörterbuch des Marketing, 2. Aufl., Stuttgart.

Weinberg, P. (1995): Kommunikation im Erlebnismarketing, in: *Tomczak, T.;* *F. Müller* et al. (Hrsg. 1995), S. 98–103.

Weinberg, P. und *G Behrens* et al. (Hrsg. 1974): Marketingentscheidungen, Band 66 der Neuen Wissenschaftlichen Bibliothek, Köln.

Weinberg, P.; G. Behrens et al. (1976): Bericht über das Forschungsprojekt: Messung der Qualität von Produkten im Forschungsschwerpunkt ‚Marktprozesse' 1975–1976, Arbeitspapier des Fachbereichs Wirtschaftswissenschaft der Universität Paderborn, Paderborn.

Weinberg, P.; G. Behrens et al. (1978): Messung der Qualität von Produkten – eine empirische Studie, in: *E. Topritzhofer* (Hrsg 1978), S. 131–143.

Weinberg, P. und *S. Bekmeier* (1988): Emotional Benefits in Saturated Markets, in: News from EFPPA, Heft 3, S. 1–3.

Weinberg, P. und *W. Gottwald* (1980): Impulsive Kaufentscheidungen von Konsumenten, Arbeitspapier des Fachbereichs Wirtschaftswissenschaft der Universität – GH – Paderborn, 1980.

Weinberg, P. und *W. Gottwald* (1982): Impulsive Consumer Buying as a Result of Emotions, Journal of Business Research, 10, H. 1, S. 43–57.

Weinberg, P. und *A. Gröppel* (1988): Formen und Wirkungen erlebnisorientierter Kommunikation, in: Marketing ZFP 10, Heft 3, S. 190–197.

Weinberg, P. und *A. Gröppel* (1989): Emotional Benefits in Marketing Communication, in: Irish Marketing Review 4, S. 21–31.

Weinberg, P. und *F. J. Konert* (1984a): Emotional Facial Expressions in Advertisements, in: *Kinnear*, S. 607–611.

Weinberg, P. und *F.-J. Konert* (1984b): Messung produktspezifischer Erlebniswerte von Konsumenten, in: Planung und Analyse 11, Heft 7/8, S. 313–316.

Weinberg, P. und *F.-J.* Konert (1985): Vom Produkt zur Produktpersönlichkeit, in: Absatzwirtschaft 28. Jg., Heft 2, S. 85–97.

Weinberg, P. und *W. Kroeber-Riel* (1972): Konflikte in Absatzwegen als Folge inkonsistenter Präferenzen von Herstellern und Händlern, in: Zeitschrift für Betriebswirtschaft, S. 525–544.

Weinberg, P. und *H. Schulte-Frankenfeld* (1983): Informations-Display-Matrizen zur Analyse der Informationsaufnahme von Konsumenten, in: *Forschungsgruppe Konsum und Verhalten*, S. 63–73.

Weinberg, P. und *H. Spieker* (1994): Umweltbewußtes Verbraucherverhalten im Spannungsfeld zwischen Ethik und Erlebnis, in: *M. Henze* und *G. Kaiser* (Hrsg. 1994): Ökologie – Dialog, Düsseldorf, S. 222–229.

Weinberg, P. und *E. Zwicker* (1973): Ansatzpunkte zur Messung und interaktionstheoretischen Interpretation der Macht, dargestellt an Machtbeziehungen in Absatzwegen, in: *Kroeber-Riel* (Hrsg. 1973), S. 125–136.

Weiner, B. (1988): Motivationspsychologie, 2. Aufl., München.

Weiner, B. (1992): Human Motivation: Metaphors, Theories and Research, Newbury Park u. a.

Weingart, P. (Hrsg. 1972, 1974): Wissenschaftssoziologie, Bd. 1: Wissenschaftliche Entwicklungen als sozialer Prozeß (1972), Bd. 2: Determinanten wissenschaftlicher Entwicklung (1974), Frankfurt/Main.

Weinhold, H. und *R. Baumgartner* (1981): Konsumentenzufriedenheit, Uttwil.

Weischenberg, S. (1994): Journalismus als soziales System, in: *Merten, K.*; d *S. J. Schmidt* et al. (Hrsg. 1994), S. 427–454.

Weitz, S. (Hrsg. 1979): Nonverbal Communication. Readings with Commentary, 2. Aufl., New York.

Wells, W. D. und *D. J. Tigert* (1971): Activities, Interests and Opinions, Journal of Advertising Research 11, S. 27–35.

Wells, W. D. und *G. Gubar* (1966, 1976): Life Cycle Concept in Marketing Research, Journal of Marketing Research, 3, S. 355–363. Deutsch in: *Specht* und *Wiswede* (1976), S. 153–172.

Wells, W. D. (1993): Discovery-oriented Consumer Research, in: Journal of Consumer Research, Vol. 19, Nr. 4, S. 489–505.

Wender, K. F. (1988): Semantische Netzwerke als Bestandteil gedächtnispsychologischer Theorien, in: *Mandl* und *Spada*, S. 55–73.

Wendorf, G. (1994): Umweltzeichen im Spannungsfeld zwischen Konsumenten und Unternehmen, Frankfurt/Main u. a.

Werner, H. (1966): Intermodale Qualitäten (Synästhesien), in: *Metzger*, S. 278–303.

Werner, J. (1982): Psychologische Marktsegmentierung beim Absatz von Äpfeln, Forschungsbericht zur Ökonomie im Gartenbau, Bd. 38, Hannover/Weihenstephan.

Werner, U. (1993): Möglichkeiten der Anwendung semiotischer Erkenntnisse im multikulturellen Marketing, in: Marketing ZFP, Heft 3, S. 181–196.

Wessbecher, H. E. und *F. Unger* (1991): Mediapraxis: Werbeträger, Mediaforschung und Mediaplannung, Heidelberg.

Wessels, M. G. (1982, 1994): Cognitive Psychology, New York (1982), deutsch (1994): Kognitive Psychologie, 3. Aufl., München u. a.

West, St. G. und *R. A. Wicklund* (1985): Einführung in das sozialpsychologische Denken, Weinheim u. a.

Wheelan, S. A.; E. A. Pepitone et al. (Hrsg. 1990): Advances in Field Theory, Newbury Park.

Whorf, B. L. (1963): Sprache, Denken, Wirklichkeit, Reinbek.

Wickbom, K. (1986): An Abstract: Media Awareness and Critical Awareness of Television Advertising, in: *Ward, Robertson* et al., S. 78–80.

Wicklund, R. A. (1974): Freedom and Reactance, New York u. a.

Wiendieck, G., W. Bungard et al. (1983): Konsumentenentscheidungen – Darstellung und Diskussion konkurrierender Forschungsansätze, in: *Irle* (1983), 2. Halbbd. S. 1–63.

Wilhoit, G. C. und *H. DeBock* (Hrsg. 1980): Mass Communication Review Yearbook, Vol. 1, Beverly Hills u. a.

Wilhoit, G. C. und *H. DeBock* (Hrsg. 1981): Mass Communication Review Yearbook, Vol. 2, Beverly Hills u. a.

Wilkes, R. E. (1995): Household Life-Cycle Stages, Transitions, and Product Expenditures, in: Journal of Consumer Research 22, S. 27–42.

Wilkie, W. L. (Hrsg. 1979): Advances in Consumer Research, 6, Ann Arbor.

Wilkie, W. L. (1994): Consumer Behavior, 3. Aufl., New York u. a.

Williams, T. G. (1982): Consumer Behavior: Fundamentals & Strategies, St. Paul u. a.

Wilson, E. O. (1980): Biologie als Schicksal. Die soziobiologischen Grundlagen menschlichen Verhaltens, Frankfurt/Main u. a.

Wilson, R. D. (1980): Testing Stochastic Models of Consumer Choice Behavior: A Methodology for Attacking the Many-to-One Mapping Problem, in: *Sheth* (1978–1982), S.235–272.

Wimmer, R. M. (1980): Wiederholungswirkungen der Werbung – eine empirische Untersuchung von Kontaktwiederholungen bei emotionaler Werbung, Hamburg

Wind, Y. J. (1982): Product Policy. Concepts, Methods and Strategy, Reading Mass.

Wind, Y. J.; Th. Robertson et al. (1982): Industrial Product Diffusion by Market Segment, Industrial Marketing Management 11, S. 1–8.

Windhorst, K.-G. (1985): Wertewandel und Konsumentenverhalten, Münster.

Winter, F. L. und *J. R. Rossiter* (1988): Pattern-Matching Purchase Behavior and Stochastic Brand Choice: A Low Involvement Product Category Model, Working Papier Series Nr. 176: Center for Marketing Studies, UCLA, Berkely.

Winterhoff-Spurk, P. (1989): Fernsehen und Weltwissen, Opladen.

Winterhoff-Spurk, P. (1993): Nonverbale Kommunikation von Führungskräften, in: Magazin Forschung der Universität des Saarlandes 2, S. 2–7.

Wiswede, G. (1972): Soziologie des Verbraucherverhaltens, Stuttgart.

Wiswede, G. (1973): Motivation und Verbraucherverhalten, 2.Aufl., München u. a.

Wiswede, G. (1976a): Rollenstruktur des Haushalts, in: *Specht* und *Wiswede*, S. 187–203.

Wiswede, G. (1976b): Ansätze zu einer Theorie der Informations-Neigung, in: *Specht* und *Wiswede* (1976), S. 235–255.

Wiswede, G. (1977): Rollentheorie, Stuttgart u. a.

Wiswede, G. (1979): Reaktanz – Zur Anwendung einer sozialwissenschaftlichen Theorie auf Probleme der Werbung und des Verkaufs, Jahrbuch der Absatz- und Verbrauchsforschung, 25, H. 1, S. 81–110.

Wiswede, G. (1980): Kehrtwendung zur Motivation? Ein Plädoyer zur Anwendung kognitiver Motivationskonzepte im Bereich des Konsumentenverhaltens, in: *Hartmann* und *Koeppler* (1980), S. 53–62.

Wiswede, G. (1983): Marktsoziologie, in: *Irle*, 1. Halbbd., S. 151–225.

Wiswede, G. (1985): Eine Lerntheorie des Konsumverhaltens, DBW- Die Betriebswirtschaft, 45, H. 5, S. 544–557.

Wiswede, G. (1988): Umrisse einer integrativen Lerntheorie sozialen Verhaltens, Zeitschrift für Sozialpsychologie, 19, S. 17–30.

Wiswede, G. (1990): Motivation des Kaufverhaltens, in: *Hoyos, Kroeber-Riel* et al., 2. Aufl.

Wiswede, G. (1991): Der „neue Konsument" im Lichte des Wertewandels, in: *Szallies* und *Wiswede*, S. 11–40.

Wiswede, G. (1991a): Einführung in die Wirtschaftspsychologie, München u. a.

Wiswede, G. (1991b): Soziologie, Ein Lehrbuch für den wirtschafts- und sozialwissenschaftlichen Bereich, 2. Aufl., Landsberg am Lech.

Wiswede, G. (1992): Konsum- und Kaufverhalten, in: *Frey, Hoyos* et al. (1992), S. 229–241.

Wiswede, G. (1992a): Die Psychologie des Markenwechsels, in: *Dichtl, E.* und *W. Eggers* (Hrsg. 1992), Kapitel 4.

Witt, D. (1977): Blickverhalten und Erinnerung bei emotionaler Anzeigenwerbung – eine experimentelle Untersuchung mit der Methode der Blickaufzeichnung, wirtschaftswissenschaftliche Dissertation an der Universität des Saarlandes, Saarbrücken.

Witte, E. (Hrsg. 1980): Telekommunikation für den Menschen, Heidelberg u. a.

Witte, E. H. (1983): Konformität, in: *Frey* und *Greif*, S. 209–213.

Witte, E. H. (1994): Sozialpsychologie, ein Lehrbuch, 2. Aufl., München.

Wittling, W. (1976): Einführung in die Psychologie der Wahrnehmung, Hamburg.

Wittmann, W.; W. Kern et al. (Hrsg. 1993): Handwörterbuch der Betriebswirtschaft (HWB), 5. Aufl., Stuttgart.

Woesler de Panafieu, Ch. (1988): Der Euro-Verbraucher – Soziokulturelle Zielgruppen als Basis globalen Marketing, in: Nürnberger Akademie für Absatzwirtschaft: Europa 1992 – Grenzenloser Wettbewerb in einem grenzenlosen Markt?, Nürnberg, S. 55–69.

Wöhe, G. (1993): Einführung in die allgemeine Betriebswirtschaftslehre, 18. Aufl., München.

Wolf, H. (1988): Visual Thinking – Methods for Making Images Memorable, New York.

Wolman, B. B. (1981): Contemporary Theories and Systems in Psychology, 2. Aufl., New York u. a.

Woodside, A. G.; J. N. Sheth et al. (Hrsg. 1977): Consumer and Industrial Buying Behavior, Amsterdam u. a.

Woodside, A. G. und *W. O. Bearden* (1978): Field Theory Applied to Consumer Behavior, in: *Sheth*, S. 303–330.

Wyer, R. S. und *D. E. Carlston* (1979): Social Cognition, Inference, and Attribution, Hillsdale (N. J.).

Y

d'Ydewalle, G. und *J. van Rensbergen* (Hrsg. 1993): Perception and Cognition: Advances in Eye Movement Research, Amsterdam.

Yi, Y. (1990): A Critical Review of Consumer Satisfaction, in: *Zeithaml* (Hrsg. 1990), S. 68–123.

Young, E. (1981): Determining Conspicuity and Shelf Impact Through Eye Movement Tracking , in: *Stern*, S. 535–542.

Young, C. E. und *M. Robinson* (1992): Visual Connectedness and Persuasion, in: Journal of Advertising Research, 32, 2, S. 51–59.

Yuille, J. C. (Hrsg. 1983a): Imagery, Memory, and Cognition, Hillsdale (N. J.) u. a.

Yuille, J. C. (1983b): The Crisis in Theories of Mental Imagery, in: *Yuille* (1983a), S. 263–284.

Z

Zaichkowky, J. L. (1985): Measuring the Involvement Construct, Journal of Consumer Research 12, S. 341–352.

Zaichkowky, J. L. (1987): The Emotional Aspect of Product Involvement, in: *Wallendorf* und *Anderson*, S. 32–35.

Zajonc, R. B. (1980): Feeling and Thinking. Preferences Need No Inferences, American Psychologist, 35. S. 151–175.

Zaltman, G. und *M. Wallendorf* (1983): Consumer Behavior: Basic Findings and Management Implications, 2. Aufl., New York u. a.

Zanna, M. P.; J. M.Olson et al. (Hrsg. 1987): The Ontario Symposium on Personality & Social Psychology, 5, London u. a.

ZAW (Hrsg. 1981): ZAW-Service. Monatsdienst der Werbewirtschaft für Presse, Funk und Fernsehen, Politik. Wirtschaft, Wissenschaft, Gewerkschaften und Kirchen, 10, Nr. 97. Bonn.

ZAW (1989): Werbung in Deutschland 1989, Bonn.

ZDF-Werbefernsehen (1991): Mainzelmännchen machen die Werbung im ZDF unterhaltsamer, in: Media-Forum.

Zeithaml, V. A. (1988): Consumer Perceptions of Price, Quality, and Value: A Means-End Model and Synthesis of Evidence, Journal of Marketing, 52, Nr. 3, July, 2–22.

Zeithaml, V. A. (1990): Review of Marketing 4, Chicago.

Zeitlin, D. M. und *R. A. Westwood* (1986): Measuring Emotional Responses, Journal of Advertising Research, 26, Nr. 5, S. 34–44.

Zentes, J. (1987): EDV-gestütztes Marketing, Berlin u. a.

Zentes, J. (1992): Grundbegriffe des Marketing, 3. Aufl., Stuttgart.

Zielske, H. A. (1959): The Remembering and Forgetting of Advertising, in: Journal of Marketing Research, 23, S. 239–243.

Zielske, H. A. und *W. A. Henry* (1980): Remembering and Forgetting Television Ads, Journal of Advertising Research, 20, H. 2, S. 7–13.

Zimbardo, P. G.; E. B. Ebbesen et al. (1977): Influencing Attitudes and Changing Behavior, Reading (Mass.).

Zimbardo, P. G. und *T. L. Ruch* (1978, 1983), Lehrbuch der Psychologie, 3.Aufl. von *Ruch* und *Zimbardo*, 1974, 4.Aufl. unter dem Titel „„Psychologie", 1983, Berlin u. a.

Zimmer, D. E. (1974): Der große Streit um die Intelligenz, Artikelserie 1–4, Die Zeit, Nr. 4215, Hamburg.

Zimpel, G. (1972): Selbstbestimmung oder Akklamation. Politische Teilnahme in der bürgerlichen Demokratietheorie, Stuttgart.

Verzeichnis der Produkte und Dienstleistungen

Firmen- und Markenregister

Stichwortverzeichnis